雁峰塑机

企业简介

本厂创办于1987年，系中国塑料机械工业协会、中国包装协会骨干企业，自营进出口企业；企业通过了ISO9001国际质量认证。是浙江省生产塑编机械最具规模的厂家。产品遍布全国各地，并已出口三十多个国家和地区。

本厂制造的“雁峰”牌系列机械先后被评为“中国名牌产品”、“中国知名品牌”、“温州名牌”、“中国质量过硬服务放心信誉品牌”，同时本厂拥有十多项专利。

Zhejiang Yanfeng Plastic Machinery General Factory,established in 1987,as a key member of China Plastic Machinery Association,with self import-export permission,have passed the attestation of ISO9001 quality assurance system of China Quality Certification Center for import and Export Commodities.Our factory,as the largest plastic machinery enterprise in Zhejiang province,the product is spreading all over the China.Some of which have been exported to more than 30 countries.

Our"Yanfeng Brand"Series have been awarded as"China Famous Brand","Well-known Product of Wenzhou City","Stable Quality,Satisfactory Service,Creditable Raputation Brand of China",and also we have get more than 10 kinds patent of plastic machinery.

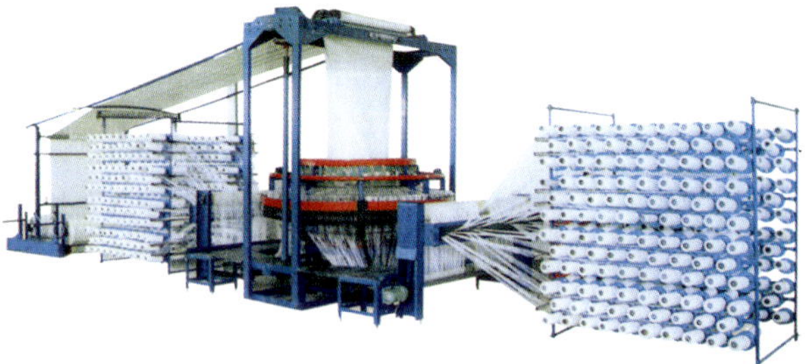

新型高速四梭、六梭、八梭圆织机
New-type High-speed Four-、Six-、Eight-shuttle Circular Loom

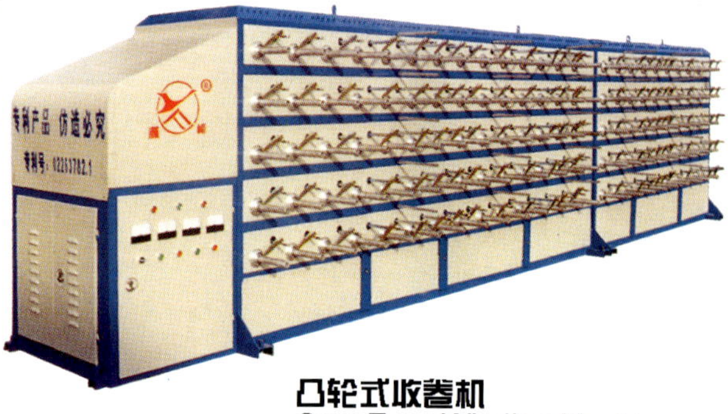

凸轮式收卷机
Cam Type Winding Machine

四梭网眼圆织机
Four-shuttle Network Circular Loom

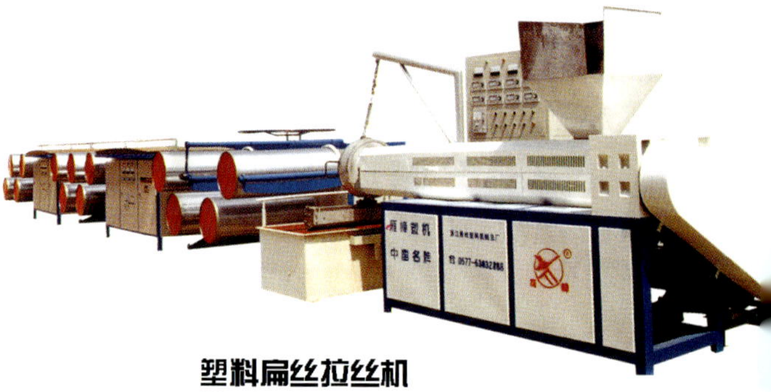

塑料扁丝拉丝机
Plastic Tape Drawing Machine

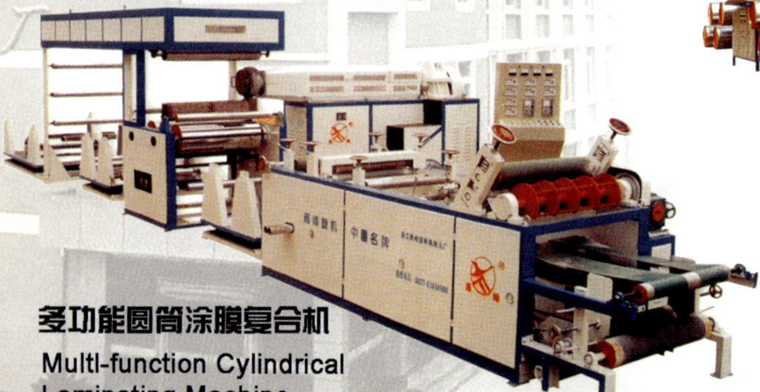

多功能圆筒涂膜复合机
Multl-function Cylindrical Laminating Machine

浙 江 雁 峰 塑 料 机 械 总 厂

厂　　址：中国温州市平阳县务洋工业区　　　邮编：325401
法人代表：陈志淡　　　手机：（0）13906677035
经营厂长：陈向荣　　　手机：（0）13606778683
国内销售：
电　　话：0577-63032888 63032988　　传真：0577-63030818 63030122
进出口部：
电　　话：0086-577-63032858 63032878　　传真：0086-577-63032868
网络实名：雁峰塑料机械；Plastic Machinery
网　　址：//www.pysjzc.com　　电子信箱：yanfeng@mail.wzptt.zj.cn

ZHEJIANG YANFENG PLASTIC MACHINERYGENERAL FACTORY

Add : Wuyang Industral Zone,Pingyang,Wenzhou,China.　P.C:325401
Legal Rapresentative : Chen Zhidan　Moblle : 0086-13906677035
Managing Director:Chen Xiangrong　Moblle : 0086-13606778683
Domestic Sales:
Tel : 0577-63032888 63032988　Fax : 0577-63030818 63030122
Import&Export Department
Tel : 0086-577-63032858 63032878　Fax : 0086-577-63032868
Net Name : Plastic Machinery
http : //www.pysjzc.com　E-mail : yanfeng@mail.wzptt.zj.cn

中国塑料工业年鉴

China Plastics Industry Yearbook

2004

中国塑料加工工业协会主办

化学工业出版社

·北京·

（京）新登字 039 号

图书在版编目（CIP）数据

中国塑料工业年鉴．2004/中国塑料加工工业协会主办．
北京：化学工业出版社，2004.7
ISBN 7-5025-5849-7

Ⅰ．中… Ⅱ．中… Ⅲ．塑料工业-中国-2004-年鉴
Ⅳ．F426.7-54

中国版本图书馆 CIP 数据核字（2004）第 077314 号

中国塑料工业年鉴

China Plastics Industry Yearbook

2004

中国塑料加工工业协会主办

责任编辑：白艳云　杜春阳

责任校对：李　林

*

化学工业出版社出版发行

（北京市朝阳区惠新里 3 号　邮政编码 100029）

发行电话：（010）64982530

http://www.cip.com.cn

*

新华书店北京发行所经销

北京永鑫印刷有限责任公司印刷

三河市东柳装订厂装订

开本 787mm×1092mm　1/16　印张 39　字数 1220 千字

2004 年 9 月第 1 版　2004 年 9 月北京第 1 次印刷

ISBN 7-5025-5849-7/TQ·2036

定　价：260.00 元

《中国塑料工业年鉴》（2004）编委会名单

沈士华　中国塑料加工工业协会人造革专业委员会　理事长
张小赧　三友控股集团有限公司　董事长
张玉川　北京市塑料工业协会　理事长
张真和　全国农业技术推广服务中心　处长
张福培　中国塑料加工工业协会双向拉伸聚酯薄膜专业委员会
　　　　理事长
陆惠琴　中国塑料加工工业协会注塑制品专业委员会　理事长
陈　宇　北京市化学工业研究院　副院长
陈　杰　中国工程咨询协会　处长
陈　燕　中国塑料加工工业协会　工程师
陈力辉　中国塑料加工工业协会塑料管道专业委员会　理事长
陈从公　中国塑料加工工业协会复合薄膜制品专业委员会　理事长
金日光　北京化工大学　学术委员会主任
周永泰　中国模具工业协会　副秘书长
周延龄　中国塑料加工工业协会　副秘书长
周理水　浙江省塑料工业协会　秘书长
郑　恺　中国工程塑料工业协会　秘书长
房　琳　中国石油化工股份有限公司化工事业部市场营销处　副处长
赵安赤　中国塑料加工工业协会改性塑料专业委员会　理事长
侯树亭　中国塑料加工工业协会泡沫塑料 EPS 专业委员会　理事长
耿孝正　北京化工大学　教授
贾润礼　华北工学院塑料研究所　所长
郭庆人　中国塑料加工工业协会塑料节水器材专业委员会　理事长
唐赛珍　中国塑料加工工业协会降解塑料专业委员会　秘书长
黄　锐　四川大学高分子材料系　教授
黄启杰　中国塑料加工工业协会硬质 PVC 低发泡板材专业委员会　理事长
曹常在　中国塑料加工工业协会医用塑料专业委员会　理事长
章林伟　建设部住宅产业化促进中心　处长
韩连贵　中国塑料加工工业协会农用薄膜专业委员会　理事长
傅永彬　中国塑料加工工业协会　副秘书长
曾家华　中国塑料加工工业协会　副秘书长

蔡明池　中国包装协会塑料包装委员会　副主任委员兼秘书长
漆宗能　中国科学院化学研究所　教授

主　　编：廖正品

副 主 编：刘均科　许　琳

年鉴撰稿人名单（按姓氏笔画为序）

丁言行　马占峰　王　晶　王卫群　王文强　王占杰
王存吉　王克智　王保民　王洪新　王淑湘　王德禧
韦　华　文秀松　孔德海　石春平　占国荣　史立科
包燕敏　刘丰田　刘均科　刘秋凝　许　琳　许　榕
许政仓　杜国田　杨忠民　杨洪献　杨惠娣　李国俊
李振军　李晓林　肖传文　吴　微　吴大鸣　吴崇峰
吴耀根　邹　奇　沈士华　宋云鹤　张玉川　张玉英
张兆文　张振綦　张涌涛　张惠芳　张福培　陈　生
陈　杰　陈　倩　陈　燕　陈家琪　罗卫华　欧　梅
金洪波　周永泰　周南桥　周理水　郑少华　赵红军
赵启辉　侯树亭　顾大全　徐　信　唐赛珍　陶　欣
黄小薇　曹常在　盖作有　隋佩侠　傅永彬　曾家华
蔡明池　廖正品　潘庆功　潘晓梅

出 版 说 明

《中国塑料工业年鉴》由中国塑料加工工业协会主办，中国塑料加工工业协会和全国塑料加工工业信息中心承担组稿工作。本年鉴为第3卷，与首卷及第2卷在时间和内容上保持了连续性，全面反映了2003年中国塑料工业的发展状况。

《中国塑料工业年鉴》坚持为全国塑料行业服务的宗旨；努力为合成树脂、助剂、塑料机械、模具和制品生产企业沟通信息、相互了解架起桥梁；为从事和涉及塑料工业的研究、生产、销售的各界人士提供全方位的行业动态、市场和技术信息。

《中国塑料工业年鉴》(2004) 设有专论、大事记、政策法规、全国塑料工业生产经营情况统计、综述、各地区塑料工业情况、主要制品行业概况、上市公司、专利技术、科研院所、高等院校、重点企业、人物风采等栏目。

在本卷年鉴的组稿、编辑和出版工作中，得到了中国轻工业联合会和各有关上级部门，各兄弟部门，各省、市、自治区塑料协会、塑料公司及塑料行业管理部门，中国塑料加工工业协会所属各专业委员会，中国轻工业信息中心、中国机械工业塑料机械科技信息网，化学工业出版社、全国近百家科研院所和高等院校、轻工业塑料加工应用研究所和全国塑料加工工业信息中心等单位的领导与专家的关心、支持，参与年鉴的撰稿、组织、筹划、宣传和出版等工作。《中国塑料工业年鉴》编委会向所有关心、支持和参与年鉴各项工作的领导、专家和朋友们表示衷心的感谢。恳请广大读者对《中国塑料工业年鉴》的不足之处给予批评和指正。

《中国塑料工业年鉴》编辑委员会

2004.6.8

目　　录

专　　论

大　事　记

政 策 法 规

全国塑料工业生产、经营情况统计

综　　述

各地区塑料工业

主要制品行业概况

上市公司

专利技术

科研院所

高等院校

重点企业介绍

人物风采

附录

Contents

Scientific Research Institutes

Colleges and Universities

Key Enterprises

专　论

中国塑料工业基本现状与发展重点

廖正品

合成树脂、合成橡胶与合成纤维三大类合成高分子材料已成为人类生存和社会发展离不开的新型材料。塑料已经和钢铁、木材、水泥一起构成现代社会的四大基础材料，是农业、工业、能源、交通运输、信息产业乃至宇宙空间和海洋开发等国民经济各领域不可缺少的重要材料之一。在新世纪里，中国已加入了WTO，塑料工业面临着机遇与挑战并存、困难与希望同在的发展新局面。

一、中国塑料工业基本情况

（一）中国塑料制品基本情况

1. 主要经济指标完成情况

2003年，中国经济战胜了非典疫情和多种自然灾害等不利的影响，继续保持高速增长。作为轻工行业支柱产业之一的塑料行业近几年增长速度一直保持在10%以上，在保持较快发展速度的同时，经济效益也有新的提高。据最新统计，2003年1～12月份，塑料制品行业全部国有和年产品销售收入500万元及以上非国有独立核算工业企业共计8 237个，累计完成工业总产值（90年不变价）2 936.2亿元，比上年同期增长21.1%，占轻工行业总产值的10.5%，产值总额在轻工19个主要行业中位居第三；实现产品销售率97.8%，高于轻工行业平均水平；产品销售收入2 867.5亿元，同比增长21.8%；实现利税207.5亿元，同比增长12.2%；利润总额为126.2亿元，同比增长11.8%。

2004年1～2月份我国塑料制品行业全部国有和年产品销售收入500万元及以上企业，累计完成工业总产值（90年不变价）479.18亿元，同比增长20.11%；产品销售收入434.67亿元，同比增长18.66%；实现利税24.75亿元，同比增长－1.06%；利润总额为13.80亿元，同比增长－4.66%。塑料制品行业发展近几年呈稳速增长态势。

2. 产品产量与产品结构分析

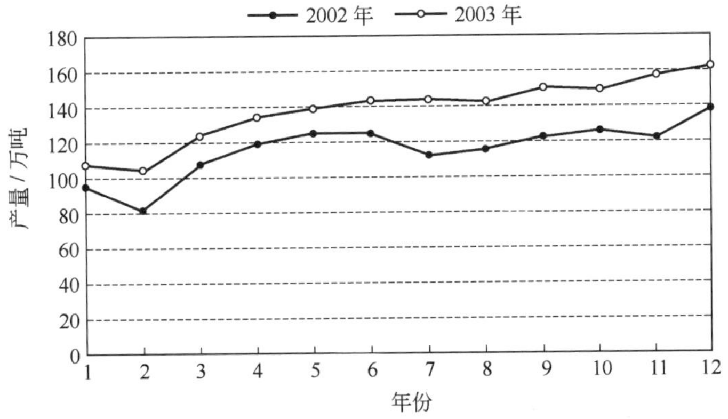

图1　中国塑料制品产量月份完成情况

2003 年 1～12 月份，中国塑料制品产量累计完成 1 650.53 万吨，比 2002 年同期增长 16.7%（图 1）。

全年总计，塑料薄膜累计生产 326.97 万吨，比去年增长 16.01%，占塑料制品总产量的 19.8%；塑料板片材 89.7 万吨，增长 13.02%，占 5.4%；塑料棒管材 189.9 万吨，增长 23.1%，占 11.5%；塑料丝及编织品 184.1 万吨，增长 18.9%，占 11.2%；塑料人造革 55.2 万吨，增长 22.4%，塑料合成革 32.8 万吨，增长 11.7%。塑料人造革、合成革产量占塑料制品总产量的 5.3%；泡沫塑料 85.95 万吨，增长 21.4%，占 5.2%；塑料包装箱及容器 72.4 万吨，增长 14.2%，占 4.4%；塑料鞋 21.5 万吨，增长 5.97%，占 1.3%；日用塑料制品 188.8 万吨，增长 11.8%，占 11.4%；其他塑料制品 424.5 万吨，增长 16.4%，占 25.7%（图 2）。

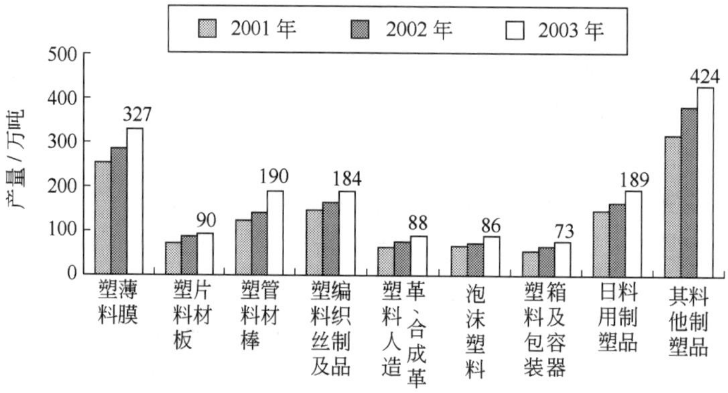

图 2　2003 年中国塑料制品产量行业分布

2003 年农用薄膜生产形势比去年有所好转，1～12 月份累计产量 81.1 万吨，与去年同期相比增长 4.3%。

从中国几个主要农用薄膜生产省份情况看，山东、河南两省农膜产量继续保持增长，分别达到了 17.8 万吨、10.7 万吨，分别居全国第一、二位；产量同比增长万吨以上的省份有山东省（+3.6 万吨）、湖南省（+1.6 万吨）、浙江省（+1.4 万吨）、河南省（+1.1 万吨）；产量减少万吨以上的省份是上海市（－1.5 万吨）、辽宁省（－1.2 万吨）、河北省（－0.98 万吨）；增长幅度最大的省是湖南省，增幅为 283.7%。

3. 地区分布发展状况

从中国 2003 年塑料制品产量地区分布上看，广东省、浙江省、江苏省三省塑料制品产量合计为 949.3 万吨，占塑料制品总计的 57.5%，比去年的 55.25%有所增加（图 3）。

从各省的塑料制品分品种产量占全国同类产品产量比例看：广东省塑料薄膜、塑料包装箱及容器、日用塑料制品、塑料鞋、其他塑料制品产量居全国首位；浙江省塑料丝及编织品产量居全国首位；江苏省塑料人造革、泡沫塑料产量居全国首位。与 2002 年相比，安徽省塑料板片材产量超过江苏省位居全国首位，辽宁省、广东省塑料棒管材产量均超过浙江省，居全国第一、二位，广东省塑料包装箱及容器产量超过上海居全国首位。

塑料制品按品种产量占前三位的地区见表 1。

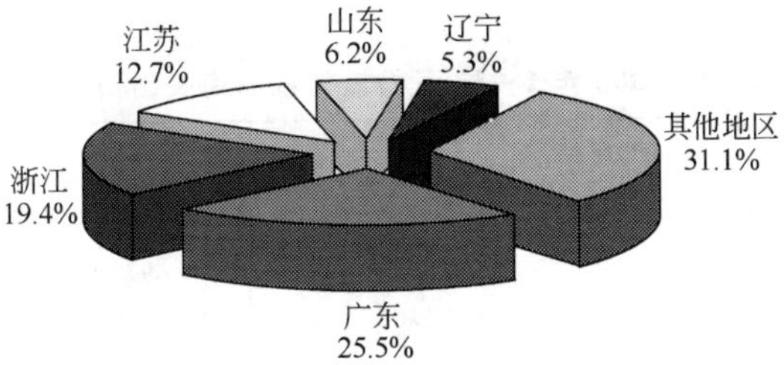

图 3　2003 年中国塑料制品产量地区分布图

表 1　塑料制品分品种产量前三位的地区表

行业名称	产品总产量/万吨	产品前三位地区合计占总产量比例/%	第一位		第二位		第三位	
			地区	产量/万吨	地区	产量/万吨	地区	产量/万吨
塑料制品总计	1 650.5	57.5	广东	420.1	浙江	320.1	江苏	209.1
塑料薄膜	327.0	48.9	广东	72.1	浙江	45.4	江苏	42.5
农用薄膜	81.1	42.5	山东	17.8	河南	10.7	河北	6.0
塑料板片材	89.6	60.9	安徽	21.7	江苏	19.7	广东	13.2
塑料棒管材	189.9	45.2	辽宁	31.2	广东	27.6	浙江	27.1
塑料丝及编织品	184.1	50.6	浙江	39.2	山东	35.1	河南	18.9
塑料人造革	55.2	86.1	江苏	23.9	浙江	15.8	广东	7.8
塑料合成革	32.8	76.0	浙江	9.5	辽宁	8.5	江苏	6.9
泡沫塑料	85.9	84.9	江苏	40.1	浙江	21.0	广东	11.9
塑料包装箱及容器	72.4	51.8	广东	15.7	上海	13.1	浙江	8.7
塑料鞋	21.5	92.6	广东	11.9	福建	6.3	浙江	1.7
日用塑料制品	167.4	68.1	广东	53.8	浙江	44.7	江苏	15.5
其他塑料制品	424.5	75.4	广东	192.6	浙江	95.7	江苏	31.7

从表 1 中可以看出，中国的塑料制品行业产业集约度进一步提高，塑料制品按品种产量占前三位的地区产量合计占总产量的比例比 2002 年均有不同幅度的提高。塑料鞋、泡沫塑料、塑料人造革、合成革制造业产量前三位的地区合计占总产量的比例超过了 70%。各地区产品结构上也各具特色。

4. 海关进口、出口统计

2003 年，中国轻工产品出口增势强劲，出口总额达到 1 131.3 亿美元，同比增长 24.7%，占中国外贸出口总额的 26%，实现贸易顺差 826.6 亿美元。

塑料制品出口仍继续保持快速增长的势头。据最新统计，2003 年塑料制品累计出口 879.3 万吨，同比增长 22.1%；出口额 97.4 亿美元，同比增长 23.2%；出口额占轻工产品出口总额的 8.6%，居轻工行业第四位；塑料制品累计进口 164.1 万吨，同比增长 1.3%；进口额 55.2 亿美元，同比增长 22.04%；贸易顺差 44.2 亿美元。其中，出口方面，塑料丝及异型材出口量增长 154.1%；进口方面，塑料铺地制品增长 35.6%；近几年，人造革、合成革进口呈下降趋势，2003 年又比去年同期下降 11.9%；从单位产品平均单价上看（出口为平均 1 097.4 美元/吨；进口为平均 2 789.2 美元/吨），中国目前塑料制品出口品种多数为一些低端产品，产品附加值较低，产品工艺、技术含量等方面较同类进口产品均有较

大差距。（详见表 2、表 3）

表 2　2003 年 1～12 月份塑料制品海关出口统计

产 品 名 称	出口量/吨		出口额/万美元	
	1～12 月份累计	同比增长/%	1～12 月份累计	同比增长/%
塑料制品	8 792 683.6	22.07	973 996.1	23.16
塑料丝及异型材	16 817.7	154.08	2 402.7	106.35
塑料管材	87 233.4	28.24	14 514.4	43.70
塑料板、片材	464 479.7	27.57	72 886.5	34.49
人造革、合成革	157 394.7	29.84	38 174.8	24.88
塑料铺地制品	282 098.6	25.07	22 657.7	27.39
其他塑料制品	7 784 659.5	21.30	823 359.9	21.61

表 3　2003 年 1～12 月份塑料制品海关进口统计

产 品 名 称	进口量/吨		进口额/万美元	
	1～12 月份累计	同比增长/%	1～12 月份累计	同比增长/%
塑料制品	1 640 790.9	1.26	551 617.8	22.04
塑料丝及异型材	11 088.9	−5.49	2 823.7	12.56
塑料管材	31 214.7	16.74	17 696.2	25.90
塑料板、片材	870 246.8	1.80	242 574.0	19.18
人造革、合成革	118 395.9	−11.88	50 358.6	−2.49
塑料铺地制品	32 663.4	35.56	5 114.0	26.80

注：数据来源：海关总署。

2003 年 1～12 月份中国塑料制品累计出口 8 792 683.6 吨，同比增长 22.07%；累计出口值 973 996.1 万美元，同比增长 23.16%；累计进口 1 640 790.9 吨，同比增长 1.26%，累计进口值 551 617.8 万美元，同比增长 22.04%。

总体上看，塑料制品进出口贸易存在较大顺差，但这种顺差主要靠塑料制品出口总量的增长来实现的。目前，出口产品中高附加值和高科技含量的产品仍然较少，出口市场仅集中于少数国家和地区，“走出去”的形式也相对单一，不少企业缺乏真正的跨国经营战略和标准化操作方式。为此，2004 年轻工行业将进一步加快走向世界的步伐，逐步实现由产品输出到资本输出、品牌输出，调整产品结构，提高产品质量和档次，提高产品的附加值，进一步拓展国际市场。

5. 行业重点企业简况

据统计，2003 年 1～12 月份，中国塑料制品行业规模以上企业共计 8 237 家，其中大中型企业约占 10%，产品销售收入亿元以上企业 527 家，共完成产品销售收入 1 368.4 亿元，即占行业企业总数的 6.3%的企业，完成塑料制品行业总销售收入的 47.7%。

2003 年塑料制品行业有 15 家企业集团公司产品销售收入超过 10 亿元，其中浙江大东南塑胶集团公司、佛山塑料集团股份有限公司、常州塑料集团公司产品销售收入超过 30 亿元；申达集团公司、无锡市兴达泡塑新材料有限公司、烟台万华合成革集团有限公司产品销售收入超过 20 亿元；芜湖海螺型材科技股份有限公司、河北宝硕集团有限公司、大连实德塑料工业有限公司、江苏三笑集团、浙江省鸿达集团有限公司、新疆天业股份有限公司、安徽国风集团有限公司、江阴市龙山集团有限公司、明达塑胶（厦门）有限公司产品销售收入都超过 10 亿元。

亏损企业 1 461 家，占塑料制品企业总数的 17.7%，比去年同期增长 8.5%。亏损额有所扩大，比去年增长 7.7%。

塑料制品行业的高速发展使产业集约度有进一步集中的趋势，但集约度还不高。行业中尚未形成只有几家企业集团在国内整个市场上的激烈竞争局面。但地区性的行业垄断企业集团还是存在的。据塑料“十五”规划，到2005年，塑料制品需求量为2 500万吨，预计未来几年内，优势企业集团会不断扩大市场份额、继续保持行业内领先地位，市场也会淘汰一大批落伍企业。在整个产业高速发展的同时，企业也要遵循市场发展的规律，要居“安”思危，根据发展需要合理调整产品和产业结构，不断增强企业综合实力，为在加入WTO后及将来进入成熟期的市场上更为激烈、残酷的竞争做好准备。

（二）中国塑料合成树脂生产情况

中国是世界合成树脂生产大国之一，随着经济建设的高速发展，合成树脂越来越多地应用到各领域，如建筑、汽车等。到2002年，中国五大合成树脂的总生产能力突破1 394.40万吨/年，“十五”期间，中国还要规划、建设一批石化装置。到2010年这些超级装置的建成投产，将为中国经济的持续发展打下坚实的基础。

如表4～表7数据所示，2003年1～9月份中国塑料树脂及共聚物产量累计达1 165.25万吨，同比增长17.30%；聚氯乙烯树脂产量累计达304.35万吨，同比增长19.99%；聚乙烯树脂产量累计达302.32万吨，同比增长18.29%；聚丙系树脂产量累计达310.12万吨，同比增长14.55%；塑料助剂产量累计达77.14万吨，同比增长15.39%。

表4　2003年上半年合成树脂及共聚物产量

企业名称	1～6月累计/吨	去年同期累计/吨	同比/%
全国	7 609 300	6 543 946	16.3
中国石化北京燕化石油化工股份有限公司	493 629	499 595	−1.2
中国石化上海石油化工股份有限公司	434 730	270 556	60.7
扬子石油化工股份有限公司	418 803	208 024	101.3
中国石化齐鲁股份有限公司	377 176	328 073	15.0
大庆石化分公司	266 661	217 229	22.8
中国石化集团茂名石油化工公司	224 332	231 094	−2.9
中国石油股份有限公司吉林石化分公司	199 625	126 199	58.2
中国石化集团天津石油化工公司	152 693	153 745	−0.7
上海氯碱化工股份有限公司	151 638	135 376	12.0
天津大沽化工有限责任公司	145 207	120 773	20.2
河北沧州化工实业集团有限公司	139 411	133 989	4.0
辽宁华锦化工集团有限责任公司	137 576	133 703	2.9
中国石油天然气股份有限公司独山子石化分公司	137 125	115 052	19.2
中国石油化工股份有限公司广州分公司	128 261	162 734	−21.2
天津乐金大沽化学有限公司	124 843	108 816	14.7
中原石油化工有限责任公司	124 371	133 350	−6.7
中国石油天然气股份有限公司抚顺石化分公司	120 147	109 600	9.6
中国石油股份有限公司兰州石化公司	103 099	148 782	−30.7
扬子巴斯夫苯乙烯系列有限公司	100 032	97 736	2.3
中外合资镇江奇美化工有限公司	96 270	81 437	18.2
锦化化工集团有限责任公司	86 109	82 635	4.2
苏州华苏化工塑料有限公司	82 829	84 133	−1.5
宜宾天原股份有限公司	80 707	58 217	38.6
中国石油天然气股份有限公司大连石化分公司	78 445	69 638	12.6

续表

企业名称	1～6月累计/吨	去年同期累计/吨	同比/%
上海金菲石油化工有限公司	75 184	67 565	11.3
中外合资镇江奇美塑料有限公司	67 239	46 857	43.5
北京化二股份有限公司	66 376	60 724	9.3
四川金路集团股份有限公司	62 626	51 320	22.0
中国石化集团荆门分公司	59 788	39 900	49.8
江苏江东化工股份有限公司	57 990	50 004	16.0
茂名石化实华股份有限公司	56 811	31 898	78.1
华峰集团公司	53 828	44 223	21.7
中国石化股份有限公司九江分公司	53 163	47 241	12.5
天津渤海化工有限责任公司天津化工厂	52 895	50 018	5.8
大庆石油化工总厂	50 821	38 678	31.4
无锡格林艾鲁化工股份有限公司	50 640	50 937	−0.6
辽阳石化分公司	50 039	32 674	53.1
镇江国亨化学有限公司	50 004	50 352	−0.7
大连西太平洋石油化工有限公司	49 872	49 855	0.0
中国石化上海高桥石化公司	48 869	40 030	22.1

表5　2003年上半年聚乙烯树脂产量

企业名称	1～6月累计/吨	去年同期累计/吨	同比/%
全国	1 984 200	1 681 810	18.0
中国石化北京燕化石油化工股份有限公司	286 431	281 439	1.8
扬子石油化工股份有限公司	217 896	90 133	141.7
大庆石化分公司	210 785	172 040	22.5
中国石化齐鲁股份有限公司	209 014	176 744	18.3
中国石化上海石油化工股份有限公司	202 946	117 056	73.4
中国石化集团茂名石油化工公司	139 279	144 947	−3.9
中国石油股份有限公司吉林石化分公司	114 930	80 572	42.6
中原石油化工有限责任公司	92 518	99 728	−7.2
中国石油天然气股份有限公司独山子石化分公司	89 495	74 995	19.3
上海金菲石油化工有限公司	75 184	67 565	11.3
中国石化集团天津石油化工公司	68 740	69 219	−0.7
辽宁华锦化工(集团)有限责任公司	67 692	67 378	0.5
中国石油天然气股份有限公司抚顺石化分公司	61 230	56 798	7.8
中国石油化工股份有限公司广州分公司	47 542	67 174	−29.2
中石油兰州石化公司	44 968	77 516	−42.0
辽阳石化分公司	42 520	26 294	61.7
北京东方石油化工有限公司	7 508	5 331	40.8
广州番禺新城业塑胶有限公司	3 216	5 161	−37.7
普立万聚合体上海有限公司	1 281	1 113	15.1
山东莱芜树脂厂	544	89	511.2
番禺市光耀星瀚塑料有限公司	277	214	29.4
河南省博爱县开源精细化工厂	241	202	19.3

表 6　2003 年上半年聚氯乙烯树脂产量

企业名称	1～6 月累计/吨	去年同期累计/吨	同比/%
全国	1 944 900	1 678 954	15.8
上海氯碱化工股份有限公司	151 028	134 801	12.0
天津大沽化工有限责任公司	145 207	120 773	20.2
河北沧州化工实业集团有限公司	139 411	133 989	4.0
天津乐金大沽化学有限公司	124 843	108 816	14.7
中国石化齐鲁股份有限公司	120 955	114 459	5.7
锦化化工集团有限责任公司	86 109	82 635	4.2
宜宾天原股份有限公司	80 707	58 217	38.6
北京化二股份有限公司	66 211	60 335	9.7
四川金路集团股份有限公司	62 626	51 320	22.0
江苏江东化工股份有限公司	57 990	50 004	16.0
天津渤海化工有限责任公司天津化工厂	52 895	50 018	5.8
无锡格林艾普化工股份有限公司	50 640	50 937	－0.6
福建省东南电化股份有限公司	47 075	37 319	26.1
青岛海晶化工集团有限公司	43 920	26 184	67.7
宁夏金昱元氯碱化工有限公司	38 657	28 010	38.0
焦作化电集团有限责任公司	37 768	36 702	2.9
南通江山农药化工股份有限公司	37 471	34 227	9.5
巨化集团公司	34 524	27 392	26.0
齐化集团有限公司	29 109	33 959	－14.3
江苏北方氯碱集团有限公司	28 482	26 356	8.1
新疆中泰化学股份有限公司	27 474	24 413	12.5
山东德州石油化工总厂	24 809	20 507	21.0
南宁化工股份有限公司	23 618	21 548	9.6
湖南株洲化工集团有限责任公司	22 947	17 482	31.3
上海天原集团天原化工有限公司	20 852	20 467	1.9
武汉葛化集团有限公司	20 139	14 698	37.0
杭州电化集团有限公司	18 280	14 837	23.2
西安热电集团	17 976	16 114	11.6
河北宝硕集团有限公司	16 674	15 687	6.3
河北盛华化工有限公司	15 945	12 665	25.9
唐山市冀东化工集团有限责任公司	15 780	12 080	30.6
沈阳化工股份有限公司	15 708	17 750	－11.5
太原化学工业集团公司	15 055	12 333	22.1
内蒙古三联化工股份有限公司	14 705	9 813	49.9
中国神马集团有限责任公司	14 059	12 947	8.6
哈尔滨华尔化工有限公司	13 525	11 744	15.2
潍坊亚星化学股份有限公司	13 219	11 270	17.3
河南锦捷集团有限公司	12 650	7 346	72.2
牡丹江鑫利化工有限责任公司	12 205	5 602	117.9
济宁中银电化有限公司	12 025	11 124	8.1

表 7　2003 年上半年聚丙烯树脂产量

企　业　名　称	1～6 月累计/吨	去年同期累计/吨	同比/%
全国	2 039 100	1 790 412	13.9
中国石化上海石油化工股份有限公司	231 784	153 500	51.0
扬子石油化工股份有限公司	200 907	117 891	70.4
中国石化北京燕化石油化工股份有限公司	180 168	193 552	−6.9
中国石化集团茂名石油化工公司	85 053	86 147	−1.3
中国石油天然气股份有限公司大连石化分公司	76 152	69 638	9.4
中国石油化工股份有限公司广州分公司	63 395	68 255	−7.1
中国石化集团荆门分公司	59 788	39 900	49.8
茂名石化实华股份有限公司	56 811	31 898	78.1
大庆石化分公司	55 876	45 189	23.6
中国石化集团天津石油化工公司	53 458	58 414	−8.5
中国石化股份有限公司九江分公司	53 163	47 241	12.5
大连西太平洋石油化工有限公司	49 872	49 855	0.0
中国石油天然气股份有限公司抚顺石化分公司	48 818	43 246	12.9
中国石油天然气股份有限公司独山子石化分公司	47 630	40 057	18.9
中国石化集团武汉石油化工厂	47 364	50 189	−5.6
福建省炼化有限公司	45 338	33 680	34.6
中国石化洛阳石油化工总厂	43 874	35 691	22.9
中国石化齐鲁股份有限公司	43 116	36 870	16.9
中石化股份有限公司长炼分公司(上市)	40 573	44 982	−9.8
中国石油化工股份有限公司济南分公司	36 114	37 844	4.6
中国石油华北石化公司	32 530	31 259	4.1
中原石油化工有限责任公司	31 853	33 622	−5.3
辽宁华锦化工集团有限责任公司	30 886	29 865	3.4
中国石化集团金陵石油化工有限责任公司	30 270	46 078	−34.3
甘肃兰港石化有限公司	27 590	24 077	14.6
新疆独山子天利高新技术股份有限公司	25 000	21 948	13.9
南京红叶实业总公司	24 259	22 428	8.2
中国石油前郭石化分公司	24 044	24 048	0.0
中国石化集团巴陵石油化工有限责任公司	20 946	24 078	−13.0
中石油兰州石化公司	20 717	23 861	−13.2
镇海炼化工业贸易总公司	19 576	18 573	5.4
新疆新峰股份有限公司	17 254	16 292	5.9
哈尔滨华注塑料有限公司	15 972	17 757	−10.1
中国石化集团公司石家庄炼油厂	14 962	11 876	26.0
吉化集团吉林市锦江油化厂	11 298	4 342	160.2
中国石油天然气股份公司锦州石化分公司	11 079	11 309	−2.0
洛阳石油化工总厂宏达公司宏力化工厂	10 828	6 228	73.9
宁波而兴化工有限公司	10 625	7 441	42.8
岳阳兴长石化股份有限公司	10 596	10 174	4.1
百科药业	10 558	11 559	−8.7

（三）中国塑料机械行业概况

1. 技术进步与产品结构

随着中国市场经济的进一步深入发展，市场竞争进一步加剧，新产品、新技术是企业增强市场竞争力的重要条件。因此，近年来，开发新产品、掌握新技术已经得到企业的普遍重视。一般企业每年都有 2～3 个、有的高达 10～20 个新产品通过不同级别的鉴定，投入市场。新产品产值一般占企业工业总产值的 20%～30%，有的高达 50%～60%。

中国塑料机械技术进步、新产品新技术开发速度加快。通过消化吸收国外先进制造技术，开发具有国际先进水平的产品，是中国塑料机械新产品新技术开发的主要途径，在此方面进行了重大创新，也取得了显著成绩。

塑料管材应用领域涵盖了建筑、农业、水利、通讯、市政和日常生产生活等各个方面，其生产和应用及加工设备无疑是中国发展最快的产品之一。20 世纪 90 年代中期中国引进了第一条铝塑复合生产线，现在国内能够提供铝塑管材生产线的企业超过了 50 家，其关键技术如铝管的焊接、铝塑的复合等普遍得到了很好解决。同期内，开发成功并形成批量生产的还包括无规共聚聚丙烯（PPR）管、交联聚乙烯（PEX）管、塑料不锈钢复合管、钢塑复合管、大口径双壁波纹管和缠绕管等建筑管材加工设备。给水用/燃气用埋地聚乙烯管材机组开发也是近年来消化吸收先进技术较快的一种产品。关键技术为适用于加工中、高密度聚乙烯的高速、高效的单螺杆挤出机，其具有混炼效果好、滞留时间短、不产生熔迹线和对准精确的机头及先进的定型、冷却、牵引、测厚和切割等配置。

近年来国产挤出机正朝着大扭矩、高转速和高效率的方向发展，并取得了一定成效。国产挤出机普遍采用了先进的分离型螺杆和开槽机筒。机头普遍采用适合聚烯烃类加工国际先进的篮式机头、螺旋机头或板式机头。可编程控制器和液晶显示触摸屏工控机也得到了成熟应用。其他管材加工设备如挤出和缠绕波纹管、硅芯管、内壁螺旋管及微灌管等加工设备无论在适应原材料、产品规格、机器制造水平方面都有长足发展，可基本满足围内市场的需求。

特别是塑料薄膜加工设备，螺旋机头制造技术逐渐普及，叠加机头也得以推广应用，冷却、牵引和取卷技术进一步完善，多层共挤吹塑薄膜设备制造技术已日趋成熟。目前批量生产的设备可加工 5 层以内的塑料薄膜采用了膜内冷却（IBC）技术，并有加工 7～9 层的技术储备。

此外，技术创新能力得到进一步加强。我国具有全部知识产权的新产品新技术不断涌现。被国外科学家誉为“真正的发明”的电磁动态挤出机，经过以华南理工大学瞿金平教授为首的研究人员和业内广大工程技术人员的坚持不懈的努力，在理论上得到进一步完善。同时，在应用中得到了稳步发展，不仅成功地在注射、挤出和吹塑成型技术上得到应用，在反应挤出混炼设备上也通过了国家级的鉴定，并批量投向市场。由电磁动态挤出机组成的 PE、PP 片材生产线，已基本上占领了广东省市场。广东泓利机械有限公司黄步明总经理经过多年潜心研制成功的四缸直锁注射机，在欧美日等八个国家和地区注册了发明专利，结束了我国如视听光盘、仪器仪表等精密塑料件加工全部依赖进口设备的状态。日前已批量生产（锁控力从 300～10 000kN）各种规格的产品，产值达 8 000 多万元。北京化工大学江波教授和北京凤记塑料机械有限责任公司先后研制了磨盘式混炼挤出机，物料通过螺杆传送，再经多级磨盘研磨、混炼。同传统混炼设备比较，提高了物粒细化、分散等混炼效果，其扩大了加工原料的适应范围，对于加工磁性、纳米等复合塑料具有显著的优势。北京建诚机械有限公司等研制成功的全钢塑料异型材挤出机、机头和窗框拼装装置，同时解决了复合、发泡、共挤、切割和焊接等关键成型技术，引起了国内外同行的关注。近年研制成功的、技术上有所突破的还有全电子注射机、无拉杆大型注射机、磁性注射机、木塑挤出生产线、超高分子量聚乙烯管材生产线等，其主要技术经济指标大多已达到或接近国际先进水平。

2. 塑料机械进出口

2003 年 1～12 月份塑料机械出口、进口量值情况，见表 8。

表 8　2003 年 1～12 月份塑料机械出口、进口量值表

产品名称	出口量值			进口量值		
	数量/台	金额/万美元	国别数/个	数量/台	金额/万美元	国别数/个
注塑机	7 423	13 984.81	97	18 370	83 979.51	23
其他注塑机	249	142.35	26	753	5 156.47	14
塑料造粒机	341	255.67	46	473	4 599.19	15
其他挤出机	818	2 135.16	60	1 778	23 988.78	21
吹塑机	1 391	1 741.87	106	469	13 806.27	15
塑料中空成型机	231	404.47	38	326	7 039.16	14
塑料压延成型机	169	198.72	26	486	4 499.12	16
其他真空模塑机及其他热成型机	922	805.07	58	2 759	14 294.65	27
充气轮胎模塑或返新及内胎模塑或成型机器	206	194.63	13	358	4 417.77	8
其他模塑或成型机	4 127	610.58	41	3 143	18 122.80	23
其他橡胶或塑料及其产品的加工机	343 057	6 743.50	112	10 046	60 791.46	39
塑机设备小计	358 934	27 216.83		38 961	240 695.18	
所列机器的零件	27 559(吨)	5 361.59	101	10 164(吨)	14 511.84	41
塑料或橡胶用注模或压模	1 314 208(套)	17 235.43	115	951 560(套)	57 742.75	42
塑料或橡胶用其他模具	331 119(套)	5 320.82	113	2 277 008(套)	20 182.44	47
模具小计	1 645 327(套)	22 556.25		3 228 568(套)	77 925.19	

3. 迎接挑战，不断提升参与国际竞争能力

2003 年塑料机械行业设备产量大幅度上升（见表 9）。

表 9　2003 年塑料机械设备产量表

地区	1～12 月累计/吨	累计比同期/%	占全国比例/%
全国	348 295	16.00	100
北京	1 770	18.32	0.51
天津	216	−33.94	0.06
河北	1 543	21.11	0.44
山西	1 873	−31.25	0.54
内蒙古	451	−5.85	0.13
辽宁	2 437	−2.29	0.70
上海	4 940	−3.60	1.42
江苏	25 855	0.16	7.42
浙江	184 501	31.52	52.97
福建	652	−11.65	0.19
山东	16 080	−24.69	4.62

续表

地　区	1～12 月累计/吨	累计比同期/%	占全国比例/%
河南	3 995	18.20	1.15
湖北	1 306	－15.00	0.38
湖南	57	－76.54	0.02
广东	96 819	13.16	27.80
广西	5 196	－21.92	1.49
云南	39	－50.63	0.01
陕西	566	37.05	0.16

但是塑料机械制造业值得思考的问题也有很多。塑料机械制造业从整体上开发能力不强，开发单位提供的新技术知识产权难以保障，造成整机性能雷同。提高技术开发能力和装备水平，为主机厂提供个性化的服务，是专业生产企业必须解决的问题。同发达国家相比，国产设备制造技术存在着较大差距，产品附加值偏低。从生产大国走向制造强国，是全国广大业内外同仁的强烈愿望和远大的目标。

（四）国民经济各领域对塑料制品需求渐增

1. 农用塑料等产品发展势头强劲

为农业生产服务的农用薄膜（包括棚膜和地膜）等农用塑料产品，随着中国经济持续快速健康发展，必然会展现出兴旺和富有朝气的发展前景。农用塑料生产企业将采用先进技术，提高产品档次，加大力度发展我国农用塑料制品。

据农业部统计中国农作物地膜覆盖面积已达 2.19 亿亩，地膜的年需求量达 45 万吨以上；设施栽培棚模覆盖面积达 2 600 多万亩，年需求量 65 万吨以上；农用薄膜实际消费量已超过 110 万吨，居世界首位。水稻塑料钵体软盘育秧抛栽和其他农作物塑料盘育苗移栽面积达到 1.12 亿亩，塑料节水灌溉工程面积达到 2.8 亿亩，畜牧用塑料暖棚应用面积达到 75 万多亩，其他农用塑料应用技术也得到越来越广泛的应用，为促进农业持续发展和提高农民的收入做出了巨大贡献。“十五”期间，突出发展无公害农产品，促进生态农业产业化，到“十五”末，生态农业覆盖耕地将达到 3 亿亩。除上述农用薄膜的生产已使农业的稳定高产和农民增加收入成为现实之外，节水农业所需的喷灌、滴灌等塑料节水器材的生产，以及防渗膜、土工膜等也为农业的发展做出了重要贡献。

2. 包装器材是塑料制品业发展最快的领域

2003 年塑料包装材料主要产品产量总计为 460 多万吨，比 2001 年的 401 万吨增长 15%。国内复合软包装材料所使用的基膜材料不仅能满足国内产品包装的需要，而且生产能力已经过剩，并形成出口压力。BOPP、BOPET、BOPA 和 BOPS 等基膜材料的应用体现了软包装材料的整体水平，是近几年国内发展较快的材料之一。

（1）软包装的发展，促进了 BOPP 薄膜需求旺盛

我国 BOPP 起步于 20 世纪 80 年代，改革开放使我国经济和人民生活水平不断提高，带动了庞大的内部消费需求，使我国塑料软包装业持续、快速发展。从 1983～2003 年，BOPP 及彩印复合包装年均市场需求保持了 20%以上的高增长率，1985 年全国 BOPP 市场需求仅 3 万吨，1990 年达 10 万吨，1995 年 20 万吨，2000 年 40 万吨，2003 年达到 95 万吨。20 世纪 80～90 年代，我国包装工业只占 GDP 的 0.4%～1%，而 2003 年达到 GDP 的 2.5%，其中塑

料软包装发展最快。国内 BOPP 薄膜生产在面对持续增长的旺盛需求同时，还在不断开拓新的薄膜应用领域，因此预测在今后五年的需求将会有很大的发展。

进入 21 世纪，随着我国加入 WTO 和全球经济发展，将促进我国内需和对外贸易的发展，拉动 BOPP 及塑料软包装制品进入新一轮市场需求的高增长期。据有关方面预测，未来 5 年，全球对塑料软包装的市场需求将以每年 7%（而中国为 13%～15%）的速度快速增长，据业内人士估计，2005 年中国 BOPP 薄膜市场需求可望达到 100 万吨、2010 年将达 200 万吨，是 2000 年的 5 倍，这为 BOPP 行业发展提供了良好的市场机遇。

（2）BOPP 薄膜装备产能情况分析

据布鲁克纳远东公司（全球和中国市场设备主供应商）预测，从生产能力分析，中国目前各类 BOPP 产品生产能力达 207.42 万吨；从需求量分析，到 2005 年最大需求在 70 万吨左右；从人均产量来预测，到 2005 年最大需求在 90 万吨左右（表 10 和表 11）。

表 10　生产能力分析表（从产品角度看）

层结构	生产线数	产量占生产线数量/%	设计能力/吨	产量占设计能力/%
七层	2	1.9	9 000	0.822
五层	3	2.86	61 500	5.52
三层	82	77.14	984 400	89.6
单层	8	8.52	25 500	2.24
电容器用	11	10.48	20 800	1.73
合　计	106	100	1 101 200	

表 11　生产能力分析（从单台产量分）

产能等级	数量/条	比例/%	产量/千吨	比例/%
4.5 以下	42	40.00	129.6	11.76
4.6～10	22	20.95	160.1	14.53
11～20	20	18.10	264.5	24.01
20 以上	22	20.85	547	49.67
合　计	106	100	1 101.2	100

根据目前 BOPP 生产现状分析，预测低谷将会在 2003～2006 年中出现，2007 年开始回升，2008 年达到平稳。届时供需矛盾缓解，企业的生产能力将会有 70%以上得到释放。

（3）中国 BOPP 薄膜生产线几乎全部为进口设备

自 20 世纪 80 年代开始引进 BOPP 薄膜，到 90 年代末，开始出现跨行业抢进 BOPP 生产线热潮。到 2003 年底，全国共有 82 家 BOPP 工厂，已投产及已签约将要安装调试投产的生产线已达到 130 余条，其中德国布鲁克纳占 49%以上，日本三菱重工占 34%左右，法国 DMT 占大约 12%，以及少量的 M-W 等生产线（表 12）。年产能力 137.32 万吨。据估计 2004 年仍将有 18 个工厂新建或扩建 BOPP 项目，其中新建 12 个，占 66%；预计到今年末，全国 BOPP 生产能力将达到 176 万吨，2005 年末将突破 200 万吨，而市场年需求为 90 万吨左右，也就是说，将会有 1/2 的产能放空。

目前我国国内拥有的 BOPP 薄膜生产线中，除了万吨线以外，年生产能力在 4 千吨以下的生产线尚有 30 余条，其无论是产品质量、单耗、生产成本，还是技术含量，根本无法与万吨

表 12　中国 BOPP 设备供应商状况表

设备供应商	数量/条	占数量/%	产能/(吨/年)	占产能比例/%
布鲁克纳	91	49	1 184 700	53
三菱重工	62	34	837 500	37
法国 DMT	22	12	166 500	8
其他	9	5	45 500	2
合　计	184	100	2 234 200	100

线相匹比，而这些生产线产能较小，且设备陈旧，技术性能较差，却约占全国产能的 30%左右，其未来将处于被淘汰的境地。

(4) 大企业纷纷引进宽幅高速产能大的先进生产线

20 年来引进的生产线从单线幅宽 4m、速度 200m/min 以下、年产 3 000～4 000 吨发展到现在的单线幅宽 8m、速度 300～400m/min、年产 2.5 万～3 万吨。甚至号称亚洲最大的 BOPP 生产线将在安徽国风投产，其幅宽 10m、速度 500m/min 以上、年产 4 万～5 万吨。此外，有的企业一次性投资 7 亿～8 亿引进 4 条生产线，产能超过 10 万吨，如江苏双良集团等企业，生产规模在放大。广东、江苏、浙江三省引进 BOPP 设备的速度发展最快，增量最多，如浙江省 1999 年只有 4 家企业 4 条生产线，到 2002 年增加到 12 家企业 26 条生产线，产能将近 50 万吨，占国内总量的 35%左右，三年扩大 17 倍。据统计，到 2004 年末，我国将共引进幅宽 8～10 米的大线 43 条，年产能 107 万吨，占总产能的 61%；年产 6 000～18 000 吨的中线 44 条，年产能 51 万吨，占 29%；年产 3 000～5 000 吨的小线 39 条，年产能 14.7 万吨，占 8%；电工膜生产线 16 条，年产 3.3 万吨，占 2%。

(5) 企业产品雷同易引发“价格战”出现“无序竞争”

众多 BOPP 工厂生产同类产品，必然出现无序竞争，而供大于求的严峻局面必然导致价格战。到 2004 年末，华东地区（浙江、江苏、上海、安徽、山东）的 BOPP 产能将达到 97.32 万吨，占全国产能的 55.3%；华南（广东、广西、海南）占 38.6%；2.5 万吨的大线有 2/3 在华东地区，华东已成为价格战的主战场（表 13）。

表 13　我国 BOPP 厂家的具体分布

省　份	生产厂家	生产线/条	产能/千吨	占全国总产能比例/%
广东	16	34	343.7	31.2
浙江	11	15	194.5	17.6
江苏	5	10	168.5	15.3
安徽	3	7	63.5	5.7
河北	2	4	44	3.9
辽宁	3	4	42.5	3.8
黑龙江	2	4	39.5	3.5
上海	2	3	35	3.1
云南	2	3	33.5	3.0
湖北	2	5	31.5	2.8
四川	2	2	29	2.6
山东	4	4	23	2.0
天津	2	2	18.5	1.6
北京	2	2	10	0.9

续表

省　　份	生产厂家	生产线/条	产能/千吨	占全国总产能比例/%
贵州	1	2	8	0.7
海南	1	1	3.5	0.3
湖南	1	1	3	0.27
河南	1	1	3	0.27
广西	1	1	3	0.27
福建	1	1	2	0.18
合　　计	63	106	1 101.2	100

（6）BOPET 薄膜行业发展过热，市场供大于求已成定局

在双向拉伸材料之中，BOPP 占有最大的市场份额，其次就是 BOPET（双向拉伸聚酯）薄膜。BOPET 薄膜是一种非常优质的高档塑料基材，由于具备抗拉强度大、电绝缘性能和光学性能好、耐寒（−70℃）、耐热（200℃），耐化学腐蚀性、阻氧性和阻湿性及收缩性稳定等优良特性，BOPET 薄膜目前广泛用于包装、磁性材料、影像、感光、电子等工业应用领域，其中包装是 BOPET 薄膜需求增长最快的应用领域。我国 BOPET 薄膜行业从 20 世纪 80 年代开始经历了三次发展高潮，在 90 年代初得到迅速发展。随着国民经济的稳步增长和中国加入 WTO，大型跨国企业将生产基地向国内转移，以及通过近几年国内 BOPET 薄膜同行反倾销的不懈努力，国内 BOPET 薄膜市场需求近年迅速增长，供需两旺，出现了国内 BOPET 薄膜行业发展的新高潮。

但值得引起我们重视的是，据各方面信息显示，自 2003～2005 年年初期间，国内将有 24 条 BOPET 新线相继投产，并且目前至少有 8 条万吨级引进新线和国产生产线正在磋商谈判或酝酿之中。这其中大部分是首次涉足 BOPET 薄膜行业的新投资者。根据中国塑协 BOPET专委会各项信息的统计，自 1995 年以来，国内市场需求的年均市场增长率约为 15.5%；截至 2002 年底，全国共有 20 余家 BOPET 薄膜生产企业，各类生产线 25 条，年产能力约 11 万吨，进口量约为 7.3 万吨，出口量为 1 万吨，全年表观需求量约为 17.3 万吨；2002 年产量为 10 万吨比 2001 年 8 万吨增长 25%；2003 年产量约 14 万吨，2003 年 BOPET 装置能力达到 20 万吨，生产线 40 条；预计到 2005 年国内市场对 BOPET 表观需求量为 20 万吨。

如表 14 所示，目前中国最大的生产企业是佛山杜邦鸿基薄膜有限公司，共有 5 条 BOPET 薄膜生产线，年产能为 4 万吨。上海紫东于 2002 年 8 月新增加 13 800 吨项目投产，正在建设的项目有江阴中达材料公司、山东新立克公司、仪征化纤薄膜厂、天津万华、温州仓南金田集团、佛山杜邦鸿基公司、绍兴翔宇绿色包装公司等，预计投产后将增加 5 万～6 万吨生产能力。目前准备上马的项目有黑龙江大庆石化公司、浙江大东南塑胶集团公司、江阴申达集团公司等。

据业内人士预测，到 2005 年底国内 BOPET 薄膜产能将急剧增加到 50 多万吨，从 2004 年下半年起供大于求将成定局，并且预计 2005 年和 2006 年供过于求的情况将更为严重，形势十分严峻。

国内 BOPET 薄膜产业的过热发展和非理性投资不但将严重影响行业的整体健康发展，而且也无法为新投资者带来预期的投资回报。

表 14 2003 年中国 BOPET 薄膜企业规模统计表

公司名称	生产线数/条	生产能力/(万吨/年)
佛山杜邦鸿基薄膜有限公司	5	4.00
山东新立克塑胶有限公司	2	2.88
上海紫东化工塑料有限公司	2	2.30
浙江无名皮塑集团责任有限公司	1	1.10
南京兰埔成实业有限公司	2	0.90
天津万华股份有限公司	1	0.70
仪化东丽聚酯薄膜有限公司	1	0.65
上海化工厂有限公司	1	0.60
四川东方绝缘材料公司	2	0.50
杭州大华塑业有限公司	2	0.40
中山市盈溢包装有限公司	1	0.40
汕头海洋第一聚酯薄膜有限公司	1	0.30
南京金中达新材料有限公司	1	0.25
江苏常州绝缘材料厂	1	0.20
天津绝缘材料厂	1	0.20
丹东塑料一厂	1	0.10
天津远大感光材料公司(已停产)	2	0.40
其他	5	0.20
合计	32	16.08

(7) BOPA 薄膜及其他包装材料发展情况

BOPA 薄膜在国际上发展较快。日本每年以 15%～20%速度增长，欧美国家以 8%～10%速度增长，世界总量为 11 万～13 万吨。BOPA 薄膜具有高阻透、耐穿刺、耐低温、耐油性好等优良性能，主要用于蒸煮袋，冷冻真空包装，鲜肉、奶酪、香味食品包装及盖材，近几年来市场用量逐步扩大，用于食品复合包装是发展趋势。

此外还有诸如 BOPS 片材、CPP 薄膜、三层及五层甚至七层共挤薄膜、真空镀铝或其他各种复合薄膜、高阻隔性 PVDC 肠衣膜和涂覆膜等多功能和特色各异的包装用薄膜均已能够生产，多种规格和各种工艺生产的饮料瓶、中空容器已无所不在，泡沫塑料和挤出网、挤出发泡片材、真空吸塑制品也得到广泛使用。目前塑料包装材料已占到塑料制品总产量的 18%以上，是塑料制品加工行业中发展最快的领域。

3. 塑料建材领域市场空间大发展前景广阔

20 世纪 80 年代引进生产技术并工业化生产的建筑用给排水管材、异型材门窗等制品现已被广泛采用，并成为国家鼓励使用、积极组织推广的新型建材。目前塑料管材和异型材在建筑用管材及门窗中使用比例已分别达到 30%和 15%，2003 年塑料管材和型材总产量已达 280 万吨以上。

近几年来，中国塑料管材发展很快，品种规格在不断丰富，产量在不断增加，质量在不断提高。截止 2003 年底，全国塑料管材生产线约有 3 000 余条，生产能力已达 250 万吨。其中 PVC-U 管材生产企业 600 余家，年生产能力达到 130 万吨，年生产规模超过 1 万吨的企业 60 多家；PE 管生产企业 150 余家（其中近 100 家是生产农用管和化工管道），年生产能力达到 50 万吨（实际生产量约 40 万吨），年生产规模在 5 000 吨以上的企业几十家，万吨级的也超过

10 余家。随着国家对环境保护的日益重视，未来 5 年内国家将在排水管网建设方面投入巨资，这意味着塑料埋地排水管的发展市场空间将加大。其他塑料管、防水卷材与防水涂料以及塑料装饰材料如贴墙纸、地板革、地板块、地毯等也在成为现代建筑材料中不可缺少的品类。

塑料型材与门窗应用量在全国范围内仍有较大幅度增长。到 2003 年底全国型材生产线有 4 000 余条，总能力为 300 万吨，型材产量 140 万吨。塑料门窗生产企业近万家，生产能力超过 3.3 亿平方米，塑料门窗产量超过 1.54 亿平方米。采用双色共挤出型材或喷涂着色工艺彩色塑料门窗在国内已试推广。全国最大的型材与门窗生产企业芜湖海螺公司销售超过 30 万吨，大连实德公司销售超过 27 万吨，分别为行业第一、二名。生产能力，大连实德已达到 48 万吨，芜湖海螺达到 40 万吨，两家企业规模已成为世界上型材生产企业的第一名和第二名。

在发达国家，塑料门窗的市场占有率也是高居首位，如德国为 50%，法国为 56%，美国为 45%，比居第二位的木窗的占有率平均高出约 10%。

我国建筑节能 2010 年规划的整体设想与目标是逐步执行节能设计标准。2000 年 10 月 1 日起执行的建设部《民用建筑节能管理规定》第四条指出：国家鼓励发展建筑节能技术，在建筑技术中改善建筑物维护结构保温隔热性能的要求。新的“民用建筑节能设计标准”要求新设计的采暖居住建筑的保温性能要比 1981 年的建筑提高 50%，同时，有步骤地改造旧建筑。因此，我国要发展新型建筑隔热保温材料，其中各种泡沫塑料是主体。随着我国生态、绿色、环保住宅的发展，必然促进环境建材节能材料（如 XPS 板材、EPS 板材、PU 板材等）的持续发展。

在中国，为提高居住舒适性和生活质量，居民装修越来越普遍，而且从城市扩展到一些中等以上发达地区的农村。城镇化的发展，小城镇建设、建筑节能改造、居民装修这三个市场特点是总量巨大，品种规格繁多，应引起人们普遍关注。

4. 汽车工业等领域应用塑料种类繁多，数量大幅增加

汽车工业发展的一个重要标志就是塑料材料的使用比例不断增加。目前几大汽车企业所使用的各种塑料材料和零部件在国内均可以生产，塑料制品加工业有力地支持了汽车制造业发展，并加快了汽车零部件生产国产化的步伐。电缆、光缆的绝缘材料和护套材料均已从橡胶、铅、纸等材料转为全塑材料：计算机、洗衣机、电冰箱、电风扇、空调器、吸尘器、电视机以及众多的家用电器使塑料材料真正找到用武之地。

目前，中国每辆汽车平均塑料用量为 70kg，约占汽车总质量的 6%左右，达到国外 20 世纪 80 年代中期的水平。日本、美国和德国等发达国家每辆轿车平均使用塑料已超过 100kg，约占汽车总质量的 8%。汽车塑料中用量最大的塑料品种是 PU、PP、ABS、PVC 和 PE，分别占汽车用塑料总量的 26%、25%、13%、10%和 7%，其他品种占 19%。

汽车维修的塑料消费量也在不断增长，汽车总保有量平均每年增长 19%左右，按每年 5% 替换量计算，2001 年中国在汽车维修中使用的塑料已达到 6.2 万吨，其中消费 PP 1.5 万吨，PE 主要用于油箱。

燃油箱主要是用 HDPE 生产，生产企业有 6 个，即长春君子兰工业集团汽车工程塑料厂、扬州汽车塑料公司、武汉塑料集团亚普塑料有限公司、重庆益弘工程塑料制品有限公司、江阴江南模塑化有限公司和重庆市北盛塑料有限公司，可生产单层和多层共挤 HDPE 燃油箱。这些企业的生产能力均达到 20 万只/年。2001 年中国汽车燃油箱产量为 80～100 万只，约消耗 PE 产品 7 000 吨。

5. 健康消费理念驱动抗菌塑料需求日趋旺盛

随着塑料制品的普及，人们日常接触塑料制品的机会日益增多，被细菌污染，导致对人传染疾病的可能性增多。抗菌塑料在国外的应用最早出现于二次世界大战，目前主要应用领域为日用制品、家用制品、建材制品和食品包装等。中国抗菌塑料的开发始于10年前，真正发展较快的是在20世纪90年代中后期，中科院化学所工程塑料国家工程研究中心与海尔集团联合，成功地开发了应用于家电产品上的抗菌塑料。中国1999年抗菌剂产量为150吨，销售额为1 200万元，抗菌塑料制品100亿元。2000年抗菌剂产量已达到200多吨。

目前中国的抗菌塑料家电的销售额已达140亿元。据专家预测，随着科学技术的发展，人们对生活质量的要求越来越高，塑料是抗菌剂应用最广的领域，抗菌塑料在家电和日用品中应用以外，将主要应用在建材和室内装饰，以及轿车的内饰件等方面。预计到2005年，中国的抗菌塑料将发展到4万～5万吨/年，需要抗菌剂约400～500吨/年，抗菌制品的产值将达到400～500亿元/年。最近，美国ARP公司生产的抗菌母粒已进入中国市场，抗菌塑料制品在中国市场前景看好。

二、寻找差距、认真对待、促进发展

1. 总体装备水平低、工艺技术相对落后

近20年来中国塑料工业加快了技术改造的步伐，不断更新设备，除几十个大型国有塑料企业集团公司及部分独资、合资和私人等塑料制品企业拥有先进设备以外，绝大多数塑料加工企业仍然以国产设备为主，正在使用的设备中大约20%属高能耗、低产能的设备，本应淘汰，但因种种原因至今还在使用。

2. 产品结构不合理，中低档产品偏多

中国塑料工业总体水平与发达国家相比还有一定差距。部分产品生产能力相对过剩、产品结构不合理的矛盾十分突出，主要表现为中低档产品偏多，高档与缺门配套产品少；通用技术产品多，高技术、高附加值产品少等问题。由于宏观调控力度不够，致使企业盲目上生产线，扩大生产能力，造成供过于求。有的企业开工不足，中低档长线产品生产过剩，如编织袋、贴墙纸等产品；一些高档产品仍在大量进口，如鞋用人造革、合成革、香烟包装用BOPP薄膜、4～6μm电容器薄膜、复合包装用的新型基材以及许多工程塑料制品。据海关统计，2003年人造革、合成革进口11.84万吨，用汇5.02亿美元；而人造革、合成革出口仅为15.74万吨，创汇3.817万美元。2000年人造革、合成革进口12.41万吨，价值2.96亿美元，分别比上年同期下降7.59%和3.27%；而人造革、合成革出口共2.65万吨，价值5 316万美元，分别比上年同期增长13.71%，32.63%。2002年人造革、合成革海关出口量3.27万吨，同比增长16.64%；出口额6 602万美元，同比增长23.93%。海关进口量10.89万吨，同比下降3.68%；进口额3.29亿美元，同比增长5.73%。历年人造革、合成革进出口的情况详见表15。

表15 历年全国人造革、合成革海关进出口统计表

年 份	进出口值/万美元			进出口量/吨		
	进 口	出 口	进出口差值	进 口	出 口	进出口量差
2000年	54 357	17 427	−36 930	154 300	69 500	−84 800
2001年	52 707	22 661	−30 046	144 100	86 400	−57 700
2002年	51 703	30 569	−21 134	117 672	121 223	+3 551
2003年	50 359	38 175	−12 184	118 396	157 395	+38 999

由此可见，全国人造革、合成革出口量同期增长幅度大大高于进口量值的增长幅度；进口量值和出口量值相差的绝对值比较，进口量值大于出口量值，但其绝对值在逐年递减；国内对高档人造革、合成革需求旺盛，供不应求需大量进口；重点生产企业正大力开发，提升产品档次品质，立足扩大内需增大出口。

3. 科技投入不足、开发能力薄弱、自主知识产权的塑料制品少

多年来，中国塑料制品行业一方面自己培养了大批塑料加工专业技术人才，涌现出一批具有开拓、创新精神的优秀的企业家和管理人才，他们在塑料制品工业发展中起着不可低估的重要作用；另一方面陆续花费 100 多亿美元（从 1993～2000 年八年间为 135 亿美元，折合人民币 1 120 亿元，平均每年 150 亿元）购置引进大量国外技术与设备，生产出具有国际水平的产品，也创造了较好的效益，但迄今为止我们依靠自己的力量研究成功的加工工艺或研制出的塑料制品不多。这首先是就整个行业来说科技投入不足。美国的科技投入占国民经济总产值的 2.61%，日本为 3%；从数额上看爱立信公司 1997 年科研投入为 31 亿美元，松下电器为 33 亿美元，IBM 为 39 亿美元，美国通用汽车公司高达 82 亿美元，而我们目前的科技投入极微，而且认识上严重落后于发展变化的新形势。长期存在的另一个问题是科技成果转化为生产力的比例较低，仅在 20%左右。有的企业把技术进步的希望寄托在不断购买和引进上，长期未能立足于自主研制与开发。

4. 大中型企业（集团）少，一些产品尚未形成集约化规模经营

塑料加工企业由于可以单机生产，许多产品适合于分散、小批量、多品种生产，出现众多小规模的加工企业是不可避免的。但小企业存在着信息不灵，产品技术含量低，只能维持简单重复生产等弊端。目前虽然出现了一大批年产万吨以上的大、中型制品加工企业，而且有少数企业的产品代表了行业最高水平，占领了国内市场相当的份额，并获得名牌产品的称号，但这些大中型制品加工企业就其规模来看，与国外同行业企业相比仍明显偏小。现有的佛山塑料、河北宝硕、常州塑料、浙江大东南、中达集团、烟台万华、芜湖海螺、江苏三笑、大连实德、江阴模塑、浙江鸿达、新疆天业、无锡兴达、福建亚通、湖北凯乐、湖南安塑、山东三塑、安徽天安、安徽国风、明达塑胶（厦门）、广东广洋、四川川路等 20 余个企业集团的总产值约占全行业总产值的 20%以上。但就其规模除大连实德、芜湖海螺等少数企业外，多数生产厂家均不及国外一些大公司企业。又如塑料管材，2000 年中国共有生产厂 200 多家，生产能力 100 多万吨，实际产量 60 万吨以上，其中年产万吨以上的企业有 20 多家，占总生产能力的 60%；近年来，生产能力数万吨的企业逐渐增多，年生产能力达万吨级企业超过 60 家，生产能力 3 万吨以上的企业 20 多家。产量或销售突破两万吨的有华亚、凯乐、亚通、宝硕、亚大、明珠、九利、伟星、法尔胜、永高、中财、中元枫叶、国通、华亚芜湖、南塑、联塑、顾地、日丰、天盈、川路、天业（顺序不分先后）等 20 余家。而日本聚氯乙烯塑料管材产量约为 55 万吨，其中积水化学与三菱化学两家产量之和就达到 24 万吨，占总产量的 43.6%。此外，农地膜生产企业数万吨级的也仅有河北宝硕、济南三塑等几家企业。

5. 区域发展不平衡，差距不断拉大

塑料工业的发展很不平衡。就地区而论，东南沿海与西南、西北地区的差距在不断扩大，南方地区比北方地区发达，沿海地区比内地发展快。特别是中国西部地区相对欠发达，人均产量和消费量远远低于全国平均水平。沿海塑料工业快速发展的经验表明塑料工业发展快慢与本地区的石化原辅材料工业和塑料加工机械制造工业的发展以及周边经济环境、外贸进出口、人

力资源、资源条件等制约经济发展的诸方面因素都有关。

广东、浙江、江苏、山东、福建、上海六省市是中国塑料工业发达的东南沿海省市。这些地区塑料制品加工企业无论在数量上，还是在制品产量上都位居全国前列。据近年统计的从事塑料制品生产的企业资料显示，广东省有4 484家，山东省有2 353家，浙江省有5 795家，江苏省有3 666家，四省共有加工企业16 298家，占全国总数的47.62%；近年来，塑料行业企业规模在不断扩大，从塑料制品产量地区分布上看，广东省、浙江省、江苏省三省制品产量占全国的55%以上，其中仅广东省塑料制品的产量就占全国的26%。塑料制品行业沿海省市发展势头非常强劲，虽然西部大开发步伐加快，但东西部差距仍在拉大，不过总体水平都在逐步提高。

6. 国产原料供不应求，必须依赖大量进口

1998年国产五大合成树脂为676万吨，当年进口五大合成树脂962万吨，1999年进口合成树脂猛增到1 119万吨。2000年合成树脂产量1 080万吨，比1999年（842万吨）增长22%。2000年中国合成树脂表观消费量为2 196万吨，比1999年增长15%。

2003年中国五大合成树脂生产量达1 388.91万吨，进口量为1 307.12万吨，出口量仅15.84万吨（详见表16）国内合成树脂供需状况呈两位数增长的态势。

表16　2003年我国合成树脂供需状况

品　　种	生产能力/万吨	产量/万吨	进口量/万吨	出口量/万吨
PE	429.48	412.96	469.01	2.59
PP	443.89	426.82	273.43	1.19
PVC	416.68	400.65	229.24	4.53
PS	104.96	100.92	156.43	5.39
ABS	49.46	47.56	179.01	2.14
合计	1 444.47	1 388.91	1 307.12	15.84

2002年增塑剂的总消费量达115万吨，其中国内生产为45万吨，进口为45万吨，其余25万吨为三资企业如台塑（台塑大陆产能15万吨）等在国内新设工厂生产和其他来源。其中100万吨用于塑料。热稳定剂大约11万～12万吨，光稳定剂3 500吨，各种牌号的稳定剂国内大多能生产。

在工程塑料制品生产方面，所用的合成树脂原料更多地依赖进口。1998年PA、PC、POM、MPPO和PET、PBT五大通用工程塑料树脂总消费量达到26万吨。国产原料仅能满足市场需求的28%，其中PC、POM几乎完全由外资企业提供。2000年中国通用工程塑料消费量为32万吨，是塑料制品总产量的约2%，其市场需求潜力巨大。即使是通用五大树脂PE、PP、PVC、PS、ABS等许多牌号也必须大量进口，例如燃气管专用PE80、PE100、PPR管所用的专用原料，BOPP薄膜使用的PP专用料等，特别是每年国内使用100多万吨的ABS树脂，其90%是依赖进口解决。

三、发展思路与发展重点

（一）发展目标

根据有关调查，我国塑料产品的产量增长与国民经济GDP的增长有较好的相关性，1983～1998年塑料产品产量的年均增长率是同期GDP年增长率的1.6倍左右（1983～1998年GDP年均增长率为10.3%，而合成树脂消费量年均增长率为16.7%）。考虑到2000～2005年我国GDP的增长率按7%计算，2005年后至2015年GDP增长率按6%计算，我国塑料产品

的产量在2000～2005年之间的年增长率应定为10%，2006～2015年之间的年增长率应定为8%，相应的产量分别为2 500万吨/年和5 000万吨/年。

根据市场预测，2005年按用途划分各类塑料产品的产量及占总量比例分别为：

农用塑料产品	470万吨	占总产量19%
包装用塑料产品	550万吨	占总产量22%
建筑用塑料产品	400万吨	占总产量16%
工业配套用塑料产品	450万吨	占总产量18%
日用塑料与医用塑料产品	472万吨	占总产量18.7%
人造革、合成革产品	78万吨	占总产量3.1%
其他类塑料产品	80万吨	占总产量3.2%

长期以来我国塑料工业使用的合成树脂原料除国产产品外，大量依赖进口，1983～1998年国产合成树脂与塑料加工用原料的比例，年平均为49.5%，其中1998年实际进口量占合成树脂总消费量的比例为48.4%。1999年我国合成树脂的产量为851万吨，进口则为1 119万吨，其中五大类树脂分别为799.55万吨和1 027万吨。尽管我国合成树脂工业也在迅速发展，中石化集团公司提供的数据表明，2005年我国乙烯年生产能力为880万吨，合成树脂产量与乙烯产量之比为1.85，则合成树脂产量将为1 465万吨（开工率90%），占当年塑料用原料的比例可达58%左右，但仍将有1 000万吨左右的合成树脂需要靠进口满足。

（二）指导思想

根据塑料制造业“十五”发展规划，塑料制品发展重点的总趋势是：农用塑料（包括农地膜、节水农用器材）和土工合成材料仍占重要的地位，将得到进一步发展；包装材料和塑料建材将是塑料工业快速增长的主要领域；高科技、高附加值的工程塑料制品及复合材料，生产与应用领域将随着市场经济的发展不断扩展；几大类制品如管材、异型材、压延制品、双向拉伸材料、薄膜等的生产将逐步向经济规模方向发展；为保护臭氧层，泡沫塑料生产进行无氟技术改造；为减少环境污染，将加强废弃塑料回收利用及降解塑料的研究开发；为增加塑料制品的品种和提高档次，必须重视塑料机械和模具的设计与制造。

据预测，今后几年塑料制品总产量增速将达每年10%左右，到2005年，塑料制品总产量将突破2 500万吨，而且在产品品种、功能、质量和应用领域等多方面将发生显著变化。

（三）各类用途塑料制品发展重点和预期目标

1. 农用塑料制品

在我国东北地区，越冬以节能型日光温室为主，三面是保温墙和加长后坡，一面是多功能棚膜，这主要取决于薄膜的透光面积和透光质量。我国南方地区，江南、江淮及长江中下游地区以设施园艺为主，主要采用的是塑料大中棚。

多功能性棚膜是近几年来随着我国现代农业的快速发展而不断研发壮大起来的一系列新产品，为适应现代栽培工艺的要求，跟上我国农用栽培技术的发展步伐，对功能性棚膜不仅在数量和品种上有更高的要求，而且在保温性、流滴性、减雾性、耐老化性和长寿等性能上也有更高的要求。

今后几年在农膜的功能性上要着重解决耐老化与防雾滴同步、防滴又消雾的问题，同时要大力宣传推广高保温、高光效薄膜制造技术，使棚膜集耐老化、防雾滴、高保温、高光效等多种功能于一体。在棚膜规格上，聚氯乙烯薄膜幅宽将达到4m以上，聚乙烯薄膜可达8～12m，最宽可达 20m。三层共挤棚膜和 LDPE 与 LLDPE、EVA 的共混薄膜也分别显示出各自的优越性，其生产规模将不断扩大。地膜在不断扩大覆盖面积的同时，将努力关注具有降解功能的和其他有独特功能的品种，如有色地膜、除草地膜、双色黑白地膜等，并加以宣传和推广，以利于在进一步发挥地膜的保温、保墒优势的同时，又能保护土壤，维持农作物良好的生态环境。

棚膜、地膜、青饲膜、遮阳网等农用塑料制品是当前及今后长时期农牧业生产发展所必需的重要农用覆盖材料。据中国塑协农膜专业委员会不完全统计，目前全行业拥有大小规模不等的农膜生产企业近千家，生产能力 200 万吨以上，实际年产量接近 100 万吨，其中年生产能力万吨级以上的大型骨干企业约 30 家，其生产能力和产量均占全国总量的 60%以上，中国已成为世界上农膜产量和使用量最大的国家。根据农业部的预测，至 2005 年包括氨化膜、青贮膜和缠绕膜的饲草用膜、塑料育苗容器、遮阳网、防虫网、捕捞网具、农产品贮藏保鲜材料、农药器械、泡沫塑料板材等，所需塑料制品将超过 300 万吨。

2. 农用塑料节水器材

我国是一个水资源十分短缺的农业大国。目前我国水资源人均占有量仅为世界平均水平的四分之一，居世界第 109 位。农业用水量占全国总用水量的 20%以上，而且长期以来农田灌溉水的有效利用率很低，只有 30%～40%，每年都要白白损失掉大量的宝贵水资源。

节水灌溉技术具有明显的节水、增产和低能耗等特点。国家要建设好数百个高标准节水增效示范区和上百个大型灌区的节水增效为中心的续建配套和更新改造，这对塑料节水器材数量、品种、规格、质量上更高的要求。现有节水灌溉器材生产厂 35 家，生产塑料节水器材 30 多万吨，发挥了一定的作用。减少从水源地到田间输水过程中水量损失的措施有渠道防渗、低压管道输水、喷灌与滴灌等，这些措施不但能减少输水损失，又能减少田间灌水损失，但其需要大量塑料节水灌溉器材，因此输水用塑料管、喷灌、微灌、膜下滴灌用配套管材和管件，质轻而刚度大的塑料井管等将会得到更大的推广应用。

针对中国塑料节水器材发展现状及推广应用实际，我们要以市场需求为导向，以科技进步为依托，在引进和消化吸收国外先进技术的基础上进行开发创新，提高产品质量，增加品种规格，加大开发研制适应我国农业特点及城市园林化需要的农用塑料节水器材的力度，生产出优质的系列化产品，更好地为现代化农业提供有效服务。

根据水利部门的发展规划，2004 年节水灌溉工程需要各种塑料节水器材如各类管材与管件、灌水器、喷头、防渗用薄膜、土工布等 170 万吨。

3. 土工合成材料

土工合成材料在土工建筑中可以起到防护、排水、反滤、隔离、防渗等作用。由于在同等设计标准下，使用土工合成材料可以减少砂石、沥青用量，又可以减少维护费用，使用占总投资 1%～2%的土工合成材料可以使工程总造价降低 20%～40%，因此在水利、交通、环境等工程领域正在受到重视并积极推广应用。

塑料土工合成材料包括聚乙烯土工膜、聚乙烯膜与无纺布复合而成的土工布、聚氯乙烯土工膜、聚氯乙烯膜与无纺布复合而成的土工布、聚乙烯土工格栅、聚乙烯土工网、编织土工布、编织布与无纺布复合而成的土工布、非织造土工布等。为正确引导土工合成材料的生产和应用，1998 年国家主管部门发出在水利工程中进一步推广使用土工合成材料的通知，并公布了土工合成材料第一批重点生产企业。在 39 家重点生产企业中，塑料制品加工企业有 13 家。国家还制定和发布了一批土工合成材料的产品标准和应用技术规范并落实一批示范工程。水利建设、公路建设、铁路建设、城市建设和机场建设用各种土工合成材料，如土工膜、土工编织布及复合材料、土工膜与无纺布复合材料、土工单向及双向拉伸材料等等，也将得到广泛的应用。

4. 包装塑料制品

包装至今仍是塑料应用中的最大领域，其发展所占份额大大超过其他传统包装材料。以日本和美国为例，日本各种包装材料总消费量年均增长率为2.8%，其中纸和纸张4.7%、金属4.9%、玻璃3.3%，玻璃纸和木材均为负增长，而塑料则达到7.1%。美国各种包装材料增长率铝材为3.1%、钢1.8%、玻璃0.9%、纸张2.2% 、塑料为6.4%，美国年包装消费1 000万～1 100万吨，其中纸张占18%、塑料占21%。中国近几年统计塑料包装材料总产量约占包装材料总产量的1/3，居各种包装材料之首，2002年达400万吨，增长幅度较大；2003年达465万吨。

在发达国家粮食小包装占的比例很高，如美国、法国、德国、意大利等商品粮中，小包装占80%，大包装占20%。中国粮食的小包装在一些大城市中已有了起步并取得了进展。若粮食销售小包装的比例能达到国际上先进国家的水平，至少需要各种塑料基材110万吨。

食品、饮料、药品、洗涤用品、化妆品、化工产品等在中国迅速发展，它们对复合膜、包装膜、容器、周转箱等包装制品有很大的需求，如饮料的产量基本上是五年翻一番，预测2005年将达到2 500万吨左右，其中50%将使用聚酯瓶包装，即需100亿个左右。还有几百万吨方便食品、乳制品、罐头食品、味精、糖果、饼干等等需要各种包装材料。药品包装也有很大市场。

目前50%以上的水泥包装使用复合编织袋，还有矿产品、化工产品、合成树脂、原盐、食糖、棉花和羊毛等包装，由于中国纸张和黄麻资源缺乏，塑料包装作为主要包装材料是必然趋势。

值得一提的是防静电包装膜。中国使用的防静电包装膜基本上由美国日本进口，现该产品由重庆兵器工业五九研究所、顺德诚信公司、中山市东升公司开发成功，并已投入生产，市场日渐拓宽。

综上所述，到2005年包装塑料制品总的需求量约为550万吨。

5. 建筑塑料制品

塑料建材主要包括塑料管、塑料门窗、建筑防水材料、隔热保温材料、装饰装修材料等，塑料建材在建筑工程、市政工程、村镇建设以及工业建设中用途十分广泛。塑料建材不仅能大量代钢代木，替代传统建材，而且还具有节能节材、保护生态、改善居住环境、提高建筑功能与质量、降低建筑自重、施工便捷等优越性。已迈向产业化发展阶段的建筑塑料制品仍将在“十五”期间保持快速增长的势头。

（1）塑料管道在城镇饮用水中十分重要

据世界卫生组织（WHO）的一项调查结果显示：因为水源污染，全世界80%的疾病、50%的癌症与饮用不洁净饮水有关。因此管道直饮水是高档次的生活饮用水。但镀锌管存在锈蚀、洁具结垢、水质变浊黄、寿命短等诸多弊端，1999年国家建设部等委局已联合发文件，要求在全国城市新建住宅中，全面禁止使用给水镀锌管。

中国是世界上人口最多的国家，也是世界上最大的发展中国家。关爱人民健康，提高人民生活水平的饮用水质量是未来城市饮用水发展的必然趋势。在新建的住宅建设中使用合乎国标的塑料饮水管，是摆在建设者、开发商和有关各级领导面前的重大问题。

据《圣火暖通·管材管件》行业快讯报道，经国内多家卫生检测权威机构对纳米抗菌塑料不锈钢复合管的抗菌效果进行检测，对金黄色葡萄球菌及大肠杆菌抗菌试验结果符合国家标准 GB 15979—2002 的规定，杀菌率可稳定在 98%以上。

（2）塑料管材、型材与门窗已经进入产业化的发展阶段

按照国家化学建材推广应用发展规划纲要，2000 年化学建材重点产品的推广应用数量将达到 60 万吨左右，2010 年在 2000 年的基础上翻两番。到 2000 年，塑料管和塑料窗的推广应用在全国平均市场占有率分别达到 30%和 15%。到 2005 年，塑料门窗在全国建筑市场上的占有率将达到 20%，其中采暖地区的塑料门窗占有率达到 50%以上，其他有建筑物地区按节能要求，塑料门窗应用比例不低于 35%。到 2010 年，塑料管和塑料门窗的推广应用在全国平均市场占有率将分别达到 50%和 30%以上。其他塑料制品如护墙板、吊顶板、软性或硬性地板、窗台板、踢脚板等已大量进入普通居民家庭和公共建筑，并正在迅速得到普及应用。

目前塑料异型材 2002 年生产能力已达 280 万吨；型材生产线 3 800 多条，产量达 120 万吨；门窗组装生产线 10 000 多条，可组装 20 亿平方米，为 75 亿平方米的建筑配套。当前型材生产的主要任务是确保型材性能质量、加强生产许可管理，杜绝粗制滥造。同时，型材与门窗向高品质多品种的方向发展，并且采用双色共挤出型材或喷图着色工艺彩色塑料门窗在国内推广使用。

塑料管的推广应用主要以 UPVC 和 PE 塑料管为主，并大力发展其他新型塑料管。到 2005 年，在全国新建、改建、扩建工程中，建筑排水管道 70%将采用塑料管，建筑雨水排水管道 50%采用塑料管，城市排水管道 20%采用塑料管，建筑给水、热水供应和供暖管道 60%采用塑料管，城市供水管道（ϕ40mm 以下）50%采用塑料管，村镇供水管道 60%采用塑料管，城市燃气管道（中低压管）50%采用塑料管，建筑电线穿线护套管 80%采用塑料管。总之，到 2005 年塑料管道在全国各类管道中市场占有率会达到 50%以上。

（3）塑料装修和防水材料广泛应用

用于制作家具和装修材料的硬质 PVC 发泡板材已有 38 家企业，引进 43 条生产线，生产能力达 8.5 万吨，产品已用于家具、室内装修，取代各种木材。新型防水材料发展迅速，产量逐渐增长，在工业和民用建筑中得到广泛应用。1999 年高分子防水卷材的生产能力达到了 5 000万平方米，销售量达到 3 000 万平方米。在高分子防水卷材中，重点推广三元乙丙橡胶（EPDM）、聚乙烯和聚氯乙烯等新型高分子防水卷材。到 2005 年，新型高分子防水卷材在全国防水工程市场的占有率将达到 11%，年用量约为 4 500 万平方米。建筑密封材料的用量约为 10 万吨。“十五”期间，各类防水材料除传统的应用于工业和民用建筑，特别是住宅建筑的屋面、地下室、厕所浴室、厨房地面外，还将广泛应用于新建铁路、公路、市政道路、轻轨交通（包括桥面、隧道）、水利建筑、城镇供水工程、污水处理工程、垃圾填埋场工程，以及建筑物外墙面等。

“十五”期间，各种塑料管、高分子防水材料、装饰装修材料、保温材料及其他建筑用塑料制品有较大幅度增加，因此 2005 年的总需求量约为 400 万吨。

（四）工业、交通、信息产业用工程塑料制品

这些行业使用大量的塑料制品，主要用做家电、电子、汽车、交通运输、邮电通讯、国防工业等配套件，使用的主要材料为 ABS、HIPS、PA、PC、POM、聚酯（PET 和 PBT）、改

性聚烯烃（PO）等。

PP/EPDM 塑料合金在电线电缆上的消费潜力很大。我国目前有电缆厂约 6 000～7 000 家，其中 2/3 为中小型电缆厂，若 PP/EPDM 用挤塑工艺生产，单位成本可降低 20%～50%，且性能优良。未来 5～10 年中国电线电缆生产工艺将发生巨大变化，随着通信行业的迅速发展，原有电线电缆的生产工艺将随着与世界接轨而被取代，估计 PP/EPDM 在该领域全年需求量将超过 3 万吨。

PP/EPDM 密封制品，主要用于高档建筑物的铝合金门窗和火车、船舶、飞机门窗的密封条，使用寿命长，还用于国际运输使用的集装箱密封，属规定使用的产品。随着中国集装箱使用量的增多，PP/EPDM 将会有很大增长，年需求量可达 2 万吨。

家用电器中现有洗衣机生产企业 80 余家，产量在 1 200 万台以上，丙烯共聚物（PPC）年用量大约 6 万～7 万吨，现绝大部分进口，如能用 PP/EPDM 塑料合金替代 50%，每年需求量达 3 万吨。

1. 汽车用塑料

汽车工业是重要的支柱产业，需要大量的工程塑料件，从目前汽车工业的发展势态看，汽车零部件的塑料化已成为汽车工业的发展趋势，特别是部分结构件、内装饰件使用塑料的比例越来越高，塑料外装饰件的应用量也在逐步增加。从品种看，PP、PVC 和 PU 将有较大的发展前景，尤其 PP 与其他聚合物，如 PVC、ABS、HDPE 和工程塑料的竞争中具有较大优势。

发达国家中汽车工业用塑料占塑料消费量的 7%～10%，中国约占 6%左右，每辆轿车用塑料量占车身的自重中国也低于发达国家 7%～11%，所以汽车用塑料将有较大增长，2002 年汽车产量达到 320 万辆，其中轿车 110 万辆左右，占 35%多，还有摩托车产量约有 1 300 万辆，共需要各种塑料配件 40 万吨。

PP/EPDM 在汽车保险杠、仪表板等方面的应用越来越广泛。按照单车消耗 PP/EPDM 20 千克计算，2010 年中国将达到 600 万辆生产能力，其中 400 万辆为轿车，PP/EPDM 需求量将达 8 万吨。

PA11 是汽车行业中有发展潜力的工程塑料，尤其是轿车生产中，50%的欧洲轿车和 20%的美国轿车都采用 PA11 作燃油管，如美国年产汽车燃油管约 2 000～2 500 吨。未来 10 年间中国将发展成为世界第三大汽车生产大国，预计每年仅汽车工业就将消费 PA11.2 万吨。

按照中国机械工业“十五”计划和 2010 年规划，到 2005 年和 2010 年汽车产量将分别达 300 万～320 万辆和 460 万～480 万辆。中国汽车用塑料的比例将逐步提高，到 2005 年中国轿车的塑料使用量将达到 90 千克/辆，其中 PP 用量约 32.2 千克/辆，客车、轻型车和卡车等对塑料的需求量不断增长，其汽车生产总需求量将达 35.0 万吨，到 2010 年将达 41.3 万吨。此外，中国私人汽车保有量 1999 年为 534 万辆，汽车总保有量平均每年增长 19.4%，所需各种塑料汽车备品备件为数也不少。

2. 电子、电器、信息产业用工程塑料

中国工程塑料市场的发展虽然只有短短的 20 年，但其增长速度却是惊人的，几乎是以 GDP 3 倍的速度在逐年增长。2001 年国内共生产工程塑料树脂 4 万吨，改性工程塑料 7.5 万吨，分别占需求量的 7.5%和 13.8%。近年来工程塑料需求量（见表 17）。

表 17 中国近年来工程塑料需求量 单位：万吨

品 种	1998 年	1999 年	2000 年	2001 年	2002 年	平均增长率
PA	6.2	6.7	8.32	12	13.8	22.85%
PC	8.7	13	16.4	21.3	36	43.5%
POM	6.6	8.3	9.6	10.7	13	18.65%
PBT/PET	2.4	3.6	4.1	4.4	5.6	24.6%
MPPO	0.57	0.9	0.98	1.5	1.8	25.6%
合 计	24.47	32.5	39.4	50	70.2	30.3%

在这五大通用工程塑料之中，PC 发展最为迅猛。1990～1994 年，国内 PC 树脂的市场需求平均增长 67%。近几年中国 PC 消费量年均增长率 25%左右。目前，国内 PC 的消费总量超过 12 万吨，97%以上依赖进口，而一些高档专用性 PC 树脂品种则完全由国外厂商垄断。在未来的 5～10 年内，中国 PC 树脂的年需求量将达到 35 万吨。国内的生产能力将会提升到 12 万吨左右。

1988～1998 年世界 PC 树脂生产能力年增长率为 9.1%，产量从 48.7 万吨增长到 163.3 万吨。而其中用量增长最快的是 CD、VCD 等光盘专用 PC，超过 10%。就光盘级 PC 而言，前两年中国有光盘生产线 200 条，年 PC 用量 2.4 万吨。电气与工程类 PC 需求也逐年增长。还有，邮电通讯用各种电缆线、穿线管、铁路公路建设用各种土工材料、国防军工用各种工程塑料件也将有较大幅度增长（详见表 18）。

表 18 2001 年工程塑料市场消费结构

汽车	9.77%	建材	6%
电子电气	31.27%	包装	5.23%
机械行业	15.98%	轻纺	10.26%
光盘	13.4%	其他	8.09%

综上所述，到 2005 年预计工业、交通、运输业用工程塑料总需求量约为 450 万吨。

（五）人造革、PU 革、合成革

中国人工革包括人造革、PU 革、合成革，行业发展以 20 世纪 80 年代至 90 年代最迅速，生产厂家大大小小有 2 400 家，生产线 7 200 多条，大的生产线 1 000 条左右，设备生产能力 30 亿平方米以上。随着市场国际化的进展加快，服装革、箱包革和家具与室内装饰用革的产量将保持稳定增长。中高档、高附加值的超细纤维鞋类合成革和透气服装类合成革将随其开发不断拓展应用领域而快速增长。轿车工业配套车用内装饰材料也将得到长足发展。据此，人造革、合成革预测总的需求量每年为 78 万吨，高档合成革合计为 10.5 亿平方米。其中服装革 3.16 亿平方米，鞋革 2.63 亿平方米，箱包革 3.16 亿平方米。

当今，日本是最大的合成革生产国，可乐丽、帝人、东丽、钟纺等几家公司的产品基本上代表着国际 20 世纪 90 年代的发展水平。其纤维及无纺布制造向着超细化、高密度化和高无纺效果方向发展；其 PU 制造向着 PU 分散液、PU 水乳液方向发展，产品应用领域不断拓宽。

超细纤维 PU 合成革的出现是其第三代人工皮革。其三维结构网络的无纺布为合成革在基材方面创造了赶超天然皮革的条件。该产品结合新研制的具有开孔结构的 PU 浆料浸渍、复合面层的加工技术，发挥了超细纤维巨大表面积和强烈的吸水性作用，使得超细级 PU 合成革具有了超细胶原纤维的天然革固有的吸湿特性。

在“十五”期间，高技术含量的湿法 PU 透气革和超细纤维基材是 PU 革、合成革发展的方向，以适应本行业结构调整的需求，并为高新技术改造传统产业提供有效的途径。透气透湿 PU 革、超细纤维薄型合成革用于服装，耐水解的 PU 合成革用于制鞋，市场前景都很好。还有汽车内饰件、文体用品用的人造革、PU 革与合成革市场空间相当大。

（六）医用塑料制品

中国的医用塑料发展起步较晚，从 20 世纪 70 年代才开始开发并生产塑料输液袋，同时对人工器官开展研究。1987 年卫生部颁发了“关于推广使用一次性塑料输液器、输血器及注射器的通知”后，鼓励和促进了我国医用塑料的开发研究。经过 30 多年的发展，目前全国生产一次性医用塑料的企业已达 600 余家，医用塑料产品的产值已达 38 亿元，占全国医疗器械总产值的 15%。医用塑料产品中还是以批量大、技术含量低、附加值小的医用产品为主，而高技术含量的膜式氧合器、血液净化器及各类导管、插管与国外上千种产品相比，相差甚远。且应用范围小、品种少，主要依赖进口。

医用塑料产业，许多产品有待立足国内生产，争取多出口。塑料人体器官，包括人工肾、人工肺、人工肝脏、人工心脏瓣膜、人造膀胱、人造食管、人造血管、人造髋骨、人造关节、义齿、义齿床等等。塑料医疗器具包括一次性注射器、输液器、输血管、人工血袋、人工流产吸引器、遮护布、各种连接件、杯皿、医用手套、医用口罩、手术衣、围裙、手术覆盖膜、气管、插管、导气管、吸氧器、骨折用固位夹板、人造皮肤、护阴器、洗肠器、血管内插管、穿刺套管、各种引流装置等。2000 年，医用塑料制品年产量已超过 10 万吨，其中 PVC 制品已达到 4 万～5 万吨。在“十五”期间医用塑料将大幅增长，是高新材料领域重要的角色。

医用塑料制品的生产需要使用医用级树脂，要求其具有一定的力学强度、韧性、柔顺性以及高透明度等，常用的医用树脂主要有：PVC、PP、LDPE、UHMWPE、PTFE、FEP、PMMA、ABS、POM、PVA、PET、PUR 等，这些树脂也要着眼国内生产，减少其进口。

医用塑料在 21 世纪将是快速发展的新型材料，其性能将不断提高，应用领域将进一步拓宽，由于医用塑料的研究对探索人类生命的秘密，保障人体健康和促进人类文明的发展都相当重要。世界各国都十分重视并大力研究开发医用塑料。中国医用塑料正形成新的高科技产业，研发应用将呈现出欣欣向荣的景象。

（七）抗菌塑料在玩具中行业有大的发展空间

在欧美发达国家，大多数塑料玩具都采用抗菌塑料制成。而在我国商场出售的各种玩具，很少有说明在材质中加有抗菌塑料制成。户外休闲玩具主要以塑料制品为主是发展趋势，如电动骑马、铺设于地面的彩色塑料拼图、滑梯、转椅、塑料座椅、塑料扶手等等耐腐蚀、防水、易清洗，且造型、色彩、手感都比传统的钢铁制品要好。

据有关部门统计，目前中国的玩具消费额已达到 250 亿元人民币，2010 年还有望超过 1 000亿元人民币。我国快速发展的经济水平必然会带来消费理念的改变，城镇居民对玩具的需求量将增长，并向高档化、智能化、抗菌、环保的塑料玩具迈进，以及体育健身器材对抗菌塑料的需求发展潜力不可低估。

（八）日用塑料制品

日用塑料制品涉及面更广，与人类生活的关系十分密切，因其花色种类繁多、轻捷方便、卫生舒适等优点，在越来越多的领域代替了传统的铁、木、竹等传统材料。人们司空见惯的塑料鞋、塑料箱、包、印花薄膜、家庭及个人生活用品等均已成为人类生活不可缺少的组成部分，要在全新的领域服务于人类社会。日用消费品方面用量较大幅度增高上升，其中，玩具和体育器材8倍的增长，小家电及厨房机械大幅上升，纽扣、拉链用量达8 000吨/年，预计其总产量每年将达320万吨。今后的主要任务仍然是努力增加花色品种，开拓更多的功能并尽可能做到物美价廉。

（九）电、热、光、磁、阻燃等功能性塑料

通过添加某些物质或者改变聚合物的结构，使塑料材料具备导电性、电磁屏蔽性、磁性、导热性、透光、感光性及阻燃性，是今后相当一段时期内重要发展方向。在把电、磁、光、热等方面的性能赋予塑料以后，可进一步扩大塑料的应用领域。

（十）填充、共混、增强改性塑料材料

近几年发展起来的无机刚性粒子增韧技术和纳米材料与塑料复合技术都能使填充材料的刚性和冲击性能得到提高，有的填充材料在矿物填料质量分数高达50%的情况下，其冲击强度还可比基体树脂高数倍以上。采用新的填料表面处理技术和填料与基体树脂之间的界面诱导技术，将使改性材料的性能达到全新境界，可为各个应用领域提供更优质和价廉的塑料原料。

（作者为中国塑料加工工业协会会长兼秘书长）

蓬勃发展的中国塑料管道行业

——在全国聚乙烯管道生产与工程应用技术研讨会上的讲话

廖正品

首先请允许我代表中国塑料加工工业协会和全国化学建材协调组成员向“全国聚乙烯管道生产与工程应用技术研讨会”的隆重召开表示热烈的祝贺。对前来参加本次研讨会的各位朋友、同仁们表示热烈的欢迎。

这里，我想就我国塑料管道行业发展讲几点意见，供大家参考，不妥之处还请大家批评指正。

一、塑料管道行业发展基本现状

（一）国外塑料管道行业状况

1. 欧洲塑料管道生产和使用情况

世界上应用塑料管已经有近70年的历史，发达国家已广泛应用。在全世界各种塑料管中按材料分，PVC管占的比例最大，PE管占第二位，PP管第三位。

根据AMI（Applied Market Information Ltd）的报道，西欧管道生产的企业数目为600家。在600家管道生产企业中，近40%的企业属于最大的50家管道生产集团，其产量将近为总产量的80%。实际上，最大的10家的生产量超过管道总产量的一半。

在西欧的管道生产企业中，管道生产企业最多的国家是在工业结构分散的意大利，结果是大多数生产厂家规模较小且产品种类简单，尽管有Wavin和Uponor这样的大公司，中欧大多数的管道生产企业的规模也较小。中欧的管道生产企业大约有 100 多家（见图 1）。

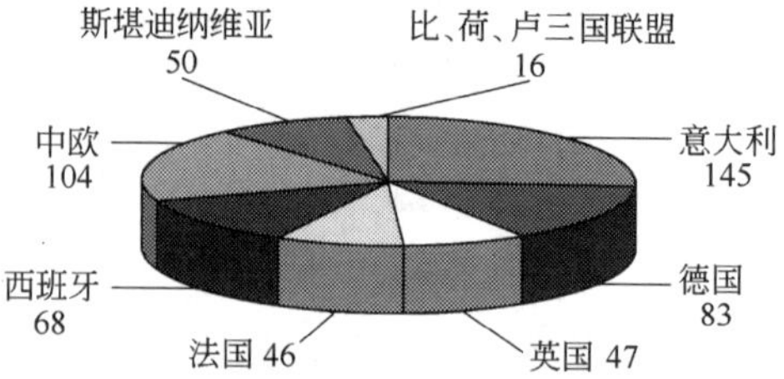

图 1　2001 年欧洲塑料管道企业分布图

在所列的企业中，65％的企业生产 PVC，PVC 也是欧洲热塑性塑料管材产量中主要的材料，聚乙烯材料的需求量也持续增长，目前大约占管材生产量的 31％。

尽管 PVC 是塑料管道的主要材料，但近几年来 PE 的发展也较为迅猛，这种增长归功于 PE 原材料级别的变化，如 PE100，提高了大口径薄壁管材的耐压能力和提高了耐裂纹性能。目前 PE 占压力输水管道市场的 50％以上。PE 和 PVC 另外一个显著的增长领域是电线、电缆导管。

1997 年欧洲 24 个国家 7 种塑料管的应用情况如表 1。从表中可以看出：在欧洲城市供水管主要是以 PE 管为主，城市排水管主要是以 PVC 管为主。

表 1　1997 年欧洲 24 国塑料管应用情况　　单位：吨

名　称	PVC-U	HD/MDPE	LDPE	PE-X	PP	PB	ABS
城镇/建筑供水管	162 500	249 900	10 315				
市政排水管	1 048 350	165 090	5 700		46 960		6 805
城镇燃气管	2 000	106 530					
建筑采暖/热水管	1 500	4 900		26 005	24 995	5 690	
工业用管	14 660	27 950	3 100		30 340		3 230
农业用管	54 660	15 400	89 155				
护套管	89 580	50 270	9 730		8 000		

在欧洲，塑料管材正不断替代金属或其他传统材料的管材，发展十分迅速。从 1980～1990 年的十年中除塑料管以外，其他各种材料的管材增长率总和不足 2％，而塑料管的增长率是其他各种管材增长率总和的 4 倍，达到 8％。进入 20 世纪 90 年代，塑料管的需求量将仍是每年以 4.2％的速率增长，其产值大约以每年 8％的速率递增。

目前，欧洲塑料管市场仍然是以 PVC 管为主，2001 年欧洲塑料管产量达到 350 万吨，其中 PVC 管占 60％，HDPE 和 MDPE 管占 29％，PP 管占 5％，LDPE 管占 4％，其他塑料管占 2％。在 PVC 管中，应用于排水和雨水的占 50％，饮用水占 21％，农业占 9％，保护套管占 8％，煤气管占 5％，工业管占 4％，暖气管占 3％。

欧洲塑料管道市场计划将从 2001 年的每年 350 万吨左右增长到 2005 年的 410 万吨，其中西欧增长为 2.4％，中欧和东欧增长为 5.4％。由于技术的发展，PE 和 PP 管增长速度要远大于 PVC 管，PP 预计将是发展最快的材料，每年增长 9％。应用上，PE-X 将由于室内采暖和管道工程应用，增长 5.5％。

2. 美国和北美塑料管道状况

据美国PPI（Plastics Pipe Institute）1999年对北美地区聚乙烯管材生产商和聚乙烯树脂供应商进行了数据收集（单位：百万磅）（见表2），分析了以上两个方面的数据和管道的用途：给水，输送燃气，石油/燃气，工业/排污，穿线管，其他/出口。

表2 北美地区1997～1999聚乙烯管道 单位：百万磅

应用		管材生产商报告			PPI预计市场			1999对比1998
		1997年	1998年	1999年	1997年	1998年	1999年	—
给水		101	121	152	119	152	179	—
	饮用水	67	86	113	82	112	140	—
	灌溉/农业	34	35	39	37	40	39	—
燃气输送		208	218	230	208	218	230	—
石油/天然气生产		114	101	100	125	115	116	—
工业/排污		209	196	208	215	209	220	—
	工业/采矿	143	142	151	145	145	154	—
	排水/排污	47	39	45	49	44	49	—
	垃圾填埋	19	15	13	21	20	17	—
穿线管		—	—	324	—	—	550	—
其他/出口		141	137	74	310	399	98	—
	其他	84	95	43	250	341	43	—
	出口	57	42	31	60	58	55	—
总计		773	773	1 088	977	1 093	1 393	—
1997和1998北美地区调节					70	80		—
SPI/APC树脂					1 047	1 173	1 393	18.8%

据Freedonia咨询预计，美国塑料管道增长约为2.4%，比前5年的4.6%平均水平降低。

3. 亚太地区塑料管快速发展状况

塑料管道在世界范围内的机遇有通讯和电力电缆套管，排废排污、天然气输送等应用领域。从1995～2000阶段和到2005年各种塑料管道的需求发展因地区不同而不同。亚太地区建筑业的增加，包括发展中国家和地区改善饮用水和开展污废水处理，将刺激塑料管道的增加。城镇建筑物中老化的管道的替换将为塑料管道提供了新的机遇。

在早期，美国建筑业的发展使其对塑料管道的需求超过平均水平，目前随着住宅和商业建筑热的下降而有所缓和。然而，亚太地区发展中国家到2005年建筑业的快速发展将对塑料管道提出新的需求。

据美国市场研究集团（American Market Research Group Freedonia）报道，全球对塑料管道的需求量每年增长为4.2%，到2005年，为60亿米，约需要1 400万吨树脂。PVC仍然是最广泛使用的材料，将占47%的市场份额。在全球来说PVC仍然是最主要的管道材料，但到2005年，HDPE管道将超过PVC管道。同时，亚洲市场发展最快，到2005年，每年增长6.4%。中国塑料管道快速发展将大大超过这一速度。

（二）我国塑料管道行业向规模化发展

我国塑料管材的需求，根据《国家化学建材推广应用“九五”计划和2010年发展规划纲要》2010年远景发展目标，全国新建住宅室内排水管80%采用塑料管，基本淘汰铸铁管，建筑电线穿线管90%采用塑料管，外墙雨水管路50%采用塑料管，室内上水管与供暖管采用塑料管比例分别为30%和20%。城市管道中塑料管应用率达50%，村镇供水管80%采用塑料管，城市燃气管道应用量达20%，城市市政下水管塑料管用量达15%。从目前的情况来看，上述目标显然有些保守。

塑料燃气管我国从1982年开始试用。至今已有20年，目前采用MDPE燃气管已有较大的发展，年用量约数万吨。国内大口径埋地排水、排污塑料管刚刚起步，已引起各方面的重视。

今年是我国实施“十五”计划的第三年，塑料行业的发展目标是要使我国由生产大国、消费大国、进口大国成为先进的生产大国、技术强国。迈向产业化进程的中国塑料建材行业正在快速发展，沿着大而强的路子前进。

国家建设部“十五”计划也要求城市供水普及率从“九五”的96.8%提高到98.5%，污水处理率由31.9%提高到45%，燃气普及率由84%提高到92%，工业废水的循环利用率达到60%，所有这些都为塑料管道的发展提供了广阔的空间。

二、塑料管道行业存在的问题

我国塑料管道行业快速发展的同时，也存在下列突出问题。

（一）产品生产布局不合理，规模经营企业较少

国内塑料管道的生产企业大多集中在沿海，西部企业很少，不同用途品种的生产布局不尽合理。随着市场的拉动，“销地产”的方式已被越来越多的企业所认识。

一些通用品种的塑料管道相对生产技术简单，产品的技术含量较低，因此产生了一大批小型的生产企业，甚至一、两条线的家庭作坊式的企业，存在着产品质量不易保证、质量成本比相对较高等不利行业发展的种种问题。国内塑料管道生产企业数量较多，各种规模的企业已有2 000家以上。但50%以上的生产能力及产量都集中在30家左右的重点企业中，各家的开工率、设备利用率、经营状况也不尽相同。重点企业主要还是分布在南方、沿海、大城市等经济相对发达地区。

目前我国塑料管道行业具备一定规模的企业的数量还太少，生产能力1万吨以上的企业约有70家，3万吨以上的企业有20家以上，相对于国外数家大企业占市场绝对份额的现象还没有出现。国内最大规模企业与发达国家同行业相比，在生产能力、经营规模等方面差距仍较明显，未形成大规模经营，实际的成本相对较高，所获得的利润较少，经济效益不够明显，降低了市场上的竞争能力。

（二）科技开发能力弱，产品更新进度慢，中低档产品偏多

我国的塑料管道行业科技力量与发达国家相比还相对较弱，科研力量、经费投入等与需求尚有较大差距。近年来在引进国外先进的设备及工艺的同时，提高了技术力量，但在产品开发方面还有待提高，产品模仿的多，具有自主知识产权的新产品少，因此市场上可以看到，产品大同小异，大家都能生产的通用产品、中低档产品占大部分，只能挤在降低成本、降低售价的独木桥上。

（三）市场推广工作有待提高，配套技术尚不完善，影响用户的应用

近年来国外的应用情况促进了国内用户的需求，行业内的许多企业也都在积极进行市场的推广工作，国家、地方政府及相关部门制定了政策，推广包括塑料管道、塑料型材与门窗在内的化学建材。但行业的宣传还不到位，一些用户到目前仍不了解塑料管道使用的优缺点，不同品种、结构管道的不同用途，如何按规程进行施工等应该普及的知识未能普及。一些设计人员也只有初步的了解，服务队伍售前、售中、售后服务尚待进一步加强，所有这些都影响了塑料管道行业的进一步推广应用。

有的产品在连接、施工等方面的配套技术尚未完备，连接、施工、应用等配套技术跟不上塑料管道制造技术的步伐，已十分滞后。有的施工机具还处于落后状态，有的产品的标准化工作相对滞后。

（四）管材树脂原材料、助剂及装备方面尚不能满足需求

近年塑料管道行业带动了相关树脂、助剂、加工设备等行业的发展，进步是十分明显的。但有的树脂品种数量不足，有的品种技术性能不稳定，因此只能依赖大量进口，既耗用了外汇，又增加了生产成本。如燃气用 PE80、PE100 用的专用料等树脂还需由国外大量购进。各种牌号的稳定剂，如热稳定剂、光稳定剂等国内大多能生产，其产量尚不能满足需求，其性能未被用户掌握，使用不放心。

除此之外，塑料管道加工设备、模具在质量上、自动化程度、保证生产的连续性、保证制品质量、挤出量等方面，与发达国家的产品相比仍有一定的差距。所有这些客观的不足，也影响了塑料管道行业的发展。

（五）产品质量工作未得到行业应有的重视，市场混乱，恶性竞争

产品的相似性造成竞争程度的加剧，因此许多企业用降价的方式来参与市场竞争的选择，这个现象可能使市场上的产品质量难以保证，并且给粗制滥造、假冒伪劣产品造成了生存的机会，确有一些塑料管道的质量问题发生，而影响了行业的声誉。如前几年铝塑复合管、PP-R管材就是典型的例子，本来是很好的产品，却因为某些企业的产品质量问题，造成了行业的停滞甚至倒退，我们应该引以为戒。行业协会要在引导企业强化质量意识，加强行业质量自律等方面多做工作，政府的规范市场作用有待进一步加强。

三、几点建议与措施

针对上述塑料管道行业存在的问题，特提出以下几条措施与建议。

（一）塑料管道行业要走产业化发展之路

贯彻落实国家化学建材产业政策，加快塑料管道产业化基地和技术示范基地建设，积极引导全国塑料管道企业向规模化、系列化、现代化方向发展。

（二）塑料管道行业要走新型工业化道路

注重依靠科技进步，加强与国外先进国家的技术交流与合作，加强国内外市场调查研究，努力缩小与国外先进技术差距，提高国际市场竞争力，改善经济增长质量和效益。

（三）塑料管道行业要积极采用国际标准，打造产品品牌

塑料管道行业要积极采用国家标准、行业标准与国际标准接轨。塑料管道生产企业要采用国际标准和先进国家标准进行生产，确保管材质量可靠，性能稳定，满足用户越来越高的要求。

（四）塑料管道行业要实施行业管理

发挥行业协会的桥梁与纽带作用，规范行业企业自律，坚持以质取胜，巩固和开拓市场，克服生产与应用部门相脱节的现象，促进整个塑料管道行业沿着持续、快速、健康的方向发展。

四、结束语

我国塑料管道行业经过十来年的不断发展，已进入产业化的发展阶段。让我们携起手来，为我国蓬勃发展的塑料管道行业跨越式的发展，不分经济成分，也不分哪个部门，万众一心树立大行业的观念，同舟共济，加强经济技术与交流合作，为打造塑料管道的名牌，促进我国塑料管道行业的健康发展做出新的更大贡献，使我国塑料管道行业在国内外激烈的市场竞争中立于不败之地。

此次，由建设部科技发展促进中心和全国化学建材协调组塑料管道专家组主办的全国聚乙烯管道生产与工程应用技术研讨会，得到了佛山市德仕威塑料机械有限公司东道主的大力支持，同时也得到与会代表的鼎力相助，至此我衷心的向各位表示诚挚的谢意。

（作者为中国塑料加工工业协会会长兼秘书长、全国化学建材协调组成员）

根据市场需求开发好聚丙烯树脂牌号

曾家华

一、2003 年我国塑料工业硕果累累

随着我国加入 WTO 后，面临新世纪、新机遇、新挑战以及全球经济一体化的发展趋势，2003 年我国的经济继续保持了良好的增长势头，我国的 GDP 增长达到 8.5%，总量达到 11 万亿元，人均达到 1 000 美元，标志着中国经济进入了新的发展阶段。我国在塑料行业中，无论是塑料合成树脂、塑料制品的加工、塑料机械的制造都是形势喜人，硕果累累，继续保持了高速增长。据国家统计局统计资料显示，2003 年全国的塑料合成树脂总产量达到 1 593.75 万吨，比 2002 年增长 16.51%，其中产量超过 100 万吨以上的有 7 个省市：江苏省 268 万吨，上海市 158 万吨，广东省 152 万吨，北京市 123 万吨，山东省 123 万吨，辽宁省 117 万吨，天津市 101 万吨。其中全国聚氯乙烯树脂产量为 400.64 万吨，同比增长 18.11%；聚乙烯树脂为 413.22 万吨，同比增长 16.67%；聚丙烯树脂产量为 426.82 万吨，同比增长 13.48%，其产量居于五种通用树脂（PVC、PE、PP、PS、ABS）之首。2003 年全国聚丙烯树脂年产量超过 20 万吨有 6 个省市。江苏省 54.78 万吨，辽宁省 46.82 万吨，广东省 43.60 万吨，北京市 39.52 万吨，湖北省 24.28 万吨，山东省 20.08 万吨，详见表 1　2003 年全国塑料合成树脂年产量。

表 1　2003 年全国塑料合成树脂年产量　　单位：万吨

地区	塑料合成树脂		PVC		PE		PP	
	1～12 月累计	同比增长/%	1～12 月累计	同比增长/%	1～12 月累计	同比增长/%	1～12 月累计	同比增长/%
全国	1 593.75	16.51	400.64	18.11	413.22	16.77	426.82	13.48
北京	122.90	−2.60	14.48	4.46	58.75	−0.34	39.52	−6.42
天津	100.51	16.10	69.82	25.05	14.35	10.07		
辽宁	117.43	11.12	16.07	22.17	33.55	14.43	46.82	10.05

续表

地区	塑料合成树脂		PVC		PE		PP	
	1～12月累计	同比增长/%	1～12月累计	同比增长/%	1～12月累计	同比增长/%	1～12月累计	同比增长/%
上海	158.26	22.77	33.84	6.37	57.65	31.33		
江苏	268.06	29.29	40.20	17.17	43.40	89.55	54.78	33.16
山东	122.52	12.47	43.30	10.80	42.24	9.39	20.08	11.88
广东	151.65	6.26	4.26	32.56	43.19	−0.61	43.60	6.80
湖北							24.28	11.81

注：表中只列出产量前7位的省市，其他省市及其他品种均未列入表内。

2003年全国塑料制品总产量为1 650.50万吨，比2002年增长16.72%，其产量超过百万吨的省市有广东（420.11万吨）、浙江（320.11万吨）、江苏（209.08万吨）、山东（101.82万吨）。四个省总产量为1 051.12万吨，占了全国总产量的63.68%，仅广东一省产量就达到420.11万吨，占了全国总产量的25.45%。

2003年全国塑料机械设备总产量为34.83万吨，比2002年增长16.00%。2003年我国塑料工业在合成树脂、塑料制品以及塑料机械等方面均获得了丰硕成果，三者总产量均比2002年增长16%以上，三个部门之间既有重点、有目标，又是相互促进发展的作用。我国合成树脂的年产量已进入了世界第五位，特别我国新近上马具有国际先进水平三套年产30万吨聚丙烯装置建成后，中国石化和中国石油将成为全球最大的聚丙烯生产商之一。我国塑料制品总产量居美国之后，成为世界塑料制品加工第二大国，也是塑料制品的出口大国，特别我国农用塑料薄膜、塑料编织袋、塑料异型材、双向拉伸薄膜的产量均已居世界首位，我国塑料机械的制造也发展十分迅速，目前也成为世界塑料机械制造大国。

二、聚丙烯树脂市场前景广阔

随着石化工业迅速发展，高分子合成材料越来越广泛用于工业、农业、电子、国防、建筑以及日常生活等各个领域。聚丙烯树脂于1957年首先在意大利投入工业化生产，是五种通用树脂（PVC、PE、PS、ABS、PP）中较晚投入工业化生产的一种聚合物，由于聚丙烯树脂的合成工艺技术发展及其本身优异的性能，聚丙烯树脂越来越广泛地用于各个部门，市场需求迅速增加，市场前景十分看好。2003年我国聚丙烯树脂的产量已跃居于PVC、PE、ABS之首，达到了426.82万吨，占其总产量的26.78%。

据有关资料显示，五种通用塑料合成树脂中聚丙烯的产能及需求都占有较大的份额，预测2006年世界五种通用塑料合成树脂产能为19 026.6万吨，其中聚丙烯为4 878.2万吨，占总产能的25.64%。估计我国未来五年聚丙烯的消费量将继续保持较高速度增长，目前市场聚丙烯的需求量尚有200多万吨的缺口。预计到2010年，我国聚烯烃的消费量将由2002年的1 500万吨增加到2 800万吨，其中PP为1 080万吨，LDPE为280万吨，LLDPE为600万吨，HDPE为740万吨。从以上数据分析，中国市场对PP的需求增长强劲，在未来几年对PP的需求量明显大于PVC、PE，可见PP市场前景广阔。

三、紧跟市场变化开发更多更好的聚丙烯树脂牌号

俗话说，商场如战场，塑料市场也不例外，企业竞争激烈，包含着产品本身的竞争，在各种塑料合成材料中，由于聚丙烯树脂具有性能与价格比的优势，因此，聚丙烯的消费市场潜力大，前景看好！聚丙烯可加工成各种各样塑料制品，用于工业、农业、卫生、建筑、包装等各部门，如包装薄膜、编织制品、管材、片材、包装容器、各种工业、汽车、电子、电器配件等等，根据当前市场的需求情况，主要重点开发如下几方面的产品。

（一）开发好双向拉伸聚丙烯薄膜用聚丙烯树脂牌号

目前双向拉伸聚丙烯薄膜是聚丙烯树脂消费最大的领域之一，BOPP 薄膜一直是国内塑料行业关注的热点，近几年来发展更为突出，引进设备更具国际先进水平，据日本平田浩二先生对中国 BOPP 的分析，从 1998 年起中国 BOPP 的产能已超过日本，他并预测从 1998 起中国每年将增加 10 条大型年产 1.5 万～3.0 万吨 BOPP 生产线。据了解 2003 年我国 BOPP 的生产能力已突破 100 万吨，预计到今年年底将达到 130 万～140 万吨，产量将突破 100 万吨。国内新近引进的先进设备，一般生产 BOPP 薄膜的宽度可达 8.3 米，生产线速度高达 400～500 米/分，如浙江大东南集团引进德国布鲁克纳年产 6 万吨 BOPP 生产线；常州武进金氏集团引进德国年产 2 万吨五层共挤高强超薄 BOPP 生产线；福建现代集团引进年产 2.5 万吨 BOPP 生产线；大庆新近从日本引进大型 BOPP 生产线（分别在青岛、抚顺建厂）；宝硕集团计划新增在深圳设点 BOPP 年产 3 万吨生产线，在天津设点引进年产 BOPP 5 万吨生产线，若该集团加上原有 BOPP 年产 3 万吨生产线，则该集团合计约有 BOPP 生产线 11 万吨的生产能力……。有关人士预测，2005 年我国塑料包装材料需求量将达 500 万吨，聚丙烯树脂应继续抢占这个广阔的包装市场，加大 BOPP 塑料包装市场的份额。因此，作为 PP 树脂生产者应抓住机遇，安排好 BOPP 专用料的生产。美国、西欧、日本等发达国家对包装用塑料很重视，目前开发多功能性复合包装材料，提高塑料包装材料透明、密封、耐寒、耐热、防潮、抗冲击、保鲜等性能，扩大应用范围。

我国 BOPP 薄膜的生产每年需用近百万吨的聚丙烯，因此，应重视开发好 BOPP 薄膜用聚丙烯产品牌号，包括配套用的乙、丙共聚物以及特种 BOPP 薄膜所用的专用料，特别要适应今后新引进的设备生产 BOPP 薄膜，需要更多具有高线速、延伸性、透明性好的 PP 专用料，以适应市场变化的需要。

（二）开发好汽车用改性聚丙烯树脂牌号

据南方网讯报道，2003 年我国汽车产量为 440 多万辆，销售 430 多万辆，分别同比增长 36.6％和 34.5％，汽车工业将成为我国经济持续、快速、健康增长的“火车头”。目前，中国汽车的产量已进入世界第四位汽车生产国。据美国 ESM WerWide 报道，预测 2008 年中国汽车的产量将超过 600 万辆，2015 年中国汽车的年产量将超过日本，跃居世界第二位汽车生产大国。

汽车工业的发展，离不开汽车塑料化的进程，世界平均每辆汽车塑料用量从 1981 年 60 多千克到 1991 年已达到 90 多千克，1998 年德国 Daimler-Benz 轿车塑料用量已达 150 千克。PP 是一种应用广泛的聚合物，改性 PP 用于汽车工业是具有极强的竞争力的，由于 PP 本身模量和耐热性较低，冲击强度较差，因此，不能直接作为工程塑料用于汽车配件使用。我国工程塑料目前以至今后较长一段时间内缺口较大，目前我国工程塑料自给率不足 16％，每年大量进口。据工程塑料协会预测，2005 年我国工程塑料需求量增长率为 15％，到 2010 年为 10％，需求量从 2000 年的 44 万吨/年增长到 2010 年的 140 万吨/年。我国汽车制造业对工程塑料需求量增长迅速，若年产汽车 236 万辆，汽车零配件市场容量为 900 亿元。据了解，目前我国桑塔纳轿车每辆约用70多千克塑料，其中80%原料从国外进口。桑塔纳轿车每辆塑料用量：PP 18.8千克；PU 15.5千克；PVC 11.8千克；ABS 10.6千克；PE 8.8千克；PA 2.9千克；PS 1.09千克。轿车中使用PP都须经过改性后才能使用，不是纯PP。如通过改性后的PP，耐热性可由原来的80℃提高到145～150℃，并承受75～1 000小时产品不老化，不龟裂。据报道，日本丰田公司推出新一代PP HEHCPP，是一种具有高取向结晶PP，作为汽车仪表板、保险杠，此原料比原用TPO成本低30%。由此可见改性聚丙烯作为工程塑料用作汽车配件是十分有开发前景的。

（三）开发好家用电器用聚丙烯树脂牌号

中国人口众多，近几年来家用电器发展迅速，品种多，产量大。从中国家用电器协会获悉，中国2003年电冰箱产量为1 850万台，空调器产量为4 200万台，洗衣机产量为1 700万台，微波炉为3 500万台。2003年我国家用电器产量和出口均有较大幅度增长。随着我国农民收入的不断提高，占中国人口80%的农村市场潜力不可低估。2004年2月18日消费日报报道：根据统计资料预测，今后十年内，如果我国农村2.3亿户家庭的家用电器拥有率达到1996年城市普及率水平，将需要彩电1.68亿台，电冰箱1.47亿台，洗衣机1.62亿台。未来五年内我国农村家电市场的预期购买情况是：电视机25.73%，电冰箱17.62%，洗衣机15.43%，影碟机16.94%，音响10.77%，空调器16.19%，加上我国东、西部的基础条件和发展水平各不相同，消费需求的差异也更大，这使得农村市场比起城市更广阔、更丰富、更有层次。当然除了电冰箱、洗衣机、空调器等大件家用电器外，还有各种小家电，如吸尘器、电饭锅、电热器等都潜在巨大市场。通过改性PP用于家用电器，开发物美价廉的家电产品是很有前景的。我国有些塑料原料厂已开发了洗衣机专用PP 1947系列、K7726系列，受到洗衣机制造厂商的欢迎。因此，在未来几年内加大力度开发家用电器PP专用牌号是一个很好的机遇。

四、开发好管材用聚丙烯树脂牌号

塑料管材是我国化学建材推广应用重点产品之一。我国塑料管材发展十分迅速，2003年全国塑料管材总产量突破180万吨，比2002年增长23%。聚丙烯管材在我国开发较早，始于1980年初，当时北京塑料制品厂投入生产较早，用作农村输水管，但是由于当时PP产品性能存在一些问题，特别是冲击强度、老化性能影响，未能很好地打开市场。近几年开发了无规共聚丙烯管材。上海塑料建材厂首家引进国外先进技术及进口国外PPR料投入生产，用作输送冷、热水用管材，效果很好，但刚投产初期，价格较高，每吨高达2万～3万元。目前不少厂家上马建立PPR管材生产厂，价格不断回落，但PPR管材在塑料管材市场占有率仍然很低。据反映，目前国内对PPR料质量有待改进和提高，与国外进口料PPR比较还有一定差距。据报道，目前韩国开发一种耐高压给水管用新牌号无规共聚丙烯PPR 112，使用该牌号生产的管材可在20℃和11.2MPa的超高压状态下使用50年。

我国对推广使用聚丙烯管材十分重视，建设部曾于2001年正式发文“关于加强共聚丙烯（PPR、PPB）管材生产管理和推广应用工作的通知”要求有关部门共同做好从原料、加工、质量以至管材使用安装等工作，要严格把好PP管材质量关，以利更好地做好我国聚丙烯管材的生产、应用推广工作。

五、开发好透明聚丙烯树脂牌号

随着人们生活水平不断地提高，必然带来在文化、娱乐、食品、医疗、材料、装饰居室等各个方面不同变化的要求与提高，市场中很多物品使用透明材料越来越多。因此，开发好透明聚丙烯专用料是一个很好发展趋势。市场很多物品处处显示特色、美观、大方，这样需要市场提供 PP 料透明性好，流动性好，成型快等的特性以便设计加工成型各种人们喜爱的 PP 制品。如厨房家用物品、医用器材，注射器、各种生活用品，杯、碗、盘、盒，电子电器外壳或包装，影带盒，各种食品包装，医药用品包装，水瓶、奶瓶、居室部件等，也需要透明塑料。而透明 PP 比普通 PP 以及 PVC、PET、PS 更具特色，有更多优点和开发前景。

近几年国外透明 PP 增长十分快，如韩国 LG 将透明 PP 作为 PET 替代品推向市场，德国某些公司用透明 PP 替代 PVC 透明包装，美国透明 PP 制品的增长速度高出普通 PP 制品7%～9%。据美国 Millken 化学公司介绍，在美国透明 PP 已广泛应用于各类透明瓶、果盆、饮料杯、薄膜、注射器、微波炊具、硬包装盒、文件夹等方面。日本近几年 PP 成核透明剂的年用量约 2 000 吨，若以平均添加量 0.25%推算，日本透明 PP 料产量约 80 万吨以上。据日本理化株式会社介绍，日本透明 PP 料用于微波炊具及家具两方面的产品消费量最大。预计 2005 年国外市场透明 PP 料仍增长较快，需求量约 500 万～550 万吨。目前国内透明 PP 料与国外差距较大，因此，国内应加大力度，开发好透明聚丙烯树脂及其加工成型品生产应用的工作，以适应市场变化的需求。

塑料工业是一门新兴的高分子合成材料工业，具有广阔发展空间，市场潜力十分巨大。聚丙烯是五种通用合成树脂之一，用途广泛。企业应紧跟市场变化，开发更多更好适销对路的聚丙烯树脂牌号，更好地满足市场的需求。

（作者为中国塑料加工工业协会副秘书长）

近几年我国塑料制品出口状况分析

刘均科　吴　微

一、前言

塑料作为现代社会发展的基础材料之一，是农业、工业、能源、交通运输、信息产业等国民经济各领域不可缺少的重要材料。我国塑料制品业是近几年发展速度较快的行业之一，增长速度一直保持在 10%以上。随着塑料制品经济的快速发展，塑料工业作为其重要的基础材料得到持续快速健康发展。

我国塑料制品随着国内外市场需求的变化，不断进行调整与优化，全国塑料产量 1995 年为 1 000 余万吨，2003 年约为 2 500 多万吨，塑料制品总产量居世界第二位。

目前中国塑料工业无论是原材料的生产、塑料制品的加工、塑料机械的制造，还是塑料的应用都形成了一套较完整的体系，并具有了一批国际先进水平的现代化企业。随着塑料应用领域的进一步扩大，世界各国的人均塑料消费量都有不同程度的增长。

在世界经济复苏，我国加入世界贸易组织后，国际贸易环境改善，不仅保持了外贸出口较快增长的势头，国内宏观经济环境和政策支持等诸多因素都极大地推动了我国塑料制品的出口，现分析如下。

（1）出口退税政策的加强，促进了外贸出口的增长。国内采取的一系列鼓励出口的政策在逐步产生效应。我国为鼓励出口采取了退税制度，极大地调动了企业出口的积极性。国务院采取积极措施，进一步推行免税、抵税、退税办法，使出口货物的免税、抵税、退税面增加到100%，企业的资金状况不断好转，客观上有利于扩大出口。

（2）出口商品结构的优化。随着我国出口产品从原料及粗加工向高附加值产品方向转变，既提升了我国产品的出口竞争力，又促进了国内产业整体生产及管理水平的提高。

（3）世界经济的温和复苏和美元贬值。世界经济复苏、美元贬值有利于我国出口增长。美国、欧盟等国家和地区经济出现不同程度的好转，我国出口外部需求环境有所好转，商品需求增加。

美国和欧盟的经济复苏在加快，日本借助日元贬值，经济衰退的压力有所缓解，而韩国和泰国的经济也在不同程度上出现了复苏。

另外，美元贬值对我国出口产生了非常积极的效果。美元的贬值客观上导致了人民币相对其他货币的贬值，从而使我国出口商品在国际市场和美国市场的竞争力得到增强。

（4）加入WTO，在一定程度上改善了我国的外贸环境。加入WTO及有关促进出口措施的影响，使我国外贸出口保持了出人意料地快速增长。随着时间的推移，我国传统的纺织、服装、轻工业产品等产品的出口将有利于我国外贸出口的持续稳定增长。加入世贸组织后，我国法制建设和政府职能转变取得新进展，政府的服务意识、企业的竞争意识明显加强。我国向WTO其他成员国开放市场，同时也获得了进入WTO其他成员国市场的机会。同时降低关税和取消一些非关税措施后，进口没有激增，贸易保持了顺差，一些重要敏感领域没有受到冲击。

另外，“入世”使国外对我国出口的限制相对有所减少。尽管当前国际贸易中地方保护主义抬头，各种技术壁垒、绿色壁垒等隐性屏障增多，但总体上看，由于成为世贸组织的成员之一，国外对我国商品的限制相对有所减少。出口有了明显增加，客观上使我国的出口商品有了更加广阔的国际市场。

（5）鼓励外贸出口的政策在我国形成了多元化的外贸格局。我国外贸出口能够在全球经济普遍不太景气，主要发达国家出口大量缩水的情况下保持高增长，不能不说与我国制定的一系列扩大出口、鼓励发展外向经济的政策措施有关。自20世纪90年代初期以来的十余年，我国政府制定和实施市场多元化战略政策措施，建立开拓市场、减少风险的政策性金融服务体系，为企业开拓市场提供政府政策支持和引导。在有条件的地区组建中国贸易中心和商品分拨中心，扩大我国商品出口。

此外，建立外经贸公共信息服务体系，为企业开拓市场无偿提供国内外信息，积极主办国际展览扩大我国商品影响，推动企业参加国际知名的专业博览会开拓重点市场，都大大促进了我国外贸事业的发展。经过10年努力已初步取得成果。目前我国出口市场以形成以美国、日本、欧盟、港台为重点，遍布全球的多元格局。

二、2000～2003年我国塑料制品出口总量

（一）2000～2003年我国塑料制品出口贸易概况

在世界经济复苏的带动下，国际市场需求逐渐转旺，我国不仅保持了外贸进口较快增长的

势头，而且出口比预期好得多，国际收支平衡进一步呈现良好状态。在我国出口贸易高速增长的背景下，我国塑料制品出口仍继续保持快速增长的势头。总体上看，塑料制品进出口贸易存在较大顺差，但这种顺差主要是靠塑料制品出口总量的增长来实现的。

据海关统计，2001 年中国进出口总额 5 097.7 亿美元，比 2000 年增长 7.5%。其中，出口 2 661.6 亿美元，增长 6.8%；进口 2 436.1 亿美元，增长 8.2%。达到了“十五”计划确定的外贸年均增长 7.5%的目标，并略高于当年国民经济 7.3%的增速。我国出口实现的稳定增长，远高于世界贸易预计 2%的增长速度，更与一些周边国家和地区出口下降形成鲜明对照。

2002 年是我国外贸发展的丰收年，中国加入世贸这一年以来，我国改革开放的步伐加快了，也加速了对外开放的脚步，尤其是进出口贸易方面，取得了极可喜的成果。据海关统计，2002 年全年我国外贸进出口总值为 6 207.9 亿美元，首次突破 6 000 亿美元大关，比 2001 年增长 21.8%；其中出口首次突破 3 000 亿美元大关，达 3 255.7 亿美元，增长 22.3%；进口 2 952.2亿美元，增长 21.2%；累计实现贸易顺差 303.5 亿美元。

据海关最新统计，2003 年我国对外贸易大幅增长，进出口总值达 8 512.1 亿美元，比上年净增 2 304 亿美元，增长 37.1%，为 1980 年以来增速最快的一年，增速为 23 年来最高，跃居世界第四。去年我国进出口贸易规模分别突破 4 000 亿美元大关，其中出口 4 383.7亿美元，增长 34.6%；进口 4 128.4 亿美元，增长 39.9%，全年实现贸易顺差 255.3 亿美元。

2003 年，我国轻工产品出口增势强劲，出口总额达到 1 131.3 亿美元，同比增长 24.7%，占我国外贸出口总额的 26%；实现贸易顺差 826.6 亿美元。

塑料制品出口仍继续保持快速增长的势头。据最新统计，2003 年塑料制品累计出口 879.3 万吨，同比增长 22.1%；出口额 97.4 亿美元，同比增长 22.1%；出口额占轻工产品出口总额的 8.6%，居轻工行业第四位；塑料制品累计进口 164.1 万吨，同比增长 1.3%；进口额 55.2 亿美元，同比增长 22.04%；贸易顺差 44.2 亿美元。其中出口方面，塑料丝及异型材出口量增长 154.1%；从单位产品平均单价上看，出口为平均 1 097.4 美元/吨；进口为平均 2 788.7 美元/吨。但我国目前塑料制品出口品种多数为一些低端产品，产品附加值较低，产品工艺、技术含量等方面较同类进口产品均有较大差距。

（二）2000～2003 年我国塑料制品出口情况（见表 1～表 4 和图 1）

表 1　2000 年塑料制品出口情况

主要产品名称	2000 年海关出口		2000 年比 1999 年增长/%		平均单价/美元
	数量/千吨	金额/万美元	数　量	金　额	
塑料制品	510.6	523 749	15.7	19.3	1 026
塑料丝及异型材	2.4	662	33.3	49.4	2 758
塑料管材	46.6	6 584	4.5	12.9	1 413
塑料板片	253.4	38 532	9.9	7.5	1 521
人造革,合成革	69.5	17 427	96.3	109.1	2 507
塑料铺地制品	108.0	8 469	25.9	30.8	784
其他塑料制品	4 625.6	452 075	15.2	18.3	977

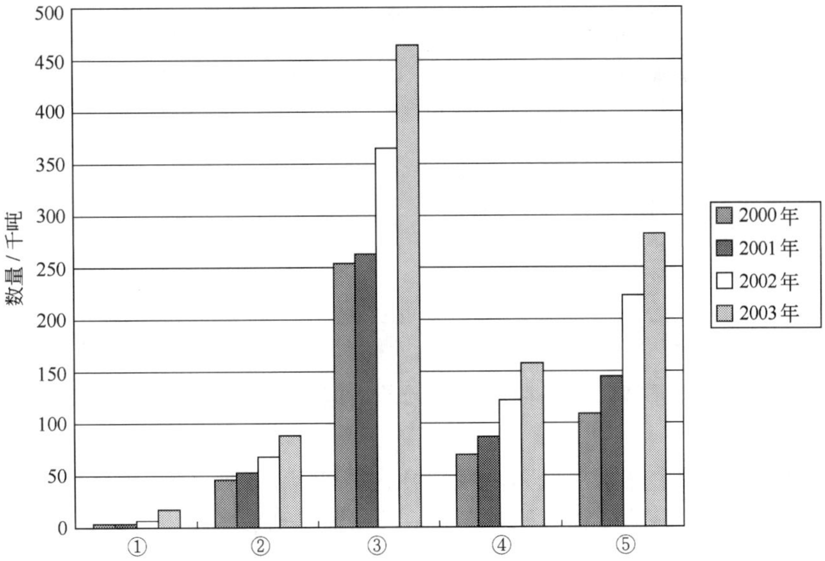

图1 2000～2003年我国塑料制品海关出口情况

①塑料丝及异型材；②塑料管材；③塑料板片；

④人造革、合成革；⑤塑料铺地制品

表2 2001年塑料制品出口情况

主要产品名称	2001年海关出口		2001年比2000年增长/%		平均单价/美元
	数量/千吨	金额/万美元	数 量	金 额	
塑料制品	535.8	555 035	4.95	5.97	1 036
塑料丝及异型材	3.7	796.00	55.92	20.24	2 151
塑料管材	52.8	7 726	13.30	17.34	1 463
塑料板片	262.8	37 028	24.32	−3.91	1 409
人造革,合成革	86.4	22 661	24.32	30.01	2 623
塑料铺地制品	144.4	11 087	33.69	30.91	768
其他塑料制品	4 808.0	475 737	3.95	5.24	989

表3 2002年塑料制品出口情况

主要产品名称	2002年海关出口		2002年比2001年增长/%		平均单价/美元
	数量/千吨	金额/万美元	数 量	金 额	
塑料制品	720.9	791 014.5	19.29	19.59	1 097
塑料丝及异型材	6.64	1 166.6	79.45	46.52	1 757
塑料管材	68.01	10 102.6	28.87	30.83	1 485
塑料板片	364.1	54 231.9	29.59	26.12	1 489
人造革,合成革	121.2	30 569.2	40.24	35.17	2 522
塑料铺地制品	222.6	17 786.4	56.15	60.43	799
其他塑料制品	6 422.9	677 471.8	17.32	17.52	1.055

表 4　2003 年塑料制品出口情况

主要产品名称	2003 年海关出口		2003 年比 2002 年增长/%		平均单价/美元
	数量/千吨	金额/万美元	数　量	金　额	
塑料制品	879.3	973 996.1	22.07	23.16	1 108
塑料丝及异型材	16.8	2 402.1	154.08	106.35	1 430
塑料管材	87.2	14 514.4	28.24	43.70	1 665
塑料板片	464.5	72 886.5	27.57	34.47	1 569
人造革,合成革	157.4	38 174.8	29.84	24.8	2 425
塑料铺地制品	282.1	22 657.7	25.07	27.39	803
其他塑料制品	7 784.7	823 359.9	21.30	21.61	1 058

注：数据来源：中国塑料工业年鉴（2001 年），中国塑料工业年鉴（2002～2003 年）。

总体上看，塑料制品进出口贸易存在较大顺差，但这种顺差主要是靠塑料制品出口总量的增长来实现的。

目前，塑料出口产品中高附加值和高科技含量的产品仍然较少。为此，2000 年塑料制品行业将进一步加快走向世界的步伐，逐步实现由产品输出到资本输出、品牌输出，调整产品结构、提高产品质量和档次，提高产品的附加值，进一步拓展国际市场。

三、我国塑料制品出口产品结构

（一）我国塑料制品分类

根据我国海关统计，将我国出口塑料制品划分为 11 类，并将其编号从 3916 至 3926。具体命名情况如下：

（1）3916　塑料单丝（$D>1$mm），条、杆、型材及异型材；

（2）3917　塑料制的管子及其附件；

（3）3918　块状或成卷的塑料铺地制品和塑料糊墙品；

（4）3919　塑料的胶黏板、片、膜、箔、带、扁条等材料；

（5）3920　其他非泡沫塑料的板、片、膜、箔、带、扁条等；

（6）3921　其他塑料板、片、膜、箔及扁条等；

（7）3922　塑料浴缸、淋浴盘、盆、抽水箱等卫生洁具；

（8）3923　运输或包装货物的塑料制品，塑料制塞、盖等；

（9）3924　塑料制的餐具、厨房用具等家用及盥洗用具；

（10）3925　其他编号未列名的建筑用塑料制品；

（11）3926　其他塑料制品及 3901 至 3914 的其他材料的制品；

我国已跻身于世界塑料大国行列，塑料制品产量已达 2 000 多万吨，在世界排名第二。但目前品种偏少、中低档品种偏多、高科技含量和高附加值偏低、生产集中度不高等状况，与市场需求和行业发展存在一定差距。

（二）我国主要出口的塑料制品

根据《中华人民共和国海关统计年鉴》中数据统计，2000～2002 年列入中国出口商品前 100 位中的塑料制品可见表 5。

从数量上分析，以上塑料制品占我国塑料制品出口总量的情况如下。

（1）2000 年　塑料制品出口总量为 442.4 万吨；未列名塑料制品占总量的 25.74%；塑料制小雕塑品及其他装饰品占总量的 13.43%；塑料制其他家庭用品及盥洗用具占总量

表5　2000～2002年中国出口商品前100位中的塑料商品

编号	项　目	2000年	2001年	2002年
1	商品编号 商品名称 数量/万吨 金额/千美元 位置	39269090 未列名塑料制品 113.9 1 575 019 第12	39269090 未列名塑料制品 111.0 1 513 669 第15	39269090 未列名塑料制品 123.3 1 714 226 第19
2	商品编号 商品名称 数量/万吨 金额/千美元 位置	39264000 塑料制小雕塑品及其他装饰品 59.4 1 023 240 第27	39264000 塑料制小雕塑品及其他装饰品 66.6 1 005 841 第34	39264000 塑料制小雕塑品及其他装饰品 80.0 1 160 158 第36
3	商品编号 商品名称 数量/万吨 金额/千美元 位置	39249000 塑料制其他家庭用品及盥洗用具 29.8 447 489 第98	39232100 供运输或包装货物用的乙烯聚合物制袋或包 50.4 526 543 第86	39249000 塑料制其他家庭用品及盥洗用具 41.9 629 655 第86
4	商品编号 商品名称 数量/万吨 金额/千美元 位置		39249000 塑料制其他家庭用品及盥洗用具 31.3 487 659 第97	39232100 供运输或包装货物用的乙烯聚合物制袋或包 62.0 608 251 第93

资料来源：《中华人民共和国海关统计年鉴》(2001，2002，2003)。

的6.73%。

(2) 2001年　塑料制品出口总量为479.6万吨；未列名塑料制品占总量的23.14%；塑料制小雕塑品及其他装饰品占总量的13.89%；供运输或包装货物用的乙烯聚合物制包或袋占总量的10.50%；塑料制其他家庭用品及盥洗用具占总量的0.66%。

(3) 2002年　塑料制品出口总量为596.0万吨；未列名塑料制品占总量的20.69%；塑料制小雕塑品及其他装饰品占总量的13.43%；塑料制其他家庭用品及盥洗用具占总量的7.03%；供运输或包装货物用的乙烯聚合物制包或袋占总量的10.41%。

由以上资料可以看出，2000～2002年间，我国出口量大的塑料制品种类及数量变化不大。从种类上看，均为一般耐用消费品，品种多数为一些低端产品，产品附加值较低，产品工艺、技术含量等方面较同类进口产品均有较大差距。

从数量上分析，未列名塑料制品在出口塑料制品中出口量最大，但比重不断减少。随着进出口商品结构的不断优化，劳动密集型产品出口增速明显回落。虽然产品出口数量仍有增多，但进口金额增幅相对较低，表明这些商品价格有所下降。

(三) 国内塑料制品出口的主要国家或地区

根据国家海关统计，2000～2002年以上塑料制品的十大消费国及其数量如下（见表6)：

表 6 2000～2002 年国内塑料制品的十大消费国家或地区及其数量

2000 年

产品编号		出口国家或地区	数量/万吨	金额/千美元
39269090	1	美国	42.4	571 950
	2	中国香港	18.6	280 663
	3	日本	10.1	152 015
	4	荷兰	7.1	67 777
	5	英国	6.0	73 964
	6	德国	4.2	68 885
	7	法国	3.0	43 839
	8	加拿大	2.1	26 856
	9	西班牙	1.5	19 438
	10	澳大利亚	1.5	19 284
39164000	1	美国	33.0	564 799
	2	中国香港	2.9	51 028
	3	英国	2.5	44 314
	4	荷兰	2.3	33 288
	5	德国	1.8	42 415
	6	西班牙	1.4	23 513
	7	加拿大	1.3	22 219
	8	日本	1.3	29 455
	9	中国台湾	7.0	8 693 095
	10	澳大利亚	0.6	11 806
39249000	1	美国	13.6	171 448
	2	中国香港	4.2	59 748
	3	日本	2.6	59 292
	4	英国	0.9	18 091
	5	德国	0.7	17 193
	6	加拿大	0.6	7 536
	7	法国	0.4	8 447
	8	荷兰	0.4	7 758
	9	意大利	0.4	8 359
	10	阿联酋	0.5	7 332

2001 年

产品编号		出口国家或地区	数量/万吨	金额/千美元
39269090	1	美国	41.0	577 658
	2	中国香港	18.5	255 307
	3	日本	10.8	165 794
	4	荷兰	5.4	61 700
	5	英国	4.2	50 567
	6	德国	3.9	61 993
	7	加拿大	2.6	31 949
	8	法国	2.6	37 831
	9	比利时	2.0	19 829
	10	意大利	1.6	21 630

续表

2001年				
产品编号		出口国家或地区	数量/万吨	金额/千美元
39264000	1	美国	34.7	507 861
	2	中国香港	3.7	56 783
	3	英国	2.8	50 400
	4	荷兰	2.5	35 020
	5	德国	2.3	48 644
	6	加拿大	1.8	27 715
	7	西班牙	1.6	24 550
	8	日本	1.4	29 134
	9	意大利	1.3	20 224
	10	法国	1.1	19 155
39232100	1	美国	12.2	133 057
	2	中国香港	10.0	91 679
	3	日本	8.9	105 385
	4	英国	4.3	48 939
	5	德国	2.9	27 871
	6	荷兰	2.4	23 334
	7	比利时	1.7	15 944
	8	俄罗斯	0.8	8 324
	9	哈萨克斯坦	0.7	7 480
	10	意大利	0.6	5 593
39249000	1	美国	12.2	173 794
	2	中国香港	4.9	72 609
	3	日本	3.2	69 380
	4	英国	0.8	16 160
	5	德国	0.8	16 362
	6	加拿大	0.6	9 480
	7	法国	0.6	10 674
	8	阿联酋	0.5	7 892
	9	荷兰	0.4	7 785
	10	中国台湾	0.4	5 078

2002年				
产品编号		出口国家或地区	数量/万吨	金额/千美元
39269090	1	美国	47.5	651 729
	2	中国香港	17.3	248 706
	3	日本	12.2	200 410
	4	德国	4.6	65 178
	5	荷兰	4.5	52 624
	6	英国	4.4	57 157
	7	加拿大	4.0	45 518
	8	法国	2.4	37 029
	9	意大利	2.2	27 873
	10	澳大利亚	2.0	26 890

续表

产品编号		出口国家或地区	数量/万吨	金额/千美元
		2002年		
39264000	1	美国	39.7	567 191
	2	中国香港	5.5	64 314
	3	英国	3.4	56 650
	4	德国	2.8	55 637
	5	荷兰	2.6	39 997
	6	加拿大	2.3	36 238
	7	日本	1.8	39 206
	8	意大利	1.5	23 870
	9	西班牙	1.4	22 453
	10	阿联酋	1.3	14 078
39249000	1	美国	16.7	245 400
	2	中国香港	5.2	75 990
	3	日本	4.1	79 238
	4	英国	1.1	19 893
	5	加拿大	0.9	14 978
	6	德国	0.9	17 878
	7	澳大利亚	0.8	11 947
	8	阿联酋	0.7	8 710
	9	菲律宾	0.7	7 831
	10	荷兰	0.6	10 215
39232100	1	美国	16.0	160 153
	2	中国香港	11.6	104 096
	3	日本	10.9	122 671
	4	英国	5.3	27 835
	5	荷兰	3.0	26 830
	6	德国	3.0	27 835
	7	澳大利亚	2.6	22 769
	8	比利时	1.8	16 065
	9	俄罗斯	1.0	8 851
	10	加拿大	0.8	8 304

资料来源：《中华人民共和国海关统计年鉴》（2001，2002，2003）。

由以上三组数据可以看出，国内出口量最大的塑料制品主要贸易国家或地区为北美洲的美国、加拿大；欧洲的英国、法国、荷兰、西班牙、俄罗斯、比利时和德国；亚洲的中国香港和日本；以及大洋洲的澳大利亚。并且美国、中国香港、日本始终是国内塑料制品最大的贸易出口国和地区。

四、塑料制品主要出口国家或地区及其数量

（一）塑料制品主要出口国家或地区

塑料制品出口国家及地区分布很广，遍及世界欧洲、亚洲、北美洲、大洋洲、拉丁美洲及非洲等六大洲。但主要集中在4个地区：

（1）欧洲的法国、德国、英国、荷兰、西班牙、意大利等国家；

（2）亚洲的东南亚地区，中国香港、中国台湾、日本、新加坡、菲律宾、新加坡、马来西

亚等地；

（3）北美洲的美国、加拿大；

（4）大洋洲的澳大利亚、新西兰。

根据《中华人民共和国海关统计年鉴》中数据统计，2000～2002 年塑料制品出口量最大的前 10 个国家、地区及数量可见表 7 和图 2～图 4。

表 7　2000～2002 年塑料制品出口量最大的 10 个国家或地区及数量

2000 年			2001 年			2002 年		
国家(地区)	数量/万吨	百分比/%	国家(地区)	数量/万吨	百分比/%	国家(地区)	数量/万吨	百分比/%
总量	442.4		总量	479.6		总量	596	
中国香港	72	16.30	美国	61.8	12.88	美国	96.3	16.17
美国	65.9	14.90	中国香港	58.4	12.17	中国香港	80	13.41
日本	24.9	5.64	日本	21.5	4.48	日本	28.7	4.82
英国	9.4	2.13	英国	8.7	1.82	英国	14.5	2.43
德国	8	1.81	荷兰	7.9	1.64	德国	8.8	1.48
荷兰	7.4	1.68	德国	7.1	1.49	澳大利亚	7.5	1.26
澳大利亚	4.8	1.07	澳大利亚	4.5	0.94	意大利	7.4	1.24
加拿大	4	0.90	中国台湾	3.7	0.76	荷兰	6.1	1.03
法国	3.7	0.85	俄罗斯	3.6	0.76	加拿大	6.1	1.02
新加坡	3.4	0.77	法国	3.5	0.73	中国台湾	5.9	1.00

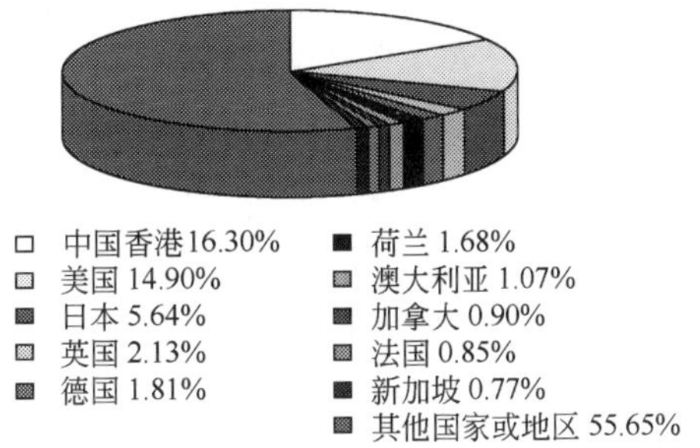

图 2　2000 年塑料制品出口数量最大的 10 个国家或地区

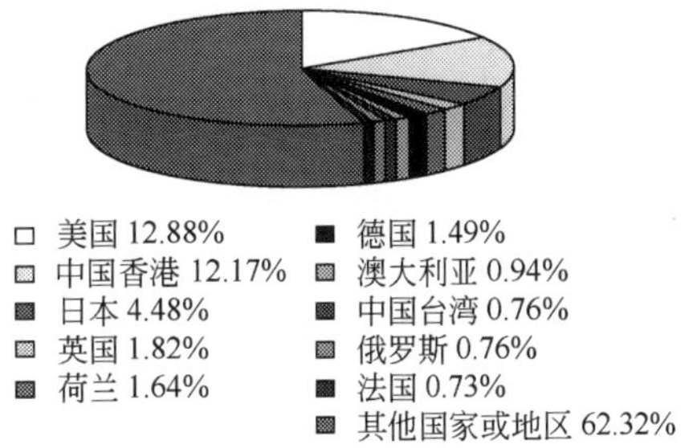

图 3　2001 年塑料制品出口量最大的 10 个国家或地区

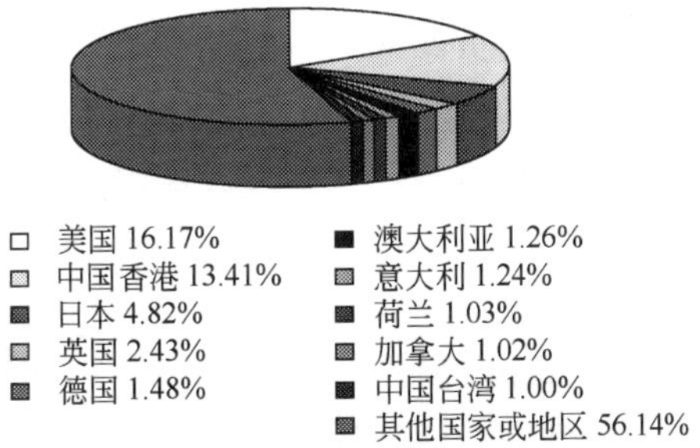

图 4　2002 年塑料制品出口量最大的 10 个国家或地区

由以上数据显示，美国、中国香港、日本和英国居前四位，居第一方阵；德国、荷兰、澳大利亚位居其后，居第二方阵；法国、加拿大、俄罗斯、新加坡、意大利和中国台湾地区，随年份不同从我国进口数量不同而排序不同。

详细分析如下。

（1）2000 年　国内向中国香港、美国、日本、英国、德国、荷兰、澳大利亚、加拿大、法国和新加坡十个国家或地区的出口总量为 203.68 万吨，占塑料制品出口总量的 45.85％。

其中，第一方阵中国香港、美国、日本和英国，从国内进口塑料制品总量为 172.35 万吨，占出口总量的 38.80％。

（2）2001 年　国内向美国、中国香港、日本、英国、荷兰、德国、澳大利亚、中国台湾地区、俄罗斯和法国十个国家或地区的出口总量为 180.68 万吨，占塑料制品出口总量的 37.68％。

其中，第一方阵的美国、中国香港、日本、英国从国内进口塑料制品总量为 150.38 万吨，占出口总量的 31.36％。

（3）2002 年　国内向美国、中国香港、日本、英国、德国、澳大利亚、意大利、荷兰、加拿大和中国台湾十个国家或地区的出口总量为 261.4 万吨，占出口总量的 43.86％。

其中，第一方阵的美国、中国香港、日本和英国从国内进口塑料制品总量为 219.49 万吨，占出口总量的 36.83％。

由于受 2001 年美国“9·11”事件影响，全球经济受到一定程度的影响，尤其是经济强国所受的影响更大，在 2001 年从国内进口塑料制品的数量有所降低，但从 2002 年开始恢复快速增长。而在 2000～2003 年的 4 年间，国内塑料制品出口量持续增长，这也是由于国内塑料制品出口市场持续扩大的原因。

1. 美国

美国是国内塑料制品最大的出口市场，其经济形势对国内塑料制品出口的影响较大。美国经济 20 世纪 90 年代出现历史上持续时间最长的增长期，经历“9·11”之后的衰退，现又开始强劲复苏，但仍有不确定性和风险因素。从总体上看，美国尚不会因“9·11”事件或伊拉克战争而从世界超级大国的巅峰滑落。“9·11”事件后美国进口下降，我国出口企业面临的压力进一步增大。

2002 年，中美两国政府经贸部门的交流十分活跃。美政府经贸高级官员纷纷来华访问。这些互访活动加强了双方之间的沟通与交流，有助于解决中国入世后中美关系面临的一些新问题。中美贸易在 2002 年取得了快速增长，我国对美塑料制品出口量在同比增长了 55.92％。

体现在我国对美国塑料制品出口的情况如下：2000 年为 65.9 万吨；2001 年为 61.8 万吨；2002 年为 96.3 万吨，分别占当年总出口量的 14.90％，12.88％，16.17％。因为伴随着我国塑料制品出口量和出口贸易国家的不断增多，我国对美国出口塑料制品比重有所下降，但其第一大出口国的地位是无法动摇的。

2. 中国香港

对香港而言，塑料业是战后才开始发展的一门轻工业，20 世纪 50 年代香港的塑料花厂如雨后春笋般涌现，成千上万的家庭嵌砌塑料花成为香港的特色。香港的经济就是在这样的环境中起飞的。80 年代开始，香港塑料厂商纷纷北移内地。现在绝大部分塑料厂已在内地设厂。

在内地竞争对手的技术不断进步的压力之下，香港的厂家纷纷采用更高更新的塑料生产技术，向高级塑料市场进军。但香港的塑料业已由过去的一个独立的支柱行业，变为一个与玩具、钟表、家庭电器、电子、礼品等行业结合的辅助性行业了。

“9·11”事件以后，美国的市场消费明显转弱，对香港的订单大减，香港塑料业所受的影响十分巨大，2001年各类初级形状的塑料出口量及转口量均下降。这也导致对国内塑料制品进口数量的比重相对降低。2002年香港经济在结构调整中缓慢复苏，全年GDP增长2.3%。受内地经济快速发展的影响，香港货物和服务输出增长强劲，成为经济增长的最大推动力。内地与香港的经贸交流保持了快速发展势头，中国香港成为了内地第三大贸易伙伴和第二大出口市场。CEPA是“内地与香港更紧密经贸关系安排”的英文简称，其遵循了“一国两制”的方针，并符合世界贸易组织的规则。随着CEPA的逐步落实，两地间货物往来的手续将更加简化，有利于两地“连成一片”，繁荣了内地与港澳的进出口贸易和经济发展。2003年年初CEPA正式实施后，对内地和香港两地贸易的促进作用逐渐显现，两地贸易呈现快速增长的良好发展。

近年国内对香港塑料制品出口的情况如下：2000年为72.1万吨；2001年为58.4万吨；2002年为79.9万吨，分别占当年出口总量的16.30%，12.17%，13.41%。

3. 日本

日本每年塑料原料与制品的合计出口额达11 007亿日元，进口额为5 268亿日元，其中来自国内的为733亿日元，仅次于从美国的进口额（1 682亿日元）。

日本尽管近年来经济停滞，但在国际上仍保持一定的经济地位。2002年中日双边贸易继续保持高速增长态势并创历史新高。据海关统计，2002年我国对日出口额达484.4亿美元，同比增长7.8%。

其中，国内对日本出口塑料制品的数量为：2000年为24.9万吨；2001年为21.5万吨；2002年为28.7万吨，分别占当年塑料制品出口总量的5.64%，4.48%，4.82%。

4. 欧盟国家

欧盟国家是国内塑料制品出口的主要贸易伙伴。近年来，中国与欧洲联盟之间高层往来频繁，经贸关系持续发展，双边贸易和经济技术合作总体呈快速增长态势。欧盟已成为中国最重要的贸易伙伴之一。随着经济复苏步伐的加快，消费者用于购买耐用消费品和一般消费品的支出也会越来越多，这也成为国内塑料制品出口的有利背景。据中国海关统计，我国对欧盟出口塑料制品，2000年为84.3万吨；2001年为82.1万吨；2002年的出口量为104.2万吨，塑料制品出口同比增长27%。成为居美国、中国香港和日本之后的第四大贸易伙伴。

5. 亚洲国家

与此同时，亚洲地区的经济合作正在得到全面加强，东南亚国家也已经从金融危机和经济衰退的阴影中走了出来。亚洲仍被认为是全球“最具活力的地区”。中国与东南亚地区各国的经济贸易合作日益深入。中国与东盟的睦邻友好关系进入新世纪以来继续保持良好的发展势头，双方之间的经贸合作持续快速发展，东盟已成为中国重要的经贸合作伙伴，成为中国的第五大贸易伙伴。

（二）2000～2002年出口量居前10位的国家或地区及其从国内进口排前5位的塑料制品数量（见表8）。

表 8　2000～2002 年出口量居前 10 位的国家或地区及其从国内进口排前 5 位的塑料制品数量

单位：吨

年　份	国家或地区	第一位	第二位	第三位	第四位	第五位
2000 年	中国香港	187 615 267	93 718 737	63 898 303	50 889 579	25 733 005
	美国	204 516 439	185 614 036	71 043 321	71 043 321	36 244 598
	日本	110 617 685	34 901 084	22 026 908	22 026 908	7 277 940
	英国	55 833 714	16 873 271	11 681 673	2 036 777	2 036 777
	德国	48 873 573	14 331 528	3 303 556	3 303 556	1 867 199
	荷兰	38 048 254	9 004 034	3 945 521	2 517 384	2 517 384
	澳大利亚	26 775 693	8 466 006	2 761 958	1 877 305	1 203 515
	加拿大	11 313 528	8 523 974	7 018 741	5 572 919	5 572 919
	法国	17 458 680	8 952 218	2 528 741	1 848 544	1 848 544
	新加坡	18 119 455	3 083 464	1 722 320	1 548 883	1 301 398
2001 年	美国	240 717 971	130 048 793	92 348 614	92 348 614	26 938 107
	中国香港	209 836 332	92 938 107	74 523 507	29 236 217	23 495 188
	日本	130 891 792	44 440 177	8 623 133	3 119 549	3 119 549
	英国	61 612 984	11 714 593	2 820 345	2 820 345	1 676 449
	荷兰	35 762 814	12 650 600	9 099 303	2 782 296	2 782 296
	德国	45 289 932	13 970 781	3 110 026	3 110 026	1 661 898
	澳大利亚	24 661 486	6 241 413	5 868 278	1 818 611	1 598 694
	中国台湾	9 901 847	8 781 545	5 480 195	2 337 466	2 337 466
	俄罗斯	14 396 301	6 034 438	4 542 495	2 882 516	1 631 509
	法国	15 265 028	11 132 364	2 184 084	2 184 084	1 262 164
2002 年	美国	294 279 672	263 281 320	119 790 899	119 790 899	94 165 745
	中国香港	231 095 906	110 824 409	82 758 920	34 900 152	23 848 905
	日本	159 754 960	52 514 638	8 866 497	5 934 800	5 464 862
	英国	76 631 098	24 445 118	18 504 805	4 311 250	4 311 250
	德国	43 932 529	17 307 020	3 066 827	3 066 827	2 715 319
	澳大利亚	37 373 931	13 803 247	7 427 537	2 687 904	2 252 020
	意大利	16 627 448	9 394 831	1 276 064	719 654	609 839
	荷兰	16 546 263	11 695 412	3 637 708	3 637 708	3 564 970
	加拿大	20 595 020	16 832 389	9 699 214	4 240 002	4 240 002
	中国台湾	12 092 612	8 872 766	7 439 544	4 608 822	3 856 476

五、我国各地塑料制品出口状况分析

2003 年从塑料制品产量地区分布上看，广东省、浙江省、江苏省三省塑料制品产量合计为 949.3 万吨，占塑料制品总计的 57.5%。

从各省塑料制品分品种产量占全国同类产品产量比重分析可以看出：

(1) 广东 2003 年农用薄膜生产形势比去年有所好转，塑料薄膜、塑料包装箱及容器、日用塑料制品、塑料鞋、其他塑料制品产量居全国首位；

(2) 浙江省塑料丝及编织品产量居全国首位；

(3) 江苏省塑料人造革、泡沫塑料居全国首位；

(4) 与 2002 年相比，安徽省塑料扳片材产量超过江苏位居全国首位；

(5) 辽宁省、广东省塑料棒管材产量均超过浙江省，居全国第一、二位。

如果按货源地的划分来排序，在出口普遍增长的情况下，东部和沿海地区依然处于领先位置，但也有一些西部省区的出口增长引人注目。

2003 年塑料制品产量地区分布如图 5 所示。

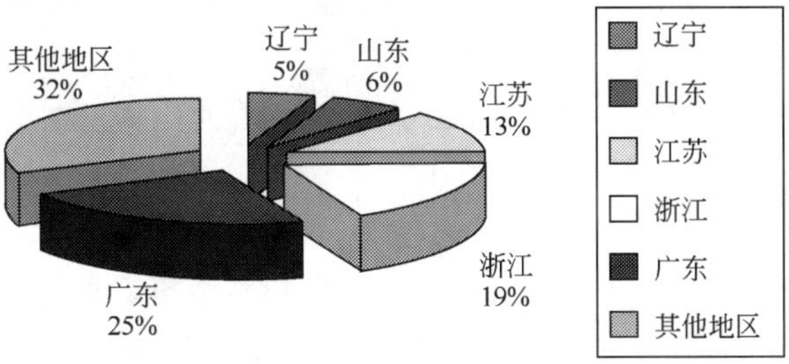

图 5 2003 年我国塑料制品产量地区分布图

以下是 2003 年塑料制品分品种产量前 3 位地区统计表（见表 9）。

表 9 2003 年塑料制品产量按品种排名前 3 位的地区

行业名称	产品总产量	第一位		第二位		第三位	
		地区	产量/万吨	地区	产量/万吨	地区	产量/万吨
总计	1 650.5	广东	420.1	浙江	320.1	江苏	209.1
塑料薄膜	327.0	广东	72.1	浙江	45.4	江苏	42.5
农用薄膜	81.1	山东	17.8	河南	10.7	河北	6.0
塑料板片材	89.6	安徽	21.7	江苏	19.7	广东	13.2
塑料棒管材	189.9	辽宁	31.2	广东	27.6	浙江	27.1
塑料丝及编织制品	184.1	浙江	39.2	山东	35.1	河南	18.9
人造革	55.2	江苏	23.9	浙江	15.8	广东	7.8
合成革	32.8	浙江	9.5	辽宁	8.5	江苏	6.9
泡沫塑料	85.9	江苏	40.1	浙江	21.0	广东	11.9
塑料包装箱及容器	72.4	广东	15.7	上海	13.1	浙江	8.7
塑料鞋	21.5	广东	11.9	福建	6.3	浙江	1.7
日用塑料制品	167.4	广东	53.8	浙江	44.7	江苏	15.5
其他	424.5	广东	192.6	浙江	95.7	江苏	31.7

从表 9 中可以看出，我国塑料制品行业产业集约度进一步提高，塑料制品分品种产量前 3 位的地区产量合计占总产量的比重比 2002 年均有不同幅度地提高。塑料鞋、泡沫塑料、塑料人造革、合成革制造业前三位地区合计占总产量的比重超过了 70%，各地区产品结构上也各具特色。

六、我国塑料制品主要出口模式

中国出口商品的贸易方式主要是一般贸易，加工贸易（包括来料加工贸易和进料加工贸易），易货贸易，外商投资企业投资设备，物资进口和保税仓库进出境货物。

中国同发达国家之间的贸易方式主要采用现汇贸易、单边出口或单边进口方式。改革开放之后，多渠道发展对外贸易，充分利用国内的经济资源，如原材料优势、劳动力优势等，进一步利用与其他因素相结合的多种多样的贸易方式，如补偿贸易、来料加工、来样加工、来件装配、对销合同等方式。

中国与发展中国家的贸易方式除采用国际通行的现汇贸易方式外，也采用易货贸易方式。易货贸易方式首先由双方政府签订贸易协定，规定双方的贸易额，并附有进出口商品货单，对货单中的主要商品列明数量或金额，有政府保证其实现。

与俄罗斯、东欧国家的贸易方式有现汇贸易、协议外贸、转口贸易、边境贸易、合作生产等方式。

在塑料制品出口贸易构成中，一般贸易方式出口额占的比重正在上升，加工贸易额也有提升。易货贸易额虽有上升趋势，但其金额很小。

中国外贸环境不断趋紧。一般贸易方式容易受国内通货膨胀水平、人民币汇率变化和国家宏观经济政策走向的影响。在高物价、人民币汇率坚挺、国家宏观经济政策趋紧的情况下，发展一般贸易有一定的难度。而加工贸易投资少，原料供应有保障，外销渠道畅通，经营环境相对良好，增长速度必然快。但这种现象对中国外贸发展也有不利之处，如产业结构升级缓慢，甚至会与本国同类产业相竞争；经济利益下，尤其是来料加工，是只收取加工费，大量的经营利润被外商拿走；外销渠道被外商掌握，中国企业很难在国际市场上得到锻炼。

由于经济发展水平差异，自然地理条件和劳动力质与量上的不同，中国各省市在加工贸易方面的业务量分布极不平衡。加工贸易额集中于沿海省市，这些省市对外交通便利，地区经济较为发达，劳动力教育水平和素质较高，容易与外商达成加工贸易的合同。在进料加工方面，广东省一枝独秀；在来料加工方面，广东省依然独占鳌头。边境省份则凭借地理位置的优势，与周边国家进行易货贸易。例如，我国东北三省同俄罗斯、朝鲜、韩国等的贸易；广西、云南同越南、缅甸、柬埔寨等东南亚国家的贸易往来等。

七、我国塑料制品出口前景

（一）我国塑料制品的出口是随我国外贸的扩大而发展的，有一系列有利的因素

1. 全球生产转移效应发挥了主导作用

2001 年以来，在全球经济显著放慢、特别是美国经济有所衰退的大背景下，中国政治稳定、经济快速增长和加入 WTO、申奥成功等一系列因素，使中国成为全球经济中的一个“安全岛”。在不少行业中出现了跨国公司增加在中国的生产和采购、压缩在其他地方的生产和出口的现象。由于“9·11”事件的影响，这种生产转移效应又有所强化。由于“9·11”事件造成全球通关安全检查趋严、交易成本增加、贸易风险升高，跨国公司被迫采取全球供应链相对集中化的对策，将生产和采购相对集中于较为安全、经济稳定、制造成本低、通关相对便捷的地方，以最大程度地控制风险和采购成本。中国塑料制品生产企业也成为跨国公司全球供应链调整的收益对象。

2. 企业竞争力逐步提高，为中国出口的快速增长奠定了较好基础

随着中国经济市场化程度的加深和对外开放程度的不断扩大，中国出口企业的整体竞争力逐步提高；国际产业向中国转移步伐加快，具有较强竞争力的国际大公司纷纷落户中国，不断为出口增添新的动力；集体私营企业快速发展；中国鼓励出口的各项政策保持了相对稳定。同时，2003 年以来世界经济复苏步伐有所加快，国际市场需求回升，世界塑料市场出现持续增长。

3. 2003 年以来一系列新的经济因素刺激了中国出口

一是美元兑欧元曾一度贬值 12%以上，对于人民币相对贬值，这也相对抬升了中国出口商品价格竞争力，使得不少受制于价格竞争力的劳动密集型产品出口摆脱了 2002 年的颓势，恢复了一定增长。在一定程度上这也成为我国塑料制品出口的推动力。二是加入世贸组织优化

了中国的整体贸易环境，在中国履行开放市场承诺的同时其他成员也向中国开放市场，对中国比较有优势的产品的出口产生了一定促进作用。三是下放外贸经营权，推动出口主体多元化，使民营企业出口异军突起，成为扩大出口的生力军。增强了我国生产塑料制品的民营企业的竞争力量。

4. 中国独有的相对优势

2004 年外贸出口难度可能加大，但由于中国独有的相对优势依然在扩大，出口仍有一定空间。关键仍在于能否充分运用和巩固中国作为全球最安全投资场所和重要制造业基地的优势，维护外界的信心，增强出口竞争力，继续抓住国际产业结构调整和全球生产转移的机遇。

中国外贸出口面临的有利条件主要是：第一，党的十六届三中全会的召开，使社会主义市场经济工作全面推进，必将为出口提供有力的保障；第二，加入世贸组织的效应会继续对出口发挥积极的促进作用，随着外贸经营权的放开，民营企业出口将会获得更大发展；第三，在世界经济恢复高速增长之前，国际产业结构调整和全球化生产转移仍将持续甚至加快，中国扩大出口仍面临这一有利的外部机遇；第四，2004 年世界经济总体上呈现平稳回升态势；此外，劳动力成本低也成为我国塑料制品出口的优势，各国年薪资统计数据如下（表 10）。

表 10　各国的劳动力成本

国　家	工资/美元	国　家	工资/美元
德国	23 400	日本	28 374
美国	22 049	韩国	8 778
墨西哥	2 884	中国	1 347

以上数据显示，世界各地工资水平差异巨大。事实上，不同国家之间的工资差异是由于劳动供给和需求的作用形成的。我国的人力资源丰富，和其他国家或地区相比，劳动力资源相对充足。这在一定程度上也降低了我国塑料制品的成本与价格，使我国塑料制品在国际市场有较强的竞争力。

5. 中国外贸出口面临的不利条件

(1) 出口欠退税问题严重；

(2) 世界市场可能受各种经济恐怖活动的巨大冲击，加上其他不确定因素的影响，世界贸易、投资的风险和成本更会大幅上升，其他复苏也将遭遇挫折；

(3) 经济贸易摩擦增多，经济政治化的特点日益明显；

(4) 美、日、欧三大经济体的结构调整遇到一些困难；

(5) 区域经济合作快速发展，对中国扩大出口、吸引外资产生排斥效应。

6. 出口产品结构调整势在必行

我国塑料制品大量进入国际市场，出口量逐年在增加，且远大于进口。但目前，出口产品中高附加值和高科技含量的产品仍然较少，不少企业缺乏国际惯例操作方式和跨国经营发展战略。由于我国塑料制品出口数量增长过快，价格较低，国外对我国出口商品的反倾销措施渐渐增多，这对我国塑料制品出口贸易是一个很大的不利因素。

长期依靠“物美价廉”是很难的，从国际贸易的发展趋势来看，出口商品的竞争力，首先决定于技术的先进性，没有先进的技术、先进的工业为后盾，仅靠价格便宜，是难有立足之地的。

随着今年我国外贸政策的调整和改革，更要求我们塑料制品企业进一步加快走向世界的步伐，调整产品结构，提高产品质量和档次，扩大产品出口。

（作者单位全国塑料加工工业信息中心）

大 事 记

2003年塑料行业大事记

【1月】

全国轻工行业工作座谈会暨中国轻工业联合会一届二次理事会召开

1月13～15日，中国轻工业联合会在北京召开了“全国轻工行业工作座谈会暨中国轻工业联合会一届二次理事会”，会议主要任务是认真学习贯彻党的十六大精神和中央经济工作会议、全国经贸工作会议精神，结合轻工行业实际，总结工作，分析形势，共同研究今年的工作思路和任务。中国轻工业联合会陈士能会长做了“认真贯彻落实党的十六大精神，轻工业要为全面建设小康社会做出新贡献”的工作报告，回顾了2002年联合会的工作成就，安排了2003年的工作重点：以邓小平理论和“三个代表”重要思想为指导，认真贯彻党的十六大精神和中央有关会议精神，结合行业的实际情况，全面落实“走新型工业化道路”的要求，加强信息化建设，依靠科技进步，增强创新能力，推动结构调整，实施名牌战略，培育特色区域，发展会展经济，注重市场开拓，提高对外开放水平，注重不断提高劳动者素质，实现速度与结构、质量、效益相统一，加快我国轻工业由大到强的跨越步伐，为全面建设小康社会做出新贡献。

会议期间上海轻工控股（集团）公司等九位代表从不同角度介绍了各自的工作成就、经验和规划。

与会代表还聆听了学习党的十六大政治报告的辅导报告、加入WTO后我国应对措施的专题报告和加入WTO后外经贸形势报告。

中国轻工业联合会常务理事、中国塑协理事长廖正品出席了会议。

汕头远东轻化装备有限公司召开三层共挤BOPP成套装备技术交流会

廖正品理事长代表中国塑协参加了三层共挤BOPP成套装备技术交流会，对汕头市远东轻化装备BOPP有限公司三层共挤成套装备技术交流会的召开表示祝贺。

广东金明塑胶设备有限公司举行成立十五周年庆典活动及高新技术产品演示会

广东金明塑胶设备有限公司已经成立十五周年了。十五个春秋的创业过程中，“金明人”依托汕头首批国家经济特区的良好环境，依靠科技振兴企业，先后有6个项目填补国内空白并列入国家级新产品；14个项目获得科技进步奖；跃居广东省高新技术企业、科技示范企业。

国外文献明确澄清“聚苯乙烯发泡餐具有毒的问题”报道

近两年来，国内许多媒体曾报道，称聚苯乙烯发泡餐具会产生强致癌物二噁英；使用的聚苯乙烯中含有微量的苯乙烯二聚体、三聚体，有可能会产生环境荷尔蒙，扰乱内分泌、影响雌激素等问题，曾引起人们极大的关注和恐慌。虽经过有关专家研究及撰文论述聚苯乙烯发泡餐具的安全性，但仍有少数人对环境荷尔蒙问题，至今纠缠不休，致使部分消费者对聚苯乙烯发泡餐具的安全性仍抱怀疑态度。有关专家摘录一些国外文献，予以澄清。

国际权威机构荷兰TNO研究所于1998年6月进行的试验表明：以苯乙烯二聚体、三聚体为主要成分的聚苯乙烯的乙醇提取物并不存在雌激素性质。

日本厚生省1998年7月召开了“内分泌扰乱物质健康影响研讨会”第三次会议，确认聚苯乙烯二聚体、三聚体不具有雌激素性质。同时，日本国内药物食品工业卫生研究所安全实验中心委员会在初步报告中，也提出同样的结论。

欧洲SSC（Styrene Steering Committee）在1998年报告中，指出对23种聚苯乙烯产品所进行的雌性激素试验结果，未发现其具有雌性激素。

欧洲生态毒理学及环境科学研究会（CSTEE）在1999年3月的报告中提出：被认为会扰乱人体内分泌的化学物质，如聚苯乙烯等，其对人类的有害性和异常性未被确认。

美国国家科学协会（NRC）1999年8月一篇“环境中荷尔蒙活性的药物”报告中也表明：有某些组织或消费者协会，发表聚苯乙烯发泡容器将发生危险或有毒的言论，是没有任何科学论据的。

美国国家癌症研究机构（LARC）已做出结论：尚无足够证据证明聚苯乙烯对人类或实验的动物具有致癌性。

美国SPI（Society of Plastic lndustry）1998年9月在严格条件下抽取聚苯乙烯进行雌激素实验，结果证明其不具有雌激素性质。

1998年6月日本速成食品工业协会在日清食品中央研究所进行的实验也同样表明，苯乙烯二聚体、三聚体不具有雌激素性质。

日本1998年5月15日CNI新闻：聚苯乙烯食品包装安全。

荷兰1998年7月6日COML INE每日新闻：聚苯乙烯不影响内分泌。

韩国 1998 年 11 月 20 日《时代杂志》：聚苯乙烯速食面包装无害。

日本 1998 年 12 月 13 日《时代杂志》：聚苯乙烯速食面碗符合标准。

湖北凯乐新材料科技股份有限公司董事长朱弟雄当选全国人大代表

湖北凯乐新材料科技股份有限公司董事长朱弟雄光荣地当选为第十届全国人大代表。二十多年艰难曲折的创业历程，朱弟雄董事长以其领导才能、政治责任感和使命感、强烈的事业心和诚实守信的人格魅力，带领 1 800 名凯乐人团结自强，拼搏奉献，艰苦创业，忠实地实践“三个代表”，不断创新，取得了辉煌的业绩，受到全省各地各级党委、政府领导的高度赞誉，在湖北省第十届人大第一次会议上，得到了与会代表的一致认同，以高票当选为第十届全国人大代表。

值此，中国塑协理事长廖正品代表中国塑协及全国塑料界同仁对朱弟雄当选全国人大代表表示热烈的祝贺。朱董事长是迄今为止塑料行业为数不多的人大代表之一。

【2 月】

第十三届亚洲塑料论坛在印度新德里召开

第十三届亚洲塑料论坛（APF）第一次理事会于 2003 年 2 月 18 日至 2 月 19 日在印度新德里举行。会议由 APF 永久秘书处秘书长 Callum Chen 先生主持。在此期间同时举行第十届东南亚塑料工业联盟（AFPI）会议以及印度塑料基金会组织举办的“2003 年第五届印度国际塑料展览会”。参加第十三届亚洲塑料论坛第一次理事会的有中国、印度、孟加拉、马来西亚、菲律宾、新加坡、泰国、越南、印度尼西亚等九个成员国的代表，会议还邀请了缅甸、斯里兰卡的代表，同时还邀请日本塑料工业联盟（JPIF）和美国 DOW 化学代表参加了会议。

第十三届亚洲塑料论坛第一次理事会由印度塑料基金会（Plastindia Foundation）主席 ShyamTibrewal 代表大会东道主致欢迎词。由亚洲塑料论坛秘书长 Callum Chen 主持会议，会议进行了以下议程。

1. 宣读上一届 2002 年 3 月在新加坡召开的第十二届亚洲塑料论坛的会议纪要，并经全体成员国一致确认通过。

2. 讨论关于缅甸和斯里兰卡加入亚洲塑料论坛组织的申请，经到会全体成员讨论一致同意通过缅甸和斯里兰卡两个国家加入亚洲塑料论坛，亚洲塑料论坛正式成员国将由原来 10 个成员国增加到 12 个成员国，会议还将这一决定通报 APF 全体成员国。

3. 讨论上届 APF 会徽在信笺中的标识及使用问题，包括会徽的使用颜色等事宜，会议一致同意并作了统一的解释。

4. 会上由马来西亚 APF 秘书处代表介绍东南亚塑料工业联盟（AFPI）建立网站以来的工作开展情况。

5. 孟加拉国的代表在会上发言，介绍关于孟加拉国市场上使用聚乙烯包装被禁止使用的情况。在 2001 年孟加拉国政府正式提出禁止使用聚乙烯包装袋问题，在市场上严禁使用 20 微米以下聚乙烯包装袋，这样不仅影响到聚乙烯包装袋的应用，而且给塑料行业包装带来不良影响。会上对于这种情况，与会代表一致同意请孟加拉国代表亚洲塑料论坛（APF）组织将孟加拉国遇到的情况写出书面报告，包括其他成员国关于使用 PE 包装与环保的同类问题，于 2003 年 4 月底交到亚洲塑料论坛（APF）秘书处，再由秘书处反映到孟加拉国政府。

6. 会议讨论下一届 2004 年第 14 届亚洲塑料论坛的时间、地点问题，与会代表提出在泰国或孟加拉国召开，但还未最后确定，有待 2003 年 8 月 21～25 日在越南河内市举办的 2003 年国际塑料展览会期间举行的第十三届亚洲塑料论坛第二次理事会最后确定下一届 APF 的时间及地点问题。

7. 会议讨论关于如何加强 APF 成员国之间战略联盟与合作问题，某些成员国的代表在会上提出各成员国应该充分利用发挥 APF 这个平台的作用，建议由 APF 秘书处统一准备材料分发到各 APF 成员国，然后由各成员国再分发到各有关塑料行业的单位，以利更好地发挥 APF 在发展塑料行业中的作用。

8. 会上邀请英国包装工业薄膜协会（PIFA）Peter Woodall 作了关于塑料包装市场面临的全球性的威胁报告，PIFA 是英国协调包装塑料薄膜生产商、原料供应商和销售商及使用部门互相沟通的组织，被英国政府称为政府与工业部门联系密切的较大的协会组织之一，他在会上阐述了塑料的诸多优点及给人类社会带来的巨大贡献，但近十多年来塑料在包装市场给人们带来的负面影响越来越大，这不单是某一国家或地区的问题。这个问题不仅涉及到发达国家，也涉及到发展中国家以至全球的问题，是威胁到塑料工业的生产与应用发展的大问题。他介绍了绿色和平组织如何抵制使用塑料的情况，欧盟已陆续通过了很多环保法规。去年由于新的立法，使英国塑料工业增加了 3 亿英镑的支出，会上他希望 APF 成员与该组织合作，共同努力寻求得到各国政府在立法或其他方面的大力支持，减轻塑料工业面临负面影响的压力，使塑料工业更好更快地向前发展，更好地为人类社会服务！

9. 会议期间，印度塑料基金会安排与会代表参观2003年第五届印度国际塑料展览会。印度国际塑料展览会是印度塑料基金会主办的大型塑料展览会，大约每三年左右举办一次，从1990年起举办第一届，相继于1994年、1997年、2000年成功举办了四届，2003年是第五届，本届是最大的一次，共分为10个展厅，展出面积为55 000平方米，参展商约1 475家，来自世界35个国家，许多世界著名的原料、加工设备生产厂家以及印度本国的塑料厂商参加了展出，参观人数约10万。展会内容包括塑料原料、专用化学品、加工设备、模具及辅助设备、后加工设备、塑料制品及半成品以及质量控制有关测试仪器等，同时在展览期间举办多种形式小型专题研讨会。

10. 会议期间，还邀请印度GAIL公司的代表作了关于印度聚合物生产发展的现状与市场需求分析的报告，目前印度现有人口10.12亿，面积328.7万平方公里，国内生产总值4 840亿美元，其中农业GDP占26.6%，工业占25.0%，服务业占48.5%。

第13届亚洲塑料论坛第一次理事会经过到会全体成员国代表共同努力，按原定的议程进行了充分研究讨论，达成了共识，最后一致通过了本届的会议纪要，并且到会各国代表在纪要上签了字。

中国塑协建立《中国塑协通讯》通讯员网

《中国塑协通讯》是中国塑料加工工业协会主办的内部信息刊物，自创办以来，坚持以面向行业、服务于企业、推动塑料工业的发展为宗旨，不断增加刊物的信息量，丰富信息服务的内容，提高办刊质量。作为一个信息媒体，它在传递信息、加强协会与会员单位的联系、促进各会员单位之间的信息沟通、宣传企业、推动协会工作等方面起着积极的作用。

《中国塑协通讯》为16开本、月刊、每期约6万字。主要栏目设置是：政策法规；行业动态；产品与市场；新材料、新工艺、新设备；塑料节水器材；环境保护；质量与标准；企业介绍；国外动态；会议与展览等。刊物服务对象主要是塑料加工企业领导、经营管理部门、信息部门、科研技术部门等。

【3月】

《门、窗用未增塑聚氯乙烯（PVC-U）型材》国家标准修订工作总结会召开

GB/T 8814关于门、窗用未增塑聚氯乙烯（PVC-U）型材国家标准修订工作总结会于3月2日在山西太原市召开。该项标准的负责起草单位及参加起草的单位代表共30余人参加会议。会议系统总结该项标准从2001年5月以来先后召开第一、二、三次工作会议及2002年12月专家审定会议的情况，由于制标工作组的努力，较快较好地完成了修订该项标准的任务，并得到了各有关专家好评，一致认为修改后的标准（报批稿）达到目前国际先进水平，将有利于我国塑料异型材、门窗行业的发展。该标准主要参照欧洲标准化技术委员会制定的［EN12608（2002英文版）门窗生产用未增塑聚氯乙烯（PVC-U）型材——分类，要求和试验方法］，对GB/T 8814—1998《门、窗框用硬聚氯乙烯（PVC）型材》进行修订。

中国塑协塑料管道专业委员会第六届一次理事会召开

中国塑协塑料管道专业委员会第六届一次理事会于3月8日在福州市召开。中国塑协廖正品理事长代表中国塑料加工工业协会和全国塑料制品标准化技术委员会出席会议。

在会上，廖正品理事长指出，中国塑协管道专委会于去年6月在上海换届之后，开展了各项活动，如创办了刊物和网站、加强内部建设制定了管理办法、发展了会员、配合水利部门农村供水工程推荐企业投标、制定修订标准、与TC48/SC3密切合作，为会员单位、为行业发展做出了卓有成效的工作。理事长陈力辉与副理事长单位和秘书长刘秋凝、副秘书长杨洪献、褚泽、马聘元及秘书处的工程技术人员与编辑部的工作者为使塑料管道专委会为广大会员单位、理事单位服务做了大量的工作，产生了积极的影响，不少企业纷纷提出申请加入专委会，专委会的凝聚力在日渐增强，队伍在不断发展壮大。中国塑协管道专委会组建多年来，特别是去年6月在上海换届以来，理事单位、副理事长单位、专业组单位都有一批水平高、活动能力强、热心协会工作的骨干积极参与活动，这是专委会兴旺的标志，是为行业为企业服好务的力量源泉。他确信，今后在广大会员单位，特别是副理事长、理事们鼎力相助与陈力辉理事长、杨洪献代秘书长和褚泽、马聘元副秘书长以及秘书处的全体工作人员一道，共同努力，一定能使中国塑协塑料管道专委会为塑料管道企业做好服好务工作，不断地促进整个管道行业的蓬勃有序发展。中国塑协塑料管道专委会是全国性跨行业、跨部门、跨学科且多种经济成分企业自愿参加的行业组织，是一个会员单位多、产品种类多的大行业民间社团组织，是自下而上自愿组织起来的，从理事长到专业组组长全都是民主推选出来

的，是最具活力的中国塑料制造业中开展国内外交流活动，深受企业好评的专委会之一。

理事会预备会对会议周密安排，对提供的《加强团结 促进发展 共创未来》的工作报告、《议事规则》（试行）、《章程》（修改草案）和《塑料管道企业自律倡议书》等材料给予了充分肯定，并提出了为加强专委会工作能引导行业健康发展，要开展协调价格等重要活动。

与会的相关 27 家理事单位，向专委会会员单位发出了《塑料管道企业产品质量自律倡议书》，提出了质量是企业生存的保证，要提倡诚实守信，不弄虚作假，不参与无序竞争，维护行业的声誉。倡议书旨在更好地保证塑料管材产品质量，提高技术水平与服务水平，保护用户的合法权益，更好地促进塑料管道行业蓬勃发展。为配合此项工作，更好地控制好管材的质量，维护行业长期发展的利益，专委会向会员单位发出通知，将在市场上、工程中抽查会员单位的管材质量情况，并在相关媒体上公布，以保护先进、促进落后，打击假冒伪劣产品。

今后专委会将定期、不定期，分品种在事先不通知受检单位的情况下进行行业自检，费用不由受检企业支出，而由专委会承担。此工作的具体实施将委托国家级质量监督检验机构进行，以保证其公正性。此活动的开展将会促进行业的自律工作，对塑料管材生产企业产品质量的提高有推进作用，并会得到广大用户的好评与认可。

烟台万华“高耐久性 PU 超细纤维复合片材”项目通过专家鉴定

3 月 10 日，烟台万华超纤股份有限公司自主开发的“高耐性 PU 超细纤维复合片材”项目通过由中国工程院季国标院士、姚穆院士和青岛大学及烟台大学的专家、中国塑协廖正品理事长等专家组成的鉴定委员会的鉴定。该项目产品技术含量高，开发难度大，其主要创新点是通过采用耐甲苯性能好的 PU 树脂、选用有利于表层膜与基体层结合的黏合层 PU 树脂及黏合工艺，选配强度高、透湿防水、耐高、低温等优良性能的表层 PU 树脂，确保了复合片材整体的高耐久性；通过对基体层中 PU 树脂的含量、微孔结构、软硬度等进行相应的工艺配方、工艺条件的研究，提高了产品的丰满度和弹性；通过造面技术的研究，提高了表层与基体层的黏合牢度，达到了高剥离性要求，并满足了表面与离型纸的恰当附和；通过工艺优化，提高单纤维的拉伸强度和无纺布的交织性能，增强了产品的撕裂强度和剥离强度；还通过将纳米粉体分散于 PU 树脂中，使产品具有有效的抗菌防臭性能。该项目产品具有耐水解性、耐化学性、耐高、低温等优异性能，并在质量均一、可加工性、利用率等方面优于天然革，具有明显的经济效益和社会效益，具有较高的推广应用价值。

塑料节水灌溉器材三项国家标准第二次工作会议召开

3 月 12 日，在河北省石家庄市河北国农节水工程有限公司召开了塑料节水灌溉器材国家标准第二次工作会议。国家经济贸易委员会资源节约与综合利用司工业节水处宋美琴工程师，中国轻工业联合会综合处廖常京副处长、中国塑协廖正品理事长、全国塑料制品标准化技术委员会、中国塑协塑料节水器材专业委员会、中国农业大学、新疆天业股份有限公司、山东莱芜塑料制品股份有限公司、河北国农节水工程有限公司、北京绿源塑料联合公司和福建亚通新材料科技股份有限公司等单位的代表共计 18 人参加了会议。

会议由全国塑料制品标准化技术委员会陈倩工程师主持，中国塑协理事长兼秘书长、全国塑料制品标准化技术委员会主任廖正品向到会的上级部门领导、专家和与会代表介绍了我国塑料工业总的基本发展状况。

魏健工程师代表新疆天业股份有限公司、殷培业主任代表山东莱芜塑料制品股份有限公司对《压力补偿式滴头及滴灌管》、《单翼迷宫式滴灌带》和《内镶式非压力补偿滴灌管、带》标准的起草、修改作了说明。与会专家和生产企业的代表对这三项标准的条款及内容逐一作了分析，并提出了建议和修改意见。

1. 三项标准需修改的共同部分

（1）请起草单位协调，将三项标准的表述统一一致；

（2）将三项标准中的“第 1 部分、第 2 部分、第 3 部分”去掉，三项标准为单独标准；

（3）将三项标准“前言”部分与 GB 的相应关系去掉，保留与 ISO 标准的对应关系和差异；

（4）三项标准“公称尺寸”系列的确定需进一步查询国内外相关资料，广泛征求用户、生产企业和专家的意见；

（5）将三项标准“范围”中适用灌溉用水的温度统一修改为“45℃”；

（6）将三项标准“试验条件”中的试验环境温度和水温统一修改为“23℃±2℃”。

2.《塑料节水灌溉器材　压力补偿式滴头及滴灌管》

（1）标准范围中将“不允许埋地使用”修改为“不适用埋地使用的滴灌管”；

（2）材料性能中炭黑含量修改为“（2.25＋

0.25)%”；

(3) 在规格尺寸系列中，把内镶式滴灌管的规格尺寸单独列出，由内镶式压力补偿管的生产企业提供规格尺寸；

(4) 在规格尺寸系列表后加注“其他规格可根据供需双方商定”；

(5) 耐候性试验后的检测项目待确定。

3.《塑料节水灌溉器材　单翼迷宫式滴灌带》

(1) 在规格尺寸中增加管径为ϕ6、ϕ8；

(2) 在规格表格后加注“其他规格可根据供需双方商定”；

4.《塑料节水灌溉器材　非压力补偿内镶式滴灌管（带）》

(1) 标准名称修改为“内镶式非压力补偿滴灌管、带”；

(2) 材料性能中炭黑含量修改为“(2.25±0.25)%”；

(3) 技术要求：内镶式非压力补偿滴灌管的性能指标按“压力补偿式滴头及滴灌管”标准进行修改；内镶式非压力补偿滴灌带的性能指标按“单翼迷宫式滴灌带”标准进行修改。

5. 下一步的工作计划

(1) 对以上讨论的意见做进一步的研究确定；

(2) 抓紧时间试验验证，以确定标准的技术指标；

(3) 标准第一起草单位提出试验验证方案，于3月30日前报全国塑料制品标准化技术委员会进行修改，参加编制标准的各单位等候通知；

(4) 争取在2003年6月份出征求意见稿，8月份开第三次工作会议，准备送审材料。

会后，河北国农节水工程有限公司崔建伟总经理向各位专家和与会代表介绍了公司发展和生产经营情况，并请与会代表参观了公司节水种植作物的实验大棚和塑料节水器材生产车间。

中国塑协大口径螺旋缠绕聚乙烯排水管生产和应用技术研讨会召开

中国塑协于3月18日在北京举办了FERROSTA-AL（富乐斯多）和BAVKV两个德国公司的中ϕ300～3 600mm大口径缠绕管生产和应用技术研讨会。

会议的主要内容为：德国排水排污管道发展史以及现状；Bauku公司大口径螺旋缠绕聚乙烯管材及其生产技术；大口径螺旋缠绕管的应用领域剖析；大口径螺旋缠绕管欧洲标准以及检测内容介绍等。

会议由中国塑协副秘书长曾家华高工主持，中国塑协、常务副理事长李国俊高工参加了会议并讲了话。建设部科技发展促进中心王真杰处长、水利部科技推广中心袁小勇处长、中国工程建设标准化协会、管道结构委员会潘家多总工、北京市市政工程设计研究总院王乃振副总工程师、中国塑协许琳高工、北京市塑协高春荣高工、中国塑协节水专委会常军工程师、葛新经济师和支持单位北京隆达轻工控股公司孙燕昌董事长等专家参加了会议。

会议重点研讨和交流了大口径螺旋缠绕聚乙烯管材生产的设备及技术以及在市政工程中应用等问题。

2003中国/北亚工程塑料市场国际研讨会召开

3月18日，2003年中国/北亚工程塑料市场国际研讨会在上海召开。来自美国、德国、新加坡、日本、韩国、伊朗等国家及中国台湾、香港地区的国内外企业数十位代表参加了会议。研讨会主要分为全球工程塑料市场趋势，中国、韩国和日本等国家和中国台湾地区市场的增长潜力和展望，中国合成加工市场的最新情况，以及最终用户观点等几个方面进行。

杜邦中国集团有限公司高尔逊博士致欢迎词并作有关全球工程塑料市场的报告。中国工程塑料工业协会秘书长郑凯先生就中国工程塑料的需求市场和进出口以及工程塑料在国民经济中的重要应用等几个方面作了题为“中国高速增长的工程塑料市场和新兴技术应用”的报告；中国台湾地区塑料工业协会总干事谢胜海先生主要介绍中国台湾塑料原料和制品近几年的发展状况及发展趋势以及工程塑料在中国台湾的应用及市场展望；通用电器（中国）有限公司大中华区总裁郭马克先生，以及韩国工程塑料有限公司、日本出光石油化学株式会社、宝理塑料（中国）有限公司等国际著名企业的代表分别做了有关中国、日本和韩国的工程塑料市场及应用的精彩报告；上海杰事杰、海尔科化等国内企业就工程塑料具体在电器电子、汽车等方面的应用情况一一作了报告，中国塑协廖正品理事长应邀出席了会议。上海交通大学黄文伟教授简要介绍了国际塑料加工机械的最新技术动向等。

全国塑料门窗性能与密封学习研讨班暨型材国标宣贯会举办

在宁波浙东塑料建筑材料有限公司和法国伊立欧化学公司的大力协助支持下，由中国塑协异型材及门窗制品专业委员会举办的“全国塑料门窗性能与密封学习研讨班暨型材国标宣贯会”历时5天，3月19日在宁波圆满结束。

塑料异型材与塑料门窗在国家的大力倡导下，以其节能、环保、美观等诸多性能优势，在建材行业中异军突起。目前，我国已成为排名世界第一的塑料门窗生产大国和使用大国。但是，在塑料型材和门窗产品的质量和性能上同发达国家特别是同以德国为代表的欧洲国家相比，还存在相当的差距。为了尽快缩小和消除差距，高等院校、科研单位和生产企业一直进行不懈的努力，国家的行业产品标准也一再修订、提高。GB/T 8814 门窗用未增塑聚氯乙烯型材新标准在去年底审查后，已报送国家有关部门审批，不久即将颁布实施。为了将新标准贯彻好、落实好，异型材及门窗制品专委会决定召开这次新标准宣传贯彻会。另外，考虑到制约塑料门窗产品性能提高的瓶颈之一是密封问题，同时举办了“塑料门窗性能与密封学习研讨班”。

莅临本次宣贯会和学习研讨班的有关部门的领导有：国家塑料制品质量监督检测中心、国家化学建材检测中心、中国塑料加工工业协会、中国塑协异型材及门窗制品专委会、天津塑料研究所、北京市建委建材办公室等部门和企业负责人，参加宣讲、研讨的有制标工作组人员、部分高校和科研单位的专家、教授，一些大型生产厂家的科研、技术人员以及外国公司驻华代办处、外资企业代表。宣贯会和学习研讨班由中国塑协异型材及门窗制品专委会秘书长王存吉主持，中国塑协理事长廖正品到会并作了重要讲话。

第四届华南国际塑料工业展览会暨应用技术论坛举行

由中国塑协、广东省塑料工业协会、深圳市塑胶行业协会联合主办，深圳中国国际高新技术成果交易会展览中心承办的第四届华南国际塑料工业展览会于3月25日至28日在深圳隆重举行。中国轻工业联合会副会长兼秘书长王世成、中国塑协理事长兼秘书长廖正品、广东省二轻工业集团公司副董事长朱淇、深圳市科技局副局长李平、中国石油化工股份有限公司广州分公司总经理徐钢、广东省塑料工业协会理事长符岸和深圳市塑胶行业协会会长应诗洽出席了剪彩仪式。

本届展会吸引了中国石化广州分公司、台湾全立发机械厂股份有限公司、香港利源塑料机械有限公司、上海纪威机械工业有限公司、华嵘机械股份有限公司、铭机实业有限公司、琮伟机械（昆山）有限公司等200多家知名厂商参展，标准展位逾400个，展出面积达8600平米，专业观众达4万人。

3月26日第四届华南国际塑料工业展览会应用技术论坛在深圳中国国际高新技术成果交易会展览中心举行。本次论坛分为宏观报告会和专题报告会两部分，宏观报告会将邀请本行业各级协会领导做行业发展形势报告，专题报告将分为先进塑料加工技术专题、塑料新材料专题、塑料模具与产品创新专题等。广东是我国最大、最发达的塑料工业基地之一，在塑料加工机械、塑料原料及辅助剂的生产方面具有技术和生产优势，并依靠发达的制造业在塑料贸易及应用方面形成了巨大的消费市场。强大的“产业优势”和毗邻港澳、东南亚的“地缘优势”，是本届展览会做大做强的强力后盾，也将使本届论坛精彩纷呈。中国轻工业联合会副会长兼秘书长王世成到会致辞；中国塑料加工工业协会理事长兼秘书长廖正品先生做了题为“中国塑料制品业基本现状与发展重点”的报告；广东省塑料工业协会理事长符岸先生做了题为“广东省塑料加工行业现状与发展”的报告；深圳市海力尔技术有限公司张天松高工做了题为“芬兰 CPS 塑料色浆调色系统的应用”的报告等。与会代表一致认为，此次论坛为塑料行业各界人士提供了交流平台，有利地推广了先进适用的技术。

【4 月】

化学建材制品回收利用技术讲座举行

由建设部科学技术司和全国化学建材协调组共同组织召开的“化学建材制品回收利用技术讲座”于4月11日在北京举行。讲座由建设部科学技术司主持，欧洲型材协会的 Ludo Debever 先生就“PVC 建筑制品对环境的影响及其回收利用”做了报告，并与会议代表进行座谈。会议邀请了全国化学建材协调组塑料管道专家组和塑料门窗专家组、中国轻工业联合会、中国塑协、中国建筑材料工业协会、全国产业用纺织品行业协会、中国石油化工股份有限公司、中国石油和化工协会、中国土木工程学会、中国建筑科学研究院、中国化学建材股份公司，以及北京、天津、河北、山东、四川、广东等省市的建委和建设厅，国内大型建材企业的代表和相关报刊杂志的共50多名同志参加此次讲座。

在全国化学建材协调组和各地有关部门的推动下，我国化学建材事业得到快速发展。塑料门窗、管道、硬 PVC 板材、发泡板、屋面材料、地面材料、防水材料等化学建材制品每年在工程中的应用量已达数百万吨，对节约能源、提高工程质量发挥了重要作用。如何回收利用陈旧废弃的化学建材制品，保护资源与环境，实现可持续发展，已成为有关部门和行业关注的问题。近年来，欧洲一些国家在回收利用塑料制品方面做了大量研究工作，取得了一定成效，并制定了相关的规定。为此，建设部科学技术司和全国化学建材协调组邀请了欧洲型材协会就 PVC 材质塑料门窗、管道、板材、发泡板等制品对环境的影响和回收技术与方法作了报告。

Ludo Debever 先生介绍了欧洲塑料加工业协会（EUPC）及欧洲型材协会（EPPA）的组织情况、业务范围以及生产情况。EUPC 代表 20 多个国家塑料协会和 25 个欧洲行业协会，所属公司超过 37 000 个，150 多万从业人员，年生产 3 700 万吨塑料，每年有 1 300 亿欧元的销售额；EPPA 是欧洲 PVC 门窗型材及相关建筑产品的协会，主要有 4 家大型 PVC 门窗型材公司和 8 个国家协会，占欧洲 80%以上的 PVC 型材市场。他还就 PVC 制品的卫生、安全和环保等方面存在的问题进行了说明，纠正了社会上对塑料制品生产和应用中的一些误解，并介绍了有关塑料行业的自律公约。随后，他对塑料制品的全程评价方法，以及回收利用的重要性，欧洲各国的回收利用情况和塑料建材最新回收处理技术做了介绍。

这次讲座为我国业内人士了解国际化学建材回收利用的最新情况和技术提供了良好的机会。为我国塑料制品回收利用的发展提供了新的思路，具有一定的参考价值。

2003 国际聚氨酯工业展览会暨中国聚氨酯行业整体淘汰 ODS 国际论坛召开

4 月 19～21 日，由国家环境保护总局环境保护对外合作中心、中国塑协和世界银行共同组织的“2003 国际聚氨酯工业展览会暨中国聚氨酯行业整体淘汰 ODS 国际论坛”在北京国际会议中心举行。中国轻工业联合会陈士能会长出席开幕式并在国际论坛上做了题为《增强国际交流合作，提高行业整体水平，加快泡沫塑料 ODS 淘汰进程》的报告。出席开幕式的嘉宾还有联合国工业发展组织驻华代表处代表 Mr. Sergio Miranda-da-Cruz、中国塑协廖正品理事长和中国家用电器协会霍杜芳理事长等。中国塑协廖正品理事长在国际论坛上做了题为《中国聚氨酯行业综述及 CFC 替代进展》的报告。

如何利用 5384.6 万美元国际赠款，在我国聚氨酯行业中改造氟里昂设备，成为国内外众多聚氨酯行业专家的热点话题。由于聚氨酯泡沫生产中使用破坏臭氧层的 CFC 作为发泡剂，按照《保护臭氧层的蒙特利尔议定书》的要求，开展替代 CFC 成为聚氨酯泡沫行业的主要任务之一。

中国聚氨酯泡沫行业 CFC-11 整体淘汰计划是一项牵涉到项目管理、技术开发、行业结构调整、政策法规建设的系统工程，不仅包括生产企业的聚氨酯泡沫加工设备的采购和改造，聚氨酯泡沫制品行业标准的修订，而且将培育和形成无 CFC 化聚氨酯原辅材料市场及加工能力。中国政府将鼓励聚氨酯企业的改组、兼并等工业重组活动。

此次论坛宣传了我国淘汰 ODS（消耗臭氧层物质）的总体政策，聚氨酯泡沫行业 CFC-11 整体淘汰方案、年度淘汰计划及实施办法，替代设备及改造工程的采购方法；介绍世界先进的替代技术；研讨设备加工、原料供应以及制品标准如何适应替代改造进程；中国聚氨酯泡沫企业结构调整及行业发展战略等。

与论坛同期的展览会，是中国聚氨酯行业第一个以促进行业全面淘汰消耗臭氧层物质为宗旨，以帮助众多企业完成替代改造为目的的一次展览盛会。展览会展示了聚氨酯行业国内外先进技术和科研成果，推广聚氨酯行业先进替代技术，介绍先进的替代设备、聚氨酯制品加工配套设备及原材料生产企业。

据介绍，为了保护臭氧层，我国政府于 1989 年 9 月正式加入了《保护臭氧层的维也纳公约》，1991 年 6 月正式加入了《关于消耗臭氧层物质的蒙特利尔议定书》（伦敦修正案）。12 年来，中国政府在先后在气雾剂、消防、化工、汽车空调、清洗、烟草、泡沫、工商制冷、家电、四氯化碳和化工助剂等行业开展了淘汰 ODS（消耗臭氧层物质）、保护臭氧层的活动。

早在 1991 年，作为中国保护臭氧层领导小组成员单位，原国家轻工业部就开始与国家环保局一起，对中国轻工行业内使用 CFC 的设备进行替代改造。1994 年，天津聚氨酯制品厂 CFC 替代改造项目按期顺利验收，成为中国实施《蒙特利尔议定书》淘汰项目的第一个示范项目。十余年来，在中国轻工行业中，先后有泡沫塑料、家用电器、气雾剂等行业的数千家企业参与了保护臭氧层、淘汰 ODS 的活动，为逐步削减 ODS 使用量做出了很大贡献，产生了积极的影响。

本届国际论坛吸引了国内外 300 多名代表参会，是迄今为止我国聚氨酯行业规模最大的一次研讨交流盛会。

【5 月】

坚持两手抓确保双丰收

5 月 19 日，中国轻工业联合会召开联席会议，号召全行业在今后一段时期内积极防治“非典”，克服“非典”影响，促进轻工业的发展。

中国轻工业联合会会长陈士能指出，新一届中央领导在“非典”疫情出现后，迅速作出重大决策，采取果断措施，总揽全局，力挽狂澜，鼓舞了全国人民的信心和士气，稳定了局面，现在疫情已经得到了一定的遏制。胡锦涛总书记最近多次强调，“万众一心抗‘非典’，迎难而上求发展，夺取防治疫病和经济建设双胜利”，“坚持一手抓防治‘非典’这件大事，一手抓经济建设这个中心不动摇”，这是中央立足当前，着眼长远作出的重大战略决策。我们要认真学习领会中央的精神，把思想和行动统一到中央的重大决策和部署上来，联系自己的思想和工作，学习抗“非典”的先进人物和先进事迹，扎扎实实地做好本职工作。

研制防治非典医用产品、夺取防治非典和发展经济双胜利

中国塑协医用塑料专业委员会理事长单位天津塑料研究所，多年来一直致力于医用高分子产品的开发、研制，其产品在国内颇具影响。在防治非典的战役中，该所科技人员和全所职工急防治SARS疫情之所急，发挥自身优势，大力开发、研制防治非典的医用产品。其部分产品已应用于非典病例的防护与治疗之中，受到医护人员和天津市领导的一致好评。

1. 口罩专用鼻夹。这种产品经天津媒体报道后，全国数十家企业与该单位签订供贷协议，共计百万余支。此种鼻夹固定在口罩上，可根据个人鼻梁形伏任意调节，使口罩的防护封闭更严。

2. 一次性密闭式呼吸机管路及一次性密闭式吸痰管。这两种产品已由天津市第三中心医院与天津塑料研究所共同开发、研制。因为SARS的一个明显特点是医护人员感染率很高，其主要原因是医护人员密切接触SARS患者呼出的气体和分泌物，造成病毒直接传播。在机械呼吸支持中开放的气管插管、气管切开、开放式吸痰等是SARS感染医护人员的主要途径，事实证明仅靠医护人员自我防护已不能有效控制感染。而这种吸痰管是密闭系统，可以防止病人呼出物的传播，是防治SARS感染的有效武器。

呼吸机是目前得到公认的治疗SARS的有效方法，提高患者的抢救成功率与尽早使用呼吸机直接相关，但目前使用的呼吸机管路多为开放式，患者呼出的部分气体会返回患者体内造成二次病毒感染。国外已有部分封闭式呼吸机，但成本很高，且随机配套管路较少，因此各医疗机构均连续数天长期使用同一呼吸机管路，会造成患者和医护人员感染。

肺部感染的特征之一是多痰。痰液会造成器官阻塞甚至导致病人死亡，因此为SARS患者吸痰是治疗的另一重要手段。目前，无论与呼吸机配套或气管切开后使用的吸痰管均为开放式并且重复使用。医护人员在为SARS患者吸痰时有可能接触痰液造成自身感染。同时患者也有二次感染的可能。国外虽已研制成功密闭式吸痰管，但价格很高，国内尚无此产品。

为更有效地保护医护人员，避免SARS患者二次感染，该所承担并完成了天津市科委下达的一次性使用的密闭式呼吸机管路和一次性使用密闭式吸痰管的研制任务，这有效地阻断了SARS医院内传播途径，为战胜非典做出了贡献。该研究所20多年来一直致力于医用塑料制品的研制、开发、生产，1976年研制成功我国第一个袋式氧合器并获全国科学大会奖。

对一次性使用密闭式呼吸管路和一次性使用密闭式吸痰管的某些创新设计，将申请实用新型专利，并已准备完成向国家食品药品监督管理局的注册申报。此项课题的研制完成对避免医护人员感染和SARS患者二次感染起到重要作用。

3. 与天津大学共同开发研制医护人员防SARS专用透明头罩。该产品以PU透明膜材质为主材，其透明度极佳，且非常柔软，有良好的韧性。此种医护人员防护罩对救治SARS患者的过程中防止感染更安全、有效。

4. SARS患者使用的冰毯、冰帽开发研制。该产品主要适用于发热的SARS患者物理降温。该产品已在广东应用于SARS患者的临床治疗，而且效果极佳。配合SARS患者的药物治疗提高治愈率。

5. 高温消毒袋。用经特殊处理的聚丙烯材料制成的高温消毒袋，可在不超过140℃的高温状态下对袋内物品蒸煮消毒。这种方法已在发达国家的医院、生物实验室等需对废弃物进行初步处理的场所广泛应用。此类高温消毒袋可用于所有医院的医疗垃圾等有毒有害废弃物的收集、转运和灭菌处理。

另外还开发了适用于SARS患者的隔离罩及防护服的专用胶黏剂等产品。

【6月】

北京华盾塑料集团公司积极生产抗“非典”配套产品

由于“非典”疫情蔓延，医药、消毒用品的巨大需求，使小型中空制品供不应求。为了保证北京市消毒用品的有效供应，经北京市经委考察后，北京华盾塑料集团公司临危受命，公司领导当即做出承诺，在预防“非典”疫情时期，按时、按质、按量完成任务。

在北京华盾塑料集团公司全体员工的共同努力下，在短短一个月的时间里，生产350ml、500ml、2.5L、5L、10L、24L、60L等规格容器近100万只，提供一次性垃圾桶2万余只，超出正常月产量一倍

多，保证了抗“非典”用品企业的生产包装需求。

与此同时，为了保证“非典”病区医护人员、“非典”患者、“非典”隔离区人们的饮食及垃圾处理需要，北京华盾塑料集团又担负起为“非典”病区、隔离区生产食品袋、垃圾袋和防护用品包装袋的任务。公司提供食品袋 60 余万个，垃圾袋近 15 万余条。

人造革、合成革行业抗击 SARS 与战胜危机

人造革、合成革制造业面对 SARS 危机积极采取预防举措及营销策略。

1. 积极采取有效的抗非典措施。从广东首例非典病例出现到北京的非典疫情严重，人造革、合成革企业在当地政府的领导之下积极应对，针对客户和员工情况成立紧急工作小组，有的单位聘请外方高级管理人员为防治非典工作顾问，制定全方位、立体应急方案，建立员工每日健康报告制度，对办公区、车间、车辆、人员进出实施了明确的消毒制度、很多单位实行发中药、发熏香、发口罩、日查体温等措施。据了解，北京、广州、上海、湖南、山东的几个大型人造革合成革厂尚无非典病例。

2. 积极抗非典的同时，全力作好当前的生产经营。企业一手抓抗击非典，一手抓生产经营。如广州地区的人造革合成革企业大多正常经营，花都地区仍然有计划地进行人造革合成革市场新基地建设。北京塑料三厂与世界著名的意大利乔瓦尼公司的合资企业——北京柯来斯皮合成革有限责任公司在疫情日趋紧张的情况下，积极采取各项防护措施，坚持四班三运转生产，没有放假一天，确保出口合同任务正常完成。北京塑料三厂、平谷利翔公司、顺义威连顺企业等以及经营机构，积极克服原料供应困难，基本上稳定生产。

3. 积极抗非典的同时，抓紧时机，练就内功。温州地区虽没有非典病例，但 100 多个企业也不同程度受到一定的影响，人造革合成革工厂 5 月的订单减少了近 10%。在温州合成革商会的领导下，积极组织行业内部开展 ISO 9002 认证工作，组织技术交流活动、组织全行业开展对去年推出的《温州人造革合成革标准》的实施进行总结。温州地区的人造革合成革企业把 SARS 危机的影响减少到最小，变做一次练就内功的契机。平时业务忙没时间整理企业内部，现在利用时机抓紧检修设备、技术改造，以准备迎接新的挑战。

4. 行业管理业务仍在积极进行，经过中国塑料加工工业协会批准的人造革合成革专委会华东分会正在紧锣密鼓的筹备之中，4 月 19 日在江苏周庄人造革合成革企业聚集地组织了“人造革合成革技术讲座”。北京、河南及当地的企业技术人员参加了交流活动。江苏省也是一个人造革合成革企业大省，仅周庄一个镇聚集着 22 家，年产值 10 多个亿，占镇经济的 10%强，这个地区的人造革合成革企业销往台湾的产品受到了影响，为此如华宏合成革公司这样的大型企业，积极推进高档 PU 合成革的技术改造工程，组织新产品的研制，作技术储备工作，显现出江南模式中的一个大型人造革合成革企业的抗风险能力。

“非典”对人造革合成革行业会产生一定的负面影响，既有直接的也有间接的。直接的影响就是许多经济交易活动被取消，投资活动暂时停顿，进口材料及部分产品出口、特别是正在进行的外商投资合作暂时放慢速度；间接的影响，包括相关产业的 GDP 的增速变化，人们的收入增速有可能出现减少，这会对人们的消费支出以及对未来的信心产生影响。“非典”对内资企业造成了极大冲击，对于国内的人造革合成革企业来说，海外的一些客商不愿意来中国，SARS 疫区的业务人员不能出，非疫区业务人员又不能进，外贸又因为“非典”走不出国门，造成交流不畅。我国中小型的人造革合成革工厂也正面临一个更艰难时期，一些企业面临海外订单被取消或者延迟执行合同、暂时没有新的订单等问题，有一些公司不得不采取了停产、裁员、减少市场推广力度等无奈的非常措施。

中国塑协为会员单位颁发铜牌

随着加入世贸组织和“十六大”的召开，我国的改革开放和经济建设进入了一个新的阶段，协会的作用在经济全球化的新形势下显得越来越突出。协会不仅作为会员与政府部门联系的桥梁和纽带发挥着重要作用，而且在国际合作、经济交流、规范市场和树立诚信等方面有着举足轻重的作用。特别是在竞争日趋激烈、经济秩序尚不够规范的情况下，中国塑料加工工业协会的会员单位以其良好的信誉和优质的产品在社会上树立了优良形象，得到用户的认可和好评。

因此，广大会员单位强烈要求不仅得到“中国塑料加工工业协会会员证书”，还希望得到体现会员身份的铜牌。为满足会员单位这一要求，中国塑料加工工业协会现制作了“中国塑料加工工业协会会员单位”、“中国塑料加工工业协会理事单位”、“中国塑料加工工业协会常务理事单位”、“中国塑料加工工业协会副理事长单位”等铜牌。考虑到便于会员单位印制产品宣传画册和参加展览会等经贸洽谈活动，此“铜

牌”大、小两块为一组，大铜牌挂在单位门口，小铜牌为台式，展示在桌面上。

湖南省塑料行业协会成立

湖南省塑料行业协会由湖南省塑料研究所、湖南省安塑股份有限公司、深石化塑料集团株洲塑料有限公司、湖南株洲时代新材料科技股份有限公司、湖南省株洲湘瑞建材有限公司五家企业发起，经湖南省塑料行业协会筹备组近一年的筹备，于 2003 年 5 月经湖南省民政厅、湖南省轻工行管办批准成立。湖南省塑料行业协会挂靠在湖南省塑料研究所，协会秘书处设在湖南省塑料研究所。2003 年 6 月，湖南省塑料行业协会在长沙隆重召开了成立大会暨塑料工业发展论坛，此次盛会得到了湖南省塑料行业的企事业单位和各级领导的高度重视，全省塑料行业有 60 多家企事业单位派了代表参加，中国塑协理事长兼秘书长廖正品和全国塑料加工工业信息中心常务副主任刘均科，湖南省经贸委副主任林善敬，湖南省轻工行管办主任董小新、副主任蔡梅春，湖南省民政厅民间组织处处长王剑中，湖南省科技厅条财处副处长张继成等专程到会与代表们一起探讨湖南塑料工业发展问题。此次大会审议通过了《湖南省塑料行业协会章程》、《湖南省塑料行业协会会员管理办法》，选举产生了湖南省塑料行业协会领导机构及成员。湖南省塑料研究所所长兼党委书记蒴建政当选为协会首届理事长，湖南省塑料研究所副所长潘小梅当选为协会首届副理事长兼秘书长。会上协会理事长蒴建政做了湖南省塑料行业协会筹备工作报告，中国塑料加工工业协会理事长兼秘书长廖正品和全国塑料加工工业信息中心常务副主任刘均科在会上做了题目分别为《中国塑料制品业基本现状与发展重点》、《塑料加工成型技术新进展》的专题讲座。参会代表对本次大会给予了高度评价，充分肯定了协会务实的工作态度和优良的服务意识，参会代表积极参与支持协会工作，促成协会机构和管理模式的形成并在会上广泛的交流，通过交流对中国塑料行业的现状和发展趋势以及湖南塑料行业发展中存在问题有了较清楚的认识。代表们认为湖南省塑料行业协会的成立，将促进行业信息和技术的交流，加强行业自律，促进湖南塑料工业的新发展。

【7 月】

塑料饮用水桶选料和物性、卫生性能管理亟待加强

根据我国目前塑料饮用水桶的现状，为保障人民的身体健康，提高产品的质量水平，国家质量监督检验检疫总局在 2003 年二季度组织实施了对该产品的质量监督抽查，见（2003）国监任字第 02053 号文。

从结果看，本次抽查确实起到了保护优质、震慑伪劣的作用，众多正规企业欢欣鼓舞。第一他们欢迎国家的检查，第二他们更希望加大执法力度，规范市场，公平竞争，提高质量。广大消费者更是恨透了“黑心桶”，对那些置人民生命健康于不顾、赚黑心钱的企业深恶痛绝。

但应该看到目前消费者对饮水桶的识别意识并不高。制造黑心桶者往往将回收料、非卫生级材料、光盘，甚至是使用过的医用注射器、头盔的面罩等用刀子刮掉印字，盐水浸泡后经洗衣粉简单洗涤、破碎，再加入色母粒等重新加工。这些产品的卫生指标严重超标，工业级原料制造的饮水桶，在使用中直接影响到广大人民群众的生命安全。由于价格低，且制出的桶如不是专业人员很难分辨等原因，在市场上这些桶相当普遍。国内一些大企业在原料、生产，流通方面非常严格，以 PC 原料为例，一般为美国通用、拜尔等卫生级原料，市场价在每吨 2 万元左右，生产出的桶大企业每只 27 元左右。而回收料用料每吨只用 8 000元就可买到，制作的水桶仅售 15 元左右。目前大城市的水厂很多，如北京、上海、天津都在 300 家以上，南京 150 家，较发达的小城市也有几十家，如台州、昆山等。按每只桶平均使用寿命为 50 次，优质水桶一般使用一年，而劣质水桶使用 2～3 个月。饮水桶市场需求非常大。生产饮水桶的设备，日本、德国设备每台 700 万～1 000 万元，而劣质设备十几万元左右即可。原料、设备、管理费的差异，巨大的利润空间，使不少生产者见利忘义。由于宣传的不足，消费者并未注意自家所用的塑料桶，也是劣质水桶流通的另一因素。

去年“黑心桶”事件引起了各级政府的高度重视。例如，浙江省所属各地区领导，会同当地监督、工商、公安局对生产、流通领域进行了查处和严厉打击，收到了一定效果。如慈溪市原有大小生产企业 30 多家，目前只剩比较正规的企业 10 余家，但那些不正规的小企业并未彻底消失，他们采取异地、躲藏、原料加工与成品生产分离、委托其他企业带料加工等方式逃避检查。原料市场劣质回收料还有销售。所以对他们的打击任重道远。打击伪劣和市场引导应双管齐下，目前大批回收料的存在是不争的事实。回收料的处理不当也会对环境，生态造成污染。有很多有识之士正在进行 PC 料的开发利用，如将饮水桶回收料、工业级的料、头盔面罩等一并加工成阳光格子

板，可应用于建筑材料、农用大棚等场合。有人算了一笔账，以我国北方山东寿光的蔬菜基地为例，用回收料制成阳光板建造大棚，预计使用寿命可达8年，每平方米在50元，一次性的投资，农民比用棚膜节省50%的费用，当然像防雾滴等技术问题还有待于进一步的研究试验。国家塑料制品质量监督检测中心目前已开展塑料饮用水桶的各类物性及卫生性能的检测工作，为生产企业及用户提供优质服务，并就相关的开发研究工作进行合作。

中国塑协人造革专业委员会2003年理事长扩大会议召开

中国塑协人造革专业委会理事长扩大会议于7月7日在北京召开，参加会议的有人造革专委会理事长沈士华、副理事长及副理事长单位代表冯庶君、肖贤辉、高翩、李革、杨秉正、姜良、李涛等。中国塑协理事长兼秘书长廖正品到会并做了重要讲话。

本次会议主要议题：①分析2003年上半年全国人造革行业经济情况，研究部署下半年工作计划和打算；②研究筹备专委会换届改选工作；③研究探讨深圳人造革合成革展览会工作计划。

会议始终本着对行业认真负责的态度，为行业发展献计献策，做出了如下决议。

1. 根据我国人造革合成革发展情况，更好同国际接轨，扩大与国际间的交流与合作，将人造革专委会更名为“中国塑料加工工业协会人造革合成革专业委员会”；

2. 组织好2003年专委会换届改选工作。成立第五届人造革专委会换届筹备组，办公地点设在北京，在中国塑料加工工业协会有计划有组织的指导下开展工作。会议期间各副理事长工作进行了分工，在筹备期间依照分工抓好各自工作，各副理事长要主抓一个分会和一个中心工作，承担一方面的管理。

3. 为了加强行业管理，促进行业网络化，扩大地区分会，分别在不同的地区建立相应的人造革合成革地区分会（如华东分会、华南分会、华中分会、东北分会），同时做好江苏省培育周庄人造革生产基地的工作，不断改革会员体制，吸收团体会员，发展商会结构，充分调动地方优势力量加强行业管理。

4. 积极发展专业分会机构，培育形成信息中心、技术培训中心、检测中心，增加专业管理理论与专业管理的水平。与会同志认为有必要组织人造革合成革产品的维权组织，加强行业自律工作。

5. 组织力量开展行业基本情况的普查工作，并着手编写《中国人造革合成革》与《中国人造革合成革发展论文集》，进一步调动专业人才研究行业理论，提升产业理论水平，促进行业技术发展。

6. 进一步做好2003年的人造革合成革发展论坛，组织力量做好2004年的深圳中国人造革合成革展览会。

7. 2003年10月要做好在江苏的第三次人造革合成革标准审定会，以及人造革合成革清洁生产的有关问题的研究。

8. 继续做好中国第二届国际人造革合成革发展论坛工作。

廖正品理事长作了重要指示：专委会自1988年成立以来，以沈士华理事长为首的人造革专委会企业家们，为行业发展做出了重要贡献。当前人造革合成革行业正在蓬勃发展，产业的技术水平正在全面提升，行业管理得到了各企业的支持，温州商会在行业管理上摸索出了成功经验，下一步我们要进一步发展地区分会和专业机构，并用现代化的网络管理推进行业信息交流，当前首先要加强人造革合成革专委会的组织领导工作，通过换届选举完善专委会的组织制度。为适应形势发展要求，应加强刊物与行业信息交流工作、推进现代化管理与加强宣传行业发展活动。

大家一致认为我国是人造革合成革生产与应用大国，产量与消费量名列世界前茅。今后应向技术强国发展，使我国人造革合成革生产进入世界强国行列。

微发泡聚氯乙烯/木粉复合材料新产品通过省级鉴定

由河北省廊坊市神龙金海塑木科技有限公司研制开发的“微发泡聚氯乙烯/木粉复合材料（神木王）”新产品于2003年7月16日通过由河北省科学技术厅组织并委托廊坊市科技局主持的省级鉴定。

微发泡聚氯乙烯/木粉复合材料及其型材、板材、线材系列产品是该公司在全面掌握仿真木微发泡聚氯乙烯塑料成型技术的基础上，经过广泛的市场调研、搜集分析国内外相关技术资料，经过一年多的反复试验而研制成功的。

这种产品以合成树脂和木粉或农作物秸秆粉等为主要原料，经表面处理、混合混炼造粒并挤出成型而制成，不仅具有合成高分子材料本身特有的防腐、防潮、防蚁等特点，同时具有像天然木材一样的锯、钉、粘、刨等可加工性，由于大量发泡微孔存在，还同时具有良好的隔音、隔热性能。该种材料经挤出成型可直接制成多种断面的型材，无毒、无味，可免油漆，因此在施工中和施工后长期使用过程中均无甲醛等有害气体释放，真正做到了绿色材料装修。该种材料的推广应用不仅可节省宝贵的木材资源，而且因其生产和使用中的安全性以及完全可以回收再利用，是保护自然资源和环境的重要举措。

截止到2003年5月底，公司已累计生产17 536m^2的配套型材产品并在东北、内蒙、河南等地进入市场实际销售使用。由于实现了真正的绿色装修，深受用户欢迎，这种材料的商品名称——神木王也不胫而走，广为流传。

该种复合材料的加工技术有以下几方面的创新。

1. 研究开发了集活化、偶联、提高相容性为一体的复合型表面处理剂AB，解决了木粉表面处理及与聚氯乙烯大分子亲和、相容的问题。

2. 研究开发了具有内外润滑作用的高效加工流变剂，确保挤出加工快速稳定。

3. 使用吸、放热均衡的复合发泡剂，做到发泡工艺和发泡倍率可控。

4. 对原有挤出的进料装置以及螺杆进行改造，使之更适合微发泡聚氯乙烯/木粉复合体系的加工。

5. 使用可调式发泡模，确保微发泡型材尺寸精度和发泡倍率。

科技查新结果表明，将微发泡技术用于聚氯乙烯/木粉复合体系在国内属首次通过省级鉴定。鉴定委员会对廊坊市神龙金海塑木科技有限公司的科研成果给予充分肯定，此成果将对促进我国塑木复合材料的健康发展起到积极的推动作用。

中国塑协信息网开办了“中国塑协会员单位动态”栏目

为了给中国塑协会员单位提供宣传企业形象、扩大企业影响、推广企业产品、及时报道企业动态的宣传平台，中国塑协信息网近期开办了“中国塑协会员单位动态”栏目。各会员单位可以登陆到www.cppia.com.cn/cppia/，免费发布企业信息，在试用期间，通用用户名称和密码均为：cppia。该宣传平台只对会员单位开放，会员单位可通过在该平台上发布信息，促进行业交流，扩大社会影响。

中国塑协农膜专委会召开2003年理事长扩大会议

中国塑协农用薄膜专业委员会2003年理事长扩大会议（即换届预备会）于7月19日至21日在大连召开。有10家会员单位共计18位代表到会。中国塑协理事长廖正品、常务副理事长李国俊等应邀到会听取汇报并指导工作。会议由本届农膜专委会理事长石家庄恒东企业集团公司董事长崔守信主持。

这次会议的中心内容是：(1) 简要总结农膜专委会成立十五年来的工作；(2) 做好理事长单位换届选举准备工作；(3) 参观2003年大连国际橡塑工业展览会。

农膜专委会理事长崔守信简要总结了15年来的主要工作。他指出，农膜专委会从1988年成立至今已历时15年。专委会在中国塑协和原轻工业部、农业部等有关领导的关怀和重视下，努力为会员企业服务，在争取政府部门的支持，切实反映企业愿望和要求，维护会员单位利益（如在计划经济时期向政府反映农地膜专营问题、原料供应问题、农膜价格问题、有关石化企业生产薄膜专用料等问题）方面，充分发挥了企业与政府间的桥梁和纽带作用。我国农膜产量由1988年的30万吨上升到2003年的100多万吨，农膜品种也由单一地膜发展为地膜、大棚膜、多功能膜，科技含量不断增加，一些农膜生产企业由年产量1 000多吨发展为年产量万吨以上的企业集团，同时，一些企业已发展成为上市公司，企业规模发生了很大的变化。但是农膜行业还普遍存在着产品附加值不高，产品质量参差不齐等问题，因此农膜专委会还有许多工作要做。石家庄市东风塑料总厂担任农膜专委会理事长单位已15年，企业目前正在深化改革中，因此已多次向中国塑协廖正品理事长提出辞去农膜专委会理事长单位的请求，并在适当的时候进行换届选举工作。崔守信理事长认为，应该推选出一家在农膜行业中有一定影响，能够带领行业发展的大型农膜加工企业为农膜专委会理事长单位。同时，他还向与会代表介绍了河北宝硕集团，他指出，河北宝硕集团近年来在周山董事长的领导下，由一个小型塑料加工企业迅速发展为一个大型塑料加工上市公司。宝硕集团农地膜产品的生产规模及产品产量不断扩大，在农膜行业中占有重要位置。

中国塑协廖正品理事长指出，此次会议是换届预备会，也是理事长扩大会议，本届农膜专委会为行业、为广大会员单位做了大量的工作，取得了很大的成绩。近年来，农膜行业在不断地发展变化，农膜产量主要集中在一些大型农膜生产企业，生产集中度在不断提高，地膜生产水平已达世界领先地位，但功能膜发展还有差距，农膜专委会还有很多工作要做，因此要抓紧做好换届工作，换届工作要形成会议纪要报民政部批准。

会议邀请宝硕集团参加会议，并请该集团副总经理韩连贵发言。韩连贵同志向与会代表介绍了河北宝硕集团的基本情况，并表示，换届后，农膜专委会的工作要依靠各副理事长单位的共同努力来推进农膜行业的发展。

会议期间，与会代表参观了2003大连国际橡塑工业展览会，获取了大量塑料生产设备、塑胶辅助设备及配件、塑料模具类、塑胶原料等信息，开扩了眼界。

“2003 大连国际橡塑工业展览会”和“2003 大连国际橡塑工业发展论坛”举行

由中国塑料加工工业协会会同中国塑料机械工业协会和大连市人民政府共同主办的“2003 中国大连进出口商品交易会主题展——大连国际橡塑工业展览会”和“2003 大连国际橡塑工业发展论坛”于 2003 年 7 月 21～25 日在大连星海会展中心隆重举行。本届展会依托于 1987 年创办、至今仍在举办的由国家外经贸部批准，辽宁省人民政府、中国五矿化工进出口商会、中国机电产品进出口商会、大连市人民政府共同主办，中国国际贸易促进委员会承办的区域性展览会——中国大连进出口商品交易会。本届交易会设立四个专业主题展，大连国际橡塑工业展览会是其中之一，并且是在大连进出口商品交易会上首次设立。参加本次展览会的有来自全国各地的塑料机械、制品加工、原辅料生产销售厂商和专业媒体网站等 30 多家单位。

为配合展览会，展会期间特举办了“2003 大连国际橡塑工业发展论坛”。会上共邀请了国家有关部委领导、大学教授和外国公司代表等 13 位专家，就我国化学建材、塑料包装、农用薄膜、国外吹膜新技术以及挤出机螺杆和机筒设计软件等方面分别进行专题讲座。

论坛结束后，主办单位组织部分专家、教授和参会人员到大连三垒塑料机械工程公司、大连大显集团有限公司和大连实德集团参观，并和企业领导和专业技术人员进行了座谈与交流。

总之，本次展览会和论坛虽然受“非典”疫情影响，时间较原计划推迟了两个月，但在主办单位和参展企业、参会专家和与会代表共同努力下，取得了圆满成功。

【8 月】

中国双向拉伸聚酯薄膜行业新进入者座谈会召开

中国双向拉伸聚酯薄膜行业对新进入者召开了座谈会，中国塑协理事长兼秘书长廖正品在会上发表了讲话。

目前，在中国境内有多家企业正在新建或扩建 BOPET 生产线，新一轮 BOPET 薄膜的兴建热潮正在掀起。仅考虑在建装置和已有 BOPET 产能，2003 年中国 BOPET 产能将达到 16 万吨/年。若扩建项目计划在 2005 年全部投产，预计到 2005 年产能将较 2002 年国内产能接近翻两番，势必出现供过于求的局面。一旦出现这种不利局面，必将引起市场价格的振荡，直接导致企业利润的下降。中国 BOPP 行业由于过热发展，已出现了种种不利局面，BOPET 行业也应吸取其教训，避免重蹈其覆辙。2001 年底，BOPP 行业引进的薄膜生产线已有 80 条，而自 2002 年以来，已形成新的引进高潮，新投产或已签订合同的增加了 20 多条生产线，幅宽达 8.2m，线速度达 350～500m/min，产能在 2.5 万～3.5 万吨/年。

鉴于全国 BOPET 薄膜行业产能增长幅度超过了社会实际消费需求增长幅度的格局，中国塑协 BOPET 专委会预测，从 2004 年起 BOPET 薄膜市场将供大于求。加之，我国 BOPET 薄膜大多数生产企业普遍规模偏小，品种单一，技术人员缺乏，管理水平不高，致使 BOPET 薄膜生产过程能耗高，生产成本加大，产品合格率和优级品率较低，因而生产企业缺乏参与国际市场的竞争能力。为了维护和规范 BOPET 薄膜市场的有序竞争，促进中国 BOPET 薄膜行业的健康发展，要充分发挥行业协会的桥梁纽带作用，积极引导促进本行业的企业向效益型生产方式转变。

本次座谈会对加强聚酯薄膜行业现有成员和新加入者之间的信息交流，共商中国聚酯薄膜行业的未来发展将起着重要的作用，产生积极的影响。只要大家共同维护国内市场的健康有序竞争，聚酯薄膜行业一定能得以健康稳定地发展。

节水灌溉新产品通过技术鉴定

8 月 18～19 日，中国水利企业协会灌排设备企业分会组织相关专家对福建亚通新材料科技股份有限公司研制的“灌溉用塑料根区导灌器”进行了技术鉴定。

“灌溉用塑料根区导灌器”是新型的地下灌溉产品，具有独特的曲线形锯齿状流道结构设计，使水流呈现紊流状，可以阻止泥沙沉积而不致堵塞流道。同时，采用特殊的工艺处理，具有无限孔数的开放非密闭结构，解决了通常会遇到的植物的根系入侵、负压倒吸等堵塞问题。该产品已在新疆、陕西等地林业项目中应用，取得了较好的经济和社会效益，得到了用户的好评，并且已获得了国家专利。

该项目着眼于高科技含量的地下滴灌技术，对于提高我国节水领域的整体技术水平，推动节水、环保事业将有深远的意义。该新技术的采用和推广，可减轻农民的负担及增加农民的收入，从而降低节水农业推广的难度，加快我国保护水资源的进程，并对促进国民经济发展，加速我国农业现代化建设具有重要意义。

【9 月】

中国塑协塑料管道专业委员会召开 2003 年年会

中国塑料加工工业协会塑料管道专业委员会2003年年会于9月4～6日在江苏无锡举行，大会的主题为“促进行业健康发展”。中国塑协、建设部、水利部、国家质量检验检疫总局、中国名牌战略推进委员会、中国燃气协会、中国水利企协灌排设企分会以及无锡当地政府领导和专委会会员单位及相关机构、协会、企业等单位的300多名代表参加了会议。

9月3日，召开了中国塑协塑料管道专委会理事长会议，参加会议的有胜邦塑胶管道集团等16家理事长、副理事长单位的代表，中国塑协廖正品理事长出席了会议。会上审议通过了“中国塑协塑料管道专委会2003年年会议程安排”和“第六届二次理事会会议议程安排”，并根据提议决定增加南亚塑胶（厦门）有限公司翁碧海厂长为专委会专家组成员。会上通过了刘秋凝秘书长的辞职申请，同时通过了杨洪献任塑料管道专业委员会秘书长的决议，通过了聘请刘秋凝同志为专委会专家组顾问的决议。

9月4日大会，中国塑协廖正品理事长和建设部科技发展促进中心顾问王真杰、高立新处长及水利部农村水利司严家适处长分别进行了讲话，重点介绍了我国塑料管道行业、塑料制品行业的现状及发展，结合我国建设行业、水利行业的发展态势，从战略高度对我国塑料管道行业现状进行了分析，并对塑料管道行业的发展提出了许多好的建议。中国名牌战略推进委员会荣剑英常务副秘书长和国家质量检验检疫总局质量监督司产品准入处领导王海东分别就塑料管道行业提高产品质量意识，加强质量管理的必要性和迫切性作了报告，从中国名牌和国家免检产品的高度对塑料管道行业提出了更高希望。中国城市燃气协会迟国敬副秘书长、水利部中国水利企协灌排设备企业分会许复初秘书长分别对所在协会及其行业作了介绍，作为市场的需求领域，重点对塑料管道企业如何把握机遇，开拓市场，进入应用领域等方面做了有针对性的介绍与分析。东道主无锡市人大常委会副主任苏红平对本次大会在无锡召开表示祝贺，并表示将一如既往地支持塑料管道专委会的工作。专委会副理事长瞿国华、副秘书长褚泽、马骋元、王占杰等作了报告。

9月4日晚，PVC-U给排水，PE燃气和给水，PP冷热水，铝塑复合管和交联聚乙烯冷热水等工作小组分别召开了讨论会。

9月5日，召开了专委会第六届二次理事会议。参加会议有31家理事单位的代表，会议由杨洪献秘书长主持。通过讨论，形成6项决议。

奇佳机械厂 KDFJ-75-298A 型《淀粉降解材料挤出片材机组》通过鉴定

9月6日，汕头科技局受广东省科技厅委托，对广东省汕头市奇佳（KICA）机械厂有限公司KDFJ-75-298A型《淀粉降解材料挤出片材机组》进行了新产品技术专家鉴定，中国塑协廖正品理事长应邀参加了该项鉴定活动。

该项目采用奇佳机械厂拥有自主知识产权的片材挤出机的螺杆结构（专利号02249823.0）、片材挤出机的排气装置（专利号02249828.1）、片材挤出机的快速换网装置（专利号02249822.1）、片材挤出机用熔体泵（专利号02249818.4）、压光机的辊筒温度调节装置（专利号022498176）、片材挤出机的机头模具（专利号02249825.7）、压光机的辊筒同步调节装置（专利号02249829·X）等七项实用新型专利技术；采用了“以淀粉为基料的全降解仿纸材料及其制备方法”和“全降解仿纸片材挤出成型设备”两项创新技术（已申报发明专利），具有明显的创新性。

该项目采用高速啮齿式螺杆、“积木式”机筒结构、真空排气等多项先进技术，出料量均匀、压光辊精度高、切边整齐、收卷效果好，解决了淀粉含量高达70%～85%的淀粉降解材料片材的生产技术难题。

欧洲塑料管道技术论坛举办

由中国塑协和北京桂冠工程咨询有限公司共同举办，香港亚太高分子材料集团支持，青岛德意利机械有限公司协办，北京桂冠工程咨询公司承办的“欧洲塑料管道技术论坛”于9月8日至9日在青岛市丽晶大酒店召开。中国塑协廖正品理事长兼秘书长到会并致词，北京桂冠工程咨询公司孙璐总经理和青岛德意利机械有限公司吴卫平总经理出席了会议。

为会议做了演讲的有欧洲6个国家的12个公司，他们是德国的DROSSBACH、IPT、UNICOR、KRAHWCNG、盟奇公司，奥地利的联德机械有限公司、CINCINNATI EXTRUSION公司，瑞典的RAPID、BOROUGE（北欧化工）公司，荷兰的WAVIN公司，丹麦的HAMMEL公司和意大利的MARSILLI公司。17个演讲内容广泛而深入，向听众展示了欧洲塑料管道的发展历史、应用情况及前景，介绍了塑料管道原料选择、生产技术、生产工艺、检测试验、模具、设备，还介绍了管材的再利用的设备、焊接枪、检查井及人孔、节水滴灌技术等等，演讲题目有：“大口径双壁波纹管应用技术”、“PE电熔管件的预模工艺生产技术和设备”、“电熔管件注塑模具及生产技术”、“塑料管材静液压试验系统”、“燃气、给水管道用聚乙烯原料性能分析”、“新型 PP 原料在双壁波纹管和加肋管上的应用及市场前景”、“生产中材料循环再利用设备”、“塑料检查井和入孔”、“超强 PE 管 TS 管生产技术的介绍”、“聚乙烯燃气、给水管材挤出理论发展”、“外径 1 600mm 聚乙烯给水管成型技术及应用”、“新型结构节水滴灌技术开发成果”、“大口径塑料波纹管设备设计及生产安装技术方面的最新发展”、“适应未来经济的合理投资一种经济可靠的管道系统”、“塑料压力管道静液压检测技术”、“手提式挤压塑料焊枪，焊接排水排污管技术”。高春荣专家还在会上介绍了利用国外政府贷款的信息情况和我国企业引进、利用国外贷款的条件与程序。

中国塑协编辑《塑料加工技术标准手册》

随着我国国民经济快速健康稳定的向前发展，塑料工业也步入了全面发展的新阶段。为促进我国塑料加工业在设计、生产和经营方面更加科学规范地开展工作，适应中国加入 WTO 后的新形势，与国际社会接轨，解决实际生产和经营中的难题，促使企业按统一的技术规范规程开展工作，经研究决定编辑《塑料加工技术标准手册》。

《塑料加工技术标准手册》将结合我国塑料工业的实际发展状况，选编符合现实塑料加工设计、生产和管理所需要的技术标准，同时结合企业的实际经营状况选编企业执行塑料加工标准的范例。由于本书贴近现实，具有很强的实用性和技术性，可供从事塑料加工行业各方面的管理者、技术人员、产品购销人员、生产经营人员广泛使用。

北京宇信恒力 YX-ZK60000 型单阶式增容注射机通过鉴定

9 月 12 日由北京市科委组织中国塑协廖正品理事长等专家对北京宇信恒力塑料机械设备有限公司研制的 YX-ZK60000 型单阶式增容注射机进行了科技成果鉴定。

该公司应用自有专利技术（专利号：ZL02202979.6）设计制造的 YX-ZK60000 型单阶式增容注射机主要创新点是：预塑机筒前直连增容器，其内设有可随进料量移动的阀套和带螺旋槽的阀芯组成的截止阀；应用了液动对开螺母、楔铁机械锁模装置。此科技成果填补了国内低压大容量注射的空白，注射机的结构、性能达到国内领先水平。

该机比传统注射机能耗及整机产量有显著的降低，其成果使大型完整的塑料制件的生产成为可能，为大容量注射机的轻型化、降低能耗提供一条新途径。

增补黄水寿等同志为中国塑料加工工业协会第三届理事会副理事长

中国塑料加工工业协会向第三届常务理事单位发出《关于征求增补黄水寿等同志为第三届理事会副理事长意见的函》征询意见，回函同意批准增补下列同志为中国塑料加工工业协会第三届理事会副理事长：

黄水寿　浙江省塑料工业协会理事长、浙江大东南集团有限公司董事长

傅志权　浙江中元枫叶管业有限公司董事长

付志敏　重庆顾地塑胶电器有限公司副总经理

2003 年全国 PVC 塑料加工工业技术年会召开

由中国塑协和全国聚氯乙烯信息站联合主办，由锦西化工研究院信息中心承办的“2003 年全国 PVC 塑料加工工业技术年会”于 9 月 22～26 日在广西桂林市召开。来自全国 PVC 树脂生产企业，PVC 制品加工企业以及科研大专院校的代表近百人出席了会议。会议的主要内容有：聚氯乙烯的耐热及增强增韧改性、润滑剂对 PVC-U 制品加工性能影响的探讨、PVC 加工的稳定机理探讨、PVC 异型材生产工艺配方设计研究、稀土复合稳定剂在 PVC 型材中的应用、纳米复合 PVC 塑料的研究以及对 PVC 生产与加工技术前景的开发与应用进行了热烈讨论。会上四川大学高分子材料工程国家重点实验室郭少云教授做了题为“纳米 $CaCO_3$ 填充 PVC 复合材料的力化学增强增韧研究”、浙江大学高分子工程研究所包永忠副教授做了题为“聚氯乙烯塑料的耐热改性”、北京化工大学材料科学与工程学院做了题为“润滑剂对 UPVC 型材料加工性能的影响研究”、福建师范大学化学与材料学院朱德钦高工作了题为“无机复合阻燃消烟剂在 PVC 材料中的应用”、杭州华纳化工有限公司韩和良高工做了题为“高耐热性的纳米 $CaCO_3$ 原位聚合 PVC 树脂新产品”的发言。

全国首届再生资源商品交易会举办

由中国塑协、中国再生资源商业行业协会、中国物资再生协会、中国废钢铁应用协会、中国轮胎翻修利用协会、中国有色金属协会再生金属分会等与山东省供销合作社、山省临沂市人民政府共同主办的 2003 年“全国首届再生资源商品交易会”因非典原因推迟，于 9 月 22 日在山东临沂举行。

这次交易会旨在促进工商见面，活跃市场流通，推动再生资源事业的发展。是塑料回收利用企业、重

点冶金钢铁企业、有色金属企业、轮胎翻修利用企业和回收企业之间一次工商直接见面、加强了解、广交朋友、获取可靠信息、建立长期合作关系的盛会，是相关协会贯彻“三个代表”精神，热忱为会员单位服务的一次有益的尝试。

临沂市现有华东地区较大、管理较规范的废旧金属交易市场——临沂市有色金属城和临沂旧货市场。2002年完成市场交易额22亿元，实现利润1 000多万元，为3 000多人提供了就业机会，取得了良好的社会效益和经济效益。同时，华东塑料批发市场、临沂钢铁城、临沂旧货市场、临沂兰田汽配（轮胎）城等市场交易都十分火暴，交易量大。在临沂召开全国首届再生资源商品交易会，有较好的市场条件，可以最大限度满足供需双方的需要。

中国塑协常务副理事长李国俊出席会议并作了报告。

第三届中国塑料交易会暨2003′中国塑料建材高新技术研讨会召开

9月29日，历时四天的第三届中国塑料交易会已经胜利地在浙江省台州市落下了帷幕。本届交易会在广泛征求各参展方的意见后，把“中国塑料制品交易会”这一名称改成了“中国塑料交易会”，内涵更加丰富，也更突出了“塑料交易会”本身所具有的涵盖塑料制品、原料、机械、模具、技术等的全方位展示功能。

第三届中国塑料交易会继续由中国石化、中国石油两大石化巨头和中国塑料加工工业协会及中国塑料机械协会两个全国性工业协会与台州市政府共同主办。中国塑协理事长廖正品先生出席了开幕式并剪彩。

本届交易会展览面积达25 000平方米，分5个展区，共设1 000个展位，有国内外500多家企业参展。这是一次塑料行业的全方位展示交易，是塑料企业、科研、技术和理论界精英的盛大聚会。据统计，来自国内各省市及美、法、意和香港等国家和地区有效观众达6万人次。展会现场合同成交额8.89亿元，意向协议金额8.35亿元。与第二届塑交会比较增幅分别为8%和36%。作为中国塑料产业的专业性展会，本届参展企业集中了国内行业内的一流企业参展，可谓群英荟萃。

【10月】

宝硕集团等七家企业被评为2003年轻工质量效益型先进企业

2003年上半年，根据中轻联综［2003］20号文《关于开展2002年度全国轻工业质量效益型先进企业推荐表彰工作的通知》的要求，中国塑料加工工业协会向中轻联推荐了表彰企业名单，经推荐表彰工作办公室审核，专家委员会综合评审并报中轻联领导批准，确定中国塑协推荐的下述企业为今年全国轻工业质量效益型先进企业：河北宝硕集团有限公司、佛山塑料集团股份有限公司、安徽国风集团有限公司、湖南安塑股份有限公司、浙江大东南集团、烟台万华聚氨酯股份有限公司、福建亚通新材料科技股份有限公司。

佛山聚酯薄膜伴飞船上太空

获悉我国“神舟”五号载人飞船10月15日上午成功发射的消息，佛山杜邦鸿基薄膜有限公司广大员工异常振奋，“神舟”号飞船的组成器材中有他们生产的双向拉伸聚酯薄膜。

佛山杜邦鸿基薄膜公司是目前国内惟一能生产厚度仅为3.5μm的优质电容器专用薄膜的企业，其电容膜产品能被“神舟”五号飞船选用并证实性能良好，再一次证明了杜邦鸿基公司的技术实力。佛山杜邦鸿基薄膜有限公司是当今国内产销规模最大、具有世界一流技术水平的双向拉伸聚酯薄膜生产企业，也是目前国内产品规格最齐全、品种最多的聚酯薄膜生产企业，其薄膜产品可满足客户在包装、工业、电子基材和其他市场的需要。10月15日上午，该公司正式宣布将在佛山新增一条年生产能力达17 000吨的聚酯薄膜生产线，以及已成功实施的年产3 500吨厚膜生产线项目和在宁波成立合资企业以经营年产12 000吨聚酯薄膜生产线。上述项目的实施将使杜邦鸿基聚酯薄膜的年产能力达到57 000吨，为客户提供厚度介于3.5～350μm的多元化聚酯薄膜产品。

杜邦鸿基新增的生产线将是目前国内技术最先进、最宽幅、年产能力最大的聚酯薄膜生产线。这是杜邦鸿基为进一步满足日益强劲的市场需求而在中国采取的又一重要战略性举措。该线预计于2004年第四季度投产，将致力于为国内外包装和工业领域的客户提供差异化薄膜产品和特殊薄膜产品。新生产线将进一步巩固杜邦鸿基在中国聚酯薄膜行业的领先地位，同时将大大增强杜邦鸿基的核心竞争力，并为杜邦鸿基的未来发展打下坚实基础。

第二届广东珠三角国际工业博览会在广东东莞召开

“第二届广东珠三角国际工业博览会”（简称工博会）于10月11日在广东东莞厚街广东现代国际展览中心隆重召开。中国塑协常务副理事长李国俊出席了开幕式并剪彩。本次工博会的规模比上届扩大了20%，达到600多个展位，来自包括中国台湾、香港在内的十几个省市的300家厂商参展，其中包括宁波海天、全力发、台湾今机、造极等塑料行业知名企业等。工博会的成功举办对东莞乃至华南塑料工业的发展起到了良好的推动作用。

中国塑协氟塑料加工专委会第三届三次理事扩大会召开

中国塑协氟塑料加工专委会第三届三次理事扩大会于10月14日在四川省成都市召开。北京市塑料研究所、武汉市工程塑料有限公司、天津市第九塑料制品厂、上海上化氟材料有限公司、常州正信氟塑料制品有限公司等18家理事单位和嘉善东方氟塑厂、镇江春环密封件集团有限公司、山东东岳高分子材料有限公司等6家特邀骨干企业的38名代表参加了会议。

国家发展与改革委员会经济运行局王建忠处长出席会议并讲话，对专委会的工作给予充分肯定，并就开展氟塑料行业发展战略和氟塑料行业国际竞争研究以及氟塑料制品应用和需求的调查等方面对专委会提出了十分具体的建议与要求。王处长在讲话中强调，一个企业的发展不可能带动整个行业的发展，只有形成一个企业群才能带动整个行业的发展。通过上述几方面的研究和调查，可以明确氟塑料行业的发展方向，指导企业生产，提高全行业的国际竞争力。

中国塑协廖正品理事长专门为此次会议写来了贺信。会议听取了陈生秘书长做的2002～2003年工作总结和2004年专委会的工作计划；讨论2004年工作计划；经理事会讨论，常务理事会确定：（1）第四届会员代表大会暨第二届中外氟塑料成型加工技术交流会定于2004年4月中旬在浙江省杭州市举行；（2）讨论修改了专委会章程，准备提交第四届会员代表大会讨论通过；（3）确定了第三届会员代表大会内容；（4）提出了第四届理事单位候选单位名单。

会上代表们各抒己见，纷纷为专委会今后的发展献计献策，对专委会的工作提出了更高的要求，专委会今后在加强为会员服务的同时，积极做好行业发展战略的研究，与企业联合完成氟塑料制品应用调查和需求分析，逐步与国际接轨，提高氟塑料加工行业的整体水平。

中国塑协异型材及门窗制品专业委员会四届七次会议召开

中国塑协异型材及门窗制品专委会四届七次会议于10月28日至30日在保定召开。参加会议的有第四届理事会的理事长、副理事长、理事，有行业协会的领导，有协办新闻媒体领导、编辑、记者、共计82人。

会议由副理事长邹开林、秘书长王存吉主持。宝硕集团副总经理韩连贵代表理事长向大会致欢迎辞，中国塑协副秘书长丁言行代表协会讲话，并宣读了国家民政部对国家级社会团体组织审核情况和重新登记情况，宣布中国塑协异型材及门窗制品专委会正式获得登记证书，代表中国塑协对专委会几年来的工作作了充分的肯定，并提议异型材及门窗制品专委会第五届理事会理事长单位继续由河北宝硕集团担任。本届专委会秘书长王存吉对第四届理事会任期四年中的主要工作进行了简要汇报，与会全体人员对本专委会理事长及秘书长继任提议进行了表决，并一致通过。之后专委会秘书长对四届理事会部分理事继任五届理事会理事，保持理事会工作相对稳定的意见及履行申请，审批手续的问题作了说明，对专委会根据会员需求，增加服务项目，成立研发机构的提议进行了表决，讨论了第五届专委会章程草案。

本次会议还对行业“冲出低谷，走向辉煌”归纳出八条意见。

1. 共同制定行规行约，开展行业自律活动；

2. 充分发挥舆论阵地导向监督作用，提高行业产品社会的认知认可度，对假冒伪劣产品生产者破坏公平竞争环境的害群之马公开曝光；

3. 实施产业链的调整整合，提高抵御市场风险的能力；

4. 主动与上下游产业，特别是建筑业联络沟通，建立协调合作、共生共进、共存共荣的可持续发展的关系；

5. 探讨产业内的强强联合；

6. 强化技术优势，生产高附加值产品，共同把产业做强；

7. 提高产品质量、扩大适用范围、强化品种特色；

8. 树立品牌意识，培育名牌产品，以质量、品种、信誉、服务站稳和扩大市场，提高市场份额。

第二届国际人造革合成革技术与发展论坛暨人造革合成革行业标准制修订第三次会议召开

2003第二届国际人造革合成革技术与发展论坛暨人造革合成革行业标准制修订第三次会议于10月29～30日在上海召开。中国塑协理事长兼秘书长廖正品、中国塑协人造革合成革专委会理事长沈士华、东吴分会理事长杨秉正、温州合成革商会秘书长郑笃权及部分企业领导参加开幕式并发言，中国合成皮革网李涛、中国塑协人造革合成革专委会理事长沈士华、副理事长冯庶君、万华超纤总经理助理李革分别主持了会议，国内外人造革合成革界嘉宾和代表共二百余人参会。

本届会议是由中国塑协、中国塑协人造革合成革专委会、中国合成皮革网共同主办。设有论坛会主会场和标准会分会场两个部分。论坛会就国内外人造革合成革业的发展、国内外超细纤维合成革高新技术的发展趋势、人造革合成革水性聚氨酯技术、合成革用纳米技术以及相关原料、助剂、基布、设备的现状及发展趋势等14个主题做了30多个报告并展开了激烈探讨。分会场召开了人造革合成革国家标准、行业标准制修订第三次会议，全国塑料制品标准化技术委员会基本确定各项标准的全部技术内容（包括考核项目、技术指标、试验方法和验收规则等），对成熟的项目进行了预审。

中国塑协人造革合成革专委会理事长沈士华致开幕词，中国塑协理事长兼秘书长廖正品做了题为“蓬勃发展的我国人造革合成革行业”的报告。湖南安塑董事长肖贤辉、烟台万华曾博士等企业代表也作了发言。

中国塑协人造革合成革专委会副理事长冯庶君就中国人造革合成革现代制造业的经济发展、温州合成各商会郑秘书长、中美合资上海新友水性聚氨酯有限公司国际聚氨酯专家段友芦教授就用于人造革合成革的水性聚氨酯技术的进展、美国 Jean Lac Lambert 先生就发泡 PVC 合成皮革和邻苯二甲酸苄基酯的应用、上海三正高分子材料有限公司王正东博士就皮革用纳米粉末的表面处理与分散技术、道康宁公司就有机硅产品能为合成革工业做些什么等做了报告。

中国塑协改性塑料专委会2003年年会暨塑料与环境·塑料改性在塑料管道中应用论坛举办

“中国塑协改性塑料专业委员会2003年年会暨塑料与环境·塑料改性在塑料管道中应用论坛”于10月31日至11月4日在福州举办，同时召开第五届理事会第一次全体会议。

本届年会为专委会新一届（第五届）理事会第一次全体会议。

福建省塑料工业协会领导和福建省塑料行业的企业家、高等学校和科研单位的科技人员参加了会议。国内外与塑料有关的原料、助剂、加工机械制造等行业的企业家、业务人员和科技人员到会宣传交流，发表论文，开拓业务。

【11月】

中国（狮岭）第三届皮革皮具节暨2003中国国际人造革合成革企业家高峰会结束

中国塑协、中国塑协人造革合成革专委会举办的“首届中国国际人造革合成革企业家高峰会”于11月8～9日召开。中国轻工业联合会陈士能会长、中国皮协、中国塑协及广东省、广州市等领导为皮具节剪彩。

出席本次高峰会议的共有来自国内外人造革合成革行业代表70余人。会议在中国塑协人造革合成革专委会理事长沈士华主持下召开，广州市花都区副区长骆秋强代表花都区政府为大会致辞；中国塑协常务副理事长李国俊做了重要讲话。与会专家、代表分别在会上做了精彩发言。中国塑协人造革合成革专业委员会副理事长冯庶君做了“中国人造革合成革工业经济发展前景”报告、韩国尔景化成公司张世焕先生做了“关于韩国人造革合成革经济状况”、上海益昌塑胶厂徐怀海、江阴市华宏李华、长春佳林实业集团有限公司杨智利等几位专家做了环保、汽车革检测技术以及生产工艺等方面的学术交流报告。

会上听取并讨论了《中国人造革合成革发展前景报告》蓝皮书，对《前景报告》的内容进行了肯定并提出了许多建设性修改意见；会议专题研究了《中国人造革合成革大全》一书的编写工作。

2003中国（乐从）塑料经贸洽谈会召开

11月11～13日，由中国塑协、广东省塑料协会、广东省顺德市乐从镇人民政府和广东省顺德市乐从镇塑料协会共同主办，由广东省顺德市乐从德富塑料城承办的“2003’中国（乐从）塑料经贸洽谈会”在广东省佛山市顺德区乐从镇德富塑料城召开。

中国轻工业联合会王世成副会长、中国塑协李国俊常务副理事长出席了开幕式并剪彩。上海塑料行业协会、浙江塑料工业协会、江苏省塑料工业协会、江西省塑料工业协会、湖南省塑料工业协会有关领导出席了本次洽谈会。

本次塑洽会首次提出了“全力推动中国塑料经贸大发展”的奋斗目标，实现了从举办目标、举办规模、软硬件设施配置、洽谈活动形式和行业支持等五个方面的大突破。今年的塑洽会设置了300多个展位、共有200家塑料原料和塑料机械企业参展。

乐从塑料市场一直以来就以经营进口塑料原料而闻名，市场每年销售的塑料原料40%都是进口的，而众多国内外塑料巨头的优质产品集中在乐从公开亮相，加上中国台湾今机等知名塑料机械生产企业的进驻，将使乐从塑料市场的业内影响力和知名度都得以全面提高的同时，推动其从单一的原材料市场向原料、机械和成品为一体的综合性专业市场发展。

本次洽谈会还举办了题为“洞悉行业走势，促进行业发展”的塑料经贸峰会，有近百名代表出席了会议。中国轻工业联合会王世成副会长为峰会致辞，中国塑协李国俊常务副理事长做了题为“腾飞的中国塑料制品业”的报告，中国石化经济技术研究院高春雨高工做了题为“合成树脂在我国塑料工业的应用”的报告。此外还有国内部分专家的精彩报告。与会代表一致认为本次洽谈会有效地促进了行业的发展。

中国（云南）东盟自由贸易区 2003’塑料论坛召开

由中国轻工业联合会、云南省人民政府支持，中国塑协、云南省人民政府侨务办公室主办，云南省塑料行业协会、祥云县人民政府、中国祥云橡塑工业城管委会协办，云南省大理州人民政府承办的“中国（云南）东盟自由贸易区 2003’塑料论坛”于 11 月 13～16 日在云南大理隆重召开。中国轻工业联合会副会长张善梅到会，发表了题为《抓住机遇，增强合作，加快发展》的讲话，并对此次论坛为东盟自由贸易区与国内企业之间创造的交流机会给予了高度的评价。论坛由中国塑协常务副理事长李国俊主持，东盟自由贸易区各国的代表，新加坡三德有限公司、新加坡南通塑胶工业公司、新加坡金轮控股私人有限公司、印尼宝源塑料厂、印尼塑胶协会、印尼 ANTA TIRTA KIRANA 公司、印尼恒丰有限公司、马来西亚南发机构有限公司、马来西亚驻中国办事处，马来西亚中华工商联合会、马来西亚第七届世界华商大会、泰国通用内政部市场营销组织、泰国和平统一促进会、泰国通用塑料有限公司、泰国 IMCO 包装有限公司等在“论坛”上做了报告。中国科学院院士、四川大学徐僖教授率国家重点实验室的专家们到会，介绍了多项既具有国内、国际先进水平，又非常具有实用价值的科研成果，使国内外的企业家受益匪浅。特别是利用废旧轮胎铺设道路的专利技术受到国内外与会者的关注。

中国塑协泡沫塑料 EPS 专委会 2003 年会员代表大会暨换届改选大会召开

随着经济全球化的迅猛发展，中国 EPS 工业面临着前所未有的机遇与巨大挑战，特别是我国加入 WTO 后，国际资本加速进入中国，各类 EPS 产品及相关技术在国内市场上竞争日益激烈，企业效益普遍滑坡，受“白色污染”牵连，特别是超高倍发泡制品等原因引发的产品质量事故频频发生，使得 EPS 企业在国内市场竞争中处于孤立无援的被动地位。为了进一步加强泡沫塑料 EPS 专委会在当前严峻形势下协调、沟通、指导和监督的职能，促进中国 EPS 工业的国内外交流，提高全体企业的技术水平与国际竞争力，按照国家民政部及轻工业联合会“对全国性社会团体分支机构、代表机构进行复查登记工作”的要求，中国塑协 EPS 专委会常务委员会于 11 月 19～20 日召开中国塑协泡沫塑料 EPS 专业委员会 2003 年会员代表大会暨换届改选大会。

会议主要内容如下。(1) 由中国塑协领导传达国家民政部及轻工业联合会“对全国性社会团体分支机构、代表机构进行复查登记工作”的相关文件，通报中国塑协对各专业委员会进行清理、整顿工作的进展情况。(2) 宣读 EPS 专委会常务委员会会议纪要。(3) 讨论并审定本届 EPS 专业委员会的工作报告。(4) 讨论并审定本届 EPS 专业委员会的财务报告。(5) 讨论并通过新一届 EPS 专业委员会章程修改草案。(6) 选举产生新一届 EPS 专业委员会常务委员会。(7) 选举产生新一届 EPS 专业委员会会长及副会长。(8) 新一届专委会常务委员会做工作计划报告。(9) 宣读部分 EPS 专业论文，题目有：①SM 对 EPS 市场的冲击；②EPS 在沪宁高速公路扩建和 F1 国际赛车场建设中的应用；③EPS 包装制品企业的困惑与出路；④开展 EPS 行业标准的制定工作。

【12 月】

2003 年塑料异型材及门窗行业年会召开

12 月 1 日，中国塑协异型材及门窗制品专委会第四届理事会第八次会议在北京铁道大厦召开；2 日至 4 日，全国异型材门窗行业年度会议于同地举行。

会议通过了第五届中国塑协异型材及门窗制品专业委员会章程（草案）；秘书处提交的第五届理事会成员推荐名单；第四届七次理事会针对目前行业形势提出的如何“走出低谷，再创辉煌”八条意见和“关于成立专委会抗冲改性剂研究发展中心的议案”。研究讨论了关于成立专委会进出口贸易机构的议题；研究讨论了专委会为行业产品销售组建电子网络服务议题；结合国家九部委《关于开展建材市场专项整治工作的通知》，研究讨论了借助国家级报刊大力宣传行业内优秀企业优秀产品的形式、方式和方法。

会议认为，专委会秘书处结合国家九部委开展建材市场专项整治工作和针对行业面临的严重形势提出的新的服务内容、建立服务机构等建议切合实际，具有建设性、可操作性强，符合为会员单位办实事的服务宗旨，是协会组织工作不断进步的具体体现。专委会换届准备工作基本就绪，换届时机已经成熟，可以提交会员大会表决。会议希望第五届理事会能认真贯彻八项措施，在第四届理事会工作的基础上更好地发挥出行业协会的职能作用，继往开来，不断进步。

中国轻工业联合会陈士能会长，原中国化学工业部潘连生副部长，中国塑协廖正品理事长、国家发展改革委员会工业司洪秀茹副司长、投资司蒋健助理调研员，中国塑协杨力行副理事长、丁言行副秘书长、曾家华副秘书长，异型材及门窗专委会理事长——河北宝硕集团周山董事长等领导出席了行业年会。廖正品理事长代表协会为年会召开表示祝贺，周山理事长代表专委会理事会讲了话。王存吉秘书长向与会会员代表汇报了第四届专委会的工作，分析了行业目前状况、面临的市场形势及其走势，代表专委会提出了对应措施和办法。大会对第四届第八次理事会提交的新的专委会章程草案进行了表决，对依照该章程提交的第五届理事会理事单位、副理事长单位、理事长单位推荐名单，对理事长、副理事长、秘书长、常务理事以及副秘书长推荐人选进行了表决。

大会举办了三场技术交流会；组织会员单位代表同氯碱业界代表、房地产业界代表进行了交流；为充分发挥行业媒体的宣传、教育、引导功能，召集部分企业报刊负责人同国家级报纸、杂志、出版社代表进行了座谈。

大会组织参会人员参观了北京第十七届国际塑料橡胶展览。闭会前，专委会秘书处特意将行业的专家顾问请到会上座谈，以密切彼此关系，加深友谊。会议期间，还举办了部分企业介绍和产品宣传展示活动。

大会参会会员代表表决结果分别选举产生了中国塑协异型材及门窗制品专业委员会第五届理事会理事长单位、副理事长单位、理事单位和理事长、副理事长、秘书长、常务理事、副秘书长。专委会第五届理事长单位为河北宝硕集团有限公司，理事长由河北宝硕集团有限公司周山董事长担任，秘书长由王存吉担任。专委会第五届领导集体由此诞生。

大会认为，专委会新一届领导集体面临着行业企业波动、转折、严峻考验的形势，肩负的担子很重，任务很艰巨。希望成员领导们和衷共济、协力同心、继续把行业的生存发展放在第一位。在第四届理事会工作的基础上，尽快将产品研发、外贸中介机构建立健全起来，对扶优扶强和扩大舆论宣传、行业科技知识的普及工作加紧运作。开拓创新，锐意进取、认清形势、掌握动向、分析需求、关注市场、研究方略、谋划措施，保护企业权益，维护行业声誉，平衡各种关系，协调各方利益。团结、引导广大会员企业开发产品、开拓市场，走出低谷、再创辉煌。进一步发挥出行业协会组织的职能作用，推动化学建材行业的健康发展。

中国塑协会员代表大会召开

中国塑协会员代表大会于12月3～4日在北京召开，来自全国各地的百余位代表出席了会议。大会在热烈、祥和的气氛中进行，12月3日上午的会员代表大会由符岸副理事长（广东省塑料工业协会理事长）主持。出席会议还有协会各位副理事长：常务副理事长李国俊、副理事长吴建安、符岸、张小赧、谭方峰、张富强、王弟俊、王锡祥等。

会议听取了李国俊常务副理事长代表第三届理事会做的第三届理事会工作报告，谭方峰副理事长（山东省塑料工业总公司总经理）做的“关于修改中国塑料加工工业协会章程”的报告，丁言行副秘书长代表秘书处做的第三届理事会财务报告，吴建安副理事长（中普科贸有限责任公司经理）做的“中国塑料加工工业协会会员管理办法”，张小赧副理事长（三友控股集团有限公司董事长宣读了第四届理事名单。与会代表对这些报告进行了认真地讨论，对“会费管理办法”希望秘书处再广泛征求会员意见修改后再执行。会议原则上通过了这些报告。副理事长单位上海塑料制品公司的徐兴祥先生主持当天下午的讨论会。大家认真地讨论和研究了中国塑协下一阶段的工作重点，并且提出了很多十分诚恳的意见和建议。例如，随着改革开放的进一步深化，政府部门机构设置发生了变化，部分政府部门的职能转到协会，协会工作的方向和重心也随之发生了变化，会员单位希望中国塑协在今后的工作中能够更多地为企业办实事，更好地为企业服务，为企业争取发展的政策等。希望开展技术培训、标准制定、减免税等工作，增强会员与中国塑协之间的凝聚力和向心力。希望协会为会员单位提供政策法规、行业规划、统计数据等，希望组织反倾销、名牌产品推荐、协调行业竞争、化解企业间矛盾等工作。

李国俊常务副理事长做了会议总结，他提出了许多宝贵的意见和建议，表示今后要加强协会和会员的联系，将更好地为会员服务，希望会员多提出意见和要求，以便不断改进协会工作，也衷心希望大家支持协会的工作，为行业的发展共同努力，使塑料工业持续、稳定、快速发展。

12月4日组织会议代表参加“第十七届中国国际橡胶塑料工业展览会”的开幕式并参观展览。部分代表出席了“中国、欧洲塑料工业发展形势报告会”以及意大利使馆、德国使馆和加拿大使馆组织的商贸活动。

中国塑协农用薄膜专委会召开2003年会员代表大会暨第三届换届改选大会

中国塑协农用薄膜专委会第三届代表大会于12月2～4日在北京召开，53家会员单位及农膜添加剂、塑料机械等相关单位共计97位代表到会，中国塑料加工工业协会理事长兼秘书长廖正品先生、副秘书长丁言行女士应邀到会听取汇报并指导工作，会议由大连第九塑料厂阎超董事长主持。

这次会议的中心内容是：(1) 听取审议农膜专委会自1988年成立来15年的工作报告及财务报告；(2) 讨论通过新一届理事会组成，并选举产生了新一届理事长单位、副理事长单位；(3) 修改《农膜专委会章程》；(4) 举办“我国多功能农膜技术现状与发展”技术讲座；(5) 参观“第十七届中国国际塑料橡胶展览会”。

农膜专委会理事长、石家庄恒东企业集团公司董事长崔守信做了第二届专委会的工作报告、财务报告，认真总结了15年来专委会在面向企业、服务企业，努力发挥“桥梁纽带”作用和社会团体职能，在争取政府部门支持、维护会员利益等方面都做了大量工作，并对今后专委会工作提出了宝贵建议。代表们一致认为上届专委会在崔守信理事长领导下，在为会员企业服务，切实反映企业需求，维护会员单位合法效益等方面做出了艰辛努力，取得了显著成绩。农膜行业的发展壮大与专委会的工作是分不开的，代表们对崔守信理事长及理事会的工作表示衷心的感谢，大会认真审议并通过了《工作报告》、《财务报告》。

中国塑协廖正品理事长在会上做了讲话，对上届理事会的工作给予了充分肯定，深刻阐述了农膜生产面临的形势和任务，要求新一届领导机构要认清形势，适应发展的需要，做出更大努力。

大会经过充分酝酿，选举产生了新一届理事会，在原35家理事单位基础上，讨论新增补理事单位6家：河南省焦作咏春塑胶有限公司、兰州定元塑料制品有限责任公司、山东清源集团有限公司、哈尔滨工业大学五塑实业有限责任公司、北京有机化工厂、沈阳华龙农地膜制造有限公司，共计41个单位组成，并选举产生了理事长、副理事长、秘书长等。河北宝硕集团副总经理韩连贵先生当选为新一届理事会理事长，河北宝硕集团宝康塑胶母料有限公司总经理金洪波先生当选为新一届理事会秘书长。韩连贵理事长向与会代表简要介绍了宝硕集团的发展史和现状，并表示在上届理事会工作的基础上，在各级领导和兄弟单位的指导支持下，团结全体会员充分发挥理事会的核心作用，继往开来，开拓创新，努力开创专委会工作的新局面。对今后重点工作指出思路：(1) 适应市场需求，大力推进农膜功能化、专用化和高效能化的进程；(2) 选好试点以点带面，大力推动和推广应用一体化运行机制，缩短新产品开发和推广应用周期形成行业内部开发-生产-销售-使用一条龙有机配合，相互促进，利益共享，协调发展的良性循环；(3) 加强信息技术交流，推动国内外技术合作，把行业整体水平提升到一个新的高度；(4) 强化专委会内部建设，进一步发挥协调和服务功能，加强与供应商、经销商、行业内的沟通和协商，努力为会员单位和行业发展做出贡献。

河北宝硕集团宝康塑胶母料公司总经理金洪波先生做了题为“我国多功能农膜技术现状与发展”的技术讲座，生动讲解了多功能农膜的特点及市场对农膜性能的需求，分析了我国多功能农膜的生产现状及国内外产品间存在的差距，精辟论述了我国发展多功能农膜应关注的有关事项，给代表们留下了极为深刻的印象。与会代表讨论通过了专委会章程的修改。12月4日代表们参观了“第十七届中国国际塑料橡胶展览会”。

第十七届中国国际塑料橡胶工业展览会开幕

“中国国际塑料橡胶工业展览会”自1983年以来已经成功举办了十六届，现已经成为国内塑料及橡胶用户与外国厂家进行业务洽谈及技术交流的重要盛会。“第十七届中国国际塑料橡胶工业展览会”于12月4～7日在北京举行，成绩再创新高，展场面积达40 000平方米，为历届之冠，比1999年在北京举办的展会增加100%。本次展会占据中国国际展览中心八个展馆，参展商达600家，其中逾七成为海外参展商。今年展会有来自德国、意大利、奥地利、韩国、加拿大、美国、英国等国家和中国台湾的展团参展，其中以德国的展团最具规模。产品专区的设立是“第十七届中国国际橡胶塑料工业展览会”的特色，今年大会展馆划分为几个专区，其中化工及原材料专区的规模最大，面积达9 000平方米，主要供货商有旭化成、Atofina、巴斯夫、博禄、拜耳、Chevron Philps、Ciba、陶氏化学、杜邦、毅捷化工、伊士曼、埃克森美孚、GE塑料等。新增设半成品专区，集中展示型材、板材、管材及橡胶塑料半成品。此外还将开设饮料及塑料包装设备专区、模具专区、辅助及测试仪器专区及机械专区。展览会开设国内馆，由其主办单位中国塑协、中联橡胶（集团）总公司、中国塑料机械工业协会和北京雅展展览服务有限公司组成。为促进国内企业与国外企业之间的交流与合作，开拓国内市场，国内相关企业参加了本届展览会。

与展览会同期举办的专题研讨会将塑料建材生产技术作为重点。

中国塑协工程塑料专委会年会暨“2003年塑料高新科技成果交流会”召开

中国塑协工程塑料专委会年会暨“2003年塑料高新科技成果交流会”于2003年12月9至13日在海南省召开。此次会议是专委会组织国内塑料行业界的一次重要学术、技术交流会。邀请徐僖院士等一批国内著名专家到会讲演，国外公司赴会介绍产品和成果。

中国塑协塑料管道专委会开展对行业内塑料管材质量进行自检工作

2003年10月末，中国塑协、塑料管道专委会、专委会专家组和会员单位的10名代表在北京召开会议，讨论由专委会和PVC-U给排水管工作小组发起的给水用PVC-U管材质量自检的抽样和检测工作安排。会议按《中国塑料加工工业协会塑料管道专业委员会给水用硬聚氯乙烯管材质量自检方案》，用随机办法在会员单位中抽选出给水用PVC-U管材企业10家，备选企业10家（按顺序根据实际情况递补）。

目前10家企业的抽样工作已完成，正进行陆续检测中。本次抽样事先不通知被抽检单位，由专委会委托的国家级产品质量监督检验机构和秘书处共同在企业设在北京的销售处，或企业成品仓库中及经销商处抽取，《首都建设报》记者也参与了部分企业的抽样工作。此次样品均为给水用PVC-U管材，规格ϕ50～110mm，分别为0.6、1.0和1.6MPa级。检测按GB/T 10002.1—1996《给水用硬聚氯乙烯（PVC-U）管材》进行，具体有二氯甲烷浸渍试验、20℃（1h）和60℃（100h）静液压试验三个项目，检测工作在12月完成。这个活动是中国塑协塑料管道专业委员会在今年初提出长期开展行业自律活动工作的内容之一，3月9日理事会上参会的理事单位向会员单位发出了《塑料管道企业产品质量自律倡议书》。

新一届专委会成立后，将对外扩大行业影响，为会员单位寻求市场；对内加强行业自律，提高产品质量水平，树立行业诚信，促进塑料管道行业健康发展为主要任务，陆续开展了一些工作。行业共同认识到产品质量是企业生存的保证，只有提高产品质量意识，真正强化质量管理，向社会提供优质的产品及服务，企业和行业才能真正有发展的机会。尽管绝大部分塑料管材生产企业，尤其是具有一定生产规模的会员单位的产品质量是符合标准要求，用户可以放心应用的，但也确有个别单位生产、经营、使用假冒伪劣产品，因此市场上的塑料管材的质量水平有较大差距。将行业内的产品质量自检工作进行好，保护提倡先进、打击落后，才能提高在社会上塑料管道的好形象，进一步扩大应用市场。

专委会还鼓励、帮助企业会员单位开展质量认证、争创“中国名牌产品”、“国家免检产品”、“著名商标”等活动，以尽快树立塑料管材的国际品牌。专委会要在做好行业内部自律、产品自检的同时，继续加大力度，把工作做到实处。下一步准备寻求各级质量监督、检验部门的帮助，采取各种办法保护先进，打击落后，打击市场上的假冒伪劣产品，保护生产企业的合法权益，维护用户的合法权益。这是我国塑料加工行业首次由协会提出的自行检查自己的产品质量的活动。本次自检品种为给水用硬聚氯乙烯管材，专委会今后将定期、不定期，分品种在事先不通知受检单位的情况下进行行业自检，费用不由受检企业支出，而由专委会承担。此活动的开展必将会更加促进行业的自律工作，对塑料管材生产企业产品质量的提高有推进作用，并会得到广大用户的好评与认可。专委会呼吁与用户单位、媒体等合作，共同营造一个生产、使用合格产品，拒绝不合格产品的市场环境，真正的促进塑料管道行业健康发展。

（中国塑料加工工业协会　丁言行）

2003年塑料行业反倾销大事记

在我国加入WTO后，了解WTO、反倾销、反补贴和贸易保障措施等法律制度，对塑料化工行业非常重要。

反倾销既是与自由贸易行为相适应的自我保护规则，同时又是WTO赋予其成员方的一项合法权利。我国于1997年3月25日颁布施行《中华人民共和国反倾销和反补贴条例》之后，自2002年1月1日起，国务院重新修订颁布的《中华人民共和国反倾销条例》、《中华人民共和国反补贴条例》、《中华人民共和国保障措施条例》开始实施，这标志着我国自1997年建立的反倾销法律框架得到进一步完善。此外，国家经贸委、外经贸部、最高人民法院等机关陆续出台了具体实施办法，使有关规则更加细化和具有可操作性，这是我国按照WTO原则建立自我保护体系、有效保护本国经济利益和促进经济发展的重要举措。

据世贸组织统计，塑料化工产品是国际上反倾销涉及最多的产品之一，一般能占到案件总数约1/3。在我国遭遇国外的反倾销案中，塑料化工产品更是占了相当的比例（国外针对我国的第一起反倾销案件就是化工产品）。截止2003年7月31日，全球对我国出口产品贸易保护案件30起（不包括复审案），反倾销新立案总数为27起；而同期国外对我塑料化工产品共有贸易保护案件15起，其中14起为反倾销案，包括3起复审案件。在同期贸易保护案件中，塑料化工产品占了40%；在新立的反倾销案件中，塑料化工产品占了40.7%。

今后国际反倾销、反补贴保障措施的斗争还会更加激烈，原因在于：一是随着生产力的发展，世界市场竞争的加剧，贸易保护主义的抬头，倾销与反倾销、补贴与反补贴、保障措施的相互对垒会加剧；二是由于世贸组织反倾销、反补贴、保障措施协议和规则日益为大多数国家和地区所认识和接受，新加入反倾销行列的国家增加，会频繁启动反倾销程序；三是世贸组织反倾销协议和规则不尽完善，各国和地区反倾销法律差别较大、行为不规范，使反倾销斗争多变和复杂化。

加入世界贸易组织对我国保护国内产业经济安全提出了新的挑战和任务。

一是对我国产业和企业竞争力的挑战，根据我国加入世贸组织的承诺，到2005年我国工业品算术平均关税税率降到9%左右，同时取消所有配额、许可证和特定招标。在加入世贸组织后三年内基本放开流通领域。伴随传统的贸易保护手段退出历史舞台，世贸组织允许的反倾销、反补贴保障措施将成为中国政府维护公平贸易、保护产业经济安全的重要措施。与之相适应，反倾销、反补贴保障措施的产业损害调查工作任务将进一步加重。

二是对我国塑料化工行业运用世贸组织规则能力的挑战。塑料化工行业必须提高运用世贸组织规则的能力，才能充分享有企业的权利。应该看到，塑料化工行业对运用WTO规则及反倾销手段还很陌生。

但是，只要塑料行业联合起来，拿起反倾销这个自我保护的武器，在应对入世后面临的巨大挑战，是大有作为的。

下面，将2003年部分塑料化工行业反倾销情况进行简单摘录。

1. 聚酯切片反倾销产业损害终裁（2003.1）

国经贸调查（2003）25号

2. 我国对原产于韩国的进口聚酯切片作出反倾销终裁（2003.2）

中华人民共和国对外贸易经济合作部公告2003年第3号

根据《中华人民共和国反倾销和反补贴条例》的规定，经商国家经济贸易委员会，对外贸易经济合作部于2001年8月3日正式公告，决定对原产于韩国的进口聚酯切片（聚对苯二甲酸乙二酯切片，以下称“被调查产品”）进行反倾销立案调查。

对外贸易经济合作部对被调查产品是否存在倾销和倾销幅度进行了调查，国家经济贸易委员会对被调查产品是否对国内产业造成了损害及损害程度进行了调查。对外贸易经济合作部和国家经济贸易委员会分别根据调查结果做出了初步裁定。对外贸易经济合作部初步裁定存在倾销，国家经济贸易委员会初步裁定存在实质损害，而且两部委认为国内产业的损害是由倾销造成的。根据初步裁定结果，对外贸易经济合作部于2002年10月29日发布公告，决定对原产于韩国的进口聚酯切片实施临时反倾销措施。

初裁公告后，对外贸易经济合作部和国家经济贸易委员会对倾销及倾销幅度、损害及损害程度继续调查，根据调查结果，并根据《中华人民共和国反倾销条例》第二十五条的规定，做出终裁决定（见附件）。现将有关事项公告如下：

一、终裁决定

对外贸易经济合作部终裁决定存在倾销，国家经济贸易委员会终裁决定被调查产品对国内产业造成实质损害，两部委共同认为倾销和实质损害之间存在因果关系。

二、征收反倾销税

依据《中华人民共和国反倾销条例》的有关规定，国务院关税税则委员会决定，自2003年2月3日起，对原产自韩国的进口到中华人民共和国境内的聚酯切片征收反倾销税。

应征收反倾销税的产品为中华人民共和国海关进口税则号39076011、39076019下的聚酯切片（聚对苯二甲酸乙二酯切片）。原产于韩国的进口PETG聚酯切片在物理特征和化学性能上与初步裁定公告中描述的被调查产品不同，因此该产品不在此次征收反倾销税的商品范围之内。

韩国各公司的名称及其反倾销税税率如下：

大韩化纤株式会社（Daehan Synthetic Fiber CO. LTD）：5%

株式会社高合化学（KP Chemical Corporation）：11%

株式会社HUVIS（HUVIS Corporation）：13%

世韩株式会社（SAEHAN Industries INC）：11%

合纤株式会社（HANKOOK Synyhettics INC）：8%

东丽世韩株式会社（TORAY SAEHAN INC）：6%

SK化学株式会社（SK Chemical）：13%

其他韩国公司：52%

三、征收反倾销税的方法

进口经营者自2003年2月3日起，进口原产于韩国聚酯切片的，应向中华人民共和国海关缴纳相应的反倾销税。反倾销税以海关审定的成交价格为基础的到岸价格作为计税价格从价计征，计征公式为：反倾销税额＝海关完税价格×反倾销税税率。

四、反倾销税的追溯征收

对自2002年10月29日起至本决定公告之日止有关进口经营者依初步裁定向中华人民共和国海关所提供的现金保证金，按本决定所确定的征收反倾销税的商品范围和反倾销税税率计征并转为反倾销税，与之同时提供的进口环节增值税现金保证金一并转为进口环节增值税。对在此期间有关进口经营者所提供的现金保证金超出反倾销税和与之相应的进口环节增值税的部分，海关予以退还，少征部分则不再补征。

对实施临时反倾销措施决定公告之日前原产于韩国的进口聚酯切片不再追溯征收反倾销税。

进口经营者进口原产于韩国的PETG聚酯切片的，自2002年10月29日起依初步裁定向中华人民共和国海关提供的现金保证金，予以退还。

五、征收反倾销税的期限

对原产于韩国的进口聚酯切片征收反倾销税，实施期限自2003年2月3日起5年。

六、新出口商复审

对于上述国家在调查期内未向中华人民共和国出口被调查产品的新出口经营者，符合条件的，可依据《中华人民共和国反倾销条例》第四十七条的规定，向对外贸易经济合作部书面申请新出口商复审。

七、期中复审

在征收反倾销税期间，有关利害关系方可根据《中华人民共和国反倾销条例》第四十九条的规定，向对外贸易经济合作部书面申请期中复审。

八、行政复议和行政诉讼

对本案终裁决定及征收反倾销税的决定不服的，根据《中华人民共和国反倾销条例》第五十三条的规定，可以依法申请行政复议，也可以依法向人民法院提起诉讼。

特此公告

附件：中华人民共和国对外贸易经济合作部和中华人民共和国国家经济贸易委员会关于对原产于韩国的进口聚酯切片反倾销调查的终裁决定（略）

对外贸易经济合作部

2003年2月3日

3. 美国对原产于中国的聚乙烯醇作出倾销初裁（2003.3）

2003年3月20日，美国商务部对原产于中国的聚乙烯醇作出倾销初裁。涉案产品海关编码为39053000。本案调查期为2002年1月1日至2002年6月30日。

由于中国被视为“非市场经济国家”，因而美国商务部用印度作为替代国来测算中国出口产品的正常价值。

生产商/出口商	倾销幅度/%
中石化四川维尼纶厂	0.20
其他中国公司	97.86

4. 我国延长对原产于美国、韩国、日本、俄罗斯和中国台湾省的聚氯乙烯的反倾销调查期（2003.4）

2002年3月29日，我国对原产于美国、韩国、日本、俄罗斯四国和中国台湾的进口聚氯乙烯进行反倾销立案调查。涉案产品海关编码为39041000。

鉴于本案涉案企业较多，案件情况复杂，根据《中华人民共和国反倾销条例》第二十六条的规定，2003年3月26日，商务部决定将本案的调查期限延长6个月，即截止日期为2003年9月29日。

5. 中国异氰酸酯反倾销调查有助国内平稳价格（2003.4）

据《中国经济时报》报道，由于相关产品广泛应用于汽车、飞机、造船、纺织等领域，下游企业对我国对原产于美国、日本和韩国的甲苯二异氰酸酯（简称TDI）反倾销裁决结果普遍表示关注，希望能尽快稳定市场供应和平稳市场价格。

自2002年5月22日，我国对原产于美国、日本、韩国的进口产品甲苯二异氰酸酯（TDI）进行反倾销调查即将到期作出裁定。目前，由中国聚氨酯工业协会主办的异氰酸酯反倾销与聚氨酯工业发展研讨会召开。会议召开的另外一个背景是，我国对原产于日本、韩国的二苯基甲烷二异氰酸酯（MDI）进行反倾销立案的调查也正在进行中。由于反倾销调查对未来国内市场的MDI和TDI价格将产生巨大影响，因此参加此次研讨会的企业除了提起异氰酸酯反倾销调查的生产企业烟台万华、沧州大化、甘肃银光等企业外，还有国内众多聚氨酯下游产品的企业。

异氰酸酯（MDI和TDI）是制造聚氨酯的主要原料，而聚氨酯广泛应用于汽车、飞机、造船、纺织等领域，由于其制成品的广泛用途，异氰酸酯成为当今世界上迅猛发展的朝阳产业。

目前，全世界MDI年需求量在200万吨以上，专家预计未来MDI需求量则以年均6.5%～8%的速率递增。国内惟一生产MDI的企业烟台万华表示，随着烟台万华的技术创新及产业化成功，MDI产量逐年扩大，目前的生产规模、技术水平和产品质量已经具备了与跨国公司抗争的实力，而成本又相对较低，目前在中国的市场占有率已达到30%，大幅度地挤占了日韩MDI产品的市场份额。于是，它们不断加大了产品倾销力度，价格最低时比其国内售价低700美元/吨，倾销幅度超过了50%。由于日、韩企业的低价倾销行为，造成中国的MDI产品价格一直是世界上最低的，从而降低了企业的赢利空间，赢利水平远远达不到预期目标。日、韩企业在中国的低价倾销也使烟台万华处于不利的竞争地位，致使企业无法顺利实施国际化战略。更为严重的是，这种倾销已危害我国MDI行业的发展并将制约聚氨酯行业的成长（2002年9月20日，我国决定对原产于日本、韩国的进口MDI进行反倾销立案调查）。

沧州大化表示，沧州大化TDI有限责任公司是目前我国最大的TDI生产企业，由于国外产品大量涌入且不断调低其产品报价，致使TDI的国内市场交割价由2000年底的23 700元/吨降至2002年的13 000元/吨，由于遭到低价进口TDI的冲击，国内价格一路下滑，导致企业全面亏损。2001年，TDI给沧州大化带来的投资收益是－1 015万元（2002年5月22日，我国决定对原产于美国、日本、韩国的进口TDI进行反倾销立案调查）。

在两起反倾销立案调查后，国内MDI和TDI价格即止跌回升。在反倾销调查中，国内聚氨酯下游企业的不同声音也影响着政府最后对反倾销调查的裁定。他们普遍表示，对下游用户来说，最需要的是稳定的MDI/TDI市场供应和平稳的市场价格，这是企业提高市场预测力、获得持续发展的根本保证。

但烟台万华分析，目前MDI价格上升的主要原因不是反倾销调查引起的。主要原因是：伊拉克战争使石油产品价格迅猛上涨，使MDI生产成本急剧增加；日本住友、拜耳MDI生产装置运转不正常，导致亚洲MDI供应紧张；日本和韩国MDI生产企业开始储备产品，为即将到来的停车检修做准备；由于日本公司已经完成了全年销售任务，为了降低年终报表中的应收账款数额，有意减少国际贸易销售量；另外，不排除日本和韩国企业为给反倾销调查施加压力，共同减少对中国出口产品，有意使我国市场供应紧张。

作为中国TDI生产支柱企业的沧州大化和甘肃银光也强调指出，异氰酸酯行业提出的反倾销是要纠正国外产品不公平竞争的行为，其目的在于消除倾销对国内产业损害的影响，规范正常的贸易秩序，恢复和促进公平竞争。反倾销针对的是以价格歧视方式倾销进口的产品，并不抵制正常的贸易，因此不会对正常的贸易进口造成障碍，并且在恢复了正常的市场秩序下，任何一个生产企业和下游企业用户的根本利益都不会受到损害。

烟台万华、沧州大化和甘肃银光共同表示，异氰酸酯技术壁垒较高，目前基本被几大跨国公司垄断，我国只有烟台万华、沧州大化、甘肃银光少数生产企业，一旦这些企业被恶意倾销拖垮，我国的异氰酸酯供应只能完全依赖进口，那时下游企业的发展，就会完全受制于国外公司。

6. 美国国际贸易委员会对原产于中国和韩国的聚乙烯醇进行反倾销损害调查（2003.4）

2003年4月7日，美国国际贸易委员会发布公告，对原产于中国和韩国的聚乙烯醇（为水解80%以上的聚乙烯醇）进行反倾销产业损害调查。涉案产品海关编码为39053000。

应美国得克萨斯州达拉斯的Celanese化学有限公司的申请，及基于美国商务部裁定上述涉案产品存在倾销，美国国际贸易委员会决定对原产于中国和韩国的聚乙烯醇进行产业损害调查。

欲参加此次调查各相关方（包括该产品的工业用户和具代表的消费者组织）须在听证会举行前21天向美国国际贸易委员会提交参会申请。已参与临时性产业损害调查的各相关方无须另行提交申请。

7. 我国对原产于韩国、马来西亚、新加坡和印度尼西亚的进口丙烯酸酯作出反倾销终裁（2003.4）

根据《中华人民共和国反倾销和反补贴条例》的规定，经商原国家经济贸易委员会，原对外贸易经济合作部于2001年10月10日发布公告，决定对原产于韩国、马来西亚、新加坡和印度尼西亚的进口到中华人民共和国的丙烯酸酯（以下称“被调查产品”）进行反倾销调查。

原对外贸易经济合作部对被调查产品是否存在倾销和倾销幅度进行了调查，原国家经济贸易委员会对被调查产品是否对国内产业造成损害及损害程度进行了调查。原对外贸易经济合作部和原国家经济贸易委员会分别根据调查结果作出了初步裁定。原对外贸易经济合作部初步裁定存在倾销，原国家经济贸易委员会初步裁定存在实质损害，而且原对外贸易经济合作部和原国家经济贸易委员会初步裁定国内产业的实质损害是由倾销造成的。根据初步裁定结果，原对外贸易经济合作部于2002年12月5日发布公告，决定对原产于韩国、马来西亚、新加坡和印度尼西亚的进口丙烯酸酯实施临时反倾销措施。

初裁公告后，调查机关对倾销及倾销幅度、损害及损害程度继续进行调查，根据调查结果，并根据《中华人民共和国反倾销条例》第二十五条的规定，作出终裁决定。现将有关事项公告如下。

一、终裁决定

在本案调查期间内，经全国人大十届一次会议批准，由新组建的商务部承担反倾销调查职能。经过调查，商务部终裁决定存在倾销和实质损害，同时，商务部认定倾销和实质损害之间存在因果关系。有关裁定的具体内容见本公告附件《中华人民共和国商务部关于对原产于韩国、马来西亚、新加坡和印度尼西亚的进口丙烯酸酯反倾销调查的终裁决定》。

二、征收反倾销税

依据《中华人民共和国反倾销条例》的有关规定，国务院关税税则委员会决定，自 2003 年 4 月 10 日起，对原产于韩国、马来西亚、新加坡和印度尼西亚的进口到中华人民共和国境内的丙烯酸酯征收反倾销税。

应征收反倾销税的产品为中华人民共和国海关进口税则号 29161200 下的丙烯酸酯，包括丙烯酸甲酯（MA，化学式：$CH_2=CHCOOCH_3$）、丙烯酸乙酯（EA，化学式：$CH_2=CHCOOC_2H_5$）、丙烯酸正丁酯（BA，化学式：$CH_2=CHCOOC_4H_9$）、丙烯酸 2-乙基己酯（又名丙烯酸异辛酯，2EHA，化学式：$C_{11}H_2O_2$）。

对各公司征收的反倾销税税率如下：

（一）韩国

1. 株式会社 LG 化学（LG Chem，LTD.）：2%

2. 其他韩国公司：20%

（二）马来西亚

1. 巴斯夫国油化学私人有限公司（BASF PETRONAS Chemicals Sdn Bhd）：4%

2. 其他马来西亚公司：38%

（三）新加坡

1. 新加坡丙烯酸酯私人有限公司（Singapore Acrylic Ester PTE Ltd.）：30%

2. 其他新加坡公司：49%

（四）印度尼西亚

1. 印度尼西亚日本触媒公司（PT. NIPPON SHOKUBAI INDONESIA）：11%

2. 其他印度尼西亚公司：24%

三、征收反倾销税的方法

进口经营者自 2003 年 4 月 10 日起，进口原产于韩国、马来西亚、新加坡和印度尼西亚的丙烯酸酯的，应向中华人民共和国海关缴纳相应的反倾销税。反倾销税以海关审定的成交价格为基础的到岸价格作为计税价格从价计征，计征公式为：反倾销税额＝海关完税价格×反倾销税税率。进口环节增值税以海关审定的成交价格为基础的到岸价格加上关税和反倾销税作为计税价格从价计征。

四、反倾销税的追溯征收

对自 2002 年 12 月 5 日起至本裁定公告之日止有关进口经营者依初裁决定向中华人民共和国海关所提供的现金保证金，按本裁定所确定的征收反倾销税的商品范围和反倾销税税率计征并转为反倾销税，与之同时提供的进口环节增值税现金保证金一并转为进口环节增值税。对在此期间有关进口经营者所提供的现金保证金超出反倾销税和与之相应的进口环节增值税的部分，海关予以退还，少征部分则不再补征。

对实施临时反倾销措施决定公告之日前原产于韩国、马来西亚、新加坡和印度尼西亚的进口丙烯酸酯不再追溯征收反倾销税。

五、征收反倾销税的期限

对原产于韩国、马来西亚、新加坡和印度尼西亚的进口丙烯酸酯征收反倾销税，实施期限自 2003 年 4 月 10 日起 5 年。

六、新出口商复审

对于上述国家在调查期内未向中华人民共和国出口被调查产品的新出口经营者，符合条件的，可依据《中华人民共和国反倾销条例》第四十七条的规定，向商务部书面申请新出口商复审。

七、期中复审

在征收反倾销税期间，有关利害关系方可根据《中华人民共和国反倾销条例》第四十九条的规定，向商务部书面申请期中复审。

八、行政复议和行政诉讼

对本案终裁决定及征收反倾销税的决定不服的，根据《中华人民共和国反倾销条例》第五十三条的规定，可以依法申请行政复议，也可以依法向人民法院提起诉讼。

8. 美国商务部对我国聚乙烯醇生产企业进行实地核查（2003.4）

据《重庆晨报》报道，2003 年 3 月 31 日，美国商务部 4 名工作人员对四川维尼纶厂进行了为期 5 天的实地核查。

2003 年 4 月 19 日，四川维尼纶厂国际事务部表示，一旦被裁定存在倾销，该厂聚乙烯醇最大的出口市场——美国市场将被关闭。

据悉，四川维尼纶厂年产聚乙烯醇 5 万吨，主要出口欧洲、美国及亚太地区，其中，美国是其最大的出口市场，出口量约为 6 000 吨/年，占据了该厂聚乙烯醇出口量的 2/3。

应美国国内 Cdanses Chemical Ltd. 和 EIDupoutde Nemours&Co 的申请，2002 年 9 月 5 日，美国商务部决定对原产于中国、韩国、德国、日本、新加坡的聚乙烯醇进行反倾销立案调查。涉案产品海关编码为39053000。本案调查期为2001年7月～2002年6月。

2003年3月20日，美国商务部对原产于中国的聚乙烯醇作出倾销初裁。由于中国被视为"非市场经济国家"，因而美国商务部用印度作为替代国来测算中国出口产品的正常价值，裁定四川维尼纶厂的倾销幅度为0.2%。

9. 聚氯乙烯初裁公告（2003.5）

中华人民共和国商务部公告2003年第11号

根据《中华人民共和国反倾销条例》的规定，经商原国家经济贸易委员会，原对外贸易经济合作部于2002年3月29日发布公告，决定对原产于美国、韩国、日本、俄罗斯和台湾地区的进口聚氯乙烯进行反倾销调查。该被调查产品立案时在中华人民共和国2001年的海关进口税则号中列为39041000。

原对外贸易经济合作部对被调查产品是否存在倾销和倾销幅度进行了调查，原国家经济贸易委员会对被调查产品是否对中国内地产业造成损害及损害程度进行了调查。在本案调查期限内，经全国人大十届一次会议批准，由新组建的商务部承担反倾销调查职能。根据调查结果和《中华人民共和国反倾销条例》第二十四条的规定，商务部作出初裁决定（见附件）。现将有关事项公告如下：

一、初裁决定

商务部初裁决定确定被调查产品存在倾销，中国内地产业存在实质损害，且倾销和实质损害之间存在因果关系。

二、对各公司初裁确定的倾销幅度

美国公司

1. 美国信科有限公司（Shintech Incorporated)：83%

2. 台湾塑胶工业股份有限公司（德州）(Formosa Plastics Corporation Texas)：25%

3. 其他美国公司（All Others)：83%

韩国公司

1. （株）LG化学（LG Chem，LTD)：10%

2. 韩华石油化学株式会社（HANWHA Chemical Corporation)：13%

3. 其他韩国公司（All Others)：76%

日本公司

1. 日本信越化学工业株式会社：54%

2. 日本V-tech株式会社（V-Tech Corporation)：50%

3. 大洋聚氯乙烯株式会社（TAIYO Vinyl Corporation)：32%

4. 日本新第一聚氯乙烯股份公司（SHIN DAI-ICHI Vinyl Corporation)：70%

5. 钟渊化学工业株式会社（KANEKA Corporation)：62%

6. 其他日本公司（All Others)：115%

俄罗斯公司

1. 俄罗斯考斯第克股份有限公司（J/S Co. KaustiK)：34%

2. 俄罗斯萨彦斯克化学塑料股份公司（Joint Stock Company《SAYANSKCHIMPLAST》)：67%

3. 其他俄罗斯公司（All Others)：82%

中国台湾公司

1. 华夏海湾塑胶股份有限公司（China General Plastics Corporation)：15%

2. 台湾塑胶工业股份有限公司：10%

3. 大洋塑料工业股份有限公司：23%

4. 其他中国台湾公司（All Others)：27%

三、临时反倾销措施

根据《中华人民共和国反倾销条例》第二十八条和二十九条的规定，商务部决定采用现金保证金形式实施临时反倾销措施。自2003年5月12日起，进口经营者在进口原产于美国、韩国、日本、俄罗斯和台湾地区的被调查产品时，应依据本初裁决定所确定的各公司的倾销幅度向中华人民共和国海关提供相应的现金保证金。

四、评论

各利害关系方在本公告发布之日起20天内，可向商务部提出书面评论并附相关证据，商务部将依法予以考虑。

特此公告

附件：中华人民共和国商务部关于对原产于美国、韩国、日本、俄罗斯和台湾地区的进口聚氯乙烯反倾销调查的初裁决定（略）

2003年5月12日

10. 我国聚氯乙烯反倾销初裁使氯碱企业获益（2003.5）

据《中国证券报》报道，2003年5月12日，商务部公布了对原产于美国、韩国、日本、俄罗斯四国和我国台湾地区的进口聚氯乙烯（简称PVC）反倾销初裁，认定被调查产品存在倾销，倾销幅度为10%～115%，对中国内地产业造成了实质损害，要求各公司依据初裁决定所确定的倾销幅度向中国海关提供相应的现金保证金。

（1）氯碱企业饱受倾销之苦　虽然2002年，我国化工业整体走出低谷，效益回升，但氯碱行业实现利润同比下降43%，亏损企业的亏损额增长60%。氯碱企业业绩下滑主要是聚氯乙烯产品价格下降太快引起的，2002年初，聚氯乙烯最低销售价格曾跌至

5 000元/吨以下，全年平均销价5 755元/吨，是所有合成树脂中最低的。

现有证据表明，在调查期内来自涉案国家（地区）的聚氯乙烯进口量占中国进口总量的比例一直高达80%，且进口数量增长很快，2001年比2000年增长了31.27%，大大超过中国市场表观消费量的增长、同类产品产能的增长和产量的增长。同时，由于涉案国家（地区）被调查产品与中国内地同类产品之间质量相当，竞争程度较高，其出口价格的不断降低直接抑制了中国内地同类产品的销售价格，造成大陆产业在产能、产量、销售量增长的情况下，库存增加，销售收入下降，企业现金流量情况恶化，投资收益和税前利润大幅下降，中国内地产业全面亏损，对大陆相关产业构成了实质性损害。

在对进口聚氯乙烯反倾销立案调查之后，聚氯乙烯价格先达到6 500元/吨以上，而后逐渐回落，自2002年底起，受货源供应紧张和成本增加的影响，价格比最低时上涨40%。进入2003年，价格上涨加速，市场总体仍处于供应短缺的状态。2003年3月，市场价格为7 000元/吨，最高达到7 300～7 500元/吨。但随着伊拉克战争的结束，近期原油价格的下滑带来了石化产品价格的下降，乙烯原料价格已经从610美元/吨跌至目前的290美元/吨，跌幅达50%，聚氯乙烯价格也开始大幅下挫至5 500～5 800元/吨。

(2) 初裁结果中短期影响大　从具体加征比例看，除韩国和中国台湾部分企业外，其余国家（地区）的聚氯乙烯企业再通过一般贸易和边境贸易方式进入中国内地市场已无可能，国内聚氯乙烯市场供求格局将发生相应的变化。

2002年，国内共进口聚氯乙烯原粉170.1万吨，五大进口国家及地区按进口量排列为日本（49.87）、中国台湾（40.86万吨）、俄罗斯（23.52万吨）、韩国（14.55万吨）、美国（10.34万吨），约占总进口量的82%；2003年一季度，进口聚氯乙烯原粉45.43万吨，五大进口国家及地区进口量排列为日本（11.18万吨）、中国台湾（9.57万吨）、俄罗斯（5.92万吨）、美国（4.24万吨）和韩国（4.16万吨），约占进口总量77%。

根据《中华人民共和国反倾销条例》的规定，本次初裁仅对一般贸易和边境贸易方式进口的聚氯乙烯产品加征关税。2002年，中国内地以这两种贸易方式进口的聚氯乙烯共755.9千吨，占进口总量的43.4%；2003年一季度，一般贸易和边境贸易占进口总量的38%，也就是说，可以这样预估，海关将对中国内地进口聚氯乙烯的80%中的40%加征反倾销税，涉及的数量约为54万吨，占2002年中国内地聚氯乙烯表观消费量的10.65%。

涉案五国（地区）的聚氯乙烯企业均为乙烯法生产工艺，在中国市场的定位除俄罗斯外均属于高档聚氯乙烯原料，其中，日、韩、美等国及中国台湾的聚氯乙烯原料的市场定位和中国内地的几家乙烯企业基本相同，目标客户以薄膜、型材、片材等聚氯乙烯制品行业为主。而俄罗斯产聚氯乙烯目标客户主要为中低档的聚氯乙烯制品企业，且1300型号比例较高，市场定位和大陆内为数众多的电石法聚氯乙烯厂家重叠。

另外，由于聚氯乙烯反倾销立案时间已经一年有余，国外被起诉企业已根据可能出现的市场格局变化，调整了相应的市场战略，比如日本聚氯乙烯企业已将目标客户锁定在了国内市场的核心客户，加大了其他市场的聚氯乙烯出口比例，加大氯乙烯单体出口比例，以回避聚氯乙烯反倾销初裁的市场冲击。

因此，实施反倾销临时措施后，高档聚氯乙烯原料市场将出现一定程度的短缺，普通塑料市场受影响相对小些。另外，聚氯乙烯进口量会受到一定约束，价格将会因加征关税而抬高，因此，中短期内对市场的影响是积极的，但随着东南亚地区进口量的增加和国内装置的陆续投产，此现状缓解时间将不会太长，长期来看影响力则有限。

(3) 聚氯乙烯价格不会暴涨　即使按照最低倾销幅度10%加征关税，聚氯乙烯平均售价也将能提高10%以上。但是，指望聚氯乙烯价格大幅上涨是不现实的，主要原因是以下几点。

① 如前所述，此次反倾销仅影响占进口量30%的产品，数量有限。2003年，国内聚氯乙烯增产幅度较大。2003年1～3月，产量达960千吨，同比增长19.8%，随着各氯碱企业的扩建装置建成投产，2003年国内聚氯乙烯产量增加50～60万吨已成定局，其中，中高档产能将增加24万吨。

目前，硬质聚氯乙烯制品市场需求基本正常，软质聚氯乙烯需求疲软，总体上，2003年，聚氯乙烯消费量与2002年基本持平，产量增幅大于消费增幅。聚氯乙烯制成品企业均处于亏损和微利状态，制品需求增速减缓，这将最终制约原料价格的上升空间。

② 相关上市公司业绩将会改善。如按终裁最低加征10%的反倾销税，能够刺激聚氯乙烯价格平均上涨5%～10%。那么，对于聚氯乙烯产量大而公司总股本相对较小的公司业绩将会有明显影响。

11. 欧盟对原产于澳大利亚、中国和巴基斯坦的聚对苯二甲酸二乙基酯进行反倾销调查（2003.5）

应欧洲塑料制造商联合会（该联合会代表的塑料制造商的产量占欧盟总产量的80%）2003年4月7

日提交的申请，2003 年 5 月 22 日，欧盟委员会发布公告，决定对原产于澳大利亚、中国和巴基斯坦的聚对苯二甲酸二乙基酯（产品为黏度系数≥78ml/g 的聚对苯二甲酸二乙基酯）进行反倾销调查。涉案产品海关编码为 39076020。

欧盟委员会拟选择美国作为替代国来确定原产于中国的聚对苯二甲酸二乙基酯的正常价值并希望本案各相关方对此提供评论意见。

根据欧盟的相关法规，欧盟委员会将在本公告发布之日起 9 个月内作出初裁，并在 15 个月内作出最终裁决。

12. 中国对外反倾销案件汇总表（部分）(2003.5)

涉及国家	进口产品	海关税号	申请企业	立案时间	初裁时间	终裁时间	反倾销税
韩国	聚酯薄膜	39206200	佛山杜邦鸿基薄膜有限公司、上海化工厂有限公司、中国山东潍坊新立克塑胶有限公司、中国仪征化纤集团聚酯薄膜厂、浙江宁波五洲有限公司中达制膜股份有限公司南京分公司	1999.3.16	1999.12.29	2000.8.25	13%～46%
日本、美国、德国	丙烯酸酯	29161200	上海高桥石化丙烯酸厂、北京东方化学工业集团有限责任公司东方化工厂、吉联（吉林）石油化学有限公司	1999.12.10	2000.11.23	2001.6.9	24%～74%
韩国、英国、美国、荷兰、法国、德国	二氯甲烷	29031200	中国自贡鸿鹤化工股份有限公司、浙江衢化氟化学有限公司	2000.12.20	2001.8.16	2002.7.3	6%～66% 法国免于征税
韩国、日本、泰国	聚苯乙烯	39001900-其他	汕头海洋第一聚苯树脂有限公司、北京燕山石油化工有限公司、湛江新中美化工有限公司、中国石油天然气股份有限公司大庆石化分公司	2001.2.9	2001.12.6		无损害
韩国	聚酯切片	39076011、39076019	中国化学纤维工业协会	2001.8.3	2002.10.29	2003.2.3	大韩化纤株式会社 5%，株式会社高合化学 11%，株式会社 HUVIS13%，世韩株式会社 11%，合纤株式会社 8%，东丽世韩株式会社 6%，SK 化学株式会社 13%，其他韩国公司 52%
韩国、马来西亚、新加坡、印度尼西亚	丙烯酸酯	29161200	上海高桥石化丙烯酸厂、北京东方化学工业有限责任公司东方化工厂、吉联（吉林）石油化学有限公司	2001.10.10	2002.12.15	2003.4.10	株式会社 LG 化学 2%，其他韩国公司 20%；巴斯夫国油化学私人有限公司 4%，其他马来西亚公司 38%；新加坡丙烯酸酯私人有限公司 30%，其他新加坡公司 49%；印度尼西亚日本触媒公司 11%，其他印度尼西亚公司 24%

续表

涉及国家	进口产品	海关税号	申请企业	立案时间	初裁时间	终裁时间	反倾销税
日本、比利时、德国、荷兰、俄罗斯	己内酰胺	29337100	南京东方化工有限公司、巴陵石化鹰山石油化工厂、石家庄化纤有限公司	2001.12.7	2003.1.7		
欧盟	邻苯二酚	29072910	连云港三吉利化学工业有限公司	2002.3.1	2002.11.4		
印度、日本、韩国	邻苯二甲酸酐	29173500	山东宏信化工股份有限公司、中国石化集团金陵石油化工有限责任公司、石家庄白龙化工股份有限公司、天津溶剂厂、哈尔滨石油化工厂	2002.3.6	2003.1.7		
俄罗斯、韩国和日本	丁苯橡胶	40021911、40021912、40021919	齐鲁石油化工股份有限公司、申华化学工业有限公司、吉林化学工业股份有限公司和中国石油天然气股份有限公司兰州石化分公司	2002.3.15	2003.4.16		
美国、韩国、日本、俄罗斯	聚氯乙烯	39041000	上海氯碱化工股份有限公司、河北沧州化工股份有限公司、天津大沽化工有限责任公司、北京化二股份有限公司、锦化化工(集团)有限责任公司	2002.3.29	2003.5.20		
美国、日本、韩国	甲苯二异氰酸酯	29291010	河北沧州大化TDI有限责任公司	2002.5.22	2003.6.10		
日本、韩国、美国、中国台湾	苯酚	29071110	中国石油化工股份有限公司上海高桥分公司、中国石化北京燕化石油化工股份有限公司、中国石油天然气股份有限公司吉林化工销售中心、中国蓝星哈尔滨石化有限公司	2002.8.1	2003.6.9		
日本、韩国	二苯基甲烷二异氰酸酯、多亚甲基多苯基异氰酸酯(MDI)	29291030 38249090	山东烟台万华聚氨酯股份有限公司	2002.9.23			
日本、美国、德国、伊朗、马来西亚、中国台湾和墨西哥	乙醇	29221100 29221200	抚顺北方化工有限公司、吉林化学工业股份有限公司	2003.5.14			
欧盟、韩国、美国、印度	三氯甲烷	29031300	四川鸿鹤精细化工股份有限公司、浙江巨化股份有限公司	2003.5.20			

13. 商务部对原产于日本、韩国和美国的进口甲苯二异氰酸酯（TDI）作出反倾销调查初裁(2003.6)

中华人民共和国商务部公告2003年第21号

根据2001年11月通过的《中华人民共和国反倾销条例》（以下简称《中华人民共和国反倾销条例》）的规定，经商原国家经济贸易委员会，原对外贸易经济合作部于2002年5月22日发布公告，决定对原产于日本、韩国和美国的进口甲苯二异氰酸酯（TDI）（型号为TDI80/20）（以下称“被调查产品”）进行反倾销调查。该被调查产品在中华人民共和国海关进口税则号中列为：29291010。

原对外贸易经济合作部对被调查产品是否存在倾销及倾销幅度进行了调查，原国家经济贸易委员会对被调查产品是否对国内产业造成损害及损害程度进行了调查。在案件调查期限内，经十届人大一次会议批准，由新组建的商务部承担反倾销调查职能。商务部根据调查结果和《中华人民共和国反倾销条例》第24条的规定作出初裁决定（见附件）。现将有关事项公告如下：

一、初裁决定

商务部初裁决定被调查产品存在倾销，并对国内产业造成实质损害，同时认定倾销和实质损害之间存在因果关系。

二、对各公司初裁确定的倾销幅度

（一）日本

1. 聚氨酯工业株式会社（NIPPON Polyurethane Industry CO.，LTD）：28%

2. 三井武田化学株式会社（MITSUI TAKEDA Chemical，INC.）：19%

3. 其他日本公司：49%

（二）韩国

1. 东洋制铁化学株式会社（DC Chemical Co.，Ltd）：22%

2. 韩国FINE CHEMICAL株式会社（Korea Fine Chemical Co，Ltd.）：6%

3. 其他韩国公司：22%

（三）美国

1. 美国巴斯夫公司（BASF Corporation）：28%

2. 美国拜耳公司（Bayer Corporation）：23%

3、其他美国公司：28%

三、临时反倾销措施

根据《中华人民共和国反倾销条例》第28条和29条的规定，商务部决定采用现金保证金形式实施临时反倾销措施。自2003年6月10日起，进口经营者在进口原产于日本、韩国和美国的被调查产品时，应依据初裁决定所确定的各公司的倾销幅度向中华人民共和国海关提供相应的现金保证金。现金保证金以海关审定的成交价格为基础的到岸价格作为计算价格从价计征，计算公式为：现金保证金金额＝（关税完税价格×征收比率）×（1＋进口环节增值税税率）。

四、评论

有关利害关系方在本公告发布之日起20天内，可向商务部提出书面评论并附相关证据，商务部将依法予以考虑。

特此公告

附件：中华人民共和国商务部关于对原产于日本、韩国和美国的进口甲苯二异氰酸酯（TDI）（型号为TDI80/20）反倾销调查的初裁决定（略）

中华人民共和国商务部

2003年6月10日

14. 商务部对原产于日本等国的进口己内酰胺作出反倾销调查终裁（2003.6）

中华人民共和国商务部公告2003年第22号

根据1997年3月25日国务院发布的《中华人民共和国反倾销和反补贴条例》的规定，经商原国家经济贸易委员会，原对外贸易经济合作部于2001年12月7日发布公告，决定对原产于日本、比利时、德国、荷兰和俄罗斯的进口己内酰胺（以下称“被调查产品”）进行反倾销调查。该被调查产品在中华人民共和国海关进口税则号中列为29337100。

原对外贸易经济合作部（以下简称“原外经贸部”）对被调查产品是否存在倾销和倾销幅度进行了调查，原国家经济贸易委员会（以下简称“原国家经贸委”）对被调查产品是否对国内产业造成损害及损害程度进行了调查。原外经贸部和原国家经贸委分别根据调查结果做出了初步裁定。原外经贸部初步裁定存在倾销，原国家经贸委初步裁定存在实质损害，而且原外经贸部和原国家经贸委初步裁定国内产业的实质损害是由倾销造成的。根据初步裁定结果，原外经贸部于2003年1月7日发布初裁裁定。原外经贸部初裁裁定存在倾销，原国家经贸委初裁裁定存在实质损害，而且原外经贸部和原国家经贸委初裁共同裁定国内产业实质损害由倾销造成。

初裁公告后，调查机关对倾销及倾销幅度、损害及损害程度继续进行调查，根据调查结果，并根据2001年11月26日国务院发布的《中华人民共和国反倾销条例》（以下称《中华人民共和国反倾销条例》）第二十五条的规定，做出终裁决定。现将有关事项公告如下：

一、终裁决定

在本案调查期间内，经全国人大十届一次会议批准，由新组建的商务部承担反倾销调查职能。经过调查，商务部终裁决定存在倾销和实质损害，同时，商务部认定倾销和实质损害之间存在因果关系。有关裁定的具体内容见本公告附件《中华人民共和国商务部关于对原产于日本、比利时、德国、荷兰和俄罗斯的进口己内酰胺反倾销调查的终裁决定》。

二、征收反倾销税

依据《中华人民共和国反倾销条例》的有关规

定，国务院关税税则委员会决定，自2003年6月6日起，对原产于日本、比利时、德国、荷兰和俄罗斯的进口到中华人民共和国境内的己内酰胺征收反倾销税。

应征收反倾销税的产品为中华人民共和国海关进口税则号29337100下的己内酰胺。

对各公司征收的反倾销税税率如下：

（一）日本

1. 住友化学工业株式会社（Sumitomo Chemical Company，Ltd）：5%

2. 宇部兴产株式会社（UBE Industries，Ltd）：8%

3. 三菱化学株式会社（MITSUBISHI Chemical Corporation）：10%

4. 东丽株式会社（Toray Industries，Inc.）：5%

5. 其他日本公司：18%

（二）比利时

1. 巴斯夫安特卫普有限公司（BASF ANTWERPEN N. V.）：6%

2. 其他比利时公司：16%

（三）德国

1. 道默有限公司（DOMO Caproleuna Gmbh）：22%

2. 其他德国公司：28%

（四）荷兰

1. DSM纤维中间体公司（DSM Fiber Intermediates B. V.）：6%

2. 其他荷兰公司：18%

（五）俄罗斯

1. 古比雪夫氮封闭式股份公司（Kuibishevazot Joint Stock Company）：7%

2. 克麦罗沃氮开放式股份公司（Kemerovo Joint Stock Company "AZOT"）：9%

3. 其他俄罗斯公司：16%

三、征收反倾销税的方法

进口经营者自2003年6月6日起，进口原产于日本、比利时、德国、荷兰和俄罗斯的己内酰胺的，应向中华人民共和国海关缴纳相应的反倾销税。反倾销税以海关审定的成交价格为基础的到岸价格作为计税价格从价计征，计征公式为：反倾销税额＝海关完税价格×反倾销税税率。进口环节增值税以海关审定的成交价格为基础的到岸价格加上关税和反倾销税作为计税价格从价计征。

四、反倾销税的追溯征收

对自2003年1月7日起至本裁定公告之日止有关进口经营者依初裁决定向中华人民共和国海关所提供的现金保证金，按本裁定所确定的征收反倾销税的商品范围和反倾销税税率计征并转为反倾销税，与之同时提供的进口环节增值税现金保证金一并转为进口环节增值税。对在此期间有关进口经营者所提供的现金保证金超出反倾销税和与之相应的进口环节增值税的部分，海关予以退还，少征部分则不再补征。

对实施临时反倾销措施决定公告之日前原产于日本、比利时、德国、荷兰和俄罗斯的进口己内酰胺不再追溯征收反倾销税。

五、征收反倾销税的期限

对原产于日本、比利时、德国、荷兰和俄罗斯的进口己内酰胺征收反倾销税，实施期限自2003年6月6日起5年。

六、新出口商复审

对于上述国家在调查期内未向中华人民共和国出口被调查产品的新出口经营者，符合条件的，可依据《中华人民共和国反倾销条例》第四十七条的规定，向商务部书面申请新出口商复审。

七、期中复审

在征收反倾销税期间，有关利害关系方可根据《中华人民共和国反倾销条例》第四十九条的规定，向商务部书面申请期中复审。

八、行政复议和行政诉讼

对本案终裁决定及征收反倾销税的决定不服的，根据《中华人民共和国反倾销条例》第五十三条的规定，可以依法申请行政复议，也可以依法向人民法院提起诉讼。

特此公告

附件：中华人民共和国商务部关于对原产于日本、比利时、德国、荷兰和俄罗斯的进口己内酰胺反倾销调查的终裁决定（略）

中华人民共和国商务部

2003年6月6日

15. 我国福建省甲苯二异氰酸酯进口量大幅下降（2003.6）

据新华社报道，自我国决定对原产于美国、日本、韩国等地的甲苯二异氰酸酯进行反倾销立案调查以来，我国福建省甲苯二异氰酸酯进口量大幅下降，进口平均价格明显回升。

据福州海关统计，目前，福建省共有23家单位经营甲苯二异氰酸酯进口业务。2002年6月初至2003年5月底，上述23家经营单位累计进口甲苯二异氰酸酯8 372.84吨，价值1 434.7万美元，分别比上年度同期下降54.97%和46.81%，进口平均价格1 713.5美元/吨，比上年度同期的1 450.6美元/吨，上涨了15.34%。其具体情况为以下几点。

(1) 80%以上为一般贸易方式进口，且进口平均价格明显低于加工贸易进口平均价格。其中，一般贸易进口甲苯二异氰酸酯7 151.67吨，价值1 215.7万美元，同比分别下降57.82%和49.61%，占全省进口总量值的85.42%和84.74%；加工贸易进口941.67吨，价值173.0万美元，同比分别下降34.51%和33.02%，占全省进口总量值的11.25%和12.06%；同期，一般贸易进口平均价格为1 699.9美元/吨，比上年度同期增长19.45%；加工贸易进口平均价格为1 837.2美元/吨，比上年度同期增长2.27%。

(2) 受调查三国进口份额有所下降，进口平均价格普遍上扬。实施反倾销立案调查以来，福建省自受涉案三国（美国、日本、韩国）进口量合计7 813.19吨，占该省进口总量的93.32%，上年度同期自上述三国进口量合计17 780.25吨，占上年度同期该省进口总量的95.63%，进口份额下降了2.31%；同期，自上述三国进口数量均大幅下降，其中，自美国进口2 858吨，自日本进口2 715.19吨，自韩国进口2 240吨，同比分别下降48.86%、72.23%和7.24%；另外，自上述三国进口平均价格分别为1 672.1美元/吨、1 724.4美元/吨和1 725.4美元/吨，同比分别增长17.18%、17.33%和23.6%。

(3) 自中国台湾进口成倍增长，其他5个国别（地区）为新增贸易地。进行反倾销立案调查以来，福建省进口甲苯二异氰酸酯的国别（地区）有9个，分别为美国、日本、韩国、中国台湾、德国、法国、新加坡、中国香港特别行政区和比利时，其中，自中国台湾进口168.15吨，价值30.7万美元，同比增幅分别为412.42%和526.53%，进口平均价格为1 825.7美元/吨，同比上涨22.27%。

注：甲苯二异氰酸酯是制备高分子新材料聚氨酯的主要原料，目前在国内的使用主要集中在3个方面：聚氨酯软泡（海绵）的生产、涂料行业和PU革浆料。

16. 我国反倾销初裁后广州关区口岸甲苯二异氰酸酯进口变化明显（2003.7）

据广东新闻网报道，甲苯二异氰酸酯（简称TDI）是制备高分子新材料聚氨酯的主要原料，近年来，中国对该产品需求不断增长，但原产于日本、韩国、美国等国家的甲苯二异氰酸酯以低价倾销的方式大量进入中国，对中国的相关产业构成损害。

2002年5月22日，我国对原产于日本、韩国、美国的甲苯二异氰酸酯进行反倾销立案调查；2003年6月10日，我国对原产于上述三国的甲苯二异氰酸酯作出反倾销初裁，并决定实施临时反倾销措施，征收6%～49%的现金保证金。临时反倾销措施实施后，经广州关区口岸进口的甲苯二异氰酸酯出现以下明显变化。

一般贸易进口数量下降明显。2003年1～6月，经广州关区口岸进口甲苯二异氰酸酯2 500多吨，比2002年同期下降34.7%，而实施反倾销临时措施后，2003年6月10～30日，经广州关区口岸以一般贸易方式进口的甲苯二异氰酸酯为20公斤，其余均以加工贸易方式进口或进入保税区。

2003年1～6月，经广州关区口岸进口的原产于日本、韩国、美国的甲苯二异氰酸酯共2 247吨，占全部进口的88.9%；另外，从德国进口176吨，而2002年同期没有进口记录。

实施临时反倾销措施后，海关对进口甲苯二异氰酸酯监管的风险有所增加，海关建议有关现场对申报进口的甲苯二异氰酸酯加大查验力度，核对甲苯二异氰酸酯的原产国别，并适当加大送检化验的比例，对加工贸易项下进口的甲苯二异氰酸酯加大中期核查的力度，确保国家有关措施达到应有的效果。

17. 美国国际贸易委员会对原产于中国等国的聚乙烯零售包装袋作出反倾销损害初裁（2003.8）

2003年8月4日，美国国际贸易委员会发布公告，对原产于中国、马来西亚和泰国的聚乙烯零售包装袋（其厚度为0.889～0.008 89mm，长宽为15.24～101.6cm。无标识或无店名以及有拉锁的聚乙烯包装袋不在本案调查之列，如垃圾袋等印有指向特定最终用户标识而非用于提拎货物的聚乙烯包装袋也不在本案调查之列）作出反倾销肯定性损害初裁。涉案产品海关编码为39232100。

本案是应美国包装袋生产商组成的临时性组织——聚乙烯零售包装袋委员会2003年6月20日提交的申请而启动的。

鉴于美国国际贸易委员会的肯定性裁决，美国商务部将继续对本案进行调查，并将于2003年11月28日作出反倾销初裁。

2003年6月27日，美国国际贸易委员会启动对原产于中国、马来西亚和泰国的聚乙烯零售包装袋产业损害调查程序。

美国国内产业情况：2002年，美国国内共有至少21家被调查产品生产企业，生产量约为607亿个/年，企业的员工人数为3 273人。2002年，美国国内生产企业聚乙烯包装袋的发货量为596亿个，相应价值为6.53亿美元；美国国内估计消费量为965亿个，相应价值为8.83亿美元；美国国内生产商的国内市场份额为61.8%。

美国聚乙烯包装袋的进口情况：2002年，美国从世界各国进口聚乙烯包装袋达368亿个，价值为

2.3亿美元；从涉案国家进口聚乙烯包装袋274亿个，相应价值为1.57亿美元。2002年，进口聚乙烯包装袋占美国国内估计消费量百分比为38.2%，从涉案国家进口的聚乙烯包装袋占美国国内估计消费量的28.4%。

18. 美国商务部对原产于中国的聚乙烯醇作出反倾销终裁（2003.8）

2003年8月11日，美国商务部对原产于中国的聚乙烯醇（包括水解超过80%的所有聚乙烯醇）作出反倾销终裁。涉案产品海关编码为39053000。本案调查期为2002年1月1日至2002年6月30日。

美国商务部对中国聚乙烯醇作出的终裁结果如下：

生产商/出口商	倾销幅度/%
中石化四川维尼纶厂	7.40
其他中国公司	97.86

19. 我国对原产于韩国、日本和印度的进口邻苯二甲酸酐作出反倾销终裁（2004.8）

中华人民共和国商务部公告2003年第40号

根据《中华人民共和国反倾销条例》的规定，经商原国家经济贸易委员会后，原对外贸易经济合作部于2002年3月6日正式发布立案公告，决定对原产于韩国、日本和印度的进口邻苯二甲酸酐进行反倾销调查。

原对外贸易经济合作部（以下简称“原外经贸部”）对倾销和倾销幅度进行了调查，原国家经济贸易委员会（以下简称“原国家经贸委”）对损害及损害程度进行了调查。原外经贸部于2003年1月7日发布初裁公告，初步裁定存在倾销和实质损害，并且倾销对国内产业造成实质损害。

初步裁定后，调查机关对倾销及倾销幅度、损害及损害程度继续进行调查，现本案调查结束，根据本案的调查结果，并依据《中华人民共和国反倾销条例》第二十五条的规定，作出终裁决定。现将有关事项公告如下：

一、终裁决定

在本案调查期间内，经全国人大十届一次会议批准，由新组建的商务部承担反倾销调查职能。经过调查，商务部终裁决定存在倾销和实质损害，同时，商务部认定倾销和实质损害之间存在因果关系。有关裁定的具体内容见本公告附件《中华人民共和国商务部关于对原产于韩国、日本和印度的进口邻苯二甲酸酐反倾销调查的最终裁定》。

二、征收反倾销税

依据《中华人民共和国反倾销条例》的有关规定，国务院关税税则委员会决定，自2003年8月31日起，对原产于韩国、日本和印度的进口到中华人民共和国境内的邻苯二甲酸酐征收反倾销税。

应征收反倾销税的产品为中华人民共和国海关进出口税则号29173500下的邻苯二甲酸酐。

对各公司征收的反倾销税税率如下：

（一）韩国公司

株式会社高合化学（KP Chemical Corporation）：4%

爱敬油化株式会社（Aekyung Petrochemical Co. Ltd.）：0%

东洋制铁化学株式会社（DC Chemical Co. Ltd.）：4%

其他韩国公司：13%

（二）日本公司：66%

（三）印度公司：13%

三、征收反倾销税的方法

进口经营者自2003年8月31日起，进口原产于韩国、日本和印度的邻苯二甲酸酐的，应向中华人民共和国海关缴纳相应的反倾销税。反倾销税以海关审定的成交价格为基础的到岸价格作为计税价格从价计征，计征公式为：反倾销税额＝海关完税价格×反倾销税税率。进口环节增值税以海关审定的成交价格为基础的到岸价格加上关税和反倾销税作为计税价格从价计征。

四、反倾销税的追溯征收

对自2003年1月7日起至本裁定公告之日止，有关进口经营者依初裁决定向中华人民共和国海关所提供的现金保证金，按本裁定所确定的征收反倾销税的商品范围和反倾销税税率计征并转为反倾销税，与之同时提供的进口环节增值税现金保证金一并转为进口环节增值税。对在此期间有关进口经营者所提供的现金保证金超出反倾销税和与之相应的进口环节增值税的部分，海关予以退还，少征部分则不再补征。

对实施临时反倾销措施决定公告之日前，对原产于韩国、日本和印度的进口邻苯二甲酸酐不再追溯征收反倾销税。

五、征收反倾销税的期限

对原产于韩国、日本和印度的进口邻苯二甲酸酐征收反倾销税，实施期限自2003年8月31日起5年。

六、新出口商复审

对于上述国家在调查期内未向中华人民共和国出口被调查产品的新出口经营者，符合条件的，可依据《中华人民共和国反倾销条例》第四十七条的规定，向商务部书面申请新出口商复审。

七、期中复审

在征收反倾销税期间，有关利害关系方可根据《中华人民共和国反倾销条例》第四十九条的规定，向商务部书面申请期中复审。

八、行政复议和行政诉讼

对本案终裁决定及征收反倾销税的决定不服的，根据《中华人民共和国反倾销条例》第五十三条的规定，可以依法申请行政复议，也可以依法向人民法院提起诉讼。

中华人民共和国商务部

2003 年 8 月 31 日

20. 美国商务部修改对原产于中国的聚乙烯醇的反倾销终裁税率（2003.9）

2003 年 9 月 2 日，美国商务部发布公告，就 2003 年 8 月 11 日对原产于中国的聚乙烯醇所裁定的反倾销终裁税率作出修改。

美国商务部对原产于中国的聚乙烯醇终裁结果公布后，接到应诉方中石化四川维尼纶厂关于其终裁结果存在计算方法错误的申诉，同时美国商务部未接到申诉方关于应诉方所提申诉的回复意见。在对应诉方的申诉进行分析后，美国商务部承认在测算运输费用中存在计算错误，因而导致终裁结果中应诉方的倾销幅度出现误差。另外，美国商务部修改了在对应诉方倾销幅度计算过程中存在的两处笔误。

美国商务部对原产于中国的聚乙烯醇反倾销的终裁结果与修改后的终裁结果如下：

生产商/出口商	原裁决的倾销幅度/%	修改后的倾销幅度/%
中石化四川维尼纶厂	7.40	6.91
中国其他公司	97.86	97.86

21. 美国国际贸易委员会对原产于中国、韩国的聚乙烯醇作出损害终裁（2003.9）

2003 年 9 月 12 日，美国国际贸易委员会对原产于中国、韩国的聚乙烯醇（该产品包括水解超过 80%所有聚乙烯醇，无论是否经去沫剂或硼酸混合稀释。但不包括商务部所确定范围以外的同类产品。该产品主要用做生产聚乙烯醇缩丁醛的介质，聚乙烯醇缩丁醛用于制造汽车安全玻璃或建筑用抗压玻璃。聚乙烯醇还应用于纺织和造纸行业的上浆工序，也可用做水溶性薄膜的聚合剂）作出肯定性损害终裁。涉案产品海关编码为 39053000。

由于美国国际贸易委员会的这一肯定性裁决，美国商务部将对中国和韩国出口美国市场的聚乙烯醇下达反倾销关税征收令。

2002 年，美国自中国和韩国共进口聚乙烯醇 1 750万磅，价值 1 150 万美元。

22. 商务部举行成立以来首次反倾销调查听证会（2003.9）

应利害关系方的申请，商务部于 2003 年 9 月 22 日在北京举行了 MDI 反倾销案产业损害调查听证会。本次听证会是 MDI 反倾销调查的一个重要环节，也是商务部成立后首次召开的反倾销调查听证会。听证会本着公平、公正、公开的原则，严格按照商务部《产业损害调查听证规则》进行，为本案各利害关系方提供了充分表达意见的机会。

2002 年 6 月 20 日，山东烟台万华聚氨酯股份有限公司代表国内二苯基甲烷二异氰酸酯、多亚甲基多苯基异氰酸酯（MDI）产业，向中国政府反倾销调查机关提起对原产于日本、韩国进口的 MDI 进行反倾销调查申请。根据《中华人民共和国反倾销条例》的规定，调查机关于 2002 年 9 月 20 日公告立案，决定对原产于日本、韩国的进口 MDI 进行反倾销调查。

在此次听证会召开之前，商务部已对相关利害关系方进行了问卷调查，并进行了实地核察，部分利害关系方先后向商务部提交了对本案的书面意见或陈述。

本案利害关系方及其代理律师事务所、被诉国政府代表等共约 100 人参加了当天的听证会。会上，各利害关系方围绕国内产业是否受到损害、倾销和损害的因果关系等问题分别陈述了各自的意见，提供了相应的材料。日本和韩国驻华使馆代表本国政府阐明了立场。

商务部将在前期调查工作的基础上，充分考虑本次听证会上各利害关系方的陈述意见，依照中国相关法律和世贸组织规则，对本案作出公正、公平的裁决。

23. 我国对原产于美国、韩国、日本、俄罗斯和中国台湾的进口聚氯乙烯作出反倾销终裁（2003.9）

中华人民共和国商务部公告 2003 年第 48 号

根据《中华人民共和国反倾销条例》的规定，经商原国家经济贸易委员会，原对外贸易经济合作部于 2002 年 3 月 29 日发布公告，决定对原产于美国、韩国、日本、俄罗斯和中国台湾的进口聚氯乙烯进行反倾销调查。

原对外贸易经济合作部对被调查产品是否存在倾销和倾销幅度进行了调查，原国家经济贸易委员会对被调查产品是否对中国内地产业造成损害及损害程度进行了调查。在本案调查期限内，经全国人大十届一次会议批准，由新组建的商务部承担反倾销调查职能。根据调查结果，商务部于 2003 年 5 月 12 日发布初裁公告，初步裁定存在倾销和实质损害，并且倾销与中国内地产业所受实质损害之间存在因果关系。

初裁公告后，商务部对倾销和倾销幅度、损害及损害程度继续进行调查，根据调查结果，并根据《中华人民共和国反倾销条例》第二十五条的规定，做出终裁决定。现将有关事项公告如下：

一、终裁决定

经过调查，商务部终裁决定存在倾销和实质损害，同时，商务部认定倾销和实质损害之间存在因果关系。有关裁定的具体内容见本公告附件《中华人民共和国商务部关于对原产于美国、韩国、日本、俄罗斯和中国台湾的进口聚氯乙烯的反倾销调查的最终裁定》。

二、征收反倾销税

依据《中华人民共和国反倾销条例》的有关规定，国务院关税税则委员会决定，自2003年9月29日起，对原产于美国、韩国、日本、俄罗斯和中国台湾的进口到中华人民共和国境内的聚氯乙烯征收反倾销税。

应征收反倾销税的产品为中华人民共和国海关进口税则号39041000项下的聚氯乙烯纯粉，不包括该税则号下的聚氯乙烯糊树脂。对应征收反倾销税的产品的详细描述如下：

产品名称：聚氯乙烯纯粉

英文名称：Polyvinyl Chloride

化学结构式：$(CH_2—CHCl)_n$

种类：聚氯乙烯纯粉包括通用型聚氯乙烯树脂、高聚合度聚氯乙烯树脂、交联聚氯乙烯树脂

通用型聚氯乙烯树脂是指由聚乙烯单体在引发剂的作用下聚合形成。平均聚合度在700～1 300，外观为白色粉末，表观密度为0.40～0.62g/ml，颗粒直径在100～190μm，增塑剂吸收（吸油率）14～32g/100gpvc。

高聚合度聚氯乙烯树脂是指在氯乙烯单体聚合体系中加入链增长剂聚合而成的树脂。平均聚合度在1 700以上（K值77以上、VN在155ml/g以上），又称为超高分子量聚氯乙烯。其外观为白色粉末，表观密度为0.41～0.6g/ml，颗粒直径在120～190μm，增塑剂吸收大于32g/100gpvc。

交联聚氯乙烯树脂是在氯乙烯单体聚合体系中加入含有双烯或多烯的交联剂聚合而成的树脂。凝胶含量一般在2%以下，平均聚合度一般在800～4 000，其外观为白色粉末。

制造工艺：聚氯乙烯的生产工艺主要分为电石乙炔法和乙烯氧氯化法。电石乙炔法是用电石制乙炔，与氯化氢制氯乙烯单体，聚合成聚氯乙烯；乙烯氧氯化法是乙烯直接氯化、氧氯化制二氯乙烷，裂解得到氯乙烯，聚合制成聚氯乙烯。

主要用途：聚氯乙烯是重要的有机合成材料，具有良好的物理特性和化学特性，主要用于建材、包装、电子电气、家具装饰、日用百货等。

对各公司征收反倾销税税率如下：

美国公司

1. 美国信科有限公司（Shintech Incorporated）：83%

2. 台湾塑胶工业股份有限公司（德州）(Formosa Plastics Corporation Texas)：11%

3. 其他美国公司（All Others）：83%

韩国公司

1. （株）LG化学（LG Chem，LTD）：6%

2. 韩华石油化学株式会社（HANWHA Chemical Corporation）：12%

3. 其他韩国公司（All Others）：76%

日本公司

1. 日本信越化学工业株式会社（Shin-Etsu Chemical Co. Ltd.）：17%

2. 日本V-tech株式会社（V-Tech Corporation）：21%

3. 大洋聚氯乙烯株式会社（TAIYO Vinyl Corporation）：7%

4. 日本新第一聚氯乙烯股份公司（SHIN DAI-ICHI Vinyl Corporation）：34%

5. 钟渊化学工业株式会社（KANEKA Corporation）：30%

6. 其他日本公司（All Others）：84%

俄罗斯公司

1. 俄罗斯考斯第克股份有限公司（J/S Co. KaustiK）：34%

2. 其他俄罗斯公司（All Others）：47%

中国台湾公司

1. 华夏海湾塑胶股份有限公司（China General Plastics Corporation）：12%

2. 台湾塑胶工业股份有限公司：10%

3. 大洋塑料工业股份有限公司：22%

4. 其他中国台湾公司（All Others）：25%

俄罗斯萨彦斯克化学塑料股份公司（Joint Stock Company《SAYANSKCHIMPLAST》）与中华人民共和国商务部于2003年9月27日签署了价格承诺协议，并于29日生效，该公司适用价格承诺协议的有关规定。

三、征收反倾销税的方法

进口经营者自2003年9月29日起，在进口原产于美国、韩国、日本、俄罗斯和中国台湾的被调查产品时，应向中华人民共和国海关缴纳相应的反倾销

税。反倾销税以海关审定的成交价格为基础的到岸价格作为计税价格从价计征，计征公式为：反倾销税额＝海关完税价格×反倾销税税率。进口环节增值税以海关审定的成交价格为基础的岸价格加上关税和反倾销税作为计税价格从价计征。

四、反倾销税的追溯征收

对自2003年5月12日起至本决定公告之日止，有关进口经营者依初裁决定向中华人民共和国海关所提供的现金保证金，按本决定所确定的征收反倾销税的商品范围和反倾销税税率计征并转为反倾销税，并按反倾销税税额相应计征进口环节增值税。对在此期间有关进口经营者所提供的现金保证金超出反倾销税和与之相应的进口环节增值税的部分，海关予以退还，不足部分不再补征。

对实施临时反倾销措施决定公告之日前原产于美国、韩国、日本、俄罗斯和中国台湾的进口聚氯乙烯不再追溯征收反倾销税。

五、对原产于美国、韩国、日本、俄罗斯和中国台湾地区的进口聚氯乙烯征收反倾销税，实施期限自2003年9月29日起5年。

六、新出口商复审

对于上述国家和地区在调查期内未向中华人民共和国出口被调查产品的新出口经营者，符合条件的，可依据《中华人民共和国反倾销条例》第四十七条的规定，向商务部书面申请新出口商复审。

七、其中复审

在征收反倾销税期间，有关利害关系方可根据《中华人民共和国反倾销条例》第四十九条的规定，向商务部书面申请期中复审。

八、行政复议和行政诉讼

对本案终裁决定及征收反倾销税的决定不服的，根据《中华人民共和国反倾销条例》第五十三条的规定，可以依法申请行政复议，也可以依法向人民法院提起诉讼。

附件：中华人民共和国商务部关于对原产于美国、韩国、日本、俄罗斯和台湾地区的进口聚氯乙烯反倾销调查的最终裁定（略）

2003年9月29日

24. 聚氯乙烯价格承诺协议（2003.9）

中华人民共和国商务部公告2003年第53号

根据《中华人民共和国反倾销条例》（以下简称《条例》）的规定，原外经贸部于2002年3月29日发出立案公告，对原产于美国、韩国、日本、俄罗斯和中国台湾的进口聚氯乙烯进行反倾销调查。

原外经贸部对被调查产品是否存在倾销和倾销幅度进行了调查，原国家经贸委对被调查产品是否对中国内地产业造成损害及损害程度进行了调查。在本案调查期限内，经全国人大十届一次会议批准，由新组建的商务部承担反倾销调查职能。根据调查结果，商务部于2003年5月12日发布初裁公告，初步裁定存在倾销和实质损害，并且倾销与中国内地产业所受实质损害之间存在因果关系。

初步裁定公告之后，俄罗斯萨彦斯克化学塑料股份公司（以下简称“萨彦斯克公司”）向商务部提出商签“价格承诺协议”的申请。按《条例》的规定，商务部接受了企业的申请，并于2003年9月26日与该公司就价格承诺协议达成一致，该协议2003年9月29日生效。

从价格承诺协议生效之日起，对原产于俄罗斯萨彦斯克公司的被调查产品进口时，执行价格承诺协议的规定，不适用征收反倾销税的措施。

附件：中华人民共和国商务部与萨彦斯克化学塑料股份公司关于中止聚氯乙烯反倾销调查的价格承诺协议

总则

为了维护聚氯乙烯的公平贸易，建立正常的市场秩序，消除倾销对中华人民共和国相关产业造成的损害，根据《中华人民共和国反倾销条例》的规定，中华人民共和国商务部（下称“商务部”）和俄罗斯萨彦斯克化学塑料股份公司（下称“萨彦斯克公司”，英文名称为：Joint Stock Company《SAYANSKCHIMPLAST》）签定本承诺协议（下称“本协议”）。

根据本协议，萨彦斯克公司同意按本协议第二条确定的协议参考价格和数量安排向中国销售本协议项下的被调查产品。

从本协议生效之日起，中止自2003年5月12日起根据商务部2003年第11号公告对萨彦斯克公司征收现金保证金的反倾销措施。

第一条　被调查产品

一、本协议所述被调查产品系指原产于萨彦斯克公司的聚氯乙烯纯粉，列在中华人民共和国海关进口税则号39041000项下，不包括该税则号下的聚氯乙烯糊树脂。适用于本协议的产品详细描述如下：

产品名称：聚氯乙烯纯粉

英文名称：Polyvinyl Chloride

化学结构式：$(CH_2—CHCl)_n$

种类：聚氯乙烯纯粉包括通用型聚氯乙烯树脂、高聚合度聚氯

乙烯树脂、交联聚氯乙烯树脂。

二、被调查产品的进口价格受本协议第二条及附件Ⅰ所确定的协议参考价格和数量安排的约束，但该参考价格和数量安排不适用于下列产品：

（1）本条第一款规定不属于被调查产品范围的产品；

（2）用于加工贸易保税进口的产品；

（3）进入保税区和保税仓库的产品。

第二条　协议参考价格和数量安排

萨彦斯克公司保证按附件Ⅰ所确定的协议参考价格和数量安排对中国销售本协议项下产品。协议参考价格以 DAF 后贝加尔铁路车站价格为基础。

第三条　监督

一、萨彦斯克公司应依据附件Ⅲ的规定，定期向商务部提供有关被调查产品必要的信息，以利于商务部监督本协议的实施。

二、萨彦斯克公司应向商务部提供关于执行本协议的有关销售数量和价格等信息。

三、自本协议生效之日起，萨彦斯克公司应每季度提供一次有关过去三个月销售数量和价格等资料，并应根据本协议附件Ⅲ表格中的要求，以电脑磁带、磁盘或商务部要求的其他形式向商务部提供所需的信息。这些信息应在每季度结束后的 20 天之内向商务部提交。

四、如商务部有理由怀疑存在与萨彦斯克公司有关的本协议项下被调查产品以规避本协议为目的的第三国转口、再出口或掉包到中国国内市场，萨彦斯克公司应向商务部提供有关向该第三国销售的具体数据，该数据在商务部提出要求后的 15 天内提供。特殊情况下，经申请同意可延期 15 天提交。

五、为有效监督本协议的实施，萨彦斯克公司除提供上述情况外，还应提供商务部要求的其他与本协议有关的信息。上述有关信息应在收到商务部通知之日起 20 天内提交。

六、商务部将审核萨彦斯克公司提供的信息，确定是否存在与本协议不符的进口，并有权对萨彦斯克公司提交的数据的相关证据进行抽样调查。该抽样调查的要求将以书面形式通知萨彦斯克公司。

第四条　核查

在本协议有效期内，商务部可以在其认为适当的任何时候对萨彦斯克公司向中国出口本协议项下被调查产品的销售数据进行实地核查。萨彦斯克公司应对该核查积极配合。

第五条　保密

商务部应对萨彦斯克公司提交的保密信息予以保密处理。除非萨彦斯克公司书面通知商务部同意公布其提交的信息，否则在本协议到期之后或被提前终止后，不能披露这些信息。

第六条　反规避和反吸收

一、商务部将采取必要措施防止对本协议的规避行为，并对所有规避情形进行调查。萨彦斯克公司应积极配合该调查。

二、萨彦斯克公司同意所销售的本协议项下被调查产品不得以任何规避本协议的方式进入中国国内市场。

三、萨彦斯克公司保证对第三国销售的本协议项下被调查产品不以规避本协议为目的再出口、转口或掉包到中国国内市场。

四、签订本协议时，根据商务部的要求，萨彦斯克公司在销售本协议项下被调查产品时应依据附件Ⅳ出具证明信，保证出口产品符合本协议的规定。商务部将通知中国海关在进口监管时审查该证明信。如果没有该证明信或商务部有理由相信此类证明信虚假时，商务部可通知中国海关依据初裁确定的倾销幅度征收反倾销税后，予以放行，随后商务部将对此进行调查，并采取必要措施。

五、本条所述规避行为包括反倾销意义上的规避行为和吸收行为。

第七条　违反协议和撤回承诺

一、违反协议，指萨彦斯克公司存在包括但不限于与本协议规定不符的行为或接到商务部通知后的不作为、忽略、疏漏和规避行为。不按时提供有关资料也属于违反协议，但如果有正当理由，应提前通知商务部，并应在商务部同意的时间内提交。

二、若发现萨彦斯克公司的出口价格低于协议参考价格，或高于附件Ⅰ所规定的数量安排，商务部可以通知中国海关依照初步裁定确定的倾销幅度征收反倾销税，超出数量安排的部分也依照该幅度征收反倾销税后予以放行，并就此调查是否违反本协议。

三、商务部应将其知道的或有理由认为存在的违反本协议的情况通知萨彦斯克公司，并开始相应调查。

四、在对违反协议的行为开始调查时，商务部应书面通知萨彦斯克公司。萨彦斯克公司在收到该通知后，应对商务部的调查工作予以积极配合。

五、在对违反协议的行为进行裁决前，商务部应与萨彦斯克公司进行协商。该协商应在商务部向萨彦斯克公司提出有关违反协议的书面通知后的 20 天内进行。协商之后的 20 天内，萨彦斯克公司应向商务部作出答辩，商务部在收到萨彦斯克公司提交答辩后的 30 天内作出裁决，并通知萨彦斯克公司。特殊情况下，商务部可以延期 30 天作出裁决。

六、如果商务部裁决萨彦斯克公司违反协议，商务部可依据有关法律程序终止本协议的执行，重新实施必要的反倾销措施。

七、萨彦斯克公司可以在本协议有效期内的任何时候通知商务部撤回承诺，终止本协议。终止通知在发出之日起第 30 天生效。本协议终止后，商务部可依据有关法律程序重新实施必要的反倾销措施。

第八条　其他条款

一、商务部认为本协议符合中华人民共和国的公共利益；对本协议执行的监督也是切实可行的；本协议将防止由于进口本协议项下的产品而遏制或降低中国国内相似产品的价格水平。

二、如商务部认为继续执行价格承诺协议不再符合中华人民共和国的公共利益，则可以撤销价格承诺协议，并通知萨彦斯克公司。萨彦斯克公司可在 20 天内提出评论。该撤销通知在发出之日起第 30 天起生效，同时商务部可依据有关法律程序重新实施必要的反倾销措施。

三、如果商务部依据有关法律程序和本协议第七条第六款、第七款决定重新采取反倾销措施，从即日起，可在使用最佳现有材料基础上快速实施临时措施，并可对实施临时措施前 90 天内进口的产品追溯征收反倾销税，但追溯征税不适用于违反或撤回价格承诺前进口的产品。

四、附件和谅解备忘录为本协议的组成部分。

第九条 生效和期限

一、本协议于 2003 年 9 月 29 日生效，有效期 5 年，除非提前终止。附件 I 中的协议参考价格和数量安排于本协议生效之日起执行。

二、本协议一式两份，用中文写成，于 2003 年 9 月 27 日在北京签订。

2003 年 9 月 29 日

25. 进口甲苯二异氰酸酯反倾销终裁公告（2003. 11）

中华人民共和国商务部公告 2003 年第 61 号

根据 2001 年 11 月通过的《中华人民共和国反倾销条例》（以下简称《中华人民共和国反倾销条例》）的规定，原对外贸易经济合作部于 2002 年 5 月 22 日发布公告，决定对原产于日本、韩国、美国的进口甲苯二异氰酸酯（TDI）（型号为 TDI80/20）（以下称"被调查产品"）进行反倾销调查。该被调查产品在中华人民共和国海关进口税则号中列为：29291010。

原对外贸易经济合作部对被调查产品是否存在倾销及倾销幅度、原国家经济贸易委员会对被调查产品是否对国内产业造成损害及损害程度等进行了调查。在本案调查期限内，经全国人大十届一次会议批准，由新组建的商务部承担反倾销调查职能。根据调查结果，商务部于 2003 年 6 月 10 日发布初裁公告，初裁裁定存在倾销和实质损害，并且国内产业的实质损害是由倾销造成的。

初裁公告后，商务部对倾销和倾销幅度、损害及损害程度继续进行调查，现对本案的调查已经结束，根据《中华人民共和国反倾销条例》第二十五条的规定，商务部作出终裁决定（附件）。现将有关事项公告如下：

一、终裁决定

经过调查，商务部终裁决定被调查产品存在倾销，中国国内甲苯二异氰酸酯（TDI）（型号为 TDI80/20）产业存在实质损害，且倾销和实质损害之间存在因果关系。

二、征收反倾销税

根据《中华人民共和国反倾销条例》的有关规定，国务院关税税则委员会决定，自 2003 年 11 月 22 日起，对原产于日本、韩国、美国的进口到中华人民共和国境内的甲苯二异氰酸酯（TDI）（型号为 TDI80/20）征收反倾销税。

应征收反倾销税的产品为中华人民共和国海关进口税则号 29291010 项下的甲苯二异氰酸酯（TDI）（型号为 TDI80/20），不包括该税则号下的型号为 TDI65/35 和 TDI100/0 的甲苯二异氰酸酯（TDI）。对应征收的反倾销税的产品的描述如下：

产品名称：甲苯二异氰酸酯（TDI）（型号为 TDI80/20）

英文名称：Toluene Diisocyanate

被调查产品种类：有机化学中的含氮基化合物项下的异氰酸酯类

被调查产品的规格型号：TDI80/20

化学分子式：$C_9H_6N_2O_2$

中华人民共和国税则号：29291010

物理形态：常温下为白色或浅黄色透明的液体。

物理及化学性质：熔点 14℃ 左右，沸点 118℃（1.33kPa），相对密度为 1.22 左右，易溶于丙酮、醚类，并与强氧化剂、水、醇类、胺类、酸类、强碱发生反应，燃烧并分解，生成一氧化碳、二氧化碳、氧化氮、一氰化氢等。

产品用途：制备高分子新材料聚氨酯的主要原料。

对各公司征收的反倾销税的税率如下：

日本公司

1. 聚氨酯工业株式会社（NIPPON Polyurethane Industry CO. LTD）：5%

2. 三井武田化学株式会社（MITSUI TAKEDA Chemicals，INC.）：4%

3. 其他日本公司：49%

韩国公司

1. 东洋制铁化学株式会社（DC Chemical Co.，Ltd）：3%

2. 韩国 FINE CHEMICAL 株式会社（Korea FINE Chemical Co，Ltd.）：3%

3. 其他韩国公司：5%

美国公司

1. 美国巴斯夫公司（BASF Corporation）：28%

2. 美国拜耳聚合物有限责任公司（Bayer Polymers LLC）：7%

3. 其他美国公司：28%

三、征收反倾销税

进口经营者自 2003 年 11 月 22 日起，在进口原产于日本、韩国、美国的甲苯二异氰酸酯（TDI）（型号为 TDI80/20）的，应向中华人民共和国海关缴纳相应的反倾销税。反倾销税以海关审定的成交价格为基础的到岸价格作为计价价格从价计征，计征的公式为：反倾销税额＝海关完税价格×反倾销税税率。进口环节增值税以海关审定的成交价格为基础的到岸价格加上关税和反倾销税作为计税价格从价计征。

四、反倾销税的追溯征收

对自2003年6月10日起至本裁定公告之日止，有关进口经营者依初裁决定向中华人民共和国海关所提供的现金保证金，按照本决定所确定的征收反倾销税的商品范围和反倾销税税率计征并转为反倾销税，与之同时缴纳的进口环节增值税现金保证金按相应的计税价格和增值税税率计征并转为进口环节增值税。对在期间有关进口经营者所缴纳的现金保证金超出反倾销税和与之对应的进口环节增值税的部分，海关予以退还，不足部分不再补征。

对实施临时反倾销措施决定公告之日前，原产于日本、韩国、美国的进口甲苯二异氰酸酯（TDI）(型号为TDI80/20）不再征收反倾销税。

五、征收反倾销税的期限

对原产于日本、韩国、美国的进口甲苯二异氰酸酯（TDI）(型号为TDI80/20）征收反倾销税，实施的期限自2003年11月22日起5年。

六、新出口商复审

对于上述国家在调查期内未向中华人民共和国出口被调查产品的新出口商，符合条件的，可依据《中华人民共和国反倾销条例》第四十七条的规定，向商务部书面申请新出口商复审。

七、期中复审

在征收反倾销税期间，有关利害关系方可依据《中华人民共和国反倾销条例》第四十九的规定，向商务部书面申请期中复审。

八、行政复议和行政诉讼

对本案终裁决定及征收反倾销税决定不服的，根据《中华人民共和国反倾销条例》第五十三条规定，可以依法申请行政复议，也可以依法向人民法院提起诉讼。

附件：中华人民共和国商务部关于对原产于日本、韩国、美国的进口甲苯二异氰酸酯（TDI)(型号为TDI80/20）反倾销调查的终裁决定。

中华人民共和国商务部

2003年11月22日

26. 进口MDI反倾销终裁公告（2003.11）

中华人民共和国商务部公告2003年第66号

根据《中华人民共和国反倾销条例》的规定，原对外贸易经济合作部（以下简称“原外经贸部”）经商原国家经济贸易委员会（以下简称“原国家经贸委”），于2002年9月20日发布公告，决定对原产于日本和韩国的进口MDI（二苯基甲烷二异氰酸酯、多亚甲基多苯基异氰酸酯）进行反倾销调查。该被调查产品立案时在中华人民共和国2001年的海关进口税则号中列为29291030，38249090。

在本案调查期限内，经全国人大十届一次会议批准，由新组建的商务部承担反倾销调查职能。商务部对被调查产品是否存在倾销和倾销幅度、被调查产品是否对国内产业造成损害及损害程度进行了调查。2003年8月25日，商务部发布2003年第43号公告，将本案延期至2004年3月20日。

2003年11月6日，本案申请人向商务部提出撤销其MDI反倾销调查申请，并请求商务部终止MDI反倾销调查的申请。根据《中华人民共和国反倾销条例》第二十七条的规定，鉴于申请人撤销了本反倾销调查案的申请，商务部决定，自本公告发布之日起终止对原产于日本和韩国的进口MDI（二苯基甲烷二异氰酸酯、多亚甲基多苯基异氰酸酯）的反倾销调查。现就有关事项公告如下：

一、调查程序

（一）公告立案

2002年8月5日，山东烟台万华聚氨酯股份有限公司代表国内MDI（二苯基甲烷二异氰酸酯、多亚甲基多苯基异氰酸酯）(以下简称MDI）产业向原外经贸部正式提交了对原产于日本和韩国的进口MDI进行反倾销调查的申请书。原外经贸部审查了申请材料之后，认为申请人符合《中华人民共和国反倾销条例》第十一条及第十三条和第十七条有关国内产业提出反倾销调查申请的规定，有资格代表国内MDI产业提出申请，且申请书中包含了《中华人民共和国反倾销条例》第十四条、第十五条规定启动反倾销调查所要求的内容和证据。经商原国家经贸委后，原外经贸部于2002年9月20日发布立案公告，决定开始对原产于日本和韩国的进口MDI进行反倾销调查。原外经贸部确定的本案倾销调查期为2001年7月1日至2002年6月30日，原国家经贸委确定的本案产业损害调查期为1999年1月1日至2002年6月30日。

（二）倾销调查

1. 立案通知

2002年9月20日，原外经贸部调查主管官员约见了日本和韩国驻华大使馆官员，向其正式递交了立案公告和申请书的公开部分，请其通知其国内相关出口商和生产商，同时调查机关将本案立案情况通知了已知的日本和韩国的生产商和出口商及本案申请人。

2. 登记应诉

根据立案公告的要求，上述国家的生产商和出口商应在本案立案公告之日起20天内向调查机关申请参加应诉。截至2002年10月10日止，共有五家公司向调查机关登记应诉。

3. 各利害关系方进行评述

调查期间内，日本和韩国的应诉企业多次约见了调查机关有关官员，陈述了对本次调查的观点和意见，并就被调查产品范围等问题向调查机关提交了评述意见和相关的证据材料。日本和韩国政府也分别以书面方式向调查机关陈述了相关意见。调查机关将上述意见向各利害关系方进行了披露，有关利害关系方针对上述意见向调查机关提交了评述和抗辩。调查机关对上述利害关系方的意见和评述依法给予了考虑。

4. 收集证据

2002年10月22日，调查机关向报名应诉的生产商和出口商发出了反倾销调查问卷，并要求其在37天内按规定提交准确、完整的答卷。在该期间内，各应诉公司在问卷规定的期限内向调查机关申请延期递交答卷并陈述了相关理由。经审查，调查机关同意申请公司的延期要求。至答卷递交截止之日，调查机关共收到5家公司的答卷，分别为：日本住化拜耳氨酯株式会社、日本聚氨酯工业株式会社、日本三井武田化学株式会社、韩国巴斯夫有限公司、韩国锦湖Mitsui（三井）化学株式会社。

5. 补充问卷

调查机关对应诉公司的答卷进行了初步审查，针对答卷中某些表述和含义不清楚及需要解释的部分向有关应诉公司发放了补充问卷。各公司在补充问卷要求的时间内提交了补充答卷。调查机关对上述答卷进行了审查并依法予以了考虑。

6. 产品范围问题征求各方意见及专家论证会

由于本案各利害关系方对被调查产品范围问题争议较大，2002年10月至2002年12月，调查机关向二十家产品用户（企业）、企业协会、产品研究机构及部分专家等征求了意见，绝大多数单位向调查机关提交了反馈意见，调查机关对上述反馈意见依法予以了考虑。

2003年4月17日，调查机关邀请国内MDI领域内的专家召开产品范围专家论证会，就本案被调查产品范围问题进行了论证，经过论证，与会专家形成书面专家意见，调查机关考虑了此次专家论证会的专家意见。

（三）损害调查

1. 应诉登记

根据立案公告的要求，在应诉期内日本和韩国共有5家企业向调查机关申请应诉，其中韩国企业2家：韩国巴斯夫有限公司、锦湖三井化学株式会社；日本企业3家：三井武田化学株式会社、日本聚氨酯工业株式会社、住友拜耳氨酯株式会社。

2. 发放和回收调查问卷

2002年11月6日和11月24日，调查机关分别向国内MDI生产企业、国内进口商和国外MDI生产商发放了《国内生产者调查问卷》、《国内进口商调查问卷》和《国外生产者调查问卷》。申请人烟台万华通过代理人按时向调查机关提交了答卷。被诉方企业通过代理人向调查机关提交了延期递交答卷的申请，调查机关依法考虑并同意了被诉方的延期申请。在规定的时间内，调查机关全部收回了日本和韩国的5户应诉企业的调查问卷答卷。

3. 接待来访和接收证据材料

2003年3月21日和4月24日，韩国巴斯夫有限公司拜会了产业损害调查局，阐述了对MDI反倾销案件的意见和观点，并提交了书面材料。

2003年4月2日、4月14日和4月18日，韩国锦湖三井化学株式会社、日本三家应诉企业和国内MDI产业烟台万华分别向调查机关提交申诉意见和补充陈述。

2003年6月9日，日本住友拜耳氨酯株式会社及其代理人，拜会了调查机关，表明了对MDI反倾销的意见。

2003年7月30日，日本政府的官员和三家MDI生产企业，专程赴商务部，拜会调查机关，阐述了对MDI反倾销的意见。

2003年8月12日，韩国锦湖三井化学株式会社及其代理人，拜会了调查机关，表明了对MDI反倾销的意见，同时提出希望能召开听证会，给各方陈述意见的机会。

2003年9月22日MDI听证会后，申请人及代理律师，两次以当面陈述和书面意见的方式，向我调查机关反映国内MDI产业受到影响的意见和建议。

调查机关对各利害关系方的意见和评述依法进行了审查并在裁决中给予考虑。

4. 实地核查

MDI反倾销案调查立案后，调查机关组成MDI反倾销案产业损害调查组，2003年1月，本案调查组赴国内MDI产业烟台万华进行了实地核查和现场取证。

5. 召开听证会

立案调查后，被诉韩国、日本企业通过代理人向调查机关提出申请，要求召开听证会。为了充分听取各利害关系方的意见，商务部于2003年9月22日举行了MDI反倾销案产业损害调查听证会，参加听证会的各利害关系方包括国内生产者、国外生产商、国内进口商、国外出口商、下游用户、国外政府代表。

调查机关对听证会上各方的意见和相关证据材料给予了充分的考虑。

二、被调查产品和国内同类产品

（一）被调查产品

1. 被调查产品描述（略）

2. 各方评论意见（略）

（二）国内同类产品及国内产业范围（略）

三、终止调查

2003年11月6日，本案申请人向商务部递交了《关于撤销MDI反倾销调查申请并请求商务部终止调查的申请》，并提出，鉴于MDI反倾销案件立案调查以来我国MDI产品市场秩序已经初步得到恢复，同时考虑到整个聚氨酯行业的稳定发展，因此请求撤销其MDI反倾销调查的申请，并请求商务部终止MDI反倾销调查。

经审查，商务部认为，申请人提出撤销MDI反倾销调查申请，并请求终止MDI反倾销调查的理由是充分、适当的，决定同意其申请。根据《中华人民共和国反倾销条例》第二十七条规定，鉴于本案申请人已撤销了对本反倾销调查的申请，商务部决定自本公告发布之日起终止对原产于日本和韩国的进口MDI（二苯基甲烷二异氰酸酯、多亚甲基多苯基异氰酸酯）的反倾销调查。

特此公告

2003年11月28日

27. 美国商务部推迟对原产于中国、马来西亚和泰国的聚乙烯零售塑料袋作出反倾销终裁（2003.12）

据美国媒体报道，美国对亚洲部分制造企业不公平贸易实施的调查进一步扩大。美国商务部决定，将对原产于中国、马来西亚和泰国的聚乙烯零售塑料袋的反倾销终裁推迟到2004年1月16日作出。

（中国塑料加工工业协会　史立科）

政策法规

2003年国家与塑料行业相关的政策法规

一、国家经贸委、财政部、国家工商总局、国家外汇管理局联合发布《利用外资改组国有企业暂行规定》

第一条　为引导和规范利用外资改组国有企业的行为，促进国有经济的战略性改组，加快国有企业建立现代企业制度的步伐，维护社会稳定，根据《中华人民共和国公司法》、《中华人民共和国合同法》和国家有关外商投资及国有资产管理的法律法规规定，制定本规定。

第二条　本规定适用于利用外资将国有企业、含国有股权的公司制企业（金融企业和上市公司除外）改制或设立为公司制外商投资企业的行为（以下简称利用外资改组国有企业）。

第三条　本规定所称利用外资改组国有企业包括下列情形。

（一）国有企业的国有产权持有人将全部或部分产权转让给外国公司、企业和其他经济组织或个人（以下简称外国投资者），企业改组为外商投资企业；

（二）公司制企业的国有股权持有人将全部或部分国有股权转让给外国投资者，企业改组为外商投资企业；

（三）国有企业的境内债权人将持有的债权转给外国投资者，企业改组为外商投资企业；

（四）国有企业或含有国有股权的公司制企业将企业的全部或主要资产出售给外国投资者，外国投资者以所购买的资产独自或与出售资产的企业等共同设立外商投资企业；

（五）国有企业或含国有股权的公司制企业通过增资扩股吸收外国投资者投资，将该企业改组为外商投资企业。

第四条　本规定第三条所述（一）、（二）、（三）、（五）项情形的国有企业和公司制企业称为被改组企业。

国有企业的国有产权、公司制企业的国有股权统称为国有产权。国有产权持有人、国有股权持有人统称为国有产权持有人。

国有产权持有人是指国家授权的部门或国家授权投资的机构、持有国有资本的企业及其他经济组织。国有产权持有人、转让债权的国有企业债权人、出售资产的企业统称为改组方。

第五条　改组方应当选择具备下列条件的外国投资者：

（一）具有被改组企业所需的经营资质和技术水平；

（二）具有良好的商业信誉和管理能力；

（三）具有良好的财务状况和经济实力。

改组方应当要求外国投资者提出改善企业治理结构和促进企业持续发展的重整方案，重整方案内容应当包括新产品开发、技术改造及相关投资计划、加强企业管理的措施等。

第六条　利用外资改组国有企业应当遵循下列原则：

（一）遵守国家法律法规，保证国家经济安全；

（二）符合国家产业政策要求。企业（包括其直接或间接持股的企业）经营范围属于《外商投资产业指导目录》禁止外商投资产业的，外国投资者不得参与改组；须由中方控股或相对控股的企业，改组后应当保持中方控股或相对控股地位；

（三）有利于经济结构调整，促进国有资本优化配置；

（四）注重引进先进技术和管理经验，建立规范的公司治理结构，推动企业技术进步和产业升级；

（五）坚持公开、公平、公正、诚实信用的原则，防止国有资产流失，不得逃废、悬空银行及其他债权人的债权，不得损害职工的合法权益，保护外国投资者的合法权益；

（六）促进公平竞争，不得导致市场垄断。

第七条　转让国有企业产权或国有独资公司和两个以上的国有企业或其他两个以上的国有投资主体投资设立的有限责任公司的国有股权的，改组方应当事先征求被改组企业职工代表大会的意见。转让公司制企业国有股权，应当经过被改组企业股东会同意。转让国有企业债权的，应当经过被改组企业国有产权持有人同意。企业出售全部或主要资产的，应当事先征得企业国有产权持有人或股东会的同意，并通知债权人。

第八条　利用外资改组国有企业应当符合下列要求。

（一）企业改组前，国有产权持有人应当组织被改组企业进行资产清查、产权界定、债权债务清理，聘请具备资格的中介机构进行财务审计，按照《国有资产评估管理办法》（国务院令第91号）、《国有资产评估管理若干问题的规定》（财政部令第14号）等有关规定进行资产评估。评估结果按照规定核准或备案后，作为确定国有产权、资产价格的依据。

（二）改组后企业控制权转移或企业的全部或主要经营资产出售给外国投资者的，改组方和被改组企业应当制定妥善安置职工的方案，并应当经职工代表大会审议通过。被改组企业应当以现有资产清偿拖欠职工的工资、未退还的集资款、欠缴的社会保险费等各项费用。被改组企业与职工实行双向选择。对留用职工要依法重新签订或变更劳动合同。对解除劳动合同的职工要依法支付经济补偿金，对移交社会保险机构的职工要依法一次性缴足社会保险费，所需资金从改组前被改组企业净资产抵扣，或从国有产权持有人转让国有产权收益中优先支付。

（三）以出售资产方式进行改组的，企业债权债务仍由原企业承继；以其他方式改组的，企业债权债务由改组后的企业承继。转让已抵押或质押的国有产权、资产的，应当符合《中华人民共和国担保法》的有关规定。债务承继人应当与债权人签订相关的债权债务处置协议。

（四）改组方应当公开发布改组信息，广泛地征集外国投资者，对外国投资者的资质、信誉、财务状况、管理能力、付款保障、经营者素质等进行调查。优先选择能带来先进技术和管理经验、产业关联度高的中长期投资者。

改组方和外国投资者应当应对方的合理要求，如实、详尽地提供有关信息资料，不得有误导和欺诈行为，并承担相应保密义务。

（五）企业改组以转让国有产权或出售资产方式进行的，改组方应当优先采用公开竞价方式确定外国投资者及转让价格。采用公开竞价方式转让，应当依法履行有关手续，并将拟转让国有产权或拟出售资产的相关情况予以公告。采取协议转让的，也应当公开运作。

不论采取何种转让方式，改组方与外国投资者均应当按照国家有关规定和本规定签订转让协议。转让协议内容应当主要包括转让国有产权的基本情况、职工安置、债权债务处置、转让比例、转让价格、付款方式及付款条件、产权交割事项以及企业重整等条款。

第九条　利用外资改组国有企业应当按下列程序办理。

（一）改组方（两个以上的改组方应当确定一个改组方）应当向同级经济贸易主管部门提出改组申请。改组申请材料应当附可行性研究报告、改组方和被改组企业的情况、外国投资者的情况（包括经注册会计师审计的最近三年的财务报告和在中国境内拥有实际控制权的同行业企业产品或服务的市场占有率）、改组方案（包括职工安置、债权债务处置和企业重整方案）、改组后的企业（包括其直接或间接持股的企业）的经营范围和股权结构等文件。

接受申请的经济贸易主管部门应当依照《指导外商投资方向规定》的权限和有关法律法规进行审核。中央企业及其全资或具有控制权的企业进行改组的、被改组企业直接或间接持有上市公司股权的、改组后的企业资产总额不低于3 000万美元的，由国务院经济贸易主管部门审核；对可能导致市场垄断、妨碍公平竞争的，在审核前组织听证。经济贸易主管部门在收到改组申请材料后45天内应当做出是否同意的批复；需要听证的，在3个月内做出是否同意的批复。

国家对被改组企业及其直接或间接持股的企业所属行业利用外资以及上市公司国有股权持有人因产权变动引起所持国有股性质发生变化另有规定的，依照其规定。

（二）改组方和外国投资者签订的转让协议应当按照财政部《关于印发〈企业国有资本与财务管理暂行办法〉的通知》（财企［2001］325号）的有关规定报批。转让协议经批准后生效。

转让协议应当附国有产权登记证、被改组企业的审计及资产评估报告核准或备案情况、职工安置方案、债权债务协议、企业重整方案、改组方及被改组企业的有关决议、被改组企业职工代表大会的意见或决议等文件。

（三）改组方或被改组企业应当凭改组申请和转让协议的批准文件依法办理外商投资企业的审批手续；改组后的企业为股份有限公司的，依照《中华人民共和国公司法》的有关规定办理。

（四）改组后的企业或投资者应当持本条（一）、（三）项的批准文件按照登记管理法规规定向具有外商投资企业登记权的原登记机关或住所地具有外商投资企业登记权的登记机关办理登记手续；改组后的企业为股份有限公司的，依照《中华人民共和国公司法》的有关规定办理。

（五）改组方应当凭改组申请和转让协议的批准文件、外资外汇登记证明及有关文件，按照有关规定办理国有产权交割手续和权属变更登记手续，并委托注册会计师依法出具验资报告。改组后的企业用地原为国有划拨土地的，应当依法办理土地使用权审批和出让手续。

（六）改组方转让国有产权、债权或出售资产的外汇资金收入，应当凭改组申请和转让协议的批准文件及有关文件报外汇管理部门批准后结汇。

被改组企业通过增资扩股方式吸收外国投资者投资进行改组的，经外汇管理部门批准，可以开立外汇资本金账户保留外国投资者投入的外汇资金。

（七）限额以下由地方经济贸易主管部门和财政

主管部门审批的涉及国家重点企业、国家批准的债转股企业和属于《外商投资产业指导目录》限制类产业的企业的改组申请、转让协议及其批准文件，应当分别报国务院经济贸易主管部门、国务院财政主管部门备案。

第十条　外国投资者应当以境外汇入的可自由兑换货币或其他合法财产权益支付转让价款或出资。经外汇管理部门批准，也可以用在中国境内投资获得的人民币净利润或其他合法财产权益支付转让价款或出资。上述其他合法财产权益包括：

（一）外国投资者来源于中国境内举办的其他外商投资企业因清算、股权转让、先行回收投资、减资等所得的财产；

（二）外国投资者收购国有企业或含国有股权的公司制企业的国有产权或资产；

（三）外国投资者收购国有企业的债权人的债权；

（四）法律法规规定的其他出资方式。

注册会计师在为外国投资者办理验资时，应当按照财政部、国家外汇管理局《关于进一步加强外商投资企业验资工作和健全外资外汇登记制度的通知》（财会［2002］1017号）的规定履行验资程序、出具验资报告。

第十一条　以转让方式进行改组的，外国投资者一般应当在外商投资企业营业执照颁发之日起3个月内支付全部价款。确有困难的，应当在营业执照颁发之日起6个月内支付价款总额的60%以上，其余款项应当依法提供担保，在一年内付清。

第十二条　国有产权转让后企业控制权转移或企业的全部或主要经营资产出售给外国投资者的，在外国投资者付清全部价款前，改组方有权了解、监督改组后的企业的生产经营及财务状况，外国投资者和改组后的企业应当给予相应的便利。

外国投资者在以收购的资产投资设立外商投资企业之前，不得以上述资产开展经营活动。

第十三条　国有产权、资产转让收益由改组方收取，按照国务院财政主管部门有关规定管理和使用。

第十四条　外国投资者从改组后的企业分得的净利润、股权转让所得收入、企业经营期满或终止时分得的资金以及其他合法收入，可以依法汇出境外。经外汇管理部门批准，也可以用于境内再投资。

第十五条　在利用外资改组国有企业过程中，税收政策按照国家有关税收的法律、行政法规的规定执行，收费政策按照国家计委、国家经贸委、监察部、财政部、审计署、国务院纠风办《关于对企业实施改革改组改造过程中的有关收费实行减免的通知》（计价费［1998］1077号）的规定执行。

第十六条　改组方和被改组企业人员超越权限、玩忽职守或与外国投资者私下串通、贪污受贿，损害国家、债权人和职工合法权益的，由有关部门依法给予行政处罚和处分；构成犯罪的，依法追究刑事责任。

第十七条　负责审批的政府机关工作人员违反本规定，擅自批准或在审批中以权谋私，损害国家、债权人和职工合法权益的，由有关部门按干部管理权限，追究直接责任者和主管人员的行政责任；构成犯罪的，依法追究刑事责任。

第十八条　香港特别行政区、澳门特别行政区、台湾地区的投资者和已设立的外商投资企业参与国有企业改组的，参照本规定执行。

第十九条　本规定由国家经济贸易委员会、财政部、国家工商行政管理总局、国家外汇管理局负责解释。

第二十条　本规定自2003年1月1日起施行。

二、国资管理体制改革须解决好的四个问题

国务院发展研究中心副主任陈清泰提出，改革国有资产管理体制应注意解决四个问题。

第一，应落实国有资本的管理、监督和经营责任，形成对每一部分经营性国有资产可追溯产权责任的体制和机制。

第二，国有资本在行业领域中的布局和企业结构要进行有进有退的调整。

第三，建立责权明晰的国家所有权委托代理体制。

第四，通过国有企业的公司制改制，实行所有权与企业经营权分离，国资管理机构履行出资人职责，承担有限责任；企业拥有法人财产权，是独立的市场主体，自主经营、自负盈亏。

国有资产出资人机构监管国有资产要承担两方面责任：一是在支撑国民经济增长、保障国家安全方面实现政府的政策目标；二是提高国有资本运作效率，实现保值增值。他认为，国有资产管理体制改革目前还存在不少困难，比如面对如此宽泛、庞大的国有企业群，即使中央和省、市三级政府分别管理，也非常困难；相当一部分国有企业缺乏良好的公司治理基础；另外，新设立的出资人机构如何正确行使所有权，做到出资人既到位又不越位，是很难掌握的关键技术细节。

国有资产出资人机构的权力掌握不当或缺乏监督，比如出现争相“一卖了之”，或对经营者半买半送等情况，很快就会把可能用于解决或部分解决对职工历史欠账和银行不良债务的资源耗尽，那将会造成严重的社会后果。由于这是一项牵动全局又十分复杂的改革，因此先中央、后地方，先立法、后行动是完全必要的。

三、国务院办公厅已确定的商务部十四项主要职责

国务院办公厅发出通知，确定新组建的商务部的主要职责、内设机构和人员编制。商务部是主管国内外贸易和国际经济合作的国务院组成部分，其主要职责如下。

（一）拟订国内外贸易和国际经济合作的发展战略、方针、政策，起草国内外贸易、国际经济合作和外商投资的法律法规，制定实施细则、规章；研究提出我国经济贸易法规之间及其与国际多边、双边经贸条约、协定之间的衔接意见。

（二）拟订国内贸易发展规划，研究提出流通体制改革意见，培育发展城乡市场，推进流通产业结构调整的连锁经营、物流配送、电子商务等现代流通方式。

（三）研究拟订规范市场运行、流通秩序和打破市场垄断、地区封锁的政策，建立健全统一、开放、竞争、有序的市场体系；监测分析市场运行和商品供求状况，组织实施重要消费品市场调控和重要生产资料流通管理。

（四）研究制定进出口商品管理办法和进出口商品目录，组织实施进出口配额计划，确定配额、发放许可证；拟订和执行进出口商品配额招标政策。

（五）拟订并执行对外技术贸易、国家进出口管制以及鼓励技术和成套设备出口的政策；推进进出口贸易标准化体系建设；依法监督技术引进、设备进口、国家限制出口的技术和引进技术的出口与再出口工作，依法颁发与防扩散相关的出口许可证。

（六）研究提出并执行多边、双边经贸合作政策；负责多边、双边经贸对外谈判，协调对外谈判意见，签署有关文件并监督执行；建立多边、双边政府间经济和贸易联系机制并组织相关工作；处理国别（地区）经贸关系中的重要事务，管理同未建交国家的经贸活动；根据授权，代表我国政府处理与世界贸易组织的关系，承担我国在世界贸易组织框架下的多边、双边谈判和贸易政策审议、争端解决、通报咨询等工作。

（七）指导我国驻世界贸易组织代表团、常驻联合国及有关国际组织经贸代表机构的工作和我国驻外经济商务机构的有关工作；联系国际多边经贸组织驻中国机构和外国驻中国官方商务机构。

（八）负责组织协调反倾销、反补贴、保障措施及其他与进出口公平贸易相关的工作，建立进出口公平贸易预警机制，组织产业损害调查；指导协调国外对我国出口商品的反倾销、反补贴、保障措施原应诉及相关工作。

（九）宏观指导全国外商投资工作；分析研究全国外商投资情况，定期向国务院报送有关动态和建议，拟订外商投资政策，拟订和贯彻实施改革方案，参与拟订利用外资的中长期发展规划；依法核准国家规定的限额以上、限制投资和涉及配额、许可证管理的外商投资企业的设立及其变更事项；依法核准大型外商投资项目的合同、章程及法律特别规定的重大变更事项；监督外商投资企业执行有关法律法规、规章及合同、章程的情况；指导和管理全国招商引资、投资促进及外商投资企业的审批和进出口工作，综合协调和指导国家级经济技术开发区的有关具体工作。

（十）负责全国对外经济合作工作；拟订并执行对外经济合作政策，指导和监督对外承包工程、劳务合作、设计咨询等业务的管理；拟订境外投资的管理和具体政策，依法核准国内企业对外投资开办企业（金融企业除外）并实施监督管理。

（十一）负责我国对外援助工作，拟订并执行对外援助政策和方案，签署并执行有关协议；编制并执行对外援助计划，监督检查援外项目执行情况，管理援外资金、援外优惠贷款、援外专项基金等我国政府援外资金；推进援外方式改革。

（十二）拟订并执行对香港、澳门特别行政区和台湾地区的经贸政策、贸易中长期规划；与香港、澳门特别行政区有关经贸主管机构和台湾受权的民间组织进行经贸谈判并签署有关文件；负责内地与香港、澳门特别行政区商贸联络机制工作；组织实施对台直接通商工作，处理多边、双边经贸领域的涉台问题。

（十三）负责我国驻世界贸易组织代表团、驻外经济商务机构以及有关国际组织代表机构的队伍建设、人员选派和管理；指导进出口商会和有关协会、学会的工作。

（十四）承办国务院交办的其他事项。

四、“非典”影响严重行业减免15项政府性基金

为减轻受“非典”疫情影响比较严重行业的经济负担，降低经营成本，促进国民经济健康发展，财政部决定，从2003年5月1日起至9月30日止，减免这些行业15项政府性基金。

财政部9日发出紧急通知，要求各地区和有关部门从2003年5月1日起至9月30日止，对餐饮、旅店、旅游、娱乐、民航、公路客运、水路客运、出租汽车等行业减免城镇公用事业附加、地方水利建设基金、文化事业建设费、国家电影事业发展专项资金、残疾人就业保障金、三峡工程建设基金、农网还贷资金、库区维护建设基金、民航基础设施建设基金、公路客运附加费、水路客运附加费、各种价格调节基金、帮困资金、城市教育费附加、地方教育附加等15项政府性基金。

在上述基金中，属于中央的收入，实行全部免收；属于地方的收入，具体减免幅度由省级财政部门提出意见报经同级人民政府批准后执行。在通知发布之前，已经收缴入库的基金收入，不再退还。

财政部还明确表示，除法律、行政法规以及国务院规定以外，今年内财政部不再出台新的基金项目，也不提高现有基金征收标准。

五、国家税务总局关于外国投资者出资比例低于25%的外商投资企业税务处理问题的通知

国家税务总局2003年4月18日发出《关于外国投资者出资比例低于25%的外商投资企业税务处理问题的通知》（国税函（2003）422号），通知如下。

为便于各地准确理解和贯彻落实对外贸易经济合作部、国家税务总局、国家工商行政管理总局、国家外汇管理局《关于加强外商投资企业审批、登记、外汇及税收管理有关问题的通知》（外经贸法发布2002年第575号），现就外国投资者实际出资比例低于25%的新办外商投资企业（以下简称外资低于25%企业）有关税务处理问题明确如下。

（一）关于适用税制问题。外资低于25%企业适用税制一律按照内资企业处理，不得享受外商投资企业税收待遇。但国务院另有特别规定的除外。

（二）关于税务登记问题。外资低于25%企业办理税务登记一律按照内资企业处理。但国务院另有特别规定的除外。

六、国家工商行政管理总局发布《驰名商标认定和保护规定》

2003年4月17日，国家工商行政管理总局发布《驰名商标认定和保护规定》，《驰名商标认定和保护规定》自2003年6月1日起施行。具体内容如下。

第一条　根据《中华人民共和国商标法》（以下简称商标法）、《中华人民共和国商标法实施条例》（以下简称实施条例），制定本规定。

第二条　本规定中的驰名商标是指在中国为相关公众广为知晓并享有较高声誉的商标。

相关公众包括与使用商标所标示的某类商品或者服务有关的消费者，生产前述商品或者提供服务的其他经营者以及经销渠道中所涉及的销售者和相关人员等。

第三条　以下材料可以作为证明商标驰名的证据材料：

（一）证明相关公众对该商标知晓程度的有关材料；

（二）证明该商标使用持续时间的有关材料，包括该商标使用、注册的历史和范围的有关材料；

（三）证明该商标的任何宣传工作的持续时间、程度和地理范围的有关材料，包括广告宣传和促销活动的方式、地域范围、宣传媒体的种类以及广告投放量等有关材料；

（四）证明该商标作为驰名商标受保护记录的有关材料，包括该商标曾在中国或者其他国家和地区作为驰名商标受保护的有关材料；

（五）证明该商标驰名的其他证据材料，包括使用该商标的主要商品近三年的产量、销售量、销售收入、利税、销售区域等有关材料。

第四条　当事人认为他人经初步审定并公告的商标违反商标法第十三条规定的，可以依据商标法及其实施条例的规定向商标局提出异议，并提交证明其商标驰名的有关材料。

当事人认为他人已经注册的商标违反商标法第十三条规定的，可以依据商标法及其实施条例的规定向商标评审委员会请求裁定撤销该注册商标，并提交证明其商标驰名的有关材料。

第五条　在商标管理工作中，当事人认为他人使用的商标属于商标法第十三条规定的情形，请求保护其驰名商标的，可以向案件发生地的市（地、州）以上工商行政管理部门提出禁止使用的书面请求，并提交证明其商标驰名的有关材料。同时，抄报其所在地省级工商行政管理部门。

第六条　工商行政管理部门在商标管理工作中收到保护驰名商标的申请后，应当对案件是否属于商标法第十三条规定的下列情形进行审查：

（一）他人在相同或者类似商品上擅自使用与当事人未在中国注册的驰名商标相同或者近似的商标，容易导致混淆的；

（二）他人在不相同或者不类似的商品上擅自使用与当事人已经在中国注册的驰名商标相同或者近似的商标，容易误导公众，致使该驰名商标注册人的利益可能受到损害的。

对认为属于上述情形的案件，市（地、州）工商行政管理部门应当自受理当事人请求之日起十五个工作日内，将全部案件材料报送所在地省（自治区、直辖市）工商行政管理部门，并向当事人出具受理案件通知书；省（自治区、直辖市）工商行政管理部门应当自受理当事人请求之日起十五个工作日内，将全部案件材料报送商标局。当事人所在地省级工商行政管理部门认为所发生的案件属于上述情形的，也可以报送商标局。

对认为不属于上述情形的案件，应当依据商标法及实施条例的有关规定及时作出处理。

第七条　省（自治区、直辖市）工商行政管理部门应当对本辖区内市（地、州）工商行政管理部门报送的有关驰名商标保护的案件材料进行审查。

对认为属于本规定第六条第一款情形的案件，应当自收到本辖区内市（地、州）工商行政管理部门报送的案件材料之日起十五个工作日内报送商标局。

对认为不属于本规定第六条第一款情形的案件，应当将有关材料退回原受案机关，由其依据商标法及实施条例的有关规定及时作出处理。

第八条　商标局应当自收到有关案件材料之日起六个月内作出认定，并将认定结果通知案件发生地的省（自治区、直辖市）工商行政管理部门，抄送当事人所在地的省（自治区、直辖市）工商行政管理部门。

除有关证明商标驰名的材料外，商标局应当将其他案件材料退回案件发生地所在省（自治区、直辖市）工商行政管理部门。

第九条　未被认定为驰名商标的，自认定结果作出之日起一年内，当事人不得以同一商标就相同事实和理由再次提出认定请求。

第十条　商标局、商标评审委员会在认定驰名商标时，应当综合考虑商标法第十四条规定的各项因素，但不以该商标必须满足该条规定的全部因素为前提。

第十一条　商标局、商标评审委员会以及地方工商行政管理部门在保护驰名商标时，应当考虑该商标的显著性和驰名程度。

第十二条　当事人要求依据商标法第十三条对其商标予以保护时，可以提供该商标曾被我国有关主管机关作为驰名商标予以保护的记录。所受理的案件与已被作为驰名商标予以保护的案件的保护范围基本相同，且对方当事人对该商标驰名无异议，或者虽有异议，但不能提供该商标不驰名的证据材料的，受理案件的工商行政管理部门可以依据该保护记录的结论，对案件作出裁定或者处理。

所受理的案件与已被作为驰名商标予以保护的案件的保护范围不同，或者对方当事人对该商标驰名有异议，且提供该商标不驰名的证据材料的，应当由商标局或者商标评审委员会对该驰名商标材料重新进行审查并作出认定。

第十三条　当事人认为他人将其驰名商标作为企业名称登记，可能欺骗公众或者对公众造成误解的，可以向企业名称登记主管机关申请撤销该企业名称登记，企业名称登记主管机关应当依照《企业名称登记管理规定》处理。

第十四条　各级工商行政管理部门应当对驰名商标加强保护，对涉嫌假冒商标犯罪的案件，应当及时向有关部门移送。

第十五条　保护驰名商标的处理决定，处理机关所在省（自治区、直辖市）工商行政管理部门应当抄报商标局。

第十六条　各级工商行政管理部门要建立相应的监督机制，制定相应的监督制约措施，加强对驰名商标认定工作全过程的监督检查。参与驰名商标认定工作的有关人员，滥用职权、徇私舞弊、牟取不正当利益，违法办理驰名商标认定有关事项，依法给予行政处分；构成犯罪的，依法追究刑事责任。

第十七条　本规定自 2003 年 6 月 1 日起施行。1996 年 8 月 14 日国家工商行政管理局颁布的《驰名商标认定和管理暂行规定》同时废止。

七、国家发改委定规禁止价格垄断

针对当前市场上突出的价格垄断、价格欺诈、价格歧视、低价倾销等违法行为，国家发展和改革委员会发布了《制止价格垄断行为暂行规定》，五种行为被列为价格垄断。

一是经营者之间通过协议、决议或者协调等串通方式操纵价格。二是经营者凭借市场支配地位，在向经销商提供商品时强制限定其转售价格。三是经营者凭借市场支配地位，牟取暴利。四是经营者凭借市场支配地位，以排挤、损害竞争对手为目的，以低于成本的价格倾销；或者采取回扣、补贴、赠送等手段变相降价，使商品市场销售价低于商品自身成本。五是经营者凭借市场支配地位，在提供相同商品或者服务时，对条件相同的交易对象在交易价格上实行差别待遇。

《制止价格垄断行为暂行规定》从 2003 年 11 月 1 日起施行。

八、国资委确定国资管理体制改革六大重点

国务院国有资产监督管理委员会日前召开中央企业负责人会议，为推进国有资产管理体制改革和国有企业改革、进一步加强和改进国有企业党建工作进行动员和部署。

会议指出，中央企业一定要紧密联系实际，解决影响企业改革发展稳定的重大问题，坚定搞好国有企业的信心和决心，增强搞好国有企业的责任感、使命感和自觉性，坚定不移地推进国有企业改革和发展，发展和壮大国有经济。当前要积极推进建立有效的国有资产监督管理体制，重点抓好以下六项工作：一是建立法律、法规体系和各项规章制度；二是抓紧出资人的层层到位；三是建立国有资产经营责任制度；四是推进企业国有资产的合理流动和重组；五是加强对国有资产的监督；六是加强和改进企业党的建设、领导班子建设和精神文明建设，充分发挥党组织的政治核心作用。

九、企业国有资产监督管理暂行条例

中华人民共和国国务院令第378号

第一章　总　　则

第一条　为建立适应社会主义市场经济需要的国有资产监督管理体制，进一步搞好国有企业，推动国家经济布局和结构的战略性调整，发展和壮大国有经济，实现国有资产保值增值，制定本条例。

第二条　国有及国有控股企业、国有参股企业中的国有资产的监督管理，适用本条例。金融机构中的国有资产的监督管理，不适用本条例。

第三条　本条例所称企业国有资产，是指国家对企业各种形式的投资和投资所形成的权益，以及依法认定为国家所有的其他权益。

第四条　企业国有资产属于国家所有。国家实行由国务院和地方人民政府分别代表国家履行出资人职责，享有所有者权益，权利、义务和责任相统一，管资产和管人、管事相结合的国有资产管理体制。

第五条　国务院代表国家对关系国民经济命脉和国家安全的大型国有及国有控股、国有参股企业，重要基础设施和重要自然资源等领域的国有及国有控股、国有参股企业，履行出资人职责。国务院履行出资人职责的企业，由国务院确定、公布。

省、自治区、直辖市人民政府和设区的市、自治州级人民政府分别代表国家对由国务院履行出资人职责以外的国有及国有控股、国有参股企业，履行出资人职责。其中，省、自治区、直辖市人民政府履行出资人职责的国有及国有控股、国有参股企业，由省、自治区、直辖市人民政府确定、公布，并报国务院国有资产监督管理机构备案；其他由设区的市、自治州级人民政府履行出资人职责的国有及国有控股、国有参股企业，由设区的市、自治州级人民政府确定、公布，并报省、自治区、直辖市人民政府国有资产监督管理机构备案。

国务院，省、自治区、直辖市人民政府，设区的市、自治州级人民政府履行出资人职责的企业，以下统称所出资企业。

第六条　国务院，省、自治区、直辖市人民政府，设区的市、自治州级人民政府，分别设立国有资产监督管理机构。国有资产监督管理机构根据授权，依法履行出资人职责，依法对企业国有资产进行监督管理。

企业国有资产较少的设区的市、自治州，经省、自治区、直辖市人民政府批准，可以不单独设立国有资产监督管理机构。

第七条　各级人民政府应当严格执行国有资产管理法律、法规，坚持政府的社会公共管理职能与国有资产出资人职能分开，坚持政企分开，实行所有权与经营权分离。

国有资产监督管理机构不行使政府的社会公共管理职能，政府其他机构、部门不履行企业国有资产出资人职责。

第八条　国有资产监督管理机构应当依照本条例和其他有关法律、行政法规的规定，建立健全内部监督制度，严格执行法律、行政法规。

第九条　发生战争、严重自然灾害或者其他重大、紧急情况时，国家可以依法统一调用、处置企业国有资产。

第十条　所出资企业及其投资设立的企业，享有有关法律、行政法规规定的企业经营自主权。

国有资产监督管理机构应当支持企业依法自主经营，除履行出资人职责以外，不得干预企业的生产经营活动。

第十一条　所出资企业应当努力提高经济效益，对其经营管理的企业国有资产承担保值增值责任。

所出资企业应当接受国有资产监督管理机构依法实施的监督管理，不得损害企业国有资产所有者和其他出资人的合法权益。

第二章　国有资产监督管理机构

第十二条　国务院国有资产监督管理机构是代表国务院履行出资人职责、负责监督管理企业国有资产的直属特设机构。

省、自治区、直辖市人民政府国有资产监督管理机构，设区的市、自治州级人民政府国有资产监督管理机构是代表本级政府履行出资人职责、负责监督管理企业国有资产的直属特设机构。

上级政府国有资产监督管理机构依法对下级政府的国有资产监督管理工作进行指导和监督。

第十三条　国有资产监督管理机构的主要职责是：

（一）依照《中华人民共和国公司法》等法律、法规，对所出资企业履行出资人职责，维护所有者权益；

（二）指导推进国有及国有控股企业的改革和重组；

（三）依照规定向所出资企业派出监事会；

（四）依照法定程序对所出资企业的企业负责人进行任免、考核，并根据考核结果对其进行奖惩；

（五）通过统计、稽核等方式对企业国有资产的保值增值情况进行监督；

（六）履行出资人的其他职责和承办本级政府交办的其他事项。

国务院国有资产监督管理机构除前款规定职责外，可以制定企业国有资产监督管理的规章、制度。

第十四条　国有资产监督管理机构的主要义务是：

（一）推进国有资产合理流动和优化配置，推动国有经济布局和结构的调整；

（二）保持和提高关系国民经济命脉和国家安全领域国有经济的控制力和竞争力，提高国有经济的整体素质；

（三）探索有效的企业国有资产经营体制和方式，加强企业国有资产监督管理工作，促进企业国有资产保值增值，防止企业国有资产流失；

（四）指导和促进国有及国有控股企业建立现代企业制度，完善法人治理结构，推进管理现代化；

（五）尊重、维护国有及国有控股企业经营自主权，依法维护企业合法权益，促进企业依法经营管理，增强企业竞争力；

（六）指导和协调解决国有及国有控股企业改革与发展中的困难和问题。

第十五条　国有资产监督管理

机构应当向本级政府报告企业国有资产监督管理工作、国有资产保值增值状况和其他重大事项。

第三章　企业负责人管理

第十六条　国有资产监督管理机构应当建立健全适应现代企业制度要求的企业负责人的选用机制和激励约束机构。

第十七条　国有资产监督管理

机构依照有关规定，任免或者建议任免所出资企业的企业负责人：

（一）任免国有独资企业的总经理、副总经理、总会计师及其他企业负责人；

（二）任免国有独资公司的董事长、副董事长、董事，并向其提出总经理、副总经理、总会计师等的任免建议；

（三）依照公司章程，提出向国有控股的公司派出的董事、监事人选，推荐国有控股的公司的董事长、副董事长和监事会主席人选，并向其提出总经理、副总经理、总会计师人选的建议；

（四）依照公司章程，提出向国有参股的公司派出的董事、监事人选。

国务院，省、自治区、直辖市人民政府，设区的市、自治州级人民政府，对所出资企业的企业负责人的任免另有规定的，按照有关规定执行。

第十八条　国有资产监督管理机构应当建立企业负责人经营业绩考核制度，与其任命的企业负责人签订业绩合同，根据业绩合同对企业负责人进行年度考核和任期考核。

第十九条　国有资产监督管理机构应当依照有关规定，确定所出资企业中的国有独资企业、国有独资公司的企业负责人的薪酬；依据考核结果，决定其向所出资企业派出的企业负责人的奖惩。

第四章　企业重大事项管理

第二十条　国有资产监督管理机构负责指导国有及国有控股企业建立现代企业制度，审核批准其所出资企业中的国有独资企业、国有独资公司的重级、股份制改造方案和所出资企业中的国有独资公司的章程。

第二十一条　国有资产监督管理机构依照法定程序决定其所出资企业中的国有独资企业、国有独资公司的分立、合并、破产、解散、增减资本、发行公司债券等重大事项。其中，重要的国有独资企业、国有独资公司分立、合并、破产、解散的，应当由国有资产监督管理机构审核后，报本级人民政府批准。

国有资产监督管理机构依照法定程序审核、决定国防科技工业领域其所出资企业中的国有独资企业、国有独资公司的有关重大事项时，按照国家有关法律、规定执行。

第二十二条　国有资产监督管理机构依照公司法的规定，派出股东代表、董事，参加国有控股的公司、国有参股的公司的股东会、董事会。

国有控股的公司、国有参股的公司的股东会、董事会决定公司的分立、合并、破产、解散、增减资本、发行公司债券、任免企业负责人等重大事项时，国有资产监督管理机构派出的股东代表、董事，应当按照国有资产监督管理机构的指示发表意见、行使表决权。

国有资产监督管理机构派出的股东代表、董事，应当将其履行职责的有关情况及时向国有资产监督管理机构报告。

第二十三条　国有资产监督管理机构决定其所出资企业的国有股权转让。其中，转让全部国有股权或者转让部分国有股权致使国家不再拥有控股地位的，报本级人民政府批准。

第二十四条　所出资企业投资设立的重要子企业的重大事项，需由所出资企业报国有资产监督管理机构批准的，管理办法由国务院国有资产监督管理机构另行制定，报国务院批准。

第二十五条　国有资产监督管理机构依照国家有关规定组织协调所出资企业中的国有独资企业、国有独资公司的兼并破产工作，并配合有关部门做好企业下岗职工安置等工作。

第二十六条 国有资产监督管理机构依照国家有关规定拟订所出资企业收入分配制度改革的指导意见，调控所出资企业工资分配的总体水平。

第二十七条 所出资企业中的国有独资企业、国有独资公司经国务院批准，可以作为国务院规定的投资公司、控股公司，享有公司法第十二条规定的权利；可以作为国家授权投资的机构，享有公司法第二十条规定的权利。

第二十八条 国有资产监督管理机构可以对所出资企业中具备条件的国有独资企业、国有独资公司进行国有资产授权经营。

被授权的国有独资企业、国有独资公司对其全资、控股、参股企业中国家投资形成的国有资产依法进行经营、管理和监督。

第二十九条 被授权的国有独资企业、国有独资公司应当建立和完善规范的现代企业制度，并承担企业国有资产的保值增值责任。

第五章 企业国有资产管理

第三十条 国有资产监督管理机构依照国家有关规定，负责企业国有资产的产权界定、产权登记、资产评估监管、清产核资、资产统计、综合评价等基础管理工作。

国有资产监督管理机构协调其所出资企业之间的企业国有资产产权纠纷。

第三十一条 国有资产监督管理机构应当建立企业国有资产产权交易监督管理制度，加强企业国有资产产权交易的监督管理，促进企业国有资产的合理流动，防止企业国有资产流失。

第三十二条 国有资产监督管理机构对其所出资企业的企业国有资产收益依法履行出资人职责；对其所出资企业的重大投融资规划、发展战略和规划，依照国家发展规划和产业政策履行出资人职责。

第三十三条 所出资企业中的国有独资企业、国有独资公司的重大资产处置，需由国有资产监督管理机构批准的，依照有关规定执行。

第六章 企业国有资产监督

第三十四条 国务院国有资产监督管理机构代表国务院向其所出资企业中的国有独资企业、国有独资公司派出监事会。监事会的组成、职权、行为规范等，依照《国有企业监事会暂行条例》的规定执行。

地方人民政府国有资产监督管理机构代表本级人民政府向其所出资企业中的国有独资企业、国有独资公司派出监事会，参照《国有企业监事会暂行条例》的规定执行。

第三十五条 国有资产监督管理机构依法对所出资企业财务进行监督，建立和完善国有资产保值增值指标体系，维护国有资产出资人的权益。

第三十六条 国有及国有控股企业应当加强内部监督和风险控制，依照国家有关规定建立健全财务、审计、企业法律顾问和职工民主监督等制度。

第三十七条 所出资企业中的国有独资企业、国有独资公司应当按照规定定期向国有资产监督管理机构报告财务状况、生产经营状况和国有资产保值增值状况。

第七章 法律责任

第三十八条 国有资产监督管理机构不按规定任免或者建议任免所出资企业的企业负责人，或者违法干预所出资企业的生产经营活动，侵犯其合法权益，造成企业国有资产损失或者其他严重后果的，对直接负责的主管人员和其他直接责任人员依法给予行政处分；构成犯罪的，依法追究刑事责任。

第三十九条 所出资企业中的国有独资企业、国有独资公司未按照规定向国有资产监督管理机构报告财务状况、生产经营状况和国有资产保值增值状况的，予以警告；情节严重的，对直接负责的主管人员和其他直接责任人员依法给予纪律处分。

第四十条 国有及国有控股企业的企业负责人滥用职权、玩忽职守、造成企业国有资产损失的，应负赔偿责任，并对其依法给予纪律处分，构成犯罪的，依法追究刑事责任。

第四十一条 对企业国有资产损失负有责任受到撤职以上纪律处分的国有及国有控股企业的企业负责人，五年内不得担任任何国有及国有控股企业的企业负责人；造成企业国有资产重大损失或者被判处刑罚的，终身不得担任任何国有及国有控股企业的企业负责人。

第八章 附则

第四十二条 国有及国有控股企业、国有参股企业的组织形式、组织机构、权利和义务等，依照《中华人民共和国公司法》等法律、行政法规和本条例的规定执行。

第四十三条 国有及国有控股企业、国有参股企业中中国共产党基层组织建设、社会主义精神文明建设和党风廉政建设，依照《中国共产党章程》和有关规定执行。国有及国有控股企业、国有参股企业中工会组织依照《中华人民共和国工会法》和《中国工会章程》的有关规定执行。

第四十四条 国务院国有资产监督管理机构，省、自治区、直辖市人民政府可以依据本条例制定实施办法。

第四十五条　本条例施行前制定的有关企业国有资产监督管理的行政法规与本条例不一致的，依照本条例的规定执行。

第四十六条　政企尚未分开的单位，应当按照国务院的规定，加快改革，实现政企分开。政企分开后的企业，由国有资产监督管理机构依法履行出资人职责，依法对企业国有资产进行监督管理。

第四十七条　本条例自公布之日（2003 年 5 月 27 日）起施行。

十、中国宣布改革出口退税机制

为认真贯彻党的十六大精神，促进外贸体制改革，保持外贸和经济持续健康发展，国务院发布“关于改革现行出口退税机制的决定”（以下简称决定），对现行出口退税机制进行改革。

决定指出，对出口产品实行退税是国际通行做法，符合世贸组织规则。我国从 1985 年开始实行出口退税政策，1994 年财税体制改革以后继续对出口产品实行退税。出口退税政策的实施，对增强我国出口产品的国际竞争力，扩大出口，增加就业，保证国际收支平衡，促进国民经济持续快速健康发展发挥了重要作用。

决定同时指出，我国现行的出口退税机制存在一些亟待解决的矛盾和问题，主要是出口退税机制不利于深化外贸体制改革，出口退税结构不能适应优化产业结构的要求，出口退税的负担机制不尽合理，出口退税缺乏稳定的资金来源等。这些问题的存在使出口退税资金无法及时得到保证，导致欠退税问题十分严重，而且呈现逐年增长的势头，如不及时采取有效措施予以解决，势必影响企业正常经营和外贸发展，给财政金融运行带来隐患。

决定强调，按照“新账不欠，老账要还，完善机制，共同负担，推动改革，促进发展”的原则，对历史上欠退税款由中央财政负责偿还，确保改革后不再发生新欠，同时建立中央、地方共同负担的出口退税新机制，推动外贸体制深化改革，优化出口产品结构，提高出口效益，促进外贸和经济持续健康发展。

决定明确了改革的具体内容。

一是适当降低出口退税率。本着“适度、稳妥、可行”的原则，区别不同产品调整退税率：对国家鼓励出口产品不降或少降，对一般性出口产品适当降低，对国家限制出口产品和一些资源性产品多降或取消退税。

二是加大中央财政对出口退税的支持力度。从 2003 年起，中央进口环节增值税、消费税收入增量首先用于出口退税。

三是建立中央和地方共同负担出口退税的新机制。从 2004 年起，以 2003 年出口退税实退指标为基数，对超基数部分的应退税额，由中央和地方按 75∶25的比例共同负担。

四是推进外贸体制改革，调整出口产品结构。通过完善法律保障机制等，加快推进生产企业自营出口，积极引导外贸出口代理制发展，降低出口成本，进一步提升我国商品的国际竞争力。同时，结合调整出口退税率，促进出口产品结构优化，提高出口整体效益。

五是累计欠退税由中央财政负担。对截至 2003 年底累计欠企业的出口退税款和按增值税分享体制影响地方的财政收入，全部由中央财政负担。其中，对欠企业的出口退税款，中央财政从 2004 年起采取全额贴息等办法予以解决。决定最后说，出口退税机制改革是一项重大的体制改革和管理制度创新，关系外贸和国民经济发展全局，各地区、各部门要统一思想，提高认识。改革方案出台后，各地区、各部门要切实抓好贯彻落实，加强对改革工作的监督检查和业务指导，密切跟踪改革方案的实施情况，加强调查研究，根据出现的新情况、新问题，及时研究解决办法，确保改革的顺利进行。对违反出口退税机制改革统一规定的行为，要追究相关地区和部门的责任。

附：出口退税率备忘录

（一）不变

下列货物维持现行出口退税率不变：

1. 现行出口退税率为 5%和 13%的农产品；

2. 现行出口退税率为 13%的以农产品为原料加工生产的工业品；

3. 现行税收政策规定增值税征税税率为 17%、退税税率为 13%的货物；

4. 船舶、汽车及其关键件零部件、航空航天器、数控机床、加工中心、印刷电路、铁道机车等现行出口退税率为 17%的货物。

（二）调高

小麦粉、玉米粉、分割鸭、分割兔等货物的出口退税率，由 5%调高到 13%。

（三）取消

取消原油、木材、纸浆、山羊绒、鳗鱼苗、稀土金属矿、磷矿石、天然石墨等货物的出口退税政策。对其中属于应征消费税的货物，也相应取消出口退（免）消费税政策。

（四）调低

调低下列货物的出口退税率：

1. 汽油、未锻轧锌的出口退税率调低到 11%；

2. 未锻轧铝、黄磷及其他磷、未锻轧镍、铁合金、钼矿砂及其精矿等附件四所列明的货物的出口退税率调低到8%；

3. 焦炭、半焦炭、炼焦煤、轻重烧镁、萤石、滑石、冻石等附件五所列明的货物的出口退税率调低到5%；

4. 除规定货物外，凡现行出口退税率为17%和15%的货物，其出口退税率分别一律调低到13%和11%。

十一、关于规范国有企业改制工作的意见

党的十五大以来，各地认真贯彻国有经济有进有退、有所为有所不为的方针，积极推进国有经济布局和结构调整，探索公有制的多种有效实现形式和国有企业改制的多种途径，取得了显著成效，积累了宝贵经验。但前一阶段国有企业改制工作中出现了一些不够规范的现象，造成国有资产的流失。国有企业改制是一项政策性很强的工作，涉及出资人、债权人、企业和职工等多方面的利益，既要积极探索，又要规范有序。为全面贯彻落实党中央关于国有经济布局结构调整和国有企业改革的精神，保证国有企业改制工作健康、有序、规范地进行，现提出以下意见。

一、健全制度，规范运作

（一）批准制度。国有企业改制应采取重组、联合、兼并、租赁、承包经营、合资、转让国有产权和股份制、股份合作制等多种形式进行。国有企业改制，包括转让国有控股、参股企业国有股权的比例等，必须制订改制方案。方案可由改制企业国有产权持有单位制订，也可由其委托中介机构或者改制企业（向本企业经营管理者转让国有产权的企业和国有参股企业除外）制订。国有企业改制方案需按照《企业国有资产监督管理暂行条例》（国务院令第378号，以下简称《条例》）和国务院国有资产监督管理委员会（以下简称国资委）的有关规定履行决定或批准程序，未经决定或批准不得实施。国有企业改制涉及财政、劳动保障等事项的，需预先报经同级人民政府有关部门审核，批准后报国有资产监督管理机构协调审批；涉及政府社会公共管理审批事项的，依照国家有关法律法规，报经政府有关部门审批；国有资产监督管理机构所出资企业改制为国有股不控股或不参股的企业（以下简称非国有的企业），改制方案需报同级人民政府批准；转让上市公司国有股权审批暂按现行规定办理，并由国资委会同证监会抓紧研究提出完善意见。

（二）清产核资。国有企业改制，必须对企业各类资产、负债进行全面认真的清查，做到账、卡、物、现金等齐全、准确、一致。要按照“谁投资、谁所有、谁受益”的原则，核实和界定国有资本金及其权益，其中国有企业借贷资金形成的净资产必须界定为国有产权。企业改制中涉及资产损失认定与处理的，必须按有关规定履行批准程序。改制企业法定代表人和财务负责人对清产核资结果的真实性、准确性负责。

（三）财务审计。国有企业改制，必须由直接持有该国有产权的单位决定聘请具备资格的会计师事务所进行财务审计。凡改制为非国有的企业，必须按照国家有关规定对企业法定代表人进行离任审计。改制企业必须按照有关规定向会计师事务所或政府审计部门提供有关财务会计资料和文件，不得妨碍其办理业务。任何人不得授意、指使、强令改制企业会计机构、会计人员提供虚假资料文件或违法办理会计事项。

（四）资产评估。国有企业改制，必须依照《国有资产评估管理办法》（国务院令第91号）聘请具备资格的资产评估事务所进行资产和土地使用权评估。国有控股企业进行资产评估，要严格履行有关法律法规规定的程序。向非国有投资者转让国有产权的，由直接持有该国有产权的单位决定聘请资产评估事务所。企业的专利权、非专利技术、商标权、商誉等无形资产必须纳入评估范围。评估结果由依照有关规定批准国有企业改制和转让国有产权的单位核准。

（五）交易管理。非上市企业国有产权转让要进入产权交易市场，不受地区、行业、出资和隶属关系的限制，并按照《企业国有产权转让管理暂行办法》的规定，公开信息，竞价转让。具体转让方式可以采取拍卖、招投标、协议转让以及国家法律法规规定的其他方式。

（六）定价管理。向非国有投资者转让国有产权的底价，或者以存量国有资产吸收非国有投资者投资时国有产权的折股价格，由依照有关规定批准国有企业改制和转让国有产权的单位决定。底价的确定主要依据资产评估的结果，同时要考虑产权交易市场的供求状况、同类资产的市场价格、职工安置、引进先进技术等因素。上市公司国有股转让价格在不低于每股净资产的基础上，参考上市公司盈利能力和市场表现合理定价。

（七）转让价款管理。转让国有产权的价款原则上应当一次结清。一次结清确有困难的，经转让和受让双方协商，并经依照有关规定批准国有企业改制和转让国有产权的单位批准，可采取分期付款的方式。分期付款时，首期付款不得低于总价款的30%，其余价款应当由受让方提供合法担保，并在首期付款之日起一年内支付完毕。转让国有产权的价款优先用于

支付解除劳动合同职工的经济补偿金和移交社会保障机构管理职工的社会保险费，以及偿还拖欠职工的债务和企业欠缴的社会保险费，剩余价款按照有关规定处理。

（八）依法保护债权人利益。国有企业改制要征得债权金融机构同意，保全金融债权，依法落实金融债务，维护其他债权人的利益。要严格防止利用改制逃废金融债务，金融债务未落实的企业不得进行改制。

（九）维护职工合法权益。国有企业改制方案和国有控股企业改制为非国有的企业的方案，必须提交企业职工代表大会或职工大会审议，充分听取职工意见。其中，职工安置方案需经企业职工代表大会或职工大会审议通过后方可实施改制。改制为非国有的企业，要按照有关政策处理好改制企业与职工的劳动关系改制企业拖欠职工的工资、医疗费和挪用的职工住房公积金以及企业欠缴的社会保险费等要按有关规定予以解决。改制后的企业要按照有关规定按时足额交纳社会保险费，及时为职工接续养老、失业、医疗、工伤、生育等各项社会保险关系。

（十）管理层收购。向本企业经营管理者转让国有产权必须严格执行国家的有关规定，以及本指导意见的各项要求，并需按照有关规定改造审批程序。向本企业经营管理者转让国有产权方案的制订，由直接持有该企业国有产权的单位负责或其委托中介机构进行，经营管理者不得参与转让国有产权的决策、财务审计、离任审计、清产核资、资产评估、底价确定等重大事项，严禁自卖自买国有产权。经营管理者筹集收购国有产权的资金，要执行《贷款通则》的有关规定，不得向包括本企业在内的国有及国有控股企业借款，不得以这些企业的国有产权或实物资产作标的物为融资提供保证、抵押、质押、贴现等。经营管理者对企业经营业绩下降负有责任的，不得参与收购本企业国有产权。

二、严格监督，追究责任

各级监察机关、国有资产监督管理机构和其他有关部门，要加强联系、密切配合，加大对国有企业改制工作的监督检查力度。通过建立重要事项通报制度和重大案件报告制度，以及设立并公布举报电话和信箱等办法，及时发现和严肃查处国有企业改制中的违纪违法案件。对国有资产监督管理机构工作人员、企业领导人员利用改制之机转移、侵占、侵吞国有资产的，隐匿资产、提供虚假会计资料造成国有资产流失的，营私舞弊、与买方串通低价转让国有产权的，严重失职、违规操作、损害国家和群众利益的，要进行认真调查处理。其中涉嫌犯罪的，依法移交司法机关处理；造成国有资产损失的，按照《条例》的规定，追究有关责任人的赔偿责任。对中介机构弄虚作假、提供虚假审计报告、故意压低评估价格等违规违法行为，要加大惩处力度；国有资产监督管理机构和国有及国有控股企业不得再聘请该中介机构及其责任人从事涉及国有及国有控股企业的中介活动。

为加快建设和完善产权交易市场体系，确保产权交易公开、公平、公正，由法制办会同国资委、财政部等有关部门研究有关产权交易市场的法规和监管制度，各地依照法律法规及有关规定，根据实际情况制订具体实施细则。

三、精心组织，加强领导

（一）全面准确理解国有经济布局和结构调整战略方针，坚持党的十六大提出的必须毫不动摇地鼓励、支持和引导非公有制经济发展的方针。国有企业改制要坚持国有经济控制重要行业和关键领域，提高国有经济的控制力、影响力和带动力。在其他行业和领域，国有企业换机制，在市场竞争中实现优胜劣汰。

（二）在国有企业改制工作中，各地区要防止和纠正不顾产权市场供求状况及其对价格形成的影响作用，不计转让价格和收益，下指标、限时间、赶进度，集中成批向非国有投资者转让国有产权的做法。防止和避免人为造成买方市场、低价处置和贱卖国有资产的现象。

（三）国有企业改制要从企业实际出发，着眼于企业的发展。要建立竞争机制，充分考虑投资者搞好企业的能力，选择合格的投资者参与国有企业改制，引入资金、技术、管理、市场、人才等资源增量，推动企业制度创新、机制转换、盘活资产、扭亏脱困和增加就业，促进企业加快发展。

（四）地方各级人民政府及其国有资产监督管理机构、国有及国有控股企业，要高度重视国有企业改制工作，全面理解和正确贯彻党中央、国务院有关精神，切实负起责任，加强组织领导。要从实际出发，把握好改制工作的力度和节奏。在国有企业改制的每一个环节都要做到依法运作，规范透明，落实责任。上级国有资产监督管理机构要加强对下级国有资产监督管理机构的指导和监督，及时总结经验，发现和纠正国有企业改制工作中存在的问题，促进国有资产合理流动和重组，实现国有资产保值增值，更好地发挥国有经济的主导作用。

十二、新税收政策将考虑调整六个税种

我国将进一步优化外资并购的环境，逐步消除政策障碍。国家税务局政策法规司副司长杨元伟在“并购重组国际高峰论坛”上透露，为适应并购行为，我国将考虑调整增值税、营业税、印花税、契税、内资企业所得税、外商投资企业和外国企业所得税等六个税种，出台新的税收政策。

杨元伟表示，新的税收政策修订方向将从制度上降低企业在并购时发生的增值税负担，对转让企业全部产权和股权的转让都不征收营业税，原有资金账户的原贴税票继续有效，股权转让中不征收契税等。

商务部外资司司长胡景岩表示，日前外资并购行为的主要政策障碍正在消除。这表现在：外资并购基本上有法可依；在并购国有企业时所遇见的富余人员安置问题上，我国在社保政策上出台了有关规定，减轻了并购方压力等。

十三、其他法规

（一）强制性产品认证制度5月1日起实施

为适应WTO协议和国际通行规则，完善和规范中国的强制性产品认证制度，我国从2002年5月起实施强制性产品认证制度。经过一年的过渡期，从2003年5月1日起，原有的“长城”标志和“CCIB”标志将停止使用，所有列入国家强制性产认证目录的产品，将统一为新的“中国强制认证（China Compulsory Certification)”，即“CCC”标志。

我国的强制性产品认证，是通过制定强制性产品认证的产品目录和实施强制性产品认证程序，对列入《目录》中的产品实施强制性的检测和审核。

国家质检总局和国家认监委于2002年公布了第一批实施强制性产品认证的产品目录，包括家用电器、电动工具、汽车、摩托车、安全玻璃、医疗器械、照明设备、电线电缆等19大类，132种产品。强制性产品认证制度规定，凡列入强制性产品认证目录内的产品，没有获得指定认证机构的认证证书，没有按规定加施认证标志，一律不得进口、不得出厂销售和在经营服务场所使用。

（二）《台湾同胞投资企业协会管理暂行办法》颁布

为了保障台湾同胞投资企业协会（以下简称台资企业协会）的合法权益，促进海峡两岸经济交流与合作，规范管理，依据《中华人民共和国台湾同胞投资保护法》和《社会团体登记管理条例》，国务院台湾事务办公室和民政部于3月20日联合颁布了《台湾同胞投资企业协会管理暂行办法》。该办法共分21条，对台资企业协会的性质、宗旨、业务范围、业务主管单位、审批程序、会长资格、活动管理、经费来源和使用等做了规定，自2003年4月20日起正式实施。

台资企业协会是以在祖国大陆登记注册的台资企业为主体，依法自愿组成的社会团体。自1990年3月第一家台资企业协会在北京市成立以来，在祖国大陆22个省、自治区和直辖市共成立了69家台资企业协会，会员企业近2万家。占在祖国大陆投资的台资企业总数的三分之一左右。多年来，台资企业协会在国家法律、法规和政策允许的范围内开展活动，在组织会员间联谊和交流、为会员提供国家有关法律法规和经济信息咨询服务、沟通会员与当地政府及有关部门的联系、促进当地与台湾地区之间的经济交流与合作、举办社会公益活动、帮助会员解决工作和生活中的有关困难等方面，做了很多有益的工作，发挥了积极作用。

《台湾同胞投资企业协会管理暂行办法》的颁布，将有利于进一步保障台资企业协会及其会员的合法权益，以及按照章程所进行的合法活动，规范管理，加强服务，更好地发挥台资企业协会的积极作用，促进台资企业协会健康发展。

（三）商务部公布对进口聚氯乙烯反倾销进行调查

中国商务部日前公布了成立以来的第一号公告，对原产于美国、韩国、日本、俄罗斯四国和中国台湾的进口聚氯乙烯进行反倾销立案调查。

被调查产品在中华人民共和国2001年的海关进口税则号为39041000。

公告称，鉴于本案涉案公司较多，案件情况复杂，根据《中华人民共和国反倾销条例》第二十六条的规定，商务部决定将案件的调查期限延长六个月，即截止日期为2003年9月29日。

（四）质检总局整顿和规范市场的十条措施出台

国家质检总局3月15日宣布，2003年将采取十项措施整顿和规范市场经济秩序。

这十项措施是：实施“3C”认证，对涉及健康、安全、卫生、环保的产品实施统一的强制性产品认证制度；实施食品质量市场准入制度；针对食品、建材、农药、化肥、卫生纸品、电线电缆等十种产品加大执法力度；加大国家产品质量监督抽查力度，对列入强制检验的产品加强监督；对危及健康安全的不合格产品实行责令企业收回制度；扩大名牌产品评价范围，加大免检产品、出口免检产品和原产地域保护产品的力度；在重点集贸市场建立质量计量监督、检验工作机构；深化集贸市场、加油站的专项整治，树立优秀典型；坚持打假与扶优并举，加强与名优企业、行业协会联手打假；动员社会进行监督，对打假举报者施以重奖。

（五）20种商品停止执行边贸税收政策

经国务院批准，海关总署日前发布公告，自2003年6月1日起，对新闻纸、冷轧硅钢片、聚酯薄膜、不锈钢冷轧薄板、丙烯酸酯、二氯甲烷、聚酯切片、涤纶短纤维、热轧普薄板、冷轧普薄板（带）、彩涂板、无取向硅电钢、冷轧不锈薄板（带）、硼酸、纸浆、铜矿砂及精矿、铜材、铜锍、铅、锌等20种商品停止执行边境贸易进口税收政策。

（六）外商投资创业企业缴税新规定

国家税务总局6月4日对外商投资创业投资公司如何缴纳企业所得税做出了规定。

根据《中华人民共和国外商投资企业和外国企业所得税法》及其实施细则，国家税务总局明确规定：

1. 按照有关规定从事股权投资及转让以及为企业提供创业投资管理、咨询等服务的创投企业，不属于税法实施细则第七十二条所规定的生产性企业范围，不得享受税法规定的生产性外商投资企业的有关税收优惠待遇。

2. 组建为法人的创投企业，应以创投企业为纳税人，按照税法的规定，统一申报缴纳企业所得税。

3. 组建为非法人的创投企业，根据税法实施细则第七条的规定，可由投资各方分别申报缴纳企业所得税；也可以由创投企业申请，经当地税务机关批准，统一依照税法的规定，申报缴纳企业所得税。

非法人创投企业投资各方采取分别申报缴纳企业所得税的，对外方投资者应按照在我国境内设立机构、场所的外国公司，计算缴纳企业所得税。但非法人创投企业没有设立创投经营管理机构，不直接从事创业投资管理、咨询等业务，而是将其日常投资经营权授予一家创业投资管理企业或另一家创投企业进行管理运作的，对此类创投企业的外方，可按在我国境内没有设立机构、场所的外国企业，申报缴纳企业所得税。

4. 本通知所指创投企业是指按照《管理规定》的要求及条件，依照法定程序批准设立的从事创业投资业务的外商投资企业，其企业名称中应加注创业投资字样。国家税务总局要求，该规定自2003年3月1日起执行。

（七）PVC反倾销政策正式出台

根据《中华人民共和国反倾销条例》的规定，经原国家经济贸易委员会，原对外贸易经济合作部于2002年3月29日发布公告，决定对原产于美国、韩国、日本、俄罗斯和中国台湾的进口聚氯乙烯进行反倾销调查。该被调查产品立案时在中华人民共和国2001年的海关进口税则号中列为39041000。

原对外贸易经济合作部对被调查产品是否存在倾销和倾销幅度进行了调查，原国家经济贸易委员会对被调查产品是否对中国内地产业造成损害及损害程度进行了调查。在本案调查期限内，经全国人大十届一次会议批准，由新组建的商务部承担反倾销调查职能。根据调查结果和《中华人民共和国反倾销条例》第二十四条的规定，商务部作出初裁决定（见附件）。现将有关事项公告如下。

初裁决定商务部初裁决定确定被调查产品存在倾销，中国内地产业存在实质损害，且倾销和实质损害之间存在因果关系。

（八）商务部终裁决定对进口己内酰胺征收反倾销税

商务部6月6日发布2003年第22号公告，公布了对原产于日本、比利时、德国、荷兰和俄罗斯的进口己内酰胺进行反倾销调查的终裁决定，以及征收反倾销税的决定。

应国内产业申请，2001年12月7日，原外经贸部公告对原产于日本、比利时、德国、荷兰和俄罗斯的进口己内酰胺进行反倾销调查，并于2003年1月7日初裁决定实施临时反倾销措施。在本案的调查期限内，经全国人大十届一次会议批准，由新组建的商务部承担反倾销调查职能。2003年6月6日，商务部根据最终调查结果和《中华人民共和国反倾销条例》的规定作出了终裁决定。商务部裁定被调查产品存在倾销和实质损害，同时倾销和实质损害之间存在因果关系。经商务部建议，国务院关税税则委员会决定对被调查产品征收反倾销税。

根据上述调查结果和有关规定，《公告》决定自2003年6月6日起，进口经营者在进口原产于日本、比利时、德国、荷兰和俄罗斯的己内酰胺（该产品在中华人民共和国海关进口税则号中列为：29337100）时，应依据终裁决定所确定的各公司的反倾销税率（5％～28％不等）向中国海关缴纳相应的反倾销税，该反倾销税实施期限自2003年6月6日起5年。

有关进口经营者依初步裁定提供的现金保证金，按公告确定的征收反倾销税的商品范围和反倾销税税率计征并转为反倾销税，与之同时提供的进口环节增值税现金保证金一并转为进口环节增值税。

（九）国家出台划分中小企业新标准

最近，国家出台了划分中小企业新标准，取代了原国家经贸委等五部委1988年公布的《大中小型工业企业划分标准》及1992年公布的该标准的《补充标准》。

新出台的标准适用于工业、建筑业、交通运输业和邮政业、批发和零售业、住宿和餐饮业。其中，工业包括采矿业、制造业、电力、燃气及水的生产和供应业；而标准以外其他行业的中小企业标准将另行制定。新标准的执行特点是：实施新标准后，企业不用再向政府部门报批，可以自行对照标准来划分本企业的规模类型，结束了原来“一经确认，终身有效”的标准划分原则。

此次公布的《中小企业标准暂行规定》指出，职工人数2 000人以下，或销售额3亿元人民币以下，或资产总额为4亿元以下；其中，中型企业须同时满足职工人数300人及以上，销售额3 000万元及以上，资产总额4 000万元及以上，其余为小型企业。

目前，我国的中小企业约有800多万家，占国内（内地）企业总数的99%以上。有关人士指出，在国内中小企业作用日益突出的情况下，出台并实施《中小企业标准暂行规定》具有重要意义，它是配合从2003年1月1日起我国正式实施的《中华人民共和国中小企业促进法》、推进国内中小企业的规范发展、明确该法律适用范围的一项重要规定。

（十）2004年中国入世第三年将履行的主要承诺一览

在加入世贸组织的第三年，根据中国加入世界贸易组织议定书和工作组报告，中国除了要继续履行前两年的承诺外，在货物贸易、服务贸易、分销服务、金融服务、旅行社和旅游服务、运输服务方面，要履行新的承诺。

附：2004年中国履行的主要承诺

一、货物贸易方面的承诺

（一）外贸经营权

1. 全资中资企业获得对外贸易经营权的最低注册资本降至100万元人民币。（中国已于2003年8月1日提前兑现承诺）；

2. 外资占多数股份的合资企业获得完全的对外贸易经营权。

（二）国营贸易

在实行国营贸易的商品中，原油、成品油由非国营贸易公司经营的进口比例在2003年的基础上增加15%。

（三）进口关税

中国加入世界贸易组织议定书有关农产品和工业品关税减让表规定，关税总水平由2003年的11.5%降低到2004年的约10.6%。将有3 000多种进口商品根据承诺不同程度地降低关税，信息技术产品等部分进口商品将降至零关税。

（四）配额、许可证管理

1. 取消部分商品的进口配额、进口许可证和进口招标。

2. 提高商品进口配额增长率。提高小汽车的进口配额15%。

3. 调整关税配额商品的关税、配额与非国营贸易比例。

二、服务贸易的承诺

（一）通讯服务

国内及国际基础电信业务：允许在广州和北京设立中外合资企业，没有数量限制，并在上述城市内或城市间提供服务，外资比例不得超过25%。

（二）建筑及相关工程服务

建筑及相关工程服务：允许设立外商独资企业。

（三）金融服务

1. 银行业人民币业务：除已承诺开放的上海等12个城市外，继续开放昆明、北京和厦门，允许外资金融机构向中国企业提供本币服务。证券服务：从事国内证券投资管理业务的中外合资公司中，外资比例可以达到49%，允许外国证券公司设立合资公司，外资比例不得超过1/3，合资公司可以（不通过中方中介）从事A股的承销，B股和H股、政府和公司债券的承销和交易，基金的发起。

2. 保险业、寿险：取消地域限制，允许合资寿险公司向外国人和中国公民提供健康险、团体险和养老金/年金险服务。非寿险：取消地域限制。保险经纪：取消地域限制。外资比例不超过51%。再保险及法定保险：强制分保比例为5%。

（四）旅行社和旅游服务

允许外资拥有多数股权（中国已提前开放）。

（十一）我国鼓励企业在国际资本市场融资

中国证券监督管理委员会主席尚福林说，我国将一如既往地支持境内国有企业、民营企业及其他所有制形式的企业，根据自身发展的需要，进入国际资本市场融资。

尚福林近日在北京召开的“内地企业在香港上市十年回顾和展望”论坛上说，境外上市作为我国吸引外资的一项长期政策，是我国深化改革和扩大开放政策的一个重要内容。自20世纪90年代以来，我国证券市场已初具规模，成为全球最具发展潜力的新兴市场之一。证监会在大力发展内地证券市场的同时，积极支持符合条件的境内企业进入国际资本市场融资。当前，具有较完善法律和市场规则的香港证券市场，已经成为内地企业境外上市的主要市场。

他说：境内企业通过境外上市，筹集了大量资金，优化了资本结构，获得了加快发展的动力；初步建立了现代公司治理结构；接受严格规范的外部审计，公司透明度和规范运作水平有了明显提高。同时，内地二批大型企业巨悟港上市，使香港市场上市公司的结构出现了明显变化，电信、石油、石化等行业的股票市值占香港市场总市值的比重不断提高，增强了香港市场对国际投资者的吸引力，有利于巩固和提升香港的国际金融中心越位。

他表示，随着内地与香港建立更紧密经贸关系措施的实施，内地与香港的经济联系将更加密切，这对两地证券市场的合作提出了更高的要求。中国证监会将加强与香港证监会、香港交易所的沟通和磋商，为内地企业境外上市创造更有利的条件，并推动两地证券市场在更广阔的领域、更高的层次上进行更深入的合作。

（十二）我国将出台新税收政策——增值税等6个税种将调整

我国将进一步优化外资并购的环境，逐步消除政策障碍。国家税务局政策法规司副司长杨元伟在“并购重组国际高峰论坛”上透露，为适应并购行为，我国将考虑调整增值税、营业税、印花税、契税、内资企业所得税、外商投资企业和外国企业所得税等六个税种，出台新的税收政策。

杨元伟说，现行有些税收政策已经不太适应并购行为，如税制方面不协调、所得税制度分离、优惠政策的区域性差异等。他表示，新的税收政策修订方向将从制度上降低企业在并购时发生的增值税负担，对转让企业全部产权和股权的转让都不征收营业税，原有资金账户的原贴税票继续有效，股权转让中不征收契税等。

商务部外资司司长胡景岩在论坛上也表示，目前外资并购行为的主要政策障碍正在消除。这表现在：外资并购基本上有法可依；在并购国有企业时所遇见的富余人员安置问题上，我国在社保政策上出台了有关规定，减轻了并购方压力；在资产评估上，现在采用了国际通行的评估办法等。

（中国塑料加工工业协会　许　琳）

2003年合成树脂及塑料制品海关关税、税则税率

商品编码	商品名称	进口税率		出口税率	增值税	消费税	计量单位	监管条件
		优惠	普通					
39011000	初级形状相对密度<0.94的聚乙烯	11.6	45.0	.	17.0	.	千克	7A
39011000	初级形状相对密度<0.94的聚乙烯	11.6	45.0	.	17.0	.	千克	7A
39012000	初级形状相对密度≥0.94的聚乙烯	11.6	45.0	.	17.0	.	千克	7A
39012000	初级形状相对密度≥0.94的聚乙烯	11.6	45.0	.	17.0	.	千克	7A
39013000	初级形状乙烯-乙酸乙烯酯共聚物	6.5	45.0	.	17.0	.	千克	A
39019010	乙烯-丙烯共聚物(乙丙橡胶)	8.4	45.0	.	17.0	.	千克	A
39019020	线性低密度聚乙烯	11.6	45.0	.	17.0	.	千克	7A
39019090	其他初级形状的乙烯聚合物	8.4	45.0	.	17.0	.	千克	A
39021000	电工级初级形状聚丙烯树脂	10.0	45.0	.	17.0	.	千克	7A
39021000	其他初级形状的聚丙烯	10.0	45.0	.	17.0	.	千克	7A
39022000	初级形状的聚异丁烯	10.7	45.0	.	17.0	.	千克	
39023010	乙烯-丙烯共聚物(乙丙橡胶)	10.7	45.0	.	17.0	.	千克	
39023090	其他初级形状的丙烯共聚物	10.7	45.0	.	17.0	.	千克	
39029000	端羧基聚丁二烯(CTPB)	10.7	45.0	.	17.0	.	千克	3
39029000	端羟基聚丁二烯(HTPB)	10.7	45.0	.	17.0	.	千克	3
39029000	其他初级形状的烯烃聚合物	10.7	45.0	.	17.0	.	千克	
39031100	初级形状的可发性聚苯乙烯	10.7	45.0	.	17.0	.	千克	7A
39031900	初级形状的其他聚苯乙烯	10.7	45.0	.	17.0	.	千克	7A
39032000	初级形状苯乙烯-丙烯腈共聚物	12.0	45.0	.	17.0	.	千克	
39033000	丙烯腈-丁二烯-苯乙烯共聚物	10.7	45.0	.	17.0	.	千克	A
39039000	初级形状的其他苯乙烯聚合物	10.7	45.0	.	17.0	.	千克	
39041000	聚氯乙烯纯粉	10.7	45.0	.	17.0	.	千克	7A
39041000	其他初级形状的纯聚氯乙烯	10.7	45.0	.	17.0	.	千克	7A
39042100	初级形状未塑化的聚氯乙烯	10.7	45.0	.	17.0	.	千克	7
39042200	初级形状已塑化的聚氯乙烯	10.7	45.0	.	17.0	.	千克	7
39043000	氯乙烯-乙酸乙烯酯共聚物	9.0	45.0	.	17.0	.	千克	
39044000	初级形状的其他氯乙烯共聚物	12.0	45.0	.	17.0	.	千克	

续表

商品编码	商品名称	进口税率		出口税率	增值税	消费税	计量单位	监管条件
		优惠	普通					
39045000	初级形状的偏二氯乙烯聚合物	10.7	45.0	.	17.0	.	千克	
39046100	初级形状的聚四氟乙烯	10.0	45.0	.	17.0	.	千克	
39046900	初级形状的其他氟聚合物	6.5	45.0	.	17.0	.	千克	
39049000	初级形状的其他卤化烯烃聚合物	10.0	45.0	.	17.0	.	千克	
39051200	聚乙酸乙烯酯的水分散体	10.0	45.0	.	17.0	.	千克	
39051900	其他初级形状聚乙酸乙烯酯	10.0	45.0	.	17.0	.	千克	
39052100	乙酸乙烯酯共聚物的水分散体	10.0	45.0	.	17.0	.	千克	
39052900	其他初级形状的乙酸乙烯酯共聚物	10.0	45.0	.	17.0	.	千克	
39053000	初级形状的聚乙烯醇	14.0	45.0	.	17.0	.	千克	
39059100	其他乙烯酯或乙烯基的共聚物	10.0	45.0	.	17.0	.	千克	
39059900	其他乙烯酯或乙烯基的聚合物	10.0	45.0	.	17.0	.	千克	
39061000	初级形状的聚甲基丙烯酸甲酯	6.5	45.0	.	17.0	.	千克	
39069000	其他初级形状的丙烯酸聚合物	6.5	45.0	.	17.0	.	千克	
39071010	初级形状的聚甲醛	10.7	45.0	.	17.0	.	千克	
39071090	其他初级形状的聚缩醛	10.7	45.0	.	17.0	.	千克	
39072000	初级形状的其他聚醚	10.7	45.0	.	17.0	.	千克	
39073000	初级形状的环氧树脂	10.7	45.0	.	17.0	.	千克	
39073000	初级形状的环氧树脂	10.7	45.0	.	17.0	.	千克	
39074000	初级形状的聚碳酸酯	6.5	45.0	.	17.0	.	千克	
39075000	初级形状的醇酸树脂	10.0	45.0	.	17.0	.	千克	
39076011	高黏度聚对苯二甲酸乙二酯切片	10.7	45.0	.	17.0	.	千克	7A
39076019	其他聚对苯二甲酸乙二酯切片	10.7	45.0	.	17.0	.	千克	7A
39076090	其他初级形状聚对苯二甲酸乙二酯	6.5	45.0	.	17.0	.	千克	A
39079100	初级形状的不饱和聚酯	10.7	45.0	.	17.0	.	千克	
39079900	初级形状的其他聚酯	6.5	45.0	.	17.0	.	千克	
39081010	尼龙 11、尼龙 12 切片	10.7	45.0	.	17.0	.	千克	
39081010	聚酰胺 66 切片等	10.7	45.0	.	17.0	.	千克	
39081090	其他初级形状的聚酰胺 66 等	6.5	45.0	.	17.0	.	千克	
39089000	初级形状的其他聚酰胺	10.0	45.0	.	17.0	.	千克	
39091000	初级形状的尿素树脂及硫脲树脂	6.5	45.0	.	17.0	.	千克	
39092000	初级形状的蜜胺树脂	6.5	45.0	.	17.0	.	千克	
39093000	初级形状的其他氨基树脂	6.5	45.0	.	17.0	.	千克	
39094000	初级形状的酚醛树脂	6.5	45.0	.	17.0	.	千克	
39095000	初级形状的聚氨基甲酸酯	10.7	45.0	.	17.0	.	千克	
39100000	初级形状的聚硅氧烷	6.5	45.0	.	17.0	.	千克	
39111000	初级形状的石油树脂等	6.5	45.0	.	17.0	.	千克	
39119000	芳基酸与芳基胺预缩聚物	6.5	45.0	.	17.0	.	千克	
39119000	改性三羟乙基脲酸酯类预缩聚物	6.5	45.0	.	17.0	.	千克	
39119000	聚苯硫醚	6.5	45.0	.	17.0	.	千克	
39119000	偏苯三酸酐和异氰酸预缩聚物	6.5	45.0	.	17.0	.	千克	
39119000	其他初级形状的多硫化物、聚砜等	6.5	45.0	.	17.0	.	千克	
39121100	未塑化二醋酸纤维素等	6.5	40.0	.	17.0	.	千克	
39121100	初级形状的未塑化醋酸纤维素	6.5	40.0	.	17.0	.	千克	

续表

商品编码	商品名称	进口税率		出口税率	增值税	消费税	计量单位	监管条件
		优惠	普通					
39121200	初级形状的已塑化醋酸纤维素	6.5	40.0	.	17.0	.	千克	
39122000	初级形状的硝酸纤维素	6.5	45.0	.	17.0	.	千克	
39123100	初级形状的羧甲基纤维素及其盐	6.5	45.0	.	17.0	.	千克	
39123900	初级形状的其他纤维素醚	6.5	45.0	.	17.0	.	千克	
39129000	初级形状的其他未列名的纤维素	6.5	45.0	.	17.0	.	千克	
39131000	初级形状的藻酸及盐和酯	10.0	45.0	.	17.0	.	千克	
39139000	初级形状的其他未列名天然聚合物	6.5	50.0	.	17.0	.	千克	
39140000	初级形状的离子交换剂	6.5	45.0	.	17.0	.	千克	
39151000	乙烯聚合物的废碎料及下脚料	10.7	50.0	.	17.0	.	千克	AP
39152000	苯乙烯聚合物的废碎料及下脚料	10.7	50.0	.	17.0	.	千克	AP
39153000	氯乙烯聚合物的废碎料及下脚料	10.7	50.0	.	17.0	.	千克	AP
39159000	其他塑料的废碎料及下脚料	10.7	50.0	.	17.0	.	千克	AP
39161000	乙烯聚合物制单丝、条、杆及型材	10.0	45.0	.	17.0	.	千克	
39162000	氯乙烯聚合物制单丝、条、杆及型材	10.0	45.0	.	17.0	.	千克	
39169010	聚酰胺制的单丝、条、杆及型材	10.0	45.0	.	17.0	.	千克	
39169090	其他塑料制单丝、条、杆及型材	10.0	45.0	.	17.0	.	千克	
39171000	硬化蛋白或纤维素材料制人造肠衣	10.0	50.0	.	17.0	.	千克	A
39172100	乙烯聚合物制的硬管	10.0	45.0	.	17.0	.	千克	
39172200	丙烯聚合物制的硬管	10.0	45.0	.	17.0	.	千克	
39172300	氯乙烯聚合物制的硬管	10.0	45.0	.	17.0	.	千克	
39172900	其他塑料制的硬管	10.0	45.0	.	17.0	.	千克	
39173100	塑料制的软管	10.0	45.0	.	17.0	.	千克	
39173200	其他未装有附件的塑料制管子	6.5	45.0	.	17.0	.	千克	
39173300	其他装有附件的塑料管子	6.5	45.0	.	17.0	.	千克	
39173900	塑料制的其他管子	10.7	45.0	.	17.0	.	千克	
39174000	塑料制的管子附件	10.0	45.0	.	17.0	.	千克	
39181010	氯乙烯聚合物制糊墙品	10.0	45.0	.	17.0	.	千克	
39181090	氯乙烯聚合物制的铺地制品	10.0	45.0	.	17.0	.	千克	
39189010	其他塑料制的糊墙品	10.0	45.0	.	17.0	.	千克	
39189090	其他塑料制的铺地制品	10.0	45.0	.	17.0	.	千克	
39191010	丙烯酸树脂类为主的自粘塑料板等	6.5	45.0	.	17.0	.	千克	
39191091	宽度≤20cm 的胶囊型反光膜	6.5	45.0	.	17.0	.	千克	
39191099	其他宽度≤20cm 的自粘塑料板片等	6.5	45.0	.	17.0	.	千克	
39199010	其他胶囊型反光膜	6.5	45.0	.	17.0	.	千克	
39199090	其他自粘塑料板、片、膜等材料	6.5	45.0	.	17.0	.	千克	
39201010	乙烯聚合物制电池隔膜	6.5	45.0	.	13.0	.	千克	
39201090	农用非泡沫聚乙烯薄膜	6.5	45.0	.	13.0	.	千克	
39201090	非泡沫聚乙烯板、片、膜、箔及扁条	6.5	45.0	.	17.0	.	千克	
39202010	丙烯聚合物制电池隔膜	6.5	45.0	.	13.0	.	千克	
39202090	农用非泡沫聚丙烯薄膜	6.5	45.0	.	13.0	.	千克	
39202090	非泡沫聚丙烯板、片、膜、箔及扁条	6.5	45.0	.	17.0	.	千克	
39203000	非泡沫聚苯乙烯板、片、膜、箔、扁条	6.5	45.0	.	17.0	.	千克	
39204300	农用软质聚氯乙烯薄膜	10.7	45.0	.	17.0	.	千克	

续表

商品编码	商品名称	进口税率		出口税率	增值税	消费税	计量单位	监管条件
		优惠	普通					
39204300	聚氯乙烯板、片、膜、箔及扁条	10.7	45.0	.	17.0	.	千克	
39204900	其他农用软质聚氯乙烯薄膜	9.0	45.0	.	13.0	.	千克	
39204900	其他聚氯乙烯板、片、膜、箔及扁条	9.0	45.0	.	17.0	.	千克	
39205100	聚甲基丙烯酸甲酯板、片、膜、箔及扁条	6.5	45.0	.	17.0	.	千克	
39205900	其他丙烯酸聚合物板、片、膜、箔及扁条	6.5	45.0	.	17.0	.	千克	
39206100	聚碳酸酯制板、片、膜、箔、扁条	6.5	45.0	.	17.0	.	千克	
39206200	9μm≤厚度≤15.9μm聚酯薄膜	6.5	45.0	.	17.0	.	千克	
39206200	5μm≤厚度≤8.9μm聚酯薄膜	6.5	45.0	.	17.0	.	千克	
39206200	16μm≤厚度≤29.9μm聚酯薄膜	6.5	45.0	.	17.0	.	千克	
39206200	50μm≤厚度≤99.9μm聚酯薄膜	6.5	45.0	.	17.0	.	千克	
39206200	其他聚对苯二甲酸乙二酯板、片、膜等	6.5	45.0	.	17.0	.	千克	
39206300	不饱和聚酯板、片、膜、箔及扁条	10.0	45.0	.	17.0	.	千克	
39206900	其他聚酯板、片、膜、箔及扁条	10.0	45.0	.	17.0	.	千克	
39207100	再生纤维素制板、片、膜、箔及扁条	6.5	45.0	.	17.0	.	千克	
39207200	钢纸制板、片、膜、箔及扁条	10.0	35.0	.	17.0	.	千克	
39207300	醋酸纤维素制板、片、膜、箔及扁条	6.5	45.0	.	17.0	.	千克	
39207900	纤维素衍生物制板、片、膜、箔及扁条	10.0	45.0	.	17.0	.	千克	
39209100	聚乙烯醇缩丁醛板、片、膜、箔、扁条	6.5	45.0	.	17.0	.	千克	
39209200	聚酰胺板、片、膜、箔、扁条	10.0	45.0	.	17.0	.	千克	
39209300	氨基树脂板、片、膜、箔、扁条	6.5	45.0	.	17.0	.	千克	
39209400	酚醛树脂板、片、膜、箔、扁条	10.0	45.0	.	17.0	.	千克	
39209910	聚四氟乙烯制非泡沫塑料板、片、箔	6.5	45.0	.	17.0	.	千克	
39209990	其他非泡沫塑料板、片、膜、箔、扁条	6.5	45.0	.	17.0	.	千克	
39211100	泡沫聚苯乙烯板、片、带、箔、扁条	10.0	45.0	.	17.0	.	千克	
39211210	泡沫聚氯乙烯人造革及合成革	10.8	70.0	.	17.0	.	千克	
39211210	其他泡沫聚氯乙烯人造革及合成革	10.8	70.0	.	17.0	.	千克	
39211290	泡沫聚氯乙烯板、片、带、箔、扁条	6.5	45.0	.	17.0	.	千克	
39211290	其他泡沫聚氯乙烯板、片、带、箔等	6.5	45.0	.	17.0	.	千克	
39211310	泡沫聚氨酯制人造革及合成革	10.8	70.0	.	17.0	.	千克	
39211310	其他泡沫聚氨酯制人造革及合成革	10.8	70.0	.	17.0	.	千克	
39211390	泡沫聚氨酯板、片、带、箔、扁条	6.5	45.0	.	17.0	.	千克	
39211390	其他泡沫聚氨酯板、片、带、箔、扁条	6.5	45.0	.	17.0	.	千克	
39211400	泡沫再生纤维素板、片、膜、箔、扁条	10.0	45.0	.	17.0	.	千克	
39211910	其他泡沫塑料制人造革及合成革	10.8	70.0	.	17.0	.	千克	
39211990	其他泡沫塑料板、片、膜、箔、扁条	6.5	45.0	.	17.0	.	千克	
39219020	以聚乙烯为基本成分的板片	6.5	45.0	.	17.0	.	千克	
39219030	聚异丁烯为基本成分的板片卷材	6.5	45.0	.	17.0	.	千克	
39219090	未列名塑料板、片、膜、箔、扁条	6.5	45.0	.	17.0	.	千克	
39219090	其他未列名塑料板、片、膜、箔、扁条	6.5	45.0	.	17.0	.	千克	
39221000	塑料浴缸、淋浴盘、洗涤槽及盥洗盆	10.0	80.0	.	17.0	.	千克	
39222000	塑料马桶坐圈及盖	10.0	80.0	.	17.0	.	千克	
39229000	塑料便盆、抽水箱等类似卫生洁具	10.0	80.0	.	17.0	.	千克	
39231000	塑料制盒、箱及类似品	10.0	80.0	.	17.0	.	千克	

续表

商品编码	商品名称	进口税率		出口税率	增值税	消费税	计量单位	监管条件
		优惠	普通					
39232100	乙烯聚合物制袋及包	10.0	80.0	.	17.0	.	千克	
39232900	其他塑料制的袋及包	10.0	80.0	.	17.0	.	千克	
39233000	塑料制桶、瓶及类似品	10.4	80.0	.	17.0	.	千克	
39234000	塑料制卷轴、纡子、筒管及类似品	10.0	35.0	.	17.0	.	千克	
39235000	塑料制塞子、盖子及类似品	10.0	80.0	.	17.0	.	千克	
39239000	供运输或包装货物用其他塑料制品	10.0	80.0	.	17.0	.	千克	
39241000	塑料制餐具及厨房用具	10.0	80.0	.	17.0	.	千克	A
39249000	塑料制其他家庭用具及盥洗用具	10.0	80.0	.	17.0	.	千克	
39251000	塑料制囤、柜、罐、桶及类似容器	10.0	80.0	.	17.0	.	千克	
39252000	塑料制门、窗及其框架、门槛	10.0	80.0	.	17.0	.	千克	
39253000	塑料制窗板、百叶窗及类似制品	10.0	80.0	.	17.0	.	千克	
39259000	其他未列名的建筑用塑料制品	10.0	80.0	.	17.0	.	千克	
39261000	办公室或学校用塑料制品	10.0	80.0	.	17.0	.	千克	
39262000	塑料制衣服及衣着附件	10.0	90.0	.	17.0	.	千克	
39263000	塑料制家具、车厢及类似品的附件	10.0	80.0	.	17.0	.	千克	
39264000	塑料制小雕塑品及其他装饰品	10.0	100.0	.	17.0	.	千克	
39269010	塑料制机器及仪器用零件	10.0	35.0	.	17.0	.	千克	
39269090	其他塑料制品	10.0	80.0	.	17.0	.	千克	

（刘均科　许　琳）

全国塑料工业生产、经营情况统计

全国塑料制品行业 2003 年 1～12 月份经济运行及生产完成情况分析

一、我国工业经济及轻工行业整体运行概况

2003 年，我国经济战胜了非典疫情和多种自然灾害等不利因素的影响，继续保持高速增长。2003 年我国国内生产总值（GDP）为 116 694 亿元，按可比价格计算，比上年增长 9.1%，为 1997 年以来增长最快的年份，是 2003 年世界经济增长速度最快的国家。

在这种形势下，轻工行业整体经济运行也继续保持了较快的增长速度，2003 年规模以上轻工企业累计完成工业总产值（90 不变价）达 27 893.7 亿元，比上年同期增长 22.5%。销售收入 27 914.6 亿元，同比增长 22.7%。经济效益有新的提高，利税总额 2 277.4亿元，比上年增长 21.4%，其中利润总额为 1 251.7 亿元，比上年增长 30.3%。出口增势强劲，轻工产品出口额为 1 131.3 亿美元，比上年增长 24.7%。累计进口额 304.7 亿美元，同比增长 20.75%；实现贸易顺差 826.6 亿美元。

二、塑料制品行业主要经济指标完成情况

作为轻工行业支柱产业之一的塑料制品行业近几年增长速度一直保持在 10%以上，在保持较快发展速度的同时，经济效益也有新的提高。据最新统计，2003 年 1～12 月份，塑料制品行业全部国有和年产品销售收入 500 万元以上及非国有独立核算工业企业共计 8 237 个，累计完成工业总产值（90 年不变价）2 936.2亿元，比上年同期增长 21.1%，占轻工行业总产值的 10.5%，产值总额在轻工 19 个主要行业中位居第三；实现产品销售率 97.8%，高于轻工行业平均水平。

1～12 月份，塑料制品行业产品销售收入 2 867.5亿元，比去年同期增长 21.8%；实现利税 207.5 亿元，比去年同期增长 12.2%；利润总额为 126.2 亿元，同期相比增长 11.8%；

值得注意的是，虽然塑料制品行业整体发展近几年呈稳速增长态势，但从企业个体角度看，企业经济效益增长则呈现明显的不平衡现象，有两极分化趋势。企业亏损面有所扩大，亏损企业 1 461 个，占全部塑料企业总数的 17.7%；亏损额 22.7 亿元，比去年同期上升 7.7%。

三、产品产量与产品结构

2003 年 1～12 月份，塑料制品产量累计完成 1 650.5万吨（见图 1），比 2002 年同期增长 16.7%；12 月完成 161.2 万吨。增长 14.6%。

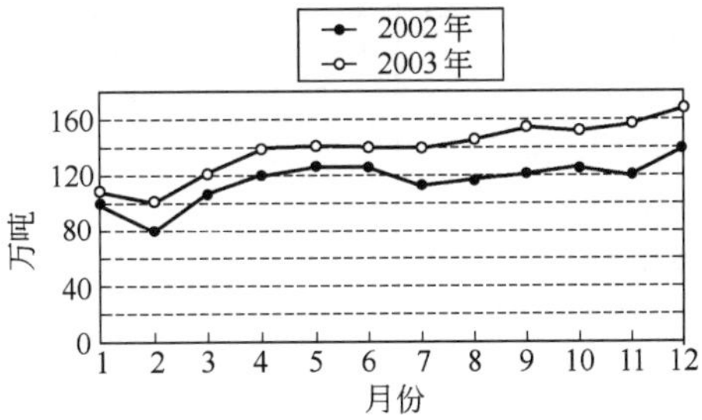

图 1　全国塑料制品产量月度完成情况表

总计，塑料薄膜累计生产 326.97 万吨，比去年同期增长 16.01%，占塑料制品总产量的 19.8%；塑料板片材 89.7 万吨，增长 13.02%，占塑料制品总产量的 5.4%；塑料棒管材 189.9 万吨，增长 23.1%，占塑料制品总产量的 11.5%；塑料丝及编织品 184.1 万吨，增长 18.9%，占塑料制品总产量的 11.2%；塑料人造革 55.2 万吨，增长 22.4%、塑料合成革 32.8 万吨，增长 11.7%。塑料人造革、合成革产量占塑料制品总产量的 5.3%；泡沫塑料 85.95 万吨，增长 21.4%，占塑料制品总产量的 5.2%；塑料包装箱及容器 72.4 万吨，增长 14.2%，占塑料制品总产量的 4.4%；日用塑料制品 188.9 万吨，增长 11.8%，占塑料制品总产量的 11.4%。其中：塑料鞋 21.5 万吨，增长 5.97%；占塑料制品总产量的 1.3%；其他塑料制品 424.5 万吨，增长 16.4%，占塑料制品总产量的 25.7%（详见图 2）。

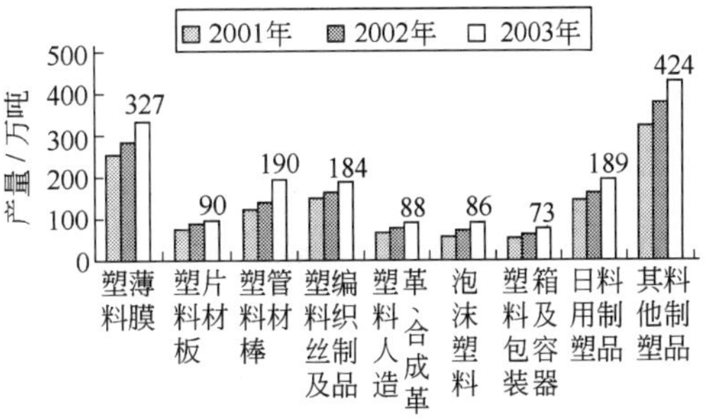

图 2　2003 年塑料制品产量行业分布图

今年农用薄膜生产形势比去年有所好转，12 月份产量 8.48 万吨，比去年同期增长 2.13%，1～12 月份累计产量 81.1 万吨，与去年同期相比增长 4.3 个百分点。

从全国几个主要农用薄膜生产省份情况看，山东、

表1　2003年塑料制品分品种产量前三位的地区　　单位：万吨

行业名称	产品总产量	产量前三位地区合计占总产量比重/%	第一位		第二位		第三位	
			地区	产量	地区	产量	地区	产量
塑料制品总计	1 650.5	57.5	广东	420.1	浙江	320.1	江苏	209.1
塑料薄膜	327.0	48.9	广东	72.1	浙江	45.4	江苏	42.5
其中：农用薄膜	81.1	42.5	山东	17.8	河南	10.7	河北	6.0
塑料板片材	89.6	60.9	安徽	21.7	江苏	19.7	广东	13.2
塑料棒管材	189.9	45.2	辽宁	31.2	广东	27.6	浙江	27.1
塑料丝及编织制品	184.1	50.6	浙江	39.2	山东	35.1	河南	18.9
塑料人造革	55.2	86.1	江苏	23.9	浙江	15.8	广东	7.8
塑料合成革	32.8	76.0	浙江	9.5	辽宁	8.5	江苏	6.9
泡沫塑料	85.9	84.9	江苏	40.1	浙江	21.0	广东	11.9
塑料包装箱及容器	72.4	51.8	广东	15.7	上海	13.1	浙江	8.7
塑料鞋	21.5	92.6	广东	11.9	福建	6.3	浙江	1.7
日用塑料制品	167.4	68.1	广东	53.8	浙江	44.7	江苏	15.5
其他塑料制品	424.5	75.4	广东	192.6	浙江	95.7	江苏	31.7

河南两省农膜产量继续保持增长，分别达到了17.8万吨、10.7万吨，居全国第一、二位；产量同比增长万吨以上的省份是山东省（+3.6万吨）、湖南省（+1.6万吨）、浙江省（+1.4万吨）、河南省（+1.1万吨）；产量减少万吨以上的省份是上海市（−1.5万吨）、辽宁省（−1.2万吨）、河北省（−0.98万吨）；增长幅度最大的省是湖南省，增幅为283.7%。

四、地区分布

从塑料制品产量地区分布上看，广东省、浙江省、江苏省三省塑料制品产量合计为949.3万吨，占塑料制品总计的57.5%（见图3）。

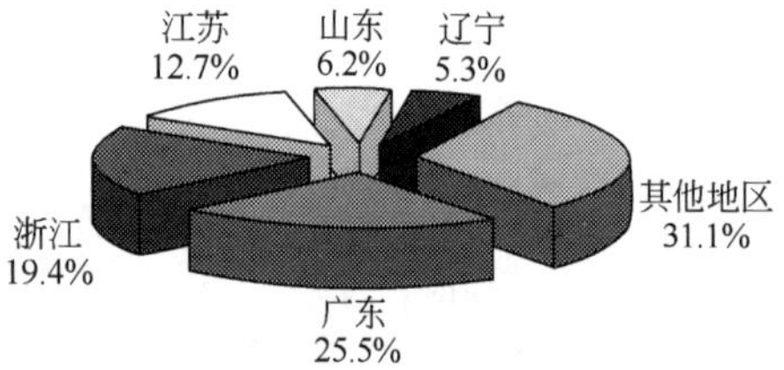

图3　2003年塑料制品产量地区分布图

从各省塑料制品分品种产量占全国同类产品产量比重看：广东省塑料薄膜、塑料包装箱及容器、日用塑料制品、塑料鞋、其他塑料制品产量居全国首位；浙江省塑料丝及编织品产量居全国首位；江苏省塑料人造革、泡沫塑料居全国首位。

与2002年相比，安徽省塑料板片材产量超过江苏位居全国首位。辽宁省、广东省塑料棒管材产量均超过浙江省，分别居全国第一、二位。广东省塑料包装箱及容器产量超过上海居全国首位。

2003年塑料制品分品种产量前三位的地区见表1。

从表1中可以看出，我国塑料制品行业产业集约度进一步提高，塑料制品分品种产量前三位的地区产量合计占总产量的比重比2002年均有不同幅度的提高。塑料鞋、泡沫塑料、塑料人造革、合成革制造业前三位地区合计占总产量的比重超过了70%。各地区产品结构上也各具特色。

五、海关进出口情况

2003年，我国轻工产品出口增势强劲，出口总额达到1 131.3亿美元，同比增长24.7%，占我国外贸出口总额的26%；实现贸易顺差826.6亿美元。

塑料制品出口仍继续保持快速增长的势头。据最新统计，2003年塑料制品累计出口879.3万吨，同比增长22.07%；出口额97.4亿美元，同比增长23.2%；出口额占轻工产品出口总额的8.6%，居轻工行业第四位；塑料制品累计进口164.1万吨，同比增长1.3%；进口额55.2亿美元，同比增长22.04%；贸易顺差44.2亿美元。其中：出口方面，塑料丝及异型材出口量增长154.1%；进口方面，塑料铺地制品增长35.6%；近几年，人造革、合成革进口呈下降走势，2000年又比去年同期下降11.9%；从单位产品平均单价上看，（出口：平均1 097.4美元/吨；进口：平均2 788.7美元/吨）我国目前塑料

表 2　2003 年 1～12 月份塑料制品海关出口统计

产品名称	出口量		出口额	
	1～12 月份累计/吨	同比增长/%	1～12 月份累计/万美元	同比增长/%
塑料制品	8 792 683.6	22.07	973 996.1	23.16
1. 塑料丝及异型材	16 817.7	154.08	2 402.7	106.35
2. 塑料管材	87 233.4	28.24	14 514.4	43.70
3. 塑料板、片材	464 479.7	27.57	72 886.5	34.49
4. 人造革、合成革	157 394.7	29.84	38 174.8	24.88
5. 塑料铺地制品	282 098.6	25.07	22 657.7	27.39
6. 其他塑料制品	7 784 659.5	21.30	823 359.9	21.61

表 3　2003 年 1～12 月份塑料制品海关进口统计

产品名称	进口量		进口额	
	1～12 月份累计/吨	同比增长/%	1～12 月份累计/万美元	同比增长/%
塑料制品	1 640 790.9	1.26	551 617.8	22.04
1. 塑料丝及异型材	11 088.9	−5.49	2 823.7	12.56
2. 塑料管材	31 214.7	16.74	17 696.2	25.90
3. 塑料板、片材	870 246.8	1.80	242 574.0	19.18
4. 人造革、合成革	118 395.9	−11.88	50 358.6	−2.49
5. 塑料铺地制品	32 663.4	35.56	5 114.0	26.80

制品出口品种多数为一些低端产品，产品附加值较低。产品工艺、技术含量等方面较同类进口产品均有较大差距。（具体数据详见表 2 和表 3）

总体上看，塑料制品进出口贸易存在较大顺差，但这种顺差主要靠塑料制品出口总量的增长来实现的。这种状况仍没有显著改变。目前，轻工出口产品中高附加值和高科技含量的产品仍然较少，出口市场仅集中于少数国家和地区，“走出去”的形式也相对单一，不少企业缺乏真正的跨国经营战略和标准化操作方式。为此，2004 年轻工行业将进一步加快走向世界的步伐，逐步实现由产品输出到资本输出、品牌输出，调整产品结构，提高产品质量和档次，提高产品的附加值，进一步拓展国际市场。

六、行业重点企业情况

据统计，今年 1～12 月份，中国塑料制品行业规模以上企业共计 8 237 家，其中，大中型企业约占 10%，产品销售收入亿元以上企业 527 家，共完成产品销售收入 1 368.4 亿元，即占行业企业总数的 6.3% 的企业，完成塑料制品行业总销售收入的 47.7%。

2003 年塑料制品行业有 15 家企业集团公司产品销售收入超过 10 亿元，其中：浙江大东南塑胶集团公司、佛山塑料集团股份有限公司、常州塑料集团公司产品销售收入超过 30 亿元；申达集团公司、无锡市兴达泡塑新材料有限公司、烟台万华合成革集团有限公司产品销售收入超过 20 亿元；芜湖海螺型材科技股份有限公司、河北宝硕集团有限公司、大连实德塑料工业有限公司、江苏三笑集团，浙江省鸿达集团有限公司、新疆天业股份有限公司、安徽国风集团有限公司、江阴市龙山集团公司、明达塑胶（厦门）有限公司产品销售收入超过 10 亿元。

亏损企业 1 461 家，占塑料制品企业总数的 17.7%，比去年同期增长 8.5%。亏损额有所扩大，比去年增长 7.7%。

塑料制品行业的高速发展使产业集约度有进一步集中的趋势，但集约度还不高。行业中尚未形成只有几家企业集团在国内整个市场上的激烈竞争局面。但地区性的行业垄断企业集团还是存在的。根据轻工“十五”规划，到 2005 年，塑料制品需求量为2 500 万吨，预计未来几年内，优势企业集团会不断扩大市场份额、继续保持行业内领先地位，市场也会淘汰一大批落后企业。在整个产业高速发展的同时，企业也要遵循市场发展的规律，居“安”思危，不断增强企业综合实力，调整产品结构，为在加入 WTO 后及将来进入成熟期的市场上的更为激烈、残酷的竞争做好准备。

（中国轻工业信息中心　张涌涛）

2003 年全国塑料制品业销售收入亿元以上企业（500 家）

序　号	企　业　名　称	序　号	企　业　名　称
1	浙江大东南塑胶集团公司	40	广州宏铭塑胶工业有限公司
2	佛山塑料集团股份有限公司	41	广东顾地塑胶有限公司
3	常州塑料集团公司	42	湖北富斯特新型包装材料股份有限公司
4	申达集团公司	43	福清市明达塑胶(福建)有限公司
5	无锡市兴达泡塑新材料有限公司	44	伟创力精密注塑(珠海)有限公司
6	烟台万华合成革集团有限公司	45	福清振云塑胶有限公司
7	芜湖海螺型材科技股份有限公司	46	江阴海达集团有限公司
8	河北宝硕集团有限公司	47	太平洋塑胶(福建)有限公司
9	大连实德塑料工业有限公司	48	大连爱丽思欧雅玛工贸有限公司
10	江苏三笑集团	49	顺德市联塑科技实业有限公司
11	浙江鸿达集团有限公司	50	威士茂科技工业园(珠海)有限公司
12	新疆天业股份有限公司	51	扬州惠通万福化纤有限公司
13	安徽国风集团有限公司	52	江苏蝙蝠塑料集团有限公司
14	江阴市龙山集团公司	53	乔奥华塑胶制品(深圳)有限公司
15	明达塑胶(厦门)有限公司	54	大连实德塑料建材有限公司
16	浙江利时投资集团股份有限公司	55	南亚塑胶工业(南通)有限公司
17	苏州华苏化工塑料有限公司	56	周口市华林塑料篷布有限公司
18	江苏琼花集团	57	广州宏顺塑胶工业有限公司
19	威海光威渔具有限公司	58	常州巨力塑料集团有限公司
20	广州宏信塑胶工业有限公司	59	台达化工(中山)有限公司
21	河南省漯河市塑料厂	60	镒得塑胶(福建)有限公司
22	东莞泛昌窗帘制品有限公司	61	中国石油乌鲁木齐石油化工总厂塑料厂
23	常州中化勤丰塑料有限公司	62	蓬莱市福鑫橡塑有限公司
24	漯河华强塑胶有限公司	63	惠州市德赛精密部件有限公司
25	浙江无名皮塑集团有限责任公司	64	江苏珠花集团公司
26	无锡兴达塑化材料有限公司	65	上海大智企业发展有限公司
27	上海紫江企业集团股份有限公司	66	广州市塑料工业股份有限公司
28	东莞欣扬五金塑胶制品有限公司	67	高明市顾地塑胶有限公司
29	雍华国际(惠州)电子有限公司	68	中山市永大胶粘制品厂有限公司
30	鹏思特(天津)实业有限公司	69	辽阳塑料制品厂
31	日新(天津)塑胶有限公司	70	浙江中财管道科技股份有限公司
32	山东双兴集团有限公司	71	南塑建材塑胶制品(深圳)有限公司
33	安徽天大企业(集团)公司	72	遂平县华强塑胶有限公司
34	福建亚通塑胶有限公司	73	无锡环宇包装材料有限公司
35	江苏省银杉实业集团有限公司	74	温州人造革有限公司
36	浙江禾欣实业股份有限公司	75	三友控股集团有限公司
37	深圳美阳注塑有限公司	76	普宁市振兴制造有限公司
38	南亚塑胶工业(广州)有限公司	77	江苏江南塑料集团公司
39	湖北凯乐集团	78	海尔百汇(青岛)实业有限公司

续表

序号	企业名称	序号	企业名称
79	丽光精密(中山)有限公司	128	珠海市及成通讯科技有限公司
80	泰尔茂医疗用品(杭州)有限公司	129	枣庄市山亭区玉山塑料编织厂
81	澄海市华翔塑料有限公司	130	惠州市大亚湾汇利日用制品有限公司
82	亚光耐普罗精密注塑(天津)有限公司	131	三水市中海石油(三水)化工有限公司
83	上海紫东化工塑料有限公司	132	正定县常山塑料制品厂
84	浙江华滨包装材料有限公司	133	厚宏日用制品(深圳)有限公司
85	山东北联集团总公司	134	金达塑胶五金制品(深圳)有限公司
86	天马精塑(中山)有限公司	135	恒隆胶品(深圳)有限公司
87	明辉塑胶制品(深圳)有限公司	136	汨罗市东方再生资源回收公司
88	青岛交河塑料有限公司	137	东莞润丰金属塑胶有限公司
89	雷盛德奎企业(上海)有限公司	138	河北沧州东塑股份有限公司
90	金像磁讯(深圳)有限公司	139	南京真旺塑料有限公司
91	山东三塑集团有限公司	140	星际塑料(深圳)有限公司
92	华夏塑料(中山)有限公司	141	苏州信越聚合有限公司
93	深圳元升轻工实业有限公司	142	大连日东塑料加工有限公司
94	山东环球渔具股份有限公司	143	淄博市临淄亚鲁实业总公司
95	世界塑胶餐垫(宝安)有限公司	144	上海南部塑料制品有限公司
96	揭阳市榕泰实业股份公司化工溶剂厂	145	天津市塑料集团有限公司
97	上海敬炫塑胶制品有限公司	146	长沙中圆科技有限公司
98	镇海炼化工业贸易总公司	147	揭阳市运通塑料包装有限公司
99	浙江永源实业有限公司	148	苏州市万达汽车内饰件厂
100	浙江瑞昶实业有限公司	149	深圳天众塑胶有限公司
101	富裕注塑制模(东莞)有限公司	150	惠州宝柏包装有限公司
102	安徽安利合成革有限公司	151	四维实业(深圳)有限公司
103	张家港易华塑料有限公司	152	宁波华信模塑制造有限公司
104	上海英济电子塑胶有限公司	153	南英塑胶工业(南通)有限公司
105	宁波海螺塑料型材有限责任公司	154	浙江中财塑胶有限责任公司
106	唐山海螺型材有限公司	155	文登市庆发电子材料厂
107	亚大塑料制品有限公司	156	福清宏太鞋业有限公司
108	浙江永高塑业发展有限公司	157	南京环亚塑料制品有限公司
109	顺德德冠包装材料有限公司	158	潍坊金磊包装厂
110	吉林省白山市喜丰塑料股份有限公司	159	森林键盘制造(深圳)有限公司
111	珠海经济特区中富实业股份有限公司	160	上海雅泰装饰材料有限公司
112	福建宏玮鞋塑有限公司	161	丽碧复合塑料(深圳)有限公司
113	南亚硬质胶布(广州)有限公司	162	乳山市网具厂
114	台山市附城镇吉联电线厂	163	浙江八方电信有限公司
115	中山市保时利塑胶实业有限公司	164	成都郫县新兴公司
116	永儒塑胶工业(苏州)有限公司	165	云南红塑薄膜有限公司
117	淮阳县郑集乡沪光塑料厂	166	宿迁市彩塑包装有限公司
118	鹏映塑料(深圳)有限公司	167	上海延晟汽车塑料件厂
119	天津市中环精模注塑有限公司	168	骏业塑胶(深圳)有限公司
120	东莞田氏化工有限公司	169	青岛成进塑料有限公司
121	华德塑料制品有限公司	170	南海市南方包装有限公司
122	浙江玉峰实业集团有限公司	171	文登金光塑料制品有限公司
123	上海化工厂有限公司	172	斗门区世纪打印机配件制造有限公司
124	广州宏焕塑胶工业有限公司	173	石家庄市金盟塑料包装有限公司
125	开平市长沙华侨尼龙工艺厂	174	北京华盾塑料有限责任公司
126	雷盛德奎实业有限公司	175	番禺石桥塑料制品有限公司
127	泽冠塑胶电子(深圳)有限公司	176	温州宇田树脂有限公司

续表

序　号	企　业　名　称	序　号	企　业　名　称
177	安能利塑胶(上海)有限公司	226	中山永宁塑料制品有限公司
178	利宾来电器制造(深圳)有限公司	227	潮州市华达利实业有限公司
179	三水市合成塑胶五金制品有限公司	228	青岛宏达塑胶总公司
180	珠海正达包装科技实业有限公司	229	温州市宏得利合成革有限公司
181	河北省惠尔信新材料有限公司	230	上海佳泰塑胶有限公司
182	杭州西雅普康大制革有限公司	231	三水三联塑胶原料制品有限公司
183	宿豫县耿车工业生态园区有限责任公司	232	山东塑料制品试验厂
184	万利塑胶(深圳)有限公司	233	东莞宝星盒带有限公司
185	中山市永宁包装薄膜制品有限公司	234	湖北江裕塑料工业发展有限公司
186	顺德顺威电器有限公司	235	杭州通达电缆材料有限公司
187	浙江大东吴集团有限公司	236	新窖工业公司
188	宁波大榭开发区金源复合材料有限公司	237	南京塑料包装材料总厂(南京塑料二厂)
189	南亚塑胶建材(南通)有限公司	238	海城市塑料一厂
190	台山市台城镇塑料厂	239	欧诺法装饰材料(上海)有限公司
191	广州宏庆塑胶工业有限公司	240	张家港爱丽塑料有限公司
192	上海紫江特种瓶业有限公司	241	鞍山金成塑胶制品有限公司
193	温州晨光集团有限公司	242	中山市展新塑料制品有限公司
194	南京红宝丽股份有限公司	243	哈尔滨哈轻塑胶有限公司
195	珠海市南屏镇北山中华胶袋印制厂	244	瑞安市塑胶鞋总厂
196	苏州洽兴塑胶有限公司	245	四川美好塑业有限公司
197	天津乐金新型建材有限公司	246	临海市伟星新型建材有限公司
198	山东省阳谷县塑化有限公司	247	长春君子兰考泰斯塑料制品有限公司
199	浙江华庆集团有限公司	248	深圳石化丽星丰达塑料有限公司
200	盛辉(福建)鞋材有限公司	249	广东金华电缆厂
201	沈阳中富瓶胚有限公司	250	淄博汇丰塑料有限公司
202	浙江江南工贸集团股份有限公司	251	天津市津港塑料制品有限公司
203	潮阳市星光(集团)公司	252	华亚芜湖塑胶有限公司
204	珠海铭祥汽车工业有限公司	253	深圳铁鹰塑胶拉粒有限公司
205	科时电子(惠州)有限公司	254	广州洛民塑料有限公司
206	杭州乐华塑胶有限公司	255	云南昆岭薄膜工业有限公司
207	江苏环湖宏顺彩钢泡塑有限公司	256	江阴宝柏包装有限公司
208	佛山市华旭塑胶模具有限公司	257	中山高宏塑料制品有限公司
209	宁波四维尔汽车装饰件有限公司	258	温州市华正塑业有限公司
210	江苏全盛土工器材集团有限公司	259	兰州定元塑料薄膜有限公司
211	安徽双永装饰材料有限公司	260	绿点(天津)塑胶有限公司
212	上海金浦塑料包装材料有限公司	261	温州五洲人造革有限公司
213	三水市健力宝塑料制品有限公司	262	杭州杭宝集团有限公司
214	福州叶下塑革有限公司	263	广州顺晟胶有限公司
215	佛山东冠包装材料有限公司	264	上海伟东包装制品有限公司
216	中外合资苏州华美塑料有限公司	265	昆山市翔峰塑料制品有限公司
217	福清利亚塑胶有限公司	266	上虞市徐陈电器塑料制品有限公司
218	福建正茂塑胶制品有限公司	267	上海第一精工模塑有限公司
219	湛江包装材料企业有限公司	268	河南省安阳塑化股份有限公司
220	齐河县马集乡农丰吹塑厂	269	南京世锋户外制品有限公司
221	上海浦东美灵塑料制品厂	270	宁波华利电器厂
222	上海翔茂企业有限公司	271	毅华电子(中山)有限公司
223	苏州工业园区和昌电器有限公司	272	昆山中富瓶胚有限公司
224	杭州萧山华益塑料有限公司	273	四川中富容器有限公司
225	厦门市厦新工程塑胶有限公司	274	东莞市嘉田五金塑胶制品有限公司

续表

序号	企业名称	序号	企业名称
275	陵县群力塑胶有限公司	324	四川省崇州康塑胶制品有限公司
276	江苏丰润电器有限公司	325	福清福捷塑胶有限公司
277	余姚市日用工艺制品厂	326	南京恒建装饰工程有限公司
278	广州新泉包装容器有限公司	327	山东龙口三维电器有限责任公司
279	淄博欧齐塑胶有限公司	328	爱索尔(广州)包装有限公司
280	南京金中达新材料有限公司	329	杭州塑料工业有限公司
281	大中塑胶制品有限公司	330	天津顺昌塑胶制品有限公司
282	艺龙化工有限公司	331	台安塑料制品(井陉)有限公司
283	兰州化学工业公司多经处	332	圣纪塑胶制品(深圳)有限公司
284	安徽宁国双津(集团)实业有限公司	333	随州市西城双龙寺工贸公司
285	潮阳粤东磁电公司	334	温州闽峰合成革有限公司
286	浙江南塑包装有限公司	335	深圳泉港包装工业有限公司
287	上海联宾塑胶工业有限公司	336	河源市政星塑料制品河源有限公司
288	三水长丰塑胶有限公司	337	伊丹树脂制品(常熟)有限公司
289	北京市北泡轻钢建材有限公司	338	沛县华天建材公司
290	佛山市新纬星塑料有限公司	339	沈阳友星电子有限公司
291	天津实发-紫江包装有限公司	340	泉州市美加美仿瓷餐具有限公司
292	河源市嘉太医保用品有限公司	341	上海大赛璐塑料工业有限公司
293	桐城市华猫塑料有限公司	342	东莞康荣塑料制品有限公司
294	浙江伊美薄膜工业有限公司	343	乳山市塑料四厂
295	浙江华泰塑胶股份有限公司	344	河南飞鸿实业股份有限公司
296	成都中富瓶胚有限公司	345	乳山市塑料厂
297	增城市城高塑胶五金有限公司	346	宝星磁电工业(惠州)有限公司
298	宁波国成塑料有限公司	347	温州市五龙合成革有限公司
299	华亚(东营)塑胶有限公司	348	青岛青青旅游用品有限公司
300	石家庄鸿翔塑料制品有限公司	349	温州市太平洋双鲸人造革有限公司
301	东方协和塑料工业(上海)有限公司	350	中山市环亚塑料包装有限公司
302	江阴信冠装饰材料有限公司	351	工贸合营常州塑料编织总厂
303	浙江大发包装材料有限公司	352	苏州向隆塑胶有限公司
304	涿州市永盛塑胶有限公司	353	顺德市德冠双轴拉伸薄膜有限公司
305	源展塑胶电子(深圳)有限公司	354	无锡市中通汽车内饰材料有限公司
306	广州市番禺区振兴塑料有限公司	355	绍兴智达电器有限公司
307	海士茂电子塑胶(青岛)有限公司	356	上海氯碱创业有限公司
308	张家港宏国化学工业有限公司	357	欣阳塑胶工业(天津)有限公司
309	沈阳鸿祥地板革厂	358	即墨市远大包装材料厂
310	苏州工业园区第一塑胶有限公司	359	永发窗帘公司
311	东江塑胶制品(深圳)有限公司	360	北京北新建塑公司
312	上海亚大塑料制品有限公司	361	杭州舒奇美卫生用品有限公司
313	四川森普管材股份有限公司	362	上海开捷门窗有限公司
314	浙江申新包装实业有限公司	363	东莞虎邦五金塑胶制品有限公司
315	中山环宇实业有限公司	364	中南汽车贸易公司
316	上海盈通塑胶制品有限公司	365	广州田氏塑胶有限公司
317	浙江志龙实业投资有限公司	366	福清市茂山塑料制品有限公司
318	杭州伟东包装制品有限公司	367	北京三箭和众鼎电子有限公司
319	上海世霸包装材料有限公司	368	海南现代企业股份有限公司
320	杭州顺发包装有限公司	369	无锡国泰彩印有限公司
321	天津万华股份有限公司	370	台山兴达塑料有限公司
322	厦门明蓓塑胶有限公司	371	上海公元建材发展有限公司
323	四川华塑建材有限公司	372	深圳歌乐电磁有限公司

续表

序　号	企　业　名　称	序　号	企　业　名　称
373	杭州波达塑业有限公司	422	中山东冠胶粘制品有限公司
374	兰州化学工业公司宏达公司	423	宁波衡山模塑有限公司
375	湖南安塑公司	424	苏州英杰注塑有限公司
376	雷盛德奎实业(天津)有限公司	425	江门市裕华墙纸有限公司
377	威海市氟塑集团公司	426	广西南宁桂盐科技有限责任公司
378	江苏华康医药塑料厂	427	海伦市塑料制品厂
379	武汉紫江包装有限公司	428	南京欧文斯科宁挤塑泡沫板有限公司
380	佛山冠达复合材料有限公司	429	白山喜丰塑料股份有限公司寿光分公司
381	澄海楚宜企业(集团)公司	430	武汉市汉南金天纸塑制品有限公司
382	浙江远翅塑料有限公司	431	志源塑胶制品(惠州)有限公司
383	珠海市中富热灌装瓶有限公司	432	吉川塑胶(深圳)有限公司
384	广东金汉集团有限公司	433	龙口市博渠塑料制品厂
385	上海宝菱塑料制品有限公司	434	泰州泰华塑料制品有限公司
386	仪化东丽聚酯薄膜有限公司	435	南京扬子石化塑料化工有限责任公司
387	湖北中基包装材料有限公司	436	安徽宁国双津(集团)实业有限公司
388	顺德联塑公司	437	雄进塑料(东莞)有限公司
389	福联(福建)鞋塑有限公司	438	福建万福企业集团有限公司
390	上海阿仨希化工有限公司	439	太仓市塑料制品三厂
391	富裕注塑制模(天津)有限公司	440	烟台华润汽车内饰件有限公司
392	深圳市永昌塑料编织厂	441	烟台市聚氨酯制品工业公司
393	厦门威迪亚建材工业公司	442	晋江市盛欣化纤有限公司
394	上海通慧塑料厂	443	广州森六塑件有限公司
395	厦门武峰塑料有限公司	444	石家庄市东兴实业公司
396	温州华都皮革有限公司	445	奥科亚国际瓶盖系统(天津)有限公司
397	南通金发皮革里衬有限公司	446	天津塑料集团第二塑料厂
398	杭州高新塑料厂	447	高要市立胜塑胶有限公司
399	大庆市太福化工有限公司	448	吴县市浜崎复合材料有限公司
400	昆山中富容器有限公司	449	东莞木材塑胶制品有限公司
401	福州远洋塑料日用品有限公司	450	深石化塑胶集团株洲塑胶有限公司
402	文登市第三建材塑料厂	451	武汉今晨日化有限公司
403	佛山长虹制管有限公司	452	慈溪市光华塑料有限公司
404	无锡百灵塑料集团有限公司	453	昭和塑料(深圳)有限公司
405	日新(福清)塑料制品有限公司	454	顺德祥润园林工具有限公司
406	远通五金塑胶制品有限公司	455	华亚(厦门)塑胶有限公司
407	无锡世信电子配件有限公司	456	温州压延革有限公司
408	温州力邦制革有限公司	457	山东沂蒙塑料制品有限公司
409	天津阳光塑料有限公司	458	昆山金利商标有限公司
410	拥华(厦门)家用品有限公司	459	揭阳市冠义塑胶实业有限公司
411	广州振兴利塑胶五金制品有限公司	460	天合(宁波)电子元件紧固装置有限公司
412	嘉兴西猛人造毛皮服装有限公司	461	黑龙江庆港塑料有限公司
413	山东省鲁宏塑窗机械集团总公司	462	武汉塑料工业公司
414	广东聚赛龙工程塑料有限公司	463	厦门革新塑胶制品有限公司
415	南海市里水诚丰模具有限公司	464	青岛金华塑料有限公司
416	洛阳市吉利区双向拉膜厂	465	南京能宝塑料制品有限公司
417	浙江东冠制管有限公司	466	昆山协兴合成革有限公司
418	江苏神牛集团有限公司	467	斗门区白蕉新纪元五金塑料厂
419	上海利士包装有限公司	468	青岛塑料模具实业公司
420	宁波三友集团公司	469	苏州同协塑胶电子有限公司
421	常熟市贝斯特皮革有限公司	470	浦东高分子(上海)有限公司

续表

序　号	企　业　名　称	序　号	企　业　名　称
471	无锡市新区八一塑料厂	486	惠阳中建塑胶产品有限公司
472	河北华宝塑机股份有限公司	487	深圳市陶基实业有限公司
473	赛德家庭用品(上海)有限公司	488	三水市美家悦日用品(三水)有限公司
474	上海吉兴装饰材料有限公司	489	广州市金威龙实业股份有限公司
475	厦门建霖卫浴工业有限公司	490	新会市润田实业投资有限公司
476	广州中宝包装制品有限公司	491	南平市金月合成革有限公司
477	湖北双鸥汽车工程塑料(集团)公司	492	上海加铝复合板有限公司
478	宁波厚生(股份)有限公司	493	浙江舟山岱美聚氨酯有限公司
479	江都市新新塑料化工有限公司	494	东莞彩扬塑胶制品有限公司
480	青岛泰旭木业有限公司	495	福清市永超鞋革制品有限公司
481	宇科塑料(厦门)有限公司	496	大庆雪龙包装制品有限公司
482	中泰实业塑胶(深圳)有限公司	497	潮阳市亿丰旅游用品有限公司
483	茂名市天行塑胶制品有限公司	498	铭板塑胶(上海)有限公司
484	邯郸市嘉恒泡沫厂	499	重庆顾地塑胶电器有限公司
485	汕头经济特区宏通塑胶有限公司	500	佑多塑胶(深圳)有限公司

(中国塑料加工工业协会、全国塑料工业加工信息中心)

综　　述

塑料制品进出口统计

表 1　2003 年 1～12 月份塑料制品海关出口统计

产品名称	出口量/吨		出口额/万美元	
	1～12 月份累计	同比增长/%	1～12 月份累计	同比增长/%
塑料制品	8 792 683.6	22.07	973 996.1	23.16
塑料丝及异型材	16 817.7	154.08	2 402.7	106.35
塑料管材	87 233.4	28.24	14 514.4	43.70
塑料板、片材	464 479.7	27.57	72 886.5	34.49
人造革、合成革	157 394.7	29.84	38 174.8	24.88
塑料铺地制品	282 098.6	25.07	22 657.7	27.39
其他塑料制品	7 784 659.5	21.30	823 359.9	21.61

表 2　2003 年 1～12 月份塑料制品海关进口统计

产品名称	进口量/吨		进口额/万美元	
	1～12 月份累计	同比增长/%	1～12 月份累计	同比增长/%
塑料制品	1 640 790.9	1.26	551 617.8	22.04
塑料丝及异型材	11 088.9	−5.49	2 823.7	12.56
塑料管材	31 214.7	16.74	17 696.2	25.90
塑料板、片材	870 246.8	1.80	242 574.0	19.18
人造革、合成革	118 395.9	−11.88	50 358.6	−2.49
塑料铺地制品	32 663.4	35.56	5 114.0	26.80

（中国轻工业信息中心　张涌涛）

通用树脂

一、概述

2003 年，我国 GDP 增长率达到 9.1%，我国经济继续呈现快速发展的态势。随着我国国民经济和石油化工的发展，我国合成树脂的生产规模不断扩大，工艺技术不断提高，产品产量不断增加，具有了一定的实力。特别是近十几年来，一批大中型乙烯装置建成投产，加速了我国合成树脂工业的发展。我国合成树脂产量由 1985 年的 123.27 万吨增加到 2003 年的 1 593.75万吨。1985～2003 年，我国合成树脂产量年平均增长率达 15.3%。其中，聚乙烯（PE）、聚丙烯（PP）、聚氯乙烯（PVC）、聚苯乙烯（PS）、ABS 树脂等五大合成树脂产量由 1985 年的 101.8 万吨增加到 2003 年的 1 543.37 万吨。1985～2003 年，我国五大合成树脂产量年平均增长率达 16.3%。

到 2003 年底，我国五大合成树脂生产能力达 1 672.1万吨/年。据统计，2003 年我国五大合成树脂生产装置平均开工率为 92.3%。其中，聚乙烯 106.4%，聚丙烯 100.2%，聚氯乙烯 84.5%，聚苯乙烯 83.8%，ABS 67.3%，均高于 2002 年对应的开工率。

二、现状

（一）聚乙烯

聚乙烯是由乙烯单体聚合而成的一种热塑性塑料。由于聚乙烯的原料来源非常丰富，而且聚乙烯产品具有优良的力学性能、电绝缘性、耐化学腐蚀性、耐低温性和优良的加工性能，同时其产品可用于制造薄膜、管材、瓶、桶、贮罐、汽车零件、电线电缆、玩具等，广泛应用于工业、农业、通讯以及日常生活等各个领域，因此，聚乙烯得到较快的发展，并在合成树脂生产中一直占据首要地位。

聚乙烯按其密度可分为高密度聚乙烯（HDPE）、低密度聚乙烯（LDPE）和线性低密度聚乙烯（LLDPE）；按其生产方法可分为高压聚乙烯（生产低密度聚乙烯）、低压聚乙烯（生产高密度聚乙烯）及全密度聚乙烯（生产线性中低密度和高密度聚乙烯）。

我国聚乙烯工业始于20世纪60年代，经过40多年的发展，现已基本形成了LDPE、HDPE、LLDPE品种配套，淤浆法、气相法、管式法、釜式法、溶液法工艺类型比较齐全的生产体系。2003年，我国聚乙烯生产能力388.1万吨/年，比1999年增加了48.7%。在已建成投产的31套生产装置中，低密度聚乙烯生产装置8套，生产能力为88.3万吨/年，占聚乙烯总生产能力的22.8%；高密度聚乙烯生产装置11套，生产能力为126.3万吨/年，占聚乙烯总生产能力的32.5%；线型低密度和全密度聚乙烯生产装置12套，生产能力为173.5万吨/年，占聚乙烯总生产能力的44.7%。

2003年，我国聚乙烯产量412.96万吨，比2002年增长了16.3%，其中，低密度聚乙烯产量98.71万吨，高密度聚乙烯产量146.32万吨，线性低密度聚乙烯产量167.93万吨。同期，我国聚乙烯进口量469.01万吨，表观消费量880.52万吨，产量消费比0.47。在五大合成树脂中，聚乙烯进口量和表观消费量居第1位。近年我国聚乙烯供需状况见表1。

（二）聚丙烯

在通用树脂中，聚丙烯无论在生产能力还是产量上均已占据重要地位，成为仅次于聚乙烯的第二大品种。聚丙烯具有原料易得、价格低廉、质量轻、无毒、透明度高、可在较高温度下使用、易加工、抗挠曲性好、抗冲击强度好等优点，被广泛用于生产薄膜、管材、板材、医疗器械、包装袋、捆扎绳、渔网、周转箱、编织袋、洗衣机内桶及底座、汽车保险杠、汽车内饰件及仪表盘、家用电器壳体及配件、丙纶衣衫、地毯等，成为轻工、化工、纺织、建材、包装、汽车等工业领域中一种较为重要的产量增长较快的合成树脂。

我国聚丙烯工业始于1970年兰州化学工业公司5kt/a装置的投产。随后，1976年燕山石化公司80kt/a溶剂淤浆法装置、1979年辽阳化纤公司35kt/a溶剂法装置相继投产，1987年扬子石化公司建成1套140kt/a液相本体法装置。20世纪80年代中期，国内许多炼油厂利用炼厂丙烯建成了一批千吨级的间歇法小本体聚丙烯装置。进入90年代，我国陆续引进了10多套采用海蒙特（Himont）公司和三井油化工艺的聚丙烯生产装置。1998年以后，采用国内设计的液相本体-气相法聚丙烯生产装置相继投产，标志着我国聚丙烯工业的发展进入了新的阶段。2003年，我国有聚丙烯生产厂70多家，合计生产能力426万吨/年，其中，连续法聚丙烯生产装置30套，生产能力336.4万吨/年，间歇法聚丙烯生产装置106套，生产能力94.1万吨/年。

2003年，我国聚丙烯产量426.82万吨，比2002年增长了14.1%，其中，连续法聚丙烯生产装置产量341.50万吨，比2002年增长了15.7%。同期，我国聚丙烯进口量273.43万吨，表观消费量699.06万吨，产量消费比0.61。在五大合成树脂中，聚丙烯进口量和表观消费量居第2位。近年我国聚丙烯供需状况见表2。

表1　近年我国聚乙烯供需状况

年　份	生产能力/（万吨/年）	产量/万吨	进口量/万吨	出口量/万吨	表观消费量/万吨	产量消费比/%
1999年	261.05	271.40	259.90	1.14	530.16	51
2000年	264.70	300.00	296.71	0.93	595.78	50
2001年	310.40	308.30	411.25	0.70	718.85	43
2002年	365.10	355.20	455.94	1.07	810.07	44
2003年	388.10	412.96	469.01	1.45	880.52	47

表2　近年我国聚丙烯供需状况

年　份	生产能力/（万吨/年）	产量/万吨	进口量/万吨	出口量/万吨	表观消费量/万吨	产量消费比/%
1999年	305.60	268.77	147.27	0.87	415.17	65
2000年	315.75	323.95	164.03	1.02	486.96	67
2001年	337.10	333.95	208.65	0.93	541.67	62
2002年	396.00	374.17	244.23	1.25	617.15	61
2003年	426.00	426.82	273.43	1.19	699.06	61

（三）聚氯乙烯

聚氯乙烯具有阻燃、绝缘、耐磨损、耐腐蚀等优良性能，并且价格低廉、原材料来源广泛，其加工方法主要有：挤出、注塑、压延和吹塑等。聚氯乙烯制品广泛用于轻工、建筑、农业、电力、电子电气、包装、日常生活等多方面。聚氯乙烯是五大热塑性合成树脂之一，其产量仅次于聚乙烯和聚丙烯，居第3位，其消费量占合成树脂总消费量的29%左右，也居第3位。由于聚氯乙烯消耗氯碱生产中30%的氯气，因此，聚氯乙烯对碱、氯平衡和氯碱工业的发展具有极其重要的作用。

我国聚氯乙烯开发及生产始于20世纪50年代，70年代以前我国聚氯乙烯原料生产均采用电石法工艺。70年代中期北京化工二厂引进80kt/a聚氯乙烯悬浮聚合生产装置，其原料路线是采用乙烯法工艺制氯乙烯。经过几十年的发展，我国聚氯乙烯工业取得了长足的进步。近几年，我国聚氯乙烯生产企业积极消除生产装置“瓶颈”，加快了改造和扩建的步伐。近期，由于我国聚氯乙烯装置扩能过快，原料严重短缺的问题凸显出来，成为制约并将在今后较长的一段时间内困扰我国聚氯乙烯发展的重要因素之一。

氯乙烯生产主要有乙烯法和电石法两种工艺。除此之外，有一些聚氯乙烯生产企业还采取进口氯乙烯（VCM）或二氯乙烷（EDC）来生产聚氯乙烯。2003年我国氯乙烯和二氯乙烷进口量分别达到860.8kt和360.3kt。受多种因素的影响，一些原采用电石法原料路线的中小企业改用进口的聚氯乙烯或二氯乙烷，但当采用氯乙烯或二氯乙烷原料路线与采用电石法原料路线成本差价过高时，有些企业又转向电石法原料路线。

2003年，我国有聚氯乙烯生产厂约80家，合计生产能力456万吨/年。从生产原料来看，采用乙烯为原料生产聚氯乙烯的生产能力为95万吨/年，占全国聚氯乙烯总生产能力的23.2%；采用二氯乙烷裂解生产聚氯乙烯和采用氯乙烯单体直接聚合生产聚氯乙烯的生产能力为100万吨/年，占全国聚氯乙烯总生产能力的24.4%；采用电石法生产聚氯乙烯的生产能力215万吨/年，占全国聚氯乙烯总生产能力的52.4%。由此可以看出，目前我国聚氯乙烯生产仍以电石法为主。

聚氯乙烯消费主要分为两大类：一是软制品，主要包括薄膜、电线电缆、人造革、地板砖、塑料鞋、织物涂层、各类软管、手套、玩具以及一些专用涂料和密封剂等；二是硬制品，主要包括管材、管件、异型材、板片材、瓶等。近几年，我国聚氯乙烯消费仍然以软制品为主，约占聚氯乙烯总消费的近60%，硬制品的比例约占40%。随着我国建筑业的大力发展，住宅室内排水管、室外供水管、电线穿线管、塑料门窗、装饰材料、建筑和家具用板材对聚氯乙烯的消费需求不断增加，我国聚氯乙烯硬制品的比例将进一步提高。

2003年，我国聚氯乙烯产量410万吨，进口量229.25万吨，表观消费量634.72万吨，产量消费比65%。近年我国聚氯乙烯供需状况见表3。

（四）聚苯乙烯

聚苯乙烯是由苯乙烯单体通过自由基聚合反应而得到的，聚苯乙烯的生产方法有：悬浮聚合法、本体聚合法、溶液聚合法和乳液聚合法等。目前，工业化的生产方法主要是悬浮聚合法和本体聚合法。聚苯乙烯主要有3个品种：通用型聚苯乙烯（GPPS）、抗冲型聚苯乙烯（HIPS）和可发泡聚苯乙烯（EPS）。通用型聚苯乙烯具有良好的透明性、耐水、耐光、电绝缘性能和低吸湿性，加工流动性好、易于成型加工、容易染色等优点。聚苯乙烯广泛应用于电子、电器、家具、建筑材料、包装材料、玩具等领域。

我国聚苯乙烯生产始于20世纪60年代。1960年，我国第1套自行设计的500t/a悬浮法聚苯乙烯生产装置在上海高桥石化公司投产，1961年，兰州化学工业公司引进了1套1kt/a本体法聚苯乙烯生产装置。此后，我国采用国产化技术陆续建成了一些小规模生产装置。进入80年代以来，我国开始引进国外先进技术建成万吨级生产装置，并取得了较快的发

表3　近年我国聚氯乙烯供需状况

年　份	生产能力/(万吨/年)	产量/万吨	进口量/万吨	出口量/万吨	表观消费量/万吨	产量消费比/%
1999年	256.65	191.56	179.73	3.03	368.26	52
2000年	320.00	238.73	192.41	4.08	427.06	56
2001年	423.50	287.68	250.80	3.63	534.85	54
2002年	425.50	338.87	225.14	3.78	560.23	60
2003年	485.00	410.00	229.25	4.53	634.72	65

展。目前，我国聚苯乙烯生产厂有30余家。镇江奇美化工有限公司是目前国内最大的聚苯乙烯生产厂，其生产能力为300kt/a；扬子-巴斯夫苯乙烯系列产品有限公司居第二位，其生产能力为180kt/a；汕头海洋聚苯乙烯树脂公司排第三，其生产能力为150kt/a；其他生产厂大部分生产能力在30kt/a以下，还有不少生产能力在10kt/a左右的小型装置。与先进的大型装置相比，小型装置生产的产品质量不稳定，生产成本较高，在市场竞争中处于劣势。

2003年，我国聚苯乙烯生产能力258万吨/年，产量216.21万吨，进口量156.43万吨，表观消费量367.25万吨，产量消费比59%。近年我国聚苯乙烯供需状况见表4。

（五）ABS树脂

ABS树脂是由丙烯腈、丁二烯和苯乙烯组成的三元共聚物，具有卓越的综合物理和机械性能，并具有较高的冲击强度。ABS树脂无毒、无臭、坚韧、质硬、呈刚性，具有较好的耐低温性和耐蠕变性。ABS树脂的耐磨性能很好，虽然不能用做自润滑材料，但由于有良好的尺寸稳定性，故仍可用于中等负荷的轴承材料。ABS树脂是无定形聚合物，加工性能优良，可用一般加工成型设备加工，如注塑、挤出、中空成型、真空成型、发泡、压延等成型方式，还可以进行喷涂金属、电镀、焊接和黏合等二次加工。ABS树脂的主要用途由四大部分组成：消费品、建筑、电器电子和交通工具。在美国、日本和西欧，ABS树脂的应用比较成熟，其消费品方面所占份额较大。我国ABS树脂应用领域多在电器电子方面，占88%，在消费品、建筑业、交通工具方面还有很大的发展潜力。

我国早在1963年就开始研制开发ABS树脂。1970年兰州化学工业公司合成橡胶厂建成我国第一套乳液接枝法ABS树脂生产装置，1975年正式投产时的能力为2kt/a。1978年上海高桥石化公司自行开发乳液接枝-乳液AS掺合法ABS树脂生产装置开车成功，1986年实际生产能力达到2kt/a。直至20世纪80年代初，全国ABS树脂产量始终在3kt/a左右，远远满足不了市场需求。此后，我国陆续引进了多套ABS树脂生产装置，不仅使我国ABS树脂产能和产量有了较大的提高，品种增加，而且，生产技术水平也有了较大的提高。目前，我国ABS树脂的生产发展仍滞后于实际的市场需求增长，供需矛盾十分突出。

2003年，我国ABS树脂生产能力115万吨/年，产量77.38万吨，进口量179.01万吨，表观消费量254.25万吨，产量消费比0.30。在五大合成树脂中，ABS树脂产量消费比最低。近年我国ABS树脂供需状况见表5。

截至2003年，我国ABS树脂的主要生产企业有9家，在这9家ABS树脂生产企业中，宁波LG甬兴化学有限公司的300kt/a ABS生产装置是目前国内最大的。我国ABS树脂的主要生产企业及装置生产能力见表6。

表4　近年我国聚苯乙烯供需状况

年　份	生产能力/（万吨/年）	产量/万吨	进口量/万吨	出口量/万吨	表观消费量/万吨	产量消费比/%
1999年	70.92	54.29	151.70	2.79	203.20	27
2000年	110.75	81.41	152.83	6.56	227.68	36
2001年	178.50	150.00	153.81	4.67	299.14	50
2002年	211.00	174.97	162.75	4.32	333.40	52
2003年	258.00	216.21	156.43	5.39	367.25	59

表5　近年我国ABS树脂供需状况

年　份	生产能力/（万吨/年）	产量/万吨	进口量/万吨	出口量/万吨	表观消费量/万吨	产量消费比/%
1999年	24.00	13.53	133.42	2.13	144.82	9
2000年	46.50	18.45	146.97	2.75	162.67	11
2001年	73.20	32.00	142.60	2.87	171.73	19
2002年	82.00	45.98	163.76	1.96	207.78	22
2003年	115.00	77.38	179.01	2.14	254.25	30

表 6　我国 ABS 树脂主要生产企业及装置生产能力

单位：千吨/年

生产企业	生产能力
浙江宁波 LG 甬兴化学有限公司	300
江苏镇江奇美公司	250
吉林化学工业公司合成树脂厂	180
江苏镇江国亨化学公司	150
江苏常州塑料集团公司	100
兰州化学工业公司合成橡胶厂	50
大庆石油化工总厂	50
辽宁盘锦乙烯工业公司	50
上海高桥石化公司化工厂	20
合　计	1 150

三、发展规划

（一）发展重点

坚持装置大型化、产品系列化、结构均衡化、技术独特化、服务优质化的原则，在以更快的速度扩大总量的同时，重视品种牌号的开发，特别是合成树脂专用料比例的提高，缓解总量不足和结构性短缺双重矛盾。同时，大力发展电子信息技术、新型节能技术和环保技术，推动合成树脂产业结构调整升级。

1. 发展总量，解决生产和消费之间的矛盾

占五大合成树脂消费量 78% 的聚乙烯、聚丙烯和聚氯乙烯仍是今后发展的重点，特别是聚氯乙烯消费增长较快。“十一・五”期间要进一步扩大我国合成树脂生产能力，增加产量，改进工艺。目前，聚苯乙烯和 ABS 主要依赖进口，生产和消费的矛盾比较突出，要采取多种投资方式，配合乙烯改造和新建乙烯项目，建设和改造聚苯乙烯和 ABS 装置，逐步提高国产聚苯乙烯和 ABS 在合成树脂总产量中的比例和市场占有率。

2. 发挥催化剂技术的先导作用

几十年来，合成树脂催化剂的技术进步推动了合成树脂工业的发展。催化剂的研究重点已经不仅仅是追求催化效率、简化合成树脂生产工艺、降低能耗和物耗，而且还要改进产品综合性能。近来，催化剂改进的主要目标是提高聚合物性能的控制能力。例如：茂金属催化剂的出现解决了聚合链长度、分支度和立构规整性的调节。经过十多年改进，茂金属聚烯烃树脂正在逐步克服成本高、加工困难等不足，并在一些产品牌号开发上取得了重大进展。非茂单活性中心催化剂生产的树脂分子量分布与茂金属树脂相似，并具有齐格勒-纳塔催化剂树脂的优良加工性能和茂金属树脂的优良应用性能。非茂单活性中心催化剂在某些性能方面已经达到或超过茂金属催化剂。我国合成树脂工业要积极开展合成树脂催化剂和聚合工艺的技术创新，为我国合成树脂工业发展提供强有力的技术支撑。

3. 装置规模趋向经济合理

随着世界乙烯装置大型化和合成树脂工艺及工程技术的进步，合成树脂生产装置也趋向大型化。在 20 世纪 80 年代，合成树脂世界级装置一般为单线生产能力 15 万吨/年；到 20 世纪 90 年代，世界级装置的单线生产能力 20 万吨/年；目前，世界级装置的生产能力为 40 万～45 万吨。例如：Univation 公司可提供单套生产能力为 60 万吨/年的聚乙烯工艺技术；巴塞尔公司可提供单套生产能力为 38 万吨/年的聚丙烯工艺技术。合成树脂生产装置大型化的趋势，提高了合成树脂生产装置的规模效益，进而提高了产品的市场竞争力。我国合成树脂工业现在已形成一定规模，为满足合成树脂消费量日益增长的需要，我国合成树脂企业要积极采用新技术，搞好现有装置消除“瓶颈”的技术改造，在扩大生产能力的同时，进一步提高生产技术水平。另外，要积极配合大型乙烯工程项目建设，规划好合成树脂新的建设，进一步提高我国合成树脂生产装置的规模效益。

4. 加强调整结构，研发、生产、销售不断创新

“十一・五”期间，我国合成树脂工业要坚持技术引进、技术改造、技术创新相结合的原则，注重国产化与创新，推进产业结构调整升级，提高我国合成树脂工业整体技术水平。要重视研究合成树脂新产品开发和塑料回收、再利用技术。调整合成树脂产品结构，调整品种牌号的生产，加大新产品开发力度，增加合成树脂专用料比例，促进其向多样化、系列化、专用化、高性能化的方向发展，提高产品附加值。积极组建塑料技术中心，加强产品应用研究，提高技术服务水平。加强市场营销工作，建立高效灵活的销售机制。

5. 用电子信息技术提升合成树脂产业

用现代电子技术、计算机技术、传感技术和自动控制技术改造合成树脂产业，是促进合成树脂产业技术进步，提高行业整体竞争力的有效途径。电子信息技术将与合成树脂产业更加紧密地结合，进一步提升合成树脂产业，为其提高生产效率、开发新产品、改进服务发挥更加重要的作用。

6. 新型节能和环保技术受到高度重视

节约资源、能源，保护环境，维护生态平衡是在经济发展过程中必须同时考虑的战略任务。实施节能技术和环保技术是提高我国合成树脂工业，乃至我国石化工业的整体竞争力和可持续发展的重要措施。

（二）发展预测

随着我国经济的不断发展，我国合成树脂工业具

表 7　2005～2010 年我国合成树脂发展预测

品　　种	需求量/万吨		需求量年均增长率/%	
	2005 年	2010 年	2000～2005 年	2005～2010 年
聚乙烯	10.30	14.35	11.6	6.9
聚丙烯	8.25	11.85	11.1	7.5
聚氯乙烯	7.10	9.77	10.7	6.6
聚苯乙烯	4.17	5.58	12.9	6.0
ABS	2.74	3.59	11.0	5.6
五大合成树脂合计	32.56	45.14	11.4	6.8

有较大的发展空间。据预测，2005 年我国聚乙烯、聚丙烯、聚氯乙烯、聚苯乙烯、ABS 树脂等五大合成树脂需求量将达到 32 560 千吨/年，2000～2005 年需求量年均增长率将达到 11.4%。预计 2010 年，我国五大合成树脂需求量将达到 4 514 万吨，2005～2010 年需求年增长率将达到 6.8%。五大合成树脂各品种发展预测见表 7。

（中国工程咨询协会　陈　杰）

塑料助剂

塑料助剂是塑料工业的重要组成部分，其作用和功能不仅关系到制品的加工性，同时与制品的稳定性、功能性密切相关。塑料品种的增加和塑料制品多方位实用性的要求，使塑料助剂的开发和应用对于塑料工业的发展和进步具有非常重要的作用。一些新功能、高效能的助剂品种得到开发和应用，中国塑料助剂工业的产耗结构开始趋向成熟。我国塑料助剂生产能力约为每年 120 万吨，消费量 72 万吨，近几年我国塑料助剂平均增长率将保持在 10% 左右，远远高于世界塑料助剂 4% 的平均增长率。目前，我国从事塑料助剂生产的企业共计 700 多家，较大型的企业 100 多家，年产量达 1 万吨以上的企业有 16 家，达 2 万吨以上的企业有 11 家，达 5 万吨以上的企业有 3 家。山东齐鲁增塑剂公司产量居全国首位，其次是山东宏信化工公司，金陵石化公司居第三位，其他生产企业还有上海联成化工公司、河南安庆化工公司、东莞宝田化工公司、东莞兴宝化工公司和华立集团公司。

我国 2002 年塑料助剂产量达到 93.43 万吨。其中增塑剂占塑料助剂总产量的 60%，我国热稳定剂消费量随着 PVC 工业快速发展而大幅度增加，产量平均增长率约为 12.5%，是塑料助剂行业中发展较快的门类之一。全国塑料助剂消费量接近 120 万吨（不包括填充剂和增强剂），消费额约 90 亿元，分别较上一年度提高 11.2% 和 13%。其中，增塑剂的消耗量最大，表观消费量达到 75 万吨，占整个塑料助剂总消费量的 62.5%。聚烯烃成核剂和塑料抗菌剂、抗静电剂的年平均增长率最高，分别较 2000 年增长 100%、100% 和 75%。

一、增塑剂

1. 生产与市场现状

增塑剂是塑料加工中产能最大和消费量最大的一类塑料助剂，2002 年，我国增塑剂主要生产企业有 50 家，总生产能力为 139.37 万吨/年，产量为 58.20 万吨，开工率为 41.76%。

我国增塑剂生产企业主要分布在东南沿海经济发达地区，其中山东省发展最快，宁夏、青海和西藏仍为空白。主要产品有邻苯二甲酸酯类（其中以 DOP、DBP 为主）、对苯二甲酸酯、二元酸酯类、烷基磺酸酯、环氧酯、氯化石蜡、磷酸酯类等。2002 年我国增塑剂的生产总值为 32.5 亿元，其中 DOP 占 81.75%，DBP 占 10.1%，ESO 占 3.61%，TOTM 占 0.004 4%。2002 年我国增塑剂生产企业中仅金陵石化公司、齐鲁石化公司、北京化工四厂-台湾 Dahin、上海-台湾 UPC、广东埃克森公司和天津渤海化工集团-韩国 LG 化学公司采用引进技术生产增塑剂，其余均为我国自己开发的技术，见表 1～表 5。

总体来讲，我国增塑剂品种与国外相比，还有很大差距，特别是产品档次和应用还不能适应市场发展的要求。目前，我国高档的塑料制品用邻苯二甲酸二壬酯和邻苯二甲酸二癸酯增塑剂主要依赖进口，应用集中在浙江、福建、广东等沿海地区。我国主要进口国家是韩国、日本、德国、荷兰、美国，此外还有我国台湾地区（见表 5）。

表 1 近几年我国增塑剂产量 单位：千吨

品种＼年份	2000 年	2001 年	2002 年	品种＼年份	2000 年	2001 年	2002 年
邻苯二甲酸酯类	421	510	—	烷基磺酸酯	1.0	0.6	
DBP 和 DIBP	72.6	100	3 360	环氧酯	8.3	8.5	
DOP	280	340	378 689	氯化石蜡	45	47	
其他	68.4	70	—	磷酸酯	2.5	3.0	
对苯二甲酸酯	2.6	1.5	—	其他	81.8	80.5	
二元酸酯	1.5	0.6		合 计	562.7	651.7	

表 2 增塑剂主要品种的生产情况

品 种	生产能力/万吨	产量/万吨	开工率/%	品 种	生产能力/万吨	产量/万吨	开工率/%
DOP	66.50	42.84	64.44	TOTM	1.50	9 527	63.51
DBP	16.60	5.31	31.88	ESO	1.60	0.65	40.65
DIDP	0.3	0.098					

表 3 2002 年我国增塑剂产品市场表观消费量

产品种类	消费量/千吨	比例/%	产品种类	消费量/千吨	比例/%
DOP	807 092	78.14	TOTM	4 530	0.44
DBP	56 028	5.42	ESO	5 620	0.54
DINP	6 680	0.65	其他	151 403	14.67
DIDP	980	0.09			
DOA	500	0.05	合 计	1 032 833	100.00

表 4 2002 年我国增塑剂消费结构

应 用 领 域	消费比例/%	应 用 领 域	消费比例/%
PVC 软制品	89.0	革制品	17.5
薄膜	35.0	泡沫、单板等	9.0
塑料鞋	18.0	其他	2.0
电线、电缆料	7.5	其他应用领域	11.0

表 5 我国主要增塑剂的进出口情况 单位：吨

年 份		DBP	DOP	DINP/DIDP	其他酯类	合 计
2000 年	进口	7 857	306 104	47 600	11 228	372 789
	出口	42	2 693	7 190	1 535	11 460
2001 年	进口	3 717	326 575	33 702	17 548	381 542
	出口	223	6 354	12 676	845	20 098
2002 年	进口	3 232	389 440	60 688	22 038	475 398
	出口	134	10 946	12 718	755	24 553

2. 增塑剂产品结构与主要生产企业

在增塑剂产品结构中，邻苯二甲酸酯类占主导地位，近几年产量逐年有所增加，所占比重不断提高，近年 DOP 年均增长率约为 4%左右。氯化石蜡占增塑剂总消费量的 11%，烷基磺酸酯类占 0.8%，二元酸酯占 0.7%，磷酸酯类占 0.3%，对苯二甲酸酯及环氧酯各占 0.1%，而其他类增塑剂（如偏苯三酸酯、柠檬酸酯、聚酯等）占 17%左右。从各类增塑剂的产能变化来看，邻苯二甲酸酯类增塑剂整合速度明显加快，如计划经济时期形成的小规模（千吨级）、间歇法、分散状的格局基本被打破，而一批万吨级、连续法、相对集中的局面已经初步形成。表 6 归纳了国内增塑剂主要生产企业及能力，表 7 为近期我国即将新建、扩建的增塑剂生产装置情况。

3. 增塑剂行业存在的问题与主要任务

应当指出，尽管我国已成为增塑剂生产和消费大国，生产技术由酸性简单工艺发展为非酸性较先进工艺，并形成一批具有一定规模的大中型生产企业，但

表 6　我国增塑剂主要生产企业及其生产情况

生　产　厂　家	生产能力/(万吨/年)	主　要　品　种
山东齐鲁增塑剂股份公司	22.10	DOP、DBP、DIBP、DINP、DIDP、*n*-DOP、DOTP 等
山东宏信化工股份有限公司	15.00	DOP、DBP、DIBP
金陵石油化工有限责任公司	5.40	DOP、DBP、环氧硬脂酸 2-乙基己酯
天津溶剂厂	4.60	DOP、DBP、DIBP、DHP、DNOOP、BBP、BPBG 等
北京华颖化工有限公司	3.00	DOP
哈尔滨化工四厂	3.00	DOP、DBP、DIBP
石家庄白龙化工股份有限公司	3.25	DOP、DIBP、DBP
福州宝联化工有限公司	2.00	DOP、DBP
湖北博尔德化学股份有限公司	0.60	DOP、DBP、DIBP、TOTM
杭州大自然有机化工实业有限公司	1.60	DOP、DBP、DOA、TOTM
河南庆安化工(集团)有限公司	3.75	DOP、DBP、DIBP、TOTM、DINP、DIDP、DOA、ESO 等
江苏化工农药集团有限公司	1.15	DOP、DBP、DIOP
杭州华泰精细化工有限公司	3.25	DOP、DOA、TOTM
广东中山联成化学工业有限公司	3.00	DOP
广东东莞宝田化工有限公司	3.00	DOP
广东埃克森公司	4.00	DINP
合　　计	99.24	

表 7　近期我国新建、扩建的增塑剂装置

企　业　名　称	产能/(万吨/年)	备　　注
浙江镇海东海化工有限公司	6	新建，估计 2005 年投产
杭州华泰精细化工有限公司	10	扩建，2003 年 6 月投产
吉化公司联合工厂	5	扩建，2004 年投产
天津渤海化工集团-LG 化学公司	3	估计 2005 年投产

存在的问题亦不容忽视。概括起来，包括如下几点。

(1) 与国外相比，产品结构不合理的矛盾仍然非常突出。如 DBP、DIBP 等品种由于对生态不利，很多国家已禁用，而我国仍有批量生产，相反，柠檬酸酯、810 酯、聚酯、偏苯三酸酯、环氧酯等无毒、耐久综合性能较好的品种则不到 1%；

(2) 生产工艺相对老化。一些 20 世纪六七十年代建成的酸催化法、全间歇式、手动控制的落后装置和工艺仍然存在，这些生产装置往往生产规模小、功能单一、利用率低、物耗能耗高、污水排放量大、产品质量稳定性差，已经很难适应当今世界增塑剂行业的竞争局面。

当前增塑剂行业的主要任务有：

(1) 对生产装置的流程、规模、功能和控制进行有效的选择，即选择工序完善合理、技术成熟的工艺流程；

(2) 大力研发推广绿色工艺技术，全面提高增塑剂的整体水平；

(3) 拓宽增塑剂的应用领域。

二、加工和抗冲改性剂

加工和抗冲改性剂是一种高聚物类助剂，主要用于硬质或半硬质聚氯乙烯制品的加工领域。其中，加工改性剂旨在促进树脂熔融，改变熔体的黏弹行为和强度，改善制品加工性能和表观性能，市售产品以丙烯酸酯类聚合物为主。抗冲改性剂多用于硬质 PVC 制品加工，是以弹性体增韧为基本原理的抗冲改性途径作为抗冲改性剂，主要类型包括氯化聚乙烯 (CPE)、丙烯酸酯类聚合物 (ACR)、甲基丙烯酸甲酯-丁二烯-苯乙烯共聚物 (MBS)、丙烯腈-丁二烯-苯乙烯共聚物 (ABS)、乙烯-醋酸乙烯共聚物 (EVA) 等。其中，ACR 抗冲改性剂的抗冲改性和耐候性优异，并兼具一定的加工改性效果，因而在抗冲改性剂领域具有突出的地位，也是当今世界 PVC 抗冲改性剂发展的主要方向。MBS 系透明硬质 PVC 制品的抗冲改性剂重要类型，但由于分子内具有丁二烯不饱和键，耐候性差，一般用于户内制品。CPE 廉价易得，是通用型抗冲改性剂品种。20 世纪 90 年代以来，中国 PVC 制品软硬结构发生了显著的变化，硬制品比例的增加带动和促进了加工和抗冲改性剂工业的发展，加工改性剂基本为 ACR，同时也有少量的类苯乙烯加工改性剂应市。抗冲改性剂以 CPE 的消耗量最大，估计占 90%左右。应当指出，基于 PVC 型材市场竞争的加剧，国内塑料加工行业对 ACR 抗冲改性剂出现了明显的市场需求，一些企业正在积极应对市场，国产ACR抗冲改性剂的品种已经投放市场，预计未来几年ACR抗冲改性剂在整个PVC抗冲改性剂市场的销售份额将逐年增长。MBS类抗冲改性剂的技术壁垒已经被打破，一些千吨级的装置陆续建成投产。

1. 生产与消费现状

我国加工改性剂的开发和研究始于20世纪80年代初，经过20多年的努力，ACR加工改性剂由最初单纯的促进熔融型品种ACR 201发展到目前具有润滑性、发泡改性等功能的加工改性剂品种ACR-301、401、530等并存。而且，加工改性剂的化学类型也不完全局限在丙烯酸酯类聚合物方面，一些类聚苯乙烯聚合物加工改性剂的品种也开始上市。目前，全国有大小生产厂20多家，总生产能力约3.6万吨，实际产量约2.7万吨，除苏州安利化工厂等厂家生产少量的抗冲型产品，其他绝大部分为加工型产品，而且由于大部分厂家的设备都是国产化的，存在一定的缺陷，使生产的连续性和自动化受到限制，有近15 000吨ACR树脂靠进口或随PVC制品和半成品的PVC母料的进口而带入国内市场的，这其中的主要原因是国内无法大规模生产技术含量较高的抗冲击型ACR产品。因此，建设经济规模装置生产国内紧缺的抗冲击型ACR产品以加速PVC硬制品加工业的发展势在必行。建设年产10 000吨抗冲击改性剂ACR树脂生产装置，市场可靠，发展前景广阔。表8归纳了我国ACR加工改性剂主要生产企业及生产能力。

目前，世界MBS树脂总生产能力约30万吨/年，国内主要生产企业有两家，分别是齐鲁石化(3 000吨/年)和上海制笔化工厂(2 000吨/年)。2002年我国MBS缺口会越来越大，主要原因是由于我国PVC制品迅速发展，刺激了我国抗冲改性剂的发展。预计2005年，我国PVC树脂的需求量为300万～350万吨，若包括来料加工，届时需求可达到400万～430万吨，如果这些PVC有50%用于硬料，并且其中20%使用MBS改性，投入比例按70%计算，共需MBS 3万吨以上；其次，随着我国抗冲剂产品结构的调整，MBS将成为抗冲击改性剂的主要品种，我国抗冲击改性剂在产量、品种、改性功能等方面与国外差距较大，发展空间较大，MBS树脂前景广阔。

目前，我国PVC硬制品的消耗量已超过100万吨，抗冲击改性剂按6%用量计算，每年至少需求6万吨。目前，国内ACR年消费量3.5万多吨。随着PVC门窗型材、管材、管件等硬制品加工和应用性能要求的提高以及PVC透明制品需求的增长，国内抗冲改性剂的产耗结构正在悄然发生变化，核壳结构的ACR、MBS等消费量持续增长，每年都要从国外进口一定数量的产品。另一方面，ACR、MBS的合成技术也有重大突破，部分企业已经开始批量供货。

2. 加工与抗冲改性剂行业存在的问题与不足

与国外相比，我国加工和抗冲改性剂领域仍然存在着问题和不足。

首先，产品结构不平衡的矛盾十分突出。CPE作为抗冲改性剂支配市场的局面仍然没有太大的改观，ACR、MBS等高效能的抗冲改性剂的产业化刚刚起步，品种数量少、技术和质量与进口产品的差距明显、产能低，目前尚无能力与国外公司竞争。

其次，生产规模小，单产能力低，行业分散和无序竞争的问题比较突出。

我国加工和抗冲改性剂行业起步较晚，近年来市场需求增长很快，但行业分散经营的状况愈加明显。

表8　我国ACR系列产品主要生产厂家生产情况

生产厂名称	产品牌号	生产能力/(吨/年)	2001年产量/吨
苏州安利化工厂	ACR-201,ACR-301,ACR-401,ACR-Ⅱ	5 000	4 500
黑龙江龙新化工有限公司	ACR-Ⅰ,ACR-Ⅱ	2 500	2 500
山东沂源瑞丰高分子材料厂		5 000	3 000
山东淄博助剂厂	ACR-201、ACR-301、ACR-401、PA-530等	8 000	5 000
齐鲁石化研究院		1 500	1 000
无锡有机玻璃厂	ACR-201,ACR-401,ACR-901	5 000	3 500
温州润华化工实业有限公司	ACR-201,ACR-401	4 000	3 000
温州龙化塑料助剂有限公司		2 000	1 500
温州天丰PVC助剂有限公司		1 500	1 000
其他(武汉径河、长治卫星、江苏东台、佛山电化厂及淄博和温州的另外厂家等)		8 000	4 000
合　计		43 000	29 000

目前行业内 ACR 类加工和抗冲改性剂生产企业多达 30 余家，除苏州安利化工厂、山东淄博塑料助剂总厂等少数企业的 ACR 生产规模达到 5 000 吨/年以上外，多数企业的年生产能力还维持在 1 000 吨或1 000 吨以下，这种分散状况导致行业内品种雷同、竞争无序，产品质量难以保证。

3. 技术进展与市场前景

传统意义上的加工和抗冲改性剂主要适用于 PVC 硬制品和半硬制品，随着国民经济的快速发展，国家加大基础设施建设的投入力度，建筑用塑料制品，尤其是 PVC 型材、管材的市场需求快速增长，为加工和抗冲改性剂行业的发展提供了良好的机遇。市场分析表明，2005 年全国加工和抗冲改性剂的需求量在 18 万吨左右，其中 ACR 的增幅最大，估计将达到 7 万吨以上。完善 ACR 抗冲改性剂生产技术、扩大产能将是未来几年加工和抗冲改性剂行业面临的主要任务。

山西省化工研究院将 ACR 改性剂技术延伸到 PET、PC 等工程塑料和聚合物共混合金领域，其性能达到国外同类产品的应用水平。

三、热稳定剂

热稳定剂一般特指适用于聚氯乙烯及氯乙烯共聚物等含卤树脂，旨在抑制其在加工温度下降解的稳定化助剂。通常包括铅盐类、复合金属皂类、有机锡类、有机锑类和某些纯有机辅助热稳定剂。近年来，聚氯乙烯作为塑料建材的主体得到了迅速发展，与之相适应，中国聚氯乙烯的产品结构发生了显著变化，硬制品的消费比例明显提高，热稳定剂的消费量呈现较快的增长势头。就消费结构来看，铅盐类产品在热稳定剂中仍然居于主导地位，接近总消费量的 50% 左右。有机锡、稀土稳定剂等高效、无毒或低毒稳定剂的消费比例增幅较大，热稳定剂的消费结构逐步趋于合理。

1. 生产和消费现状

我国热稳定剂的生产和应用始于 20 世纪 50 年代。近 10 多年来，随着 PVC 工业的快速发展，尤其是硬制品比例的大幅度提高，刺激和带动了热稳定剂行业的发展。据统计，2002 年我国热稳定剂的生产能力达到 20 万吨/年以上，生产企业约 80 家，产品品种在 100 个以上，常用的有 50～60 种，主要品种包括铅盐类（含三碱基性硫酸铅、二碱基性亚磷酸铅等）、硬脂酸盐类（含 Ba、Cd、Zn、Ca、Pb、Mg 等）、复合金属皂类热稳定剂、有机锡（锑）类、稀土类及有机辅助稳定剂等。2002 年我国热稳定剂产品结构为铅盐类占 39%，硬脂酸盐类占 21%，复合型占 24%（部分含铅），有机锡类占 6%，稀土类及其他占 10%。目前，我国产能在 5 000 吨/年以上的企业为 13 家，其中有大连实德集团 2 万吨/年复合稳定剂装置，广州广洋高科技实业有限公司 2 万吨/年稀土热稳定剂装置等。2002 年，湖北南星化工总厂自行设计建设的 2 000 吨/年硫醇甲基锡热稳定剂生产装置建成投产并通过了国家级鉴定。由于国家有关部门加大了对上下水管材铅含量的限制以及门窗型材行业对铅盐稳定剂无尘化、无害化要求的提高，热稳定剂行业无铅化、复合化趋势的发展更加明显。作为标志，稀土稳定剂、复合钙锌等无毒品种的消费比例从上一年度的 35% 提升到 40% 多，无尘复合铅类稳定剂在铅盐类稳定剂中的市场份额由 30% 多增加到 45%。

1996 年，我国热稳定剂产量为 3.8 万吨，2002 年增至 10 万吨，年均增长率达到 17.5%，其中铅盐类增长率为 14.7%，金属盐类为 11.9%，有机锡为 18.2%，复合型为 26.7%，稀土类为 46.8%，有机锡、复合型及稀土类年增长率均超过热稳定剂平均增长率。

2. 趋势与发展

由表 9 可见，1996～2002 年我国 PVC 表观消费量由 220 万吨增长到 540 万吨，年均增长 16%，带动 PVC 热稳定剂消费同步增长，消费量从 7 万吨增至 16 万吨，平均增长 21% 左右。

随着 PVC 应用领域的扩展，特别是异型材、管材、板材等用量扩大，PVC 制品的产耗量将大幅度增加，预计 2005 年国内 PVC 树脂的消费量将达 700 万～750 万吨，2010 年达到 1 000 万吨左右，与之相适应，2005 年国内热稳定剂的需求量将达到 20 万吨，2010 年将为 30 万吨。未来的主要任务是：进一

表 9　我国 PVC 表观消费量与热稳定剂消费量对比　　单位：万吨

年份	产量	PVC 树脂 进口量	PVC 树脂 出口量	表观消费量	热稳定剂消费量
2000 年	264.6	192.4	2.8	454.2	14.5
2001 年	295	250.8	3.6	542.9	16.2
2002 年	338.9	205.6	3.6	540.9	16.8

步调整产品结构，满足环保要求；有机锡类和稀土类产品最具发展潜力；注重开发高效多元复合型产品。顺应世界发展潮流，取代铅、镉等有毒重金属是未来中国热稳定剂工业发展的必然趋势。限制镉皂、改造铅盐、发展无毒高效热稳定剂仍然是2002年聚氯乙烯热稳定剂行业技术开发的主题。

四、阻燃剂

1. 产能与消费

根据化学组成，市售阻燃剂主要包括无机类和有机类。无机阻燃剂以氢氧化铝、氢氧化镁、硼酸锌、三氧化二锑为主，同时包括一些具有抑烟作用的金属氧化物（如氧化钼等）。有机类阻燃剂涉及卤系（含氯系和溴系）、磷系、氮系、硅系等。

2002年我国阻燃剂产量约为4万吨，其中有机溴系约为1.5万吨、有机磷系（包括卤-磷系）约1.0万吨，其他约为1.5万吨。我国的阻燃剂中氯系（主要为氯化石蜡）占69%，无机体系仅占阻燃剂的17%左右，其中有一半为三氧化二锑，而氢氧化铝、氢氧化镁还不到10%，国内的卤系约占整个阻燃剂的80%，而目前国内的阻燃剂均以无机体系为主（如下表所示），占总体的50%～60%，并且主要是氢氧化铝、氢氧化镁。

近几年，我国阻燃剂的生产和消费形势持续发展，1999～2004年年均消费增长率可达15%左右，远高于全球平均水平。如果不考虑主要作为阻燃增塑剂的氯化石蜡及除阻燃之外，还有其他多种用途的金属氢氧化物，也不考虑主要销往国际市场的锑及锑化合物，虽然我国阻燃剂总产量增长较快，但仍不能满足国内需求，2002年我国阻燃剂需求总量约为6～7万吨。在大量进口的同时，我国阻燃剂还有少量出口（不包括锑系），进口则主要是向美国、以色列等购买有机溴系及卤-磷系阻燃剂。

近年，我国塑料制品产量年均增长率为10%，而且发展势头不减。考虑到新世纪我国塑料工业会有重大的结构调整，未来新技术产业用塑料将会增加，而且将对塑料提出更严格的阻燃要求，所以阻燃塑料在塑料中所占的比例将有所增长，我国阻燃剂市场蕴藏着巨大的潜力。预计未来5年内，我国阻燃剂消费量年均增长率可达到12%，到2008年，总需求量将达11万～12万吨。阻燃剂作为难燃化助剂是一类能够有效地抑制聚合物制品燃烧，降低烟雾和有毒有害气体的功能性助剂。

2. 阻燃剂行业存在的问题及建议

目前阻燃剂行业存在的问题主要有：产品结构不合理，档次低；产品质量差，生产规模过小；十溴二苯醚前途未卜。

针对上述问题提出以下几点建议：提高现有阻燃剂的产品质量；开发新产品，调整产品结构；重视表面处理技术；加强行业协作，发挥规模效益；推进阻燃法规和标准体系的建立。

行业预测，2005年全国阻燃剂需求量将达到17万吨以上，2010年为20万吨。顺应世界趋势，发展高效无机阻燃抑烟剂、溴代联苯醚替代品和膨胀型阻燃剂将是今后一个时期内我国阻燃剂行业面临的主要任务。

五、润滑剂

润滑剂属于加工改性助剂的范畴，多用于硬质PVC、ABS、POM等塑料制品的加工，同时热固性塑料的脱模剂、聚烯烃薄膜使用的爽滑剂亦在润滑剂的统计之列。其所涉及的化合物包括烃类（石蜡、聚乙烯蜡、氧化聚乙烯蜡等）、高级脂肪酸及其金属皂、高级脂肪醇、脂肪酸酯、脂肪酰胺和有机硅等。就消费结构来看，硬脂酸、石蜡、聚乙烯蜡、硬脂醇等通用型品种消耗比例较高，但高效的脂肪酸酯（尤其是复合酯）、脂肪双酰胺等增长幅度较大。硬脂酸丁酯、GMS以及类似德国汉高公司结构的G16、G60、G70、G70s、G74脂肪酸酯类润滑剂均已大面积上市，脂肪双酰胺类润滑剂EBS及其改性品种的产能进一步扩大，在脱模剂方面，一些适应环境要求的水基品种开发成功，这一切都是中国塑料润滑剂行业技术进步的标志。专用化、功能化仍是今后润滑剂品种开发的重要方向。

2002年我国润滑剂生产企业有67家，主要分布在东南沿海经济发达地区，其中江苏省、浙江省、山东省和福建省发展最快，新疆、青海、西藏和贵州仍为空白。表10～表12给出了近年我国润滑剂的生产和消费状况。

2002年，我国润滑剂表观消费量为4.35万吨，预计2005年将达到7.33万吨，年均增长10.98%；据估计到2010年我国润滑剂的表观消费量将达到8.16万吨，2005～2010年均增长2.17%，发展潜力较大，需求前景看好，预计2005年将达到7.33万吨，年均增长10.98%；估计到2010年，我国润滑剂的表观消费量将达到8.16万吨，2005～2010年均增长2.17%，发展潜力大。

表10 近年我国润滑剂生产情况

年 份	产能/(万吨/年)	产量/万吨	开工率/%
2000年	6.0	4.016	66.93
2001年	7.0	5.246	74.94
2002年	8.5	6.417	75.49

表 11　近年我国主要润滑剂品种的产量统计　　单位：万吨/年

年　　份	1998	1999	2000	2001	2002
脂肪酰胺类	1.228 0	1.845 2	2.252 0	2.862 0	3.564 0
芥酸酰胺	0.491 2	0.738 0	1.018 0	1.144 8	1.498 0
硬脂酸酰胺	0.393 0	0.590 5	0.720 6	0.915 8	1.140 5
油酸酰胺	0.343 8	0.516 7	0.513 4	0.801 4	0.925 5
脂肪酸脂类	0.867 4	0.917 8	0.973 8	1.040 0	1.063 0
硬脂酸丁酯	0.716 0	0.824 5	0.915 0	0.918	0.985 0
二甲基硅油类	0.084 2	0.116 0	0.326 0	0.518 0	0.865 0
其他	0.062 4	0.125 0	0.464 2	0.826 0	0.925 0
合　　计	2.242 0	3.004 0	4.016 0	5.246 0	6.417 0

表 12　我国润滑剂产品的消费构成　　单位：万吨

种　　类	2000 年	所占比例/%	2002 年	所占比例/%
芥酸酰胺	1.006 0	23.13	1.478 0	22.67
硬脂酸酰胺	0.720 6	16.56	1.140 5	17.49
油酸酰胺	0.513 4	11.80	0.925 5	14.20
硬脂酸丁酯	0.915 0	21.03	0.985 0	15.11
二甲基硅油	0.336 0	7.500	0.865 0	13.27
其他	0.869 0	19.98	1.126 0	17.26
合　　计	4.350 0	100.0	6.520 0	100.0

六、光稳定剂

1. 产能与消费

光稳定剂属于耐候性稳定助剂，旨在通过屏蔽、吸收紫外线或猝灭紫外线激发的激发态分子能量、捕获自由基等方式达到抑制光氧化降解，延长制品寿命之目的。目前市售的品种主要包括二苯甲酮类、苯并三唑类、三嗪类等紫外线吸收剂，镍盐类激发态猝灭剂和受阻胺类光稳定剂等。光稳定剂多用于户外制品，农用塑料大棚膜是国内最大的光稳定剂消费市场。从结构来看，受阻胺光稳定剂的产耗量最大，以622、944为代表的聚合型受阻胺光稳定剂品种已经成为农膜用光稳定剂的支柱产品（表 13～表 15）。值得注意的是，以苯并三唑类和二苯甲酮类为代表的紫外线吸收剂产能迅速增加，并已走出国门，出口创汇。表明我国光稳定剂行业的产品结构趋向合理。

表 13　国内受阻胺销售量　　单位：吨/年

HALS	1999	2000
GW-540	130	100
GW-622	188	195
GW-944	150	190
GW-480(或 770)	60	60
其他	60	70
合　　计	588	615

表 14　国内受阻胺主要生产企业产能

单位：吨/年

生产厂家	622	944	783
花山助剂厂	600	300	300
龙泉助剂公司	400	200	200

2. 技术进展与发展趋势

在受阻胺品种开发方面，继第一代低分子量品种GW-540、GW-770和第二代聚合型高分子量品种622、944之后，第三代、第四代复合型和反应型品种783、628研发成功，预示着我国受阻胺光稳定剂正在接近国外先进水平。在紫外线吸收剂领域，苯并三唑类新品种UV-329（UV-5411）、三嗪类高效紫外线吸收剂UV-425（UV-1164）和全新结构的无色高效紫外线吸收剂UV-419、光稳定剂GW-4611以及应用于工程塑料的新型紫外线吸收剂UV-418开始应市，这无疑极大地丰富了国内光稳定剂市场的品种和结构。

展望未来，光稳定剂的市场前景十分诱人，根据国家轻工总会的发展规划，2005 年国内仅农膜行业对光稳定剂的需求量就将达到 2 000 吨以上，加上其他方面需求，2005 年、2010 年我国光稳定剂需求量将分别超过 2 500 吨和 5 000 吨。

表 15　国内受阻胺主要生产企业产量统计　　单位：吨/年

生产厂家	622	944	783	622	944	783
花山助剂厂	400	—	48	200	50	32
龙泉助剂公司	230	30	50	120	20	15

结合国内光稳定剂发展现状和世界光稳定剂的发展趋势，确定今后我国光稳定剂行业的发展方向如下：①加强光稳定剂的基础研究，创新开发具有提高产品光、热稳定耐久性、耐水解及耐油性，降低挥发性、毒性，改善与聚合物的相容性的新结构和新品种；②加大受阻胺光稳定剂中间体的国产化力度，尽快实现具有代表性的重要品种的国产化；③强化应用技术的研究，开发具有专用化、功能化的复合型光稳定剂品种。

七、抗氧剂

1. 抗氧剂发展情况

20 世纪 90 年代以前，我国仅有不到 10 家企业生产受阻酚型抗氧剂，无论品种、数量还是产品质量均不能满足我国塑料工业的生产与发展需求。目前，国内生产厂家超过 30 家，2002 年总生产能力约 3.7 千吨，产量约 17 千吨，2002 年消费量约为 21 千吨，其中受阻酚约 13 千吨，占总消费量的 62%；亚磷酸酯类约 5 250 吨，占 25%；硫醚类 1 500 吨，占 7%，其他（包括金属离子钝化剂、某些胺类和二硫代氨基甲酸酯）占 60%左右。2002 年，国内消费总量已超过 2 万吨（表 16）。2002 年，我国生产并应市的 20 余种常规或专用抗氧剂品种，主要品种有 BHT、1010、1076、168、DLTP、B-215、2246、3114、246、DSTDP 等，形成了汽巴高桥、浙江金海雅宝公司、兰化有机厂、辽阳有机厂、天津力生化工厂、天津晨光化工有限公司、北京化工三厂、临沂三丰化工有限公司、北京加成助剂研究所等主要生产基地。

就通用品种的生产和供应而言，中国塑料抗氧剂已经达到或接近国外先进水平，1010、1076、168 以及由其为主要组分的复合型抗氧剂 B215、B225 等产能和指标基本满足了国内聚烯烃树脂的市场需求。然而，总体来看，专用化、高性能结构的品种数量不足，相当数量的品种仍需依赖进口。可喜的是，2002 年国内在抗氧剂新品种开发方面取得了明显的进步，代表世界发展潮流的碳自由基捕获剂、半受阻酚抗氧剂、新型高效亚磷酸酯辅助抗氧剂的研究都有新的进展，其中山西省化工研究院相继推出 KY-390、KY-394、KY-1330 系列抗氧剂，标志着我国抗氧剂工业正在走向成熟。

2. 存在的问题

规模小，经济效益低下，产品质量低下，新产品开发缓慢，产品结构不合理，市场竞争激烈，许多专用高档抗氧剂还需依赖进口，2002 年国内抗氧剂进口量为 5 700 吨左右。抗氧剂工业正向专用化、系列化、复合化、高效化方向发展。

八、发泡剂

发泡剂是一种轻量化助剂，能够使聚合物制品在加工条件下发泡，以求制得具有微泡结构的发泡制品。发泡剂依其结构可以分为物理发泡剂和化学发泡剂两个类型，化学发泡剂一般包括无机发泡剂和有机

表 16　我国 2002 年抗氧剂（酚类为主）的生产能力与产量

品　　种	生产能力/(吨/年)	产量/吨	品　　种	生产能力/(吨/年)	产量/吨
BHT	8 000	4 500	L	200	20
1010	7 000	4 800	DLTP	20	10
1076	5 000	1 800	3114	2 500	900
1098	10	5	1222	1 500	1 000
245	100	30	246	10	—
1035	150	50	702	50	10
1024	20	5	B-215	1 000	300
259	150	15	DSTDP	500	120
1 790	100	20	4426-S	50	15
CA	200	80	168	6 000	2 400
2246	1 800	230	44B25	100	—
300	460	150	626	20	10
TNP	1 000	600	合　计	36 720	17 160

发泡剂，有机类发泡剂在塑料加工中尤为关键和重要。随着塑料建材、制鞋业等制品加工和应用技术的进步，发泡异型材、泡芯管等产耗量逐年增多，对发泡剂的需求趋旺，其中偶氮类发泡剂（发泡剂 ADC）及其改性品种的消耗量最大，约占化学发泡剂总需求量的 80％左右。另外，苯磺酰肼类发泡剂产品（如 TSH，OBSH 等）亦开始批量供应市场。一个显著的变化是，发泡剂 ADC 不再仅仅以单一结构的商品形式上市，而是以其为主要组分，配合不同的发泡助剂、成核助剂的专用化、精细化复合发泡剂品种开始抢滩市场，有些公司的产品还出口国外，结束了我国发泡剂 ADC 产品单一化的局面。展望未来，塑料用发泡剂的开发将趋向专用化、精细化、功能化，高温发泡剂、低温发泡剂，符合环境保护要求的物理发泡剂 CFCs 替代品是发泡剂发展的主要方向。

九、抗静电剂

2002 年，我国塑料用抗静电剂生产企业有 6 家，生产能力 3 000 吨/年，产量 840 吨，开工率 28.0％。塑料抗静电剂的生产总值为 2 100 万元，其中抗静电剂 ASA 系列占 80％，AEA 系列占 15％、JH 和 JHF 占 3％。我国主要分布在东南沿海经济发达地区，其中江苏省、浙江省、北京市发展最快。1990～2002 年，生产能力年均增长率为 25.32％，产量的年均增长率为 28.88％；2002 年，进口量约为 3 160 吨，预计到 2005 年将供不应求；1995～2002 年，其进口量年均增长率为 12.33％；到 2002 年，市场表观消费量已达 4 000 吨。1995～2002 年，表观消费量年均增长率为 10.41％；2003 年初，市场参考平均价格为 2.5 万元/吨，国内消费流向为华南地区占 55％，华东地区占 35％，华北地区占 10％。表 17 为国内抗静电剂生产情况。

抗静电剂作为消除聚合物表面静电的功能化助剂，在矿用塑料、电子器械包装等领域具有重要作用。综合文献报道，迄今用于塑料制品的抗静电剂包括涂敷型和添加型两种类型，工业上以添加型为主。从化学结构来看，涉及表面活性剂和亲水聚合物。亲水聚合物是近年来出现的永久型抗静电剂，目前尚未广泛使用。因此，国内市售抗静电剂基本上属于表面活性剂类，包括阳离子季铵盐型、阴离子磺酸盐型、脂肪酸多元醇酯和烷醇（酰）胺非离子型等。矿用塑料和包装塑料制品是抗静电剂的主要应用领域，应当指出，基于塑料制品加工温度的提高，对抗静电剂的耐热性提出了更高的要求，因此，永久型和高耐热型抗静电剂开发非常关键。

我国塑料抗静电剂行业当前的任务：①开发和生产低毒或无毒的多功能抗静电剂；②加速高效新型季铵盐、两性型抗静电剂的研究；③发展复合型或具有特征性能的专用型抗静电剂；④开展高分子型永久性抗静电剂的研究；⑤开发多功能抗静电剂母料；⑥重视抗静电剂的工艺改造，降低成本，提高产品质量。

十、其他功能性助剂

其他功能性助剂包括偶联剂、成核剂、防雾滴剂、抗菌剂和转光剂等。

1. 偶联剂

偶联剂是填充材料表面有机化的改性剂，包括有机硅烷类、钛酸酯类、锆酸酯类、铝钛复合类、铝锆复合类、脂肪酸类以及近年来出现的高分子量官能聚合物类等。一般地，偶联剂对填充/增强材料的活化改性具有选择性。例如，硅烷偶联剂多用于含硅填料或增强材料的活化处理，钛酸酯类、铝酸酯类、锆酸酯类、铝钛复合类、铝锆复合类则主要用于 $CaCO_3$ 等非硅填料或增强材料的表面砍性。相对而言，中国偶联剂工业的发展比较成熟，迄今为止，几乎所有的国外产品结构国内都有生产，而且拥有以铝酸酯类、铝钛复合类为代表的具有自主知识产权的偶联剂产品。近年来，基于塑料建材、通用塑料填充改性以及高填充可降解塑料的发展，偶联剂的市场规模逐年递增，据估计，2002 年国内偶联剂总产能超过 1 万吨/

表 17 国内塑料抗静电剂生产情况

生产厂家	品种	产能/(吨/年)
北京市化工研究院	ASA-156(阳离子型)	—
	ASA-10(非离子型)	—
	ASA-40(阳离子型)	—
	ASA-90(阳离子型)	—
	ASA-150(复合型)	—
	ASA-51(复合型)	800
张家港助剂厂	AEA 系列	600
	T-2	200
新奥特种化学品有限公司	HKD 系列	—
	S 系列	—
	HKD-510	800
上虞市佳华精细化学品厂	—	400
济南市化工研究所	JH 和 JHF	200
合计	—	3 000

年，年产量在 8 000 吨左右。在偶联剂消费结构中，钛酸酯所占比例最大，约为 50%；其次是硅烷类，占 30%左右；铝酸酯等产品占 20%。我国偶联剂消费量为 6 000 吨，生产主要集中在山东、江苏等省，企业总数在 20 家左右，市场竞争激烈。随着塑料工业发展对偶联剂性能要求的不断提高，偶联剂的改性功能也由单纯的偶联向复合性能增强方向转变，开发多功能偶联剂是塑料加工行业对偶联剂的新要求。

2. 成核剂

成核剂是一类新功能塑料助剂，适用于不完全结晶聚合物树脂（尤其是聚丙烯）的结晶改性，市售产品几乎无一例外地应用于聚丙烯制品。根据成核剂诱导聚丙烯树脂成核结晶形态的不同，一般分为 α 晶型成核剂和 β 晶型成核剂。α 晶型成核剂通过提供晶核，诱导聚丙烯树脂以 α 晶型结晶，提高制品的结晶速度、结晶温度和结晶度，并使晶粒尺寸微细化，最终达到增光、增透、增刚、提高热变形温度和缩短成型周期之目的。迄今为止。见诸报道的 α 晶型成核剂的化合物主要包括二亚苄基山梨醇（DBS）类、芳基磷酸酯盐类、取代芳基羧酸盐类、脱氢松香酸皂类等，尤以 DBS 类应用最为普遍。β 晶型成核剂能够诱导聚丙烯树脂以 β 晶型结晶，提高制品抗冲击强度、热变形温度并增加透气性，改善印刷性和涂饰性。β 晶型成核剂使抗冲改性和提高热变形温度达到统一的特性在聚丙烯的工程化改性方面具有特别重要的意义。我国成核剂的开发和应用历史不长，但近年来发展速度很快，绝大多数用于增透改性，国产化产品开始逐步占领国内市场。可喜的是，这一年国内聚烯烃成核剂的开发和研究取得了举世瞩目的成绩，一方面以增透为主要功能的二亚苄基山梨醇类成核剂品种产能不断增加，生产企业已经不再局限于为数不多的助剂科研单位，透明剂的国产化基本成为现实。另一方面成核剂的品种开发更加深入，山西省化工研究院继 TM、TMA、TMB 系列成核剂产品应市之后，2003 年又推出 TMP 有机磷酸酯类系列成核剂，能显著提高聚烯烃的刚性和透明性，没有异味，标志着我国聚烯烃结晶化助剂开发正在步入快速发展的轨道。表 18 为国内山梨醇类成核剂的生产情况。

3. 抗菌剂

抗菌剂是一类具有抑菌和杀菌功能的新型助剂，其作用是赋予聚合物制品卫生自洁性和防止由微生物引起的老化降解，又有微生物抑制剂之称。根据化学组成的不周，抗菌剂一般分为有机抗菌剂和无机抗菌剂。有机抗菌剂多系有机砷、有机锡等有毒金属的有机化合物和含硫、含磷、含氮的杂环化合物，具有杀菌性强、即效性好之特点，同时存在卫生安全性差、可能使微生物产生耐药性、在高温等苛刻条件下易分解等缺陷，通常用于加工温度较低的增塑聚氯乙烯、聚乙烯等热塑性塑料。无机抗菌剂是利用金属离子的抗菌杀菌作用抑制细菌的繁殖和生长的，目前实际使用的抗菌离子基本上局限在对人体安全无害的银、锌、铜等为数不多的无毒金属离子方面，尤以银离子的抗菌能力最强。抗菌离子一般附着在沸石、磷酸盐、羟基磷灰石、可溶性玻璃等无机物载体上，通过缓释作用提高抗菌的持久性。与有机抗菌剂相比，无机抗菌剂的耐热性高，抗菌持久性好，不产生耐药性，特别适合在聚丙烯、工程塑料等高温加工的塑料和化纤材料。近年来，基于人类社会活动的日益频繁，公共卫生安全越来越受到重视，抗菌剂正面临着一个快速发展的市场机遇。目前，我国抗菌材料研发单位已逾 20 家，国内生产厂商和国外产品代理商超过 20 家，在抗菌剂的制备和应用方面发展势头良好，尤其在解决银系抗菌剂的颜色稳定方面取得了显著成果。

4. 防雾滴剂

防雾滴剂是适用于包装薄膜和农膜的功能化助剂，其作用在于消除和抑制由于被包装和农用大棚内部水分蒸发到薄膜表面而凝缩成雾滴的现象。根据防雾滴剂的功能，一般分为流滴剂和消雾剂。流滴剂实际上是表面活性剂的应用，涂敷或添加的流滴剂能够

表 18　国内主要山梨醇类成核剂的生产厂家及产品

生产厂商	产品名或牌号	化学名
兰化公司研究院	DBS	二亚苄基山梨醇
山西省化工研究院	TM-1，TM-3，TM-6 TMA-3 TMP-1，TMP-2，TMP-3，TMP-5 TMB-5	二亚苄基山梨醇类 芳基羧酸盐类 α 晶型聚烯烃成核剂 有机磷酸酯盐类 β 晶型聚烯烃成核剂
湖北松滋树脂厂	SKC-Y5988	取代二亚苄基山梨醇类
上海科塑新材料有限公司	NA-S20 NA-40	取代二亚苄基山梨醇类

在薄膜表面形成一个极薄的取向分子层，降低聚合物薄膜的表面张力，使蒸发到表面的水分以水膜形式存在，有效地抑制水分凝缩成滴，避免水滴滴落对包装物和大棚植物造成危害，并改善其感官性能。由于流滴剂使薄膜表面水分以水膜形式顺壁流下，因此形象地称为流滴剂。流滴剂多为脂肪酸多元醇酯、脂肪烷醇酰胺、烷基胺环氧乙烷加合物等非离子表面活性剂及其复合物，目前农用大棚膜是流滴剂的最大消费领域，尽管近年来我国防雾滴剂技术开发取得了显著成效，但在防滴持久性、防滴性与消雾性的平衡方面仍存在一定的不足，解决上述问题是未来防雾滴剂开发和应用领域面临的主要课题。

应当指出，塑料助剂的类别远不止上面所述，除着色剂、交联剂等传统助剂外，相容剂、保温剂、光转化剂、光降解剂、螺杆清洗剂等新功能助剂随着科学技术的发展和塑料制品应用领域的拓展还在不断增加，这些新功能助剂的开发和应用将极大地促进中国塑料工业的技术进步和发展。

（山西省化工研究所　王克智　张惠芳）

迈向制造强国的我国塑料机械工业

进入20世纪90年代以来，我国塑料机械制造工业一直处于高速、稳定的发展中，不仅在量上急剧增长，而且在质上也得到了显著提升。目前，我国塑料机械制造工业正处于由制造大国迈向制造强国的关键时期。

一、连续快速发展，我国已成为塑料机械生产大国

2003年，我国塑料机械工业总产值128.21亿元，为1993年37.23亿元的3.44倍，10年中年均增长13.50%；销售金额122.06亿元，为1993年的3.40倍，年均增长13.28%；出口5.83亿美元，为1993年0.29亿美元的20.10倍，年均增长41.57%，其中在1998年出口首次突破1亿美元，到2003年期间，年均增长35.85%。2003年出口金额占当年工业总产值的37.90%。

表1～表4是根据中国机电及出口商会、中国轻工机械协会和北京亚泰塑料科技发展有限公司有关资料，对我国近年塑料机械主要经济指标、塑料机械主导产品生产销售情况等作者作了归纳、测算，仅供参考。

二、技术进步速度加快、制造水平显著提高

进入20世纪90年代特别是进入新世纪以来，我国塑料机械制造技术进步速度加快，产品在主要综合经济技术指标上取得了突破性进展。目前，代表我国塑料机械制造水平的企业或产品，其制造技术已经进入国际先进行列，总体上说，国产塑料机械制造技术已经接近国际先进水平。

表1　近年我国塑料机械主要经济指标

年　份	1994年	1995年	1996年	1997年	1998年	1999年	2000年	2001年	2002年	2003年
工业总产值/亿元	40.78	47.41	51.46	51.12	54.17	69.73	85.29	95.3	105.6	128.2
销售金额/亿元	38.24	43.14	46.40	46.87	48.71	60.69	72.66	86.9	101.7	122.1
利润/亿元	4.364	3.413	4.001	4.711	4.036	5.136	6.235	7.578	9.09	10.82
销售金额增长/%	6.48	12.82	7.56	1.00	3.94	24.58	19.73	19.64	17.0	20.0
利润增长/%	7.4	－21.8	17.2	17.8	－14.3	27.2	21.4	21.6	20.0	19.0

表2　近年我国塑料机械主导产品生产销售情况

年　份		1994年	1995年	1996年	1997年	1998年	1999年	2000年	2001年	2002年	2003年
注塑机	产量/台	17 177	18 109	19 296	19 288	19 853	27 316	29 331	37 950	43 643	51 062
	销售量/台	15 673	17 482	16 806	18 373	19 053	23 341	27 629	35 629	41 685	50 023
	销售增长/%	4.70	11.54	3.87	9.32	3.70	22.25	18.37	28.96	17.00	20.00
挤出机	产量/台	5 973	6 031	7 355	7 690	6 145	6 965	7 784	9 880	12 350	14 752
	销售量/台	5 021	5 750	6 764	7 090	5 715	6 446	7 176	8 965	10 616	12 478
	销售增长/%	－1.74	14.52	17.63	4.82	－19.4	12.79	11.32	24.93	18.42	17.55
吹塑机	产量/台	597	699	964	899	1 095	1 260	1 425	2 179	2 739	3 405
	销售量/台	535	670	806	771	1 023	1 081	1 138	2 083	2 651	3 271
	销售增长/%	－4.80	25.23	20.30	－4.34	32.68	5.67	5.27	83.04	27.25	23.4

表 3 近年我国塑料机械主导产品出口情况（按台计）

年份 产品	2000 年		2001 年		2002 年		2003 年	
	台数	增长/%	台数	增长/%	台数	增长/%	台数	增长/%
注塑机	8 662	183.63	5 361	−38.11	6 276	17.07	8 620	37.35
挤出机	1 317		1 589	20.65	2 260	42.23	2 210	−2.21
吹塑机	126		169	36.13	276	63.33	233	−15.58

表 4 近年我国塑料机械出口情况（按金额计）

年 份		1999 年	2000 年	2001 年	2002 年	2003 年
金额	美元/亿元	1.340	2.418	3.120	4.370	5.829
	折人民币/亿元	11.080	19.997	25.802	36.140	48.206
占总产值/%		15.890	23.450	27.080	34.230	37.600
出口增长/%			47.580	15.480	26.400	9.850

表 5 国内外单螺杆挤出机比较

厂 商	螺杆直径/mm	长径比(L/D)	主功率/kW	输出功率/N·W	螺杆转速/(r/min)	最大产量/(kg/h)
KRUSS-MAFFEI	60	30	100	3 900	234	310
宁波方力	60	30	75	4 800	150	250
宁波方力	90	30			120	500
VEBER	90	30			165	600

上述所说“主要综合经济技术指标”包括温度控制精度、单位质量原料成型能源消耗、塑料成型精度和机器的生产效率。这些指标的先进与否和塑料原料、生产工艺、加工设备及模具密切相关。就设备而言，还与其生产线的每一配置技术有关。这些指标影响到节能、省料、制品的市场竞争力等，是设备为用户制造效益最大化的必备条件。

① 温控精度，包括挤出注射塑化及各种加热冷却等温度控制。国产设备在 20 世纪 80 年代中期前，温控精度为±5℃，90 年代中期为±3℃，目前普遍达到了±1℃，部分已达到±0.5℃，与当今国际先进技术在同一水平线上。

② 单位质量塑料成型能耗。降低能耗是我国塑料机械制造行业一直在努力追求的目标。总体上说，国产设备能耗同国际先进设备比较，20 世纪 80 年代为 3 倍，90 年代中期为 1.5～2 倍，而目前已基本上相同。如加工包括 PA、EVOH 等高阻隔材料在内的多层共挤吹塑料薄膜生产线，目前国际先进水平塑料成型能耗在 0.4kW/kg 左右，而广东金明塑胶设备有限公司制造的同类设备已达到 0.31～0.37kW/kg。

③ 塑料成型精度。提高塑料成型精度，不仅意味着塑料制品品质的提升，也意味着节省原料、降低产品生产成本。在成型精度上，国产设备与国际先进水平比较仍有一定的差距。但是，近年来我国有越来越多的企业制造的设备成型精度进入了国际先进行列。如国际先进设备生产的 0.015～0.2mm 共挤吹塑薄膜，厚度精度在±5%以内；而广东金明塑胶设备有限公司制造的同类设备，薄膜厚度精度已达到±3%～4%。

④ 生产能力。高速、高效、高产能是近年国际塑料机械制造发展的趋势，如小型精密注射机空循环时间<2 秒，螺杆直径 φ45mm 的单螺杆挤出机最大塑化能力>200 公斤/时。我国在跟踪这一趋势中也取得了显著成效。

表 5 所列宁波方力实业有限公司制造的单螺杆挤山机是根据国产机组配置的现行产品。从设计水平、机加设备、材料处理和生产应用经验上，我国已具备子制造国际先进水平的同类设备的能力。

我国塑料机械制造的技术水平进步还表现在以下几个方面。

① 在大型、精密塑料成型设备制造上取得了突破性进展。锁模力 8 000kN 以上注塑机产能 500 台以上，年产销 400 台左右。宁波海天机械有限公司

2002 年推出的锁模力 36 000kN 注塑机为目前最大型的国产注塑机。国产低压注塑机注射容量可达 50 000～100 000cm³。青岛德意利机械有限公司、宁波方力实业有限公司和金纬、金明公司推出了制品管径 8 000mm 的双壁波纹管和上水/供气 PE 管、管径 2 000mm 的缠绕管的加工设备。国产设备加工的吹塑薄膜幅宽达 20m，挤出吹塑中空制品容积达 1 000L，滚塑中空容积已达到 10 000L。

② 在精密注塑机制造技术上近年也取得了突破性进展。海天、海太、东华等厂商成功试制了全电子注塑机，目前正在完善推广中。广东泓利塑料机械有限公司研制的数码光盘注塑机具有七项专利，其中一项获得了欧、美、日及我国等七个国家的发明专利。其制品成型周期≤4.5 秒，制品质量精度为±0.5％。模板运行速度误差≤0.05mm。正如有关专家所说：数码光盘注塑机的研究成功是精密注塑机制造顶级技术的标志，也是中国注塑机制造已经从普通注塑机向超精密注塑机跨越的标志。

③ 共挤出复合技术正走向成熟。由于不同材料加工条件上的差异，给共挤出复合生产带来了困难。20 世纪末，挤出技术在我国被广泛地应用在了建筑管材上，包括铝塑、钢塑、铜塑、不锈钢涂塑管等。尽管当时一哄而起，仿制抄袭居多，产品良莠不齐，但经过几年来的市场检验和制造企业的努力，部分企业的产品逐步得到了提高和完善。以青岛德意利机械有限责任公司、宁波方力实业有限公司、张家港联冠科技发展有限公司等为代表的企业制造的铝塑复合管生产线技术性能已接近国际先进水平，对国内市场的回升发挥了积极的作用。由于市场对各种功能膜的需求旺盛，复合薄膜特别是共挤吹塑复合薄膜生产设备的制造技术取得了重大进展。叠加机头的应用推广为共挤出吹塑多层薄膜打开了新局面。叠加机头具有真正意义上的模块单元化结构，和螺旋机头比较，克服了随着共挤膜层数的增加熔体与金属接触面急剧增大的缺陷。湿润面小，降低了物料流动阻力；层次之间隔热性能好，在温差 50℃时，仍然保证了良好的共挤复合成型效果，这对于带有 PA、EVOH 等夹层的薄膜的生产具有罩要意义。共挤复合技术在流延、中空吹塑成型中也得到了成功的应用。秦川发展股份有限母司制造的 6 层 2 000L 汽车塑料油箱生产设备已在市场上得到了推广应用。

④ 生产线的配置技术不断地完善、提高与国际化。国产塑料机械的控制和自动化技术与国际接轨最早，程度也较高。电器、液压、气动和各种仪器表普遍采用国产与进口件并用，通过各种方式引进系统的设计技术，有的甚至采用委托配置，最大限度地满足国内外用户需求。最新研制的设备普遍配置了现场控制网络系统并留有接口，对实现远程控制、建立无人车间打下了基础。在生产线中许多关键装置也加快了向国际先进水平靠拢的速度。宁波方力研制并应用在 PE 管生产上的蓝式机头，无削切割装置、测控技术和广东金明共挤复合膜、应用的叠加机头、IBC 内冷装置、自动配科系统、在线纵/横向厚度监控技术都具有国际先进水平。

⑤ 专业化生产已经形成规模经济并向着“专而精”的方向发展。配混及机组中的各种辅助装置、螺杆机筒分别是张家港地区和舟山地区的传统产品。经过多年的发展，规模上进一步扩大，制造技术上取得显著进步。仍以螺杆机筒为主导产品的舟山地区 2003 年塑料机械产值超过 20 亿元，生产螺杆机筒近 5 万套，不仅满足了国内塑料机械主要是注塑机械配套 80％左右的需求，同时占产量 20％左右的螺杆机筒出口到包括塑料机械制造工业发达的国家或地区，如日本、加拿大和美国等。开发能力的不断提高是舟山螺杆机筒制造持续发展的关键。金湖、金纬、华业、金星和精业等主要螺杆机筒制造企业，普遍应用了国内外先进的加工检测设备，如进口的螺杆加工专用铣床、立式机筒衍磨机、双金属机筒离心浇铸和螺杆喷涂合金装置等。目前，除了大批量生产注塑机用螺杆机筒外，还可以生产适用于不同原料、工艺条件的各类型挤出机螺杆机筒，如单螺杆挤出机、平行或锥形双螺杆挤出机、混炼双螺杆挤出机等的专用或通用螺杆及开糟加套机筒。最近舟山地区与北京化工大学共建了舟山北化聚合物加工技术研究所有限公司，通过产学研结合，在提高螺杆机筒的乃至塑料成型设备的制造技术上又走出了坚实的一部。

⑥ 在国内空白或高新技术含量的塑料加工设备研制上有了良好开端。如山东华冠、广东金明分别制造的共挤流涎和共挤吹塑透气薄膜生产线，北京化工大学、清华大学和中科院化学所各自与相关企业研制的不同工艺路线的超高分子量聚乙烯挤出管材生产线均已推向了市场。BOPP、BOPET、BOPS 等双向拉伸薄膜加工设备的研制多年来一直是我国塑料机械制造中的一个难题。尽管我国在 20 世纪 80 年代初就着手研制 BOPP 加工技术，但是由于受当时国内工业基础和配套技术限制以及制造这类设备投资大、风险大、企业资金不足的影响，造成了研制进度缓慢，甚至停滞，多年来国内旺盛的市场需求基本上依靠进口。最近，我国一些企业在研制双向拉伸膜加工设备上迈出了可喜的一步。汕头远

东轻化装备有限公司分别于2002年和2004年成功研制了带有国际先进水平配置的BOPP、BOPET生产线，可满足塑料加工企业对中小型双向拉伸膜加工设备的需求。

特别应该提及的是华南理工大学瞿金平教授发明的电磁动态挤出机，经过多年的研究与推广，不仅在机理上不断取得了进展，而且在应用领域上也取得了突破。近两年来这一原理在连续混炼。反应挤出加工上进一步显示出了它的独特优势。

三、市场广阔，重点拓展国内三资企业和国际市场

国内市场。我国塑料加工总量多年来处于快速增长的状态和对不同层面特别是高性能塑料机械的需求，不仅为我国塑料机械工业的发展提供了最重要的前提，同时也造成了进口设备多年来一直处于高位而且还继续增长的态势。表6、表7为近年来进口塑料机械情况。

表7中进口注塑机和挤出机的台数因海关统计和我国塑料机械分类有较大出入，因此这两种设备年进口台数仅供参考。

进口设备的贸易方式和设备的流向值得我们关注。2003年，进口金额中的55.78%即21.96亿美元的设备是外商作为投资进口的。进口设备（按金额计）中的71.44%流向三资企业。这说明国内市场容量的增长、外资的投入是一个重要因素，同时也意味着国产塑料机械难以进入三资企业。

塑料机械在国内市场容量中，按台数或产能计，国产设备占75%左右，进口设备约占25%；按金额计，进口设备占75%左右，国产设备仅占25%，而且近二年还呈下降趋势（具体数字见表8）。

国际市场。我国塑料机械批量进入国际市场仅有几年的历史，但是增长速度较快。2000年以来出口金额已占全行业总产值的1/4～1/3。因此，增加出口已成为带动我国塑料机械工业发展的重要因素。近几年国产塑料机械出口不仅在数量上快速增长，而且在出口地区上也发生了深刻变化。已经从主要出口亚非拉发展中国家逐步转向欧美日等发达国家或比较发达的国家。2003年出口欧洲、北美、澳大利亚及亚洲的日本、韩国、泰国和港台地区的已占我国当年出口额的61.48%。这说明国产设备正经受着国际市场的考验，从而促进了我国塑料机械制造水平的提高。

综上所述，我国塑料机械的发展存在着广阔的市

表6 近年进口塑料机械情况（按金额计）

年份		1999年	2000年	2001年	2002年	2003年
金额	美元/亿元	15.72	18.61	21.70	25.45	39.36
	折人民币/亿元	130.00	153.9	179.46	210.47	325.51
增长/%			18.32	16.60	17.28	54.66

表7 近年部分品种进口塑料机械情况（按台计）

年份	1999年	2000年	2001年	2002年	2003年
注射机/台	14 193	16 025	13 938	14 524	19 149
增长/%		12.91	−13.02	4.20	31.84
挤出机/台	1 919	1 817	2 397	2 334	2 248
增长/%		−5.32	−31.92	−2.63	−3.68

表8 近年来我国塑料机械市场容量、进口和国产设备所占比重

年份			1999年	2000年	2001年	2002年	2003年
市场容量/亿元			179.61	206.88	248.95	279.91	405.51
其中	进口	金额/亿元	130.00	153.90	179.46	210.47	325.51
		所占比例/%	72.38	74.39	72.09	75.19	80.27
	国产	金额/亿元	49.61	52.98	69.49	69.44	80.00
		所占比例/%	27.62	25.61	27.91	24.81	19.73

场空间。国内三资企业、国际发达和较发达国家和地区应成为今后国产设备重点拓展的市场。

四、制造技术是核心竞争力·我们面临着机遇与挑战

拓展国产塑料机械的市场，面临着激烈的竞争。制造技术是核心竞争力。加快提高国产设备的制造技术速度，国内已经具备了较好的基础，同时世界经济时代又给我们带来了极好的机遇。

经过近50年特别是改革开放20多年来的高速发展，我国塑料机械制造已经形成了一支有较高水平的研究、设计、加工和经营队伍，并具有较先进的装备条件和较完善的国内市场并向国际市场延伸扩大的营销网络的完整的工业体系，具备了与国际接轨的条件。

目前，正在逐步形成的第二次海外同行通过独资合作办企业进入中国的潮流。对提高我国塑料机械制造技术将产生积极的推劫作用。第一次潮流是在20世纪80年代末90年代初，进入大陆的主要是港台地区的同行。无疑，其在推动我国塑料机械特别是注塑机制造技术、开拓国际市场等诸方面曾经发挥了重要作用。但其对提高我国塑料机械技术的影响远不能与这次相比拟。目前进入中国的主要是发达国家的同行，如德国的巴登费尔德、克劳斯·玛菲、科倍隆，日本的东芝、雨布等，其带来的是国际先进水平的制造技术。如果把在中国土地上生产的塑料机械视为国产设备，那么，中国塑料机械制造技术总体上进入国际先进行列已为期不远，“中国造”的塑料机械遍布世界各地也将成为可能。

发达国家的同行进入中国，对提高国产设备制造技术整体水平无疑是个机遇。但是，对现有的包括港台在大陆的国内企业来说则是一个极大的挑战。如何应对这一挑战，是我们面临的重要课题。此外，过度竞争、价格低廉、效益下滑；企业管理水平低下、营销理念落后及行业协会缺乏凝聚力、服务管理不到位等等也是急需要解决的问题。

总之，现在我国塑料机械工业已真正进入了与狼共舞的年代，惟一的出路是找准、充分发挥自身的相对优势，把自己变成更强壮的“狼”，这样才能有更多的现有国内企业制造技术进入国际先进行列。

（中国轻工机械总公司　许政仓）

2003年塑料机械行业发展概况

一、概述

机械工业塑料机械行业在2002年大好形势的基础上，2003年又获得了大丰收。

据不完全统计，2003年增长幅度比较大的和基本与上年持平的企业有海天股份有限公司、顺德市震德塑料机械厂有限公司、东华机械有限公司、浙江申达塑料机械有限公司、无锡格兰机械有限公司、宁波海达塑料机械有限公司、广东泓利机器有限公司、浙江金鹰塑料机械有限公司、大连冰山橡塑股份有限公司、浙江金湖塑料机械有限公司、潍坊中云机器有限公司、广东金明塑胶设备有限公司、上海申威达机械有限公司、南京科亚实业有限公司、上海金纬塑料机械有限公司、青岛顺德塑料机械有限公司、浙江华业塑料机械有限公司、秦川集团塑料机械厂、大连三垒塑料机械有限公司、江苏维达机械有限公司等等。正是由于这些企业的大发展，才推动了塑机行业的发展。另外塑料原材料和配套件的发展也是推动塑料机械行业发展的重要因素之一。

但也有一些企业，2003年的生产与销售情况比2002年下降很多，有的企业已濒临破产。从客观的角度讲，企业效益下降，其主要原因并不是市场萎缩和经济环境不好，而是企业的产品结构、经营与管理不适所致。同样的产品种类，同样的地理环境和人才队伍，有的企业生产销售蒸蒸日上，而有的企业却连工资都开不出来，企业的竞争战略就更无从谈起了。这充分说明，优胜劣汰是不可抗拒的客观规律。

2003年行业的新产品开发呈上升趋势，大多是引进-吸收-开发；行业企业生产型的多，具有自主开发能力的企业较少，且大多为国企，开发效率较低；企业改制是大势所趋；部分企业的基本建设与设备投资有大幅度的增长。

二、骨干企业及主导产品

由于统计不全，在此介绍的各企业及企业基本情况仅供参考。

（一）注塑机行业的骨干企业及主导产品

1. 宁波海天集团股份有限公司

宁波海天集团股份有限公司是联合国技术信息促进系统（PIPS）认定的中国优秀民营企业，是国内率先通过CE认证、ISO 9001-2000版质量体系认证的企业之一。目前集团公司拥有总资产18.631亿元，其中固定资产为7.123 9亿，流动资产11.69亿，资产负债率51.3%，资信状况AAA级。

为了进一步推动企业改革，优化组合企业要素，发挥群体优势，2003年成立了宁波海天集团股份有限公司，该集团以原宁波海天股份有限公司为母体，并联合了其下属子公司。

该公司2003年末拥有职工人数2 107人，其中生产人员1 768人，高级工程技术人员15人，中级工程技术人员 85 人，初级工程技术人员 66 人，管理人员 103 人，其他 70 人；主要车间有金工车间、钳工车间、钣焊车间、电工车间等；各种加工设备 624 台，主要设备有高精度加工中心，流水线等。

海天集团股份有限公司 2003 年完成工业总产值 201 845（现）万元，比上年增长 49%；销售总额为 19.919 1 亿元，比上年增长 46%；获利 35 731 万元，比上年增长 59%；出口创汇约 4 321 万美元，比上年增长 98%。产品批量出口美国、欧洲、南美洲、中东、东南亚等 50 多个国家和地区。为了进一步完善公司产品的外销体系和提高国际注塑机市场的占有率，海天集团股份有限公司在原有的 20 多家国际代销商的基础上，又在加拿大、墨西哥、巴西、意大利、土耳其开设了境外公司和组装厂，并以 5 个公司为中心，辐射周边国家和地区，从根本上解决了机电产品在国际上交货期晚和售后服务困难等问题。

2003 年，宁波集团股份有限公司参加了在美国芝加哥举行的 NPE 塑料机械展览会。在此次展览会上，共展出了高速机、全电动机、二板机、立式机、连杆机等 7 台装配了机械手的注塑机。

2003 年，海天集团股份有限公司由原来的副理事长单位改选为中国塑料机械工业协会理事长单位，将为振兴我国民族塑料机械工业做出自己的一份力量。

在新产品开发上，2003 年宁波海天集团股份有限公司开发研制了“带流道推板”的注塑成型机。所谓的“流道推板”，即在普通注塑机的定模板内侧增加一块设计科学的、可在任意时间往复运动的、配合各种不同的模具来完成流道与制品的自动分离、模具的抽芯及局部顶出等动作的推板。

“带流道推板注塑机”是利用注塑机技术和模具技术在两者的交叉领域做出的重大创新，与普通注塑机相比，具有如下优点和功能：

① 能实现全自动脱模注塑，提高了劳动生产率；

② 简化了模具结构，降低了模具制造成本，缩短了模具制造周期；

③ 缩短了流道长度，提高了塑料的利用率；

④ 提高了制品质量，给企业带来了很大的经济效益；

⑤ 使用点浇口、侧复合浇口、潜伏复合浇口模具时，大大地简化了模具结构，降低了开模费、缩短了开模周期、节约了塑料；

⑥ 用于侧浇口模具时，可以简单地实现浇口、制品的自动分离，减少了剪料把工序，提高了工效，节省了开支；

⑦ 用于定模侧抽芯时，大大地简化了模具结构，提高了制品的外观质量；

⑧ 用于定模竖向抽芯、定模局部顶出和倒装模时，极大地简化了模具结构，降低了开模费，缩短了开模周期。

海天的 HTF3600X 塑料注塑机，2003 年通过了有关专家组的鉴定。该机的合模机构采用双曲肘五点内翻式扩力机构，移动模板使用液压辅助支承油缸；注射部件采用双缸、双导向机构；电气控制系统采用了注塑机专用控制系统、TET 液晶显示；液压系统采用多泵组合及压力流量比例控制，具有响应快，使用可靠，压力及速度可无级调节的特点，可用于尺寸精度高、外形复杂的大型塑料制品的生产。

专家认为，该机是目前国产最大的机型，机器塑化能力强，移模速度快，运行平稳，成型工艺参数调节方便，整机运行可靠，生产效率高，外形美观，机械结构布局合理，控制系统先进，使用了专用电脑及液压比例控制，是节能型的机电一体化产品，可取代进口。

2003 年海天集团股份有限公司的热销产品有：HTFX1，X2 系列注塑机；ATVS 系列注塑机；HT-FX1/J1，J2 系列注塑机；HTS 系列注塑机；HTFX5 系列注塑机等。

2. 顺德震德塑料机械厂有限公司

顺德震德塑料机械厂有限公司是生产注塑机的著名企业之一，2003 年以前是由香港震雄集团与广东万家乐股份有限公司合资经营，2003 年后变为香港震雄集团的独资企业。目前，震德塑料机械厂有限公司年生产能力达 9 000 台套，可向用户提供注射量为 113～43 000 克的各种型号的中英文电脑全自动精密注塑机。

2003 年末，顺德市震德塑料机械厂有限公司拥有职工人数 808 人，其中生产人员 359 人，高级工程技术人员 6 人，中级工程技术人员 41 人，初级工程技术人员 42 人，管理人员 30 人，其他人员 50 人；主要加工车间有数控加工车间、机加工车间和安装车间；主要设备有数控设备（加工中心、柔性制造系统、数车床、激光机）25 台，落地镗 3 台，磨床 4 台。

2003 年震德塑料机械厂有限公司完成工业总产值 55 702 万元，比上年增长 10%；销售总额为 58 042万元，比上年增长 26%；获利 13 326 万元，比上年增长 10%；出口创汇 450 万美元，比上年增长 149%，产品出口到香港、东南亚、欧洲等地区；年末库存量为 4 880 万元。

2003 年该公司的新产品是注射量为 43 000 克的超大型注塑机，主要用于生产大型塑胶产品零件，如汽车零件、大型家电用品、大型饰板等。该机的注射座采用了导柱平面导向设计，另外该机还采用了双缸快速注射、双射移油缸、高塑化螺杆、闭环射胶系统等，使该超大型机种更能符合客户的要求。

2003年该公司的“震德牌CJ系列电脑注塑机”获广东省名牌产品称号。

2003年顺德震德塑料机械厂有限公司的部分热销产品如下。

（1）M5V系列注塑机　M5V系列注塑机吸取了国外先进注塑技术的优点，科学地运用CAD/CAE/CAPP/CAM技术，通过三维建模、机构装配、运动仿真、有限元分析等来优化关键零部件，锁模部分采用内卷式斜排五铰双曲肘结构，通过仿真技术对运动学和动力学特性进行优化，保证了开合模平稳、锁模力均衡。固定模板和移动模板采用箱式结构，经过有限元应力分析，比传统的筋板式结构质量减少10%，而刚性提高了30%以上，移动模板采用可调楔块支撑，提高了运动平稳性。可调模板配有独特的液压马达大齿圈传动方式，使调模方便快捷。注射装置采用双导柱支撑、双缸平衡注射，整机体现了组合化、通用化、模块化、标准化的设计理念，整机噪声低于78dB。设备采用大屏幕液晶显示，抗干扰能力强。

（2）M3系列连杆式大型注塑机

① 该系列机锁模力从80～1 600吨，注射量113～12 284克，采用经计算机优化的五点曲肘机械锁模机构，高速节能。设有CPC大屏幕LCD中英文电脑机、MPC大屏幕中英文电脑机、Barber-colman新型高性能电脑机等，螺杆料筒可根据实际要求自由选择。

② 模板采用高强度球墨铸铁，模板及机铰均由进口电脑加工中心和柔性加工系统加工，精度高，互换性好。

③ 导柱均采用高强度合金钢制造，外层镀硬铬，保证较长寿命。

④ 多段移模速度控制及差动特快锁模，保证机构高效平稳，速度提高70%。

⑤ 油压式多次顶出装置可提供多种顶出选择，适合各种模具自动化生产之用。

（3）V系列比例变量泵注塑机　全新V系列省电星，配备高响应功率匹配的比例变量泵系统，令注塑机液压系统输出与整机运行所需功率匹配，无高压节流溢流的能量损失，与标准机型相比，可节电25%～50%。相同电机工率可配用更大排量油泵，令整机速度加快，该机配有进口高性能精密滤油装置，在该装置正常连续工作情况下，油污等级达到美国NAS8级以内。

3. 东华机械有限公司

东华机械有限公司是一家以生产注塑机及其附属设备为主的合资企业，可生产注射量从43～30 000克、锁模力从220～3 200千牛顿的注塑机，是我国较大的注塑机生产基地之一。

东华机械2003年末拥有职工人数560人，其中生产人员350人，高级工程技术人员5人，中级工程技术人员30人，初级工程技术人员30人，管理人员145人；主要车间有机加、装配；主要设备有数控冲床、落地镗床、数控车床、数控折弯机、卧式加工中心等。

2003年东华机械有限公司完成工业总产值40 535万元，现价28 066万元，比上年增长7%；销售总额为37 866万元，比上年增长44%；获利1982万元；出口创汇965万美元，比上年增长177%，产品出口香港等地；年末库存3 523万元。

2003年东华机械有限公司为了适应IT业的发展，弥补我国高速、高压、超精密的高档注塑机的缺口，开发了TTI-Fx型注塑机。该机最突出的特点是超静音的油路设计，优良的性/价比。

东华机械有限公司2003年的部分热销产品如下。

（1）多物料注塑机

① 采用“共塑”注塑方式比传统法可节省时间50%；

② 可减少废/次品损耗20%以上，产品质量稳定；

③ 能制造如立体穿透、底面包围等复杂制品；

④“共塑”产品完全无需后加工，物料交接面完美无瑕；

⑤ 直角式设计可随时变回单物料方式生产，将机器用途充分发挥，简单方便；

⑥ 可提供双射台及多射台设备的装置，方便用户选择；

⑦ 将普通的注塑机加装专用独立的辐射台及转盘便可变为双物料注塑机；

⑧ 独立辐射台设置马达、油泵、射胶装置及控制系统；

⑨ 辐射台与主机的控制系统互相连接，采用Plug and Play方式，主机可随时变回单色机；

⑩ 辐射台除标准规格外，还可按照客户需要特别制造。

（2）G系列注塑机

① 采用高科技手段进行优化整体结构，化繁为简；

② 在锁模结构方面，其运动参数是用五点式机绞专用软件进行优化，使动模板运动更为顺畅；

③ 三大板经过有限元分析，具有四柱间距特大、精简、高刚度等特点；

④ 射台前后板同样经过有限元分析，具有结构紧凑、精简、高刚度等优点；

⑤ 同时可为不同的塑料配备专用熔胶螺杆；

⑥ 整机结构紧凑、外形精巧，比同等机型占地面积小，但容量比同等机型大，使用更灵活。

(3) J 型注塑机

① 全新的射台设计；

② 无需储能即可提高射胶速度 30%；

③ 新型双螺纹波浪槽螺杆混炼效果好；

④ 美国原装塑机专用控制器；

⑤ 简洁美观、轻便实用。

4. 无锡格兰塑机制造有限公司

无锡格兰塑机制造有限公司是国内较大的注塑机生产基地之一，主要产品是 COSMOS 牌注塑机，品种有 WG 型、WG-G 型、WGPT 型等五大系列近百个品种，其合模力为 80～2 700 吨，注射量为 80～40 000克。无锡格兰是国家“塑料注射成型机”国家行业标准的负责起草、制定单位。

2003 年无锡格兰机械有限公司与日本宇部兴产株式会社进行技术合作，全套引进锁模力从 350～3 500吨的中型、大型、超大型注塑机生产技术及其世界著名商标，以制造“格兰-UBE”系列注塑机，提升企业形象和产品的档次，跻身国际市场，迎接行业全球化、高层次的竞争。首批锁模力为 1 800～2 500吨的 UBE 系列注塑机已投入用户使用。

“格兰-UBE”系列注塑机在锁模力和注射精度上均采用了高科技的传感器控制技术，因此锁模力是以实际需要的锁模力大小直接设定的，并且得到精确的测量与显示。当由于模具温度等原因使锁模力发生变化而偏离设定值时，机器可进行自动纠正。在注射精度的控制上，采用了 PPC 高性能的注射方式，即从注射到保压的转化不但可以用传统的时间或行程来控制，而且可以根据模腔压力来控制。这样可确保制品的注塑精度和重复精度。为了配合 PPC 高性能的注射方式的使用，电脑根据设定和实测的数值，显示注射波形图，为操作人员把握理想的工艺参数提供了有力的帮助。

为了保证曲肘式合模机构轴套与轴销的良好润滑，在 850 吨以下的机型中采用了先进的无油轴套。在 1 000 吨以上的机型中采用了特殊材料和表面涂层的轴销并设置了润滑报警系统。该机还采用了原装的三菱 PLC（可编程序器）电脑，具有功能多和超强抗干扰性的特点。油路设计上实现了多重的复合动作，可在开合模的同时进行抽插、顶出的动作，还可在预塑时进行开模的动作。

5. 浙江申达塑料机械有限公司

浙江申达塑料机械有限公司（浙江塑料机械总厂）是国内最早的生产塑料注塑机的企业之一。公司目前的主要产品是锁模力为 40～4 000 吨、理论注射容积为 60～35 000 立方厘米的 FT 系列注塑机，可生产小到影碟机、录音机部件，大到汽车部件等各种工程及民用塑料制品。另外公司还可提供小锁模力大注射量的 PE、PVC 管件的生产设备等。

浙江申达塑料机械有限公司 2003 末拥有职工总人数为 518 人，其中生产人员 402 人，高级工程技术人员 13 人，中级工程技术人员 31 人，初级工程技术人员 50 人，管理人员 35 人，其他人员 38 人；主要车间有 PMS 柔性车间、总装车间、新品车间、金工车间、油漆车间、钣焊车间及热处理车间；主要设备有 PMS 柔性加工系统，立式镗铣加工中心，数控落地镗铣床，数控龙门镗铣床，数控冲剪机及数控异型螺杆床等。

2003 年申达塑料机械有限公司完成工业总产值 32 000 万元，比上年增长 7.4%；销售总额为 34 150 万元，比上年增长 9.6%；获利 2 250 万元，比上年增长 3.2%；出口创汇 230 万美元。

2003 年申达塑机的热销产品如下。

(1) FJ 系列挤注成型机　该系列机的锁模力为 5 200～18 000 千牛顿，注射容积为 15 000～80 000 立方厘米，采用螺杆柱塞式低合模力优化组合，特别适合国家南水北调、西气东输工程及城市供水供气需要的量大面广的各种规格 PE 管件等工程用塑料制品成型。该机具有以下几大特点：

① 特殊设计的注塑机特别适合大注射量、低合模力成型工艺要求，专门用于聚烯烃类管件等大制品的成型；

② 配以低压注射成型技术，可成型聚烯烃类各种大型工程用塑料制品；

③ 预塑螺杆无轴向位移，熔料热历程相同，轴向温差小，塑化质量高；

④ 塑化和注射分离，预塑稳定、计量精确，注射反料小，充填量精确稳定；

⑤ 采用先进的负后角双曲肘合模机构，具有大增力倍数和行程比，运动特性极佳；

⑥ 先进的液压系统和高精度电脑控制系统，提供稳定的注塑质量；

⑦ 机械质量轻，仅为同注射量传统注塑机的 1/3 左右，结构紧凑，占地面积小等。

(2) FTB 系列环保节能注塑机　该系列机锁模力为 900～2 800 千牛顿，注射容积为 121～883 立方厘米该产品采用先进的电脑控制、变频节能控制、高效塑化机构和负后角连杆机构等高新技术和先进适用技术，其特点如下：

① 采用电脑和变频控制技术，使液压系统输出与整机运行所需要功率相匹配，与传统定量泵节流调速系统相比可节电25%～70%；起动电流小，能大幅度降低对供电变压器容量的要求，并起到稳定电网运行状态的作用；

② 采用新颖负后角双曲肘合模机构，合模机构增力倍数大，在相同合模力下合模油缸推力可减少1/3左右，省能；运动特性好，移模速度快而平稳，开合模容易具无惯性冲击；具有较大合模行程比，结构紧凑。

6. 宁波海达塑料机械有限公司

宁波海达塑料机械有限公司是生产HD系列全自动塑料注射成型机的厂家，公司始建于1992年，现有总资产1.5个亿，生产能力达2 500余台套/年。

宁波海达塑料机械有限公司2003年末拥有职工总人数为256人，其中生产人员198人，高级工程技术人员3人，中级工程技术人员5人，初级工程技术人员9人，管理人员28人，其他人员13人。主要车间有金工车间、电气车间、装配车间和油漆车间等；主要设备有卧式加工中心，数显镗床，铣镗床及磨床等。

2003年完成工业总产值20 483万元，比上年增长35%；销售总额18 750万元，比上年增长39.7%；获利2 615万元，比上年增长50%；出口101万美元；年末库存462万元。

2003年宁波海达塑料机械有限公司成功推出了HD2000大型注塑机。该机合模力大，可生产大型汽车配件。自主开发的HDH300直压式注塑机通过了宁波市科学技术局主持的新产品鉴定。

2003年海达公司的热销产品为HD50～HD280系列全自动塑料注射成型机。

7. 广东泓利机器有限公司

广东泓利机器有限公司，原名为“顺德市秦川恒利塑机有限公司”，是广东省高新技术企业，是生产全液压注塑机的专业生产厂。公司研制发明并获中、日、欧美等国家专利的主导产品——四缸全液压直锁注塑机，是国内塑机行业第一项国家级“火炬计划”项目，其系列产品多次被列入国家级重点新产品项目。

泓利机器所拥有的主要产品有：PET专用注塑机；U-PVC专用注塑机；热固性塑料注塑机；氮气薄壁快速注塑机；双色、双组分注塑机；超精密DVD光盘成套生产设备及专用于生产微型电器、电子接插件的高速高精密小型（30吨锁模力以下）注塑机。

2003年，由泓利机器有限公司自主研制的中国首台数码光盘注塑机通过了广东省科技厅组织的技术鉴定。该机所产的CD、VCD、CD-R光盘技术全部符合国际相关标准要求，特别是光盘注射成型机的锁模力与注射压力的自适应、模具实现自置位和精密注射压缩功能特征等方面与国外产品相比，更具创新性。该台光盘注射机是泓利机器公司在其“四缸全液压注塑机”的基础上开发而成，每台售价200多万元，仅为进口同类产品的1/4左右。

广东泓利2003年的热销产品如下。

（1）四缸全液压注塑机　该机在精密成型深腔及复杂塑料制品的制造上具有绝对优势，可成型齿轮、镜片、光盘等高精度、深腔产品。其主要特点为：

① 温控精度达±0.5℃；

② 开合模定位及注射精度高，动作响应速度快；

③ 自动线性调整功能可对系统压力、流量进行自动的线性调整；

④ 二段顶出、顶退控制；

⑤ 多种故障指示功能，方便检修；

⑥ 射胶10段速度、压力及10段保压压力控制；

⑦ 螺杆转速可被检测、显示及反馈控制；

⑧ 最大注射速度≥300毫米/秒；

⑨ 可实现注射、保压、熔胶背压的闭环控制等。

（2）“G”系列精密成型机　泓利“G”系列精密成型机配制了高响应闭环伺服系统、氮气快速注射装置、实用奥地利贝加莱电脑（特殊装置可配电脑远程控制）；注射部分采用伺服系统及双联泵、氮气快速注射装置；镀硬铬螺杆；注射、锁模、顶出位置均为电子尺控制；PID温控；机、电、液三重安全保护装置；二组液压抽芯装置等，专业用于光盘、光学透镜、钟表齿轮、电子接插件、手机外壳等精密零件的成型。

8. 浙江金鹰塑料机械有限公司

浙江金鹰塑料机械有限公司是浙江金鹰股份有限公司的分公司，专业制造GEK系列80～10 000克GE、GES等系列的新型注塑机，年生产能力2 000余台套。公司已取得ISO 9001国际标准质量体系认证。计算机辅助设计（CAD）系统和现代化测试手段始终贯穿于产品的设计、开发及生产等过程中，加快了高技术含量产品的开发力度。

浙江金鹰2003年末拥有职工总人数为316人，其中生产人员252人，高级工程技术人员4人，中级工程技术人员25人，初级工程技术人员44人，管理人员23人，其他人员41人；主要车间有总装车间、金加工车间等；主要设备有进口加工中心 7 台，数控机床 5 台。

2003 年金鹰塑料机械有限公司完成工业总产值 12 469 万元，实现销售 11 751 万元，获利 984 万元，年末库存 2 951 万元，出口 29.1 万元。

2003 年金鹰的热销产品如下。

(1) GEK100-1000 系列新型注塑机

① 大长径比螺杆，塑化均匀，塑化能力高；

② 多级压力、多级速度射胶调整；

③ 负后角双曲肘合模装置，大增力比和大行程比；

④ 多种液压顶出方式；

⑤ 液压油路采用双比例负载感应；

⑥ 大型机液压配以多泵组合，泵级差比例补偿；

⑦ 机械、电器、液压三重连续安全保护；

⑧ 液压抽芯、旋转脱模；

⑨ 选用世界名牌厂家专用电脑、电器元件、液压元件。

(2) GE80-1000 系列注塑机

① 双缸平衡式注射系统；

② 多级压力、多级速度射胶调整；

③ 高扭力油马达预塑驱动；

④ 五铰链双曲肘合模系统；

⑤ 多级锁模压力与流量调整；

⑥ 高扭力油马达驱动调整；

⑦ 超灵敏低压模保功能；

⑧ 中文专用微电脑控制；

⑨ 进口高精度电子尺测控；

⑩ 机械、电气等多种安全保护；

⑪ 可由用户选配抽芯装置等。

(二) 挤出机、中空成型机行业的骨干企业及主导产品

1. 大连冰山橡塑股份有限公司

大连冰山橡塑股份有限公司（原大连橡胶塑料机械厂）是国内最大的橡塑机械生产厂，于 2001 年股票正式上市，上市后公司注册资本为 10 500 万元。公司拥有的“大橡塑”牌橡塑机械的产品有：塑料（橡胶）四辊压延机；塑料三层复合膜、土工膜、包装膜、地膜等吹塑机组；各种造粒机组；密炼机、开炼机、挤出机；胶片冷却机等。公司拥有 100 多人的技术开发队伍，采用最先进的计算机辅助设计 CAD 及计算机辅助工艺 CAPP 等手段，不断研制用户需要的新产品。2003 年公司实现了大网（宽带）与小网（局域网）的并轨，已进入现代化的管理。

几十年来大连冰山橡塑股份有限公司的研究所一直负责全国塑料机械技术标准化的组织、制定工作和全国塑料机械行业信息工作，为全国塑料机械工业的发展做出了一定的贡献。

大连冰山橡塑 2003 年末拥有职工总人数为1 915 人，其中生产人员 1 037 人，高级工程技术人员 29 人，中级工程技术人员 80 人，初级工程技术人员 86 人，管理人员 273 人，其他人员 393 人；主要车间有机加、装配、铸造、热镀；主要设备有加工中心，数控落地铣镗，轧辊磨，龙门铣等。

2003 年大连冰山橡塑股份有限公司完成工业总产值 32 648 万元，比上年增长 20%；销售 29 307 万元，比上年增长 19%；利润 489 万元；出品 71 万美元；年末库存为 1 312 万元。

2003 年大橡塑投入大量的人力和物力，在引进与吸收国外关键技术的基础上，自主研制开发了国内空白的六层共挤复合医用膜生产设备，使国内塑机又添新宠。该设备可以连续吹制 PA、TIE、PE、PP、SEBS 等所组成的六复合医用输液膜，也可以连续吹制成分基本类似的牛奶膜、牙膏膜、冷冻食品膜等对包装有特殊要求的包装膜。由 PA、TIE、PE、PP、SEBS 复合成的医用输液膜，具有良好的机械性、热封性、加工性、气密性和防潮性及良好的透明性和光泽性，是 PVC 医用膜无法比拟的。

大橡塑开发的六层共挤医用膜吹塑机组的主机由两台 SJ-45×30A、两台 SJ-65×30F1 及一台 SJ-90×30F1 单螺杆塑料挤出机组成，产量大于 300kg/h；辅机由双螺旋六层平面叠加式共挤机头、旋转人字板、上牵引系统、手动换网装置、外冷却系统、内冷却系统、制冷系统、内冷却空气净化装置、电晕处理器、全自动切割装置以及电控等部分组成。主要装置的性能及特点如下。

(1) 双螺旋六层平面叠加式共挤机头

① 该机头的每一层模板都有上、下两个结构相同、方向相反的螺旋槽，因此每层膜实际上都是由两层膜组成，提高了每一层薄膜的厚度精度，从而也提高了膜的整体厚度精度。

② 每层模板都有一个单独的温控区域，配合绝热技术，可真正有效地做到各层物料间的绝热。相邻模板之间的最大温差为 60℃。

③ 锥形锁紧结构不仅在相同条件下比锥形叠加机头高度降低 40%，而且可以方便机头的安装，并确保模板的同心度，这将极为有利于日后用户自行拆卸机头以便清理。

(2) 旋转人字板装置（简称 HFO）

① 超凡的稳定性消除了膜的褶皱和膜卷跑偏问题。由于大多数旋转牵引都会由于其固有的不稳定性及其他因素等引起膜的褶皱和膜卷跑偏，而 H.F.O

独特的水平设计解决了这一问题。另外与其他水平装置不同，在此设备中所有的惰性辊和气垫辊均安装在四个圆形支撑环上，支撑环的作用相当于大型推力轴承，一个轴承代表一个回转平面，安装方便，结构强度好，稳定，消除了薄膜偏移和褶皱。

② 让薄膜从相反方向进入两个气垫辊，可以对气垫辊上薄膜产生的偏移有一定量的抵消，从而提高了薄膜的吹塑质量。

③ 旋转人字板装置由 PLC 控制，并可实现遥控操作。

(3) 全自动切割收卷装置

该装置集纠偏、剖分、展平、牵引、张力控制、自动计长、切割、自动上卷、卷取、卸卷等多项功能为一体，是现代化、高科技的产物。采用摩擦式收卷方式，收卷速度为 3.3～33 毫米/分；半自动换卷；最高纠偏精度达±0.1 毫米；最大卷径 ϕ860 毫米；最大卷重～1 000 千克。

2003 年大橡塑的热销产品有塑料压延机组、塑料造粒机组、塑料单、双螺杆挤出机等。

2. 山东华冠股份有限责任公司

山东华冠股份有限公司是国内研制生产塑料、橡胶机械的大型骨干企业之一，所辖的子公司有山东塑料机械厂、山东橡胶（电工）机械厂、华阳电控厂、塑料制品厂、万昌分公司等 5 个企业，2003 年公司拥有职工总人数为 2 370 人，其中生产人员为 1 773 人，高级工程技术人员 16 人，中级工程技术人员 51 人，初级工程技术人员 85 人，管理人员 85 人，其他人员 352 人；主要车间有金工车间、冷作车间、模具车间、安装车间等；主要加工设备有 BMC-80 加工中心、R1250 加工中心等。

2003 年公司完成塑料机械工业总产值为 31 562 万元，销售总额 31 139 万元，利润 1 778 万元，年末库存 2 520 万元。热销产品有地膜机组、型材机组等。

3. 广东金明塑胶设备有限公司

广东金明塑胶设备有限公司创建于 1987 年，现拥有职工总人数 180 人，其中生产人员 110 人，高级工程技术人员 8 人，中级工程技术人员 23 人，初级工程技术人员 9 人，管理人员 20 人，其他人员 10 人；公司拥有的主要车间有机械加工车间、装配车间、电气车间、新产品试制车间；主要加工设备有四轴、五轴联动加工中心，龙门式加工中心，数控车床，卧式镗床等。公司的产品中拥有自主知识产权的专利技术达 38 项。

2003 年金明塑胶设备有限公司完成工业总产值 8 038万元；销售额 7 000 万元；获利 820 万元；年末库存 1 000 万元。

2003 年该公司增资 5 100 万元，用于扩产多层共挤塑料薄膜吹塑成套设备。

金明塑胶设备有限公司的热销产品有 M5B-1100Q 五层共挤高阻隔吹塑薄膜机组、SJ160×25×3-MJ-20000 吹塑薄膜机组及吹瓶机等。

其中 M5B-1100Q 五层共挤吹塑薄膜机组是 2002 年 12 月鉴定的新产品，可生产各种具有高阻隔、高透明、保鲜、密封、避光、耐高温、增黏等性能的功能性塑料包装薄膜。该设备的关键技术如下。

(1) 锥形五层共挤组合模头　该共挤模头的优点是各层模具通过锥形轴向叠加，层间结构可任意组合；层数也可升级，层数的增加并不影响模具的外径尺寸，不存在层数增加时熔体压力降增加和熔体降解可能性增大的问题；各层的温度可单独控制，使不同的物料有较合适的温度；同时对于模头的清洗也比较方便。

(2) IBC 膜泡内冷系统　引进吸收德国先进的 IBC 膜泡内冷技术，该系统主要由气体交换装置、内冷风环、进排气风机等构成。IBC 膜泡内冷系统能快速冷却膜泡，及时排出膜泡内的热气，补充冷气，有效地降低膜泡温度，提高产量、薄膜的力学性能以及薄膜的厚薄均匀度。

(3) 水平式薄膜旋转牵引系统　该系统通过一个扇形齿轮运动副，使整个牵引系统（包括人字板）相对于机头及膜泡作±180°的缓慢匀速转动，使薄膜的微量厚薄点均匀地分布在膜卷上，从而得到更加平整的膜卷，大大提高膜卷的外观质量。

(4) 运用了现场控制技术（PROFIBUS），不仅生产线本身全部功能及操作条件（温度、压力、转速、各机构的工作位置状态等）实行电脑集中控制，而且还可以实现多台设备集中远程控制。

4. 潍坊中云机器有限公司

潍坊中云机器有限公司是一家有着 20 多年塑料机械研究制造历史的中国塑料机械生产骨干企业，专业制造高性能、高品质的挤出生产线，曾获得多项国家级科技成果，是建设部指定的建材设备重点推广单位，省科技厅认定的省级高新技术企业和星火示范企业，民营。企业现有职工总数 385 人，其中工程师以上技术干部 24 人。

2003 年公司生产挤出机及生产线 29 条（台），完成工业总产值为 10 100 万元，利税 900 万元，销售额 9 170 万元，人均产值 26.2 万元，出口 60 万美元。

多年来，中云公司一直注重技术创新和管理创新，平均每年的研究开发经费超过销售收入的 5%以上。中云公司在国内塑料机械行业中率先引入了美国"Aotodesk公司" AutoCAD计算机辅助设计系统，通过采用计算机辅助设计，使产品的开发速度较前提高了十几倍。

2003年中云开发的新产品为HDPE大口径双壁波纹管生产线，其主要特点有：

① 采用PE高效螺杆，开槽机筒，波纹管内外层分别由二台挤出机独立供料，内外层可由不同颜色和不同的原料生产，保证了高效挤出；

② 强力冷却的波纹成型系统，可保证以较高的生产速度连续生产，先进的可编程润滑系统使成型模块的磨损降至最低，使用寿命长，确保运行精度，管材的质量稳定；

③ 先进的波纹成型机在线扩口功能，能显著减少投资，并提高生产效率；

④ 特殊合金材料制造的波纹成型模块，具有极高的硬度和耐磨性，并具有良好的散热效果；

⑤ 全线采用奥地利贝加莱PCC控制系统，控制精度高，运行可靠，操作简便；

⑥ 先进的模块快速更换系统，可大大降低更换模块的时间；

⑦ 可根据用户要求，设计不同波型的成型模块；

⑧ 特殊结构的成型机头，使内、外层壁厚均匀，成型稳定，并且壁厚可调。

2003年中云的热销产品如下：

(1) PE燃气、供水管生产线 主要特点：

① 主机采用PE高效螺杆，开槽喂料机筒，并带有强力的水套冷却，大大提高输送能力，确保高效挤出，直流驱动电机，英国欧陆调速器；

② 适合于聚乙烯烃加工的篮式复合机头，既保证了高速挤出的稳定性，又可实现低熔体温度带来的最小应力和最高管材质量；

③ 采用高效双腔真空定径技术和喷淋冷却水槽，提高管材的成品率，满足高速生产的需要，真空定径台和冷却水槽均采用不锈钢制作；

④ 采用多履带牵引机，通过中央马达驱动所有的履带，以达到高度的同步，并保证了管材的圆度；

⑤ 采用高速、精确设计的切割机，低噪音，并配有强力吸屑装置，将维护工作降至最低；

⑥ 全线采用奥地利贝加莱PCC控制系统，控制精度高，运行可靠，操作简单方便。

(2) 无规共聚聚丙烯（PP-R）管材生产线 其主要特点：

① 减速箱高驱动扭矩，重负荷齿轮，极低的维护要求；

② 采用（B&R）PCC计算机控制系统，不仅实现生产的全自动化，而且运行更可靠，更稳定；

③ 牵引机采用高耐磨合成材料，牵引平稳高速，使用寿命长；

④ 全新的无屑切割锯，切割断面光滑平整，采用先进的电机同步带驱动，运行平稳，精度高，噪声低；

⑤ 可生产带有标识线的PP-R管材；

⑥ 适合聚烯烃加工的筛篮式机头，可获得低熔体压力和低塑化温度，并且有极宽的物料加工范围。

5. 上海金纬机械制造有限公司

上海金纬机械制造有限公司是国内较大的塑料机械和化纤机械制造厂家之一，目前拥有员工700余名。

公司下属的机构有：上海金纬挤出机械制造有限公司；上海金纬片板膜设备制造有限公司；上海金纬挤出发泡技术有限公司；上海金纬化纤机械制造有限公司；舟山金纬螺杆制造有限公司。

上海金纬机械制造有限公司2003年新产品开发步阀较大。片板模设备制造有限公司先于2003年10月交付用户一条日产量90立方米的小型XPS挤板生产线，填补了国内小型生产线的空白。该设备的特点是耗电少、投资少、设备操作方便，特别适合中小企业的发展。该生产线配制ϕ90和ϕ120两台挤出机，采用先进的电气控制，可使用废旧的PS原料，制造出的板材抗压强度高，泡孔细腻。2004年1月该厂又生产出超厚超宽的XPS板材，板材的最大厚度达到110毫米，最大净宽度为1 200毫米，填补了国内空白。该生产线配置ϕ130毫米和ϕ150毫米两台挤出机，模具宽度为800毫米，可一次切出最大厚度（100毫米）、600毫米宽的板材，还可同时切出两幅宽900毫米厚20毫米的板材。

6. 秦川塑料机械厂

秦川塑料机械厂是陕西秦川机械发展股份有限公司的直属企业，是国内最大的塑料中空成型机的生产厂家。曾先后研制出我国第一台50升、70升、120升、150升和230升单层、500升六层全自动中空吹塑机，现已拥有从20～1 000升全系列单（多）层中空吹塑机产品。

2003年秦川塑料机械厂的热销产品如下。

(1) SCJC500×6多层共挤大规模塑料中空成型机 该机可用于生产最大容积为200升的汽车燃油箱及最大容积为500升的多层塑料包装容器。在该机的研发过程中，通过使用国外大型熔体流动分析计算机软件进行优化设计，使该设备的连续六层挤出机头形成精确的心型包络曲线，各层熔体流速相对稳定一致，确保轴向100点型坯壁厚控制的要求，实现制品壁厚均匀，达到有关质量标准。成型机采用四油缸拉紧机构，使模具及制品表面受力均匀。

（2）SCJ30×Ⅱ双工位塑料中空成型机　该机采用“挤-吹”工艺，储料机头采用64点电液伺服系统，实现制品型坯壁厚控制。它的挤出机及可控机头流道使用国际先进的计算机塑料分析软件进行设计，挤出效率高，塑化质量好，换色快。该机适用于加工以普通吹塑级聚乙烯和高分子量聚乙烯为原料的中空制品，最大规格为30升，其质量可满足《国家海上危险货物运输规则》有关危险品出口包装的技术要求。该机工作时，两个工位的合模机构交替不间歇地运行，大约1分钟可加工一个制品，生产效率比单工位中空机提高1倍。

（3）SCJC230×3多层共挤塑料中空成型机　该机主要由机架、挤出机、共挤机头、成型机、吹胀装置、机械手、冷却装置、安全防护装置及电气、液压、气动系统、自动上料机组成。适用加工各种以高分子量聚乙烯为原料的中空制品。

7. 青岛顺德塑料机械有限公司

青岛顺德塑料机械有限公司系台湾投资企业，民营，信誉等级为AAA级，已通过ISO 9001国际质量体系认证。

该公司是生产塑料机械和塑料管材的专业化企业，塑料机械主要产品有系列管材、板片材、型材、造粒、破碎机组等20多个系列100多个品种，管材有PP-R冷热水管、HDPE大口径缠绕管、PE燃气/供水管等十几个品种。

2003年青岛顺德塑料机械有限公司拥有职工总人数为300人，其中生产人员260人，高级工程技术人员4人，中级工程技术人员22人，初级工程技术人员54人，管理人员36人，其他人员4人；主要车间有加工车间、安装车间、电工车间；主要加工设备有龙门铣等。2003年该公司完成工业总产值13 020万元，比上年增长67%；实现销售8 612万元，比上年增长20%；利润405万元；年末库存1 992万元；出口125万美元。

2003年该公司的热销产品主要如下。

（1）厚板挤出生产线　在消化吸收国外先进技术和工艺的基础上，青岛顺德塑料机械有限公司开发的PE、PP等较厚板材的挤出生产线，2003年获得了很好的市场回报。板材的厚度范围为2～40毫米，板材的宽度为750～1 800毫米。

（2）PP-R冷热水管生产线　该生产线主要用于生产住宅供水系统、工业用水输送、压缩空气运输等方面广泛应用的各种管径、壁厚的管材，也可适应PP-C、PE-X交联管及聚烯烃等制品的生产。

（3）HDPE大口径缠绕管生产线　HDPE大口径增强缠绕管材是国家“十五”重点科技攻关项目。该公司通过引进消化国外先进技术，研制成功了HDPE大口径缠绕管生产线设备并投放市场，可生产管材口径为ϕ(160～2 000)毫米的塑料管。

8. 上海申威达机械有限公司

上海申威达机械有限公司是塑料机械和造纸机械的专业生产厂，2003年人公司拥有的职工总人数为592人，其中生产人员460人，高级工程技术人员为8人，中级工程技术人员为39人，初级工程人员为105人，管理人员为132人；主要车间有机加车间、总装车间；主要加工设备有加工中心和金切机床等。2003公司完成工业总产值17 490万元，其中塑料机械工业总产值为7 715万元，比上年总增长35%；销售15 227万元，其中塑料机械销售额为5 145万元，比上年总增长37%；利润1 507万元，其中塑料机械887万元，比上年总下降47%；出口创汇57万美元，比上年有很大幅度的增长。

2003年该公司的热销产品如下。

（1）SJ90单螺杆挤出机

① 大螺杆长径比，非常适合热导率低的如PP-R等料的加工；

② 机筒采用陶瓷加热器，通过特殊设计的铝质冷却片，使传热效率高；

③ HDPE产量为450千克/小时；

④ 电气系统采用英国CT公司的全数字直流调速装置，调速装置带有零速封锁；直流电机有过热保护；加热系统采用温度控制调节仪，用速度和温度双重控制加料段的冷却；采用智能式带双压力和温度的测量仪测量融熔体的压力和温度。

（2）变螺距系列锥形双螺杆挤出机

① 采用数控螺杆铣加工变螺距螺杆，提高了加工精度；

② 采用磨齿工艺加工减速箱硬齿面；

③ 采取熔体质量和挤出量参数的优化设计，使变螺距的挤出机既具有好的塑化性能，又有高的挤出量，能耗低。

（3）SJZK系列电脑控制锥形双螺杆挤出机　该机采用上、下位电脑管控制方式，上位机选用西门子OP25操作面板，配有多幅系统状态的画面，界面友好直观，操作方便可靠；下位机选用西门子S7系列可编程控制器，实现对整个生产线的运行、监控，以保证生产线的可靠性。

9. 南京工艺装备制造厂

南京工艺装备制造厂是生产以挤出机为主的塑料机械和以电线电缆护套绝缘生产线为主体的电工设备

的专业厂。塑料电工机械的研制开发始于1981年，经过多年的自主研究开发，已具备批量生产 ϕ30～ϕ200系列挤出机及服务于塑力电缆、通信电缆及光缆制造企业的各类挤出绝缘生产线的能力。

2003年南京工艺装备制造厂拥有职工总人数为1 434人，其中生产人员770人，高级工程技术人员7人，中级工程技术人员61人，初级工程技术人员129人，管理人员111人，其他人员105人；拥有加工设备367台。

2003年南京工艺装备制造厂的热销产品如下。

（1）SJN-Z65/90＋120-Ⅳ-Q海底光缆包覆机组　该机组主要用于海底光缆外护套的生产，也可用于其他电线电缆的护套加工，机组由2台挤出机、2台气动牵引机及1套龙门行走式放线与收排线架组成。

（2）SJN-Z18/90C(Ⅲ)-IV-Q塑料挤出光缆包覆机组　该机组适用于对光缆的包覆。

（3）SJN-Z80/65＋90＋120-Ⅲ-Q硅烷交联机组　该生产线适用于生产10千伏以下的硅烷交联电缆及架空电缆等。

电气控制特点：

① 控制系统以工业控制计算机和可编程序控制器为基础，由工业控制计算机发送控制指令，可编程序控制器完成生产线的单动或联动控制要求，在工业控制计算机的监控画面中可实时监控生产线的运行状态及运行参数；

② 控制系统软件具有各种线缆生产工艺配方的上载及下载功能，可根据需加工的线缆参数，下载相应的控制配方参数；

③ 控制系统具有生产线设备运行状态、报警状态的记录功能及打印功能（需配打印机）。

10. 南京科亚实业有限公司

南京科亚实业有限公司成立于1993年，是国内较大的同向双螺杆挤出机制造商，主要从事以同向双螺杆挤出机为核心的塑料高聚物配混改性设备以及相关工艺与工程领域的技术开发、产品制造直至成套交钥匙工程。

2003年南京科亚拥有职工总人数338人，其中生产人员262人，高级工程技术人员18人，中级工程技术人员42人，初级工程技术人员20人，管理人员48人，其他8人；主要车间有装配车间（机、电），机械制造车间。2003年完成工业总产值13 620万元；销售额为12 600万元；利润2 113万元；出口86万美元；年末库存918万元。

2003年科亚实业有限公司的热销产品有TE系列同向双螺杆挤出机；KY系列双阶式配混扩出机等，分别用塑料改性、增强、PVC料、PE交联料等的生产及管材、板（片）材的挤出。

三、市场

2003年国内塑料机械市场注塑类所占比例最大，挤出类次之，中空成型类最小。骨干企业受统计的共有14家，完成销售总额为464 362万元，其中注塑机企业有6个，共实现销售总额为359 748万元，占总销售的77%；挤出类企业共8个，共实现销售总额为104 614万元，约占总销售值的23%。这也就是说2003年塑机市场形式大好的是注塑机行业，而挤出机行业相对2002年增长幅度不大，甚至大部分企业有所降低，中空成型类的增长也不明显。以往整个行业一拥而上地生产同一种设备的情景已经很少见了。这说明企业的发展已经走向成熟，另外市场的发展也已经步入平稳阶段，不会再有大起大落了的情景了。

其实2003年国内塑机市场，特别是挤出类，被国外产品占去了一大半。从海关统计资料得知，2003年塑料造粒机进口约473台/套，共45 991 917美元；吹塑机进口469台/套，共70 391 586美元；塑料中空成型机进口326台/套，共70 391 586美元；塑料压延成型机进口486台/套，共44 991 217美元；其他挤出类1 778台/套，共239 887 778美元，总计为539 325 232美元，按8.3的比律折算人民币为447 640万元。这个数字比国内所有的挤出类企业的销售值还要高。可见，国内各企业产品市场不景气，很大程度是我们的产品不过关，因此，要想加快企业的发展，新产品开发及老产品的性能、质量不断完善是非常重要的。

我们希望国内塑料机械企业要集中精力，潜心钻研，联合高校、科研机构和塑料加工业，不断提高企业产品的性能和质量；国内塑料加工业应在不断发展自身的同时，大力协助塑机制造业不断创新，节省投资，共同为振兴民族工业而努力。

（大连塑料机械研究所
王淑湘、李振军、盖作有）

近年来我国塑料模具的发展概况

塑料模具的发展是随着塑料工业的发展而发展的。近年来，人们对各种设备和用品轻量化要求越来越高，这就为塑料制品提供了更为广阔的市场。塑料制品要发展，必然要求塑料模具随之发展。汽车、家电、办公用品、工业电器、建筑材料、电子通信等塑料制品主要用户行业近年来都高位运行，发展迅速，塑料模具也快速发展。2000年，我国（未包括港澳台统计，下同）塑料模具产值约100亿元，2003年已发展到176亿元，3年平均年增长率为21%，高于模具行业总体发展速度近4个百分点。

一、塑料模具市场情况

我国塑料模具无论是在数量上，还是在质量、技术和能力等方面都有了很大发展，但与国民经济发展需求和世界先进水平相比，差距仍很大。一些大型、精密、复杂、长寿命的中高档塑料模具每年仍大量进口。在总量供不应求的同时，一些低档塑料模具已供过于求，市场竞争激烈；一些技术含量不太高的中档塑料模具也有一些趋向于供过于求。

现将2003年我国塑料模具市场情况简介如下。

2003年，我国塑料模具总产值约176亿元，其中出口约2亿美元，约合16.6亿元。根据海关统计资料，2003年我国共进口塑料模具约6.5亿美元，约合54亿元。从上述数字可以得出，2003年我国塑料模具总需求约213.4亿元，国产模具总供给约159.4亿元，市场满足率74.7%。进口的塑料模具中，最多的是为汽车配套的各种饰件模具、为家电配套的各种塑壳模、为通信及办公设备配套的各种注塑模具和为建材配套的挤塑模及为电子工业配套的塑封模等。出口的塑料模具以中低档居多。由于我国塑料模具价格较低，在国际市场中有较强的竞争力，因此，进一步扩大出口的前景很好，2003年出口比2002年增长33.3%就是一个很好的证明。从市场情况来看，塑料模具生产企业应重点发展技术含量高的大型、精密、长寿命模具，并大力开发国际市场，发展出口模具。由于我国塑料工业的快速发展，特别是工程塑料的高速发展，我国塑料模具的发展速度仍将继续高于模具工业的整体发展速度。近年内，年增长率将保持15%以上的水平。

二、塑料模具水平及发展趋向

近年来，我国塑料模具水平已有较大提高。大型塑料模具已能生产单套重量达50t以上的注塑模，精密塑料模的精度已可达到3μm，多腔塑料模已能生产一模2 560腔的塑封模，高速模具方面已能生产4m/min以上挤出速度的高速塑料异型材挤出模及主型材双腔共挤模具。在生产手段上，模具企业设备数控化率已有较大提高，CAD/CAE/CAM技术的应用面已大为扩大，高速加工及RP/RT等先进技术的采用已越来越多。模具标准件使用覆盖率及模具商品化率都已有较大幅度的提高，热流道模具的比例也有较大提高。三资企业蓬勃发展进一步促进了塑料模具设计制造水平及企业管理水平的提高。

经过近几年的发展，在塑料模具的开发、结构和企业管理等方面已显示出了一些新的趋向，现综合如下。

(1) 模具的质量、周期、价格、服务四要素中，已有越来越多的用户将周期放在首位，要求模具尽快交货，这已成为一种趋势。为满足用户的这一要求，各方面的工作必须跟上。

(2) 大力提高开发能力，将开发工作尽量往前推，直至介入到模具用户的产品开发中去，甚至在尚无明确的用户对象之前进行开发（这须要在有把握的情况下进行），变被动为主动。目前，电视机外壳、空调器外壳、摩托车塑件等已经采用这种方法，手机和电话机模具开发也已开始尝试。这种做法打破了长期以来模具厂只能等有了合同，才能根据用户要求进行模具设计的被动局面。事实证明，这种做法不但能使模具厂变被动为主动，而且对开发业务和缩短模具生产周期也十分有利，受到用户的欢迎。青岛海尔模具公司等企业的“你给我一个概念，我还你一个产品”的一站式服务模式及太仓求精模塑公司等企业主动开发的办法已被越来越多企业所接受，这可能也是今后发展的一种趋向。

(3) 随着模具企业设计和加工水平的提高，过去以钳工为核心，大量依靠技艺的现象已有了很大变化。在某种意义上说，“模具是一种工艺品”的概念已逐渐被“模具是一种高新技术工业产品”所替代，模具“上下模单配成套”的概念正在被“只装不配”的概念所替代。模具正从长期以来主要依靠技艺而变为今后主要依靠技术。这不但是一种生产手段的改变，也是一种生产方式的改变，更是一种观念的改变。这一趋向使得模具标准化程度不断提高，模具精度越来越高，生产周期越来越短，钳工比例越来越低，最终促使整个模具工业水平不断提高，正在被社会所接受。我国模具行业，目前已有4个国家级高新技术企业，近百个省市级高新技术企业。与此趋向相适应，生产模具的主要骨干力量从技艺型人才逐渐变为技术型人才是十分必要的。当然，目前及相当长一段时间内，技艺型人才仍是十分重要的，因为模具毕竟难以完全摆脱对技艺的依靠。

(4) 模具企业及其模具生产正在向信息化方面迅速发展，这也是一种趋向。21世纪信息越来越多，信息技术越来越先进发达，信息已与人们的生产和生活休戚相关。在目前的信息社会中，高水平的模具，现代模具企业，单单只是CAD/CAM的应用已远远不够。目前许多企业已经采用的CAE、PDM、CAPP、RE、CIMS、ERP等技术及其他许多先进制造技术和虚拟网络技术等都是信息化的表现。向信息化方向发展这一趋向已被行业所共认。

(5) 随着人类社会的不断进步，模具必然会向着更广泛的领域和更高水平发展。现在，能把握机遇，开拓市场，不断发现新的增长点的模具企业和能生产高技术含量模具的企业日子普遍好过，任务忙不过来，利润水平和职工收入都很好，日子红红火火。因此，模具企业应把握这个趋向，使自己生产的模具向高水平发展，不断提高自己的综合素质和整体实力及进入国际市场的竞争能力。

(6) 世界上工业发达国家的模具正加速向我国转移，其表现方式：一是迁厂；二是投资；三是采购。这一趋向虽然并非近几年才有，但近几年更加明显。我们应抓住机遇，加快发展步伐。

三、存在的主要问题及展望

我国塑料模具行业与其发展需要和国外先进水平相比，主要存在6个方面的问题。

(1) 发展不平衡，产品总体水平较低。虽然个别企业的产品已达到相当高的水平，个别企业的部分产品已达到或接近国际水平，但总体来看，模具的精度、型腔表面粗糙度、生产周期、寿命等指标与国外先进水平相比尚有较大差距。包括生产方式和企业管理在内的总体水平与国外工业发达国家相比尚有10年以上的差距。

(2) 工艺装备落后，组织协调能力差。虽然部分企业经过近几年的技术改造，工艺装备水平已比较先进，有些三资企业的装备水平也并不落后于国外，但大部分企业工艺装备仍比较落后。更主要的是我们的企业组织协调能力差，难以整合或调动社会资源为我所用，从而就难以承接比较大的项目。

(3) 大多数企业开发能力弱。一方面是技术人员比例低、水平不够高，另一方面是科研开发投入少，更重要的是观念落后，对开发不够重视。模具企业不但要重视模具开发，而且要重视产品开发。

(4) 管理落后更甚于技术落后。技术落后往往容易看到，管理落后有时却难以意识到。国内外模具企业管理上的差距十分明显，管理上的差距所带来的问题往往比技术上的差距更为严重。同一个企业，设备不变，人员不变，管理一变，立竿见影，这样的例子并不少见。

(5) 供需矛盾一时还难以解决。2003年，国产塑料模具国内市场满足率只有74.7%，其中大型、精密、长寿命模具满足率还要低，估计不足60%。同时，工业发达国家的模具正在加速向我国转移，国际采购越来越多，国际市场前景很好。市场需求旺盛，生产发展一时还难以跟上，供不应求的局面还将持续一段时间。

(6) 体制和人才问题的解决尚待时日。在社会主义市场经济中，竞争性行业，特别是像模具这样依赖于特殊用户，需单件生产的行业，国有和集体所有制原来的体制和经营机制已越来越显得不适应。人才的数量和素质水平也跟不上行业的快速发展。虽然各地都在努力解决这两个问题，但要得到较好解决尚待时日。

展望未来，由于国际、国内宏观环境良好，国内塑料模具各主要用户行业仍将持续以较快速度发展，塑料模具也必将持续高速发展。目前存在的主要问题通过国内外交流与合作，通过全行业的共同努力，通过各方面的共同支持，不久的将来，定会得到较好解决。

在信息化带动工业化发展的今天，我们既要看到成绩，又要重视落后，要抓住机遇，采取措施，在经济全球化趋向日渐加速的情况下，尽快提高塑料模具的水平，把自己融入到国际市场中去，促进我国整个模具行业的快速发展。

(中国模具工业协会　周永泰)

科技进步

高分子材料科学研究动向及发展展望

一、高分子材料科学的国际动向

(一) 合成技术

材料是现代科学技术和社会发展的支柱，高分子材料具有许多其他材料不可比拟的突出性能，在尖端技术、国防建设和国民经济各个领域已成为不可缺少的材料。目前三大合成高分子材料（合成树脂、合成纤维、合成橡胶）的世界年产量已高达1.8亿吨左右，其中80%以上为合成树脂及塑料，发展十分迅速。高分子材料科学是一门学科交叉、科学与工程紧密结合的学科，涉及化学、物理、生物、医学、电子、机械、化工、数理逻辑、计算机等多种学科，研究范围广泛。世界各国在高分子新材料、新技术、新原理的研究方面竞争十分激烈，产品的性能不断得到提高，新的品种不断出现。以占合成树脂和塑料世界年产量35%以上的聚烯烃为例，继Ziegler-Natta催化剂和高效负载型催化剂之后的茂金属催化剂（由一种茂金属与助催化剂甲基铝氧烷或硼系化合物组成）已逐步取代传统催化剂。茂金属催化剂体系具有催化活性高、单一活性中心、聚合物结构可精确调控等特点。具有特殊优良性能的茂金属线性低密度聚乙烯（LLDPE）和聚烯烃塑性体（Polyolefine Plastomer. POP）、茂金属等规聚丙烯（*i*PP）和环烯烃共聚物（COC）、茂金属间规聚丙烯（*s*PP）、茂金属间规聚苯乙烯（*s*PS）以及茂金属乙丙橡胶（EPDM）等已进入市场，有关茂金属聚合物（Metallocene Polymer）的专利已达数百项，其重要性在国际上已得到普遍共识，对合成树脂工业将产生巨大影响。被称为“21 世纪最有前途的材料”的纳米材料亦是材料科学与工程界的研究开发热点。纳米技术与原子、分子、原子团或分子团的测控科技有关，通过测控使其重排，组成新的物质。纳米微粒的小尺寸效应、表面与界面效应、量子尺寸效应和宏观量子隧道效应能在声、光、电、磁、力学等物理特性方面呈现许多奇异的物理、化学性质。金属、无机非金属和聚合物的纳米微粒、纳米丝、纳米薄膜、纳米块体以及由不同组元构成的纳米复合材料，可以实现组元材料的优势互补或加强，可望制得许多具有应用前景的高性能、多功能、低成本的纳米材料，前景喜人。

新材料是高新技术发展的先导和基础，而新技术又为新材料的研制提供了新的手段，研制开发新的、高性能具有特殊功能的高分子材料亦是当前高分子材料科学的主要发展方向，发展快速，一旦突破，对国民经济的发展将产生深远的影响。以下是已出现具有重要应用价值的高分子功能材料：

导电高分子材料（Electrically Conductive Polymer Materials）；

有机高分子磁性材料（Organic Polymeric Magnetic Materials）；

介电高分子材料（高分子电绝缘材料，Dielectic Polymer Materials）；

高分子光导材料（Photoconductive Polymers）；

高分子太阳能转换材料（Polymeric Solar Energy Conversion Materials）；

高分子驻极体（Polymeric Electrets）；

高分子压电材料（Polymeric Piezoelectric Materials）；

高分子透明材料（Polymeric Transparent Materials）；

高分子非线性光学材料（Polymeric Nonlinear Optical Materials）；

高分子光导纤维（Polymeric Optical Fibers）；

高分子固体电解质（Solid Polymer Electrolytes）；

高分子烧蚀材料（Ablative Polymer materials）；

高吸水高分子材料（Polymeric Super-Absorbents of Water）；

高分子液晶材料（Liquid Crystalline Polymers）；

缓释高分子材料（Polymeric Materials for Controlled Release）；

高分子减阻剂（Polymer Drag Reducers）；

酶固定高分子材料（Enzyme lmmobilized Polymeric Materials）；

高分子模拟酶（Polymeric Mimic Enzyme）；

生物降解高分子材料（Biodegradable Polymeric Materials）；

生物医学高分子材料（Biomedical Polymers）；

离子交换树脂（Ion Exchange Resin）；

高分子分离膜（Polymeric Membrane for Separation）；

高分子屏蔽材料（Polymeric Shielding Materials）；

高分子阻尼材料（Polymeric Damping Materials）；

高分子密封材料（Polymeric Sealing Materials）；

高分子摩擦材料（Polymeric Friction Materials）；

高分子形状记忆材料（Polymeric Shape Memory Materials）；

高分子隐身材料（Polymeric Stealth Materials）；

高分子催化剂（Polymer Catalysts）；

高分子封装材料（Potting Polymer Materials）。

（二）成型加工研究趋向

高分子材料制品的质量取决于材料的选择和成型加工条件。高分子材料成型加工是一门学科交叉、科学与工程紧密结合的学科，其任务是：了解材料的特性，确定最适宜加工条件，制取最佳性能产品；为合成具有预期性能的聚合物和助剂提供理论依据；提高制品性能，为解决高新技术的突破提供关键材料。目前这一学科前沿研究领域和主攻方向是：研究在加工工程中材料结构的演变，通过反应性加工实现预期的材料结构；与辐照、力化学、电磁振荡等物理技术结合，建立高效、清洁的聚合物加工新方法；聚合物纳米材料的制备和加工新技术：加工过程中定量化，计算机模拟、工程优化、结构预测的研究；加工过程和材料结构变化的在线检测，可视化研究；废弃高分子材料回收利用技术等。

（三）绿色化技术

环境保护要求发展与环境协调、高效益的高分子材料制备技术，解决废弃高分子材料白色污染问题，实施高分子材料绿色工程。在高分子材料的制备方面，理想的绿色技术是在单体的选择、合成、材料的制备阶段即考虑到材料使用后可回收利用性，制备易于解聚、降解、可循环再生利用的高分子材料。研究新的聚合方法，在分子链中引入对热、光、氧、生物酶敏感的基团，为材料使用后的降解、解聚制造条件。注意发展线形热塑性、无毒高分子材料，尤其是聚烯烃材料；采用物理交联替代化学交联，改善材料的热塑性、加工流变性，为材料使用后的回收加工创造条件。发展可生物降解的高分子材料，研究淀粉、纤维素、甲壳素等天然高分子材料的结构、性能和应用。研究天然高分子和合成高分子材料的共混合复合材料的结构与性能，为制备高性能、价廉、可生物降解的高分子材料提供依据。

在废弃高分子材料的回收利用方面，理想的绿色技术是通过反应性加工（反应性挤出、反应性注射）、反应性增容以及采用高效、无污染的物理方法：如电晕、紫外线、电子束、γ射线、微波辐照及力化学方法等，改善混杂废弃高分子材料的相容性和加工流变性，制备有不同使用价值的废弃再生高分子材料（一级和二级回收）。研究再生高分子材料结构性能及使用历史，为确定能最大限度重复加工利用高分子材料提供依据。回收利用废弃高分子材料的另一途径是通过聚合物的可控解聚和降解，从废弃材料回收有经济价值的单体、低分子量油脂及其他化学品（三级回收）。对无毒、热值高的高分子材料可以考虑用以制备洁净固体燃料，回收能量（四级回收）。

针对日益加剧的全球性环境污染和能源、资源枯竭，一些发达国家在废弃塑料一级回收方面［含重力分离（Gravitational Separation），在线分类（On-line Sorting Through Xray . IR. Visible Spectra sensor），再加工添加剂（Anti-degradation and Anti-aging Agent）的优选，再加工（reprocessing）和回收产品质量检测等］进行了许多研究工作，许多研究成果已成功用于 PET、PA6、PA66、PC、PPO、ABS、TPE（Thermoplastic Elastomer）、PS 和 PVC 等高分子材料的回收利用。

废弃塑料二级回收的主要对象是城市固体垃圾（Municipal Solid Waste，MSW）中的废弃塑料制品，另一是废弃汽车中塑料部件（每辆车含有约 70～110kg 塑料制品，其中 75％为热塑性，25％为热固塑料）以塑代木，以 MWS 为原料制成的木材（Plastic Lumber）对铁钉纵向和横向拉拔力（Nail Pull-out Force）皆高于天然木材，对螺钉拉拔力较差。在汽车工业，在选材方面树立了“为回收利用而设计（Design-For-Recycling）”的思想，在一些先进的生产厂已建立了废弃高分子材料回收利用技术。

废弃塑料三级回收是指通过热解或水解从废弃材料制取单体、低聚物等化学品。美国 Eastman Kodak 和 DuPont 公司开发的回收技术对聚对苯二甲酸乙二酯（PET），聚酰胺（PA）和聚氨酯（PU）等一些缩合聚合物已能通过水解先使其解聚然后再缩合返回原聚合物。近年来，从废旧轮胎制取再生胶的意向已逐渐淡化，用于废胎回收利用的高效、经济和对环境无害的绿色生产技术仍在探索中，有人认为通过超声辐射使其脱硫，可能是一项比较理想可用于生产的途径。

二、我国高分子材料科学的现状

“七五”期间，我国高分子材料工业得到了很大的发展，早在 1997 年我国合成树脂产量已达 623 万吨，居世界第五位，塑料制品产量已逾 1 500 万吨，位居世界第二，仅次于美国；合成纤维产量达 417 万吨，名列世界前茅，合成橡胶产量高达 60 万吨，名列世界第三。尽管如此，但与国外高分子材料的生产及应用情况相比，我国在高分子材料的改性、新型特种材料的研制、成型加工技术及设备、设计及制品开发等方面仍有明显差距，存在的主要问题是：产品品种比较单一、专用料少、生产成本较高、加工应用研究力量薄弱、合成技术进步速度较慢、产品缺乏国际竞争力。我国是人口大国，对三大合成材料需求量大，自给率低，不能满足市场需要，大部分高档产品依赖进口。高分子材料世界年产量供过于求，过剩的生产力给我国三大合成材料生产企业造成巨大压力，给外国厂商提供了可乘之机。

近年来，废弃高分子材料白色污染问题日益引起人们关注。在自然环境中，大量废弃高分子材料已成为城市固态垃圾的一个主要来源之一。据报道我国城市每年清运垃圾总量高达 1.15 亿吨，垃圾中塑料占 8％～9％，产生的白色污染亟待治理。

三、发展展望

我国国民经济和高技术已进入高速发展时期，需要日益增多的高性能、廉价的高分子材料，环境保护则要求发展环境协调、高效益的高分子材料制备和改性新技术，实施高分子材料绿色工程。高分子材料科学作为一门学科已与金属材料、无机陶瓷材料并驾齐驱。为能赶超国际先进水平，适应我国国民经济和国防建设高速发展的需求，需要应用新技术、新原理开拓高分子材料科学研究的新领域。21 世纪开始应重视以下重要课题的研究。

（一）通用高分子材料高性能化新技术、新原理的研究

高分子材料品种成千上万，并且不断涌现新品种。但绝大多数高分子材料是由为数不多的几种常规单体制得。如占高分子材料总量 30％的聚烯烃即是由乙烯或烷基取代乙烯聚合而成的。这些基于常规单体的通用高分子材料产量大、价格低、应用面广，但

不能满足较高的使用要求。研究采用先进技术实现通用高分子材料的高性化、多功能化。

1. 研究外场（力场、温度场、电磁场）与高分子材料的相互作用

采用先进、高效、无污染的物理技术实现高分子材料高性能、多功能化。

（1）研究不同波长电磁波（电子束、γ射线、紫外线、电晕、微波等）辐照作用下，高分子材料结构性能的变化，采用辐照技术在聚烯烃等的非极性聚合物分子中引入含氧极性基团，开辟具有简便、高效、无污染的辐照增容新途径，实现通用高分子材料高性能化，制备高强、高韧、阻燃无公害的高分子结构材料，为解决建材、汽车、电子、家电、军需装备材料等方面的高档专用材料和关键技术问题提供依据和新途径。

（2）研究聚合物在外场作用下链结构和聚集态结构的变化和控制技术，研究在应力作用下高分子链的松弛、断链大分子自由基的形成和淬灭机制。采用高分子力化学新技术，对高分子进行分子设计和分子剪裁，将具有不同结构特点的聚合物“组装”在一起。建立在力场作用下，共混复合高分子体系的就地增容新技术，为制备有预期性能的高分子材料提供简捷新途径。

（3）研究温度场作用下，高分子材料结构性能的变化，研究与力场、电磁场相关的温度场的特点，建立具有瞬时性、均匀性、三维性、选择性温度场特性的物理改性新技术。

2. 研究高分子材料复合新方法

通过分子复合、原位复合、分子自增强以及有机/无机纳复合，实现通用高分子材料的高性能化和多功能化。研究复合材料体系的组成、复合度、联结型、对称型、标度、周期性等对材料物性张量的影响。研究复合材料的界面结构及其控制方法，量大限度实现材料物性的优质化。

（二）高性能和功能高分子材料的研究

研究重点放在高强度、高模量、耐高温、阻燃高分子材料、液晶高分子材料、先进光电信息材料、导电高分子材料、磁性高分子材料和非线性光学高分子材料等方面。

（1）研究液晶高分子的分子设计和制备方法，液晶态结构，液晶高分子材料结构与性能（光、电、磁功能）的关系，液晶高分子的分子理论，为研制高强度、高模量原位复合、分子复合材料、信息材料、高性能单相电流变（ER）材料、导电材料以及具有高居里温度的磁性高分子材料等提供理论依据。

（2）研究易于成型加工的导电高分子、（顺、铁）磁性高分子及其复合材料的设计和制备方法、结构表征以及结构与电、磁等特性的关系。

（3）研究二阶、三阶非线性光学高分子的分子设计和制备方法、结构及其与性能的关系，为制备能在150℃长期稳定的非线性光学高分子材料奠定基础。

（三）发展纳米复合新技术

聚合物与无机粒子复合可以实现材料的优势互补，制备高新技术迫切需要的声、光、电、磁、力学和热功能材料，是材料科学工作者努力追求的目标。其难点是解决如何有效控制不同性质纳米粒子在其基体中的分散和定位问题，需要发展超声辐照、微波辐照、微乳液聚合和分子自组装等纳米复合新技术。

1. 超声波辐照

超声波空化作用可产生局部高温、高压、强烈冲击波、极高的温度梯度和速度梯度。对无机纳米粒子/液态单体体系，超声波振动具有极好的分散作用，超声波空化作用产生局部高温、高压，在无机纳米粒子表面或单体分子产生活性点，引发单体在无机纳米粒子表面进行固/液非均相聚合，形成聚合物包裹无机纳米粒子的复合膜。

2. 微波辐照

微波振动的分子搅拌效应，有助于无机纳米粒子在单体中的良好分散。利用微波加热的均匀性、三维性、瞬时性、选择性，在无机纳米粒子表面引发单体聚合。

3. 微乳液聚合

采用表面活性剂或引发剂对无机纳米粒子进行表面修饰，以其作为种子进行微乳液聚合，使单体在无机纳米粒子表面聚合形成聚合物膜。

4. 分子自组装

以相反电荷的无机纳米粒子与聚电解质作为结构单元，通过静电相互作用和层组装技术，制备有预期精细结构和组成的聚合物/无机纳米粒子复合材料。

（四）油田开发用高分子材料

采用超声波、微波辐照、分子复合等新方法制备多元结构与超分子结构的聚合物，为油田开发提供新材料、新技术。

（1）研究油田开发用高分子材料组成、结构、形态与其性能的关系，在地层条件下的变化，为新材料的分子设计与制备提供依据。

（2）探讨油田高分子材料在稀溶液和超稀溶液中的大分子形态与超分子结构的聚集态、流变行为，在多孔介质中，高温、高盐、高压及剪切作用的变化及规律，为油田开发应用提供参考。

（五）聚合物成型理论和技术研究

大多数聚合物需经过加工才能形成制品。对材料

的研制和改性而言，加工和聚合具有同等的重要性，研究水平的高低直接影响着高分子材料工业的发展。

(1) 研究高分子材料结构不均匀性对加工流变性的影响，研究高分子流体的应力松弛特征和不稳定流动，研究高分子链的缠结、解缠、高分子流体与设备界面的动力学行为等与熔体破碎、壁滑等不稳定流动的关系。

(2) 研究多组分多相高分子复杂流体的非平衡态和凝聚行为，研究高分子流体的表面张力，液滴破碎、凝聚等物理因素对材料流变行为和形态结构的影响。

(3) 研究高分子流体在流动过程中结构的形成、变化和发展。研究聚合物加工中的反应性增容、反应性偶联、反应性自组装，建立利用反应性加工获得预期聚合物结构、提高材料性能的新技术。

(4) 研究高分子流体在力场作用及非常规外场(震荡力场、超声辐照、电磁场)作用下的结构变化、化学流变行为及力化学反应自增强机理，建立基于高分子力化学和化学流变学的新型加工技术，研制新型加工设备。

(5) 研制复杂形态设备中高分子流体的复杂流动，建立和发展对非等温、非稳态，可压缩高分子流体的可视化、在线检测和计算机模拟技术。

(六) 废弃高分子材料回收处理与再生利用研究

解决废弃高分子材料的“白色污染”，是保护人类生态环境，实施资源充分利用，保证我国经济、社会可持续发展的具有战略意义的重大基础研究课题。

(1) 以系统工程方法，在单体的选择、合成、材料的制备阶段，重视材料使用后的可回收利用性，制备易于解聚、降解、循环再生利用的高分子材料。研究新的聚合方法，注意在分子链上引入对热、光、氧、力、催化剂、生物酶敏感的基团，为材料使用后的降解、解聚创造条件：注意发展线性、热塑性、无毒高分子材料，尤其是聚烯烃材料；注意用物理交联改性代替化学交联改性，改善材料的热塑性、加工流变性，为材料使用后的回收加工利用创造条件。

(2) 研究废弃高分子回收加工中的物理、化学问题。研究含填料、增强剂、添加剂的废弃高分子材料的可加工性及复杂多相流特性，通过反应性加工、反应性增容以及采用高效、无污染的物理技术，如电子束、γ射线、紫外线、电晕、微波辐照及力化学方法等，改善废弃高分子材料的相容性和加工流行性，制备有不同使用价值的再生高分子材料。研究再生高分子材料结构、性能及其与使用历史和加工历史的关系，为建立能最大限度重复加工利用高分子材料，直至其最终成为建筑混凝土的有用骨料而不形成城市垃圾的新型绿色高分子材料工程技术提供理论基础。

(3) 研究废弃高分子材料在焚烧过程中能量回收问题。废弃高分子材料，尤其是废弃聚烯烃材料，主要含C、H元素，无毒，热值高。建立废弃聚烯烃材料洁净燃烧新技术，从废弃聚烯烃材料制备清洁固体燃料，为实现从废弃聚烯烃材料的能量回收提供理论基础。

(4) 发展可生物降解高分子材料。研究淀粉、纤维素、甲壳素等天然高分子材料的结构、性能和应用。研究天然高分子与合成高分子的共混物和复合材料的结构和性能，尤其是生物降解性，为制备高性能、低价格、可生物降解的高分子材料提供依据。

（中国科学院院士、四川大学教授　徐　僖）

国内外精密挤出技术现状与进展

一、前言

世界上第一台柱塞式挤出机是由英格兰的 Henry Bewley 和 Richard Brooman 于 1845 年研制成功，而第一台单螺杆挤出机是由美国的 William Kiel 和 John Prior 于 1876 年研制成功的。在历经了一个半世纪的发展，挤出成型已成为高分子材料最主要的加工方法。据有关资料统计，有 60%以上的塑料制品是经过挤出法加工而成的。由于挤出成型是一个十分复杂的生产过程，在此过程中，高聚物要经历固体输送、熔融、混合、增压、泵送、成型、冷却固化等过程，并受到剪切、拉伸、压缩以及加热、冷却等作用，发生熔融、固化、取向、解取向、结晶等复杂的相态和结构变化，使得挤出过程的控制难度极大，制品成型的精度较低。制品几何精度较低造成的浪费是十分惊人的，采用常规挤出装备生产的板、片、膜、管的壁厚不均匀度一般可达 8%至 10%，由此造成的材料浪费可达 8%左右。如果按 2000 年我国塑料制品的产量 2 100 万吨、挤出成型制品 1 260 万吨计算，我国每年由于挤出制品的几何精度低就浪费掉 100 多万吨树脂。此外，挤出精度不高还限制了一些产品的应用领域，如以聚碳酸酯(PC)为原料的光导纤维，设计上要求产品直径的公差不能超过其公称直径的 1%，常规挤出机是不能满足这一要求的；高速涂覆电缆、双向拉伸薄膜、医用特种管材制品以及微孔发泡制品等对挤出精密性要求极高，常规挤出工艺及设备也很难达到要求。

挤出过程的精密化是现代挤出成型技术发展的重要方向。近年来，在教育部青年骨干教师基金和北京市自然科学基金的资助下，我们对“高聚物精密挤出成型机理”进行了初步的探讨和研究。高聚物精密挤出成型机理是以高分子物理、高聚物加工流变学、传热学、挤出过程动态模拟和机电一体化等为基础，重点研究挤出精度与工艺和设备参数的关系，以提出实现精密挤出的理论依据和技术途径。

精密挤出成型是通过对挤出过程要素的精确控制，实现挤出制品几何尺寸高精密化和材料微观形态高均匀化的成型过程。精密挤出的主要特征是：挤出装备工作状态极为稳定，加工工艺条件可以得到严格地保障，挤出制品的几何精度比常规挤出成型方法提高 50%以上。

二、挤出机理研究

单螺杆挤出理论的发展经历了几个不同阶段。早在 1922 年，Rowell 建立单螺杆挤出过程的数学模型，J. Mckeley 对这段时期的工作进行了总结，并出版了专著，这是挤出理论发展的初期阶段。进入 20 世纪 50 年代后，由于计算机的发展，使得对螺杆挤出机在固体输送段、熔融段、计量段等方面的研究工作获得了较大进展。1955 年，Marshall 和 Klein 等人借助计算机对计量段的特性进行了研究。1956 年，W. H. Darnell 和 E. A. Mol 基于库仑摩擦机理提出了固体输送理论。1966 年，Z. Tadmor 在 B. H. Maddock 和 L. F. Street 的实验研究基础上，建立了熔融理论的物理模型和数学模型，并对单螺杆挤出理论做了系统阐述。此后 Chung、Donovan、Mondvai、Edmondson、Lindt、Vachopoulos、Fennen 等人对上述理论和模型进行了深入系统的研究，使挤出理论日趋完善，理论计算结果也比以往更接近于实验和生产实际。在此基础上，描绘单螺杆挤出过程的计算软件，如 Extrucad、Extrud、Ucc、Basf、Schneber、Extr 等也相继出现，尽管这些软件和理论仍有较大的局限性，但它们对于减小设计和生产中的盲目性是非常有益的。

在二十世纪六七十年代中，人们对挤出制品质量及其影响因素进行了大量的实验性的研究。Young 通过实验证明了挤出制品的抗拉强度取决于挤出过程的温度，而挤出制品的最大抗拉强度对应有一最佳挤出温度。Sanders 和 Seeks 通过对制造 LDPE 包覆电缆时挤出温度和挤出质量间关系的研究指出：提高挤出温度，能增加包覆层耐环境应力开裂的强度。Kessler 等人在测量了挤出机机头温度分布后发现，挤出制品中存在有径向温差，并指出在熔料流道中最大温度波动约发生在机头体壁和中心的一半的位置，此外，他还研究了压力波动对产量波动和机筒温度分布对压力波动的影响，观察到随挤出产量的增加，挤出温度和压力波动急剧加大，发现加大挤出机的长径比，会提高对材料的均匀塑化作用。Maddock 通过控制挤出过程流率恒定，研究了温度波动和压力波动的相互影响，用实验验证其对挤出制品精度影响的一致性，发现冷却螺杆有利于提高挤出制品的质量。Skewis 通过对聚乙烯树脂包覆电缆的研究，在其著作中论述了影响挤出制品质量和精度的因素。Heile 将挤出制品几何精度的波动分为高频波动、等频波动、中频波动、低频波动、随机波动五类，并指出中频波动是造成产量波动的主要原因，是最难克服的波动。Grundman 和 Eckstein 观察到，小粒料在挤出制品时产生的波动要比大粒料小。Bonner 在研究中发现，指出对于假塑性流体，压力的微小波动会使流率产生较大的波动；螺槽深度对挤出质量也有影响，浅槽螺杆可大大降低了温度波动和压力波动。20 世纪 60 年代的研究已表明，中频波动与固体床破裂有关，因此，Fenner 等人力图从理论上预测固体床破裂。他们指出，固体床破裂是由于挤出机塑化段中的固体床产生加速度所致，并称在固体床与螺杆之间无熔膜时不出现固体床加速度。他们还发现高压缩比（3∶1，4∶1）的固体床产生破裂，但未发现低压缩比螺杆的固体床破裂。

20 世纪 70 年代末，随计算机的发展和计算手段的进步，流体有限元技术已逐渐趋于成熟，并开始用于挤出理论中熔体输送段的分析计算。利用这种分析计算，可以较全面地考虑到以前不能进行定量分析的诸多因素的影响，如漏流、螺杆根部的圆弧等，从而获得聚合物流体在复杂截面流动的分析计算结果。1984 年，J. Lindt 等人的研究开始涉及到熔融模型中的固体床加速和环流是否存在等实际问题。此时，J. Becker 发现，熔融的不稳定与固体床和熔池之间界面形状的改变有关。C. Rauwendaul 把熔膜看成是其黏度依赖于温度的幂律流体，估计了熔融段机筒温度对熔融性能的影响，预示存在着最佳的机筒温度。K. Y. Lee 等在熔融模型中引入固体床的弹性变形概念，以期解决关于固体床速度变化的问题，但却引入了固体床流变性能检测的难题。T. H. Sun 认为挤出机加料段建立的压力与挤出稳定性紧密相连，粒料的密度压缩率会增加该压力，这就是低松密度物料会产生挤出波动的原因。Y. Guo 发现熔融温度 T_m 对制品质量有明显影响，并通过分析挤出机的总能量平衡建立了预示 T_m 的简单方程。我国的刘津平提出了开槽挤出机内 T_m 分布的数学模型。K. wilxzynsk 认为挤出制品质量在很大程度上取决于挤出温度的波动，并且在已知挤出过程参数时，可预测温度波动，提出了估计单螺杆挤出机中的温度波动的方法，其中包括熔融过程对温度波动的影响。J. C. Miller 通过实验和理论研究表明，挤出机的磨损会提高熔体温度，降低产量，并研究了机械磨损与螺杆机械功率及压力波动之间的关系。

1984 年，房士增研究了非塞流固体输送段并提出了完整的数学模型，使固体输送理论更趋完善，压力、产量的预测更趋合理；陈利钦详尽地研究了延迟段和熔融段，获得了该段的物理模型和数学模型；1986 年，徐敬一对计量段的熔体输送机理进行了研究，其方法简单实用，同时还对熔融段进行了改进，在上下熔膜的计算之中考虑了螺槽顺流方向和横过螺槽方向的压力梯度，并可同时求出速度和温度沿槽深方向的分布；1989 年，赵月云完成了“固相破碎理论初探”的研究，并研制了一套测量固体床的剪切强度的装置，首次获得了固体床流变性能的剪切数据并试图揭开固体床破碎机理；1993 年，刘荣梅针对破碎后的固相进行了熔融结束点的计算。1996 年，江顺亮对单螺杆挤出理论进行了系统研究，将非塞流固体输送和固相漂移段引入单螺杆塑化挤出综合模型中，并成功地将各段的计算程序进行了衔接；2000 年，何红采用实验和理论研究相结合的方法，为适应亚宏观尺度观察的需要，将原有的宏观可视化系统经过自行设计和改造，成为亚宏观可视化系统，结合沿程取样技术，对 PP 和 LDPE 的单一物料体系和二相混合物体系做了亚宏观可视化研究，取得了一系列的实验数据，建立了熔融的物理数学模型。

最近 K. Wliczynski 也建立了一个数学模型，并用 ϕ45 单螺杆挤出机对 LDPE、PS 进行了试验，得到聚合物质量流率、温度分布、压力分布和能耗的试验值和计算模拟数值，其吻合性良好，此外还对不同的机头类型如圆形、环形、矩形等进行了试验。B. BroelPlater 对聚合物挤出过程的温度控制进行了优化，优化出最佳温控点和温控区域，从而保证材料的均匀塑化。E. Lai，DW. Yu，用一个新型的数学模型对稳定状态下的单螺杆挤出机中材料的流动性进行了全面分析，该模型没有充分考虑经验参数及其相关性。

近年来，我们还对单螺杆挤出过程的动态模型进行了研究。利用我们自己研制的单螺杆精密挤出实验台，对不同挤出状态（稳态）之间的动态过程进行了考察，并建立了具有动态响应的数学模型，首次用数学模型描述了不同稳态之间的动态过程。研究结果表明：挤出产量和挤出压力随挤出机螺杆转速的变化呈指数变化规律，实验结果与计算结果的吻合性良好。

总体说来，单螺杆挤出理论经过几十年的发展和研究已日趋完善。基于 Mol-Tadmor-Mckelvey 挤出模型的计算软件，其计算结果也基本能够相对真实地反映生产实际情况。但不少生产厂家和科研院所仍在积极寻求新的模型和更加合理的软件。这主要是因为以上模型本身还存在着一些不合理的假设，其定量计算结果总是难以令人满意。

三、影响精密挤出的因素研究

挤出制品几何尺寸和形状的不精密，主要是由于挤出机流率、温度和压力以及牵引速度等工艺参数的波动所致。挤出过程的波动可以引起制品横向或轴向几何尺寸的波动。其中轴向波动主要由挤出机的流率波动引起，而横向波动多由于挤出机机头口模温度不均匀或冷却定型不均匀所致。

（一）波动的频率

挤出机流率的波动是造成制品几何精度下降的最主要原因，按照波动发生的频率，可以将挤出机的波动分为以下五种。

（1）高频波动：高于螺杆转动频率的波动。高频波动一般认为是挤出机传动装置精度低造成的流率波动，以及由于熔体温度过低或不均匀，造成制品表面产生熔体破裂、鲨鱼皮、拉伸共振等缺陷。其中熔体破裂和鲨鱼皮现象的产生，是由于高聚物流经机头时熔体与口模时粘时滑，造成口模出口处的表面应力的周期性变化。

（2）等频波动：这是一种等于螺杆转动频率的波动。等频波动主要是由于螺棱前后缘间存在轴向压差 ΔP，ΔP 是拖曳流动的结果。若忽略螺杆间隙，ΔP 可以用式（1）近似表示。

$$\Delta P=\frac{6\mu V_{bx}W}{H^2}\approx\frac{6\mu\pi^2D^2n\sin^2\phi}{H^2} \tag{1}$$

式中　μ——熔体的剪切黏度；

V_{bx}——垂直于螺棱方向的速度；

W——螺棱间的法向距离；

H，D，n，ϕ——分别是螺槽深度、螺杆直径、螺杆转速、螺旋升角。

由式（1）可知，等频波动与螺槽深度 H 的平方成反比，与熔体黏度、螺杆转速成正比，与螺杆直径的平方成正比，与螺旋升角正弦的平方成正比。

（3）中频波动：频率为 1～15 次/分的波动，中频波动是影响挤出稳定的主要原因。中频波动是固相瞬时堵塞的结果。若螺杆设计不当，如熔融段长度太短或螺杆压缩比太大，会造成因熔融不及时而产生高聚物在熔融区的瞬时堵塞，经过一段时间后，堵塞的料块在压力和温度的作用下发生破碎，使流道又通畅，堵塞和通畅的周期性变化，造成挤出机压力和流率的周期性变化。

（4）低频波动：指低于螺杆转速 5～10 倍的波动。低频波动的主要原因是固体床破碎并加速造成的流率波动。另外，10～30s 内发生的流率波动通常是因机筒内表面处温度波动使得与其接触的熔体黏度发生变化所致。

表 1　一些常用高聚物的非牛顿指数

树 脂	LDPE	PP	PS	PMMA	ABS	PA6	PC	PET
n	0.41～0.64	0.30～0.53	0.30～0.53	0.23～0.44	0.22～0.25	0.56～1.00	0.48～0.78	0.86～1.00

注：1. 上述 n 值对应的熔体剪切速率范围为 10～103S-1。
2. 表中 n 值为国内某些厂家特定牌号树脂的实测数据。

（5）随机波动：随机波动通常与不规则的加料、螺杆转速的波动等有关，也可能是周期性波动（1～4）的叠加所致。

（二）挤出工艺参数

当挤出设备和被加工高聚物材料一定时，流率的波动主要是由于温度、压力、螺杆转速、牵引速度等工艺参数的波动所造成的。定量分析这些工艺参数的波动规律，有助于找到控制流率波动的主要措施，制订合理的加工工艺。

对等温牛顿流体，挤出机的体积流率 Q（计量段流率）是正流 Q_d、逆流 Q_p 和漏流 Q_L 的代数和。

$$Q = Q_d - Q_p - Q_L = \frac{\pi^2 D^2 n H_3 \cos\phi \sin\phi}{2} - \frac{\pi D n H_3^3 \sin^2\phi}{12\eta_1}\frac{P}{L_3} - \frac{\pi^2 D^2 \delta_f^3 \tan\phi}{10\eta_2 b}\frac{P}{L_3} = \alpha n - \left(\frac{\beta}{\eta_1} + \frac{\gamma}{\eta_2}\right)p \qquad (2)$$

式中　H_3——计量段螺杆的螺棱深度；
δ_f——螺杆螺棱与机筒的间隙；
P——机头入口处的压力；
η_1——螺槽中熔体的黏度；
η_2——δ_3 中的熔体黏度；
α、β、γ——仅与螺杆几何参数有关的常数。

1. 压力波动

在螺杆的推进下，高聚物在机筒中向前输送并建立压力，熔体在压力的作用下流经机头流道，压力越高挤出机的流率越大。刘会举推导出假塑性高聚物熔体在各种机头流道中，流率波动 δQ 与压力波动 δP 以及高聚物熔体的非牛顿指数 n 之间的近似关系为：

$$\delta Q \approx \frac{1}{n}\delta P \qquad (3)$$

一些常用高聚物的非牛顿指数见表 1。由于假塑性熔体 $n<1$，所以较小的压力波动会引起较大的流率波动，图 2 为压力波动对流率波动的影响关系曲线，其中 n 取表 1 的平均值。

由表 1 可知，压力波动 1% 将引起流率波动 1.7%～4.2%。但应该指出，引起压力波动的因素很多，如温度的波动、固体床的破碎、螺杆转速的波动等。

2. 温度波动

温度波动会引起高聚物熔体黏度的变化，导致挤出压力和流率的波动。黏度与温度的关系可以用式（4）表示。

$$\eta_a = \eta_0 \mathrm{e}\frac{\Delta E_\eta}{RT} \qquad (4)$$

式中　η_a——熔体在温度 T 下的表观黏度；
η_0——熔体的零切变黏度；
R——气体常数；
T——温度；
ΔE_η——高聚物的黏流活化能。

由式（2）和式（4）并根据有关物性数据，可以得到一些高聚物在挤出过程中，当温度波动 1℃时引起的压力波动，见表 2。

表 2　温度波动 1℃时在机头中发生的压力波动

高 聚 物	当 ΔT=1℃时的 ΔP/MPa
HDPE	0.067～0.085
LDPE	0.125～0.167
PS	0.143～0.222
UPVC	0.125～0.200
SPVC	0.250～0.333

实验表明，螺杆直径为 65mm，长径比为 27 的单螺杆挤出机，在螺杆转速为 60r/min、挤出温度 167℃、机头压力为 69MPa 条件下挤出 LDPE 薄膜，温度每变化 1℃，将引起挤出压力 1.6%的波动，由图 3 可知，1.6%的压力波动将引起 3%的流率波动。根据上述实验数据并考虑到式（3），可以预计当机头中熔体温度波动 1℃时，可能引起 1.6%～6%的流率波动。可见温度波动对产率的影响是不容忽视的。

3. 螺杆转速的波动

为简化起见，在式（2）中两个黏度取相同的值，则有：

$$\eta_1 = \eta_2 = \eta \qquad (5)$$

$$Q = \alpha n - (\beta + \gamma)\frac{P}{\eta} \qquad (6)$$

式（2）变为：

任何机头口模流率的流率可以写成：

$$Q = K_Q \frac{P}{\eta} \qquad (7)$$

式中，K_Q 为口模的形状系数，其数值仅与口模的几何形状和尺寸有关。

由式（6）和式（7）得到下式：

$$Q=\left(\frac{\alpha}{1+\dfrac{\beta+\gamma}{K_Q}}\right)n \tag{8}$$

式（8）表明，流率与螺杆转速成正比关系。实际上流率与螺杆转速一般并不是线性关系，这是由于在推导式（8）时对黏度等进行了简化处理。对普通螺杆，挤出机的流率曲线随着机头阻力的增大而特性变“软”，这种“软”特性对提高挤出机的产量是不利的。IKV系统通过采用开槽衬套，显著提高了挤出机的固体输送效率，使得挤出机具有“硬”特性，但从螺杆转速波动对流率影响的角度，挤出机的特性越“硬”，螺杆转速波动对流率波动影响越大。

（三）设备因素

1. 塑化系统的设计合理性

挤出塑化系统是挤出机的最重要部件，螺杆和机筒组成的塑化系统设计不当，会造成挤出过程的波动：

（1）压缩比过大、压缩段偏短等，会造成高聚物熔融能力不足，产生周期性的固相阻塞，导致流率的中频波动，为克服普通螺杆的塑化不稳定现象，可以采用分离型螺杆、波状螺杆、IKV系统等结构，强化塑化能力、尽可能消除固相阻塞；

（2）螺杆加料段设计不当，会造成固体输送的不稳定性，直接影响到流率的稳定性；

（3）计量段螺槽过深，计量段太短会造成挤出过程的压力和流率波动；

（4）螺杆与机筒间隙过大，会因漏流增大而引起流率的波动。

2. 挤出机电机传动系统的影响

国内的单螺杆挤出机多采用普通V形皮带加齿轮变速的传动方式，理论分析表明V形皮带在工作过程中会发生1%～1.6%的弹性滑动，造成丢转。由式（8）可知，1%～1.6%的转速波动，可以造成0.25%～1.6%的流率波动。国外高精度单螺杆挤出机多已采用电机和减速机的直连方式，取消了带传动。

电机种类和控制方法对挤出过程的稳定性也不容忽略，近年来国内外挤出机主机多采用直流电机或变频电机，这两种电机的工作稳定性较以往的电磁调速电机有了很大提高。由于矢量控制变频电机和无刷直流电机的转速波动可以降至0.01%，所以从技术方面完全可以保证挤出机螺杆转速的高稳定性。

3. 挤出机加料方式对挤出稳定性的影响

目前常用的挤出机料斗多为自重下料方式，由于料斗设计不合理可以造成物料架桥、漏斗流动和空心管流动等非稳定下料现象。目前，国外先进的挤出机上均已配备失重式计量加料料斗，这种料斗配备质量传感器，可以根据微小时间间隔内被称重料斗质量的减少量，由计算机控制系统自动计算出即时的挤出产量，当挤出产量发生波动时，控制系统将自动改变挤出机螺杆转速或牵引电机转速，以便保持制品几何尺寸的稳定性。

4. 机头流道形式对制品几何尺寸精度的影响

机头设计应保证适宜的压缩比，较小的压缩比将会造成流道内熔体流动的不稳定性；对非热敏性材料，应优先采用螺旋机头、篮式机头等有助于熔体横向流动均匀的机头；对宽幅板、片、膜应采用分配螺杆以保证熔体横向流动的均匀；应采用电热调节螺栓、伺服控制系统等，对口模间隙进行自动调节，以降低制品横向尺寸的波动。

5. 冷却定型装置对制品几何精度的影响

冷却定型系统的冷却能力、冷却均匀度、定型套的阻力特性、真空度或压力的稳定性都会影响到制品的纵向或横向尺寸稳定性。

6. 牵引装置对制品几何精度的影响

现有的牵引装置多采用履带式牵引方式，牵引电机经链条传动并经齿轮变速箱变速带动履带移动，牵引速度的波动将会引起制品轴向尺寸的波动。

7. 控制系统对制品尺寸精度的影响

为了保证挤出制品的精度，控制系统一方面应对挤出温度、螺杆转速、牵引速度、冷却定型温度和真空度等进行精密控制，以满足稳定挤出成型的要求，另一方面应通过对挤出流率与牵引速度或挤出流率与螺杆转速的闭环控制，对可能出现的流率波动进行自动补偿，最大限度地降低制品轴向几何尺寸的波动。同时，对挤出口模进行精密的温度控制，以保证制品的横向几何精度。

研究表明，约10～30s之内出现的波动可能是沿挤出机机筒的温度波动所致。温度波动从二次仪表或记录仪上可能不容易观察得到，这可能是由于许多温度传感器反应滞后，以及由于传感器的安装位置距聚合物/金属界面的距离太大。然而，如果界面的实际温度波动，则流动速率也会相应波动。这种加热或冷却的突变造成的挤出流率的变化可高达5%～10%。采取先进的传感器和控温方法可以削弱这种波动。

（四）材料特性对挤出波动的影响

高聚物熔体的非牛顿性决定了其流动过程的复杂性，这种复杂性主要反映在熔体黏度对温度、剪切速率、压力、以及应力作用时间的密切相关性。

大多数高聚物熔体属于非时间依赖型熔体，非时间依赖型高聚物熔体的黏度仅仅是温度、压力、剪切速率等状态参数的函数，而与这些状态参数作用的时间无关。假塑性流体、胀塑性流体、宾汉流体就是这类高聚物熔体的流变学表述。非时间依赖型高聚物熔体的黏度随温度的提高而降低；随压力的增大，熔体的黏度提高；随剪切速率的提高，假塑性流体的黏度降低，而胀塑性流体的黏度增大。在挤出过程的闭环控制时，应根据不同类型的材料选择不同的反馈模式，否则不仅不能减小挤出波动，很可能会进一步增大波动量。

还有一些高聚物熔体属于时间依赖型高聚物熔体，其黏度除了与温度、压力、剪切速率等状态参数相关外，还与剪切速率作用的时间有关，即在剪切速率不变的情况下，熔体黏度会发生可逆或不可逆的变化。常将这类流体归纳为触变性流体和震凝性流体，触变性流体在恒定的剪切速率下，表观黏度随时间的延长可逆减小；震凝性流体与触变性流体相反，在恒定剪切速率作用下，经过一段时间，熔体的表观黏度将会提高。触变性和震凝性是高聚物对外力作用的响应，大分子在持续的剪切速率作用下，发生分子链段的移动、分子间距的变化，从而引起熔体表观黏度的变化。黏度对时间的依赖性所造成的流率波动，也给稳定挤出造成了困难。过高的剪切速率还会引起高聚物的降解，使得熔体黏度降低并引发流率波动。

四、实现精密挤出的技术装备

（一）挤出过程波动的量化分析

挤出过程的流率波动将造成制品轴向尺寸的波动，机头中熔体温度及压力分布的波动将造成制品横向壁厚分布的波动。基于以上分析，可以粗略地估计一下这两种波动的数值范围。

1. 轴向波动

影响轴向波动的原因很多，表 3 仅列出了一些主要影响因素。从表 3 可知，工艺、设备、控制方式、被加工高聚物的流变性能等都有可能影响挤出流率的稳定性，其中温度波动、控温不精确影响最大，引起的挤出流率波动分别都可达到 10% 以上；螺杆设计不合理造成的中、低频波动程度尚无系统的定量研究报道，但毋庸置疑，螺杆的设计水平对挤出流率的稳定性有极为重要的作用；螺杆转速波动对产量的影响也是不容忽略的，传动方式、电机类型及其调速方式都会直接影响到螺杆转速的稳定性。

分析表 3 的有关数据，我们对单螺杆挤出机能发生 10%～20%，甚至更高的流率波动就不感到奇怪了。

2. 横向波动

当挤出工艺参数（如压力、机头温度及其分布等）发生波动时，会引起挤出制品几何参数的横向波动，对于片材、板材、宽幅薄膜、管材等制品在机头口模温度分布不均匀度达到 3～5℃时，可以造成 5%～20% 的制品壁厚分布不均匀度。另外，冷却定型装置的设计不良或操作条件波动也会造成制品横向几何尺寸的波动。

（二）实现精密挤出过程的技术装备

1. 熔体齿轮泵与单螺杆挤出机串联使用

挤出系统中的齿轮泵一般是被安装在挤出机与机头之间，由两个设计精密的齿轮相互啮合运转。把齿轮泵安装在挤出机与机头之间可以把挤压系统产生的波动与机头及下游设备隔离开来，使它们之间不发生

表 3　挤出制品轴向尺寸波动的主要原因

影响因素	影响方式	影响程度
温度波动	造成黏度变化，进而引起压力和流率的波动	机头中熔体温度波动 1℃将引起流率波动 3%左右。常规挤出机控温精度为 3～5℃，所以温度波动可以引起 9%～15% 的流率波动。
控温方式	因加热控制模式不当引起与机筒及流道表面接触的高聚物黏度波动	可以引起流率波动 5%～10%
转速波动	造成螺杆输送能力的变化	转速波动 1%，将引起流率波动 0.25%～1%
压力波动	压力是熔体流动的推动力	压力波动 1% 将引起流率波动 1.25%～5.26%
螺杆设计不良	造成中频和低频波动	是造成压力及温度波动的最主要原因
传动方式	螺杆转速波动	V 形带传动可产生弹性滑动，造成转速波动 1%～2%，由此引起流率波动 0.25%～4%
电机类型及调速方式	影响螺杆转速的稳定性	配常规驱动装置的电机转速波动量为 2% 左右，由此可引起流率波动 0.5%～2%
其他原因	加料方式、漏流、材料的力学物理响应等	与挤出设备的设计、制造，以及材料的流变性能有关

相互影响，这主要是因为齿轮泵具有单独的驱动电机，理想情况下它是一种正位移输送设备，同时也是一个“压力发生器”，即无论挤出机内的压力如何波动，只要泵入口处的熔体能充分充满螺槽，它就始终能够以稳定的压力和流量向机头输送物料，并保护机头无波动地挤出，从而生产出密实且尺寸精度较高的制品。总体来讲，与挤出机串联使用后，熔体齿轮泵可以具有以下几方面的作用：①提高熔体压力稳定性，从而有效地提高制品精度，降低制品废品率；②增加挤出机产量，降低能耗；③减少挤出机的磨损，延长机器寿命；④降低成型所需的熔体温度。然而其中最值得一提的就是，熔体齿轮泵以其显著的稳压效果为实现精密挤出成型提供了有力的技术保障。作为熔体泵稳压作用的应用实例，加工 HDPE 时，当入口压力由 1.7MPa 变化到 6.7MPa，波动量约为 5MPa 时，出口压力由 4.06MPa 变化到 4.3MPa。波动量仅为 0.24MPa，相对波动量约为 5%。美国 Normag Corp of Nipkory N.C 公司曾进行过实验研究，结果证明在挤出机螺杆转速改变和进入齿轮泵的熔体压力增大 43%的情况下，挤出机头中的压力变化不大于 0.7%。因此，该公司能生产出厚度误差不超过 0.37%的 PVC 医用薄壁软管，而用 Luwa Corp of Charlotte 公司的设备可使 PET 薄膜厚度误差从 3%降到 0.5%。可见压力的稳定为挤出流率的稳定化创造了条件。

虽然目前在欧美等发达国家，齿轮泵是应用最为广泛的一种稳压增产方式。然而有一个限制其推广的最大障碍：就是其成本较高，价格昂贵。大多数引进国外较为先进的机型，即使较小的型号也要 4 000 美元甚至高达 10 000 美元不等。除此以外，齿轮泵还可能引起其他问题：①若压差过大，齿轮可能会卡壳；②因其滞流问题，难于加工热敏性物料；③其精密的驱动和传动系统很容易被破坏而失效，作为齿轮泵稳压性能的替代品，有一种新型稳压装置—压力波动控制器，如果在普通挤出机内装有该装置，那么压力的稳定性会提高 3～10 倍，而成本只增加不到 1 000美元。

压力波动控制器是基于动态平衡原理研究出来的。当物料沿挤出机螺杆被挤入机头时，就产生了压力。该压力也把物料挤入控制器中。因为控制器的螺旋线旋向与挤出机的螺旋线旋向相反，所以被压力挤入控制器中的聚合物熔体直到控制器中产生的压力与挤出机的压力相等时才为止。设想挤出机中的压力变化是正弦波形式，当挤出机内压力为波峰时，就要求波动控制器内所成压力也为最高，也即需要较长的填充段来达到压力平衡。当挤出机压力为波谷时，则所需要的填充段也较短。此时，压力控制器起到压力蓄能器的作用，通常压力波动在峰值时，原料积聚在控制器中。当挤出机内压力下降时，积聚的物料在波动控制器螺纹的推进作用下，流进挤出机中，从而使压力和挤出产量趋于平稳。由于波动控制器反映较快，所以它能够抑制熔体挤出的高频波动，对其进行的实验验证均起到了明显的稳压效果。

为避免聚合物的滞流和进一步改善压力波动控制器的性能，人们对压力波动控制器进行了进一步的研究，发现不同的压力波动所需的压力波动控制器螺槽的尺寸是不同的。深螺槽能存贮较多的聚合物熔体，降低了大的波动；浅螺槽能灵敏地对高频波动做出反应。但同等长度下，深螺槽的压力降比浅螺槽的压力降小，因此为了与计量段达到压力平衡，浅螺槽的填充段应比深螺槽的短。根据以上研究，人们开发出了如图 7 所示的双头螺纹压力波动控制器（一深一浅两条螺槽）。从深螺槽流向浅螺槽的漏流有利于物料的流动，从而防止滞流的产生。实验观察此种波动控制器内的物料不断被更换，不会产生滞流，而且稳压效果良好。熔体齿轮泵及压力波动控制器对于稳定机头压力，实现挤出成型的稳定化、精密化生产具有重要的意义。

2. 高精度控制系统

严格控制挤出工艺条件对挤出流率的稳定极为重要，其中挤出流率对控温精度的稳定性圾为敏感，为了实现精密挤出，将挤出温度的波动控制在 0.5℃以内是完全必要的，这只有通过特殊的控制系统才能实现。电机转速稳定性的控制也有待提高，变频电机、无刷直流电机的采用有可能将螺杆的转速波动降至 0.01%。PLC（可编程控制器）、工控机等现代控制手段的采用为实现挤出过程的闭环控制创造了条件。但需要指出，控制系统必须以挤出过程的动态模拟为基础，而目前的挤出模型多为静态模型，即使是静态模型，模拟精度也仅为 78%～80%，为此创建精密挤出动态数学模型是十分必要的。

3. 挤出机螺杆的优化设计

合理地设计螺杆可以减少或消除固相堵塞，降低中频波动。目前螺杆设计从提高塑化能力和混炼能力方面考虑较多，而从精密塑化，即在保证良好的混炼效果和设计产量的前提下，使得高聚物在熔融段稳定地熔融、在计量段稳定地输送考虑较少。

4. 辅机系统的改进

要提高制品轴向尺寸的稳定性，不能忽视辅机系统，特别是牵引装置的稳定性、一方面可采用变频电机、无刷直流电机等提高驱动系统的稳定性，另一方面，牵引装置要与挤出机实现闭环控制。由于高聚物的粘弹性，使得应变对应力的响应具有滞后性，造成了精密控制的难度。因此，当挤出机流率发生波动时，改变牵引速度比改变螺杆转速更合理，控制精度会更高。

为了解决牵引速度的稳定性问题，Battenfeld 公司采用电子差分变速取代机械差分齿轮变速，所谓电子差分变速实际上就是将三相异步电机直连到牵引履带的带轮上，通过变频调速控制牵引速度，而且上下两个履带均由电机驱动，由于采用上下履带分别驱动方式以及取消了链传动，避免了在较高牵引力下发生被牵引制品与牵引履带的相对滑动，有效地提高了牵引速度的稳定性。

5. 壁厚自控式挤出机头

要提高制品的横向尺寸稳定性，应采用先进的机头设计，实现壁厚的自动控制，其原理是在膨胀螺栓外部设有加热器，螺栓长度随温度变化而变化。当加热器工作时，螺栓膨胀，模唇间隙变小；切断电源时，螺栓冷却而模唇间隙变大。

6. 在线测试技术

提高控制系统精度的前提是要有先进精密的在线测试手段，温度、压力、流率等参数测试元件的精度与制品精度直接相关。目前，国外先进的挤出机的均配备失重式计量加料料斗，这种料斗配备称重传感器，可以根据微小时间间隔内被称重料斗质量的减少量，通过 PLC 系统自动计算出即时的挤出产量，当挤出产量发生波动时，控制系统将自动改变挤出机螺杆转速或牵引电机的转速，以便保持制品几何尺寸的稳定性。

总之，通过对精密挤出机理和影响精密挤出因素的不断深入研究，采取一些必要的控制手段和精密挤出装备，完全可以实现挤出过程的精密化。

（北京化工大学　塑料机械及塑料工程研究所　吴大鸣　李晓林）

mLLDPE 电磁动态专用吹膜机组及其技术的研究

一、前言

茂金属是指有过渡金属（如锆、钛、铪等）与环戊二烯（Cp）相连所形成的有机金属配位化合物，以这类有机金属配位化合物合成的高分子材料称为茂金属聚合物。茂金属聚烯烃是一个高性能的材料家族。由于其分子量高，分子量分布窄，支链少，密度低，纯度高，所以产品力学性能好，表现为强度高、韧性好。mPE 制得的薄膜强度高、纵横向强度均衡性、韧性、抗刺穿性、落镖抗冲击性能非常好；mPE 薄膜还具有封口温度低，热封温度范围宽，热封时间短，抗污染性、密封性好，渗漏断裂现象大大减少，是热封制袋及复合薄膜热封层的重要材料。另外，茂金属聚烯烃还具有优良的光学性能，透明度高，耐辐射性好，具有热塑性弹性体行为等。

然而茂金属聚烯烃又是非常难以加工的材料，它的加工性能差在流变学性能上表现为：较低的零切黏度；很短的特征松弛时间；低的流动指数；较大的熔体弹性；低的剪切敏感性；临界剪切速率低，易导致熔体破裂；熔体强度低，膜坯易破裂，成膜难度大。

mLLDPE 是茂金属聚烯烃最具代表性的材料之一，它的优异性能受到材料制造商和制品制造商的极大重视，作为传统的聚烯烃替代产品已成为必然趋势。但是它的难加工性成为推广应用的障碍之一。为了改善 mLLDPE 加工性能差的问题，人们已分别从材料聚合、加工工艺、成型设备等不同方面进行研究，采用不同的方法来改善 mLLDPE 的加工性能，并且取得了一定的成效。但是有些方法是以牺牲 mLLDPE 一定性能为代价的，对有些改进措施还存在有不同见解。影响 mLLDPE 挤出吹塑薄膜的因素很多，它涉及挤出机螺杆、模头、冷却系统、加工工艺条件等因素，是一个系统工程。局部的改善工作不能足以解决 mLLDPE 成型加工问题。在设备方面还没有专门用于 mLLDPE 吹膜的设备报道。因此，深入研究 mLLDPE 的加工技术，研制开发出用于 mLLDPE 挤出吹塑薄膜机组意义很大。

二、屏障混合型螺杆设计

本设备的螺杆采用屏障混合型螺杆，如图 1 所示。因为屏障型螺杆与普通传统螺杆相比具有很多优点，是加工茂金属聚烯烃的螺杆的优先选择；而且在屏障段之后，计量段设置销钉混炼段可以使熔体更好的混合均化。由于茂金属聚烯烃熔体黏度高，而且熔体的剪切变稀效应不明显，所以此螺杆为低剪切螺杆。表现为螺棱与机筒内壁的间隙、屏障段的屏障间隙较大；计量段的槽深较大；通过几种牌号 mLLDPE 的吹膜加工实验，表明此螺杆具有很好的塑化和均化效果，克服了一般螺杆加工高黏度的茂金属聚烯烃易过载的问题。

三、模头的优化设计

由于螺旋芯棒式模头相对其他形式的模头具有许多优点，适合 mLLDPE 的吹膜，所以选择螺旋芯棒式模头。模头设计要达到两个目标——降低模头压力、保证漏流分布均匀。关键在于芯棒几何尺寸选择。图 2 为芯棒的结构图。

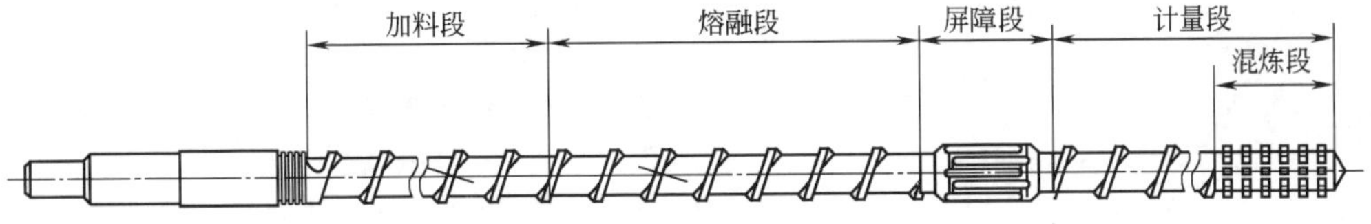

图 1　屏障混合型螺杆

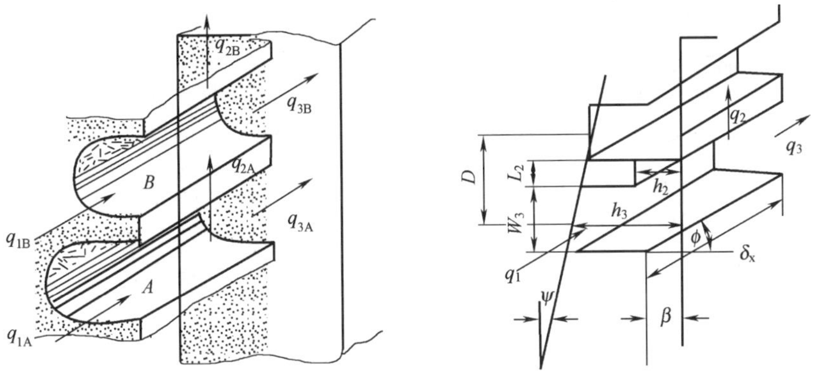

图 2　螺旋芯棒结构图

为了降低模头压力，采取：①口模间隙增大；②增大螺旋角 ϕ；③增大锲角 β；④增大初始截面积 A；⑤增大螺旋消退角 ψ；⑥模头流道镀镍或镀铬。为了保证漏流分布均匀，使薄膜厚薄均匀，采取：①增大螺旋角 ϕ；②减小锲角 β；③减小螺旋消退角 ψ；④增大初始面积 A。降低模头压力和保证漏流分布均匀的措施有些是矛盾的，所以不能为了降低压力而使漏流分布不均。所以必须对模头的漏流分布进行理论模拟。

用 Matlab 进行编程画出 1/4 口模圆周上的漏流分布（此模头为 4 头螺纹，4 条螺旋线是均匀的，绘出 1/4 口模圆周长上的漏流分布即可反映整个口模上的出料均匀性。）如图 3 所示。由口模的漏流分布图可知，此模头能够保证出料的均匀性。

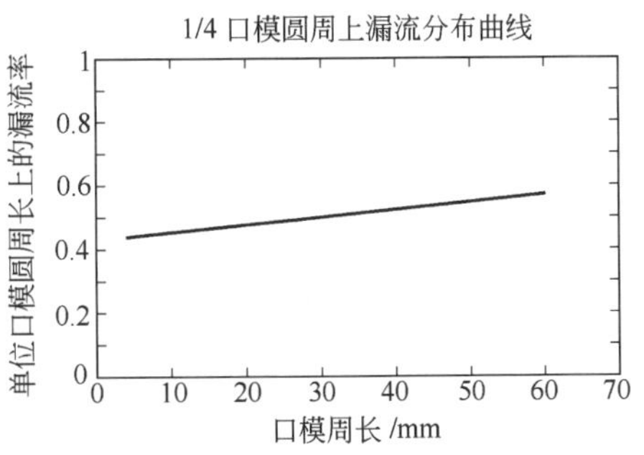

图 3　1/4 口模圆周上的漏流分布

四、膜泡内冷系统的设计

茂金属聚烯烃加工的一个难点就是其熔体强度比较低，造成了吹膜时的膜泡不稳定，膜坯容易发生破裂。这一因素将决定着膜泡的最终吹膜成型。所以必须迅速地降低膜泡的温度，提高熔体强度，才能使膜泡稳定，不易破裂。采用冷却效果好的冷却系统就显得非常重要了。而膜泡的内部冷却系统能够提高膜泡的冷却效率，迅速降低膜泡的温度，正能适合茂金属聚烯烃加工的这一需求。为此我们研制了内冷系统，如图 4 所示。

图 4　内冷器的实物图

在加工条件下，测出用内冷和不用内冷两种情况下膜泡各点的温度，作出膜泡单面冷却和双面冷却效果的比较曲线，如图 5 所示。

从图 5 中可以看出 mLLDPE 膜泡各点温度用内冷时明显比不用内冷时低，可见加了内冷可以有效的提高膜泡的冷却效果。L_1 为 mLLDPE 熔点温度的等温

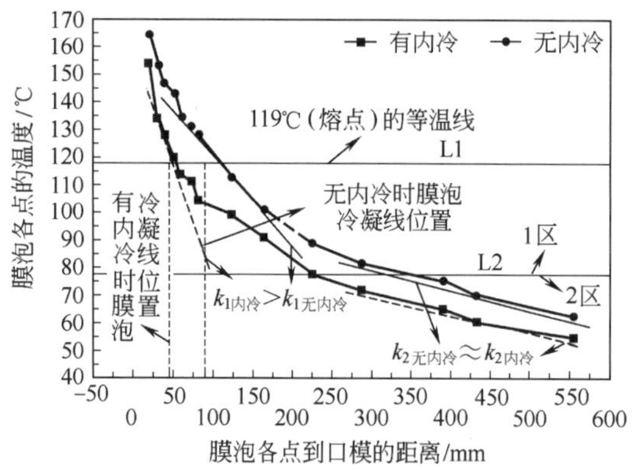

图5 膜泡单面冷却和双面冷却效果的比较

线，它与两条曲线相交，过交点分别作 X 轴的垂线，可以得到有内冷和无内冷时的膜泡冷凝线的位置分别在距离口模 50mm 和 90mm 处，由此可见加了内冷可以降低膜泡的冷凝线。这是因为在同一种产量和牵引比的条件下吹膜，加内冷必然大大提高它的冷却效果，膜泡各点的温度会降低，所以冷凝线的位置也会降低。

L_2 把两条曲线分成了两个区，用曲线切线的斜率大小来表征膜泡冷却速率，斜率越大，冷却速率越大。从图中可以看出 1 区内的有内冷的冷却速率明显大于没有内冷的冷却速率，而 2 区内两者的冷却速率差不多。这是因为 1 区主要位于靠近口模区域，对于加有内冷的情况，这一部分气体是刚从内冷器出来的，温度比较低，冷却气体与膜泡的温度相差大，所以内冷的冷却速率快。而对于没有用内冷的情况，膜泡内的气体是静止的，温度较高，只能通过外风环冷却，所以用内冷比不用内冷热量传递的快，表现为加内冷时膜泡冷却速率快。而 2 区主要位于远离口模区，对于加有内冷情况，从内冷装置出来的气体由于吸收了膜泡的热量温度升高，而此处的膜泡由于热量的释放而降低，所以此处的冷却气体的温度与膜泡的温度相差不大，内冷效果不明显。所以 2 区两者的热量传递的速率相差不大，表现为膜泡冷却速率相差不大。

加内冷使 1 区的 mLLDPE 膜泡的冷却速率很高，对 mLLDPE 的吹膜成型非常有利：①冷凝线下的膜泡的熔融区的冷却速率很高，可以迅速的降低熔融区的温度，从而迅速提高 mLLDPE 的熔体强度，提高膜泡的稳定性，克服 mLLDPE 熔体强度低，膜泡易破裂的问题；②膜泡冷却速率快，可以防止结晶，提高膜泡的光学性能；③提高产量：虽然本机头规格小，内冷气道很小，影响了内冷效果，即使这样产量也提高了 50%。

五、引入电磁动态塑化技术

（一）振动力场对 mLLDPE 塑化挤出的影响

电磁动态塑化挤出机对于塑料的成型挤出是一种全新的技术，在挤出成型加工中，振动力场作用于聚合物熔体，其作用机理是在主剪切流动上叠加了一个附加的交变应力，使物料的状态由组合应力决定。这样，挤出过程中的质量平衡，动量平衡，能量平衡的关系都发生了变化；振动强化了聚合物在加工中的物理和化学变化过程，改变了聚合物熔体的流变状态。

用瞬时冲量负压扩散行为来解释熔体黏度减小，由于振动力场的作用，在加工过程中，形成的局部压力场和速度场是脉动的，高分子链及其链段表现为瞬时冲量负压扩散行为。振动力场的存在，加速和加强了高分子链段的扩散和运动，减小高分子链及链段之间的相互缠结，使高分子解缠，取向容易；周期性脉动剪切力产生大量的耗散热，宏观上表现为聚合物熔体的黏度减小，熔体的流动性增加，流率增大。

正是由于振动力场可以降低 mLLDPE 的黏度，对其吹膜加工产生了非常有利的影响。首先是由于黏度的降低可以有效地减小螺杆的扭矩，避免了螺杆由于扭矩过高，过载自动停机的现象的发生，同时也有效地降低了设备消耗的功率（实验数据表明设备的功率也有所降低）。其次黏度的降低可以有效地降低模头的压力（实验数据表明压力降低 20%），使模头内的熔体受到的阻力减小，使吹膜更加的稳定。

（二）振动力场对 mLLDPE 吹膜过程的影响

1. 振动力场对熔体强度的影响

从微观结构来看，聚合物材料的破裂，包括分子间作用力范德华力和两类键型的破坏：氢键和化学键，三者的键能数值分别为 4.18～20.9kJ/mol、8.36～41.8kJ/mol、292.6～418 kJ/mol[6]。在无规状态下，当熔体受到力的作用时，这个力只要克服分子间作用力就可以使熔体断裂，mLLDPE 的长支链少，分子链的缠结程度小，造成其分子间作用力小。所以在无规状态下，mLLDPE 的熔体强度小。由于化学键的键能最大，当力要克服化学键的键能使熔体断裂的话，需要的力最大，表现为熔体强度高根据这一点，我们可以利用振动力场对熔体的聚集态结构的控制，把无规的分子链的排列变成有序的排列，使分子链沿着力的作用方向排列，那么要想熔体断裂就必须克服分子的化学键能或克服取向后分子链的滑移力，这个力比范德华力要大，表现为熔体强度的提高。

通过实验，发现振动力场可以使 mLLDPE 的熔体强度提高 30% 左右，这就可以使膜泡由于熔体强度的提高而不易破裂，提高了吹膜的稳定性。

2. 振动力场对薄膜力学性能的影响

在牵引比为 42.5，吹胀比为 2，薄膜厚度为 0.013mm 的条件下改变振动参数，然后测出薄膜的纵、横向的力学性能。发现加了振动后的薄膜的纵、横向强度趋向均匀，图 6 是振动频率为 6Hz 时，振动振幅对 mLLDPE 薄膜纵、横向力学性能均匀性的影响，图 7 是振动振幅为 0.2mm 时，振动频率对 mLLDPE 纵、横向力学性能均匀性的影响。

从图 6 可以看出，在振动振幅为 0 即不加振动时，纵向强度远远比横向强度大。随着振动振幅的增大，横向强度增大，纵向强度减小，纵、横向强度有趋向均一的趋势。从图 7 也可以看出随着频率的增大，横向强度增大，纵向强度减小，纵、横向强度有趋向均一的趋势，而且这种趋势比振幅的影响更明显。

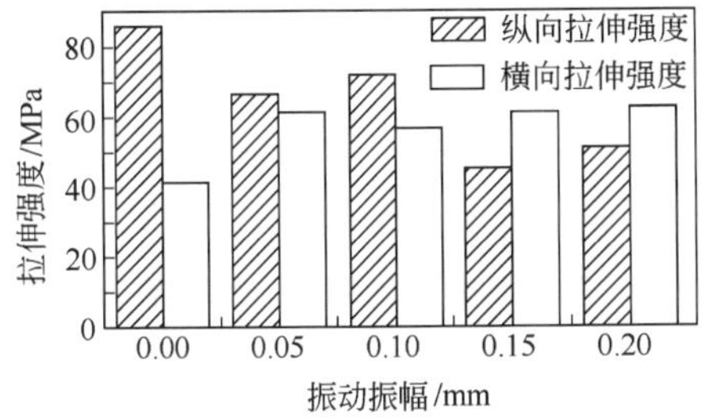

图 6　振动振幅对 mLLDPE 薄膜纵、横向力学性能均匀性的影响（振动频率为 6Hz）

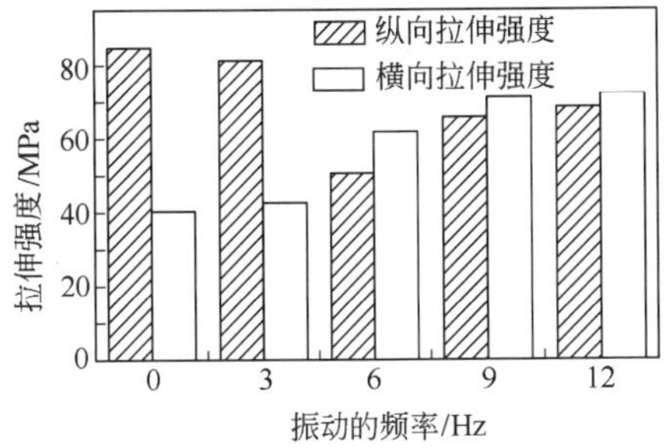

图 7　振动频率对 mLLDPE 薄膜纵、横向力学性能均匀性的影响（振动振幅为 0.2mm）

为什么产生这种现象呢，我们建立以下分子模型进行解释：在没有加振动力场的情况下，口模处熔体的分子链排列如图 8 所示。分子链大部分沿着流动的方向排列，很少分子链沿口模周向方向排列。所以当从口模出来的熔体被牵引吹胀时，由于纵向方向取向一般比横向大，所以对于没有加振动力场的情况，从模头出来的熔体的大分子链沿流动方向产生了取向排列，再加上纵向牵引取向作用，加重了分子链的纵向取向，导致此种情况的薄膜的强度纵向很高，横向低。

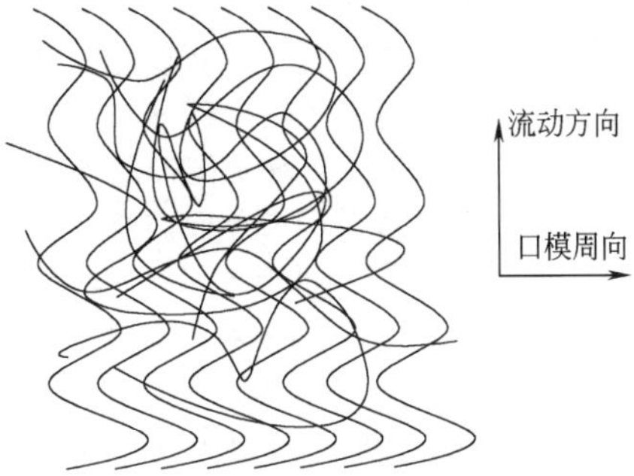

图 8　无振动时口模处分子链的排列

对于加入振动力场的情况而言，由于电磁动态塑化挤出机所引入的振动力场方式与在挤出模头引入超声波振动和旋转振动不同。后者是在模头对熔体施加振动，而前者是在料筒里对物料施加振动。通过螺杆既引入了周向脉动又引入轴向振动，所以物料在固体输送、熔融、熔体输送的整个挤出过程中处于振动力场作用下，实际上物料是在一个封闭的压力容器中受到一个复杂的往复剪切力作用之下如图 9 所示。由于料筒里的聚合物熔体受到螺杆的轴向和周向的作用力，分子链会在两个作用力的方向进行排列，形成网格化结构，如图 10 所示。而且随着频率的增大，这两个方向的分子链排列趋向均一。相对于无振动时表现为分子链的横向排列增多，纵向排列必然减少。当膜泡吹胀拉伸时，纵向的牵引也很难使已沿横向取向的分子链在很短的时间冷却的条件下沿纵向取向，所以此种情况下的薄膜的纵向强度降低，横向强度升高，纵、横向强度趋于均一。

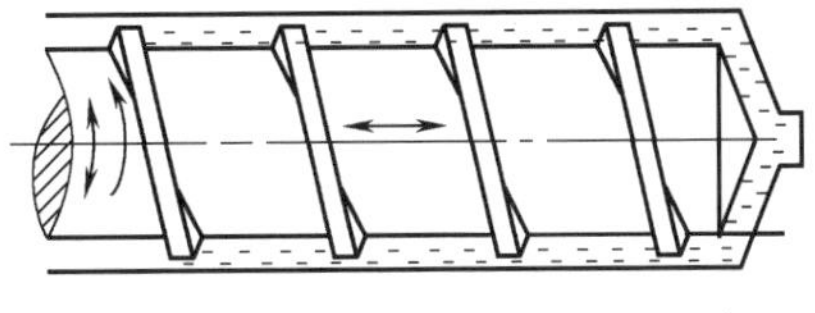

图 9　螺杆作轴向和周向振动的示意图

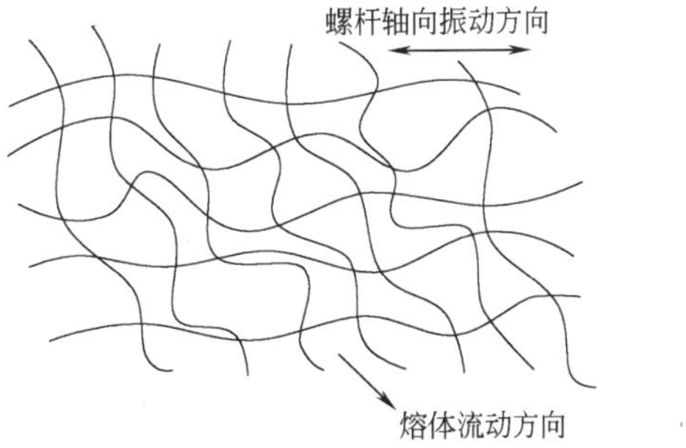

图 10　振动力场使分子链产生网格化结构

振动力场使分子链产生网格化排列，不仅提高了薄膜纵、横向力学性能的均匀性，而且可以促进吹膜的稳定性。在典型的吹膜成型过程中如图 11 所示，由于膜坯纵向方向的取向很大，而横向方向相对于纵向方向比较小，所以分子链大部分都是沿着纵向排列，横向方向排列较少，导致了冷凝线以下的膜坯横向强度差，膜坯易沿横向方向破裂，特别是对于熔体强度低的 mLLDPE 来说更明显。通过电磁动态塑化挤出技术的引入 mLLDPE 的吹膜成型中，振动力场可以使膜坯横向方向的分子链的排列增多，这样可以大大提高冷凝线以下的 mLLDPE 膜坯横向方向的强度，使吹膜更加稳定。也就是提高 mLLDPE 的熔体强度，解决 mLLDPE 由于熔体强度差，吹膜不稳定的问题。

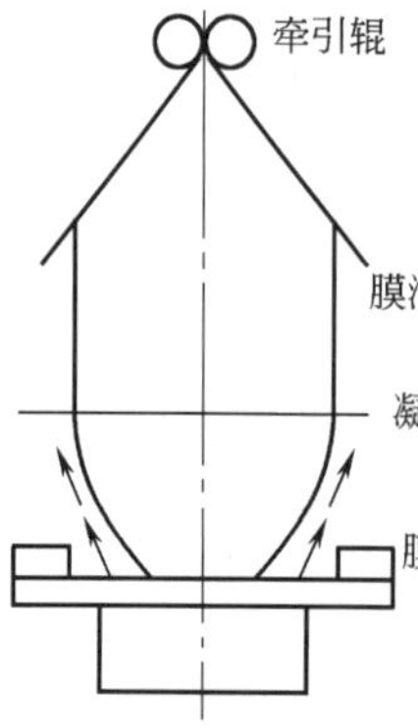

图 11　典型的吹膜示意图

六、结束语

mLLDPE 是一代新型树脂，在不久的将来它必将代替传统的聚烯烃。但是纯的 mLLDPE 难加工，阻碍着它的推广和运用。mLLDPE 电磁动态专用吹膜机组的研制开发解决了 mLLDPE 的加工困难，推广了 mLLDPE 应用。

（华南理工大学　聚合物新型成型装备国家工程研究中心　聚合物成型加工工程教育部重点实验室　周南桥　占国荣　罗卫华）

我国电线电缆辐射加工应用现状及发展趋势

一、前言

电子束辐射加工已在许多领域获得了广泛应用，而在这个高技术产业中，用电子加速器生产辐照交联电线电缆则是辐射加工行业的第一位产业。目前，全世界用于工业的电子加速器有 700～800 台，总功率超过 20 000kW，其中 200 多台应用于电线电缆的辐照交联，主要集中在北美、欧洲、日本、俄罗斯、中国及韩国等国家。美国、日本等国几乎所有生产电线的大厂都利用电子加速器生产辐照交联特种电线电缆。我国现有电子加速器近 60 台，用于电线电缆辐照交联的近 50 台，与日本生产辐照交联电线电缆的电子加速器台数相近。目前我国电线电缆辐射加工已成为辐射加工行业这个高技术产业的基础。但我国辐照交联电线电缆产品无论在规格、品种和技术等各方面与先进工业国家仍有相当大的差距。

二、我国电线电缆行业辐射加工应用现状

近十几年来，我国电线电缆行业辐射加工技术有了长足的发展，主要表现在如下几个方面。

（一）电子加速器拥有量增长较快，已形成规模生产能力

20 世纪 90 年代初，电缆行业开始形成了辐照交联电线电缆用电子加速器生产线的投资热潮。近十几年来，电缆行业拥有的电子加速器生产线迅速增长到近 40 台，加上热缩行业及研究单位也用于辐射加工电线电缆的电子加速器已近 50 台，总功率超过 2 000kW，其中有一半是国产电子加速器，其他分别从美国、俄罗斯、日本、法国、韩国引进，目前我国辐射加工电线电缆生产线的生产能力虽然比不上美国，但与日本、俄罗斯、西欧等国的生产能力差距不大，被国际上认为是辐射加工发展速度最快的国家。

（二）辐照交联电线电缆产品的市场开拓取得一定进展

20 世纪 90 年代，辐照交联电线电缆由于辐射工艺开发滞后，国产原材料品种少，质量又欠稳定，国内相关标准滞后等原因，造成了一些电子加速器生产线开工不足，影响了经济效益的充分发挥。近几年来，情况有了一定改善。1992 年辐照交联电线电缆的年产值仅为 3 000 多万元，现在已增加到近 20 亿元，已开发的并有较成熟市场的产品主要有以下几种。

（1）10kV 和 1kV 辐照交联聚乙烯绝缘架空电缆。该产品曾经开创了国内辐照交联电线电缆的第一次辉煌，目前仍为多家电缆厂辐照交联电缆的主导产品。

（2）1kV 辐照交联聚乙烯绝缘电力电缆（含阻燃、耐火、无卤低烟型）。该产品是辐照交联电线电缆开发最早的品种之一，但由于各种原因，很长一段时期未能被市场所接受。随着国家对电网改造投入的加大和经济建设的加快，已逐渐被供电部门和广大用户所接受。交联聚乙烯绝缘电力电缆取代聚氯乙烯绝缘电力电缆已是大势所趋，用量逐年增加，已成为多家电缆厂辐照交联电缆的主导产品，应属于量大面广的辐照电缆产品。

(3) 辐照交联聚乙烯绝缘控制电缆（含阻燃、耐火、无卤低烟型）。同电力电缆一样，聚氯乙烯绝缘控制电缆势必将被交联聚乙烯绝缘控制电缆所取代，而小截面的无卤阻燃电缆则更宜采用辐照交联。

(4) 辐照交联聚乙烯绝缘机场照明电缆。该产品已被民航及军用机场广泛采用。

(5) 125℃辐照交联聚烯烃绝缘机车线。该产品已被铁道部及多家机车工厂所接受，但产品性能还有待改进。

(6) 105℃辐照交联聚氯乙烯（XLPVC）绝缘电线。XLPVC绝缘电线只能采用辐照交联法生产。目前开发的这类产品主要按美国 UL 1429、1430、1431、1672 等标准生产，用于电子产品配套出口，电线生产企业主要集中在珠江三角洲和长江三角洲地区。

(7) 125～150℃辐照交联聚烯烃绝缘电线。目前开发的这类产品主要按美国 UL3266、3173、3271、3272、3321 等标准生产，用于电机、灯具等产品配套出口，市场需求量很大，电线生产企业主要集中在珠江三角州和长江三角州地区。

(8) 辐照交联汽车用低压电线。现进入市场的主要有两种，一是 105℃辐照交联聚氯乙烯绝缘汽车线；二是 125℃辐照交联聚烯烃绝缘汽车线。采用标准有美国 SAE、日本 JASO、德国 DIN、法国 PSA 等，但品种和质量未能完全满足市场需求，仍需大量进口。

(9) 其他开发的产品还有辐照交联聚乙烯绝缘潜油泵电缆、核电站电缆和彩电高压线等。

（三）已开发成功多种辐照交联电线电缆用材料

我国专业生产辐照交联电线电缆用材料的厂家已有十余家，已开发投放市场的辐照料主要有：

(1) 1～10kV 辐照交联架空绝缘料；

(2) 90～105℃无卤阻燃辐照交联电缆绝缘料、护套料；

(3) 150℃辐照交联聚烯烃电缆料；

(4) 125℃辐照交联聚烯烃电缆料；

(5) 105℃辐照交联聚氯乙烯电缆料；

(6) 辐照交联机场照明线专用料；

(7) 125～150℃辐照交联聚烯烃电机引接线绝缘料。

（四）行业已开始制定辐照交联电线电缆产品及材料标准

已制定的产品标准有：

(1) 额定电压 450/750V 及以下交联聚氯乙烯绝缘电线和电缆；

(2) 额定电压 450/750V 及以下交联聚烯烃绝缘电线和电缆。

已制定的材料标准有：

(1) 架空绝缘电缆用黑色可交联聚乙烯绝缘料；

(2) 电线电缆用可交联聚乙烯绝缘料；

(3) 电线电缆用可交联阻燃聚烯烃料。

三、与国际先进水平的差距及存在的问题

虽然我国在电线电缆辐射加工方面取得了长足的进展，但在产品质量、品种、效率和产业经济效益等方面与世界先进国家的差距还是很大，存在的主要问题及原因分析如下所述。

(1) 技术创新能力低。电线电缆辐射加工企业普遍存在科技投入不足，技术创新能力低的问题。有些企业片面认为“有了电子加速器，工厂就成为高新技术企业”。高新技术企业不仅要有现代化的装备，更重要的是应具备较高的技术创新能力，包括产品、材料、工艺和设备等各个方面。先进国家的企业是非常重视技术开发的，一是用于科技开发的资金投入高，二是技术力量雄厚。由于产品的技术含量高，其开发的产品往往可以垄断市场，表现在经济效益好，产值高。世界先进国家的辐照交联电线电缆产值已超过80亿美元，我国目前也只有20亿人民币，而设备台数却占了将近四分之一。

(2) 企业效益不平衡。上海、江苏、浙江、广东、山东和湖北等地的电线电缆辐射加工企业效益较好，开机率比较饱满，有的甚至一年到头不停机生产，但东北、华东及中西部地区效益相对较差，许多企业开机率较低，比如西安某厂最早引进的电子加速器因长期开工不足，最终只能低价转让。

另外，即使是效益相对较好的企业，与先进国家企业的经济效益相比，差距也很大。原因是多方面的，主要有：①现有产品品种少，企业间竞争激烈，导致利润下降；②产品标准滞后，市场宣传力度不够，产品市场开拓滞后，市场占有率低。

(3) 产品的质量不过关。在电线电缆辐射加工少输电损失，而且可以节约大量的金属材料，这也意味着减少了冶炼金属附带的污染。高温超导电缆损耗低，没有环境污染，可以满足城市不断增长的电力需求，并可以最终减少电力运行成本。

在我国，全国装机总容量已突破 3.1 亿千瓦，仅次于美国，居世界第二位，以三峡工程建设和西部电力能源基地开发为标志，加上国民经济持续发展和城市化趋势演化加剧，政府竭力推进的城网、农网改造工程开展，可以预计我国未来二十年电力工业的发展速度仍保持快速增长，我国电力工业市场的存量和增量都十分庞大，给电力工业发展留有巨大的空间。

我国西南地区水能资源丰富，可开发容量达 250×10^6kW，占全国可开发容量71.2%。全国规划12个大水电基地，7个在西南。但我国工业集中在华东、华北、东北地区，因此西电东送是我国输电的基本格局。我国最大的金沙江水电基地若送电至华东、华中、华南，输电距离长达1 500～2 500 km，为了提高长距离输电的效率，采用特高压（>500kV）输电系统已是必然趋势。预计当水电站枢纽的输变电系统采用特高压下引出电能时，在出线空间更为困难的条件下，特高压电力电缆可能成为电站引出线的惟一选择。而特高压，如1 100kV下传输大容量电能（$>2\times10^6$kW）的电缆，在设计和制造中存在很多技术上的难点，国际上还没有成熟技术，我国特高压电力电缆技术完全处于空白。如果用超导电缆进行输电，电压不用升得很高，损耗和空间可以大大减小，将根本解决"西电东送"等长距离大容量送电问题。

目前远程大容量电力输送一般采用架空钢芯铝绞线或钢芯铝合金绞线，大城市的输电一般采用地下电缆，导体为铜线或铝线。使用这些传统的输电线或电缆，电能在输送过程中要损失5%～10%(京津唐电网线损率为7.79%)。损耗主要来源于导线的电阻，且与输送电流的平方成正比。也就是说，传输电流增大时，电能的损失将急剧地增大。为了减少电能在输送过程中的损失，在长距离输电时要尽量提高电压，如采用220kV或500kV超高压线路。超高压线路对输电塔的绝缘瓷瓶和对空间使用有很苛刻的要求，尤其是对线路终端附件的材料和制作技术要求更高，这些都大大地提高了超高压线路的建设成本。目前我国还不能生产超高压线路终端附件，需要进口。进口的超高压线路终端附件十分昂贵。如果使用超导电缆，其交流阻抗仅为常规电缆的十分之一，所以可以减少电网线损50%左右。北京市2001年的用电量为332.98亿度，按京津唐电网线损率为7.79%计算，每年输电损失电能为26亿度，以电价每度合人民币0.40元计算，则北京市2001年输电损失为10.4亿元。如果将输电网络改用超导电缆，仅2001年一年就可减少损失5亿元。

从长远来讲，超导电缆的应用还使长距离直流输电技术变得容易和经济。用于直流输电，超导电缆会使电网线损降低70%以上，显示出更好的经济效益。

由于超导电缆的传输电力的能力是传统常规电缆的3～5倍，所以使用超导电缆还可以节约输电系统的占地面积和空间，节省大量宝贵的土地资源，并保护了生态环境。

四、高温超导电缆的近期应用

由于目前高温超导电缆的造价还很高，高温超导电缆输电线路的初投资规模巨大，加上高温超导电缆的工业化生产能力还不高，所以高温超导电缆的大规模应用还需十年或更长的时间。但在下面几个方面高温超导电缆有可能很快显示出优势，并在近期得到应用：

(1) 城市密集居住区、摩天大厦，常规电缆容量不够，没有更大电缆的空间；

(2) 金属冶炼设备等大电流、短距离、小空间的应用中；

(3) 电站和变电站内大电流传输母线；

(4) 电力需求迅猛发展的大城市，要求的供电容量不断扩大，由于城市的拥挤和开挖成本高昂，无法扩大电缆敷设范围，借助超导电缆，可以在原有的管道内更换，使供电容量提高3～5倍。

1999年世界银行等有关机构预测，2005年市场上将出现商品化的高温超导电缆产品，2020年高温超导电缆将取代80%的城市传统地下电缆，世界市场超导电缆销售额将达300亿美元。

五、未来的电力输送系统

高温超导电缆的大规模应用必将带动超导技术应用于其他电力设备，如大电机、变压器和限流器等，这将从根本上推进电力工业的发展，深刻改变人们对电力传输的传统观念和做法，大大提高用电质量和水平，进而给整个社会带来巨大进步。下面介绍两个以高温超导电缆技术为核心的理想中的未来电力（能源）输送系统。

（一）超导直流城市供电环网

图1为超导直流城市供电环网示意图。在这个电

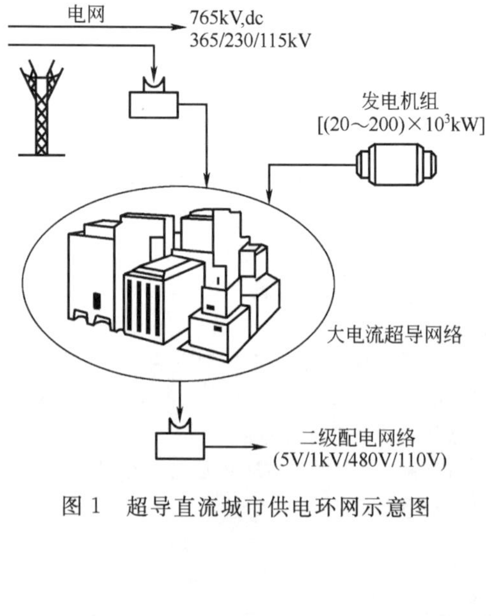

图1　超导直流城市供电环网示意图

力输送系统中，城市的电力是通过大容量、低损耗、高可靠性、安全环保的直流环路输电网来提供的，其中有超导电缆组成的大电流网络。

（二）未来社会的能源系统

2002年初，美国电力研究院的资深研究员保尔·格兰特（Paul M. Grant）提出了一个未来电力（能源）系统的设想：在这个电力（能源）系统中，电力由核电站提供，通过高温超导电缆进行输电，超导电缆的冷却介质是液化氢。这样终端用户不但可以得到清洁的电力，而且还可以在家里给以氢气为燃料的环保汽车补充燃料，当然氢气也可以作为其他用途的燃料。

理想是美好的，要实现则需要我们这代人，也许还需要几代人的不懈努力。

（广东电缆厂　张兆文）

国内外氟塑料制品的发展及应用

氟塑料以其优异的耐腐蚀、绝缘、耐温、自润滑等性能，被广泛应用与化工、机械、电子电器、航天航空、医药、建筑、军工、汽车等领域。氟塑料制品包括聚四氟乙烯制品和可融熔加工的氟塑料制品。中国氟塑料加工行业经过40年的发展，在研制、加工和应用等方面已经取得了长足的进步，拥有了较齐全的加工方法和一大批优秀的技术专家以及良好的销售体系。近年来，随着中国改革开放，特别是加入WTO以后，经济的高速发展，国外先进的生产技术、设备以及材料不断涌入，国内需求不断扩大，氟塑料制品出口量猛增，使得氟塑料的生产和加工进入了高速增长期，中国聚四氟乙烯树脂的年产量已从2001年的11 032吨增长至2003年的17 914吨，年增长速度超过20%，中国已然迈入聚四氟乙烯制品大国的行列。

一、世界氟聚合物发展现状

2001年世界氟聚合物消费达到11.2万吨，消费金额21亿美元。预计2005年至2006年年氟聚合物消费增长率为5.1%。

1. 近年中国氟聚合物供需情况

单位：吨

项目＼年份	2001年	2002年	2003年
PTFE的生产能力	12 400	16 900	28 450
PTFE产量	11 032	13 851	17 914
PTFE消耗量	10 834	13 509	17 309
FEP产量	237	328.4	413.7
PTFE树脂出口	3 308.8	3 724.9	4 916.5
PTFE树脂进口	3 109.7	3 780.6	5 044.7
PTFE制品的出口	1 957.9	2 120.1	2 330.4
PTFE制品的进口	775.2	574.5	575.3
其他氟聚合物的出口	68.1	193.8	348.5
其他氟聚合物的进口	4 758.1	3 764.3	5 245.9

2. 2001年世界主要地区氟聚合物供需情况

单位：千吨

项　目	美　国		西　欧		日　本	
	PTFE	其　他	PTFE	其　他	PTFE	其　他
年产能	26.4	45.1	24.0	11.8	15.8	20
产量	15.8	22.2	16	3.4	11.8	10.8
进口	6.8	8.3	10	7.0	2.0	0.7
出口	4.6	5.5	6	3.0	7.0	6.6
消费	18.0	25.0	20	7.4	6.8	4.9

3. 2001 年主要地区氟聚合物的消费

单位：千吨

项　目	美　国	西　欧	日　本
PTFE	18.0	20.0	6.7
FEP	10.6	1.5	0.8
PVDF	8.7	4.1	1.4
PFA/MFA	1.4	0.7	1.4
ETFE	1.4	0.5	1.3
ECTFE	1.2	0.22	—
PVF	1.4	0.2	—
CTFE-VDF	0.4	0.05	—
PCTFE	0.05	0.05	0.1
THV	0.1	—	—
其他	—	0.1	—
合　计	43.0	27.4	11.7

4. 美国氟聚合物消费市场分布（见下表）

2001 年美国可熔性氟聚合物消费　单位：%

通风电线电缆	50	膜	11
化工处理	15	建筑涂料	11
其他电线电缆	13	合　计	100

5. 西欧氟聚合物消费量

单位：千吨

年份	PTFE	PVDF	FEP	PFA/MFA	E-TFE	PVF	ECTFE	PCTFE	CTFE-VDF	其他	合计
1988 年	10.5	1.3	0.6	na	na	na	0.1	neg	na	0.7	13.2
1991 年	11.0	2.5	0.8	0.3	1.45	0.15	0.2	neg	0.05	0	15.45
1994 年	13.9	3.0	1.1	0.35	1.4	0.15	0.1	neg	neg	0.1	19.1
1997 年	18.5	3.4	1.2	0.6	1.4	0.2	0.18	0.05	0.05	0.1	24.7
2000 年	21.1	3.9	1.4	0.7	0.5	0.2	0.21	0.05	0.05	0.1	28.2
2001 年	20.0	4.1	1.5	0.7	0.5	0.2	0.22	0.05	0.05	0.1	27.4
2006 年	26.0	5.2	2.0	0.9	0.7	0.3	0.29	0.06	0.06	0.1	35.6
平均年增长率/%											
2000～2006 年	3.5	4.9	6.1	4.3	5.8	7.0	5.5	3.1	3.2	0.0	4.0

2001 年西欧 PTFE 应用领域

化工	41%	建筑	4%
机械	18.5%	生物医药	4.5%
电工	13%	厨具	1.5%
汽车	6%	其他	6.5%
电子	5%	合　计	100%

6. 日本 PTFE 消费量

单位：千吨

项　目	1997 年	1998 年	2000 年	2001 年	2001 年市场分布/%
汽车	1.25	0.77	1.31	1.17	17
半导体	1.08	0.63	1.48	1.07	16
化学工业	0.95	0.89	1.16	0.94	14
机械	0.82	0.68	0.82	0.72	11
涂料	0.5	0.44	0.5	0.48	7
纺织	0.68	0.65	0.6	0.45	7
纤维	0.45	0.47	0.5	0.48	7
电器电池	0.39	0.26	0.55	0.44	7
电线电缆	0.15	0.11	0.2	0.17	3
商用设备	0.18	0.15	0.18	0.16	2
其他	0.66	0.51	0.66	0.65	10
总　计	7.11	5.56	4.96	6.73	100

日本氟聚合物消费市场分布

单位：%

项　目	电子电器	机　械	化学制品	其他行业	总　计
1992 年	20	45	10	25	100
1995 年	27	35	12	26	100
1997 年	34	32	11	23	100
2000 年	35	29	13	23	100

7. 国内氟塑料制品分布

2003 年国内氟塑料制品消费分布

应用领域	比例/%	应用领域	比例/%
化工	33.6	航天、航空	2.4
机械	24.1	纺织	4.3
电气	22.1	其他	5.1
建筑	8.4	合　计	100

2003 年国内氟塑料制品构成

制品类型	构成比/%	制品类型	构成比/%
模压制品(管、板、棒、填充、液压制品等)	40	衬里制品	3.7
推压制品(管、棒等)	4.9	车削制品(板、膜、其他)	11.5
生料带	19.8	其他	9.5
浸渍和涂层制品	8	合　计	100

注：以上两表统计不包括可熔性氟塑料电线电缆和建筑类氟碳涂料。

二、氟塑料制品的开发与应用

(一) 聚四氟乙烯制品

1. 聚四氟乙烯制品应用领域

PTFE 为世界上用量最大的氟聚合物，2001 年占氟聚合物消费总量的 60%～65%（质量）。中国 PTFE 的用量占国内氟聚合物消费总量的 85%左右。2003 年产量达到 17 914 吨，国内消耗量（包括进口树脂）17 309 吨。

应用领域	用　　途
化工、石油	防腐、密封、过滤、耐高温
航天、航空	绝缘、密封、自润滑、防腐蚀、耐高低温
汽车、压缩机	机械密封、自润滑、耐磨、防腐蚀、绝缘
电子、半导体、医学	电线电缆、设备管道防腐、过滤、医疗器械、材料等
建筑	电线电缆、电气绝缘、防火、机械密封、自润滑、外墙装饰、屋顶材料
纺织工业	机械、耐磨防粘
食品工业	防粘涂层、机械零件、输送带等
印刷、橡胶、塑料工业	润滑剂、添加剂、防粘涂层、隔膜等

2. 聚四氟乙烯制品在国际市场上的主要用途分布

纺织纤维	28%
蓬布、建筑、织物处理、过滤器材	
化工	17%
机械	17%
汽车	11%
涂料	9%
其余（民用、航空等）	21%

3. 聚四氟乙烯制品加工工艺与分类

制品类型	分　　类
模压制品	管、板、棒、垫片、垫圈、成品、密封件
柱塞挤出制品	棒、管、异型材
推压挤出制品	棒、管、电线、生料带、膨体制品（医用材料、密封制品）、过滤产品（微孔过滤材料与织物复合制品）等
车削制品	薄板、薄膜、零件
填充制品	密封件、活塞环、机床导轨
浸渍制品	盘根、浸渍布、网格布
自动模压制品	各种机械衬套、垫圈、垫片、环、球阀座工业零件等无需后加工的制品
衬里制品	反应釜、泵、阀、管道、膨胀节
自润滑制品	铰链、轴承、钢（铜）背复合带
缠绕制品	电线电缆、管、衬里制品
纤维	过滤材料、泵衬、轴承、流体密封
涂层	用于防粘、防腐、自润滑、绝缘等民用和工业用途

4. 聚四氟乙烯制品的发展现状

聚四氟乙烯作为工业产品经过半个多世纪的发展，在国外发达国家市场已相当成熟，大多数用途早已得到广泛的应用，新的应用已变得越来越少，所以，国外现在在巩固现有市场的同时，原料供应商纷纷转入发展中国家发展。中国氟塑料从 20 世纪 60 年代开始在军工领域应用，30 年先后开发了模压、推压、等压成型；表面处理、焊接和衬里、柱塞挤出、喷涂和浸渍技术，旋转成型和橡塑复合技术，膨体成型和化学镀技术，可熔融加工的氟塑料的挤出、注射、压延、喷涂技术。

80 年代开始聚四氟乙烯在民用领域大规模推广，经过多年发展，目前国内模压板材最大可达 $(1.8\times1.8)m^2$，车削板材用模压毛坯车削可达 1.5m，用等压成型毛坯车削可达 2 米，柱塞挤出管材直径最大为 250mm，棒材直径 6～100mm，薄膜有彩色膜、定向、车削膜等，最大宽度可达 1m，最薄可达 0.02mm（600mm 宽），浸渍玻璃布最宽可达 4.2m，双向拉伸聚四氟乙烯微孔薄膜，可用于电子、制药等行业用超纯试剂过滤；它与织物复合后可制成防水透湿的服装面料和超净过滤材料，国内最宽可达 2m。填充改性制品方面，除传统的石墨，玻璃纤维等外，液晶聚合物和纳米材料改性聚四氟乙烯取得了许多可喜的成果。二次成型制品如波纹管、热收缩管等国内已有生产，二次成型制品需特殊技术和特定加工设备才能取得，技术含量高，附加值大，还有很大的开发空间。

随着中国经济的高速发展和国民生活水平的提高，国内外对聚四氟乙烯制品需求加大，国内原料生产厂的大规模扩产，原料价格下降，先进的技术和设备的引进，外资企业的不断涌入和大力开展推广应用工作，氟塑料加工行业步入了高速增长期。国内现拥有氟塑料制品加工厂近千家，以中小型企业为主，大多数产品技术含量不高，加工中低档产品。

（二）可熔融加工氟塑料制品的应用

可熔融加工的氟塑料制品包括 FEP、PVDF、ETFE、PFA、MFA、PCTFE、ECTFE 等氟树脂，2003 年国内共进口其他氟聚合物 5 399 吨，国内生产

530 吨。比 2002 年增长了 30%左右。这主要归功于汽车、电子、建筑以及军工行业的高速发展。

1. 聚全氟乙丙烯（FEP）

FEP 具有优异电绝缘性，耐热性和耐腐蚀性等，其良好的信号传送性能，不燃性和产生相对较少的可见烟雾使这种材料很受欢迎，同时它也可以通过常规的热塑性加工成型。FEP 的主要应用领域如下。

① 电线电缆。由于优异的绝缘、阻燃、耐高温等性能，使 FEP 在电线电缆上得到了广泛的应用，它不仅被应用于通风电线电缆，还用于军事导线和其他航行器、PTFE 电线外的套管材料、热探测用线、计算机后嵌板导线、同轴电缆芯和绝缘，圆形或扁平的广播频率（RF）传输线、孔埋线（downhole）和热电偶等。

1992 年，美国电器工业协会编写了通风电线的说明书，规定由于高层建筑的防火绝缘等要求，高层建筑的通风电缆必须使用 FEP 为原料的电线电缆，导致美国成为 FEP 用量最多的国家，2001 年这方面的用量为两万吨。我国虽然还没有这方面的规定，随着建筑行业的高速发展，国家对防火的要求越来越高，这方面的需求也在不断增加。2003 年 FEP 的在电线电缆方面的用量约为 2 000 吨。

由于国力有限，近年来大量洋垃圾进入中国，许多小厂将国外的废旧电线、套管等废品，剥下氟塑料部分，重新造粒后，出售给电缆厂家加工电线，现在利用再生料生产 FEP 电线电缆的企业远远多于用新料生产的企业。仅安徽无为一地，每年再生料的用量就超过 1 000 砘。由于再生料的品质差异很大，故生产出的产品在性能上根本与新料电线无法相提并论。再生料电线因其耐温等级下降不明显，且价格低廉，虽然电性能指标较低，但在国内仍有一定的销售市场。这种现象已经影响了国产 FEP 树脂的推广，如果持续下去，会改变人们对 FEP 等氟树脂性能的认识，使氟塑料线缆在大规模推广应用之初就进入了低水平竞争的行列，形成高档产品低档化，最终让用户失去使用的信心。这对行业的发展极为不利，因此规范市场势在必行。再生料市场可开发的潜力很大，但必须有严格的管理制度，相应的产品标准，对于那些有可能对国家财产造成损失、人民生命造成威胁的伪略产品应坚决杜绝在行业之外。

② 化工、半导体等行业的防腐应用。我国目前 FEP 主要应用在热交换器、泵、阀、医用等领域，用量在 200 吨左右。国外 FEP 管大量应用于半导体、纯水、汽车、医药、管道衬里等领域，FEP 热收缩管用于造纸、化二、纺织，食品和包装，化工中的配件、泵、管、阀的衬里，风箱和阀的组件等。

③ FEP 薄膜。FEP 膜具有较高的强度-质量比，优良的复合特性，目前国内生产的 FEP 薄膜主要采用吹塑工艺，最大折径 600mm，主要用于 PTFE 浸渍布等的粘接，防粘、防腐隔膜等，用量不大。

在国外除上述功能外，可制成飞机尾翼和机翼中在环氧浇筑后用的超薄薄膜，透明的 FEP 膜可以热密封、热塑、真空成型、焊接和金属处理贴覆到其他基材上。FEP 膜最大的应用领域是复合成型过程中作为可脱卸膜用于真空制袋材料，用于商业的约占 2/3，用于军事航行器、航天的约占 1/3。另外，FEP 膜包覆在聚酰亚胺膜上用于航行器电线电缆的绝缘，少部分用在轴辊防粘层、压敏带、太阳能收集器、样品袋等。

2. 聚乙烯-四氟乙烯共聚物（ETFE）

ETFE，具有突出的韧性和极好的化学、热学、光学和电学特性，应用于电线电缆、化工、建筑、农业等领域。目前，国内只有生产少量 ETFE 模压和挤出料及少量的粉末涂料，其他方面的原料仍然依靠进口。

国内 ETFE 已在电线电缆的生产中得到应用，在旋转成型、粉末喷涂等工艺中也得到了较好的应用。

国外电线电缆仍是 ETFE 最大的市场，由于 ETFE 密度小、耐辐射、加工容易等优点，主要用于航天、航空工业。还用于舰船、汽车、计算机后面板、运输机械的照明和仪器电缆、热测量线（化工用）、器具和核电厂控制室基座底端模块等。

近年来，国外 ETFE 薄膜应用已很广泛，它不仅可以作为建筑和农业用膜，还可用于汽车防风玻璃膜、防污内外包装材料、电池隔膜、粘接剂容器、食品工业的输送带、太阳能接收器、软性印刷线路板、计算机电线、医用包装用膜等。

ETFE 作为幕墙或者屋面材料是近年来开发的新的应用领域，已经在全世界 100 多项工程中得到了应用，包括：如英国 Eden 植物园。2002 世界杯主场等，ETFE 幕墙材料具有独特的视觉效果；自清洁、节能；防火性能好；寿命长等特点。2008 年北京奥运会的主体育场——鸟巢和游泳馆——水立方已确定选用 ETFE 薄膜作为屋面材料，整个用量将达到 200 吨。

日本将 ETFE 用做农业薄膜 2001 年用量达 600 吨。占当年 ETFE 总消费的 46%。ETFE 薄膜在我国面临巨大的市场机遇，除奥运场馆外，还有国内的其他体育场馆和城市景观也准备选用此材料，可以推断，由于媒体的大力宣传，会使氟塑料受到关注，在奥运会前后，ETFE 的用量将会成倍的增加。但目前我国尚无企业加工过高质量的宽幅 ETFE 薄膜，凭借奥运这以难得的机遇，希望能填补此项空白。使得氟塑料加工行业会凭借奥运的东风，向氟塑料的中高端市场挺进。

3. 聚偏氟乙烯（PVDF）

PVDF 是含氟塑料中的第二大产品，世界年产量为 2 万多吨。从 2000 年到 2006 年，美国 PVDF 消费年平均增长率约 4.2%，2006 年将达到 2 700 万磅（1 磅＝0.45 千克），最大的增长领域将出现在锂电池行业和半导体行业。

相对于 FEP、PFA，PVDF 树脂具有价格低，强度高、机械性能好、加工容易等特点，被广泛应用于建筑、化工、电子、航空航天、机械等领域。

我国 PVDF 应用最多的是在涂料和电池行业，以 PVDF 树脂为主要成分的建筑氟涂料，具有超强耐候性，主要用于铝制幕墙，1999 年中国 PVDF 铝塑板使用量约 700 万平方米，PVDF 氟碳喷涂铝板约 300～350 万平方米。PVDF 涂料国内有上海衡峰氟碳涂料公司、浙江化工研究院、上海振华造漆厂等几家企业生产销售。2000 年中国 PVDF 氟碳喷涂铝板得到快速发展，估计国内氟碳喷涂铝板约 600～700 万平方米左右，而氟碳铝塑板市场有所萎缩，PVDF 树脂国内用量约 500 吨/年左右，PVDF 涂料用量约占 1 500 吨/年左右；随着电子市场的飞速发展，PVDF 在锂电池中做胶黏剂的用量急剧增加。进口 PVDF 树脂在这方面的年用量高达几百吨。中国移动电话和笔记本电脑市场还在高速发展，预计今后几年 PVDF 的用量仍会持续增加。

在国内传统的化工行业 PVDF 的用量也相当可观。主要用于泵、阀、填料塔和型材以及防腐蚀领域里的电线电缆、接头、护套、化工管道配件等，年用量近百吨。PVDF 在抗渗透性方面优于 PTFE，它的高耐渗透性及良好的焊接性能是其作为容器内衬的优势所在。常规 PTFE 衬板很容易被介质渗透，导致粘接层破坏，从而使衬里层剥离。PTFE 焊缝稳定性差，拉伸强度明显低于母体。PVDF 可采用类似 PE 一样的自体融熔焊接方式连接，不存在强度上的问题。在渗透性上 PVDF 与 PTFE 相比，优势更明显。近年来，用织物复合的 PVDF 板与玻璃钢粘接做大型的防腐贮槽，在国内应用呈现上升的趋势。

PVDF 树脂还可以用于电线电缆的护套，工业控制电线、计算机后面板导线、电极铅线和电缆带、过滤布，填料塔、单丝、消雾器和喷嘴等，国外新的应用在开拓运输市场，如汽车输送线，有轨车和货运输送上的应用以及 PVDF 管材和管件在半导体、纯水行业也得到了广泛的应用。

4. PFA/MFA

PFA 为四氟乙烯与全氟（正）丙基乙烯基醚的共聚物，俗称可熔性聚四氟乙烯，性能与 PTFE 相似，加工性能优于 PTFE，MFA 为改性全氟烷氧基氟聚合物（含有 1%的聚氟甲基乙烯基醚），性能与 PFA 近似，只是耐温等级略低（240℃），它是苏威公司独有的产品。

PFA 在我国的应用已近 20 年，由于其价格昂贵，加工手段特殊（需要专用设备），国内用量始终有限，国内应用主要有：硅片承载器、烧杯、液体导管及热收缩管、耐高温电线以及耐腐蚀零件等，近几年，作为复印机导辊护套用量较大。PFA 的液体和粉体涂层在国内应用较广。MFA 目前国内几乎没有应用。

美国市场 80%～85%的 PFA 用于半导体行业，日本在 50%左右，主要用来制作硅片承载器、管道及其配件、半导体零件，近年随着高纯 PFA 的开发，PFA 更多的应用在高纯半导体管道，以及药物加工和纯水等领域。

PFA 还可以通过织物复合衬里板或旋转成型的方式用于大容量贮槽和高纯试剂容器的衬里，也可用在膜工业；MFA 则适合做转播线和通讯电缆的主要绝缘材料，也适合做电缆的绝缘或护套，还有传递模塑的零件和挤出管材。

国内 PFA 应用有限的主要原因是半导体行业的许多生产线都是直接从国外引进的，所用的管道和硅片承载器也一同引进，国内的需求只剩下维护补缺，再者，由于建立和维护超净化的生产车间，以及引进专业系列生产设备，投资很大，国内很少有氟塑料加工企业具备这种实力，致使国内目前还没有专业的、在市场上有一定份额的半导体用氟塑料制品生产厂家。随着国外一些加工厂家的进入，这种局面将被打破。

从中国半导体行业发展来看，也急需半导体用专业氟塑料生产厂家的出现，目前国内硅片的生产厂家已经超过 35 家，集成电路制造及元器件生产厂数千家，这些厂家 PFA 硅片承载器年用量达几万件，管道、管件、清洗槽等用品需求巨大。预计 2005 年，硅片市场的需求比目前要扩大 2～3 倍，到时，对承载、清洗等设备的需求还会增大，因此开发在半导体领域的应用，是可熔融加工氟树脂用量增长的关键所在，也是中国氟塑料加工向高档次发展的突破口。

5. 聚三氟氯乙烯（PCTFE）

聚三氟氯乙烯最突出的特性是其具有耐低温、高压、辐射等性能，气密性能优异，有较高的机械强度，能在液氧、液氢的环境中正常工作。由于价格昂贵，加工工艺特殊，国内生产和应用部门都较少，主要用于一些军工领域。制冷行业也有部分需求。为了满足一些特殊需要，国内还开发了填充聚三氟氯乙烯，即将玻璃纤维或碳纤维等填入 PCTFE，以改进其耐磨性能。

国外 PCTFE 主要用于制冷剂应用方面（超冷制冷设备）、阀（阀座、阀杆、密封）、密封材料（盖、O 形圈、V 形圈、特殊结构密封）、压缩机和泵、膜（食品和药物包装）、衬垫、轴承与普通异型件。也可用做电子元件，防化学及电工绝缘方面，在军事上各类低温发动机的密封、阀体等，因为 PCTFE 不会在受污染的放射性水的辐射影响下而降解，所以军舰上的核反应堆用 PCTFE 做成软阀座材料，这样可以把泄露和损害的威胁降到最低。

军用飞机上的生命支持系统使用 PCTFE，可以在液氧输送到飞行员头盔前，防止液氧的渗漏。

利用 PCTFE 的惰性，也可用于部分医疗器械的导管、耐辐射零件等。

6. 其他氟聚合物

除上述氟聚合物，国内用的还有 THV，四氟乙烯/六氟丙烯/偏氟乙烯的共聚物，它的主要应用是与尼龙、橡胶共挤用做汽车燃油管。

另外，国内应用较少的聚氟乙烯（PVF）、ECTFE（聚乙烯三氟一氯乙烯）、EFEP（乙烯全氟乙丙烯）、CTFE-VDF（聚三氟氯乙烯偏氟乙烯共聚物）都各具特色，有待于国人认识和应用。

三、对中国氟塑料成型加工行业发展的几点看法

近年来，中国氟塑料制品产量呈快速增长之势，预计在今后的几年内，仍将保持较高的发展速度，主要有以下几方面的原因：

① 中国经济的持续发展，不仅原有用途的用量会增大，更会有一些新的领域被开发出来；

② 由于原料厂商的不断扩产，国外原料的本地化生产，都将导致氟塑料原料价格的进一步降低，从而增加氟塑料制品的用量，开拓新用途；

③ 国家对环保的要求提高，各种环境工程的建设会加大氟塑料制品的应用；

④ 随着国产树脂质量的不断提高和制品加工工艺的改进，中国氟塑料制品在国际市场份额将逐渐增大；

⑤ 为了追求更大的利润空间，国外许多加工厂家计划进入中国，由于他们的加盟，中国氟树脂的用量将猛增，与此同时，先进的生产技术和现代化的管理体制会带动中国企业共同发展；

⑥ 由于 2008 年奥运场馆大量使用氟塑料制品，借助媒体的宣传，氟塑料制品将进一步被更多的用户所认识，在建筑、工业等领域氟塑料制品的用量将有所增加。

但与国外先进水平相比还存在较大差距，今后应加强以下几方面的工作：

① 提高氟塑料制品的科技含量，提高产品质量，在市场竞争中优胜劣汰；扩大应用领域；

② 按国际需求制订产品标准，并提高企业的产品检测水平；

③ 制造和引进先进的加工设备，扩大应用领域；

④ 企业生产要纳入标准化管理，提高全行业的管理水平；

⑤ 企业要重视售后服务，开展终端制品的研究，开发新产品，为用户排忧解难，积极发展自己的用户；

⑥ 原料厂家建立加工实验室，与加工厂家一起开发专用原料，增加产品品种；

⑦ 大力开展技术交流，努力提高从业人员的业务水平。

具体应加强开发的如下。

1. 开发自动模压技术

自动模压可以通过专用设备批量成型小制品（不需要后续加工），如环、机械衬套、垫圈、衬垫和球阀座。自动模压在发达国家已经相当普及，美国自动模压占整个 PTFE 加工的 15%。对于形状简单、规格较小的零件采用自动模压，可以保证产品精度，提高加工效率，避免二次加工带来的性能降低，节约原料。由于国内劳动力价格低廉，而一套普通的自动模压设备至少需要 40 万欧元左右，加之没有一定数量的订单，因此，国内企业不敢贸然引进该种设备，随着外资企业的向中国迁移，自动模压技术的开发只是时间问题。

2. 完善膨体 PTFE 加工技术

膨体 PTFE 加工技术是近年来我国氟塑料加工行业普遍关注、发展较快的技术，目前膨体密封带、过滤薄膜、双向拉伸服装膜已经形成一定的规模，但产品质量与国外同类产品相比还存在着一定的差距，在关键技术和设备上还有待于进一步的改进提高，膨体 PTFE 板更是今后一段时间研究的重点。

美国的 Gore 公司的膨体 PTFE 的加工技术在世界上占据着领先的位置，Gore 公司是美国最大的两家 PTFE 用户之一，除生产部分氟塑料电线电缆外，主要生产各种膨体聚四氟乙烯制品，可见发展膨体技术是开发聚四氟乙烯应用的一大重要组成部分。随着我国国民生活水平的不断提高，户外运动将会在民众中普及，防水、挡风、透气的户外运动服装服饰以及相关用具的需求量与日俱增，PTFE 与织物复合的面料是此类用品的首选。甚至被称为“世纪之布”。该面料不仅用于登山、远足、滑雪等各项户外运动，以及军队、安全消防等装备，还广泛地用于城市休闲服装。由于国产面料质量的不断提高，价格逐步降低，预计在不远的将来，这种面料将不再神秘化、贵族化，会很快走进普通百姓的家中，在中国普及起来。中国人口众多，如在部分人群中普及，就将使PTFE双向拉伸膜的市场扩大若干倍。另外，环保、工业过滤，军事、医疗方面的应用前景也相当可观。

随着现有加工技术的改进，膨体PTFE在化工、纺织、机械密封、环保等领域的应用将有一个飞跃。

3. 更新、改造和引进氟塑料加工设备

中国加入WTO后，国际交往增多，低廉的劳动力价格，使得国产工业产品在世界采购中占有一定的优势，氟塑料产品出口量也在不断提高。近年来，生料带的出口已成规模。但板、管、棒、膜等半成品的出口量增加有限；究其原因，在于国内PTFE的半成品很难满足国外高度机械化的生产要求；另外，国产模压制品存在密度不够，使用温度偏低，制品易变形、后加工过程中浪费太大等缺点。也制约了半成品的出口。由于没有自动模压设备，无法承接批量的小制品订单。与此同时，国内每年还要进口大量的制品以满足国内日益增长的需求。

现有的设备已无法完全满足用户对产品的质量和规格的要求，更新、改造设备已被行业所共识。国内现有的氟塑料加工设备大多是非标产品，一般由厂家自行设计，在一些小厂加工。由于小厂技术和加工能力有限，设备始终在低水平重复，致使成型工艺技术路线陈旧，无法生产高品质的产品。国内还没有实力较强的氟塑料设备的加工厂家。只有通过进口、合资、独资等方式将国外的先进设备引进国内，更新改造现有设备，才能迈向氟塑料制品的中高端市场。

4. 大力开发汽车领域的应用

从2002年起我国汽车工业出现了快速增长，全年生产汽车325万辆，2003年突破400万辆，汽车产量排名世界第四位。这表明国内汽车工业进入了高速增长期，在汽车产业的快速增长的拉动下形成了一个与汽车产业有关的高增长产业群，汽车产业每增值1元，会给上游产业带来2.63元的增值。塑料产业就是这个产业群之一；作为塑料王，氟塑料在汽车中的用量也将不断提高。为了提高汽车的使用寿命，延长汽车的日常维护间隔期限，汽车生产厂商越来越多的使用了氟塑料配件。据统计，国外一辆汽车中可以应用到氟塑料地方有二十几处。

2001年西欧PTFE在汽车中的消费量占该地区当年PTFE消费总量的6%，日本占17%，美国则占到了30%以上。这充分说明汽车行业对氟塑料产业的拉动。目前，虽然国产汽车氟塑料的用量还非常少，但随着用户对汽车配件要求的提高，国外厂商用国际标准生产合资汽车，氟塑料的用量将快速增加，但国内现有的加工水平较低，许多配件均不能完全满足使用要求。因此，提高国内原料品质，更新设备，完善加工工艺是开发氟塑料在汽车领域应用的必然条件。

预计到2005年，中国汽车产量507.46万辆，2010年，达到724.57万辆，届时，氟塑料的在汽车领域的用量将达到几千吨。汽车上的油门、传动系统、离合器、刹车都要用到低摩擦系数，氟塑料的润滑性保证了线缆制品不需要周期性的润滑。汽车上各种液体，包括燃油的输送软管对氟塑料的需求增长很快，燃油管线越来越注重管线材料的耐碳氢化合物和燃油替代混合物的渗透性，PTFE管和可熔性氟塑料、氟橡胶、氟硅胶特种尼龙和橡胶分享市场份额。Teleflex Automative Inc. 是全球最大的汽车用PTFE管的生产厂家。

目前，摆在企业面前的任务是，在提高产品质量的同时，积极参与主机厂联合设计，与汽车厂商一起开发新车型的配件，同时制定相应的标准，力争进入国际采购体系。

5. 开发改性聚四氟乙烯

聚四氟乙烯虽然具有许多优异的性能，但它的机械强度低，耐磨性、尺寸稳定性和热传导性差，柔软、易蠕变。这些大大的妨碍了其应用。采用物理或化学的方法在聚四氟乙烯中填充不同的材料，可以使其物理性能大幅度提高，填充制品的质量与填料及填充工艺有着密切的关系，国内的填充制品目前基本上是由企业根据订单购买填料自行混料后再加工制成的，由于许多企业没有掌握先进的混料工艺，对填料的性能缺乏了解，没有能力对产品性能进行研究改进，不能根据产品的用途制定配方，甚至为降低成本，购买低档填料等，使得填充产品质量相差甚远，即使是同一厂家的产品，也会因为产品批次不同，质量有所差异。

让每个企业都投入大量的人力和物力研究不同制品的填充工艺是不现实的，国际上解决上述问题的办法是，由某些专业的混料厂通过对产品的用途的深入研究，生产出不同用途的改性聚四氟乙烯原料供加工厂家使用。例如美国填充的PTFE粒料产品主要由位于Pennsylvania州Aston的Custom Compound公司和Chadds Ford的AG Fluoropolymers公司提供。这些企业拥有专业的混料设备，对产品的性能做了较深入的研究，原料和填料进货渠道稳定，产品分类明确，非常适合加工厂家使用。当然，混料厂的生产是根据加工厂家的订单安排的。

目前国内还没有混料厂家，随着国内外需求的加大，对改性聚四氟乙烯的质量要求也会不断提高，国内势必将出现此类厂家。今后的趋势是加工厂家根据订单要求混料厂家提供专用原料，自己利用生产设备和模具等优势生产最终产品。

国内解决此类问题的另一办法是原料生产厂建立加工实验室，与加工厂家联合开发专用原料，扩大应用领域。

6. 加强表面处理方式的研究

为解决粘接问题，氟塑料表面处理活化的方式主要有萘钠法、钠氨法、低温等离子和辐射接枝法等；早在70年代，国内就开发了萘钠法处理氟树脂表面，至今国内大部分厂家还在延续这种方法的使用，这种方法虽然简单经济，但该方法最大的缺陷是：产品表面残留物多，变色严重，如处理后不立即使用，其粘接强度会迅速下降，直接影响粘接效果；在配置、使用和销毁处理液的过程中存在着易燃易爆以及严重的污染问题。另外由于操作者的技术水平参差不齐，使得产品质量各异。

钠氨处理法是国际通用的一种方法，即将金属钠加到液态的氨中制成溶液，用其对含氟塑料表面进行活化，该方法制成的产品的粘接强度优于用萘钠法加工的，活化产品放置时间可达一年；国内除少数实验室做过少量研究外，目前还没有工业化的钠氨处理方法。主要原因是氨只有在一定的压力或负35℃以下才能以液态方式存在。因此，制造能达到环保要求的处理设备，需要相当数量的投资，这对产量有限的国内加工厂来说，难以接受。预计随着国内需求的增加，外资企业的加入，工业化的氨处理生产线一定会在国内出现。

另外，低温等离子和辐射接枝法在国内都有部分用户，如果进一步降低成本，提高处理质量，也不妨是加工厂家的一个很好的选择。

7. 扩大售后服务，拓展应用领域

对售后服务认识不足是氟塑料行业存在的普遍问题，建立用户档案，形成良好的信息反馈渠道，定期统计用户需求，及时改进产品的不足，帮助用户解决使用中的不足，开发新的应用，是每个现代化企业必不可少的。目前国内部分企业主要靠降低产品价格，或用一些不正当的手段来扩大自己的市场占有率，造成无序竞争加剧。

如果有实力的企业把单纯的销售产品变为开发产品，努力搞好终端制品的研究，用技术服务的优势稳定和逐步扩大用户群，则企业的市场份额和产品利润都将提高。由于用户对氟塑料的认知程度很低，技术人员应把制品的优点和在该领域的应用告诉用户，帮助他们解决疑难问题，同时改进自己的生产工艺，使之符合用户要求，只有这样才能不断拓展应用领域。强大的售后服务还可以促使加工行业重新洗牌，改变目前低水平的营销员满街跑，高水平的技术人员家中坐的现象。让用户真正了解高、中、低档产品的区别，逐渐淘汰不合格的生产企业。

（中国塑协氟塑料加工专业委员会　陈　生）

我国模具工业的现状与发展趋势

模具工业是制造业中的一项基础产业，是技术成果转化的基础；同时本身又是高新技术产业的重要领域。用模具生产制件所达到的高精度、高复杂程度、高一致性、高生产率和低耗能、低耗材，使模具工业在制造业中的地位越来越重要。人类的生存，社会的进步，经济的发展都与模具工业息息相关。一些国家因为模具工业的先进，带来了高科技的发达。国际模具协会专家认为“模具是金属加工业的帝王”；美国工业界认为“模具工业是美国工业的基石”；日本模具协会也认为“模具是促进社会繁荣富裕的动力”，日本模具产业年产值远远超过机床总产值；可见模具工业不愧是“百业之母”，是永不衰亡的行业。如今，世界模具工业的发展迅速超过了新兴的电子工业。

一、我国模具工业的现状

我国模具工业发展十分迅速，市场广阔，产销两旺。国民经济的高速发展对模具工业提出了越来越高的要求，也为其发展提供了巨大的动力。

2003年我国国内生产的总值比2002年增长9.1%，达到11.67万亿元人民币，进出口贸易总额8 512亿美元，比上年增长37.1%，全国财政收入达2.17万亿元人民币，比上年增长2 787亿元人民币，显示出一个大国的经济实力。

1996～2002年中国模具制造业的产值年平均增长14%左右，2003年增长15%以上，广东、江苏、浙江、山东等模具发达地区的增长在20%左右。模具行业产业结构也有了较大的改善，模具商品化程度提高了10个百分点。我国2003年模具产值为450亿元人民币左右，约折合50多亿美元，按模具总量排名，中国紧随日本、美国其后，位居世界第三；近两年，我国的模具技术有了很大的提高，生产的模具有些已接近或达到国际水平，2003年模具出口3.368亿美元，比2002年增长在33.65%。

总的来看，我国技术含量低的模具已供过于求，而技术含量较高的中、高档模具还远不能适应国民经济发展的需要，精密、复杂的冲压模具和塑料模具、轿车覆盖件模具、电子接插件等电子产品模具，这些高档模具仍有很大一部分依靠进口。近五年来，我国平均每年进口模具约 11.2 亿美元，2003 年进口总量为 13.693 亿美元，比 2002 年增长 7.65%。这还未包括随设备和生产线作为附件带进来的模具。

目前，我国约有 2 万个模具生产厂点，从业人数约 50 万人。主要集中在华南和华东，大约占了全国模具制造业产值和销售额的 2/3，每年平均增长 20% 左右。华南模具生产企业主要集中在广东省。广东全省模具生产企业总数已有 6 000 家以上，产值已超过 150 亿元人民币。华东模具生产企业主要集中在浙江、江苏、上海，有 1 万多家模具制造企业。其模具产值也超过 150 亿元人民币，其中浙江省的宁波市和台州市最为集中。山东、安徽和四川省的模具工业也发展很快，在全国占有重要地位。模具工业总产值中企业自产自用的约占 2/3，作为商品销售的约占 1/3。

我国模具工业的技术水平近年来也取得了长足的进步。目前，在大型塑料模具方面，现已能生产 8kg 双缸洗衣机连体桶、汽车保险杠和整体仪表板以及 48″彩电与 65″背投电视的塑壳模具等，模具最大质量可达 50 吨；在精密塑料模具方面，已能生产手机、照相机塑料件模具、精度可达 5μm 多型腔小模数齿轮模具及 2560 腔塑封模具等；在冲压模方面，国内已能生产步距精度与成形精度达到 2μm 的多工位级进模，工位数最多已达 160 个，寿命达到 1～2 亿次；在大型精密复杂压铸模方面，已能生产自动扶梯整体踏板及汽车后桥齿轮箱压铸模；其他类型的模具，例如新型轿车的部分覆盖件模具、子午线轮胎活络模具、铝合金和塑料门窗异型材挤出模、精铸或树脂快速成型拉延模等也都达到了较高的水平，并可替代进口模具。模具的 CAD/CAE/CAM 技术、热流道和气辅技术、快速成型技术、高速切削技术等方面，也有了很大的进步。

虽然我国模具工业取得了令人瞩目的发展，但许多方面与工业发达国家相比仍有较大的差距。主要表现在以下几个方面。

1. 模具设计和制造中高新技术的推广应用方面

精密加工设备在模具加工设备中的比重还比较低，而且没有充分得到利用。CAD/CAE/CAM 技术的普及率不高。许多先进的模具技术（如快速成型/快速制模技术）应用还不够广泛，特别在大型、精密、复杂和长寿命模具技术上存在明显的差距。

2. 模具企业的组织结构和管理水平方面

欧美工业发达国家模具企业的组织结构是规模较小，专业化。专业模具企业的员工通常只有 20～30 人，超过 100 人的企业很少见。企业各类人员的配置是少而精，一人多能，一人多职，模具制造技术精益求精。企业对模具产品进行严格定位，专业化生产。企业根据自身的技术特长和市场定位。一个专业的模具企业只设计和制造一类或几类模具，专业化率达到 60%～90%。由于专业化率高，产品定位准，设计和制造的模具产品精、质量优。

实行现代化企业管理，即计算机集成化管理。企业从生产计划、工艺制定、质量检验到入库统计等，普遍采用计算机网络管理，提高管理水平和生产流程运转水平，把企业人员减少到最少。先进的工艺管理，采用先进的工艺装备和工艺路线，确保零件精度和制造精度，使得每个制造的模具零件都能加工到位，大大减少钳工的装配工作量。标准化程度高，模具制造的标准件采用率达到 80% 以上。模具厂主要是设计加工型腔、型芯等重要零件，从市场上采购模具的标准件，进行模具的装配调试，模具生产的周期大大缩短。而国内的大多数企业忽视管理，还沿用过去作坊式管理模式。

我国的模具企业大多数是“大而全”、“小而全”的生产管理模式，往往一个企业生产的模具品种、规格比较繁杂，产品的技术含量低，加工精度较低，零件抛光和钳工修配的工作量较大，寿命短，模具生产的标准化程度低等。因此，劳动生产率较低，经济效益较差。

3. 模具工业总产值与模具企业劳动生产率方面

工业发达国家先进的模具企业，人均年产值为 15 万～20 万美元，有的达到 25 万～30 万美元。据统计我国人均只有 8.3 万元人民币（约 1 万美元）。模具企业技术人员比例低，水平也较低，不重视产品开发，在市场经济中常处于被动的地位，因而经济效益十分低，靠模具企业的经济能力，难以维持自身的技术改造、技术进步和发展，后劲不足。

二、模具工业的产业特点

模具工业是高新技术产业化的重要领域。例如，在电子产品生产中，制造集成电路的引线框架的精密级进冲模和精密集成电路塑封模；计算机的机壳、接插件和许多元器件的制造中的精密塑料模具和精密冲压模具等等，都是产品生产不可缺少的工具装备。精密模具已使模具行业成为一个与高新技术产品互为依托的产业。

现代模具工业又是技术密集型和资金密集型、高投入的装备型产业，是加工装备产业的组成部分。机械、汽车、电子通讯、家电、石化、建筑等国民经济的支柱产业都要求模具工业的发展与之相适应，为其提供生产保证。从支柱产业对模具的需求当中，也可以看到模具工业地位的重要性。由于模具产品的高技术特性，模具企业只有采用精密装备才能保证其工艺要求。用模具生产制件所表现出来的高精度、高复杂程度、高一致性、高生产率和低消耗，是其他加工制造方法所不能比拟的。中国消费结构和产业结构的加快升级，必将对先进模具制造技术和先进生产装备提出更高的要求。模具企业新增投资中加工设备的投入要占80%。据统计，全国约有40亿元以上的模具设备市场，而且每年还以20%左右的增长速度在发展。模具行业还是增值率高、增值税负较重的基础产业。据国家税务总局对1万多家工业企业流转税平均负担率的统计，模具行业比其他行业高出5.07个百分点，这与现代模具产业高投入的产业特点不协调，制约了模具工业的发展。

三、中国模具工业发展的方向

中国经济的持续高速发展，为模具工业的发展提供了广阔的空间。我国今年经济增长为7%，并要从追求高速增长转变为追求增长效益、提高质量的增长方式。为此，模具工业在今后的发展中，第一，要更加注意其产品结构的战略性调整，使结构复杂、精密度高的高档模具得到更快的发展。没有产品的需求，产品的更新换代，就没有模具行业的技术进步，也就没有模具产品的上规模，上档次。如汽车生产中90%以上的零部件，都要依靠模具成型，在珠三角和长三角，为汽车行业配套的模具产值增长达40%左右。而模具技术水平的高低，在很大程度上决定着产品的质量、效益和新产品的开发能力，也成为衡量一个国家产品制造水平高低的重要标志。第二，要积极推进中西部地区模具产业的发展，努力缩小发达地区和不发达地区的差距。中西部很多地区已经意识到模具产业的发展对制造业的重要作用。如陕西、四川、河北等模具生产企业的生产规模、技术水平都有了很大的发展。第三，要积极推进模具企业特别是国有企业的体制创新，转换经营机制，大力发展混合所有制经济，明晰产权和完善法人治理结构。充分发掘企业发展的内在动力，要积极推进中、西部工业基础较好地区的制造业大中型企业主辅分离，使其模具车间、分厂在不太长的时间里，采用多种有效实现形式，转换机制，大力发展产权明晰、独立自主经营，适应市场运作和模具生产快速反应的现代专业模具企业，培养能代表行业水平的“龙头”企业，带动地区产业链的发展。第四，用信息技术带动和提升模具工业的制造技术水平，是推动模具工业技术进步的关键环节。当前，模具加工技术的重点方向是无图化生产、单件高精度并行加工、少人化或无人化加工和贯彻只装不配少修的原则等。

模具集合了机械、电子、化学、光学、材料和信息网络等诸多技术，是一个系统工程。从设计、制造等综合技术分析将来模具的发展主要是以下几点。

1. 模具设计是决定模具开发制造能否成功的先决条件。模具设计技术，特别是模具CAD/CAE软件技术要进一步得到发展，不断提高其水平，其中包括：

(1) 模具设计资料库和知识库系统；

(2) 模具工程规划及方案设计；

(3) 模具材料和标准件的合理选用；

(4) 模具刚性、强度、流道及冷却通路的设计；

(5) 塑料成型过程的各种模拟分析，包括热传导和冷却过程、凝固及结构应力、浇注系统及模腔的压力场、温度场、速度场、剪切应变速率场和剪切应力场等，该模拟技术正在研究从双面流技术向实体流技术发展，以满足三维注塑流动模拟要求；

(6) 冲压模金属成型过程的模拟、起皱及破裂分析、应力应变和回弹分析等；

(7) 压铸模压铸件成型流动模拟、热传导及凝固分析等；

(8) 锻模锻件成型过程模拟及金属流动和充填分析等；

(9) 提高设计和分析软件的快速性、智能化和集成化水平，并强化它们的功能，以适应模具的不断发展。

2. 模具加工技术，如高速铣削（HSM），电火花加工（EDM），快速原型制造（RPM）和快速制模（RMT），超精加工、微细加工和复合加工，先进表面处理技术，复合化、自动化、智能化的模具研磨抛光，模具自动加工系统，敏捷制造，模具CAM/DNC技术及软件等要更快更好的发展和推广应用。

3. 模具CAD/CAE/CAM一体化及软件的拟人化、集成化、智能化、网络化，即应用KBE技术，开展企业信息化工程，以及虚拟技术将是今后的发展方向。

4. 发挥精密测量、高速扫描及数字化系统技术在逆向工程和并行工程中的更大作用。

5. 提高模具标准件水平及研制新型模具标准件。

6. 模具生产企业的现代化管理技术包括模具制造管理信息系统（MIS）、产品信息管理（PDM）、建立Internet平台作为企业沟通和联系的手段及模具制造电子商务系统（EC）和ERP都是模具企业中管理技术的发展方向。

7. 在塑料注射成型模具中，积极应用热流道，推广气辅或水辅注射成型，以及高压注射成型技术，满足产品的成型需要。

8. 缩短模具生产周期的各种技术。

9. 提高模具钢性能及研制新型模具材料，提高模具的可靠性。

10. 提高大型、精密、复杂与长寿命模具的设计与制造技术，逐步减少模具的进口增加模具的出口量。

11. 开发新的成型工艺与模具，以满足未来的多学科多功能综合产品开发设计技术。

在信息化带动工业化发展的今天，我国的模具设计加工和制造技术落后于国际水平，模具企业管理技术更落后于国际水平的现实必须引起我们足够的重视。在当今的信息社会中，经济全球化趋向的发展越来越快，我们应抓住这个良好的发展机遇，掌握世界模具技术的发展方向，快速提高我国模具工业水平。展望未来，我国模具工业的新时代即将到来。

（天津科技大学　吴崇峰）

国内外废弃塑料回收利用发展现状

一、中国废弃塑料行业发展现状

（一）循环塑料可为中国绿色 GDP 作出贡献

中国塑料行业的发展和繁荣不可避免地要面对使用后塑料对环境合理的处置问题，与其他材料一样，如果处理不善会给环境带来负面效应。塑料是继钢铁、木材、水泥之后的第四大材料，是农业、工业、能源、交通运输、信息产业、宇宙空间、海洋开发等国民经济各个领域中不可缺少的主要材料。塑料和钢铁是资源能够再生回收的材料，尤其是在我们这样资源紧缺、人口多的国家，循环经济和环境保护与国家的可持续发展战略息息相关，我们应学习国外对循环经济给予的重视程度，在政府的领导和协调下尽快制定塑料再生利用的综合管理体系的法规、条例，没有各级政府的推动和相关优惠政策甚至某些强制措施的配合，是不容易治理好废物利用的。到目前为止，还没有一部关于再生资源回收利用的法规、条例出台，循环经济呼之欲出。

塑料的使用不仅可以节约能源，而且对保护环境有利，易于加工，能够代替钢铁、木材等多种材料，具有其他材料不可替代的性能，在能耗和对环境的污染方面具有其他材料无可比拟的优势。因此塑料是循环材料，循环塑料可为中国绿色 GDP 做出突出的贡献。

当前，中国在经济保持连年高速增长的同时，生态环境却在恶化。上世纪中叶开始，随着环境保护运动的发展和可持续发展理念的兴起，一些经济学家和统计学家尝试将环境要素纳入国民经济核算体系，便产生了绿色 GDP。中国政府已经明确提出了绿色 GDP 概念。进入 2004 年国家统计局和国家环保总局成立了绿色 GDP 联合课题小组，正在组织力量积极进行研究和试验，开展绿色核算的一些试点工作。绿色 GDP 力求将经济增长与环境保护统一起来，综合性地反映国民经济活动的成果与代价，包括生活环境的变化。绿色 GDP 意味着观念的深刻转变，也意味着全新的发展观。

（二）国家开始重视家电产品和汽车回收体系的建立，将为塑料的回收、利用、最终处置提供指导性方案

目前，中国家用电器协会联合中国有色金属工业再生资源公司、中国塑料加工工业协会、杭州大地环保有限公司、大连普瑞得工贸有限公司、青岛海尔集团、中国家电研究院等单位共同发起设立废旧电子电器再生利用分会。目的是在相关政府部门的业务指导下，与电子电器生产、废旧电子电器再生利用、固体废弃物处理处置的企业、研发单位、相关行业协会共同努力，推动国家废旧电子电器再生利用产业的健康和快速发展。

经国务院批准，日前国家发展改革委员会确定浙江省、青岛市为国家废旧家电及电子产品回收处理体系建设试点省市。开展试点旨在建立规范的废旧家电及电子产品回收处理体系，为制定相关政策法规和标准提供经验，促进循环经济发展。

二、废旧家电中废塑料合理处置的初步分析

（一）中国废旧家电行业状况

中国已步入家用电器生产和消费大国，据国家统计局城调总局的调查资料显示，目前我国电视机社会保有量约为 3.5 亿台，洗衣机约为 1.7 亿台，电冰箱约为 1.3 亿台，电脑 1 600 万台。这些电器大多是在 20 世纪 80 年代中后期进入家庭的，预计今后几年我国将迎来一个家电更新换代的高峰。家电产品按正常的使用寿命 10～15 年计算，需报废的电视机平均每年 500 万台以上，洗衣机平均每年 500 万台，电冰箱每年约 400 万台，每年将淘汰 1 500 多万台废旧家电。由于我国尚未建立规范的废旧家用电器回收利用体系，大量家用电器超期服役和废旧家用电器任意处置的现象较为普遍，由此产生的安全隐患、能源浪费和环境污染问题越来越严重，已引起社会各界的关注。近几年电子产品和通讯器材如电脑、手机、VCD、DVD 光盘等更新换代速度加快，每年报废数

表 1　四种家电产品的塑料构成比

名称	电视机	电冰箱	洗衣机	空调器
塑料	16.1	43.3	34.7	17.5

表 2　四种家电中按塑料种类区分的构成比　　单位:%

名　称	电视机	电冰箱	洗衣机	空调器
聚丙烯(PP)	8.9	24.7	76.5	21.2
聚氯乙烯(PVC)	3.2	7.9	5.7	10.6
聚苯乙烯(PS)	84.5	26.3	6.2	31.9
AS	0	0	0	1.7
ABS	1.7	16.3	3.0	10.8
ASA	0	0	0	2.5
聚酯	0	0	2.0	3.7
玻璃纤维增强塑料	0	0	0	8.4
发泡聚氨酯	0	21.4	0	0
其他	1.7	3.4	6.6	9.2
合　计	100	100	100	100

量急剧上升，带来了类似的严重环境问题。

（二）废旧家电中塑料情况

塑料是家电产品的重要组成部分，如表 1 所示为我国四种家电产品中的塑料构成比，每年由家电产品产生的废塑料至少为 15 万吨，如果再考虑到报废电子通讯器材的废塑料量，该数字将为 20 多万吨。这些废塑料主要成分是聚丙烯（PP）、聚苯乙烯（PS）、聚氯乙烯（PVC）、ABS 等（见表 2），回收再利用价值较大，有广泛的应用。而其中的热固性塑料、发泡聚氨酯、玻璃纤维增强塑料则相对难以回收。

废旧家电回收过程中废塑料在环境上合理的处理是其重要环节之一。家电产品主要有电视机、电冰箱、洗衣机、空调以及其他一些家用、通讯电子产品，不同的家电产品中所配套的塑料种类不尽相同，同一产品中由于厂家不同所用塑料原料的种类也不同，有时塑料原料种类相同而所使用的添加剂或者配方不同，这就给塑料的准确回收造成困难。

一般地，我们只将家电产品中的塑料按原料的基本组成来分类进行回收。因此我们将家电产品中废塑料的回收工艺过程基本上描述为：家电产品→分解→塑料鉴别→分类→除杂清洗→粉碎→造粒→循环利用，而且可根据处理的具体情况来调整工序，以满足具体环境条件下的最大价值的回收效果。

下面我们给出废塑料处理工艺的一般路线图以供参考，见图 1。

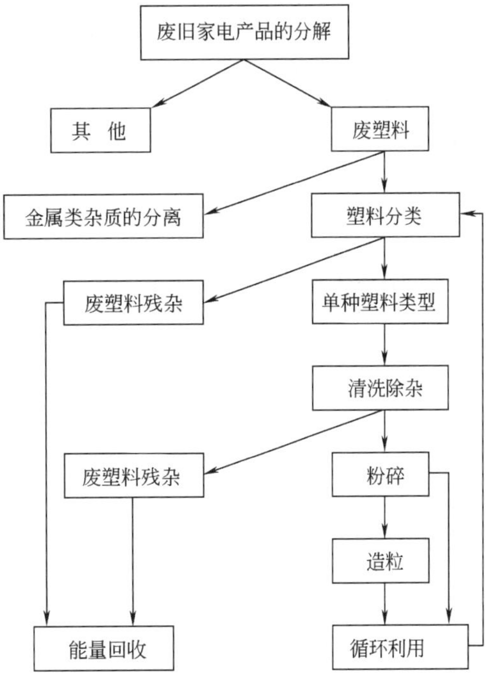

图 1　废塑料处理工艺路线图

（1）家电产品的分解　废旧家电产品中废塑料必须单独分离出来才能得到进一步回收利用。鉴于目前我国劳动力成本相对较低，手工分解废旧家电比机械式自动化分解比较容易和彻底，在塑料原料的种类被告知的情况下分类效果会更好。相对地，机械式自动化分解效率较高，但分离和分类效果不如手工分解，产生的混合废料、废杂较多，造成资源浪费和必要的能量消耗。

（2）家电产品中废塑料的分类　废塑料分类在家

电产品中分解后就直接可以通过实验识别结合检验设备进行初步的手工分类，一般地，可被认为90%以上的塑料能被分成单类。家电产品目前为集约化大规模生产，我们可根据制造家电产品的厂家提供的所用部件的塑料种类很容易鉴别并分成几大类。在粉碎、造粒之前最好分成单类塑料，这样才能够充分利用废塑料的再循环价值，而在将塑料混合粉碎后利用专用设备和仪器进行的机械式分类代价昂贵，易造成原料和能源浪费，半手工半机械式分类在一定的条件下也是可行的。

（3）废塑料的粉碎　大块的废塑料尽管可以分类成单种塑料，仍不能够直接利用，需要减少固体尺寸。首先需将废塑料切割成小块，再粗粉碎至指甲盖大小才能进入下一步工序。粉碎是废塑料再利用或造粒过程中的必要的一个环节，需要专门设备进行，不同种类的塑料需用各自专用的粉碎机，以免混合。

我国的塑料机械设备生产厂家已能够生产和开发各种使用后塑料粉碎设备，应用普遍，价格低廉。国外开发的废塑料回收利用设备主要是从废塑料的分选到粉碎、造粒甚至成型的成套设备，自动化程度较高，也有效能高、规格不等的专用粉碎机。

（4）废塑料的造粒　塑料造粒一般指挤出造粒，是将原料经过挤出机熔融挤出后得到需要尺寸的颗粒，便于后续加工。要获得高质量的再生料，需对回收塑料熔体进行熔体过滤，以清除其中的杂质。例如在挤出机上安装物料过滤装置，在挤出造粒前或成型前进行过滤。熔体的过滤装置一般采用间歇式或连续式过滤装置。间歇式过滤装置因更换滤网时需中断熔体流动，故生产效率不高。因此现在趋向于采用连续式过滤装置。废塑料的造粒从另一方面讲，由于塑料在使用寿命结束后性能降低，或在加工、使用过程中功能添加剂的损失，在二次成型加工过程中不具加工性，需添加目标产品所需的助剂，以赋予废塑料产品的某种功能。塑料造粒设备简单、自动化程度较高，能力可根据具体情况设计和选择。

（三）废塑料的合理处置原则

塑料的使用在保护人类健康和环境，保存自然资源和减少废物做出了显著的贡献。在每年石油产量中只有4%用于制造塑料，塑料的许多用途有很长的生命周期，而且使用后的塑料能经常得到回收再进行二次使用。塑料的使用意味着：

（1）在一种给定的应用中减少了材料的使用（例如在过去超过20年的时间里包装材料用量减少了近80%，由于有包装的保护很少有货物丢失；

（2）在生产中比传统方式使用更少的能量（例如塑料是以低能量密度转换的）；

（3）在运输和处理过程中消耗较少的燃料（例如塑料在汽车和包装的应用）；

（4）在制造和使用过程中产生较少的污染；

（5）产生很少的用后废塑料（例如在体积上和质量上与传统材料象金属和玻璃相比）。

1. 国际上回收和处置废塑料的一般性原则

环境无害处理在巴塞尔会议（1992）上的定义为采取所有可行的措施保证有毒废物或其他废物以保护人们健康和环境的方式管理，避免由此废物可能导致的不利影响。国际废物管理政策优先关注的废物体系就是通过再使用、再循环、再生和残质处理防止或减少废物。这种战略包括原材料回收的废物处理的综合方法。这对废塑料在识别、环境无害管理、回收和最终处置等方面提供了一般性的指导，它有目的地包含了所有聚合物及塑料类型。所有的塑料被认为是无毒的，也没有毒性标准应用。

在遵循最大限度地减少有毒废物和其他废物的产生、在环境上友好处理废弃物、减少废弃物的填埋量的处置原则，对废塑料的处置要重视机械式回收的价值。在塑料回收的地方，如果不能提供在环境上最友好的方式从废塑料中抽取价值，一种可替代的选择是使用回收原料和回收能量，以不失去回收原料的价值，而且废塑料可被安全处置而没有任何风险。从资源的利用角度出发，对废塑料的回收利用首先应考虑材料的循环，然后考虑化学循环和能量回收。

如果废塑料能按塑料类型分类，回收价值（在应用中有经济价值）是增长的，然而回收混合的塑料只有很少的用途。

塑料成分经常在第一次使用寿命结束时仍保持其不变的特性，对供应商来说回收的塑料仍有商业交易。使用寿命结束后的塑性材料必须与非塑性材料分开，明智的可取的是在二次使用之前分成单种塑料类型，这个结果与未使用过的机头料、下脚料的原料回收几乎是同样的。使用寿命结束后的塑料包装只有几种不同的材料，由于它们印有材料的类型识别标志，从而能被手工分拣，不印有该标志的某些材料可能是分离的一个限制因素。

塑料废弃物的最终处置方法，会影响到全国范围内产生的废弃物是否会对环境造成多余的威胁。塑料大多是惰性的，所以如果不回收，它们被填埋对环境和人类健康无害。塑料的焚烧，不管有无能量回收，在高温和适当地减少和消除废气、废渣的技术条件下能够有效地保护环境和人类健康。对环境无害的能量回收的焚烧相对于填埋和无能量回收来说应是优先的选择。

欧盟、日本废塑料处置情况。西欧国家对固体废弃物的管理采取一致行动，目标一体化，但也考虑各自的地理环境、人口、工业生产能力、国民的生活习惯等因素。固体废弃物管理一体化方案基于三项原则：

① 防止废弃物产生；

② 废弃物回收和再利用；

③ 不可回收废弃物的安全处理。

欧盟在《报废电子电气设备指令》中明确规定：欧盟成员国所使用电子电器设备从产品设计开始就必须考虑环保要求；报废设备与普通市政垃圾实行分开收集；按特殊处理程序处理报废设备；由生产者或第三方在单独或集中基础上建立回收系统并制定各类产品的回收率；报废产品的回收处理费用由生产者承担。

日本是亚洲塑料废弃物回收利用工作做得较好的国家之一。日本塑料废弃物的收集、分类、处理、利用都已系列化、工业化。其原因在于有健全的组织系统，有明确的目标，制定了一系列方针、政策、法规，并采取了有效的措施。

2. 废塑料技术管理原则

(1) 从源头上阻止和减少废弃物的产生　为使塑料在经济过程中能够可持续发展，在材料制备和制品设计时就要考虑对环境的影响，在体现利润的同时尽可能减少原料的耗费，使塑料对环境的影响控制到最小程度。如在塑料制品进入市场前就采用塑料的分类标志，标明塑料制品或其配套件的材料属性，便于以后回收时分类。实际上这样做就是保护了该产品的制造者和所在的行业，促使减少在该制件上的塑料原材料的使用量，对技术进步和成本降低有利。另外，材料使用采用标准化、专门化和标记化，使材料易于回收。所以为了解决循环时的困难，下列措施是应予考虑：

① 产品标准化，采用统一的材料制造相同的产品；

② 设计的产品要易于拆卸和分离；

③ 要标注材料的种类；

④ 尽量减少使用材料种类；

⑤ 采用新型的阻燃技术，如不用含卤化合物等。

由于不同塑料在不同应用时的不同寿命，产品和废品之间在数量上没有确切的直接联系。许多塑料被缩短使用期限，因此实际上得到的废弃物更多。然而塑料在生产、加工和使用过程中要产生废物，这些废物必须要能被合适地处理，以保护人类健康和环境。

(2) 授权的集中管理原则　废塑料是垃圾中是热值最高的，再利用价值也很高，如果能够使废塑料有效地达到回收再循环和环境保护的目的，回收和处置的强制性是必不可少的，因此国家的法律、法规或政府行政措施是不可缺少的因素，并且废弃物处置的各方责任要明确，加强统一管理。

废塑料的回收和处置集中化是政府支持并授权设立的废塑料回收再利用的营运机构对废塑料的综合处置并能正常运转的首要条件。建立废塑料的综合处置机制是解决废塑料对环境合理处理的有效办法。虽然我国废塑料的回收利用有较大的发展，但与世界先进水平相比还存在很大差距，有许多问题需要解决。目前绝大多数的废塑料回收利用考虑到我国劳动力便宜，废旧家电的拆解可以是劳动密集型的，这能使废旧家电在分解回收过程中的浪费减少到最低，但我们未来追求的是自动化程度较高的高效处理过程。这对其他含塑料的产品的回收同样是适用的。对于处理过程中不可避免的废塑料残杂以及不易分离和不值得回收的废塑料，建议采取能量回收的办法进行处理，最后再考虑焚烧和填埋的最终处置，或以国家相关的环境标准排放。

3. 废塑料再利用的主要途径

(1) 物理机械式回收废塑料　塑料由于它具有可重复利用的特点，其循环利用能有效地减少资源浪费和促进环境保护。西方发达国家的经验和做法值得借鉴，解决塑料发展与环境问题的成功策略是实施“三R”战略，即塑料制品的减量 (Reduce)，再使用 (Reuse) 和塑料废弃物的回收利用 (Recycle)。2002年4月19日欧洲塑料制造者协会最新发布的数据显示：2000年在所有应用领域中再循环和以其他方法回收的塑料显著增长，减少了垃圾中的废塑料处置。2000年，西欧塑料需求增长了3%，达到3 676.9万吨，但是通过机械再循环、再生原材料和能量回收的总回收量增长了11%。2000年西欧塑料消费和回收的一项分析显示：尽管塑料需求增长了，使用后废弃塑料总量仍然低于所有材料的废料总量的1%，废塑料回收的增长达到36%，已经减少了废塑料的填埋，一个最重要的因素就是减少了塑料对环境的负面影响。2000年有八个国家回收了超过50%的包装用废塑料，它们是荷兰、瑞士、丹麦、挪威、德国、瑞典、奥地利和比利时。据悉美国塑料工业协会 (SPI) 已在全美设立了6 000多个回收点，日本也有近1 000个。而在废塑料回收利用新途径上日本环境省计划在未来的8年中在全日本建150个废塑料发电站，到2010年将目前垃圾发电量提高5倍，使年垃圾发电量达400万千瓦以上，要比风力和海洋发电造价要低。另外，日本川崎钢铁公司将研究利用废塑料作为炼铁还原剂的技术，该公司计划在3年内开发出实用化的操作技术和设备。我国首钢也在这方面做了尝试。而挪威政府则把废塑料用在修建公路上，经多年使用证明，塑料公路使用期限长，能消除和减轻路基下部建筑不稳而导致的路基损坏，而且弹性好，维修起来十分方便。

从上述可以看出，由物理机械式回收废塑料是国际上通行的做法，也是资源循环利用的最佳选择，符合我国的国情和有关政策，也是我们多年来一贯坚持的做法。其基本回收工序为：废塑料→预处理→鉴别→分类→除杂清洗→粉碎→造粒→循环利用。

物理机械式回收的废塑料由于各种环境因素而导致的老化引起材料性能下降，在一些重要用途上受到限制，这是由于塑料在使用过程中大分子链断裂和其中的添加剂损失造成的，但是在将废塑料解聚后再合成高分子材料或在废塑料中加入合适的添加剂改性就与原塑料具有几乎同样的用途，仍可以获得广泛的应用。经过处理的清洁废塑料仍可小比例地加入到塑料制品制造中降低成本，而不影响该制品的质量。目前已开发出废塑料适宜的多种应用产品，如与木纤维共混可代替木材制造家具、托盘、栅栏隔板等。物理循环的二次污染是很小的，甚至是完全可以避免的。

如果开发能适合不同塑料类的分类、清洗、粉碎、造粒等专用配套设备，开发能提高废塑料回收利用过程的多种应用技术，就符合节约资源、资源再生利用和环境保护的我国 21 世纪长远发展规划目标。这同样是家电中废塑料回收利用的优先选择，符合对环境友好和资源再生的原则。

表 3　塑料识别和分离技术的概要

方　法	原　理	效果评价
沉于水中分离	重力分离	只能有效地分离 2～3 种塑料，较低的分离效果，易受填充物的干扰
漂浮	在水介质中产生空气泡沫的选择性填加物	填加必要的试剂，低效，有添加剂和填充物的干扰
使用有选择性的抑浮剂的塑料漂浮分离	PVC、PC、POM、PPE 这四种塑料使用一般的湿润剂像木质素钠磺酸盐、鞣酸、OT 湿润剂、皂角苷可以从它们的混合物中分离	纯度在 87%～90%
电子式分离	运用电荷在电场中的作用使 PVC 和 PE 从电线和电缆分离	纯度超过 90%，会受到表面涂层和污染的影响
MIR 光谱（中红外）	9 种塑料的区分：PE，PP，PVC，ABS，PC，PA，PBT，PPE，EPDM。反射光谱为 2.5～50μm，振荡群激发	对预备的大量样品有较好的塑料识别技术，非自动，需要较多时间（每次分析≥20 秒）
NIR 光谱（近红外）	分离 PET，PVC，PP，PE，PS，反射光谱为 800～2 500μm，正弦波，复合波振荡激励	对塑料包装最好的识别方法，易受填充剂（炭黑）、表面涂层、样品几何形状的影响，不能识别黑色。对聚合物和添加剂同样
诱发的激光等离子体光谱，由 NIR 光谱补充	集中一束脉冲激光对准塑料产生一高能密度的脉冲，该脉冲发出一高能等离子体能激活所有在焦点体积中的原子元素	
傅里叶转换红外线光谱（FT-IR）		可测定所有塑料，因为样品准备和测量对黑塑料需要很长的测定时间
UV-VIS 光谱	反射波 200～400μm，谐波和电子波	对聚合物识别低，添加剂（染料）对它有强的干扰，低自动化
激光光电扫描器	分离 PET，PVC，PP，PE，PS。激光等离子体原子发射光谱/热脉冲感应红外温度纪录法	自动对聚合物和杂原子混合物识别，识别水平低
X 射线荧光	用 X 射线波谱作感光方法测定元素	低聚合物、低自动化的元素识别，只在分离 PVC 和 PET 时有效
光学扫描	通常用感光法，用光电二极管或电荷耦极设备器件显示	根据透明性和颜色有助于塑料分类，但不能做聚合物化学识别
质谱测定法	热解产品的质谱测定法检测	高时间耗费（≥1 分钟）低分离效果，难于自动化
静电分离	来源于电线和电缆的 PVC 和交联 PE 的分离；来源于 PVC 和 PET 废瓶的混合碎片的分离再添加到 PVC 中	

(2) 机械式回收分类　使用后塑料必须与非塑性材料分离，更可取、更合理的是在再加工、用于二次使用之前将塑料分成单一品种的类型。除非塑料成分被清楚地标明其类型，否则需要考虑专业技术的鉴别。少量的塑料不值得分离回收，但是可用于能量回收。表3中所示的一些技术适合于塑料分离。

如果混合塑料可被分成单种塑料类，而且粉碎后是干净的，其加工方法就同塑料制品的生产是同样的。分类细化的程度越高二次使用的价值就越大，能用于价值趋向较高的商业用途。机械式回收就是从分类开始，经过破碎、除杂、清洗、再造粒、包装等达到原料回收的过程。

(3) 废塑料的鉴别　鉴别是塑料分类的基础，鉴别高分子最常用的简单方法是：

① 外观鉴别法（经验识别）；

② 溶解鉴别法；

③ 燃烧鉴别法；

④ 密度鉴别法；

⑤ 仪器分析法（在某种程度上更有效、更可靠）；

⑥ 热解试验鉴别法；

⑦ 元素鉴别法。

上述介绍的各种塑料简单的鉴别法都有其局限性，只能作为参考，实质上在鉴别塑料时应综合使用各种方法，相互借鉴。

(4) 化学循环回收利用废塑料　一些塑料的回收由于物理法有其缺陷，从经济角度上讲不合算，需要化学回收才更有价值、更科学。比如聚氨酯塑料，通过醇解、水解、碱解、氨解、热解、酸解、加氢裂解等方法回收多元醇和其他一些物质，用于合成其他聚合物。

几乎所有塑料在高温高压条件下都能被裂解小分子物质，这种方法就是原料回收的过程，属化学回收。但化学回收过程比物理回收耗费更多的能量，过程控制要复杂得多，产生的气体、液体、固体残留物需要处理得好，才不会对环境产生污染。

(5) 废塑料的能量回收　虽然一些废塑料回收对环境有益，还有许多小块的废塑料分散在其他废物中。如果不考虑经济成本，分离和清洗这种废物比回收的收益可能有更高的环境负担。回收过程中仍有不能回收的残渣。如果回收不能被证明是合理的，那么能量的再生可能是重新取得废塑料内在的资源价值的对环境友好和在经济上划算的方法。如表4所示为废塑料的热值。

通过过去10年的研究和实践，表明废塑料能够安全有效地焚烧。高温燃烧始终能从燃料中得到最大量的能量回收，并且使有毒有机化合物完全分解。当

表4　废塑料和传统燃料的能量值

燃　　料	热净值/$\times10^6$J/kg
汽油	40
煤	25
PF(废塑料)	42(参考)
PDF(纸和塑料团粒)	20
RDF(派生垃圾燃料)	15～17
MSW(城市固体垃圾)	10
木材	8

废弃物燃烧产生高压蒸汽流送给发电机，超过85%的能量被有效地回收了，低压蒸汽流用于工业，热水用于家庭取暖。

巴塞尔会议已准备了关于地面焚烧的技术指导草案。会议指出焚烧回收能量对环境的影响有4个关键因素：

① 废物焚烧的自然状态；

② 焚烧条件控制；

③ 排放气体的净化；

④ 残渣处理。

用于能量回收的含废塑料的废物有4种不同的类型，每一种都有其自己的回收价值。

一般情况下，从废弃物总回收能量是塑料循环利用较为科学和经济的方法之一，但也可能污染环境和影响人类健康（塑料的平均燃烧热按4.2～10^4kJ/kg计）。能量回收的二次污染表现在以下几个方面：

① 温室效应；

② 酸性气体、金属和粒子；

③ 毒性有机物。

塑料虽然可以在循环利用，但不能永远循环。但这并不意味着它们丧失了使用价值，目前各国普遍利用能量回收设备进行焚烧以获取能量。

4. 废塑料的最终处置　如果废塑料完全丧失了再利用价值，按垃圾的一般处理原则对待，填埋和焚烧就是它们的最后选择。在上述列出的回收方法不可能使用的地方塑料废渣被允许填埋。不回收能量的焚烧通常用来减少垃圾掩埋中废渣的体积，但焚烧炉被授权是必不可少的，并且要满足与能量回收的焚烧炉同样的环境标准。

(1) 无能量回收的焚烧　能量回收和非能量回收的焚烧炉或装置的主要区别在于废弃物能通过热蒸汽转换为电能的一种潜在能源。这两种类型的装置都符合排放标准。

同样的关键因素是很重要的（焚烧废弃物的性状、焚烧控制条件、废气的净化和废渣的处置）。

(2) 填埋　填埋实际上仍然是绝大多数国家最普遍采用的废弃物处置方法，巴塞尔会议已制订出对有一种或更多毒性特征的废弃物确立特殊工程填埋的技

术指导草案。这些指导也考虑到现有的填埋地点，要求有严格的控制和经常的补救措施。只有符合巴塞尔会议指导要求的垃圾填埋才被使用。

已经注意到填埋的有机物被生物分解会产生易燃的甲烷。用于普通塑料的聚合物是惰性的，它们不能被微生物侵蚀。因为塑料不腐烂，在填埋中被看作是一种稳定剂。

尽管塑料中的聚合物不被生物侵蚀，仍然注意到塑料中使用的添加剂被滤出进入填埋场的水中。所以对废弃物在环境上合理有效回收和处置的技术指导是很重要的，像地上焚烧的技术指导，尤其是工程填埋。

（中国塑料加工工业协会废弃塑料再生利用专业委员会　马占峰）

塑料制品标准化工作及塑料工业标准目录

一、批准发布的标准和标准项目计划

1. 国家质量监督检验检疫总局（国家标准化管理委员会）、国家发展和改革委员会2003年批准颁布的塑料制品国家标准、行业标准共27项，均为推荐性标准

序号	标准号	标准名称	代替标准号	批准日期	修订日期	实施日期
1	GB/T 10002.2—2003	给水用硬聚氯乙烯(PVC-U)管件	GB/T 10002.2—1988	1988.12.10	2003.10.20	2004.06.01
2	GB 15558.1—2003	燃气用埋地聚乙烯(PE)管道系统 第1部分:管材	GB 15558.1—1995	1995.05.02	2003.10.09	2004.06.01
3	GB/T 19275—2003	材料在特定微生物作用下潜在生物分解和崩解能力的评价		2003.08.25		2004.02.01
4	GB/T 19276.1—2003	水性培养液中材料最终需氧生物分解能力的测定　采用测定密闭呼吸计中需氧量的方法		2003.08.25		2004.02.01
5	GB/T 19276.2—2003	水性培养液中材料最终需氧生物分解能力的测定　采用测定释放的二氧化碳的方法		2003.08.25		2004.02.01
6	GB/T 19277—2003	受控堆肥条件下材料最终需氧生物分解和崩解能力的测定 采用测定释放的二氧化碳的方法		2003.08.25		2004.02.01
7	GB/T 19278—2003	热塑性塑料管材、管件及阀门通用术语及其定义		2003.08.25		2004.02.01
8	GB/T 19279—2003	聚乙烯管材 耐慢速裂纹增长锥体试验方法		2003.08.25		2004.02.01
9	GB/T 19280—2003	流体输送用热塑性塑料管材 耐快速裂纹扩展(RCP)的测定 小尺寸稳态试验(S4试验)		2003.08.25		2004.02.01
10	GB/T 19274—2003	土工合成材料 塑料土工格室		2003.08.25		2004.02.01
11	GB/T 18997.1—2003	铝塑复合压力管 铝管搭接焊式铝塑管		2003.03.07		2003.10.01
12	GB/T 18997.2—2003	铝塑复合压力管 铝管对接焊式铝塑管		2003.03.07		2003.10.01
13	GB/T 18998.1—2003	工业用氯化聚氯乙烯(PVC-C)管道系统 第1部分：总则		2003.03.07		2003.10.01
14	GB/T 18998.2—2003	工业用氯化聚氯乙烯(PVC-C)管道系统 第2部分：管材		2003.03.07		2003.10.01
15	GB/T 18998.3—2003	工业用氯化聚氯乙烯(PVC-C)管道系统 第3部分：管件		2003.03.07		2003.10.01
16	GB/T 18991—2003	冷热水系统用热塑性塑料管材和管件		2003.03.05		2003.08.01

续表

序号	标准号	标准名称	代替标准号	批准日期	修订日期	实施日期
17	GB/T 18992.1—2003	冷热水用交联聚乙烯(PE-X)管道系统 第1部分：总则		2003.03.05		2003.08.01
18	GB/T 18992.2—2003	冷热水用交联聚乙烯(PE-X)管道系统 第2部分：管材		2003.03.05		2003.08.01
19	GB/T 18993.1—2003	冷热水用氯化聚氯乙烯(PVC-C)管道系统 第1部分：总则		2003.03.05		2003.08.01
20	GB/T 18993.2—2003	冷热水用氯化聚氯乙烯(PVC-C)管道系统 第2部分：管材		2003.03.05		2003.08.01
21	GB/T 18993.3—2003	冷热水用氯化聚氯乙烯(PVC-C)管道系统 第3部分：管件		2003.03.05		2003.08.01
22	GB/T 9647—2003	热塑性塑料管材环刚度的测定	GB/T 9647—1988	1988.07.08	2003.03.05	2003.08.01
23	GB/T 6111—2003	流体输送用热塑性塑料管材耐内压试验方法	GB/T 6111—1985	1985.06.15	2003.03.05	2003.08.01
24	GB/T 8804.1—2003	热塑性塑料管材 拉伸性能测定 第1部分：试验方法总则	GB/T 8804.1—1988，GB/T 8804.2—1988	1988.02.13	2003.03.05	2003.08.01
25	GB/T 8804.2—2003	热塑性塑料管材 拉伸性能测定 第2部分：硬聚氯乙烯(PVC-U)、氯化聚氯乙烯(PVC-C)和高抗冲聚氯乙烯(PVC-HI)管材	GB/T 8804.1—1988，GB/T 8804.2—1988	1988.02.13	2003.03.05	2003.08.01
26	GB/T 8804.3—2003	热塑性塑料管材 拉伸性能测定 第3部分：聚烯烃管材	GB/T 8804.1—1988，GB/T 8804.2—1988	1988.02.13	2003.03.05	2003.08.01
27	QB/T 2591—2003	抗菌塑料—抗菌性能试验方法和抗菌效果		2003.09.13		2003.10.01

2. 2003年发布的有关塑料的卫生标准

序号	标准代号	标准名称
1	GB/T 5009.58—2003	食品包装用聚乙烯树脂卫生标准的分析方法
2	GB/T 5009.59—2003	食品包装用聚苯乙烯树脂卫生标准的分析方法
3	GB/T 5009.60—2003	食品包装用聚乙烯、聚苯乙烯、聚丙烯成型品卫生标准的分析方法
4	GB/T 5009.61—2003	食品包装用三聚氰胺成型品卫生标准的分析方法
5	GB/T 5009.67—2003	食品包装用聚氯乙烯成型品卫生标准的分析方法
6	GB/T 5009.71—2003	食品包装用聚丙烯树脂卫生标准的分析方法
7	GB/T 5009.80—2003	食品容器内壁聚四氟乙烯涂料卫生标准的分析方法
8	GB/T 5009.68—2003	食品容器内壁过氯乙烯涂料卫生标准的分析方法
9	GB/T 5009.69—2003	食品罐头内壁环氧酚醛树脂涂料卫生标准的分析方法
10	GB/T 5009.70—2003	食品容器内壁聚酰胺环氧树脂涂料卫生标准的分析方法
11	GB/T 5009.98—2003	食品容器及包装材料用不饱和聚酯树脂及其玻璃钢制品卫生标准的分析方法
12	GB/T 5009.99—2003	食品容器及包装材料用聚碳酸酯树脂卫生标准的分析方法
13	GB/T 5009.100—2003	食品包装用发泡聚苯乙烯成型品卫生标准的分析方法

续表

序号	标准代号	标准名称
14	GB/T 5009.101—2003	食品容器及包装材料用聚酯树脂及其成型品中锑的测定
15	GB/T 5009.125—2003	尼龙 6 树脂及成型品中己内酰胺的测定
16	GB/T 5009.178—2003	食品包装材料中甲醛的测定
17	GB 9685—2003	食品容器、包装材料用助剂使用卫生标准

3. 2003 年发布的有关塑料和相关材料的国家标准

序号	标准代号	标准名称
1	GB/T 17037.3—2003	塑料　热塑性塑料材料注塑试样的制备　第 3 部分：小方试片
2	GB/T 17037.4—2003	塑料　热塑性塑料材料注塑试样的制备　第 4 部分：模塑收缩率的测定
3	GB/T 2546.2—2003	塑料　聚丙烯(PP)模塑和挤出材料　第 2 部分：试样制备和性能测定
4	GB/T 18964.2—2003	塑料　抗冲击聚苯乙烯(PS-I)模塑和挤出材料　第 2 部分：试样制备和性能测定
5	GB/T 9350—2003	塑料　氯乙烯均聚和共聚树脂水萃取液 pH 值的测定
6	GB/T 12004.4—2003	聚氯乙烯增塑糊表观黏度的测定　Brookfield 试验法
7	GB/T 12000—2003	塑料暴露于湿热、水喷雾和盐雾中影响的测定
8	GB 17931—2003	瓶用聚对苯二甲酸乙二醇酯(PET)树脂
9	GB/T 10655—2003	高聚物多孔弹性材料　空气透气率的测定
10	GB/T 12825—2003	高聚物多孔弹性材料　凹入度法硬度测定
11	GB/T 14274—2003	高聚物多孔弹性材料　加速老化试验
12	GB/T 12588—2003	塑料涂覆织物　聚氯乙烯涂覆层　融合程度快速检验法
13	GB/T 18941—2003	高聚物多孔弹性材料　定负荷冲击疲劳的测定
14	GB/T 18942.1—2003	高聚物多孔弹性材料　压缩应力应变特性的测定　第 1 部分：低密度材料
15	GB/T 18942.2—2003	高聚物多孔弹性材料　压缩应力应变特性的测定　第 2 部分：高密度材料
16	GB/T 18943—2003	多孔橡胶与塑料　动态缓冲性能测定
17	GB/T 18944.1—2003	高聚物多孔弹性材料　海绵与多孔橡胶制品　第 1 部分：片材
18	GB/T 18945—2003	高聚物多孔弹性材料　恒定压力降时流量的估算方法
19	GB 13398—2003	带电作业用空心绝缘管、泡沫填充绝缘管和实心绝缘棒
20	GB 12952—2003	聚氯乙烯防水卷材
21	GB 12953—2003	氯化聚乙烯防水卷材
22	GB 18967——2003	改性沥青聚乙烯胎防水卷材
23	GB/T 11063—2003	聚酰胺片基平带

4. 2003 年发布的有关塑料制品的行业标准

序号	标准代号	标准名称	代替标准号	批准日期	修订日期	发布机构
1	NY/T 669—2003	建筑排水用再生塑料管材		2003.04.01	2003.05.15	农业部
2	YZ/T 0094.1—2003	邮件包装袋 第 1 部分：气垫膜包装袋		2003.09.01	2003.12.01	国家邮政局
3	YZ/T 0094.2—2003	邮件包装袋 第 2 部分：塑料编织布包装袋		2003.09.01	2003.12.01	国家邮政局

续表

序号	标准代号	标准名称	代替标准号	批准日期	修订日期	发布机构
4	SN/T 1259—2003	出口柔性集装袋检验规程		2003.05.28	2003.12.01	国家质量监督检验检疫总局
5	CJ/T 181—2003	给水用孔网钢带聚乙烯复合管		2003.06.03	2003.10.01	建设部
6	CJ/T 182—2003	燃气用埋地孔网钢带聚乙烯复合管		2003.07.11	2003.12.01	建设部
7	CJ/T 183—2003	钢塑复合压力管		2003.07.11	2003.12.01	建设部
8	CJ/T 184—2003	不锈钢塑料复合管		2003.07.11	2003.12.01	建设部
9	YY 0270—2003	牙科学-义齿基托聚合物	YY 0270—1995	2003.06.17	2004.01.01	国家食品药品监督管理局
10	GA/T 415—2003	锥形交通路标		2003.02.28	2003.10.01	公安部
11	SJ/T 11284—2003	通信电缆屏蔽用金属塑料复合箔		2003.06.04	2003.10.01	信息产业部
12	JG 149—2003	膨胀聚苯板薄抹灰外墙外保温系统		2003.03.17	2003.07.01	建设部
13	SY/T 4054—2003	辐射交联聚乙烯热收缩带(套)	SY/T 4054—1992	2003.03.18	2003.08.01	国家经济贸易委员会

5. 2003 年发布的有关塑料的部分地方标准

序号	标准代号	标准名称	代替标准号	批准日期	修订日期	发布机构
1	DB12/T 101.121—2003	工业产品取水定额 PVC 压延薄膜		2003.09.03	2003.09.03	天津市质量技术监督局
2	DB12/T 101.122—2003	工业产品取水定额 农业用膜		2003.09.03	2003.09.03	天津市质量技术监督局
3	DB12/T 101.123—2003	工业产品取水定额 BOPP 双向拉伸膜		2003.09.03	2003.09.03	天津市质量技术监督局
4	DB12/T 101.124—2003	工业产品取水定额 软质聚氨酯泡沫塑料		2003.09.03	2003.09.03	天津市质量技术监督局
5	DB12/T 101.125—2003	工业产品取水定额 聚苯发泡产品		2003.09.03	2003.09.03	天津市质量技术监督局
6	DB12/T 101.126—2003	工业产品取水定额 人造革		2003.09.03	2003.09.03	天津市质量技术监督局
7	DB12/T 101.127—2003	工业产品取水定额 塑料注塑		2003.09.03	2003.09.03	天津市质量技术监督局
8	DB12/T 101.135—2003	工业产品取水定额 建筑用 UPVC 给排水管材、管件		2003.09.03	2003.09.03	天津市质量技术监督局
9	DB44/T 130—2003	普通型塑料温室 试验方法		2003.05.30	2003.06.30	广东省质量技术监督局
10	DB34/T 324—2003	钢架塑料大棚技术条件		2003.04.09	2003.04.09	安徽省质量技术监督局

6. 2003年国家标准化管理委员会、国家发展和改革委员会和中国轻工业联合会共下达全国塑料制品标准化技术委员会塑料制品标准制、修订计划26项，其中国家标准20项，行业标准6项，均为推荐性标准

序号	项目编号	项目名称
1	20031606-T-607	塑料-薄膜和片材-以重量分析技术(重量分析厚度)测定试样的平均厚度和卷的平均厚度
2	20031607-T-607	小规模试验中在定义堆肥化条件下材料崩解能力的测定
3	20031608-T-607	给水用硬聚氯乙烯(PVC-U)管材
4	20031609-T-607	塑料管道系统-塑料部件-尺寸测量
5	20031610-T-607	塑料管材管件 聚乙烯(PE)管材/管材或管材/管件热熔对接试件的制备
6	20031611-T-607	聚乙烯管材和管件 热熔对接试件拉伸强度和破坏形式的测定
7	20031612-T-607	埋地排水排污用硬聚氯乙烯(PVC-U)管材管件 规范
8	20031613-T-607	PVC-U 建筑内排水管件
9	20031614-T-607	塑料管材和管件-聚乙烯(PE)鞍形三通-抗冲击试验方法
10	20031615-T-607	低压输水灌溉用薄壁硬聚氯乙烯(PVC-U)管材
11	20031616-T-607	灌溉支管用聚乙烯(PE)25管材由插入式管件引起环境应力开裂敏感性的试验方法和技术要求
12	20032674-T-607	建筑排水用硬聚氯乙烯(PVC-U)管材
13	20032675-T-607	土壤中材料最终需氧生物分解能力的测定-通过测定密闭呼吸计中需氧量或测定释放的二氧化碳的方法
14	20032676-T-607	塑料制品的标识和标志
15	20032677-T-607	降解塑料的分类、定义和术语
16	20032678-T-607	塑料管材和管件 聚乙烯系统熔融连接设备 第1部分:对熔
17	20032679-T-607	塑料管材和管件 聚乙烯系统熔融连接设备 第2部分:电熔
18	20032680-T-607	硬质泡沫塑料水蒸气透过性能的测定
19	20032681-T-607	硬质泡沫塑料易碎性的测定
20	20032682-T-607	硬质泡沫塑料在特定的载荷和温度条件下压缩蠕变试验方法
21	Q2003-047T	聚丙烯塑料中空板
22	Q2003-048T	输送流体用超高分子量聚乙烯管材
23	Q2003-049T	硬聚氯乙烯(PVC-U)双壁波纹管材
24	Q2003-050T	加筋式纤塑透水管
25	Q2003-051T	地下通信管道用多孔塑料管材
26	Q2003-052T	聚氯乙烯外墙挂板

注：第21～26项为行业标准。

7. SAC/TC48 已完成审查，待批准颁布的标准有 18 项

序号	项 目 名 称	备 注
1	聚氯乙烯(PVC-U)管材用弹性密封圈式承口接头-弯角密封试验方法	国标制定
2	聚氯乙烯(PVC-U)管材用弹性密封圈式承口接头-负压试验方法	国标制定
3	聚丁烯(PB)管材和管件 第 1 部分： 总则	国标制定
4	聚丁烯(PB)管材和管件 第 2 部分： 管材	国标制定
5	聚丁烯(PB)管材和管件 第 3 部分： 管件	国标制定
6	聚乙烯(PE)电熔组合件的制备	国标制定
7	聚乙烯(PE)电熔组合件的挤压剥离试验方法	国标制定
8	聚乙烯(PE)电熔组合件的拉伸剥离试验方法	国标制定
9	塑料管材和管件 聚乙烯(PE)鞍形旁通 抗冲击试验方法	国标制定
10	塑料管材管件 聚乙烯(PE)管材/管材或管材/管件热熔对接组件的制备	国标制定
11	聚乙烯管材和管件 热熔对接接头拉伸强度和破坏形式的测定	国标制定
12	埋地用聚乙烯(PE)结构壁管道系统 第 1 部分:聚乙烯双壁波纹管材	国标制定
13	埋地用聚乙烯(PE)结构壁管道系统 第 2 部分:聚乙烯缠绕结构壁管材	国标制定
14	给水用聚乙烯(PE)管件	国标制定
15	土工合成材料 塑料土工网	国标制定
16	塑料-薄膜和薄片-加热尺寸变化率试验方法	GB/T 12027 修订
17	门、窗用未增塑聚氯乙烯(PVC-U)型材	GB/T 8814 修订
18	超高分子量聚乙烯管材	行标制定

8. SAC/TC48 完成了塑料制品行业标准复审工作，包括 1995 年以前全部和 1999 年以前部分发布的行业标准复审工作，建议的复审结果为废止 2 项、修订 6 项（2 年内）和确认 35 项（其中 1 项为修改后确认）

序号	标 准 编 号	标 准 名 称	修改后确认
1	QB/T 1123—1991	纸-塑不织布复合包装袋	确认
2	QB/T 1126—1991	聚烯烃填充母料	确认
3	QB/T 1128—1991	单向拉伸高密度聚乙烯薄膜	确认
4	QB/T 1129—1991	塑料门窗-硬物撞击试验方法	确认
5	QB/T 1130—1991	塑料直角撕裂性能试验方法	确认
6	QB/T 1232—1991	软质聚氨酯泡沫塑料复合材料	确认
7	QB 1233—1991	钢塑复合桶	确认
8	QB/T 1256—1991	聚氯乙烯无纺布基地板革	确认
9	QB 1257—1991	软聚氯乙烯吹塑薄膜	确认

续表

序号	标准编号	标准名称	修改后确认
10	QB/T 1258—1991	铅酸蓄电池用聚氯乙烯微孔隔板	确认
11	QB/T 1259—1991	聚乙烯气垫薄膜	确认
12	QB/T 1260—1991	软聚氯乙烯复合膜	确认
13	QB/T 1434—1992	塑料挤出拉伸网	确认
14	QB/T 1648—1992	聚乙烯着色母料	确认
15	QB/T 1649—1992	聚苯乙烯泡沫塑料包装材料	确认
16	QB/T 1650—1992	硬质聚氯乙烯泡沫塑料板材	确认
17	QB/T 1651—1992	聚乙烯塑料中空板	确认
18	QB/T 1652—1992	聚氯乙烯夹芯发泡组装凉鞋	确认
19	QB/T 1653—1992	聚氯乙烯塑料凉鞋、拖鞋	确认
20	QB/T 1869—1993	高抗冲聚苯乙烯挤出板材	确认
21	QB/T 1870—1993	塑料菜板	确认
22	QB/T 1871—1993	双向拉伸尼龙(BOPA)/低密度聚乙烯(LDPE)复合膜、袋	修改后确认
23	QB/T 1956—1994	聚丙烯吹塑薄膜	确认
24	QB 1999—1994	蜜胺塑料餐具	确认
25	QB/T 2000—1994	塑料遮阳(光)网	确认
26	QB/T 2028—1994	软聚氯乙烯装饰膜	确认
27	QB/T 2029—1994	丙烯腈-丁二烯-苯乙烯/聚氯乙烯(ABS/PVC)片材	确认
28	QB/T 2081—1995	冰箱、冰柜用硬质聚氨酯泡沫塑料	确认
29	QB/T 2133—1995	室内装饰用硬聚氯乙烯(PVC-U)挤出型材	确认
30	QB/T 2188—1995	高发泡聚乙烯挤出片材	确认
31	QB 2197—1996	榨菜包装用复合膜、袋	确认
32	QB/T 2356—1998	高密度聚乙烯单丝	确认
33	QB 2357—1998	聚酯(PET)无汽饮料瓶	确认
34	QB/T 2358—1998	塑料薄膜包装袋热合强度试验方法	确认
35	QB 2388—1998	食品包装容器用聚氯乙烯粒料	确认
36	QB/T 1230—1991	聚氯乙烯尼龙布基人造革	修订
37	QB 1231—1991	液体包装用聚乙烯吹塑薄膜	修订
38	QB/T 1929—1993	给水用聚丙烯(PP)管材	修订
39	QB/T 1930—1993	给水用低密度聚乙烯(LDPE、LLDPE)管材	修订
40	QB/T 2411—1998	硬质泡沫塑料水蒸气透过性能的测定	修订
41	QB/T 2080—1995	高回弹软质聚氨酯泡沫塑料	修订
42	QB/T 1127—1991	软聚氯乙烯印花薄膜	废止
43	QB/T 1124—1991	聚氯乙烯塑料鞋底	废止

序号	标准编号	中文名称	英 文 名 称	发布部门	批准发布日期	实施日期
1	QB 1231—1991	液体包装用聚乙烯吹塑薄膜	Polyethylene blown film for liquid-packaging	轻工业部	1991.09.10	1992.04.01
2	QB 1233—1991	钢塑复合桶	Steel/plastic composite cask	轻工业部	1991.09.10	1992.04.01
3	QB 1257—1991	软聚氯乙烯吹塑薄膜	Flexible polyvinyl chloride blown film	轻工业部	1991.10.17	1992.03.01
4	QB 1868—1993	聚酯(PET)软饮料瓶	Polyester (PET) bottles for soft beverage	轻工业部	1993.10.05	1994.06.01
5	QB 1999—1994	蜜胺塑料餐具	Table ware of melamine plastic	中国轻工总会	1994.08.23	1995.05.01
6	QB 2197—1996	榨菜包装用复合膜、袋	Laminated film and package for preserved vegetable-packaging	中国轻工总会	1996.01.30	1996.09.01
7	QB 2357—1998	聚酯(PET)无汽饮料瓶	Polyester (PET) bottles for beverage without gas	中国轻工总会	1998.03.17	1998.12.01
8	QB 2388—1998	食品包装容器用聚氯乙烯粒料	Polyvinyl chloride compounds for container of foodstuff-packaging	国家轻工业局	1998.08.17	1999.05.01
9	QB 2460—1999	聚碳酸酯(PC)饮用水罐	Polycarbonate (PC) pot for drinking water	国家轻工业局	1999.10.14	2000.09.01

注：9 项标准均不会对国际贸易产生显著影响，均未采用国际标准，QB 1868 在修订中。

9. SAC/TC48 完成了塑料制品强制性行业标准是否对国际贸易产生影响和采用国际标准情况调查，涉及的标准如下

二、标准委员会会议

除了数十次标准工作组、预审和审查等会议外，召开的部分会议如下。

2003 年 4 月 19 至 20 日在北京国际会议中心召开的 2003 中国聚氨酯行业整体淘汰 ODS 国际论坛大会中，召开了聚氨酯泡沫制品标准制、修订研讨会。

2003 年 9 月 TC48/SC3 在西安召开了 SC3 核心委员单位会议。SC3 秘书处全面汇报了一年来的工作，并就财务状况进行了详细的汇报。

2003 年 9 月中召开了降解塑料标准讨论会，讨论了国家标准草案《在定义堆肥化条件下中试规模试验中塑料材料崩解程度的测定》和行业标准草案《可降解塑料片材》。

2003 年 11 月 6 日至 7 日在中国土工合成材料工程协会召开的“全国土工合成材料应用技术规范与产品质量研讨会”上，召开了土工合成材料产品标准研讨会。

2003 年 12 月 3 日～5 日在北京召开冷热水塑料管道的标准宣传、贯彻会，对相关的 18 个标准进行了宣传、贯彻。5 个重大产品标准的第一起草人在会上作了具有深度的有关对标准技术内容说明的技术报告，各个产品有代表性的企业作了有关产品特点和发展状况的技术报告。

2003 年 12 月 18 日，SC3 秘书处召开了有建设部天津华北设计院、吉林、北京燃气热力设计院、广东佛山日丰公司等单位参加的“燃气输送用塑料多层管”国际标准学习研讨会。

三、与 ISO 的对口工作和国际合作

2003 年共收到 ISO/TC138 和 ISO/TC61/SC10 及 SC11 需要表态的文件 70 份，表态 70 份，表态率为 100%。2003 年向国家标准化管理委员会请求，增设了 ISO/TC138 技术对口专用电子邮件信箱。

2003 年 3 月至 5 月，全国塑料制品标准化技术委员会派出 2 名技术人员到比利时 Becetel 实验室（比利时管道研究中心）及 ATOFINA 公司进行为期 3 个月的学术交流，内容包括塑料管材标准、试验技术、加工技术、质量管理、试验室管理等多方面。期间参加了 ISO/TC138/SC5 的工作会议，列席了 CEN/TC155 欧洲塑料管道标准化技术委员会的 2003 年年会，访问了 NOVOEN 公司等。

确定了邀请国际标准化组织塑料技术委员会（ISO/TC61）2004 年年会在中国召开。预计将有超过 200 名的外国塑料标准化专家出席为期近一周的会议，将是继 1992 年 ISO/TC61 在中国举行年会以后的又一次塑料界国际盛会。

由化工、石化、轻工、建材等行业人员组成的中国代表团参加了 2003 年 9 月底 10 月初在荷兰召开的国际标准化组织塑料技术委员会（ISO/TC61）的 2003 年年会。

中国代表出席了2003年11月11日～14日在日本崎玉县和光市召开的1st IUPAC生物基聚合物国际研讨会，约50个国家、近百名代表参加了会议。

四、其他相关工作

轻工业塑料加工应用研究所承担的国家环保总局的世界银行CFCs替代项目“PU泡沫行业相关标准修订的前期工作”（合同号：Con-F-02-TA-03）已经完成，项目为今后继续争取世界银行项目打下良好基础。项目完成了十多家相关单位的走访征询工作，完成了资料搜集工作，与计划内的各国有关标准化机构进行了沟通，完成了国内标准汇编工作，完成了国外标准汇编和翻译工作，完成了两次会商，完成了项目最终分析报告，形成了《中国聚氨酯泡沫塑料标准汇编》、《国外聚氨酯泡沫塑料标准汇编（上册）》、《国外聚氨酯泡沫塑料标准汇编（下册）》和《国外聚氨酯泡沫塑料标准汇编（译文）》，通过了验收。

为满足企业和市场对标准的需要，全国塑料制品标准化技术委员会秘书处与中国标准出版社合作于2003年8月出版了《塑料标准实用手册》，手册编入了重要和常用的塑料制品标准正文，同时还收入了一些标准编制说明，以有利于读者使用。手册分上、下两册，共计3 405千字。

由于近年来建筑用塑料产品发展很快，1997年全国塑料制品标准化中心与中国标准出版社合作出版的《建筑用塑料标准汇编》供不应求，且其中一些标准已经修订，全国塑料制品标准化中心与中国标准出版社合作于2003年11月再版了《建筑用塑料标准汇编》，除汇编了塑料管材和其他建筑用塑料标准外，还对在我国塑料管材标准化工作中积极做出贡献的委员和单位进行了宣传。汇编共计1 392千字。

（中国塑协曾家华；全国塑料制品标准化技术委员会　陈家琪、刘秋凝、赵启辉、陈　倩）

中国聚氨酯泡沫行业整体淘汰ODS计划及实施情况

（2003年年度进展报告）

中国塑料加工工业协会（以下简称塑协）于2003年11月与外经办签订合同成为2003年PU泡沫行业整体淘汰计划的国内执行机构（DIA）。在外经办的正确领导和大力支持下，塑协与泡沫组其他同志密切配合，努力工作，同时充分发挥咨询专家的作用，较好地完成了DIA应该承担的工作。

1. 2002年度淘汰项目进展综述

泡沫行业2002年度计划项目有3个：新乡鑫源化工实业有限公司等9家企业工业重组项目；成都锦江泡沫总厂等8家企业工业重组项目；浙江春晖集团有限公司等31家企业工业重组项目。三个项目合计实现CFC-11淘汰量2 352.98吨，超额完成了行业计划协议规定的2002年完成签订2 000吨CFC-11淘汰合同的任务。2002年度计划项目具体情况如下表。

序号	牵头企业名称	CFC-11消费量/吨	获得赠款总额/万美元	合同编号	合同签署时间	备注
1	新乡鑫源化工实业有限公司	636	244.16	Con-F-02-Iv-01	2002年9月2日	软泡重组项目
2	成都锦江泡沫总厂	552	216.63	Con-F-02-Iv-02	2002年8月20日	软泡重组项目
3	浙江春晖集团有限公司	1 164.98	512.59	Con-F-02-Iv-03	2002年12月27日	硬泡重组项目
	合计	2 352.98	973.38			

2002年度计划项目在2003年取得下列进展。

（1）发布总采购通告

根据世行的要求，泡沫行业计划每年涉及设备、总承包等若干采购工作，每年应在联合国商业发展论坛上发布（更新）总采购通告，公布当年采购计划，请有兴趣的供货商注意具体的招标通告。2003年是泡沫行业计划第一次发布总采购通告，发布于2003年4月30日。

（2）准备总承包商招标文件

招标文件由商务部分和技术部分两部分分别准备的。首先准备的是商务部分。由于目前世行没有标准的总承包招标文件，泡沫组和世行采购专家通过协商，决定以世行的标准招标文件《厂房和设备的供货和安装》为基础制定泡沫计划行业项目总承包招标文件。DIA起草了招标文件的初稿后，泡沫组与世行多次协商并根据世行意见进行修改；为了保证招标文件的质量，泡沫组还邀请了有关部门和专家举行了研讨会，根据各部门、专家和企业的意见进行了修改，然后报世行采购官员审查，并根据世行专家的意见进行了修改、定稿。招标文件前后共进行了十余次修改，商务部分最终版本于2003年8月8日获得世行采购专家认可。

随后，由技术专家根据经专家组评估同意的项目的可行性研究报告，并根据每个项目的不同情况，分别准备出招标文件的技术规格和图纸部分，合成完整的招标文件。

需要说明的是，在总承包招标文件获得世行采购专家认可，成都锦江项目总承包招标文件于2003年8月26日发标后，根据世行新提出的要求，我们准备了总承包商工作大纲，并报送世行审核。经过反复讨论，总承包商工作大纲最终版本于 11 月 26 日获得世行认可并同意进行发标。

（3）总承包商招标

2003 年 8 月 26 日，泡沫组首先就成都锦江泡沫总厂等 8 家企业 CFC-11 替代改造工程进行了总承包商招标。招标通告刊登在 2003 年 8 月 26 日经济日报和 sino-pu. com 上。

由于按照世行要求，后续招标需增加总承包商工作大纲，所以在工作大纲经世行认可后，浙江春晖项目的总承包招标于 2003 年 11 月 27 日刊登了招标通告。

新乡鑫源化工实业有限公司提出申请，认为该公司土建设计、施工、给排水、采暖、消防工程已竣工投入生产，剩余工作量不大，公司有能力负责项目内剩余工作的实施。要求由该公司承担应由总承包商承担的剩余工作。DIA 认为可行并已经向办领导报告了企业要求。目前，外经办正在研究该公司的要求，尚未正式回复。

2002 年度计划项目总承包发标情况如下表。

项目名称	发标日期	截标日期	购买招标文件的单位名称	
成都锦江	2003 年 8 月 26 日	2003 年 10 月 27 日	1	中国轻鑫工程有限责任公司
			2	中蓝晨光化工研究院
			3	浙江天正设计工程有限公司
			4	四川煌鑫建设集团有限公司
浙江春晖	2003 年 11 月 27 日	2004 年 2 月 2 日	1	中国轻工业建设工程总公司
			2	中国轻鑫工程有限责任公司
			3	核工业第四研究设计院
			4	中蓝晨光化工研究院

（4）组织总承包招标评标工作，准备评标报告并报外经办批准

截至目前，只有成都锦江泡沫总厂项目总承包招标的评标工作结束，该项目投标情况如下。

序号	购买招标文件的单位	投 标 价 格
1	中国轻鑫工程有限责任公司	US$1 571 856
2	中蓝晨光化工研究院	US$1 940 723
3	浙江天正设计工程有限公司	在截标日前未提交投标文件
4	四川煌鑫建设集团有限公司	在截标日前未提交投标文件

开标过程进行了公开唱标，投标人在开标记录上签字。

经三处领导同意，我们邀请了技术专家和部分主管部门人员组成了评标组。评标组对投标人提交的投标文件进行了认真评议。经评标组评议，并报办领导批准，中国轻鑫工程有限责任公司中标，中标价为：157.2 万美元。

（5）组织国际招标采购设备的技术交流，组织专家准备设备技术要求

因为 2002 年度计划项目和 2003 年度计划项目部分设备相同或相近，设备技术交流的时间重叠，所以两个年度计划项目的设备技术交流和设备技术的准备是同时进行的。按照软泡（新乡鑫源、成都锦江和南通馨源项目）和硬泡（浙江春晖、兰州华宇和绍兴维科）两个子行业分别组织技术交流。

技术交流由国内执行机构组织，由潜在的设备供货商、项目企业和国内技术专家参加。参加技术交流的潜在设备供货商如下表。

子行业		参加交流的潜在设备供货商	供货商国别	交流的设备	参加的项目企业
PU 软泡	1	Cannon Far East	意大利	箱式变压发泡设备	成都锦江、南通馨源
	2		英国	聚酯发泡生产线	新乡鑫源
	3	Albrecht Baumer GmbH	德国	环形切割机 仿形切割机	新乡鑫源、南通馨源
	4	Hennecke Maruka Asia Pte Ltd	德国	箱式变压发泡设备	成都锦江、南通馨源
	5			聚酯发泡生产线	新乡鑫源
	6	OMS group	意大利	箱式变压发泡设备 聚酯发泡生产线	成都锦江、南通馨源 新乡鑫源
	7	Beamech Group Ltd	英国	箱式变压发泡设备 聚酯发泡生产线	成都锦江、南通馨源 新乡鑫源
	8	北京福奥盟化工技术有限责任公司	中国	箱式变压发泡设备	成都锦江、南通馨源
	9	Wintech International Pty Ltd	澳大利亚	仿形切割机	新乡鑫源、成都锦江
	10	Fecken Kirfel	德国	环形切割机 仿形切割机	南通馨源 新乡鑫源

续表

子行业		参加交流的潜在设备供货商	供货商国别	交流的设备	参加的项目企业
PU硬泡	11	Krauss Maffei	德国	发泡机 非连续板材生产线	浙江春晖 绍兴维科
	12	Cannon Far East	意大利	发泡机 非连续板材生产线 连续板材生产线	浙江春晖 兰州华宇 绍兴维科
	13	OMS group	意大利	发泡机 非连续板材生产线 连续板材生产线	浙江春晖 兰州华宇 绍兴维科
	14	Hennecke Maruka Asia Pte Ltd	德国	发泡机 非连续板材生产线 连续板材生产线	浙江春晖 兰州华宇 绍兴维科
	15	PUMA	意大利	连续板材生产线	浙江春晖、绍兴维科
	16	SAIP	意大利	发泡机 非连续板材生产线 连续板材生产线	浙江春晖 兰州华宇 绍兴维科
	17	SHS	德国	连续板材生产线	浙江春晖、绍兴维科
	18	GAMMA Meccanica	意大利	连续板材生产线	浙江春晖、绍兴维科
	19	Gusmer	美国	发泡机	兰州华宇、绍兴维科
	20	武汉轻工机械厂	中国	发泡机 非连续板材生产线	兰州华宇 绍兴维科
	21	镇江二轻机械厂	中国	连续空调板生产线	兰州华宇 绍兴维科
	22	RIM	新加坡	发泡机 非连续板材生产线	兰州华宇 绍兴维科

在充分技术交流、分析比较各个供货商设备的优缺点的基础上，由技术专家起草设备技术要求。所有设备技术要求均经过项目企业的签字认可。然后，设备技术要求交采购代理，由采购代理与商务部分一起，合成招标文件报世行采购专家审核同意后，采用国际竞争性招标方法招标选择设备的供货商。现在这些设备的招标工作已经结束。从评标情况看，招标文件的质量较好。

（6）提交世行满意的移民报告和环评报告

项目企业能够理解建设项目需要提交环评报告，但是对于提交移民报告存在认识和管理体制等方面的问题。根据世行的要求，提交移民报告的前提是项目用地必须获得国家有关部门的审批同意，而这在国家工业用地政策审批日趋严格的情况下，变得比较困难。成都项目因为当初选址迟迟不能获得当地审批同意，被迫变更项目选址。有些地方有关部门认为对农民的补偿是政府的事情，不愿意提供详细信息；企业也认为按照规定向政府缴纳了有关费用，补偿是政府的事情。针对这些问题，我们在工作中首先做到尽可能详细的了解世行对于移民报告和环评报告的要求，帮助企业调整思路，按照世行要求能尽快准备移民报告和环评报告，以便推进项目的设施。对于企业提交的报告，我们做到首先查看有关内容，认为基本可以满足世行要求后提交给世行。这种方式取得了比较好的效果。其中成都锦江项目的环评报告获得世行的表扬。2002年度项目移民报告和环评报告获得世行认可时间如下表。

序号	项目名称	移民报告通过时间	环评报告通过时间
1	新乡鑫源化工实业有限公司	2003年6月18日	2003年6月17日
2	成都锦江泡沫总厂	2003年6月18日	2003年10月22日
3	浙江春晖集团有限公司	2003年10月17日	2003年9月29日

（7）制订使用CFC设备销毁办法，监督使用CFC设备销毁工作

2003年非典期间，我们根据当年有多个项目将销毁使用CFC设备的情况，及时制订了设备销毁办法下发各项目企业试行，办法对设备销毁的方法、参加人员、监督机制、证据取得和保存等做了较详细的规定。

2003年，3个2002年度计划项目均进行了CFC设备销毁工作，具体销毁情况如下页表。

项目名称		销毁设备单位名称	数　量	时　　间
新乡鑫源项目	1	偃师海绵工业公司	1套	2003年5月19日
	2	商丘市海绵厂	1套	2003年5月24日
	3	宜阳县金菊实业总公司	1套	2003年5月20日
	4	武陟县福利海绵厂	1套	2003年5月25日
		小计	4套	
成都锦江项目	1	成都金牛区前进塑料泡沫厂	1套	2003年1月22日
	2	成都多彩聚氨酯工业有限公司	1套	2003年1月22日
		小计	2套	
浙江春晖项目	1	嵊州市春联制冷机厂	3台	2003年6月19日
	2	上虞市天宇冷藏设备厂	4台	2003年6月19日
	3	上虞市东南制冷设备厂	3台	2003年6月19日
	4	余姚市牟山镇兴盛通风制冷设备厂	3台	2003年6月19日
	5	浙江商业机械厂	3台	2003年6月19日
	6	杭州东南制冷设备厂	3台	2003年6月19日
	7	上虞市冷冻设备厂	4台	2003年6月19日
	8	绍兴市制冷设备厂有限公司	8台	2003年6月19日
	9	上海市闵行冰箱厂	4台	2003年6月19日
	10	上海市亮伦冷机设备有限公司	3台	2003年6月19日
	11	上虞市沥东优龙五金配件厂	3台	2003年6月19日
		小　　计	44台	

项目名称	已销毁数量	未销毁数量	已销毁设备企业数量	未销毁设备企业数量	达到合同规定的销毁任务	监督机构
新乡鑫源	8套	0	8	0	是	公证
成都锦江	4套	4	4	4	是	公证、环保
浙江春晖	44台		11	20	是	公证

截至目前，2002年度项目设备销毁进度如上表。

国内执行机构受泡沫工作组委托，在每个项目开始设备销毁时指导具体销毁工作。设备销毁后，各项目单位按照要求提交了设备销毁报告。

（8）督办已销毁设备企业的营业执照缴销和下岗工作培训工作

根据项目可行性研究报告的要求，项目企业使用CFC设备销毁后，应缴销或变更营业执照，对下岗工人进行再就业培训。截至目前，2002年度计划项目营业执照缴销和下岗工人培训工作进展如右表。

项目名称	应缴销或变更营业执照企业数量	已缴销或变更营业执照企业数量	2003年培训下岗工人数量	累计培训下岗工人数量
新乡鑫源	8	8	90	180
成都锦江	尚未提交相关报告			
浙江春晖				

（9）督促项目企业缴纳按照淘汰合同应该支付的款项、押金等，根据企业申请提请外经办向项目企业支付项目资金

根据淘汰合同的规定，项目企业应将环评、质检等费用（押金），设备销毁保证金（押金），符合资助范围但超出赠款额度的配套资金（配套资金，企业自建工程用资金除外）存入外经办指定账户。在合同实际执行过程中，项目企业对于这项工作存在等、拖等现象。经过我们多次做工作，并提请外经办发文各项目单位催办，目前各项目企业资金已经基本按照合同要求到位。

项目名称	环评质检等押金/万元	缴纳日期	设备销毁保证金/万元	缴纳日期	配套资金/万元	缴纳日期
新乡鑫源	20.9	2003年10月23日，付10.45 2004年1月13日，付10.45	—		—	
成都锦江	20.9	2004年1月	87	2004年1月	—	
浙江春晖	30	2004年1月	59.7	2004年1月	300.9	2004年1月

同时，根据淘汰合同规定，国内执行机构负责审核项目单位提出的付款申请，并提请外经办支付相关款项。2003年、2002年度项目支付情况如下表。

项目名称	收款单位	付款事由	付款金额	付款时间
新乡鑫源	新乡鑫源	土建回补资金、下岗工人再就业培训费用、搬迁费用、清理费用	13万美元	2003年5月6日
	新乡鑫源	土建回补资金、下岗工人再就业培训费用、搬迁费用、清理费用	13万美元	2003年8月28日

2. 技援项目进展综述

2002年技援项目共9个，其中有4个是通过招标选择合同单位，这4个项目的招标都于2002年8～11月先后完成，2003年泡沫组的主要工作是监督合同实施及根据合同支付相应的项目款。

2002年9个技援项目的进展如下表。

由泡沫工作组直接实施的技援项目有5个。

① MIS设备的采购工作。这个项目从2003年三月开始计划实施。DIA的工作主要是提出设备要求提交外经办采购处进行采购，并配合采购处向项目单位支付。采购的电脑等设备于2003年4月6日送到环保局，在采购处的配合帮助下，全部设备顺利验收安装。

序号	技援名称	实施单位	项目状态
1	MIS硬件设备的采购	外经办	已完成
2	替代技术考察	外经办	已完成
3	泡沫行业淘汰ODS行动网站	外经办	已完成
4	咨询服务	外经办	专家合同已签，资金支付未完成
5	PU泡沫标准的修订	轻工业塑料加工应用研究所	已完成
6	IOC研究	北大环境学院	已完成
7	培训	外经办	已完成
8	PU泡沫行业淘汰ODS国际论坛	外经办	已完成，准备支付
9	全水发泡技术研究	江苏省化工研究所	已完成，准备支付

② SINO-PU网站的建设和管理。泡沫行业淘汰ODS网站的建立成为了宣传泡沫行业淘汰行动的有力宣传工具，在行业计划的推广，宣传上网站发挥了重要作用。泡沫组聘用三名专家负责网站的建设和日常维护及信息更新。专家包括专职技术人员一名、兼职记者一名及兼职行业专家一名。网站的内容主要是发布与淘汰ODS有关的各种新闻，保护臭氧层的知识及泡沫行业计划的进展，与项目进展有关的各种会议等。到2003年12月31日为止，三名专家都根据合同按时按量完成了工作，保证了网站的正常运作，使它真正地为泡沫行业淘汰ODS服务。

③ PU论坛的准备工作。这个会议的筹备泡沫组是通过招标选择会务承办单位，并向他们提供相关的会议要求和配合工作。论坛期间又组织了3个小型的分组会。这次会议世行专家主要向企业代表讲述了大家普遍关心的移民和土地问题，并就企业在办理移民土地等问题中遇到的问题与大家做了深入的交流。

④ 培训会。2002年行业计划共计划召开培训会议三次，其中已于2002年在深圳召开一次。泡沫组根据项目申请情况，计划在大连召开第二次培训会议。这次会议主要的培训对象是新申请项目的企业。会议也邀请了6个老项目企业参加。DIA参加了会议，与企业探讨了项目进展中的问题。会议取得了圆满成功。2003年12月23～26日，本年度计划的最后一个培训会议在北京延庆召开。这次会议主要是讨论项目企业的项目实施进展，主要是设备和总包商招标等。会上DIA向企业做了如何编写可研、环评、

移民、设备销毁报告的培训。老项目企业还向与会的其他企业介绍了环评，土地移民等方面的经验。

2003年，国内执行机构在外经办领导的关心和支持下、在泡沫工作组其他同志的密切配合下，经过一年努力工作，使2002年度项目有了一定程度的进展。但由于一些原因，2002年度计划下的三个项目仍然存在着不同程度的滞后，完成情况欠佳，主要是项目总承包和设备采购均推迟了三个季度。究其原因主要为以下几点。

①“非典”影响。由于北京4～6月份受“非典”的影响，使DIA在这段时间无法正常工作，因而导致工作拖延。

② 2002年度的拖延。由于一些原因致使项目在2002年已造成一定程度的拖延，拖延的原因DIA已在2002年度报告中报告，顺延至2003年，致使项目执行整体拖后。

③ 准备总承包商招标文件。DIA、外经办和世行就总承包文件进行了多次讨论，招标文件前后共进行了十余次修改，商务部分最终版本于2003年8月8日最终获得世行采购专家认可。这使得总承包招标延误了一些时间。

④ 准备总承包商工作大纲。在总承包招标文件获得世行采购专家认可、成都锦江项目总承包招标文件发标后，世行提出要求DIA准备总承包商工作大纲，并报送世行审核。经过反复讨论，总承包商工作大纲最终版本于11月26日获得世行认可并同意进行发标，因而使浙江春晖项目的总承包商招标工作于11月27日才能开始进行。

（中国塑料加工工业协会聚氨酯制品专业委员会　傅永彬）

各地区塑料工业

北　京　市

【基本情况】

在2004年举行的北京市第十二届人大二次会议上，王岐山作政府工作报告时提出，加快振兴现代制造业，支持汽车、微电子、光机电一体化、生物工程和新医药等产业发展，尽快形成多支柱的制造业集群。代表们讨论中提出了发展以精细化工、高分子材料及工程塑料为主的适合首都经济发展的制造业集群。

在国企改革座谈会上有关代表提出四点意见：一是以优势企业为龙头，发展以精细化工、高分子材料及工程塑料为主的适合首都经济发展的制造业集群。虽然2003年以汽车制造为代表的现代制造业异军突起，高新技术产业稳步回升，工业成为拉动经济增长的重要力量，对经济增长的贡献率达到33.2%，但一款汽车的生命力只有三四年，需要不断更新换代。而且从全国来看，汽车企业数目多，小而散，参与国际竞争的能力差。因此应建立以精细化工、高分子材料及工程塑料为主的适合首都经济可持续发展的产业链。二是发展高科技产业要重视协调发展。IT产业在全球范围内正以50%的速度下滑，中国去年增长速度已经减缓，因此北京中关村高科技产业的发展要重视这种趋势。三是加强对危险化学品的交易监管，建立专门的交易市场。目前北京危险化学品交易市场已经在筹划中，届时所有剧毒、易燃、易爆的危险性化学品都将在这里统一交易。四是建议在北京建立北方塑料加工基地。北方有很多的塑料初级原料生产企业，加工却要拿到南方做，运输及加工都有诸多不便。

北京工业促进局提出，应加快石油化工下游产品的研发生产，从而形成本地工业的产业链，推进经济结构调整。特别应优先发展技术含量高、污染少的新型材料工业。20世纪80年代以前一直处于国内领先地位的北京市塑料加工业，近十年的发展步履艰难，明显落后于全国的发展步伐。当前北京市塑料工业的发展应有进有退，加快原材料优势与塑料加工业结合的步伐，并鼓励民企发展，这对于北京市塑料加工业的发展至关重要。

北京市的塑料制品加工业起步于20世纪50年代，近年的发展，“两头大中间小”。“两头大”，即燕化作为北京市最大、最重要的塑料原材料基地，年产量超过100万吨；北京又是一个巨大的塑料制品消费市场，每年无论是日常消费、工农业应用还是建设工程都需要大量的塑料制品。“中间小”是指北京市塑料加工业的衰落。其主要原因是过去主要的塑料制品加工企业都是国有和大集体性质，体制束缚和包袱沉重，使企业竞争力普遍薄弱。另外，本地企业多是劳动密集型企业或是为劳动密集型企业配套的企业（如人造革企业就为制鞋和制箱包业配套）。由于不容许大量使用外来民工，本地劳动力费用太高，劳动密集型企业逐步走向衰落，也导致塑料制品加工业的不景气，大部分原料只能在外地加工成产品再返销北京市场。

按照北京市的发展思路，结合首都经济政治中心的定位，北京塑料加工业的发展必须做到有进有退。其中，劳动密集型的塑料制品和为劳动密集型企业配套的塑料制品要逐步退出市区，中小企业劳动密集型企业可以进驻郊区。重点发展适合首都需要的技术含量高、附加值高的产品，如为信息产业、汽车制造、生物医药等高新技术产业配套的塑料制品和各种工程塑料的精密注塑件。

另外，发展适合就地供应的产品也很关键，包括塑料管材管件、保温隔热材料（泡沫塑料）等。此外，还有部分包装用塑料制品如中空制品等也适合就地供应。北京在这方面比较强的只有北泡集团的建筑用保温隔热材料。在塑料管材和型材方面，目前除北新建塑外，虽有多家生产，但还没有形成优势品牌。

本地的原材料优势不能与塑料加工业很好地结合，是北京塑料加工业的一大瓶颈。燕化是重要的塑料原材料基地，但对于燕化来说，由于没有石油资源再扩大规模已经不大可能。2003年6月，北京市委书记刘淇一行专程到燕化，听取了公司建设“北京石油化工新材料工业园区”的设想，对燕化的发展极为关注。因此，燕化可以借鉴国外的做法，在该工业园内与本市的塑料加工企业紧密合作。国际上已有一些石化企业投资于塑料制品业的先例，如欧洲著名的塑料管材管件企业派来福的资本50%来自原材料集团苏威，中国台湾的塑料制品企业“南亚”就属于“台塑”。因此，除燕化之外，有些化工企业也可以利用搬迁转产塑料制品。

塑料制品业竞争十分激烈，投资相对较低。实践证明，体制灵活的民营企业最适合此领域。因此，北京塑料制品业在考虑现有国企改造和改制的同时，将更注重鼓励和扶植民营企业的发展，包括吸引外地民营企业进京办厂。

北京塑料工业协会最新的调查结果表明，北京正成为包括塑料管道、建筑保温隔热用塑料、建筑用塑料型材及土工合成材料等建筑用塑料最有发展潜力的市场。

为筹备2008年奥运会，今后5年，北京城市基础设施总投资将达2 400亿元，建筑安装总产值将达5 000亿元，从而为建筑用塑料开辟了一个巨大的市场，使塑料管道在北京建筑内给水、建筑内排水、外给水、外排水、燃气用管、线缆护套管、农业用管及工业用管等八个领域的应用都将有空前发展。

建筑内给水领域由于地板采暖有扩大趋势，预计今后几年交联聚乙烯管应用将有较快增长。建筑内排水领域的最新动向是聚乙烯管道系统开始进入高档建筑工程，特别是用于虹吸式屋面排水系统和达到节水要求的同层排水系统。在建筑外给水领域，北京正计划建设的“中水管网”是推广聚乙烯管的绝好机遇。而且根据规划，塑料埋地排水管的市场也将非常可观。另外，北京早已开始在繁华市区和旅游风景区，将架空线缆都改造为埋地铺设的“三线入地”，最近又宣布要在2008年前实现四环路以内全部线缆入地，因此包括高、低压电力线缆和电话线、光缆等通讯线缆的护套塑料管也会有一个较大的市场。

另外，由于北京在建筑节能方面领先于全国，目前聚苯乙烯泡沫塑料EPS板和XPS板、聚氨酯泡沫塑料及聚乙烯泡沫塑料等三种保温隔热用塑料的用量也将逐渐扩大。其中，因国内生产的XPS板逐步替代了价格昂贵的进口XPS板，预计其应用会有较快增长；而且随着我国建筑层次的提高，聚氨酯泡沫塑料尤其是阻燃耐高温的聚异氰脲酸酯泡沫塑料的应用也将得到进一步推广。在建筑用塑料型材方面，最近北京的建筑开发部门正探索开发应用非门窗型材，如采用聚氯乙烯外墙挂板做外墙外保温的围护，可望开拓出规模不小的非门窗型材的市场。

北京市塑料工业协会已向市经委递交报告要求由政府出面成立塑料工业园区，目前北京市有关部门已有回应，初步确定在房山区建立一个工业区，用优惠政策吸引外地和国外的企业入驻。最近很多外地企业到京投资建厂，塑料管材管件领域已经进京的外地企业如福建亚通、上海哈威、广东龙发等实力较强的民营企业集团，它们不仅可以带来先进的技术、设备，还能吸纳富余劳动力，不失为令北京塑料制品加工业快速发展的捷径。另外还有一些国际著名塑料管道企业正在国内调查建立生产企业的可行性。

据分析，目前，北京塑料制品加工业发展的停滞和下降趋势已经到了谷底，今后将开始呈现回升态势。预测2010年，北京塑料制品总用量将达30万吨(其中塑料制品业15万吨)，塑料制品业销售收入将达100亿元。因此，预计北京建筑用塑料将先发展起来，为高新技术配套的塑料制品也将紧随其后。如果措施得当，北京塑料制品业将在10年内有长足发展。

【重点企业】

1. 北新建材（集团）有限公司（以下称北新集团）

始建于1979年，是国家投资兴建的最大的新型建材研发、生产、经营基地。20多年来公司伴随着我国改革开放迅速成长，目前，公司拥有轻质墙体材料、保温吸音材料、卫浴产品、厨房用品、墙饰材料、建筑塑料制品及门窗五金件、钢结构工厂化房屋、铺地材料、采暖系统、环保系统等十大系列近百种产品，成为国家520户重点企业之一。作为国务院百户试点企业，公司独家发起设立了北新集团建材股份有限公司（以下称北新建材），于1997年6月在深交所上市。北新集团与上市公司北新建材还共同设立了北新房屋、北新物流等行业龙头企业，使北新集团成为集新型建材、新型房屋、物流配送和新材料“四位一体”的大型产业群。

北新集团是一个不断创新的成长型企业，它拥有国家级技术中心和博士后辅导站，常年与国际上多家大型建材企业进行广泛技术交流和合作。2000年经北京市政府批准，北新集团所属北京西三旗基地正式命名为“中关村科技园区北新材料园”，触角伸向高科技领域。

1998年，北新集团生产的建筑轻钢结构系列产品和多功能金属复合板系列产品的质量体系同时通过ISO 9002认证；1999年，新产品矿棉吸声板、建塑型材和塑钢门窗质量体系也通过认证；2000年，北新集团德龙牌纸面石膏板分别通过了欧共体EC认证。同年，北新集团荣获“全国质量效益型先进企业”称号，并获得“全国质量管理小组活动优秀企业”。

2001年7月，北新集团推出的龙牌纳米漆、龙牌塑料管件管材、龙牌矿棉吸声板等绿色环保产品，通过中国环境标志产品认证委员会评审，北新集团因此成为全国首家“双绿色之星”企业。“双绿色之星”是指获得ISO 14001认证和环保产品标志双认证。这标志着北新建材产品已达到环保型、高科技的水平，可以满足奥运场馆建设的需求。

北新集团目前产品包括轻质墙体材料、保温吸音材料、卫浴产品、厨房用品、墙饰材料、建筑塑料制品及门窗五金件、钢结构工厂化房屋、铺地材料、采暖系统、环保系统等十大系列产品。

2. 北京华盾塑料有限责任公司

北京华盾塑料有限责任公司位于北京市丰台区南四环、京开立交桥畔，占地约60亩，厂房建筑面积25 000平方米，固定资产超亿元，年销售额两个多亿，职工500余人，技术力量雄厚，为“中国农用塑料应用技术学会农用制品分会”理事长单位，是国家经贸委认定的塑料制品重点生产企业之一。

该公司始建于1965年，为全民所有制国家二级企业，从事塑料制品加工达三十余年。企业1984年被原国家轻工部指定为农膜定点生产企业，农膜产品（主要是功能膜）多次获部、市级优质产品称号。1998年公司开发的高保温无滴长寿系列棚膜获北京市科技进步奖；1999 年初被国家经贸委列为土工膜重点生产企业；1999 年 9 月通过 ISO 9001 质量体系认证。

该公司拥有国家级专家 3 名，高级技术职称人员 8 人，中级技术职称人员 30 余人，其他专业技术人员 120 余人，占全厂职工总数的 25%以上，其中中青年专业技术人员占 70%以上。

该公司拥有完善的市场信息、市场销售系统，产品销往全国 27 省、直辖市及俄罗斯、日本、东南亚、美国等国家和地区。企业塑料制品加工能力近 2 万吨，其中“华盾”牌系列农膜为公司主导产品，地膜 1989 年获原国家轻工部优质产品奖；农膜 1989 年获取国家质量银奖；无滴膜 1994 年获国家级新产品奖；农膜 1994 年至今年为北京市名牌产品和北京市好产品，其中功能膜 20 余年来产销量一直居全国同行业之首。“盾”牌塑料中空容器系列 1～1 250L 是公司支柱产品，在市场上久享实誉。公司还生产多种塑料包装膜和包装袋及特种膜，建筑防水膜、护板膜、工业铸造膜、气球膜等。

1999 年新开发的千升系列 820L、1 000L、1 250L 塑料集装桶为我国储运多种液体（含Ⅱ、Ⅲ类危险品）的市场短缺产品；吹塑平托盘是工厂、仓库、码头、车站等以塑代木的急缺用品；生产直径最宽可达 20 米的超宽幅农膜和产品幅宽 3～12 米、厚 0.2～2 毫米的聚乙烯防渗土工膜，用于水库、引排水工程、堤坝、公路路基、隧道及污水处理、垃圾掩埋场等；一机双用吹塑生产线是目前亚洲最大的设备，其产品市场极为广阔。

目前公司控股的企业：北京华盾隆塑包装制品有限公司，北京华盾盛塑容器制品有限公司，北京九通功能膜技术开发有限公司，北京华盾劳动服务公司。

主要产品有“华盾”牌农膜，地膜系列、流滴系列、高保系列、专用膜系列、长寿膜、工厂化用膜、高光能农膜；“华盾”牌土工防渗膜；大型中空制品，200L 桶、单面托盘、集装桶、双面托盘；小型中空制品，10L 桶、22L 方桶、25L 扁桶、50L 方桶、50L 厂口（大口）、50L 广口、场馆坐椅、导风罩、环保型垃圾桶、六棱桶（20～30）、异型工具箱、油脂桶；彩印包装制品，高档护板膜、聚乙烯热收缩膜、三层复合缠绕拉伸膜、铸造膜。

3. 北京北泡塑料集团公司

北京北泡塑料集团公司组建于 2000 年，前身为北京泡沫塑料厂（始建于 1964 年），生产泡沫塑料制品已有近 40 年的历史，是国有大型二类企业，亦是我国生产泡沫塑料制品品种最全、规模最大的企业之一。集团公司总部位于北京南三环东铁匠营桥南，与方庄小区隔路相望，主要生产基地位于通州区张家湾工业区、通州区梨园镇刘老公庄。

经过多年的产业结构及产品调整，北泡塑料集团公司已发展成为一个以塑料建材为主的企业集团。主要产品有：软质聚氨酯泡沫塑料、聚苯乙烯泡沫塑料、聚乙烯泡沫塑料、气垫膜、注射制品、聚苯乙烯泡沫夹芯板及系列产品、轻钢结构。软质聚氨酯泡沫塑料曾获国家银质奖，聚苯乙烯泡沫塑料曾获全国评比第一名，聚苯乙烯泡沫夹芯板荣获“新型环保节能夹芯板质量可靠称号”。

集团公司目前已拥有独资经营企业 7 家、控股公司 6 家，参股公司 3 家、第三产业 16 家，集团所属国家划拨土地近 80 亩，注册资金 2.40 亿元。现有职工 1 829 人，各类工程技术人员 284 人，中级以上技术职称 65 人。2002 年末资产总额 2.668 亿元。

集团所属轻钢有限公司，1987 年从澳大利亚引进聚苯乙烯泡沫塑料夹芯板生产线，在此基础上又研制开发了相关系列产品；1998 年引进钢结构生产线，年生产能力为 6 000 吨；1998 年通过 ISO 9000 标准质量体系认证，实现设计、生产、销售、安装四位一体。2002 年 4 月被评为“重合同、守信用”单位称号。下属星月公司 2002 年引进聚氨酯发泡生产线，质量体系认证工作正在进行中。

下属企业：北京市北泡轻钢建材有限公司，北京市亚大塑胶总公司，北京星月泡沫塑料有限责任公司，北泡集团泡沫塑料厂，北京舒乐舍板有限公司，北京梨花塑料制品有限公司，北京凯丰新型材料有限公司，北京康迪塑胶建材有限责任公司，北京首佳塑胶有限公司，北京北泡塑料集团公司星月机械厂，集团公司三产。

主要产品有彩色钢板金属幕墙板，网状泡沫，EPE 片材，PVC 压延薄膜品种，SRC 外墙外保温系统，PVC-U 复合发炮管材。

4. 北京绿源塑料联合公司

北京绿源塑料联合公司是于 1994 年 1 月由北京雪花电器集团公司与水利部中国灌排技术开发公司共同合资创立的企业，是主要从事新型微灌器材的研制生产及推广应用的专业厂家。公司成立至今，历经股东三个阶段的投入，已经形成了年产 1 400 吨微灌器材的能力，固定资产 4 000 万元，成为国内微灌行业的龙头企业。

绿源公司现有职工 93 名，具有大专以上学历的职工占正式职工总数的 33%，具有中专学历的职工占 30%。绿源公司的员工队伍具有年轻的特点，30 岁以下的员工占全体员工的 54%。绿源公司经过 6 年的发展，先后在新疆、山东、东北、甘肃、浙江、云南一带设立了办事处。

绿源公司自成立以来，先后承担了“八五”国家重点攻关项目“新型微灌器材的研究开发”、北京市“农用微灌塑料器材”研制等项目，取得了丰厚的成果，获得了北京市优质新产品一等奖，产品被列为国家级新产品，其“新型微灌器材的研究开发”项目被列入了北京市重大科技成果推广计划。在第五届亚洲及太平洋国际贸易博览会上，绿源公司的产品获得金奖。

主要产品有内镶式滴灌，管上式滴灌，微喷头，过滤系统，施肥设备，管材，管件，新型内镶式滴灌管，地埋式喷头，小管流出。

【协会工作】

北京塑料工业协会（英文缩写为 BPIA）是北京地区塑料业的行业组织。成立于 1987 年。会员有塑料业各种经济体制的生产和加工、原料和辅料、设备和模具、经营和销售、科研和开发、检测和监管的企业与事业单位。目前有会员近百个，并和全国塑料业、国外塑料业有广泛联系。

在新体制、新形势下如何发挥协会的作用，北京塑料工业协会一直在努力探索。

根据塑料行业蓬勃发展的需要和协会会员的意见，我们确定了“面向市场和服务企业”的宗旨，尽力为行业的发展做些实事，做些企业需要又难以自己做好的事，做些帮助企业和企业、企业和用户、企业和事业、企业和政府间沟通和合作的工作。

1. 市场调研引导行业发展

塑料业是新材料产业，在全球范围都在不断发展，在经济日益繁荣的中国更是迅猛增长的向阳产业。其特点是市场的用量和领域在逐年扩张，技术进步的步伐非常快，产品结构和产业结构变化很大。协会要服务行业必须面向市场把握发展方向才能发挥引导和推动的作用。近年来北京塑料工业协会不断开展对于塑料业市场前景和发展动向的调查研究，努力帮助企业确定投资建设和创新开发的方向。

塑料业范围极宽，我们协会力量有限，不可能全面调查，近年集中精力在目前投资最热、发展最快的建筑用塑料领域。通过调查研究我们预测塑料管道系统、塑料型材产品、建筑保温用泡沫塑料和土工合成材料都面临很好的发展机遇，但企业要抓住机遇必须在产品结构、技术路线和投资方案上正确决策。近年北京塑料工业协会先后发表的调研报告和提供的咨询指导获得业内普遍的好评，一些发展预测和判断被实际发展所证实。所以不断有国内外企业来协会咨询或委托调查。例如，2003 年又接受某企业集团委托，完成了调研报告：“中国塑料管业发展分析报告”。每年协会召开的信息分布都会有全国很多大企业赶来参加，2003 年 12 月协会和国家化学建筑材料测试中心、燕山石油化工股份有限公司树脂应用研究所联合组织的交流有关塑料管信息的发布会就受到业内广泛重视，除北京会员外还有从广东、四川、浙江等各地大企业来的领导和专家共有 300 多人到会。

2003 年发表了《国内外建筑内冷热水用塑料管道系统发展概况》、《国内外塑料护套管发展概况》两个调研报告。为推动我国聚乙烯管道系统的发展，2003 年协会还组织翻译编印了美国塑料管协会的《聚乙烯管道手册》，给我国塑料企业提供了一份有用的参考资料。北京塑料工业协会在建筑用塑料领域内的调研工作也得到了主管化学建材推广的建设部的认可，2003 年建设部成立专家委员会，我协会张玉川理事长被聘为“建设部新型建材制品应用技术专家委员会”专家。

2. 信息交流提供技术服务

在进入全球经济的今天，信息是资源，是财富。我们协会没有什么资金，也没有任何权力，惟一能够向企业提供为企业服务的就是信息。目前协会的主要工作就是一方面通过调查和交流广泛收集各种市场供需的、经济环境的和技术发展的国内外信息，认真加以分析、翻译、判断和整理，另一方面再通过各种渠道和方式，尽快把有价值的信息传递到需要的企业去。

北京塑料工业协会办的月刊《塑料信息》已经办了 10 多年，在业内有一定影响。2003 年继续出版，全年共 12 期，刊载了 460 条信息，发行了 6 000 册。为了加快反映速度和扩大阅读面，决定从 2004 年将《塑料信息》改为电子版，直接刊登在我们协会的网站上，并且已经自 2003 年第四季度试行。

同时协会几位专家经常在各种专业会议上发表报告，到各地企业去讲课或咨询。为了利用现代化信息技术和协会会员，政府有关部门和国内外各方面建立更密切快捷的联系，协会在 2003 年 11 月建立了北京塑料工业协会网站，网站域名为 www.bpia.cn。在网站上协会发布了很多的技术信息和资料，受到广泛欢迎，网页的访问量增加很快。目前每天有不少电话和邮件来联系，大部分是咨询性的。

协会大部分信息服务是免费的，对于每个来询问的都尽量热情帮助。因为我们从服务中可以收集到更多的信息，建立起更广的联系，形成信息收集和传输的良性循环。

3. 推广应用帮助开拓市场

建筑用塑料和其他领域不同，能否大发展取决于应用技术的推广、标准规范的完善和获得广大用户的认可。为了把我国建筑用塑料的潜在需求转变为现实的巨大市场，让塑料业抓住历史机遇更迅速地发展起来，使中国不仅成为塑料大国，而且成为塑料强国。近年协会为推广建筑用塑料做了很大努力。如积极推动和参与有关标准规范的制定，帮助生产企业开展推广应用的宣传和培训等。

为了保护水资源，治理水污染，北京和全国一样需要建设大量的排水管网。塑料埋地排水管具有密封可靠、耐腐蚀、耐磨损、方便铺设等优点，是应该大力推广使用的新型建材。近年国内已经能够大量生产塑料埋地排水管，但是应用推广严重落后。我协会积极配合标准委员会、建设部等各有关方面做了大量的服务工作，例如，为推动相关标准规范的制定，协会进行了收集和翻译国际先进标准、组织企业进行测试、并直接参加有关标准和规范的制定和审查等工作。经过近三年努力，目前市场急需的聚乙烯埋地排水管的国家级标准和规范 2003 年内通过了审查报批，预计在 2004 年可以发布实施。同时我们积极争取政府主管部门的理解和支持，一再建议北京市要和上海、天津等地一样明令限制和淘汰泄漏严重，污染环境和危害健康的平口混凝土排水管，更有力地贯彻国家推广化学建材的产业政策。经过多次报送有关资料和论证会，终于在北京市建设委员会和北京市规划委员会的“京建材［2004］16 号文件”中“关于公布第四批禁止和限制使用建材产品目录的通知”中列入了在住宅小区和市政管网支线用的埋地排水工程中限制使用平口混凝土排水管和刚性接口灰口铸铁管的规定。这一文件肯定会推动北京地区采用技术先进的塑料埋地排水管，协会所做的努力一方面是为了维护本行业的正当利益，争取有利本行业发展的环境，另一方面也是为了贯彻国家的产业政策，保护北京市的环境和卫生。目前我们正积极参与北京市有关地方标准和规范和“北京市建设工程材料使用发展导向意见”的起草工作。

4. 重点帮助和招商引资

协会还应部分会员的要求提供重点的帮助。

燕山石化集团的我们协会中最大的企业，通过燕化树脂应用研究所一直在密切合作。例如，根据我们协会的市场调查和建议，2002 年起燕化决定开发埋地排水管的专用聚乙烯料。协会从提供标准要求和国外有关技术资料，联系管材厂合作试用，到广泛宣讲使用专用料的好处，进行了全面的合作。成果是燕化的聚乙烯埋地排水管专用料目前已经开发成功并在各地很多埋地排水管企业中被采用，2003 年销售已经几千吨，2004 年专用料可能过万吨。下一步协助开发聚丙烯专用料的工作已经在进展。

为了推动北京地区塑料加工业的发展，克服北京塑料制品市场用量大、原料生产多但是加工业确比较薄弱的产业结构问题，我们协会一直在推动外地著名塑料企业到北京来投资建厂。对于已经来建厂或者建办事处的外地企业协会都主动地进行联系和尽量给以帮助。例如，以生产硅芯管领先全国的上海哈威公司从 2001 年就委托我们调查来北京投资建厂的可行性。该公司经过反复研究后 2002 年决定接受我们建议来北京投资建设用引进先进设备生产国际水平塑料埋地排水管的企业，一期投资就近一亿。在建厂到投产后的全过程中，我们协会都提供了各种帮助，包括协助租赁厂房场地、聘请管理和技术人员、协调和地方各方面的关系、沟通和北京设计、使用和管理部门的渠道等。目前哈威北京工程材料有限公司已经建成并投产，产品已经在北京的污水处理工程中使用。

我们在行业联系中了解到有不少国内外塑料企业有意向到北京来投资建厂和设立营销或开发机构，但同时也有许多顾虑。协会多次建议北京市政府考虑建立新材料开发区或采取其他专项招商引资措施，吸引国内外大塑料企业来京投资，一方面可以促进北京地区塑料制品业的发展和提高，为北京制造业的发展配套，为北京建设工程服务，另一方面可以增加就业岗位。

北京塑料工业协会虽然已经有 17 年历史，如何在新体制、新形势下发挥协会的作用还在努力探索中。我们将继续努力，真诚地欢迎批评和指教。

（北京市塑料工业协会　张玉川）

天　津　市

【基本情况】

2003 年末，天津市共有塑料制品加工企业 811 家，从业人员 47 115 人，销售收入 76.43 亿元。其中规模以上（年销售收入 500 万元以上）企业 216 家，占总数的 24.52%，从业人员 32 297 人，占总数的 68.55%，销售收入 69.52 亿元，占总数的 90.96%。

按经济类型划分，811 家企业中，国有企业 41 家，占 5.12%；集体企业 242 家，占 29.84%；股份有限公司 11 家，占 1.36%；外资企业 66 家，占 8.14%；港澳台投资及合资、合作企业 86 家，占 10.6%；私营企业 140 家，占 17.26%（其中私营独资 106 家）；股份合作企业 18 家，占 2.22%；其他有限责任公司 191 家，占 23.55%（其中私营有限责任公司 119 家）；其他 16 家，占 1.97%。

【企业经营】

2003 年，天津市塑料制品加工工业规模以上企业完成塑料制品产量 235 559 吨，在全国 31 个省市中居中等水平。

2003年天津塑料制品产量及重点品种完成情况

塑料制品及品种	2003年完成产量/吨	同比增加/%	在全国位次	占全国总量/%
塑料制品总计	235 559	20.9	14	3.16
塑料薄膜	75 043	11.8	11	2.30
农膜	14 691	5.50	17	1.81
塑料板片材	7 832	－26.3	15	0.87
塑料棒管材	8 443	20.7	19	0.44
塑料丝及编织品	18 914	38.8	17	1.43
塑料人造革	799	7.60	16	0.14
泡沫塑料	11 157	2.6	10	1.30
包装箱及容器	21 466	13.3	12	2.96
日用塑料制品	11 662	315.2	12	0.70
塑料鞋	1 310	－60.1	8	0.61
其他塑料制品	78 932	32.00	9	1.86

【重点企业】

按现有统计资料，2003年有以下16户企业销售收入超过亿元（按销售收入实现值位次排列）：

日新天津塑胶有限公司

亚光耐普罗精密注塑天津有限公司

天津市塑料集团有限公司

天津舜丰钢铁有限公司

天津乐金新型建材有限公司

天津中富瓶胚有限公司

天津津港塑料制品有限公司

天津实发-紫江包装有限公司

绿点（天津）塑胶有限公司

天津万华股份有限公司

天津顺昌塑料制品有限公司

天津阳光塑料有限公司

奥利亚国际瓶盖系统天津有限公司

雷盛德奎实业（天津）有限公司

富裕注塑制模（天津）有限公司

欣阳塑胶工业（天津）有限公司

上述16户企业共实现销售收入30.29亿元，占全部企业的39.63%，占规模以上企业的43.57%。

天津塑料集团在天津市塑料制品加工业中仍具重要地位，2003年完成塑料制品产量47 881.19吨，同比增长10.47%，占天津地区总产量的20.33%；其中塑料包装材料约占集团总量的45%，农用塑料约占集团总量的29%，塑料板片材约占集团总量的8%，如下表所示。

天津塑料集团2003年塑料制品完成情况

产品及重点品种	2003年完成产量/吨	同比增加/%	占天津市总量/%
塑料制品总计	47 881.19	10.47	20.33
塑料薄膜	36 692.38	15.41	48.89
农膜	13 869.32	15.13	94.4
塑料板片材	3 779.29	－4.95	48.25
塑料棒管材	948.5	32.09	11.23
塑料丝及编织品	911.03	12.07	4.82
塑料人造革	798.4	17.31	99.92
泡沫塑料	2 444.35	－7.68	21.91
包装箱及容器	749.42	－46.13	3.49
日用塑料制品	250.52	11.47	2.15
其他塑料制品	1 307.3	17.16	1.66

2003年6月份以来，天津塑料集团按照天津市市政府要求，在对国内外市场进行调研的基础上，制定了产业发展规划及新一轮嫁改调方案，并开展广泛的招商引资工作，重组资源，调整结构，加大投入，构造优势，建设专业园区，探索集群经营，进而不断推进天津市塑料制品工业的发展。

【特点和问题】

据现有资料分析，天津塑料工业呈现以下特点：

1. 企业经济类型以集体企业居多，其次为私营企业、港澳台独资、合资、合作和外资企业，股份制企业相对偏少；

2. 企业规模较小，规模以上企业仅占总数的24.52%，而销售收入过亿元的企业仅16家，无销售收入10亿元以上的企业；

3. 企业分布区域以郊县居多，位于9个郊县（区）的企业共456户，占总数的56.23%；

4. 多数企业为近十年来新成立的企业，1994～2003年，共成立企业540户，占全部企业的66.58%，其中2000年以来成立的企业共258户，占全部企业的31.81%；

5. 近年来发展较好（塑料制品产量由2000年的15.4万吨，2003年增至23.56万吨，增长了53%），但总体经营规模占全国总量比例偏低，缺乏规模和优势。

天津市塑料工业发展中反映的问题，主要是集约度差，企业分散于各个行业，缺乏统筹发展规划及资源的合理组合，从而不易形成优势。

（天津市塑料集团有限公司　杜国田）

山　西　省

【大事记】

1. 2003年1月～12月　出版《山西塑协通讯》

2003年度出版《山西塑协通讯》六期，发行了1 500份，通讯的主要内容有政策法规，行业动态，新材料、新工艺、新技术，市场动态，市场行情，质量与标准，企业介绍等。发行的单位是上级有关单位、会员单位、兄弟省市协会等，还发行到全省各级建筑监理和建筑设计单位。充分发挥行业信息和专业方面优势，为经济发展提供信息咨询服务。

2. 2003年1月～6月　调查山西省塑料行业企业的基本状况

经过六个月的初步调查，山西省塑料企业有353个，已登记231个，其中国有企业30个，集体企业23个，民营企业169个，合资企业3个、科研院所3个、检测机构1个。调查的主要内容是：法人姓名、通讯地址、联系方式、邮政编码、主要产品的品种、产值、产量及规格型号等。

3. 2003年3月4日　山西省塑料行业协会召开了第二次全体理事会

张玉英理事长主持了会议，她总结了2002年度的协会的工作，并提出了2003年度的工作计划，全体理事为我省塑料行业产品结构调整和创省内和国内名牌，提高我省塑料企业知名度为政府有关部门献计献策。原山西省政协主席、山西省塑料行业协会名誉主席郭裕怀同志参加了会议并作了重要讲话。

4. 2003年6月8日　山西省塑料行业协会召开了第三次常务理事会

山西省塑料行业协会用通讯的方式召开了第三次常务理事会，讨论表决增补常务理事。不断加强自身建设，努力提高服务水平。

5. 2003年9月26日～10月10日　为企业撰写新产品"可行性研究报告"

山西省通用机械制造公司所属山西省康贝尔塑料工业公司经山西省经贸委批准《山西省康贝尔塑料工业公司年产100万套铅酸蓄电池外壳项目》，根据公司的要求，于2003年9月25日～10月12日协会组织了山西省机械设计院、太原市塑料研究所等单位11名高级科技人员组成《可行性研究报告》编写组，用不到20天的时间顺利完成了编写任务，为该公司《100万套/年铅酸蓄电池外壳项目》初步设计提供了技术保证。

6. 2003年10月17日～10月30日　山西省塑料行业协会组团赴浙江省调研

由山西省塑料行业协会理事长张玉英同志带队一行8人，于2003年10月17日～10月30日赴浙江省进行了考察调研，与温州市塑料行业协会、台州市塑料行业协会进行了座谈、讨论和交流。在当地协会领导的亲自陪同下，参观了浙江华泰塑胶有限公司、温州闽锋有限公司、台州中天塑业有限公司、中国三友控股有限公司和宁波海天集团。浙江省的塑料产业目前已实现了由家庭作坊向社会化大生产的初步转变，实现了从小到大的初步跨越；实现了产品结构向合理化、高级化的初步调整。协会考察组的成员在短短十天的考察活动，深切地感到山西省的塑料工业乃至全省经济的落后，同时我们协会工作与浙江省的协会工作存在着明显的差距，深感责任重大，我们将在考察调研的基础上向上级有关部门提出我省塑料行业产品结构调整及行业发展方向的报告，坚持以人为本，树立和落实全面、协调、可持续发展的科学观，为行业调整经济结构，转变增长方式，提高质量和效益，继续推进和深化培育名牌及特色产品，为我省各级政府部门编制塑料行业发展规划和决策提出建议。

7. 2003年11月17日　开通山西省塑料行业协会网站

为了更广泛地宣传我省塑料企业、塑料产品，加强信息和情报交流，于2003年11月17日正式开通了山西省塑料行业网站，网址：www.sxpia.com。网站设有业界新闻、新产品、新工艺、新技术、优秀企业介绍、产品质量标准、产品质量介绍、国内外供求信息、环境保护、法律法规、网上招聘等栏目。

8. 2003年12月3日～12月4日　参加中国塑料加工工业协会会员代表大会

我协会常务副秘书长等二人参加了12月3日～12月4日在京召开的中国塑料行业协会会员代表大会，我协会被推荐为常务理事单位，并参加了第17届国际塑料展览会剪彩仪式，同时应邀参加了加拿大和德国大使馆的招待会。

9. 2003年12月4日～12月7日　组织我省塑料企业参加塑料展览会

协会组织我省山西省新派塑胶有限公司、山西省乾通管业有限公司等30多家企业参加和参观了2003年12月4日～12月7日在北京会展中心举办的第十七届中国国际塑料展览会，开拓了眼界，了解了世界塑料新产品、新技术、新工艺、新材料的发展趋势，为我省塑料产品结构调整及行业持续、快速、协调发展抓住了好的机遇。

【基本情况】

据不完全统计，2003年我省有各种类型塑料加工企业231个，其中国有企业30个，集体企业23个，民营企业169个，合资企业3个，大专院校2个，科研院所1个、检测机构1个。从业人员1万余人，2003年末塑料加工生产能力为232.5kt，当年完成塑料制品产量162.5kt，工业总产值完成18.5亿元。

【企业经营】

塑料工业在我省经营形势较好的品种有农膜、地膜、塑料管材、塑料异型材及塑钢门窗、防水卷材、包装膜、泡沫塑料等。效益较好的产品有塑料管材、塑料异型材、防水卷材和燃气管等，塑钢型材不仅销售到山东、河北、河南、内蒙等地，并且有部分产品出口到蒙古，燃气管材供不应求，大都销售到广东、广西、福建以及西部重点建设项目，并出口到新加坡等东南亚地区。

【重点企业】

企业名称	产量/吨	加工能力/吨	主要品种
山西万士达工程塑料有限公司	7 500	12 000	PE 燃气管材、PE 管材、管件
山西华龙塑料有限公司	3 000	3 200	煤矿井下塑料假顶网(带)、公路土工带、填充母料、阻燃母料等
介休市塑料工业有限公司	3 000	5 000	双壁波纹管、碳素螺旋电力护导管
山西省民生塑料制品厂	3 000	5 000	农地膜
山西迎太塑料有限公司	15 000	30 000	塑料管材、农用薄膜、10m 宽幅双防无滴膜、保鲜袋、PVC 型材等
太化股份公司氯碱分公司	60 000	80 000	聚氯乙烯树脂
山西众和新型建材有限公司	5 000	6 000	钢塑共挤型材
山西新派塑胶有限公司	8 000	15 000	PVC 排水管材、管件，PP-R 冷热水用管材、管件、PVC 型材、塑钢门窗
山西天星新型管业公司	3 000	5 000	PP-R 冷热水用管材、管件，PE 燃气管、大口径中空壁缠绕管、硅芯管等
长治清华机械厂塑管公司	5 000	7 000	PVC 型材、铝塑复合管、PP-R 管材、PE-X 管材、PE-RT 管材、UPVC 管材及配套管件
长治中德塑钢型材有限公司	5 000	8 000	PVC 型材、钢塑共挤 PVC 型材、60、75、80 单双玻中空玻璃推拉系列的塑钢窗，塑胶共挤及彩色喷塑型材
山西新超管业有限公司	3 500 万米	3 600	纳米抗菌不锈钢复合管、纳米抗菌无规共聚聚丙烯管材、管件
山西省晋通实业有限责任公司	3 000	4 000	U-PVC 排水管材、螺旋消音排水管材、芯层发泡螺旋消音排水管材、及管件、电工阻燃穿线管材

山西新超管业有限公司

山西新超管业股份有限公司建于 2001 年，总投资 1.22 亿元，占地面积 56 亩。公司地处太原市清徐县王答乡西侧 208 国道旁，距太原市中心仅 30 公里，地理位置优越，交通便利。

公司具有雄厚的技术力量，良好的科研开发和试验条件，并与国内多所知名院校建立长期的技术合作，以确保生产技术水平和产品质量的不断提高。公司拥有微电脑控制纳米抗菌不锈钢塑料复合管自动化生产线 16 条；微电脑控制纳米抗菌 PP-R 自动化生产线两条；各种规格微电脑控制精密塑料注塑成型机 20 台。

公司主导产品为：拥有自主知识产权的纳米抗菌不锈钢塑料复合管（专利号为 ZL 01 2 68878.9）、纳米抗菌 PP-R 塑料管及承插快接塑料管件。

公司在管理上向国际水平看齐，先后通过了 ISO 9001 质量体系认证和 ISO 14000 环境管理体系认证，有力地保证了产品的高质量、高品质。经建设部中国建筑金属结构协会给水排水设备分会定点生产企业评审委员会考察、评定，批准我公司为纳米抗菌不锈钢塑料复合管、纳米抗菌 PP-R 塑料管及承插快接塑料管件的定点生产企业，产品被指定为建设部推荐产品。

纳米抗菌不锈钢塑料复合管、纳米抗菌 PP-R 塑料管及承插快接塑料管件经国家化学建筑材料测试中心检测，产品的各项性能指标均符合有关标准的规定要求。该产品符合有害物质限量新标准的绿色建材产品。

公司以关爱民生为己任，将为促进健康供水革命，引导人们的饮水观念向环保性和功能性相结合的方向转变而不懈地努力。

长治中德塑钢型材有限公司

中德塑钢型材有限公司是一家现代化科技含量高的 PVC 塑料异型材生产企业。位于长治市区，占地面积 12 000 余平方米，固定资产 1 800 万元，流动资金 1 000万元，现有员工 220 名，工程技术人员和管理人员占 22%，下岗再就业职工占 60%。公司拥有国内领先的挤出生产线 16 条，高速镜面模具 80 余套，以及自动混料系统。年生产 PVC 型材 8 000 余吨。

从工艺到配方均采用国际最先进的德国挤出技术和绿色环保配方，并与德国专家保持技术革新上的长期合作。公司产品共六大系列 80 余个品种，其中有 60 单双玻中空玻璃平开系列、60 单双玻中空玻璃推拉系列、75 单双玻中空玻璃推拉系列、80 单双玻中空玻璃推拉系列型材。2003 年初采用新工艺、新技术开发了塑胶共挤（双密封）新产品及彩色喷塑型材。公司坚持以市场为导向，以“人为本，技为先，质为根”的理念，“追求高目标，立足高品质”不断巩固和扩大市场，打造中德型材品牌。

长治清华机械厂

长治清华机械厂为中国航天科技集团公司惟一直

属的大型综合性骨干企业，全国152家保军企业之一，全国首批520家重合同、守信用单位之一，中国500家最大机械工业企业之一，并于1996年通过了ISO 9001和ISO 9002质量体系认证。

近年来，该厂依靠雄厚的人力资源和科研开发能力，积极开拓市场，开发民品，其中“永腾”牌塑料建材就是其发展的民品之一，品种有PVC型材、铝塑复合管、铝塑PP-R复合管材、PP-R管材、PE-X管材、PE-RT管材、UPVC管材及配套管件。

公司在全国二十多个大中城市设有销售网络，年销售额达6 000余万元，“至高品质、至诚服务”是清华机械厂始终奉行的宗旨，以优质的产品、满意的服务回报社会是永腾建材不变的追求。

山西新派塑胶有限公司

山西新派塑胶有限公司是阳泉煤业（集团）有限责任公司控股与新加坡豪利机械私人有限公司合资创建的新型建材企业。公司占地5万平米，拥有1万平米现代化厂房，总投资1亿元。目前公司具有PVC排水管材管件、PPR冷热饮用水管材、管件。PPR低温地板采暖专用管材、PVC塑钢异型材，生产能力15 000吨，具有年20万平米的塑钢门窗加工制作安装能力，是山西省最大的塑料建材生产企业之一。被山西省科技厅评定为高新技术企业。公司主导产品PVC、PPR管材管件被评定为山西省名牌产品。公司通过了ISO 9001国际质量管理体系标准认证和ISO 14001环境管理体系认证。

【设备引进】

由于国产塑料机械近年发展较快，且能满足大多数产品的生产要求，国外机械设备价格又高，企业资金有限，2001年尽管新创建了一批企业，但对国外技术设备引进不是很多，山西万士达工程塑料有限公司引进奥地利、德国90年代先进的塑料管材全自动化生产线，主要生产ϕ(20～500)mm的燃气、供排水聚乙烯管材、管件，年生产能力12 000t。

【新产品开发】

2003年，我省塑料加工企业积极开发新产品，研制了“银黑双色地面覆盖膜”、“大口径PVC管材”、拥有自主知识产权的“纳米抗菌不锈钢复合管材”、“100万套/年铅酸蓄电池外壳”、“10万吨/年聚氯乙烯树脂”、“塑胶共挤（双密封）新产品及彩色喷塑型材”等有鲜明特色、市场欢迎的一批新产品。

【存在的问题】

我省塑料工业在过去的几十年中特别是改革开放以来取得了一些成绩，但就其发展现状与周边省份，特别是与沿海发达地区相比存在着较大差距，主要问题如下。

1. 产品结构不合理

由于缺少对行业发展的宏观指导，许多企业对新上项目、产品的特点认识不足，市场供求情况了解不够，因而新上的一些项目一开始就带有一定的不合理性。低水平的重复上项目较多，造成了很大的浪费。对整个行业产生不利影响。

2. 生产设备水平低，工艺技术相对落后、整体效益差

虽然90年代以来，我省加快了技术改造步伐，塑料成型加工企业也有了一定的发展，但从总体上看，大多数企业生产设备水平低，品种单一，企业规模小，工艺技术相对落后，行业整体效益差。医用塑料、工程塑料、废旧塑料回收利用等许多领域在我省尚属空白。与沿海地区存在着较大的差距。

【发展趋势】

1. 努力做好企业改制及产业结构调整工作

山西省塑料制品加工企业以中小型为主，上规模的企业很少，为此企业进行改制，资源进行整合，实现强兼并弱、强强联合。调整产业结构，建立多元经济，向规模化、集团化、基地化、市场化发展。根据市场需求对行业中的优势企业予以扶持，扩大规模，增加品种，提高企业效益及整体素质。

2. 发展地方特色，推动区域经济发展

山西省是煤炭重工业基地，各种规模的煤矿企业很多，为了发展地方特色，推动区域经济发展，开发矿用假顶网、矿用管材、顶柱、多功能抗静电产品等各种矿用塑料和以塑代钢、以塑代木的矿用产品是本省塑料行业发展的趋势。

根据对当前我省塑料行业存在的问题进行分析，为使我省的塑料制品在“十五”期间能够持续稳定的发展，近期内行业发展的基本思路是：解放思想，更新观念。以市场为依据，以质量为中心，以科技为导向，调整产业结构；以省优势产业、支柱产业为依托，大力发展塑料建材、室内外装饰装修材料和包装用塑料制品。抓住国家大力推广塑料建材的机遇，抓住省内加快经济发展的机遇，加快我省塑料工业的发展。通过重组、改制、兼并等扩大企业规模，同时依靠科技进步，加快技术改造步伐，淘汰落后工艺，提高高附加值、高科技含量产品的比例。加强与省内外高校、科研机构的合作，引进国内同行业先进的管理经验，提高企业自身的竞争能力，从而提高企业的生产效益和经济效益。

（山西省塑料行业协会　张玉英）

辽　宁　省

【基本情况】

辽宁是全国重要的塑料工业原料基地，因而塑料制品工业基础较好，发展较快。多年来，通过积极调

整产品结构，不断开发新产品，现已形成农业、工业、包装、建筑、日用等五大塑料制品系列为主、产品品种众多的塑料工业体系。目前，塑料行业在全省统计的19个轻工行业中，企业数多，职工人数多，经济总量列全省第二位，是我省重点骨干行业，对全省轻工行业经济发展具有举足轻重作用。2003年全省塑料行业共有企业219个，占全省总计14.2%；全部从业人员3.3万人，占全省总数10.7%；资产总计116.5亿元，同比增长9.2%，占全省总计14.6%；其中固定资产净值平均余额43.6亿元，同比增长12.7%；实现工业总产值82.2亿元，同比增长10.5%，总量占全国塑料工业总产值的2.8%；实现新产品产值2.2亿元，同比下降25%；完成塑料制品总量86.8万吨，占全国总量5.3%；其中农用薄膜产量3.3万吨，占全国总量4%；实现销售收入78.8亿元，增长13.1%，列全省第二位；利税总额3.9亿元，下降11.4%，占全省总计9.3%；其中利润总额1.8亿元，下降33.3%，列全省第四位，占全省总计8.5%。

【企业经营】

2003年全省塑料行业12个重点企业，通过积极调整产品结构，努力开拓市场，开发新产品，取得了较好成效。全年累计实现工业总产值35亿元，同比增长12%，占全行业42.6%；全部从业人员6 425人，同比增长2.9%，占全省塑料行业总数19.4%；实现销售收入34.5亿元，同比增长9.9%，占全行业44.8%；销售税金及附加完成1 213万元，同比增长1.9倍，占全行业46.2%；实现利润总额4795万元，占全行业27.3%；实现出口交货值4.73亿元，同比增长0.4%，占全行业41.5%；完成塑料制品总量35万吨，占全行业总量40.3%（见表1）。

【重点企业】

沈阳鸿祥塑胶制造有限公司

中国PVC卷材地板革生产行业中的领先企业之一。公司的生产能力和设备制造能力已达到了世界先进水平。目前，公司已经先后自行设计，制造并安装了三条PVC地板革自动化生产线——两条2米宽生产线和一条4米宽生产线。产品主要有A、B、C、D四种类型。A型产品采用热轧无纺布为基材，单面涂，它具有优异的耐磨性和良好的弹性。它适用于民用住宅和公共场所；B型产品采用长丝无纺布为基材，单面涂，它适用于中档住宅和公共场所；C型产品采用热轧无纺布为基材，双面涂，它具有优异的耐磨性和良好的弹性，很好边缘平整性适用于高中档住宅和公共场所；D型产品采用玻璃毛毡为基材，双面

表1　2003年全省塑料行业重点企业主要经济指标完成情况

序号	企业名称	产值不变价/万元	产量/t	销售收入/万元	利税/万元	销售税金及附加/万元	利润总额/万元	出口交货值/万元
1	沈阳久利化学建材股份有限公司	102 853	11 527	9 329.0	9 020	5 480	3 540	0
2	沈阳市双利塑胶制造有限公司	84 894	20 140	8 170.5	1 086	326	760	0
3	沈阳鸿祥地板革厂	316 195	27 884	13 884.6	12 502	691	11 811	0
4	大连第九塑料厂	20 440	2 930	3 306.0	−2 230	0	−2 230	0
5	大连实德塑料工业有限公司	1 067 160	139 269	164 847.0	5 490	0	5 490	0
6	大连实德塑料建材有限公司	474 890	61 066	45 839.0	−27 730	0	−27 730	0
7	大连爱丽思欧雅玛工贸有限公司	440 280	21 310	48 228.0	50 650	0	50 650	440 280
8	鞍山金成塑胶制品有限公司	580 870	31 086	16 085.0	2 040	430	1 610	22 700
9	安舒装饰材料有限公司	33 010	1 313	1 897.0	−230	0	−230	1 360
10	海城市塑料型材厂	88 810	10 200	8 141.0	8 500	3 000	5 500	2 000
11	海城市塑料一厂	176 760	11 900	16 203.0	12 500	2 000	10 500	6 000
12	锦州彩炼塑料集团有限责任公司	118 260	11 275	8 651.0	−11 510	210	−11 720	320
	总计	3 504 422	349 900	344 581.1	60 088	12 137	47 951	472 660

涂，它具有优异的耐磨性和良好的弹性，很好的稳定性。适用于高档住宅和公共场所。

2003年公司实现工业总产值3.2亿元，同比增长12%；完成PVC塑料制品2.8万吨，同比增长27.3%；实现销售收入1.39亿元，增长10.3%；利润总额1 181万元，税金69万元。

大连实德塑料建材有限公司

该公司是大连实德集团的龙头产业，公司与世界上塑料异型材加工技术最先进的莱梅特公司（德国）、泰森公司（德国）、格瑞纳公司（奥地利）、辛辛那提公司（奥地利）、开米森公司（英国）进行技术合作，引进德国先进的自动化混料系统、高速型材挤出生产线和门窗组装生产线；从英国引进中空玻璃生产线，生产塑料门窗用异型材及塑钢门窗。

目前，实德型材的品质一直处于同行业领先地位，其中双色共挤型材、彩色型材、四腔三玻型材、国际最先进的欧美结合型型材，都填补了国内空白，优良的物理机械性能和完善的型材配套性，充分体现了实德公司的技术实力。1996年，公司成功地开发了60平开系列，62、77、95推拉系列，106平开门系列以及各种配套型材；1998年公司推出了80系列、88系列推拉型材和85系列欧美结合型材以及四腔三玻66系列平开型材；2000年推出了地弹门及73系列推拉型材及73、80、88系列上亮固定框、一体框、百叶窗、中旋窗等系列。至此，共生产十二系列。实德型材是目前国内品种全、系列多的型材。有内外平开窗、平开门、四腔三玻内平开窗，推拉门及62、77、95系列及73系列、80系列、88系列等各种系列推拉窗，分别适合高层、中高层和普通住宅等建筑用窗，并有密封性极佳的欧美结合85系列推拉型材和适用于高寒地区的四腔三玻型材以及适用于高热地区的73系列小断面型材。

公司生产的塑料型材和塑钢门窗得到国家建设部有关部门的肯定和广大用户的一致好评。先后获得中国建筑金属结构协会塑料门窗及型材定点生产企业称号、获大连市城乡建设委员会一级产品推荐证书、被评为建设部科技成果重点推广项目和国家小康住宅建设推荐产品、国家建设部授予“中华人民共和国建设部化学建材产业化基地”、欧盟门窗协会颁发的欧盟门窗协会会员证书等荣誉称号。

2003年公司面对诸多不利因素，积极采取措施，不断调整产品结构，开发新产品，拓宽市场营销渠道。完成工业总产值4.75亿元，同比增长3.3%；完成PVC塑料制品6.1万吨，同比增长2%；实现销售收入4.6亿元，同比下降18%。

锦州彩练塑料集团有限责任公司

该公司为我省重点生产聚氯乙烯、聚乙烯制品的综合性塑料加工企业，也是辽宁省塑料制品生产基地和高新技术企业。公司以雄厚的技术力量，一流的生产设备，先进的加工工艺和完善的检测手段及ISO 9002质量保证体系，生产的“彩练牌”商标产品被国家认定为中国驰名商标。主要产品有：聚氯乙烯农膜系列、聚乙烯农膜系列、聚氯乙烯硬片系列、聚氯乙烯民膜系列、聚乙烯注塑制品等五大系列、百余种产品，年生产能力6万吨。

2003年公司面对的困难较多，原料涨价，产品降价，市场竞争激烈，企业营销成本加大，主要经济指标有所下降。实现工业总产值1.2亿元，完成PVC塑料制品1.12万吨，实现销售收入8 651万元，出口交货值32万元。

【进出口情况】

2003年塑料行业累计完成出口交货值11.4亿元，同比增长5.6%，占全省总计8.2%；其中鞍山安舒装饰材料有限公司的地板革完成出口交货值136万元，同比下降20%；鞍山金成塑胶制品有限公司实现出口交货值2 270万元，同比增长1.3倍；海城市塑料型材厂完成出口交货值200万元，去年同期没出口；海城市塑料一厂完成出口交货值600万元，去年同期没出口。目前我省塑料行业中新兴的民营经济出口在全省占有很大比重。

【外资利用】

2003年我省塑料行业通过走出去、请进来，外引内联，积极开展招商引资，扩大融资渠道，落实了两个投资总额500万美元以上重点利用外资工业项目。一是营口威龙实业有限公司与澳大利亚斯达派克塑料制品有限公司共同合资成立的辽宁斯达派克塑料有限公司，总投资额1 500万美元，其中合同外资额1 200万美元；二是铁岭正和塑料有限公司与韩国金圭泰先生合作，生产销售系列塑料制品项目，总投资额1 250万美元，其中合同外资额1 250万美元。这些项目实施将有力促进我省塑料行业提高档次及水平，增强塑料产品市场竞争力。

【新产品开发】

2003年，全行业充分利用我省科研院所、大专院校的科技力量，围绕着全省塑料工业上水平、上档次，提高竞争能力，加快了新产品的开发力度。

一是在塑料异性材上围绕着改善材质、提高性能、增加实用性等领域研制开发了新产品。主要有沈阳绿合高新技术产业有限公司研制开发了稻壳粉/聚氯乙烯生态环保复合材料。该项目将稻壳废弃物研磨成细粉后，通过先进的工艺手段，大量填充于聚氯乙烯（PVC）树脂中，制成复合材料原料。用此原料，采用结皮微发泡技术制造出具有微孔结构的稻壳粉/聚氯乙烯生态环保复合材料产品。该产品含有天然纤维素成分和天然木材类似的“微胞”结构，手感酷似天然木材，且具有天然木材的可加工性，防潮、防腐、防虫、阻燃等方面性能明显优于天然木材，可大量替代天然木材，是资源的综合利用及环保项目。该项目市场前景广阔，具有国际领先水平，投产后可年生产 6 400 吨，实现产值 8 000 万元，利税 2 000 万元。

沈阳久利化学建材股份有限公司研制了门窗框用彩色硬聚氯乙烯异型材。这种彩色塑料门窗除了具有保温、隔热、气密性好及耐腐蚀等特点外，还具有极强的装饰性，能够制作出各种不同品种、不同形式的窗型。主要技术指标：硬度 90HRR；拉伸强度 40MPa；断裂伸长率 120%；维卡软化点 90℃；加热后尺寸变化率 －1.5%；简支梁冲击强度 45kJ/m²（23℃±2℃）；颜色变化 5 级。目前该产品处于国内领先水平。可每年新增产量 200 吨，产值 320 万元，利税 100 万元。

海城桦峪铝业工程有限公司研制开发了环保、节能粉喷涂新型铝塑复合保温材料生产线。该线引进美国诺信 TWIN-CYCLONE 自动喷粉系统生产技术，采用德国的门窗制作技术及工艺；引进美国阿克苏粉进行表面喷涂。每年可新增产值 17 500 万元，利税 1 450万元，产品处于国际先进水平。

盘锦佳美新型塑料有限责任公司开发了 ASA 彩色复合共挤塑钢型材。此产品采用美国通用电器（GE）塑料集团的新材料，新共挤工艺技术，是 ABS 的改性产品，颜色稳定，色彩丰富，耐化学腐蚀，该产品保留了 ABS 的优点，又引进了丙烯酸酯良好的耐热性。解决了塑料门窗色彩单一、门窗耐候性差的难题。同时 ASA 和 PVC 有很好的相容性，生产出的彩色型材完全能达到国际 GB/T 8814—1998 的各项指标。该项目每年可新增产量 5 000 吨，产值 6 000 万元，利税 600 万元，产品具有国际先进水平。

二是围绕应用广泛的塑料建材方面重点提高、改进建筑门窗的实用性开发了一些重点产品。主要有沈阳德邦防护技术产业有限公司研制的节能环保复合木材外侧包铝门窗。这是一种采用铝合金薄片作为节能环保复合木材门窗的外装饰及保护层的门窗新产品。该产品可提高门窗的载荷能力，还具有装饰美观、耐腐蚀老化等特点。内部及内侧面采用有增强型钢衬的生态环保复合木质型材，提高了保温、隔音性能，且具有酷似自然的颜色和木纹，可与室内装修风格浑然一体，给人以温暖、自然、和谐的感觉。该产品充分发挥了铝合金和生态环保复合木材两种材料的优点，使之达到完美组合，可节省大量木材和能源，符合国家环境保护政策。该产品每年可实现产量 10 万平方米，产值 4 000 万元，利税 1 000 万元，技术含量处于国内领先水平。

本溪华厦（集团）有限公司开发的百思特门窗，采用高压仓设备，高温、高压工艺技术，将高分子复合物浸入木质层中（含水率控制在 8%～12%），使之结合形成一体，从而填充木材空隙，浸入深度在 2～3mm。该门窗每年可新增产量 10 万平方米，产值 6 800 万元，利税 2 992 万元，产品具有国际先进水平。

葫芦岛金驰塑材有限公司研制了 90 系列推拉窗。该推拉窗是一种欧美结合式型材，其框、扇均为多腔式结构，具有良好的隔热保温性能。还有一增强型钢腔，以增强型材抗风压强度。有独立的排水腔和排水孔，滑槽内的雨水可随时排出。此产品每年可实现产量 5 000 吨，产值 5 000 万元，利税 30 万元，产品达到国内先进水平。

三是在农地膜回收方面，为减少污染，改进土壤上进行了研制开发。本溪富华轻工机械制造有限公司研制开发了天然降解纸薄膜，能够克服目前塑料薄膜不能降解，防止土地板结。该产品系以植物纤维、废报纸、纸板等为主要原料，利用造纸技术及设备，添加一定比例的有机原料生产出一定克重纸板，经过热处理手段，达到塑料薄膜的强度和作用，具有可降解性。该产品每年可新增产量 1 万吨，产值 3 000 万元，利税 150 万元，具有国内先进水平。

上述诸多产品均列入 2003 年辽宁省重点新产品开发计划项目，为我省塑料行业“十五”迅速发展创造了条件。

【存在的问题】

2003 年由于主要原材料涨价、产品降价、企业运营成本加大及“非典”等非经济因素影响，全省塑料行业生产经营受到一定影响。一些不利因素制约行业的快速发展。主要表现如下。

1. 产品结构不适应市场需求，缺乏竞争能力

去年我省塑料行业增速不高一个主要原因就是目前全行业产品结构不尽合理。中低档产品偏多，高技术含量、高附加值产品少。产品品种主要集中在以聚氯乙烯为原料的管材、片材、人造革及聚乙烯为原料的农地膜、管材等产品上，其他高新技术产品较少，无法适应市场需求。其中以 PVC 树脂为原料生产的薄膜、人造革、鞋类等大路货产品占总量比例约 60%以上。而具有较高技术含量和较高附加值的通用

工程塑料产品在塑料产品总量中所占比例较低，特殊工程塑料产品就更低，新兴的工程塑料、建筑塑材等产品比重较小，造成产品消耗高、成本高、利润小，缺乏市场竞争力。

2. 产品质量、规格、品种少，变化慢

目前，我省塑料行业产品在技术含量上与国外同类产品相比，无论在产品品种上、质量上，还是花色品种上都存在一定差距。中低档产品多，大路货多，高、精、尖产品少，并且产品的质量、实用性尚有较大不足。比如：农膜的使用寿命平均仅1～2年，而工业发达国家为2～3年或更长；无滴膜与国外同类产品相比使用期也短，且一些中小企业生产的膜类产品存在着薄厚度不均，且规格、品种数量不多；包装材料方面，一些中小企业不仅产品品种少，且印刷质量不精美；塑料管、门窗用型材等建筑塑料的耐久性较差，配套也有一定差距；注射制品表面光洁度差，收缩率大等制约了全省塑料行业快速发展。

3. 企业适应能力差，缺乏市场竞争竞争力

去年全省塑料行业共发生亏损企业70户，亏损面32%，亏损额1.5亿元，同比增长20%。平均每个企业亏损约70万元。由此可见，塑料企业自我发展的动力不足，缺乏市场竞争力。企业具有自主知识产权自行研制的塑料制品较少，缺少拳头产品、名牌产品，面对国际、国内同行企业尚不具有抗衡力、竞争力。

4. 全行业装备水平、生产技术等方面差距较大

改革开放以来，我省塑料产品加工设备经过引进、改造、消化、吸收，在装备的品种、质量、档次、水平上有了很大的提高及进步。但综合看，目前我省塑料制品生产工艺、技术、装备、模具等总体水平较低，工艺技术相对落后，开发能力薄弱，尤其在控制系统、容量、速度、精度及配套方面与广东、山东、浙江、江苏、上海等省市相比仍有较大差距。除省内独资、合资企业和一些大的企业集团装备水平较高外，一些中小企业设备陈旧，加工水平较低，产品质量不高，尤其在模具方面尚处于较落后的水平，这也直接影响加工技术和产品质量，影响企业产品国内外市场竞争力，这也是造成部分企业亏损的主要原因。

5. 中小企业多，做大做强的少，地区发展不平衡

目前我省塑料行业中，具有发展潜力、有竞争实力的大型企业（集团）少，而处于能力放空、生产任务不足的中小企业偏多。一些企业未能形成集约化规模经营，与全国同行业龙头企业相比我省塑料行业大多数企业实力差距加大。全省塑料产品加工基地主要集中在大连、沈阳、锦州、盘锦地区，其他各市所占比例较小，区域布局及发展不平衡，差距不断扩大。

【发展趋势】

塑料行业前景广阔、市场巨大，省委、省政府历来十分重视。作为我省轻工行业的支柱产业，“十五”期间按省政府要求，结合我省实际，紧紧抓住中央振兴东北老工业基地的机遇，利用各项优惠政策，全行业要在开拓新的领域、开发新的产品方面加快步伐，利用我省具有原材料的优势，进行塑料制品的深加工，带动促进全省塑料行业迅速发展。到“十五”末总的发展目标如下：

① 实现工业总产值96亿元，年均增长8%；

② 销售收入92亿元，增长8%；

③ 利税总额4.6亿元，增长8%；

④ 塑料制品总量102万吨，其中农膜4万吨。

总体发展思路是：抓住中央振兴东北老工业基地的机遇，以大型骨干企业为依托，以名牌产品为重点，充分发挥龙头企业、名牌产品的规模优势和技术优势，推进企业体制创新、技术进步，促进企业联合、重组，利用企业规模、管理、技术、装备、人才等方面的优势，改善全省塑料行业总体布局，提高优势产品的生产能力及出口创汇能力，重点生产技术含量高、附加值高的产品，经过“十五”期间的发展调整，使全省塑料行业规模水平、竞争实力、技术创新、结构调整进一步提高，实现进一步优化全省塑料行业总体布局、产品结构。

① 在工程塑料方面。利用现有企业优势，重点发展为电子、电气、汽车、家电、邮电通讯、交通运输、国防军工、文体健身等行业配套的高附加值的工程塑料制品。加强无氟冰箱用板材，电视机、音箱等家用电器壳体，汽车用内饰件，阻隔性优良的汽车油箱，交联聚乙烯通讯电缆料，铁路、公路建设使用的土工格栅，计算机内置部件、健身器材、体育用品、钓鱼用具等专用配套件的开发研制，扩大生产能力，全省通过“十五”期间调整结构，形成以鞍山、盘锦、沈阳为主的工程塑料制品基地，不断提高我省塑料制品附加值及竞争力。此外，还应重视应用塑料改性技术，发展塑料合金及其他改性塑料和具有独特性能的通用工程塑料与特种工程塑料。

② 在塑料建材方面。要以大连实德塑料建材有限公司、沈阳久利化学建材股份有限公司为龙头，抓住“十五”期间国内建筑行业迅速发展的有利时机，大力发展建筑市场应用广泛的塑料门窗、上下水管材、管件及室内装饰材料等产品，结合建筑市场发展需求及不同地区塑料建材的特点，开发出结构合理、耐光、隔冷、隔热的新型塑料门窗，实现以塑代钢、以塑代木，形成以沈阳、大连、盘锦为主的塑料建材生产基地。全行业要形成以沈阳、大连、盘锦三大塑

料集团为主，其他塑料企业为辅的塑料建材产品的生产格局。同时抓好沈阳德邦防护技术产业有限公司研制的节能环保复合木材外侧包铝门窗、本溪华厦（集团）有限公司开发的百思特门窗、葫芦岛金驰塑材有限公司研制的90系列推拉窗等技术含量高、发展前景好的新产品，迅速将这些企业做大做强，成为我省塑料行业新兴的高新技术企业。

③ 在塑料包装方面。全行业要加强包装材料的功能化的开发研制，形成以沈阳宏瑞包装制品有限公司、大连盛道包装集团为龙头的塑料包装制品研发基地，重点加强产品高阻隔性、耐高温和保鲜等特性，重点发展耐蒸煮、防微尘辐射、防腐、防霉、防锈、无菌包装材料，同时对新型彩印复合包装材料、多层高阻隔性包装器材料要调整布局，防止生产能力过剩、避免浪费包装资源。

④ 在农用塑料方面。要以锦州彩炼集团有限责任公司、鞍山辽冠塑料厂、沈阳华龙农地膜制造有限公司为重点，大力开发生产农用薄膜及农业灌溉配套产品。农膜要向多功能、耐老化方向发展，要提高棚膜的功能性，做到长寿耐老化、防雾又防滴、高透明高保温、实现光能转化提高农作物的光合作用；地膜向易回收、降解型方向发展，要解决残存在土壤中的“白色污染”问题，同时开发除蚜虫、除草、有色等多种功能性地膜。农用管材要重点加强节水型灌溉、输水管道和输水渠道防渗膜的生产研发，大力开发适合省内不同地区不同作物的各种类型喷灌与微滴灌管道、管件、喷头等配套件，发展微滴灌等节水器材，重点支持辽西、辽北地区的现有企业改造，促进省内企业优势产品跨地区的联合，扩大规模经济，形成以锦州、沈阳、盘锦、大连为主的农用塑料产品生产基地，促进我省节水用灌溉管、微灌用配套管材、管件及塑料井管等支农产品快速发展。此外，大力发展无公害易降解塑料制品，解决塑料产品特别是一次性制品易对自然环境造成“白色污染”的问题。同时要加强对聚乙烯中空吹塑制品、聚丙烯编织制品、聚酯瓶、聚乙烯大棚膜等塑料产品的回收和再生利用，对于那些回收困难或再生利用耗费过大的塑料产品，如塑料包装袋、纸塑复合材料以及农用地膜等，要加强废物利用方面的开发，制成具有降解功能的产品。

（辽宁省轻工行业管理办公室　王洪新）

吉　林　省

【基本情况】

2003年，吉林省塑料制品加工行业规模以上企业61个。其中，国有企业14个，集体企业8个，其他性质企业39个；大二型企业2个，中型企业7个，小型企业51个。全年塑料制品产量达到66.26kt（产量超过3kt的企业有8个）。各类塑料制品产量：塑料薄膜43.01kt，塑料片板管材2.97kt，塑料包装箱及容器0.75kt，塑料编织及丝制品10.79kt，合成革及泡沫塑料制品5.70kt，日用塑料制品1.55kt，其他塑料制品1.49kt；全年完成工业总产值14.33亿元，与上一年相比，增长7.57%，其中产值超过千万元的企业28个，超亿元的企业2个；实现销售收入11.98亿元，同比增长4.24%；产品销售率97.62%；完成出口交货值1 239万元，同比增长26.32%；实现利润6 491万元，同比增长16.14%；亏损企业15个，亏损面24.59%，亏损企业亏损额1 267万元，同比下降0.74%。从业职工人数7 998人，比上一年减少10.33%，新产品产值6 280万元。全省塑料制品行业资产总计20.79亿元，比上一年增长9.72%，负债合计12.76亿元，上升13.19%；固定资产净值平均余额8.16亿元，销售利润率5.42%，资产负债率61.37%。

目前，塑料制品行业产值已占到吉林省轻工业总产值的25.73%，成为省内轻工业中仅将于造纸业的第二大行业，也是全省轻工业盈利水平最高的行业。为抓好全年工作，扭转近些年行业发展慢、效益差的局面，认真贯彻省委经济工作会议精神，结合行业实际，研究制定了落实意见，制定了《关于做好2003年经济运行工作的指导意见》，在认真分析形势的基础上，提出了全年工作任务和措施。5月，在“非典”时期，针对经济运行中出现的新问题，又发出了《关于减少“非典”负面影响　做好当前轻工经济工作的通知》，要求各轻工部门加大“非典”对经济运行影响的监控，采取有效措施，把影响降低到最低限度，并对做好下半年运行工作进行了部署。经过各地轻工部门和企业的共同努力，克服多种不利因素，实现了发展速度与经济效益的同步增长，全行业月产值和销售收入保持在较好水平，产销率逐月回升，由年初的91.48%上升到全年的97.62%，利润始终保持了2位数增长，月增幅平均达到20%以上，全年管理费用下降了12.29%，财务费用下降了17.65%，效益情况逐月明显好转。突出有所为有所不为，重点企业带动作用强劲。去年，轻工塑料企业积极开拓市场，大力发展技术含量高，有市场潜力有效益的产品生产，敦化市太平山工贸集团公司、吉林省吉发包装有限责任公司、辽源市亚泰三川塑编公司等企业的产量增幅达到了40%以上，向上拉动全省塑料行业生产增长9.72%。紧紧抓住国内汽车生产销售升温的有利时机，围绕为汽车配套开发生产技术水平高有较高附加值的塑料制品。长春君子兰考泰司塑料制品公司积极发展为一汽、上汽等产品的配套生产，取得了生产效益的高增长。坚持实施有效监控，积极搞好综合协调。在经济运行工作中，采取点、面、线结合，在三个方面加强了强度：一是抓好重点企业的跟踪监测；二是做好系统生产销售的统计工作；三是实施全口径规模以上轻工经济指标的统计，从多角度及时掌握了全行业的发展态势，为向省内职能部门提供情况分析，提出对策建议，协调全省经济发展起到了积极作用。实施名牌发展振兴战略，扶持专、精、特、新企业。积极配合省质量技术监督局做好质量管理、产品创优、标准化、生产许可证管理等工作，取得了比较好的效果。长春市福利塑料有限公司的占林牌农膜、延吉管业有限公司的新元牌交联聚乙烯供热管等被评为吉林省名牌产品。积极做好服务工作，为行业发展创造良好的外部条件。针对我国加入世贸组织后，企业如何运用国际规则保护自身利益，进行了产业损害预警培训，普及了企业在反倾销、反补贴、保障措施方面的知识。在非典突发时期，就企业在原材料供应、产品销售、工程建设等方面遇到的问题，及时进行反映，争取通过相关渠道给予解决。抓好安全工作，加强督促，做好防范，保证了年内未发生安全事故。

2003 年，围绕传统产业的提升和老工业基地振兴，积极开展调查研究，编制规划，抓好建设，行业结构调整的积极效果正在逐步显现。一批重点项目的陆续建成投产，为轻工经济的健康发展打下了良好基础。白山喜丰塑料股份有限公司的农用节水器材项目，总投资 1.17 亿元，现已部分建成投产，使我省轻工业采用先进适用技术提升传统产业进入了一个新的阶段。这些项目的建成，使我省轻工业在技术装备、科技含量、产品质量、市场竞争力等方面得到了增强。一批新的塑料加工项目开始启动，将有利于增强轻工经济发展的后劲。2003 年，根据国家加快老工业基地调整和改造的要求，结合吉林省建设汽车、石油化工、农副产品加工、现代中药和生物药、光电子信息等五大产业基地和资源型持续产业的规划，通过调研，编制了《振兴吉林老工业基地轻工规划》，筛选了汽车配套、医用包装等方面的重点项目，有环保型汽车内饰表皮、汽车及轿车内饰总成、汽车工程塑料及深加工项目等，总投资 6.21 亿元，建成后可新增销售收入 10 亿元，增加利税 2.75 亿元。在完成项目可行性研究报告的基础上，有的完成了项目建议书，有的已上报省和国家计划部门待批，有的在 2004 年即将开工。这些项目将会对今后吉林省轻工业的发展产生重要支持作用。科技创新进一步增强了轻工业的发展活力。全年实现新产品产值 6 280 万元，重点开发了汽车彩色保险杠、汽车玻璃钢高顶等产品。发挥科研机构在行业技术进步中的辐射带动作用，推进科研与生产的结合，吉林省塑料研究所的医用 NO—NPVC 大输液用复合包装薄膜项目，已完成投资 3 483 万元，建成了1 200平方的净化车间和 2 000 平米的库房，以及化验室和办公楼等主要厂房建设，已完成设备安装，进入调试工作阶段。加强了对结构调整的调研工作。按照省委、省政府的工作要求，对省内工业企业的结构调整情况进行了深入调查，摸清了基本情况、经验和存在的问题，提出了指导意见，并进行了反馈，对指导行业结构调整起到了积极作用。

【存在的问题】

2003 年，吉林省塑料行业虽然取得了快速发展，但是还存在着一些需要努力解决的问题。

1. 总量不足仍然是行业发展的一个主要问题，行业整体优势不强。吉林省塑料加工业在总体上规模不大。占全省工业经济的份额不高，产值只占全国塑料制品加工总量的 0.5%，与国内轻工业发达省份还存在很大的差距。

2. 产品结构比较单一，行业内企业发展不均衡。长期以来，农膜制品一直是吉林省塑料行业的主导产品，产量比重占到全行业的 65%以上，其他塑料产品的发展弱势明显，特别是缺少技术水平先进，科技含量高，附加值大的产品。优势企业数量少，企业间发展相差悬殊，2 家过亿元的企业占有全行业三分之一的产值。

3. 经济运行的内在质量有待进一步提高。亏损企业亏损额仍然居高不下，亏损面未见明显缩小。产品出口比重低，只占总产值的 0.87%，远低于全国 27%的水平。

4. 轻工中小企业发展环境趋紧。特别是一些企业资金严重不足，在融资渠道、信贷担保、贷款利率等方面受到比较严格的限制，使企业丧失了发展的良机。

【重点企业】

1. 产值排行业前十名企业

长春君子兰考泰斯塑料制品有限公司

吉林省白山市喜丰塑料股份有限公司

珠海市中富瓶胚有限公司长春分公司

延吉市新元管件有限公司

延边燕子塑料有限公司

长春市福利塑料制品有限责任公司

吉林省吉发包装有限责任公司

辽源市亚泰三川塑编有限公司

辽源市佳林造革有限公司

吉林省盐业包装制品有限公司

2. 效益排行业前十名企业

长春君子兰考泰斯塑料制品有限公司
珠海市中富瓶胚有限公司长春分公司
吉林省盐业包装制品有限公司
吉林省白山市喜丰塑料股份有限公司
长春市福利塑料制品有限责任公司
上海紫江企业集团股份有限公司长春分公司
长春市北方塑料织造有限公司
长春一汽长达汽车塑料制品有限公司
吉林省吉发包装有限责任公司

3. 产量达到3千吨以上企业
吉林省白山市喜丰塑料股份有限公司
吉林省吉发包装有限责任公司
敦化市太平山工贸集团公司
辽源市亚泰三川塑编有限公司
吉林省抚松县第二塑料厂
辽源市佳林造革有限公司
四平市顺达农用薄膜厂
延边燕子塑料有限公司

（吉林省轻工行业管理办公室　石春平）

黑 龙 江 省

【基本情况】

2003年全省塑料制品加工企业数为1 520个，其中国有企业36个，合资企业14个，集体企业115个，其他为股份制和有限责任公司及个体企业。根据黑龙江省统计部门对国有企业和非国有（销售收入500万元以上）企业76户统计，其中：国有企业11个，合资企业6个，集体企业10个，私企18个，股份制及有限责任公司31个。从业人数12 986人，制品产量91 386t，产值169 064万元，利税9 229万元。

全省塑料制品加工行业从业人数近5万人，塑料制品加工能力500kt。2003年塑料制品产量165kt，工业总产值13亿元。

【重点企业】

下面为重点企业名称、产量和主要产品（见下表）。

【出口情况】

出口的产品有编织袋、农膜、啤酒箱、塑料鞋、机械设备等；出口交货值为796万元；出口的国家有俄罗斯、南非、韩国。

【设备引进】

1. 黑龙江齐塑塑料制品有限公司与台湾翔发机械股份有限公司合资生产的PP-PE合成纸生产线，年产能力3.0kt，已正式投入生产。

2. 哈高科绥棱矩圆新型防水材料有限公司引进意大利5.1m宽幅乙丙复合防水卷材生产线可生产芯层厚度0.2～5.0mm，LLDPE防渗土工膜、H（M）DPE环保级防渗土工膜、EVA高弹性土工膜、针刺（长丝）无纺布土工膜、复合防水卷材、金属箔防护防水卷材、复合防水防卷材料都已批量生产。

3. 大庆油田长垣总公司引进德国“钢骨架塑料

企　业　名　称	产　量	主　要　产　品
哈尔滨市塑料五厂	6.6kt	农用棚地膜、家禽饮水喂料器、蓝光生态棚膜
哈尔滨哈轻塑胶集团	1.7kt	汽车配件、日用商品、家电配件
五常塑料有限公司	6.52kt	农地膜、周转箱
哈尔滨特种塑料制品有限公司	3.0kt	各种管材、管件
黑龙江多纳塑料工业有限公司		各种包装膜袋、编织袋
黑龙江齐塑塑料制品有限公司	5.0kt	PP-PE合成纸、汽车配件、土工布
哈尔滨市东雷塑料有限公司	4.5kt	农地膜
哈尔滨天丰塑料制品有限公司	5.0kt	农膜、管材、垃圾袋
哈尔滨南直塑料厂	4.5kt	农膜、各种管材
穆棱塑料有限责任公司	2.0kt	隔离膜、拉伸膜
鸡西市塑料二厂	1.0kt	PVC管材、管件
黑龙江庆港塑料有限公司	12.0kt	拉伸膜
大庆林港塑胶有限责任公司	3.8kt	双向拉伸膜、餐盒
牡丹江市安全劳保用品厂	4.0kt	
牡丹江市华安塑料型材有限公司	4.0kt	异型材产品
海伦塑料制品厂	8.85kt	编织制品、热收缩膜
黑龙江利达电缆料股份有限公司	2.8kt	电缆料、PE交联料
绥棱第二塑料有限公司		各类土工膜及防水卷材
黑龙江美城集团公司	3.0kt	门窗、PC装饰板、阳光板材

复合管”生产线，产品已批量生产。

【外资利用】

黑龙江多纳塑料工业有限公司与美国合资生产编织袋，3 000 万条/年，产品全部返销。

【存在的问题】

1. 产业集中度底，区域发展不平衡，目前我省塑料行业中具有发展潜力、有竞争实力的大型企业(集团)少，而处于能力放空、生产任务不足的中小企业偏多。

2. 产品结构不合理。中低档产品多，高档、高技术含量产品少；一般性普通加工产品多，高附加值产品少；传统性的老产品多，适应新型工业、农业现代化需要的配套产品少。

3. 生产工艺和技术水平低，企业装备和管理水平落后。大部分企业“自身造血”功能弱，自身投入能力低加之技术人员匮乏，基本上无技术开发、技术创新能力，生产经营处于粗放式状态，企业严重缺乏发展后劲，缺乏市场竞争能力，全行业经济效益普遍不佳。

4. 行业管理难度大，协会指导力度弱。近年来，多种经济成分的各类型生产企业特别是民营、私营企业发展迅猛，在行业中所占的比重逐年增大，使得行业管理的难度越来越大，行业协会的指导、服务力度随之减弱，导致各企业间重复建设、产品交叉现象屡有发生。而我省行业协会在职能和实力上存在着先天不足，致使行业协会的协调、服务、管理功能难以得到正常的发挥。

【发展趋势】

加速结构调整以产品结构调整为龙头，集中力量抓好四大类产品的调整，采用国内外先进的技术、科技成果和先进的加工装备，改造提升现有产品档次和质量，开发出一大批新产品。

1. 塑料包装制品。应加强包装材料的功能化的开发研制，重点加强产品的阻隔性、耐高温和保鲜等特性，发展新型彩印复合包装材料、多层高阻隔性包装器材、耐蒸煮防微尘辐射、防腐、防霉、防锈、无菌包装材料。

2. 工业配套和工程塑料制品。围绕汽车、家电、电信、化工等行业开发配套产品。

3. 塑料建材制品。面向城镇住房建设，开发高强度和高水密性的塑料门窗，改进型材断面结构，进一步提高密封性、隔音性能。适应室内装饰市场需求，开发高档塑料卫生洁具、厨房用具及各类新型塑料装饰材料。

4. 农用塑料制品。根据农业和农村经济结构调整的需要，着眼于提高农业效益，重点发展果蔬、花卉、经济作物、育苗育种等用途的长寿、无滴、防雾、高强度、高透明、保湿等多功能的塑料棚膜及其相配套的配件制品；加快发展道路建设、堤坝建设所需的各类土工材料。

(黑龙江省塑料制品行业协会　邹　奇)

上　海　市

【大事记】

1. 2002 年 12 月 5 日，上海塑料行业协会召开会员大会进行换届选举，组成新一届理事会，由原中石化上海石化股份有限公司党委书记、副董事长许开程任理事长。

2. 2003 年 2 月 20 日，上海塑料行业协会三届二次理事长办公会召开，审议通过了上海塑料行业协会 2003 年工作计划。正式聘任刘景芬为协会秘书长，并聘任龚兆源为协会名誉会长，姚锡福、沈国臣、张华嵩、李力、谢振羽为协会名誉副会长。

3. 2003 年 9 月 25 日，上海塑料行业协会三届二次理事会借第三届中国塑料交易会隆重开幕之际，在新落成的浙江台州国际会展中心召开。会议审议并通过了刘景芬秘书长所作的《关于上海塑料行业协会 2003 年工作计划执行情况的报告》，以及《上海塑料行业协会行规行约》等文件。

4. 自 2003 年 1 月起，《上海塑料通讯》复刊，每月一期。

5. 2003 年 8 月 18 日，上海塑料行业协会主办的专业网站——《上海塑料网》正式开通。

6. 2003 年 4 月～12 月，上海塑料行业协会按严格程序首次试点完成了针对全行业的“2003 年度上海塑料行业名优产品”的评审工作。下列企业品牌产品荣获“2003 年度上海塑料行业名优产品”称号：

中国石化上海石化股份有限公司塑料事业部　三人牌　PP、PE 树脂/丙纶短纤/2 000×0.08mm 农用薄膜；

延锋伟世通汽车饰件系统有限公司　延锋牌　汽车饰件产品；

上海汤臣塑胶实业有限公司 TOMSON 牌　建筑用硬 PVC 管材及管件；

华德塑料制品有限公司　华德牌　汽车塑料件；

上海英雄埃可迪门窗有限公司　英雄牌　60 系列塑料型材/门窗；

上海金昌工程塑料有限公司　SIC 牌　改性 PP 系列；

上海金菲石油化工有限公司　三人牌/MARLEX

牌　高密度 PE 吹塑专用料/PE 管道专用料/PE 电线电缆绝缘专用料；

上海金浦塑料包装材料有限公司　龙头牌 BOPP 普通膜/消光膜/热封膜；

上海达凯塑胶有限公司 SDK 达凯牌 PVC 智能卡（SIM 卡）压延基材；

上海双树塑料厂　双树牌（TWIN-TREE）酚醛模塑料；

上海爱平塑胶有限公司　爱平牌 PVC 透明压延薄膜。

7. 2003 年 12 月 4 日～7 日，第十七届中国国际塑料橡胶工业展览会（“2003 国际橡塑展”）在北京国际展览中心举行。本届展会规模及展商数目创历届新高，进一步奠定了雅式“国际橡塑展”在海内外的主导地位。上海塑料行业协会作为本届展会的国内支持单位之一，邀请华东六省塑料行业协会和上海塑料行业协会的部分会员单位组团前往北京参加了展览活动。

【基本情况】

2003 年，上海地区从事塑料加工行业的企业数量约 1 300 家，从业人数约 10 万人；从事塑料树脂及共聚物生产的规模以上的工业企业约 90 家，从业人数约 2 万人。塑料制品的年生产能力约百万吨；塑料树脂及共聚物的年生产能力约 130 万吨。

上海地区近两年工业系统的中小企业体制改革呈明显的“国退民进”趋势；而且，非上市的国有大型控股（集团）公司已经或将被撤销，其下属的工业公司将按属地划归为区属企业。上海塑料工业系统体制改革的趋势也将是这样，因此，中小企业的“关、停、并、转”时有发生。

上海合成材料制造业在原料树脂生产方面今后几年将有大的发展。比如，在上海化学工业区将会上市 PE、PP、PS、ABS、PI、PC 等产品，总量在 150 万吨；加上本市现有装置的技改扩容以及在外地建厂等，原料树脂生产总量将达 300 万吨左右。

【主要问题】

原有多数生产装置的技术经济指标相对较低、综合能耗相对较高，必须加大技术改造力度，提升生产装置技术含量，增加专用料牌号的生产比例。以 PVC 树脂为例，国外许多生产 PVC 树脂的公司通过调整聚合反应体系和工艺条件，生产出不同牌号的树脂，改善了树脂使用性能，使通用树脂专用化，PVC 树脂达到 2 000 多种（包括粒料），西欧有 800 种，日本 600 种，美国 300 种；此外，国外近年还发展了多种用途的混合料和系列专用料。而上海自行开发的 PVC 树脂专用料牌号相对较少。对于新上的 PE、PP 等装置，也应以市场为导向，积极开发新专用料产品。另外，上海本是我国工程塑料及功能高分子材料制造业的开发基地，一些主要的工程塑料与功能高分子如尼龙 1010、聚甲醛、聚碳酸酯、聚酯、聚酰亚胺、氟塑料、聚砜等都是上海率先开发生产并推广应用的，近年来由于投入少、装置小，工艺技术停滞不前，在与进口产品的竞争中处于下风。目前，除氟塑料、尼龙尚有一线生机外，总体上生产萎缩，产量滑坡，已处于全面退出市场的边缘。塑料合金、改性树脂的开发与应用（接枝、嵌段、无规共聚、辐射交联、共混、增韧、增强、填充、复合等）还处于初级阶段，品种、质量、价格、服务等都不能满足市场需求，汽车、家电、通讯等领域用料仍需大量进口。这些都应引起行业内的足够重视。

上海塑料制品业当前存在的主要问题是，经这些年塑料制品加工业的大发展，在一些新兴企业脱颖而出的同时，还有一批企业在近年产品结构调整过程中缺乏对市场的深入调查，对行业总体情况又不甚了解，投资决策失误，重复建设、重复生产、重复引进的问题相当突出，如上海地区建筑用 UPVC 排水管、UPVC 塑钢门窗等。再如，5 加仑 PC 饮用纯水桶，前几年一下子上了 30 多条生产线，投资近 2 亿人民币，生产能力超过 1 000 万只，由于供大于求，出现竞相削价的局面。而市场急需的某些新材料，如低中发泡 PS，医用配件 PP 厚板，专用聚甲醛板材、聚碳酸酯板材等却无处加工。

【发展趋势】

上海塑料制品业自 20 世纪 90 年代以来，在国家改革开放政策的推动下有了高速的发展，塑料加工企业从 600 多家发展到 1 000 多家，产量从 20 多万吨发展到上百万吨。一些骨干企业通过资产重组，引进外资，发挥了多元化经济的集团优势，先后引进了一大批大型先进的技术装备，拓展了高新产品市场，使塑料制品加工工业水平上了一个新台阶。

1. 上海金浦塑料包装材料有限公司投资 2 997 万美元建成的 1.4 万吨/年 BOPP 生产线，是国内同类产品最大的装置之一，可生产本色膜、真空镀铝膜、珠光膜、亚光膜、胶带膜、香烟膜等多种产品。

2. 上海紫东化工塑料有限公司投资 2 998 万美元，引进三菱重工高中档聚酯薄膜生产线（BOPET），年产 10 000 吨，主生产线工作区域达到 100 000 级净化标准，整个生产经营过程均按 ISO 9002 质量管理体系运行，保证了产品质量的稳定性。

3. 上海紫藤包装材料有限公司，投资 1 000 万美元，引进国内最大聚丙烯三层共挤流延膜（CPP）生产线，年产量 6 000 吨，有热封型、镀铝型、蒸煮型等，性能与质量已达到进口同类膜水平。

4. 上海达凯塑胶有限公司投资2 000万美元，引进90年代世界一流全电脑控制五辊压延生产流水线及VKW公司软件，生产聚氯乙烯（PVC）IC卡、有价卡基材、高档透明片、高档印刷片、文具用片材，产品质量达到德国DIN标准，超过日本、中国台湾同类产品。

5. 上海开捷门窗有限公司投资4亿人民币，从德国、奥地利引进具有90年代国际先进水平的PVC型材挤出生产线及门窗装配生产线，全自动电脑控制，可高质量，高效率的完成挤出、切割、铣孔、四角焊接、内外清角、清除焊渣等工序。

6. 上海皇家建筑系统（上海）有限公司是加拿大皇家集团技术有限公司在沪的独资子公司，首期工程投入3 100万美元，全部设备与技术由加拿大直接引进，生产塑钢门窗系统（RPWS）和建筑系统（RBS），通过模组化设计理念把房屋所有构件，经过精确设计和工厂化生产，在施工现场结合混凝土灌注成型，使造房不再使用砖瓦木石，大幅度提高了建筑效率。

7. 上海华德塑料制品有限公司，投资2 250万马克，引进德国系列电脑精密注塑设备，生产自行车反光器、道路诱导反射器、道路反光轮廓标等产品，其中自行车反光器是国内惟一达到美国CPSC和英国BS6102－2标准的产品；汽车塑料配套件是该公司生产的另一大类产品，获得上海市人民政府轿车国产化协调办公室颁发的一等奖，目前是上海大众汽车公司（桑塔纳）A级供应商，企业经济效益显著。

此外，上海近几年建成投产且技术含量较高的塑料制品还有大口径承插式PE缠绕埋地管及塑料窨井、PVC芯层发泡管、大型PVC特种硬管、铝塑复合热水管、一步法硅烷交联PE热水管、Ⅲ型聚丙烯（PPR）热水管等。目前上海塑料制品加工能力已近100万吨，经有关专家评估，其中包装用塑料制品（膜、片、带、袋、衬填防震、捆扎、中空容器等）约占30%，建筑用塑料制品（管材、型材、铺地材料、装饰材料、防水材料、保温隔热材料、轻型墙体材料等）约占20%，工业配套件塑料制品（白色家用电器、黑色家用电器、电子产品、汽车、通讯、电线、电缆、国防工业等）约占23%，农用塑料制品（农膜、地膜、棚膜、灌溉排水、农田设施、渔业、牧业、林业、水利工程等）约占5%，日用塑料制品（鞋类、箱包、家具、玩具、餐具、文具、洁具、桶、盆、箱、盒、架等）约占15%，其他约占7%。因此，应继续调整企业结构，加强产品结构调整，在塑料包装材料、建筑装饰用塑料材料、工业（汽车、仪表、航空航天、家电、IT行业等）配套用塑料件等主要重点方向上，提高现有产品的质量与档次，同时采用国内外先进的科技成果、先进的加工技术和先进的加工装备，努力开发新产品。

（上海塑料行业协会　杨忠民）

江　苏　省

【基本情况】

塑料工业是20世纪全球经济发展中增长最快的行业之一。江苏是我国主要的塑料加工工业基地之一，改革开放给江苏的塑料加工工业发展带来了巨大的生机和活力，随着改革开放的不断深入塑料加工工业有了突飞猛进的发展。通过引进国外的先进设备与技术，兴办三资企业，改造了一大批中小企业，涌现了大批的具有新的形象和活力的高新企业和龙头企业；产品质量和档次显著提高，产品品种不断增多，应用领域不断扩大，出口创汇逐年增加，全行业整体水平上了历史新台阶。

江苏塑料加工工业始于20世纪60年代初，是当时的新兴行业。初期的产量仅1 200百多吨，1969年产量才超过1万吨。1979年，江苏塑料制品总量在全国同行业中率先突破10万吨，并连续11年位居全国同行业第一。其总量占全国总产量的1/10，是中国重要的塑料加工业基地。

全省具有一定规模的企业3 500余家，其中销售收入500万元以上的企业1 000多家；全行业制品生产能力达300万吨以上，2003年完成生产吨位约205万吨，实现工业总产值320余亿元，销售收入290亿元；实现利税21余亿元，其中利润10.5亿元，仍然保持了9%以上的递增。

产品的涉及领域从农业、工业和消费品包装，到建材、汽车、机械、军工、电子通讯等，几乎当前国内外塑料界所有的塑料产品都涉及，主要差别在于优级品的比例和高档次产品的覆盖面。从品种上分析，农用薄膜的产量随着宽幅大棚膜的推广应用和长寿无滴膜等新型多功能膜的兴起，无论在品质、档次上还是在总量上都有了显著的提高和增长。工业用膜（包括收缩膜，双向拉伸膜，缠绕膜，内衬膜，食品、服装、玩具、日用品等包装膜等）仍然占薄膜总量的75%以上。板材中的ABS、PS复合板、铝塑复合板、PC板以及其在家电、汽车配套中的用量逐年上升。编织袋产量仍然保持增长的趋势，在品质上有了很大改善，吨装袋的出口量逐年增长。管材和型材以惊人的速度在发展，已出现5万吨级的厂，凸现该类产品对规模经济的要求和品牌效应的威力。但普通泡沫制品和普通桶类包装容器的产量增长速度有下降的迹象。

八五和九五期间，各企业都投入了大量的资金进行技术改造，使整个塑料加工行业从质和量两个方面都取得了突飞猛进的发展。目前的技术改造资金投入已出现重大变化，原有的国营塑料加工企业的再投资力度明显下降，新的民营企业和成功的改制企业，尤其是已成功上市的企业表现出了巨大的发展和投资活力。全省各类技改项目的成功实施，大大提高了企业新产品的开发能力和市场竞争力，先后开发出一批技术含量高、紧跟市场热点的新产品，如：汽车燃油箱、保险杠、仪表板、大口径管材管件、多功能复合膜和多功能农膜、双向拉伸聚酯、双向拉伸聚丙烯、双向拉伸聚苯乙烯、共挤复合膜、聚碳酸酯板、光导板、铝塑复合板、信用卡基材、装饰广告用材料、防水材料等。为包装、电子、汽车、机械、通讯行业的发展作出了极大贡献。

随着改革开放的深入发展，以及技术装备的引进和自身技术开发能力的提高，江苏塑料工业已形成成型工艺齐全、产品品种繁多、生产规模持续趋大、社会效益和经济效益较好的基本格局，成为全省经济发展的重要支柱行业之一，继续保持着在中国塑料界举足轻重的塑料工业基地的地位。

【存在的问题】

在整体水平上升的大趋势下，江苏塑料仍然存在一些共性的问题，主要有：

（1）在原材料来源结构上，仍处于大路货为主的现象，国产原料在品质和品种上不能满足塑料工业发展的需要。尤其是专用牌号原料例如汽车配套件专用料、高绝缘电缆专用料、高速 BOPP、CPP、共挤复合吹塑等专用料、高品质聚甲醛、改性尼龙、聚碳酸酯、聚偏氯乙烯、高水平添加剂等原辅料的供应有的仍然依赖进口，有的尽管已走出主要依赖进口的局面，但在品质上仍然不能满足新品的需求，仍然影响着塑料行业结构的合理调整，制约着塑料工业的发展。

（2）产品结构的不合理性一直困扰着江苏的塑料工业，高精尖产品开发不够，低水平产品重复交叉，没有一个权威机构能够协调和真正做到适应性调整。

（3）重量级塑料加工企业所占比例不高。尽管涌现出了中达股份、申龙高科、江南模塑集团、常州巨力集团、江苏琼花集团、常州创佳型材、盐城珠花集团、镇江金益集团、连云港中金医药包装、昆山彩华包装、江阴龙山集团、无锡环宇包装、无锡环亚包装、无锡国泰包装、常州海企塑业、无锡巨龙、苏州富事达、江苏华信塑业等重量级企业，尤其是中达股份、申龙高科、江苏琼花的崛起，极大地改变了江苏的塑料包装面貌，影响了江苏塑料包装的发展进程，某种意义上将改变江苏乃至全国的塑料包装历史进程。但除此而外，大多数塑料加工企业规模不大，原材料消耗和能源消耗偏高，大部分中小企业的经济效益偏低。

【发展重点】

新型塑料建材和多功能塑料复合包装材料仍将是江苏塑料制品工业的重点发展和快速增长的主要领域；农用塑料不但将继续占据重要位置，而且会随着农业种植结构的优化调整出现新的发展机遇；科技含量高的高附加值的工程塑料、工业配套塑料件及其他改性复合材料的应用领域将不断扩大。重点大类塑料产品如工业配套件、管材、建材、软/硬压延制品、薄膜、片材及高档包装材料的生产将朝着规模经济的方向发展，为减少对环境的污染，将加大塑料回收利用和降解塑料应用的力度。功能性塑料的开发和研究也将是今后的发展重点。

塑料管材的主要发展领域是各种规格（尤其是大口径）、多材质和多种结构的管材管件；在燃气管领域将出现发展的大机遇，将有可能成为热点产品。塑料建材的发展将要超出仅仅是型材的格局，型材也应朝着优化结构的方向发展，增加品种，提高档次。结构发泡材料、轻型墙体、隔断材料将进入活跃期。懂塑料不懂建筑设计和懂建筑不懂塑料是塑料建材发展的制约因素。应加强设计和应用的研究，这是建材产品快速健康的发展关键。在发展的过程中必须同步考虑标准化、系列化、适用化、配套化、美感化等新型建材发展的几大要素。

塑料包装广阔的市场前景，使塑料包装行业的规模随着市场需求的快速增长和品种、品质的不断涌现而不断扩大。骨干塑料包装企业的崛起、新型高阻隔材料的成功开发，改变了江苏的塑料包装行业面貌，也改变了塑料包装的形象。骨干塑料包装企业依靠引进先进设备以及和国外同行一流企业建立技术合作为开发纽带，加速了与国际塑料包装行业技术水平的靠拢，加快了塑料包装进入国际市场的步伐。塑料包装材料的发展经历了简单塑料包装、复合塑料包装阶段，当今的市场需求正向着塑料包装的多功能化发展。塑料包装的复合化、多功能化、环保化是今后发展的重点方向。塑料包装应按食品药品等包装物的要求，努力开发多功能性包装材料，提供被包装物性能保护功能；开发延长货物保质保鲜寿命的高阻隔、防渗透包装材料，无菌包装材料，热灌装材料，保味包装材料，耐蒸煮包装材料；开发水果、蔬菜等的气调环境保鲜包装材料以及粮食等储存、运输的防霉防蛀包装材料。尽管就整体而言，高技术含量、高附加值的塑料包装产品目前所占的比例仍然不高，未能满足日益增长的市场要求。但是，随着社会进步和人们生活质量要求的持续提高，塑料包装作将随着食品、饮品、药品、生物制品等行业的发展而大发展。随着这些行业对塑料包装的要求不断提高，塑料包装始终存在很大的发展空间。塑料包装具有可持续发展的前景广阔，一个大发展的时机已经成熟。

农用塑料的发展重点是果蔬、花卉、经济作物、育苗等用途的长寿、无滴、防雾、高强度、高透明、保温等多功能塑料棚膜及其相关配件制品，以及除草、防虫等多功能地膜，深入发展农田水利建设用的各类塑料管道、管槽、管件、节水型微灌、渗灌、滴灌以及水利建设中的水渠、大坝建设用土工材料等。农用塑料应引入现代农业的概念，农用塑料的研究开发应着眼于现代农业的目标、着眼于农业科技的发展和新技术的应用。

工业配套件的开发重点是工程塑料、汽车、家电、电子信息产品的配套件。邮电通讯用新型电缆、穿线管。信息、通讯、机械、国防工业配套的各种科技含量较高、附加值较高的配套产品。汽车工业中的塑料比重将大幅度增长，十年后的汽车塑料件将有一半以上采用复合材料和回收利用材料。航空航天工业技术进步的着眼点之一是减轻自重，高分子复合材料将大有作为，塑料将担当非常重要的角色。电子电器工业的配套将围绕节能省料的方针，对高电磁性能塑料合金、超导电塑料、电磁屏蔽材料、光机能性材料、光学纤维复合材料、新型传感高分子材料、信息处理用各种记录、储存材料、CAD 静电记录膜、微缩用胶片等的需求将急剧上升。

日用塑料制品的发展仍然有着不可估量的前景。关键是设计理念的突破，能否侧重以人为中心，追求现代美学设计观，朝着便捷、舒适、适用、经济、美观的方向发展，提高质量和降低成本是这一领域极其重要的行业发展要素。

【对策措施】

(1) 紧紧抓住机遇，敢于面对挑战，进一步转变观念，理顺体制，深化改革　塑料制品工业经历了从计划经济向市场经济转变的历程，企业在从计划经济模式转向市场经济的过程中，遇到许多困难，面临许多问题，为数不少的企业步履艰难，原有的历史烙印仍然影响着企业的发展和管理模式。因此，解决塑料企业今后发展中的矛盾和问题的根本出路在于真正实现深化改革。不进一步转变思想，就谈不上深化改革，就难以实现经济体制的改造，就难以尽快建立起具有活力的现代企业制度。目前正在强力推进的国企改制、改造、股份化进程，为我省塑料企业的发展提供了不可多得的极好机遇，尽管已有许多的企业进行了适时改制，但多数不到位，仍然存在不少的遗留问题，有必要进一步解放思想，深化改革。只要充分利用机遇，输入新的活力，江苏的塑料企业必定重整雄风，大展宏图。

(2) 正确判断市场，自觉调整产品结构　塑料制品企业应根据市场需求调整产品结构，加速发展短线、三高产品，根据不同品种适度掌握产品规模。下决心停掉一批低档产品和长线产品，调整产品结构必须克服惯性，必须跳出老的怪圈，引入新的思维。应坚持市场决定生产的导向原则，坚决从数量主导型过渡到质量、品种、出口、效益主导型。地方政府应重点扶持一批大型企业、特大型企业、重点企业、明星企业。以名优产品为龙头，以经济效益为中心，以资本投入为纽带，以市场发展为导向，组建具有实力的、符合经济规律的、有利于企业发展的企业集团，实现适应市场需求产品的规模效应，尽快改变和结束老、小、散、差的落后状况。

(3) 继续坚持大力利用外资、发展外向型经济企业的发展方针　我省塑料制品的出口量占总量的比例相对较低，制品技术含量不高。应继续研究国际市场的需求情况，研究国际市场新产品，在提高原有出口产品质量、巩固和扩大原有产品出口量的同时，重点开发热点产品，重点发展新市场。应鼓励和引导有条件的企业跨出国门，直接参与国际竞争。可将国内渐趋饱和的产品生产移到其他仍然有着较大需求的国家，境外办企业应从输出技术和设备为主。

(4) 重视产品的技术含量，以新技术促进企业的持续、快速发展　当今世界的经济发展显著特点之一，是技术已成为推动企业发展和经济增长的极其重要的因素，更是企业能得以持续发展的基本要素，技术含量低的产品和企业不可能有持续的生存空间。塑料加工业的技术发展非常迅速，出现了许多新技术新工艺，许多新产品的出现本身就伴随着新技术的开发和应用。计算机辅助注射成型、新型异型吹塑成型、超微孔塑料、受控低压注射成型、多相聚合物片状注射成型、可熔芯技术注射成型、挤出浸渍复合成型、熔体挤拉成型、多元材料复式加工技术、壳芯注射成型、双注射成型、模内背衬注射成型、液-气辅助成型等新技术的开发和应用推广，将为塑料产品的开发和设计提供更为广阔的空间。企业应格外重视技术，尤其是新技术工作。应根据自身的条件和发展需要，选择开发研究、综合吸收、引进消化、技术合作、购买软件等各种方式，积极采用高新技术。在引进先进装备的同时注重引进软件和技术。

（5）加大技改投入、增强企业后劲、提高企业活力　塑料行业改革开放以来的实践证明，只有选择好的项目，加大合理投入才能迅速上规模和上水平。只有加大投入，才能做到竞争有实力，发展有后劲，才能做到稳步前进，立于不败之地。优秀企业的历史经验充分验证，企业的大步前进多数是通过技术改造和技术引进实现的。江苏塑料应通过新一轮技改投入的实施，使全行业的整体实力提高到一个更新的水平，更上一个新台阶。

（6）重视人才、吸引人才　实现现代化，人是决定因素。企业和产品的竞争，越来越表现为人才的竞争。为此，江苏塑料界应进一步提高职工队伍的素质，注重职工技术的培训，大力培养和吸引人才。在企业改制的过程中应特别注重保护管理人才、市场营销人才、外向型经济人才、中高级技术人才的利益，应通过股份制的改造，尽可能最大程度地留住人才。人才是任何企业发展的宝贵财富，企业应从制度、分配机制上解放思想，引入激励机制、股份机制，高薪用人才、创造条件留住人才，用好人才，确保江苏塑料的持续高速发展。

（7）重视行业管理、克服盲目发展　塑料作为一门新兴的材料工业，与传统工业相比，其发展历史不长，但发展速度相当快。新项目的上马已从计划经济式的逐级审批制转向市场经济体制下的市场主导化。企业对项目的实施与否具有绝对的决定权。社会主义市场经济体制下的集体企业投资风险主要由投资单位而非经营者或单位领导，对投资项目的可行性研究存在诸多不稳定因素和投资项目的目的不明确性。这是上一轮投资热潮中为数不少的项目失败的主要原因，也是造成不少企业经济效益严重滑坡的主要因素。盲目投资、盲目发展不仅对单位本身会造成重大损失，也对金融界构成严重风险威胁，最大的伤害是国家利益的受损。一哄而上，不仅使投资单位在一开始就步履艰难，也对原来生产销售较能维持的单位构成严重威胁。因此，呼吁政府重视行业的管理和协调，尤其是项目的管理方面，要尽可能找出一条可行的审批程序，亟须改变目前项目由政府综合部门中只了解个别行业的少数人审批项目的状况。

（8）应加大力度重视废旧塑料的回收利用工作

① 应加强宏观指导与管理，建立切实可行的回收激励机制，建立回收利用体系；

② 建议尽快制定有关塑料回收利用的法律法规，规范回收利用的工作，杜绝不良形象的发生；

③ 提供条件设立塑料回收利用基金，并从税收政策等方面鼓励塑料回收利用工作；

④ 与治理白色污染工作相结合，加强立法工作，从优化人们的良好消费习惯，提高人的行为素质入手，变废为宝。在找到更经济有效、更有利于环保的新型替代材料成功研制之前，切忌因噎废食。

（江苏省塑料工业协会　韦　华）

浙　江　省

【大事记】

（一）浙江省塑料工业协会二届理事会换届改选

1. 浙江省塑料工业协会二届理事会于1998年4月至2003年4月，五年一届期满，按章程规定，必须进行换届改选。2003年3月10日协会以（2003）浙塑协字001号文，就换届改选事宜专题向浙江省经济贸易委员会作了请示报告。

2. 2003年3月15日（2003）浙塑协字002号文，《关于进行浙江省塑料工业协会第三届理事会通讯选举的通知》在广泛征求会员单为的基础上，推荐了33个单位为新一届理事会候选理事单位，并且以书面通讯形式进行选举。

3. 2003年4月15日以（2003）浙塑协字003号文发出关于《浙江大东南集团有限公司等33个单位当选为浙江省塑料工业协会第三届理事会理事单位的通知》。到此浙江省塑料工业协会第三届理事会选举完成。

4. 2003年5月15月日理事会选举结束，推荐的领导机构人选全部当选。

5. 2003年5月28日（2003）浙塑协字027号文《关于进行“浙江省塑料工业协会第三届理事会第二次理事会通讯会议”的通知》公布浙江省塑料工业协会理事会领导机构的选举结果。黄水寿当选为浙江省塑料工业协会常务理事、理事长，周理水当选为常务理事、常务副理事会兼秘书长。

6月15日表决通过“关于黄水寿同志担任浙江省塑料工业协会法定代表”通过由秘书长提名的常务副秘书长、副秘书长人员。到此，浙江省塑料工业协会理事会的换届选举工作全部结束。

6.《浙江省塑料工业协会章程》修改草案的表决通过，6月10日以（2003）浙塑协字第031号文，《关于征询浙江省塑料工业协会章程》修改草案的通知，广泛听取了个理事单位的意见，并在“浙江塑协通讯”第5～6期发表，再次广泛听取每个会员单位的意见。并以书面形式经会员代表表决通过。7月15日，通过的《章程》报浙江省民政厅审批实行。这是2003年浙江省塑料工业协会活动中的一件大事。

（二）筹备兴办协会下属实体企业公司

为了增强协会的自养能力，经请示省民政厅和省业务主管部门的同意。在新任理事长的支持和投资下协会申请兴办协会下属实业公司，6月12日理事长黄水寿与协会研究工作，并就兴办实体公司一事进行协商和安排并指派专人全权处理全部申请注册事宜。

公司定名为《浙江华纳有限公司》，注册资本500万元，由大东南和协会共同出资组建。

从6月30日开始办理公司注册，7月8日完成验资报告，7月9日准备注册文件，7月10日正式提交注册登记文件，7月25日正式取得营业执照，7月30日取得了公司代码，8月8日取得银行账户证明，8月19日取得国税和地税登记证书，9月10日财务人员参加规定的培训，9月15日领到了营业发票。9月20日正式开业。从6月12日至9月20日，历时3个月零8天。办成一家实体公司是协会的一件大事，它将为增强协会自养能力，是协会的大好事。新任理事长单位在兴办公司在投入资金、提供公司和协会秘书处办公场地等方面给予大力的支持。

（三）召开浙江省塑料工业协会三届三次理事会

浙江省塑料工业协会三届三次理事会于2003年9月24～25日在台州市路桥区召开，到会理事27人。会议由黄水寿理事长主持。

会议听取周理水秘书长《关于今年上半年协会工作汇报和本届理事会工作计划的报告》。理事会讨论并一致通过了以下四项决议。

①《浙江省塑料工业协会2003年上半年的主要工作及本届理事会工作决议》；②《浙江省塑料工业协会理事会工作制度》；③《浙江省塑料工业协会财务制度》；④《浙江省塑料工业协会会费收缴和使用的规定》。

浙江省塑料工业协会理事长黄水寿在会上作了重要讲话，与会理事对理事长的报告感受颇深，认为本届理事会工作目标明确、工作重点突出、措施得力，对本届理事会寄予厚望。

本次会议东道主浙江三友控股集团公司（浙江省塑料工业协会第三届理事会常务理事、副理事长）董事长张小赧在会上发表了讲话，张副理事长就三友集团二十余年的兴起、发展、壮大向与会理事作了介绍。

与会理事对张副理事长的讲话给予了高度评价，大家一致认为“三友集团”是我省民营企业发展的典型代表。“三友”的创业史是浙江塑料行业发展历史的一个缩影。

与会理事还参观了台州市中天塑业发展有限公司和三友控股集团公司的生产现场。两个企业的产品及厂容厂貌及生产装备等，给理事们留下了深刻印象，大家一致认为“三友集团”的经验值得借鉴。

9月25日全体理事参加了第三届中国塑料交易会开幕式，同时还参观了交易会的各个展馆。理事会讨论通过“宁波利时塑胶有限公司”为本协会的会员单位。本次理事会达到了预期目的。

（四）协助举办第三届中国塑料交易会交易

2003年9月25～28日在黄岩路桥举办第三届中国塑料交易会，浙江省塑料工业协会应邀作为协办单位。本届大会展览面积达25 000平方米，分5个展区，共设1 000个展位。由于往年两届塑交会的成功举办以及本届塑交会卓有成效的宣传工作和招展工作，所有的展位都已招满。通过对参展商及观众调查所反馈的信息充分表明，本届交易会收到了预期的效果，达到并超过了预定目标，与会人士都非常满意，给予了充分肯定和高度评价。这是又一次塑料制品、原料、机械、模具、技术的全方位展示交易，是塑料企业界、科研界、技术界、理论界精英的再次大聚会。据统计，来自国内各省市及美、法、意等国家和香港地区的有效观众达6万人次。展会现场合同成交额8.89亿元，意向协议金额8.35亿元。与第二届塑交会比较增幅分别为8%和36%。作为中国塑料产业的专业性展会，本届塑交会在相关行业的广泛参与以及外商采购方面有新突破。海天塑机、震德机械和博创机械等国内一流的塑料机械和模具机械等展位的洽谈交易活跃。海天塑机合同成交额1 000万元，意向协议4 000万元；博创机械合同成交额930万元，意向协议3 500万元；申达塑机合同成交额2 160万元，意向协议1 800万元；震德机械合同成交额800万元，意向协议4 500万元。交易会取得了圆满成功。

（五）2003年7月12日中国轻工联合会、中国塑料加工工业协会授予平阳县辰光集团、华庆集团、广天集团等七家为中国塑编之都“塑编龙头”企业荣誉称号。

【基本情况】

2003年，浙江省塑料制品加工行业，速度仍然保持在两位数以上，基本特点是：体制改革迅猛，生产稳步发展，技改投入加大，高新技术不断增多，民营及个体企业兴旺发达。

据统计，年产品销售收入在500万元以上的企业共1 284家，完成工业总产值（1990年不变价）485.11亿元，比上年增长23.98%；实现工业增加值62.86亿元，增长23.37%；完成塑料制品总产量320.107万吨，增长24.06%；产品销售收入458.21亿元，增长22.87%；实现利税41.21亿元，增长27.18%，其中利润21.25亿元，增长25.19%；固定资产实际投资额38.25亿元，增长28 056%，其中用于技术改造28.32亿元，增长21.81%；亏损企业

108，比上年增长 2.20%；亏损企业亏损额为 9 500 万元，比上年上升 6.28%。行业呈现快速增长趋势。

浙江省全省塑料制品产量已超过 500 万吨大关达到 565 万吨。工业总产值达到 625 亿元。浙江省塑料行业发展势头仍然迅猛。新生的企业不断增加，规模越来越大，2001～2003 年其间新增 1 万～3 万吨的 BOPP、BOPET 大型生产线达到 8 条。

主要有浙江大东南塑胶集团公司两条 2.5 万～3 万吨 BOPP 生产线将于 2004 年建成投产，瑞安华濒包装材料有限公司的 3 万吨 BOPP 生产线已建成投产，浙江无名皮塑集团公司的两条 1.6 万吨的 BOPET 生产线，绍兴翔宇包装有限公司的 1.6 万 BOPET 生产线，已建成投产，温州瑞安东威塑胶有限公司的 2.5 万吨 BOPP 生产线都将在 2004 年建成投产，还有浙江大东南集团公司的两条 BOPET 生产线也正在加速建设中等。

浙江省塑料行业目前已形成了三大塑料生产基地，即温州市及边缘市县包括温州市区、龙湾区、鸥海区、瑞安市、平阳县、仓南县是温州市五大塑料生产基地 2003 年塑料制品产量达到 220 万吨，实现工业总产值 242 亿元，其中 500 万吨产值以上的企业完成 77.39 万吨，占全市塑料总产值的 35.18%。

2002 年 10 月温州市鸥海区被命名为“中国合成革之都”，浙江温州市人造革、合成革生产的发展十分迅速，其企业之多、生产线之多、产量之大、出口之多都居全国各省市之首，温州市是名副其实的人造革、合成革之都。

温州合成革行业发展十分迅猛，从 20 世纪 90 年代初就已成为全国合成革的主要生产基地。全市拥有合成革企业 90 多家，固定资产达 30 多亿元，现代化生产线 240 多条，后加工辅助设备 1 000 多台，年产合成革 28 万吨，占全国总产量的 52%。在全国拥有固定销售点和用户 4 000 多家，年销售额 80 多亿元，占国内市场份额近 70%，且产业区域特色鲜明，发展势头强劲。

温州瑞安市被命名为“中国塑料薄膜生产基地”，瑞安市有塑料薄膜生产企业 30 余家，各种塑料薄膜的产能达 20 余万吨。

温州市平阳县和仓南县被命名为“中国塑料编织之都”，两县有塑料编织布及袋生产企业 500 家。

浙江台州市有“中国模具之乡”、“塑料王国”的誉称，每年消耗和销售塑料原料 220 万吨，塑料制品产量达 110 万吨。

从杭州市的萧山至绍兴余姚慈溪到宁波一线是浙江省第三个塑料生产集中地，加上杭州地区总产量达到 120 万吨。

包装塑料、日用塑料制品、化学建材料，仍然是浙江省塑料行业的三大增长最快的制品和主导产品。包装制品产量达到 158 万吨，约占总量的 27.39%，日用品产量达 80 万吨以上，宁波利时塑胶有限公司是浙江最大的日用品生产企业之一，年产量达到 4 万余吨，产品 95%出口年销售收入达 5.21 亿元工业总产值达 6.05 亿元。汽车、摩托车及工业用配套塑料件、电动工具等也相当发达，这类制品的加工企业近 2 000家。目前，浙江省塑料行业形成了以沿海一带的南（温州）、北（萧、绍、宁）、东（台州）三足鼎立之态势。

另一个特色是浙江省塑料原辅材料的市场极大，制品业的发展带来塑料原料流通业的发展，余姚的中国塑料城是浙江最大的原料流通，销售大市场，还有台州、温州、杭州、义乌等地形成庞大的流通队伍，年销售 10 万～20 万吨以上的大型原料供应商不下 10 余家，销售在 1 万～5 万吨的 20 余家，1 000 吨～1 万吨的有 300 多家，全省全年消耗塑料原辅材料达 570 万吨。浙江省塑料行业是全国最大的原料消耗省之一，每年进口或从国内大石化购进的原辅材料达 650 万吨以上，其中还有部分销往邻近省份。

1999～2003 年塑料行业主要经济指标完成情况

（产值在 500 万元以上企业）

项　　目	单 位	1999 年实际	2000 年实际	2001 年	2002 年	2003 年
1. 统计单位数	个	838	856	1 084	1 101	1 281
其中：亏损企业	个	77	97	89	91	108
2. 产品销售收入	万元	1 809 466	2 258 213.6	2 651 156.15	3 592 112.56	4 582 154.26
3. 利税总额	万元	162 006.9	200 306.3	214 405.3	312 525.05	412 123.13
其中：利润	万元	85 078.5	107 634.4	172 425.10	181 235.25	212 521.12
4. 亏损企业亏损额	万元	8 486	9 033.6	5 984.00	7 500.12	9 500.25

续表

项　　目	单位	1999年实际	2000年实际	2001年	2002年	2003年
5. 固定资产投资总额	万元	142 443.5	168 369.8	224 431.20	415 521.00	522 525.00
其中用于技术改造	万元	69 209.7	94 068.7	114 325.2	250 232.00	283 252.56
6. 工业总产值(现价)	万元	1 948 799.9	2 399 793.6	2 869 713.50	3 691 212.23	5 800 212.25
7. 工业总产值(90不变价)	万元	2 246 254.5	2 679 580.8	3 112 002.20	3 825 250.20	5 895 253.25
8. 工业增加值	万元	428 826.6	505 221.1	628 600.5	513 248.00	620 003.00
9. 从业人数	人	115 179	128 106	135 687	168 615	181 516

2000～2003年塑料行业制品产量（产值在500万元以上）　　单位：吨

产　品　名　称	2000年	2001年	2002年	2003年
塑料制品总计	1 538 616.75	1 945 825.5	2 532 300.23	3 201 069
塑料薄膜	176 540.93	216 531.2	300 341.05	453 515
农用薄膜	26 052.36	29 650.4	40 087.47	54 118
塑料板片材	63 588.79	876 521.1	97 700.86	112 356
塑料棒、管材	94 629.85	114 721.6	229 738.98	271 062
塑料丝及编织制品	301 702.65	411 562.8	383 889.32	391 951
塑料人造革/合成革	72 185.35/46 244.00	82 145.2/52 143.10	198 276.86	252 803
泡沫塑料	29 902.37	315 621.0	191 300.80	210 431
塑料包装箱及容器	62 115.55	685 121.3	71 017.88	87 352
塑料鞋	8 995.13	9 1321.5	18 380	17 461
日用塑料制品	246 739.85	263 125.0	372 631.66	447 158
其他塑料制品	435 972.28	503 264.0	724 962.87	956 951

2003年浙江省塑料行业销售收入及利税总额名列全国前50位的企业如下：

序号	企　业　名　称	年销售收入/万元	在全国名次	利税总额/万元	在全国名次
1	浙江大东南集团有限公司	357 953.5	2	28 228.00	2
2	三友控股集团有限公司	37 816.60	14	2 997.50	15
3	杭州塑料工业有限公司	13 235.7	34	2 111.20	19
4	浙江华江塑料有限公司	未进入前50名		1 799.20	21
5	浙江远翅塑料有限公司	12 126.6	36	1 036.20	30
6	浙江永庆塑胶股份有限公司	8 714.8	48	813.00	32

【企业经营】

（一）重点企业经济效益显著

2003年，我省塑料制品加工业中部分重点骨干企业通过进一步加强管理、努力开发新产品，市场应变能力不断增加，取得了显著的经济和社会效益。

据统计，浙江大东南集团有限公司、浙江永高塑业发展有限公司、杭州塑料工业有限公司、浙江远翅塑料有限公司、浙江永庆塑胶有限公司、三友控股集团有限公司、湖州新大力轻工集团有限公司、浙江华泰塑胶股份有限公司、宁波利时塑胶有限公司、浙江无名皮塑集团有限公司等30余家企业，2003年完成塑料制品产量近75万吨，实现工业总产值81.12亿元，利税9.89亿元，其中利润6.75亿元。形成一批万吨级的大型企业约30余家，这些重点骨干企业是行业的龙头，对行业的支撑作用越来越明显。

（二）企业管理水平不断提高

2003年底，全行业已有75家企业通过了ISO

9000 系列和 ISO 9002 质量认证，使企业管理上了一个新台阶。

浙江大东南集团有限公司等一批企业全面实行了计算机管理系统。全面提升企业管理水平。有近 31 家企业获浙江省人民政府授予的“浙江名牌”产品和浙江省著名商标称号。

（三）重点产品发展速猛

浙江省塑料行业形成了以包装、化学建材、板片材、薄膜、日用品、汽车摩托车及工业品等为主导产品的新型加工工业体系。

包装材料及制品达到 130 万吨、建材达 20 余万吨、日用品达 44 万吨。这些制品总量达到 215 万吨以上，占总量的 68%。其中，以 BOPP 为主的双向拉伸制品增速猛，能力比上年增长 45%达到 16 万吨以上。加上 BOPS、BOPET 等合计新增能力 22.5 万吨。到 2004 年全部建成投产将达到 34 万吨以上。

（四）行业协会发挥了良好的作用

2003 年，浙江省塑料工业协会继续坚持以促进行业发展和为行业服务为宗旨，努力为企业做好服务工作。

在当好政府参谋、为企业牵线搭桥、为企业排忧解难、协调企业之间的合作和联合等方面做出努力。受到企业的欢迎。

同时在加强信息流通、促进中外技术交流和合作等方面也发挥了积极的作用。同时在指导行业内业产品的升级换代，推动企业技术进步等方面也有很好的作用。为了深入了解行业情况，协会还积极进行行业的调查研究工作，起草了“浙江省塑料行情况的调查报告”一文，并报省经贸委。

【重点企业】

2003 年浙江省塑料行业重点企业概况

序号	企业名称	主要产品	能力/t	产量/t	产值/万元
1	浙江大东南塑胶集团公司	BOPP、CPP 膜及注塑制品等	360 000	363 980	359 530.00
2	浙江华泰塑胶股份有限公司	PVC 压延膜等	32 000	25 000	12 924.50
3	浙江富天集团有限公司	PE 电缆料护套料等	25 000	21 010	13 252.20
4	浙江省远翅塑料有限公司	汽车用塑料配套件等	9 500	6 500	12 050.00
5	杭州市塑料工业有限公司	PVC 压延膜、聚四氟乙烯制品等	13 000	11 521	13 235.70
6	温州光华塑料企业集团公司	塑料软包装制品等	8 500	5 500	8 910.00
7	海宁长海塑料包装印刷有限公司	塑料复合软包装制品等	12 500	11 500	11 000.00
8	浙江省永庆塑胶有限公司	PVC PE PP PC 塑料板管制品等	22 000	17 000	8 714.80
9	杭州紫江包装有限公司	PET 塑料瓶等	5 800	6 500	10 709.02
10	杭州新光塑料有限公司	挤吹塑料膜等	12 500	9 500	7 950.00
11	浙江华江塑料有限公司	挤出发泡复合制品	6 500	7 854	8 200.00
12	杭州市塑料包装有限公司	复合软包装制品等	7 400	6 800	9 781.00
13	瑞安市电线电缆材料实业公司	PVC 电缆料等	7 500	4 520	3 100.00
14	瑞安东威塑胶有限公司	PVC 压延膜制品等	7 500	6 801	5 521.00
15	温州渔网厂	尼龙塑料网	2 500	2 325	8 560.00
16	浙江嵊州塑料厂	农用塑料遮阳网	4 000	3 100	4 512.00
17	黄岩永高塑业发展有限公司	PVC 管，管件异型材及塑钢窗	50 000	38 000	31 920.00
18	海盐海松塑胶有限责任公司	PVC 压延膜及防雨布等	20 000	14 000	11 133.00
19	湖州新大林橡塑制品有限公司	EVA/PE 改性泡沫塑料片等	4 300	3 950	4 200.00
20	浙江华昌塑胶有限公司	PVC 人造革	8 000	6 320	5 825.00
21	中国三友控股集团有限公司	塑料纱管及农用制品	7 500	6 250	37 816.00
22	浙江无名皮塑有限公司	PVC 人造革、BOPET 等	55 000	45 000	48 000.00
23	湖州新大力轻工塑料有限公司	PVC 压延膜、片等	8 500	7 800	9 525.00

续表

序号	企业名称	主要产品	能力/t	产量/t	产值/万元
24	温州正大合成革有限公司	合成革		1 000 万平方米	11 900.00
25	温州华正塑业有限公司	编织袋			13 243.00
26	浙江南塑包装有限公司	编织袋			12 902.00
27	温州晨光集团有限公司	编织袋			16 894.00
28	温州华庆集团有限公司	编织袋			16 503.00
29	温州广天包装有限公司	编织袋			10 164.00
30	宁波利时塑有限公司	日用塑料制品		70 000	56 000.00
31	瑞安华缤包装材料有限公司	BOPP		35 000	35 600.00
32	瑞安塑料薄膜有限公司	PVC 薄膜		13 500	13 000.00
33	温州五洲人造革有限公司	合成革		2 000 万平方米	21 000.00
34	温州正大合成革有限公司	合成革		1 000 万平方米	11 000.00

【设备引进】

据统计，1 280 家年产品销售收入在 500 万元以上的企业拥有固定资产净值达 52.25 亿元，2003 年全行业固定资产实际投入额为 12.5 亿元。

目前全行业 500 万元产值的企业拥有注塑、挤出、压延、吹塑、共挤流延、双向拉伸等加工设备 1.65 余万台（套），全省（包括产值在 500 万元以下的个体、家庭加工厂民营企业等）塑料制品加工设备（主机）达到 3 万余台套以上，其中，各类注塑机约 1.5 万台套，挤出机组约 1 万台套；其他加工设备约 0.5 万台套。

全省从英国、德国、法国、意大利、奥地利、美国、日本、韩国等国家引进的各类加工设备约2 870 余台（套），加工技术 50 余项，增加新工艺，新技术达 40 余项，这些引进设备和技术大大提高了行业的加工工艺和技术水平，使塑料加工在普通的注塑、挤出、压延、层压等工艺上发展了精密注塑、发泡注塑、热流道注塑、气体辅助注塑、共挤流延、双向拉伸、注-拉-吹、挤-拉-吹、挤出发泡等多种工艺，二次成型技术如热成型、涂饰、印刷、电镀等工艺也有了较快地发展，ABS/PVC、PP/玻纤增强、PP/EPDM 等共混改性技术也取得了较大进展。

在引进设备中，到目前已经引进的大型 BOPP 生产线 16 条能力达到 25.4 万吨，BOPS 生产线 3 条能力达 2.6 万吨，大型 BOPET 生产线 7 条 7.6 万吨，正在筹建的 9 条生产线 12.7 万吨。

全省先后引进 PVC 压延生产线 40 余条，能力达 28.2 万吨，PU/PVC 人造革、合成革生产线达 320 余条，能力达 120 万吨，CPP 流延膜生产线 20 余条能力达 6 万吨以上，大型中空成型机 15 余套，能力 2.5 万吨，4 000 克以上的大型注塑成型机 20 余台，复合软包装生产线 60 余条，5～10 色印刷机 50 余套，塑料编织布生产设备能力达 100 余万吨，居全国首位。还有大型挤出硬片、膜生产线 20 余条，管材、异型生产线 50 余条，由于加工工艺和技术水平的提高，使得塑料制品的质量不断提高，应用面不断扩大，竞争力显著提高。

浙江省塑料行业引进及正在筹建的双向拉伸膜生产线情况见表。

双向拉伸膜生产线情况

序号	企业名称	产品	条数	产能
已引进的 BOPP 生产线企业及产能				
1	浙江绍兴天普塑料制品有限公司	BOPP	1	(BOPP 6.2m 240m/min 3 层)15 000 吨/年
2	浙江宁波亚朔科技有限公司	BOPP	1	(BOPP 8.2m 400m/min 3 层)25 000 吨/年
3	浙江伊美薄膜工业有限公司	BOPP	1	(BOPP 8.2m 400m/min 3 层)25 000 吨/年
4	浙江台州富洋电子有限公司	BOPP	1	(BOPP 4.2m 260m/min 3 层);10 000 吨/年
5	浙江大东南塑胶有限公司	BOPP	4	10 000 吨/年、15 000 吨/年、14 000 吨/年、25 000 吨/年各一条，合计 64 000 吨/年

续表

序号	企业名称	产品	条数	产能
6	浙江瑞安华滨包装有限公司	BOPP	4	6 000 吨/年、10 000 吨/年、15 000 吨/年、25 000 吨/年各一条，合计 6 000 吨/年
7	杭州杭宝特种薄膜有限公司	BOPP	1	6 000 吨/年一条
8	浙江萧山化工总厂	BOPP	2	3 000 吨/年、25 000 吨/年各一条，合计 28 000 吨/年
9	瑞按东威塑胶有限公司	BOPP	1	日本三菱重工 25 000 吨/年生产线一条
	小计		16	25.4 万吨/年
已引进的 BOPET 生产线企业及产能				
10	杭州大华塑业有限公司	BOPET	2	两条 2 000 吨/年，合计 4 000 吨/年
11	浙江无名皮塑集团责任有限公司	BOPET	2	11 000 吨/年、15 000 吨/年各一条，合计 26 000 吨/年
12	绍兴翔宇绿色包装	BOPET	2	16 000 吨/年、16 000 吨/年，合计 32 000 吨/年
13	浙江省宁波五洲包装有限公司	BOPET	1	14 000 吨/年 BOPET 生产线
	小计		7	7.6 万吨/年
已引进的 BOPS 生产线企业及产能				
14	宁波东升包装材料有限公司	BOPS	1	6 000 吨/年
15	浙江塑料包装材料有限公司	BOPS	1	8 000 吨/年
16	宁波中轻包装材料有限公司	BOPS	1	12 000 吨/年
	小计		3	2.6 万吨
2003～2005 年拟建 BOPET 项目及规模				
17	浙江无名皮塑集团责任有限公司	BOPET	2	12 000 吨/年、13 000 吨/年各一条
18	宁波舜塑	BOPET	1	13 000 吨/年
19	绍兴中发	BOPET	1	13 000 吨/年
20	苍南中大	BOPET	1	13 000 吨/年
21	浙江大东南(两条)	BOPET	2	25 000 吨/年、25 000 吨/年
22	浙江欧亚薄膜	BOPET	1	13 000 吨/年
23	浙江新进入者	BOPET	1	13 000 吨/年
	小计		9	12.7 万吨/年

在引进 BOPP 和 BOPET 大型生产线最大的企业有浙江大东南集团有限公司和浙江华滨包装材料有限公司。

浙江大东南塑胶集团公司始建于 1957 年，经过 46 年的奋发拼搏，已发展成为“国家大型企业”“全国 500 家综合效益最优工业企业”、“全国出口创汇先进企业”、“中国塑料包装制品行业龙头企业”。

公司现有职工 1 088 人，总资产达 7.18 亿元，是一家专业生产各种塑料制品的厂家（塑料衣架、超市购物袋，垃圾袋，三明治袋、服装袋、背心袋等）生产设备先进、技术力量雄厚、质量管理体系完备，产品质量档次高，企业取得了显著的经济和社会效益。

2003 年实现销售 35 余亿元、税利 2.2 亿元、进出口总额达 5 800 万美元，产品 70%以上出口欧美市场。实现了公司“高科技、高投入、高产出、高品质、高效益”战略发展目标，是我省塑料行业中的龙头老大企业。

该企业几年来坚持“依靠科技进步，勇于创新，加快企业发展”的方针，不断加大技改投入，该公司 2001 年投资 2 亿元引进德国年产 14 000 吨高档 BOPP 薄膜生产线，这一项目已被列入国家“双高一优”重点技改项目，目前已投入生产，与此同时，公司还开发了纳米超微孔透气薄膜、可降解光转换农用塑料薄膜、抗菌 BOPP 薄膜等产品。公司还被国家科技部命名为“国家火炬重点高新技术企业”，并进入了“世界行业500强”预选名单。

根据我国加入“WTO”后的新形势，面对国际国内塑料制品行业强手如林的新的竞争格局，浙江大东南集团有限公司围绕着力打造全国乃至世界塑料包装业的制造中心、谋划新的更大更高更强的跨越发展远大目标，结合企业自身经济实力和国际国内塑料制品市场需求实际，为充分发挥企业高科技和大规模的竞争优势，不断增强竞争能力，进一步提高市场占有率和企业经济效益，为我国塑料制品行业的健康快速发展作出新的贡献，决定在“十五”期间计划投资10多亿元，继续大力实施诸多高新化技术改造项目，引进国际顶级的塑料制品制造设备。这次签约并正式开始组织实施的中外合作引进年产6万吨BOPP薄膜生产线高新化项目就是其中重点项目之一。

与此同时，该公司在2002～2003两年内实施的引进年产8 000吨光转换农用塑料薄膜生产线、引进年产25 000吨纳米透气BOPP薄膜生产线、引进年产6 000吨真空镀铝膜生产线等5个高新化技术改造项目的前期准备和审批列项工作已全部结束，目前正在与国外设备制造商洽谈设备的引进事项，计划在2004年6月前全部竣工投产。大东南二期两条2.5万吨BOPET项目正在启动，计划2005年全部建成投产。

浙江华滨包装材料有限公司（原瑞安市华滨包装材料厂）是温州区域内最大的专业生产双向拉伸聚丙烯（BOPP）薄膜的股份制企业，中国200强先进包装企业，中国包装龙头企业，温州市“规模型、科技型、外向型”重点骨干企业。资信等级AAA级，连续4年评为重合同、守信用单位。创办于1996年7月，资产总额4亿元，产生产能力6万吨，产品广泛适用于食品、药物、香烟及多种轻工产品的包装，也可作为印刷、真空镀铝及复合之基材。

华滨包装材料有限公司拥有厂房占地面积85 000平方米，建筑面积45 000平方米，员工300名。主要生产设备有日本三菱进口BOPP生产线3条，德国康普和英国阿特拉斯进口高速分切机3台以及全部日本“东洋”公司电脑控制薄膜性能检测设备，可生产15～60μm的各种高品质通用包装印刷膜、粘胶带膜、金属化基膜、白色不透明膜、三层共挤热封膜、珠光膜等系列产品，其各项物理性能与实用效果均已达到国际水平。

并在2002年4月通过ISO 2000国际质量体系认证。由于产品质量好，声誉高，“华滨牌”BOPP产品供不应求，销售市场前景非常广阔。

为了市场对新型包装材料的需求，扩大市场占有率把企业做大做强，实现规模效益，提高企业经济效益和整体实力，华滨包装材料有限公司于去年投资1.6亿元，与日本三菱重工合作，引进年生产能达2.5万吨的第四条双向拉伸聚丙烯（BOPP）薄膜生产线和英国阿根拉斯分切机，该生产线幅度8.5米是目前世界上BOPP同类产品最先进的设备。届时将使该公司BOPP总生产能力增至6万吨，该引进设备于2002年底运抵该公司。2003年1月中旬开始安装，在三菱重工现场技术人员指导下经该安装公司职工努力，整条生产线于5月初安装完毕，并进行单体试运转，5月30日投料试产一次成功，顺利出膜。

【出口情况】

目前塑料制品进出口活动，已由过去的外贸部门专营，近年来已有相当一部分企业取得了进出口权。在出口制品方面，目前主要的产品有以下几类：PVC硬片及圣诞树、无纺布、编织布及袋、包装膜及袋、注塑制品、人造革、PE/PVC复合片材、瓦楞板及箱、各种塑料编织网、鞋类等。2003年据不完全统计，制片的出口量约58万吨，出口交货值49.5亿元比上年增长32%。

【新产品开发】

2003年全行业依靠科技进步开发了一些高科技含量的产品，扩大了塑料制品的应用领域。这些产品的投产使企业取得了一定的社会效益和经济效益。

浙江华泰塑胶股份有限公司的软质PVC三维彩虹膜、瑞安华奥塑料有限公司的新型环保药用PVC硬片通过浙江省省级新产品鉴定。

中国轻工业联合会于2004年2月2日在义乌对北京工商大学塑料研究所与义乌万鹤包装材料有限公司联合研发的“多层反射塑料复合彩虹膜研究及产业化”科技成果主持召开了鉴定会。该项目全部采用国产设备和自主设计加工的关键部件，在复合模头增层结构设计、流变学加工工艺条件控制、材料配方优化设计方面具有创新性，申请了2项发明专利，填补了国内彩虹膜产品生产技术空白，达到国际同类产品的先进水平。

本项目生产工艺过程中不使用有毒、有害化学品，无废水、废气排放，并且所产生的边角料进行了回收利用，符合国家产业政策和环保政策。合作双方继续采用新技术，更进一步提高产品的档次，应用领域不断拓展，具有显著的经济效益、社会效益和环境效益。

【市场需求】

浙江省塑料制品的市场主要在国内或出口，省内销售约占35%～40%，国内或出口占60%～65%，其中，鞋类、复合包装膜、塑料编织制品等70%出口或销往省外市场，板材管材省外销售60%～70%，中空制品、一般塑料膜、一般日用制品等主要以省内为主。工业配套件在省内外均有市场。汽车配件省内销售少量，主要在国内汽车制造业。

我省每年消耗塑料原辅材料580余万吨，原材料进口总量一般由海关部门统计，全省由销售商及有关部门进口塑料原料280万吨以上，其中PE 87.5万吨、PP 112.5万吨、其他50万吨。其余从国内各大石化厂购进原料和原料经销商购进原料达300万吨以上。

【存在的问题】

2003年浙江与全国一样，塑料加工业遇到"非典"疫情，接着又遇到了电力紧张，约有70%的企业开开停停，有的一周开三停二，严重影响生产、部分企业依靠自备发电生产，加大了生产成本，加上从6月份开始直至12月的原料连续涨价，严重影响了企业的经济效益。省塑料行业的全体职工经过艰苦的奋战，克服了种种困难，取得了较好的经济效益。

此外，行业中部分企业不重视产品质量，只讲效应，不讲质量，使得产品质量低劣。与国外先进水平比较，总体上看，全行业的装备水平相对较低，加工工艺技术相对落后，缺乏开发新产品的能力，市场应变性差。

浙江省塑料原材料资源紧缺，省内生产的合成树脂约40万吨，但需求各种合成树脂及助剂在560万吨以上，原材料主要靠进口及从省外购进。

当前我省塑料行业存在的主要问题仍然是：行业管理水平较低，产品结构不尽合理、重复建设，例如BOPP、BOPET等大型生产线近两年就增加了10余条，导致部分产品生产能力过大，产品档次低，企业之间靠相互压价来进行所谓的"竞争"，加剧了市场竞争的激烈程度。

【发展趋势】

浙江塑料业总的发展依然呈快速增长趋势，主要的特点如下。

1. 规模企业越来越大，2003年全行业产值在500万元以上的企业比上年增加了170家。规模企业的总销售额占全行业的55%，1万～3万吨规模的企业增加15家。总的趋势是逐渐向规模经济发展，小型企业生产和经营困难较多，一些从事其他经营的企业已经完成了他们的资本积累，财大气粗，在考虑发展时往往把规模大、投资大的作为首选项目，同时，一投入就是几亿元，尤其是塑料项目，规模一般在万吨以上，例如BOPP、BOPET等这些大型生产线，搞一条不够，要搞二条或三条。还有化学建材，也是这样，规模将越搞越大。

2. 合兼并企业越来越多，一些小型企业逐渐失去了市场的竞争能力，一些有实力有市场的企业在生产场地人力等方面的不足。兼并起来，解决了大企业的不足，有了发展的余地。

3. 向外地及省外发展，由于浙江人多地少，地价越来越高，现有可利用的优惠条件越来越少，本地可利用发展余地越来越少，阻碍了企业的发展。逐步有一些企业打算或已经开始向内地或省外新开发的经济开发区发展。有的一次就购进土地500～1 000亩，筹建新的项目。

（浙江省塑料工业协会　周理水）

附：温州市

【大事记】

1. 温州市塑料工业协会换届

温州市塑料工业协会于2003年8月12日在维多利亚大酒店召开了第二届第一次会员大会。会上余不凡理事长作第一届协会工作报告，余正光秘书长作财务开支情况报告，宋云鹤同志作第二届理事会成员推荐情况说明，到会代表一致通过工作报告、财务报告，并通过了理事会理事、常务理事、副理事长、常务理事长、理事长、秘书长、常务副秘书长、副秘书人选。余不凡继续被推选为理事长，余正光继任秘书长。这次换届的特点是把各县市协会理事会主要成员，推荐到市协会理事会中来，瑞安市塑料行业协会会长尤作虎，平阳县塑包协办会会长潘灯德，苍南塑料工业协会会长林增标，推选为市协会常务副理事长，县、市协会副会长、常务理事推选为市协会副理事长、常务理事或理事，全市年销售收入亿元以上企业都被推选为副理事长，这样使市、县协会从组织上紧密联系在一起，有利于行业管理及协调。会上还宣读了"中国塑编之都日常管理办法的通知"和"中国塑编之都"龙头企业、重点企业、成员企业荣誉称号的名单，同时还颁发了"龙头企业"奖牌。市民政局戴吉林副局长、市经贸委张国华副主任到会作了重要讲话。最后宋云鹤高工作"温州市塑料工业现状和今后发展方向的建议"发言。会员企业代表和来宾一百多人参加这次大会。会议自始至终在热烈的气氛中进行，各企业代表信心十足，雄心勃勃，决心为我市塑料行业的发展，为打造国际性轻工城做出更大贡献。

2. 温州东方防腐设备有限公司为载人航天提供"重要部件"

将二氧化碳回收并再生成水，把水转化为氧气，这项再生生保系统应用在载人航天上，为宇航员提供生命保障，降低飞船的载重量。温州东方防腐设备有限公司的核心技术"二氧化碳收集与转换装置"，受到中国人民解放军总装备部航天医学工程研究所的关注，2003 年 11 月中旬，该研究所两位专家来温同该公司签订了长期技术合作协议。

再生环保系统是我国 863 计划科技航天领域的一项关键性攻关项目，是长期载人航天的关键技术之一，其重要部件是二氧化碳收集与转换装置。这一装置能解决宇航员在太空舱中二氧化碳浓缩与回收问题以及废物的循环再生。世界上目前只有美国、俄罗斯少数几个国家掌握这一技术。

我国已成功发射了“神州五号”载人飞船，而长期载人航空的目标还未实现。据悉，一名宇航员在太空中一天需要消耗约 20 公斤物质，包括水和氧气。二氧化碳收集与转换装置已应用在我国的空间实验室，为下一步建立太空空间站做好前期准备，这一装置还可应用潜艇等密闭空间。

温州东方防腐设备有限公司董事长董秀峰用 5 年时间，成功研制了这一装置，填补了国内这一技术空白。解放军总装备部航天医学工程研究所在前年与该公司正式合作生产的二氧化碳收集与转换装置曾用于去年 12 月成功发射的“神州四号”无人飞船。这是我市塑料行业为我国航天事业做出的重大贡献。

3. 温州市合成革商会二届一次会员大会隆重召开

12 月 16 日下午，温州市合成革商会二届一次会员大会在王朝大酒店隆重召开。这是一次空前盛会，90 来位温州合成革行业精英欢聚一堂，回顾三年成就，共商发展宏图，推选商会新一届领导班子。大会由常务副会长郑国春主持，中国塑料加工工业协会理事长廖正品专程来温祝贺，并在会上发表了热情洋溢的讲话。

中共温州市委常委、常务副市长阮晖代表温州市委、市人民政府到会祝贺并发表重要讲话。市委常委、统战部长陈笑华，市政协副主席王成云，市经贸委副主任张国华，市外经贸局副局长陈玉平，市质量监督局副局长郭志坚及龙湾区各级领导在主席台就座。参加大会有 200 多人。

大会听取并审议了孙福荣会长的工作报告，听取审议了郑笃权秘书长关于商会财务收支情况报告。大会选举产生了 29 位第二届理事会成员。二届一次理事会会议选举产生了二届理事会会长、副会长 13 位和秘书长，孙福荣再次当选为会长，郑笃权为秘书长。孙福荣会长提出今后三年，行业发展目标不变，就是要全面建设温州——中国合成革之都，为把温州建设成为全国性的合成革精品生产基地、合成革贸易中心和合成革文化中心而努力。

4.“温州合成革”报创刊

温州市合成革商会为了进一步加强信息交流、宣传自我、推介产品，为行业了解世界、观察行情、捕捉商机、他山取石开设窗口，于 2003 年 5 月 28 日将《温州合成革》简报改为“温州合成革”报。

“温州合成革”报四开四版彩色印刷内容丰富、图文并茂，创刊以来深受广大会员企业欢迎发行量从 200 份扩大到 2 000 多份。至此，我市塑料行业已有温州塑料通讯、瑞安塑料信息、苍南塑料、平阳塑料包装等五份刊物及五个网站，为温州塑料企业提供信息服务。

5. 合成革商会参加皮革展

第八届（温州）国际鞋、皮革制造技术和材料展览于 9 月 10 日至 13 日在温州国际会展中心举办。合成革商会组织 37 家企业计 66 个展位参展，成为这次展会的最大参展团。合成革企业这次参展有 5 个特点：一是参展单位十分注重企业形象，90％的展位都进行特装；二是展品质量呈上升趋势，花色品种远多于去年，展会上出现了超细纤维合成革产品，让人耳目一新：三是展示方式向信息化转变，如温州人造成革有限公司的两个展位上人们看不到一个样品，除了宣传标语外，只有一台手提电脑，参观者可从电脑上看到公司全部详细情况：四是一些生产规模相对较小的企业也积极参展：五是展览效果普遍良好，参展单位反应满意。

6. 温州市塑协组织会员参加第十七届国际塑料橡胶工业展览会

12 月 4～7 日第十七届中国国际塑料橡胶工业展览会在北京举行，市塑协组织 12 家企业 25 人前往参观，是这次展览会上规模最大参观队伍。受到中国塑协和香港雅式中心的关注和欢迎，会上企业家们对聚丙烯发泡、塑料汽车配件、医用塑料、无纺布等新产品十分感兴趣。市协会每届都组织会员企业参展，为企业技改、产品更新、材料更新提供信息。

7. 陈晓敏入围 2003 年中国经济女性年度人物

2003 年中国经济女性年度人物表彰大会，日前在北京人民大会堂重庆厅隆重举行。温州俊尔高聚物公司董事长陈晓敏、康奈集团副总裁郑莱莉等 34 人光荣入围。

这次活动由 2003 年中国经济女性年度人物评委会、中国经济女性发展论坛组委会、中国妇女报等共同主办。参评人物以中国妇女报曾采访报道过的女企业家为主要候选对象。评选标准包括：媒体聚集率高，在新闻界及社会上有一定知名度；在各自领域里做出突出贡献、产生重要影响，并在客观上推动了社会文明进步；企业家本人合法、诚信、企业产品无假冒伪劣，企业无不良信用记录；企业家曾获一定社会荣誉或担任一定的社会职务，经营管理有创新等 11

条。本着“科学、系统、公开、公正”的评审原则，通过专家“少数服从多数”的表决方式确定34人入围本次“中国经济女性年度人物”并最终确定“十佳”人选。

浙江省此次入围人物只有陈晓敏、郑莱莉两位。

8. 南塑塑编袋获国家专利

浙江南塑包装有限公司是中国塑编之都的龙头企业，为了拓展国内外两大市场，提高公司品牌知名度，以先进适用技术提升传统产品，占领更多的国际市场份额，积极投入大量资金与高校博士联合研究开发出“南塑牌新型真空镀铝编织袋”，填补了国内空白。该产品于2003年9月份经国家知识产权局审批获得国家“实用新型专利”证书，是全国首家塑料编织袋获得国家专利证书的企业。

9. 我市塑料行业十六家企业获轻工百强荣誉

在10月11日“温州之约”大型文艺晚会上，温州市人民政府举行了“温州轻工百强”颁奖仪式。我市塑料行业浙江华滨包装材料有限公司、温州俊尔高聚物有限公司、浙江南塑包装有限公司、浙江大发包装材料有限公司、温州市华正塑业有限公司、温州晨光集团有限公司、温州广天集团有限公司、浙江华庆集团有限公司、温州超维工程塑料有限公司、温州市达得利箱包有限公司、温州人造革有限公司、温州市五龙合成革有限公司、温州五洲人造革有限公司、温州宏得利合成革有限公司、温州力邦制革有限公司、温州正大利合成革有限公司等十六家企业获此殊荣，我市合成革行业6家企业负责人第一批上台受奖，引起全场观众的特别关注。

10. 浙江华泰塑胶股份有限公司成立研究开发中心

浙江华泰塑胶股份有限公司去年开发成功环保PVC软片。今年PVC三维立体彩虹膜通过省级新产品鉴定，为进一步提高产品档次，不断创新，公司董事会研究决定于今年5月成立了公司研究开发中心。该中心重点围绕三个中心问题：以为企业生产服务为中心；以开发市场需求的高档次产品为中心；以塑料薄膜行业产品检测为中心。对提升企业产品科技含量，增强市场竞争力，推进塑料薄膜行业发展为己任，是我市塑料行业的第一个研究中心。

11. 苍南县温州华利集团有限公司等企业申请ISO 14000认证

苍南县温州华利集团有限公司和温州恒昌塑业有限公司随着企业规模的逐步发展壮大，和我国加入WTO的新形势，在先后获得了进出口自营权和ISO 9000质量认证后，为进一步提高企业形象和行为，于2003年7月向中国方圆标志认证委员会福建审核中心，申请ISO 14000环境管理认证，他们在编织袋生产过程中采取了一系列环保措施，建立了一整套环保管理、监督机构和一整套规章制度，由于领导重视措施有力，企业环境面貌获得极大改善，福建审核中心于2003年12月10至16日指派以管宁为组长的四位国家级审核员，先后到二个企业审核，经过严格的审核后他们高度评价该两企业的工作，并提了一些需要继续提高改进的建议，最后将审核结果上报中国方圆标志认证中心审批，温州市塑料工业协会宋云鹤高级工程师作为行业专家参予审核工作。这是继浙江南塑包装有限公司后又一批塑编企业取得国际环保管理体系认证的单位。

12. 瑞安市2个新产品通过省级鉴定

2003年12月28日在杭州星都宾馆五楼会议室召开浙江华泰塑胶股份有限公司和瑞安市奥华塑料有限公司新产品鉴定会，浙江华泰的软质PVC三维立体彩虹膜和奥华公司的新型环保药用PVC硬片列入浙江省经贸委2003年新产品计划，经过努力都有已获得成功，同日进行鉴定。浙江华泰塑胶股份有限公司采用压延工艺，利用特殊版辊和印刷技术，经反复试验、筛选出一条合理的工艺路线和科学的控制条件，试制成功软质PVC三维立体彩虹膜；到会专家审查了有关技术资料文件，观察了实物样品，一致认为工艺合理，具有国内先进水平，通过省级新产品鉴定。瑞安奥华塑料有限公司与中国科技大学合作，采用先进的纳米光触媒技术，试制成功新型环保药用PVC硬片，到会专家一致认为该产品达到国内先进水平，通过省级新产品鉴定，可以组织批量生产。

13. 开展职工培训，进行技术职称评审

为了把塑料薄膜行业做大做强，市塑料工业协会报请市人事局同意，开展塑料薄膜技术职称评审，由协会拟定评审方案上报市职称改革领导小组，温州市职称改革领导小组分别下达“关于印发《温州市塑料薄膜专业技术任职资格评聘实施细则（试行）》的通知”和“温州市职称改革办公室关于2003年度塑料薄膜专业技术资格申报有关事项的通知”。全市塑料薄膜生产企业有68人报名申请，通过培训、考试、考核、接受专家业绩评估和答辩合格，王清弟等18位同志具有工程师职务任职资格；经考试、考核和专家业绩评估李向阳等25位同志具有助理工程师资格；潘孝治等21位同志具有技术员职务任职资格。由温州市人事局发文公布和温州市人民政府和温州市人事局分别发给证书。通过这次培训和职称评审进一步提高了我市塑料薄膜行业专业技术水平和增强了技术力量。

14. 国有经济退出我市塑料制品行业行列

1958年建厂的地方国营温州塑料厂是我市第一个塑料制品生产企业，建厂以来生产塑料浮子、渔箱、塑料鞋、拖鞋及鞋底，在国内享有较高信誉，1992年底和从地方国营纸伞厂转产的温州塑料制品二厂及从地方国营镬罐厂转来的温州塑料制品三厂合并组建了温州市光华塑料企业集团公司并先后引进日本三条彩印软包装生产线，今年来随着我市经济改革的深入该公司全部进行改制，国有资本全部退出，分别组建了几个新的民营股份制企业，至此，国有资本已全部退出我市塑料制品行业行列，我市塑料制品生产基本上都是民营股份制企业，其中仅极少数企业为原来集体企业，没有国有企业。

15. 企业大批外迁，资金大量外流

随着温州经济的高速发展，土地资源日益紧张，我市塑料企业在本市很难寻到发展的空间，近几年来，许多企业纷纷外迁，先是编织袋生产厂，先后外迁约50多家，仅瑞安市就有40多家，继合成革企业，到目前为止已有30多家合成革企业在丽水兴建新厂，更为严重的是合成革行业和薄膜行业的一些龙头企业纷纷在上海、山东、江苏征地建厂，据初步估算我市塑料行经营者已有近十亿元资金外流，其中仅山东和张家港二条双向拉伸聚丙烯（BOPP）薄膜生产线投资额已近2亿元。

【基本情况】

2003年全社会塑料制品产量（包括年销售收入500万元以下企业）220万吨，同比增长10%，产值242亿元，比上年增长21%。其中规模以上企业353家，比上年增加3家，截止2003年底资产总额83.57亿元，比上年增加33.69%；2003年塑料制品产量77.39万吨，比上年增长11.75%；工业总产值115.31亿元，比上年增长22.91%；工业增加值27.67亿元，比上年增长23.36%；产品销售收入108.39亿元，比上年增长25.18%；出口交货值14.36亿元，比上年增长32.92%；利税总额7.29亿元，比上年下降0.99%；其中利润336亿元，比上年下降11.12%。全年平均人数5.90万人，全员劳动生产率4.69万元/人·年，同比增长10.61%。

2003年塑料行业克服了伊拉克战争而引起的塑料原料价格上涨、“非典”引起的一度市场不景气及大面积停电、限电带来的停产、减产等不利因素，产值、产量、销售、出口交货值等主要指标与去年同比都取得二位数以上的增长，特别是出口外贸交货值与去年同比增长近三分之一，是十分可喜的，但由于上述原因增幅和经济效益却有所下降。

2003年各县（市区）塑料制品产量

地　区	年产量/吨	比上年增减/%	占全市产量/%
温州市	773 916.62	11.75	100
市直企业	4 217.70	−2.94	0.54
鹿城区	58.52	40.34	0.01
龙湾区	209 875.06	37.70	27.12
瓯海区	4 010.69	14.23	0.52
瑞安市	179 541.18	7.68	23.20
乐清市	25 323.97	18.18	3.27
平阳县	172 867.10	4.06	22.34
苍南县	173 938.40	0.09	22.48
泰顺县	2 485.00	−11.03	0.32
文成县	1 599.00	18.44	0.21

2003年温州市各类塑料制品产量

品　种	产量/吨	比上年增减/%	占全市产量/%
塑料制品总产量	773 916.62	11.759	100
塑料薄膜	143 262.80	8.55	18.51
其中:农膜	526.68	−11.50	0.07
塑料板、片材	7 865.00	59.31	1.02
塑料棒、管材	2 476.00	5.59	0.32
塑料丝及编织制品	349 521.25	1.37	45.16
塑料人造革	116 027.13	49.57	14.99
合成革	82 758.93	23.83	10.69
泡沫塑料	12 149.49	16.53	1.57
塑料鞋	5 653.69	16.23	0.73
日用塑料制品	12 751.82	7.69	1.65
其他塑料制品	41 450.51	12.26	5.36

注：以上产量系国有和年销售收入500万元以上企业统计，由温州市统计局提供。

合成革行业大力开展治污初见成效。温州市是“中国合成革之都”，现有合成革生产企业110家，生产线300多条，其中大部分集中在龙湾区。据有关方面测算，这些企业每年约有3万吨二甲基甲酰胺（DMF）和其他一些有害废气排放到大气，形成局部大气污染。对此，温州市合成革企业及市区有关部门十分重视。去年，温州合成革企业同清华、浙大、同济等五家大专院校和科研单位合作，成功研制了干法生产线DMF废气净化回收装置，先后在温州人造革公司，温州力邦制革有限公司、温州华都皮革有限公司等单位获得成功，通过鉴定，并获得较好的社会效益和经济效益。

温州人造革有限公司DMF废气净化装置通过鉴定。温州人造革公司从2002年10月开始与同济大学和浙江嘉兴中达公司签订了“干法生产线DMF废气回收治理工程合同”，并于2003年初在两条干法生产线上安装了净化回收装置。该装置造价150万元，由废气输送和排放、净化回收塔、吸收液循环系统、自动控制及安全和报警系统组成，科技含量高，是目前国内最先进的DMF废气净化回收装置。

据专家评估，该装置投入使用后（以2条干法线计算），资源化利用率达92.57%，有机污染物排量减少达552吨/年，且无新的污染源产生。企业除可在100天左右回收投资外，一年可增加利税250万元，企业总产值增加320万元。同时，回收装置属清洁环境治理技术，环境空气质量因此大大提高。专家指出，若在温州市现有的100多条干法线中推广使用DMF废气净化回收装置，其带来的环境效益、经济效益和社会效益将极其显著。该装置被喻为合成革生产超级“绿肺”的DMF废气净化回收装置，在温州人造革有限公司经过2个月试运行后，于2003年3月通过国家环保总局、同济大学专家鉴定。

该项技术在温州市推广后温州力邦制革有限公司于2003年11月首个获得推广通过竣工验收。力邦这条干法生产线安装使用DMF废气净化回收装置后，每年能为企业节约60万元左右的生产成本，达到环境效益、经济效益和社会效益三赢。继之，温州华都皮革有限公司于12月份也通过验收。

温州市合成革行业已全面开始推广该项技术，为此，市环保局要求合成革企业尽快完成废气治理工作，到2005年4月实现达标排放。

温州市环保局负责编制国家标准。因温州合成革行业废气治理走在国内前列，并已获得成功，国家环保总局近日批准，由温州市环保局负责编制合成革工业污染物排放的国家标准。

温州市合成革企业在环保部门的重视和支持下，同同济、清华、浙大等五家大专院校和科研单位合作，成功研制了干法生产线DMF废气净化回收装置，通过论证验收，该装置得到国家环保总局的好评。实践证明，这种废气回收装置真正做到了良好的社会效益、环保效益和经济效益，一举三得，解决了长期困惑合成革行业发展的难题，温州市合成革行业已全面开展该项环境治理工作，温州市环保局已经为标准出台做了很多前期工作。因此，国家环保总局选择温州环保监测中心和中国轻工业清洁生产中心编制标准。

【设备引进】

1. 瑞安市东威塑胶有限公司，投资1.8亿元，引进日本三菱重工株式会社的年产3万吨双向拉伸聚丙烯薄膜生产线和英国阿特拉斯公司分切机设备已到货并完成安装任务，12月开始进行设备调试，近期将可投产。

2. 温州康达包装材料有限公司投资4 500万元，从汕头远东轻化装备公司引进年产5 000吨三层共挤双向拉伸聚丙烯薄膜生产设备，膜宽4.5米，这是我国自行研制的双向拉伸聚丙烯薄膜生产设备，康达公司和远东轻化公司双方合作，经努力于2003年9月16日正式投入生产。

3. 中国金田集团经浙江省经贸委批准投资1.8亿元，引进目前国际上最先进的德国布鲁克纳公司幅宽8.2米，线速度450米/分钟的双向拉伸聚丙烯薄膜生产线，征地146亩，2003年列入温州市重点建设项目。项目已全面竣工，2003年12月20日已开始试生产，项目投产后，年产BOPP薄膜3万吨新增年产值3.5亿元，创利税5 500万元。

2003年总投资2.1亿元，已经浙江省经贸委立项，引进两条德国布鲁克纳公司双向拉伸尼龙薄膜（BOPA）生产线，新征地112亩，目前土地规划、设备签约等前期工作已完成，已进入厂房建设施工阶段，预计2004年10月份投产。该项目投产后，年产BOPA薄膜9 000吨，新增产值4.8亿元，新增税利7 500万元。

4. 浙江大发包装材料有限公司，经浙江省经贸委批准，投资22 447万元，征地99.44亩，引进法国DMT公司年产1.6万吨双向拉伸聚酯（BOPET）薄膜生产线和德国KAMPF公司分切机及EMERA公司废膜回收系统，新建厂房16 000平方米，设备将于2004年11月到货，该设备投产后年销售收将达25 986万元，预计年税利总额将达7 501万元。

该公司经浙江省经贸委批准又投资4 605万元，引进年产能力5 000吨环保真空镀铝纸生产线，将于2004年6月投产。

5. 瑞安市华宝包装材料有限公司投资近5 000万元，引进石家庄原产日本东芝公司制造的双向拉伸聚丙烯（BOPP）薄膜生产设备，并请机械部桂林电器科研所对该设备进行改造，使该设备年产能力达到8 000吨，现已完成设备安装、调试工作，将于近期投产。

以上设备的引进和投产使我市双向拉伸薄膜品种从原来仅有BOPP一种增加到BOPP、BOPET和BOPA三种，年生产能力将达15多万吨，其中具有世界一流技术水平生产线6条，产量达12万吨，使温州市塑料薄膜产品产量和产品档次再上一个新台阶。

（温州市塑料工业协会　宋云鹤）

福　建　省

【大事记】

1. 福州塑料行业技术创新中心挂名牌。

2003年4月福州市塑料科学技术研究所和福州集力电子技术研究所分别被授予“福州市塑胶行业技术创新中心”。

2. 福建亚通公司被科技部列为2003年国家火炬计划重点高新技术企业。

3. 2003年中国塑协改性塑料专业委员会年会暨专业论坛会在福州召开。

2003年10月中国塑协改性塑料专业委员会年会暨塑料与环境，改性塑料在塑料管道中应用论坛在福州召开。福建省振云塑业股份有限公司、福建师范大学化学与材料学院被选为本次会议主办单位。

4. 福建省三家塑料重点企业被评为“全国轻工业质量效益型先进企业”。

2003年12月福建亚通塑胶有限公司、福建振云塑胶有限公司、泉州三盛集团被授予“2002～2003年中国轻工业质量效益先进型企业。”

5. 福建亚通与印尼签署1 000万美元投资协议。

2003年12月福建亚通新材料科技股份有限公司与印尼 Heng Traco Tehie 有限公司签署了合作投资1 000万美元的塑钢门窗项目。

【基本情况】

福建省塑料加工企业主要集中在福州、厦门、泉州等沿海地区，塑料管材、塑料鞋产量居全国同行业前列，拥有省名牌产品18个、省著名商标3个。产品布局范围基本形成福建省福清市以生产塑料管材、管件、沙滩鞋为主，福建省晋江市、惠安县以生产鞋材、鞋料为主，福建省福州市仓山城门、叶下以生产出口塑料拖鞋为主的生产布局。

2003年福建省塑料制品行业“规模以上”企业产值、利税、产量均居全国同行业第6位，出口交货值居全国同行业第7位。占福建省轻工业比重分别为12%、13%、14%。

【企业经营】

2003年尽管出现伊拉克战争、非典事件、原材料涨价和电力紧张，但福建省塑料制品行业经济效益各项指标仍比去年同期有所增长。2003年全省“规模以上”企业塑料制品产值达184.7亿元，实现利税10亿元，完成出口交货值91.1亿元，塑料制品企业数530家，占全省轻工行业比重13%。销售收入亿元以上企业27家，占全国同行业总数的5.4%。福建省塑料制品行业“规模以上”企业实现利税总额逐年增高，从2000年的全国第九位上升到第6位，年均增长率为32.1%，高于全国同期年平均增长率15个百分点。2003年福建省塑料制品行业“规模以上”企业产量68万吨，比上年增长14.7%，其中：塑料薄膜产量12.3万吨，比上年增长3.4%；塑料棒管材产量18.3万吨，比上年增长15.6%；塑料鞋产量10.3万吨，比上年增长26.3%；日用塑料制品10.4万吨，比上年增长26.3%。

【重点企业】

2003年福建省塑料制品企业（销售收入上亿元）重点企业名单及主要产品。

企业名称	主要产品
明达塑胶（厦门）有限公司	PVC胶布
福建亚通塑胶有限公司	管材
福清市明达塑胶（福建）有限公司	薄膜
福清振云塑胶有限公司	管材
镒得塑胶（福建）有限公司	泳境
福建宏玮鞋塑有限公司	鞋材
福建宏太鞋业有限公司	鞋材
福州叶下塑革有限公司	拖鞋
泉州市美加美仿瓷餐具有限公司	日用制品
厦门威迪亚建材工业公司	异型材
厦门武峰塑料有限公司	管材
福州远洋塑料日用品有限公司	日用制品
福清市友谊胶粘带制品有限公司	胶粘带
华亚（厦门）塑胶有限公司	管材
南平市金月合成革有限公司	PU合成革
福清市永超鞋革制品有限公司	拖鞋

【新产品开发】

福建省二轻研究所、南安百利塑胶有限公司研发的“海滩防护林和荒漠地植物栽培用保水剂”、“聚烯烃高透气流延薄膜专用树脂”，福建亚太建材有限公司、福州大学开发的“高聚物/层状硅酸纳米复合材料”被省政府授予“福建省2003年科技进步三等奖”。

福建祥龙塑胶有限公司“回形结构壁轻型PE缠绕管”、福建振云塑业股份有限公司“硬聚氯乙烯隔音排水管”两项省级新产品被鉴定为国内先进，福建省亚通新材料科技有限公司“灌溉用塑料根区导灌区”省级新产品被鉴定为国内首创，福建恒杰塑业新材料有限公司“埋地式（非开挖）高压电力电缆用改性聚乙烯套管”被鉴定为国内领先。

福建宏明塑胶股份有限公司“PVC双面发泡贴布革”、“‘亚通牌’邮电通信用直HDPE多孔管”被省政府授予福建省优秀新产品二等奖，福建东亚新材料科技有限公司“埋地式高压电力电缆用PVC套管”、“给水用PE管材、管件”被省政府授予福建省优秀新产品三等奖。

福建师大环境材料开发研究所开发的“光钙型多功能环境友好塑料材料”项目通过省级鉴定。

福建厦门聚富塑胶制品有限公司“聚富”牌拉伸膜（缠绕膜）、福建祥龙塑胶有限公司“轩龙”牌建筑用给排水管材管件、福清市友谊胶粘带制品有限公司“友日久”牌封箱胶、福州叶下塑革有限公司“HARP BIRD”（琴鸟牌）拖鞋2003年被评为福建省名牌产品。

【存在的问题】

1. 资金投入不足。塑料制品行业是技术、资金密集型行业，一些高附加值产品需要大量资金投入，许多新产品的出现本身就伴随着新技术的开发和应用。福建省塑料制品行业相对一些省、市资金投入不足，使一些附加值高的项目、新技术、新产品项目迟迟不能上马。

2. 企业品牌意识不强。福建省塑料制品企业的名牌产品不多，七批福建省名牌，塑料制品名牌数仅占1.78%。产品结构不够合理，表现为以通用树脂为原料的产品中，中低档产品所占比例较高，高技术、高附加值产品少。一些中低档产品积压严重，无序过度竞争的现象较为普遍。

3. 产业链尚未形成。在原材料供应上，目前还存在着原材料少、不能满足塑料制品应用的需要，如燃气管用聚乙烯原料、交联聚乙烯原料、共聚型聚丙烯原料基本上靠进口，塑料机械生产能力薄弱，甚至企业要更换个别机器零件本省都无法解决。

【发展趋势】

1. 随着福建省石化一体化项目的建设投产，将为福建省塑料加工业企业提供一个丰富的原材料平台，将有利于促进福建省塑料工业快速发展。

2. 随着福建省各级政府重视区域经济发展，福建省塑料制品优势产品塑料管材、塑料拖鞋将会有一个更好的发展环境。

3. 虽然福建省塑料加工业因劳动成本优势，加工成型技术的提高，给福建省塑料制品业带来一定的竞争优势，在国际塑料制品市场的知名度逐年提高。但今后面临的形势不容盲目乐观，尽管美国及欧洲的塑料制品业的劳动成本虽然较高，但因生产线高度的自动化控制及迅速提高的生产量，使得产品的生产成本迅速下降，给予了塑料加工企业更多的市场竞争力，已有迹象表明欧、美塑料加工企业已开始重新与亚洲地区的塑料加工企业一起竞争市场，面对这些新的变化，福建乃至全国塑料加工企业应及早准备，迎接挑战。

（福建省经贸委轻纺办　许　榕）

山　东　省

【基本情况】

改革开放20多年以来，特别是近几年塑料工业在山东省的轻工业中是增长最快的行业之一，增长速度一直保持在10%以上，目前已基本形成了从原料生产、塑料机械及模具制造到塑料制品生产初步具有现代化生产技术水平和生产规模的较完整的工业体系，与之相适应的教学和科研机构也正在逐步完善，并在行业发展中发挥着重要作用。随着改革开放的不断深入和有关国家政策的出台，给原有的塑料加工行业带来了巨大生机和活力，通过企业改制、引进国外先进的技术和设备、国外资本的进入，涌现了大批具有新机制和活力的高新企业和龙头企业，塑料加工企业格局得到有效重组。

据统计，在全省6 000余家塑料制品生产企业中具有一定生产规模的加工企业有3 200余家，其中销售收入500万元以上的企业600多家，规模以上非公有企业328家、国有企业21家、国有控股企业59家、集体企业103家、外商投资和港澳台投资企业120家，从业人员达30多万人，年生产能力超过300万吨。2003年塑料制品总产量230万吨，实现工业总产值210余亿元，工业销售产值200亿元。其产品应用范围已经涵盖国民经济的各个领域及人民生活的各个方面，其中农用塑料制品、塑料建材、塑料包装、土工材料等几大类产品生产规模较大，品种比较齐全，生产企业众多，无论是生产总量，还是生产技术水平在全国都占有一定的位置。

山东的塑料原材料工业包括各种合成树脂以及塑料添加剂、改性剂等，品种达30余种，全部生产能力已超过100万吨，其中合成树脂生产能力70多万吨，在这之中，PVC占42%，PE占32%，PP占24%；各种增塑剂、改性剂、稳定剂、填充剂等助剂生产能力达20多万吨。

山东的塑料机械工业经过几十年的发展，已逐步形成了以挤出机生产线、注塑机生产线、塑窗加工设备、塑料破碎机等为主的生产特色，加工企业100多家。

【重点企业】

在山东塑料行业的制品生产企业中，具有一定生产规模的企业约2 000多家，其中产量在3 000吨及其以上的部分生产企业名单如下：

序号	企业名称	主要产品	产能/(千吨/年)	产量/(千吨/年)
1	山东三塑集团	农地膜、压延膜、地板革、土工膜	60(农膜48;压延膜8)	30(农膜16;压延膜8)
2	潍坊现代塑胶有限公司	螺旋增强软管	20	12
3	济南方信集团	PVC型材、管材、防水卷材	20	7(型材3;管材3)
4	山东三联新型建材有限公司	PVC型材	10	6
5	山东胜邦塑胶管道系统有限公司	PE燃气管、水管、夹克管	30	16
6	济南塑料四厂	PE、PS泡沫塑料	6	3.5
7	济南合成塑胶有限公司	塑料包装材料	5	3.5
8	烟台塑料一厂	PVC管材、PE周转箱	10	6(PVC管材5)
9	烟台华兴塑料包装材料有限公司	BOPP、CPP	7(BOPP 3.5;CPP 3.5)	5 (BOPP 3)
10	烟台万华合成革集团	PU合成革及原料	革600万平方米;MDI 8万吨	革391万平方米 MDI 77 721
11	龙口兴隆道恩化学有限公司	改性专用料、色母料	10	6
12	烟台环球塑业有限公司	PE管材	20	7
13	淄博塑料二厂	PVC压延硬片	6	4.5
14	淄博庄园塑料制品公司	PE农膜、功能母料	15	5
15	齐鲁武峰塑胶有限公司	PVC管材、管件	10	5.5
16	齐鲁石化职工大学齐大实业公司	PE农膜	25	9
17	齐鲁石化齐华塑料型材公司	PVC型材、装饰扣板	5.5	3.3
18	淄博齐鲁塑编厂	PP编织袋、PP编织布	20	15(编织袋10)
19	齐鲁塑料制品有限公司	PP编织袋	6	4.2
20	淄博市张店万利塑料厂	PE农膜	12	4.2
21	淄博万丰塑料制品公司	PE农膜、PVC双壁波纹管	10	8(农膜3;波纹管5)
22	淄博齐能清源塑膜厂	PE农膜	30	18
23	山东曙光塑料厂	PVC、PE电缆料	15	8.6
24	淄博欧齐塑胶有限公司	电缆料	8	6.5
25	齐鲁乙烯塑料厂	PE农膜、扭结膜	12	6
26	山东潍坊三星塑胶有限公司	农膜、型材、管材、注塑	18	5(农膜3.5;型材1.5)
27	潍坊塑料建材有限公司	排水管材、管件;PP-R管材	8	4(发泡管2;管件1.8)
28	潍坊新立克塑胶有限公司	BOPET膜	15	12.5
29	潍坊海特塑胶有限公司	PVC增强软管、PUPA软管	5	4(PVC软管3)
30	潍坊乐富实业集团公司	PE吹膜、制袋	10	7.5
31	山东天虹包装彩印有限公司	复合、彩印、制袋	6	4.5
32	山东塑料制品试验厂	PVC压延膜、PE农膜	20	15(压延膜9;PE膜4)
33	山东鑫塑集团公司	BOPP膜、PE农膜、彩印	8	5(BOPP 4;PE农膜1)
34	泰安华塑建材有限公司	土工格栅、挤出网	5	4(格栅2.5;网材1.5)
35	山东泰峰土工合成材料有限公司	土工膜、土工格栅、网	9(膜4;格栅4)	6.7(膜3;格栅3)
36	泰安永佳塑料有限公司	塑料绳	9	7.4
37	山东莒南县塑料厂	PE农膜、PP纤维	22	12.6(农膜7;纤维5)
38	山东郓城县塑料厂	PE农膜	9	4.7(棚膜4)
39	山东莱芜塑料制品总厂	灌溉器材、农膜、管材	14	6.3(农膜1.3;管材1.7;灌溉器材3)
40	聊城华塑工业有限公司	PE农膜、功能母料	11	8
41	阳谷县仙农塑化有限公司	PE农膜、PVC型材	17(农膜15)	12(农膜8.5)
42	山东莘县十八里堡塑料厂	PE农膜	5	3.6
43	山东茌平县塑料厂	PE农膜、功能母料	5	4
44	山东冠县国强塑料厂	PE农膜	8	4.3
45	山东德州石化总厂塑料厂	管材、型材、片材、包装膜	9.5(管材2.5;型材3)	5
46	华亚塑胶(东营)有限公司	PVC管材	30	16
47	山东大明恒泰塑料建材有限公司	PVC型材	17	7.5
48	威海市塑料工业集团公司	编织袋、农膜、管材、网、绳	65	21(网绳7.5;农膜4.5)

续表

序号	企业名称	主要产品	产能/(千吨/年)	产量/(千吨/年)
49	烟台聚氨酯公司	PU制品	6	3.7
50	青岛崂山塑料建材实业公司	异型材	21	13
51	青岛百龙型材有限公司	异型材	22	14
52	青岛宏达塑胶有限公司	薄膜、管材、板材	34	22
53	威海医用高分子有限公司	医用材料	17	10.6
54	青岛英格尔钢塑制品有限公司	钢塑制品	22	10.9
55	青岛交河塑料有限公司	防水帐篷、PE涂料	37	31
56	青岛成进塑料有限公司	防水帐篷、PE涂料	30	21
57	龙口福利橡塑雨布厂	涂塑布	60	40.7
58	荣成渔网绳索总厂	塑料网绳	9	6.9
59	青岛胶带有限公司	胶带	13	10.6
60	威海光威渔具有限公司	渔具	16	12.8
61	山东齐旺达包装制品有限公司	塑编袋、复合袋、薄膜	24	20
62	庆云春革塑料制品有限公司	农地膜	6	3.5
63	莱阳市塑料制管总厂	给水、灌溉用管材、管件	5	3
64	淄博元汇塑胶有限公司	地下通信管道、宽带槽板	5	3.5
65	淄博新力塑编有限公司	编织袋、集装袋	8	5
66	山东旭日汽车饰件有限公司	汽车灯具、仪表板、保险杠	4.5	3
67	淄博市淄川区福利缝印厂	水泥编织袋、纸塑复合袋	6	4.1
68	兖矿峄化白雪塑料制品有限公司	编织袋	4	3
69	济宁金工塑料工业有限公司	双壁波纹管、中空制品	8	5
70	德州东辰塑料工业有限公司	PE农地膜	12	8
71	高唐县塑达塑料厂	农地膜、大棚膜	3.8	3
72	山东沂蒙塑料制品有限公司	农膜、塑料管、中空容器	7	4
73	山东沂源塑料有限公司	包装膜、农地膜、管材	5	3
74	山东惠民惠丰塑料有限公司	农地膜	4	3
75	烟台胜利包装材料有限公司	包装材料	3.5	3

【科研机构】

1. 山东省塑料研究开发中心

山东省塑料研究开发中心是1987年经国家科委批准成立的省级科研事业单位，设有三个研究室、试验生产基地、山东省塑料工业检测中心、山东英华塑料工程有限公司、山东华科塑料有限公司等科研开发机构，专门从事塑料加工工艺、塑料改性、塑料机械、塑料制品检测、塑料标准制定以及塑料科技信息等的应用技术研究与开发。已承担省、部级科研项目40余项，接受企业委托的技术难题攻关项目100余项。获得省、部级科技进步奖、成果奖等十余项。

所属的山东省塑料工业检测中心通过山东省质量技术监督局的认证，承担138项技术质量计量工作。该中心实验室配备的主要设备仪器有RC哈克扭矩流变仪、电子拉力机、维卡/热变形仪、氧指数仪、低温脆化仪、熔体流动指数仪、卡尔-费休水分滴定仪、低温伸长仪、介电稳定测定仪、介电损耗仪、简支梁冲击试验仪、悬臂梁冲击试验仪等。

其主要科研成果有：纳米材料改性聚丙烯复合材料，微电机用稀土类磁性塑料，大口径双壁聚乙烯缠绕管及管件设备，形状记忆性聚烯烃材料及制品，多孔PE/PVC通讯管材，芯层发泡PVC管材，交联HDPE，硅芯管母料，发光母料，PP改性，ABS/PP合金，POM，改性、磁性塑料，流变剂，PE/PP通讯电缆料，导电塑料，营养塑料，新型仿木板材等。近几年，在国家和省有关科技政策的引导下，逐步向科研开发-生产经营-科研开发模式过渡，充分利用现有科技力量和科研设备，注重科研开发及科技成果向现实生产力的转化，已取得显著的经济效益和社会效益。

2. 山东大学材料科学与工程学院

山东大学材料科学与工程学院（由原山东工业大学材料科学与工程学院与原山东大学晶体材料研究所合并而成），现有材料科学与工程一级学科博士点和博士后科研流动站；材料学国家重点学科；晶体材料国家重点实验室和材料液态结构及其遗传性教育部重点实验室；材料学和材料加工工程二级学科均设有

“长江学者奖励计划”特聘教授岗位；设有材料工程学科工程硕士专业学位授予权。经过半个世纪的建设，该学院已形成学士、硕士、博士完整的育人体系，成为学科门类齐全、师资力量雄厚、装备条件先进、办学水平较高的材料科学与工程学科高层次人才培养和先进材料研究基地。

该学院的材料科学系含金属材料、有机高分子材料和无机非金属材料三个方向。其中高分子材料与工程方向研究的主要课题有：高聚物基摩擦材料的配方设计、性能检测、装车试验；高聚物填充、增强改性，材料的配方设计、性能研究。

有机硅材料进行了硅树脂、硅油、有机硅乳液、有机硅胶黏剂、有机硅密封材料及有机硅改性高聚物的制备与应用研究；碳纤维原丝聚丙烯腈的研究等。

3. 青岛科技大学塑料工程技术研究院

青岛科技大学塑料工程技术研究院，下设山东省塑料高性能化技术重点实验室、山东省塑料高性能化工程技术研究中心、青岛市新材料研究重点实验室、青岛市塑料工程技术研究中心等研究部门，研究力量雄厚，试验仪器齐全。

研究院先后承担并完成了国家“九五”科技攻关课题、国家863高技术研究发展计划项目、国家技术创新项目、国家产业化示范工程重大专项等国家、省(部)、市及企业委托的50余项研究课题，获得包括国家、省、市科技进步奖在内的15项政府科技奖励，在通用塑料高性能化及新型工程塑料的制备与应用研究、功能性新材料的制备与性能研究、高聚物产品结构设计与成型装备技术开发等研究方向上形成了自己的特色，具有较高的研究水平。

研究院积极探索科技成果实现快速转化的新机制，建设了研究院的产业和基地——青岛市新材料科技工业园和中试基地、青岛市新材料技术开发中试基地，创建了“项目＋公司”的市场化运作模式，先后有多项成果实现产业化，取得了显著的社会经济效益。

4. 中国兵器工业集团第五三研究所

中国兵器工业集团第五三研究所成立于1960年2月，是专门从事非金属材料应用研究的专业研究所。同时设有国防科工委化学计量一级站、兵器工业非金属材料理化检测中心、国家级非金属材料商检实验室。该所已通过GJB 9001和GB/T 19001质量体系认证，化学计量一级站通过了NDLAC的机构认可，理化检测中心通过了国家技术监督局的认证。目前共设有9个专业实验室，2个专业研究开发中心和1个杂志社。

该所主要从事弹箭材料及应用、装甲防护材料及应用、武器装备轻质化材料及应用、高性能密封技术及特种橡胶与联接材料及应用、特种涂层及表面工程技术研究；研制有关兵器装备非金属配套件；同时对外提供理化检测、商检等服务，提供高质量、高性能的抗弹、耐烧蚀材料，密封、隐身材料，胶黏剂等非金属材料、产品和技术服务。

该所完成的科研项目中，获得省部级以上科技进步奖的有150多项，其中国家发明奖9项，国家级科技进步奖18项，省部级成果奖120多项，许多成果已在军事装备上得到应用，为武器装备的发展发挥了重要作用，其研制的密封产品参加了我国“神舟”号载人航天工程第一次飞行试验。同时，大量先进的科研成果也向地方企业转让或与其合作，为山东经济建设做出了应有的贡献。

5. 济南大学化学化工学院

济南大学化学化工学院高分子材料专业是在原山东建筑材料工业学院建筑材料专业的基础上组建而成的，具有鲜明的建材特色。也是新中国的建材行业中最早以化学建材为业务方向的普通高等学校的本科专业。几十年以来，虽然学校的隶属关系发生变化，但是为国家和山东省培养高分子材料与工程，以及化学建材方向专业人才，科学研究和开发，推动新型高分子材料在建筑工程中应用的工作，一直在持续发展。

该专业现有各类专业人员30余人，其中正副教授以上有12人，在本专业方向上有两个硕士学位授予点。从事高分子材料的研究开发和教学工作，研究方向分布在塑料改性、聚合物合成与表征、各类涂料、胶黏剂、外加剂、功能材料的开发等多个方面。有各类大型实验仪器十余台套，有挤出机、注射机、压延机和成套中试设备在内的实验车间。承担并完成了多项各级各类研究项目，获得了多项省部级以上科技进步奖，每年有数十篇研究论文在国内外发表，多篇被权威机构收录。

6. 中国石化齐鲁股份有限公司树脂研究所

中国石化齐鲁股份有限公司树脂研究所是从事合成树脂加工与应用的专业研发机构。

该所下设科研开发中心和生产经营中心，主要从事合成树脂产品加工与应用的信息调研、各种专用料的研究开发以及各种材料的检验测试及评价工作；承担研发成果的中试放大和市场孵化任务，同时生产经营多种特种专用料产品。

该所装备了红外光谱仪、热分析仪、塑性仪、流变仪、万能材料试验机、冲击试验机、管材静水压测定仪、老化仪等各种树脂性能分析、检测设备和加工试验设备。已完成多项国家和省部级重点课题，获得国家科技进步奖和省部级奖励多项，有11项授权专利和1项国家知识产权局的“专利产业化示范工程”。研发成果和生产的专用料产品已广泛应用于“西气东输”工程和汽车、通讯、电力、包装等行业。

【进出口情况】

2003年全省塑料制品出口金额48 440万美元，比上年增长17.1%。出口的主要品种有：塑料防雨篷布、塑料丝、绳及编织袋、包装袋（包括垃圾袋、购物袋）、薄膜、塑料鞋、塑料棒管材及其他塑料制品。出口的主要国家和地区为北美、西欧、中东、日本、东南亚、南亚等。

2003年山东塑料行业进口总金额78 155万美元，进口各种塑料原料及制品共计627 100吨。主要品种有各种塑料原料、包装材料、电缆材料、装饰材料、管材、家庭用品等。进口的主要国家和地区为日本、韩国、美国、中东、中国台湾等。

【外资利用】

山东省由于具有地理、人文和经济等优势，日益成为韩商投资的热点，在所有在山东投资的国家和地区中，韩国已超过中国香港居首位。这些投资大多集中在加工制造业，特别是在塑料制品、塑料皮革加工方面的投资呈现增长趋势，对山东的进出口贸易发展起到积极作用。

山东的韩商投资企业多以独资形式出现，且主要集中在东部的青岛、威海、烟台等几个沿海城市。从统计情况看，三市的韩商投资企业占全省外商投资总数的80%以上。这些投资大多保持了两头在外的加工贸易型特征，原材料、配件80%以上从韩国进口，产品也主要销往国外，出口比例达90%以上，其中很多产品100%外销，只有很少部分内销。由于韩商投资企业这种进料、来料加工的投资特点，使得韩商投资企业在山东成为进口大户。尤其是生产所需的化学长丝与短纤、特种塑料原料及制品所需配件等产品进口额每年保持在20多亿美元的水平上。在山东的韩资企业所生产的产品90%为出口产品，大多企业为订单生产，产品全部销往国外。如韩资企业青岛交河塑料有限公司，产品全部销往欧美及日本市场，每年出口收入4 000多万美元。

【新产品开发】

1. 聚乙烯复合降解薄膜

山东省塑料研究开发中心采用具有协同作用的增容剂，改善了淀粉与聚乙烯的相容性，采用LLDPE和LDPE并用体系，提高了薄膜的力学性能。采用一步法完成了淀粉的增容、增塑和生物降解母料的造粒，制定了适宜的生物-光降解地膜生产工艺。用改性剂对无机填料进行活化处理，并制定了适宜的无机填料填充母料造粒和薄膜的吹膜工艺，得到高填充无机填料的聚乙烯复合降解薄膜。

2. 透明导电膜技术

山东大学物理与微电子学院张德恒教授承担的“在有机衬底上制备高质量的铝掺杂的氧化锌透明导电膜”项目已通过省级成果鉴定。由国家基金委、山东省科学院等单位的专家组成的鉴定委员会认为，在有机衬底上低温制备透明导电膜的技术具有创新性。在国际上率先在聚酰亚胺（PI）、聚丙烯二酯（PPA）和电工聚酯薄膜等柔性衬底上低温制备高质量的ZnO透明导电膜，其电阻率低，透射率高于80%，且附着性好，性能稳定。目前国内尚无同类技术和产品，该技术产品拥有自有知识产权，达到国际先进水平。

3. 钢管用聚乙烯防腐专用料

中国石化齐鲁股份有限公司树脂研究所承担的“钢管用聚乙烯防腐专用料”项目在国家科学技术奖励大会上获得了国家科技进步二等奖。这是我国塑料专用料领域在科技界获得的最高荣誉。

钢管用聚乙烯防腐专用料，是一种被国际上誉为“绿色”环保型的新型管道防腐材料。与传统的管道防腐材料（环氧煤沥青、石油沥青等）相比，具有耐热、耐老化、强度高、清洁、使用方便等特点。最初国内使用的此类专用料，均为进口，为了满足我国快速发展的油气田勘探开发和油气管道建设的需要，“九五”期间，齐鲁树脂研究所承担了该项目研究。经过几年的刻苦攻关，全部解决了专用料树脂、复合稳定体系、着色剂分散性、质量稳定性等多项技术难题，成功地开发出“钢管用聚乙烯防腐专用料”，填补了国内空白。基于此项研究，该所还获得一项发明专利、一项实用新型专利。

该产品的开发，经法国、意大利和国家权威检测中心的检测，获得了较高的评价和质量认可，并广泛用于国家的重点建设项目和出口中东。目前，该树脂产品已形成了高、中密度，高、低温，高、低速等系列化，已在国内研发并建成了两套年产1.5万吨以上的生产装置，实现了成套的工程技术成果。

4. 热塑性聚氨酯软管产品开发

山东鲁盾聚氨酯制品有限公司研制成功一种橡胶软管的升级换代产品——热塑性聚氨酯软管，该产品填补了一项国内空白并获得山东省科技进步奖。

热塑性聚氨酯不仅具有橡胶的弹性和耐热性，而且又有塑料的耐油蚀、耐磨损、耐老化、低温拉伸强度好等性能，用途广泛。热塑性聚氨酯软管20世纪80年代初便在德国、日本、美国、法国应用，广泛用于液压、气动、砂浆输送、水利、医药等行业，我国多年来一直依靠进口。

5. 无规共聚聚丙烯聚合及产品开发

由齐鲁石化股份有限公司树脂研究所和塑料厂共同承担的“无规共聚聚丙烯聚合及产品开发”项目，已通过山东省科技厅组织的鉴定。国内管道用无规共聚聚丙烯基础树脂和管道专用料生产，率先在齐鲁塑料厂工业化装置上实现。

该项目系统地研究和优化了生产无规共聚聚丙烯的催化剂体系、共聚合工艺及管道专用料的配方，在国产催化剂应用、乙烯含量控制、分子量分布控制、聚合工艺优化、稳定剂配方调整等方面具有创新性，具备了形成我国自主知识产权的基础。所开发的管道专用料具有良好的耐环境应力开裂、耐慢速开裂、耐热氧老化等性能，达到了同类产品的国际先进水平。该管道专用料的开发，对于化学建材的推广，平抑国内市场 PPR 价格，稳定和提高管道产品的质量，降低国内建设成本，提高相关产业的国际竞争力具有重大的社会效益和经济效益。

6. 氟树脂及氟涂料的研制开发

该项目由济南大学、济南三爱富氟化工有限责任公司、济南玛博伦环保涂料有限公司联合研制开发。在济南大学化工学院教授张书香博士为首的课题组的努力下，经过一年半的研究，历经 200 多次合成实验终于获得成功。这一科研项目通过了山东省科技厅和济南市科技局组织的技术鉴定，这标志着我国外墙装饰涂料研制取得了新的突破。

该新型氟树脂及氟涂料耐久性可达 20 年以上，并具有突出的耐玷污性。该项目合成工艺科学合理，原料充足，成本低，便于实现产业化，可广泛地应用于建筑装饰、工程防腐。与会专家认为，新型氟树脂及氟涂料的技术性能居国内领先水平。新型氟树脂及氟涂料的研制成功，将满足省内外城市建设及北京、青岛奥运和上海世博会建设工程对高性能氟涂料的需要。新型氟树脂及氟涂料的研制已被列为国家自然科学基金项目、山东省科技发展计划项目，以及济南市科技计划重大项目，该项目正在向产业化转化。

7. 复合型聚乙烯自限温发热专用料及器件的研制

齐鲁石化公司树脂研究所承担的《复合型聚乙烯自限温发热专用料及器件研制》课题的研究共申报专利五项，所研制的自限温发热材料及元器件具有发热功能和自动调节功率、自动限定发热温度的智能特性，可在许多领域替代传统的金属发热元件。尤其采用此技术生产的发热制品将为解决汽车、内燃机车、轮船低温启动起到关键作用。

2003 年山东省塑料行业共开发新产品 60 多项，除上述之外，部分重点新产品开发项目还有：

（1）山东省塑料研究开发中心的聚乙烯高效增滑抗静电母料，具有良好的抗静电性能，并保持长期的稳定性；

（2）山东华科塑料有限公司的聚乙烯薄膜开口爽滑母料，适用于高开口性要求的聚乙烯薄膜，同时也可增加薄膜的爽滑效果；

（3）青岛新大成塑料机械有限公司研制纳米抗菌 PPR 管材机组，该技术成果已获得国家专利；

（4）潍坊时代塑料制品厂设计、开发、生产的 PVC 钢丝螺旋增强软管、纤维增强软管等九种产品获国家专利；

（5）山东省龙口兴隆道恩化学有限公司自行开发生产的珠光聚丙烯，近期通过日本客户确认，并形成批量生产能力；

（6）济宁市润德橡塑科技有限公司经过一年多的努力，终于研发成功一种专门生产 PE 大口径缠绕管材专用料；

（7）山东农业大学和山东三塑集团合作研制成功的配色地膜及黑色地膜，通过对该省近3 000公顷作物的示范应用，覆盖作用显著，增产达 10%以上。

【发展趋势】

山东塑料行业在制品生产上近期发展的重点是农用塑料、包装塑料、塑料建材和汽车塑料配件制品。农用塑料仍将占主导地位，随着国民经济的发展，高科技、高附加值的工程塑料及复合材料的生产和应用领域将不断扩展；重点大类制品如管材、建材、压延制品、薄膜、包装材料等的生产将逐步向规模经济方向发展；为减少环境污染，废弃塑料回收利用和降解塑料的研制开发，以及无氟技术的替代将是塑料工业的发展重点。

山东省农用塑料 2003 年总产量虽已超过 30 万吨，约占全国 1/4，居全国首位，但存在部分产品生产能力相对过剩，产品结构不合理的矛盾十分突出。今后应加强企业间的横向联系，行政部门、行业协会发挥宏观调控作用，更好地发挥规模效益。蔬菜、花卉、经济作物栽培等用的各种功能性棚膜、地膜和饲草用膜将成为发展的重点。水利方面主要发展节水灌溉器材、渠道防渗的管材和防渗膜、不同类型的微灌（滴灌、微喷、渗管等）器材以及各种土工材料，满足绿色农业、节水农业发展的需要。

包装塑料将重点发展各种食品、饮料、药品以及其他高档商品等包装，延长货物寿命的高阻隔包装材料、热灌装包装材料、保鲜材料、粮食储运的防霉防虫材料，以提高保护功能，提高商品价值和档次。

建筑塑料将重点发展适用不同地区、不同建筑类型的系列化、标准化的各类管材、管件和型材，如大中口径上下水管、新型室内上下管、热水管、燃气管、复合管与复合型材、各类保温材料、防水材料、墙体装饰材料、大型地下排污管道以及高档建筑装饰材料等。

为加快汽车工业的发展，拉长汽车产业链，山东省根据汽车工业发展意见和发展规划，确定了《2003年至2010年汽车原材料工业发展目标》，到2005年该省汽车塑料件生产能力要达到10万吨。根据最新规划，山东将在济南建成中国最大的重型汽车生产基地，烟台、青岛将大力发展轿车、越野车产业，从而为山东的汽车用塑料开辟了广阔的市场。

塑料制品行业需要技术改造，需要扩大生产规模，需要调整产品结构，需要提高产品质量，而这些，都需要有一定的企业组织结构的调整。国外大公司和国内有实力的民营企业进入我省的塑料制品行业，必然会带来这一行业的改组、分化。可能会有一批企业被淘汰，但重新组合的企业将焕发出勃勃生机，在强化管理、降低成本、开发新品、开拓市场等方面迈出强有力的步伐，从而提高塑料制品行业的整体水平，以适应相关行业的需要。

山东塑料制品业在考虑现有国企改造和改制、扶持民营企业的同时，进一步扩大对外经济技术交流与合作。充分利用国际国内两个市场、两种资源，抓住国际产业转移的机遇，通过加强与国际大公司的合作，积极参与国际分工和竞争，推进技术与产业结构优化升级。坚持以利用外商直接投资为主，积极探索利用外资新形式。

（山东省塑料协会　刘丰田　王保民　潘庆功　赵红军）

湖　北　省

【基本情况】

2003年，湖北省塑料工业全部国有和年销售收入500万元以上非国企业共计229个。其中：国有企业12个，集体企业31个，股份制和股份合作制企业52个，外资和港澳台合资合作企业25个，私营企业109个。全行业年末从业人数33 389人；全年全行业完成工业总产值（90不变价）76.36亿元；生产塑料制品34.48万吨，年生产能力达60万吨。

【企业经营】

2003年，面对复杂多变的市场形势，面对突如其来的“非典”冲击，面对原材料涨价的制约，湖北塑料加工行业企业围绕发展主题，紧扣调整主线，把握新型工业化发展方向，以提高经济效益和运行质量为中心，克难奋进，开拓进取，扎实工作，使全行业生产经营保持快速、稳定发展。表1为2003年湖北塑料工业主要经济指标完成情况，表2为2003年湖北塑料工业主要产品产量。由表中数据可以看出2003年湖北塑料工业的发展有以下几个特点。

表1　2003年湖北塑料工业主要经济指标完成情况　　单位：万元

行　业	工业总产值		销售收入		利税总额		利　润	
	完成额	比例/%	完成额	比例/%	完成额	比例/%	完成额	比例/%
塑料制造业	763 624	100	646 728	100	546 910	100	29 874	100
塑料薄膜制造业	121 884	15.96	92 003	14.23	5 918	10.82	3 573	11.96
塑料板管、棒材制造业	174 270	22.82	134 969	20.87	20 098	36.75	12 879	43.11
塑料丝绳及编织品	152 232	19.93	151 090	23.36	9 839	17.99	4 626	15.48
泡沫塑料制造业	34 889	4.57	20 602	3.19	1 039	1.9	－27	—
塑料人造革合成革	19 814	2.59	16 964	2.62	866	1.6	423	1.4
塑料包装箱及容器	95 044	12.45	78 243	12.1	8 239	15.06	4 865	16.28
塑料零件制造业	30 527	3.99	25 820	4.0	2 162	3.95	844	2.82
塑料鞋制造	15 012	1.96	14 001	2.16	970	1.77	435	1.46
日用塑料杂品	48 002	6.29	41 417	6.40	2 214	4.05	995	3.33
其他塑料制造业	71 950	9.42	71 619	11.07	3 346	6.12	1 260	4.22

表2　2003年湖北塑料工业主要产品产量　　单位：万元

项　目	塑料制品总量	塑料薄膜	板片材	棒管材	包装箱及容器	丝及编织品	日用制品	人造革	其他制品
产量/吨	344 773	43 750	9 894	90 347	23 159	104 954	36 724	5 419	30 454
比例/%	100	12.69	2.87	26.2	6.72	30.44	10.65	1.60	8.83

一是生产保持快速增长。全省塑料工业完成工业总产值76.36亿元，同比增长24%，占全省轻工业总产值的比例由2002年的11.9%提高到12.4%。

二是产品销售高速增长，产销率提高。全省塑料工业完成产品销售收入64.67亿元，同比增长26.32%；全行业产销率达97.06%，同比提高0.46个百分点。

三是经济效益稳定提高。全省塑料工业企业努力克服原材料涨价影响，保持全行业经济效益稳定提高，全年全行业实现利税5.47亿元，同比增长7.48%，实现利润2.99亿元，同比增长4%。

四是重点企业发展速度加快。全省塑料工业年产值5 000万元以上企业完成工业总产值44.70亿元，同比增长25%，比全行业增幅高1个百分点。

【新产品开发】

全省塑料制品业技术进步步伐加快，全年有一批技术改造项目相继开工建设。其中投资亿元以上的项目有：凯乐新材料科技股份公司与英国坦萨公司合资合作投资2.2亿元，年产万吨土工合成材料项目；富思特集团云梦薄膜厂投资1.28亿元引进美国杜邦公司年产2万吨BOPET薄膜生产；慧狮塑业有限公司投资2亿元引进德国雷芬豪斯公司年产1.7万吨CPP薄膜生产技术和设备；湖北金龙王投资公司投资1.6亿元引进英国公司年产万吨SMS无纺PP布生产线；武汉塑料集团投资1.1亿元引进关键设备形成彩色塑料轿车保险杠15万套生产能力项目；武汉紫江包装有限公司投资2.1亿元建立PET瓶坯生产中心等。这批重点项目建成投产必将有力推动湖北塑料工业的技术进步。

新产品开发取得新的突破。2003年全省塑料制品业共开发重大新产品达50余项。主要新产品开发有：

(1) 富思特集团的激光全息直接转移基膜、耐蒸煮食品包装流延膜、真空镀硅高阻透薄膜；

(2) 湖北凯乐新材料科技股份公司的PVC梅花管、双向拉伸土工格栅、PVC缠绕管、光纤电缆套管及光缆；

(3) 鄂州顾地塑胶有限公司的PPR管材；

(4) 武汉紫江包装有限公司的PET/NT复合啤酒瓶。

【重点企业】

企业名称	主要产品	产能/(千吨/年)	产量/千吨
湖北凯乐新材料科技股份公司	管、板材	100	61
富思特集团云梦薄膜厂	塑料薄膜	30	26
湖北顾地塑胶有限公司	管、板材	30	14
湖北中基包装材料有限公司	BOPP薄膜	20	11
义堂远航实业有限公司	丝绳及编织品	15	9.5
武汉紫江包装有限公司	PET聚酯瓶	15	9.2
道桥汉盛塑料制品公司	其他塑料制品	15	8.8
湖北钟格塑料管有限公司	管材	10	7.8
武汉金牛经济发展有限公司	管材	10	7.5
联塑科技发展(武汉)有限公司	管、塑料	10	7.2
襄阳双源泉塑料有限公司	丝绳及编织品	10	7
武穴市楚威日用塑料有限责任公司	日用塑料	10	5.5
武汉塑料集团公司	塑料制品	10	5.3
湖北双菱塑料工业股份有限公司	丝绳及编织品	10	5.1
武汉汉南金天纸塑制品有限公司	日用塑料	8	4.6
湖北彩条布厂	编织品	8	4.4
潜江市金辉塑料厂	丝绳及编织品	8	4.4
枝江姚港塑业有限公司	丝绳及编织品	8	4.2
黄石华亿塑胶有限公司	板材	8	4
公安金马圆织包装有限公司	丝绳及编织品	6	4
随州环潭经贸公司	丝绳及编织品	6	3.7
公安融安发展有限公司	丝绳及编织品	6	3.7
伍洛诚信塑料制品厂	日用塑料杂品	6	3.6
武汉华中腾飞塑胶有限公司	其他塑料制品	5	3.5
监利汪桥正光编织厂	丝绳及编织品	5	3.4
武汉紫海塑料制品有限公司	包装容器	5	3.3
亚通塑胶(湖北)有限公司	管、板材	5	3.3

续表

企业名称	主要产品	产能/(千吨/年)	产量/千吨
应城市盐海塑料包装厂	丝绳及编织品	5	3
荆州市宏达塑料有限公司	丝绳及编织品	5	3
冠丰塑料有限公司红安分公司	塑料薄膜	5	3
湖北永祥塑胶股份有限公司	塑料箱包	200万只	148万只

【存在的问题】

2003年湖北塑料制品业保持了快速发展态势，但与国内先进省市相比仍存在较大差距，主要表现为以下几个方面。

一是规模偏小。湖北塑料工业整体规模偏小，总量水平低于广东、浙江、江苏、山东、辽宁、福建、河南、上海、安徽等省市，总产量不到广东省1/10。全省229户塑料加工企业，年产3千吨以上产量的企业只占13%，年产万吨以上企业只有4户，大多数企业生产规模小，专业化程度低。

二是产品结构不尽合理。中低档产品所占比重较大，高档产品及相关产业配套产品少，竞争力较弱。产品外向度低，全行业出口交货值仅有8 200万元，占全行业现价工业总产值的比例仅为1.16%。

三是中小企业工艺技术装备落后。改革开放以来，湖北塑料行业的重点骨干企业在技术进步、产品开发、装备引进等方面有了质的提高和发展。但从行业整体看，尤其大多数中小企业加工装备、工艺、技术水平还处于80年代中期水平。这些企业自身造血功能弱，自我投入能力有限，严重缺乏发展后劲。

【发展趋势】

塑料制品行业是湖北省轻工业的支柱行业之一。未来3～5年，湖北塑料制品行业发展的总体思路是：以加快发展为主题，以市场需求为导向，以结构调整为主线，以提高经济运行质量和效益为中心，发挥比较优势，加快技术改造和技术进步步伐，壮大骨干，实现由跟进式发展向跨越式发展转变，力争形成五大特色板块，促进全省塑料加工业快速、稳定、健康发展。

一是以孝感、黄冈、仙桃三市为重点，依托湖北富思特集团、湖北中基公司等骨干企业，围绕复合化、多功能、环保化的发展方向，大力开发适应于食品、饮料、电器、医药和IT产业发展所需的多功能要求的高阻隔、防渗透耐高温蒸煮、保味保鲜等BOPET、BOPA、CPP包装薄膜，建立包装薄膜和工业配套膜的生产开发基地，力争形成年产15万吨的生产能力。

二是以武汉、荆州、鄂州、荆门等市为重点，依托湖北凯乐新材料科技股份公司、湖北顾地塑胶有限公司、湖北钟格塑料管有限公司为骨干，围绕市政建设、节水工程、房产开发等产业发展，大力开发高强度和高水密性的塑料型材、大口径耐压管材、燃气管、农业灌溉用微、滴、渗灌管材及与之相配套的各类管件，形成塑料管材、管件、型材系列板块，力争达到20万吨生产能力。

三是以沿汽车走廊的武汉、孝感、随州、襄樊、十堰等市为重点，依托武汉塑料集团、湖北富思特集团、随州华龙塑业公司、十堰冠达塑业公司等优势企业，围绕湖北汽车工业的发展，加大配套力度，大力开发与各类车型配套的塑料彩色保险杠、燃油箱、导风管、仪表面板、水箱面罩、灯具总成、车内外装饰件及专用零部件等产品，形成具有湖北特色的汽车配套塑料制品板块，力争达到8万吨生产能力。

四是以武汉、荆州、宜昌、荆门、仙桃等市为重点，依托湖北凯乐新材料科技股份公司、金龙泉集团、湖北力特公司、慧狮塑业公司等骨干企业，围绕高速公路、铁路及水利工程建设，与英国坦萨集团、英国BBA公司等国外著名企业合作，大力开发双向拉伸土工格栅、多维植被网和SMS高档无纺布等产品，加快发展各类土工合成材料，努力建成中国土工合成材料行业集生产、研发、推广应用为一体的基地，力争达到年产5万吨生产能力。

五是以武汉紫江包装有限公司、武汉江南实业公司、湖北永祥塑胶有限公司、武汉紫海塑料制品有限公司为骨干，围绕饮料、薄钢板等产品所需的塑料新型包装容器及出口市场需求，大力开发PET热灌瓶、PET/NT复合啤酒瓶，力争建成华中地区最大的饮料包装瓶及瓶坯加工中心；加快发展塑料箱包，加大产品开发力度，力争箱包出口规模达到500万只；着力开发薄钢板新型塑料包装材料，形成规模生产。力争塑料包装容器及箱包达到年产5万吨加工能力。

（湖北省轻工行业办公室　肖传文）

湖　南　省

【大事记】

2003年6月，湖南省塑料行业协会正式成立。

【基本情况】

在世界经济大调整继续深化及可持续发展战略转变的总背景下，整个塑料行业仍在迅猛发展，塑料制品应用领域也在不断扩大。2003年，我省塑料行业整体走势良好，虽由于不稳定的国际局势加剧塑料行业的动荡，国际原料市场产品价格不断上涨，加之受国内"非典"疫情的影响，导致国内原料供应紧张，主辅材料价格有较大幅度增长，我省塑料制品企业的生产及销售受到一定程度的冲击，但总的来看，仍能保持稳定发展。

据不完全统计，截止2003年底，我省塑料加工企业约300家，从事塑料行业人员约3.5万人以上，主要分布在我省的长沙、株洲、湘潭、常德、岳阳、怀化、郴州等地，其中大中型企业约占14%。湖南安塑股份有限公司仍是我省塑料行业的领头羊，深圳石化塑胶公司株洲塑胶有限公司、株洲湘瑞塑料建材有限公司、株洲时代工程塑料制品有限公司、湖南坤源塑化有限公司、湖南创业电力通联塑胶有限公司等企业继续迅猛发展，成为我省塑料行业的佼佼者。在今天西部大开发的大好政策下，我省西部地区塑料行业也正在逐步崛起，如湘西基信实业（香港）有限公司，正是在此环境下组建成立的，公司现有五层共挤高阻隔流延薄膜生产线一条，并拥有成熟的核心工艺技术。该条生产线的建成投产，使公司的塑料包装材料生产形成全系列化，年产塑料软包装基材的能力超过一万吨。

我省塑料制品总生产能力约25万吨，据省统计局统计，我省塑料制品规模以上企业实际总产量约103.902kt，比去年增长25%（见右表）。

2003年湖南省塑料产品产量统计

产品名称	产量/t
塑料制品总计	103 902
塑料薄膜	27 967
农用薄膜	21 149
塑料板片材	18 098
塑料棒管材	6 561
塑料丝及编织制品	21 444
塑料人造革/合成革	8 576
泡沫薄膜	62
塑料包装箱及容器	10 594
日用塑料制品	3 099
其他塑料制品	7 500

注：以上统计为规模以上企业。

【进出口情况】

据统计，2003年塑料制品出口总额约在1 000万美元以上。其中株洲湘瑞塑料建材有限公司出口金额约100万美元，湖南省利达事业发展有限公司出口金额约100万美元。株洲时代工程塑料制品有限责任公司出口金额约20万美元。其他许多大中型企业以及小型企业也有不同量的产品出口，对加快我省塑料行业的外向化发展作出了贡献。

【市场需求】

2003年湖南塑料市场需求旺盛的产品有：工农业及包装塑料薄膜、建筑及道路用塑料系列产品、车辆用工程塑料、塑料板片材、塑料丝及编制制品、人造革/合成革、塑料包装箱及容器等。其中随着汽车工业、房地产开发、城市规划建设等发展迅速，以及人们生活水平的日益提高，塑料制品的用量正在进一步加大。有实力、有眼光的企业正逐步朝以上方面发展，市场竞争日趋激烈。

【重点企业】

序号	单位名称	主要产品	产能/(t/a)	产量/(t/a)
1	深圳石化塑胶集团株洲塑胶有限公司	PVC、PE、PP、氟塑料等	25 000	15 300
2	株洲湘瑞塑料建材有限公司	PVC、PP-R管材等	15 000	10 000
3	湖南安塑股份有限公司	PU人造革等		1 800万 m^2
4	湖南创业电力通联塑胶有限公司	C-PVC塑胶等	30 000	
5	株洲时代工程塑料制品有限责任公司	注塑、工程塑料、吸塑	7 500	4 000
6	湖南省坤源塑化有限公司	UPVC、管材管件	12 000	
7	湖南省塑料研究所	板材、工程塑料、色母料、泡沫塑料	5 000	3 000
8	湖南省华天铝业有限公司	铝塑板等		3 000
9	湖南省宏通实业有限公司	UPVC、电力管材等	8 000	
10	湖南长沙双龙塑料型材事业有限公司	塑料异型材	10 000	5 000
11	常德七星泰塑业有限公司	PVC系列管材、管件、电缆线	7 000	3 500
12	湘西基信实业(香港)有限公司	塑料软包装基材	10 000	
13	湖南润和塑胶实业公司	ABS板材、型材、注塑	3 500	3 000

【存在的问题】

我省塑料行业目前主要存在的问题仍是：

① 企业规模小、管理水平低；

② 企业品牌意识差、产品结构不合理；

③ 多数企业技术装备差、生产工艺相对落后；

④ 技术力量薄弱、新品开发能力差。

由上可知我省塑料行业相当一部分企业因综合实力低，产品在当前激烈的市场中缺乏竞争力，加之后续手段能力不强，企业间资源分散，优势互补差，这些都制约我省塑料工业的发展。目前，就如何整合湖南塑料工业现有优势，提高企业市场竞争力，逐步形成集约化发展的格局，是我们湖南塑料工业面临最大的问题。

【发展趋势】

针对整个湖南工业发展和市场经济的需要，湖南塑料工业今后发展的主要方向是包装、建材及专用工程塑料等领域，并继续巩固提高人造革、工农业用塑料产品。目前湖南塑料市场在包装上有很大的潜力，如食品饮料、槟榔包装等。随着塑料包装材料在热封性能、耐蒸煮性能、氧气阻隔性、耐油性和加工性能等方面不断改进提高，加之其本身具有的特性，其应用范围将更加广泛。在建材方面，主要发展塑料管材、塑钢门窗以及防水保温材料等，并逐步标准化、系列化、规模化。在专用工程塑料方面，重点开发铁路机车、汽车配件、家电和电子产品等，随着粤美的等大型企业入湘投资于汽车及其他领域，加之本地汽车等行业的不断发展，将给湖南塑料工业的发展提供巨大的商机。

而在原有塑料制品工业中如塑料薄膜随着加工工艺和成品膜性能的不断改性提高，其应用领域更加广泛，如茂金属薄膜其突出的性能就大大增加了塑料薄膜的应用领域。随着现有企业体制改革的逐步完善，股份制、民营企业蓬勃发展，加之西部大开发的进一步深入及沿海地区部分企业有意向内地发展，市场将面临更加激烈的竞争。湖南整个塑料工业将迎来一个新的发展机遇。

（湖南省塑料行业协会秘书处　潘晓梅）

广　东　省

【基本情况】

2003年广东省塑料制品业规模以上企业1 535个，其中：国有及国有控股企业41个，集体企业173个，外商投资和港澳台投资企业852个、股份合作制企业9个，其他企业460个，从业人数35.07万人。全省塑料制品业企业分布在各地市、较集中在珠江三角洲及沿海地区。其中：广州市280个、深圳市175个、珠海市69个、汕头市105个、韶关市2个、河源市6个、惠州市59个、汕尾市9个、东莞市173个、中山市158个、江门市97个、佛山市220个、阳江市11个、湛江市22个、茂名市24个、肇庆市32个、清远市14个、潮州市27个、揭阳市40个、云浮市12个。

2003年广东省塑料制品工业总产值完成774.71亿元，比上年增长14.52%；全省塑料制品业产量完成420.11万吨，比上年增长7.8%。其中：塑料薄膜72.05万吨，增长6.1%；塑料板片材13.17万吨，增长17.4%；塑料棒管材27.59万吨，增长27.2%；塑料丝及编织制品8.60万吨，减少1.9%；塑料人造革7.67万吨，增长14.7%；塑料合成革5.05万吨，增长3.7%；泡沫塑料11.87万吨，增长17.6%；塑料包装箱及容器15.72万吨，增长14.2%；塑料鞋11.98万吨，增长3.7%；日用塑料制品53.82万吨，增长0.2%；其他塑料制品192.59万吨，增长7.2%。

2003年广东省塑料加工设备完成9.68万吨，比上年增长13.2%。

【企业经营】

2003年广东省塑料制品业销售收入完成758.08亿元，比上年增长14.62%，塑料制品行业主要产品市场呈现需求旺盛的态势。2003年广东省塑料制品业，产品销售收入最大的企业是佛山塑料集团股份有限公司。塑料制品业分品种产品销售收入行业第一名的企业是：佛山塑料集团股份有限公司的塑料薄膜28.04亿元；广州宏信塑胶工业有限公司的塑料板、管、棒材8.74亿元；开平长沙华侨尼龙工艺厂的塑料丝、绳及编织品2.84亿元；广州宏铬塑胶工业有限公司的泡沫塑料及人造革、合成革5.58亿元；珠海经济特区中富实业股份有限公司的塑料包装箱及容器2.99亿元；广东金汉集团有限公司的塑料鞋1.29亿元；揭阳市榕泰实业股份有限公司的日用塑料杂品2.94亿元；深圳美阳注塑有限公司的塑料零件4.33亿元；顺德大良北区居委（属下企业）其他塑料制品5.52亿元。

按塑料制品品种分的产品销售收入是：塑料薄膜133.08亿元，比上年增长17.7%；塑料板、管、型材73.45亿元，增长6.5%；塑料丝、绳及编织品26.02亿元，增长7.5%；泡沫塑料50.06亿元，增长9%；塑料人造革、合成革12.52亿元，增长12.7%；塑料包装箱及容器37.25亿元，增长5%；

塑料零件 88.07 亿元，增长 21.5%；日用塑料制品 123.23 亿元，增长 8%；其他塑料制品 200.45 亿元，增长 12.9%。销售好的产品有塑料薄膜、塑料管材、泡沫塑料、塑料零件等。

2003 年广东省塑料工业原料制造业产品销售收入行业第一名的企业是：聚烯烃塑料中国石化集团茂名石油化工公司的 80.13 亿元；热固性树脂及塑料长兴（广州）化学工业有限公司的 2.10 亿元；工程塑料美国通用电器塑料中国有限公司的 11.90 亿元；功能高分子广州金发科技发展有限公司的 11.36 亿元；其他合成材料汕头海洋第一聚苯树脂有限公司的 7.40 亿元。

2003 年广东省塑料工业专业设备制造业，产品销售收入行业第一名是顺德市震德塑料机械厂有限公司 4.60 亿元。

2003 年广东省塑料制品企业 1 535 个，其中亏损企业 328 个，占 21.37%。按塑料制品品种分：塑料薄膜业企业 153 个，亏损企业 30 个，利润总额 6.26 亿元；塑料板、管、型材业企业 147 个，亏损企业 35 个，利润总额 3.23 亿元；塑料丝、绳及编织制品业企业 85 个，亏损企业 15 个，利润总额 0.34 亿元；泡沫塑料制造业企业 135 个，亏损企业 30 个，利润总额 1.53 亿元；塑料人造革、合成革企业 26 个，亏损企业 8 个，利润总额 −0.15 亿元；塑料包装箱及容器制造业企业 122 个，亏损企业 30 个，利润总额 1.87 亿元；塑料零件制造业企业 142 个，亏损企业 29 个，利润总额 4.52 亿元；日用塑料制造业企业 377 个，亏损企业 73 个，利润总额 2.03 亿元；其他塑料制造业企业 348 个，亏损企业 78 个，利润总额 4.58 亿元。

【重点企业】

2003 年广东省塑料制品业，产量最大生产企业是佛山塑料集团股份有限公司 257.3kt，具体品种产量最大生产企业是：佛山塑料集团有限公司的塑料薄膜 85.014kt，电白县罗坑农膜厂的农用薄膜 4.14kt，澄海市华翔塑料有限公司的塑料板片材 40.645kt，三水市中海石油（三水）化工有限公司的塑料棒管材 70.180kt，佛山塑料集团股份有限公司的塑料丝及编织制品 18.312kt，广东省台山市新丰企业集团公司的塑料人造革 20.77kt，广州宏焕胶工业有限公司的塑料合成革 22.38kt，佛山市鸿基塑料包装材料有限公司的泡沫塑料 7.531kt，三水市健力宝塑料制品有限公司的塑料包装箱及容器 12.520kt，东莞市东昱鞋业有限公司的塑料鞋 24.218kt，广州从化雄鹰塑料五金厂的日用塑料制品 30.177kt，广州宏信塑胶工业有限公司的其他塑料制品 101.271kt。

2003 年广东省塑料工业原料助剂产量大的生产企业是：中国石化集团茂名化工石油化工公司的塑料树脂及共聚物 468.199kt，文威塑胶（深圳）有限公司的聚氯乙烯树脂 16.650kt，中国石化集团茂名化工公司的聚乙烯树脂 294.488kt、聚丙烯树脂 173.711kt，珠海裕华聚酯有限公司的聚酯 165.965kt，东莞宝田化工有限公司的塑料助剂 28.861kt。

2003 年广东省塑料工业加工设备产量最大的生产企业是：东莞富强鑫塑胶机械制造有限公司 48.934kt。

【出口情况】

2003 年广东省塑料制品出口交货值完成 383.95 亿元，比上年增长 12.55%。其中：塑料薄膜 41.40 亿元，增长 17.18%；塑料板、管、型材 25.68 亿元，增长 17.03%；塑料丝、绳及编织品 8.11 亿元，增长 6.09%；泡沫塑料 20.45 亿元，减少 1.68%；塑料人造革、合成革 6.96 亿元，减少 0.57%；塑料包装箱及容器 5.85kt 亿元，增长 13.78%；塑料零件 55.81 亿元，增长 20.09%；日用塑料 8 478.47 亿元，增长 6.80%；其他塑料制品 141.22 亿元，增长 14.51%。企业把握了美元贬值、产品出口竞争力有所增强的有利时机，加上部分通用型产品国内市场价格竞争激烈的客观促成，使产品出口比重较大幅度地增长，增加出口量最大的主要产品为 PVC 压延膜、BOPP 薄膜和 CPP 流延膜。

【新产品开发】

中山市中升包装材料有限公司开发出防渗复合包装膜袋、高阻隔真空镀铝冲气膜袋。佛山市塑料工贸集团公司开发出 CPP 扭结膜、真彩 BOPP 光膜等多个新产品。广东联塑科技集团研发出各种塑料建材产品，在工艺配方方面，至于 PVC 改性的研究开发，努力提高 PVC 产品的物理化学性能。

广东顾地塑胶股份有限公司的“顾地 COODY 牌”和顺德联塑科技实业有限公司的“联塑牌”低烟难燃 PVC 电线槽管，顺德雄塑实业有限公司的“雄塑牌”PVC 电线槽管、给排水管，中山环宇实业有限公司的“锚牌”PVC 给水管，高明顾地塑胶有限公司的“顾地 COODY 牌”PVC 给排水管，佛山市日丰企业有限公司的“日丰牌”铝塑复合管被评为 2003 年广东省名牌产品。广东玉兰装饰材料有限公司的“兰香牌”PVC 墙纸、湛江包装材料企业有限公司的“银丰牌”高速卷烟包装膜、佛山塑料集团股份有限公司的“双龙牌”PVC 针织布基发泡人造革、“汾江牌”BOPP 薄膜，“双象牌”复合塑料编织布，江门市润田实业投资有限公司的“CPF 牌”电器用薄膜，广东高聚化学工业有限公司的“图形牌”聚苯乙烯板材，汕头海洋第一聚苯树脂有限公司的“SOE牌”聚苯乙烯树脂，珠海中富工业集团有限公司的“中富牌”PET/PC饮料包装容器系列产品，东莞东华机械有限公司的“图形牌”TTI系列全自动电脑注塑机，顺德市震德塑料机械厂有限公司的“震德牌”CJ系列全自动电脑控制注塑机，被重新确认“九五”期间广东省名牌产品。佛山塑料股份有限公司的“汾江牌”、“双龙牌”商标被评定为广东省著名商标，该公司被认定为“中国企业500强”之一。“汕沪牌电缆”、“南洋NAN电缆”、三凌“和塑牌”UPVC塑料管荣获广东省著名商标。

（广东省塑料工业协会　黄小薇）

广西壮族自治区

【基本情况】

广西二轻塑料加工行业企业数为38家，从业人数为5 399人。2003年塑料制品产值23 266万元，产量23 536吨，全行业生产能力约12万吨。

2003年塑料制品行业产量统计

产　品　名　称	产量/t
塑料制品总计	23 536
塑料薄膜	3 299
塑料板材片	10
塑料棒管材	10 724
塑料丝及编织制品	5 981
泡沫塑料	51
塑料包装箱及容器	476
塑料鞋	995
日用塑料制品	883
其他塑料制品	1 117

【企业经营】

广西二轻塑料制品行业规模以上企业有6家。2003年亏损企业有2家，二轻规模以上企业2003年产值12 655.1万元，利润为－567.5万元，工业销售产值12 116.8万元，产品销售收入12 356.7万元。

2001年广西塑料制品行业销路较好的产品有：聚丙烯撕裂带、聚丙烯打包带、聚乙烯农地膜及管材、聚氯乙烯管材、塑料编织袋、塑料编织水泥袋、塑料给水管材及管件、塑料包装箱及容器、柔性集装袋、墙纸、PVC管材、PE管材、地面覆盖膜、通讯光缆护套管。

【重点企业】

2003年广西二轻塑料制品产量在3千吨以上的企业

企业名称	产量/吨	产值(当年价)/千元	利润/千元	主要产品
柳州市天一塑料制品有限责任公司	4 047.7	38 938	688	塑料编织袋
梧州五一塑料制品有限公司	7 141	67 500	2 111	塑料管材、管件

（广西二轻工业总公司　王卫群）

四　川　省

【基本情况】

2003年四川塑料工业保持了持速快速发展的态势，总体经济运行情况良好。四川塑料制品总量已连续五年实现了双位数增长，从1998年至2003年年均递增14%，2003年比1998年增长了92%，翻了近一番。

2003年，全省纳入统计的国有及年销售收入500万元以上的非国有塑料企业共152家，比2002年增加19家企业。总体经济运行质量明显提高，实现了生产、销售、效益双位数同步增长。2003年，共生产塑料制品25.5万吨，完成销售收入62.81亿元，实现利税7.66亿元，分别比2002年增长14.3%、46.3%和46.7%。中国五粮液集团旗下控股集团公司——中国普什集团有限公司销售、效益均居行业首位。2003年，中国普什集团有限公司共完成销售收入25亿元，实现利税5亿元。

2003年，四川塑料建材工业投资最大的项目是成都实德塑胶工业有限公司投资的PVC塑料异型材为主的塑料建材项目。成都实德塑胶工业有限公司系大连实德集团有限公司与高登国际（香港）投资有限公司在四川省成立的中外合资企业，注册资本2 500万美元，位于成都市经济技术开发区（龙泉驿）的实德工业园区，园区占地面积236亩。公司全套引进德国、奥地利20世纪90年代最先进的混料系统和高速双螺杆挤出机，以生产PVC塑料异型材为主，年生产能力8万吨。公司于2003年4月建成投产，现有员工近300人，挤出生产线40条，预计2004年将实现销售收入7亿元。

【重点企业】

近年来，四川塑料行业涌现了一批在省内外有较大影响的企业，在2001年和2002年的中国塑料工业年鉴我们先后介绍了19家塑料工业重点企业，今年重点介绍中国普什集团有限公司。

中国普什集团有限公司是中国五粮液集团旗下控股集团公司，成立于1997年，是五粮液集团先期投资3亿元成立的全资子公司，到2002年总投资超过18亿元。2003年公司实现销售收入25亿元，完成利税5亿元。集团下分为中国普什集团普什塑胶、普什模具公司、普什集团合资公司群三大部分。普什集团普什塑胶下设瓶盖事业部、建材包材事业部、聚酯事业部、PET瓶胚事业部等。目前集团公司拥有固定资产30多亿元，厂房占地面积34万平方米，员工2 000多人，各类专业技术人员500多人，主要产品包括塑胶防伪瓶盖、模具制造、聚酯切片、PET瓶胚、塑胶管件、管材、各类礼品袋、包装袋、洗涤化妆品、包装及广告用三维立体图案产品及激光防伪产品等，产品已占据国内市场，并出口欧美及东南亚国家。

中国普什集团普什塑胶瓶盖事业部是中国普什集团旗下的普什塑胶全资事业部。普什塑胶瓶盖事业部包括酒瓶盖生产和饮料盖生产两大部分。A区酒瓶盖工程由普什公司于1997年先期投入2亿多元建设，引进德国DEMAG、加拿大HUSKY精密注塑机、意大利丝网印刷设备及国外进口的自动化瓶盖装配生产线，辅以专业的瓶盖设计和世界一流的模具制造中心开发出各类高档塑料防伪瓶盖。2001年投资近3亿元，年产10亿只的瓶盖二期D区工程投产，使得普什公司瓶盖产品结构品种日趋完整，覆盖了高、中、低档白酒包装，类型包括全塑防伪瓶盖、铝塑复合防伪瓶盖以及喷涂烫金工艺产品，公司引进国外先进技术和生产线，新近开发了水瓶盖、饮料盖，产品适用于水、饮料冷热灌装。到2003年，瓶盖事业部已形成各式塑胶防伪酒瓶盖年生产能力近10亿只，冷、热灌装饮料瓶盖5亿只的规模，产品广泛应用于国家名酒、著名品牌的饮料包装。

普什集团普什塑胶瓶盖事业部1997年开始PET瓶胚及相关产品的生产，主要产品有PET瓶胚、PET聚酯瓶、PC水桶三大类产品。公司引进了具备世界一流技术的加拿大HUSKY注塑机及意大利PIOVAN辅机，采用加拿大HUSKY瓶胚模具、加拿大伯格中央控制集中供料系统。采用普什生产的优质原料，产品已经得到可口可乐权威认证机构认证，年产各类优质瓶胚8亿只。同时公司还引进法国SIDEL、日本ASB结晶炉设备，具有技术先进、自动化程度高、产品质量稳定等特点。引进日本青木固注吹拉一步成型机，具有成型快、光洁度好的特点。

普什集团普什塑胶吹瓶、烤标事业部，从法国SIDEL公司引进SBOI-16型吹瓶机14套，日生产PET瓶300万支。采用二步吹瓶法吹制的新型PET瓶，可广泛用于矿泉水、软饮料、酒类等的包装。新型高档酒包装容器——烤标瓶，具有色彩鲜艳，墨色饱和，有光泽、不掉色、符合环保等特点。普什公司从意大利TECNOS公司引进目前国内最先进的热塑丝网印标设备，日生产热塑印刷烤标瓶6万只，贴花纸烤标瓶4万只。

普什集团普什塑胶建材包材事业部是1999年投资近3亿元建立的。主要有管材、管件、塑料托盘、周转箱、塑料礼品袋及质量检测中心几大机构。建材包材事业部拥有国际先进水平的管材生产线，能生产国内一流的高质量PE、PP-R管材，年产各类管材达12 000吨以上。产品全部采用通过国际标准ISO 9080认证的原料，具有卓越的品质。所有的管材生产线均采用自动化电脑控制系统，并可通过彩色显示监控整体生产加工过程。管件生产线拥有数十台精密注塑机及近千套模具，是国内最大的注塑机群之一，主要生产PE、PP-R管件，广泛应用于城市的给排水和燃气管道系统。目前，已成为国内最大的环保塑胶管件、管材配套生产基地之一，各类产品畅销全国各地，部分产品还远销国外。

建材包材事业部的礼品袋生产工序是投资8 000余万元建设的，从国外引进了代表世界最新最先进技术水平的生产线，拥有从吹膜、印刷到制袋一整套生产流水线，生产各类塑胶袋，广泛用于工农业、商业、医药产品的内外包装。

建材包材事业部的商标印刷工序是1998年12月投资1 400多万元建设的，从加拿大ARPECO公司引进第一条全自动商标生产线。有高精度装版机、UV全自动柔版印刷机、全自动高速热合机。可生产BOPP商标、PVC商标、纸商标、不干胶商标、也可直接在商标上烫金。2001年10月从加拿大ARPECO公司引进第二条生产线，除可生产以上商标外，还可直接压膜、模切、供全自动贴标机及单张贴标机使用，每条生产线日产量200多万张，可满足各行业各类产品包装使用。

建材包材事业部的重塑生产线。采用具有国际先进水平的加拿大HUSKY注塑机，主要生产塑料托盘、周转箱，年注塑能力为1 700吨。生产的塑料托盘采用模块化设计以HDPE为主要原料，经精密吹塑，焊接成型的大型塑料制品，尺寸规格与国际储运装具的规模标准接轨。产品广泛应用于食品、蔬菜、水产品、制药、车站、码头等，是以塑代木的一类主要产品，是现代企业运输、包装、仓储必不可少的理想包装材料。

普什集团普什塑胶聚酯事业部。工程投资5亿元，生产规模年产瓶级聚酯切片15万吨，是目前世界上瓶级聚酯切片单线生产能力最大的装置。主要产品有水瓶片、油瓶片、热灌装、碳酸饮料瓶、大有光五大类，主要用于制作饮料瓶或纺丝光纤的原料。聚酯切片产品获得了美国 FDA 认证、欧洲 EC 认证、可口可乐认证。

普什集团 3D 有限公司是普什集团与台湾公司合作经营的大型现代化企业。公司于 2002 年 11 月成立，占地面积 54 000 平方米，总投资 7 亿元人民币，是一家具有独特优势的三维立体影像塑胶印刷包装材料生产企业。引进了先进的自动化印刷生产系统，拥有产自美国、德国、加拿大等世界最先进的大型印刷、制造设备，并同步引进欧美的新产品包装概念。公司主要研发、生产、销售三维立体影像塑胶印刷板、塑胶包装材料、塑胶文具产品、防伪标识和包装装潢印刷，拥有目前世界上最先进的三维立体防伪技术。可广泛应用于烟、酒等传统行业的三维防伪包装及文具、挂历、宣传广告、海报、各式卡片、吊片等一般商品包装，可适应不同产品的不同需求，年生产能力达到 8 万吨，销售区域涉及海内外。

普光科技有限公司是普什集团与台湾光群集团合资成立的一家专业开发、生产、经营镭射全像产品的企业。成立于 2003 年 5 月。公司拥有世界一流的生产设备和技术，其产品广泛应用于防伪包装、印刷、贴合、礼品等。主要产品有 PVC 镭射膜及相关应用产品，如贴纸、贴合材料、春联、印刷品、饰品材料等；PVC 热收缩膜（带镭射防伪商标）；PET 镭射膜及相关应用产品金银丝，贴合材料、彩盒、商标、印刷品、遮阳膜等；OPP 镭射膜及相关应用产品，食品软包装、透明上光膜、手腕袋、纸张贴合等；PET 镭射转移膜，可将镭射效果转移在纸上、布上；镭射防伪商标及镭射烫金膜等。

中国普什集团有限公司是一家多元化、现代化的高技术专业制造集团。集团的塑胶工业部分经过 5 年多的发展，规模不断扩大，产品结构日益多样化，取得了令人瞩目的成绩，是四川塑料行业的排头兵，也是四川塑料工业增长的支柱。

（四川省塑料工业协会　张振綦、隋佩侠）

云　南　省

【大事记】

1. 云南省塑料行业协会对微膜主要质量指标实行自律，切实保障农业生产需要。

云南省是一个经济落后的边疆省，有 73 个国家级贫困县和 1 005 万贫困人口，发展经济、扶贫脱困的任务很艰巨；云南省绝大部分地区冬季很短，薄膜覆盖期只需要 30～40 天，到时小苗若不能顶破薄膜还要实施人工破膜，以免影响农作物生长，厚膜的功能是多余的，还要浪费资源，增加负担；目前云南省都是人工铺膜、微膜的强度也能适应；厚度为 0.005mm 和 0.006mm 的微膜非常适合云南省农业生产现阶段的要求，深受广大农民欢迎。微膜已经成为不可替代的主体农膜品种，为云南脱贫致富作出了重要贡献，在多年实践中农民懂得了回收农膜、清除残片、保护土地的道理，工作逐年深入、效果显著，微膜作为农膜发展初级阶段的选择，是实践的必然、历史的必然，应该支持。

云南省塑料行业协会为响应云南省人民政府《关于认真做好 2003 年化肥等农资供应工作的通知》精神，经与农膜生产企业、农技推广部门多次研究、探讨，于 2003 年 4 月以云塑协（2003）3 号文件形式，提出微膜主要质量指标实行行业自律的意见，要求大家自觉遵守，动员协会内外力量共同抑制和监督假冒伪劣微膜、切实保障农业生产需要。

2. 2003 年 9 月 18 日～19 日，云南省塑料行业协会第一届二次会员大会暨第三次理事会召开。

会议的主题是：面对中国西部大开发和中国-东盟自由贸易区区域经济一体化的历史机遇，解放思想、开拓前进。赵秉仁理事长作了“解放思想、抓住机遇、开拓前进”的主题发言，他说：“云南省塑料行业已经开始成为云南省经济领域有一定影响和地位的行业。”鼓励云南塑料企业找准自己的位置，创造自己崭新的未来。省经贸委武俊处长的长篇发言深刻地分析了云南经济发展的道路，指出云南经济到了发展的最好时期，要珍惜机遇把云南塑料行业做强做大、参与国际竞争；表扬云南省塑料协会做的有益工作，希望协会注重自身建设。詹家驹秘书长作了“云南省塑料行业协会近期工作情况和对一些问题的建议”报告。按协会章程规定程序，对协会部分理事的增、补、罢、免提请表决获得通过。

会议大部分时间安排了发布塑料行业的经济、科技信息：中国轻工业塑料加工应用研究所研究室主任、高级工程师万青“技术开发项目”，昆明市政工程公司技术质量处副处长“环保型塑料排水管在市政工程中的应用”等。参观了设施农业、节水灌溉工程、农村饮水工程和祥云橡塑城。

3. 协助中国塑料加工工业协会和云南省人民政府侨务办公室召开《中国（云南）-东盟自由贸易区 2003 塑料论坛》。

《论坛》于 2003 年 11 月 13～16 日在云南省大理市召开，由中国塑料加工工业协会常务副理事长李国俊主持。中国轻工业联合会副会长张善梅到会作了“抓住机遇，增强合作、加快发展”的发言，云南省政协副主席、省工商联主席苏正国，大理白族自治州州长赵立雄、云南省人民政府侨务办公室副主任杨光明发表了热情洋溢的讲话。

中国科学院院士徐僖教授率国家重点试验室的15名专家到会发布了一批科研成果，中国科学院化学研究所王德僖研究员介绍了“聚丙烯实用化技术进展”，许多学者和来自企业的专家都登台发言，内容丰富，异彩纷呈。中国塑料加工工业协会廖正品理事长，云南省人民政府经合办副主任毛义强，东南亚研究所副所长刘稚研究员，云南大学杨先明、张荐华等几位教授、云南省委政策研究室莫泰尧主任和南京大学、潍坊中云机器有限公司、国家化学建材测试中心、北京华盾公司、河北宝硕管材公司等单位的专家学者通过书面形式在论坛上发表了发展动态论文5篇、国际合作论文7篇、高新技术论文16篇。

来自东盟国家的19位嘉宾参会，与中国与会代表交流洽谈；宝硕集团、建达公司、大森集团、鸿达模具公司等一批企业在会上展示了企业产品；会议代表最后还参观了祥云橡塑工业城。

【基本情况】

在2002年，云南省经济发展遏制住了下滑的趋势，国内生产总值比上年增长8.1%，实现了恢复性增长。2003年国内生产总值比上年增长8.6%，经济结构调整有新的进展，实现了速度、质量和效益的统一。

云南省塑料行业也摆脱了连续四年下降的局面，2002年生产塑料制品13.4万吨，比上年增长24.6%；2003年生产塑料制品14.7万吨，比上年增长9.0%。行业规模扩大、产业结构调整取得初步成效，经济效益有所增加。按统计口径调查，2002年企业数从54个增加到61个，从业人数从6 180人增加到6 651人；实现工业总产值（现价）11.5亿元，比上年增长10.1%，完成工业增加值3.20亿元，比上年增长15.9%，实现利税1.22亿元，比上年增长36.1%，全员劳动生产率达到17.3万元/人，比上年增长2.4%，总资产贡献率为5.17%，比上年增长6.4%。

多数类别塑料制品生产（统计口径）在2003年有不同程度的增长，增长幅度较大的有塑料包装箱及容器，塑料丝及编织品，塑料板片材等，生产下降的产品有塑料鞋、塑料棒管、材等，详见下表。

云南省塑料制品生产情况统计表

项　　目	2002年/吨	2003年/吨	2003年比上年/%
塑料制品生产量	134 888	147 084	9.0
塑料薄膜	72 043	76 159	5.7
其中：农膜	30 885	31 457	1.8
塑料板片材	932	1 207	29.6
塑料棒、管材	6 517	4 339	−33.4
塑料丝及编织品	20 109	24 917	23.9
泡沫塑料	4 714	5 783	22.7
塑料包装箱及容器	2 226	2 820	26.7
塑料鞋	3 051	2 814	−7.8
日用塑料品	3 346	3 759	12.4
其他塑料品	21 948	25 281	15.2

注：统计范围为全部国有企业和销售收入500万以上的非国有企业。

【重点企业】

玉溪旭日塑料有限责任公司

原名玉溪市塑料一厂，主要产品：各种PE农膜、功能性棚膜。生产能力1.4万吨，其中PE农膜1万吨，棚膜4 000吨。在2003年共生产各种农膜、棚膜9 221吨，比2002年增长44%，完成工业产值7 160万元（不变价）、同比增长16.6%，完成利税390万元，同比增长20%以上，实现了稳步发展，做强主业的目标。

投资560万元，购置国内先进水平的三层共挤复合吹塑棚膜生产线，开发生产适应云南用户的各种功能性棚膜，2003年先后研发了玫瑰花用多功能棚膜、烤烟苗用多功能棚膜、EVA多功能棚膜和茂金属PE高强度多功能棚膜等新产品，投放市场，获得用户好评。

公司已于2002年底通过了ISO 9001：2000质量体系认证工作，并获得了质量管理体系认证证书。

个旧市塑料厂

主要产品：各种PE农膜、降解母料、药瓶、磷酸用包装桶。生产能力6 700吨，2003年共生产塑料制品及降解母料3 950吨，其中农膜2 000吨，降解母料1 000吨，药瓶300吨；完成销售收入3 710万元，比去年同期增长38.9%；完成利税127万元，同比增长95.3%。

该厂是国家药监局在云南省的医用塑料瓶定点生产企业，2002年开发了光、热、生物三重降解塑料母料获国家重点新产品称号，2003年又开发了黑、白条纹地膜等新产品，勇于创新，先后荣获云南省红河州、个旧市“高新科技先进企业”、“重合同、守信用单位”、“云南省高新技术企业”等荣誉称号。

云南塑料厂

主要产品：各种PE农膜、大棚膜、PE饮水管，PVC管材、管件。生产能力1万吨，2003年共生产塑料制品4 700吨，完成工业销售产值3 870万元，实现利税68万元，生产和效益大体上与2002年持平。

该厂技术实力雄厚，2003年研发了供矿山和采矿设备专用的耐热、耐酸碱PP型材，并通过了专家验收；自行研制的黑白双色母料已投入工业生产、供应市场；开展了ISO 9001：2000质量管理体系的工作，顺利通过认证、于年底获得了质量管理体系认证证书。

曲靖塑料集团有限公司

主要产品：各种PE农膜、棚膜、磷酸用包装桶、纸制品。塑料制品生产能力1.2万吨，2003年生产塑料制品6 856吨，其中农膜6 550吨，磷酸用塑料桶306吨，另有纸制品463吨，实现利税81万元，生产和经济效益比2002年有一定增长。

玉溪红塔新型建材有限公司

主要产品：PVC异型材、组装塑钢门窗、铝塑复合管。生产能力为1.2万吨，2003年生产PVC异型材1 800吨，组装门窗3.2万m^2，铝塑复合管19万m^2，完成工业销售产值1 700余万元，生产经营遭遇困难，出现亏损，正在通过加强经营管理、开发新产品、拓宽市场来改善处境。

2003年改造一条铝塑复合管生产线为可生产PE/PP-R管的生产线，年生产能力900吨，已投产；进行了PVC异型材彩色共挤技术开发和改造，适应门窗彩色化要求，即将投产；开发PVC彩色新型栅栏系统，可生产家庭社区型、道路隔离型、花坛草坪型、铁艺型栅栏门等五类绿色环保新型栅栏。

云南昆岭薄膜工业有限公司

主要产品：双向拉伸聚丙烯薄膜（BOPP），年生产能力1万吨。

公司于1996年建成投产，引进了国际先进的德国布鲁克纳和英国阿特拉斯生产设备，电脑监控，生产厚度12～50μm的高品质、可热封性、热收缩性各类BOPP薄膜，高速、热收缩型等高档卷烟包装膜已在云南省及国内外许多烟厂广泛使用。

公司自投产以来实现产销平衡，年销售量10 500吨，至2003年共实现销售收入14.8亿元，上缴税金1.4亿元，2003年9月被国务院侨务办公室授予“2000～2002年度全国百家名星侨资企业”荣誉称号。

云南红塔塑胶有限公司

主要产品：双向拉伸聚丙烯薄膜（BOPP），年生产能力2.6万吨。2003年生产BOPP各类薄膜28 000吨，完成工业总产值2.8亿元，实现利税1 600余万元。

公司于1996年注册成立，1997年11月正式投产，注册资本9 958万元，占地88亩，年生产能力6 000吨BOPP薄膜，产品以高品质的卷烟包装膜和平膜为主。1999年通过了ISO 9002国际质量管理体系认证，获认证证书。2002年又投资1.14亿元新建2万吨BOPP薄膜生产车间，设备选用2条德国布鲁克纳生产线，生产能力，技术水平进一步提高。

2003年公司按照玉溪红塔集团对卷烟膜质量的特殊高标准、高要求开发了高光泽、低雾度、耐摩擦要求的系列卷烟膜产品和精品软包装卷烟膜，其中高光泽18μm卷烟包装BOPP薄膜获国家新产品称号，受到用户广泛欢迎。

平膜也是公司的重要产品，相继开发了水晶膜，激光防伪收缩膜、转移膜、18μm以下的特种膜等多种新产品，逐步得到用户认可和欢迎，其中消光型双向拉伸聚丙烯薄膜获云南省新产品称号，公司也被命名为云南省高新技术企业。

（云南省塑料行业协会）

新疆维吾尔自治区

【基本情况】

新疆塑料工业是以塑料加工业为主体形成的新型产业。经过改革开放20年来的不断发展，已初步形成了包括制品加工、树脂合成、辅料生产、模具与设备制造、科研开发等于一体的相对完整的塑料工业体系，并在塑料制品加工与合成树脂生产方面初具规模。

目前，合成树脂方面，已有独山子石化分公司乙烯厂、新疆中泰化学股份有限公司、新疆天业股份有限公司等大小生产企业7家，合成树脂生产能力达59万吨。其中：聚乙烯树脂22万吨，聚丙烯树脂21万吨，PVC树脂11万吨，PET（瓶级）5万吨。在制品生产方面，新疆有乡及乡以上生产企业246户（未包括二次加工企业），年生产总能力已超过50万吨；塑料制品主要有农用塑料制品、包装用塑料制品、建筑用塑料制品、日用塑料制品、工业配套用塑料制品五大类。2003年，新疆塑料制品实际生产量为28.36万吨，较上年增长了23%；其中：各类薄膜10万吨（包括地膜7.81万吨）较上年增长11.78%；各种管材10.3万吨较上年增长了73%；

塑料编织产品2.97万吨与上年持平；各种型材2.39万吨较上年增长3.47%；另外，生产日用塑料制品8 327吨、包装容器5 937吨、泡沫塑料制品3 245吨，分别都较上年有不同程度的增长。合成树脂产能及塑料制品产量情况见表1、表2。

【经营情况】

新疆塑料工业经过2002年的回落调整后，2003年再度出现了高速增长态势，产量、产值继2001年之后再创新高。总产量较2001年（历史高点）的262.9kt，净增21kt，增长了8%；完成工业总产值25.54亿元。1994～2003年（10年）塑料制品产量见图1。

据新疆塑料协会对51重点企业的统计显示，完成产量17.48万吨，占总量的61.59%；工业总产值（不变价）14.54亿元，工业销售产值15.11亿元。塑料制品产量中，聚乙烯制品11万吨，占62.9%；聚氯乙烯制品5.5万吨，占31.46%；聚丙烯制品1.1万吨，6.3%；农地膜、PE管材、PVC管材、PVC异型材、编织袋等主要产品产销率均超过100%。2003年产量排名前20名的企业见表3。

【产品结构】

塑料工业属新兴材料工业，具有明显的产业配套性，除产业发展的自身配套要求外（原料、助剂、机械、模具等），其产品结构还具有明确的市场导向性。新疆是一个大农业省区，新疆塑料工业主要是围绕为农业生产配套服务发展起来的，因此在产品结构上，农用塑料制品一直占有主导地位，多年来农用塑料制品产量始终占总量的50%以上，随着建筑、食品行业的发展以及资源性产业的开发，为之配套的新型塑料建材、各类包装用塑料制品、日用塑料制品也占有一定比重；而在内地及沿海地区发展较快的各类工程塑料制品在新疆尚待起步，主要原因是机电、汽车、

表1　2003年合成树脂生产企业及生产能力/kt

序　号	企　业　名　称	生 产 能 力	主要产品品种
1	独山子石化分公司乙烯厂	360	聚乙烯、聚丙烯
2	新疆中泰化学股份有限公司	60	聚氯乙烯
3	新疆天业股份有限公司	50	聚氯乙烯
4	新疆天利高新技术股份公司	30	聚丙烯
5	新疆新峰股份有限公司	30	聚丙烯
6	克拉玛依石化分公司	10	聚丙烯
7	新疆屯河聚酯有限责任公司	50	瓶级聚酯
	合　　计	590	

注：在59万吨合成树脂生产能力中，聚乙烯22万吨、聚丙烯21万吨、聚氯乙烯11万吨、瓶级聚酯5万吨。

表2　2003年各类塑料制品产量

品　　种	2002年产量/t	2003年产量/t	2003年各种产品占总量比率/%	较上年同期/%
塑料制品总量	230 729	283 826	100	23.01
薄膜制品	89 489	100 029	35.24	11.78
其中：农地膜(1)	68 270	78 125	27.53	14.44
管材制品	59 553	102 961	36.28	72.89
异型材及板片材制品	23 113	23 914	8.43	3.47
丝及编织制品	29 501	29 711	10.47	0.71
泡沫塑料制品(2)	2 126	3 245	1.14	52.63
包装箱及容器	6 078	5 937	2.09	−2.32
日用塑料制品	3 466	8 327	2.93	140.25
其他塑料制品	17 403	9 702	3.42	−44.25

注：(1) 农地膜均为PE膜，占薄膜制品总量的88.13%。

(2) 泡沫塑料制品主要为PE发泡片、网，PS板、PU泡沫。

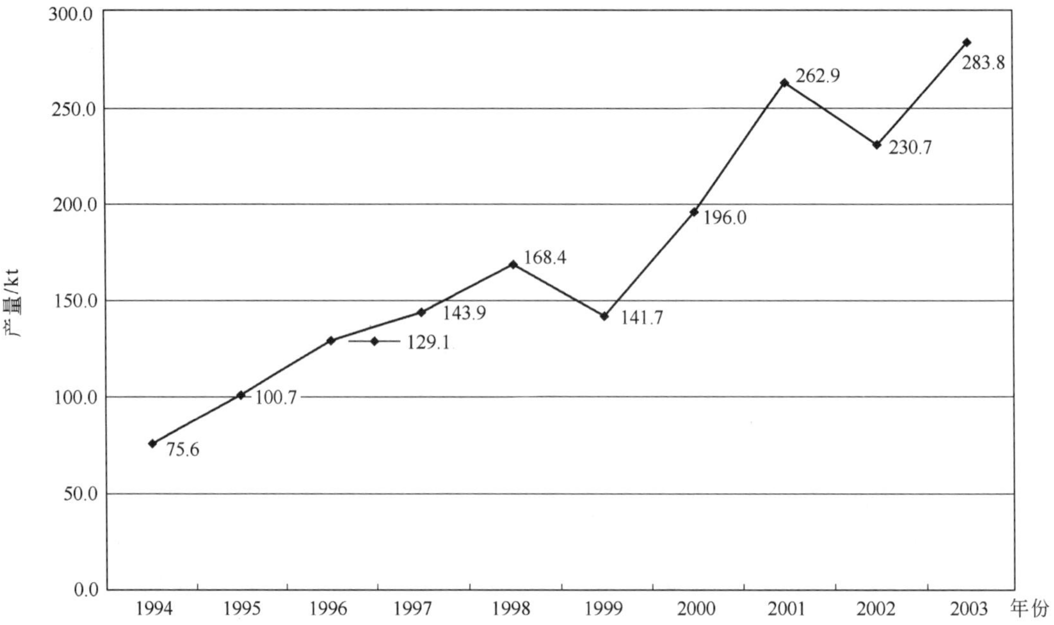

图 1　1994～2003 年（10 年）塑料制品产量图

表 3　2003 年塑料制品产量排序前 18 户企业

序　号	企　业　名　称	产量/t	主　要　产　品
1	新疆天业股份有限公司	34 900	农地膜、滴灌器材、管材、包装膜
2	新疆永昌复合材料有限公司	16 000	各种管材
3	新疆塔农塑业集团公司	14 122	农膜、滴灌器材、管材、土工膜
4	新疆屯河新型建材工业公司	12 516	PVC 异型材及门窗
5	独山子天利高新技术股份公司	12 134	农地膜、编织袋、无纺布
6	新疆屯河节水科技有限公司	8 884	PVC 管材、PE 管材、滴灌器材
7	克拉玛依市宝硕管材有限公司	6 465	管材
8	新疆珠江塑料有限责任公司	4 942	薄膜、注塑制品、节水器材
9	乌鲁木齐石化总厂塑料厂	4 415	塑编制品、土工材料
10	奎屯阜新塑料厂	4 017	农地膜、管材、滴灌器材
11	新湖百迪塑料制品有限公司	3 949	农地膜、滴灌器材
12	博乐市恒源塑料有限责任公司	3 833	农地膜
13	新疆天山塑业有限责任公司	3 713	PVC 异型材及门窗、管材、农地膜
14	五一农场塑料厂	3 309	农地膜、滴灌器材
15	下野地塑料厂	3 297	农地膜、滴灌器材
16	新疆久利塑料制品有限公司	3 112	异型材
17	乌鲁木齐友利有限责任公司	3 112	电缆料
18	新疆南疆塑料工业公司	3 039	农地膜、管材
	合　　计	145 759	

注：前 18 户企业产量占新疆塑料制品总产量的 46.3%。

家用电器等现代大型产业在新疆发展相对滞后，而凭新疆塑料工业的现有条件和实力，尚没有能力大规模进入内地市场。但随着“西部大开发”重心的西移和新疆石油石化发展规划的实施，工程塑料制品的发展前景将一片光明。

农用塑料制品主要有：各种地膜及大棚膜，防渗膜，各类功能性膜，农用输水管材，微灌、滴灌、喷灌等节水灌溉器材，农机具配件，遮阳网，篷布，篱壁网，育秧器材等。

塑料建材产品主要有：各类市政上下水 PE、PVC 塑料管材管件，各种通讯管材、冷热水管材、PPR 管材，PEX 管材，PVC 扣板，PVC 门窗异型材、复合型材、结皮发泡板材、XPS 板材、EPS 板材、复合保温板材、土工格栅、土工膜及复合土工布、玻璃钢管道、非织造布、铝塑复合板材，建筑防水材料，隔热保温材料，装饰装修材料等。

包装用塑料制品主要有：塑编类包装袋、各类功能包装膜、彩印膜、复合膜，中空包装桶、周转箱、塑料托盘，吸塑包装产品、药品包装，食品、饮料类包装，洗涤及化妆品类包装。

日用塑料制品主要有：注塑类小五金，电子电器配件，冰箱、洗衣机等家电类塑料，鞋类，箱包类，玩具类，日用制品类，文化用品类等。

【行业布局】

近年塑料制品生产区域分布情况见表 4。

2003 年北疆地区（不含乌鲁木齐地区）产量占全区总量的比重继续较在幅度上升，比上年增长了近 5 个百分点；乌鲁木齐地区经结构调整后，止跌企稳，总产量比重仍不足 25%；南疆、东疆地区继续下滑；两地合计接近 17%，发展速度低于平均水平。

2003 年塑料制品生产企业分布与规模情况见表 5。

表 4　近年塑料制品产量区域分布

地　区	2000 年		2001 年		2003 年	
	总产量/t	比率/%	总产量/t	比率/%	总产量/t	比率/%
总计	196 100	100	262 873	100	283 826	100
北疆地区	104 580	53.33	146 683	55.8	171 617	60.47
乌鲁木齐	48 868	24.92	68 873	26.2	65 907	23.22
南疆地区	38 063	19.41	41 876	15.93	42 188	14.86
东疆地区	4 589	2.34	5 441	2.07	4 114	1.45

注：表中北疆地区未包括乌鲁木齐。

表 5　2003 年乡及乡以上塑料制品生产企业分布与平均规模

地　区	生　产　企　业				企业平均规模/(t/个)
	数量/个	比率/%	产量/t	比率/%	
总计	246	100	283 826	100	1 153.76
北疆地区	97	39.49	171 617.28	60.47	1 769.25
克拉玛依市	4	1.63	20 804.7	7.33	5 201.18
昌吉州	34	13.82	58 966	20.78	1 734.29
博尔塔拉州	12	4.88	13 156.4	4.64	1 096.37
伊犁州	22	8.94	20 270	7.14	921.36
塔城地区	8	3.25	7 262.83	2.56	907.85
阿勒泰地区	5	2.03	1 292.35	0.46	258.47
石河子市	12	4.88	49 865	17.57	4 155.42
乌鲁木齐	92	37.40	65 906.7	23.22	716.38
南疆地区	48	19.51	42 188.02	14.86	878.92
巴音郭楞州	17	6.91	8 278	2.92	486.94

续表

地　　区	生　产　企　业				企业平均规模/(t/个)
	数量/个	比率/%	产量/t	比率/%	
克孜勒苏州	4	1.63	715	0.25	178.75
阿克苏地区	16	6.50	23 793.35	8.38	1 487.08
喀什地区	9	3.66	6 732.67	2.37	748.07
和田地区	2	0.81	2 669	0.94	1 334.5
东疆地区	9	3.66	4 114	1.45	457.11
哈密地区	7	2.85	3 574	1.26	510.57
吐鲁番地区	2	0.81	540	0.19	270

从产量区域分布显示，乌鲁木齐、昌吉、石河子、阿克苏和克拉玛依的产量分别占到了总量的23.22%、20.78%、17.75%、8.38%和7.33%，名列15个地、州、市的前五位，而吐鲁番地区、克孜勒苏自治州、阿勒泰地区三地、州的产量之和不足总量的1%，排在最后；在企业区域分布上，76.23%的企业集中在北疆及乌鲁木齐地区，吐鲁番、克孜勒苏自治州、和田地区企业少、规模小，发展很不平衡；从企业平均发展规模上反映出，2003年企业平均产量为1 153.7吨/户，产量上万吨的只有新疆天业股份公司、新疆屯河新型建材公司等5户，产量在3 000吨以上的也只有14户，量大面广的仍然是年产规模在千吨以下的小企业，规模化发展较快的企业主要集中在北疆的石河子、克拉玛依、昌吉等地。

在新疆天业、屯河塑业、天利高新、永昌管道和塔农塑业等一批高成长企业的拉动下，沿天山北坡经济带和阿克苏区域形成的塑料行业“一带加一点”的增长优势更加突显，其塑料制品产量已高达22万吨，占到了全疆总量的77.5%，对新疆塑料工业的发展起着主要支撑作用。

【发展趋势】

新疆塑料工业的发展思路是：充分把握“西部大开发”所带来的机遇，紧紧围绕新疆石油化学工业发展的总体规划，以市场为导向，以技术创新为动力，以调整产品结构和完善企业所有制结构为突破口，加快产业结构调整步伐；通过农用塑料、建材塑料、包装塑料三大主导门类的稳步提升与有效放大，特别是通过加强对新兴农用节水器材、各种土工合成材料的开发应用，形成结构合理、特色鲜明、具有比较优势的新疆塑料工业。新疆塑料工业起步相对较晚，市场与原料优势明显，具有良好的成长性。为缩小与内地同行业的差距，“十五”后两年及“十一五”期间，新疆塑料工业将保持高于全国（10%）的发展速度，根据“九五”（递增速度14.2%）、“十五”前三年（递增速度11%）的实际和“十五”后两年、“十一五”的发展趋势，“十一五”发展速度不低于12%。到2005年新疆塑料制品总产量要达到35万吨，工业总产值将突破32亿元；2010年将达到62万吨以上，工业总产值达到65亿元。

（新疆塑料工业协会　孔德海）

主要制品行业概况

农用薄膜

【行业现状】

我国是一个农业大国，13亿人口中9亿分布在广大的农村乡下，决定了农业是国民经济的基础，实现农业的可持续发展是关系到我国国民经济健康发展和社会稳定的大事，政府一向把农业放在首位来抓。农用薄膜是我国塑料工业中最重要的组成部分，是现代化农业发展中重要的生产资料，农用塑料在现代农业科学技术中起着越来越重要的作用。中国农用塑料薄膜（包括大棚膜、地膜）产量居世界首位，是其他所有国家总和的1.6倍。据不完全统计，目前全行业已拥有大小规模不等的农膜生产企业近千家，生产能力200万吨以上，实际年产量超过100万吨，其中年生产能力万吨以上的企业约60家。大型骨干企业约30家，其生产能力和年产量均占全国总量的60%，棚膜耗用量已达70万吨，地膜年销量45万吨，农地膜覆盖面积在2.2亿亩以上，农地膜实际消费量已超过110万吨。

据农业部的预测，2005年，我国可覆盖的地膜面积和棚膜面积分别为5.5亿亩和5 000万亩，约需300万吨。农用塑料对农业起着增产、增收、防灾、减灾、节水的作用，从而促进农业的持续发展，保证农产品的有效供应，增加农民收入，保持社会稳定都具有十分重要意义。

【专委会活动】

1. 中国塑协农膜专业委员会于2003年7月20日在大连海蓝云天宾馆召开了理事长扩大会议

出席本次会议的代表有中国塑协理事长廖正品、中国塑协常务副理事长李国俊、中国塑协农膜专委会理事长石家庄恒东企业集团公司东风塑料总厂董事长崔守信等，宝硕集团副总经理韩连贵、宝硕集团创业塑料分公司总经理宋文胜、宝硕宝康塑胶母料有限公司总经理金洪波列席本次会议。

会上由中国塑协农膜专委会理事长石家庄恒东企业集团公司东风塑料总厂董事长崔守信回顾了农膜专委会成立近十五年的发展历程。中国塑协理事长廖正品代表中国塑协向专委会理事长单位和秘书处所在厂石家庄恒东企业集团公司东风塑料总厂十余年的辛勤工作表示感谢，根据民政部有关精神，对专委会的换届准备工作提出了指导性建议。经过与会代表的讨论由中国塑协农膜专委会组织成立换届筹备班子，并推荐河北宝硕集团为新一届中国塑协农膜专业委员会理事长候选单位。

2. 中国塑协农用薄膜专业委员会第三届代表大会于2003年12月2至4日在北京召开，53家会员单位及农膜添加剂、塑料机械等相关单位共计97位代表到会，中国塑料加工工业协会理事长兼秘书长廖正品、副秘书长丁言行应邀到会听取汇报并指导工作，会议由大连第九塑料厂阎超董事长主持。上届理事长崔守信先生做了工作报告和财务报告。

大会经过充分酝酿，选举产生了新一届理事会，在原35家理事单位基础上，讨论新增补理事单位6家。共计41个单位组成，并选举产生了理事长、副理事长、秘书长等。河北宝硕集团当选为新一届理事长单位，河北宝硕集团副总经理韩连贵先生当选为新一届理事会理事长，河北宝硕集团宝康塑胶母料有限公司总经理金洪波先生当选为新一届理事会秘书长。韩连贵理事长向与会代表简要介绍了宝硕集团的发展史和现状，并表示在上届理事会工作的基础上，在各级领导和兄弟单位的指导支持下，团结全体会员充分发挥理事会的核心作用，继往开来，开拓创新，努力开创专委会工作的新局面。河北宝硕集团宝康塑胶母料公司总经理金洪波先生作了题为《我国多功能农膜技术现状与发展》的技术讲座，给代表们留下了极为深刻的印象。

12月4日在大会热烈圆满召开的喜庆气氛中，代表们参观了“第十七届中国国际塑料橡胶展览会”。

3. 2003年12月底农膜专委会理事长、秘书长走访了东北、山东地区农地膜生产厂家共12家，了解了农地膜生产发展现状。

由于塑料原料市场波动太大，受其影响很多农膜生产企业感到无所适从，一直处于半开半停状态，大部分厂家没有像以往那样留原料库存。与往年相比，2004年的情况有些特殊。本来3月份是销售旺季，1～2月份应该是生产旺季，企业满负荷生产才对。但现在企业在接订单前首先要落实好原料，不能先接订单再找原料，由于今年原料价格变化较快，上涨幅度过大，农膜企业大都持观望态度，不敢大量买进原料。现在企业已基本没有库存，原料市场卖什么价企业都得接受，因而开工受到严重影响。到2004年3月份，北方冬季大棚建设已基本结束，春季大棚建设尚未开始，东北、山东等地超过一半以上的厂家已停工，只有少部分厂家还在生产，开工率也比较低。另外，地膜旺季也尚未到来，只有白山喜丰公司等一些有能力的大厂开始陆续接订单，部分已开工生产。

【存在的问题】

我国大型农膜生产企业大多数人才匮乏。首先是高级的管理人才严重不足，例如懂市场、又掌握产品开发和生产控制的高级工程技术人员；又如懂技术、对产品开发有指导作用的高级市场营销人员。企业应注重培养有素质、有思路、有创新意识年轻人，给他们锻炼的机会，以缓解企业的人才不足。

大多数企业内部组织结构不合理，团队协作的意识差，不能形成各个部门联合的大团队作战，而是各自为战，使行动的效率和效果不高，企业的资源造成很大的浪费，人员得不到充分锻炼。

大多数企业整体创新意识差、因循守旧，只采用低成本扩张的手段，使企业自造血功能减退，长期运作后力不从心。

外资企业已经大步地迈进市场大门，抢走了高端市场。我国农膜生产企业如果不能真正的转变观念，不断的创新和发展，势必在市场上俯首称臣，将严重的影响农膜行业的健康发展。

产品结构性矛盾突出，低档产品生产能力严重过剩，而高档产品以及与新兴产业配套产品的生产水平低下，开发能力不足。

多数企业规模小，生产分散，管理不科学，造成原材料消耗大，能耗高，经济效益差。一些本可以发挥规模效益的产品，如薄膜等企业年生产量一般为几千吨，而发达国家的企业一家高达几万吨甚至十几万吨。

装备也亟须换代。塑料制品生产机械尤其是塑料模具制品水平较低，开发新产品所需的一些大型精密加工设备和高档的大型复杂模具，仍然需要进口。

由于生产农、地膜的多数企业都是20世纪六七十年代建立的，大部分加工设备陈旧落后，市场对产品需求十分复杂，生产工艺必须随之频繁调整。由于设备陈旧，控制精度下降，有的企业无法进行相应的调整或调整难度加大，有的企业不等工艺稳定就急于生产，造成产品质量不稳定。

片面追求经济效益，造成产品质量下降。目前一些生产企业在激烈的市场竞争中，为使产品好销，在生产中降低聚乙烯地膜的厚度，一些地膜的厚度仅为0.004毫米，由于厚度太薄，造成物理机械性能也随之降低。

企业自身管理不善，对检验工作重视不够。此次抽查产品不合格的生产企业中，有两家企业膜卷净质量负偏差，这些企业或管理不严，未对卷芯纸管质量严格控制，称量膜卷质量时少计算卷芯质量，造成产品净质量负偏差；或检验工作重视不够，未对出厂产品膜卷质量严格考核，造成产品净质量负偏差。

我国功能性棚膜品种数量少，仅有40种左右，而发达国家如日本多达300余种。我国聚乙烯棚膜防老化寿命最长不到2年，而日本聚乙烯棚膜防老化寿命可长达5～6年；我国PVC棚膜防老化寿命仅为1.5年左右，而日本PVC棚膜防老化寿命可达3～5年；我国PE棚膜防流滴期仅4个月左右，PVC棚膜约6个月，而日本PE棚膜和PVC棚膜防流滴期可与使用寿命同步；我国还未开发出防雾棚膜，日本棚膜已可以做到有效防雾。

【发展趋势】

我国农膜企业通过资产重组、强强联合和上市发挥综合优势，向农膜的高端市场发起冲击，将成为今后主要发展趋势。主要提高企业整体素质，逐步解决市场策划、技术创新、团队协作等问题，注重新思想、新思路、新方法的实施，缩小与外资企业的差距。

农膜市场竞争日趋激烈，市场需求不断更新变化，但是市场的发展潜力巨大，农膜整体应用水平急需进一步提高。棚膜产品结构上向多层发展，性能上向高透光、高保温、高强度、长寿命，持续的流滴期、防雾期、转光期、防尘期、防菌期等功能化和综合性能方面发展；地膜产品向保墒、增温、除草、防虫等功能化发展，在品种上向芦笋、棉花、烟草、大蒜、韭菜等专用化上发展。

总之，农膜行业将继续向企业规模化，产品功能化发展。同时，提高农膜的可回收与降解技术能力，减少对环境污染，既促进了农业可持续发展，又保障了农膜行业的发展，同时符合国家的产业政策，无公害农膜的发展将是非常必要的。

农用塑料中，要提高棚膜的功能性，做到长寿耐老化、防雾又防滴、高透明高保温、实现光能转化提高农作物的光合作用；对地膜要解决残存在土壤中的“白色污染”问题，同时开发除蚜虫、除草、有色等多种功能性地膜。

发达国家已开发出光生态棚膜，可保留下对作物生长有利的紫外光，可将对作物有害的紫外光或绿黄光部分滤掉或转化为作物光合作用所需的蓝紫光和红橙光，可转紫外光范围广、转光光谱与光合作用吻合，转光寿命可长达180～300天，有明显提高作物品质和减少病虫害的功能；而我国在光生态棚膜开发上仍属空白，虽已开发成功了转光棚膜，但多以增温为主，转光范围窄、效果差，转光寿命仅为20～30天，可转的紫外光仅有1%～3%，红橙光峰与光合作用吻和不好，增产作用有限，基本没有改善作物品质和减轻病虫害的作用。

发达国家目前以应用专用棚膜为主，可根据不同作物对光的不同需求分别采用不同的棚膜，因而培育的作物产量高、品质好；我国目前还是一膜多用，因而“柿子（西红柿）不红，茄子不紫”的现象相当普通。

发达国家在发展“工厂化农业”进程中，已研制开发出现代化大棚，覆盖材料不再是传统的塑料薄膜，而是厚膜或较厚片材，强度高，透光好，保温性能强，一次可使用15～30年，而且还可以较容易地集成多种功能，如选择转光、防流滴、防雾等；而我国基本上还在普遍应用传统塑料薄膜，使用寿命短，功能性差。

随着我国国民经济的发展及人民生活水平的提高，人们对蔬菜等农产品质量提出了更高的要求，因此，开发适合当前市场需要，既能增产又有显著改善作物品质和减轻作物病虫害的新一代功能性棚膜——光生态膜，已成为我国农膜行业发展的当务之急。

为此，国内业界专家建议，到2010年，我国应加快农膜行业的发展，加快光生态棚膜、现代化新型棚材或片材的研制开发，加快光生态棚膜生产线和应用基地建设，尽快形成一个以开发和生产光生态棚膜及现代化新型棚材或片材为主的高新技术产业。

【重点企业】

河北宝硕股份创业塑料分公司

创业塑料分公司隶属于河北宝硕股份有限公司，其前身是保定塑料总厂，具有40多年的建厂史。主要生产经营“宝硕”牌农用聚乙烯薄膜、功能棚膜及土工膜等产品。年加工能力5万吨，是国家重点支农产品生产基地。公司占地面积40 000平方米，固定资产5 000万元，拥有60多台套先进挤出设备，有40多年的塑料加工经验，技术力量雄厚。2003年总产量49 080吨，总产值427 067千元。公司本着“用户永远是正确的”宗旨，以稳定的质量、成熟的工艺和完善的售后服务积极开拓市场，产品覆盖华北、东北、西北及华南等地区。公司注重质量管理体系的建设，于2000年通过ISO 9002质量保证体系认证。公司产品在国家技术监督局历次抽检中均超过标准要求，企业多次被上级质检部门授予“产品质量信得过企业”。

石家庄恒东企业集团公司

石家庄恒东企业集团公司是国家大型一类企业，国家指定的农用薄膜生产企业，是中国塑料加工行业的骨干企业。公司始终以“科技创新为先导”，并于1987年率先研制成功了集耐候性与流滴性于一体的功能性农用薄膜。近年来，随着企业科技水平的不断发展，消雾型、保温型、转光型等多功能农用薄膜相继投入市场，深得用户青睐。农地膜主要销往河北、山东、山西、河南、江苏、东北等地区。

河南塑胶股份有限公司

河南塑胶股份有限公司是国家农膜定点生产厂家，国家二级企业，大型二类企业，总资产10 193.8万元，注册资本5 049万元。年综合生产能力38 000吨，固定资产9 135万元。公司占地面积共150亩，建筑面积5 407平方米。公司主要生产各种规格的高、低压聚乙烯农膜、地膜、彩印包装膜、BOPP复合膜、PVDC涂覆膜。农膜、地膜、工膜为轻工部优质产品。企业荣获各种荣誉称号300多项。1998年投资2 500万元购进35台套农地膜生产设备在新郑市建立分公司，使企业经济不断腾飞，经济效益稳定提高。主导产品，农、地膜注册商标为“少林牌”，曾获部优质产品称号。1995年获第二届倒车博览会金奖。历年国家质量抽检各项物理性能均超过国家标准，现为郑州市名牌产品和免检产品。

哈尔滨工业大学五塑实业有限责任公司

哈尔滨工业大学五塑实业有限责任公司是国家大（Ⅱ）型企业，是原轻工部在哈市定点生产农、地膜的专业厂家。企业拥有专用设备70台套，其中引进的意大利二层、三层复合膜机组具有国内领先水平，年综合生产能力2.5万吨，固定1 247资产万元，已发展成东北地区最具规模的聚乙烯农、地膜生产厂家。是中国农用塑料应用技术学会理事单位、中国农用塑料制品分会副理事长单位、黑龙江省农用塑料制品委员会会长单位。公司主导产品为光生态系列农膜是在原功能膜西文的基础上添加了“有机共轭荧光助剂”，属第三代控制型功能膜。该项目被国防科工委鉴定为具有国际先进水平，并被科技部列为国家重点科技攻关项目、国家星火计划项目、黑龙江省“十五”高技术产业发展规划重点发展项目、黑龙江省科技兴省项目，哈尔滨市十大科技先导工程、哈尔滨市政府“十五”规划中加速产业化项目、哈尔滨市政府2001年优先产业化项目，又被国家科委、国家计委、国家经贸委、国家工商总局联合评定为“国家级重点新产品”。

新疆天业股份有限公司

新疆天业股份有限公司是1997年上市的国有控股公司。塑料制品一厂是天业股份有限公司下属专业生产农用地膜和PVC食品包装膜的生产厂家。新疆天业在塑料加工产业有：农用及建材类塑料制品生产能力达7万吨，其中农用塑料薄膜2.5万吨，占新疆地膜市场份额的20%以上。现有地膜机组40台，其中超宽幅吹膜机10台，1998年通过ISO 9002质量体系认证。2003年农膜总产量为21 018吨，总产值为18 581万元，销售收入17 803万元，销售量22 690吨，职工人数256人，产品主要的市场区域为新疆、甘肃、宁夏等省区及塔吉克斯坦及乌兹别克斯坦等国。

山东三塑集团有限公司

山东三塑集团有限公司是在原济南塑料三厂的基

础上组建成立的大型企业集团。以生产农用塑料薄膜和塑料装饰建材为主，兼营塑料工业包装、室内装修及商业服务经营。企业占地面积 17 万平方米，建筑面积 7.5 万平方米。固定资产 1.8 亿元，总资产 2.2 亿元，年生产能力 6.6 万吨，农地膜产品品种有：地膜系列：普通微地膜，除草地膜、黑色地膜、黑白相间地膜、绿色地膜、银灰地膜、增温地膜、降解地膜、耐老化易回收地膜。棚膜系列：聚乙烯普通大棚膜、聚乙烯防老化大棚膜、聚乙烯防老化防雾滴大棚膜、聚乙烯紫光膜、聚乙烯转光膜、EVA 防老化防雾滴高保温大棚膜、聚乙烯草莓专用大棚膜、聚氯乙烯无滴紫光大棚膜。产品主要市场区域为华东地区、华北地区、西北地区、东北地区、中南地区、西南地区。现主要拥有两大系列主导产品：一是薄膜系列，主要有“历山”牌 PE 农膜、地膜、PVC 双向拉伸膜、除草膜、长寿无滴膜、三层共挤宽幅多功能膜等产品，产品全部实行双计量生产；二是塑料装饰建材和防渗材料系列，主要有“中得利”牌 PVC 高档发泡地板革、PVC 涂覆压延地板革、铺炕革、PVC 复合土工膜、4 米 PE 雨布一膜等。其中“历山”牌农地膜 89 年获国家最高质量奖——银质奖，是省质量免检产品。

白山喜丰塑料股份有限公司

吉林白山市喜丰塑料股份有限公司是 1992 年由浑江第一塑料厂为主改组而成的大型跨行业经营的股份制企业。现公司下设 12 个分公司和子公司，主要生产经营塑料制品、汽车配套产品、化工产品、纸制品、建材制品、医用塑料制品、医药产品等七大系列 200 多个品种，主要生产农用薄膜，生产能力 8 万吨，公司现有总资产 5 亿元，职工人数 1 300 人，科技人员 196 人，年创产值亿元，创利税 1 500 万元，是目前亚洲最大的农用薄膜生产企业，列入全国 1 000家和吉林省 50 家重点工业企业之一。“喜丰”牌系列逐膜荣获中国名牌和吉林省著名商标等荣获称号，并荣获中华全国总工会颁发企业最高荣誉全国《五一劳动奖状》和全国首批“重合同、守信用”企业。产品主要销往山东、吉林、黑龙江、沈阳、大连、锦州、西安、江苏、河北等全国 24 个省市自治区。喜丰技术中心被列为省重点科研机构，曾代表国家起草 PVC 农膜行业标准。喜丰公司始终坚持“一切服从质量、一心为了用户”的质量方针。在全国农膜企业率先通过 ISO 9002 质量体系认证，农膜产销量连续多年在全国同行业名列前茅。

锦州彩练塑料集团公司有限责任公司

锦州彩练塑料集团公司有限责任公司是国家重点生产聚氯乙烯、聚乙烯制品的综合性塑料加工企业，是辽宁省最大的塑料制品生产基地和高新技术企业。公司于 2000 年顺利通过了 ISO 9002 质量体系认证。公司主导产品为 PVC 功能膜和聚乙烯及 EVA 系列农用薄膜两大类。固定资产 20 734 万元，“彩练”牌产品于 1999 年被国家工商总局认定为中国驰名商标，主要市场分布在辽宁、吉林、黑龙江、华北、西北、黄淮地区。主要产品有聚氯乙烯无滴消雾棚膜、春棚膜、育秧膜、印花膜、民用膜、瓷白片、透明片、药用片、人造革；聚乙烯三层复合多功能棚膜、微地膜、塑料管材、注塑制品、塑料助剂等百余种产品，年生产能力 6 万吨。全公司占地面积 199 622 平方米；固定资产原值 19 263.3 万元；净值 15 273.9 万元；现有职工 3 000 人；各类专业技术人员 300 人。本公司拥有雄厚的技术力量，一流的生产设备，先进的加工工艺和完善的检测手段，通过 ISO 9002 质量体系认证。

天津市塑料集团有限公司第二塑料制品厂

天津市塑料集团有限公司第二塑料制品厂创建于 1954 年，是国家轻工系统大型聚乙烯薄膜专业生产厂家。主要生产“兰花”牌聚乙烯农用薄膜和工业包装膜两大类产品，年生产能力 30 000 吨，企业在职员工 1 100 人，内部拥有五个有限责任公司和一个农膜生产部。“兰花”牌农膜并获得全国亿万农村消费者信得过产品金奖。现有种类专业生产设备 184 台套，固定资产 6 572 万元。企业总占地面积 50 365.4 平方米，建筑面积 17 321.81 平方米。“兰花”牌农用薄膜行销全国 20 多个省、市地区。天津二塑先后被国家机构授予国家二级企业，全国优秀质量管理企业、全国出口创汇先进企业、新世纪优秀企业等称号。作为国内最大的农膜定点生产厂家，企业曾自行设计制造了我国首台折径 3.5 米宽幅农膜吹塑机组，填补了国内空白，为我国农膜制造业发展奠定了良好基础。先后共同研制开发出环保型、多功能、转光型、抗农药型等一系列农膜新品。具有完善的质量检测手段和严谨的质量保证体系。目前企业已具备自行设计生产种类功能性农膜应用母料的能力，产品开发已形成推出一代，储备一代，研制一代的局面，实现了农膜产品向高技术精加工转变。

大连第九塑料厂

大连第九塑料厂是下属七个子公司的大型塑料制品加工企业，是全国农地膜骨干定点企业，年生产能力 30 000 吨，固定 3 610.2 资产万元，产品除销往辽、吉、黑、京、津、沪、鲁、新疆、内蒙古等国内市场，还远销日本、美国、韩国、朝鲜、俄罗斯等国家和地区。大连九塑在国内最早引进农地膜生产技术，技术力量雄厚，企业连续十五年被大连市命名为

"重合同、守信用"单位，并于1997年通过了ISO 9002质量体系认证和产品质量认证。

主导系列产品有：

①"大九"牌、"猫头鹰"牌农用制品系列，聚乙烯普通地膜、降解地膜、除草膜、黑色地膜、黑白相间地膜、黑白复合地膜、银灰色地膜、黑银复合地膜；三层共挤复合棚膜、长寿保温流滴膜、转光膜、消雾膜、EVA功能膜、天幕等；功能母料、滴灌管、防水滴剂、反光幕、棚架等。

② 塑料包装制品系列，保鲜膜、缠绕膜、保护膜、真空包装袋、购物袋、垃圾袋、可降解塑料包装袋及各种基材膜。

③ 塑料建材制品系列，塑钢门窗、装饰板材、聚乙烯交联管、土工膜等。

附：

中国塑协农用薄膜专委会常务理事单位名单

石家庄恒东企业集团公司
锦州彩练塑料集团有限责任公司
河南塑胶股份有限公司
山东三塑集团有限公司
白山喜丰塑料股份有限公司
广州市金威龙实业股份有限公司
甘肃省天水塑料企业集团公司
河南省焦作咏春塑胶有限公司
湖北沙市恒丰塑料股份有限公司
广西南宁新丰塑料有限公司
厦门三塑工贸有限公司
浙江杭州新光塑料有限公司
呼和浩特塑料三厂
兰州定元塑料制品有限责任公司
沈阳华农农地膜制造有限公司
湖南安塑股份有限公司
重庆硕三塑胶有限责任公司
山东清源集团有限公司
宁夏吴忠宁燕塑料工业有限公司
哈尔滨工业大学五塑实业有限责任公司
贵州赤天化集团遵义塑料股份有限公司
云南省塑料厂
天津第二塑料厂
大连第九塑料厂
哈尔滨塑料五厂
上海三花薄膜厂
四川省成都市塑料四厂
新疆天业股份有限公司
河北宝硕集团有限公司
山西省太原市塑料六厂
新疆塑料制品总厂
安徽国风塑业股份有限公司
山东青岛宏达塑胶总公司
沈阳市塑料二厂
常州光明塑料厂
江西上饶塑料厂
海口市塑料厂
北京有机化工厂
陕西省塑料厂
宁波塑料厂
安庆塑料总厂

中国塑协农用薄膜专委会理事长名单

理事长	河北宝硕集团有限公司	韩连贵
副理事长	石家庄恒东企业集团公司	崔守信
	天津第二塑料厂	耿葆刚
	河南塑胶股份有限公司	李晓侠
	大连第九塑料厂	阎　超
	山东三塑集团有限公司	崔元明
	哈尔滨塑料五厂	宋传树
	新疆天业股份有限公司	郭庆人
	白山喜丰塑料股份有限公司	曹志强
	锦州彩练塑料集团有限责任公司	王清国
	上海三花薄膜厂	徐　玲

（中国塑协农用薄膜专业委员会　金洪波）

塑料管道

【行业现状】

2003年全行业克服了SARS危机、塑料原料大幅涨价等诸多困难，在市场要求越来越高的环境下，仍然取得了较大的成绩，据不完全统计资料显示，估算全年行业销量约在150万吨以上，比上年增长15%左右。行业生产能力进一步加大，初步估计达到350万吨以上，其中万吨级产能的生产企业超过70家，5万吨级以上企业生产超过20家，近10万吨级的企业也有10家左右，60%的生产能力及产量都集中在70家左右的重点企业中。塑料管道前十名企业的生产能力达到100多万吨，占塑料管道总能力的40%左右。一些已具有一定能力的企业更是增加品种、规格、能力和异地建厂，除传统的PVC-U、PE、PP材料外，一些新材料、新品种管道也有了较大的发展。应用领域进一步拓宽，除市政及建筑给、排水管道，农用（给水、灌排）管道继续增长外，市政排污、通讯、电力、燃气、供暖、医用等行业的应用比例大量增加。现塑料管道已普及应用到建筑给、排水，建筑供暖，城市燃气输送，城市自来水、市政排水、排污，农村人畜饮水改造，农业灌、排，电力，通讯，工业等许多领域，塑料管道已被誉为我们生活中的血管而无处不在，行业的发展蒸蒸日上。

近年来行业的科技进步速度明显加快，尤其是国际间交流的增加更加带动了水平的提高，许多企业重视国际先进技术，重视新产品的开发和新技术的引进，在引进先进加工设备的同时，不断加强新产品的研发。目前国内塑料管道的技术水平与国外发达国家的差距正逐步缩小。塑料管道的品种、结构、新材料、新技术、新工艺及专利项目越来越多，除PE、PE-X、PB、复合管、波纹管等品种有长足的进步外，耐高温聚乙烯管道（PE-RT）、塑料复合管道（如HLDPE、静音排水管等）、塑料金属复合管道及各种材料和复合材料的波纹管、环形肋管、缠绕管等新型管道也发展很快。

与此同时，标准化工作得到了越来越多的人的关心，塑料管道标准化工作有了很大的进步。在全国塑料制品标准化技术委员会塑料管材管件及阀门分技术委员会（TC48/SC3）的组织和协调下，2003年制订、修订了大量的与塑料管材相关的产品国家、行业、地方及企业标准。2003年已有21个上报的国家标准正式发布并出版，已经完成审查并处于批准发布之中的国家和行业标准共15项，处于工作中的国家和行业项目有23项。一些市政给、排水、通讯等应用领域的设计、施工的规程、规范相继出台和正在编制中。

合成树脂、助剂、加工设备等相关行业也发展较快，尽管有的产品与国外发达国家相比仍有差距，但距离正逐步缩小。国内聚烯烃管道专用料的研制与生产有了较大进步，受需求及价格的拉动，PVC树脂生产能力当年提高了100万吨，各种助剂的品种与功能有了增加，挤出机和焊接机具等设备在技术水平和使用功能上有较大提高。

【专委会活动】

2003年是新一届塑料管道专业委员会换届后的第二个年头，主要开展了以下活动。

1．9月4日～6日在无锡成功召开了主题为“促进行业健康发展”的2003年年会。中国塑料加工工业协会、建设部、水利部、国家质量检验检疫总局、中国名推委、中国燃气协会、中国水利企协灌排设企分会、当地政府领导和专委会会员单位以及相关机构、协会、企业等180余个单位的236名代表和部分媒体总计300余人参加了大会。中国塑料加工工业协会廖正品理事长、建设部科技发展促进中心顾问王真杰、高立新处长、水利部农村水利司严家适处长、中国名牌战略推进委员会荣剑英常务副秘书长和国家质量检验检疫总局质量监督司产品准入处王海东处长分别在会上发表讲话，针对本年会的主题，他们分别结合我国建设行业、水利行业的发展态势，重点介绍了我国塑料管道行业、塑料制品行业的现状及发展，肯定了行业的成绩，指出了存在的问题及发展方向，对塑料管道行业如何发展提出了许多好的建议。相关领导还对塑料管道行业提高产品质量意识，加强质量管理的必要性和迫切性作了精彩的报告，并从中国名牌和国家免检产品的高度对塑料管道行业提出了更高希望。

专委会副理事长瞿国华代表理事长陈力辉作了题为《加强团结，共同促进塑料管道行业的健康发展》的工作报告，主要内容为把握市场机遇，促进塑料管道行业健康发展；加强专委会自身的建设，壮大整个行业的力量；办好专委会的会刊和网站建设，在相关媒体上大力宣传塑料管道行业；发挥政府与企业间、市场与企业间、企业与企业间的桥梁作用，更好地为会员单位服务；作好行业自律工作，努力提高产品质量意识，加强与相关协会的联系，接待国内外企业来访，提供咨询服务等，同时报告还对下阶段工作作了安排。

年会期间还召开了专委会的第六届二次理事会议；PVC-U给排水，PE燃气和给水，PP冷热水，铝塑复合管和交联聚乙烯冷热水等工作小组在此期间分别召开了行业如何提高产品质量，加强行业自律等方面问题的讨论会。会议期间还进行了会议论文交流、国外先进技术交流及新产品、新技术、新设备等方面的展示工作，并请专家进行了《企业如何提高综合竞争能力》的报告，使大家获益匪浅。

通过本次年会的活动和讨论，明确了行业的发展方向，达到了“促进行业健康发展”的大会主题目的。

2. 开展行业自律工作，并进行了行业产品自检活动。质量是企业生存的保证，只有提高产品质量意识，真正强化质量管理，向社会提供优质的产品及服务，企业和行业才能真正有发展的机会。在3月9日召开的理事会上，参会的理事单位向会员单位发出了《塑料管道企业产品质量自律倡议书》，其主要内容为：提出了质量是企业生存的保证，要提倡诚实守信，不弄虚作假，不参与无序竞争，维护行业的声誉。旨在更好的保证塑料管材产品质量，提高技术水平与服务水平，保护用户的合法权益，更好的促进塑料管道行业蓬勃发展。

为配合此项工作，在事先广泛征求会员单位意见的基础上，本着公开、公正、透明、自愿、自律的原则，专委会专门向会员单位发出了通知，提出将在市场上、工程中抽查会员单位的管材质量情况，并在相关媒体上公布，以保护先进、促进落后，打击假冒伪劣产品。2003年自检品种为给水用硬聚氯乙烯管材，专委会今后将定期、不定期，分品种在事先不通知受检单位的情况下进行行业自检，费用不由受检企业支出，而由专委会承担。

按《中国塑料加工工业协会塑料管道专业委员会给水用硬聚氯乙烯管材质量自检方案》，用随机办法在会员单位中抽选出给水用PVC-U管材生产企业11家，分别在市场、办事处、经销商及仓库中进行了抽样，烟台三垒塑料管材有限责任公司、华亚（芜湖）塑胶有限公司、佛山塑料集团股份有限公司、福建亚通新材料科技股份有限公司、河北宝硕管材有限公司、常州派莱福增强塑料有限公司、浙江中财新材料股份有限公司、沈阳久利化学建材股份有限公司、华亚（东营）塑胶有限公司抽样的产品经检验符合标准，另外2家企业的样品经复检也达到了要求。

这是我国塑料加工行业首次由协会提出的，自行检查行业内的产品质量而开展的活动，今后将一直进行下去。此活动的开展必将会更加促进行业的自律工作，对塑料管材生产企业产品质量的提高有推进作用，并将会得到广大用户的认可与好评。

3. 加强专委会自身建设，壮大了整个行业的力量。2002年6月新的专委会的成立，标志着我国塑料管道行业将有更大的发展。新的专委会换届时间还不长，但各会员单位都非常重视，积极支持工作。目前专委会已集中了国内各种材料塑料管道生产企业、科研单位、检测机构、相关协会，以及加工设备、模具、检测设备、原料、助剂等生产企业的代表，有些国外公司的中国办事处也申请加入专委会。2003年新增加会员单位30家，总数已达200多家，其中理事单位57家。据不完全统计，专委会会员单位的塑料管道加工能力、生产量和销售量已占到全行业的三分之二以上。专委会受到越来越多的人们关注，已有较大的影响。不断有新的相关企业提出入会要求，行业的力量不断壮大。

专委会成立了PVC-U给排水，PE燃气和给水，PP冷热水，铝塑复合管和交联聚乙烯冷热水，通信护套硅芯管和双壁波纹管，埋地排水用结构壁管、PVC和PE双壁波纹管、缠绕管6个工作小组，不同程度地开展了工作。

2003年组建了专家组队伍，汇集了政策、应用、研发、生产、技术等各方面的专家，这必将会促使今后行业技术水平，产品质量水平等方面得到极大的提高。

4. PVC树脂等塑料原料大幅涨价，制约了塑料管道行业的发展，专委会维护行业利益，通过各种方式进行反映和呼吁。2003年9月份，国家商务部公布了对进口PVC树脂反倾销调查的最终裁定，塑料管道的主要原料随之出现大幅上升，如PVC树脂由年初的6 500元/吨升至最高时近9 000元/吨，其他品种塑料原料也有不同程度的上涨。由于反倾销措施实施期限为5年，因此预测塑料原料价格还将在未来较长时间内保持其较高价位。与此同时，PVC塑料管道售价在成本线上下徘徊，各厂家已不堪重负，难以为继。在PVC等原材料价格大幅度上涨的情况下，塑料管道加工行业受到空前挤压，陷入雪上加霜的地步。

专委会已通过各种方式向国家有关部门反映情况，并要求行业会员企业不要因PVC树脂原料上涨而有降低质量的行为，避免低价竞争，提倡合理竞争。

钢铁、水泥等建材以及10月份开始的农产品价格回升，将推动人力资本的上升和引起相关产品的价格连锁反应，使塑料管道企业的压力进一步加大，行业已有强烈的价格恢复性回升的内在要求。随着原材料的涨价，塑料管材应合理调整价格，以利行业的生存。但需与应用者共同营造一个生产、使用合格产品，拒绝不合格产品的市场环境，真正的促进塑料管道行业健康发展。

5. 专委会专家组 2003 年工作会议于 11 月 29 日～30 日在石家庄市成功召开。会议讨论通过了《中国塑料加工工业协会塑料管道专业委员会专家组规则》，大家还畅所欲言，献计献策，就目前行业关心的问题进行了认真的讨论并形成相关意见及建议。

会议就 PVC 原料价格上涨并供应趋紧的情况进行了讨论，大家认为目前塑料原材料的涨价尽管行业无法控制，但应该向政府呼吁，反映塑料加工业所面临的困难。会议以为，随着原材料的涨价塑料管材应合理调整价格，但希望行业企业不要因此而有降低质量的行为，以利行业的健康发展。

会议讨论了管材产品行业指导价格的问题。塑料管材目前的市场情况比较混乱，价格相差较大，质量也不稳定，应该进行成本分析，告诉用户原料、加工、利润等费用组成情况。会后应由专家组及相关生产企业共同对合理的价格进行评议并向社会发布。

会议还讨论了给水用 PVC 管材稳定剂的发展方向。专家组向行业发出建议，借鉴欧洲因环保问题在各类 PVC 制品中逐渐限制，最后禁用铅盐稳定剂的经验，我国也将会出台在 PVC 给水管中禁用铅盐稳定剂的规定，并且其他用途 PVC 管也可能将逐步被禁用铅盐稳定剂，希望会员企业做好生产和技术上调整的准备工作。目前钙锌复合稳定剂应是一个发展的方向，但仍需做大量的研究工作。会议认为，稳定剂的更换是关系到企业生产技术的重大问题，应在适当时间召开相关技术专题交流会，邀请国外的同行参加并介绍经验，并建立通过化学建材协调组等部门申请科技部、建设部专门立项，共同进行技术攻关。

6. 更好地为会员单位服务，宣传扩大行业的影响，积极拓展应用市场。协会是我们行业自己的组织，是企业的代表，也是企业与政府间的桥梁与纽带，主要宗旨是为会员企业服务，代表会员企业利益，争取政府对本行业各方面的支持。

新一届专委会成立后，将对外扩大行业影响，为会员单位拓展应用市场作为重要的工作之一。2003 年与北京农水供水设备技术信息中心合作，对申请拟编入《2003 年农村供水工程材料设备产品推荐目录》的塑料管道生产企业进行了评审与推荐，在相关单位及会员单位的配合与支持下，包括许多会员单位在内的 35 家管材生产企业入选，这个工作对许多企业参与农村改水工作带来很大的帮助，开辟出又一个大的市场。

2003 年专委会参与了建设部、北京市建委等部门组织的与塑料管道相关建材制品的推荐、限制、禁止使用的专题讨论会，大力推广塑料管道在城市市政排污、市政给水、及 PVC-U 在建筑给水等方面的应用，做了塑料管道产品的宣传和行业情况的介绍，并对应用、配套技术等方面的疑问进行了解释工作，争取到对塑料管道有公平的评价，以进一步扩大应用领域。

专委会还于 2003 年 9 月与中国水利企业协会灌排设备分会合作举办了“现代农业、节水灌溉与投资发展——塑料管道、节水器材应用及前景分析”专题报告会，水利部农水司李代鑫司长、水利部南水北调局韩亦方副总工、农水利司给排水处严家适处长、中国农业大学刘婴谷教授等水利、农业相关领域专家作了专题报告，使大家在认识到节约用水、科学用水的重要性的同时，了解塑料管道、节水器材在这方面所发挥的重要作用，并且使参会的企业在相关项目及发展趋势的分析介绍中受到启发，找到投资方向及应用前景。

专委会还积极跟踪南水北调、西气东输等国家重点工程的进展，并配合了解塑料管道的市场需求，以促进应用市场的进一步扩大。

7. 选派人员赴意大利，参加了“塑料管道企业管理人员培训班”。在中国塑料加工工业协会领导的支持下，经与意大利对外贸易协会、意大利塑胶机械协会进行协商，因“非典”而被延误的“塑料管道企业管理人员培训班”于 2003 年 11 月初在意大利米兰举办，专委会会员单位的 11 名代表参加了此次培训，他们还参观考察了 6 家意大利的塑料管道加工企业和设备生产企业。通过这次活动，大家感到获益匪浅，在生产、技术、质量、管理、创新和市场监控等方面都有很大的收获，也将会对促进我国塑料管道行业的发展有很大的帮助。

8. 专委会鼓励、帮助企业会员单位开展争创“中国名牌产品”、“国家免检产品”等活动。

企业的根本出路在市场，在市场竞争日益激烈的今天，品牌的竞争已十分明显，决定着企业的生存与发展。目前塑料管道行业企业的水平发展不均衡，几千家企业中生产规模、技术水平、产品质量水平、质量意识、品牌战略、市场定位、市场占有率等方面相差较大，价格差异也很大。因此，消费者对塑料管道质量投诉也时有发生，这些个别的现象将极大的影响行业的健康发展。而随着市场竞争越来越规范，优胜淘汰已成趋势，因此品牌建设尤为重要。

专委会鼓励、帮助企业开展创“中国名牌”、国家免检产品等活动，并专门向会员单位发出通知，邀请相关部门参加行业的活动，介绍塑料管道行业的情况，扩大宣传和影响力，一些企业也积极参与品牌建设的活动中来。2003 年已被列入“国家免检产品”目录的塑料管道在最后关头因故未能通过，2004 年又被列入目录，希望经过共同努力，增强全行业的品牌意识，在行业里能出现更多的品牌企业，更多的企业拥有品牌产品，为社会的进步和发展增添力量。只有加强品牌建设，才能更好地促进塑料管道行业的发展。

【重点企业】

福建亚通新材料科技股份有限公司

地址： 福建省福清市镜洋工业区（350304）

电话： 0591-5315902

传真： 0591-5311542

网址： www. atontech. com. cn

主要产品： PVC-U、PE、PP-R、PVC-C 等管材、管件，生产能力为 12 万吨/年。

河北宝硕管材有限公司

地址： 河北省保定市化纤北路 33 号（071051）

电话： 0312-3109398

传真： 0312-3109376

网址： www. bspipe. com

主要产品： PVC-U、PE、PP-R 等管材、管件，生产能力为 8 万吨/年。

沈阳久利化学建材股份有限公司

地址： 辽宁省沈阳经济技术开发区大明湖街 15 号（110141）

电话： 024-25366171

传真： 024-25366184

网址： www. jiuli. com. cn

主要产品： PVC-U 管材，生产能力为 5 万吨/年。

浙江永高塑业发展有限公司

地址： 浙江省黄岩经济开发区埭西路 2 号

电话： 0576-4277100

传真： 0576-4277383

网址： www. yonggao. com

主要产品： PVC-U、PP-R、PVC-C 等管材、管件，生产能力为 8 万吨/年。

南亚塑胶管材（厦门）有限公司　南亚塑胶管件（厦门）有限公司

地址： 福建省厦门市海沧新阳工业区新美路 2 号（361022）

电话： 0592-6510371

传真： 0592-65109074

网址： www. npc. com. tw

主要产品： PVC-U 管材、管件，生产能力为 4.2 万吨/年。

湖北凯乐新材料科技股份有限公司

地址： 湖北省荆州公安县凯乐塑料工业城（434300）

电话： 0716-5223008

传真： 0716-5209180

网址： www. kailegroup. com

主要产品： PVC-U、PE、PPR 等管材、管件，生产能力为 17 万吨/年。

广东顾地塑胶股份有限公司

地址： 广东省佛山市顺德区容桂环安路 9 号（528522）

电话： 0765-6383058

传真： 0765-6683126

网址： www. chinagoody. com

主要产品： PVC-U、PE、PP-R 等管材、管件，生产能力为 5.5 万吨/年。

顺德市联塑科技实业有限公司

地址： 广东顺德市龙洲路龙江段联塑工业村（528318）

电话： 0765-3365136

传真： 0765-3888555

网址： www. liansu. com

主要产品： PVC-U、PE、PPR、铝塑复合等管材、管件，生产能力为 18 万吨/年，另外还生产塑料管材挤出设备。

成都川路塑胶集团

地址： 四川省成都西一环路扶琴西路 115 号川路塑胶大厦（610031）

电话： 028-87783947

传真： 028-87798241

网址： www. chuanluplasticgroup. com

主要产品： PVC-U、PPR 管材、管件，生产能力为 6 万吨/年。

新疆天业股份有限公司

地址： 新疆石河子市北一路 94 号（832000）

电话： 0993-2865242

传真： 0993-2623148

网址： www. xj-tianye. com

主要产品： PVC-U、PE 等管材、管件，生产能力为 5 万吨/年。

亚大塑料制品有限公司

地址： 河北省涿州市松林店镇（072261）

电话： 0312-3952000

传真： 0312-3952222

网址： www. chinaust. com

主要产品： PE 燃气、给水用管材、管件，生产能力为 5.5 万吨/年。

安徽国通高新股份管业有限公司

地址： 安徽省合肥市长江西路 478 号（230088）

电话： 0551-5563737

传真： 0551-5563093

网址： www. guofeng. com

主要产品： PVC-U、PE等管材、管件，生产能力为6.6万吨/年。

山东胜邦塑胶管道系统有限公司

地址： 山东省济南市黑虎泉西路139号（250011）

电话： 0531-6078888

传真： 0531-6034037

网址： www. vicomepipe. com

主要产品： PE管材、管件，生产能力为3.6万吨/年。

上海白碟管业科技股份有限公司

地址： 上海市奉贤区泰日镇（201405）

电话： 021-57586421

传真： 021-57586226

网址： www. chinappr. com

主要产品： PPR管材、管件。

佛山日丰企业有限公司

地址： 广东省佛山市祖庙路16号日丰大厦（528000）

电话： 0757-2131054

传真： 0757-2130549

网址： www. rifeng. com

主要产品： 铝塑复合管材、管件，生产能力为2亿米/年。

上海哈威新材料技术股份有限公司

地址： 上海市青浦工业园区新业路800号（201707）

电话： 021-67211800

传真： 021-69211777

网址： www. highwagsh. com

主要产品： PE硅芯管材、管件，生产能力为55 000千米/年。

金德管业集团

地址： 辽宁省沈阳市黄河北大街237—68号（110034）

电话： 024-86518888

传真： 024-86516666

主要产品： PVC-U、PPR、铝塑复合管材等管材、管件，生产能力为20万吨/年。

浙江中财管道科技股份有限公司

地址： 浙江省新昌青山工业区（312500）

电话： 0575-6127808

传真： 0575-6120351

网址： www. zhongcai. com

主要产品： PVC-U、PE、PPR、PVC-C等管材、管件，生产能力为8万吨/年。

沧州明珠塑料股份有限公司

地址： 河北省沧州市新华西路13号（061001）

电话： 0317-2075249

传真： 0317-2075214

网址： www. hbcz-dongsu. com

主要产品： PVC-U、PE等管材、管件，生产能力为8万吨/年。

南塑建材塑胶制品（深圳）有限公司

地址： 广东省深圳市平湖新厦大道102号（518111）

电话： 0755-84651057

传真： 0755-84651228

主要产品： PVC-U、PE、PVC-C等管材、管件，生产能力为7万吨/年。

【存在的问题】

塑料管道行业高速发展的同时也存在着一些问题和差距，主要有以下几个方面。

1. 具备规模经营的企业数目相对较少。原来国内塑料管道的生产企业大多集中在沿海、中心城市和经济相对发达地区，没有将市场需求真正作为建厂的重要因素，西部相对较弱，生产布局不尽合理。塑料管道的生产经营受运输距离的制约，“销地产”的方式已被很多的企业认识，此现象已大为好转。

但塑料管道进入门槛相对较低，生产技术相对简单，产品的技术含量相对较低，投资相对较少，中小型生产企业占绝大部分，甚至还有一、两条线的家庭作坊式的企业，存在着产量质量不稳定且不易保证，质量成本比相对较高的问题。目前行业具备较大规模的企业的数量还太少，万吨级的企业只约有70家左右，相对于国外数家大企业占市场绝对份额、有很大影响力的现象还没有出现。国内大规模企业与发达国家同行业相比，在许多方面仍存在着十分明显的差距。

2. 技术水平、科技开发能力、产品更新速度等方面有待提高，中低档产品偏多。与发达国家相比，我国行业企业科研力量、经费投入等有很大差距。技术水平、产品开发能力方面还有待提高，产品模仿的多，具有自主知识产权的新产品少，因此市场上相类似的大家都能生产的通用产品、中低档产品占大部分，一些企业也就只能采用降低成本、降低售价的办法来参与市场的竞争。

3. 有些品种的塑料管道发展很快，生产能力和投资急剧增加。由于需求的拉动，2003年中国经济仍以较高的速度发展，但其中投资的增加占有很大的比重，因此有的经济学家建议稳健发展，避免过热和盲目的重复建设。塑料管道行业2003年增长依旧较快，在原有生产能力还没有得到充分发挥的同时，行业新增加的生产能力远大于销售量的增加。国内其他行业曾经出现的不论条件是否具备，只要有可能大家都一哄而上的现象，又在塑料管道行业呈现，前几年的铝塑复合管、PP-R管等项目，大家竞相投资的情况又有发生，相关的设备厂家也起到了推波助澜的作用。目前PE管、超大口径管等品种又成了许多人关注的共同热点，有的企业投资很大，生产能力不能得到有效发挥，这种现象应引起行业的更多的冷静思考。在市场需求还没有清晰时，相关企业应在上马前作好实事求是的市场预测和可行分析，避免盲目的投资，避免在总能力过剩时去相互压价、恶性竞争。

4. 应用技术、市场推广工作有待提高、完善。近年行业内的好多企业在积极作好市场的推广工作，国家、地方政府及相关部门也制定出台了推广包括塑料管道在内的化学建材的政策。但行业的宣传、科普宣传还不到位，一些用户到目前仍不了解塑料管道使用的优缺点，不同品种、结构管道的不同主要用途，如何按规程进行施工、监理等应该普及的知识。一些设计人员对产品也只有初步的了解，所有这些影响了塑料管道合理的使用和应用领域的扩大。

有的产品在连接、施工等方面的配套技术尚未完备，有的施工机具还处于落后状态，标准化工作相对滞后，有的产品由于没有国家标准，生产企业按不同的标准执行，性能指标要求不一样，造成了混乱。

5. 原料、助剂尚不能满足需求，加工设备与发达国家尚有差距，依赖进口增加了产品成本。近年塑料管道行业带动了合成树脂、助剂、加工设备等相关行业的发展，但有的树脂品种数量不足、技术性能达不到要求，有的管道需求的助剂国内还不能生产或性能不过关，进口原料价格较高，增加了生产成本。塑料管道加工设备、检测设备、模具在质量上、自动化程度、保证生产的连续性、保证制品质量、挤出量等方面，与发达国家的产品相比仍有较明显差距。所有这些影响了塑料管道行业的发展。

6. PVC树脂等塑料原料大幅涨价，制约了塑料管道行业的发展。2003年9月份，国家商务部公布了对进口PVC树脂反倾销调查的最终裁定，塑料管道的主要原料价格随之出现大幅上升。由于反倾销措施实施期限为5年，因此预测塑料原料价格还将在未来较长的时间内保持其较高价位。塑料管道加工行业受到空前挤压，行业利润率明显下降。国内塑料管道企业一半以上已处于亏损或亏损的边缘，许多企业经营步履维艰，大量的订货合同难以执行，信用扫地。从长远来看，此情况可能导致多方面的不利影响，大型企业很难在短期内通过扩大生产规模来降低成本以适应其变化，从而造成行业性亏损；担心一些中小生产企业为了生存，靠多加低廉的填充物来降低原料成本，这将会严重影响产品质量和行业声誉，可能会造成塑料管道行业的快速衰落。

7. 产品质量重视程度不够，市场不规范。产品的相似性造成竞争程度的加剧，质量情况仍令人担忧，一些公布的检测结果，影响了行业的声誉。有媒体披露，某省的质量监督机构对当地的塑料管道产品抽检结果合格率仅为50%左右。有的企业采用偷工减料、以次充好等方法来恶性竞争，塑料管道行业的品牌的意识相对比较淡薄，市场缺乏管理和不规范，客观保护了假冒伪劣产品有一定的生存空间，更加使市场上的产品质量难以保证，并且给粗制滥造、假冒伪劣产品造成了生存的机会，确有一些塑料管道的质量问题发生。

【发展趋势】

塑料管道行业仍将有十分难得的发展机遇，“十五”规划、西部开发、西气东输、南水北调、北京奥运会、上海世博会、我国2020年要实现惠及十几亿人口的小康社会、我国不断加速的城市现代化建设、农村的饮水改造和安全供水项目、环境保护的需求与许多城市污水处理场的建设、城市采暖的管网改造、建筑物内增加中水管网设计等许多机会都会促进塑料管道的应用。尤其是国务院办公厅近日发出《关于开展资源节约活动的通知》，决定2004年至2006年在全国范围内组织开展资源节约活动，全面推进能源、水等资源的节约和综合利用工作。推广应用先进高效的节能、节水设备和器具，加快大型灌区和北方缺水城市节水工程和城市污水再生利用设施建设，加大企业节水技术改造力度，推进城市节约用水。采取优惠政策，鼓励生产、销售和使用节能、节水设备（产品）。因此预测近年塑料管道在城镇化、城市新建住宅、旧房改造等建筑、燃气、城乡供水、排污、农用等方面都会有非常大的需求，将会以大于10%的速度增长。

1. 行业和企业将会更加注重品牌建设，品牌的竞争将会逐步取代产品价格竞争，以利在消费者心目中建立起品牌的信任度，求得应用量的扩大。

2. 由于需求的拉动，可能会有一些外国公司、上市企业等加入国内的塑料管道行业竞争，新上项目和增加能力，但一些重点企业的重心将会更加向市场需求倾斜，能力增加的布点将会趋于合理。

3. 生产能力的增加将会逐步理性化，新产品的开发将会得到更多的企业的重视，追求产品差异性是许多企业的目标，而只靠增加同质产品能力做法将逐步减少。

4. 市场竞争将会更加激烈，行业的洗牌可能会提早到来，但市场会逐步规范，产品质量会得到生产企业和用户的共同维护，质量意识、水平的提高也会对检测设备行业有较高的要求。

5. 由于原材料价格上涨最快及稳定剂等方面的影响，PVC管道的增长速度会慢于PE等品种的管道，尽管PVC材料仍可能占管道的主导地位。

6. 借鉴欧洲经验及社会进步，人们生活水平、健康要求的提高和环保意识的增强，所有PVC管道用热稳定剂也将向无铅化发展。国家相关部门禁铅文件出台后，PVC-U饮用水管材、管件走出了禁铅的第一步，其他PVC制品使用铅盐稳定剂也将会出台逐步限用时间表。钙锌复合等稳定剂应是一个替代的方向，这个趋势也将会促进我国助剂行业的发展。

7. 具备更好功能的新材料出现速度将会更快，塑料管材将由单一材料加工更倾向复合材料应用，以发挥不同材料各自优异的特点，提高管道的综合性能，管道性能要求的不断提高也同样会促进加工设备水平的技术进步。

8. 标准化工作及设计、施工应用等方面的配套技术会更加受到重视，施工、应用方法的培训、对应用者各方面的服务工作将会得到加强。

9. 产品结构将由单一的平壁管向波纹、加筋等结构壁管及缠绕管等方向发展，在节省原材料的基础上保证使用功能。产品设计将由企业生产向用户需求发展，用户不同的要求会成为企业开发的方向，而不是纯粹的由生产企业向用户推荐现有的产品，非开挖管道技术、配套阀门、大口径压力管道、复合管道等新产品将可能成为行业新一轮的研制方向。

（中国塑料加工工业协会塑料管道专业委员会　杨洪献　王占杰）

塑料异型材和塑料门窗

【行业现状】

1. 国际情况

代表世界先进水平且应用也居首位的应属欧洲，各国综合年平均用量在50%以上。近年来，整个欧洲大陆经济萧条，其建筑业受到了巨大影响。伴随着建筑业的塑料异型材及门窗行业面临着生存的巨大压力。据欧洲门窗协会分析，业内企业基本处于三分之一盈利、三分之一持平、三分之一亏损的状况。在巨大的市场压力下，行业内谋求新生机的呼声甚高，代表行业的欧洲门窗协会调整工作部署，把重点放在欧洲本土，欧洲以外的行业活动不再主动参与，压缩行业活动费用，减轻行业负担。同时，对组织机构进行了重大调整，选举产生了新的秘书长。罗森海姆门窗研究所及IFT认证机构负责人也有所变动。目前，整个欧洲拥有150万吨的型材门窗加工能力和与之相近的应用总量，2003年，欧洲市场总需求比上年略有下降。产量居世界第二位的美国，近年来塑料门窗的市场应用呈稳步上升的态势。在东欧和俄罗斯，以塑料型材为代表的化学建材产业继续快速发展，需求逐年大幅提高。近年俄罗斯西部地区组建了不少门窗厂，型材加工企业也陆续出现。东南亚及中东地区已对塑料门窗有了初步的认识与应用。东亚的日本、韩国应用较为普遍。日本的特点是，北部应用较多而南部基本没有应用。

2. 国内行业形势

继2002年市场显现：供大于求；价格下降；产能增扩较猛；原材料价格上涨的局面以后，2003年情况日益加剧。2003年在产业、原料和产品市场上凸现三大特点：第一、行业产能急剧增长；第二、PVC树脂价格不断攀升；第三、产品售价一再下滑。据不完全统计，到2003年底，全行业总加工能力约为300万吨/年。而2003年的市场总需求却只有130万～140万吨之间。巨大的供求差距，加大了市场竞争的残酷。PVC树脂价格一路上扬，年初仅在5 000元/吨上下，年底上涨近1倍，高达9 000元/吨。但型材最低售价竟然只有8 500元/吨，行业企业所面临的局面非常严重，生存发展面临严峻的考验。

据2003年专委会的不完全统计，行业拥有异型材加工企业600余家，挤出生产线4 500多条，年产能300万吨上下。门窗制作加工企业1万多家，拥有3亿～4亿平方米/年的制作能力，与异型材产能基本匹配。异型材、门窗制造以及销售、安装、运输、搬运等方面从业人员估计在300万人左右。2003年，实现异型材销售130万～140万吨左右，塑料门窗制作应用总量1.6亿～1.7亿平方米，约占全国门窗总用量的26%～27%，比2002年增长8个百分点。异型材产品实现销售总收入130亿元人民币，塑料门窗及其他相关产品销售总收入接近200亿元人民币，行业生产总值约为300亿元人民币以上。

2003年整个行业受到上下游双重压力，产品品位、质量和新品开发等都受到了程度不同的影响，很多企业失去了可持续发展的储备力量。市场上，“非标产品”、高填充的假劣产品应运而生，个别省出现了一批生产低劣产品的企业，给行业形象造成很大损害，社会影响恶劣。

【专委会活动】

1. 维护行业产品声誉

《四川日报》于2002年7月15日、9月15日、9月23日连续三次在其“四川有色金属工业巡礼”栏目中发表署名罗子涵、阿登、罗海涛的文章——《别让子孙为我们的选择后悔，塑窗大战何时休——环保让塑窗走开》、《建筑的眼睛正被污染——清除高空杀手迫在眉睫》、《清除白色污染——铝塑之争尘埃落定》，诋毁塑料门窗，贬低化学建材制品。文章发表后，在四川的建筑市场上，大批塑料门窗的订单被作废，用户将目光转向了铝合金门窗，视塑料门窗如同洪水猛兽，转眼之间其成了建筑市场的封杀对象，相继波及到全国其他的主要应用区域。会员单位纷纷向专委会反映。引起了专委会的高度重视。2003年1月上旬，王存吉秘书长赴成都，到四川省塑料协会了解情况，之后与四川省塑料协会理事长一起向四川省委、省政府反映情况，寻求支持与帮助。四川省有色金属管理办公室认识到问题的严重性，并采取了相应措施。随后，去了四川省报业集团，经过反复交涉，四川省报业集团承认失控，并拿出了处理和解决的方案。为了挽回《四川日报》给塑料产业及塑料门窗产品造成的负面影响，专委会还专门组织人员撰写了《塑料门窗功在当代利在千秋》的长篇评论文章在相关媒体发表。

2. 维护行业内会员企业的合法权益

2003年初，个别单位以专委会名义向行业内很多单位寄发了所谓的《通知》，对某会员单位的工作作了片面的报道，对其产品作了不符合实际的评价。专委会获悉情况后，立即在网站上发布《通报》予以澄清，为了减少对专委会和会员企业可能造成的不良影响。秘书长亲赴广东详细了解情况并向案发地政府反映、向案发地公安机关报案，要求严肃查处。与此同时，专委会还正式行文，澄清真相。为此，事后相当一段时间内，专委会通过各种方式对受损害企业进行了大量的正面报道和宣传。此事的处理，很受会员单位的称道。

3. 举办新国标学习研讨班

2003年初，新修订异型材标准GB/T 8814-200X已由全国塑料标准化委员会（TC48）报送国家相关部门审批，预计，不久即将颁布实施。新修订标准结合我国产业发展进步情况，比原标准有较大的提高和改进。努力向欧洲标准靠拢，为产品跨出国门、走向世界做了一些基础性工作。为了使各企业尽早、尽快了解新标准内容，了解新旧标准间的差异和变化，促进新国标的贯彻和实施，专委会于3月14日～3月19日在浙江宁波举办了“全国塑料门窗性能与密封学习研讨班暨型材国标宣贯会”，专委会王存吉秘书长主持了会议。

本次学习班得到了中国塑协领导的重视和支持，廖正品理事长亲自到会并在开幕式上发表了重要讲话。在学习期间和大家一起听课，一起讨论。莅临本次学习班的领导还有国家塑料制品质量监督检测中心、国家化学建材检测中心、异型材及门窗制品专业委员会、天津塑料研究所、北京市建委建材办公室等以及型材生产企业负责人。参加宣讲、研讨的有标准编制人员、试验检测人员、部分高校和科研单位的教授专家，大型生产企业的科研、技术人员以及外国公司、驻华代办处代表。

4. 组织赴欧参观考察

① 应欧洲门窗协会和罗森海姆门窗研究所的邀请，专委会组织业内厂家部分代表一行15人，于2003年1月5日～1月19日出访欧洲，参观了慕尼黑国际门窗展、访问了罗森海姆门窗研究所、奥地利A+G公司等单位。

② 应会员单位的要求，专委会第二次组织了由部分企业参加的赴欧考察团，8月28日～9月13日到德国、奥地利的格瑞纳公司、伊勒公司、蒂森公司、欧鹏公司、克劳斯玛菲公司、A+G公司、撒拉曼德尔公司和罗森海姆门窗研究所等单位和企业进行了考察、学习，双方洽谈了相关业务。

5. 组织编撰《塑料门窗应用手册》

经过十几年的大力宣传推广，塑料门窗在国内基本上得到了社会的认知、认可，应用面不断扩大。但是，广大用户对如何根据应用需求选择塑料门窗产品，普遍缺乏选择和应用常识。从各地回馈的信息反映出，片面追求型材出窗量，一味追求门窗的低价格，使门窗的应用性能和寿命被忽视、门窗的质量和配置被忽视，造成了行业门窗品位整体下滑。不少个人消费者盲目从街道手工作坊中购买廉价、质量低劣的手工门窗，给家庭埋下了安全隐患。为了在全国范围内普及塑料门窗的制造、选用、维护等方面的常识，正确引导消费市场，经过长时间探讨，专委会决定组织人员编撰《塑料门窗应用手册》，由化工出版社出版发行。专委会多次组织编撰人员会议，对编撰工作进行布置，预计2004年底定稿。

6. 筹备成立“中国塑协异型材及门窗制品专业委员会PVC制品抗冲改性剂研发中心”

产业在快速发展中出现了失衡，产品产能增扩迅速，但上下游相关产品的配套发展并没有同步跟进。一些新建工厂往往是低水平的重复建设，设备简陋，资金紧缺，技术力量薄弱，生产工艺不稳定，操作人员不熟练。他们的产品进入市场后，良莠难分，鱼龙混杂，给型材市场带来质量不稳定因素。针对这种情况，专委会认为有必要依靠重点企业成立研发中心。

随时掌握国内外产品信息；改进和提高现有产品的质量和性能；进行适用产品的开发；赶超世界先进水平；为相关企业原辅材料质量、性能分析提供服务；开展技术咨询、技术培训、技术讲座等服务性工作。这一设想得到了中国塑协领导的支持、企业的赞同。经过一段时间的运作，威海金泓化工有限公司和专委会达成了成立“研发中心”的合作意向。专委会直接领导，金泓有限公司提供资金、技术、人员、场地、设备、设施。提案经理事会通过后，“中国塑协异型材及门窗制品专业委员会PVC制品抗冲改性剂研发中心”在年底正式成立并开展工作。

7. 筹备成立“中国塑协异型材及门窗专委会进出口贸易服务部”

在国家部委的大力倡导下，在房地产产业需求的拉动下，化学建材产业发展迅猛，行业队伍迅速壮大，产能产量大幅度提高。在近两年市场上原料供应趋紧，产品供过于求的情势下，许多企业开始探索开拓国际市场。但对于单个企业来讲，面对众多的国家和巨大的国际市场，受自身条件的限制，很难很快地打开局面。同时，单独行动不仅冒很大风险，也会造成资源浪费。为此，专委会与做国际商贸有较多经验的“中国包装致远有限公司”达成合作意向，成立“专委会国际贸易服务部”，为化学建材产品跨出国门、走向世界服务。到2003年底，已开始进行一些具体的技术性工作。

8. 与相关媒体合作

为了让社会、让应用部门更加了解我们行业，了解行业内企业，了解产品的性能与应用常识，扩大产品的应用范围，提高产品的市场份额，专委会和《中国建设报》、《中华建筑报》、《中国房地产报》、《中国化工报》、《中国建材报》等多家国家级大报建立合作关系，举办专刊、开辟专栏报道行业情况。同时与诸多建材产品相关的国家级杂志社建立合作关系。

9. 联合办展

为了让行业企业有更多展示产品的机会，专委会积极与国际、国内知名展览公司合作，举办建材产品展览会，开办讲座。全年先后与香港雅式、达标等展览公司举办了三次展览会。

10. 办好专委会会刊和网站

专委会办有会刊《塑料异型材》杂志和专委会网站。2003年，专委会秘书处加强了媒体工作，由三人增加到五人，三人负责杂志工作，2人负责网站工作。2003年发行《塑料异型材》正刊六期、特刊五期，网站重新调整了版式、增加了内容。年初，网站的月访问人次在3 000～5 000人（次），年底跃升至月访问人数5万多人。业内外对杂志和网站的评价越来越高。

11. 召开专委会第四届七次、八次理事会

（1）四届七次理事会　2003年10月28日至30日，专委会在保定召开了四届七次理事会。本次会议除理事单位领导外，还有中国塑协的领导、媒体记者等，共计82人。会议由副理事长邹开林、秘书长王存吉分别主持。丁言行副秘书长首先代表中国塑协向参会领导嘉宾致欢迎辞，之后宣读了国家民政部对国家级社会团体组织审核情况和重新登记情况，公示了民政部核发的：《中国塑协异型材及门窗制品专业委员会社团登记证书》。会上，专委会秘书长王存吉对第四届理事会任期四年中的主要工作进行了简要汇报。在进行专委会换届工作议题中，丁言行副秘书长代表中国塑协提议异型材及门窗制品专业委员会第五届理事会理事长、秘书长继续由周山、王存吉担任，经理事会表决，一致通过。之后，会议对四届理事会部分理事继任五届理事会理事、保持理事会工作相对稳定的意见及履行申请、审批手续的问题作了说明。讨论了专委会新修订的章程草案。对专委会根据会员需求，增加服务项目，成立研发机构的提议进行了表决。

会议一致通过了专委会秘书处关于专委会下设研发机构的议案，一致通过了专委会修订、协会批准的章程草案，同意年会召开期间提交会员代表大会表决。

会议期间理事们对行业如何“冲出低谷，走向辉煌”进行了研讨，回顾了行业的发展历程，分析了目前出现的问题及其原因，探讨了走出低谷的途径和办法。会议认为，市场经济就是过剩经济、竞争经济，任何产业概莫能外。塑料型材及塑料门窗企业从无到有，由少到多，质量由低到高以及产品由单一到多样，时间尚不足20年，表明我国化学建材产业发展迅速、兴旺发达。但是产量的增长并不能同时带来需求的同步增长，如果产能增长过快，势必造成产业链间的供求失衡。异型材及门窗发展过快势必形成供应方原辅材料的卖方市场，产能大于需求就会引发市场激烈竞争，形成需方的买方市场，结果是利润空间被挤小以至于无。对此，各型材、门窗生产企业应保持冷静，不要怨天尤人，要以积极的态度勇敢面对。本次会议在经过充分讨论之后，对行业“冲出低谷，走向辉煌”归纳出了八条意见。

① 共同制定行规行约，开展行业自律活动，其中包括质量自律、价格自律、诚信自律。遵守职业道德，维护公平竞争环境，反对一切不正当竞争行为，整顿行业市场秩序。

② 积极与新闻媒体合作，加大宣传力度，充分

发挥舆论阵地导向监督作用，提高产品的社会认知认可度。对假冒伪劣产品生产者、破坏公平竞争环境的企业公开曝光，促进市场摈除伪劣产品。

③ 实施产业链的调整整合措施，提高抵御市场风险的能力。鉴于目前出现的低价竞争问题，合理制定价格，守法经营。

④ 主动与上下游产业，特别是建筑业联络沟通，建立协调合作，共生共进、共存共荣的可持续发展的关系。

⑤ 探讨产业内的强强联合模式，形成较为合理的产业布局、正常的辐射半径，努力实现公平有序的竞争环境。带动行业整体的健康发展。

⑥ 依靠科技力量，大力开展研发工作，组建科研机构，加强理论与核心技术的研究，拥有自主知识产权并注意加以保护。强化技术优势，生产高附加值产品，共同把产业做强。

⑦ 提高产品质量、扩大适用范围、强化品种特色，以先进的技术、优质的产品、低廉的成本价格优势进军国际市场。

⑧ 树品牌意识，培育名牌产品，以质量、品种、信誉、服务占领和扩大市场，不断提高市场份额。

(2) 四届八次理事会　2003 年 12 月 1 日，专委会年会召开前夕召开了四届八次理事会。本次理事会是行业年会的预备会议，除少数理事因故未能及时赶到者外，四届理事会成员都如期出席。

会上，通过了中国塑协异型材及门窗制品专业委员会章程（修改草案）；通过了秘书处提交的第五届理事会成员推荐名单；通过了四届七次理事会上针对行业形势提出的如何“走出低谷，再创辉煌”八条意见；通过了“关于成立专委会抗冲改性剂研究发展中心的议案”。会上，讨论了组建专委会电子网络销售服务议题；结合国家九部委《关于开展建材市场专项整治工作的通知》，研究讨论了大力宣传行业内优秀企业优秀产品的形式和方法。

会议认为，专委会秘书处结合国家九部委开展建材市场专项整治工作和针对行业面临的严峻形势提出新的服务内容、建立服务机构的议题切合实际，具有建设性，可操作性强，符合为会员单位办实事的服务宗旨，是协会组织工作不断进步的具体体现。

会议认为，专委会换届准备工作基本就绪，换届时机已经成熟，可以提交会员大会。会议希望，五届理事会能在四届理事会工作的基础上，更好地发挥出行业协会的职能作用，认真贯彻八项措施，继往开来，不断进步。

12. 召开 2003 年全国塑料异型材及门窗行业年会

受“非典”影响，“2003 年全国塑协异型材及门窗行业年会”比原计划延迟，于 12 月 2 日～4 日在北京铁道大厦召开。中国轻工业联合会陈士能会长，原化学工业部潘连生副部长，中国塑料加工工业协会廖正品理事长，国家发展改革委员会工业司洪秀茹副司长、投资司蒋健助理调研员，中国塑协杨力行副理事长、李国俊副理事长、丁言行和曾家华副秘书长，异型材及门窗制品专业委员会理事长、河北宝硕集团周山董事长等领导出席了这次年会。廖正品理事长代表协会表示祝贺，周山理事长代表专委会理事会讲话。王存吉秘书长向与会会员代表汇报了第四届专委会的工作，分析了行业目前状况、面临的市场形势及其走势，代表专委会提出了应对措施和办法。

大会对四届八次理事会提交的新的专委会章程草案进行了表决，对依照该章程提交的第五届理事会理事单位、副理事长单位、理事长单位推荐名单，对理事长、副理事长、秘书长、常务理事以及副秘书长人选进行了表决。

大会举办了三场技术交流会；组织会员单位代表与氯碱业界代表、房地产业界代表进行了交流；为充分发挥行业媒体的宣传、教育、引导功能，召集部分企业报刊负责人同国家级报纸、杂志、出版社代表进行了座谈。

大会组织参会人员参观了由协会和专委会支持举办的北京第十七届国际橡胶塑料展览。闭会前，专委会秘书处特意将行业的有关专家顾问请到会上晤面座谈，以加强联系，加深友谊。会议期间，还举办了部分企业产品宣传展示活动。

与会人员认为，本次年会内容丰富、日程紧凑、扎实有序、启发很大、收获颇多。会上，行业代表同氯碱行业、房地产业代表深入沟通交流，形成了产业链上中下游产品企业间共存共进、协调发展的共识，三方同意携起手来共同努力，避免和消除对经济发展产生消极作用、对市场造成波动乃至混乱的情况。会上，行业内的主要宣传媒体代表对于专委会组织的聚会非常赞赏，认为这是加强交流、学习提高的好办法。各媒体同意认真研究自己的办刊（报）宗旨，选准刊物定位，确定读者群体，安排好相应栏目，充实相关内容，共同努力，形成拳头，联合作战。专委会希望同各国家级大报，诸如《中国化工报》、《中国建设报》、《中国建材报》和《中国房地产报》等加强联系，密切合作。为贯彻落实国家产业政策，开展行业自律，树品牌意识，整顿市场秩序，反馈市场信息，报道行业动态，加强技术交流，推动产业发展做出自己的贡献。

大会分别选举产生了中国塑协异型材及门窗制品

专业委员会第五届理事会理事长单位、副理事长单位、理事单位和理事长、副理事长、秘书长、常务理事、副秘书长。专委会第五届理事长单位为河北宝硕集团有限公司，理事长由河北宝硕集团有限公司董事长周山担任，秘书长由王存吉担任。专委会第五届领导集体由此诞生。

专委会新一届领导集体，认为行业企业面临着波动、转折、严峻考验的形势，肩负的担子很重，任务很艰巨。希望领导成员们共同努力，继续把行业的生存发展放在第一位。在四届理事会的基础上，尽快将产品研发、外贸中介机构建立健全起来，扶优扶强、扩大舆论宣传，对加强科技知识的普及工作加紧运作。要开拓创新，锐意进取、认清形势、掌握动向、分析需求、关注市场、研究方略、落实措施，保护企业权益、平衡各种关系、协调各方利益，团结、引导广大会员企业开发产品、开拓市场、走出低谷、再创辉煌，进一步发挥行业协会组织的职能作用，推动化学建材行业的健康发展。

【存在的问题】

进入 2003 年以后，行业整体出现全面低收益、无收益或经营性亏损状态。市场 PVC 树脂价格一路攀升，由年初的 5 000～5 500 元/吨上扬至年底 9 000 元/吨；市场需求未能与型材门窗产量同步增长，型材售价很难提升，绝大部分企业的产品售价在万元/吨以下；高填充碳酸钙的“非标”型材逐渐形成较大规模的制造销售群体，对国标正规产品形成了较大的冲击；不少小型企业（包括个别的中型企业）在试探性加大廉价填充材料的比例，用来降低生产成本，造成行业产品整体质量水平有所下降；企业间的市场竞争更加残酷激烈；一些小企业（包括个别的中型企业）处于举步维艰，面临关停并转的状况。

型材上游助剂企业的经营情况也并不乐观。面临上游原材料价格成倍上涨的压力和对型材企业下调价格的需求，型材门窗厂家难免会转移一些压力给相关企业。无形中给了近年中应运而生的设备简陋、工艺过程简单、产品、质量低下的小厂、家庭作坊式企业机会。这种情况对正规助剂、添加剂企业的冲击日益严重。

设备制造业面临的形势更为严峻。由于型材门窗总产能的严重过剩，2003 年新增企业基本上为零，而扩大产能的企业多为大企业，他们购置设备的目光在国外，设备市场上基本没有国内企业的份额。大都依赖原有应用企业内的零配件需求和设备调整、更换、更新。目前，我国型材与门窗加工制造设备的设计和制造技术上，与发达国家相比还有不小的差距。国内型材企业早期生产设备多已接近寿命终结，近年将出现批量更新的局面。如果国内设备制造业不加紧现有产品的更新换代，不进行大幅度产品性能与质量的提升，将会失去一次应用需求小高峰。

另一个应引起关注的问题是一些企业不合时宜的超大规模发展。这在原料、助剂业，设备、模具业，型材、门窗业中都先后出现。我国人口多、基础差、底子薄，在近年的经济飞速发展中，市场总需求呈迅速上升之势，人们的购买力提速快，而我国的塑料异型材产业及上、下游产品大都为近年才上马的，制造技术和产品质量与发达国家存在着较大差距，制造设备原始，关键、核心技术尚未完全掌握。如此低水平的重复建设，原有的产品、技术手段与装备可能很快落后，难以紧跟市场需求的步伐。失去了快速应变能力，失去竞争力，不但不能跨出国门、走向世界，甚至国内市场都保不住。

【发展趋势】

从 20 世纪 80 年代中期我国化学建材产业、产品实现零的突破至 90 年代初。先期进入的行业企业走了许多弯路。这些企业成了行业的铺路石、探路人。此间，塑料门窗的优异性能逐渐被社会认知、认可，制造加工技术逐渐掌握，上下游配套产品企业也基本齐全，行业具备了全面发展的基本条件。90 年代后，国家“901”工程启动，通过数十次反复调研考察论证，决定从德国、奥地利全套引进世界一流的设备模具和必需的生产加工技术。分别在河北省、四川省、湖南省各建了一个万吨级的塑料异型材和塑料门窗示范样板企业。三个示范企业的建设，在国内产生了巨大的影响，起到了很好的示范作用。当时恰逢我国“九五”计划颁布“住宅产业”、“节能”、“大力发展与推广应用化学建材产品”政策之时。国家化学建材协调组又制定出了一系列大力发展化学建材产品和推广应用塑料门窗的政策和条例，计划到 2010 年实现全国平均总用量达到 30%，各地建委相继拿出具体措施进行落实。我国的塑料异型材和塑料门窗产业顺风乘势，得到了飞速发展。1995 年，全国异型材产能为 30 万吨，到 2003 年达到了 300 万吨，8 年当中，增长 10 倍。门窗实际应用 1.6 亿～1.7 亿平方米/年（新建），约占全国门窗应用总量的 26%～27%。预计，到 2005 年产能规模可能达到 450 万～500 万吨/年。

快速发展带来了行业的辉煌，同时也显露出潜在的问题。上下游产业发展不同步、市场需求和应用滞后。特别是低水平重复建设、低品位门窗产品，导致市场呈现区域性萎缩。目前，原料价格的攀升和门窗售价的低迷，无疑是快速超常发展的结果。市场经济的特点之一就是自行调控，均衡发展。主观臆断、盲目乐观必将自食苦果。随着市场的严峻，行业开始逐渐冷静，开始认真反思，开始进行研究和调整。进入2003年后，昔日那种到处建厂，厂厂扩能的现象不见了。但是，竞争激烈程度的加剧已难以避免。特别是大企业的增扩规模，使市场竞争更加白热化，供大于求的情况更加严重。这种情况将加速行业的整合，使一大批中小企业退出这个行业，会净化市场、优化行业队伍。企业关、停、并、转、兼并会陆续出现。经过这次严酷的水与火的洗炼。规模10万吨左右的大中型企业将占主导地位，以重点区域、重点省市分散设厂的布局将会形成。此间，行业将得到质的提升，实现由大转强。

【重点企业】

北新建塑有限公司
哈尔滨中大门窗型材厂
大连实德塑胶工业有限公司
沈阳久利化学建材股份有限公司
宝硕新型建筑材料有限公司
天津百龙塑钢门窗异型材制品有限公司
唐山广建塑料制品集团公司
秦皇岛奥格塑料型材厂
安徽国风集团有限公司
芜湖海螺塑料型材科技股份有限公司
宁波浙东塑料建筑材料有限公司
浙江中财塑胶有限责任公司
上海皇家房屋建设系统有限公司
维卡塑料（上海）有限公司
常州创佳塑料型材有限公司
中山中标建材有限公司
四川华塑建材有限公司
西安高科塑业有限公司
新疆屯河新型建材有限责任公司

（中国塑协异型材及塑料门窗制品专委会　王存吉）

包装材料

【行业现状】

我国塑料包装材料经过20多年的发展，已形成一定规模，在包装市场中占有重要地位，对国民经济的建设起了积极作用。

1980年我国塑料包装材料产量仅有19.1万吨，产值30亿元；2003年产量已达到465万吨，产值达到700亿元，占包装工业产值2 700亿元中的26%。行业装备水平不断提高，有的已经达到发达国家的先进水平，涌现了一批新产品、新技术、新材料，市场需求迅速增长，应用广泛，快速发展，平均年增长率为12%，2003年比2002年增长16%。复合包装基材克服了长期进口双向拉伸薄膜的局面，现在每年出口薄膜在30万吨左右。

塑料包装材料规模以上的企业共有8 000多家，其中薄膜制造业2 240家，丝、绳编织制品4 300家，泡沫塑料500家，包装箱及包装容器679家。从最近工业普查的数字看，要超过上述数量，仅河北东光县就有塑料企业546家，生产能力达每年10万吨。

20多年的快速发展之路，是改革开放之路，是社会主义市场经济之路，是全行业职工奋发图强、艰苦创业之路，特别是民营企业之兴起，从几千元发家达到10亿元以上的江阴申达集团、浙江大东南塑胶集团，都是经过艰难曲折，在市场经济中成长起来的龙头企业，成为国内外知名的大型包装民营企业，涌现一批民营企业家。而原有中小塑料包装企业经过调整结构，进行资产重组和技术改造也获得发展的生机，佛山东方包装材料公司、佛山杜邦鸿基包装材料公司以新的面貌在行业中起着重要作用。此外，外资企业的进入，增加了行业竞争对手，使国内企业进一步感受到优胜劣汰竞争机制的作用。因此，只有增加实力做强做大，提高质量，创名牌，才能在竞争中赢得主动。

2003年，塑料包装行业摆脱“非典”的影响，继续保持稳定增长的发展趋势。

根据有关统计，2003年塑料原料增长约16%，塑料制品增长约15.8%，出口交货值增加21%。塑料包装材料产量估计达到465万吨，比2002年401万吨增长16%，其中双向拉伸薄膜、软塑复合塑料包装材料和包装容器（瓶、箱、桶）增幅较大。主要产品实际产量见表1。

表1　2003年主要包装材料产量

名　称		2002年/万吨	2003年/万吨	比2002年增长/%
软包装膜		171	200	18
其中	BOPP	(50)	(60)	20
	BOPET	(10)	(12)	20
编织制品		114	130	14
包装容器		63	73	15.87
泡沫包装材料		28	32	14.3
包装片材		25	28	12
合　计		401	465	15.96

注：括号内的数字为估计数。

1. 软塑薄膜呈现规模化发展趋势

双向拉伸薄膜增长最快，一方面因为BOPP专用料国内已有六家企业生产，占需求总量50%（包括上海石化、北京燕化、齐鲁石化、茂名石化、广州石化、九江石化），达到拉膜速度350～400m/min的要求，减少了对进口原料的依赖，缩短运输时间，争取了主动。另一方面，已引进的生产线在2003年投产新增加能力在10万吨以上，如四川中达公司在成都开发区兴建的2.5万吨五层共挤BOPP烟膜生产线将在10月正式投产，常州武进金氏集团五层共挤BOPP薄膜于8月份投产，5月份抚顺石化公司年产2万吨BOPP生产线投产，福建现代塑料公司和安徽国风公司也分别引进了年产2.5万吨和3万吨BOPP生产线，现在也在建设中。江阴申达集团（软塑包装生产基地）发挥基地优势，取得丰硕成果。新的引进线BOPET投产，新增加的两条BOPP线正在建设中，2003年，基材产量达15万吨，销售收入达18亿元，企业总产值达40亿元，成为国内最大包装薄膜生产基地。浙江大东南集团公司新引进4条电容膜生产线，增加生产能力2万吨，可生产4μm左右的电容膜，此薄膜是具有高效益的专用膜，至此大东南共引进BOPP、BOPET、CPP共10条生产线，包装薄膜生产能力15万吨，成为薄膜生产专业化、规模化的生产基地之一。

2. 资本与区域优势相结合

发展的另一趋势是资本与区域优势相结合。温州的毛芳铅、吴昌硕看中北方市场在山东陵县组建德力公司，引进年产1.5万吨BOPP生产线，2001年引进，2003年产值即达2.2亿元，年税达6 000万元。

3. 创新成为塑料包装发展的推动力

广东顺德德冠公司、桂林集琦包装公司生产的高性能分子组装抗菌薄膜将投入市场，使两个企业在技术创新方面迈出了可喜的一步。总之，创新又成为塑料包装发展的推动力，上海紫江彩印公司的镭射防伪薄膜、紫华公司的透气性流延薄膜，紫藤公司的抗静电流延聚丙烯薄膜都列入国家级火炬项目。南京中达共挤热封型双向拉伸聚丙烯薄膜，保持BOPP的热收缩，同时解决了热封性及香烟膜包装的难题，解决了中条包膜与小条包膜的黏合问题，采用开孔定位技术，解决了BOPP热封性问题。

塑编行业克服各种困难，取得可喜成绩。

（1）塑料编织与吹塑、复合、彩印、制版等工序配套，同步发展，提高了在国际市场的竞争力，出口量增加，有力地占领了亚美市场。其中集装袋成为国际市场畅销产品，是大量运输化、系统化的得力工具，也是生产、服务、环保、家居的好帮手，其特点是方便快捷，成本较低，以25公斤/袋，每条2元计量，包装1吨原料，40条袋子需80元，而1吨装集装袋，仅需50～60元，降低了包装成本，受到国内外用户的欢迎。

（2）塑料编织机械的迅猛发展，为塑编企业提供了先进的技术装备，提高了编织制品的质量，促进了编织制品的发展。

2003年以来，塑料拉丝机、圆织机以及配套设备的技术水平，都有不同程度的提高，涌现了一批新产品。新型的涂膜圆筒塑编袋联合机组已问世，该机组集复合、自动切废边、自动打孔、正反面多色印刷，移位折边和七字口裁切技术六大工序为一体，省工省料、降低成本、提高质量。另一方面，更多的编制机械企业面向国际市场出口量增加，由以往出口到菲律宾、秘鲁、约旦等发展中国家，也向韩国、巴西以及欧美国家出口，表明了中国塑机在国际市场上是有竞争力的，前景看好。例如浙江雁峰塑机总厂批量出口小四梭圆织机，产值在2003年达到了200万美元。温州恒一塑料机械公司的滚筒式的小六梭圆织机，已被美国塑编企业所采用。

（3）资产重组使企业不断发展壮大，温州塑编企业叶琪乐先生到四川求发展，占领饮料集团所需的塑编袋包装市场，是一个有远见的做法。1995年，在新津县建成津鹿包装公司，1998年与四川希望农业公司合资建新乐塑胶公司，2000年，投资3 000万元建成琪乐塑编集团，2002年，投资1亿元，使企业拥有塑编机600台，产值达3亿元，2003年又与浙江隆兴龙实业公司联合当地40多家塑编企业组建塑编企业集团，预计投产后，两三年内其产值达到8亿元，将成为行业规模最大塑编集团。

塑料包装容器（桶、瓶、箱）全年产量达73万吨，在600多家企业中，年产5 000吨以上的有24家，1万吨以上4家；紫江集团年产量为9.58万吨，占15%，居全国首位，河北邢台晋县年产量为2.94万吨，占3.2%；中富1.35万吨，其次为三水健力宝、东莞易煌等。

食品及软饮料包装市场的增速超过20%。因此，今年以来透明聚丙烯市场获得迅速拓展；农副产品加工实施绿色食品工程也为塑料包装市场提供新的机遇。以辽宁绿色食品产业链的启动为例，涉及辽宁、大连、吉林、黑龙江、内蒙古、山东、河北、海南等9个省市区100多个县约100个生产基地，包括粮油、生鲜蔬菜、干鲜果品、鲜奶及奶制品、调味品、生鲜肉、禽蛋等3 000多个品种的包装，从生产、加工、包装、运输、贮存、销售各个环节对包装都是一个挑战，所有这些都促进了塑料包装材料市场的拓展。

【发展方向】

从国际上看，尽管塑料包装材料一直经受环境问题的严重挑战，但从近年来发表的数据看，塑料包装在包装工业中仍成为需求增长最快的材料之一。据美国 Freedonia 集团的统计分析和预测，美国包装领域中纸和塑料 1996～2001 年间平均增长率为 2.4%，其中纸板为 1.6%，塑料为 3.4%。根据日本《包装技术》统计资料，日本塑料包装材料销售量在各类包装总销售量中所占比例为 15.4%，仍位于纸和纸板（57.5%）之后居第 2 位，其余为金属 12%，玻璃为 9.2%，木制品为 5.2%，其他为 0.7%。

根据上述美、日、中三国的发展和预测，可以明显看出，21 世纪塑料包装材料用量将持续稳步增长，在包装材料领域中仍然充满勃勃生机，在保护商品、提高商品价值方面继续发挥积极的作用。

1. 高阻隔性、多功能性塑料包装材料成为许多国家热点开发的包装材料

高阻隔性、多功能性塑料包装材料成为许多国家热点开发的包装材料，并已有部分产品投入了工业生产。这类材料包括高阻渗性、多功能保鲜性，选择透气性、耐热性、无菌（抗菌）性以及防锈、除臭、形状记忆、能再封、易开封性等塑料包装材料，其中以高阻渗性多功能保鲜、无菌包装材料等发展更为迅速，将成为 21 世纪初发展的重点。

21 世纪初，随着世界经济的日益增长，高科技不断发展。产品日新月异，人们生活更趋向方便、休闲。无论是日用品包装、食品包装，还是工业包装都有了更高的要求；另外随着环保呼声日烈，在满足包装功能的前提下，尽量减少垃圾的产生量，从而呈现包装薄膜、容器、片材向轻量化、薄壁化趋势发展，其关键技术是积极采用具有超韧性、能加工较薄、较易加工的新型原料，如双峰 HDPE、茂金属催化聚乙烯、聚丙烯和聚苯乙烯塑料合金等，给塑料包装提供了更多的原料选择。特别是聚乙烯、聚丙烯的开发，进一步提高了软包装结构的许多性能，如韧度、透明性、阻渗性、耐热性和抗穿刺性能等，并降低了热封温度、改进加工性、提高包装生产线速度等。聚乙烯食品包装膜的特点之一是可以控制氧气、二氧化碳以及水蒸气的渗透率，可用于可控气调包装，能大大延长食品的贷架寿命，主要用于超市色拉、胡萝卜片、椰菜花及肉类等半成品包装以及农产品保鲜袋、阻渗性收缩包装袋等。

2. 节能、环保、易回收利用成为技术开发的出发点

21 世纪是环保世纪，环境问题日显重要，资源、能源更趋紧张，塑料包装材料将迎来新的机遇，也将经受严峻的挑战，为适应新时代的要求，塑料包装材料除要求能满足市场包装质量和效益等日益提高的要求外，还进一步要求其节省能源、节省资源，用后易回收利用或易被环境降解为技术开发的出发点。为此塑料包装材料正向高阻隔性、多功能性、环保适应性、采用新型原材料、新工艺、新设备及拓宽应用领域等方向发展。

3. 开发防静电、导电的软塑包装材料，具有广阔的发展前景

当今已是信息化时代，各种频率、波长的电磁波充满整个地球空间。这些电磁波对电子元件、电路板、计算机通讯设备等产生不同程度的干扰，造成数据失真，通讯紊乱。而电磁感应和摩擦产生的静电对电子元件、仪器、仪表因静电积累产生的高压放电将有破坏性，因此，开发防静电、导电的软塑包装材料，具有广阔的发展前景。

4. 塑料合金、塑料共混物、无机材料填充增强的复合材料成为明日塑料之星

被喻为明日塑料之星的塑料合金、塑料共混物、无机材料填充增强的复合材料在 20 世纪发展的基础上，通过基础研究方面的努力，生产和加工技术将获得进一步提高和完善，产品性能改进和系列化、功能化方面也将取得更大的进展，对提高塑料包装质量、附加值和环保适应性以及开发新产品将产生更大的影响。

随着塑料包装产品质量的提高、功能性增加及新品种的不断开发，其用途也进一步拓宽，特别是高阻隔性、塑料包装材料由食品包装为主，逐步更多地拓宽非食品包装领域，其中工业包装、医药包装、农副产品包装、建材包装、航海用品包装等都将会获得进一步发展。

进入 21 世纪，世界经济大调整，继续深化及可持续发展战略的转变是世界产业变革的总背景，也是塑料工业环境变化的背景，塑料包装材料与传统包装材料比较，从产品整个生命周期评价分析，节省能量、节约资源、废弃物产生量减少、环境负荷也较轻，因此在 21 世纪初发展仍占据重要地位和发挥重要作用，但塑料包装材料相当一部分为一次性消费品，用后在自然环境中较难降解，也不可忽视。

5. 复合基材——双向拉伸薄膜迅速发展

近几年，国内除了 BOPP 薄膜近几年发展过热并没有降温的趋势，BOPET 的引进热在 2002 年至 2003 年又成为新的热点。

2003 年国产 BOPET 薄膜产量为 14 多万吨，其消费结构为包装材料（复合印刷膜、烫金膜、真空镀铝膜）占 57%，绝缘及电气专用膜占 15%、感光材料占 13%、音像占 5%、护卡膜占 6%、制图及装饰

膜占 4%。

国内聚酯薄膜自 20 世纪 70 年代开始少量生产，80 年代引进设备，从生产感光材料、绝缘材料、音像带逐步向包状基材发展，到 1995 年已引进 14 条生产线，产量约 4 万吨。自 1999 年以来，BOPET 市场形势很好，生产和市场营销非常活跃。到 2000 年产量比 1995 年增长 1 倍，达到 8 万吨，2002 年底生产能力达到 16 万吨，产量为 12 万吨。根据预测，市场需求量到 2005 年为 30 万吨。但自 2003 年以来，又有新的生产线投产或新的装置签约，预计 2003～2005 年将增加引进 24 条生产线。其中山东新立克第二条生产线、四川中达包装材料公司、上海帮凯塑胶公司、苍南中大包装、江阴申达公司、绍兴无名薄膜公司、仪征化纤公司、天津万华公司、佛山杜邦公司、绍兴翔宇绿色包装公司、温州金田公司、宿迁彩印包装公司、绍兴赐富集团、浙江大东南公司、成都双良工业园等都在 2003 年年底或 2004 年投产。估计 2003 年产量将达到 14 万～15 万吨，生产能力增加到 22 万吨，2004 年将增加到 27 万吨，到 2005 年生产能力将达到 50 万吨，大大超过市场需求届时市场将出现供过于求的局面，竞争更加激烈，值得引起重视。

引进建设的项目应搞好市场定位，集中力量开发应用市场，已占 60%的包装薄膜市场为主，努力开发盐业包装、感光材料、护卡级建筑装饰、药片包装和特种聚酯薄膜。引进高新技术设备，开发特种聚酯薄膜，如高透明薄膜、低雾度、高透光率可广泛用于防伪、真空镀铝、彩印、金拉线等，通过多层共挤工艺技术，生产热封薄膜，占领保鲜食品、冷冻食品包装市场；引进适应生产热收缩薄膜技术，开发聚酯瓶标签用膜等。

同时，BOPA 薄膜 2003 年已签约的山西制辊公司、河北沧州东塑集团，预计 2004 年投产，新增能力为 8 000 吨，再加上原有已投产的两条生产线6 000 吨，生产能力为 14 000 吨，而预测国内市场需求量到 2005 年为 2 万吨，而 2003 年已签约的广东湛江、厦门景华、湖北中基、温州金田、德州东力、广州宏铭共 11 条线，值得引起关注。

值得引起重视的是，世界上 BOPA 的总产量仅为 11 万吨，而日本占了一半。为什么 BOPA 的产量不大，其原因是随着多层共挤技术的发展，多层共挤尼龙膜部分替代了 BOPA 膜，而 BOPA 包装市场还要与超级市场发展相适应，与生活水平的提高相适应，才能得到合理的发展。

CPP 的发展也非常迅速，市场也将发生变化，值得引起大家的重视，千万不要走双向拉伸的发展路子，以避免发生经济损失。

此外，目前全行业引进的 CPP 生产线已超过 60 台套，总生产能力达到 15 万吨以上。2002 年实际产量为 10 万吨。

我国从 20 世纪 80 年代开始引进国外单层流延薄膜生产设备，幅宽 1～1.5 米，年生产能力为 1 000～1 500 吨；进入 90 年代，从德国 Reifenhausr、Baxmag、Battenfeld 公司、奥地利 Lenging 公司、日本三菱重工、日本制钢所、日本摩登公司、意大利 Colines. Dolci 公司等引进了多层共挤流延薄膜生产线，宽幅在 2～2.5 米，生产能力在 3 000～4 0000 吨；2000 年以来，引进了更为先进的生产线，宽幅为 4～4.5 米，年生产能力为 5 000～6 000 吨的三层共挤流延膜。

当前，CPP 薄膜国内市场以复合包装用膜为主，以 2002 年为例，占总产量 64%（约 6.4 万吨），镀铝膜占 21%（约 2.1 万吨），蒸煮膜占 15%（约 1.5 万吨），而高阻隔膜和蒸煮袋膜还有部分进口。而选择先进的五层共挤流延薄膜，可生产高档的 CPP，产品市场定位为高阻隔性能薄膜和高温蒸煮薄膜，在国内市场前景看好，但也面临着多层共挤吹塑薄膜的激烈竞争，多层共挤高阻隔薄膜（PET 或 PA）在液体食品、牛奶、火腿肠、鲜肉包装、耐油食品、大输液袋等包装用途不断扩大，用量上升，与 CPP 五层共挤流延薄膜的竞争值得引起重视，这也是近两年部分 CPP 生产企业销售量减少，生产能力未能充分发挥，价格下降的主要原因，为此，上项目要落实市场风险的防范，要抢时间，尽快投产占领市场。

6. 高阻隔性、多功能性薄膜正在向新的技术水平发展

高阻隔性、多功能性软塑包装材料，已成为近几年发展的热点，2003 年仍然在进步，涌现一批新的产品和新的技术，包括高阻渗性、多功能保鲜膜、无菌包装膜发展更快，原有的复合薄膜正在向更深层次发展，制袋、印刷技术上了一个新台阶，进入“彩色革命”时代。全行业已有胶版、凹版、柔版彩色系统，促进了软塑包装材料向深度发展：防伪包装膜正在日新月异发展，称为软塑包装的常开之花。特别是防静电的包装膜开发成功意义重大。电子产品、包括电子元器件、集成电路及印刷线路板等，由于静电放电破坏造成的损失十分严重，我国目前使用的防静电包装膜基本上由美国、日本进口，该产品由重庆兵器工业部五九研究所、顺德诚信公司、中山市东升公司开发成功，并已投入生产。

干法复合薄膜技术水平的发展，离不开胶黏剂和油墨的技术进步。复合膜的胶黏剂有单组分和双组分聚氨酯、丙烯酸类胶黏剂、无溶剂、醇溶剂、水溶性

胶黏剂等，从单组分到双组分是一个进步，2003 年使用双组分胶黏剂已达到 3 万吨，但仍然存在着排放大量的溶剂，污染环境。另外，在复合过程，有微量溶剂残留物，会在包装物内产生异味，卫生性能差，这些问题长时间来，遇到环境保护的挑战，当前，国外环保型胶黏剂进入中国市场，国内有关胶黏剂生产企业也积极进行开发。无溶剂生产线已引进近 30 条，无溶剂用量开始逐步增加，但在技术上还达不到涂布、烘干过程的要求，成本也偏高。因此，寻找一条符合行业发展，又能适应环境保护要求的新路子，是问题的关键。2003 年市场上推出的快速固化胶黏剂，改变过去复合后，熟化时间从 48 小时，缩短到 4～8 小时就可以进行分切。此外，北京高盟化工公司开发成功高助剂含量的薄膜复合胶黏剂，提高了复合强度，减少了残留量，是一个很大的进步。

复合印刷制袋（软包装）行业值得重视的是外资、合资企业几乎独揽销售额前十名，天津顶新、惠州宝柏 10 亿元，北京商三 5 亿元，紫江彩印、昆山彩华、深圳奇妙、广州南方包装、安徽黄山永新、旺旺南京公司、宏铭集团都在 3.5 至 5 亿元，使软包装市场更具竞争性，国内连云港中金医药包装公司、琼花集团、西安依莱斯食品包装公司都在崛起，对中小企业更是一个新的挑战。

7. 多层共挤技术的发展，改变了功能性薄膜和容器的产品结构，适应了市场需求

随着市场经济的发展，日用品包装、化妆品包装、食品包装、家用电器包装都提出了更高要求。另一方面随着环保呼声日益高涨，如何在满足包装功能性前提下，尽量减少垃圾的产生量，从而呈现包装薄膜、包装容器向轻量化、薄壁化方向发展，以干法复合为主的高阻隔性薄膜，在生产过程用胶黏剂、溶剂的排放易污染环境，而发展共挤包装薄膜，其工艺设备投资省、成本低、适应性强、操作方便。国际上共挤技术发展很快，有关资料表明，发达国家共挤包装薄膜占整个软塑包装材料的 40%，而我们仅占 6%，仍然以干法复合膜为主，两者比例不合理。当前，我们的共挤技术也有新的长进。目前除了大连辽南东方机械公司的叠加机头技术得到推广和应用，国产的共挤吹塑技术设备已经通过产品鉴定，开始批量生产。广东金明塑胶设备公司开发的五层共挤高阻隔薄膜吹塑机组通过了新产品鉴定。共挤包装薄膜的发展，将改变多功能性薄膜的产品结构，它适应于包装液体食品、牛奶、鲜肉等。

共挤技术的发展，同样适应工业包装的需求。秦川机械公司开发成功六层共挤塑料中空容器，用于生产汽车燃油箱，最大容积为 200 升。该机采用新技术，确保型坯壁厚 100 个控制点，使容器厚壁均匀。电气、液压和气压稳定无渗油漏气现象。上料系统确保六台挤出机连续稳定上料。该机的投产，改变了汽车燃油箱为单层的局面，随着汽车工业的发展，多层油箱的市场将有较大的发展空间。

8. 蔬果保鲜包装薄膜市场前景广阔

（1）我国 2000 年水果总产量达 7 100 万吨，蔬菜产量为 3 亿吨，是世界第一大果蔬生产和销售大国。然而有 30%左右的水果在贮存、运输、销售过程中损失。其中包装不当是引起水果腐烂损失的原因之一。在竞争激烈的市场条件下，包装的作用显得越来越重要。由于新鲜的果蔬是一个活体，采摘后仍在呼吸，有着旺盛的生命。靠消耗自身的营养和水分来维持生命。如果果实采后不及时进行保鲜处理，少则 3～5 天（草莓、荔枝、龙眼、樱桃等），多则 10 天半月（桃、李、葡萄等）就会出现失水枯萎，品质恶化和腐烂而失去食用价值。尽管不同水果的生理属性不一样，但变色、失水变味和腐烂是共同存在的问题。因此，如何抑制代谢过程，减少营养物质的消耗，保持水果的风味质量是保鲜包装的重要课题。目前，聚乙烯薄膜和聚丙烯薄膜是新鲜水果蔬菜应用最广的包装材料。不同的水果蔬菜对保鲜包装袋的要求不同，选择什么样的薄膜袋主要考虑以下因素：

（2）适应的气体透气性，保持适宜的 O_2 和 CO_2 浓度。根据试验，如果透气性差，袋内 O_2 浓度太低（<3%），易产生乙醇、乙醛挥发物，产生异味，CO_2 浓度过高（>10%）也会对水果造成伤害。因此，新的聚乙烯保鲜膜也在不断产生，微孔薄膜的出现给热带水果的包装增添了新的选择余地，微孔薄膜市场的增加、应用不断扩大。

（3）添加乙烯气体吸收剂。水果在采摘后成熟过程中要释放乙烯气体，成植物生长荷尔蒙激素，乙烯在包装袋内积累，会加速果实衰老，减少贮藏期。因此，在薄膜制造过程需加入硅素（沸石、大谷石、方英、SiO_2）等多孔性物质具有吸附乙烯气体的作用，把水果释放出来的乙烯吸附了，就能减缓水果的呼吸作用，使水果保鲜。

9. 塑料饮料瓶市场潜伏着诱人商机

塑料包装容器应用市场广阔，其中，饮料行业有着诱人商机，汽水、果汁、蔬菜、饮料所需的塑料容器需求量与日俱增。

据统计，我国饮料产量约 2 200 万吨左右，每年以 20%以上速度增长。

（1）碳酸饮料包装中 PET 瓶的应用比例占 57.4%，市场前景看好。目前行业中 PET 聚酯瓶产量较大的企业，有珠海中富和上海紫江集团，分别占

有国内 PET 瓶 30%和 20%的市场份额。珠海中富公司为最早获得可乐、百乐认可的 PET 瓶生产厂家，2002 年 PET 瓶达到 32 亿个，其中热灌装 7 亿个，销售额达到 23.4 亿元，在各地拥有 30 多家工厂：上海紫江集团近年来发展很快，设在各地的控股公司已发展到 15 家，占据了武汉、郑州、天津、长春、昆山、成都等市场，新建的年产 1.2 亿个 PET 灌装瓶已投产，2002 年又在上海、广州、成都、北京等地投资建厂，热灌装瓶的生产能力达到 4.85 亿个。

聚酯瓶在塑料包装行业的起步较晚。大量的注拉吹技术设备的引进，促进了 PET 瓶大幅度生产，并以其优良的性能，获得用户的欢迎，短短几年里，成为食用油、饮料瓶等包装的主流包装材料。同时，在化妆品、医药等行业的需求也在增加。1996 年 PET 瓶装产量为 30 亿个，而 1998 年上升为 50 亿个，2000 年达到 80 亿个，2001 年 90 亿个，2002 年达到 100 亿个。年增长率为 18%，成为塑料包装材料增长幅度最大的品种。

（2）随着国内茶饮料市场异军突起，茶饮料产量已达 300 万吨，因此热灌装温度为 85～90℃的 PET 瓶已成为聚酯瓶增长最快的品种，年增长率超过 50%。

（3）聚丙烯透明包装瓶的开发是近几年国内外塑料包装的一个热点。随着透明改性剂—成核剂的开发成功，在普通 PP 中加入 0.1%～0.4%山梨醇缩二甲苯（苯甲醛）成核剂（生产公司主要为美国米利肯，新日本理化，三井东亚等），高透明 PP 可广泛用于注射、吹挤、吹拉、挤压、热型容器、食品、药品瓶等，其价格适宜，是 PS、ABS、PET、PE 瓶的竞争对手，有着广阔的市场前景。

10. 啤酒塑料包装瓶的应用已是春在枝头

（1）啤酒包装业国际上近几年采用的耐热聚酯瓶（PET）的发展迅速，特别是 PET 瓶涂层技术（等离子技术）的应用，内涂 0.21mm 的碳层，它的阻透性几乎与玻璃一样，同时，能承受高温灭菌处理，使其应用范围扩大，适应热灌装茶饮料等包装。

（2）引起包装界注目的聚萘二甲酸乙二醇酯（PEN）新型聚酯瓶，正在步入啤酒业，引起啤酒包装的革命（克服啤酒瓶爆炸事件的良策）。由于 PEN 与 PET 分子结构相似，以萘环代替苯环，使 PEN 比 PET 更具有优异的阻透性、防紫外线性、耐热性好、耐高温度（非晶态 PEN 热变温度达 100℃而 PET 仅为 70℃）。由于萘是从煤焦油分离出来，我国有丰富来源，工业化生产即将实现。不久将来，PEN 大量进入包装领域，引发继 PET 之后，又一次包装革命。目前，国内少量进口，但价格是 PET 的 5 倍，阻碍了 PEN 的应用。

（3）我国是啤酒生产大国，已达到 2 380 万吨左右，居世界第一位。以 2002 年计算，每年需求包装瓶 250～300 亿个，为 PET 聚酯瓶提供了广阔的发展空间。近几年来，塑料包装年会多次进行技术交流，引导有关企业进行开发，从技术方面，啤酒不同于一般的碳酸饮料，即使是微量的氧气进入包装容器也会使啤酒的口味发生变化，而啤酒中 CO_2 的流失会影响泡沫特性，因此，如何满足保鲜度和保存期的要求，对阻隔性能要求很高。同时，在我国 95%的啤酒通过巴氏灭菌方式生产，要求包装瓶的使用要能耐 62～67℃。这些要求成为塑料啤酒瓶开发中的关键问题。

（4）上海紫江集团、珠海中富集团积极采用新技术，在研究和开发中投入大量资金，采用共注射技术和吹瓶技术，可使啤酒在 PET 瓶中保鲜期达 100 天，已试验生产了 350 毫升、500 毫升的 PET 瓶，并正在开发 1.5 升和 2 升啤酒瓶。目前正在进行新厂建设，准备大批量生产，作为新的利润增长点，PET 啤酒包装瓶进军的战鼓已敲响，值得同行的高度重视，在新的领域有所作为。

11. 饮水包装瓶（桶）的市场

（1）全国瓶装水产量为 554 万吨，占饮料总量近 1/4，纯净饮用水，已进入千家万户。目前，市场的 5 加仑饮水桶以 PVC、PET 为主，带来不少问题，PVC 饮水桶添加剂的毒性问题一直是有争议的，而 PET 饮水桶是符合卫生要求的，但由于市场秩序的混乱，以次充好，以旧料冒充新料，使桶装细菌含量超标。据抽查，有些地方 1/2 以上的桶装净水不合格，桶料属非食品级是主要原因。因此，发展食品级 PC 原料十分紧迫。上海与拜耳已签约建设 10 万吨级 PC 树脂，2003 年第一期投产，年产 5 万吨，可以缓解 PC 长期靠进口的局面。

（2）近几年，PC 饮水桶发展很快，仅上海、广东两地年产量超过 5 000 万个。因此，随着国内原料投产，发展 PC 饮料瓶，将是一个难得机遇。

（3）经过多年的竞争，目前已形成规模化生产，涌现一批较强的企业，如娃哈哈、乐百氏等十强企业，而包装瓶的品种也由原来的矿泉水瓶发展到蒸馏水、活性水、富氧水、太空水等各种瓶装水，并向品牌化发展，所需的包装瓶的品质的要求也愈高。这将是一个朝阳的市场，有着美好的前景。

12. 热收缩薄膜向多功能发展，市场前景看好

热收缩包装薄膜市场需求增加，使 PVC 热收缩薄膜逐步减少，PE、PP、PET、PVDC 多层共挤热收缩薄膜发展迅速。全行业已近 20 家生产，生产能

力从原有4万吨发展到近8万吨，宝硕集团、天津胜达、福州佳通、江苏南通等企业涌现出了一批新产品，应用市场正在进一步扩大。

(1) 在快餐面食、陶瓷制品、茶具、机械零部件已获得广泛应用；

(2) 在军用机械、五金工具应用热收缩薄膜与气相防锈技术相结合替代防锈油的方法，使枪支、弹药增强了防锈能力，意义重大；

(3) 同时，热收缩薄膜也是建筑和运输材料的保护神，既适用于多件产品的包装和带托盘的包装，方便于运输，又便于销售，易于实现机械化，节省劳力、物力，可部分替代纸箱、木箱包装；此外，据预测，热收缩薄膜的市场需求量将在今后五年内以20%的增长率上升，特别是PET热收缩薄膜在PET啤酒瓶上应用，减少了除掉标签的工序，十分有利于瓶子的回收；

(4) 热收缩薄膜在瓶装啤酒的应用，替代绳索捆扎包装，防止瓶装啤酒爆炸伤人，为啤酒生产企业及消费者带来福音。

13. 药用包装材料成为新的发展热点

(1) 药品固体剂型包装发展前景广阔　据有关资料统计，我国医药包装年产值在150亿元左右。目前，药品包装正在成为我国包装领域的分支。随着我国医疗体制的改革，药品种类增加，药品包装形式也在发生变化。由原来的纸袋包装、塑料袋包装、玻璃瓶到现在的聚乙烯瓶、聚丙烯瓶、聚酯瓶、铝塑包装、条形包装。扭转了药品包装落后的局面。

国外药品包装已大量采用气罩PTP包装及条形SP包装，应用于片剂、胶囊等固体剂型包装。在国内我国药品气罩包装以及条形复合膜包装也将成为主流并有着广阔的发展前景。

(2) 输液塑料包装成为新的发展热点　我国目前大输液90%采用玻璃瓶包装，软塑包装实际生产量不足2亿瓶（袋）。目前国外的输液剂大部分采用优质的塑料瓶或塑料袋包装。随着中国加入WTO组织，外资医院增多，来中国居住的外籍人数也不断增多，需求量增多。发达国家人均使用输液量为3.33瓶，这无疑是一个市场空间，目前全球申请的大输液生产是120亿瓶（袋），中国仅为30亿瓶。因此，自2001年以来，改扩建、新建输液包装生产成为“热点”，塑料包装行业也不例外。

输液包装主要分为塑料瓶和塑料袋。去年以来BOPP瓶异军突起，随着东莞佳鸿机械公司开发出国产BOPP输液瓶制造设备，采用二步法注拉吹PP瓶生产设备，每小时生产2 200～2 500瓶，深受药业用户欢迎。与其他杀菌、灌装设备的配套，BOPP输液瓶呈现增长势头，改变玻璃瓶一统天下的局面。预计到明年已有的和在建的BOPP瓶生产能力（有17家引进20条塑料瓶生产线）将突破10亿瓶，将与玻璃瓶、软塑料袋一起形成药用液体包装的多样化。

软塑料袋方面，据不完全统计，目前，共有21家企业引进或签订软塑包装生产线25条，软塑袋生产能力将达到3亿袋。

综合上述，目前正在上马或准备上项目的塑料包装企业要慎重考虑，药包装实行准入制，对包装材料质量、技术有严格要求。但（药用塑料、输液塑料包材及容器标准）尚未出台，在质量保证上给用户选择包材产生困难。容易产生无序竞争。因此，必须慎重考虑，避免造成经济损失。

【存在的问题】

1. 重复引进、重复建设产品雷同

塑料包装材料当前面临着许多困难和矛盾，最突出的是重复引进、重复建设，产品雷同。

(1) 以双向拉伸薄膜为例，BOPP重复引进最为严重，BOPP从20世纪70年代末到90年代末，全国16省市31个企业共引进BOPP薄膜生产线37条，年生产能力共计为12.7万吨，改变了国内空白的面貌，单线生产能力3 000～6 000吨、线速度150～200米/分、宽4.2米，为塑料包装行业的发展作出了积极贡献，使塑料包装材料的生产从1980年19.1万吨，到1990年增加到107万吨，用10年时间增长了5倍，从1991～1999年底引进BOPP生产线共33条，单线能力6 000～10 000吨、宽幅6米以上、线速度在250米/分以上，这样到1999年底已有生产企业46家，共引进生产线70条，生产能力为40万吨，产量为30万吨。从2000～2002年，3年的时间里这种过热现象没有下降，形成新一轮引进达到新高潮，这3年里共引进生产线20条，已签约的，在2003～2004年到货的有20条，使生产能力猛增至70万吨，2002年实际产量为50万吨，2003年产量约58万吨，这些项目全部投产后预计BOPP能力。将超过100万吨。这一阶段发展的特点是：在“十五”发展的新形势下，结合国际上BOPP薄膜的应用正朝着多元化、高质量和非对称复合的方向发展，在大力发挥新型的包装材料的推动下，引进当代的先进技术水平，在线速度水平达350～400米/分，宽幅8.2米，年生产量在2.5万～3万吨，有的企业双线引进，一次投产生产能力在6万吨左右。由此可见，重复引进的热潮并没有降温，值得引起大家的注意。

当前，BOPP薄膜的市场供大于求，市场饱和，普通的中低档产品相对过剩，造成市场无序竞争，以压低价格来推销产品，2003年上半年更是雪上加霜，销售价格比去年市场平均下降23%，个别降低到成本价以下，仅有8 300元/吨，而原料价格为7 300元/吨，致使企业效益不佳，甚至出现亏损，无法偿还到期贷款，处于非常困难的境地，然而面对如此严峻的局面，某些企业仍然不顾风险在拼命扩大规模，2003年盲目引进势头不减，特别是东南沿海地区又分别与德国布鲁克纳与日本三菱公司签订了10条生产线，年产能力近20多万吨的BOPP设备（个别企业一口气就签了4条生产线）。到2004年，群雄称霸，争抢市场份额，局面火暴。对于如此无序失控的BOPP薄膜竞争必将白热化，受害者肯定是生产厂家，犹如前几年生产冰箱、空调、彩电的家电行业出过的现象一样。这就是重复建设，盲目引进带来的严重后果，值得吸取教训，慎重决策为好。

因此，BOPP行业当务之急是搞好市场开发，研究中国市场BOPP薄膜消费量有多大？根据世界AMI咨询公司发表的研究报告，2002年全世界BOPP薄膜消费量为300万吨，预测到2010年为570万吨，而中国市场用量为100万吨。从现有情况看，我国BOPP的应用市场主要预测下列几个方面的需求量：

产品	2000年/万吨	2005年/万吨
1. 印刷、复合、涂布用光膜	30	41
2. 胶黏带	5	7
3. 珠光膜	5	7.5
4. 烟膜	7	8.5
5. 电容膜	0.8	1.4
6. 金属化膜	1.5	2.2
7. 专用模	1	2.5
合计	50.3	70.1

从上表可以看出，当前企业的出路，除了加强管理，降低成本外，提高质量，还要努力开发新产品，生产多功能特种膜，如：烟膜、消光膜、珠光膜、镀铝膜、抗菌膜等；要努力开拓出口渠道，将薄膜销往国外。

而120多条线全部投产后，设备生产能力将达每年100万吨。因此，在今后几年，引进设备更应慎之又慎，一套装置投资近1.8亿元，若市场需求发生变化，将造成更严重的经济损失。多年来，政府有关部门、行业协会、报刊、杂志上发表文章，引导防止过热，但始终未果，这是为什么？我想一个是市场有需要，一个是效益上吸引力，BOPP属于量大面广，有着广泛的市场，食品包装、烟草包装、胶黏带行业、文具类及电容膜等随着市场经济迅速发展，需求量逐年增加，而生产BOPP的原料属于低价位（与尼龙聚酯比较而言），而薄膜的价格是原料的1～2倍，效益颇丰，刺激了BOPP的快速发展。因此尽管行政政策限制进口，仍然不断地引进，变着花样千方百计地进口，打着新型包装材料、新型透明包装、新型同步拉伸、新型药材包装等五花八门，大摇大摆地进来了。同时，加入WTO后，许多外商、台商看中中国市场，外资独资的建设BOPP厂有十几条线，使国内市场竞争更加激烈，优胜劣汰的市场原则将是对BOPP老企业的新考验。谁也不能搞独此一家别无分店。只能大浪里淘沙，勇于博流才能站稳。走规模化、专业化、系列化的发展方向，才能使企业与国际竞争，立于不败之地。

然而求生之道人皆知之，无奈违背了市场经济价值规律，无形之手还是会扼杀部分企业，或者停顿部分生产线，那时几亿乃至十几亿的财富损失将不可避免，热在必然迟早而已！

为此，我们不得不大声呼吁：BOPP生产线重复引进之风应该停止！建议国家有关部门，海关、银行等应采取强有力的措施，防止盲目重复引进。

（2）BOPET生产线引进情况　我国聚酯薄膜20世纪70年代开始少量生产，80年代引进设备，从生产感光材料、绝缘材料、音像带逐步向包装基材发展，到1995年引进14条生产线，产量为4万吨，1997年、1998年受金融危机影响及走私进口冲击，国内市场受到影响，1999年至2000年BET市场形势很好，2000年比1995年增长1倍，达到8.5万吨，食品包装、烫金膜、护卡膜、电绝缘膜、电容膜的需求量也随之增加，到2001年底生产能力达到16万吨，产量为10万吨，2002年达到18万吨，产量为12万吨。经预测BOPET还有一定的市场空间，但从2002年以来，发展势头过猛，2003年生产能力达到25万吨，产量为14万吨。预计2003年到2005年投产的将有16条线，增加生产能力19万～20万吨。而预测2005年总消耗量为25万吨，这样BOPET的生产能力将从2002年的18万吨，增加到38万吨，届时市场将发生变化，与BOPP一样将出现饱和，供过于求，经济效益大滑坡的局面值得引起大家关注。

为此，引进建设中的项目，要求搞好市场地位，集中力量开发应用市场，以占60%的包装薄膜为主，努力开发盐业包装、粮食包装、感光材料、护卡及建筑装饰、药片包装。依靠高科技，通过技术创新，开发特种聚酯薄膜新产品是增加企业后劲，创造高效益的重要途径，全透明薄膜、热封膜、热收缩膜，不仅提高BOPET的附加值，由此将给食品、医药保健品等包装材料带来新的技术革命，开拓有利于BOPET

在农业、建筑、汽车等产业的新应用领域。

(3) BOPA薄膜生产线引进值得引起关注 BOPA薄膜的优越性能是高阻透、耐穿刺、耐低温、耐油性好，主要用于蒸煮袋、冷冻真空包装、鲜肉、奶酪、香味食品及盖材，近几年来市场用量逐步扩大，用于食品复合包装是一种发展趋势，BOPA薄膜在国际上发展较快，日本每年以15%～20%速度增长，欧美国家以8%～10%速度递增，世界总量为11万～13万吨。而我国仅有佛山东方包装材料公司两条线生产，能力为6 000吨，据预测国内市场到2005年需求量为2万吨，市场发展还有一定空间，2003年已签约的有山西制辊公司、河北沧州东塑集团。但目前准备上马的项目有黑龙江大庆、浙江大东南、江阴申达、上海紫东等。值得引起重视的是，由于BOPA薄膜热合性差，易吸湿，因此，只能作为复合薄膜的中间层。随着多层共挤技术的进步，当前，国内外共挤薄膜发展很快，减少了复合过程的贴合工序，不需要胶黏剂溶剂，无二次加工后处理问题。因此，是国内外市场鲜肉、熟火腿、奶酪的理想包装材料，在发展BOPA薄膜时，应考虑到生活习惯的差异，如阿根廷等国家每年每人要吃掉80公斤肉，而牛肉占72%，在中国每人每年吃掉50公斤，而65%为猪肉，大部分不采用包装，因此，包装材料的要求有所不同，使用BOPA包装鲜肉保存温度为0～3℃，保鲜期为3～21天，由此可见，BOPA的使用还要与超级市场发展相适应，与生产水平的提高相适应，才能得到合理化发展。

引进技术设备是需要的，但消化吸收，走自己的创新之路更加重要。我们必须有自己的知识产权。针对双向拉伸设备的大量引进，不少企业已认识到，必须开发国产技术设备，如西安航空发动机公司、桂林电器研究所、汕头远东设备公司、济南机械装备公司、北京光电研究所很早就与南京兰埔公司配合，制造了第一条年产3 000吨BOPET薄膜生产线，试车运转后，去年又新上马一条线，通过调整参数，逐步改进，提高技术水平，取得了较好的效果。2002年汕头远东公司与桂林电器研究所合作，进行技术开发，于2002年12月制造出整套与国际同类产品较接近的BOPP生产设备，并试车成功。该生产线采用一套串联主机和二台辅机，可生产三层共挤拉伸膜，包括普通平膜、消光膜、珠光膜、单面热封膜、双面热封膜，厚度范围为15～50微米，宽度为4.2米，线速度为180/分，产量为5 000吨。适用于中小企业生产，与世界先进水平相比还有一定差距，但已是一个大进步，这是可喜可贺之事。

2. 塑料包装废弃物的回收利用管理和再生技术与社会环境保护的矛盾突出

(1) 废弃物的回收利用已成为塑料包装企业生产和发展的重要课题，当务之急是呼唤废旧物回收管理条例尽快出台，关键是要解决废旧塑料的循环利用，谁生产、包装，谁负责回收。随着塑料包装废弃物的增加，特别是一次性包装材料和泡沫餐盒用量的增加，成为城乡环境治理的大难题。对废弃物的回收利用管理还缺乏完善的办法，再利用技术正处于发展阶段，尚未完全成熟，因此，科学地对待这一问题，已成为塑料包装企业生产和发展的重要课题。以上海为例，发泡饭盒能够在短短几年内，远离上海市民的视线，关键在于发挥了经济杠杆的作用。按规定，每只发泡饭盒由生产厂家缴纳3分钱环保排放（回收）费，每只付给回收者1分钱，这样一来，发泡饭盒的回收率大大上升，上海2002年共回收发泡饭盒2.2亿只，约1 400万吨，2003年1～6月，回收发泡饭盒9 800万只，平均每天回收54万只。

(2) 发展塑木复合材料是塑料废弃物回收利用的主要方法。据2003年第七届国际塑木复合材料（WPC）年会的信息，利用废旧塑料和木材废料制造塑木复合材料（WPC）的销售额以年均25%的速率增长。废旧塑料的回收利用已经成为世界各国研究重点，在技术上采用接枝共聚物，将塑料和木材废料有效地黏合，使废塑、废木材料（WPC）实现工业化生产成为可能。

(3) 塑料的卫生安全问题需要监督和管理。塑料包装材料大部分用于食品和饮料包装，因此塑料的卫生安全问题与广大消费者的健康息息相关。近年来卫生部，国家标准局和有关部门制订颁发了一些塑料材料的卫生安全标准：如食品包装材料PP树脂卫生检验方法，PE、PP、PS成型品卫生标准，食品用压延PVC硬片专业标准，PVC暂行卫生标准和检验方法等，但这方面的工作还有待加强和完善，而且必须有一些实施标准的具体措施和有一个强化执行的管理机构，监督实施，确保消费者的利益。

(4) 为减轻污染，需要发展可降解塑料。随着我国食品结构和商品流通的变化，塑料包装材料，特别是一次性消费包装材料将会更迅速进入市场，随之而来的问题将是废弃的包装材料的处理问题。否则，废弃的塑料包装容器，瓶子、废膜、袋等到处乱丢和堆积，势必造成社会公害，污染环境。尽快制订废弃塑料的回收和处理办法及大力研究高效的、适合国情的回收利用技术及设备。另外，在现在生活中，一些一次性包装材料脏乱很难收集，为减轻污染，对这些产品推荐采用降解塑料较为合适。

(5) 在推广方法上，深圳市包装协会的经验值得借鉴。他们建立和组织了深圳市推广使用可降解塑料联合小组，制定了小组章程和行动准则，按照成熟一家公布一家，成熟一个产品，鉴定一个产品，推广一个产品的原则，首批推广了深圳中包茂达环境生化有限公司和天津丹海公司深圳分公司的产品，收到很好的效果。

（中国包协塑料包装委员会副主任兼秘书长 蔡明池）

复合软包装

【行业现状】

塑料软包装行业作为中国的快速发展产业，致力于提高物流包装、解决环境污染问题，是经济发展中必不可少的一部分，在国民经济发展中具有重要的作用。我国复合软包装材料的发展只是近 25 年的时间，尤其近 10 年里，通过大规模的引进薄膜的生产、印刷、复合、分切制袋、相配套的检测、制版设备和各后加工设备以及经营销售理念、生产管理水平的提高，使中国的软包装产品的质量与生产技术有了飞跃式的发展。中国软包装行业用十余年时间走完了西方发达国家五十年走过的道路。到 2003 年底，中国的软包装企业约达 4 000 多家，复合软包装产品约 180 万吨，涌现出一批年销售额超亿元的现代化大型软包装企业。

20 世纪 70 年代中后期，一般的包装以吹塑聚乙烯薄膜加上表印。80 年代初，国内开始从日本和欧洲引进先进的软包装加工设备，生产简单的 BOPP/LDPE 产品。1985 年初，国内引进软包装生产线近 20 条，这是中国软塑复合包装行业发展的初级阶段。

80 年代末 90 年代初，中国国内已有引进软包装生产线近 200 条，基本满足了国内企业和物品对包装的需求，尤其是外贸出口部门，呈现一派欣欣向荣之势。并在物品外包装效果和功能上有了较大的改观，并根据各自的市场定位，进行了第一轮的调整重排。这是中国国内软塑包装行业发展的成长期。

90 年代后期至 21 世纪初，随着中国国内独资、合资企业日益增多，特别是国外著名跨国集团如宝洁、联合利华、庄臣、达能、雀巢、巴斯夫等进入中国各个行业，促使国内基础材料的生产和质量有了很大的提高，极大地推动了国内软塑包装行业的发展，使其与国际水平接轨，这是中国软塑复合包装行业步入成熟发展期，行业与国际先进水平的差距缩小，共引进软包装生产线约 390 条。

进入 2003 年，中国软塑复合包装行业已十分强大，有很多生产设备的先进性并不亚于发达国家，也能制造很多国际上已有的软塑复合包装材料，有些产品具有独创性。基础材料的质量和生产供应已与国际接轨，很多企业已开始向规模化、专业化、品牌化经营发展。同时，国产的软塑复合包装材料生产设备也有了质的飞跃，已基本达到国外 20 世纪 90 年代初、中期水平。中国软塑复合包装行业进入成熟发展期，并促使整个行业进入新一轮重新整合。目前，中国国内共有软塑复合包装生产企业约 4 000 家，引进软塑复合生产线约 400 条，国产大型生产线约 130 条。在引进这些设备中，70％为日本设备，15％为中国台湾、韩国设备；15％为意大利、德国等设备，其中约有 10％属世界最先进技术水平设备。进口生产线分布如表 1。

表 1 进口生产线地区分布

地区	广东	上海	江苏	浙江	天津	福建	山东	四川	安徽	其他	合计
生产线/条	64	53	49	48	39	37	36	21	12	51	410

（1）复合基材、外层——双向拉伸薄膜

目前，中国国内复合软包装材料所使用外层基膜主要是：BOPP、PL、MT、BOPET、BOPA、PT 等，基本满足国内需求，部分形成出口。全行业引进 BOPP 生产线已达 116 条，生产能力达 120 万吨，年产量达 65 万吨，设备主要采用德国布鲁克纳、日本的三菱重工、美国 Marshall & Williams、法国 DMT 等设备。呈规模的企业有佛山东方、中山永宁、浙江大东南、南亚塑胶、顺德德冠、江阴申达、广州南亚、无锡环宇等。

BOPET 膜比 BOPP 膜发展起步晚、规模高、投资大，但其在中国国内的发展迅速，目前已引进投产约 30 条，生产能力达 22 万吨，产量已达 14 万吨，主要生产企业有佛山杜邦鸿基、山东新立克、上海紫东、仪征化纤等。

高阻隔、耐穿刺、耐油性好的 BOPA 膜，在中国国内，只有佛山东方两条引进线，生产量为 6 000 吨，但有 4～7 家企业已签约或准备上马。预计 2004 年投产后，新增能力为 8 000 吨，使总生产能力为 1.4 万吨。

（2）复合基材

复合软包装内层材料与包装物品直接接触，应考虑适应性、耐渗透性、低温热封性、透明性、开口性、抗污染性等功能。在中国，复合内层材料的发展从普通 LDPE 膜到 CPP 膜，发展到现在共挤膜三个阶段。目前引进 CPP 生产线 65 条，生产能力达 20 万吨，产量已达 15 万吨。上规模企业有佛山东方、上海紫藤、无锡环亚等，LDPE、LLDPE、MLLDPE

共混或共挤 EVOH 膜已广泛使用，而且国产设备和进口设备各占一半。

(3) 热收缩膜、标贴膜

随着饮料、矿泉水、果汁等在中国国内市场发展，热收缩膜、标贴膜也得以发展。从单一的 PVC 收缩膜发展到 PE、PP、PS、PET、多层共挤膜，并正向多层次、多功能、环保型方向发展。以良好的平整度、精确的套印、良好的抗拉伸能力，使标贴膜迅速占领饮料瓶的外包装，其材料以 BOPP、珠光膜、BOPP 白膜以及高光复合材料。

(4) 软包装用油墨

目前，中国软包装所用油墨以凹印油墨为主，其次为柔印油墨，油墨总量约为 5.5 万吨，其中氯化聚丙烯里印油墨约占 40%，聚酰胺表印油墨约占 25%，聚酯、聚氨酯里印油墨约占 20%，醇溶性油墨、水性油墨约占 10%。生产企业以大型、合资、独资企业为主，如上海 DIC、天津东洋、江门东洋、上海锡克拜、浙江杭华、广东叶氏等。虽然醇溶性、水性油墨用量少，随中国国内环保意识加强，减少甲苯溶剂使用和排放，必将会提高醇溶性、水性油墨的用量。

(5) 胶黏剂

软包装行业所用的胶黏剂有单组分聚氨酯胶黏剂、双组分聚氨酯胶黏剂、丙烯酸胶黏剂、无溶剂胶黏剂、醇溶性、水溶性聚氨酯胶黏剂等。中国国内双组分聚氨酯胶黏剂生产能力约为 5 万吨，产量约为 3.5 万吨。普通双组分和一些功能性双组分聚氨酯胶黏剂、醇溶性聚氨酯胶黏剂已国产化，高蒸煮聚氨酯胶黏剂国产、进口各占一半，无溶剂胶黏剂以进口为主，如德国汉高、诺威克、汉弛、美国的罗门哈斯等，国内的北化院、上海烈银等已相继开发出，正推广市场。固体含量为 75% 的双组分聚氨酯胶黏剂占市场的 60%，固体含量为 50% 的双组分聚氨酯胶黏剂占市场 30%，各特种胶黏剂占市场的 10%。国内胶黏剂生产企业已在市场、技术上走向成熟，向规模化、功能化发展。出现了像北京高温、北京北化院、昆山张浦、黄岩新东方、上海烈银、中山康和等产量上千吨的规模企业。

(6) 复合软包装设备

中国国内复合软包装设备制造业起步较晚，只有 20 余年历史，初期只能生产 420mm 宽，速度为 50m/min 以下卫星式凹印机、600mm 宽以下组式凹印机、干式复合机、挤出机、分切机以及宽度 250mm 以下中封机、边封机。通过引进设备、消化吸收，边仿制、边自行开发。到目前为止，已能生产速度为 200m/min、宽度为 1 300mm 以下的凹印机(十色)、干式复合机、挤出复膜机、分切机以及各种袋形、宽度的制袋机，其技术水平已达到国外发达国家 20 世纪 90 年代初期甚至中期水平。为国内复合软包装业的发展提供了大量的设备。形成了陕西西安、广东中山、汕头，江苏无锡、浙江温州、海宁、上海等几个较大规模的复合软包装设备生产基地。基本具备了逐步替代进口设备的能力。但引进的软包装复合设备仍占多数，其中干式复合机 265 台、挤出复合机 240 台、无溶剂复合机 30 台，无溶剂技术已渐进入消化增长期。

(7) 软包装整合后发展趋势

① 提高环保意识，大力开发环保型产品；

② 提高共挤膜份额，研发与推广高阻隔性包装材料；

③ 防异味、抗菌、防静电等包装材料的研发；

④ 发展低温热封快速封口包装材料提高生产效率，以满足快速增长的包装需求；

⑤ 包装设计符合国际标准，用包装来强化促进销售；

⑥ 软包装复合设备开发向多用途高效率方向发展；

⑦ 加强科学管理，降低软包装材料辅助配料和软包装系统总成本，提高竞争力。

【专委会活动】

1. 组织完成“包装用复合膜、袋通则‘国家标准’报批稿”。2002 年 12 月底全国塑料标准化委员会对上述标准进行了审定，并对标准文本提出了在文字上做适当修改的意见。2003 年起草小组部分同志做了调研和进一步查阅资料的工作，在 SC_1 分会的帮助下对标准进行了认真审核，按照审定会上的要求进行了修改。

2. 筹备召开四届一次理事会会议和 2004 年全国软包装加工行业技术交流大会。

【存在的问题】

1. 高附加值产品比例较低，日用产品在市场上竞争激烈，有很多企业仍靠压低价格来抢占市场，这造成价格大战，使国内市场出现无序竞争，企业经济效益大幅度滑坡。

2. 行业内规模小的企业为多数，甚至还有很多作坊式的企业。这些企业技术和管理人才缺乏，工艺管理和原辅材料选用不规范，又无检测设备，产品质量问题多，特别是制品的卫生性能无保证。然而我国复合软包装制品有大量用于食品包装，这给食品卫生和消费者的身体健康带来了不安全隐患。

(中国塑协复合膜制品委员会　包燕敏
文秀松)

可发性聚苯乙烯

【行业现状】

2003年是中国可发性聚苯乙烯（EPS）行业欣欣向荣发展的一年，也是EPS工业面临巨大挑战的一年。自20世纪90年代中国经济进入高速发展期以来，中国的EPS工业随着中国外向型经济的发展与建筑行业的日渐兴旺，经过十多年来以几何级数的速度的增长，中国EPS行业成为国际同仁们所公认的“当今世界上EPS行业中最有希望的土地”。与取得众多成绩的同时，中国EPS行业也面临着众多困难，如行业竞争混乱，企业平均利润率下降等，这些困难在2003年变得尤其突出，成为影响行业整体深入发展，亟待解决的难题。

与2002年相比，2003年的EPS行业的发展又上了一个新的台阶，全行业生产企业（包括EPS原料、制品、装备、及其他相关企业）达到4 700多家。

一、EPS原料产能继续扩大

由于市场需求不断增长，市场竞争日益激烈，为了进一步扩大市场占有率，许多大型EPS原料企业开始调整生产布局。见龙机构于2003年在东莞市设立新长桥塑料有限公司，产能为12万吨；江阴润华化工制品有限公司于2003年9月1日通过了江苏省环境咨询中心组织的《江阴润华化工制品有限公司扩建年产22万吨EPS环境影响评价大纲》。由江苏无锡兴达集团投资兴建的江苏诚达石化工业有限公司，投资总额达1.2亿元，于2003年9月1日正式投产，一期装置生产规模为年产EPS12万吨，计划建设规模为年产EPS30万吨；江苏嘉盛化学工业有限公司于2002年9月18日成立，总投资3.5亿元人民币，总体规划为30万吨，前期规模为年产12万吨，并于2003年10月份试生产成功；苏州常乐泡塑新材料有限公司，成立于2003年，年产量达6万多吨。

二、全年EPS制品产量突破百万大关

根据不完全统计，2003年中国EPS制品年产量已达到105万吨，比2002年增长了37.98%，中国已仅次于欧盟、美国，成为世界三大EPS制品消费市场之一。EPS产品的日益广泛应用，其消费结构中，包装材料为主占39%，建筑保温材料占51%，其他占10%，原因有以下三点。

第一，中国已经成为举世公认的“世界工厂”，沿海沿边地区外向型经济的迅猛发展，以家用电器、各种电子产品为代表的“Made in China”中国货，以其优良的质量、低廉的价格行销全球。大量产品的出口为EPS包装行业的发展创造了广阔的市场。

第二，近年来国内电子产品消费市场的不断增长也同样为EPS包装行业的发展提供了源源不断的发展动力。

第三，中国北方地区冬季寒冷漫长，取暖期较长，南方地区夏季酷暑期长，因此对住宅修建保温隔热性能提出了严格的要求。随着国家各项建设节能标准如《民用建筑节能管理规定》、《民用建筑节能设计标准》（采暖居住建筑部分）、《夏热冬冷地区居住建筑节能设计标准》的出台，再者从20世纪90年代末开始，各地开始大力推广建筑用节能强制标准，这又为EPS材料的应用拓展了良好的新天地。

2003年受国际市场SM价格的影响，国内EPS的价格出现了大起大落。同时由于中国加入WTO，使得国内电视机等家电产品的产量和出口量大幅增加，使得国内对EPS的需求大幅增加，未来几年随着外资家电企业逐步向中国转移，国内对EPS的需求仍将保持稳定增加。

三、EPS装备企业在科研技术实力不断提高

尽管中国的EPS装备企业在产品开发上与国外先进企业有着很大的差距，但是中国EPS装备企业走了一条“有中国特色的科研生产之路”。目前，从事EPS装备机械及配套制造的企业单位约40多个，其中可提供成套型设备生产制造企业有10家左右。

【专委会活动】

中国塑协泡沫塑料EPS专业委员会是中国塑料加工工业协会下属的专委会之一，是从事泡沫塑料EPS生产和与其相关的企事业单位按自愿原则组成的社会团体。它当前的工作是“在中国加入WTO的新形势下，提高产品质量，推广EPS环保技术，推进EPS发展与国际接轨，在我国建立市场信誉，并促进我国EPS产业走向世界”。2003年，中国塑协泡沫塑料EPS专业委员会的基本工作如下。

召开全体会员代表大会，对常委会进行了换届改选。

2003年11月19日至20日，EPS专委会2003年代表大会暨换届改选大会在上海召开。中国塑协领导李国俊常务副理事长、丁言行副秘书长出席了此次会议。出席此次大会的代表不仅在人数上创历史新高，而且生产厂家多，行业代表性强，国内知名的原料生产商、设备制造商、制品生产商的董事长、CEO及业务骨干和生产技术人员等出席了盛会，各位企业界的名流和精英的加入，使得此次会议更具吸引力、更具感召力、更具代表性。会议的主要结果有以下几方面。

（1）选举产生了新一届EPS专委会常委以及会

长、副会长。

会　长：侯树亭

副会长：陈浩清、傅选泽、胡振庭、王学旺、庄文州、胡建斌

常　委：孙济生、孙彦春、乐海康、刘文志、刘新朗、张夺、张玉和、吴涛、吴忠玉、陆其焕、连家学、李康琪、宋豪杰、金洪水、林铜开、袁国清、梁会华、曹福兴、韩玉江、程春根

此次专委会领导机构的改选是落实中央提出的“领导干部年轻化、专业化、正规化”之号召，为下一步专委会的发展选送一批工作能力强、业务素质高的年轻干部，走一条以老带新、新老结合、共建全新EPS专委会之路的伟大尝试。

(2) 修改并通过了全新的《中国塑料加工工业协会泡沫塑料EPS专业委员会章程》

此次章程的修订对于专委会在中国加入WTO后，中国EPS行业日益国际化的新形式下的工作任务进行了全新界定，强调了专委会在市场经济条件下所应有的行业管理、监督、服务功能。作为EPS行业的代表，EPS专委会“遵守国家法律，贯彻和执行国家法律，国家方针、政策、法令、法规……向政府报告行业状况，组织本行业和相关行业的技术交流、技术培训和技术协作，促进技术进步和行业健康发展”。章程的重点内容之一是建立了健全的专委会常务委员会财务管理及监督管理体制，为日后专委会各项收入与支出的透明化、正规化打下了坚实的法律基础。章程还对专委会任务、会员入会、会员权益与义务、专委会组织机构及职能进行了详细规定。

(3) 侯树亭会长代表新一届EPS专委会做了2004年工作总体安排的报告

在报告中，侯树亭会长明确指出了要把专委会建成一个“维护EPS行业根本利益的忠实代表”。在2004年，专委会的主要工作内容有：①广泛吸收会员单位，扩大EPS专委会的行业影响力；②加大EPS产品及其应用的宣传；③建立健全专委会管理机构，加强日常工作管理；④创办行业杂志，搭建行业内部信息交流的平台；⑤组织制定EPS行业相关标准；⑥组织参与国内外会展工作，扩大中国EPS企业的知名度等若干内容。

(4) 大会期间若干行业技术交流活动

此次大会的另一个重要任务是邀请多名行业内部的专家学者利用会议间隔期组织关于EPS行业科研、市场、产品应用等多个专场报告，代表性的有廖振铎先生的《共同为EPS产业来打拼》、傅选泽先生的《EPS待业的危机》、胡振庭先生的《EPS在上海F1国际赛车场建设中的应用》等等。这些报告从各个不同的角度对2003年EPS行业的发展进行了详细的分析，还为今后的行业走向提出了科学的预期。

此次盛会虽然只有短短的两天，但是对于中国EPS行业今后的发展的影响还是深远的。

【重点企业】

截止2003年末，中国的EPS行业共有相关企业多达4 700多家，从企业经营的项目与企业规模来看，大部分为EPS应用企业，以中小企业为主；EPS原料生产企业数量较少，以大型企业为主；EPS装备企业相对较少，以中型企业为主。从行业分布地区来看，东部地区EPS行业较为发达，中西部EPS行业较落后；北方地区EPS板材生产企业较多，南方地区EPS包装生产企业较多；南方EPS包装企业主要集中于江苏、浙江、上海、广东等省市（即以长江三角洲和珠江三角洲地区为主）、位于“黄金水道”长江之畔的江阴市以其优良的水陆交通环境、良好的化学工业基础业已发展成为中国的“EPS行业之都”——在一个方圆不足50公里的范围内集中了江阴新和桥、无锡兴达泡塑新材料有限公司、江阴润华化工制品有限公司等众多重量级的EPS原料生产企业，EPS原料生产能力高达百万吨；诸多相关包装、辅助性原料生产企业也都云集江阴，使得江阴在EPS产业中占有举足轻重的地位。2003年EPS行业的重点企业有：见龙机构、无锡兴达泡塑新材料有限公司、清华EPS产业、江阴润华化工制品有限公司、中国胜柏包装工业集团。

(1) 见龙机构

见龙机构是亚洲最大的EPS产业集团，现拥有：①EPS原料生产工厂——高雄厂：1978年建成投产，现产能5万吨/年；宁波厂：1993年投产，经多次扩建、新建，现产能达18万吨/年；江阴厂：1997年建成投产，经扩建、新建后，现产能达25万吨/年；东莞厂：2003年建成投产，现产能10万吨/年；合计产能达58万吨。视需要可扩建为68万吨/年。②EPS用发泡剂工厂——江阴厂：8 000吨/年；宁波厂：20 000吨/年；可用于配套生产350 000吨EPS（故发泡剂尚需外购50%）。③EPS用包装工厂——江阴龙奇包装材料有限公司，可生产七层共挤薄膜、PP中空瓦楞板、缠绕膜、三合一纸塑复合袋、HDPE/LDPE薄膜等一系列包装产品，发展包装技术及包装应用。④EPS加工厂——青岛新龙王包装有限公司，主要为海尔配套提供各种包装，培训加工人员，提供EPS加工技术服务。⑤见龙机构除以EPS生产为主轴，发泡剂、包装材料及加工成型为辅外，尚有化学品进出口贸易，在台北、高雄、上海、广州均设有供销点，为树脂涂料工业、印染工

业、医药行业等提供服务。

（2）无锡兴达泡塑新材料有限公司

无锡兴达泡塑新材料有限公司（原锡山市兴达泡塑材料厂）位于风光旖旎的太湖之滨，沪宁高速、京沪铁路、京杭大运河与无锡机场构筑起一个立体交通网络，方便快捷的交通联结了全国数千家客户。

无锡兴达泡塑新材料有限公司是一个年产 38 万吨 EPS、拥有自营进出口权的现代大型化工企业集团。注册商标是无锡市知名商标，锡发牌 EPS 年产量在国内同行中名列前茅，质量享誉海内外，并率先通过 ISO 9001 质量体系认证和美国 UL 产品认证。又一条高科技、现代化的年产 12 万吨的 EPS 生产线现已投产。

（3）清华 EPS 产业

清华 EPS 产业主要从事 EPS 科学研究、技术开发、EPS 泡塑机械制造、EPS 制品车间设计建设、EPS 专业人才培养、信息服务等，是集科、工、贸、产、学、研为一体的民营高科技集团型企业。

公司经过十几年的发展，分别在吉林、上海、西安、北京、山东、辽宁、黑龙江、四川、新疆等地创建了泡塑机械制造公司、EPS 研究设计院、EPS 泡塑机械出口加工基地、EPS 制品公司、世界 EPS 网络管理中心、EPS 工厂建设安装承包公司等十几家企业。作为清华 EPS 教育基金发起人，投资创办了长春大学 EPS 泡塑机械与自动化专业。

公司多年来秉承“自强不息，厚德载物，坚忍图成，追求卓越”的经营理念，志以科技兴邦，产业报国。

（4）江阴润华化工制品有限公司

江阴润华化工制品有限公司是中港合资企业，地处经济发达的江苏省江阴市，专业生产可发性聚苯乙烯 EPS。公司注册资金 1 080 万美元，总投资 1.2 亿美元。公司具有与国际先进水平相当的生产设备和一流的生产工艺技术，并配之以科学的管理，为降低生产成本，提高生产效率，增加利润提供了必要的条件。

江阴润华化工制品有限公司的第一期生产装置设计年生产能力为 10 万吨 EPS，年生产量达到 16.5 万吨 EPS。可实现销售额 13 亿～14 亿元人民币。公司的产品包括普通塑料、快速塑料、阻燃塑料、高倍塑料、抗静电塑料等五大系列，几十种品种和规格。

（5）中国胜柏包装工业集团

中国胜柏包装工业集团由新加坡中央包装集团、欧洲 SCA 包装集团、日本积水化成品工业株式会社等投资组成，董事会主席是陈德薰先生。在北京、广州、上海、苏州、南京、武汉、保定、烟台、青岛、香河等地设有 18 家公司，专业生产 EPS 制品、瓦楞纸箱、彩印纸箱、纸浆模塑制品、EPS 成型机等产品。其中 EPS 制品厂有 7 家，分布在广州、上海、苏州、南京、青岛、烟台、香河等地，共有 EPS 预发泡机 14 台，成型机 85 台，年产 EPS 包装制品约 8 000吨，各公司均取得 ISO 9001：2000 质量管理体系认证证书。集团公司注重高新技术的开发，在生产 EPS 包装制品同时，开发生产高密度、阻燃型 EPS 结构件，应用于空调、电冰箱等家电和汽车工业。胜柏公司作为中国 EPS 包装制品公司的一员，将与全国各 EPS 兄弟公司一起努力，共同为繁荣发展 EPS 行业做出贡献，并着重在 EPS 回收上下功夫。

【新产品开发】

EPS 行业的科研主要集中在 EPS 应用领域的研究、现有生产技术的改进等领域。2003 年 EPS 行业的发展主要集中以下几点。

（1）DIW 墙双夹芯保温轻体结能墙

由沈阳市聚氨酯科工贸公司发明并获得国家专利的 DIW 墙是一种国内首创的新型节能墙体，它是由 EPS 预制成的中空模在现场按需排放，中间加钢筋混凝土，两侧再挂网抹水砂浆保护层，最后表面装饰而成。利用它修建的建筑不需用砖，具有①优良保温性（相当于 1 600mm 砖墙）。冬季室温比砖墙温室高 3～5℃，基本不用外加热。②每栋标准温室比砖墙温室增加 20 多平方米使用面积。③钢筋水泥混凝土灌注一体，抗风雪、地震、坚固耐用。④总体价格与砖墙温室相当。

（2）NICE 排管苯板

NICE 排管苯板是韩国 NICE 产业株式会社潜心研制并已经营的拳头产品，现已荣获中国专利。其产品设有直接固定架，榫接口，因此无需辅材料，施工简便，可缩短工期 50%～70%，费用减少 50%，无工程质量隐患，能源节约显著，是更先进、更完善、更环保的消音排管苯板，是当前新型的优秀的阻燃型隔热材料。

（3）EPS 聚苯板材

一种广泛使用于建筑、地下储藏室等行业的高性能阻燃 EPS 聚苯板材，由河北衡水银星新型建材有限公司开发成功，并投放市场。

该产品具有保温、阻燃性能好、自重轻、强度高、隔音、抗震等特性。特别是通过自主研制开发的先进工艺配方和生产技术，结合采用目前国内先进的全自动发泡机组，大大提高了产品的内在质量，各项技术指标均优于同类产品标准。同时，通过对生产设备的技术改造，不仅能生产 10mm～630mm 不同厚度的产品，而且开发出了国内目前单张面积最大达

1 250mm×8 000mm板材产品。产品先后被河北、山东等多家建筑厂家采用，均收到良好效果。

（4）白色泡沫板材作为沪宁高速公路的路基材料、上海F1赛车场建设EPS板材能用100年不烂，具有较强的吸收强冲击力，又有一定的硬度，承载力很突出，十分适合用作路基填料，具有节省成本、节省土地资源、加快工程建设进度优点。正是基于这些优点，EPS板材被广泛地应用于沪宁高速公路的修建与上海F1赛车场建设。

【存在的问题】

EPS产品以其优异的保温隔热性能、独特的缓冲抗震性、抗老化性、防水性等特点被广泛地应用于包装、建筑、电子电器、船舶、车辆和航空航天等领域。近年来中国建筑行业、公路建设中大量地采用EPS制品从而成为带动EPS产业发展的强心剂。EPS产品是好产品，它在国民经济的飞速发展中起到越来越不可替代的作用。EPS行业的生产企业数量与市场的容量在近十年内呈几何级数上涨态势，这与我国经济蓬勃发展之势相适应的。但从企业规模等其他方面进行分析，不难发现，绝大多数企业都存在着资本少、企业规模小，技术设备落后，产品质量差，严重缺乏专业人才等共同弊病，这些弊病严重地制约了企业的进一步发展，也成为制约中国EPS行业国际化进程的绊脚石。

1. 缺乏系统化的行业标准，EPS市场十分混乱

由于各种历史因素的限制，EPS工业的发展在多年的行业现代化历程中吃尽了苦头，尤其是中国加入WTO后显得更为重要，EPS包装产品出口，SM原料进口，特别是EPS运输过程中，由于没有系统化的标准作为企业的保障，在产生法律争议时处于“无法可依”的尴尬地位。作为中国众多EPS企业根本利益的代表，EPS专委会在维护EPS企业的切身利益面前有着不可推卸的责任。今后，专委会将更加重视标准制订工作，并将加大检查企业执行标准的力度。由于长期缺乏健全的行业原料标准，原料生产企业只能凭借多年的市场经验来制定自己的生产及销售标准，这为企业在生产、销售、运输、后继产品开发等带来了诸多不便。

2. EPS高发泡产品充斥市场，造成全行业受到冲击

当前的EPS市场的竞争格局处于极端无序状态，可以用“天下大乱，诸侯林立，狼烟四起，纷争不断”来形容，由于EPS市场缺乏有效的监督管理，一些企业靠生产劣质产品发家，在市场上以次充好，以极低的价格进行大肆倾销伪劣产品，北方一些省市的建材市场上销售的EPS板材普遍存在着例如高发泡等严重的质量问题，板材密度最低达到了5kg/m³，这样的板材用于建筑施工中，严重地败坏了EPS的名声，人们已经开始对EPS的性能产生了怀疑，这也是XPS为什么在市场上被人们逐渐认可的重要原因。最为严重的是由于劣质产品的应用而导致了很多不该发生的质量事故，甚至威胁到人民的生命安全，严重地损害了EPS行业的整体形象。

3. 原料价格变化无常，EPS制品企业大多亏损

由于缺乏必要的行业自律、行业规范和法律监管，2003年EPS原料价格时高时低，而EPS制品价格却由于市场恶性竞争、劣质产品的冲击保持低价，无法随着原料变动，致使绝大多数制品企业进入长期亏损状况。这样的情况再延续下去，EPS行业将面临着全局崩盘的局面。

4. EPS装备企业技术与国外相比还处于落后状态

EPS装备制造业从整体上开发能力不强，开发单位提供的新技术知识产权难以保障，造成整机性能雷同。提高技术开发能力和装备水平，为主机厂提供个性化的服务，是专业生产企业必须解决的问题。同发达国家相比，国产装备制造技术存在着较大差距，产品附加值偏低。

【发展趋势】

与发达国家的EPS行业相比，中国EPS行业还显得“年轻”，还有很多崭新的领域还有待开发，其中最有希望的是EPS回收与再利用。

我国在EPS回收利用方面已取得一些成就，许多研究单位、高等院校及民间团体、个体从基本原理到生产技术都做了不少工作，并取得了一批成果。

（1）利用废泡沫塑料作隔热保温材料

随着化学工业的发展，聚苯乙烯泡沫塑料由用作包装材料等转向了更具市场前景的建筑保温材料领域。将消泡后的废聚苯乙烯泡沫塑料加入一定剂量的低沸点液体改性剂、发泡剂、催化剂、稳定剂等，经加热可使聚苯乙烯珠粒预发泡，然后在模具中加热制得具有微细密闭气孔的硬质聚苯乙烯泡沫塑料板。这种板可以单独使用，也可在成型后再用薄铝板包敷做成铝塑板。其保温性能很好，经房屋屋顶实际使用考验，结果无结霜和结露现象，且可降低工程造价，施工操作方便。因此，在北方采暖地区，该法所生产的聚苯乙烯泡沫塑料保温板具有广泛用途和良好的发展前景。

（2）利用废泡沫塑料制备防水涂料

用合适的改性剂，对废泡沫塑料进行改性，可制备常温速干、耐水时间长的水乳性防水涂料。该法工

艺简单，用水调节黏度施工也很方便。该防水涂料可以代替防潮油用于瓦楞纸箱，也可用于纤维板的防水。

（3）利用废泡沫塑料制对硝基苯甲酸

对硝基苯甲酸（PNBA）主要用于制造强力纤维、农药、染料、树脂、金属表面防锈剂、防晒剂、彩色胶卷成色剂和滤光剂等多种产品。将废泡沫塑料经硝化、氧化即可制得。使用该法具有原料易得、工艺简单、产品附加值高等优点，适合在乡镇企业中推广。

（4）利用废泡沫塑料裂解制苯乙烯

通过废泡沫塑料裂解制苯乙烯有三种方法，即热裂解、催化裂解和无氧催化裂解，最终可将废泡沫塑料转化为重要的化工原料苯乙烯。

"废 EPS 不等于白色污染"，只要全社会动员起来，将废 EPS 回收并加以利用，这将会形成一个很大的产业。

"时不我待"，在新一届中国塑协 EPS 专委会的指导下，随着《EPS 原料生产标准》等多项行业标准的出台，中国 EPS 产业的发展前景会变得越来越灿烂。

（中国塑料加工工业协会 EPS 专委会　侯树亭）

双向拉伸聚酯薄膜

双向拉伸聚酯薄膜（BOPET）是一种非常优质的高档塑料基材，它集中了性能优良和成本低的优势，广泛应用于包装、电气、绝缘、感光等传统领域。与 BOPP 薄膜相比，BOPET 薄膜的透明度、挺度、强度及耐温性能均优于 BOPP 薄膜，因而虽然 BOPET 薄膜的价格稍高于 BOPP 薄膜，但它在其他新型领域，如建筑、电子、信息产业等方面具有更大的发展空间。此外，由于 BOPET 薄膜的环保性越来越受到重视，预期未来将会在很多领域替代其他基材。我国对 BOPET 薄膜的自行研制和开发始于 20 世纪 60 年代中期，从 80 年代开始经历了三次发展高潮，在 90 年代初得到迅速发展，如今国内 BOPET 薄膜行业已初具规模。随着国民经济的稳步增长和中国加入 WTO，大型跨国企业将生产基地向国内转移，以及通过近几年国内 BOPET 薄膜同行反倾销的不懈努力，国内 BOPET 薄膜市场需求近年迅速增长，供需两旺，出现了国内 BOPET 薄膜行业发展的新高潮。但值得引起我们重视的是，据各方面信息显示，自 2003 年至 2005 年初期间，国内将有 20 余条 BOPET 新线相继投产，并且目前至少有 8 条万吨级引进新线和国产生产线正在磋商谈判或酝酿之中。这其中大部分是首次涉足 BOPET 薄膜行业的新投资者。据本专委会初步统计，2005 年国内 BOPET 薄膜产能将急剧增加到 50 多万吨，总产能将较 2002 年现有水平翻两番，从 2004 年下半年起供大于求已成定局，并且预计 2005 年和 2006 年供过于求的情况将极为严重，形势十分严峻。

【行业现状】

1. 本行业主要情况介绍

截至 2003 年底，全国共有近 30 家 BOPET 薄膜生产企业，各类生产线约 30 余条，年设计总产能约 14 万余吨，其中年生产能力在万吨以上的 BOPET 生产企业有佛山杜邦鸿基薄膜有限公司（5 条生产线，产能 40 000 吨/年）、潍坊富维塑胶有限公司（原山东新立克塑胶股份有限公司，2 条生产线，产能 28 800吨/年）、上海紫东化工塑料有限公司（2 条生产线，产能 25 000 吨/年）、江苏中达制膜股份有限公司（2 条生产线，产能 18 000 吨/年）和浙江无名皮塑集团责任有限公司（1 条，产能 11 000 吨/年）。

在经历了 1997～1999 年由于韩国 BOPET 薄膜产品倾销而使中国 BOPET 薄膜市场陷入低谷的困难时期后，随着国内 BOPET 薄膜行业反倾销的成功，2000 年中国 BOPET 薄膜企业开工率逐步回升，销售情况转好，库存减少，从 2002 年开始，国内 BOPET 薄膜市场供需两旺，增长迅速。与此同时，市场的迅速发展吸引了众多新投资者，国内有多家企业开始新建或扩建 BOPET 生产线，新一轮 BOPET 薄膜的兴建热潮正在掀起，并有一发不可收拾之势。其中仅浙江地区就有 7 个新进入者，新增生产线 12 条，2003 年到 2005 年初新增产能总计约 20 余万吨。有关国内聚酯薄膜产能预测表（2002～2006 年）和 2003～2005 年预计国内新增生产线地区分布情况可参见表 1、表 2。

从表 1、表 2 可以看出，2004 年和 2005 年国内产能增长最快，几乎每年以翻一番的速度高速增长，2005～2006 年国内产能将远远超过国内市场的需求（假设 2003～2006 年国内需求以年均 12% 的速度来增长）。

市场严重供过于求必将引起市场价格的剧烈振荡，直接导致企业利润的流失。国内产能的过热增长和重复建设只会严重破坏市场的供需平衡，对聚酯薄膜行业的健康发展产生极大的负面影响，甚至可能使正处于迅速发展阶段的聚酯薄膜行业从此一蹶不振。预计自 2004 年下半年开始国内行业将由供不应求的良好局面迅速跌入供过于求的困境，而且这种局面持续到 2007 年仍无明显迹象好转。

2. 设备

表 1　国内聚酯薄膜产能预测表（2002～2006 年）

项　　目	2002 年	2003 年	2004 年	2005 年	2006 年
进口生产线数量/条	22	26	39	48	48
国产生产线数量/条	3	4	8	8	8
生产线总数量/条	25	30	47	56	56
总设计产能/吨/年	112 966	143 550	247 900	500 700	545 300
市场需求	160 000	220 000	246 400	276 000	310 000
总设计产能较上年增长	—	27.1%	72.7%	102%	8.9%

注：本表的总设计产能不包括国外进口薄膜数量。据海关总署统计，2003 年中国共进口国外聚酯薄膜约 9 万吨。

表 2　2003～2005 年预计国内新增 BOPET 薄膜生产线地区分布情况

项　　目	2003 年	2004 年	2005 年	三年总计
新增进口线数量/条	4	13	9	26
浙江绍兴地区	1	2	1+4（10 万吨）	8
浙江其他地区		4		4
广东地区	1	1	2	4
江苏及上海地区	1	4(1 条尚未确定)		6
其他地区	1	2（1 条尚未确定）	2（尚未确定）	5
新增国产线数量/条	1	4	0	5
江苏省	1	1		2
河南省		1		1
山东省		2（尚未确定）		2

注：本表按新线预计投产时间统计。除上述注明的尚未确定的生产线外，其余新增生产线均已签订合同，并正在安装中或正在进行项目的前期准备工作。

目前国内 BOPET 行业的几家大型生产企业拥有的设备都是在 20 世纪 90 年代以后引进的年产万吨以上的生产线，国内以佛山杜邦鸿基薄膜有限公司为代表，生产线最宽为 6.7 米，生产线速度可达 300 米/分钟，全线采用计算机控制。而佛山杜邦鸿基薄膜公司近期引进的新生产线幅宽 7.5 米，年产能可达 17 000吨，预计于 2004 年第四季投产，届时将是国内技术最先进、最宽幅、年产能力最大的 BOPET 生产线。此外，国内其他几家 BOPET 大型生产企业的生产线也都是代表国际先进水平的年产万吨以上的大型生产线。自 2000 年以来由于国内聚酯薄膜市场需求增长迅速，近期国内聚酯薄膜行业发展迅猛，正在新增或即将新增的生产线绝大部分都是目前处于世界先进水平的大型万吨生产线，具备高速宽幅、技术成熟、功能齐全、产能大等特点。就生产设备而言，目前国内大型生产企业的生产设备与国际水平基本保持一致，可以说国内聚酯薄膜行业的总体设备水平已基本接近国际先进水平。

3. 技术水平评价

由于国内 BOPET 生产企业在新产品开发能力、对原有生产设施进行改造等综合实力方面不如在国际上占领先地位的知名 BOPET 生产企业，再加上国内原有各 BOPET 生产企业的水平参差不齐，目前仍有部分国内中小型生产企业现有设备技术含量与国际先进技术尚存在差距，技术人员研发能力需要进一步加强，产品开发能力不强，生产的产品仍然以技术含量较低，附加值不高的传统型产品为主，国际竞争力相对薄弱。但以佛山杜邦鸿基薄膜有限公司为代表的大型聚酯薄膜生产企业的总体水平已接近世界先进水平，甚至在一些方面已达到国际先进水平，加之国内聚酯薄膜行业近期已经和即将引进的技术成熟、具备目前国际上先进的多层共挤、在线涂复等功能的多条大型万吨级生产线，相信随着国内大型聚酯薄膜生产企业的进一步快速发展，他们将成为国内聚酯薄膜行业的主力军，并依靠国内聚酯薄膜行业在过去十多年来积累的生产技术经验，发挥先进设备的技术优势，加快发展步伐，大力开发目前国内聚酯薄膜行业尚未能生产的超薄型电容膜（0.6～3μm）、高品质低萃取马达绝缘膜等具高附加值的薄膜产品，使国内聚酯薄膜行业技术水平与国际接轨。

【专委会活动】

自中国塑协 BOPET 专委会于 1999 年底成立以来，为顺应行业发展需要，根据国内市场的变化，专委会一直定期组织会员召开专委会会议，严格按照国家《价格法》、《反不正当竞争法》、《制止价格垄断行为暂行规定》和其他相关法律法规的规定，商讨行业热点问题，进行技术交流和信息共享，务求通过行业各成员的共同努力，共同促进国内双向拉伸聚酯薄膜行业的健康有序发展。2003 年，BOPET 专委会召开会议的主要情况如下所述。

1. 第一次全体会议和第二次全体会议

分别于 2003 年 1 月 21 日和 2 月 26 日在上海和南京召开，主要就年初有关聚酯薄膜反倾销期中复审裁决后的市场情况、今后反倾销工作计划，以及国内市场形势进行了充分的交流和讨论。张福培理事长在 2003 年第二次全会上分析了国内聚酯薄膜行业的以下几大特点。

（1）国内聚酯薄膜行业各企业的体制正在发生变化，从以前的以国营企业为主转变为目前以民营、上市股份制公司和合资企业为主的格局，相信目前的经济形式更有利于行业发展。

（2）国内聚酯薄膜行业发展更为迅速。一方面国家外部环境有利于行业发展（国家 GDP 连续几年稳定发展、十六大扶持商业发展、城市继续体制改革和农民逐步转变为城市人口等国内有利因素），另一方面外国大型企业纷纷将生产基地转移到中国，中国正在扮演“世界生产工厂”的重要角色，为行业发展提供了巨大市场和机遇。

（3）行业需要合理发展，而非超乎常规的过度发展。2003 年初出现了聚酯薄膜行业过度投资的势头，产能增长过快。本行业建议企业发展需要考虑确定发展重点、产品多元化和效益最佳化等多方面因素，希望 BOPET 行业能吸取 BOPP 行业的经验教训，各企业不要盲目过快地扩大产能，特别是那些新进入者更需要慎重考虑投资决定，否则只会使整个 BOPET 市场陷入供过于求的局面，从而阻碍本行业的健康合理发展。

（4）2003 年供求关系良好，主要原因是近期国内和国际市场需求旺盛，供不应求。这是自 1998 年行业开始反倾销以来的最佳市场机遇，但行业各企业能否取得最大盈利需要靠大家的共同努力和统一共识。

此外，第二次全会上一致通过了增选天津万华股份有限公司为专委会理事单位的决议。

2. 第三次全体会议和新进入者座谈会

针对 2003 年上半年开始出现的国内聚酯薄膜产能激增，众多以前从未涉足聚酯薄膜行业的企业纷纷新建聚酯薄膜生产线的现象，为使聚酯薄膜行业避免出现 BOPP 行业因过热发展、产能过度增长而导致行业效益大滑坡，甚至陷入亏损的不利局面，专委会专门组织同行于 2003 年 7 月 18 日在新增产能最多的浙江绍兴地区召开了 BOPET 专委会 2003 年第三次全体会议和中国双向拉伸聚酯薄膜行业新进入者专题座谈会。本次会议特别邀请了中国塑料加工工业协会理事长廖正品先生和中国包装协会塑料包装委员会秘书长蔡明池先生到会做了重要发言。会议主要内容包括：

（1）张福培理事长分析了国内外聚酯薄膜市场形势，并做了重要发言。

① 预计国内聚酯薄膜行业将从 2004 年下半年开始发生巨大变化，特别是 2004～2006 年期间，国内产能急增，预计到 2005 年，国内总产能将增至约 50 多万吨的水平，从 2004 年下半年起国内市场供过于求已成定局，而 2005 年和 2006 年的开工率将持续下降，供过于求情况继续恶化。本行业除了充分关注国内市场走势，也需密切关注国外市场，并思考如何开拓国际市场，这是行业发展的新情况和新特点。

② 从十个方面对行业新进入者与现有企业的优势和劣势进行的分析可看出：若仅以低价竞争，则会损害企业股东和员工的利益。因而 BOPET 行业应认真汲取 BOPP 行业的教训，不要以不计成本的降价为竞争手段，而应在同行间多商量、多沟通，寻找其他更为积极有效的方法。

③ 在行业应对即将出现的产能激增导致供过于求的不利局面时，行业内各企业必须坚决做到不以低于变动成本的价格低价倾销。虽然各企业有不同的销售策略，但希望大家能共同努力维护竞争市场的良好秩序。

④ 行业发展要配套，各企业必须全面慎重地考虑产业发展与市场需求的关系、产业发展与企业经济效益的关系以及产业发展与企业可持续性发展的关系。

⑤ 专委会应发挥积极作用，研讨各企业应如何提高产品开发和后续发展能力，引导各企业提高技术进步和产品开发的能力，并改进产品质量的稳定性。

（2）中国塑料加工工业协会廖正品理事长做了题为“加强行业自律，规范市场，促进 BOPET 薄膜行业健康发展”的重要报告，着重介绍了 BOPET 薄膜发展现状、BOPET 薄膜需求现状与预测、行业协会如何借鉴国外协会的先进经验为企业服务，特别强调了 BOPET 行业需要加强自律，规范市场，借鉴铝塑管过热发展的经验教训，正确认识 BOPP 行业目前由于过热发展导致供大于求的影响作用，充分认识到从 2004 年起 BOPET 薄膜市场将出现严重的供大于求的严峻形势，新上线者需慎重考虑投资计划，现有企业和 2004 年即将投产的新进入者做好充分准备，积极应对 2004 年的困难局面。

（3）中国包装协会塑料包装委员会蔡明池秘书长做了题为“从我国 BOPP 的发展及主要问题看

BOPET行业应汲取的经验教训”的重要报告，详细分析了BOPP的发展历程以及近年来过热发展导致的种种不利局面和困境，强调BOPP行业的教训值得引以为鉴，BOPET行业应从中汲取教训，抑制目前发展过猛的势头，现有企业和新进入者应从规模化、专业化、系列化的方向发展。蔡秘书长并对BOPET行业各企业如何应对市场饱和、供过于求、经济效益滑坡等不利局面提出了具体建议和意见，主要包括：

① 已引进的聚酯薄膜项目要明确市场定位和产品定位，集中力量开发应用市场，通过技术创新开发新产品；

② 提高引进生产线的档次，拓宽思路，发展新型聚酯薄膜产品；

③ 对国产双向拉伸薄膜生产线及备品配件的开发给予大力支持。

(4) 各与会代表就本次座谈会的相关议题进行了积极讨论，很多新进入者都表示将遵守行业协会的章程规定和要求，积极配合行业协会各项工作，在新线投产后不以恶性竞争为手段，希望通过新工艺和技术进步提高BOPET制造加工水平。各与会代表并对专委会加强国内外市场信息沟通、促进行业自律、完善行规等做法表示赞赏，认为行业协会需继续发挥积极作用，促使各企业齐心协力，走共同发展之路。

(5) 本次会议还一致通过增补上海紫东化工塑料有限公司、南京兰埔成实业有限公司和杭州大华塑业有限公司三个会员单位为本专委会理事单位的决议。

(6) 张福培理事长在会议总结时表示希望通过本次会议，加强本行业现有企业和新进入者之间的沟通，分享本行业的最新市场信息，使各位与会代表对聚酯薄膜市场未来发展有更清晰的认识，从而为各企业在制订各自的未来发展计划时提供较为准确的市场依据，通过行业协会的协调沟通，在市场出现较大供求变化时，各同行能齐心协力，共同维护聚酯薄膜市场的有序竞争，促进行业健康发展。

3. 第四次全体会议

本次会议于2003年12月27日在浙江杭州召开，会议介绍了2003年市场状况，预测了2004年市场走势，分享了各理事单位就2004年市场情况和如何做好专委会工作等议题提出的新看法和建议，在会上再次强调了无论市场环境如何变化，各企业一定要按照市场规律和供求关系做好应对措施，避免出现人为恐慌和以大幅压价作为惟一竞争手段，行业各成员需要齐心协力，在对市场形势的认识、如何争取最佳投资回报和保持合理利润等重要议题上达成共识，努力将市场急剧变化带来的负面影响降至最低，使2004年实现国内市场供需基本平衡成为可能。

本次会议在完善专委会职能方面迈出了重要一步，根据2003年10月中旬在天津召开的2003年第四次理事会议上制定的《中国塑协BOPET专委会理事会职责分工》，专委会在本次会议上制定了2004年BOPET专委会工作计划，确定了工作重点和未来发展方向，将有助于专委会更积极地发挥协调作用，为行业发展服务。张福培理事长在会上要求各企业领导对专委会工作予以高度重视并提供一定的资源支持，正确处理好行业发展与企业发展的相互关系，落实好各理事单位负责的各项专委会工作，这是行业发展的前提和保证。只有大家共同努力，维护行业健康发展的大环境，才更有利各企业的发展壮大和实现可持续发展。

另外本次会议还充分交流了原材料供求信息，其他薄膜行业市场信息，以及积极讨论了行业下一步反倾销工作的具体方向。

【重点企业】

1. 佛山杜邦鸿基薄膜有限公司

佛山杜邦鸿基薄膜有限公司——当今国内产、销规模最大和具有世界一流技术水平的双向拉伸聚酯薄膜生产企业，是由杜邦帝人薄膜中国有限公司与佛山塑料集团股份有限公司于1995年12月共同投资组建的中外合资企业，位于佛山市禅城区西部轻工业区，占地面积53 280平方米，厂房面积71 000多平方米。

宁波杜邦帝人鸿基薄膜有限公司是佛山杜邦鸿基薄膜有限公司于2003年9月投资成立的下属控股企业，位于宁波经济技术开发区大港工业城，占地面积59 940平方米，厂房面积22 000平方米。

该公司是目前国内产品规格最齐全、品种最多的双向拉伸聚酯薄膜生产企业，生产的薄膜产品共分为六大类，包括包装类、工业膜、电子材料、影像膜、特种膜和磁性材料，产品厚度范围为3.5～350μm，广泛应用于各类软包装材料、装饰材料、反光材料、工业领域用膜、激光防伪商标、磁性材料、电子材料和电容器等等。人民币的防伪就是使用该公司工业膜中的防伪载体基膜进行加工制作的；“神舟1号”至“神舟5号”宇宙飞船均使用了该公司薄膜产品，为我国航天事业的发展作出了贡献。用做软包装的该公司部分薄膜产品符合美国FDA要求，用于工业和电子材料的部分产品通过UL认证。

该公司自成立以来产量、产值、销量、质量一直稳居本行业首位，产品覆盖国内各个区域，并通过杜邦帝人薄膜出口至世界各地。预计到2004年底公司生产规模将接近年产6万吨。展望未来，该公司将一如既往地恪守“安全、品质卓越、尊重员工、道德操守”的核心价值，在未来几年间，大力实施低成本经营战略，产品质量改进、产品差异化和新产品策略以及营销、服务与品牌策略，通过实施 ERP 管理系统，进一步加强公司管理制度的革新，继续扩大生产规模，力争在五年内达到年产十万吨的生产能力，在技术上不断创新，开发世界一流的高附加值产品，以客户的成功和增长为依归，为客户提供最优质的产品和最完善的服务。

2. 仪化东丽聚酯薄膜有限公司

仪化东丽聚酯薄膜公司是由中国重要的生产基地——仪化集团公司与世界著名的聚酯薄膜公司——日本东丽株式会社于 2001 年 7 月合资成立，专业从事双向拉伸聚酯薄膜的生产和销售。

公司拥有先进的进口生产线两条，设置生产能力 2.2 万吨/年，产品覆盖包装材料和工业材料领域。产品包括通用包装膜、烫金膜、镭射膜、涂布膜、转移膜、护卡膜、金拉线、胶带膜、电气绝缘膜、电容膜、阻燃膜、反光膜、感光性干膜、柔性电路板基膜、标签膜、离型膜、钢板膜等品种。

仪化东丽生产工艺、技术水平国际同步、国内领先，拥有强大的产品研发团队和坚实的品质保证系统，并通过 ISO 9001、ISO 14001、GB/T 28001 认证。公司的质量方针是：科技先导，不断开拓 BOPET 应用领域；持续改进，为顾客提供质量一流的产品和服务。

作为江苏省高新技术企业，公司奉行产品差异化战略，依靠自身强大的研发能力和两大母公司的技术支持，大力拓展新兴应用领域，快速推出贴近市场的高技术含量的新产品，同步满足用户不断更新的需求。

作为技术密集型企业，公司注册资本 4 360 万美元，现有员工 203 人，其中技术人员 60 人，占 30%；管理人员 35 人，占 17%。

公司秉承“通过创造新的价值，为社会作贡献”之理念，开拓进取，不懈追求品质超前的产品和服务，缔造中国聚酯薄膜的重要生产基地。

3. 潍坊富维塑胶股份有限公司

潍坊富维塑胶有限公司，是中国北方最大的聚酯薄膜生产基地，国内第二大聚酯薄膜生产企业。潍坊富维塑胶有限公司是通过收购山东新立克塑胶股份有限公司的全部有效资产，并接管其全部优秀员工而成立的有限责任公司。公司占地 120 亩，规划用地 200 亩，是山东省科委认定的高新技术企业。公司现拥有 2 条具有当今世界先进技术水平的双向拉伸聚酯薄膜生产线，年产 6～125μm 各种高档聚酯薄膜 28 800 吨。

公司一期工程总投资 2 990 万美元，从德国布鲁克纳公司引进具有当今国际先进水平的双向拉伸薄膜生产线，年产 8～75μm 聚酯薄膜产品 13 800 吨。2003 年，公司从法国 DMT 公司引进了具有当今国际领先水平的多层共挤双向拉伸聚酯薄膜生产线，目前已顺利投产，年产 6～125μm 多层共挤聚酯薄膜 16 000吨。这是我国第一条真正意义上的多流道、三层共挤聚酯薄膜生产线。目前，这条生产线运行稳定，已生产出 BOPET 高透明膜、高亮膜、亚光膜等多种三层共挤聚酯薄膜产品，并将逐步生产其他特种膜产品。

潍坊富维塑胶公司生产的“新立克”牌聚酯薄膜以其优质的品质被国家科技部、外经贸部、国家环保总局等五部委批准为国家重点新产品，并通过了美国 FDA 认证、UL 认证，取得了进军国际市场的通行证。目前，公司主要产品包括镀铝基膜、印刷基膜、烫印转移膜、高透明膜、亚光膜、高表面张力膜、高亮膜、电气绝缘膜等。公司产品畅销全国各地，并远销美国、欧洲等国家和地区。

4. 上海紫东化工塑料有限公司

上海紫东化工塑料有限公司的总投资为 5 598 万美元，注册资金为 2 800 万美元。合资方有上海紫江企业集团股份有限公司、日本东棉株式会社、华达企业投资（香港）有限公司、日本三菱重工业株式会社。

公司占地面积 48 743 平方米，其中绿化面积达 11 575 平方米。公司主厂房采用中央空调系统，常年 25℃恒温控制，已达到 10 万级（食品级）净化标准。

公司的两条生产线年产 2.3 万吨膜，整套设备采用程序化控制，只要通过中央控制的电脑屏幕就能监视和控制近百米长的生产线。主生产线可自动调节、报警，只需 10 人就能进行日常操作，体现了高度的科技含量。三菱重工生产线年产可达到 10 000 吨，生产薄膜厚度为 6～50μm，6 100mm 的宽度可按用户从 100mm 到 2 000mm 要求的宽度任意分切或电晕处理。布鲁克纳生产线可提供厚度 8～75μm 的薄膜，其 6 700mm 的宽度可按用户需要在 500 到 3 300mm 之间进行分切或化学涂布。

本公司投产初期就以“高质量、低成本”作为争取市场份额的重要手段，并积极参与行业竞争和国际竞争，先后通过了德国 TUV 管理服务有限公司认证的 ISO 9002 质量管理体系和瑞士 SGS 通达标准技术服务有限公司、上海环境管理体系审核中心认证的 ISO 14001 环境管理体系。公司薄膜产品国内主要销往华东地区，以江、浙、沪、皖为最多；其次是华南地区。国外主要销往美国、加拿大和欧盟国家。

5. 上海化工厂有限公司

上海化工厂有限公司是国家大型一级企业，也是研究开发和生产工业用各类高分子塑料材料历史最久、规模最大的企业，先后开发生产了大量适应用户需求的上海市名牌高新技术产品，1992 年被评审认定为上海市首批高新技术企业。并于 1995 年 4 月通过了上海质量体系审核中心认证，成为化工部首家通过 ISO 9001 认证的企业。该企业生产聚酯薄膜已有二十多年的历史，目前已形成具有当代先进技术水平的生产规模。

该公司自 1969 年起开始在自行设计和制造的双向拉伸设备上生产聚酯薄膜，至今已有三十多年的历史，期间经历了多期改造，累计自行贷款投资逾一亿多元，产量由最初的 100 吨/年发展到目前的 6 000 吨/年，薄膜厚度从 50μ 至 200μ，设备主要从德国、美国、日本进口。生产的产品品种包括护卡包装用膜、电器绝缘用膜、金拉线用膜、保丽板用膜等十大类产品，产品性能卓越可靠，1996 年至 1998 年连续三年被列为上海市名牌产品，其中电器绝缘用膜获美国 UL 认可，1998 年被国家经贸委授予国家级重点新产品证书。

6. 南京金中达新材料有限公司

南京金中达新材料有限公司由江苏中达制膜（集团）股份有限公司（股份代码：600074）与上海申连有限责任公司共同出资组建，为江苏中达控股的子公司。

南京金中达新材料有限公司注册资本 1.05 亿元，总资产 2.45 亿元，充分依托南京中达的优势，努力实现集团公司新世纪发展战略中的分工目标。南京金中达目前拥有从法国引进的双向拉伸聚酯薄膜生产线，年产能力 3 500 吨。公司产品注册商标为“金中达”牌，产品已销往全国十二个省、直辖市的 100 多家用户，产品具有优秀的性能，广泛应用于食品、金属蒸镀、音像器材、彩色印刷、电子电器绝缘、高强度金拉线、粘胶带、烫金、真空镀铝、复合等从多领域，成为工业印刷包装材料生产基地之一。公司产品已被南京市认定为高新技术产品，产品质量已达到国内同行业先进水平。

江苏中达控股的另一子公司江阴金中达新材料有限公司在 2003 年从德国布鲁克纳公司引进了幅宽 6.5 米，年产能 16 000 吨的聚酯薄膜生产线，并于当年 11 月 15 日顺利正式投产。目前该线运作良好，生产的三层共挤（ABA）薄膜已投放市场，受到广大客户的认可和欢迎。

7. 天津万华股份有限公司

天津万华股份有限公司 1992 年经天津市体制改革委员会、中国人民银行天津市分行批准，采取定向募集方式设立了天津万华股份有限公司，成为天津市首批股份制和现代企业制度试点企业，属国家大型企业。现公司注册资本 7 425 万元，总资产达 6 亿多元。公司总部坐落在天津西青经济开发区，拥有现代化办公楼和生产厂房，现有员工 400 余人。

公司拥有从德国布鲁克纳公司引进的具有世界先进水平的薄膜生产线，自动化程度高，工艺先进。电子表具拥有标准的设备，良好的环境，先进的检测方法，达到欧洲 EN 1434 标准。

公司始终以“追求卓越，争创一流”为宗旨，以市场为导向，依靠技术创新驱动企业成长。同时建立了整套的质量管理体系，取得了 ISO 9001：2000 质量管理体系中英两国证书，为进一步扩大生产规模，提高市场竞争力和占有率提供了可靠保障。我们相信，通过全体员工不懈努力，万华股份有限公司必将迅速发展成为一个现代化的高科技产业集团。

8. 南京兰埔成实业有限公司

南京兰埔成实业有限公司成立于 1999 年，是中国包装总公司直属的高科技企业，公司资产总值 1 亿元，年销售额 2 亿元。主要从事聚酯薄膜、聚酯切片的研发、生产和销售，以及塑料成型（双向拉伸）新技术、新设备的设计与制造三大主导产业。

公司现有聚酯薄膜生产线两条，其中第二条自主开发的三层共挤生产线于 2002 年 3 月建成投产，总年生产能力为 9 000 吨，预计第三条自行设计的新线将于 2004 年底建成投产，届时公司的总年产能将达到 16 000 吨。公司主打产品包括护卡膜、绝缘膜、胶带膜、包装膜、高强膜、复合膜、印刷膜、反光膜、玻璃钢脱膜、阻燃膜、可热封环保型聚酯薄膜。这些产品的性能指标达到或超过同行先进水平，具有雾度低、挺度高、稳定性好、强度大的普遍特点，产品厚度范围覆盖 10～100μm，宽度和长度可按客户要求任意分切。这些产品广泛应用于复合包装、印刷、真空镀铝、金拉线、热烫印箔、感光胶片、录音录像带、电容器介质、装饰材料、绝缘材料等众多领域。

随着中国经济的不断发展，公司计划用五年时间实施企业再造，逐步发展成为业内知名度较高、信誉较好、规模较大的高科技集团公司，目标是总资产达到 3 亿元，主营业务收入 5 亿元，聚酯薄膜生产线以差异化工艺手段、多领域适用性能、高环保技术含量的特点形成多元化、系列化格局，聚酯切片逐步转型成为新型应用化工材料的孵化器，打造塑料成型（双向拉伸）新技术、新设备设计与制造市场的国际品牌。

9. 杭州大华塑业有限公司

杭州大华塑业有限公司是国内较早从事聚酯薄膜

开发、经营的中港合资企业，公司拥有两条从日本引进的双向拉伸生产线，生产 12～100μm 的各类聚酯薄膜。近年来，公司的多项新产品被国家科技部、质量技术监督局等确认为国家重点新产品，并成为了我国最大的特种聚酯薄膜开发生产基地。

公司主要产品有以下几类。

（1）普通聚酯薄膜　广泛应用于胶带、护卡、标牌、装饰材料、印刷及各类包装。

（2）强化聚酯薄膜　高强度、低延伸，纵向拉伸强度可达 300MPa，适用于香烟等包装的拆封拉线。

（3）有色聚酯薄膜系列　包括白色、黑色、蓝色等，内添加法生产，色泽均匀持久。

【新产品开发】

2003～2004 年期间，国内双向拉伸聚酯薄膜行业顺应市场发展需求，为满足国内外客户对薄膜产品在质量和性能上的新需求，加大了对新产品研究和开发的力度，继向市场陆续推出在线涂覆膜、超薄型电容器专用薄膜、高阻氧膜、高亮度聚酯薄膜之后，还陆续开发出了以下新产品：

1. 高档电动机膜

佛山杜邦鸿基薄膜有限公司经过深入的研究开发，成功研制出型号为 EM 的高档马达膜，厚度介于 188～350μm 之间，具有优异的机械性能，良好的电绝缘性能，耐热性好，有一定的消光效果，并具有优良的可加工性，主要应用于高档电动机和发电机的绝缘，还可广泛用于电线、电缆的绝缘层，以及触摸开关与图像膜等。

2. 亚光聚酯薄膜

由佛山杜邦鸿基薄膜有限公司最新开发的亚光聚酯薄膜外观半透明、低光泽，镀铝后具有极佳的亚光效果，主要用于印制标牌及高档商品的包装；另外该产品还具有特殊的表面结构，用于转印载体，可使被转移表面产生亚光效果。

【存在的问题】

1. 产能增长过快，导致国内市场供过于求

中国聚酯薄膜行业近期过热发展、产能增长过快，令人担忧的是，2004 年至 2005 年期间，国内产能几乎以每年翻一番的速度高速增长，而国内市场需求的增长无法与产能增长同步，2005～2006 年国内产能将远远超过国内市场的需求，出现严重供大于求的局面。国内产能急剧扩张必将引发市场低价无序竞争，直接影响企业的效益和投资回报，并导致生产线不能满负荷运作，整个中国聚酯薄膜行业将面临极为严峻的考验。此外，非理性的产能急剧增长对国内 BOPET 薄膜产业整体健康发展也极为不利。聚酯薄膜行业各企业应对此有更为清醒的认识，现有企业和已经进入 BOPET 行业的新投资者应根据市场变化而积极做好应对措施，尽可能地减少市场变化给企业造成的影响，而仍在考虑进入或准备进入 BOPET 行业的新投资者，更应慎重考虑投资存在的风险，避免继续出现盲目投资行为。

2. 产品结构

由于具备抗拉强度大、电绝缘性能和光学性能好、耐寒（−70℃）、耐热（200℃），耐化学腐蚀性、阻氧性和阻湿性及收缩性稳定等优良特性，BOPET 薄膜目前广泛用于包装、磁性材料、影像、工业、电子应用等领域，其中包装是 BOPET 膜需求增长最快的应用领域。1998 年至 2003 年期间国内需求结构的对比显示，目前仍然是包装应用占据了中国聚酯薄膜市场的半壁江山，因而目前新增生产线绝大部分以包装膜为目标市场，一旦这些新增生产线全部投产，势必使包装市场供应过剩，而与此同时，各类电器、电子零件用膜、工业用膜和其他各类所需用 BOPET 薄膜其品种比例跟市场需求发展难以同步，未来 BOPET 薄膜的供需将存在一定的结构性矛盾。

不过，目前国内最大的 BOPET 生产企业佛山杜邦鸿基薄膜有限公司以及其他大型聚酯薄膜生产企业已经意识到优化产品结构的重要性，而佛山杜邦鸿基公司几年前已开始进行不断优化公司产品结构的艰巨工作，经过几年的研究开发，杜邦鸿基已能生产用于印刷和镀铝的高档预处理膜、货币防伪载体膜、高品质的超薄型电容膜、触摸开关膜、高档电动机绝缘膜，并正在开发亚光膜和白色膜等高档产品，产品结构更为合理和优化。我们相信，国内聚酯薄膜行业各企业将积极采取措施，为满足国内市场快速增长的新需求，进一步改善和优化产品结构。

3. 市场环境

预计 2004 年下半年起，国内聚酯薄膜行业总体上趋向严重饱和，在未来几年间将严重供过于求。与此同时，对韩国进口聚酯薄膜产品的反倾销措施将于 2004 年底届满，若取消反倾销措施的话，国外聚酯薄膜厂家或国内外贸易商将再次以低于成本价的价格或通过非法途径把聚酯薄膜售卖到中国，对由于严重供过于求而造成市场秩序逐渐恶化的国内市场进行冲击，这一“内忧外患”的双重打击，将使中国聚酯薄膜市场遭遇前所未有的困难，市场环境相当严峻。

【发展趋势】

中国加入世贸后关税已逐步降低，市场全面开放，很多国外知名大型企业已将生产基地转移到中国，国内聚酯薄膜产能急剧非理性增长等等因素，既为国内聚酯薄膜行业提供机遇，也带来更艰巨的挑

战。展望未来，为在面对供过于求的不利环境时仍可促进国内聚酯薄膜行业持续健康发展，发展方向应着重于以下几点。

（1）利用聚酯薄膜是环保产品及其卓越性能的优势，努力拓宽聚酯薄膜产品的应用领域，努力开发新产品，或将现有产品的应用推广到其他领域上，均衡发展聚酯薄膜在各个领域的应用。

大型跨国企业逐渐将其生产基地转移到中国并纷纷在华设立工厂和科研中心是聚酯薄膜产品大力发展的良好机遇，预期电子材料、工业材料、图像应用等需求将具有较大的增长空间。目前大部分新增国内产能仍以包装应用为主，国内产业应大力开发那些应用于新领域的新型薄膜，例如应用于电子行业的超薄型（厚度仅为 0.6～3μm 之间）电容膜、高品质低萃取马达绝缘膜、应用于家电和建筑行业的钢板复合彩色膜、其他特种膜等，引导市场消费，相信将有利于整个行业的全面发展。

（2）着重技术创新，加大研发力度，共同努力推进整个行业向中高档方向发展。努力避免低价竞争，维护市场竞争秩序。

（3）加快产品结构调整的进程，使产品结构多样化、合理化，以满足客户不同的需求。

（4）与上游原料供应商加强交流沟通，共同合作，开发适用生产高附加值聚酯薄膜的高品质原料。

（5）与下游客户及下游客户的设备供应商加强交流沟通，更及时地了解客户需求，并与下游客户及其设备供应商共同开发市场需要的聚酯薄膜与其他材料复合镀铝后的新型材料，在最终消费市场推广。

（6）不断提高各企业自身的产品质量水平和客户服务水平，开拓国际市场，扩大出口。

（7）充分依靠和发挥行业协会规范市场的作用，引导行业健康发展（现时基本上中国的主要聚酯薄膜生产厂家，包括大部分的新进入者都是行业协会的成员）。由专委会每年定期召开会议，进行充分的市场信息交流，明晰市场供求关系；完善行业的各项数据统计工作；致力于反倾销工作，维护国内进口市场的有序性；以及以行业协会名义共同推广聚酯薄膜产品的环保性能及其他优越性能，以进一步拓展聚酯薄膜的应用领域。

国内聚酯薄膜行业将齐心协力，积极应对过热投资导致供大于求的不利局面，努力维护国内市场的健康发展。同时，本行业亦衷心希望中央政府、地方政府通过各种控制引导手段，对生产一般性聚酯薄膜产品的新投资项目进行严格控制，避免在已供过于求的行业中又再引入低质量的重复建设，浪费国家有限的珍贵资源。同时我们还希望国家有关部门通过采取税收、奖励等激励制度鼓励企业的新产品开发和工艺技术的革新，特别是应用于高尖端技术领域的聚酯薄膜新产品和相应工艺技术的成功开发和应用，使中国聚酯薄膜行业在达到“量”的飞跃时（预计到 2006 年中国将一跃成为世界最大的聚酯薄膜生产国），同时也能取得“质”的飞跃，这样才能真正有益于国计民生，从而保证行业的健康持续发展。

（中国塑协双向拉伸聚酯薄膜专业委员会
张福培）

双向拉伸聚丙烯薄膜（BOPP）

【行业现状】

建国以来，我国的塑料加工工业经历了从无到有，从小到大的迅速发展过程。改革开放以后，我国塑料加工工业的年平均增长速度的百分数更是达到了两位数，远远高于世界平均增长速度。我国 BOPP 薄膜起步于 20 世纪 80 年代，到 1985 年全国只有佛山、广州、北京、燕山 4 条 3 000～6 000 吨低速线，年产能力只有 1.8 万吨。而 BOPP 薄膜是新兴的包装材料，以其质轻、透明、无毒、装潢美观及适用性、经济性适合我国国情等特点被誉为“包装皇后”，市场前景十分广阔。

1988～1989 年 BOPP 行业进入“成长期”，到 1990 年全国发展到 17 个 BOPP 工厂、21 条低速生产线，年产能力达到 8 万吨，5 年间增长 4.4 倍；1997～1998 年我国 BOPP 行业进入第二个产能扩张高峰期，同时 BOPP 技术创新取得突破性进展，年产 1.5 万吨高速得到广泛应用，到 1998 年全国共有 43 个 BOPP 工厂、60 条生产线，年产能力突破 40 万吨，8 年间又增长 5 倍，成为我国经济增长的“亮点”行业之一。

在“市场与效益”和宽幅、高速生产线科技优势的吸引下，2002～2003 年我国 BOPP 行业进入第三个产能扩张高峰期。据调查统计，到 2003 年末，全国共有 BOPP 厂家 86 个，生产线 123 条，年产能力 140 万吨。但 2003 年全国 BOPP 需求量只有 95 万吨。产能的增长远远大于需求增长，供求矛盾将不断扩大，而供大于求的局面将导致价格竞争压力不断增大。

从应用领域调查分析，2003 年我国消耗 BOPP 薄膜约 95 万吨，其中印刷复合软包约占 42%；胶黏带基膜约占 19%；书刊、酒盒、纸箱、编织袋复膜约占 15%；香烟包装约占 7%，电工膜、镀铝膜基材约占 3%；服装、鲜花包装约占 7%；用品、像屾、礼品、化妆品、小商品包装约占7%。据专家分析，以上应用领域目前仍有一半以上被无包装、无复膜或低档次的吹膜、纸张包装所替代。随着我国农副产品深加工的发展和食品卫生标准逐步与国际接轨，以及我国消费水平的不断提高和后加工的彩印复合、覆膜、镀铝、涂布等行业的迅猛发展，对BOPP膜的需求存在极大的市场潜力。

1. 生产能力及市场需求

BOPP产品虽然占据着我国拉伸薄膜行业绝大部分的市场，但其新产品开发较慢，产品品种变化不大，产品的类型主要有普通薄膜、珠光薄膜、覆书薄膜、热封薄膜、收缩薄膜、电容器薄膜等几大类。按用途分，则大致可分为印刷复合、香烟包装、胶黏带等几大类。其中用量最大的是印刷，约占总量的60%。

据有关资料显示，2003年全球BOPP薄膜需求量约为430万吨，预计到2010年将增长到600万吨。今后几年日本、欧美等发达地区平均年需求增长率为4%～5%，亚洲、澳大利亚、拉丁美洲和东欧等发展中地区平均年增长率约为7%～8%，而中国的平均增长率将达到11%～15%。

目前BOPP需求量最大的地区是亚洲和澳大利亚（占世界总需求量的31%），其次是西欧（22.8%）、北美（19.8%）、日本（10.2%）、拉丁美洲（5.5%）、东欧（3.2%）及其他地区（7.5%）。

预计2004年全国的BOPP生产线将达到138条，生产能力将达到200万吨。随着国内快速的高产能扩张，以及加入WTO后来自国际的激烈竞争，BOPP企业将面临更大的挑战。

2. 设备及技术水平状况

我国的BOPP设备主要还是依靠进口，从20世纪80年代初期开始从国外引进大型的BOPP薄膜整套生产设备，到90年代初逐渐有部分辅助设备由国产代替，但主要设备还是依靠国外引进。引进的设备主要以日本三菱重工和德国布鲁克纳为主，此外，还有少量的法国和美国设备。据统计，我国目前共从德国布鲁克纳公司引进的BOPP生产线超过40条，占总数的50%以上。从1993年开始，我国引进的生产线都以中、高速为主，生产能力8 000～15 000吨/年；估计大型、高速、专业化将是今后引进生产线的发展趋势。

近年来，BOPP薄膜行业发展迅速，产量的增长尤其迅猛，但整体技术水平与国际先进水平尚存在一定差距，行业产品品种发展不平衡，市场消费档次偏低，高技术含量的产品开发较慢，中低档产品市场竞争激烈。

3. 生产线地区分布情况

我国的BOPP生产存在着企业规模大小不一，生产线地区分布不平衡的特点。企业年产能力从一千多吨到几万吨不等。如下表所示，生产线主要集中在南部和东部等发达地区，如广东、浙江、江苏、河北、安徽等省份；而陕西、西藏、内蒙等边远省份还是空白。

全国BOPP生产线地区分布情况

地　区	生产线/条	生产企业/家	年产能力/吨	所占比例/%
华东地区	57	43	1 225 000	57.14
华南地区	42	23	524 000	24.44
东北地区	18	14	153 000	7.13
中西部地区	21	12	242 000	11.29
合计	138	92	2 144 000	100

【专委会活动】

中国塑料加工工业协会拉伸薄膜专业委员会于1999年4月在北京成立，有49家单位参加了会议，会议选举产生了佛山东方包装材料有限公司（现佛山塑料集团股份有限公司）为理事长单位。会议除了进行技术交流、行业热点问题讨论之外，还对专委会应开展的工作达成了包括企业间就价格问题交换意见、加强产品标准化工作以及行业统计信息工作等几点共识。

根据会议精神，行业统计信息工作主要由理事长单位组织进行，每个季度进行一次产品产量统计，每季度的第一个月由各生产厂家向理事长单位通报上一季度的产量，理事长单位统计汇总后将统计情况反馈给各成员单位。这项工作持续了若干年，后由于种种原因暂停。

行业内，除上述工作之外，还有一些有组织、有规模的行业活动在广泛开展。

1999年，国内BOPP产量快速增长、国外走私膜大量涌入，市场竞争异常激烈，国内的BOPP企业为了抢占市场份额，竞相降价销售，市场秩序混乱，BOPP企业面临全行业亏损。在这样的背景下，在佛山东方包装材料有限公司（现佛山塑料集团股份有限公司）、广州宏铭等BOPP企业的倡导下，广东省BOPP行业信息交流会率先成立。本着加强行业的自律性，保持行业良性有序竞争、共同发展的原则，BOPP行业信息交流会议自1999年6月起至今一般情况下每月召开一次，逢特殊情况时，两个月召开一次。参加单位由最初的四家、八家，至今增加至数十家，范围也由省内扩展至华东地区，到2000年初，全国的主要 BOPP 企业基本上都参加了 BOPP 行业信息交流会。行业信息交流会主要是针对国际、国内原油、原料行情，BOPP 薄膜行情及市场走势，企业备品备件情况、以及中间商、下游企业库存情况等进行交流、商讨。2003 年共召开信息交流会 12 次，其中全国性的会议 3 次。

BOPP 行业信息交流会的性质属于松散型的行业活动，但却为企业提供了一个信息交流、取长补短、加强合作、共谋发展的舞台，对发挥行业整体协调，维护市场秩序、规范市场运作起到重要的指导作用。

【重点企业】

佛山市塑料集团股份有限公司是一家上市企业，主要生产经营各种塑料薄膜和片材、人造革及塑料编织复合材料等三大系列产品，为现代工农业以及现代科技、交通、通讯领域提供新型材料的高新技术企业集团。自 1992 年以来，公司的工业总产值、总产量、销售收入、利润、出口贸易额和全员劳动生产率、人均利润等主要经济指标均居全国前列，成为中国塑料加工工业的“排头兵”。自 1992 年以来，连续多年公司多项经济技术指标名列国内同行第一。1996 年被原国家经贸委确定为全国 512 家重点扶持的大型企业之一，被广东省政府列为重点扶持发展的 70 家大型企业集团和建立现代企业制度试点企业之一，1997 年 10 月被国家科委认定为全国 66 家国家火炬计划重点高新技术企业集团之一，1997 年被广东省经委列为首批 19 家省技术创新优势企业之一，2000 年 2 月被广东省政府确定为 50 家工业龙头企业中惟一的战略产业类新材料企业。2000 年 5 月 25 日，佛塑股份 A 股在深圳证券交易所挂牌上市。2002 年 3 月，公司被广东省科技厅评为广东省科技工作先进集体。2002 年 9 月，公司被广东省质量协会授予广东省质量效益型先进企业特别奖称号。2003 年，佛山塑料集团股份有限公司实现产量约 26 万吨，产值约 47 亿元，销售收入 42 亿元，经济效益良好。

经过多年的技术创新和技术进步，不断调整优化企业的产品结构，公司已发展成为以大规模生产开发高技术新型材料为基础、资金和技术密集度较高的专业化企业，其主要产品有双向拉伸薄膜（包括 BOPP、BOPET 以及 BOPA 薄膜）、PVC 人造革、各类塑料片材和宽幅塑料编织复合材料。主要生产设备和工艺技术已达到国际 20 世纪 90 年代先进水平，其中双向拉伸工艺技术和设备更代表了我国当代塑料加工行业的先进水平。

BOPP 是公司较早开发的新产品，因其优良的防潮性、高透明度和相对较低的成本，成为复合软包装行业的最主要基材产品，之后又先后开发了 BOPET（双向拉伸聚酯）薄膜、BOPA（双向拉伸尼龙）薄膜和 CPP（流延聚丙烯）薄膜，形成了较完整的塑料包装材料产品体系。通过近十年的不懈努力，以上薄膜产品已成为该公司在塑料包装市场领域的主导产品，其中 BOPP 膜的生产经营已达到 13 万吨，国内市场占有率约 13.5%；BOPET 薄膜国内市场占有率 23%；国家级新产品 BOPA 薄膜目前是国内独家生产，市场占有率达 60%。

为了在激烈市场竞争中继续保持公司在技术进步和产品结构上拥有的优势，公司在不断扩大产量、规模的同时，根据市场需要，在完善和优化现有主导产品的同时，不断开发、培育新产品、新品种。如在通用型 BOPP 膜的基础上，先后开发了消光型 BOPP 薄膜、珠光型 BOPP 薄膜、电力电容器用 BOPP 粗化薄膜、金属化型电容器 BOPP 薄膜、覆书型 BOPP 薄膜、热封型 BOPP 薄膜、热封型 BOPP 收缩薄膜、金属化型 BOPP 薄膜以及高适性香烟包装薄膜等一系列高附加值产品；在 BOPET 方面，先后开发了触摸开关 BOPET 薄膜、超薄型 BOPET 电容膜、烫金基膜、强化膜、护卡膜等，成为电子、医药行业的特种工业材料；BOPA 薄膜和透明宽幅塑料编织农用大棚膜则是公司通过自身科技力量，在引进技术基础上进行消化吸收和创新所取得的两个重大成果。

为了加大技术创新的力度，佛山塑料集团股份有限公司设立了广东省级重点技术开发中心，开发出多种高新技术产品，建设全行业首条多功能试验线，并且与中国科学院研究所、北京化工大学、中国科学院南海海洋研究所、华南理工大学、成都科技大学等研究机构和高等院校进行共建研究开发中心、多种专题攻关和协作，以不断提高技术创新能力。

此外，为了实现低成本、跨地域扩张的战略布局，该公司还在无锡、河北、湖北、成都、宁波、山西、广西等地成立分公司或合资企业，陆续把部分高成本的产品转移到成本低的地区生产，大大提高了竞争力。

【存在的问题】

1. 高技术含量、高附加值的产品比例偏低，而在大路货产品方面市场竞争日益激烈；

2. 近期生产能力迅速增长，远超出需求增长速度，从 2002 年下半年开始，近年投资的大型生产将陆续投产，供过于求日趋严重，开机率将会大幅下降，企业效益下滑。

3. 原材料方面，对于高性能要求的产品原料，国产原料与进口原料的质量仍有差异，国产原料在产品品种方面也与国外有较大差异。

【发展趋势】

根据国外发达国家近几年的发展趋势，BOPP薄膜正从普通膜向多功能、超薄型和具有特种适用性、装饰性的特种膜发展，并已开发出许多品种，如抗静电BOPP膜、BOPP爽滑膜、BOPP收缩膜、BOPP镭射膜、热封膜、消光膜、珠光膜、覆书膜、白膜、标签膜、防雾膜、易印刷膜、易撕开膜、易封口膜、拉线膜、高透明膜、高阻隔膜、透气膜、镀铝膜、电工膜、粗化膜等等。特种用途BOPP膜的开发应用，开拓了更广泛的市场领域，目前发达国家特种膜的消耗已高于普通膜，而目前我国特种膜的产销量所占比例只有20%，使部分特种膜市场仍被进口膜所占领。

在企业竞争方面，由于市场竞争的日益激烈，加之国家进入WTO后，目前生产企业小而分散的状况预计将会逐渐改变，企业的重组兼并将会增多。在产品结构方面，今后各企业将会加大新产品开发的力度，产品种类将会按市场需求更加细分及专用化。例如具有高阻隔性、环保性、特种装饰性、适合高速自动包装等性能的新产品，将会成为产品今后的发展方向。BOPP薄膜的应用正朝着多元化、高质量和多层、非对称复合的方向发展。

（中国塑协拉伸薄膜专业委员会
吴耀根、郑少华、欧　梅）

人造革合成革

【专委会活动】

“2003年二届国际人造革合成革技术与发展论坛暨人造革合成革行业标准制修订第三次会议”于2003年10月28日至30日在上海虹桥宾馆隆重召开，中国合成皮革网李涛经理主持了本次会议，中国塑料加工工业协会理事长廖正品、中国塑协人造革合成革专业委员会理事长沈士华、副理事长冯应君和部分领导及业内知名人士参加了盛会开幕式并做了精彩讲话，参加会议的国内外人造革合成革企业有140多家，与会代表200多名，规模空前，气氛活跃。

本届论坛会议历时2天，与会代表仔细聆听了分别在两个会场进行的三十多个由塑料协会领导、专家作的关于人造革合成革相关最新技术和市场发展趋势的报告，其中：

① 由中国塑料加工工业协会廖理事长作“蓬勃发展的我国人造革合成革行业（二）——中国人造革合成革产业政策与发展”的报告；

② 湖南安型股份有限公司肖贤辉董事长作关于“防水透湿PU合成革技术现状及发展趋势”的报告；

③ 青岛新宇田化工有限公司江平经理作“湿法PU树脂”的报告；

④ 北京服装学院材料工程系王锐副教授作“PA6/PE共混防丝法超级细纤维的制造方法”的报告；

⑤ 烟台万华超纤股份有限公司曾跃民副总工程师作“国内外超细纤维合成革高新技术的发展趋势”的报告；

⑥ 美国Jean-Lac Lambert先生作“发泡PVC合成皮革和邻苯二甲酸苄基酯的应用”报告；

⑦ 由中国塑协副秘书长、人造革合成革专业委员会副理事长冯庶君作关于“中国人造革合成革现代制造业的经济发展”的报告；

⑧ 温州市合成革商会郑笃权秘书长作关于“温州合成革之路”的报告；

⑨ 山东科亿达集团科特乐股份有限公司随经理作“TPU薄膜及其复合产品简介”的报告；

⑩ 上海富钰机械有限公司张景洪总经理作关于“合成革设备及行业发展探讨”的报告；

⑪ 中美合资上海新友水性聚氨酯有限公司总经理国际聚氨酯专家段友芦教授作“用于人造革合成革的水性聚氨酯技术发展”的报告；

⑫ 温州泰珠集团就“珠光颜料、金葱粉、化妆品级云母粉”的简介；

⑬ 温州市寰于高分子材料有限公司作关于“合成革用水性PU树脂的应用研究”的报告；

⑭ 上海益昌塑胶厂的张怀海高级工程师作关于“聚氯乙烯汽车内装饰材料的光稳定性探讨”的报告；

⑮ 汽巴精化的姚志卿工程师作“聚氨酯合成革着色与印刷”的报告；

⑯ 道康宁公司就“有机硅产品能为合成革工业做些什么”等。

这些精彩且有价值的报告内容涉及到水性聚氨酯、超细纤维、纳米粉末等多方面的世界先进技术，为国内人造革合成革企业的发展提供了有效的技术性指导。会议现场气氛异常热烈，与会代表积极发问，争相发言，将会议推向了高潮。

会议于10月30下午13：00举办了人造革合成革专委会行业标准制修订第三次会议，由全国塑料制品标准化技术委员会的陈家琪副主任与人造革合成革专委会负责国家标准、行业标准制修订起草单位的人员进行热烈的探讨，对六项标准主要技术内容和进度分别进行了预审，负责起草的单位都做了大量的工作，搭起了比较完整的框架，会议上，大家讨论踊跃，都提出了合理的意见和建议，全国塑料制品标准化技术委员会部署了下一步工作，同时也提出要把制修订工作做的尽善尽美。

本次会议得到了与会代表的好评和行业各领导的认可，且在技术和市场两方面取得了很大成效。大家一致认为这是名副其实的国际人造革合成革行业盛会，并强烈希望以后能继续召开，为人造革合成革事业的繁荣发展做出更大的贡献。

由中国塑料加工工业协会主办、中国塑协人造革合成革专委会协办的“中国（狮岭）人造革合成革企业家高峰会”于2003年11月10日在广州市花都区胜利地落下了帷幕，本届高峰会是继去年成功举办的“中国（狮岭）首届国际人造革合成革发展论坛”之后的又一次行业盛会，本届高峰会内容极其丰富，印发了首届中国（狮岭）国际《人造革合成革高新技术与发展论坛论文集》汇集了国内外各方面的专家学者对人造革合成革诸多方面独具特色的论文，极具参考借鉴作用。

会议首先组织安排与会代表于11月8日上午9：00的“中国（狮岭）第三届皮革皮具节”开幕式，同时观看了中国轻工业联合会陈士能会长、中国皮协、中国塑协及广东省、广州市等各级领导参加的剪彩仪式，空前规模，隆重而又热闹的场面，不愧为名都的又一次盛会。

会议于11月8日下午1：30组织了在新世纪大酒店三楼华夏厅召开的中国国际人造革合成革企业家高峰会，会议由中国塑协人造革合成革理事长沈士华主持。

① 首先由东道主单位——广州市花都区区长作关于“花都皮革皮具市场发展”的报告；

② 由中国塑料加工工业协会——人造革合成革专委会的副理事长冯庶君作“中国人造革合成革工业经济发展前景”的报告；

③ 关于编写《中国人造革合成革大全》工作报告；

④ 由韩国东景化工张世焕先生作关于“韩国人造革合成革工业发展”的报告；

⑤ 长春佳林实业集团有限公司检测中心杨智利主任作关于“中国汽车工业革标准与检测技术”的报告；

⑥ 关于“超细纤维及非织造布应用于人造革合成革的发展”的报告；

⑦ 关于“湿法人造革合成革环境保护”的报告；

⑧ 关于“人造革合成革六项标准讲座稿及征求意见问题”的报告；

⑨“水溶性聚氨酯应用于人造革合成革技术”的报告。

本届高峰会宗旨是以绿色、知识、发展等为主题。人造革合成革行业随着国外技术的进入和国内人造革生产线的成套装备水平不断提高，人造革合成革行业正向适度规模的方向发展，迅猛发展之势锐不可当。

编写《中国人造革合成革技术与理论》将是我国目前为止惟一一部全面、综合、系统、准确及时地反映我国人造革合成革50年的历史以及在专业方面研究、应用、发展情况，并传递世界同行信息的大型资料性工具书，具有较高的参考价值。会上对《中国人造革合成革技术与理论》编写有关要求和分工，具体细节都一一作了周密的考虑。

本次高峰会在同行领导和东道主单位——广州花都区政府领导的大力关心和支持下，以及在理事厂和会员厂的支持和共同努力下开得圆满成功，增进了行业的发展，加快了国际、国内行业之间的协作、沟通与交流，并达到了预期的目标和效果。

【重点企业】

2003年6家重点企业分别为：佛山塑料集团股份公司双龙分公司、烟台万华合成革集团有限公司、湖南安塑股份有限公司、佛山市纬星塑料有限公司、中国南通华丰有限公司、上海益昌塑胶厂等。

【发展趋势】

“第二届人造革合成革技术与发展论坛”后，对行业今后的发展动态分析比较明晰，在近一段时期内高档人造革发展形势迅猛，如束状超细纤维革、高档透湿透气革投资生产的速度很快，高档产品中的功能革、军用革研发及生产速度也很快，像透气革和功能革在航空、航海领域、高级轿车领域的广泛应用、人造革合成革市场的需求量越来越大，人造革合成革优势也越来越发挥出来，不久将来烟台将成为超细纤维合成革生产基地，高档合成革制品将会有很大程度的增长，高档革、超纤合成革市场需求量将会更大，但国内的高档革生产技术及功能性产品的开发有待继续提高，要使人造革合成革行业更快更好地发展、要有所突破，首先应该在新材料、新工艺、新理论、新管理模式上下功夫，同时也要同国外先进技术接轨，要走出国门，质量上提高、稳定，在市场竞争的大风大浪中寻找生存的空间，人造革合成革产业的发展趋势和今后方向，以从单一品种向高、精、尖绿色环保的方向转化和发展，随着我国人造革合成革行业蓬勃发展，高档人造革合成革产品的不断问世，科技含量高的产品市场需求不断增加，中国的人造革合成革行业必然会有一个质的飞跃，让我们拭目以待吧！

（中国塑料加工工业协会人造革专业委员会
沈士华）

注 塑 制 品

【行业现状】

2003年全国轻工注塑制品行业（全国塑料周转箱行业）主要生产企业完成工业总产量87 096吨，其中塑料周转箱产量20 182吨，日用制品产量5 723吨，工业配件产量542吨，家电配件产量7 030吨，汽车配件产量6 491吨，与2002年同期比工业总产量增长0.9%，其中周转箱、日用制品、工业配件、家电配件和汽车配件产量同比分别为6.9%、10%、0.3%、0.2%和10.3%。完成工业总产值126 469万元，其中塑料周转箱产值20 865万元，日用制品产值2 691万元，工业配件产值5 511万元，家电配件产值7 946万元，汽车配件产值27 234万元，与2002年同期比，总产值增长4.1%，其中周转箱产值、日用制品产值、工业配件产值、家电配件产值和汽车配件产值，同比分别为4.6%、82.9%、1.5%、−19.6%和21.9%。完成工业增加值21 928万元，产品销售收入138 202万元，同比增长6.9%，企业实现利润6 782万元，亏损953万元，利税总额11 077万元，同比增长25.4%，全行业固定资产净值平均金额58 232万元，同比增长1.8%，全行业从业人员5 858人，同比增加37人，2003年全行业出口交货总额1 231万元。

行业重点企业产能：常州巨力塑料集团有限公司2003年制品产量26 752吨，占全行业产量30.7%。广州洛民塑料有限公司2003年塑料周转箱产量3 863吨260万只，行业排名第一，占全国产量8%。浙江远翅塑料有限公司、哈尔滨哈轻塑胶有限公司和齐齐哈尔齐塑塑料制品有限公司三家企业。2003年汽车配件产量分别为2 580吨、2 185吨和1 098吨。三家企业汽车配件总量5 863吨占全行业产量90%。浙江远翅塑料有限公司汽车配件销售收入达到12 127万元，创利401万元，行业排名第一。苏州富事达塑料有限公司2003年家电配件产量3 589吨，行业排名第一，占全行业产量51%。

常州巨力塑料集团有限公司、广州洛民塑料有限公司、浙江远翅塑料有限公司、哈尔滨哈轻塑胶有限公司和苏州富事达塑业有限公司等五家企业，2003年制品产量分别完成26 752吨，13 662吨，2 580吨，3 120吨和7 448吨；销售收入分别为43 566万元、15 439万元、12 127万元、15 989万元和9 472万元，实现利润2 424万元、965万元、401万元、1 152万元和37万元，成为行业中销售达亿元，产量近万吨，盈利超百万大户，成为带动行业与支撑地方塑料工业发展的重点骨干企业。

【专委会活动】

1. 行业成员单位内部技术经济指标汇总交流工作。继续正确、及时、全面做好注塑专委会年度技术、经济指标统计汇总交流工作。半年度、全年度的行业技术经济指标汇总统计工作是专委会长期坚持的基础管理工作之一，深深得到各成员单位的支持和欢迎。近几年来，由于各地加快企业改制工作的步伐，造成一些企业单位和人员的不稳定，对行业统计汇总工作带来一定困难，2003年行业技术经济指标汇总工作经过行业专委会和成员单位齐心协作，互相配合，已于2004年3月印发给各成员单位。

2. 2003年出版行业信息刊物。委员不定期出版行业科技、模具转让、二手设备求购，原材料采购等市场科技销售信息五期，近六万余字，上百条信息，交流技术共享信息。

3. 圆满完成2002～2003年《中国塑料工业年鉴》编写任务。为了落实中国塑协（2002）第83号文件要求，专委会克服“非典”的影响，采取有效手段，通过函调重点企业方法，组织有关企业召开编写年鉴会议，经杭州万里塑料制品有限公司、四川大学高分子材料与工程系和无锡市巨龙塑化有限公司等单位辛勤工作和常州巨力塑料集团有限公司和齐齐哈尔齐塑塑料有限公司的支持、圆满完成编写任务，得到年鉴编委会的好评。

4. 组织开展成员单位之间的考察学习交流互访活动，增进相互了解。组织参加国内外举办的各类塑料工业展览会。

【重点企业】

常州巨力塑料集团有限公司

常州巨力塑料集团有限公司是一家专业生产经营各种塑料制品，多种经营共存的集团型企业，自1964年创办至今已有近四十年的发展历史，多年来，公司以“精益求精，发展塑料科技”宗旨，在塑料加工制造方面取得了卓越的成就，公司现拥有净资产15 000万元，年销售收入4亿元。公司产品涉及家电、化工、建材、电子、包装、纺织、汽车、交通等多个领域，主导产品塑料冰箱板、PC耐力板、PC中空板、家用电器塑料配件，塑料密封桶长期为国内外知名企业和跨国公司配套服务，部分产品已打入国际市场，综合经济效益居全国同行业第二位，名列江苏省第一。

公司坚持实施以资产经营为核对，以产品开发为主导，外引内联、滚动发展的战略，先后投资组建了常州丰盛塑料有限公司、常州威康特塑料有限公司、常州红翎塑料有限公司、常州亚太塑料有限公司、常州市红裕塑料有限公司。

富事达塑业有限责任公司

苏州工业园区富事达塑业有限责任公司是由原苏州塑料一厂、在1998年整厂改制而成立的股份制企业。根据上级有关政策规定，在2003年底前完成了二次改制，国家股退出企业，职工的身份得到了置换。

目前公司产品主要有两大类：(1) 注塑类：主要以汽车、机电、家电、工业配件；以及周转箱、托盘等物流产品以及特种工程塑料制品。拥有锁模力从22～1 500吨的系列注塑机30台，年生产能力为7 000吨；(2) 挤塑类：主要为塑料片板材、波纹管、发泡片材、异型材和专用改性材料等，年生产能力为7 000吨。

公司在苏州工业园区的新厂房在2003年已投入使用，新厂房为注塑制品生产基地。环境优美、交通便捷。

公司通过了ISO 9000（2000版）和QS 9000质量体系认证，公司所属的苏州市塑料研究所为苏州市工程塑料应用开发中心，其测试中心顺利通过CMA的认证。

公司具备从产品设计、模具设计开发、材料设计开发、生产加工到售后服务一条龙为客户提供优质服务的能力和保障。多年来都为省、市“重合同、守信用”的企业。

公司积极推行现代化的企业管理制度，ERP、CRM等先进管理手段已在全公司推行。

无锡市巨龙塑化有限公司（原无锡市塑料一厂）

无锡市巨龙塑化有限公司始建于1956年，48年来，公司从小到大，从生产塑料发夹、鞋底等日用小商品，发展形成拥有国内外先进80～20 000克注塑机群、塑料制品年加工能力7 000吨的专业化公司，年生产销售100万只/2 000吨。八个系列，一百多个品种规格塑料周转箱，系列大型塑料托盘和配套生产汽车、家电、电子、电器塑料配件以及高新技术工程塑料制品。公司现有员工250余人，其中工程技术人员占17%。产品质量荣获国家银奖，公司通过ISO 9000质量认证。

公司引进建立注塑模具CAD辅助设计系统和CAD/CAM模具加工中心，模具职工人均年创产值8万元，达到国内模具行业的先进水平。

公司是中国塑料加工行业的骨干单位。1990年以来一直担任中国塑料加工工业协会注塑制品专业委员会主任委员和中国包协塑料制品的包装委员会箱包组组长的职务，是两个行业组织的秘书处所在地。

哈尔滨哈轻塑胶有限公司

哈尔滨哈轻塑胶有限公司是在原哈尔滨市塑料九厂的基础上重组的集团公司。

公司在各界朋友的支持下，经过40余年的不断努力发展，现已成为黑龙江省最大的塑料注塑企业，有“黑龙江塑料注塑航母”之称。公司现有生产厂区三处，占地面积21万平方米，拥有资产总额2.2亿元。

公司拥有各类现代化塑料加工设备和生产线，注塑设备加工能力5～50 000克，年加工生产能力达28 000吨。并通过了ISO 9001国际质量体系认证。

公司主要产品：

① 汽车内、外塑料饰件（仪表板、同色保险杠、门内饰、门槛、立柱等饰件）；

② 塑料物流系列产品（注塑叉车托盘、周转箱、环保卫生清洁桶、清洁车）；

③ 泡沫塑料制品系列；

④ 家电、工程塑料功能件配套；

⑤ 塑料材料改性、加工；

⑥ 塑料管材系列（双壁波纹管、缠绕结构壁管）；

⑦ 塑料轻包装膜、气垫膜；

⑧ 塑料日用小商品、滑雪用具、安全帽及防护用品；

⑨ 电器附件。

近年来公司逐步加大技术改造投入，不断开拓市场，调整产品结构，经济增长速度与企业生产规模有了飞速发展。从1997年至今，公司先后获得哈尔滨市“重合同守信用企业”；省市“名牌产品”；“百强明星企业”；哈尔滨市第二十八届、第二十九届“劳模大会先进单位”；黑龙江省第九届劳模大会先进单位；哈尔滨市“质量效益型先进企业”；黑龙江省“科技创新先进包装企业”；2000年至今，各项经济指标在全国注塑制品行业排行榜中名列前三位。

浙江远翅塑料有限公司

浙江远翅塑料有限公司是国内最早开发生产汽车软、硬塑仪表板、保险杠、方向盘、公交座椅等汽车内饰件的企业之一。

公司地处风景秀丽的杭州市萧山区新街镇，地理位置优越，距杭州国际机场10公里，离沪杭甬、杭金衢高速公路出口和104国道、03省道均在一公里以内。

公司总资产1.9亿元，占地面积6万平方米，建筑面积4万平方米。现有职工400余人，其中大中专以上学历的技术人员70余人。远翅技术中心为杭州市级企业技术中心，CAD、CAM系统完善，并有一支20余人的专业汽车内饰零部件的设计队伍。

公司领导层非常注重对科技投入，近几年来，先后从德国、日本等国家引进技术和设备。目前，公司拥有 1 100 吨/7 000 克～2 500 吨/20 000 克的特大型注塑机 7 台，德国产的 PU 高压发泡机 6 台、KL180 热成型机及 SM-3000G 龙门式大型数控机床、MAF-2000 镗铣床等模具加工设备，并于 2004 年新建成注塑二车间、冲压车间，拥有中型注塑设备 11 台，各种冲压设备 20 余台套，已形成了注塑、发泡、表面涂装及吸塑，模具加工等为主的多工艺生产能力，以汽车仪表板、保险杠、转向盘、公交车座椅为主导的 50 多种汽车塑料零部件系列产品。年产能力为 40 万辆仪表板、保险杠、方向盘、内饰件等整车塑料件，与一汽、东风、福田、南汽、重汽、陕汽、长宽、上汽通用五菱、昌河、哈飞、吉轻、西沃等几十家汽车制造厂配套。

公司于 1998 年通过 ISO 9002 认证，2001 年通过 ISO 9001—2000 认证，2004 年 2 月通过 QS 9000 标准。公司检测手段齐全完善，拥有机械性能、工艺性能、耐候性能、模拟汽车行驶及各种专项试验设备，三坐标测绘、三维造型、开模、成型等主要工序全部采用计算机控制。目前公司已形成了一套比较成熟的质量工作制度，从产品设计、模具开发、生产加工到包装运输等环节为客户提供了全方位的质量保障体系。

齐齐哈尔齐塑塑料制品有限公司

齐齐哈尔齐塑塑料制品有限公司是在原黑龙江齐塑塑料制品有限公司的基础上经过改制后创立的股份制民营企业。占地面积 10.8 万平方米，现有员工 450 人。其中，中高级技术人员 44 人，各类专业技术人员 90 人，资产总额 8 631 元。公司拥有门类齐全，配套的各种塑料机械设备及水平先进的检测设备，主要生产设备均从国外引进，现已形成注塑、涂装、压延等塑料制品生产加工体系。主要为哈飞汽车制造有限公司生产的中意车、路宝车、民意车、中意改型车、锐意等车型配套生产包括保险杠、仪表盘在内的整车内外饰塑料配件。同时，为一汽集团中卡汽车配套发动机冷却风扇、进气帽等 20 多种产品，公司开发的聚丙烯环保合成纸是具有自主知识产权的产品。

主要产品如下：塑料汽车配件，聚氯乙烯无滴防老化农膜、土工膜、防水卷材、盐池塑苫膜、聚丙烯合成纸、塑料周转箱、民用塑料制品、塑料下水管件、塑料装饰材料等。

近年来，公司积极推行现代化的企业管理制度，已实现微机 Internet、Internet 联网，达到了无纸化办公。现已通过 ISO 9001 质量体系认证和中国产品质量体系认证中心 QS 9000 认证。

杭州万里塑胶有限公司

该公司由始建于 1958 年的国家中一型企业杭州万里塑料制品总厂改制组建。现拥有建筑面积 13 573 平方米，土地面积 22 582 平方米，技术人员 56 人，固定资产 4 500 余万元。公司为中国塑料加工工业协会注塑制品专业委员会理事单位，中国塑料加工工业协会中空制品专业委员会成员单位，浙江省塑料工业协会理事单位，杭州市包装技术协会理事单位，杭州市信息协会理事单位。

公司拥有意大利 LMP 公司制造为生产 1 000 吨高发泡聚乙烯片材、管材、复合材生产线，韩国制造的年产 1 000 吨高发泡聚乙烯片材生产线，有先进水平的大中型计算机控制注塑机等各类塑料机械设备 20 余台（套），年生产能力可达 8 000 余吨。公司主要产品为塑料周转箱、高发泡珍珠棉（EPE）制品、汽配塑料件及家电等工业塑料配套件、中空塑料制品和日用塑料制品等。各种规模产品达 5 000 余种。产品行销全国各地，部分产品远销日本、加拿大、韩国等。

公司建有完整的质量管理网络体系和质检保证体系，质量检测手段齐全。于 1999 年通过 ISO 9000 质量管理体系认证，取得 ISO 9000 质量管理认证证书。2003 年公司完成了 ISO 9000：2000 版的换版审核。公司为三级计量合格单位。公司产品采用国家标准，其中饮料周转箱被评为部级优质产品，食品周转箱被评为省级优质产品。公司注册的“万里”商标于 1999 年 12 月起连续被杭州市工商行政管理局评为杭州市著名商标。

公司资信情况良好，自 1994 年起，连年被中国工商银行浙江省分行评为公司信用等级 AAA 级。1997 年，公司获得浙江省行业最佳经济效益公司称号。

2003 年公司加大技术投资改造工作，共投资 100 多万元购入 ϕ105mm 高发泡挤出生产线、三爪牵引机、工业冷水机等设备并完成了电力增容等工作。在新产品方面完成了 GP001、GP004、T154、T155、T156 等产品的开发设计制造并投入市场。

四川广汉锐星塑胶有限公司

四川广汉锐星塑胶有限公司是由四川省广汉塑料厂改制建立的塑料制品加工和塑料模具制造的股份制企业，与四川大学共同建立的塑料工程科研生产实习基地。公司位于美丽富饶的川西平原腹地——广汉市，占地 4 万平方米，距省会成都市 30 公里。位于成绵高速公路，川陕大件公路，广金公路交汇点。西距宝成铁路广汉站 3 公里，南距中国民航飞行学院机场 3 公里，交通便利。

公司创建于1965年，经过多年的奋斗，公司已发展为具有吹塑中空容器、大型注塑制品、挤出板材、热成型工艺，以及塑料模具加工和塑料辅机制造的综合性塑料加工企业。公司通过《ISO 9001：2000质量管理体系》、《危险化学品包装物容器定点生产》认证，产品广泛服务于国民经济相关领域，主要系列有：塑料中空吹塑容器（容积2～200升）；塑料周转箱及日用品、塑料包装制品；塑料挤出板材及热成型制品；信息及家电产品塑料配件、工程塑料制品；CAD/CAM塑料模具、塑料辅机设计加工。

公司坚持“质量第一，持之以恒，优质产品＋优良服务”的经营理念，愿与相关企业和商家互利合作，共谋发展，为我国塑料工业的发展做出贡献。

天津市塑料制品模具厂

该厂始建于1965年1月1日，属中二型国有企业，是国内著名的注塑加工专业厂和塑料模具制造专业厂。现任中国模协理事长单位和中国塑料加工工业协会会注制品专业委员会副主任委员单位，中国包协塑料制品包装委员会箱包组副理事长单位。主要生产经营注塑、挤出、模具制造三大产品系列。

企业拥有日本、奥地利、德国、中国香港及国内较先进的注塑成型设备和挤出设备，年生产能力4 000吨，并拥有日本产NC数控铣床及各种模具加工机床，模具制造能力2 400标准套/年。

企业“冰山”牌塑料周转箱系列产品为国内首创，多次荣获天津市及轻工业部颁发的优质产品称号。主要产品周转箱有十大系列三十多个品种及规格。

企业塑料加工技术方面具有很大优势，各类型专业技术人员在塑料加工技术和模具制造方面均有独到之处，其中部分人员在国外经过多年研修。目前工程技术人员占全厂人员15%，其中具有高级职称和中级职称占工程技术人员8%。

昆明民族塑料化工实业总公司（原昆明市民族塑料制品厂）

该公司系股份合作制企业，云南省最大的注塑专业厂。现有职工170人，固定资产3 700万元，总资产4 100万元。主要设备有日本东芝公司的20 000克大型注塑机，日本三菱公司的10 000克注塑机及日产4 000克等各种中、小型注塑机，有为塑料制品二次加工的日本喷涂烫印设备，年生产能力达3 500吨以上，年产值可达4 000万元左右。

现有产品五个系列三百多个品种：

① 汽车配件系列，主要为一汽红塔汽车制造公司及二汽云南汽车公司配套；

② 塑料周转箱系列有六十多个品种规格（其中最大容量300立升）；

③ 各种工业配件（塑料托盘等）；

④ 民用产品（包括环卫用垃圾桶系列、塑料家具、花卉产品）；

⑤ 药品包装产品。

目前，平均开机率在50%左右的情况下，每年实现产值500万～2 000万元，产量1 000吨左右，销售额1 500万～2 000万元，实现利税150万元左右。

随着科学技术的发展，塑料作为一种新型材料，越来越广泛地运用在国民经济各个领域，特别是纳米高新技术应用于塑料原料后，各种以塑代木、以塑代钢、以塑料代替玻璃等产品会得到更迅猛的发展，并逐渐向“轻量化、复合化和功能化”三个方面发展。由于云南工业基础比较薄弱，市场有限，公司多年来都是采取少批量、多品种的办法，努力提高开机率，降低生产成本。

产品是企业的生命。企业的发展源于产品的不断创新，多年来，公司一直坚持两条腿走路的方针，即一方面进行技术改造；另一方面不断开发新产品，以多品种、小批量适应市场、占领市场。这一切使公司从小大到，不断发展，并具有较强的抗风险能力，在这几年市场低谷的情况下，能够正常运作，并逐步归还大部分银行债务，随着中央西部大开发的战略部署的落实，对企业发展的外部环境会越来越好，公司愿与社会同仁携手并进，共同发展。

西安市塑料制品四厂

该厂始建于1955年，是由建厂初期的5人刻章小组逐步发展起来的，尤其是近几年来迅速发展，到目前为止，已拥有总资产600万元，2003年产值首次突破1 000万元；主要设备已全部更换为先进的电脑控制注射成型机（规格为200～850吨）。主要产品有各类塑料周转箱、工业配件。民用产品三大类，上百个品种，该厂的注册商标“丽丽”，“丽丽”牌塑料周转箱在西北地区有较高的知名度，1985年通用周转箱产品获得陕西省优质产品称号；2000年乳制品周转箱系列产品获西安市优秀新产品奖。

近年来，凭借自己雄厚的技术力量和先进的设备，不断的开发出适销对路的新品种，该厂的产品多样化、系列化，满足广大用户的需求。2003年我厂开发新品种十多个（储物、整理系列箱；各种规格的桶产品等）今年计划增加5～10个新品种（工位器具等）。

随着国家对西部政策的倾斜，西部大开发为西部塑料制品包装、储运业提供了更加广阔的发展前景，但市场竞争也会更为激烈，为了更多的占领市场份额，根据目前该厂现实，计划增添1 200～

2 000吨大型注塑机，开发规格较大的周转箱及工业配件。

江西腾飞实业集团

该集团前身是萍乡市塑料七厂，创建于1981年8月，经过20多年的诚信创新促发展，企业规模从小到大，做强做优。目前，本集团下属有五大公司和五大生产基地。母公司是江西腾飞塑胶有限公司（占地面积10亩，厂房面积13 360m²），子公司是江西环宇塑料管业有限公司（占地面积80亩，厂房面积26 640m²），武汉华中腾飞塑胶有限公司（占地面积65亩，厂房面积15 000m²），北京东方腾飞塑胶有限公司（占地面积12亩，厂房面积3 000m²），南昌华东腾飞塑胶有限公司（占地面积14亩，厂房面积3 000m²）。在武汉、长沙、南昌、北京等地建立了销售公司，拥有1 200多名员工，110多名科技人员，厂区总占地面积181亩，共计120 727m²，厂房面积61 000m²。有国内外先进生产设备230多台套，其中注射量从100～40 000克的注塑机150多台套，容量从20～200立升的中空吹瓶机30多台套，管材生产线6条，造纸生产线2条，淋膜涂覆生产线1条，纸制品生产设备40台套，塑料降解食品包装盒、盘等生产线5条，母料生产线2条，再生塑料造粒生产线2条。还有大型精密计算机控制加工机床、精密数控龙门铣站加工中心等模具加工设备25台套。固定资产1.28亿元（其中武汉3 000万元、北京800万元、南昌1 500万元、江西腾飞6 000万元、环宇1 500万元），总资产1.8亿元。年销售收入由建厂初期的1万元，增加到2亿元以上（其中武汉6 500万元、北京3 500万元、南昌3 000万元、萍乡不含环宇7 000万元）。是科工贸一体化、产供销一条龙的跨行业、跨地区的国家轻工大二型民营科技企业，雄踞全国同行百强之列，被列为江西省重点骨干企业。

企业产品有模具（电脑设计、数控机床制造）、中空容器、周转箱、日用品、托盘、垃圾桶、储物桶、降解容器、包装、管材、管件、降解母料和填充母料、造纸、淋膜加工、涂覆膜、涂覆纸、涂覆布、纸容器、包装，工业配套件，服务、科研、培训中心等20大类，30多个系列，2 000多个花色品种参与市场竞争，其中有10种国内首创产品，有5件获国家外观设计专利。能满足不同用户的不同需求。“十五”期间再投资3亿元，将形成年6万吨的生产规模，工业园新厂和原老厂，可实现年销售收入8亿元以上，年创利税8 000万元以上。

【新产品开发】

1. 包装物流仓储产品

新产品名称	开发研究单位
300立升塑料周转箱垃圾分类和大型垃圾桶	昆明民族塑料化工实业总公司
系列塑料托盘	无锡市巨龙塑化有限公司
烟草配送周转箱	杭州万里塑胶有限公司
塑料保温箱	天津塑料制品模具厂
农用电表箱	天津塑料制品模具厂
邮电箱	天津塑料制品模具厂
渔箱	天津塑料制品模具厂
中国人民银行专用箱	无锡市巨龙塑化股份有限公司
地台板系列	广州洛民塑料有限公司
密封包装桶系列	广州洛民塑料有限公司
农药瓶系列	浙江远翅塑料有限公司
多用周转箱	四川锐星塑胶有限公司

2. 汽车塑料配套件

新产品名称	开发研究单位
仪表板（软、硬）、方向盘、保险杠、公交座椅 北斗星系列整车塑料内外饰件 爱迪尔系列整车塑料内外饰件 NI仪表板 北斗星门护板	浙江远翅塑料有限公司
哈飞三型轿车前后保险杠总成，内部装饰件总成，仪表板总成等	齐齐哈尔塑料有限公司
新型依维柯护罩网络	杭州万里塑胶有限公司
一汽红塔汽车配件 二汽云南汽车配件	昆明民族塑料化工实业总公司

3. 家电、电子、电器产品

新产品名称	开发研究单位
数码式发电机塑配件 洗衣机配件 洗碗机配件	无锡市巨龙塑化有限公司
通讯专用异型材制品 阻燃耐候彩色聚丙烯制品 耐候聚甲醛制品	苏州富事达塑业有限公司
水管护罩	杭州万里塑胶有限公司
邮电配件（总配线架、保安器）	浙江远翅塑料有限公司

4. 日用制品

新产品名称	开发研究单位
塑料家具系列产品	民明民族塑料化工实业总公司
高级系列饮水器	无锡市巨龙塑化股份有限公司
塑料家具系列产品	广州洛民塑料有限公司
绿化托盘	苏州富事达塑业有限公司
高档座厕板系列	广州洛民塑料有限公司
药品包装	昆明民族塑料化工实业总公司
电动自行车塑料配件	无锡市巨龙塑化有限公司
滑雪用具	哈尔滨哈轻塑股有限公司

【存在的问题】

① 我国目前注塑制品专业化生产企业，大多数是原国家轻工部管辖下20世纪五、六十年代建厂塑料制品厂，其特点生产规模小、科技力量薄弱、中低档产品偏多，市场开发应变能力弱。而国内一些原料生产基地和大型家电集团、汽车制造厂、建材厂自己投资合资搞注塑配件厂，其生产规模、科学技术水平和产品市场拥有率大大超过我们的企业水平，市场竞争的地理化和本土化，这种上游产品往下发展，而下游产品往上发展，使我们处于中间状态的加工企业发展空间越来越小。单一注塑制品企业生存和发展越来越困难。近几年来，中西部地区中小型企业的改制，增大了在银行融资难度，资金紧缺成为制约企业的发展原因之一。

② 重复建设、产能过剩，产品互相削价，致使经济效益大幅度滑坡。

③ 国内注塑制品企业整体技术、装备、工艺水平，特别是专用装备制造与发达国家相比处于比较落后状态，产品开发能力差、创新少、深度加工跟不上市场需要。全国模具厂缺乏龙头企业，模具开制能力不及先进发达国家。我国塑料模具制造企业设备数控化和CAD/CAM应用覆盖比国外低得多，利用率低的现象十分严重，国产设备在精度加工表面粗糙度、刚性、稳定性、可靠性及刀具和附件的配套和精度保持性等方面与国外相比仍有较大差距。

④ 原材料供应方面。国内自己生产原料品种牌号少，选择余地小，不能满足加工厂需求，每年还需大量进口原材料。解决国内原材料供需矛盾。近期，原材料价格居高不下，降低了企业赢利能力。汽车功能性塑料材料开发迟缓，难以满足汽车塑料件的要求。

⑤ 加入WTO后，我国的市场将进一步开放，国外产品将大量进入国内市场，势必对我国经济带来一定的压力，总量减少导致国内注塑制品配套生产量减少，直接影响生产发展。特别是我国汽车行业加入WTO组织之后，各种非关税壁垒的逐步取消，将对我国零部件工业造成较大冲击。主要表现在：国际上汽车零部件实现全球化采购、系统配套、模块化供货方式的扩大。加入WTO之后，主机厂为了提高整车竞争力，会对质量和价格具有优势的国外零部件生产企业、合资企业的产品进行选购，这将对国内汽车零部件企业构成巨大威胁。同时企业因新品开发、技改投资费用增多而造成了企业资金的周转困难。

⑥ 人才竞争更加激烈。加入WTO后，国外的资金可进一步通过合资或独资形式进入中国市场，由于中外企业人才激励机制存在差异，外企可以用高薪聘用、委以重任、出国深造等优厚的条件以及科学的人才管理挖掘人才，造成行业人才的大量流失。同时，企业自我开发的专业人才缺乏，难以形成自主开发人才体系。

⑦ 生产总量不足，形不成大批量供货，产生管理弊病、成本上升、无法与国外专业化配套生产相比。例如：包装物流制品（周转箱）国内企业最高年生产4 300吨，国外则可达42 000吨。

⑧ 目前塑料行业产品竞争激烈，存在一些假冒产品现象和不规范竞争的冲击影响企业的发展。

⑨ 由于我国国民经济的快速发展，电力能源供应紧缺，制约地区经济的发展。

【发展趋势】

1. 我国注塑制品行业产量预测目标（单位：万吨）

年份	农用注塑制品	包装储运物流产品	建筑注塑管件	工业、交通及工程塑料注塑件	日用制品	合计
2000年	2.65	6.2	22.6	127	128.2	286.65
2005年	4.7	1.1	40	225	227	507.7

注："十五"期间平均递增率10%。

2. 产品结构调整。"九五"期间随着我国家电、汽车、交通运输等工业部门经济发展，为其配套的注塑制品也得到迅速调整和发展，生产出大量的多档次的、品种规格繁多的零部件，如汽车保险杠、仪表板、内饰件、电子接插件、精密、特种工程塑料制品、洗衣机内桶、面板、电视机及电脑壳体、家用电器外壳、管件和大型托盘物流产品等，逐步成为我国注塑制品行业主产品，而相对技术含量低，附加值低，传统日用民用制品将逐步退出市场。

产品向功能化、绿色环保化、高性能化、高附加值产品发展。例如，包装产品中微孔材料、木塑复合材料、竹塑复合材料、废旧回收塑料、可生物降解材料在注塑成型托盘，周转箱、盒、桶等制品中应用量更大，汽车配件方面，利用注塑复合技术、低压注塑技术、共注塑、气辅（水辅）技术以及新型的塑料合金，复合材料等改性技术，生产内装饰件、发动机部件、结构整件；电子电器零件方面，更多采用新型的热塑性弹性体、无卤阻燃塑料合金、无卤阻燃特种工程塑料材料，生产高性能，绿色环保的注塑制件；医用制品所用原材料种类和产量将有较大的增长，聚乳酸、聚氨基酸、聚碳酸酯等可生物降解聚合物的工业化及高分子微孔过滤材料的规模化生产将促进医用注塑制件的发展。

精密注射成型技术、聚合物形态控制技术，无内应力注射成型技术、超大型制品注射成型技术、多层复合注塑制品成型技术以及相应的成型设备将逐渐应用于工业生产之中，使注塑制品的应用领域迅速扩大，制品种类大大增加，制品质量大幅度提高。成型设备更新较快。

3. 国家鼓励和扶持注塑制品行业中高新技术单位的发展，给予优惠政策，向研究和开发，跟踪世界先进技术设备提供资助和奖励；建立能与国外模具竞争的模具制作中心，缩小与世界先进水平的差距。促进计算机信息处理技术，网络技术和电子商务在注塑制品行业生产经济管理和销售中的应用，减小企业生产管理成本。加强与其他行业（如电子、信息、汽车、包装）的交流与合作。

4. 行业协会规范企业生产经营管理活动，努力提高产品质量档次，骨干企业基本上通过 ISO 9000 质量体系认证；有条件的单位在改扩建和新建企业时采用 ISO 14000 标准组织生产。

5. 国家制定优惠政策支持行业在生产环保，废旧制品的回收利用和可持性发展政策法规给予全面合作。大力支持开发，推广应用环保型（绿色）注塑制品。

6. 企业通过改制，资产重组将进一步扩大企业生产规模，提升竞争能力。

通过企业资产管理优化、技术革新、生产资质论证和市场的规范管理，逐渐形成注塑企业产品的专业化、规范化、规模化和效益化。

企业改制，引资、合资将成为大中型企业迅速提高生产技术竞争力的重要途径，提升产品的市场竞争能力。

沿海和经济发达地区的资产部分向中西部地区转移，通过设立分公司、建分厂、设立全国销售网络，提高市场占有率和销售总额。同时，使注塑制品行业的区域分布进一步趋于平衡。

2003 年度全国轻工注塑制品行业企业完成经济指标实绩排行榜（1～10 名）

排行名次	销售收入/万元	实现利润/万元	工业总产值/万元	工业总产量/吨	
				工业总产量/吨	其中:周转箱产量/吨
1	常州巨力塑料集团有限公司 43 566	常州巨力塑料集团有限公司 2424	常州巨力塑料集团有限公司 39436	常州巨力塑料集团有限公司 26752	广州洛民塑料有限公司 3863
2	哈尔滨哈轻塑胶有限公司 15 989	哈尔滨哈轻塑料有限公司 1152	广州洛民塑料有限公司 13395	广州洛民塑料有限公司 13662	顺德市大良塑料二厂有限公司 2700
3	广州洛民塑料有限公司 15 439	广州洛民塑料有限公司 965	哈尔滨哈轻塑料有限公司 12336	苏州富事达塑业有限公司 7448	杭州万里塑料制品有限公司 1931
4	浙江远翅塑料有限公司 12 127	天津市津英达塑料制品有限公司 675	浙江远翅塑料有限公司 10275	新疆珠江塑料有限公司 5090	汕头农用塑料厂 1437
5	苏州富事达塑业有限公司 9 474	浙江远翅塑料有限公司 401	苏州富事达塑业有限公司 10177	顺德市大良塑料二厂有限公司 3381	无锡市巨龙塑化有限公司 1334
6	齐齐哈尔齐塑塑料制品有限公司 5 347	齐齐哈尔齐塑塑料有限公司 229	天津春海钢塑制品有限公司 4272	杭州万里塑料制品有限公司 3282	苏州富事达塑业有限公司 1299
7	天津春海钢塑制品有限公司 4 512	天津春海钢塑制品有限公司 182	新疆珠江塑料有限公司 4258	哈尔滨哈轻塑胶有限公司 3120	西安塑料四厂 1084
8	新疆珠江塑料有限公司 4 067	杭州万里塑料制品有限公司 127	天津市津英达塑料制品有限公司 4000	浙江远翅塑料有限公司 2580	大连塑料七厂 890
9	天津市津英达塑料制品有限公司 3 830	无锡市巨龙塑化有限公司 65	齐齐哈尔齐塑塑料有限公司 3970	天津春海钢塑制品有限公司 2520	山东文登苘山塑料厂 825
10	无锡市巨龙塑化有限公司 3 285	四川广汉锐星塑胶有限公司 52	顺德市大良塑料二厂有限公司 3066	文登苘山塑料厂 2450	新疆珠江塑料有限公司 783

（中国塑协注塑制品专委会　顾大全）

工程塑料

【行业现状】

2000～2005年世界工程塑料需求年均增长率8.1%，高于通用塑料增长率，按地区分，亚洲增幅最高。具体增长率如下：亚洲11.3%，欧洲8.1%，北美6.7%，日本5.4%，其他地区8.2%。预计2007年世界工程塑料总消费量将达到1 350万吨，其中欧洲市场将占消费总量的23.5%，比现在略有上升。亚太市场则将成为消费增长最快的地区，未来5年内预计该地区的工程塑料销量将以年均25%的速率增长。

按品种分，以聚碳酸酯需求增长最快，2000年世界需求量为170万吨，预计2005年将增加至300万吨，年均递增10%以上。电子电器、汽车、办公室设备仍是其主要应用领域，未来在电子组合件、手机等小型化、微型化中发挥作用，用做CD、CD-ROM、CD-R、MO、MD、DVD等贮存媒体的基料应用已成为其代表性用途，占总市场的20%左右，音乐用CD和MD需求已呈饱和，CD-R用量会增加，今后笔记本电脑的普及和DVD碟片需求将会成为增长新亮点。

虽然世界聚碳酸酯的需求趋势越来越好，但目前全球聚碳酸酯生产商面临的主要问题是生产能力过剩。在2003～2008年间，大约有150万吨/年的聚碳酸酯新增生产能力将投产，主要位于亚洲。世界两大主要聚碳酸酯供应商拜耳公司和GE塑料公司的销售额约占世界聚碳酸酯总销售额的60%。几乎世界所有主要的聚碳酸酯供应商都计划在未来几年内进行扩能。在技术前沿方面，熔融加工技术的进展是聚碳酸酯行业变革的关键驱动力。据Nexan化学系统公司称，熔融加工能为快速发展的光盘应用提供更好的产品性能。2001年熔融聚碳酸酯生产装置占世界聚碳酸酯总生产能力的11%，预计到2005年将占总能力的17%。

1998年全世界尼龙产量达到140万吨，1999年达到150万吨，2000年达到170万吨左右，年增幅约为7.2%。主要用于汽车工业及家电行业。尼龙应用增长点是汽车发动机空气吸入歧管、耐热电器和包装。汽车厂为降低成本，要求采用一体化部件，用尼龙可简化设计，降低成本40%～50%，并有发动机减震效果，制品轻量化。目前欧洲市场已占总量70%左右，北美仅为25%，世界总市场量将由现在的3万吨提高到2003年的6万吨，北美市场份额提升80%，以双向拉伸尼龙（BOPA）作为芯膜的多层膜应用前景看好。

到2002年，世界PPO（聚苯醚）树脂的总产量达到了23.6万吨。MPPO（改性聚苯醚）的总生产能力达到46.5万吨，实际产量约为40万吨左右，产值约为13亿美元。PPO及MPPO工程塑料在国外虽已进入成熟而稳定的发展阶段，但今后几年内，全球MPPO的需求量将仍然会以7%～10%的年平均增长速度发展。

聚甲醛（POM）是一种高结晶性工程塑料，用途十分广泛，全世界产量约为70万吨，年增长为7%左右。主要消费结构为汽车占30%，电子电器各20%，工业设备为15%，消费品占15%，农用机械占10%，其他占10%。日本是最大的消费国，其次为西欧和北美。

进入新世纪，随着中国经济的持续快速发展，特别是引进大量汽车、家电、通讯工业等生产线，中国电子、通讯行业发展速度将远高于GDP增长率，促进了对工程塑料的旺盛需求。1999年中国五大通用工程塑料消费量为38.2万吨，2000年提高至42.8万吨，占世界总消费量的7.75%。2001年国内需求是70万吨，2002年75万吨，2003年超过82万吨。其中，五大通用工程塑料需求量分别达到：尼龙约16.5万吨、聚碳酸酯约40.5万吨、聚甲醛约14万吨、PET和PBT合计约6.8万吨、改性聚苯醚约2.2万吨。

未来潜在需求更富诱惑力，家电行业，仅冰箱、冷柜、洗衣机、空调及各类小家电产品今后每年的需求量就会达到60万吨左右；汽车行业，我国汽车产量已超过300万辆，它对工程塑料的年需求量达到40万吨以上；由于具有优异的自润滑性、耐磨性、低摩擦系数和特殊的抗咬合性等特点，未来工程塑料在轴承方面的应用也会有广阔的前景；再加上通信基础设施建设以及铁路、公路建设的逐步推进，未来几年国内工程塑料需求量会持续快速增长，到2010年，其总需求量会达到167万吨。

目前国内建有聚碳酸酯建材中空板生产线20余条，年需用聚碳酸酯7万吨左右，预计到2005年将达14万吨；国内光盘生产能力迅速增长，据不完全统计现有生产线200余条，年需用聚碳酸酯达3万吨，预计到2005年将达5万吨；非一次性饮用水桶、瓶等容器增长很快，目前每年约耗用3万吨聚碳酸酯，预计到2005年将达6万吨。

预计“十五”期间，我国MPPO将以20%以上的速度继续增长；2005年MPPO国内消费量将达到3.5万～4万吨，2010年及2015年将分别达到8万吨和12万吨。我国是MPPO最有发展潜力的市场之一。据估计，随着电子电气与家用电器工业的进一步发展及“十五”期间汽车工业产量与档次的提高，MPPO的使用量将以每年20%以上的速度增长，产品的消费结构将发生较大的变化，其中在汽车工业中所占比例将有较大幅度的提高。

包装塑料在塑料制品中居首位。预计，2004年中国饮料市场规模将达到2 449万吨，每年以20%以上速度增长，而碳酸饮料包装中PET瓶的应用比例占57.4%，市场前景看好。尤其是茶、果汁、功能性饮料的高速增长为热灌装PET瓶市场带来了新的发展机遇。如果以60%的PET包装采用率和1 000ml的PET瓶标准测算，至少会产生上百亿只以上的PET瓶需求。

1996年PET瓶装产量为30亿个，而1998年上升为50亿个，2000年达到80亿个，2001年90亿个，2002年达到100亿个，预计2004年将达到140亿个，年增长率为18%，成为塑料包装材料增长幅度最大的品种。特别是2001年起国内茶饮料市场异军突起，产量已达300万吨，因此热灌装85～90℃ PET瓶已成为聚酯瓶增长最快的品种，年增长率超过50%。

我国是啤酒生产大国，2002年产量，已达到2 386万吨，居世界第一位。每年需求包装瓶250亿～300亿个，为PET聚酯瓶提供了广阔的发展空间。上海紫江集团、珠海中富集团积极采用新技术，在研究和开发中投入大量资金，采用共注射技术和吹瓶技术，可使啤酒在PET瓶中保鲜期达100天，已试验生产了350ml、500ml的PET瓶，并正在开发1.5升和2升啤酒瓶。

近几年，PC饮水桶发展很快，仅上海、广东两地年产量就超过5 000万个。因此，随着国内PC原料投产，发展PC饮料瓶将是一个难得的机遇。

可口可乐公司表示将加大采用由Amoco PET包装公司生产的重复灌装PET瓶，以此降低瓶子成本。这种重复灌装PET瓶，可使用约20次。可口可乐公司预计未来两年，可重复灌装PET瓶累计总量达1亿个。

日本推出PET与PC共挤，不仅抗热性、抗冲击性、耐污染性、耐药性均提高，同时价格也有所下降。目前国外流行的包装技术有：真空包（76cm/Hg），100℃杀菌，采用PE/PET、PA/EVA等包装熟食制品。

目前中国内地工程塑料仍以进口品为主，在2002年，中国内地已有300多家工程塑料制造厂，进口工程塑料量增加到78.4万吨，其中：尼龙为57万吨、POM为5.4万吨、PC为16万吨左右。自1998年以来，工程塑料之需求与进口量均有30%以上的年增长率。目前我国工程塑料的发展目标已经确立，到2005年五大通用工程塑料的年生产能力将达到39万吨，市场占有率将提高到43.2%。

由于目前我国工程塑料自给率不足16%，在强劲的市场需求刺激下，吸引了越来越多的工程塑料世界巨头选择了直接进入中国市场。

（1）杜邦工程塑料部的Zytel玻纤尼龙生产线于2003年3月30日在杜邦深圳厂区举行了开业典礼。这是杜邦工程塑料部在中国兴建的第一条尼龙生产线。在过去5年里，杜邦工程塑料在中国的业务达到了每年两位数的增长，中国也成为杜邦全球最有希望的重点发展地区。Zytel玻纤尼龙具有高强度、高刚性和耐高温的特性，尤其适合应用于马达外壳、连接器、变压器骨架及汽车零部件。

（2）杜邦公司2002年10月在深圳成立工程塑料深圳技术中心，以及2003年年初在无锡成立杜邦兴达（无锡）单丝有限公司。

（3）GE公司于2004年在广东独资建设改性造粒装置生产PC（聚碳酸酯）及其合金。

（4）杜邦公司先后在1994年、1997年先后建立了PA（聚酰胺）、POM（聚甲醛）的改性造粒装置工程，届时产能可达10万吨/年。

（5）法国罗纳普朗克公司在中国合资建设了PA改性装置。

（6）韩国LG化学在国内合资建设了ABS装置。

（7）拜耳公司投资4.5亿美元参与的上海漕泾5万吨/年聚碳酸酯装置建设将于今年四季度投产，2005年完成二期工程，产量扩至20万吨/年。

（8）日本宝理塑料公司、三菱瓦斯化学公司和塞拉尼斯公司的Ticona分公司将合作投资1.28亿美元在江苏南通建设6万吨/年聚甲醛装置，计划2004年建成投产。

（9）杜邦公司和旭化成公司也在张家港联合投资聚甲醛合资项目，初期产量2万吨/年，逐步增加到6万吨/年，定于2004年投产。

（10）西班牙Formol Deriva-dos公司也拟投资中国4万吨/年聚甲醛项目。

（11）LG化学公司在广东投资1 160万美元建设2万吨/年工程塑料掺混装置，到2010年产能将扩至5万吨/年，并计划于2010年在中国建设第2套5万吨/年装置。

（12）日本东丽工业公司计划在中国华南地区建一聚苯硫醚（PPS）树脂混料厂，还将安装一条混料生产线，产能3 000/t，2004年启动。总投资约为5亿日元。

（13）山西黄城福斯特化工有限公司与捷克维克

斯公司近日举行万吨级聚苯醚（PPO）项目技术转让和工程设计签字仪式。

（14）美国 RTP 公司——全球特殊改性材料行业的主要企业之一在上海建立代表处。该公司从 60 多种工程塑料中精心挑选，并加以改性，把多种功能添加剂加入到塑料中以实现塑料的多种功能：如特殊颜色或外观，导电及电磁屏蔽功能，弹性体特性，阻燃特性，耐高温，结构增强和耐磨性等。

【发展概况】

（1）国内研究开发概况

神马集团拟进一步扩大 PA66 盐产能

到 2003 年底，中国神马（Shema）集团国际公司将把河南平顶山 8 万吨/年 PA66 盐装置扩大到 12 万吨/年。该项目已完成了可行性研究，董事会已同意扩产。这套装置由神马集团的子公司 PA66 盐公司经营，引进日本和意大利的技术，1999 年初投产。

东岳集团 3 000 吨/年聚四氟乙烯装置竣工

山东东岳集团年产 3 000 吨聚四氟乙烯（PTFE）装置竣工投产，生产出了优质产品，所生产的悬浮级、分散级 PTFE 的各项指标均居国内领先水平。

国家高新技术产业化新材料项目——聚碳酸酯，日前在四川省绵阳国家科教创业园正式动工。这个项目总投资达 20 亿元人民币、最终形成 5 万吨/年的生产能力，在我国同类产品中属于最大。

云天化拟扩建 2 万吨/年聚甲醛

该项目已列入国家新材料“十五”规划，并进入国家重点技改项目计划。该项目预计到 2005 年建成，届时，云天化公司的聚甲醛生产能力将达 3 万吨/年。

国内首套千吨级聚苯硫醚装置通过考核

由四川省华拓科技有限责任公司承担的国内首套千吨级聚苯硫醚（PPS）装置，近日通过了专家技术考核。经过 8 个月的试生产，已生产高分子量 PPS 树脂 328.5 吨，玻纤增强粒料 292.5 吨，涂料级 PPS 树脂 30 吨，产品均符合有关标准要求，装置运行正常。该装置批准总投资 10 650 万元，高分子量 PPS 树脂合成装置生产能力为 1 420 吨/年，超过了设计值（1 000 吨/年）。

常州热塑性聚酰亚胺开发成功

常州广成新型塑料有限公司与南京工业大学共同研发的一种尖端材料——热塑性聚酰亚胺开发成功。不仅具有优异的力学性能、介电性能及耐热、耐腐、耐磨等特点，还克服了大多数聚酰亚胺不溶不熔、难以加工的缺陷，表现出良好的热加工特性，能采用热模压、挤出和注射方法成型，可与碳纤维、玻璃纤维、聚四氟乙烯、石墨等复合，进一步提高材料的拉伸、自润滑耐磨等性能。该材料既可制成薄膜，也可模塑成型为管材、棒材，以及复杂结构的精密部件，因此是一种在特定条件下可替代金属、陶瓷、热固性树脂、低温热塑性塑料和难加工聚酰亚胺的理想材料。产品可用于汽车和飞行器发动机、通讯仪器、建筑机械、工业机械、商用设备、电子电器和微电子、分析和医疗设备以及传输和纺织设备等领域。这种特殊工程塑料的问世结束了我国该类产品长期依赖进口的局面，填补了国内空白。

高性能聚酰胺新品种 PA10T 开发成功

PA10T 是我国开发的聚酰胺新品种，它是一种半芳香族聚酰胺共聚物，熔点约 310℃，玻璃化转变温度约 100～200℃，一般力学性能与 PA66 相似。经改性后，其性能可与 PA46、PA9T 相比美。可通过注塑和挤出加工制成所需产品，用于汽车部件、齿轮、轴承等。由于 PA10T 的化学性能、吸水性、耐温性和加工性能等比较均衡，且吸水性特别小，综合性能相当优越，工业用前景广阔，填补了特种工程塑料和普通工程塑料之间的空白。

中国台湾已成为世界以 CD-R 和 DVD 为中心的光学媒体生产基地

个人计算机、打印机、监视器外壳、机台要求用 PC/ABS、PC/HIPS 等无卤阻燃牌号，另外还有汽车头灯、镜、内装饰件、门拉手、扶手、窗玻璃，机械工业中的照相机、摄像机机体、建材用板材、车棚、高速公路噪声隔板等，应用还包括液晶显示器用光学薄膜、医疗用人工透析器和防护安全帽等。

台湾生产聚酯正四角纤维

中国台湾地区化工所开发成功高科技聚酯正四角纤维，目前已可试量生产。聚酯正四角纤维质感、其高密度等级和高遮蔽特性能提供防风性、防水性和透气功能，适合用于时尚衣物、风衣和运动夹克的生产。

（2）国外研究开发概况

荷兰 DSM 公司新产品 AkulonXP

荷兰 DSM 公司最近新推出的尼龙 6 新产品 AkulonXP，通过特殊的生产工艺，分子链上有支链存在，和线型尼龙 6 相比，具备普通尼龙 6 的所有优点的同时，产品流动性好，拉伸性能大大增强，可最大限度的减小不同共挤出材料之间的黏度和弹性的差距，从而从根本上解决了多层隔氧膜的生产率低、产品消耗大及外观质量差的问题，它的好处包括：

① 提高薄膜的生产速度和稳定性；

② 减小多层隔氧薄膜的粘接剂的厚度及用量；

③ 使多层薄膜中不同材料层的分布和厚度更为均匀；

④ 极大的降低生产能耗；

⑤ 极大的减小薄膜的颈缩现象。

Bayer公司首次推出热成型PA6牌号

Bayer公司在美国塑料工程师协会（SPK）2002年度塑料热成型展览会上首次推出了热成型PA6板材，所用原料为15%玻纤增强材料，牌号为Durethan DP2-2140/15ZH 2.0，应用领域为汽车工业。特别是该材料可以作为金属和其他玻纤增强塑料的替代物，用作汽车发动机护罩和部件、机罩和侧板、货车和卡车板的材料。这种新型PA6板长期使用温度可达140℃，短期能耐170℃的高温。

德国推出可激光焊接的尼龙6

德国巴斯夫公司最近新推出一种可激光焊接的尼龙6（PA6）产品，扩大了可供应PA6产品的范围。目前巴斯夫公司向市场提供可激光焊接的塑料种类为PA6、PA66（UlramidA）和PBT三种树脂。这种新牌号最主要的应用市场信息为每年7万吨的汽车电器。该市场需求年均增长率为10%，目前主要塑料原料为PBT和PA。可激光焊接PA6新牌号的推出将促进巴斯夫公司进一步开发不接触焊接的汽车塑料件。如燃油系统传感器、各种发动机空气吸入歧管，现在空气吸入歧管生产都采用振动焊接法连接组件。

德国Bruggemann化学公司称其弹性体改性尼龙6（Nyrim）的反应注塑制品有巨大的市场空间。这是该公司2003年从荷兰DSM公司引进的新技术和产品，Nyrim主要应用于高抗冲制品，作为Bruggemann公司供应半成品生产厂新的原料，补充其现有浇铸尼龙6产品体系。

罗迪亚推出新型尼龙短纤维

据海外媒体报道，法国罗迪亚公司最近推出了一种名为Sylkharesse的尼龙短纤维。据介绍，这种纤维具有吸湿快干的特性，其吸湿能力级数为3.5，而纯棉为2.5；吸湿扩散速度为26.7平方厘米/分，而棉仅为6.5平方厘米/分；扩散吸收流量为2.48克/平方米，而棉仅为0.56克/平方米。这种纤维还有优异的抗起球性，优于纯棉3～4倍，其织物或服装的尺寸稳定性也优于棉及一般化纤，水洗后的缩率仅为棉织物的1/10，是聚酰胺长丝织物的1/4。

增强级别达到70%的PA

德国配混料商Leis Polytechnik推出了高玻纤增强的PA6和PA66品级的Nylaforce系列。NylaforceB品级增强级别有50%、60%、70%，Nylaforce A PA66品级则有50%和60%增强级别。该公司不准备公开其达到如此高的玻纤增强级别的专有工艺。NylaforceB70品级的相对密度1.73，弹性模量23 900MPa。该材料适于替代汽车工业中传统的铸铝、镁和锌部件。

MC尼龙改性研究的新进展

综述近年来铸型（MC）尼龙在减磨、增强、增韧和抗静电四个方面改性研究的新进展。使用固体润滑剂复配及液体润滑剂NZ-HA型矿物油等使MC尼龙耐磨性能有进一步的改进；引入纳米蒙脱土、环烷酸稀土等填充物使MC尼龙强度、尺寸稳定性和耐热性能明显提高；通过嵌段共聚方法获得了冲击性能大幅度提高的MC尼龙嵌段共聚物；将透明的抗静电剂磺酸盐A和辅助抗静电剂HPT配合改善了抗静电剂在MC尼龙中的分散效果。

聚酰胺系纳米复合材料开发和工业动向

美国Eastman化工公司与纳米黏土（蒙脱土）生产厂Nanocor公司合作开发了PAMXD6/黏土纳米复合材料，黏土含量为百分之几，采用熔融混炼工艺和插层法制备，2000年推出产品，商品名为Imperm，用于与PET一起做阻隔性多层复合瓶。

美国Honeywell公司开发出纳米黏土增强的尼龙6新品级Capron XA-3071，黏土含量1%～6%，其韧性是普通尼龙6的2倍，弯曲模量4 137MPa，落锤冲击强度1 334J/M，具有良好的耐热性和耐化学药品性，易于加工。

日本开发高刚性玻纤增强PA66制品

日本旭化成公司和东丽公司在PA66中加入少量芳香族组分进行共聚，所得聚合物分子结构的规整性相对降低了，从而在一定程度上抑制了它的结晶性和制品玻纤外露现象，得到具有优良表面外观和高刚性的玻纤增强PA66制品，扩大了应用范围。这类产品品级有旭化成公司的90G系列和东丽公司的CM3506G50。

Atofina为2004年奥运开发工程塑料新产品

Total Fina Elf's化学分公司Atofina公司生产的工程塑料：Rilsan®11（尼龙11）和Rilsan®12（尼龙12），Kynap（偏氟乙烯），满足了世界上对此类产品50%的需求。Rilsan®和Kyrtap产品有优良的耐高温和耐低温性能。Rilsan®可用于制造卡车制动系统的柔软液压管，也可用于海上石油工业中作为软管的阻透层。Rilsan®是目前惟一可保证20年无丝毫泄漏的材料。Atofina公司目前正在开发导电聚合物材料——Rilsan®和Kyfnar产品来制造这种输油管，其产品已非常接近市场化。

雅典奥运主场馆将用PC板作顶

雅典奥运会主运动场馆决定采用以色列热塑性塑料板材生产厂Palram公司的PC板作屋顶，主会场屋顶拟采用厚度为12mm的硬质涂层PC（聚碳酸酯）板，并已签署了材料供货合同。

陶氏化学公司为生产电视机外壳的客户推出了最新的 EMERGE PC/ABS 7560 高效能树脂。这是一种具有高流动性和阻燃效能的 PC/ABS 混合原料，不含氯或溴。EMERGE PC/ABS 7560 树脂具备高流动性、阻燃性和紫外线稳定性等特性，能够满足电视外壳原设备生产商的需要，已经获得 UL94 V-0 认证，成为模制电视外壳的最理想材料。

用氟聚物润滑的 PPO

LNP 公司将 PTFE 氟聚物润滑剂用于 GE 公司的苯乙烯改性 PPO 中，制造出一种新型的热塑性材料 Noel。与普通 PIY2 润滑材料相比，该材料具有良好的磨损性、低密度、潜在的使用温度范围和改进的冲击性能。

用纳米技术开发的聚酯薄膜

加拿大人利用纳米技术开发了一种能生产肌肤感好、吸湿性强的聚酯薄膜技术。该技术生产的聚酯纤维具有如下优点。

① 吸湿性好。聚酯薄膜是难于吸收水分的，而通过这项技术制成的产品，其吸水性可提高 30 倍。数十纳米厚的水分和油分，交互成层，在布表面形成薄膜，能仿制成吸湿性优良的类似人皮的织物。这种织物轻、薄、结实，尤其是吸汗能力特强，可使穿衣者免除汗流浃背之感。

② 能防止静电。聚酯纤维很难做到不带静电。而该产品不带静电是其独特的优点，对肌肤的柔滑感特别好，使用这种织物可防止肌肤干燥。

③ 能除体臭。体臭是令人讨厌的事。本品可用活性炭吸附体臭和摄取从肌肤溢出的维生素 C，从而实现了除臭洁身。

本项技术的关键是吸湿剂的选择和加工工艺，做到不因洗涤而使吸湿剂脱落和吸湿性能下降是本项技术的秘密所在。

意大利开发成功新型 PET 阻透树脂

意大利 M&G（Mossi & Ghisolfi）公司宣布，该公司开发成功了一种新型的 PET 树脂，商标名称为 ActiTUF。ActiTUF 是新型的 PET 树脂系列，具有主动或被动的气体阻透性，能够作为单层在容器生产中使用，主动的阻透性通过 M&G 拥有的除氧技术而实现，同时，被动的阻透性（如果需要）取决于应用要求，可采用 MG 公司拥有的聚合加成技术。

美国 Ensinger/Penn 纤维公司首次成功开发和生产出热成型 PPS（聚苯硫醚）板材和卷材。结晶型高聚物 PPS 适用于制备要求高耐热性、耐化学性和高温下仍保持刚性、硬度的厚壁和薄壁制品和部件。由于 PPS 熔点达 288～315℃，并具有良好的电性能、阻燃性和尺寸稳定性，因此可替代氟聚合物，能降低原料成本 30%。

韧性高 11 倍的 PPS 新品级

Ticona 公司新推出的 Fortxon S KX-382PPS，纯树脂缺口冲击强度达 $40kJ/m^2$。而已有的未填充 PPS 品级的缺口冲击强度仅 $3.5kJ/m^2$ 左右。

Solvay 公司开发了一种透明性接近 PC 树脂的聚砜树脂。Udel P-3700 HC 具有高强度、高耐热性，在－100～150℃保持其性能，热变形温度为 174℃。材料符合美国 FDA 及欧洲 EEC 要求，可直接与食品接触。典型应用有食品饮料、仪器、日用器具、面罩、照朋装置等。

美国推出工程塑料低温抗冲改性剂

美国 PolyChem Alloy（聚合化学合金）公司新推出 2 个工程塑料超低温抗冲改性剂 Pelletized Abust 和 Mebust，适用于 PBT、聚碳酸酯和尼龙等工程塑料，据称能改进材料低温（－55℃）抗冲击性能。Pelletized Abust 和 Mebust 中丁二烯含量大于 55%，无熔点，十分容易与高温（最高达 250℃）工程塑料混合。

Atofina 工程聚合物改性剂

法国 Atofina 石化公司推出两种丙烯酸酯基的工程聚合物耐冲击改性剂。其牌号分别为 Durastrength 400 和 Durastrength 400R。经 Durastrength 400 改性的材料具有以下特点：在低温下耐冲击好（－50℃）；优良的耐候性；热稳定性和持久性；与传统的丙烯酸类改性剂相比，提高了低温性能。Durastrength400 能有效的改善 PC 的性能，改性后的 PC 适用于体育器材、汽车部件（包括内、外部件），以及便携式通讯设备（电话、手提电脑）。Durastrength 400R 适合于用作 PBT、PE 及 PE 混合物的改性剂，改性后的聚合物可用于休闲和园艺设施（如除草机）等。Atonfina 公司称，他们正在开发一种新的耐冲击改性剂，这种还未命名的改性剂适合于改性注塑 PET 汽车部件。

发泡工程塑料

Zotefoams 公司称首次生产出发泡工程塑料。目前公司的技术人员已能发泡 PSU、PPSU、PES、PVDF。这类发泡材料不仅保持了固体聚合物的性能，如阻燃性、耐化学药品性，而且有更好的绝缘性和更高的强度质量比。Zotefoams 公司称能使泡沫工程塑料的密度控制在一个范围内，低于通常固体聚合物密度的 15%以下。发泡工程塑料有规则的泡孔，且不含能降低塑料性能的化学发泡剂。这类新型发泡塑料可用于汽车、航天、航空、铁路、航海、电子、风能和军事。

防渗透氟聚合物

Dyneon 公司推出一种新型氟聚合物 THV

X815G，熔点 225℃。熔体质量流动速率 12g/min，相对密度 2.06，极限拉伸强度 29.0MPa，弯曲模量为 5.4MPa，防渗透性是目前弹性燃油管中使用的 THV 500 系列的两倍。THV X815G 在多层结构中能与其他基材黏合，能与其他烃类弹性体共加工，不含妨碍燃料系统的萃取物，能满足严格控制烃散发和燃油弹性管的设计要求，可制作管长较长的大、小直径燃油管和小直径蒸汽管。

日本新型氟化树脂用于汽车供油管

日本大金工业株式会社日前成功地开发出可在低温下成型并能与其他材料粘接的新型氟化树脂。该产品合金和铜板等金属板及玻璃相互粘接，而且在 500μm 厚度下透光率达到了 30%以上。因此除汽车领域做阻隔材料应用外，该产品还可以应用于太阳能电池的表面涂层，以及在药液管和液位计中利用可视性对液体量进行管理等。这种颗粒状的树脂预计今年可开始销售。

新型自增强复合材料有望商业应用

一种新型自增强复合材料可用作汽车底板防护材料，且比玻纤增强热塑性材料（GMT）制成的防护材料重量轻且性能更好。这种自增强复合材料部件采用 BP 公司的子公司 Amoco Fabircs 的“Curv”预浸料坯制成，该公司的此项技术来自于英国 Leeds 大学。该技术适用于几乎所有的热塑性树脂，但目前为止主要是用于聚丙烯。Curv 复合材料的制备首先是挤出制成热塑性塑料带或编织纤维片，通过“热压”工艺加热加压，且只有塑料带或纤维片的外部表层融化，未融化的核心部分作为预浸料的增强纤维。Curv 预浸料预热到 160～170℃，然后在热压机或普通水压机上压制成型。由于其基体和纤维都采用同一种材料，所以称之为自增强复合材料。

Amoco Fabrics 公司研究者采用 Curv 制成的奔驰汽车 A 级底板防护材料同目前的玻纤增强聚丙烯部件进行了比较。两者的尺寸相同，厚度均为 2mm，Curv 部件的质量只有 900g，而 GMT 部件为 1 200g。此外，Curv 防护材料的耐冲击性能测试数据明显较好，如 20℃时，其 Izod 缺口冲击强度为 4 750J/m；而 GMT 为 750J/m。Amoco Fabrics 的 Cunv 产品在许多汽车产品和非汽车产品中也有用途，底板防护只是其中之一。

离子涂覆高效阻隔 PET 瓶经济高效好

约 60%的阻隔 PET 瓶采用多层吹塑法成型技术。但该法有产品的回收性和成本问题，每加工 1 000个瓶要增加成本 15 欧元或更高的费用。PET 瓶厂还采用其他方法来达到提高阻隔性的要求，如喷洒涂层法，每 1 000 个瓶子要增加成本 18 欧元，而且生产效率低，而用 PET 共混物为原料，则难于回收、价贵，生产速度下降。而等离子涂层制成的 PET 瓶高效阻隔，并且比较经济。目前 4 个最大的双阶 PET 拉伸挤出吹塑厂已开发成功阻隔涂层系统，并有限地向市场推出。德国 Corpoplast 公司 2002 年 10 月透露了其瓶内壁采用的更好阻隔方法：二氧化硅等离子涂层系统 Plasmax，每加工 1 000 个瓶子增加成本 12～15 欧元。Plasmax 采用了 HiCotec 公司的等离子脉冲化学气体沉积技术，可确保使用时（如在灌装后瓶子发生的蠕变、热灌装和巴氏消毒时以及瓶子被挤压和跌落时）不会产生针眼或裂纹，另外对阻隔要求更高的应用，则必须增加涂层数。

从废 PET 瓶直接回收的制瓶专用机

日本青木固研究所开发出从废 PET 瓶碎片直接回收的制瓶专用机 AOK1250LL-50S 型吹塑机，中间不经过碎片造粒，而且采用 100%的回收料，该专用机是包括成型机、模具和除金属装置等完整的“回收 PET 瓶专用系统”。采用该设备是实现不需混入 PET 新树脂、直接利用价格便宜的废 PET 瓶碎片的新技术，为理想的“瓶制瓶”工艺能直接生产适用于洗发香波和洗涤剂等非食品应用、消费量大的日用包装瓶产品。

SMC 板首次用于轿车

法国 Smart 汽车公司 2003 年首次推出用涂漆 SMC（片状模塑料）板的 SmartRoadster 型轿车。

增强长纤维热塑性塑料的注射成型加工

近年来，汽车产业所需部件要求增强纤维长度为 10mm 以上，PP 中的添加量为 60%～70%，而一般使用增强纤维长度为 0.5mm，称为短纤维，易分散在 PP 树脂中，注射成型加工容易。汽车企业使用的增强纤维长度要求在 12mm 以上，注射成型加工时，流动性差、加工困难，造成成型制品质量低劣等不足。对此，日本制钢所成功开发出增强长纤维专用注射成型机——J850EⅡ-114 型。

该专用注射成型机的特点是①采用特殊螺杆、加料部位、冷却等设计，可使用 PP 增强纤维颗粒长度达到 8～50mm，比一般增强纤维颗粒长度 3～6mm 长约 10 倍，能够防止增强长纤维在注射成型加工时被切断而影响成型制品物理机械性能，例如：PP 增强纤维添加量为 40%，增强纤维颗粒长度为 6mm 时，比一般注射成型冲击强度提高 2 倍；当增强纤维颗粒长度为 48mm 时，冲击强度提高 3 倍。②能够成型加工大型制品、成型收缩率小、尺寸稳定。

金属与工程塑料复合技术

Rhodia 工程塑料公开发了一系列以复合型解决方案为方向的应用理念，将金属与工程塑料复合以生产承载能力优良的结构件。首先通过金属部件重叠注塑，继而采用气体或水辅助技术压制塑料模芯，因而能通过单一步骤完成整个复合部件的生产。该工艺生产的结构件具有硬度高、质量轻、能量吸收率高且无凹痕。

水注塑技术

水注塑技术（WIT），是颇具发展前景的新型技术，刚刚投入商业应用。WIT 技术的优点是注水的冷却效果，可缩短周期时间达 70%，可降低部件质量。在生产导管和管材时，可进一步改进内部表面特性，可提供自然流畅的断面，这种特性在开发汽车加热和冷却系统导管中尤其重要。

成型内涂饰技术

日本涂料公司利用注射成型加工时，成型制品表面热的特性，利用涂料注射装置瞬间将涂料注射到热的成型制品表面，形成一体的注射成型技术称作成型内涂饰技术，即 IMC 技术。IMC 技术通常分为高压法和低压法两种。所谓高压法即在模具闭合高压状态下，将涂料注入到模具中的方法。而低压法是在注射成型完毕后，模具打开一个很小的间隙，此时，模具处于低压状态，将涂料注入到模具中后，立刻将模具闭合，待涂料硬化后，再打开模具取出涂饰的成型制品的方法。IMC 技术的主要特点如下。

① 由于涂料注入操作是在密闭的状态下进行，减小了涂料对环境的污染；

② 注射涂饰一次完成，生产效率高、成本低、附加值高；

③ 涂饰加工在高温下进行，能够得到涂饰表面光洁、光亮优质的成型制品；

④ 能够进行 PC、PET、ABS 等不同成型材料、不同复杂形状成型制品的涂饰加工。

（3）塑料制品行业与国外同行业水平的差距

中国已步入世界塑料制品大国行列。但是，我国塑料制品行业总体水平与发达国家相比还有相当大的差距，主要表现在以下几个方面。

① 产品结构不合理。中低档制品多，高档产品少；通用技术产品多、高技术、高加值产品少等问题。

② 总体装备水平低、工艺技术相对落后，正在使用的设备中大约 20%属落后淘汰范围。

③ 大中型塑料制品加工企业少。佛山塑料、河北宝硕等 16 个企业集团的总产值占全行业总产值的比例不到 10%。又如聚氯乙烯管材。

④ 科技投入不足、开发能力薄弱。由于科技投入不足，科研成果转化为生产的比例仅仅 20%。部分企业把技术进步的希望寄托在不断购买和引进上，长期未能解决自主研究开发，赶超国际先进水平的问题。

⑤ 塑料制品行业发展的地域差距不断扩大。塑料加工行业的发展很不平衡。南方地区比北方地区发达，沿海地区比内地发展快，西部地区相对落后。广东、浙江、山东、江苏四省是我国塑料制品工业最发达的省份。

⑥ 国产塑料原料供应不足，过分依赖进口原料。

⑦ 废弃塑料回收利用的管理和再利用技术的开发与社会环境发展战略要求不相适应。无论从环境角度考虑，还是从地球上有限资源的再生利用考虑，必须对废弃塑料的回收加强管理和努力研制开发具有较高附加值的再生塑料制品。

【专委会活动】

1. 传播科技信息，办好定期出版物

2003 年《工程塑料通讯》出版了 6 期，共分八个栏目：政策法规要闻、行业动态及发展趋势、薄膜及包装材料、通用大品种塑料、通用工程塑料、特种工程塑料及复合材料、热塑性弹性体、加工助剂及其他。每期精选国内外 20 多种期刊杂志和网上信息的相关条目，以文摘的形式刊登，使读者便于了解当今国内外塑料产业发展的最新动态。出处明确，便于查找，对于众多企业提供了了解世界、发展自己的机会。受到了业内广泛的欢迎和好评。对会员单位免费寄送，也送上级主管单位和进行业内交换。

2. 搞好学术技术交流会，在科学家和企业家之间架起友谊的桥梁

2003 年 12 月 9～13 日，中国塑协工程塑料专委会在海南省召开了第六次“塑料高新科技成果交流会”。中国塑协理事长廖正品先生，中科院院士、四川联合大学徐僖院士，国内著名高分子材料专家、塑料管材专家黄锐教授、张玉川高工，国际著名塑机厂家贝尔斯托夫、日本旭肖子等专家与会并做了精彩的演讲，演讲的主题内容有：“中国塑料工业基本现状及发展重点”、“通用高分子材料高性能化研究”、“聚丙烯实用化技术进展”、“建筑内冷热水用塑料管道系统发展概况”、“高分子材料功能助剂的研究进展”、“用回收 PET 废瓶制备超韧工程塑料合金”、“汽车用塑料新材料发展概况”、“含氟高分子材料实用化技术进展”、“新型抗菌剂的研究及其在后非典时期的应用展望”、“2004 年世界塑料新材料发展概况”等二十多篇论文，受到了与会代表的热烈欢迎，认为这是业内一次高水平的、成功的学术、成果交流会。

3. 积极支持兄弟专委会的工作

2004 年 4 月应中国汽车零部件工业塑料发展中

心的要求，我们专委会特地为他们的年会准备了一篇题为“汽车用高分子材料文献汇编”，时间跨度为2003年4月～2004年4月，分为四个专题：①汽车用橡塑材料概况和发展趋势；②汽车用功能性塑料；③汽车用塑料新材料、新技术、新工艺共51篇文献摘录，得到了他们诚挚的感谢。

2002年10月和2002年12月受中国工程塑料协会塑料加工及应用专委会和塑料加工助剂专委会的邀请分别到会做了专题演讲。

4. 尽可能给会员单位以最大的支持和帮助

除了日常的科技咨询活动和办好专委会定期出版物“工程塑料通讯”外，还为会员单位做了一些专题调研。

- 汽车用塑料新材料现状及发展趋势
- 热塑性弹性体现状及发展趋势
- 新型聚丙烯成核剂应用现状
- 玻璃纤维增强复合材料发展概况
- 中国BMC复合材料应用及发展概况
- 中空玻璃微球/聚合物复合材料相关文献
- 重质碳酸钙应用现状
- 帮助企业申请地方科技创新项目和科技新产品的立项和查询工作
- 多功能、集成化、高水平特种聚烯烃管材挤出成套设备及其产品
- 多功能、无载体填充母粒的开发及产业化

【重点企业】

1. 上海杰事杰新材料股份有限公司；
2. 海尔科化工程塑料国家工程研究中心股份有限公司；
3. 广州金发科技股份有限公司；
4. 龙口兴隆道恩化学有限公司；
5. 温州俊尔高聚物有限公司；
6. 常州丰盛塑料有限公司；
7. 南京聚隆工程塑料有限公司；
8. 辽阳市宏伟区康达塑胶树脂厂；
9. 湖南岳阳石化总厂；
10. 江苏联冠科技发展有限公司；
11. 科亚公司；
12. 南京橡塑机械厂。

（中国塑协工程塑料专委会　王德禧）

医用塑料

【行业现状】

塑料以其优良的性能、可靠的性能、方便的成型工艺在医疗领域获得了越来越广泛的应用，使塑料材料制备医疗用品极具发展前景。

首先塑料具有良好的物理力学性能和化学稳定性，比较适合在医疗领域使用；其次高分子材料来源丰富、价格低廉，适合制成一次性医疗用品，避免了传统材料制品因价格高昂而不得不多次使用导致的消毒和交叉感染的问题；而且塑料较容易改性得到具有良好组织相容性、血液相容性的制品；还有塑料加工方便，制作成本低，适合多种成型方式，便于加工成复杂的形状和开发新型医疗产品。

医用的一次性耗材，主要使用PVC、PP、PE、PU、PA、PC、PTFE等材料。随着耗材需求量的增加，材料的用量必然增加。以PVC粒料为例，我国北方地区的年需求量超过3万吨，粒料生产厂家多在江苏、江西一带，北方没有成规模的粒料生产厂家，这类产品也有较大的市场空间。

截至2003年12月底，我国共有一类医疗器械生产企业2 214家，二类医疗器械生产企业5 247家，三类医疗器械生产企业1 548家。共核发医疗器械产品注册证28 043个，其中进口注册证6 510个，许字号注册证136个，国产三类注册证3 531个，国产一、二类注册证17 866个；被列为医疗器械重点产品生产企业的总数为1 240家，其中数国家重点监管的企业有624家。

医用塑料是生物医学产业的一个重要领域，也是一个新兴产业。发达国家在生产规模和人均消费上非常可观。美国在上世纪90年代初期医用塑料销售额就已达20亿美元，人均年消费于医用塑料方面的费用为300美元（中国平均只有30元人民币）。日本本土生产的医用塑料产品已达20亿件套（不包括齿科材料2 000多吨），销售额达1 900亿日元。发达国家医用塑料的消费量正以每年5.8%的速度增长。2000年全球生物医学材料及制品市场已达750亿美元，今后还会有更大的增长。有专家预测生物医学材料产业在今后15～20年间可达到相当于药物市场的规模。值得指出的是，国外一些医用塑料厂商看好并已进入中国医用塑料市场。

目前，医用塑料主要有以下产品。

一、血液净化产品：

1. 人工肾

（1）透析型　我国因慢性肾衰需透析治疗的病人有100多万。目前能正常透析的病人约20万，年耗用中空纤维透析器200多万支（专家预测今后可能超过400万支）。目前的市场售价因规格不同约在120～300元/支。

（2）吸附型　目前主要用于各种药物中毒的治疗，年用量3万支。

2. 人工肾透析器管路

使用量与人工肾数量基本相同，每套管路 30 元左右，年需求量 200 多万套，预计可发展为 400 万套/年。

3. 动、静脉针

病人每透析一次，要使用动、静脉针各一支，每年每种约需 200 万～400 万支。

二、中心静脉导管

中心静脉导管分为单腔、双腔、三腔，有 5F、7F、8F 三种规格。其中 7F 双腔导管用量最大，每年约 200 万套。仅天津肿瘤医院每天就使用 15 套左右，市场空间较大。目前国内广东、四川、天津有少数厂家生产。临床使用的大部分为进口产品，主要来自德国、美国、日本等国家。

三、真空采血器

国内市场需求 10 亿套，有 40 余家企业生产。有玻璃和塑料两种，玻璃真空采血器有被塑料替代的趋势。

四、自毁式一次性注射器

目前国内一次性注射器生产厂家约 300 家，但生产自毁式一次性注射器的寥寥无几。国内市场每年需注射器 50 亿支，自毁式一次性注射器是发展方向，应尽快投产。

五、一次性输液器与输液塑料包装

国内一次性输液器生产厂家也有 300 家，产大于求，竞争十分激烈，尤其是价格竞争，导致利润微薄。但许多带有功能性效果、质量上乘的产品还有很大生产空间。如避光输液器，因病人治疗所输某些化学药，必须使用避光输液器。而国内现阶段生产的避光输液器，因管路颜色浸出，影响使用。该产品市场空间和利润都较大。

输液瓶（袋）有了迅猛的发展，其整体市场份额已占全国 30 亿瓶（袋）总产量的 10%。截止 2003 年 2 月底，我国共有 60 余家企业引进或签订了塑料包装生产线的引进合同。全部企业的设计生产能力约 6 亿瓶（袋），约占全国输液生产总能力 30 亿瓶的 20%（不含医院制剂室的输液）。实际生产能力约为 3 亿瓶（袋）左右，占全国输液总生产能力的 10%。

六、体外循环用品

俗称“人工肺”即鼓泡式氧合器与膜式氧合器以及配套的回收血器、动脉微栓滤器、阻隔器等每年需 6 万套。

七、各种医用导管产品

1. 介入治疗用导管

(1) PTCA 导管　国内需求 3 万～4 万套，每套 1.0 万～1.2 万元；

(2) 造影导管　国内需求 6 万～8 万元，每套 300～400 元；

(3) 导管鞘　国内需求 10 万套以上，每套约 100 元；

(4) 封堵器输送导管　年需求 1 万套，大多为进口；

(5) 脑导管　用于阻断或扩张脑血管用的介入导管，每支 2 000～8 000 元，大多为进口产品；

(6) 肿瘤用介入导管　直肠、胃、鼻咽等肿瘤治疗用介入导管；

(7) 消化道类导管　鼻饲管、胃管、洗胃管、胃肠动力测压管、直肠透析管等量大面广产品。

2. 气管插管与麻醉用导管：包括麻醉包、硬膜外导管等，年需求量几百万套。杭州、河南、江苏等地均有生产厂家。

3. 体外循环插管

(1) 静脉插管　年需求 10 万支，进口 400 元/支，国产 100 元/支；

(2) 主动脉插管　年需求 6 万支，进口 400 元/支，国产 100 元/支；

(3) 各种灌注针　年需求 6 万套，进口 400 元/套，国产 80 元/套；

(4) 右房管　年需求 1 万套，进口 600 元/套，国产 200 元/套。

4. 其他导管：导尿管、吸痰管、吸引连接管等门类广、品种多、市场大，但技术含量、附加值和利润相对较低。

八、血袋

目前国内、国外厂家的产品共存。日本泰尔茂公司已在我国东北建厂生产。

九、齿科用一次性耗材

一次性齿科材料在欧美国家应用已十分普遍。洗牙等牙齿的保健在国外已成习惯。我国成年人的龋齿率为 49.88%，儿童乳牙的龋齿率高达 76.55%，65～74 岁老年人平均失牙数高达 11 颗。随着人民生活水平的提高，人们对牙齿的保健意识势必增强，因此齿科一次性耗材市场前景十分看好。

十、呼吸科用一次性耗材

与呼吸机相关的耗材是塑料在医疗器械中应用最密集的领域之一。主要产品有呼吸面罩、鼻罩、呼吸机连接管和吸氧管等，需求量非常大。

十一、检验科、实验室用一次性耗材

检验、实验用耗材应用十分广泛，各种塑料器具、器皿、试管等大多为塑料制品。我国有 17 万户医疗单位，几万个检验、实验室，检验、实验用一次性塑料耗材市场较大。

十二、自体血回收用耗材

自体血回收在我国是近几年来兴起的一项新的临床技术。分为洗涤式和非洗涤式两种设备、耗材前景广阔。

十三、一次性塑料节育器

十四、药品包装材料

1. 医用膜类产品：每年 0.5 万吨

2. 医用包装材料：每年 10 万吨

十五、医疗垃圾袋

1. 普通垃圾袋

2. 高温灭菌垃圾包装袋

【发展趋势】

自 20 世纪 30 年代人们首次使用合成高分子材料——赛璐珞膜作为透析膜制成的人工肾应用于临床获得成功以来，高分子材料正在逐步替代传统无机材料如金属（或合金）、玻璃、陶瓷、磷灰石等用于制备医疗用品。

呼吸系统中的塑料制品与呼吸机相关的塑料制品是塑料在医疗器械中应用最集中的领域之一，其相关制品包括面罩、鼻罩、气管插管、气管切开插管、支气管导管、呼吸机连接管、各种套管等。以上制品大都由聚乙烯、聚氯乙烯、聚丙烯、橡胶等材料制备而成。

这一类的产品是临床用量较大的易耗品，我国年均消耗该类产品的价值在数亿元人民币左右，市场十分巨大。目前我国已经能够自主生产呼吸机及其相关塑料制品，但由于产品精细度等因素，产品主要应用在中小城市和广大农村地区或出口，而像京津沪等大城市的市场主要应用的还是国外进口产品，因此市场空间仍是很大的。

此外，人工气管应用也较多，一般采用膨体聚四氟乙烯制成。膨体聚四氟乙烯由于柔软性和硬度适中、生物相容性好等特点在医疗领域获得广泛应用。

其他如塑料人工肺目前使用聚丙烯中空纤维、聚砜中空纤维等作为材料，氧合效果好、对血液成分破坏作用小、安全可靠，在国外已经使用。国内目前还以进口为主，但复旦大学已经成功开发了人工肺并已经完成了临床实验数百例，马上可以进入规模生产，进入临床应用。

循环系统中的塑料制品人工心脏应用的塑料主要是聚醚氨酯类材料，具有弹性好、抗老化、组织相容性和血液相容性好，产品性能可通过分子设计来调节改变等优点。制备人工心脏目前主要使用脂肪族聚醚氨酯，其发展方向是将其改性，在分子链上接枝硅橡胶和维生素 E 等以进一步改善其生物相容性。随着人工心脏向小型化、耐用性强及低阻力的发展，有可能将来像人工心脏起搏器一样得以广泛应用，那时塑料将发挥更大的作用。

由硅橡胶材料和聚氨酯材料制成的导管、插管和引流管具有组织相容性较好、不易凝血，并有助于切口部位的愈合，术后并发症较少等优点，得以大量使用。目前，导管、插管、引流管的研究较多集中在表面改性，如表面肝素化、表面修饰、接枝改性等，来提高生物相容性、减少组织炎症的发生、血栓的形成和细菌吸附等。

消化系统中的塑料制品在消化系统中齿科是应用塑料量较大的领域，其中塑料制品包括：义齿、牙托粉、全口托牙、托牙组织衬垫、补牙树脂等，主要由聚甲基丙烯酸酯类及其共聚物制成。

第二次全国口腔健康流行病学的调查显示，我国成人的恒牙患龋率为 49.88％，儿童的乳牙患龋率为 76.55％，65～74 岁老人的平均失牙数高达 11 颗，而随着口腔保健知识的不断普及，人们对于牙齿的保健意识也在增强，因此，这一类医用塑料制品的市场前景将相当广阔。

运动系统中的塑料制品常用的塑料用品有人工关节、人工骨钉、骨水泥等，在临床使用上，塑料以其质轻、稳定性好、自润滑性佳等获得广泛应用。

目前国内外正在研究以茂金属催化剂合成的超高分子量聚乙烯制备的人工关节，该材料具有耐磨损、自润滑等特点，非常适合用于制备人工关节。近年来出现的羟基磷灰石骨水泥或磷酸钙骨水泥作为一种新型的人工骨置换材料，其化学成分与人体骨组织的主要成分极为相似，生物相容性良好，具有无毒、无刺激、无致畸、不致癌，而且植入体内后可与原骨结合成一体，形成牢固的骨结合，在临床上得到很好的应用，具有很高的商业价值。

神经系统中的塑料制品人工神经导管主要用于损伤神经的修复，是目前最有希望获得突破临床应用的项目之一。近几年来医学界正在研究的应用于神经导管中的降解塑料，主要有聚乙交酯、聚丙交酯、胶原等。目前美国约翰霍普金斯大学等单位已经在动物实验中取得了令人瞩目的成果。如果能够实现临床应用，其商业价值将十分巨大。

此外，由碳纤维增强的硅橡胶颅骨板、羟基磷灰石或陶瓷材料所制成的新型人工颅骨移植片具有良好的性能，也已开始用于临床。

目前应用于感觉系统中的塑料制品中用量较大的有人工角膜和接触眼镜（隐形眼镜）。用于人工角膜和接触眼镜的材料主要有聚甲基丙烯酸甲酯、涤纶共聚物、硅橡胶、甲基丙烯酸酯类共聚物水凝胶等高分子材料。目前，人工角膜移植并发症主要有植入物与人体的相容性问题而导致植入物排出，其次是角膜感染、眼内炎症和青光眼等；这些将是材料工作者下一步所要致力解决的问题。

我国城市学生的近视眼发病率很高，据卫生部统计，沿海省市部分大中城市高中生的近视眼发病率高达50%，而年轻人较为喜爱佩戴隐形眼镜，舒适、卫生、含水量高的材料制成的隐形眼镜市场十分巨大。

同普通塑料相比，医用塑料要求较高，对单体及低聚物的残留有严格的限制；对塑料中锌、铅、镉、铜、钡、锡等金属离子残留情况都有严格规定；用于医用塑料的树脂要求纯度较高、分子量分布较窄；塑料在加工或改性过程中要求尽可能采用无毒助剂，长期使用时要防止或减少助剂的析出，以免影响制品性能和治疗效果；根据医用塑料制品的不同使用要求，常需要塑料制品具有表面亲水性、抗凝血、耐辐射灭菌等特殊功能。

可耐多种消毒方式目前，使用中的塑料制品一个比较突出的问题是消毒灭菌问题。医疗产品常见的消毒灭菌方式有：高压湿热法、环氧乙烷法、γ-射线辐射法等。

高温湿热消毒法灭菌效果最好，但是大部分塑料不耐高温，只有少量的品种如PP、PET、PTFE、硅橡胶等可以采用此法。环氧乙烷法是目前大多数医疗器械产品采用的消毒方式，但是环氧乙烷的残留对人体有害，国家对医疗器械中的环氧乙烷残留有着严格的规定。γ-射线辐射法体积小、效果好、适合自动化生产的在线消毒，但我国目前的塑料配方、工艺不过关，辐射后易使制品变色，因此，开发耐湿热消毒、耐γ-射线辐射消毒的塑料将是我国医用塑料的发展方向之一。

医用塑料的功能化医用塑料制品在使用过程中，大都要与人体接触，因此制品表面的性能至关重要。为改善制品的血液相容性、组织相容性，需要对制品的表面进行改性，如：材料表面肝素化、表面接枝、表面等离子体处理、蛋白修饰等。介入导管及赋予长期使用的塑料器械抗感染性也是目前医用塑料的研究和发展方向之一。

新型医用塑料开发近年来，一些具有较好性能的新型合成材料逐渐问世，极大丰富了目前医用塑料的品种。例如：Philips公司的K树脂具有较好的冲击强度，改善了聚苯乙烯的脆性，还可以调节材料的硬度，目前在国内外都已经开始替代聚氯乙烯在一次性输液器中应用。

聚氯乙烯在医疗领域应用较广，但其制品中DOP的渗出问题一直没有解决，而且DOP是否有致癌作用，迄今为止没有定论。目前国外的聚氯乙烯增塑剂中基本不用DOP，而采用了环氧大豆油、柠檬酸酯等析出性低、安全性高的新型增塑剂。

鉴于塑料具有性能优异、价格低廉、加工成型方便等特点，必将大量取代传统材料，在医疗领域有更广泛的应用，因此，新型的治疗、诊断、预防、保健用塑料制品的市场发展前景十分看好。

（中国塑协医用塑料专委会　曹常在）

氟　塑　料

【行业现状】

氟塑料以其优异的耐腐蚀、绝缘、耐温、自润滑等性能，被广泛应用于化工、机械、电子电器、航天航空、医药、建筑、军工、汽车等领域中。氟塑料制品包括聚四氟乙烯制品和可熔融加工的氟塑料制品。中国氟塑料加工行业经过40年的发展，在研发、加工和应用等方面已经取得了长足的进步，拥有了较齐全的加工方法，和一大批优秀的技术专家以及良好的销售体系。

近年来，随着中国改革开放，特别是加入WTO以后，经济的高速发展，国外先进的生产技术、设备以及材料不断涌入，以及其他行业的快速发展，都给氟树脂的应用开拓了许多新的领域，国内需求不断扩大，出口量猛增，使得氟树脂的生产和加工进入了高速增长期，我国聚四氟乙烯树脂的消耗量已从2001年的10 635吨增长至2003年的17 914吨，年增长速度超过25%，中国已迈入聚四氟乙烯树脂生产大国的行列。表1列出了2001～2003年中国氟聚合物供需情况。

表1　中国氟聚合物供需情况

（单位：吨）

项　目	2001年	2002年	2003年
国内PTFE产量	11 032	13 851	17 914
国内PTFE消耗量	10 635	13 509	17 309
国内FEP产量	237	328.4	413.7
PTFE树脂出口	3 308.8	3 724.9	4 916.5
PTFE树脂进口	3 109.7	3 780.6	5 044.7
PTFE制品的出口	1 957.9	2 120.1	2 330.4
PTFE制品的进口	775.2	574.5	575.3
其他氟聚合物的出口	68.1	193.8	348.5
其他氟聚合物的进口	4 758.1	3 764.3	5 245.9

注：1. 其他氟聚合物的数量包括氟橡胶。

2. 由于PTFE制品的品种较多，有许多制品没有按照聚四氟乙烯制品报关，所以实际进出口量将超过此数据。

目前，专委会中年产量超过 100 吨或产值在 1 000万元以上的企业已有 40 余家，其中部分企业 2003 年的氟塑料制品产量超过了 600 吨，产值超过 5 000万。有的企业虽然产量不高，但产品的附加值很高，企业效益可观，这充分说明我国氟塑料加工企业正向规模化和专业化方向迈进。

多年来，专委会对北京、上海、天津、河北、山东、陕西、江苏、浙江、湖北、湖南等省市的几十家企业进行了多次走访，对这些企业的产品有了较全面地了解，这些产品涵盖了氟塑料加工的绝大多数工艺技术，通过走访，感觉到了我国氟塑料加工行业飞速发展的势头。

我国氟塑料加工企业的地区分布比例按企业数量计算大致如下：

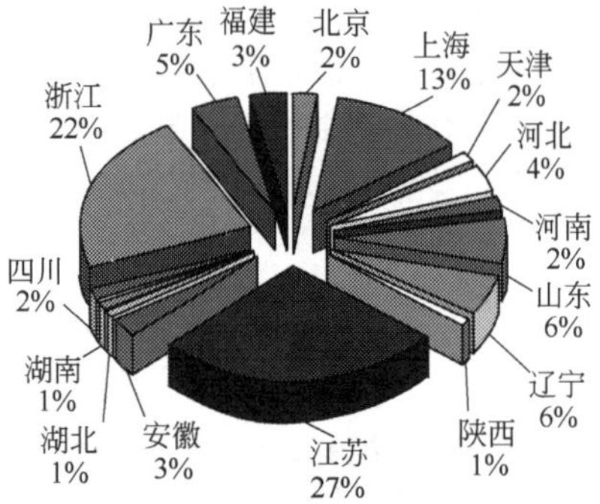

据不完全统计，国内目前拥有氟塑料加工企业近千家，主要分布在我国江苏、浙江、广东、安徽、福建、山东、河北、辽宁、湖北、湖南、四川等 20 多个省市自治区。其中较集中的地区如下。

上海地区是国内开展氟塑料成型加工研究最早的地区之一，具有较强的氟塑料制品的生产、加工能力和完善的研究及外贸体系，几十家大小不一的氟塑料加工企业，涵盖了众多类型的氟塑料产品。随着我国经济的快速发展，国外几大原料供应商先后在上海成立公司或设有代表处，外资氟塑料加工企业也大多落户于这一地区，目前还有部分国外知名的加工企业正在筹备进入这一地区。

浙江宁波地区　全国最大的生料带生产基地，年产生料带制品 1 000 吨以上，以出口为主；另外浸渍产品、密封制品在这一地区也形成了一定的规模，生产厂家较多，外销量较大。这一地区还拥有部分以加工小制品为主的企业，大多分布在慈溪、余姚一带。

浙江嘉兴、嘉善、德清地区　拥有多家年产量百吨以上的企业，主要以聚四氟乙烯半成品加工为主，近几年来柱塞挤出在这一地区发展迅速。

温州地区　以衬里加工为主，分布着近百家加工厂，多数是生产防腐蚀泵、阀以及管道和反应釜衬里的厂家。

江苏扬中地区　国内最大的常规聚四氟乙烯制品加工地地区，聚四氟乙烯树脂年消耗量 2 000 吨左右。拥有 5 000 左右营销员在外推销，除几家年产量较大的企业外，其余多以家庭作坊式加工为主，厂家多达 300～400 家左右。

安徽无为地区　以加工可熔性氟塑料电线电缆为主，年消耗树脂 1 000 吨以上，其中有 6 家以上的工厂年消耗 200～300 吨氟树脂，该地区主要注重再生氟树脂的利用。

福建南安地区　以生产生料带为主，厂家较多，除个别厂家外均未形成生产规模，该地区年消耗树脂 600 吨左右。

广东地区　台资企业、民营企业居多，多数企业以外销或工业配套为主，在国内宣传较少，这一地区是涂料和进口可熔性氟树脂消耗量最多的地区，不仅有许多氟涂料的生产和应用大户，还有电线电缆以及聚四氟乙烯半成品和制品的加工企业。由于地处沿海，出现了一大批以生产再生氟塑料原料为主的企业。

另外，北方的氟塑料加工企业主要分布在北京、天津、河北、山东、陕西、辽宁等地，军工配套企业较多，除少数企业外，大多数加工厂生产规模不大，产品出口量不大。

经过几年的发展，国内氟塑料的加工水平有了进一步的提高，研制出了许多新产品，例如，幅宽达 4.2m 的聚四氟乙烯浸渍布、聚四氟乙烯纤维及织物、1.5m×1.5m 的聚四氟乙烯弹性板、弹性带、过滤产品、橡塑复合制品、高性能电线电缆，以及半导体、汽车、机械、造纸、化工、医药、建筑、服装等行业所需的多种产品。

【专委会活动】

1. 专委会秘书处在第三届年会后又发展了近 40 家会员单位，其中氟塑料产品年产量达 100 吨以上，或年产值超过 1 000 万元的企业有 10 多家，外资企业 4 家。对早期的 87 家会员单位进行了重新登记，现专委会共有 126 家会员单位。今后专委会将进一步做好会员单位的管理和发展工作，使会员队伍进一步壮大。

2. 2003 年 10 月在四川省成都市召开了三届三次理事扩大会。北京市塑料研究所、武汉市工程塑料有限公司、天津市第九塑料制品厂、上海上化氟材料有限公司、常州正信氟塑料制品有限公等 18 家理事单位和嘉善东方氟塑厂、镇江春环密封件集团有限公司、山东东岳高分子材料有限公司等 6 家特邀的骨干企业共 38 名代表参加了会议。会议主要内容如下：

① 会议听取了专委会 2002～2003 年工作总结和

下一步工作计划；

② 修改专委会章程，提交本届会员代表大会讨论通过；

③ 根据会员单位的提名，投票产生了第四届理事会单位候选名单；

④ 与会代表介绍了本单位的发展状况，并对氟塑料行业的发展方向进行了讨论。

3. 组织中国氟塑料加工企业代表团赴欧洲考察

为了更多地让会员单位进一步了解国外氟塑料发展状况，学习国外同行的先进经验，通过一年多的筹备，经过多方努力，专委会组织了部分会员单位组成了中国氟塑料加工企业赴欧考察团，于2002年9月11～25日对法国ATOFINA公司、德国的DYNEON公司、比利时的Dr.SNABLE公司、意大利GUARNIFLON和FLUROSEALS工厂进行了考察。被访企业对考察团的到来非常重视，做了大量的准备工作，为考察团详细介绍了企业严格的管理、研发、质量控制以及全球的销售体系，团员对考察普遍感到收获很大。

通过在欧洲几家企业的参观座谈，考察团成员对欧洲氟树脂生产和氟塑料加工行业的情况有了初步的了解，开阔了眼界，找到了差距。可以看出，通过多年的积累，国外先进企业已经形成了一整套完整的生产、管理和销售体系，他们的质量保证体系非常完善，企业的研究计划与生产和销售密切衔接，从而保证了产品的优质和领先地位。考察团成员普遍认为国内企业要想赶超世界先进水平，首先要学习领会国际上先进的管理理念，提高管理和生产人员的整体素质。借鉴先进的管理模式，确保产品质量的提高，才能真正提高企业的市场竞争能力。

4. 制订“聚四氟乙烯薄膜规范”国家军用标准

“聚四氟乙烯薄膜规范”国家军用标准起草小组通过参照国内外的相关标准，结合我国军工配套的特点，同时征求了生产厂家、用户及标准专业人士的意见，分别在2002年7月和2003年7月完成了征求意见稿和送审稿。并于2003年8月21日由国防科工委军工专用材料标准化技术委员会在北京主持召开了该标准的专家审查会。参加会议的有国防科技工业标准化研究中心、国防科工委军工专用材料标准化技术委员会、中国轻工业联合会、全国塑料制品标准化中心、氟塑料制品的生产、用户、设计、科研、检测等单位的20余名代表，与会代表以科学、严谨的态度，对该规范的送审稿、编制说明以及汇总意见进行了逐字逐句的审查和讨论，代表们认为该规范参照了美国、日本、俄罗斯的相关标准，并结合我国军工配套的特点制定；其主要内容与国外先进标准一致，具有科学性和可操作性。达到了国际先进水平；在编写格式上符合GJB—2001《标准编写规定》的有关内容，与现行法规协调一致。与会代表一致通过了该规范的送审稿，同意按审查会意见修改后形成报批稿，上报审批。目前，根据审查会意见修改后形成的报批稿已上报有关部门，等待审批。

5. 建设“中国氟塑料加工网”

自2001年9月网站开通以来，专委会投入了大量的人力、物力和资金建设网站，经过两年多的建设，氟塑料加工网已经成为氟塑料行业的第一大网，它的点击率在有关氟塑料的网站中排名第一。国内外的许多同行和用户通过网站认识了专委会。为了增加网页的可读性，更好地为会员服务，2004年1月，氟塑料加工网进行全新改版，增加了行业热点、会员动态、供求信息、论文集锦、政策法规等栏目。在更新速度上也由原来的不定期改为每周两次的固定更新。力争做到从专业的角度最新、最快的报道行业资讯，协助业内外人士宣传产品、资料查阅，相互沟通；帮助用户了解氟塑料制品的性能、应用领域，产品标准，架起用户和生产企业之间的桥梁。专委会派专人定期查阅有关资料，补充相关内容。目前，用户可以通过网页上的产品介绍了解氟塑料制品，专业人士可以查阅有关标准、新闻、展会信息以及专业文献等相关资料，会员可以在网站自由发布企业信息、单位动态等消息。

6. 咨询服务

作为行业的一个窗口，专委会一直坚持为企业提供咨询服务，由于网络的作用，专委会的电话已成为一部氟塑料生产技术及市场的咨询电话，秘书处还经常接待前来咨询的客人，为他们排忧解难。咨询工作增加了专委会的凝聚力，也促进了企业的发展，扩大了行业的影响。

【存在的问题】

① 产品结构方面。聚四氟乙烯半成品偏多，多数企业产品雷同，高技术含量、高附加值产品少，部分产品仍依赖进口。

② 工艺技术与加工设备方面。多数企业还延续七、八十年代的加工工艺，专业技术 人员严重短缺，企业对新产品、新工艺的开发缺乏投入。另外，由于知识产权保护不利，造成不合理竞争；大多数氟塑料加工设备只是在旧设备的基础上的翻版改造，很难加工高技术含量的产品，产品质量稳定性差。

③ 经济效益方面。重复建设使产能过剩，产品竞相压价，致使经济效益大幅度滑坡。

④ 地区分布方面。地区分布不合理，江浙、沿海地区企业偏多，西部加工企业较少。

⑤ 售后服务方面。对售后服务认识不足是氟塑料成型加工行业存在的普遍问题，企业没有技术力量和足够的资金支持进行售后服务，无法形成良好的信息反馈渠道，很难开发高性能、高附加值的终端产品。

【发展趋势】

在越来越多的含氟塑料制品走出国门的同时，我们也该清醒的看到，真正的竞争才刚刚开始，尽管国内原料厂家一再扩产，日本大金公司常熟工厂已建成投产；美国杜邦公司与国内某公司的合作也已基本达成协议，这些都会促使原材料的价格进一步下调，有利于产品的出口。但是，众多国外知名氟塑料加工企业已经或正在准备落户中国，预计在未来的5～10年内，将有大批与氟塑料制品加工相关的企业进入中国，中国极有可能成为世界氟塑料制品（特别是低端产品）的生产基地。国外先进企业高度自动化的生产设备和高水平的管理体制，使得他们的产品在中国的市场份额将逐步扩大，这势必会对国内现有的加工企业造成冲击，国内企业只有及时调整经营策略，发挥优势，提高自身竞争力，才能在激烈的市场竞争中立于不败之地。

近年来，随着北京2008年奥运会的申报成功，奥运场馆建设已陆续开始，北京奥运会的主体育场和游泳馆的设计方案已确定选用含氟材料作为屋面和墙体材料，奥运会场馆优美的建筑风格将很好地向人们展示含氟材料在建筑上应用的无穷魅力，这种新型的膜结构材料也将会借助奥运东风进军中国的建筑市场。随着奥运会巨大宣传攻势的深入，势必会让更多的人了解氟塑料的优异性能，从而认识和使用氟塑料制品，这无疑给国内氟塑料行业带来了新的商机，我国氟塑料加工行业也将因此整体受益。专委会将借助这个机遇，在尽可能多的领域宣传氟塑料制品，努力为会员单位服务，促进行业整体水平的提高。

（中国塑协氟塑料专业委员会　陈　生）

降解塑料

【行业现状】

环境降解塑料（EDP）是塑料家族中一类带环保功能的高科技新型材料。随着塑料材料产量和消费量的日益增加和用途的不断扩大，其废弃物，特别是一次性塑料废弃物与日俱增，由于其较难回收再生利用，又不易在自然环境中自行降解，对环境污染日趋严重。如何促进和解决塑料与环境协调发展，把塑料废弃物对环境的负面影响降到最低点，已成为全球备受关注的一个热点问题。由此，其研发与应用愈来愈受到世界瞩目。

根据多年来的应用实践和环境评价，EDP的开发与应用，其废弃物在一定的环境条件下和经历一定周期，可以使塑料垃圾减容、减量，从而可以起到减轻环境污染、缓解环境矛盾的作用，符合固体废弃物污染防治法中减量化，资源化、无害化的要求。而且由于其全部或部分原料采用可再生天然资源，因此，作为有限的、不可再生的、日渐减少的石油资源的补充替代品具有重要意义，并有利于可持续发展战略的实施。

2003年全球对环保、资源和经济可持续发问题更加关切，作为上述问题解决措施之一的EDP，正处于积极开发，稳步发展和扩大应用的阶段。国外欧、美、日等发达国家把研发的重点放在全生物降解塑料上，包括两大类：一类为生物基聚合物——由可再生资源（如淀粉、秸秆等）、二氧化碳、生物聚合物（核酸、聚酰胺、多糖、聚酯、聚异戊二烯类、多酚以及它们的衍生物、混合物和复合物合成的一类聚合物；另一类可生物降解聚合物——在微生物的作用下，可被分解成二氧化碳水及其所含元素的矿化物和新的生物质的一类聚合物。目前多家大型石化公司如Du Pont、Dow化学、Eastment Chemical、BASF、Bayer公司等均致力于全生物降解塑料的研发，据美国Business Commication预测，到2005年北美生物降解塑料年需求量将从2000年的12kt增长到16kt，平均增长率7%，其中包装材料年均需求增长率4.6%，堆肥袋9.9%。又据报道，2002年世界生物降解产量约70～80kt，增长的主要因素是美国Cargil DOW、意大利Novamont、德国BASF、日本昭和高分子公司等生物降解塑料的生产能力大大增长之故。2010年将形成100kt的市场规模。

当前世界上生产规模最大的生物降解塑料企业和产品是美国Cargil Dow Polymer公司以淀粉为原料的聚乳酸“Nature Works”。年产能力已由原80kt增加到140kt，原旨望扩大经济规模后能迅速达到规模经济，成本能大幅度下降，甚至期望达到通用塑料的水平。但事实上其成本仍大大高于聚烯烃类通用塑料，为此市场的增容和推广应用受到较大的制约。另美国Novon International公司的淀粉基生物降解塑料“Novon begranoven” UCC公司的聚己内酯“Tone Polymer” Dupont和Eastman Chemical公司的脂肪族/芳香族共聚酯“Biomax”和“Easter Bio” Environmental Products公司的聚乙烯醇等均已建成数千吨甚至万吨以上规模的生产线，目前仍然主要存在价昂的问题，各公司仍致力于市场培育和应用推广中。

德国多年来对于由塑料废弃物引发的环境问题，

更多的注意力是集中在回收处置和再生利用方面，由于单纯的回收利用难以达到国家法令规定的回收利用指标，而且生物降解塑料堆肥化处理，可以作为回收利用的补充，因此近年来也加强了生物降解塑料的研发。大型石化公司 BASF 在原 PET 能力基础上开发的脂肪族/芳香族共聚酯“Ecoflex”已建成年产 80kt 生产线，正在加强应用开发；Bayer 公司最近研发的淀粉/聚氨酯共混型生物降解塑料，淀粉比例可高达 90%，可望进一步降低成本，已在美国、欧洲获得专利权，目前 Bayer 公司正通过在线知识产权交易提供专利许可权。

意大利 Novamont 公司的淀粉/生物降解塑料“Mater Bi”已由最初的淀粉与聚乙烯醇共混发展到与聚己内酯、聚乳酸等共混，产能也由原 12kt 扩大到 20kt。据预测到 2005 年市场规模将增长到 120kt。

日本生物降解塑料的开发特点是国内加紧研发的同时，积极引进国外先进技术和进口较成熟的产品，加强国内应用研究和市场开发。目前三菱ガス化学公司的聚羟基脂肪酸酯“ゼオゲリーン”三井化学和岛津制作所的聚乳酸“CACEA”和“ラクテイ”昭和高分子和昭和电工的脂肪族聚酯“Bionolle”、タイセイ化学工业的聚己内酯“セルヶリーンPH”等均已建成千吨级的生产线，正在加强市场培育和用途开拓。据预测日本 2003 年市场规模约为 20kt，2005 年需求量将达到 50kt，2010 年将增长到 100kt。

2003 年国内 EDP 由于受“非典”的影响，生产和消费均受到一定的影响，特别是国外市场受到较大的冲击，产量消费量、出口量呈现负增长的态势。

淀粉共混型降解塑料喜忧参半，2003 年国内更多的企事业参与了淀粉基母料、专用料及其制品的研发，淀粉接枝技术，相容剂改性技术、淀粉发酵改性技术、淀粉/PP 共混餐饮具以及全自动淀粉餐饮具的生产技术和设备均取得了较好的成果，获得了可喜的进展。另一方面有些淀粉共混型降解塑料企业由于领导层人员频繁易动以及经营上的一些因素，产量出口量大幅度下滑。

碳酸钙填充的光（氧）降解塑料从可减少资源消耗、易加工和降低成本的视角，近年来越来越受到市场的关注，呈现生产和销售两旺的态势。2003 年中国塑协降解塑料专委会下属光降解塑料组长单位福建师范大学环境材料开发研究所与中国塑协改性塑料专委会在福州联合召开“塑料与环境——塑料改性在塑料管道中的应用论坛”，会上并会同有关单位共同署名提出题为高举环境友好塑料材料的旗帜的倡议，加快无机粉体改性塑料环境友好材料研究和产业化步伐。目前此倡议正在逐步落实和实施中，这将进一步促进碳酸钙填充光（氧）降解塑料的发展。

生物降解塑料仍处于中试研究阶段，其中以二氧化碳为原料的聚酯碳酸酯。以高脂肪酸为原料的第三代聚烃基脂肪酸酯，以丁二醇、丁二酸为原料的聚脂肪酸酯以及聚乙烯醇等取得了较大进展，并正致力于应用开发和市场开拓。也有个别中试项目由于近期市场容量不大，投资方资金不到位而被迫暂时中止。

综观 2003 年我国 EDP 发展形势，可以概括为在积极开发新工艺，新技术，新产品的同时，进一步加强对现有产品工艺技术的改善，提高应用和降解性能，努力降低成本和开拓市场，向减轻环境污染、缓解资源矛盾及可持续发展方向稳步前进。

【专委会活动】

1. 2003 年 3 月 30 日，中国塑协降解塑料专委会与清华大学一起召开了 2003 年“环境友好材料、可持续发展与奥林匹克运动”国际研讨会。本次会议除了邀请国家环保总局、国家自然科学基金委员会、北京奥组会、中国塑料加工工业协会、中国包装总公司以及清华大学的有关领导参加外；还有来自美国、日本以及我国天津、南京、深圳、汕头等地的降解塑料大型生产企业的代表以及北京、长春、广州、福州等地的专家等。会议的主题是研讨环境友好材料、可持续发展与奥林匹克运动的关系。并通过广泛深入的研讨，进一步增强对环境友好材料在保护环境和实施可持续发展战略以及实现绿色奥林匹克运动的认识，期望通过加强交流与合作，同心合力研发出技术成熟、质量可靠、性能优良、安全卫生、价格适中的环保友好材料，特别是全生物降解塑料，为 2008 年北京奥运会提供体现高科技奥运和绿色奥运崇高目标的包装材料。

协助深圳市包协在深圳推广使用可降解塑料包装制品的书面宣传，提供有关资料并应邀参加专家组鉴定评审工作。

2. 在抗击“非典”的战役中，组织专委会常务理事单位上海金樱环保塑料有限公司与台湾前瞻公司合作，生产抗“非典”红外温度仪用的一次性试片(PE 片)；围绕“抗击非典、提高人民生活水平”积极向北京市委及有关部门献计献策，建议使用环保型清洁袋、垃圾袋；抓住“非典”期间有关单位分餐制的需求，积极提供合格降解塑料餐盒生产厂家信息。

3. 为了使国内更多会员单位生产的降解塑料产品进入国际市场，专委会目前已将多家生产企业的产品，通过利用中国降解塑料网所建立良好的渠道，免费送到国外有关机构进行检测和认证，降低了会员单位自己运作时的风险和费用，如协助天津丹海股份有限公司、南京苏石降解树脂有限公司、上海林达塑胶有限公司以及石家庄世洁科技有限公司等会员单位，将他们生产的淀粉基降解母料和碳酸钙填充热氧化降解母料出口到马来西亚。

4. 继续出版《降解塑料通讯》共5期，除印刷出版外，还通过电子邮件向会员单位发出。积极发展会员，扩大专委会的影响。通过问卷调查、各种会议、有关展览会、企业来访以及出差等机会，广泛收集有关企业情况，听取会员单位意见，改进专委会的工作，帮助企业解决一些工作或检测或购置原材料、设备、产品出口以及市场销售中遇到的问题和麻烦，沟通会员之间的关系，在自愿基础上开展互助互利的合作以及在企业重组、资源优化等方面的合作，如促成南京苏石降解树脂有限公司与广东三九生物技术有限公司以及吉林金鹰实业有限公司与山东九发集团公司的合作。

5. 按中国塑协要求，通过查阅大量有关文献、资料及重点调研，撰写了“环境降解塑料行业重大科技需求分析研究报告”，内容包括：降解塑料行业在国民经济中的地位、作用和发展环境分析，行业发展现状和发展趋势综述，技术需求分析、产品和技术发展重点，科技发展战略等七个问题，已书面上报中国塑协。

6. 应北京市经贸委和北京市包协的邀请，多次参加有关北京市包装工业的调研、研讨会，并撰写了“国内外塑料包装近期发展概况及对北京塑料包装发展的几点建议”的报告。

7. “环境友好材料、可持续发展与奥林匹克运动”讨论会在清华大学举行

由清华大学生物科学与工程系、中国塑料加工工业协会降解塑料专业委员会主办的“环境友好材料、可持续发展与奥林匹克运动”讨论会于2003年3月30日在清华大学生命科学与工程研究院报告厅举行。应邀出席的领导和嘉宾有清华大学常务副校长周海梦、生命科学与工程研究院院长赵南明、科技部新技术发展及产业化司材料处潘峰教授、国家环保总局政策法规司司长李恒远、国家自然科学基金委员会化学科学部处长董建华研究员、北京奥组会环境活动部处长孙宏、中国塑料加工工业协会副理事长杨力行、中国包装总公司总裁助理马力等。出席会议的代表主要来自美国、日本以及我国天津、南京、深圳、汕头等地的企业代表以及北京、长春、广州、福州等地的专家等。会议的主题是研讨环境友好材料、可持续发展与奥林匹克运动的关系。会议的目的是通过广泛深入的研讨，进一步增强对环境友好材料在保护环境和实施可持续发展战略以及实现绿色奥林匹克运动的认识，从而加强交流与合作，同心合力研发出技术成熟、质量可靠、性能优良、安全卫生、价格适中的环保友好材料，特别是全生物降解塑料，为2008年北京奥运会提供体现高科技奥运和绿色奥运崇高目标的包装材料。

会上科技部潘峰教授介绍了国家对生态材料的有关政策，国家高度重视我国环境材料的研究与开发，今年对该领域的研究与产业化开发已安排3 000万元的科技投入。国家环保总局李恒远司长介绍了国家有关环保政策，采用高新技术、低资源消耗、低环境污染、清洁生产是我国新型工业的发展方向。国家自1995年出台了固体废弃物处理法，其中对包装材料的废弃物要求是易回收、易处置、易被环境消纳。继后国家又发布了固体废弃物减量化、资源化、无害化的方针、不久前又出台了清洁生产法。环保材料的开发，一方面可减少资源消耗，减轻环境污染，同时可利用天然再生资源，部分替代石油产品资源，这对新型工业的发展和实施可持续发展战略十分重要，因此我们从事环保材料的开发意义更深远。我国近年GDP均以7%～8%的速度增长，国家的环境安全也面临严重的考验。为了支持开好奥运会，国家已投入大量的经费加强环保事业。国家自然科学基金委员会董建华研究员重点介绍了基金会在生物高分子方面的研究项目和方向，我国高分子材料过去主要依赖石化资源为原料来源，从长远考虑，必须采用其他可再生资源，从可持续发展的角度，生物可降解材料的研发十分重要。基金会已支持了多个项目，如清华大学的PHA、中科院长春应化所以二氧化碳为原料的脂肪族聚碳酸酯，均有了较大的突破，前者去年获国家发明二等奖，后者已在内蒙建设产业化基地，已通过试车，现正向工业化迈进。北京奥组委孙宏处长扼要介绍了北京奥组委的组成、分工和绿色奥运会的理念，召开绿色奥运的理念主要是减少对环境造成的污染，促进城市可持续发展。通过宣传，大家关心环境、保护环境，建立环境管理体系，在筹办和召开奥运的过程，必须关注和遵循环境行为，供应商提供的产品必须符合环保要求，为奥运会提供的绿色包装材料和产品，必须是技术成熟、性能可靠的工业化产品。中国塑料加工工业协会杨力行副理长介绍了我国塑料工业及降解塑料的概况。我国降解塑料经过产学研的通力合作，已取得了较好的进展，正逐步被社会认可，但离市场要求还有一定距离，这就要求我们必须加强协作，同心合力，希望通过加强国内外同行的交流与合作，我们将可以为2008年北京奥运会提供合格的绿色包装产品，为实现绿色奥运做出我们应有的贡献。

会上美国P&G公司、ADM公司、日本Kaneka公司、我国天津丹海公司、南京苏石公司、深圳茂达

公司、汕头联亿公司等企业代表分别介绍了他们开发和应用环境友好材料的情况。通过交流和讨论，对以下几个问题获得了初步共识。

① 随着我国经济的发展，我国已经成为全球第二大的资源消费国。保护环境成为确保可持续发展，支持人类健康发展的重要保证。同时，动荡不安的中东局势和快速发展的汽车工业使作为最重要材料生产来源的石油供应变得不可预测。所以，从可持续发展的战略获得材料，特别是环境友好的材料，成为经济发展和人类健康的一个重要组成成分。

② 中国是最大的资源消费国之一，因此，可持续发展已经成为国家发展优先考虑的问题。为了解决资源问题和环境问题，我们应该努力发展完全可降解的、非石油来源的材料。应该提倡使用可再生资源生产生物可降解新材料，并且逐步替代淀粉-聚乙烯部分生物降解材料。生物合成的 PHA、PLA 和淀粉基等环境降解塑料有望被用来实现这个发展目标。但是，这些材料的推广应用还要依赖于政府的政策扶持，科研生产单位的大力开发以及获得市场的认可。应该鼓励生产环境降解塑料的公司投资发展可持续性、可完全生物降解的环境降解塑料，鼓励需用包装材料的公司使用新型环境降解塑料包装材料。

③ 2008 年北京奥运会被定义为“绿色奥运”。据 2000 年悉尼奥运会经验，奥运会将消耗大量的包装材料，绿色包装对于突出“绿色奥运”的主题将显得十分重要。可持续发展的绿色新材料将有助于举办一个成功的“绿色奥运”。因此，环境降解塑料在北京 2008 年奥运会上的应用意义重大。

④ 环境降解塑料在中国的研发与推广将是一个重要的长期的工作，建议与会的几家国内外产量最大的环境降解塑料生产公司和几家最大的环境降解塑料使用公司携起手来加强交流与合作，联合攻关与共同倡导使用具环保性的、来自可再生资源的完全生物降解塑料，积极争取各级政府的支持，实现可持续发展的最终目标。

8. 深圳市推广使用可降解塑料包装制品

深圳市近年来经济发展十分迅速。经济发展导致塑料的消费量大量增加，其废弃物对环境的负面影响也日趋严重。深圳市在垃圾处理上虽基本做到了无害化处理，但在减量化、资源化上还大有潜力。

据了解深圳市目前每天一次性塑料餐饮具用量达 400 万只，约 40 吨左右，而塑料包装袋、购物袋等每天需求量几千万个。这些塑料制品很难回收再生利用，对环境的污染引发了新的环境问题。2003 年深圳市包装技术协会总结了近几年来“禁白”工作的经验与教训，在推广使用降解塑料包装制品过程中采取先推广后立法的方法，对可降解塑料包装制品本着既达到有关降解标准要求，又能适应市场价格承受的能力的条件下，成熟一家、鉴定一家、公布一家；成熟一个产品、鉴定一个产品、推广一个产品。并以《关于在我市推广使用可降解塑料包装制品的报告》（深包协［2003］006 号）上报了深圳市经贸局，2003 年 7 月 14 日获深圳市经贸局深经贸［2003］557 号文批复。根据批复精神，深圳市将逐步开展推广使用降解塑料包装制品的工作，具体工作由深圳包协负责，并要求包协“充分发挥协会的协调作用，制订推广工作方案，规范行业行为，切实控制质量和成本，并根据有关标准加强监督，组织好推广工作”。据此，深圳包协立即开展工作，并组织了深圳市推广使用降解塑料包装制品联合小组（联合小组成员：深圳市绿维科技有限公司、深圳市中包茂达环境生化有限公司、深圳市红达生物股份有限公司、成都中润环保产业有限公司广东办事处、天津丹海股份有限公司），并制订了小组章程和工作行动准则，编制了工作计划。

深圳市推广使用可降解塑料包装制品工作求真务实、诚信，对其他省市降解塑料行业有借鉴作用，其特点如下。

① 领导支持，深圳市经贸局以深经贸函（2003）557 号文对深圳市包协关于在深圳市推广使用可降解塑料包装制品的报告进行函复，主要意见：“根据《中华人民共和国清洁生产促进法》第二十条产品和包装物的设计，应当考虑其在生命周期对人类健康和环境的影响，优先考虑无毒、无害、易于降解或者便于回收利用的方案”等有关政策，认为可以在深圳市推广使用降解塑料包装制品，并要求深圳市包协充分发挥协调作用，制订推广方案，规范行业行为，切实控制质量和成本，并根据国家的有关标准加强监督，组织推广工作。

② 成立推广使用联合小组，“制订小组章程和行为准则，编制工作计划。根据国家已颁布的有关标准统一质量标准、价格、标记，设立监督电话，成立推广监督组。

③ 推广应用的降解塑料包装制品必须经过专家小组评审鉴定，本着成熟一家，鉴定一家，公布一家；成熟一个产品，推广一个产品的原则，向社会公布使用。

首次鉴定会已于 2003 年 12 月在深圳市进行，主要对深圳市推广使用可降解塑料包装制品所采取的方法进行评价，同时对深圳市中包茂达环境生化有限公司、天津丹海股份有限公司生产的光/生物降解塑料母料及其塑料包装薄膜制品，按照国家有关标准进行鉴定。鉴定意见认为：深圳市推广使用可降解塑料包装制品有利于保护环境、节约资源及可持续发展战略的实施，符合我国现行的法律法规；深圳市采用联合小组进行推广的方法，对规范行业及市场行为，切实控制质量和成本，依据国家有关标准加强监督等措施是有效可行的方法，可作为全国同行业中样板，待时机成熟，可在国内推广；参加本次鉴定的深圳市中包茂达环境生化有限公司和天津丹海股份有限公司所生产的光/生物降解塑料母料及其塑料包装薄膜制品，经国家有关部门检验，其技术指标、卫生指标及降解性能均达到国家有关标准，可满足市场需求；其价格与同类普通塑料制品接近，易被市场接受。

9. 南京苏石公司生物降解塑料

近10多年来，南京苏石公司始终坚持不懈致力于环境降解塑料技术的研发和用途的开拓。其中淀粉基降解塑料母料和专用料采用相容剂改性技术，主要在高质量的双螺杆挤出机中完成，工艺较简单，淀粉在PE、PP中分散均匀，相容性好，加工性能优良，母料（专用料）中淀粉含量可高达80%，膜制品中可生物降解成分含量可高达60%，淀粉含量可达45%，膜制品经中国台湾财团法人生物技术开发中心，依据台湾参照国际标准制订的150 14855/CN144329（受控堆肥条件下材料的最终需氧生物分解和崩解能力的测定——通过测定释放二氧化碳的方法，96天）检测，其生物降解率为54.88%（对照组纤维素100.81%）。目前该公司已建成年产10kt的产能，产品已进入国际市场。日本ワンダー公司进口苏石公司母料专用料，并进行系列实用化实验，开发了薄膜、发泡片材、瓶等制品，已注册了“ワンダー”商标在日本国内销售，较具市场竞争力。

近5年来，苏石公司配合北京理工大学，完成了国家863“脂肪族聚酯完全生物降解塑料”攻关项目。在此基础上，苏石公司研发的脂肪族聚酯全生物降解塑料“BOR-Q”性能有了较大提高，成本较大幅度降低。

该公司最近公布了其研发的全生物降解塑料BOR-Q的性能及检测结果（见表1）。

在价格方面，该公司新研制的全生物降解塑料提供给客户的价格仅为每吨2500美元。这个价格仅相当于PLA的40%，PAH、PHB的30%，PCL、EVOH的50%……。

南京苏石公司在全生物降解塑料性能和价格方面的新进展，将加速这一全新环保材料在我国的技术发展和市场应用，并为走向国际市场提供更为有利的市场竞争力和生命力。

10. “绿色奥运”提倡使用可完全降解塑料

海尔科化工程塑料国家工程研究中心股份有限公司与中国塑料加工工业协会降解塑料专业委员会联合提出“在北京2008年奥运会中使用可完全降解塑料”。

可完全降解塑料是一类新型功能性塑料，使用废弃后通过自然界中的微生物能降解成二氧化碳和水，回归自然，不污染环境。

塑料作为20世纪的新兴材料，以其质轻、价廉等诸多优点已广泛应用于工农业和日常生活的各个方面。塑料的发展速度已超过了钢材，目前，全世界的塑料工业规模已超过1.8亿吨，在发达国家人均塑料年消费量已达100公斤。2002年我国塑料制品总产量接近2 500万吨，列世界第二位。

塑料一方面给我们的生活带来了极大便利，另一方面，大量的塑料废弃物也引发了日益深刻的环境问

表1　性能及检测结果

品名			BOR-Q	
测试项目	测试方法	单位	805F	805J
外观	企标		淡黄色	淡黄色
密度水分	GB 1033	g/cm^3	1.05～1.20	1.05～1.20
	企标	%	0.60～1.20	0.80～1.50
熔体指数	GB 3682	g/10min	6～8	4～6
拉伸强度	GB 1040	MPa	>13	>20
断裂伸长率	GB 1040	%	≥300	≥200
洛氏硬度	GB 9342	R标尺	—	≥50
简支梁冲击强度	GB 1843	kJ/m^3	—	≥20
正乙烷提出物	GB 5009.58	$\times10^{-6}$	≤4.0	≤4.0
收缩率		%	—	3
软化点		%	>90	>95
应用范围			吹膜制品	注塑制品

题。塑料废弃物具有体积大、性能稳定等特点，采用传统的掩埋和焚烧的处理方式都会带来严重的环境危害。发展回收再生技术是解决塑料污染的有效措施，而对于占塑料制品总量10%的大量的难以回收或不可回收的塑料废弃物，使用生物可降解塑料则更为有利。因此，开发自然环境下可降解的绿色塑料受到了世界各国政府、科研机构及产业界的广泛关注。

我国政府高度重视环境友好材料的研究与开发。我国近年GDP均以7%～8%的速度增长，国家的环境安全也面临严重的考验。为了支持开好奥运会，国家已投入1 000亿元经费加强环保工作。自1995年出台了固体废弃物处理方法，其中对包装材料的废弃物要求易回收、易处置和易被环境消纳。继后，国家又发布了固体废弃物减量化、资源化、无害化的方针。

20世纪末，生物降解塑料的价格较高，为普通塑料的10倍左右，现在经过科技界、产业界的通力合作，价格已降为普通塑料的2～5倍左右。在美国、日本及欧洲等国已实现产业化，进入实用阶段。我国可完全生物降解塑料，如聚乳酸、聚己内酯、聚羟基烷酸酯、缩聚型聚酯等已通过中试鉴定，性能已达到国际上同类产品的水平，海尔科化公司等数家企业已有规模化生产能力。然而由于经济、社会等方面的原因，生物降解塑料在我国的应用还不广泛。

据2000年悉尼的经验，奥运会将消耗大量的塑料材料，全生物降解塑料对于突出“绿色奥运”的主题将显得十分重要。为此海尔科化工程塑料国家工程研究中心股份有限公司与中国塑料加工工业协会降解塑料专业委员会联合提出在奥运会过程中推广使用生物降解塑料的建议（见表2），为“科技奥运”增光，为“绿色奥运”添彩！

表2　使用可完全生物降解塑料的产品概要

范　围	产　　品
一次性餐饮用品	餐盒、刀叉、勺、饮水杯、吸管
包装材料	各类产品包装袋：食品、饮料、纪念品……
啦啦队用品	喇叭、哨子、彩带、小国旗、荧光棒
场馆标识牌	路标、赛区标志、场馆标识、桌牌、胸牌
文具办公用品	不干胶纸、签字笔、涂改液瓶、裁纸刀柄
宾馆用品	一次性鞋子、牙刷、梳子
卫生用品	垃圾袋、一次性垃圾筐
其他	遮阳伞、扇子、眼镜框架、手提袋

11. “环保”绿色标志不能再使用

据了解，我国已于2003年11月底开始实施国际标准化组织制定的ISO 14020系列标准，此后有关“环保”、“绿色”的标志不能再使用。关于ISO 14020系列国际标准我国已于2000年起陆续转化为国家标准，其中规定了三种类型的环境标志。

① Ⅰ型环境标志要求有一个量化的产品性能和环境信息的数据清单。

② Ⅱ型环境标志是自我环境声明。在设计、生产、使用、废弃等整个生命周期中，共有12项自我声明：节约资源、节能、节水、延长寿命产品、减少废弃物、可重复使用和充装、可降解、可堆肥、可再循环、可拆解设计、再循环含量、使用回收能量；

③ Ⅲ型环境标志是企业公布若干项环境信息，如污染物含量数据。

以上三种类型的环境标志均需第三方认证、检验。

ISO 14020实施后，在产品包装和说明书中，禁止使用对环境友善、对地球无害、没有污染、绿色、自然之友、不会破坏臭氧层、可持续性8种术语。今后，广告中经常出现的“绿色产品”“无污染”等宣传用语将被视为违规，有关部门可参照《广告法》进行查处。

【新产品开发】

1. 生物降解聚酯中试及加工技术

以丁二醇和丁二酸为原料合成的脂肪族聚酯是（PBS）一类综合性能良好、加工性能和应用性能与聚烯烃相似，相对于其他生物降解塑料，其原料价廉易得而更具竞争力的一类生物降解塑料，因此受到各国的重视。日本将其作为具有生物降解性能的通用塑料加以开发。

PBS的缩聚是一项可逆性反应，传统方法获得的聚合物分子量均较低，无法单独使用。中科院理化所研发的PBS是中科院北京物质科学研究基地项目，该项目采用新型高效催化体系及独特的合成工艺，通过酯化缩聚，直接制得了高分子量的脂肪族聚酯，无须扩链反应，从而简化了合成工艺，降低了成本。2003年中科院理化所在PBS实验室扩大试验成功的基础上，进一步完成了500L中试规模的合成工艺，产品各项性能指标达到技术参数要求（参见表1）。同时研发了PBS加工技术及与其他天然高分子的共混相容技术，进行了多种形式的加工技术实验。实验结果证明，PBS能满足注塑加工的要求，用于薄膜和容器的吹塑和吸塑加工时，工艺窗口较窄，但通过共聚改性制得的PBS共聚酯，其加工性可得到明显改善。其产品已成功地试用于海尔公司手机等电子产品的包装材料。目前该项目正进一步进行复合改性及其应用技术的研究。

表 1　PBS 的性能

力学性能	
拉伸屈服强度/MPa	≥30
伸长率/%	≥400
弯曲模量/MPa	≥400
弯曲强度/MPa	≥35
悬臂梁冲击强度/(J/M)	≥50
生物降解性能	需氧生物降解率(60 天)/%≥60

2. 生物降解自增强聚 L-乳酸

聚乳酸生物降解塑料已成为当前世界瞩目的研发热点。天津南开大学研发的生物降解自增强聚 L-乳酸技术，已在实验室研制成功，并为工业化生产积累了许多详细的实验数据和资料。

该技术是采用国产 L-乳酸为原料，首先制成 L-丙交酯，然后在异辛酸亚锡催化剂的引发下进行开环聚合，合成高分子聚 L-乳酸，分子量可达 87.7 万；在成型加工过程中，加入少量的聚 D、L-乳酸，可降低加工温度，并减轻了加工过程中由于高温造成的热降解；聚合物中虽含有微量的催化剂辛酸亚锡，但已通过美国食品医药局（FDA）检验，对人体无毒副作用。

聚 L-乳酸具有良好的生体适性，生物降解性，可用于生物工程、医药和医疗器械等领域，如骨折夹板、外科缝线、缓释微球及胶囊等。

3. 光钙型多功能环境友好塑料材料

无机矿物粉体材料与塑料的共混改性在我国已有 20 多年的研究历史，其目的在于提高塑料制品刚度，降低成本等。近年来随着无机矿物粉体材料高性能化技术的提高，出现了许多无机填充型多功能化改性塑料。近年来福建师大充分利用了无机矿物粉体的“来源于自然回归于自然”的特殊的环境协调性，采用无机矿物粉体材料部分代替高分子材料，在光钙型环境友好塑料材料领域进行了深入的研究，已取得了系列成果。其中光钙型多功能环境友好塑料材料项目于 2002 年底通过了福建省技术鉴定。

该项目将无机矿物改性塑料与环境友好型塑料的研究紧密结合，采用自行合成的碳酸钙晶须增强聚乙烯、使用氧化钙解决淀粉添加型降解塑料加工和贮存中易吸水的问题；采用滑石粉/复合光敏剂体系解决一次性聚丙烯餐具廉价和卫生性的矛盾；针对酸性土壤率先开发并成功使用白云石粉/$RECar_3$ 复合光敏剂/NiDBC 体系的聚乙烯地膜，在实现降解可控性和降解彻底性的同时，其降解产物有利于酸性土壤改良。经查新检索表明，未见氧化钙、白云石粉应用于降解地膜等塑料材料中的研究报道，具有创新性。

部分项目研究成果已应用到塑料包装膜和一次性塑料餐饮具等产品中，其力学性能和卫生环保要求均可满足 HJBZ 012—2000 和 GB 18006.1—1999 等相应标准的要求，具有良好的推广应用价值。

4. PL 生物降解复合材料

北京中宣绿环科技发展有限公司是在整合重组沈阳绿环生物降解技术开发有限公司的基础上组建成立的，专门从事 PL 淀粉基生物降解材料系列化制品及设备的研究、开发和生产，并致力于新型生物环保材料与制品的研究、推广、国内外销售的高新科技企业。公司拥有 PL 淀粉基生物降解材料生产技术的完全知识产权，降解添加剂及全降解塑料制品已获发明专利授权（ZL98114170.6），淀粉基全降解包装片材（ZL01280004.X）、环保型营养钵（ZL01280005.8），已获实用新型专利授权。另还有多项技术已申报了专利并初审合格。

PL 生物降解复合材料是以淀粉为主要原料，主要成分包括多元合成高分子，生化合成高分子（促降剂）和改性天然高分子材料。其系列制品在使用过程中具有与同类普通塑料相当或相近的应用性能和卫生性能，完成使用功能后，能在自然环境条件下较快地降解成为易被环境消纳的碎片或碎末，并随时间推移进一步降解成二氧化碳和水。

5. BC 型可降解餐具成套生产设备

黄岩丰源生物开发有限公司最近开发成功以玉米为原料的 BC 型可降解餐具成套生产设备，包括玉米膨化成片机、光控切割机、加温机、控温机、成型机、风干机、喷涂操作台、烘干机等。该套设备是根据生物重组和复配的技术原理，经膨化成片机的螺杆转动，将玉米等物料挤压、糊化、剪切，再通过特定模具将膨化片材进行加温软化、冷却成型为各种餐具，再经喷胶和烘干处理后，赋予其耐水、耐油、防漏、耐热等性能，满足一次性餐具的要求。该餐具采用玉米等可资源为原料，生产过程不产生污染，产品用后在一定环境条件下可完全生物降解，也可回收清洗后作为饲料原料使用。

6. LTHO 可控降解添加剂（LTHO Controlled Degradable Additive）

LTHO 可控降解添加剂是北京基隆天创科技有限公司研发成功的一类新型降解助剂，主要根据聚烯烃产品的降解和稳定原理，筛选适宜的氧化促进剂助氧化剂和抗氧化剂（或热稳定剂）以一定比例复配而成。根据不同产品的使用寿命，在聚烯烃中添加 0.1%～0.3%的 LTHO 可控降解添加剂，所得制品的使用周期可控，在储藏运输以及使用过程中，性能稳定，保持原有塑料的物理机械性能。而用后在热、光和机械压力下等作用下，则较迅速发生降解，制品的分子量可从几十万下降至几万甚至几千，降解可控期从数月至数年。具有与光敏剂相同的降解可控性和降解迅速性等优点，同时能很好地解决以往光降解塑料制品在无光条件下（如遮荫埋土部分、垃圾填埋场以及堆肥场）光敏剂无法诱发降解，或因光敏剂被高填充物（如碳酸钙）包裹而使降解效果差等缺点；在淀粉基生物降解塑料中添加该助剂，将有利于提高产品降解的可控性、速度、彻底性以及堆肥化效果。

目前LTHO可控降解添加剂已在国内外多家降解塑料生产厂使用，其产品经有关权威部门根据我国QB/T 2461—1999《包装用降解聚乙烯塑料薄膜》行业标准，通过120小时氙灯照射检测表明，其断裂伸长保留率由于试样已全部粉化而无法检测；同时在60℃堆肥培养箱内一个月后，试样也全部粉化。另经卫生防疫部门检测证明无毒。

主要特点如下。

① 降解可控。LTHO可控降解添加剂是根据聚烯烃产品的降解和稳定原理，筛选适宜的氧化促进剂助氧化剂和抗氧化剂（或热稳定剂）以一定比例复配而成。根据不同产品的使用寿命，于聚烯烃中添加0.1%～0.3%的LTHO可控降解添加剂，其制品在储藏运输以及使用过程中，性能稳定，用后则较迅速发生降解，制品的分子量可从几十万下降至几万甚至几千，降解可控期从数月至数年。

② 降解彻底。LTHO可控降解添加剂主要是通过周围一定温度（50℃以上）或通过太阳光照射获取热能诱发热氧化降解，由于大量存在的过氧化基团的形成和分解，导致聚烯烃主链上的C—C键断裂，这种现象不断重复发生，致使材料的力学性能大幅度下降，性能变脆，形态碎裂，只要环境条件不改变，氧化反应仍将持续进行，随着时间的推移，最终变成水和二氧化碳，回归自然循环，克服了以往光敏剂在无光条件下不能继续降解的缺点，特别适用于垃圾堆埋场、堆肥场的环境处置条件。

以PE为例，其降解过程包括两个阶段。

第一阶段：因PE为非极性、疏水性高分子材料，对微生物表示为惰性。经吸收周围的热能或通过太阳光照射获取热能而引发氧化降解后，大分子化合物变为小分子、低分子化合物，变成具有极性（含氧）的分子链段和酸或醇的端基的脆性碎片（粉末），这些细小的脆性碎片（粉末）易被对环境消纳。其降解反应方程式如下所示：

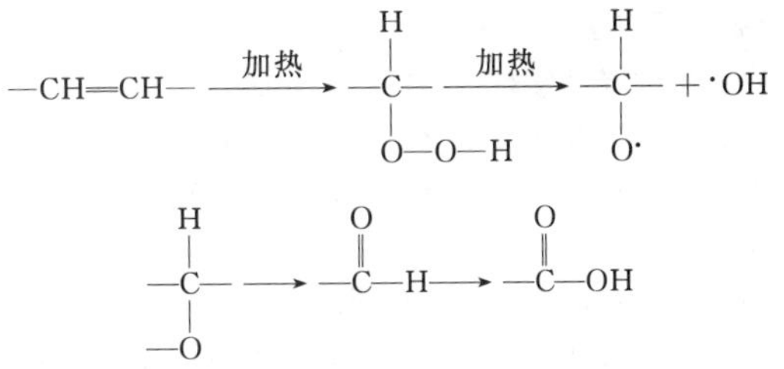

第二阶段：在自然界中存在着数以万计的菌类和细菌，在特定的条件下，这些大量的微生物是可以从含碳物质中获取能量，同时将碳转变为细胞质（生物质），释放出的代谢产物——水和二氧化碳。当原始的PE材料变成具有极性（含氧）的分子链段和酸或醇的端基的脆性碎片（粉末）后，易被堆埋场、堆肥场或土壤中菌类和细菌作为物质源或能量源吸收——转化为生物质，最终新陈代谢以水和二氧化碳的形式释放，回归自然。

上述反应过程的周期较全生物降解塑料长，但普通塑料则大大缩短。

③ 工艺简单。该助剂与聚烯烃分散性好，无须再造粒可单独与植物油、聚烯烃按1∶0.5∶1 000或3∶1.5∶1 000比例添加，可在原有聚烯烃薄膜和容器的成型设备进行加工，无须进行任何调整，直接制得降解塑料产品，因此工艺简单易操作，制品原有的性能不受影响，符合国家卫生标准，制品的透明性良好（特别适用于保鲜膜、收缩膜等），在自然曝露或垃圾填埋或堆肥系统等条件下，降解效果显著。也可以作为促降剂和淀粉或碳酸钙与聚烯烃共混制得降解母料。不仅能提高淀粉基或碳酸钙填充型崩坏性降解塑料的可控性、降解速率以及降解的彻底性，同时也可以达到对资源的补充、替代，缓解资源矛盾的作用。

④ 成本较低。LTHO可控降解添加剂是高纯度降解剂，可采用聚烯烃为基料，制品中添加少量LTHO可控降解添加剂即可获得显著的降解效果。市场零售价：75元/kg/(包)。

⑤ 应用领域广。同类添加剂已在国外如英国、澳大利亚和马来西亚等国家采用，可广泛用于生产垃圾袋、购物袋、食品袋、冷冻袋、香蕉包装膜、农副产品保鲜膜、垃圾场覆盖膜、一次性塑料餐具、婴儿尿布、医用塑料制品、医用薄膜、工业用拉伸膜、收缩膜、BOPP膜、发泡包装材料等。

技术参数

颜色　淡粉红色

包装　1kg真空包装

添加量　低密度聚乙烯膜类制品中添加量0.1%～0.2%；高密度聚乙烯膜类制品、片材制品添加量0.2%～0.3%

使用建议　与淀粉基降解母料一起使用，降解效果更佳。

【存在的问题】

我国的降解塑料（EDP）尽管研发历史不短，但由于其技术涉及高分子化学生物工程技术、环境科学等多门类学科，属一类高新技术产品，而且加上作为环保产品，又受诸多复杂因素和环境条件的制约，至今还处于进一步研究开发和逐步推向实用化阶段，其技术性、经济性、实用性、政策性等方面还存在一定的问题，有待进一步研究解决。

1. 影响降我国解塑料行业市场化发展的主要问题

① 由于环境条件的复杂性和降解机理的多样性，对降解塑料的确切概念和它在环境中的作用目前尚缺乏统一认识和确切的评价，以致对它的发展引发不同的争议。

② 除光和完全生物降解塑料外，对其他降解塑料至今还没有建立起统一的试验评价方法、识别标志和产品检测标准。另外，由于降解塑料在用后，其降解程度，周期受限于产品内在因素和环境条件，存在较多不确定因素，因此实验和检测结果与实际处理效果差距较大，要建立一套科学、合理、完整的试验评价方法尚待时日。

③ 目前我国开发的降解塑料中，除完全生物降解塑料外，均属短期内不能完全降解（崩解型）的塑料。这些降解塑料自身技术如更合理的工艺配方、更完善、更先进的成型技术和设备、准确的时控性、用后快速降解性和完全降解性以及边角料的回收利用技术（特别是淀粉基及淀粉共混型降解塑料）等还有待进一步提高和完善，价格还有待进一步合理。完全生物降解塑料在合成工艺，加工性能、产品成品率以及时控性方面也还需进一步改善和提高，成本需大大降低。特别对降解塑料的应用，相当关键的是准确的时控性问题，因为它们面向不同的应用领域和不同的地理环境，要求降解的速率不一，而且作为商品，在使用前贮存期内和使用过程，要求确保性能稳定，而完成使用功能后，又期望它们快速降解，稳定与降解是一对矛盾，要求同一产品在不同阶段谐调解决，难度相当大。

④ 降解塑料制品生产中，往往需加入如降解剂、稳定剂、增塑剂、加工助剂、着色剂等不同的添加剂。这些添加剂随塑料降解过程而渐渐释放于自然环境中，对环境是否造成影响以及在降解过程中的生成物和残留物对环境的影响或潜在危害，尚缺乏深入持续的跟踪研究。另外降解塑料的应用研究与产品研发不同步，实践上对应用跟踪研究也不够重视，因此缺乏系统积累的评价数据，以确认其对环境无害及无潜在危害，从而缺乏科学说服力，不利于市场的开拓。

⑤ 当前国内从事降解塑料研发、生产的企事业间相互封锁、低水平重复研究现象十分严重。另一些单位在立项时，对其技术可行性、经济合理性、市场容量等方面缺乏深入调研和技术经济评估，以至盲目上马，一窝蜂现象严重，不仅给企业造成人力物力的极大浪费，背上沉重的包袱，同时也给技术市场、产品市场在思想认识上造成一定程度的混乱。

⑥ 当前我国降解塑料企业除 2～3 家企业上万吨级规模外，其余大部分企业均属中小型企业，规模小，成本高；而且企业布局也不合理，大部分企业在内地和沿海一带，西南、西北、东北地区较少。

⑦ 国家科技投入少，宏观正确引导不力，同时缺乏必要的法规、有力的监督和适宜的经济调控措施，生产、销售、应用也缺乏有序的管理。

⑧ 生物降解塑料价格过高，成为推广应用的壁垒。进入 21 世纪以来，生物降解塑料虽有了较大的进展，国外已有一些产品投入市场。但由于价格过高市场难以开拓。据美国和日本资料，生物降解塑料较通用性塑料价格高 6～10 倍，崩解型降解塑料也高 5%～15%。我国情况也类似。因此在尚无法规制约情况下，很难进入市场竞争。要推进实用化进程，除改进工艺技术，提高产品性能外，很大程度取决于降低成本，这是摆在降解塑料科技工作者面前一项迫切任务。

2. 影响我国降解塑料行业发展的技术问题

① 部分降解塑料的用后快速降解性、完全降解性、有效时控性以及其降解过程中产生和降解后残留的物质是否会产生二次污染或存在潜在危害。

② 微生物产生的生物降解聚合物如羟基脂肪酸聚酯等生产中，关于微生物菌株的探索、筛选和高密度大量培育技术的研发、发酵生产率的提高、碳源的产出和产物的纯化过程的改进。

③ 化学合成生物降解聚合物中催化剂的优化选择和合成工艺的改进。

④ 利用转基因技术从植物直接生产高质量和高产量的生物降解塑料（如 PHBV）。

⑤ 天然高分子的改性技术、加工技术及与其他材料的相容性技术。

⑥ EDP 产品整个生物周期（LCA）分析评价。

⑦ EDP 降解性能试验评价方法、标准和认证标志的建立。

⑧ EDP 和产品环境协调性评估及软件数据库的建立。

3. 影响我国降解塑料行业发展的重大科技战略问题

① 可再生资源生产 EDP 应作为治理固体废弃物

的有效方法，减少石油资源的消耗和抑制全球气候变暖的一项有效措施，尚未受到应有的重视。

② 当前根据我国科技、经济水平和实力及城市固体废弃物的处理方式，我国 EDP 应分阶段、分层次发展，当前淀粉添加型和高淀粉含量的部分生物降解塑料、高碳酸钙（或无机材料）填充的光（氧）降解塑料发展的关注点不应着重于它们是否可快速降解和完全降解性，而应作为减轻环境污染、缓解资源矛盾的一个起点，循序渐进，逐步达到完全治理污染，因此完全生物降解塑料是今后主要发展方向。

③ 加强研发利用我国丰富的可再生资源发展 EDP，补充替代不可再生的，日趋减少的、有限的石油资源是一个重大的、长期的科技战略问题。

【发展趋势】

1. 战略思想

中国是一个拥有 13 亿人口的发展中国家，人口基数大、人均资源少、环境问题多，经济和科技水平又大大落后于发达国家。但中国又是一个经济发展十分迅速、市场需求十分旺盛的国家，这使本来就已经短缺的资源和脆弱的环境面临更大的压力，由此，经济发展与保护环境相互协调，走可持续发展道路在中国更显重要。

EDP 是塑料家族中带环保功能的一名新成员，是环保材料中的一棵幼苗，是材料领域中一类高科技新型材料，在国家有关政策方针指引下，对当前中国 EDP 发展基本思路提出以下几点看法。

① 必须从国情出发，围绕技术、经济、市场、资源环境综合考虑，特别在市场经济中，价格起杠杆作用，不可忽视。

② EDP 产品开发，必须从实用性、降解性、安全性、经济性综合评价。

③ EDP 用途开发必须准确定位。在自然环境中用于较难收集或回收利用效益甚微的领域；有利于堆肥化领域；有利于资源替代领域；有利于减轻病痛造福人类的医用材料领域。

④ EDP 开发目标：在确保应用性能条件下，减轻环境污染，缓解环境矛盾、资源补充替代、扩大塑料功能、满足市场需求、改善生态环境、造福子孙后代，从而保证塑料工业的可持续发展。

2. 战略重点

EDP 在日本被列为继金属、无机材料、高分子材料之后的第四类新材料。从材料角度，无论工艺技术、产品品种性能，应用领域均有许多研究空间，有待进一步研究、改进、完善、提高、开拓。根据上述战略思路和战略目标，我国 EDP 行业中长期科技发展战略重点：在不断改进和提高当前既有利于环保，又有利于推向市场的崩解型降解塑料的工艺技术和产品性能的同时，积极研发生物降解塑料制造技术和致力于产品用途的开拓及成本的降低。

近期（2004～2010 年）开发的重大科技项目：

① 高效价廉促降解剂、相容剂及相关助剂的研究开发；

② 共聚型光降解塑料合成技术的研究开发；

③ 热塑性淀粉及淀粉基生物降解塑料的研究开发；

④ 天然高分子（淀粉、纤维素等）与通用性塑料或生物降解塑料共混合金化技术的研究开发；

⑤ 脂肪族聚碳酸酯万吨级产业化工程设计；

⑥ 含阻渗层食品用降解塑料复合包装薄膜及收缩薄膜的研制；

⑦ 高淀粉含量（氧化）降解塑料包装废弃物堆肥化跟踪研究；

⑧ 高效适用微生物的探索和培育技术的开发；

⑨ 降解塑料地膜降解周期的准时可控技术的研究；

⑩ 降解塑料在降解过程中产生和降解后的残留物质对环境安全性的跟踪研究和评价；

⑪ 降解塑料和产品环境协调性评估及软件数据库的建立；

⑫ 反应挤出成型技术及设备的研制。

长期（2010～2020 年）开发的重大科技项目：

① 新型（第四代）PHA 产业化研究；

② 聚乳酸万吨级产业化工程设计；

③ 化学合成生物降解塑料分子设计技术、精密合成技术的研究开发；

④ 转基因技术及从转基因植物提取 PHA（植物塑料）的研究开发；

⑤ 可食性降解塑料的研制；

⑥ 环境降解塑料降解机理的研究；

⑦ 环境负荷小的高分子合金配方设计及商品化开发；

⑧ 天然矿物类与生物降解塑料高填充共混技术的研究开发；

⑨ 环境降解塑料包装废弃物在垃圾处理场内被环境消纳程度的跟踪研究；

⑩ 生物医用高分子材料（骨折定型用膜片、手术缝浅，缓释胶囊等）的研究开发；

⑪ 生物降解塑料植草被覆材料的研究开发。

3. 降解塑料的作用及具体措施

降解塑料是一类技术比较复杂、学科涉及面广、受制约因素多，试验评价难度大的一种新型材料，至今在世界范围内对其发展及作用仍存在不同争议。因此为促进降解塑料健康顺利地发展，必须加强宏观正确引导，加大宣传，对其定义及当前在环保中的作用要达到共识及确切地评价。

(1) 降解塑料定义　根据国际对降解塑料的定义：在一定环境条件下，其化学结构发生重大变化而损失某些性能的塑料。又根据国外对降解过程的跟踪，须经历三个阶段：劣化、破坏、分解。据此，任何降解塑料，从劣化到最终分解成二氧化碳和水，必须经历一定周期，而周期的长短除材料自身的组成和结构外，取决于降解速度的快慢，而降解的快慢相当程度取决于所处的环境条件，因此对降解塑料，要求其在用前和使用过程中确保应用性能，而用后又很快回归自然，价格又适中，这种期望目前太理想化，也是不现实的。

根据我国技术经济水平和垃圾处理方式，当前重点研发短期内不完全降解的塑料（崩解型塑料），其中更以高淀粉含量部分生物降解塑料为重中之重，这不仅是它具有较好的生物降解性能和有利于堆肥化处理，而在资源日趋紧张的今天，资源的替代和节省资源尤显重要，因此当前加强对破坏性降解塑料的认识和评价，也即是说当前首先从物性（材料水平）和形态的变化去鉴别和评价，既符合国情，也有利于减轻环境污染。

(2) 技术经济要求　根据近十年的跟踪研究，降解塑料要进入市场必须达到以下几点要求。

① 实用性：具有与同类普通塑料近似的应用性能。

② 降解性：在完成使用功能后，能在自然环境中较快地降解成为易被环境消纳的碎片（碎末），最终回归自然。

③ 安全性：降解过程中产生和降解后的残留物对自然环境无害或无潜在危害。

④ 经济性：价格与同类普通塑料接近或持平。

(3) EDP 在环保中的作用如下。

① 减量化。减量化即减少资源消耗和减少垃圾产生量。当前开发的高淀粉含量的部分生物降解塑料或高填充量无机材料的光降解塑料薄膜（袋），其淀粉或碳酸钙含量达 30%以上，最高可达 51%。这意味着可节约 30%～51%的塑料原料聚乙烯和聚丙烯等，使有限的石油资源能更有效的利用，这比要求回收率达 30%～50%要容易得多。而且石油资源属不可再生资源，目前正日趋减少，据有关资料报道，石油资源 21 世纪中末期将面临枯竭。从现在起寻究资源替代，具有重要的战略意义。同时其废弃物中有 30%～50%的成分是易被生物降解或易被环境消纳，亦即减少了 30%～50%的垃圾，从这点考虑，我们认为符合从源头抓起，节约资源、减轻污染的防治并举的重要措施。

② 无害化。当前我国研究开发的降解塑料薄膜（袋）经实验室检测、实地试验和应用表明，在一定环境条件下和经历一定周期，短期内可以劣化、裂解成易被环境消纳的无害化小碎片甚至粉末（或形态不变，但一触即碎），而随着时间的推移，最终可以完全降解回归自然，其周期比天然材料或完全生物降解塑料要长一些，但与非降解塑料比较，则可大大缩短，从而可以使塑料垃圾减容减量，达到减轻或抑制环境污染的目的。

③ 堆肥化。近年来，国外在城市固体废弃物的处理方法中，填埋和焚烧处理方法日渐受限，其在处理方法中所占比重呈下降趋势，而堆肥化处理方法愈来愈受关注。欧洲在法规中明文规定禁止厨房厨余和庭院枝叶等有机质垃圾进入垃圾场或焚烧炉，而必须采用堆肥化办法处理，这不仅可以减少垃圾场因逸出二氧化碳和甲烷引起灾害事故的发生，而且可以作为有机肥改良和肥沃土壤，由此垃圾收集必须采用可生物降解塑料垃圾袋。国外曾试用完全生物降解塑料垃圾袋盛装厨房厨余和庭院垃圾，用后一起经堆肥化处理制得肥料，该肥料经有关国际标准检测和田园实地应用试验表明，完全达到要求。但目前由于其价格昂贵，难以被市场接受，因此广泛推广使用尚待时日。我国目前开发的 50%高淀粉含量聚乙烯塑料的垃圾袋，其强度可与普通塑料相比拟，降解效果也比较理想，价格也适中，但目前正在进行堆肥化试验。从初步试验结果表明，添加有低温热氧化剂的高淀粉含量聚乙烯薄膜（袋），在垃圾堆埋中约一个月左右可霉变碎裂成粉末，又从降解地膜覆盖跟踪调查结果证明，只要碎裂成 $16cm^2$ 以下的小碎片，无论对土壤或农作物生长，均无不良影响，基于以上情况，堆肥化试验估计应不成问题，但其正确结论，尚待继续跟踪实验结果数据证明。

(4) 降解塑料的定位

① 从用后易处理的角度，降解塑料是一种具有环保功能的塑料，因此它的用途是有限的，只适用于特定的应用领域和某些用后即弃的产品，如一次性包装膜（袋）、餐饮具、日用杂品、农用地膜、育秧盘（钵）、医疗用品等，这些制品受污染严重，回收困难，即使强制收集，再生利用价值不大，因此采用降解塑料较为适宜。

② 从资源替代角度，迈入 21 世纪，资源更趋贫乏，如何有效利用资源、节约有限资源和开拓新的原料来源，是保证经济可持续发展的重要问题。当前开发的高淀粉含量的降解塑料，已开发出许许多多新产

品，不仅可替代30%～50%的石油资源，同时还可大大减少垃圾量的产生。这方面的用途还在不断开发中，大有可为。

③ 从医用高分子材料角度，大部分完全生物降解塑料具有优良的生体适性和人体组织相容性，已成功地用于手术缝浅、骨折夹板、药品缓释载体等医用材料，这领域的用量虽不大，但附加值高，而且为民造福，意义重大。

（5）具体措施

① 加大科技投入，加强技术创新。降解塑料的研发中，不仅有物理、化学上的技术问题，经济问题，更主要的还有产品面向不同应用领域，而要求不同的降解速率和时控性以及用后环境中的安全性等问题。

21世纪初，我国降解塑料行业将进入以“总体效益为中心”，产品将进入产业化、实用化阶段，技术进步、技术创新将成为降解塑料有序进入市场的强大推动力，因此必须加大科技投入，加强技术创新，除国家投入外，在企业中，应逐步提高科技投入占年销售额的比重，鼓励企业建立创新基金、风险基金，引入竞争机制。今后十年期间组建2～3个国家级，地方级降解塑料工程研究中心，发挥产学研联合优势，加强相互间有偿合作。

② 加强应用跟踪研究和机理研究。我国降解塑料的研发过程中，比较重视配方设计和产品开发，而对应用跟踪和机理研究重视不够，但这是检验产品能否推向市场和解决人们疑虑的主要关键，这对地膜而言，尤为重要。因此必须加强应用跟踪试验和降解机理的研究，不断总结经验教训和积累数据，这样才有利于产品性能不断改善，技术不断提高，逐步适应和满足社会需求。

③ 加强研究和建立科学的试验评价方法和标准。试验评价方法是鉴别产品质量好坏、技术真伪和规范市场的重要手段，特别是我国加入WTO后，WTO技术性贸易壁垒协议管辖的重点是标准的制定方式、标准的采用和实施，而且在协议规定的义务要求中，首先提出各国尽量采用国际标准。目前国际上除完全生物降解塑料已发布了ISO 14851、ISO 14852、ISO 14855外，对可环境降解塑料、部分破坏性生物降解塑料尚无统一的国际标准，而这些产品当前正有序推向国内外市场，因此加强研究和制订适合国情、科学、易操作的试验评价方法和标准十分重要。

④ 加强对行业的宏观指导与调控，发挥行业协会桥梁纽带的作用。当前，降解塑料行业中低水平重复研究、盲目上马、重复建设以及企业规模小、散、乱，导致无序竞争现象比较严重，对此各级主管部门和行业协会应运用经济、法律、行政手段加大宏观调控力度，在产品开发、技术创新、市场开拓、用途定位、性能提高、价格合理等方面加强联合，团结协作，切忌互相封锁、相互倾轧，这样才能经得起来自各方面的挑战，并在激烈的市场竞争中不断发展壮大。同时加强行业协调和自律，引导和扶持优势企业，使之迅速壮大，真正成为行业的骨干力量和领头羊。行业协会是实施行业管理的主体，应切实担负起全行业的管理责任，充分发挥联合、组织作用，发挥政府与企业之间的桥梁纽带作用。

⑤ 强化监督管理，协调好与其他法规的关系。近十年来，降解塑料在研究开发和推向市场化进程中，伪劣或不大成熟的技术四处转让，假冒产品充斥市场的现象比较严重，在技术市场、商品市场中造成极大混乱。为此必须加强研制科学易操作的检测方法和手段，加强技术经济评估，以强化技术监督管理，另外必须协调好与相关法规如食品卫生法、原材料试验、添加剂的安全性试验，固体废弃物处理法等的关系。

⑥ 政府扶持、健全法规。降解塑料作为一种环保产品推向市场，必须要冲破技术、经济、社会三重壁垒，亦即是产品本身必须具有良好的实用性、降解性、安全性以及经济性，获得环保部门和社会的认可。此外，争取政府的扶持和健全法规也是十分重要的。为此，建议政府有关部委针对降解塑料的特点，制订相关的技术经济政策，对认真从事研究、生产降解塑料的企事业，通过攻关、产业化、技改、高科技、新产品等方面的立项予以支持，加大投入以及通过减免税、低息贷款等优惠政策予以扶持，并制定和健全有关法规。对难于回收利用的一次性降解塑料地膜、包装制品、日用杂品及医疗用品等，推荐采用降解塑料并与堆肥化结合的处理方法，用法律的形式固定下来，使其法律化、具体化、条文化，推动我国降解塑料事业健康、顺利发展。

（中国塑料加工工业协会降解塑料专业委员会
陶　欣　唐赛珍）

色　母　粒

【行业现状】

色母粒（Color Masterbatch）是指颜料按20%～80%比例经研磨或双螺杆挤出均匀地分散到树脂中而制得的颜色颗粒，美国称之为颜料浓缩物（Pigment Concen-tration）或颜料制备物（Pigment Preparation）。它具有着色效果优越、便于自动计量和运输、节约能源、无污染等优点，在塑料等材料的着色中应用普遍。

塑料制品采用色母粒着色最早于20世纪50年代问世于美国，60年代的欧美塑料厂得到广泛推广应用，70年代，它的年增长率已达25%～30%。我国于20世纪70年代中旬在长沙、北京、上海等地开始研制并投入小量生产。80年代，随着我国改革开放、经济的全面发展，塑料制品的产量也急剧上升，花色品种及质量有了大幅度的提高，随之对塑料制品的着色也有了较高的要求，一些中、高档塑料制品也逐渐采用色母粒着色。我国“九五”发展规划中相关的产业政策是以石化工业为“突破口”来带动全行业的结构调整。国内人年均耗塑料量为7.5kg，过低于世界人均值23kg。因此国内石化市场尚属开发阶段。如果国内人均值达到日本94kg的水平，则国内需求量与目前全球总需量相当。因此其发展潜力巨大。我国奉行对外开放、积极引进外资的政策发展国内石化工业。

石化工业的发展使塑料加工业获得了突飞猛进的发展，塑料产品产量大幅度增加，质量和档次不断提高，新品种不断涌现，塑料制品工业在努力满足日用消费品市场需要的同时，为农业、包装业、建筑与装饰业。汽车、机械、家电、邮电等工业发展做出了积极贡献。

因此与塑料加工业密不可分的色母粒需求量潜力不可轻视。由于我国市场的巨大潜力，以及过去10多年经济的快速成长，为色母粒市场的发展带来契机，1994～2002年市场平均成长率高达24%左右，预计2003～2005年，市场将继续保持在20%的年平均成长率。

自20世纪80年代末以来，随着我国塑料工业的迅猛发展，尤其是汽车、家用电器及日用消费品等行业的发展，以及人们对着色制品要求的进一步提高，色母粒着色已成为塑料的主要着色方法，色母粒因此而得到最广泛的应用。

目前，我国色母粒生产企业有4 000家之多，主要分布在广东、浙江、山东、北京、上海、湖南、河北和天津等省市，它们分属于各个工业系统，其中年生产能力在1 000t以上的企业有50多家，遍布全国各地。而全国色母粒的总需求量不到12万吨/年，生产能力严重过剩，导致国内色母粒行业普遍开工不足，市场竞争十分激烈。而这些众多的色母粒厂家中，质量上乘的不多，且中小企业和个体企业占有很大比例。生产能力严重过剩，除新建生产装置增速过快，产品订单不足等因素外；其中重要因素是国产色母粒产品结构单一，品种不全，通用型产品占很大比重，而高浓度和超高浓度、多功能性色母粒及细旦纤维用色母粒所占比重较少。反观色母粒技术水平较高的国家，颜料、分散剂等原材料品种齐全，已形成了系列化和专业化产品结构。

国外色母粒市场主要集中在西欧、北美和日本，生产色母粒的企业多是跨国公司或世界500强企业，如美国Hanna、Polyone、德国BASF、Hoechst、瑞士Ciba-Geigy等公司，年产量在100万吨以上，其中西欧占50%以上，Hanna公司一年的销售量达14万吨。世界色母粒市场体系是垄断经营，色母生产集中在几十个超级大公司。例如垄断世界炭黑生产的超级大公司卡博特也垄断了世界上30%黑色母的生产；科莱恩公司、汉纳公司、休门公司等垄断世界上大部分色母粒的生产和销售。

虽然国内对色母粒的研究开发已有20多年的历史，但由于相关原材料、技术水平等与国外存在着差距，所以进展缓慢，与快速发展的塑料加工业、化纤、电缆业，尤其是建筑材料、工程塑料、细旦纤维行业极不适应。产品品种结构单一，开发新产品的技术力量相对薄弱，致使色母粒在低档次水平上无序竞争。一些外资企业看好国内高档色母粒产品的潜在市场，相继在上海、广东等地以独资或合资的形式建厂，如美国Polyone、日本DIC等公司。我国色母粒工业可用一句话概括：发展快、差距小、前景广。色母粒在国外发展，只不过几十年的历史，中国改革开放使我国色母粒工业一起步就紧跟世界发展潮流。我国全套引进世界先进生产设备和生产技术，进口质量优异的颜料和分散剂，可以生产世界一流水平的色母粒。因此可以说中国色母粒工业水平与世界水平差距不大。然而中国与外国色母粒工业不同，国外色母粒工业由极少数的几个跨国公司垄断生产，而中国色母粒发展还处于计划经济向市场经济过渡阶段。现我国色母粒生产分属于几个行业，如：塑料制品行业（上海、无锡），合成树脂生产商（北京、辽阳），纤维生产行业，因此没有形成中坚力量。相反由于中国知识产权保护不力，市场竞争规则不齐全，导致色母粒生产厂家如雨后春笋般的诞生，质量参差不齐，以至于投资中国的国外公司也不得参与色母粒价格大战。随着色母粒行业竞争加剧，中国色母粒工业被迫进入调整，其必将按照世界发展规律运行。

色母粒行业的发展，使得色母粒花色品种由原来简单着色向复杂化、功能化方向发展。现在，各种专用色母粒及功能色母粒，如纤维色母粒、高速电缆色母粒、涂膜色母位、渔网色母粒、阻燃色母粒、抗静电色母粒、防雾褐色母粒、长寿色母粒、仿瓷仿大理石色母粒、纳米抗菌色母粒等相继在我国面世。同时，色母粒的生产、应用技术也日臻完善。

【市场需求】

客户对色母粒的需求主要根据树脂、加工方法及最终用途的不同而变化。就美国而言，聚烯烃用色母粒占市场需求的 2/3 以上；PVC 用色母粒的需求量呈上升趋势；PET 是一个规模小但发展速度快的树脂，因为受环保限制，PET 纤维越来越倾向于使用色母粒进行纺前着色。色母粒在各种树脂领域的消费构成见表 1。

表 1　色母粒在各种树脂领域的消费构成

树　脂	消费构成/%	树　脂	消费构成/%
LDPE	25	Nylon	6
HDPE	22	PET	4
PP	19	PVC	3
ABS	13	EVA	2
PS	6		

由于色母粒越来越受客户的欢迎，预防美国色母粒产量增长速度会高于塑料工业。工程塑料用色母粒的利润将会大于其他树脂用色母粒的利润，这是因为工程塑料要求色母粒耐温高、技术含量高，因而附加值也大。

从长远长展来看，我国塑料工业的“十五”期间将得到飞速发展，到 2005 年，我国塑料制品总量将越过 1 200 万吨，需色母粒 15 万～24 万吨。色母粒新产品的开发和生产已成为塑料加工业最活跃的领域之一，尤其是在建筑材料、工程塑料和塑料薄膜等行业具有巨大的市场潜力。在今后的几年中色母粒在下列塑料制品中的应用将有较大幅度增长。

(1) 用于包装材料 PP、PS、ABS 的色母粒将保持首位增长　塑料包装材料代替传统纸张和玻璃近年有长足的进步。人们生活节奏加快，一次性餐具又使包装业有了新的增长点。PP、PS、ABS 包装材料上用色母粒将巨增。

(2) 汽车用色母粒有大的需求　据美国底特律全球性咨询公司 BRG Townsend 公司预测，我国汽车用塑料市场几乎每年都会成长 10%，将从 2000 年的 32.67 万吨，10 年后成长到 81 万吨。我国政府在“十五”规划中指出到 2005 年我国汽车产量将达到 320 万辆，每年私家轿车的成长速度预计为 12.7%。各大原材料供货商目前正互相联合共同发展业务，随着与汽车行业密切相关配套车用塑料制件的消费量随之增加，将带动色母粒行业的需求，因此预期用于汽车行业的色母粒需求量也将随之上升。

(3) 电缆用色母粒有较大的需求量　近年来，我国投入巨资进行农村和城市电网的改造，电力建设的重点将从电站建设转向电网的建设，改造和优化电湖结构。此外，我国将同时加快城网改造以促进电力消费。再加上架空电缆的需求量，也将带动色母粒产业的迅速发展。我国加入世界贸易组织后，电信市场向世界开放，我国的数据通信市场将进迅速发展，未来前景广阔。预测 2005 年我国数据用户将超过 5 000 万户，到 2010 年将超过 2.8 亿户。

(4) 丙纶纤维用色母粒仍将有所增长　丙纶原波着色目前还是丙纶染色惟一途径，丙纶广泛应用于地毯家用装饰材料。美国年产地毯 13 亿 m^2，人均 $5m^2$。我国才 4 500 万 m^2，人均仅 $0.05m^2$。由此可见，我国地毯业有很大发展，其色母粒需求也将随之增长。

(5) 建筑材料对色母粒的需求也将增长　近年来，建筑用塑料发展很快，塑料建材已有一定的生产规模。合成树脂为原料的各种塑料膜、片、板材、管材、框架、异型材等制品将会有更大的市场需求。在我国禁用镀锌管后，建筑给水用塑料管将很有竞争优势。预计到 2005 年我国城乡室内外给排水管铺设需求量就达 30 万吨。其中聚乙烯管材约 14 万吨，燃气管网聚乙烯管材需求量也达 4 万吨，近年来，有近 7 $000hm^2$ 的建筑使用 PVC 排水管，大量的镀锌水管被塑料管所取代。塑料管材在节能和应用上具有明显的优势，尤其保温性能普遍较好。而且塑料管材生产耗能仅为镀锌管的 20%。聚烯烃等塑料管材，在“西气东输”管线、燃气管网、建筑室内外给排水、污水处理。节水、排污等广阔领域中替代钢管，具有耐热、耐老化。机械强度高，耐环境应力开裂性、抗蠕变性能好、韧性刚度适当等诸多优点，与钢管相比，成本可降低 12%左右，使用寿命可达 50 年（钢管一般为 20 年），而且维护费用低。此外电线电缆光缆的护套管每年聚乙烯管用量就达 4 万吨，配套的硅芯管用历要超过 2 万吨。建筑材料包括 PVC 塑料型材和 PE、PP 管材。据统计，2000 年我国 PVC 型材产量约为 300 万吨。消耗色母粒 3 万吨。到 2005 年，各种塑料管材的需求量将达到 380 万吨左右，需色母粒 4 万吨。

(6) 今后用于家电产品、铁路和公路建设的工程塑料将大幅上升，“十五”期间，我国工程塑料行业将保持 10%～15%的增长速度。到 2005 年，我国五大通用工程塑料和 ABS 的需求量将分别达到 62 万吨和 160 万吨，需用色母粒 4 万吨。

(7) 薄膜是塑料制品的最大市场，2000 年逐膜和包装股占塑料制品总量的 50%，约 450 万吨，其中农膜为 200 万吨，包装膜为 250 万吨。今后，薄膜的需求量将达到 600 万吨，约需求色母粒 3 万吨。

【技术进展】

色母粒技术的开发方向始终致力于颜料、分散剂和载体相互兼容，以提高颜料的分散性，进而提高色母粒中颜料的含量。下面按颜料、分散剂、载体和设备介绍色母粒的最新技术进展。

1. 颜料

色母粒越来越向颜料高浓度化方向发展，色母粒中颜料含量越高，颜料愈难分散，所以对颜料的要求越高。高浓度色母粒用颜料80%市场份额被国外跨国公司垄断，这些颜料在出厂前都经过预处理，并添加分散剂，可用于制备高浓度色母粒。

美国Sunchemical公司最近推出了一种类似于颜料预分散体的产品一色砂，颜料含量高达90%，分散效果较好，可直接应用，亦可以与树脂混合造粒制备高浓度色母粒。成本较湿法产品低，目前其生产工艺过程处于保密阶段。

我国生产颜料的技术和工艺还很落后，色母粒用颜料的品种少、质量低。国内一些企业虽然开发出了大分子红颜料，但耐热性和着以力较低，品种也少，与国外同类产品相比，差距还较大。而色母粒用的高档大分子黄颜料还一片空白。

大日本油墨公司（DIC）和东洋油墨公司（TOYOINK）扮演了兼并重组的重要角色，并分别坐在世界颜料生产量第一把交椅。

进入90年代后期，欧洲颜料三大巨头巴斯夫公司、汽巴公司、赫斯特公司分别在上海、青岛、天津建立了合资企业，促使中国颜料生产一个很大发展。1998年中国已成了世界主要有机颜料出口国之一。

无机颜料主要生产商德国拜耳公司在上海提供各类优段批化铁颜料；加拿大DCC公司在新乡提供各类优质铬系颜料；湘潭飞虹颜料有限公司生产优质无毒镉系颜料、锑钛黄、镍钛黄、钴蓝等；据悉瑞士汽巴-嘉基向重庆转让包膜系颜料生产技术；世界最大炭黑制造商美国卡博特公司在上海已形成7万吨/年炭黑生产能力，提供各类优质炭黑；重庆钛白粉股份有限公司引进生产金红石型钛白粉技术目前已投产。中国已成为世界上溶剂颜料生产基地和出口基地，已具备发展色母粒工业良好物质基础。

2. 分散剂

分散剂在色母粒制备中起润湿和包覆颜料、辅助颜料在载体中进行分散的作用。国外对分散剂的研究比较全面和深入，品种比较齐全。

科莱恩（Clariant）公司最近推出了一种新型颜料分散助剂-Ceridust系列微粉蜡。通常采用的分散助剂是各种规格的蜡。从蜡的外观形态上看有不同形状，最常用的是粉末状、片状等。普通蜡的颗粒明显大于颜料颗粒，对颜料粒子的包覆不均匀。而微粉蜡的颗粒尺寸与颜料尺寸接近，蜡粉粒子坝充在颜料粒子间使颜料粒子保持一定的距离并提高润湿作用，能够显著地改进颜料的分散性。虽然价格较高，但使用微粉蜡达到与普通蜡相同的着色强度时所用的颜料较少，并且，该微粉蜡品种齐全，可满足聚烯烃塑料和工程塑料的不同要求。目前，在欧、美等国家色母颜料分散过旺程中已普遍用这种微粉蜡。

国内分散剂的品种较少，常用的低分子量聚乙烯蜡是采用裂解法生产，分子量分布宽、杂质多、有异味，对颜料的分散效果差。近几年开发了钛酸酯分散剂，但分散效果不明显，还应再扩大分散剂品种，尤其是树脂专用品种。由四平地矿勘查开发有限公司精细化工公司利用水解专利方法生产的聚乙烯蜡，其质量较裂解法生产的聚乙烯蜡更优。

3. 载体

载体是色母粒的重要组成部分，其作用是增强颜料与要着色的树脂之间的亲和力和提高着色组分与树脂的分散与混合。

用茂金属催化法合成的树脂作载体能大大提高颜料在色母粒中的协同效应和分散性。由于颜料在色母粒中分散性提高，可获得一个更均一的相，因此，颜料用量更少，而同时保持着色质量。这是因为茂金属催化法合成的树脂与Z-N催化法合成的树脂不同，茂金用催化法合成的树脂作载体能制备高浓度的色母粒，颜料含量可达80%。

色母粒中用茂金属催化法合成的树脂作载体不仅会使着色容易，并使色母粒产生美观感，而且对着色产品的力学性能也有改善。因为颜料分散好，结晶性提高，得到的制品的耐应力开裂性能提高。

现国内一些树脂生产厂家根据色母位工业的快速发展状况，相继研制或推出了用于色母粒的专用树脂，如燕山石化新近推出的1120A，兰化研究院研制生产的高光色母粒专用基料，天津石化公司最近推出TJZS-2433/2650F色母粒专用树脂。

4. 设备

色母粒生产用的设备大部分均为国产化，主要设备同向平行双螺杆挤出机、高低速捏合机经过几十年的研究开发，已达到生产色母粒的要求。江阴市新达塑料机械有限公司近几年推出的往复式单螺杆混炼挤出机使国内色母粒生产用设备上了一个新的台阶。

【发展趋势】

色母粒向颜料高浓度方向发展以降低最终产品的着色成本，色母粒与添加剂相结合开发多功能的产品是色母粒今后的发展方向。

我国塑料行业的快速发展必将带动色母粒行业的发展，色母粒产品具有广阔的应用前景。

针对该产品的生产现状，向色母粒行业协会拟提出以下建议。

① 国内生产企业应联合上游企业和科研院校开发适于色母粒应用的颜料和分散剂，增加产品品种，提高产品的技术含量，使色母校产品向高质量方向发展。

② 色母粒生产企业应充分利用色母粒专业委员会提供的信息，加强沟通和合作，制定行业标准，净化市场，使竞争变得有序，促进行业健康发展。

③ 市场对色母粒需求的特征表现为高度的分散化和专门化，生产企业应对市场需求进行细化，拓宽色母粒产品的应用领域，开发多功能和高技术含量的色母粒产品，以市场的需要。

④ 中国融入 WTO 以后，国外企业纷纷进入中国市场，这些企业在为我国色母粒行业注入新活力的同时也加剧了市场的竞争，国外企业只有不断完善自我，不断创新，在提高产品的技术含量上下功夫，才能在竞争中立于不败之地。

目前国内色母粒行业开工不足，其原因在于，除新建生产装置增速过快，产品订单不足等市场客观因素外，还有一重要的主观因素，即国产色母粒产品结构单一，品种不全，通用型产品占据很大比重，而高浓度和超高浓度，功能性色母粒细旦纤维用色母粒所占比重较少。反观色母粒技术水平较高的国外，颜料、分散剂等原材料品种剂全，已形成了系列化和专业化产品结构。所以，我国色母粒生产企业应苦练内功，拓宽现有原材料和辅助原材料的应用范围，开发高技术含量的色母粒，这是国内色母粒生产企业摆脱发展困境的有效途径。

欧美是世界颜料工业发源地，20 世纪 70 年代世界颜料工业第一次转向美洲。进入 90 年代，由于环保费用日趋增大，人员开支使生产成本上升，欧洲消费已趋饱和，导致颜料工业第二次大转移，重点转向亚洲及中国。

瑞士山德士公司、德国赫斯特公司通过资产组合成立了科莱恩公司，成为世界上生产和销售有机颜料、色母粒的超级集团。该公司已在上海漕河开发区建立独资公司生产色母粒。年销售额达 17 亿美元的汉纳公司投资 640 万美元在上海浦东张江科技开发区成立汉纳威尔逊聚合体（上海）有限公司，专门生产通讯电缆和化妆品包装用色母粒。

香港上市公司毅兴塑料原材料有限公司在上海青浦工业园区投资 1 200 万元港币生产色母粒，据悉最近又追加新的投资。日本橡胶株式会社（SJR）、日本着色塑料株式会社（JCC）与上海紫江集团公司合资成立上海虹彩塑料有限公司，首期投资 12 亿日元，从事热塑性树脂着色混炼、色母粒和颜料加工。日本住友彩色公司和日本伊藤忠公司在上海金山合资成立金住色母料公司，计划第一年生产 2 000t 色料，销售额达 6 亿日元。日本东洋油墨制造公司与日商岩井制造公司在上海建立上海东洋色料公司，首期生产 2 000t 色母粒和色料。卡博特塑料国际公司与上海焦化总厂计划合作生产 5 000t 黑色母粒。

群雄逐鹿中国市场必将会使中国色母粒生产掀起一个浪潮，并将在世界色母料工业生产中扮演重要角色。

我国已成为亚洲最大色母粒生产和需求的国家之一，同时也是未来世界最大的需求市场。2000 年我国色母粒产量大约为 7 万吨，其中占最大比例的黑色色母粒产量为 3 万吨，彩色和白色色母粒各占 2.6 万吨和 1.4 万吨，2000 年色母粒添加剂产量为 600 吨。尽管产量快速成长，但是我国对色母粒进口需求，尤其是在添加剂的需求上仍然很大。

据相关资料获悉，亚洲地区的其他国家对色粒的平均需求增长率的 7%～9%，而我国对色母粒的年均需求增长率为 20%左右。预计 2002 年中国需求量将达到 15 万吨；2005 年需求量将达到 23 万吨；中国将成为色母粒需求量增长最快的市场，特别是彩色和添加母粒，我国要依赖进口。我国已成了亚洲地区色母粒市场的最大生产国和消耗国。

在品种开发方面，我国色母粒生产厂家已开发出了纤维用色母粒、薄膜用色母粒、电线电缆用色母粒、聚烯烃色母粒、PVC 色母粒、注塑制品用色母粒。我们认为，未来色母粒将朝着多功能化、高颜料含量方向多开发新品，拓宽色母粒产品的应用领域，使多功能和高技术含量的色母粒产品向高质量方向发展，尽快多开发新品，拓宽色母粒产品的应用领域，使多功能和高技术含量的色母粒产品全力满足市场的需要，满足国内所有下游用户的需求，这样才能在竞争中立于不败之地。

（湖南省塑料研究所色母料厂　王文强）

上 市 公 司

2003 年塑料行业上市公司情况

2003 年是塑料化工行业上市公司发展不寻常的一年。上半年，受非典型肺炎的影响，部分公司出口和内销业务受到较大幅度影响；下半年，受伊拉克战争的持续影响，国际和国内的原材料价格（特别是原油价格）大幅度上扬，导致公司利润总额和税后利润较上年出现一定幅度的下滑。以主营业务分类为塑料制品业的安塑股份、胜利股份、海螺型材、珠海中富、武汉塑料、国风塑业、佛塑股份、中达股份、凯乐科技等九家企业为例进行分析，从基本统计数据了解到：平均流通股本 13 090.49 万股，平均市盈率 13.16 倍；从偿债能力方面的统计数据了解到：流动比率 1.09%，速动比率 0%，应收账款周转率 2.12 倍，现金流动负债比－6.78%；从盈利能力方面的统计数据了解到：销售毛利率 14.09%，销售净利率 3.31%，净资产收益率 1.04%，总资产收益率 0.45%，主营业务利润率 14.09%；而代表成长能力的主营收入增长率、主营利润增长率、净利润增长率、总资产增长率、股东权益增长率都出现了下滑的趋势。

在塑料化工行业竞争日益激烈的市场环境下，上市公司严格按照《公司法》、《证券法》和中国证监会有关法律法规的要求，不断完善公司法人治理结构，规范公司运作，健全内控制度，提高信息披露质量。按《上市公司治理准则》的要求，推进和完善现代企业制度，保护投资者的权益。同时，认真执行《公司章程》、《股东大会工作条例》、《董事会工作条例》、《董事会议事规则》、《监事会工作条例》、《总经理工作条例》、《投资者关系管理制度》和《投资者关系管理实施细则》等规章制度，促进了公司的规范化管理。

面对经营困境，塑料行业上市公司纷纷采取加强市场管理，建立高品质生产原材料保供系统；扩大市场营销网络，加强营销管理体系建设，扩大市场占有率；加大工业企业科技投入和技术引进，提高科技研发能力，加大新品开发力度，面向市场大力推广高技术含量、高附加值产品；整合现有资源，实现强强联合；以提高劳动生产率为目标，从完善激励机制入手，调动职工积极性和创造性；加强资金管理，严格控制成本；加快制定和实施企业的品牌战略，全面推进企业文化建设、信息化建设和制度化建设等各项工作。塑料行业上市公司通过建立和完善科学的、高效的管理运行机制，成为带动塑料工业发展的中坚力量，为我国塑料行业做出了重大贡献。

现将部分塑料行业相关上市企业 2003 年的情况简要介绍如下。

一、上海证券市场部分塑料行业上市公司情况

公司名称：南京中达制膜（集团）股份有限公司（中达股份）	证券代码：600074

基本情况

主营业务：生产销售双向拉伸聚酯薄膜、双向拉伸聚丙烯薄膜、多层共挤流延薄膜等

发行日期：19970605　　上市日期：19970623

法人代表：石纪闵　　联系人：万文山

主承销商：申银万国证券股份有限公司

公司名称：江苏中达新材料集团股份有限公司

公司地址：江苏省江阴市申港镇镇澄路 999 号

公司电话：0510-6684039

本公司经批准，由南京塑料包装材料总厂、中国包装总公司内江包装材料总厂、申达集团公司、南京双惠新技术开发公司、北海中包工贸有限公司、江阴市黎明幕墙有限公司联合发起设立。前三家分别以所属聚酯薄膜一分厂、全资子公司万事达塑胶制品公司、聚丙烯车间和聚乙烯车间评估后的净资产折价入股，后三家以现金出资投资入股，采用社会募集方式设立。1997 年 6 月 5 日至 6 月 15 日向社会公众公开发行股票，同年 6 月 23 日，“南京中达”（A 股）在上交所上市交易。1998 年 4 月，为适应公司经营发展需要，公司名称由“南京中达制膜股份有限公司”变更为“南京中达制膜（集团）股份有限公司”。2003 年 10 月 10 日，公司名称变更为“江苏中达新材料集团股份有限公司”，股票简称变更为“中达股份”。

2003 年经营情况

2003 年年报摘要

每股收益/元	每股净资产/元	净资产收益率/%	每股资本公积金/元	每股经营现金流量/元
0.34	3.37	10.05	1.54	0.74

续表

公司名称：南京中达制膜（集团）股份有限公司（中达股份）						证券代码：600074		
近几年收益								
每股收益/元			每股净资产/元			净资产收益率/%		
2002 年末	2001 年末	2000 年末	2002 年末	2001 年末	2000 年末	2002 年末	2001 年末	2000 年末
0.25	0.52	0.44	3.03	4.10	3.72	8.07	12.80	11.90

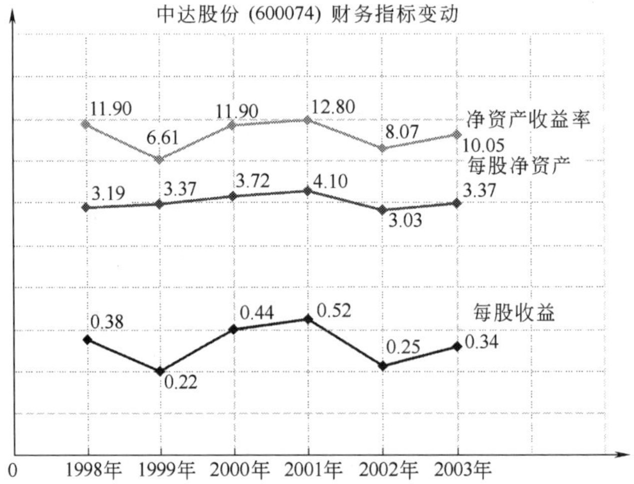

股本结构（单位：万股）

变化日期	总股本	国家股	发起法人股	法人股	流通 A 股	职工股	流通 B 股	转配股	H 股
20021119	34 128.00	8 281.51	8 350.49		17 496.00				

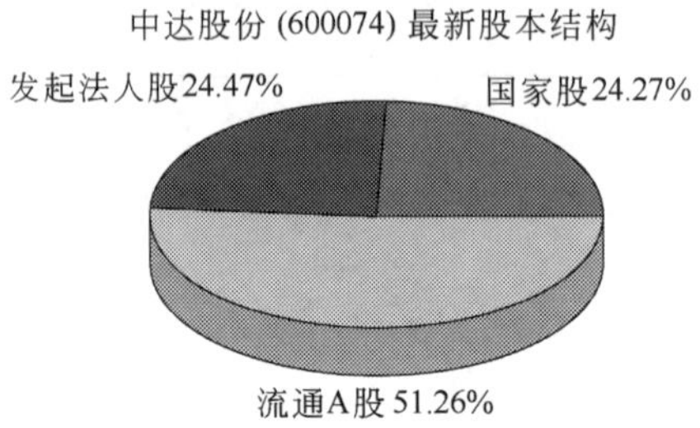

近 年 分 红 方 案

年　　度	每 股 收 益	分 红 方 案	配 股 方 案
2003 年末期	0.338 元	每 10 股拟派 1.00 元（含税）	每 10 股拟配 3.00 股
2003 年中期	0.145 元	利润不分配不转增	

特 别 提 示

1. 代表国内香烟包装薄膜制造领域最高技术水平的 BOPP 五层共挤香烟薄膜，日前在中达股份（600074）西部生产基地成都中达软塑新材料有限公司 25000 吨生产线试制成功。据悉，此前国内尚无厂家生产该产品。中达股份有关负责人表示，BOPP 五层共挤香烟薄膜的试制成功，不仅优化了公司产品结构，而且使中达股份的烟膜生产水平和技术创新能力提升到新的高度，大大提高烟膜产品的竞争力，将成为公司又一利润增长点。（20031208）

2. 中达股份参股的“亚洲包装制造中心”日前在江阴正式揭牌。江阴市委书记王伟成表示，到 2005 年将形成 80 万吨的软塑包装生产能力，要努力把亚洲包装制造中心真正建成国际软塑包装新材料生产基地。据了解，今年 4 月，世界包装组织正式批准亚洲包装制造中心落户江阴。该中心以申达科技工业园为载体向沿江经济开发区延伸，规划总面积 20 万平方千米，首期启动 6 万平方千米。（20031020）

续表

公司名称:南京中达制膜(集团)股份有限公司(中达股份)	证券代码:600074

特 别 提 示

3. 南京中达生产的BOPP彩印定位包装防伪烟膜日前被安徽中烟公司确定为该省高档卷烟的包装材料。首批6.7吨防伪彩膜已分别送达烟厂上机整体使用。另外,第二批、第三批防伪彩膜也已陆续供应蚌埠等地卷烟厂。(20030930)

4. 8月20日,南京中达亚洲包装制造中心6万吨多功能新材料项目奠基仪式在江苏省无锡市隆重举行。据了解,该项目由南京中达控股75%的亚包新材料公司负责建设,预计2004年8月可投产,10月达产,项目建成后预计每年可实现7亿元的销售收入。(20030821)

公司名称:新疆天业股份有限公司(新疆天业)	证券代码:600075

基 本 情 况

主营业务:塑料制品、节水器材、化工产品的生产和销售,节水灌溉技术的推广;农业种植等
发行日期:19970523　　上市日期:19970617
法人代表:郭庆人　　联系人:沈　明
主承销商:申银万国证券股份有限公司
公司名称:新疆天业股份有限公司
公司地址:新疆石河子市经济开发区北三东路36号
公司电话:0993-2623118

新疆天业股份有限公司是经新疆生产建设兵团新兵函[1996]28号文和兵体改发[1996]20号文批准筹建,由新疆生产建设兵团农八师直属的国营企业新疆石河子天业塑化总厂独家发起,并将其下属的新疆石河子塑料制品总厂和新疆石河子化工厂部分改组,以募集方式设立的股份有限公司。

2003年经营情况

0.05	5.02	0.92	2.94	0.63

2003年年报摘要

每股收益/元	每股净资产/元	净资产收益率/%	每股资本公积金/元	每股经营现金流量/元
0.26	5.01	5.21	2.86	−0.17

近 几 年 收 益

每股收益/元			每股净资产/元			净资产收益率/%		
2002年末	2001年末	2000年末	2002年末	2001年末	2000年末	2002年末	2001年末	2000年末
0.20	0.21	0.39	4.89	4.85	4.78	4.09	4.26	8.07

新疆天业 (600075) 财务指标变动

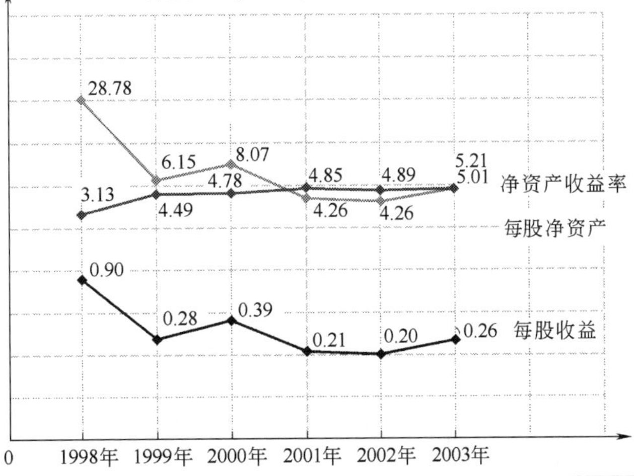

续表

公司名称：新疆天业股份有限公司（新疆天业）						证券代码：600075			
股本结构（单位：万股）									
变化日期	总股本	国家股	发起法人股	法人股	流通 A 股	职工股	流通 B 股	转配股	H 股
19990514	22 680.00		12 960.00		9 720.00				

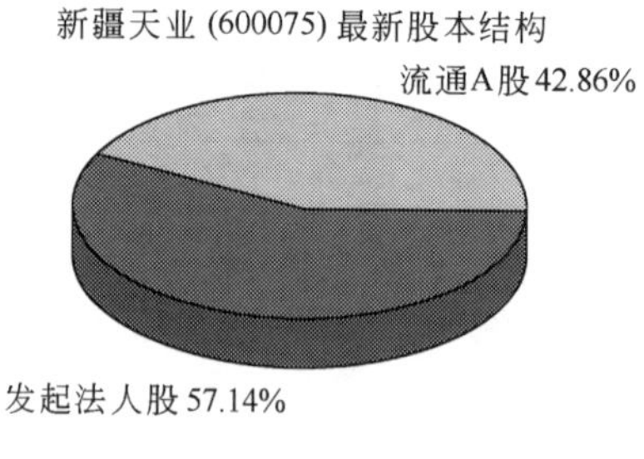

近 年 分 红 方 案

年　　度	每股收益	分红方案	配股方案
2003 年末期	0.260 元	每 10 股拟派 1.00 元（含税）	
2003 年中期	0.046 元	利润不分配不转增	

特 别 提 示

昨日，新疆天业发布公告称，公司将所属分公司北泉农场一、三、四、六分场出让给新疆天融投资有限公司；同时，公司决定投资 38 682 万元，新建年产 8 万吨高抗冲聚氯乙烯树脂及 7 万吨离子膜烧碱项目。公司董秘沈明在接受记者采访时表示：公司在综合研究、多方论证下，决定调整农业产业，逐步缩减规模，同时加大对化工的投资力度，主要原因有三点：一是聚氯乙烯、烧碱市场广阔，而公司在农业方面发展空间有限；二是有效利用当地丰富的盐、煤炭、天然气等资源；三是公司在化工方面有较强的竞争力。（20031024）

公司名称：宁夏大元化工股份有限公司（大元股份）	证券代码：600146

基 本 情 况

主营业务：生产销售工程用塑料板材、管线、异型材、电线、电缆
发行日期：19990614　　上市日期：19990707
法人代表：王朝刚　　联系人：李占奇
主承销商：中信证券有限责任公司
公司名称：宁夏大元化工股份有限公司
公司地址：宁夏银川市兴庆区北京东路 339 号（中房大厦五层）
公司电话：0951-6199875

本公司是经宁夏回族自治区人民政府宁政函[1998]121 号文批准，由宁夏大元炼油化工有限责任公司独家发起以募集方式设立的股份有限公司。本公司的发起人是在对原宁夏炼油厂进行改制的基础上，于 1998 年 4 月 21 日成立的国有独资的有限责任公司。公司的前身宁夏炼油厂 1991 年建成并投产。截至 1998 年底，宁夏炼油厂拥有总资产 9.20 亿元，净资产 5.21 亿元。经证监会证监发行字[1999]64 号文批准，本公司已成功发行每股面值为 1.00 元人民币普通股股票 5 400 万股，另向证券投资基金配售了 600 万股，发行后，公司总股本为人民币 20 000 万股。

2003 年经营情况

2003 年年报摘要

每股收益/元	每股净资产/元	净资产收益率/%	每股资本公积金/元	每股经营现金流量/元
−0.01	1.78	−0.69	1.25	0.09

续表

公司名称：宁夏大元化工股份有限公司（大元股份）						证券代码：600146		
近几年收益								
每股收益/元			每股净资产/元			净资产收益率/%		
2002 年末	2001 年末	2000 年末	2002 年末	2001 年末	2000 年末	2002 年末	2001 年末	2000 年末
0.01	−0.61	0.03	1.80	1.75	2.31	0.58	−34.81	1.49

大元股份 (600146) 财务指标变动

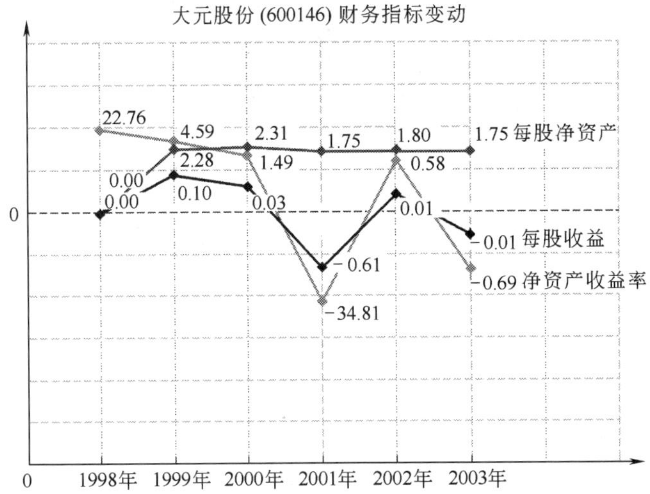

股本结构（单位：万股）

变化日期	总股本	国家股	发起法人股	法人股	流通 A 股	职工股	流通 B 股	转配股	H 股
19990908	20 000.00		14 000.00		6 000.00				

大元股份 (600146) 最新股本结构

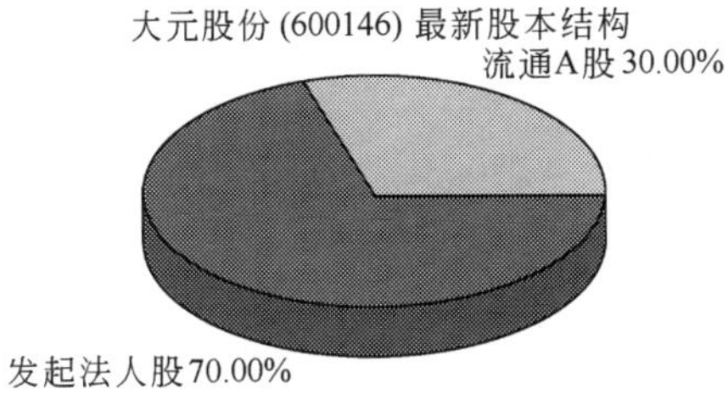

近年分红方案

年　度	每股收益	分红方案	配股方案
2003 年末期	−0.012 元	利润不分配不转增	
2003 年中期	0.001 元	利润不分配不转增	

特别提示

大元股份近日发布公告称，中国证监会已同意豁免宁夏回族自治区综合投资公司要约收购义务，公司股权出让方、受让方将向中国证券登记结算有限公司上海分公司提交有关文件资料并办理过户等手续，两年来羁绊大元股份重组进程的股份过户手序终于尘埃落定。2003 年以来，公司塑料加工主要原料聚氯乙烯的价格持续上涨，但塑料门窗、管材市场由于国内产能过剩而竞争激烈，价格难以上扬，无法抵消原料成本增加。(20031225)

公司名称：河北宝硕股份有限公司（宝硕股份）	证券代码：600155

基　本　情　况

主营业务：塑料制品和化工产品的生产和销售
发行日期：19980629　　　　上市日期：19980918
法人代表：周　山　　　　　联系人：何胜利
主承销商：中国经济开发信托投资公司
公司名称：河北宝硕股份有限公司
公司地址：河北省保定国家高新技术产业开发区朝阳北路175号
公司电话：0312-3109607

本公司发起人为河北保塑集团有限公司始建于1957年，当时为保定市细菌肥料厂。1959年改名为保定化工厂；1963年，改为保定塑料厂；1988年，与保定第二塑料厂合并为保定塑料总厂；1993年在保定塑料总厂的基础上组建河北保塑集团有限公司；1996年改制为河北保塑集团国有独资核心企业；1998年，集团公司为独家发起人，以集团公司改组前的部分经营性资产及负债形成的净资产进行股份制改组，并以社会募集方式设立本公司，其余的净资产留在集团公司。

2003年经营情况

2003年年报摘要

每股收益/元	每股净资产/元	净资产收益率/%	每股资本公积金/元	每股经营现金流量/元
0.15	2.15	6.95	0.56	0.31

近　几　年　收　益

每股收益/元			每股净资产/元			净资产收益率/%		
2002年末	2001年末	2000年末	2002年末	2001年末	2000年末	2002年末	2001年末	2000年末
0.15	0.18	0.32	1.96	1.91	3.00	7.67	9.15	10.06

宝硕股份 (600155) 财务指标变动

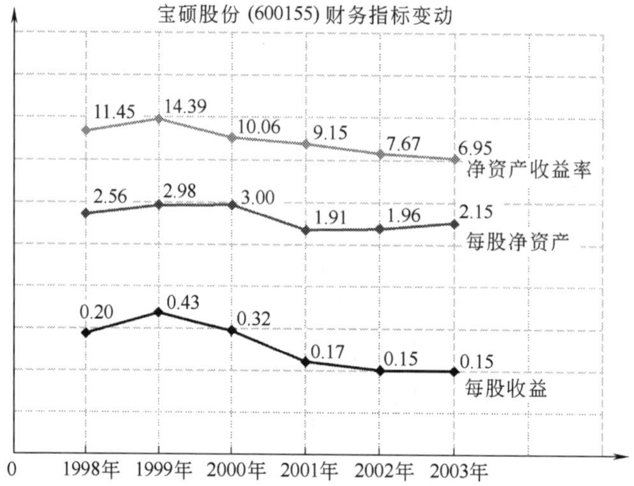

股本结构（单位：万股）

变化日期	总股本	国家股	发起法人股	法人股	流通A股	职工股	流通B股	转配股	H股
20010517	41 250.00	29 250.00			12 000.00				

宝硕股份 (600155) 最新股本结构

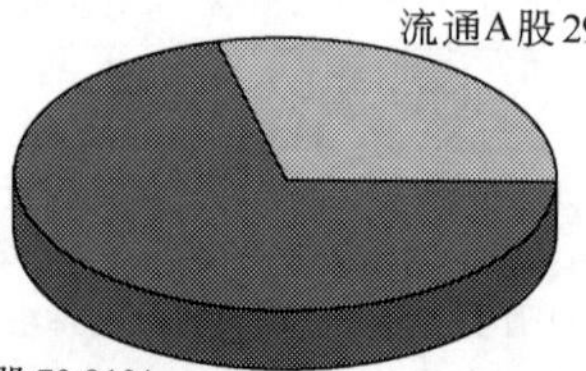

续表

公司名称:河北宝硕股份有限公司(宝硕股份)			证券代码:600155
近年分红方案			
年度	每股收益	分红方案	配股方案
2003年末期	0.149元	每10股拟派1.00元(含税)	
2003年中期	0.067元	利润不分配不转增	

特别提示

目前公司控股股东宝硕集团持有的26 030万股股份中超过4成的股份先后遭到冻结,而其缘由大多是欠款。2001年河北宝硕集团有限公司为保定金信国际租赁有限公司向定州市国债服务部拆借国债提供了担保,而保定金信国际租赁有限公司到期未能偿还向定州市国债服务部所借国债,使得当时宝硕集团所持有的宝硕股份国家股1 400万股被冻结,在去年到期后,其中的750万股继续冻结。(20030327)

公司名称:中国化学建材股份有限公司(中国化建)	证券代码:600176

基本情况

主营业务:玻璃纤维及其制品、建筑塑料地板、PVC管材管件的生产和销售等
发行日期:19990305　　上市日期:19990422
法人代表:曹江林　　联系人:贾建军
主承销商:广发证券有限责任公司
公司名称:中国化学建材股份有限公司
公司地址:北京市海淀区紫竹院南路2号
公司电话:010-88411666

公司于1998年8月31日经国家经贸委国经贸企改[1998]544号文批准,由中国新型建筑材料公司、浙江永联集团公司和中国建筑材料及设备进出口公司四家企业联合发起,在对江苏常州建筑塑料厂、中新集团南京新型建材有限公司、江苏江阴化工塑料厂、巨石集团有限公司进行整体改组的基础上,加上中新公司将所持有山东烟台渤海钢铁建材股份有限公司的投资收益投入和中国建筑材料及设备进出口公司的现金投入,以募集设立方式设立。

2003年经营情况

2003年年报摘要

每股收益/元	每股净资产/元	净资产收益率/%	每股资本公积金/元	每股经营现金流量/元
0.20	1.56	12.82	0.20	0.34

近几年收益

每股收益/元			每股净资产/元			净资产收益率/%		
2002年末	2001年末	2000年末	2002年末	2001年末	2000年末	2002年末	2001年末	2000年末
0.07	0.01	0.14	2.19	2.16	2.19	3.09	0.31	9.52

中国化建(600176)财务指标变动

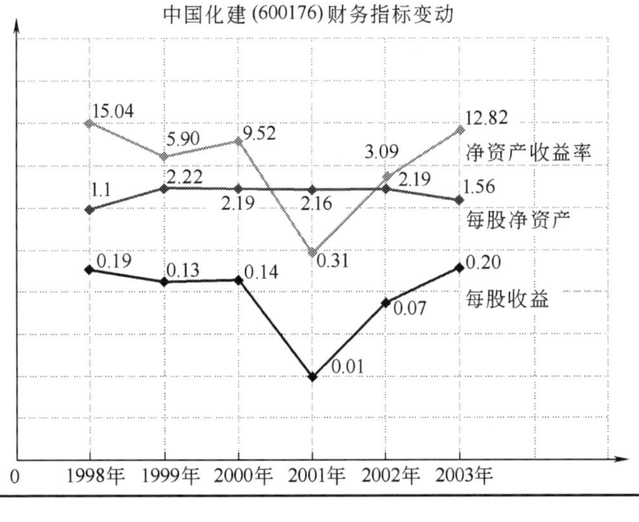

续表

公司名称：中国化学建材股份有限公司（中国化建）	证券代码：600176

股本结构（单位：万股）

变化日期	总股本	国家股	发起法人股	法人股	流通A股	职工股	流通B股	转配股	H股
20031106	35 616.00	15 815.20	7 928.80		11 872.00				

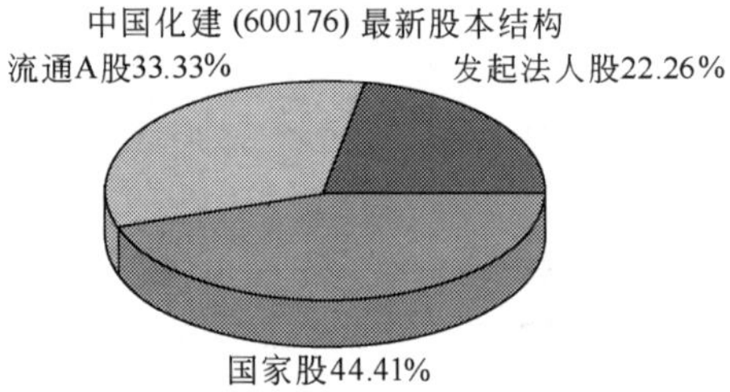

近 年 分 红 方 案

年　　度	每股收益	分红方案	配股方案
2003年末期	0.200元	每10股拟送1.00股增1.00股，拟派0.50元（含税）	
2003年中期	0.150元	每10股转增6.00股	

特 别 提 示

中国化建主营玻璃纤维及其制品的生产和销售，堪称国内玻璃纤维行业的龙头企业。从行业前景看，玻璃纤维及其制品作为新型功能材料，广泛应用于建筑、电子信息、航空航天等多个领域，市场需求十分广泛。目前公司玻璃纤维及制品产销的年生产能力已达到8万～9万吨，排名全国第一、亚洲前五、世界前十，是世界最大的玻纤市场——美国的第四大供应商。2003年，公司开始走上加速发展的道路，其良好的经济效益已开始凸现。前三季度，公司实现主营收入5.63亿元，同比增长24.6%；三项费用同比减少16%；实现净利润4 600万元，是去年同期的9.33倍。(20031226)

公司名称：海南兴业聚酯股份有限公司（兴业聚酯）	证券代码：600259

基 本 情 况

主营业务：聚酯切片及FDY长丝的生产和销售
发行日期：20000508　　　上市日期：20000525
法人代表：刘连琏　　　　联系人：欧大潭
主承销商：中国东方信托投资公司
公司名称：海南兴业聚酯股份有限公司
公司地址：海南省海口市港澳工业区兴业路19号
公司电话：0898-68669470

本公司前身为原海南兴业聚酯有限公司。1992年8月8日，经海南省股份制试点领导小组办公室琼股办字[1992]8号文件批准，在对海南兴业聚酯有限公司进行规范化改制的基础上，由海南省纺织工业总公司、海南国际（海外）投资有限公司、中国银行海口信托咨询公司、交通银行海南分行、中技海南实业公司等五家单位共同发起，以定向募集方式设立本公司。总股本为14 340万元。1997年5月公司重新登记注册。2000年5月发行公众股7 000万股，形成总股本21 340万股。

2003年经营情况

2003年年报摘要

每股收益/元	每股净资产/元	净资产收益率/%	每股资本公积金/元	每股经营现金流量/元
0.01	2.07	0.64	1.21	0.25

续表

公司名称:海南兴业聚酯股份有限公司(兴业聚酯)						证券代码:600259		
近几年收益								
每股收益/元			每股净资产/元			净资产收益率/%		
2002 年末	2001 年末	2000 年末	2002 年末	2001 年末	2000 年末	2002 年末	2001 年末	2000 年末
0.01	−0.17	0.21	2.05	2.03	2.75	0.52	−8.57	7.51

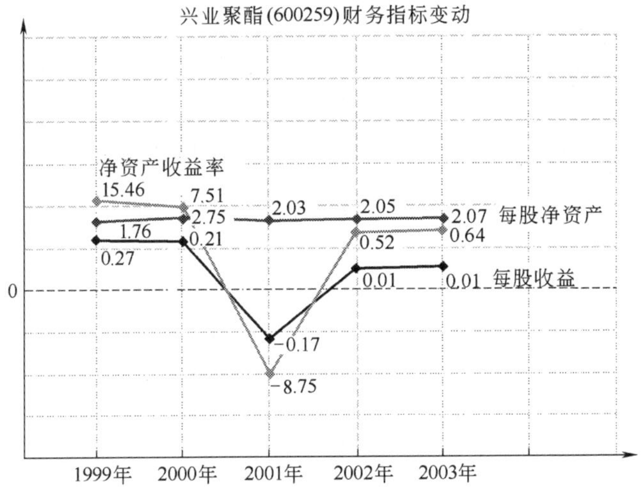

股本结构(单位:万股)

变化日期	总股本	国家股	发起法人股	法人股	流通 A 股	职工股	流通 B 股	转配股	H 股
20030512	21 340.00	8 336.00	3 544.00		9 460.00				

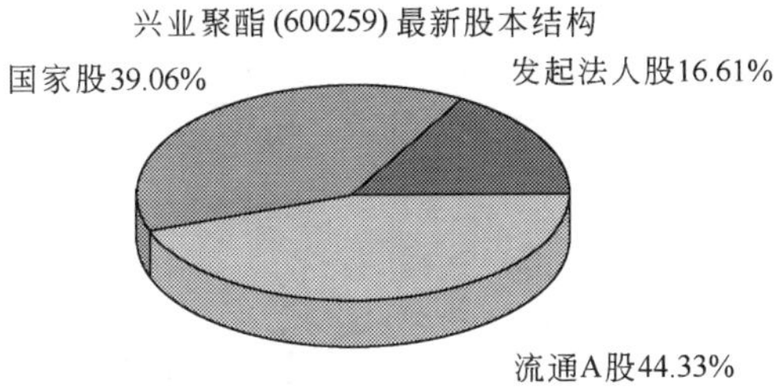

近年分红方案

年度	每股收益	分红方案	配股方案
2003 年末期	0.010 元	利润不分配不转增	
2003 年中期	0.006 元	利润不分配不转增	

特别提示

1. 兴业聚酯董事会日前决定,依托 16 万吨瓶级聚酯切片国债技改(贴息)项目,与第一大股东海南华顺实业公司共同投资设立海南隆业高新技术有限责任公司。尽管目前全球瓶级切片产能大于需求,但以目前 450 万吨的全球市场,如果平均年增长率达到 15%,则在五年后市场就会倍增,所以生产厂商可以很乐观地看待目前的超量生产现象。在这样的行业背景下,公司投资 16 万吨瓶级聚酯切片项目,无疑将为未来的稳定持续发展打下基础。(20031112)

2. 目前,兴业聚酯年产 16 万吨瓶级国债技改(贴息)项目破土动工。据介绍,该项目总投资约 3.5 亿元,引进国外先进设备和技术,生产符合多项国际卫生标准的优质瓶级聚酯切片,产品将广泛用于矿泉水瓶、碳酸饮料瓶、热罐装瓶及其他包装材料的生产,项目完工后,可新增产值 14.5 亿元,利税 1.7 亿元。该项目预计一年后建成投产。(20030730)

公司名称：湖北凯乐新材料科技股份有限公司(凯乐科技)	证券代码：600260

基 本 情 况

主营业务：邮电通讯、化工建筑、农田水利
发行日期：20000622　　上市日期：20000706
法人代表：朱弟雄　　联系人：陈　杰
主承销商：长江证券
公司名称：湖北凯乐新材料科技股份有限公司
公司地址：湖北省公安县斗湖堤镇城关
公司电话：0716-5209491

1993年2月，经批准由湖北省荆州地区塑料管材厂、公安县国资局、湖北省荆州板纸厂、湖北省公安县纺纱厂共同发起，以定向募集方式设立本公司，1993年2月28日注册登记。1995年9月更名为“湖北省凯乐塑料管材股份有限公司”；1997年6月更名为“湖北省凯乐塑料管材(集团)股份有限公司”；2000年6月12日至6月28日，公司向社会公开发行股票5 500万股，同年7月6日，“凯乐股份”在上交所上市。根据公司产品结构的不断调整，其高新技术产品已占公司产品销售业务的75%，为了使公司名称与主营业务相符，2000年9月5日，公司更名为“湖北凯乐新材料科技股份有限公司”。2001年2月19日，证券简称变更为“凯乐科技”。

2003年经营情况

2003年年报摘要

每股收益/元	每股净资产/元	净资产收益率/%	每股资本公积金/元	每股经营现金流量/元
0.24	5.26	4.63	2.72	0.48

近 几 年 收 益

每股收益/元			每股净资产/元			净资产收益率/%		
2002年末	2001年末	2000年末	2002年末	2001年末	2000年末	2002年末	2001年末	2000年末
0.30	0.51	0.39	5.01	4.66	4.52	6.05	11.04	8.54

凯乐科技 (600260) 财务指标变动

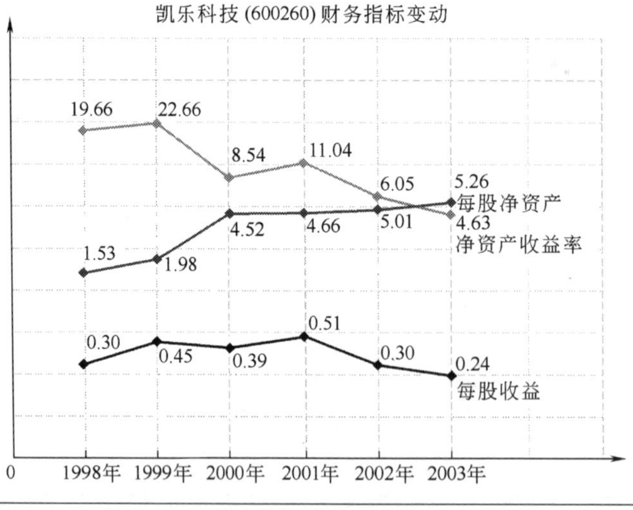

股本结构(单位：万股)

变化日期	总股本	国家股	发起法人股	法人股	流通A股	职工股	流通B股	转配股	H股
20031203	17 588.00	1 500.00	7 570.40	600.00	7 917.60				

凯乐科技 (600260) 最新股本结构

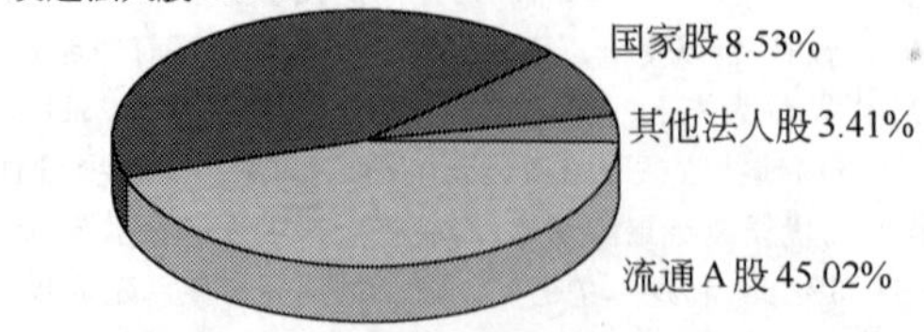

续表

公司名称:湖北凯乐新材料科技股份有限公司(凯乐科技)		证券代码:600260	
近年分红方案			
年度	每股收益	分红方案	配股方案
2003年末期	0.240元	利润不分配不转增	
2003年中期	0.155元	利润不分配不转增	

特别提示

1. 近日,湖北省公安县总工会向凯乐科技发来贺信,祝贺该公司获得中华全国总工会授予的“全国五一劳动奖状”,表彰该公司在企业改革和企业管理方面取得的突出成绩。(20030613)

2. 记者从凯乐科技获悉,该公司承揽的第一份光缆合同日前已如期交货,据悉,凯乐科技光缆项目一期投资4 800万元,已形成年产120万芯公里的能力,能生产层绞式144芯和中心束管式12芯以下各种光缆,2002年获得了信息产业部、国家广电总局和电力部门的入网证书。公司有关人士认为,因为现有的光缆护套材料、电力电缆护套材料有很多就是应用于通讯电缆和网络传输领域的。在长期的合作中,公司和中国电信、中国联通等众多应用部门建立了良好的合作关系,原有的市场资源和用户可以得到充分利用,从而大大节约市场推广成本。(20030429)

3. 全国人大代表、凯乐科技董事长朱弟雄在接受记者采访时指出,中国的证券市场带有鲜明的中国特色,一定要从中国的国情出发,急于接轨不行,欲速则不达。朱弟雄说,上市后的凯乐正确对待资本运营,正确处理资本运营与产品运营的关系,取得了较好的成绩。首先是树立理性务实的投资经营思想,摒弃圈钱的诱惑和投资心理,坚持走经营实业型道路,取消了在北京、上海、武汉等地不切实际的投资计划。其次,通过资本运营筹集的资金主要用于市场前景看好的五大类高新技术产品的开发,形成了公司一个个新的经济增长点。(20030313)

公司名称:烟台万华聚氨酯股份有限公司(烟台万华)	证券代码:600309

基本情况

主营业务:聚氨酯及其助剂、异氰酸酯及衍生产品的开发、生产和销售
发行日期:20001215　　上市日期:20010105
法人代表:丁建生　　联系人:郭兴田
主承销商:广发证券有限责任公司
公司名称:烟台万华聚氨酯股份有限公司
公司地址:烟台市幸福南路7号
公司电话:0535-6837888-8537

公司成立于1998年12月16日,由万华集团为主发起人,联合东方电子、烟台冰轮、氨纶集团和红塔兴业共同发起设立,注册资本8 000万元。主公司投入净资产11 474.46万元,其他以现金出资,东方电子307.63万元、烟台冰轮307.63万元、氨纶集团153.81万元、红塔兴业61.52万元。各发起人投入资产总额为21 395.88万元,净资产12 305.05万元,按65%的折股比例折成相应股份。发行成功后总股本增至12 000万元,公司4 000万股A股于2001年1月5日上市流通。

2003年经营情况

2003年年报摘要

每股收益/元	每股净资产/元	净资产收益率/%	每股资本公积金/元	每股经营现金流量/元
0.60	2.51	24.09	0.58	0.97

近几年收益

每股收益/元			每股净资产/元			净资产收益率/%		
2002年末	2001年末	2000年末	2002年末	2001年末	2000年末	2002年末	2001年末	2000年末
0.40	0.42	0.42	1.91	2.72	5.01	21.09	15.41	8.29

续表

公司名称：烟台万华聚氨酯股份有限公司（烟台万华）	证券代码：600309

烟台万华(600309)财务指标变动

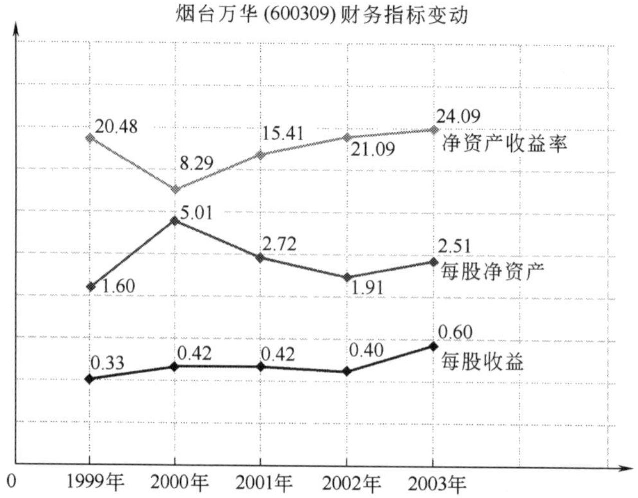

股本结构(单位：万股)

变化日期	总股本	国家股	发起法人股	法人股	流通 A 股	职工股	流通 B 股	转配股	H 股
20020416	38 400.00	24 960.00	640.00		12 800.00				

烟台万华(600309)最新股本结构

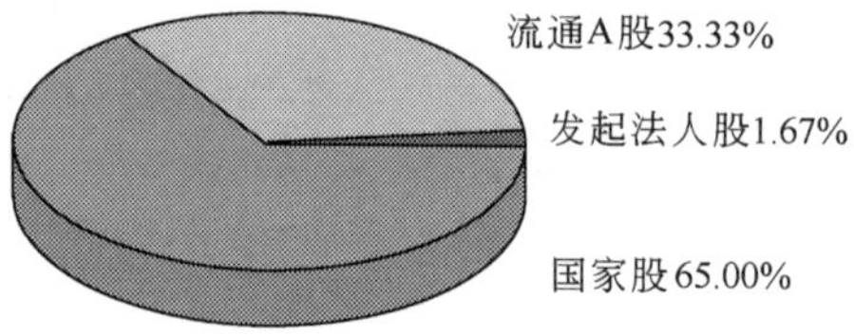

近 年 分 红 方 案

年 度	每 股 收 益	分 红 方 案	配 股 方 案
2003 年末期	0.600 元	每 10 股拟送 2.00 股增 5.00 股，拟派 2.00 元(含税)	
2003 年中期	0.360 元	利润不分配不转增	

特 别 提 示

1. 烟台万华撤诉了，这是个似乎“息事宁人”、但却很有意味的反倾销“剑术”——仍可以随时拿起反倾销武器，依法保护中国 MDI 产业的合法权益。对外国公司而言，烟台万华手中的那把让他们头疼的反倾销利剑总是悬在头上，而对国内公司而言，烟台万华的“剑术”确实是值得好好思量。在最终裁决到来前，烟台万华撤诉了。因为，撤诉获准当日，烟台万华高层随即表示，只要国外 MDI 生产商和出口商再次实施不公平贸易措施对我国 MDI 产业造成实质性损害，烟台万华仍将会拿起反倾销武器，依法保护中国 MDI 产业的合法权益。(20031208)

2. 在目前调查已完成问卷、抽样、听证会、现场核查等主要程序的情况下，烟台万华为何突然提出撤诉申请呢？烟台万华董秘兼副总经理郭兴田表示，自 MDI 反倾销立案和商务部开展调查以来，日韩生产商和出口商摄于反倾销调查的压力，倾销行为有所收敛，出口价格逐步回升，国内 MDI 市场秩序基本恢复到正常状态。可以说，烟台万华所要达到的规范国内 MDI 市场秩序、争取公平市场竞争环境的目的已基本实现，反倾销只是手段，而并非目的，烟台万华撤诉并非“手下留情”。另一方面，撤销反倾销调查也是平衡考虑了行业和企业长远发展的结果。(20031202)

续表

公司名称:烟台万华聚氨酯股份有限公司(烟台万华)	证券代码:600309

特 别 提 示

3. 烟台万华已在聚氨酯原料 MDI 应用项目上取得突破性进展。公司已把强化科研开发能力作为提高企业核心竞争力的重要抓手。烟台万华董事长兼总经理丁建生日前向记者表示,烟台万华北京研究院的一大目标就是迅速成为公司聚氨酯产品应用技术的"孵化器",为此该院还要吸纳更多的优秀专业人才,并扩大同欧美等国有关专家与客户之间的多种交流,同时还要加强诸如车用聚氨酯产品等一系列市场前景看好的专题项目的研发力度,并做好 OCF 产品等类项目的商业开发工作,进而不断提高万华牌 MDI 产品在国内外的市场占有率。(20031027)

4. 8 月 8 日烟台万华聚氨酯股份有限公司,在浙江宁波举行了一个隆重的打桩仪式,宣告了其投资 25.8 亿元、年产能达 16 万吨的聚氨酯原料 MDI 生产装置正式破土动工。MDI 产品应用领域十分广阔,产业链长,对 MDI 的投入在短期内即可带动 5 倍以上的 GDP 增长,在国民经济发展中有着重要的作用。烟台万华是目前我国惟一拥有 MDI 生产工艺上自主知识产权的制造商,它所做大的 MDI 民族品牌产品,不仅打破了跨国公司对 MDI 生产工艺的技术垄断,也有助于制约外商对中国 MDI 市场的价格控制,使得国内相关的下游产业用户受益于价格合理的 MDI 产品。(20030811)

5. 昨日,烟台万华在宁波大榭开发区举行了年产 16 万吨 MDI 工程建设开工奠基典礼。据了解,公司即将建设的年产 16 万吨 MDI 项目,由公司以自有资金解决。该项目的总投资估算为 25.8 亿元,在项目建设期内,国家将给予 18 亿元国债贴息贷款。据介绍,MDI 是生产聚氨酯最重要的原料,烟台万华是国内惟一的 MDI 生产企业。由于国外对该技术实行技术封锁和价格垄断,我国 MDI 市场长期受制于国际化工巨头。烟台万华坚持技术开发和生产流程改造,现已形成 10 万吨年生产能力,消耗和产品质量也逐渐达到世界先进水平,成为亚洲最具竞争优势的 MDI 生产商之一。(20030809)

公司名称:潍坊亚星化学股份有限公司(亚星化学)	证券代码:600319

基 本 情 况

主营业务:烧碱、聚氯乙烯、氯化聚乙烯及延伸化工产品的科研开发和生产、销售业务
发行日期:20010214　　上市日期:20010326
法人代表:董顺兴　　联系人:汪　波
主承销商:中信证券股份有限公司
公司名称:潍坊亚星化学股份有限公司
公司地址:山东省潍坊市奎文区鸢飞路 899 号
公司电话:0536-8667941

公司于 2000 年 1 月 17 日经亚星集团控股的中外合资企业——潍坊化工有限公司为改制主体,由亚星集团联合潍坊化工有限公司其他 4 家股东即香港嘉耀、厦门外贸、十六化建、大连实德将潍坊化工有限公司整体变更为而来的股份公司。经山东省国有资产管理局确认,亚星集团、厦门外贸、十六化建所持股份合计 15 360.728 8 万股被界定为国有法人股;大连实德 23.559 4 万股为法人股;香港嘉耀 8 175.111 8 万股为外资法人股。公司 8000 万股 A 股于 2001 年 2 月 14 日上网定价发行。

2003 年经营情况

2003 年年报摘要

每股收益/元	每股净资产/元	净资产收益率/%	每股资本公积金/元	每股经营现金流量/元
0.17	3.35	4.98	2.10	0.33

近 几 年 收 益

每股收益/元			每股净资产/元			净资产收益率/%		
2002 年末	2001 年末	2000 年末	2002 年末	2001 年末	2000 年末	2002 年末	2001 年末	2000 年末
0.15	0.19	0.30	3.18	3.13	1.16	4.74	6.18	25.75

续表

公司名称：潍坊亚星化学股份有限公司（亚星化学）	证券代码：600319

亚星化学(600319)财务指标变动

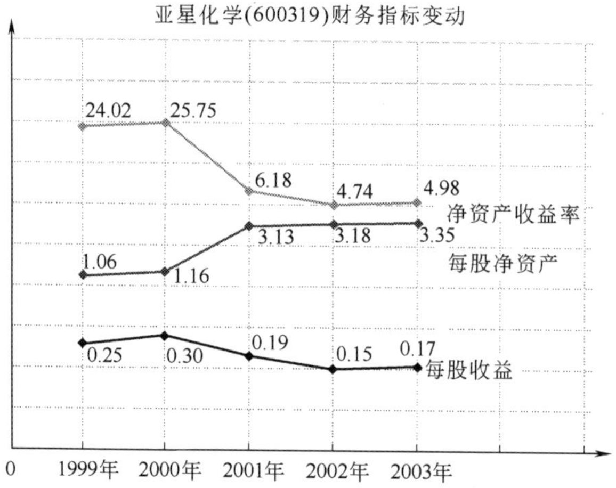

股本结构（单位：万股）

变化日期	总股本	国家股	发起法人股	法人股	流通 A 股	职工股	流通 B 股	转配股	H 股
20010326	31 559.40		15 360.73	8 198.67	8 000.00				

亚星化学(600319)最新股本结构

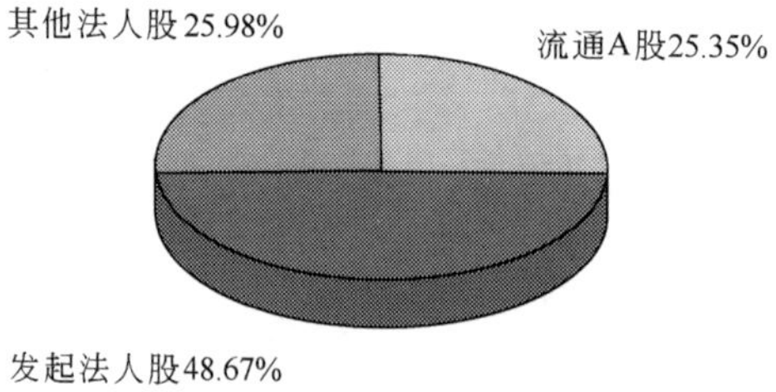

近 年 分 红 方 案

年　　度	每股收益	分红方案	配股方案
2003 年末期	0.167 元	每 10 股拟派 1.00 元（含税）	
2003 年中期	0.092 元	利润不分配不转增	

公司名称：大连冰山橡塑股份有限公司（冰山橡塑）	证券代码：600346

基 本 情 况

主营业务：橡胶机械、塑料机械及其零部件

发行日期：20010730　　上市日期：20010820

法人代表：穆传江　　联系人：孙培德

主承销商：国泰君安证券股份有限公司

公司名称：大连冰山橡塑股份有限公司

公司地址：大连市甘井子区周水子广场 1 号

公司电话：0411-86641861 转 6106、86641378

公司前身是大连橡胶塑料机械厂，始建于 1907 年。1997 年经批准整体划入冰山集团。公司成立于 1999 年 3 月，注册资本为 7 000 万元。发起人有大连冰山集团有限公司、大连冷冻机股份有限公司、大连冶金轴承集团公司、大连金州区锻压件厂、烟台气动元件厂，分别投入 10 358.4 万元、230.8 万元、80 万元、50 万元、50 万元，分别占 96.2%、2.14%、0.74%、0.46%，0.46%。公司 3 850 万股 A 股于 2001 年 7 月 30 日上网定价发行。

续表

公司名称:大连冰山橡塑股份有限公司(冰山橡塑)	证券代码:600346

2003年经营情况

2003年年报摘要

每股收益/元	每股净资产/元	净资产收益率/%	每股资本公积金/元	每股经营现金流量/元
0.04	3.04	1.45	1.81	−0.20

近 几 年 收 益

每股收益/元			每股净资产/元			净资产收益率/%		
2002年末	2001年末	2000年末	2002年末	2001年末	2000年末	2002年末	2001年末	2000年末
0.08	0.15	0.20	3.00	2.97	1.86	2.72	5.12	10.60

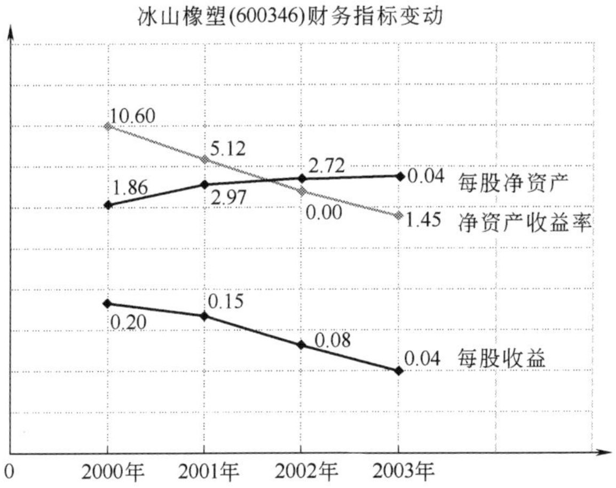

股本结构(单位:万股)

变化日期	总股本	国家股	发起法人股	法人股	流通A股	职工股	流通B股	转配股	H股
20010820	10 500.00	6 383.00	267.00		3 850.00				

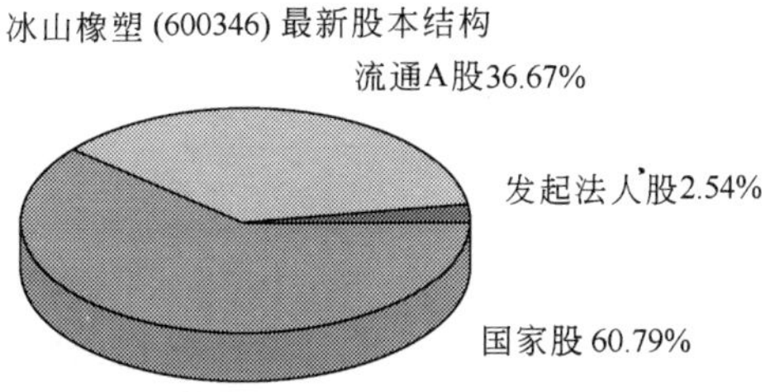

近 年 分 红 方 案

年 度	每股收益	分红方案	配股方案
2003年末期	0.044元	每10股拟派0.50元(含税)	
2003年中期	0.030元	利润不分配不转增	

公司名称：凌云工业股份有限公司（凌云股份）	证券代码：600480

基　本　情　况

主营业务：塑料管道、汽车车身辊压件、冲压件的研制、生产和销售
发行日期：20030731　　上市日期：20030815
法人代表：李喜增　　联系人：张建华
主承销商：华安证券有限责任公司
公司名称：凌云工业股份有限公司
公司地址：河北省涿州市松林店镇
公司电话：0312-3951002

本公司前身为中外合资经营企业凌云汽车零部件有限公司。经批准，零部件公司以经审计的 2000 年 8 月 31 日净资产按 1：1 比例折为 17 200 万股，依法整体变更为凌云工业股份有限公司。公司于 2000 年 11 月 10 日登记注册，注册资本为 17 200万元。生产和销售塑料燃气管道系统、给水管道系统、供热管道系统、大口径排水管道系统及相关施工设备和产品的设计、研制、开发；纳米材料加工和应用；生产和销售汽车零部件、机械加工产品及相关产品的设计、开发。公司于 2003 年 7 月 31 日向二级市场投资者定价配售发行 6 800 万股 A 股，价格 3.48 元/股。2003 年 8 月 15 日，“凌云股份”（A 股）在上交所上市。

2003 年经营情况

2003 年年报摘要

每股收益/元	每股净资产/元	净资产收益率/%	每股资本公积金/元	每股经营现金流量/元
0.12	1.83	6.51	0.65	0.10

股本结构（单位：万股）

变化日期	总股本	国家股	发起法人股	法人股	流通 A 股	职工股	流通 B 股	转配股	H 股
20030815	24 000.00	10 664.00			6 800.00				

凌云股份(600480)最新股本结构

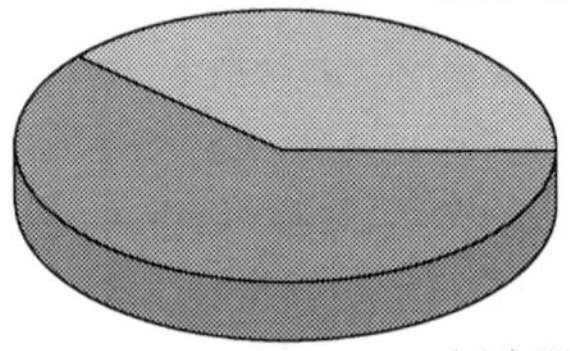

近　年　分　红　方　案

年　　度	每股收益	分红方案	配股方案
2003 年末期	0.120 元	利润不分配不转增	
2003 年中期	0.100 元	利润不分配不转增	

特　别　提　示

凌云工业股份有限公司首次公开发行 A 股网上路演于昨日在中证网北京演播厅成功举行。公司董事长李喜增表示，随着我国汽车工业的高速发展，西气东输、南水北调等重大工程的深入实施，凌云工业股份公司面临着广阔的发展空间。本次 A 股发行募集资金到位后，公司将紧紧围绕两大主营业务进行投资，进一步扩大经营规模，促使公司的技术水平、竞争能力再上一个新台阶，继续保持在同行业的领先地位，创造更高价值，回报股东、回报社会。（20030731）

公司名称:铜陵三佳模具股份有限公司(三佳模具)	证券代码:600520

基　本　情　况

主营业务:集成电路塑胶模具与化学建材挤出模具等精密模具的生产与经营
发行日期:20011219　　上市日期:20020108
法人代表:黄明玖　　联系人:谢乐平
主承销商:平安证券有限责任公司
公司名称:铜陵三佳科技股份有限公司
公司地址:安徽省铜陵市石城路电子工业区
公司电话:0562-2627520

2000年4月28日经安徽省人民政府批准,铜陵市宏光模具有限公司依法整体变更为铜陵三佳模具股份有限公司,注册资本为人民币3 780万元。铜陵市宏光模具有限公司成立于1998年7月28日,由国有独资企业铜陵市三佳电子(集团)有限责任公司与安徽省信托投资公司共同出资设立。公司2 500万A股于2002年1月8日在上交所上市流通。

2003年经营情况

2003年年报摘要

每股收益/元	每股净资产/元	净资产收益率/%	每股资本公积金/元	每股经营现金流量/元
0.15	2.38	6.34	0.90	0.48

近　几　年　收　益

每股收益/元			每股净资产/元			净资产收益率/%		
2002年末	2001年末	2000年末	2002年末	2001年末	2000年末	2002年末	2001年末	2000年末
0.33	0.34	0.44	4.01	3.53	1.05	8.13	9.59	41.65

三佳模具(600520)财务指标变动

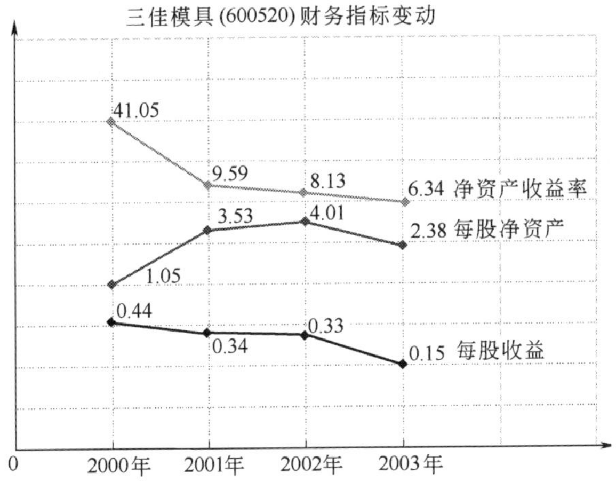

股本结构(单位:万股)

变化日期	总股本	国家股	发起法人股	法人股	流通A股	职工股	流通B股	转配股	H股
20030617	11 304.00		6 804.00		4 500.00				

三佳模具(600520)最新股本结构

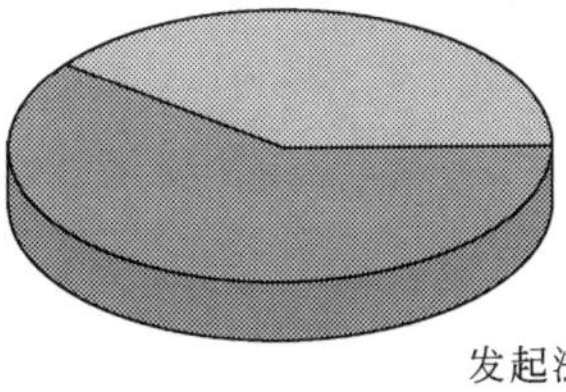

续表

公司名称：铜陵三佳模具股份有限公司（三佳模具）		证券代码：600520	
近年分红方案			
年度	每股收益	分红方案	配股方案
2003年末期	0.150元	利润不分配不转增	
2003年中期	0.110元	利润不分配不转增	

特别提示

1. 由于三佳模具控股股东三佳集团增资扩股，北京华商投资有限公司直接持有三佳集团52.38%股权，且三佳集团持有三佳模具54.3%股权，因此，华商投资间接控制三佳模具。三佳模具控股股东此次增资扩股，一方面壮大了集团公司的实力，获得了业务发展所需资金，另一方面也有利于引入先进的经营机制，提高集团公司的管理水平。更重要的是，这次引资丰富了三佳模具的产业链。公司所处行业与汽车、机械、电子、建筑四大产业的关联度较高。华商投资的汽车相关产业的发展将极大地促进模具生产和销售，这对于公司未来的发展是有益的。（20031111）

2. 三佳模具日前发布公告称，公司接控股股东三佳集团惟一股东铜陵国资公司与北京华商投资公司就三佳集团增资扩股事宜签订了意向书。值得关注的是，三佳模具的重组重现“东风模式”，即大股东通过增资扩股的形式引进战略投资者，从而实现上市公司实际控制权的转移。三佳集团增资扩股完成后，华商投资将持有三佳集团52.38%股权，铜陵国资公司将持有三佳集团47.62%股权。由此可见，三佳模具的易主显得比较间接和“温和”。在目前国企改革不断深化的大背景下，“东风模式”对一些大型、特大型国有企业转换机制显然有一定的借鉴意义。（20031008）

公司名称：广东榕泰实业股份有限公司（广东榕泰）	证券代码：600589

基本情况

主营业务：生产、销售氨基塑料及制品和氨基复合材料及制品，甲醛及其辅产品等

发行日期：20010528　　上市日期：20010612

法人代表：杨启昭　　联系人：林岳金

主承销商：广东证券股份有限公司

公司名称：广东榕泰实业股份有限公司

公司地址：广东省揭阳市榕城区新兴东二路1号

公司电话：0663-8676616

公司成立于1997年12月25日，由广东榕泰高级瓷具有限公司和揭阳市兴盛化工原料有限公司作为主发起人，联合广东榕泰制药、揭阳市鸿凯贸易发展公司、揭阳市益科电子器材公司共同发起设立。注册资本为12 000万元。其中广东榕泰瓷具出资6 000万元，占50%股权；兴盛化工出资4 450万元，占37.1%；其余三家法人分别以现金1 000万元、300万元和250万元出资，分别占股份总额的8.3%、2.5%和2.1%。公司4 000万股A股于2001年5月28日上网定价发行。

2003年经营情况

2003年年报摘要

每股收益/元	每股净资产/元	净资产收益率/%	每股资本公积金/元	每股经营现金流量/元
0.33	3.87	8.57	2.15	0.55

近几年收益

每股收益/元			每股净资产/元			净资产收益率/%		
2002年末	2001年末	2000年末	2002年末	2001年末	2000年末	2002年末	2001年末	2000年末
0.33	0.22	0.22	3.54	3.41	1.25	9.28	6.46	17.59

续表

公司名称:广东榕泰实业股份有限公司(广东榕泰)	证券代码:600589

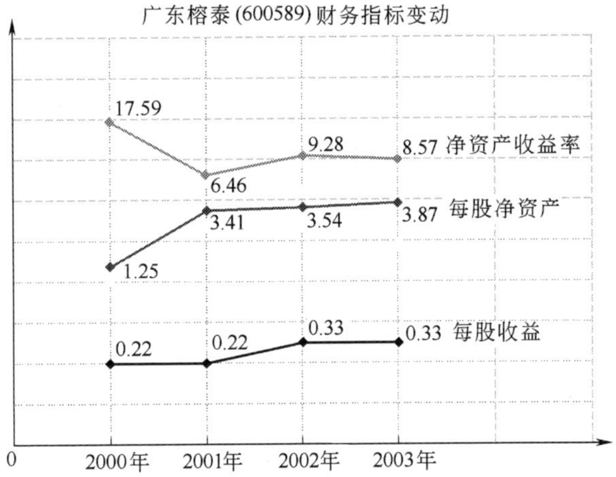

股本结构(单位:万股)

变化日期	总股本	国家股	发起法人股	法人股	流通A股	职工股	流通B股	转配股	H股
20010612	16 000.00		12 000.00		4 000.00				

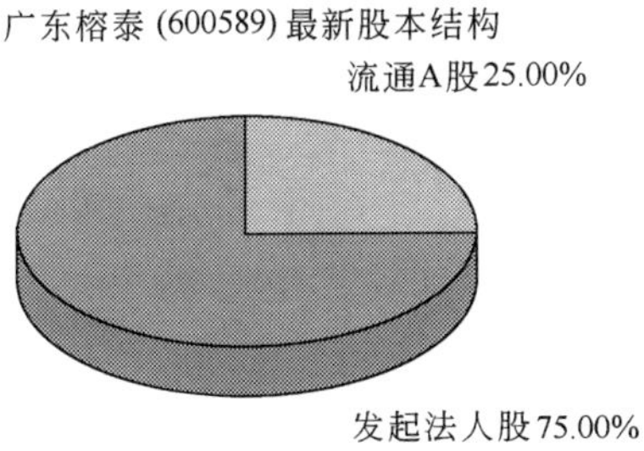

近 年 分 红 方 案

年度	每股收益	分红方案	配股方案
2003年末期	0.330元	每10股拟转增2.00股,拟派2.50元(含税)	
2003年中期	0.160元	利润不分配不转增	

特 别 提 示

广东榕泰则是一家新材料股,除了AV抗菌复合材料之外,公司目前的主打产品是ML复合新材料,主要用于生产耐冲击、绝缘的工业配件和高档电器配件以及航空及日用餐具和卫生洁具,也可作为环保材料。而且,公司不仅有概念,还有业绩:今年前三季度业绩为0.25元/股,在科技股中属比较难得。(20031204)

公司名称:上海氯碱化工股份有限公司(氯碱化工)	证券代码:600618

基 本 情 况

主营业务:聚氯乙烯、烧碱、氯系列基本化工原料及加工产品
发行日期:19920613　　上市日期:19921113
法人代表:周　波　　联系人:许沛文
主承销商:上海申银证券公司
公司名称:上海氯碱化工股份有限公司
公司地址:上海市龙吴路4747号
公司电话:021-64340601

续表

公司名称：上海氯碱化工股份有限公司（氯碱化工）	证券代码：600618

基　本　情　况

公司前身为上海氯碱总厂，1992年7月开始进行股份制改组，以原公司净资产折为面值10元的国家股5 053.8万股，于1992年6月13日至1992年7月7日，发行法人股700万股，职工股32.8万股，公众股131.5万股，特种股2 400万股，总股份为8 318.10万股，股份总额83 181.07万元。1992年7月14日，"上海氯碱化工股份有限公司"宣告成立；同年8月20日，"氯碱B股"在上海证券交易所挂牌交易；11月13日，"氯碱化工"（A股）上市。1992年12月10日，氯碱化工股票拆细为每股面值1元。

2003年经营情况

2003年年报摘要

每股收益/元	每股净资产/元	净资产收益率/%	每股资本公积金/元	每股经营现金流量/元
0.02	2.46	0.87	1.34	0.32

近　几　年　收　益

每股收益/元			每股净资产/元			净资产收益率/%		
2002年末	2001年末	2000年末	2002年末	2001年末	2000年末	2002年末	2001年末	2000年末
0.01	0.00	0.04	2.42	2.41	2.62	0.23	0.18	1.66

氯碱化工(600618)财务指标变动

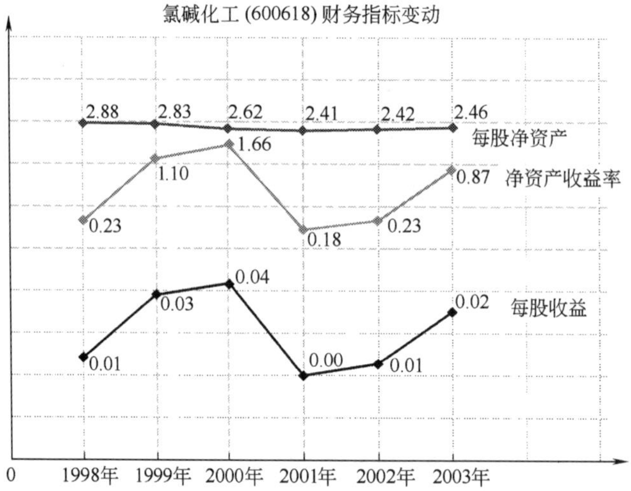

股本结构（单位：万股）

变化日期	总股本	国家股	发起法人股	法人股	流通A股	职工股	流通B股	转配股	H股
20000619	116 448.31	61 151.06			2 783.24		40 656.00		

氯碱化工(600618)最新股本结构

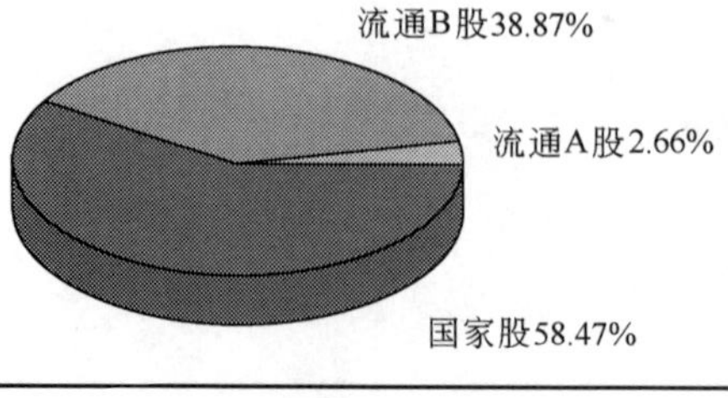

续表

公司名称:上海氯碱化工股份有限公司(氯碱化工)		证券代码:600618	
近年分红方案			
年度	每股收益	分红方案	配股方案
2003 年末期	0.022 元	利润不分配不转增	
2003 年中期	0.021 元	利润不分配不转增	

特别提示

1. 商务部于 9 月 22 日举行 MDI 反倾销案产业损害调查听证会。如果说 MDI 反倾销调查或多或少给氯碱化工带来题材的话,那么今年 5 月份的另一次反倾销调查则可能给公司带来实际的业绩增长——氯碱化工当时公告称:商务部公告对来自美国、日本、韩国、俄罗斯和台湾地区的进口聚氯乙烯的反倾销调查初裁,存在倾销,决定采用现金保证金形式实施临时反倾销措施。联想去年我国对进口冷轧板进行反倾销立案调查后,加上国内经济高速增长的拉动,钢铁业在 2003 年迎来了一片红火的行业形势。因此,我们憧憬这次反倾销也给氯碱化工带来基本面的改善。(20030925)

2. 记者从上海市科委获悉,由氯碱化工与华东理工大学合作承担的“纳米二氧化硅气相燃烧制备技术与设备研制”技术于近日通过了专家鉴定。据悉,氯碱化工与高校合作率先在国内研发出与之相关的设备技术,实现特种白炭黑的中国制造,打破了德、美、日等少数发达国家在这一领域的垄断地位。除了在国内实现气相纳米二氧化硅制备零的突破外,该课题组在氢氧燃烧合成技术、燃烧反应器等关键设备及应用技术等方面也具有明显创新,总体达到国际先进水平,并有两项技术达到国际领先水平。(20030924)

3. 氯碱化工预计今年中期净利润较上年同期大幅增长。这一则预喜很实惠,既有行业因素,又有政策利好,甚至还有特殊情况,可惜这一则利好早在 5 月份便已经陆陆续续地亮相过了。预喜不等于绩优,公司此次在预喜公告里也冷静指出:“去年中期每股收益为 0.000 21 元,而今年的停车检修将安排在 8 月份进行,因此效益增长具有一定的不可比因素”。从今年一季度的盈利情况(每股收益接近 1 分钱)看,公司有可能陷入一个“增长但不绩优”的矛盾中,这大大削弱了这一则预喜的力度。(20030702)

公司名称:沧州化学工业股份有限公司(沧州化工)	证券代码:600722

基本情况

主营业务:化工原料、塑料制品、建筑材料的批发零售

发行日期:19960604　　上市日期:19960626

法人代表:周振德　　联系人:邢金生

主承销商:南方证券有限公司

公司名称:沧州化学工业股份有限公司

公司地址:河北省沧州市南环中路 18 号

公司电话:(0317)3030719

公司由河北沧州化工实业(集团)公司独家发起并定向募集内部职工股的方式设立的股份有限公司。发起人以评估后经营性净资产 20 468.3 万元入股,折合为 7 310 万股,每股折合净资产为人民币 2.80 元。内部职工股以每股 2.80 元的价格对沧化公司募集,共募集 188 万股。1996 年 6 月 4 日至 6 月 17 日公开发行 A 股 2 312 万股,发行价格 9.18 元,公司原有内部职工股 188 万股转为社会公众股,社会公众股共增加 2 500 万股。公司总股份数为 9 810 万股;1996 年 6 月 26 日公司 2 500 万 A 股(含内部职工股 188 万股)在上交所上市交易。

2003 年经营情况

2003 年年报摘要

每股收益/元	每股净资产/元	净资产收益率/%	每股资本公积金/元	每股经营现金流量/元
0.05	2.32	2.05	0.70	0.23

近几年收益

每股收益/元			每股净资产/元			净资产收益率/%		
2002 年末	2001 年末	2000 年末	2002 年末	2001 年末	2000 年末	2002 年末	2001 年末	2000 年末
0.01	0.05	0.25	2.28	2.31	2.42	0.47	2.05	10.22

续表

公司名称：沧州化学工业股份有限公司（沧州化工）	证券代码：600722

沧州化工 (600722) 财务指标变动

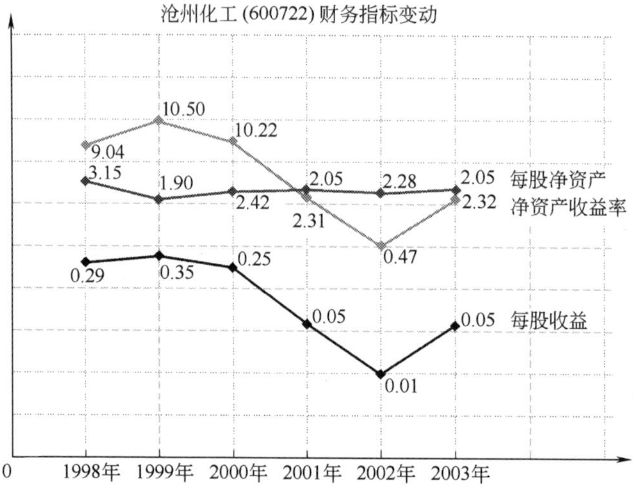

股本结构（单位：万股）

变化日期	总股本	国家股	发起法人股	法人股	流通 A 股	职工股	流通 B 股	转配股	H 股
20000626	42 142.00	30 642.00			11 500.00				

沧州化工(600722) 最新股本结构

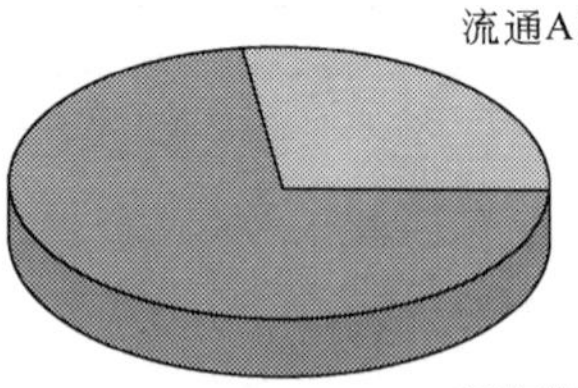

近 年 分 红 方 案

年　度	每股收益	分红方案	配股方案
2003 年末期	0.050 元	利润不分配不转增	
2003 年中期	0.030 元	利润不分配不转增	

二、深圳证券市场部分塑料行业上市公司情况

公司名称：湖南安塑股份有限公司（安塑股份）	证券代码：000156

基 本 情 况

主营业务：PVC、PU 人造革、塑料制品的生产与销售，以及相关的进出口业务

发行日期：20000818　　上市日期：20000906

法人代表：李　健　　联系人：严宇芳

主承销商：湘财证券

公司名称：湖南力瑞新材料集团股份有限公司

公司地址：长沙市芙蓉中路海东青大厦 16 楼

公司电话：0731-4318808-776

续表

公司名称:湖南安塑股份有限公司(安塑股份)	证券代码:000156

基 本 情 况

公司前身湖南安江塑料厂始建于1966年,1992年10月与意大利努瓦埃索德克斯公司共同组建中外合资企业湖南金利塑料制品有限公司,公司持有75%的股权。1994年公司进行股份制改组并联合黔阳县汽车配件厂、黔阳县电石厂等以定向募集方式设立湖南中圆塑料制品股份有限公司。1998年3月20日,公司向全体股东每10股送红股1股,另用资本公积金每10股转增9股,公司总股本增至11 000万股。因作法不符合有关规定,公司决定每10股冲回4.5股。冲回后,公司总股本为6 050万股。2000年8月,公司发行社会公众股3 600万股,公司总股本增至9 650万股。

2003年经营情况

2003年年报摘要

每股收益/元	每股净资产/元	净资产收益率/%	每股资本公积金/元	每股经营现金流量/元
0.20	5.43	3.66	3.38	0.36

近 几 年 收 益

每股收益/元			每股净资产/元			净资产收益率/%		
2002年末	2001年末	2000年末	2002年末	2001年末	2000年末	2002年末	2001年末	2000年末
0.29	0.15	0.23	5.26	4.96	4.82	5.60	3.03	4.79

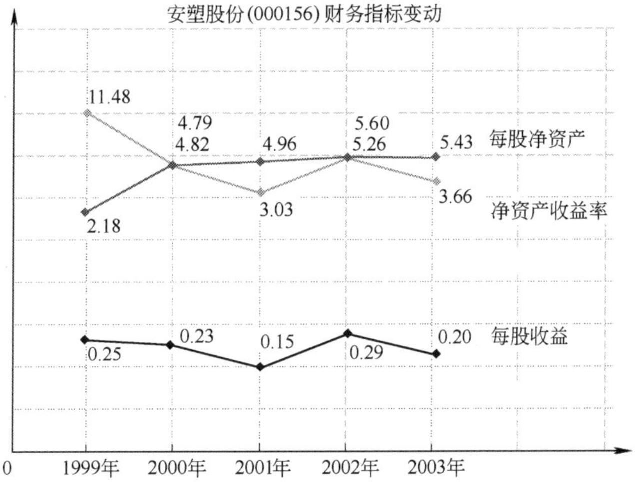

股本结构(单位:万股)

变化日期	总股本	国家股	发起法人股	法人股	流通A股	职工股	流通B股	转配股	H股
20030819	9 650.00	194.70	3 780.70	1 524.60	4 150.00				

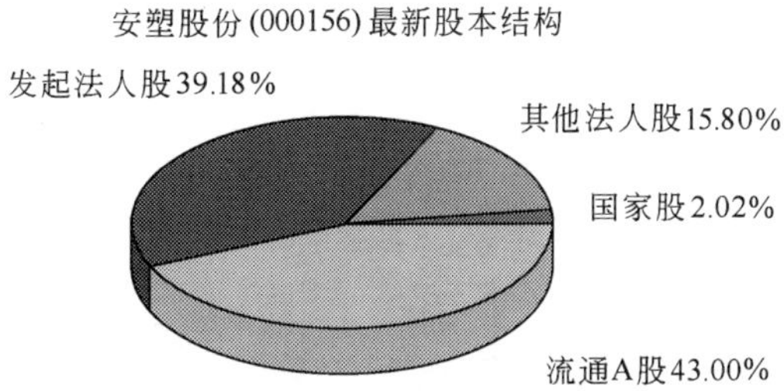

续表

公司名称：湖南安塑股份有限公司（安塑股份）		证券代码：000156	
近年分红方案			
年度	每股收益	分红方案	配股方案
2003年末期	0.200元	利润不分配不转增	
2003年中期	0.125元	利润不分配不转增	

特别提示

1. 安塑股份于5月8日与长沙新大新置业有限公司签署了《股权转让协议》，同意受让新大新公司持有的泰阳证券有限责任公司9 000万股股权（占总股本的7.47%），转让价格为1.19元/股（含权），共计10 700万元。本次斥资1亿余元收购泰阳证券股权，符合公司"以新型材料为主业，同时进行多元发展"的战略发展规划。在整个证券行业暂处低迷时"逢低介入"，显示出安塑股份决策层在经营上的"精明"之处。但公司2002年末货币资金仅1.52亿元，此次一举对外投资1.07亿元，公司现金流将因此受到一定影响。（20030517）

2. 湖南安塑股份有限公司今日呈上良好的业绩单：2002年实现主营业务收入2.46亿元、净利润2 842万元，分别同比增长86%和96%，扣除非经常性损益的净利润同比增长为101%。据了解，尽管2002年世界经济停滞不前波及到我国外向度较高的服装业和制鞋业，作为该行业上游产业的人造革行业也受到一定影响，但安塑股份的募资项目——"年产1 200万平米弹性PU透气服装革、沙发革项目"发挥了作用，成为公司主要的盈利来源。另据了解，2003年公司将加大对金属材料和高科技化工材料的投资力度。（20030225）

公司名称：山东胜利股份有限公司（胜利股份）	证券代码：000407

基本情况

主营业务：塑胶产品的研制生产销售安装等
发行日期：19960619　　上市日期：19960619
法人代表：王　鹏　　联系人：刘志强
主承销商：中国国泰证券有限公司
公司名称：山东胜利股份有限公司
公司地址：山东省济南市黑虎泉西路139号胜利大厦
公司电话：(0531)6920495

公司是由山东省胜利集团公司作为独家发起人采取定向募集方式设立的股份有限公司。1994年2月，确认的净资产3 894万元中的经营性国有资产2 625万元以其中的1 750万元折为1 750万股国家股，再经定向募集法人股和内部职工股3 250万股形成公司发行前股本。公司发行前总股本为5 000万股。

1996年6月19日通过深交所上网定价发行1 050万股A股，发行价为每股6.00元，公司形成了6 050万股的总股本；同年7月3日公司1 750万股（含内部职工股700万股）在深交所上市流通。

2003年经营情况

2003年年报摘要

每股收益/元	每股净资产/元	净资产收益率/%	每股资本公积金/元	每股经营现金流量/元
0.12	2.32	5.24	0.85	0.05

近几年收益

每股收益/元			每股净资产/元			净资产收益率/%		
2002年末	2001年末	2000年末	2002年末	2001年末	2000年末	2002年末	2001年末	2000年末
0.08	0.14	0.17	2.19	2.24	2.41	3.49	6.41	7.21

续表

公司名称:山东胜利股份有限公司(胜利股份)	证券代码:000407

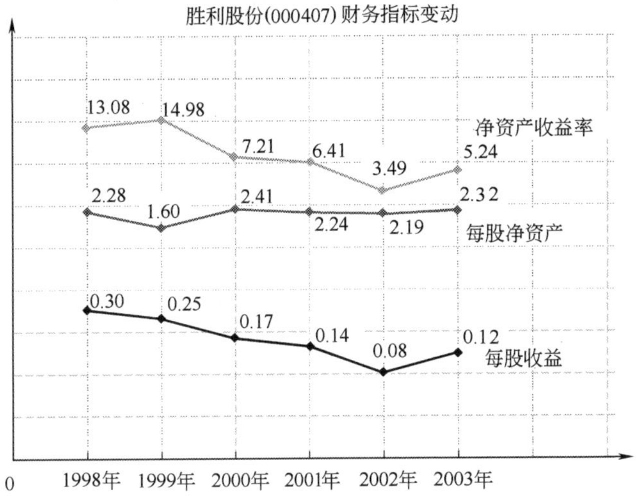

股本结构(单位:万股)

变化日期	总股本	国家股	发起法人股	法人股	流通 A 股	职工股	流通 B 股	转配股	H 股
20010105	23 958.88	5 371.09		4 168.13	14 419.67				

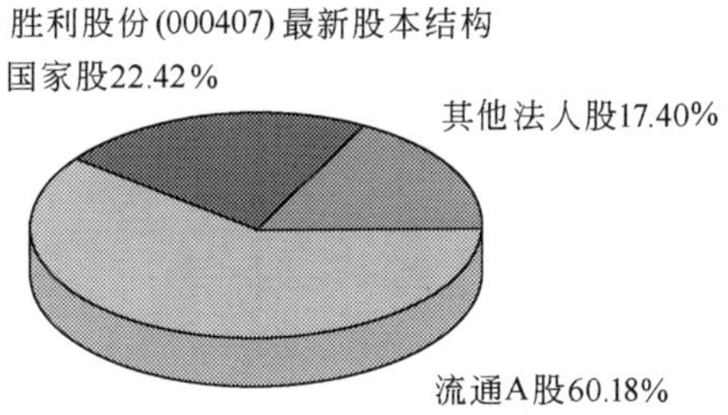

近 年 分 红 方 案

年 度	每股收益	分红方案	配股方案
2003 年末期	0.120 元	每 10 股拟转增 2.00 股,拟派 0.50 元(含税)	
2003 年中期	0.053 元	利润不分配不转增	

特 别 提 示

1. 胜利股份今日发布的转让下属公司部分股权公告称,根据协议,公司将全资子公司青岛胜利石油加油站连锁有限公司 50%股权转让给中国石化青岛分公司。股权过户手续完成后,公司与中国石化青岛分公司将分别持有加油站连锁公司 50%股权。公司主要从事塑胶制品以及化学农药等的生产销售,塑胶管道产业和农药产业销售收入均保持了稳步增长的态势。为强化主业优势,公司不断进行资产整合。此次转让加油站连锁公司 50%股权应是该策略的延续。而所获得的股权转让资金,在让公司 2003 年年报增色的同时,也加强了公司打造优势产业的实力。(20031119)

2. 胜利股份将全资子公司青岛胜利石油加油站连锁有限公司 50%股权转让给中国石油化工股份有限公司青岛分公司。此次股权转让是产业结构调整的需要,通过"逐步退出公司经营困难的产业,盘活经营资产,集中资源培育公司主导产业";"实现了公司资产的保值增值,维护了股东及公司利益,有利于公司健康稳定发展"。(20031119)

3. 胜利股份 4 月 28 日召开的 2002 年度股东大会吸引了各方的广泛关注,山东省农资公司为公司第 8 大股东。其参会代表荣庆平的工作报告介绍了公司 2003 年在战略调整、主业培育等方面的工作安排。通百惠董事长戴晓兰女士向记者表示,公司去年在提高产业竞争力、加快募集资金使用等方面的进展和业绩状况,说明公司的经营管理水平值得肯定。公司董事长隋立祖在接受记者采访时表示,董事会将继续本着对股东高度负责的精神,在努力保持优势产业效益支持的同时,集中资源优势培育主导产业,使公司的发展迈上一个新的台阶。(20030430)

公司名称：四川金路集团股份有限公司（金路集团）	证券代码：000510

基 本 情 况

主营业务：生产销售 PVC 树脂、烧碱、塑料制品、切割工具、人造革等

发行日期：19890920　　上市日期：19930507

法人代表：何光昶　　联系人：彭　朗

主承销商：自办发行

公司名称：四川金路集团股份有限公司

公司地址：四川省德阳市岷江西路二段 57 号金路大夏

公司电话：(0838)2207936

公司前身为四川省树脂总厂，成立于 1989 年 4 月。同年 9 月向内部职工和社会公众公开发售 803 万股面值 1 元的普通股，后经数次参股及配股，至 1992 年 12 月，总股份达 5 284.8 万股，并完成规范化股份改组。1993 年 5 月 7 日，"川金路 A"在深圳证券交易所上市交易；1996 年 8 月 30 日，经股东大会批准公司名称由"四川金路股份有限公司"更放为"四川金路集团股份有限公司"。

2003 年经营情况

2003 年年报摘要

每股收益/元	每股净资产/元	净资产收益率/%	每股资本公积金/元	每股经营现金流量/元
0.17	1.45	11.93	0.12	0.46

近 几 年 收 益

每股收益/元			每股净资产/元			净资产收益率/%		
2002 年末	2001 年末	2000 年末	2002 年末	2001 年末	2000 年末	2002 年末	2001 年末	2000 年末
0.21	0.20	0.28	1.65	1.47	2.00	12.93	13.69	15.13

股本结构（单位：万股）

变化日期	总股本	国家股	发起法人股	法人股	流通 A 股	职工股	流通 B 股	转配股	H 股
20030605	60 918.23	8 124.01	1.34	12 600.92	40 184.55				

续表

公司名称:四川金路集团股份有限公司(金路集团)	证券代码:000510

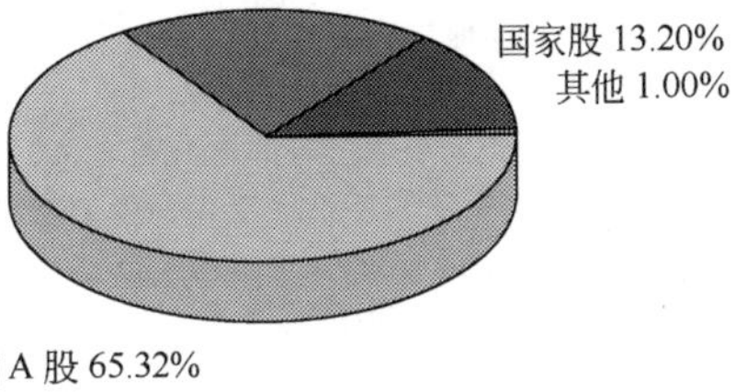

近 年 分 红 方 案

年 度	每 股 收 益	分 红 方 案	配 股 方 案
2003 年末期	0.170 元	利润不分配不转增	
2003 年中期	0.090 元	利润不分配不转增	

特 别 提 示

1. 金路集团公告:公司在披露 2003 年第三季度报告时,因排版原因遗漏股东总人数。截止 2003 年 9 月 30 日,本公司股东总数为 87 657 户。6 月底为 90 129 户,三季末则是 87 657 户,虽有减少,但仅减少 3%,还不能断定有主力在吸筹。那是为何呢? 原因在基本面,金路集团的主要产品是 PVC 树脂、烧碱系列化工原料,国内 PVC 价格自 5 月反倾销临时措施出台后已上升 20%以上,而且有研究机构认为,国内乙烯法 PVC 毛利差至少到 2004 年上半年是呈现上升趋势的,因此提高了对金路集团的评级。(20031107)

2. 金路集团公告称,经四川省地方税务局批准,同意公司从 2002 年起,五年内抵免企业所得税 24 782 333.00 元。公司主营聚氯乙烯(PVC)树脂、烧碱等,目前已形成 PVC 树脂、白酒、天然气三大支柱产业。近几年公司进行了一系列重大重组,去年又实施了聚氯乙烯、烧碱、VCM 技改项目,主导产品 PVC 产量年产提高到了 10 万吨。在产业重组、调整和扩张战略中,公司资产和赢利能力获得了稳步提高。本次公司又获得抵免企业所得税的优惠政策支持,数额虽然不大,但从侧面反映公司在 PVC 树脂产业拓展和扩张中的战略,无疑得到了政策肯定和支持的。(20030805)

3. 在金路集团的 PVC 树脂"八改十二"工程全面竣工的基础上,日前,金路集团 PVC 树脂扩能至 20 万吨/年工程正式开工。据悉,"PVC 八改十二"和"烧碱七改十一"两个项目是去年 4 月开工的,并于 2002 年 12 月 24 日投产成功,"烧碱七改十一"项目也于日前正式投产,从而使金路集团 PVC 年生产能力达到 14 万吨,烧碱年生产能力达 11 万吨。公司总裁孙万章表示,由于"PVC 八改十二"工程已全面竣工,为进一步提高 PVC 树脂业务的规模效益,抢占市场先机,公司决定将 PVC 树脂扩能至年产 20 万吨,通过不断技改,壮大公司主业,提升企业竞争力。(20030430)

4. 2002 年是金路集团调整产业结构以来,PVC 树脂、白酒、天然气三大支柱产业进一步深入发展,齐头并进形成多元赢利格局的一年,公司整体获利能力和市场竞争力均有所增强。2002 年,金路集团主营业务收入较上年增幅达 48.45%,实现净利润 10 011.47 万元,首次突破亿元,而扣除非经常性损益的净利润增幅高达 50.09%。其中,金路集团的老本行化工行业产品的主营业务收入比上年增加 14.45%,同时毛利率也增加了 4.40%。金路集团旗下的丰谷酒业去年也获得了长足的发展,生产销售形势良好,业务收入比上年增长了 181.77%。(20030306)

公司名称:芜湖海螺型材科技股份有限公司(海螺型材)	证券代码:000619

基 本 情 况

主营业务:中、高档塑料型材、板材、门窗、五金制品的生产、销售和科研开发
发行日期:19960919　　上市日期:19961023
法人代表:郭景彬　　联系人:明章春
主承销商:安徽省国际信托投资公司
公司名称:芜湖海螺型材科技股份有限公司
公司地址:安徽省芜湖市经济技术开发区港湾路
公司电话:0553-5840158　5840156

续表

公司名称：芜湖海螺型材科技股份有限公司（海螺型材）	证券代码：000619

经安徽省人民政府皖政秘[1996]146号文批准，由中国宣纸集团公司独家发起，采用募集方式设立的股份有限公司。经安徽资产评估事务所评估，国家国有资产管理局国资评[1996]572号文确认，集团公司以其542厂和312厂的涉及宣纸生产的经营性资产投入到本公司。经安徽省国有资产管理局国资工字[1996]126号文批准，评估后净资产4 876.38万元，按67.67%折成3 300万股国有法人股。

安徽海螺建材股份有限公司协议受让中国宣纸集团公司持有的本公司3 825万股国有法人股，受让后安徽海螺建材股份有限公司成为本公司第一大股东。2000年5月9日公司更名为“芜湖海螺型材科技股份有限公司”。

2003年经营情况

2003年年报摘要

每股收益/元	每股净资产/元	净资产收益率/%	每股资本公积金/元	每股经营现金流量/元
0.16	3.41	4.73	1.27	0.17

近 几 年 收 益

每股收益/元			每股净资产/元			净资产收益率/%		
2002年末	2001年末	2000年末	2002年末	2001年末	2000年末	2002年末	2001年末	2000年末
0.52	1.26	0.65	3.26	2.58	1.72	16.09	48.76	37.96

海螺型材(000619)财务指标变动

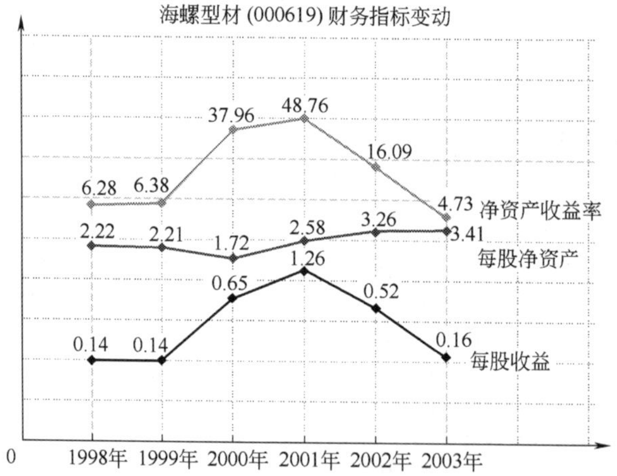

股本结构（单位：万股）

变化日期	总股本	国家股	发起法人股	法人股	流通A股	职工股	流通B股	转配股	H股
20020910	36 000.00	19 800.00			16 200.00				

海螺型材(000619)最新股本结构

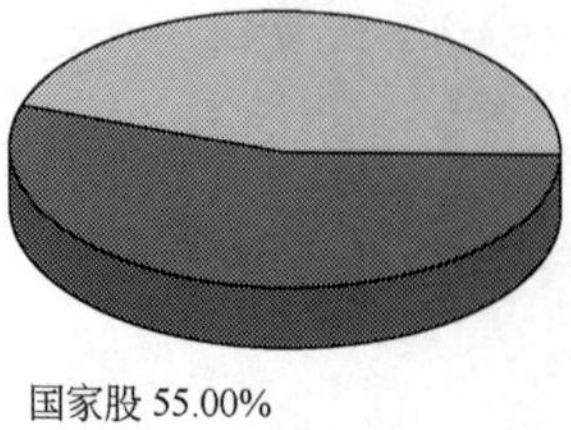

续表

公司名称:芜湖海螺型材科技股份有限公司(海螺型材)		证券代码:000619	
近年分红方案			
年度	每股收益	分红方案	配股方案
2003年末期	0.160元	利润不分配不转增	
2003年中期	0.110元	利润不分配不转增	

特别提示

1. 海螺型材公告:中国宣纸集团公司将4 500万股(占总股本的12.5%)国有法人股转让给盾安控股集团,转让价3.4元/股,共计1.53亿元。海螺型材重组后,一度成为市场侧目的绩优股——2001年业绩达到1.26元/股,在2002年以21.5元的高价增发3 000万A股,因此中国宣纸集团持有海螺型材的股份得到了相当大的增值,面上看来,两次转让价区别不大(分别是3.21元/股、3.4元/股),但实质区别却大多了,当初的1 125万股如今已经成为4 500万股,故此次转让就很开心地收到1.53亿元的现金。(20030905)

2. 安徽海螺型材股份有限公司2003年克服非典影响,型材销量逐月攀升,5、6、7三个月型材销量屡创新高,7月份更创下了单月销售型材2.8万吨的历史最好水平,8月份的型材销量仍将有所增加。海螺公司一方面在上游产品价格居高不下的情况下,坚持产品销售不提价,产品质量不降低。另一方面,海螺开始生产具有鲜明特色的彩色产品。这些有效措施使得海螺型材能够在非典过后很快实现销量的快速恢复,并再上新台阶。(20030813)

3. 海螺型材2003年一季度季报显示主营业务利润、利润总额和净利润的剧减,有客观的原因,也有公司的主观意图的联系。但我们对海螺型材的未来充满了希望。原因在于:首先,影响海螺型材业绩的主要因素相对来说是一种短期可消除的因素。其次,中国加入WTO后,对于善于利用国际市场进行原材料采购的海螺来说,应该是控制成本价格的有力武器。第三,海螺型材采取的限价保量措施,在不久的将来将会充分显示出它的魅力之所在。第四,随着此次行业整合和重新的洗牌,国民经济的复苏、2008年奥运会以及2010年的世博会,都会对整个型材行业产生较大需求。(20030424)

4. 芜湖海螺型材科技股份有限公司,是我国化学建材领域的大型骨干企业,也是中国第一家以塑料型材为主业的上市公司。海螺型材公司把“运作高效的管理团队、善于开拓的营销团队、敢于创新的科研团队、作风扎实的生产团队”,归结为海螺型材公司迅速崛起于世界塑料型材行业的重要因素。企业的竞争,归根到底是人才的竞争。优秀的人才是企业发展的活力之源。“工作认真负责和管理有效的员工是海螺最大的财富”,海螺型材公司创建伊始即把握“以人为本”的经营思想,建立科学高效的薪酬激励机制,实施人才战略。(20030321)

5. 芜湖海螺型材科技股份有限公司日前公告称,拟在东北和华南进行多项投资,全面拓展主营业务。拟投资的项目包括在广东组建英德海螺型材有限公司。另一项目为唐山海螺型材有限公司二期年产4万吨的塑料型材生产线。公司有关负责人介绍,作为行业的领头羊,海螺型材已经连续多年保持高速增长。随着房地产行业的复苏,市场对型材需求量的增大,公司在保持华东地区的绝对优势的同时,开始着手大力拓展其他地区市场。而宁波二期工程的建成投产,加上计划中的投资项目,届时将形成一个全国大市场格局。(20030312)

公司名称:兰宝科技信息股份有限公司(兰宝信息)	证券代码:000631

基本情况

主营业务:轿车塑料保险杠、轿车空调操纵机构总成、汽车工程塑料件、光电子信息产品等
发行日期:19961107　　上市日期:19961122
法人代表:刘铁杲　　联系人:曹志伟
主承销商:中国经济开发信托投资公司
公司名称:兰宝科技信息股份有限公司
公司地址:吉林省长春高新技术产业开发区高新路4370号
公司电话:(0431)5528289

公司是经长春市体改委批准,由长春君子兰工业集团(公司)、营口天力电机股份有限公司、中轻贸易中心共同发起,采用定向募集方式设立的股份有限公司。公司成立于1993年5月26日,在长春市工商行政管理局登记注册,股本总额为3 600万股。经中国证券监督委员会证监发字[1996]298号文和证监发字[1996]299号文批准,公司于1996年11月7日在深圳证券交易所以上网定价发行方式向社会成功地发行了每股面值1元的人民币普通股1 600万股,发行价为每股6.98元,发行市盈率为14.65倍。1996年11月22日,“长春兰宝”在深圳证券交易所挂牌交易。根据公司业务向高科技、信息领域拓展的需要,公司名称于2000年11月7日变更为“兰宝科技信息股份有限公司”,简称变更为“兰宝信息”。

续表

公司名称：兰宝科技信息股份有限公司（兰宝信息）				证券代码：000631
2003 年经营情况				
2003 年年报摘要				
每股收益/元	每股净资产/元	净资产收益率/%	每股资本公积金/元	每股经营现金流量/元
－0.28	2.80	－10.11	1.27	－1.21

近 几 年 收 益

每股收益/元			每股净资产/元			净资产收益率/%		
2002 年末	2001 年末	2000 年末	2002 年末	2001 年末	2000 年末	2002 年末	2001 年末	2000 年末
0.19	0.19	0.30	3.13	2.97	4.20	6.19	6.34	7.15

兰宝信息(000631)财务指标变动

股本结构（单位：万股）

变化日期	总股本	国家股	发起法人股	法人股	流通 A 股	职工股	流通 B 股	转配股	H 股
20010731	24 036.96		9 210.96	3 360.00	11 466.00				

兰宝信息 (000631) 最新股本结构

近 年 分 红 方 案

年　度	每股收益	分红方案	配股方案
2003 年末期	－0.280 元	利润不分配不转增	
2003 年中期	0.090 元	利润不分配不转增	

公司名称:珠海中富实业股份有限公司(珠海中富)	证券代码:000659

基本情况

主营业务:塑料 PET 饮料瓶、瓶胚系列,PVC、OPP 标签等产品的生产和销售
发行日期:19880301　　上市日期:19961203
法人代表:黄乐夫　　联系人:陈立上
主承销商:
公司名称:珠海中富实业股份有限公司
公司地址:广东省珠海市湾仔镇第一工业区
公司电话:0756-8821350

公司前身是珠海市香洲区湾仔中富瓶厂,始建于 1985 年 12 月,是中国最早被美国"可口可乐"、"百事可乐"公司认可的 PET 饮料瓶生产厂家之一;1988 年初进行了农村股份合作制改造,募集股本 20.75 万股,每股 100 元。1990 年该厂正式改制为"珠海经济特区中富实业股份有限公司"。1992 年公司将原股份拆细为每股 1 元,同时向原股东以 10∶6.5 的比例配股,每股发行价 2.6 元。公司于 1996 年 12 月 3 日在深交所上市 2 887.5 万股。

1998 年度股东大会审批公司更名,1999 年 5 月 27 日,公司名称由"珠海经济特区中富实业股份有限公司"变更为"珠海中富实业股份有限公司"。

2003 年经营情况

2003 年年报摘要

每股收益/元	每股净资产/元	净资产收益率/%	每股资本公积金/元	每股经营现金流量/元
0.19	4.00	4.74	1.93	0.40

近几年收益

每股收益/元			每股净资产/元			净资产收益率/%		
2002 年末	2001 年末	2000 年末	2002 年末	2001 年末	2000 年末	2002 年末	2001 年末	2000 年末
0.35	0.23	0.24	3.46	3.22	3.13	10.11	7.05	7.53

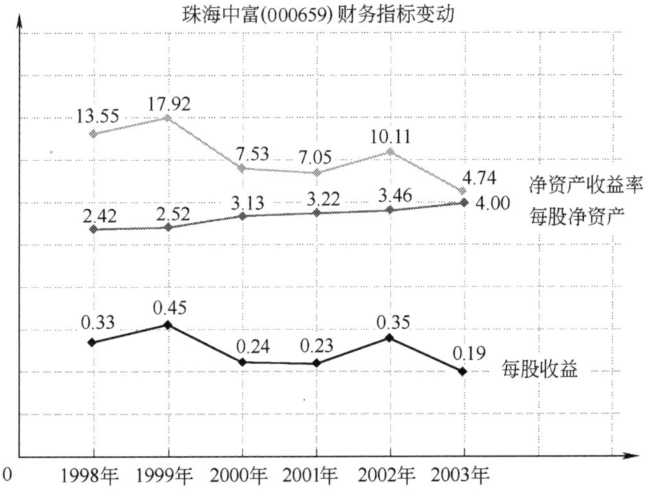

股本结构(单位:万股)

变化日期	总股本	国家股	发起法人股	法人股	流通 A 股	职工股	流通 B 股	转配股	H 股
20030728	43 018.48		19 938.50	810.00	22 269.98				

续表

公司名称：珠海中富实业股份有限公司（珠海中富）	证券代码：000659

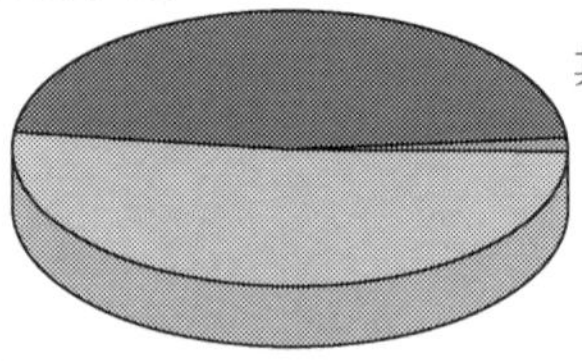

近年分红方案

年　度	每股收益	分红方案	配股方案
2003 年末期	0.190 元	每 10 股拟转增 6.00 股	
2003 年中期	0.160 元	利润不分配不转增	

特别提示

1. 珠海中富公告称，10 月 31 日，公司董事会同意出售桑夏高科技股份有限公司 20%股权给公司控股股东。公司经营状况相对比较平稳。因此，转让并不会对公司的经营业绩产生什么特别的影响，此次股权转让更深层次的意义在于实施公司“立足主业，实现二次创业”发展战略。本次关联交易完成后，公司可以把更多的资源和精力集中于塑料加工业的生产和经营，通过提升公司相关产业的科技水平，实现产业升级。此外，公司曾于 2002 年为桑夏高科技流动资金贷款提供担保，转让后该项担保责任相应的将由控股股东承担，此次转让也有利于降低公司风险。(20031104)

2. 由珠海中富兼并收购的破产国有企业——四川广康切片厂，经过半年全面、彻底的检修，第一期 3 万吨瓶级切片生产线于近日正式投料试产。据悉，珠海中富每年仅瓶级切片需求量高达 10 万吨，广汉切片厂的成功投产使公司对该类产品的巨大需求得到进一步满足。另据了解，广汉工厂已被珠海中富正式定位为 PET 饮料瓶、啤酒瓶材料和其他保鲜包装片材的材料研发基地。如果明年第二期生产线顺利投产，该厂年总产值将达 5～6 亿元，此举不但盘活了破产国有企业资产、为当地政府创造大量税收，又可为珠海中富在未来几年创造出一个较大的新利润增长点。(20030902)

公司名称：武汉塑料工业集团股份有限公司（武汉塑料）	证券代码：000665

基本情况

主营业务：开发、制造、经营汽车零部件、高新科技工程塑料制品及其他塑料制品等
发行日期：19890108　　上市日期：19961210
法人代表：刘文彦　　联系人：孙　洁
主承销商：自办发行
公司名称：武汉塑料工业集团股份有限公司
公司地址：武汉江汉区解放大道单洞路特 1 号武汉国际大厦 A 座 11-12 楼
公司电话：027-85425727

1988 年，公司向社会发行股票，当时公司名称为“武汉塑料工业集团公司”，公司所有制形式为股份制企业，股本总额为 2 644.85万股，同时取消各发起人的法人资格。

1992 年 2 月公司增资扩股后股本总额为 4 624.85 万股；1992 年 10 月，公司更名为“武汉塑料工业股份有限(集团)公司”。

1993 年 5 月，将公司经营性土地使用权价值折为国家股，此次股本变更后股本总额为 5 009.33 万股。

1993 年 12 月，国家体改委同意在公司进行规范化股份制试点，1996 年 11 月 21 日公司名称变更为“武汉塑料工业集团股份有限公司”。

2003 年经营情况

2003 年年报摘要

每股收益/元	每股净资产/元	净资产收益率/%	每股资本公积金/元	每股经营现金流量/元
−0.98	1.91	−51.12	1.43	−0.68

续表

公司名称:武汉塑料工业集团股份有限公司(武汉塑料)						证券代码:000665		
近几年收益								
每股收益/元			每股净资产/元			净资产收益率/%		
2002 年末	2001 年末	2000 年末	2002 年末	2001 年末	2000 年末	2002 年末	2001 年末	2000 年末
0.01	0.22	0.21	2.83	3.17	3.07	0.38	7.03	6.49

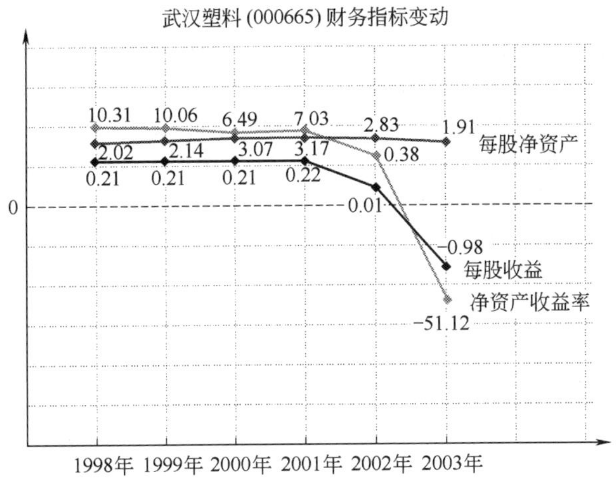

股本结构(单位:万股)									
变化日期	总股本	国家股	发起法人股	法人股	流通 A 股	职工股	流通 B 股	转配股	H 股
20000821	14 096.95	4 297.53	4 798.04		5 001.38				

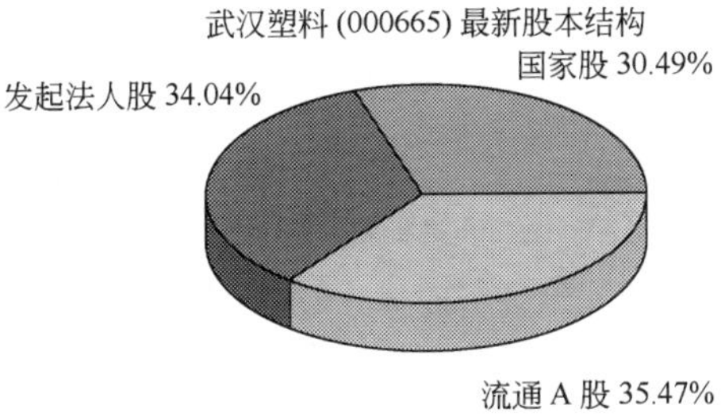

近年分红方案			
年度	每股收益	分红方案	配股方案
2003 年末期	-0.980 元	利润不分配不转增	
2003 年中期	0.010 元	利润不分配不转增	

特别提示

1. 引起市场广泛关注的武汉塑料国有股股权托管叫停约半月之后,公司方面昨日突然公告称:拟受让方武汉市国发投资管理有限公司决定放弃收购大股东股权。刚刚卸任的原公司董秘孙楚明称,武汉国发放弃收购武汉塑料应该与此前的股权托管叫停无关。他同时透露,武汉国发目前有好几个大的投资项目,资金偏紧。因此,其在充分考虑到市场因素和国有股转让耗时太长等条件下作出如此决定。记者继而拨通公司现任董秘孙洁的电话,孙立即否认了市场质疑。他说,这是转让双方共同协商的结果,纯属市场行为。(20030924)

续表

公司名称:武汉塑料工业集团股份有限公司(武汉塑料)	证券代码:000665

特 别 提 示

2. 武汉塑料的股权转让告吹了,这多少让投资者有些意外。毕竟,从公告股权转让提示到股权托管,从改组董事会到调整经理班子,武汉塑料今年一系列公告都显示,武汉国发投资管理集团有限公司将成为公司的第一大股东。然而,股权转让的终止,在宣告武汉国发入主武汉塑料的脚步就此彻底止步的同时,也为投资者留下了诸多悬疑。悬疑一,大股东武汉经开投资有限公司会不会再生卖意?悬疑二,董事会和高管层在半年内频繁变动,对公司到底有多大影响?悬疑三,武汉塑料近两年业绩大幅下滑,靠自己努力能摆脱困境吗?(20030924)

3. 武汉塑料日前发布公告称,公司第一大股东应中国证监会要求,在武塑股权转让过渡期内与武汉国发投资管理集团有限公司解除《股权托管协议》。公告刊登后引起了业内高度关注。一位权威人士据此分析认为,"股权托管"作为上市公司国有股权转让的应急过渡措施,有望在短期内结束其历史使命。作为一种过渡性安排,股权托管便于股权转让双方加强了解,提前磨合,为受托方对上市公司进行重组与实质性管理奠定了基础。然而,股权托管在一段时期的实践中也暴露出不少、甚至相当严重的问题和隐患,不利于我国证券市场健康稳定的发展。(20030902)

4. 日前,武汉塑料发布公告称,武汉国发投资管理集团于 2003 年 6 月 6 日 与武汉经开投资公司签署股份转让协议,本次收购完成后,国发投资将持有武汉塑料 3 200 万股,成为第一大股东。武汉国发投资管理集团注册资本 30 亿元人民币,旗下拥有涉及生物医药、新型材料、房地产、光电子、汽车等产业的多家公司。本次通过股权转让使得国发投资成为武汉塑料的实际控制人,实现国退民进的战略性调整,并将有利于武汉塑料公司内部治理结构,从而通过武汉国发的强大经济实力和目前多元化经营思路来彻底改变武汉塑料近年来的利润微利状况。(20030610)

公司名称:沈阳化工股份有限公司(沈阳化工)	证券代码:000698

基 本 情 况

主营业务:化工产品,化工设备,压力容器,PVC 手套研制、开发、制造、施工等

发行日期:19970121　　上市日期:19970220

法人代表:何献俊　　联系人:杨志国

主承销商:国泰证券有限公司

公司名称:沈阳化工股份有限公司

公司地址:沈阳市铁西区卫工北街 46 号

公司电话:024-25524835

公司前身是始建于 1938 年的沈阳化工厂。1992 年进行股份制改造,1996 年 5 月更名为沈阳化工股份有限公司。曾连续三年被评为辽宁省先进外商投资企业和十大高销售额外商投资企业;连续五年名列 100 家最大合资企业;是国家在"九五"期间优先扶持的 300 家重点企业之一。公司 1997 年 1 月 21 日深交所,向社会公众公开发行 8 000 万股股票,发行价格为 6.40 元/股,形成总股本 22 940 万股。内部职工股已按要求集中托管,将在本次社会公众股发行后三年可方上市,每一个股票账户申购数量上限为 80 000 股。

2003 年经营情况

2003 年年报摘要

每股收益/元	每股净资产/元	净资产收益率/%	每股资本公积金/元	每股经营现金流量/元
0.10	3.39	2.94	1.29	0.59

近 几 年 收 益

每股收益/元			每股净资产/元			净资产收益率/%		
2002 年末	2001 年末	2000 年末	2002 年末	2001 年末	2000 年末	2002 年末	2001 年末	2000 年末
−0.03	0.11	0.45	3.33	3.44	3.54	−0.99	3.11	12.82

续表

公司名称：沈阳化工股份有限公司（沈阳化工）	证券代码：000698

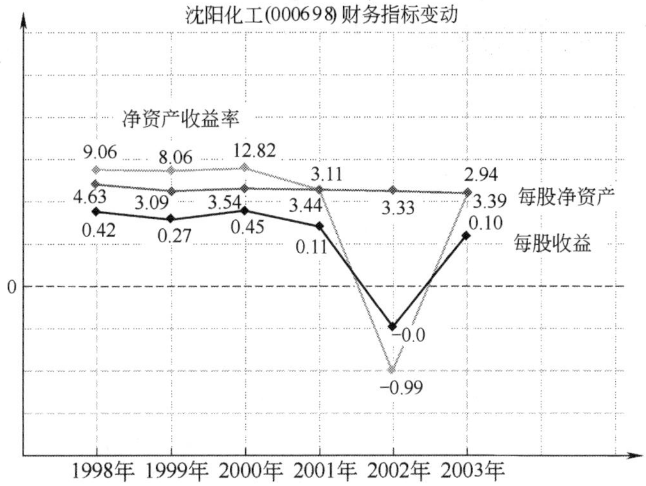

股本结构（单位：万股）

变化日期	总股本	国家股	发起法人股	法人股	流通A股	职工股	流通B股	转配股	H股
20000222	42 240.66	14 735.06	8 785.60		18 720.00				

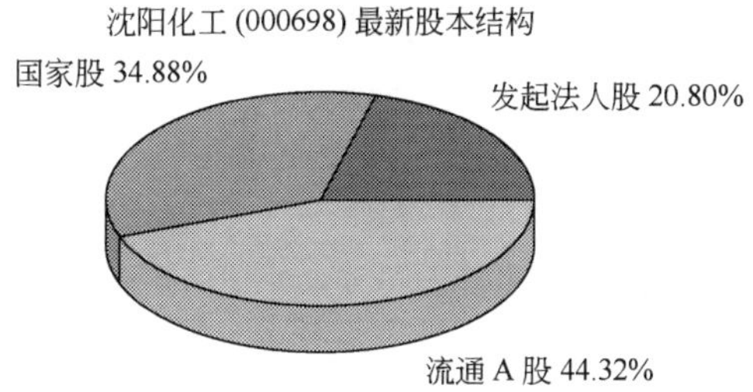

近 年 分 红 方 案

年 度	每股收益	分红方案	配股方案
2003年末期	0.100元	利润不分配不转增	
2003年中期	0.040元	利润不分配不转增	

特 别 提 示

1. 日前记者从辽宁省有关部门获悉，由沈阳化工控股公司——沈阳化工集团总投资近40亿元，用于建设50万吨催化热裂解聚乙烯及27万吨聚氯乙烯（PVC）总体改造项目和11万吨丙烯酸聚酯项目已经顺利通过了国家发改委可行性论证。公司董事长何献俊在接受媒体采访时表示，40亿元资金将主要投入到沈阳石蜡化工的建设中。项目建成后，将使集团上下游产品达到均衡。（20031113）

2. 沈阳化工在日常经营中生产、环保两不误，公司已经尝到了环保节能的甜头，近年来共减少污染物3 737吨，通过节能降耗共创效益9 320.5万元。据了解，过去由于企业设备工艺陈旧，造成企业排污严重。针对这一状况，公司投资6 000万元，改造工艺，引进最新技术以减少排污。针对白炭黑生产排污量较大的情况，他们又投入2 000万元，引进了国外先进的生产设备和工艺，实现了生产全过程电脑控制，废气废水排量大大减少。经过一系列的改造，公司先后进行了五轮清洁生产审计，提出各类清洁生产方案700余条。（20030517）

3. 日前，记者从沈阳市政府获悉，为了进一步推动“2003项目年”工作，吸引大项目落户沈阳，沈阳市政府决定，将由市级财政出资3亿元，对今年部分重大建设项目给予银行贷款贴息支持。此次涉及上市公司及拟上市公司的贴息项目主要包括沈阳化工股份有限公司年产1万吨糊树脂扩产项目132万元及控股子公司沈阳金碧兰化工有限公司年产2万吨的环氧丙烷系列产品生产项目360万元等。沈阳化工的一位负责人告诉记者，获得部分贴息贷款将有利于公司再建工程降低成本，为今后发展减轻负担。（20030324）

公司名称：江南模塑科技股份有限公司（模塑科技）	证券代码：000700

基　本　情　况

主营业务：加工、销售模具、塑料制品（箱包、塑料管材、汽车用装饰件）、机械设备等

发行日期：19881008　　　上市日期：19970228

法人代表：陶　炜　　　　联系人：许　剑

主承销商：大鹏证券有限责任公司

公司名称：江南模塑科技股份有限公司

公司地址：江苏省江阴市周庄镇长青路8号

公司电话：0510-6242802

公司是经批准于1988年6月由原江阴钢厂改组设立的无锡市首家股份制试点企业。1994年10月注册登记"江阴兴澄冶金股份有限公司"，公司1988年向社会公开发行500万元股票，每股面值100元，按面值发行。同年职工资款291.66万元也按每股面值100元转为社会公众股。"兴澄股份"于1997年2月28日在深圳证券交易所挂牌交易。

1999年公司第一大股东江苏兴澄集团公司与江苏江阴模塑集团总公司签订了《股份转让协议》，转让后，江苏江阴模塑集团总公司成为本公司的第一大股东。公司名称自2000年5月18日起由"江阴兴澄冶金股份有限公司"正式变更为"江南模塑科技股份有限公司"，2000年5月26日股票简称由"兴澄股份"变更为"模塑科技"。

2003年经营情况

2003年年报摘要

每股收益/元	每股净资产/元	净资产收益率/%	每股资本公积金/元	每股经营现金流量/元
0.25	2.94	8.51	1.16	1.04

近　几　年　收　益

每股收益/元			每股净资产/元			.净资产收益率/%		
2002年末	2001年末	2000年末	2002年末	2001年末	2000年末	2002年末	2001年末	2000年末
0.40	0.48	0.42	5.38	3.42	3.26	7.36	14.05	12.89

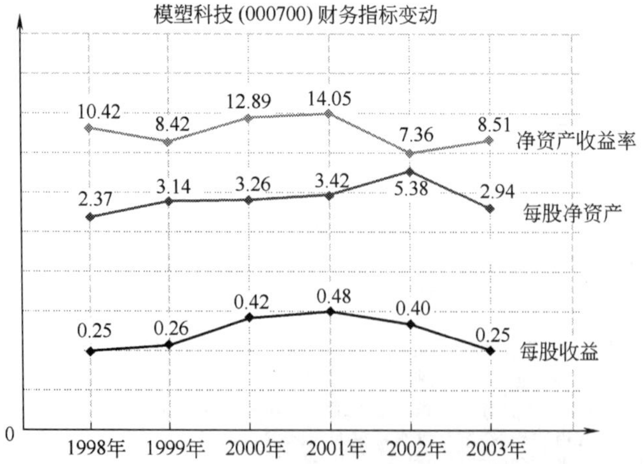

股本结构（单位：万股）

变化日期	总股本	国家股	发起法人股	法人股	流通A股	职工股	流通B股	转配股	H股
20030430	30 904.36			17 198.61	13 705.75				

续表

公司名称:江南模塑科技股份有限公司(模塑科技)	证券代码:000700

模塑科技(000700)最新股本结构

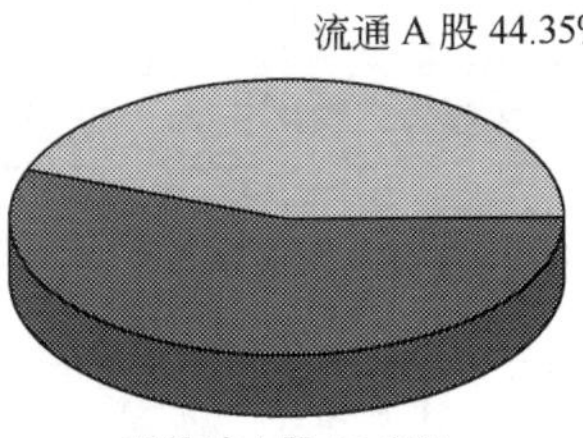

近年分红方案			
年度	每股收益	分红方案	配股方案
2003年末期	0.250元	每10股拟派1.80元(含税)	
2003年中期	0.140元	利润不分配不转增	

特别提示

1. 模塑科技公告称,董事会同意公司与上海申华控股股份有限公司下属全资子公司上海五龙汽车零部件投资有限公司合资设立沈阳名华模塑科技有限公司(暂定名),以生产和销售汽车保险杠等为主的汽车零部件业务。模塑科技在汽车保险杠行业具有一定优势。此次携手上海五龙,将进一步提高公司的经营规模和盈利能力。合作方五龙公司主要从事具有高附加值和高技术含量的汽车零部件的生产和销售,与多家具有国际先进技术水平的公司有着良好的合作关系,此次携手有助于双方拓展市场。(20031105)

2."2003中国江阴经济合作洽谈会"昨天举行了大项目签约仪式,江阴一批上市公司及其控股公司在会上达成多项合作投资意向。模塑科技控股公司模塑集团在此次洽谈会上收获颇丰。模塑集团有两个项目签署了合资意向书。与美国万奇全球工程有限公司合资成立江阴万奇内饰系统有限公司,总投资2 980万美元,双方各出资50%,主要生产汽车模具、内饰等。与美国米拉克龙公司合资成立江苏米拉克塑料机械有限公司,总投资700万美元。(20031018)

3. 模塑科技继与上海大众、通用等国内轿车名企并肩合作,同时依靠国际先进的生产制造工艺和配方成为国内汽车制造业九大知名轿车制造商的合作厂商后,又迎来了拥有自主知识产权的"中华"轿车上门。2002年,模塑科技成功增发,其募集资金主要投向项目之一即为汽车保险杠技术改造项目。他们自主开发的彩色保险杠系列不仅在国内申请了多项专利,还得到国际专业组织的专家认证,其产品品质也进入了国际先进行列。先进的生产工艺,世界顶级的生产设备,打造了江阴模塑称雄国内市场的雄厚实力,并成为国内轿车企业的首选合作伙伴。(20030428)

公司名称:北京化二股份有限公司(北京化二)	证券代码:000728

基本情况

主营业务:聚氯乙烯、氯醋共聚物、烧碱、盐酸、液氯、二氯乙烷等产品的生产和销售等。
发行日期:19970522　　上市日期:19970616
法人代表:吕常钦　　联系人:李崇华
主承销商:中信证券有限责任公司
公司名称:北京化二股份有限公司
公司地址:北京市朝阳区大郊亭
公司电话:010-67758106

公司前身化工二厂始建于1958年。1985年,北京市化学工业局改组为北京市化学工业总公司;1991年北京化学工业总公司组建为北京化学工业集团公司,北京化工二厂成为其分部,同时被撤销法人资格;1995年12月31日改制为北京化学工业集团有限责任公司,成为国有独资公司,北京化工二厂仍为其组成部分;1996年8月9日,北京化工二厂更名为北京化学工业集团有限责任公司化工二厂。公司是由化工集团公司独家发起,对其资产进行了重组,以募集方式设立的股份有限公司。

续表

公司名称：北京化二股份有限公司（北京化二）	证券代码：000728

2003 年经营情况

2003 年年报摘要

每股收益/元	每股净资产/元	净资产收益率/%	每股资本公积金/元	每股经营现金流量/元
0.14	2.80	4.83	1.96	0.46

近　几　年　收　益

每股收益/元			每股净资产/元			净资产收益率/%		
2002 年末	2001 年末	2000 年末	2002 年末	2001 年末	2000 年末	2002 年末	2001 年末	2000 年末
0.01	－0.48	0.22	2.66	2.67	3.15	0.35	－18.17	6.93

北京化二 (000728) 财务指标变动

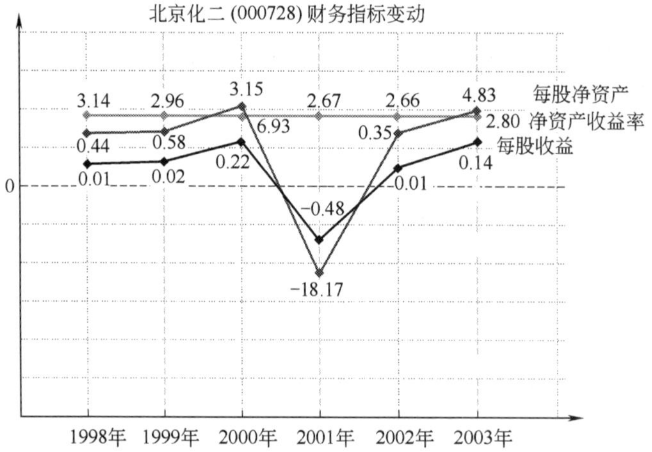

股本结构（单位：万股）

变化日期	总股本	国家股	发起法人股	法人股	流通 A 股	职工股	流通 B 股	转配股	H 股
19980909	34 521.00		24 121.00		10 400.00				

北京化二 (000728) 最新股本结构

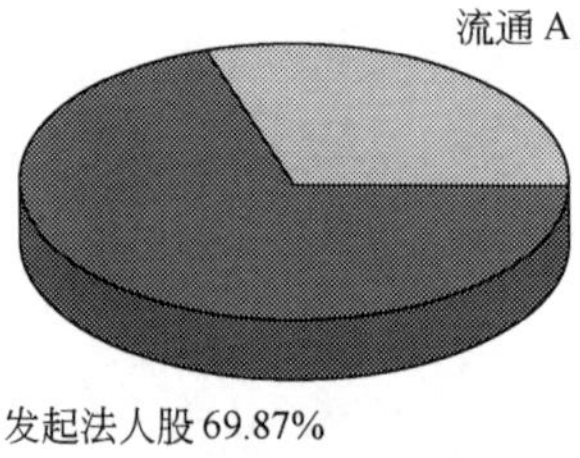

近　年　分　红　方　案

年　　度	每股收益	分红方案	配股方案
2003 年末期	0.135 元	利润不分配不转增	
2003 年中期	0.001 元	利润不分配不转增	

续表

公司名称:北京化二股份有限公司(北京化二)	证券代码:000728

特 别 提 示

1. 北京化二日前发布预增公告。今年5月,商务部公布了进口聚氯乙烯(简称PVC)反倾销调查的初裁决定,初裁决定公布后,PVC价格回升,给包括北京化二在内的化工企业带来了实质性利好。相关数据显示,今年上半年PVC价格较去年同期上涨了10%,而按照国泰君安研究员康凯的估算,以北京化二2002年13.8万吨的产量,PVC价格每上涨5%,将带来每股收益0.05元的增长。由此看来,北京化二前三季度预增应该是情理之中的事。公司去年前三季度净利润为-18 948 589.55元,在此基础上要预测公司今年1~9月业绩还比较困难。(20031011)

2. 据介绍,作为北京化二主打产品聚氯乙烯副产品的次氯酸钠,一直以来其生产基本上是维持在每天10吨左右的规模。在"非典"开始盛行后,公司领导指示有关部门逐步加大了次氯酸钠的生产力度。从四月中下旬开始,公司每天都加班加点,全力以赴组织生产次氯酸钠。"最高的时候一天大约可以生产200多吨,现在每天也要有150吨左右的量",北京化二的一位负责人透露。正如公司总经理张玉秋所表示的那样,北京化二正积极承担起社会重任。"我们会毫不犹豫地支持政府的工作,企业受点损失事小,国家的利益和市民的健康更重要。"(20030512)

3. 北京化二作为北京市惟一一家生产消毒液原料次氯酸钠的化工企业,最近一周多来,公司加班加点,开足马力,全力以赴组织生产次氯酸钠。据悉,为了确保充足的货源供应,北京化二把原来作为副产品的次氯酸钠调整为24小时连续作业的主产品,同时增加了岗位人员,增加了生产班次,使次氯酸钠的产能由原来的日产10吨左右一跃上升为目前的日产100余吨,为了提高次氯酸钠的质量,公司还投用了最优质的原料氯气。公司总经理张玉秋介绍说,在全面打响抗击非典战役的关键时刻,作为一家上市公司,北京化二更应积极承担起社会重任。(20030426)

公司名称:北新集团建材股份有限公司(北新建材)	证券代码:000786

基 本 情 况

主营业务:新型建筑材料、新型墙体材料、新型房屋、塑料化学建材、装饰装修材料及配套产品等

发行日期:19970520　　上市日期:19970606

法人代表:包文春　　联系人:常张利

主承销商:南方证券

公司名称:北新集团建材股份有限公司

公司地址:北京市海淀区三里河路甲11号中国建材大厦16层

公司电话:010-88082398　88082395

公司惟一发起人北新建材(集团)有限公司是1997年原国家建材总局投资兴建的国内规模最大的新型建筑材料生产基地。1996年12月经批准由中国新型建筑材料公司作为总厂的投资主体,将总厂改制为国有独资公司,更名为北新建材(集团)有限公司。经国家体改生"体改生[1997]48号文"批准,集团公司将三个厂的资产评估作价,折为国有法人股11 000万股,并向社会募集4 500万股社会公众股,募集设立本公司。

2003年经营情况

2003年年报摘要

每股收益/元	每股净资产/元	净资产收益率/%	每股资本公积金/元	每股经营现金流量/元
0.12	2.32	5.27	0.84	0.22

近 几 年 收 益

每股收益/元			每股净资产/元			净资产收益率/%		
2002年末	2001年末	2000年末	2002年末	2001年末	2000年末	2002年末	2001年末	2000年末
0.16	0.30	0.28	2.19	4.22	4.08	7.20	7.15	6.90

续表

公司名称：北新集团建材股份有限公司（北新建材）	证券代码：000786

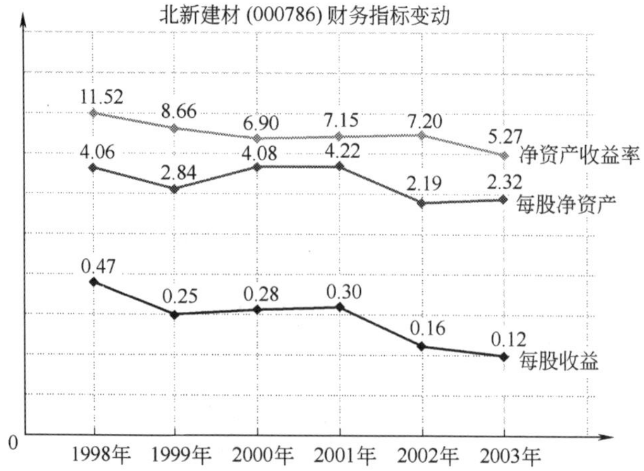

股本结构（单位：万股）

变化日期	总股本	国家股	发起法人股	法人股	流通 A 股	职工股	流通 B 股	转配股	H 股
20020607	57 515.00	34 700.00			22 815.00				

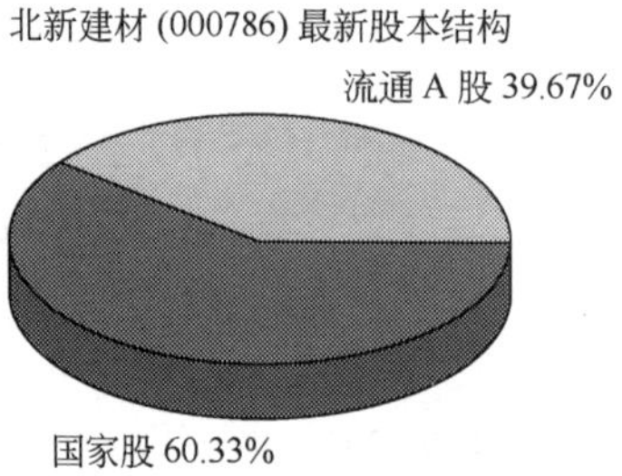

近 年 分 红 方 案

年　　度	每 股 收 益	分 红 方 案	配 股 方 案
2003 年末期	0.120 元	每 10 股拟派 0.80 元（含税）	
2003 年中期	0.040 元	利润不分配不转增	

公司名称：安徽国风塑业股份有限公司（国风塑业）	证券代码：000859

基 本 情 况

主营业务：塑胶建材及附件、塑料薄膜、其他塑料产品、非金属新型材料及金属制品制造销售等

发行日期：19980827　　上市日期：19981119

法人代表：郑忠勋　　联系人：吴　亚

主承销商：安徽省国际信托投资公司

公司名称：安徽国风塑业股份有限公司

公司地址：安徽省合肥市马鞍山路 1 号

公司电话：0551-5336123　5336168

续表

公司名称:安徽国风塑业股份有限公司(国风塑业)	证券代码:000859

公司是由注塑总厂作为惟一发起人,通过募集设立方式组建的股份有限公司。注塑总厂前身为合肥电冰箱配件厂,创建于1984年,1992年企业更名为合肥电冰箱配件总厂。1997年6月,企业正式更名为安徽国风注塑总厂。经评估注塑总厂投入本公司总资产为49 265.45万元,总负债为30 995.57万元,净资产值为18 269.88万元。评估后净资产按65.68%折成12 000万股国家股,由注塑总厂作为国家股的持有单位,其余6 269.88万元进入本公司的资本公积金。经证监会批准,公司首次公开发行6 000万股A股(其中向本公司职工配售600万股)。

2003年经营情况

0.02	2.37	0.64	0.99	0.04

2003年年报摘要

每股收益/元	每股净资产/元	净资产收益率/%	每股资本公积金/元	每股经营现金流量/元
0.01	2.36	0.50	0.99	0.04

近几年收益

每股收益/元			每股净资产/元			净资产收益率/%		
2002年末	2001年末	2000年末	2002年末	2001年末	2000年末	2002年末	2001年末	2000年末
0.20	0.22	0.21	3.76	3.17	3.20	5.28	7.06	6.50

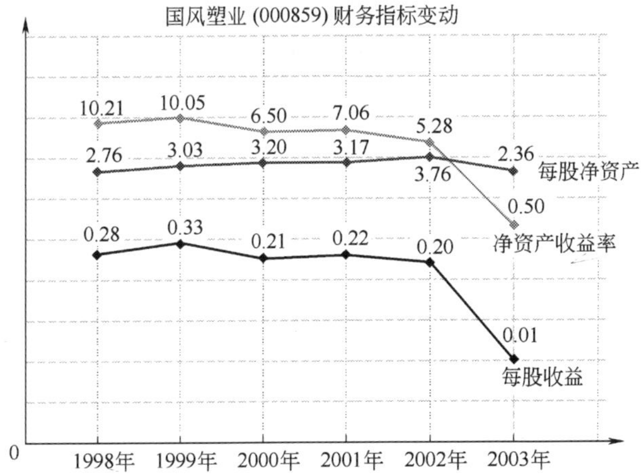

股本结构(单位:万股)

变化日期	总股本	国家股	发起法人股	法人股	流通A股	职工股	流通B股	转配股	H股
20021226	26 280.00	14 580.00			11 700.00				

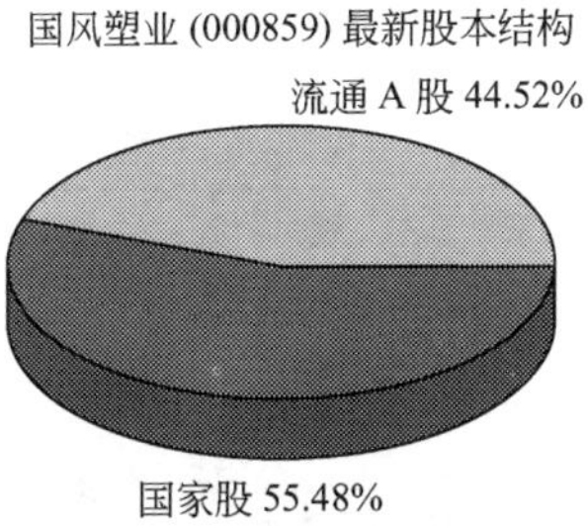

近年分红方案

年度	每股收益	分红方案	配股方案
2003年末期	0.010元	利润不分配不转增	
2003年中期	0.020元	利润不分配不转增	

公司名称：佛山塑料集团股份有限公司（佛塑股份）	证券代码：000973

基 本 情 况

主营业务：各类高分子和化工新材料、塑料制品、包装及印刷复合制品、热缩材料等
发行日期：20000420　　上市日期：20000525
法人代表：冯兆征　　联系人：罗汉均
主承销商：广东证券股份有限公司
公司名称：佛山塑料集团股份有限公司
公司地址：广东省佛山市汾江中路 82 号
公司电话：0757-83988189

公司成立于 1988 年 6 月，登记名称为“佛山市塑料皮革工贸集团股份公司”。1992 年 7 月，进行了股份制规范化改造，将评估后股份公司可折股的净资产 38 369.37 万元按 1.5∶1 的比例折股为 14 702.85 万股国有股及 11 002.44 万股法人股。同时内部职工投入的 3 209.65 万元，按照 1.5∶1 的比例折为 2 139.77 万股内部职工股，形成总股本为 27 845.06 万股，每股面值 1 元。1994 年 6 月公司更名为“佛山塑料集团股份有限公司”。1999 年 6 月股份公司下属五家全资子公司全部取消独立法人资格，变更为股份公司的分公司。2000 年 4 月，公司发行 9 500 万股社会公众股，形成总股本 7 345.06 万股。

2003 年经营情况

2003 年年报摘要

每股收益/元	每股净资产/元	净资产收益率/%	每股资本公积金/元	每股经营现金流量/元
0.32	3.42	9.22	1.74	0.49

近 几 年 收 益

每股收益/元			每股净资产/元			净资产收益率/%		
2002 年末	2001 年末	2000 年末	2002 年末	2001 年末	2000 年末	2002 年末	2001 年末	2000 年末
0.31	0.27	0.20	3.11	3.18	2.97	10.04	8.38	6.81

佛塑股份 (000973) 财务指标变动

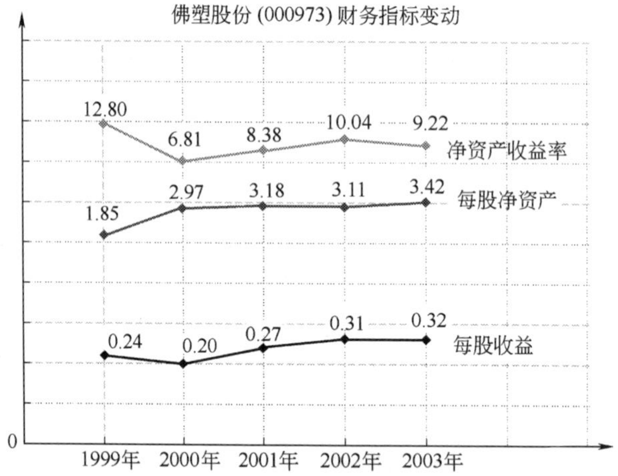

股本结构（单位：万股）

变化日期	总股本	国家股	发起法人股	法人股	流通 A 股	职工股	流通 B 股	转配股	H 股
20031230	40 836.99	14 702.85		11 002.44	15 131.70				

佛塑股份 (000973) 最新股本结构

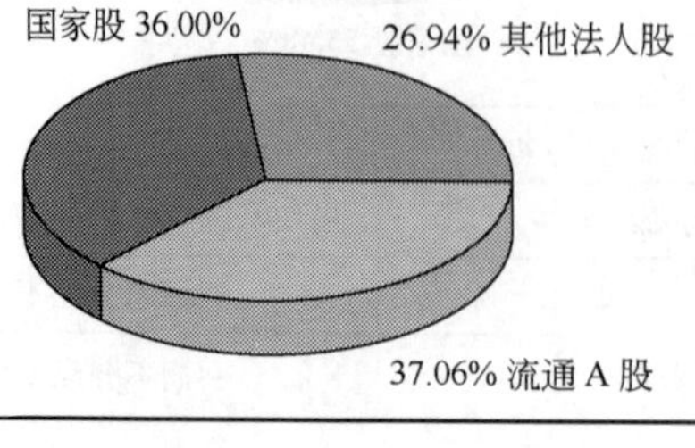

续表

公司名称:佛山塑料集团股份有限公司(佛塑股份)		证券代码:000973	
近年分红方案			
年度	每股收益	分红方案	配股方案
2003年末期	0.320元	每10股派1.6800元	
2003年中期	0.148元	利润不分配不转增	

特别提示

1. 佛塑股份7月8日与佛山市三水中心科技工业区西南工业园有限公司签订了土地使用权转让协议书,受让位于广东省佛山市三水中心科技工业区西南工业园内的957.18亩工业用地的国有土地使用权,转让总价款共计人民币3 828.72万元。佛塑股份近年来发展较为稳健,收入和利润呈现稳步增长态势。在保持良好发展势头的同时,公司也在积极寻求降低营运成本的途径。由于公司原生产场地营运成本相对较高,开发新项目缺乏空间。本次土地转让协议签订后,将进一步增强公司的可持续发展能力,为公司实施发展规划奠定坚实的基础。(20030709)

2. 佛塑股份拟与佛山杜邦及杜邦帝人共同投资组建宁波杜邦帝人鸿基薄膜有限公司。公司连续多年各项主要经济指标名列国内同行第一,具有较强的竞争力,因而也成为国际巨头较为理想的合作对象。在与杜邦集团长期合作成功经营佛山杜邦鸿基薄膜有限公司的基础上,双方再度携手实施新的投资项目,将有助于公司继续扩大在业内的现有优势,对公司的经营将起到积极作用。公司自上市以来由于受到战略投资者持股上市、内部职工股上市以及盘面下跌的影响,始终未能有所表现,股价与公司行业龙头的地位并不相称。(20030603)

3. 佛塑股份董事会决议公告称,公司拟与佛山杜邦鸿基薄膜有限公司及杜邦帝人中国薄膜有限公司在宁波市共同投资组建宁波杜邦帝人鸿基薄膜有限公司,生产环保用BOPET薄膜,年产能12 000吨。该合资公司计划注册资本688万美元,公司出资166.874 4万美元,占注册资本24.255%。公司主要从事塑料薄膜片材、人造革和塑料编织复合材料系列产品的生产和销售,目前在国内薄膜领域已经确立了领先地位,其合资公司佛山杜邦鸿基薄膜有限公司在BOPET薄膜方面也位于国内领先地位。相信新的合资公司成立之后,公司在塑料加工领域的领先优势将更加明显。(20030603)

三、我国证券市场部分化工行业上市公司情况

公司名称:中国石化齐鲁股份有限公司(齐鲁石化)　　证券代码:600002

基本情况

主营业务:石油化工及无机化工产品的生产、加工、销售及科研开发和技术服务等
发行日期:19980303　　上市日期:19980408
法人代表:张　深　　联系人:李风安
主承销商:中信证券有限责任公司
公司名称:中国石化齐鲁股份有限公司
公司地址:山东省淄博市高新技术产业开发区
公司电话:(0533)3583728

公司是经批准,由齐鲁石化公司独家发起,对其与化工生产经营相关的业务和资产进行重组,将烯烃厂、塑料厂、氯碱厂和树脂加工应用研究所的生产经营性资产经评估作价后投入本公司,采用募集方式设立的。1998年3月3日,公开向社会发行股票,同年4月8日,"齐鲁石化"在上交所上市交易。2001年10月,公司名称由"齐鲁石油化工股份有限公司"变更为"中国石化齐鲁股份有限公司"。

2003年经营情况

2003年年报摘要

每股收益/元	每股净资产/元	净资产收益率/%	每股资本公积金/元	每股经营现金流量/元
0.32	2.58	12.54	1.14	0.56

近几年收益

每股收益/元			每股净资产/元			净资产收益率/%		
2002年末	2001年末	2000年末	2002年末	2001年末	2000年末	2002年末	2001年末	2000年末
0.02	0.01	0.22	2.25	2.42	2.49	0.97	0.45	8.95

续表

公司名称：中国石化齐鲁股份有限公司（齐鲁石化）	证券代码：600002

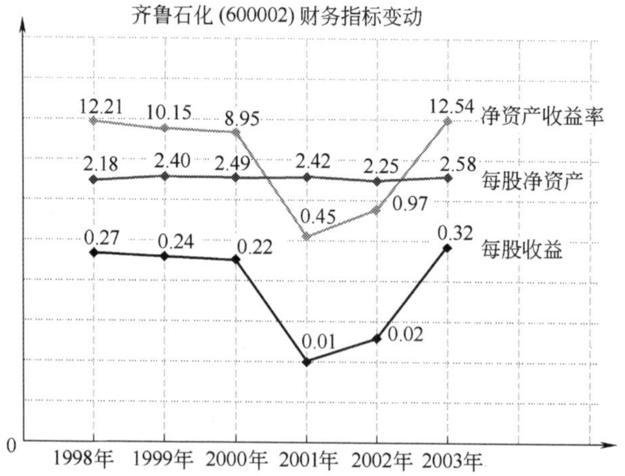

股本结构（单位：万股）

变化日期	总股本	国家股	发起法人股	法人股	流通 A 股	职工股	流通 B 股	转配股	H 股
19981008	195 000.00		160 000.00		35 000.00				

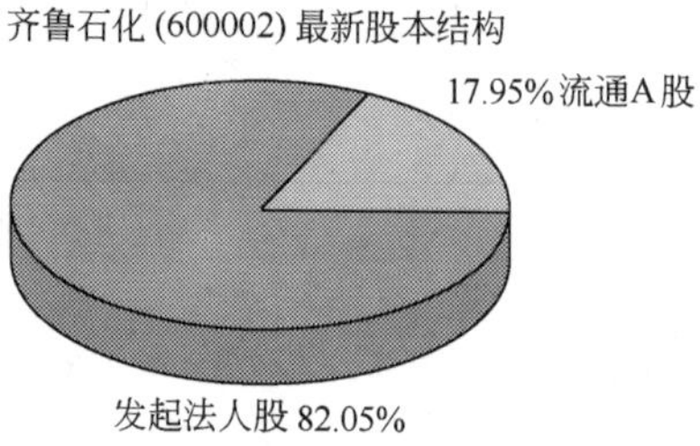

近 年 分 红 方 案

年　　度	每 股 收 益	分 红 方 案	配 股 方 案
2003 年末期	0.320 元	每 10 股拟派 1.00 元（含税）	
2003 年中期	0.129 元	利润不分配不转增	

特 别 提 示

1. 齐鲁石化是中石化四大主力化工企业之一。2003 年上半年公司主要产品的产量同比有一定幅度的增长，同时由于行业转暖以及我国对 SBR 和 PVC 实施了临时反倾销措施，产品价格盈利形势良好，因此公司上半年取得了良好的业绩。进入三季度以来，公司主要产品 PVC 和合成橡胶的价格保持了增长的趋势。因此，公司下半年主要产品的价格仍将保持在较高的水平上。公司全年的销售收入将超过 90 亿元，大部分产品的毛利率在下半年都将有一定幅度的上升，下半年的利润情况也将好于上半年。（20031014）

2. 自 2002 年 8 月领导班子调整以来，中国石化齐鲁股份有限公司紧紧围绕效益目标，眼睛向内，制定措施，扎实工作，克服了原材料价格上涨和非典疫情的不利影响，各项工作均取得了明显进步。扎实推进安全生产管理，积极推行 HSE 目标管理和“查隐患、促整改”活动，是齐鲁石化确保生产经营健康运行的基础。狠抓降本增效是齐鲁石化的又一项重点工作。为了增强企业活力，齐鲁石化稳步推进企业改革，大力实施专业化重组。该公司还进一步完善经济责任制考核，集中力量修订了成本费用控制等 22 项内部管理制度，健全了企业内控制度。（20030707）

公司名称:中国石油化工股份有限公司(中国石化)	证券代码:600028

基 本 情 况

主营业务:石油、天然气勘探、开采、销售;石油炼制;石油化工;成品油销售等
发行日期:20010716　　上市日期:20010808
法人代表:陈同海　　联系人:陈 革
主承销商:中国国际金融
公司名称:中国石油化工股份有限公司
公司地址:北京市朝阳区惠新东街甲六号
公司电话:86-10-64990060

经国家经贸委2000年2月21日《关于同意设立中国石油化工股份有限公司的批复》的批准,由中国石油化工集团公司于2000年2月25日独家发起成立。注册资本8 670 243.9万元人民币。公司154 000万股A股将于2001年8月8日在上交所上市流通。

2003年经营情况

2003年年报摘要

每股收益/元	每股净资产/元	净资产收益率/%	每股资本公积金/元	每股经营现金流量/元
0.22	1.88	11.67	0.43	0.74

近 几 年 收 益

每股收益/元			每股净资产/元			净资产收益率/%		
2002年末	2001年末	2000年末	2002年末	2001年末	2000年末	2002年末	2001年末	2000年末
0.16	0.16	0.19	1.69	1.60	1.44	9.64	10.08	13.37

中国石化(600028)财务指标变动

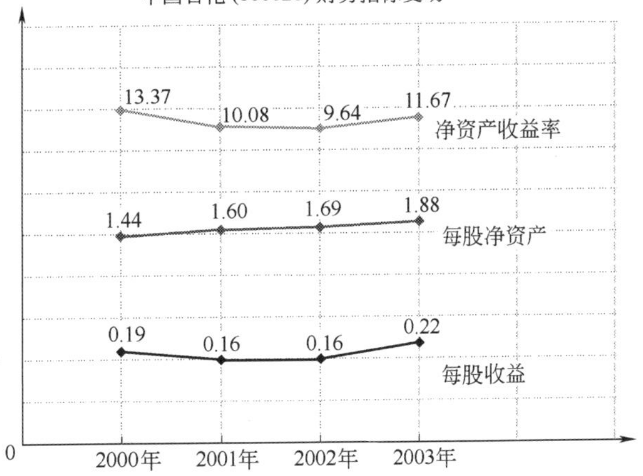

股本结构(单位:万股)

变化日期	总股本	国家股	发起法人股	法人股	流通A股	职工股	流通B股	转配股	H股
20020408	8 670 243.90	6 712 195.10			280 000.00				1 678 048.80

中国石化(600028)最新股本结构

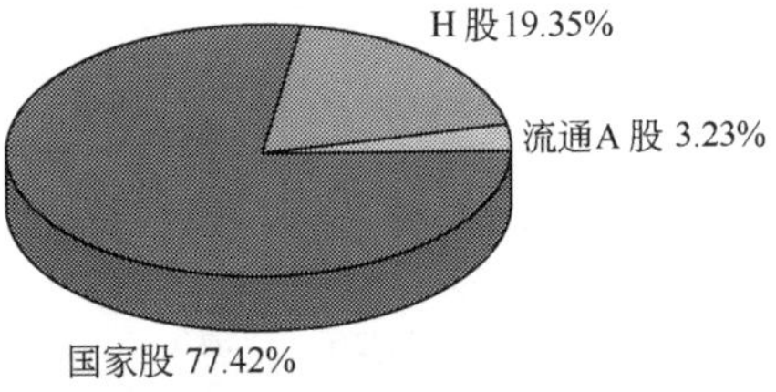

续表

公司名称：中国石油化工股份有限公司（中国石化）		证券代码：600028	
近年分红方案			
年度	每股收益	分红方案	配股方案
2003年末期	0.219元	每10股拟派0.60元（含税）	
2003年中期	0.113元	每10股派0.240 0元	

公司名称：新疆独山子天利高新技术股份有限公司（天利高新）	证券代码：600339

基本情况

主营业务：开发、生产、销售、出口高级润滑油系列添加剂产品、高级沥青系列产品等
发行日期：20001206　　上市日期：20001225
法人代表：付德新　　联系人：马新海
主承销商：光大证券有限责任公司
公司名称：新疆独山子天利高新技术股份有限公司
公司地址：新疆独山子区大庆东路2号
公司电话：0992-3655959

公司成立日期1999年4月28日，总股本11 000万股，由新疆独山子天利与新疆石油、高新房地产、新疆特变电工和上海中大共同发起设立。前两者以经营性资产投入折股为国有法人股5 605.44万股和4 375万股；后三者分别以现金投入折为法人股618.58万股、363.87万股和37.11万股。公司于2000年12月6日上网定价发行人民币普通股6 000万股，发行成功后公司总股本将增至17 000万股。

2003年经营情况

2003年年报摘要

每股收益/元	每股净资产/元	净资产收益率/%	每股资本公积金/元	每股经营现金流量/元
0.17	1.99	8.43	0.71	0.03

近几年收益

每股收益/元			每股净资产/元			净资产收益率/%		
2002年末	2001年末	2000年末	2002年末	2001年末	2000年末	2002年末	2001年末	2000年末
0.15	0.22	0.21	1.76	2.65	3.58	7.94	8.20	5.93

天利高新（600339）财务指标变动

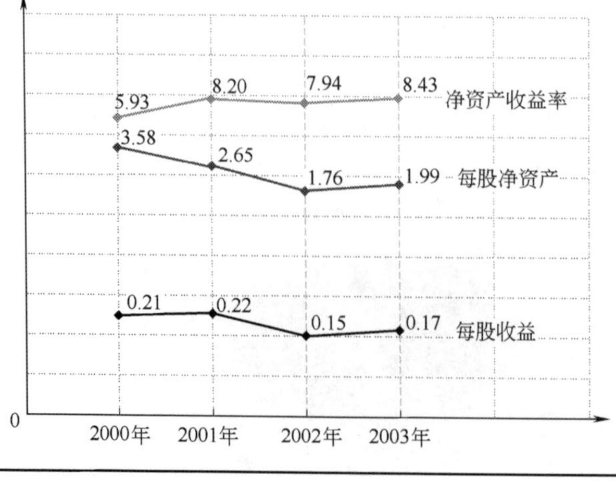

续表

公司名称:新疆独山子天利高新技术股份有限公司(天利高新)					证券代码:600339				
股本结构(单位:万股)									
变化日期	总股本	国家股	发起法人股	法人股	流通A股	职工股	流通B股	转配股	H股
20020917	35 700.00	20 958.92	214.11		12 600.00				

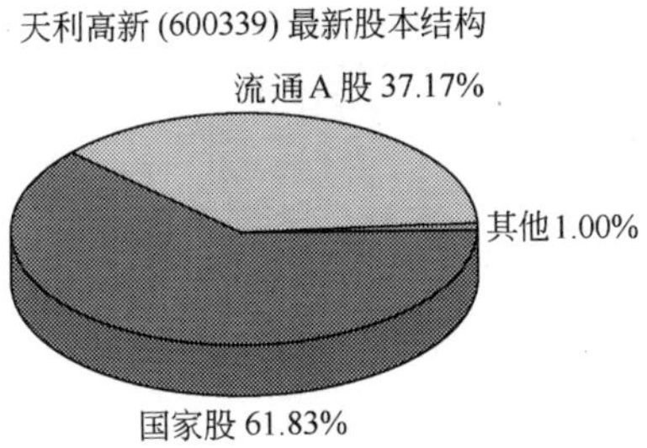

近年分红方案			
年度	每股收益	分红方案	配股方案
2003年末期	0.170元	每10股拟派1.20元(含税)	
2003年中期	0.044元	利润不分配不转增	

特 别 提 示

1. 年产量3万吨甲乙酮装置是天利高新利用自筹资金,于2001年10月1日破土动工、次年11月26日一次投料试车成功的,该装置的建成,填补了新疆甲乙酮生产的空白。天利高新董事会秘书马新海介绍说,公司自2000年上市以来,募资项目的进程始终保持着高效、有序的工作节律,截至目前,所有新募资金项目均已建成或试车成功。甲乙酮项目总工期仅用了13个月,创了国内同类装置建设速度的记录。作为独山子经济发展中的一个亮点,该项目可充分发挥炼油、化工、精细化工之间相互拉动发展的作用,从而促进新疆及独山子本地的经济发展。(20030707)

2. 天利高新2002年年报显示,公司全年共实现主营业务收入7.34亿元,主营业务利润1.19亿元,分别比上年增长115.6%、20.63%。公司董事会还决定,以2002年末股份总数35 700万股为基数,按每10股派现1.50元(含税),共计分配利润(现金)5 355万元。据了解,1999年公司成立时,总资产为2.93亿元,净资产1.73亿元,到2002年底资产总额为10.82亿元,净资产为6.29亿元,三年给股东回报共计30 175万元。去年,公司的规范运作受到了中国证监会的好评,在新疆辖区上市公司综合评比中,公司以综合得分第一名的成绩荣登榜首。(20030306)

公司名称:四川天一科技股份有限公司(天科股份)	证券代码:600378

基 本 情 况

主营业务:碳一化学技术及催化剂、合成芳樟醇、工业气体的研制、开发、生产、销售
发行日期:20001225　　上市日期:20010111
法人代表:冯孝庭　　联系人:杨重谊
主承销商:国信证券有限责任公司
公司名称:四川天一科技股份有限公司
公司地址:四川省成都市机场路445号信箱
公司电话:028-85881997　85963417

公司成立于1999年8月5日由西南化研院为主要发起人(将其所属的二级单位占用的经营性资产9 740.74万元投入,折为6 428.89万股于计入资本公积金),联合芳华公司(以对西南化研院的债权750万元出资,折为495万股剩余计入公积金)、化工科技总院、晨光研究院、炭黑研究院(分别以现金75万元出资,折为49.5万股剩余计入公积金)共同发起设立。公司4 500万股A股于2001年1月11日上市流通。

续表

公司名称：四川天一科技股份有限公司(天科股份)	证券代码：600378

2003年经营情况

2003年年报摘要

每股收益/元	每股净资产/元	净资产收益率/%	每股资本公积金/元	每股经营现金流量/元
0.17	2.31	7.46	1.05	0.12

近 几 年 收 益

每股收益/元			每股净资产/元			净资产收益率/%		
2002年末	2001年末	2000年末	2002年末	2001年末	2000年末	2002年末	2001年末	2000年末
0.07	0.16	0.21	2.13	2.74	3.45	3.17	5.72	6.03

天科股份(600378)财务指标变动

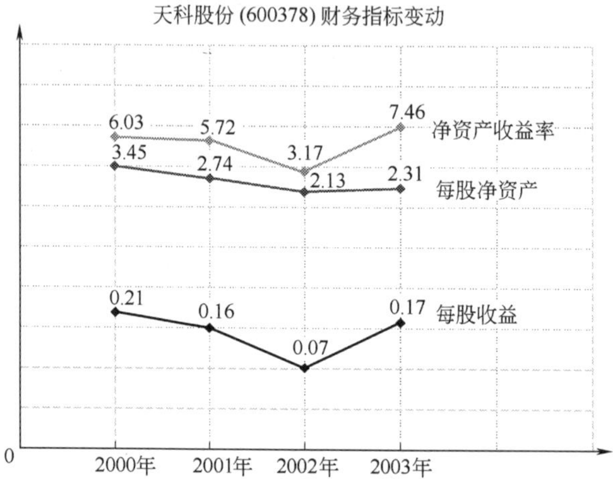

股本结构(单位：万股)

变化日期	总股本	国家股	发起法人股	法人股	流通A股	职工股	流通B股	转配股	H股
20020517	19 557.34	11 115.79	836.55		7 605.00				

天科股份(600378)最新股本结构

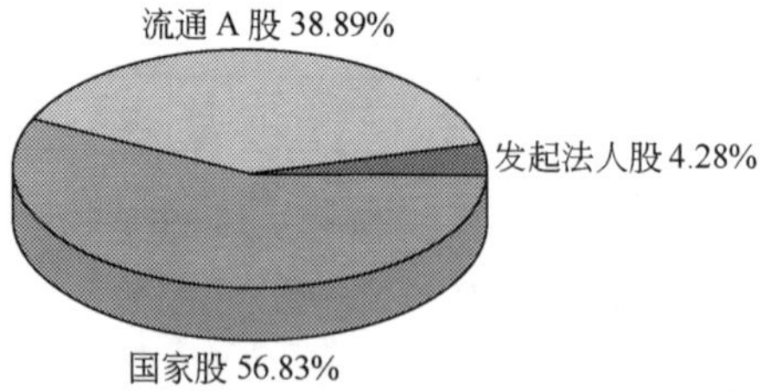

近 年 分 红 方 案

年　度	每股收益	分红方案	配股方案
2003年末期	0.170元	每10股派0.800 0元	
2003年中期	0.073元	利润不分配不转增	

特 别 提 示

天科股份的控股股东西南化工研究设计院将所持10 865万股国家股中的5 183万股分别转让给深圳市华润丰4 107万股、成都美辰科技1 075万股，敬宏增补为董事。(20030515)

公司名称:中国石化上海石油化工股份有限公司(上海石化)	证券代码:600688

基　本　情　况

主营业务:原油加工、油品、化工产品、合成纤维、塑料及制品、针织原料等
发行日期:19930808　　上市日期:19931108
法人代表:陆益平　　联系人:张经明
主承销商:上海万国证券公司
公司名称:中国石化上海石油化工股份有限公司
公司地址:上海市金山区金一路 48 号
公司电话:021-57943143

公司前身上海石油化工总厂,始建于 1972 年,1993 年 6 月 29 日改组为股份有限公司,1993 年 7 月 6 日至 7 月 16 日向境外投资者发行 H 股 16.8 亿股,同年 8 月 8 日至 11 月 30 日,向境内投资者发行 A 股 5.5 亿股。1993 年 7 月 26 日,“上海石化”(H 股)在香港联交所挂牌交易,同年 11 月 8 日,“上海石化”(A 股)在上交所上市交易。2000 年 10 月公司更名为“中国石化上海石油化工股份有限公司”。

2003 年经营情况

2003 年年报摘要

每股收益/元	每股净资产/元	净资产收益率/%	每股资本公积金/元	每股经营现金流量/元
0.19	2.15	8.94	0.40	0.37

近　几　年　收　益

每股收益/元			每股净资产/元			净资产收益率/%		
2002 年末	2001 年末	2000 年末	2002 年末	2001 年末	2000 年末	2002 年末	2001 年末	2000 年末
0.13	0.01	0.13	1.96	1.89	1.92	6.44	0.53	6.54

上海石化(600688)财务指标变动

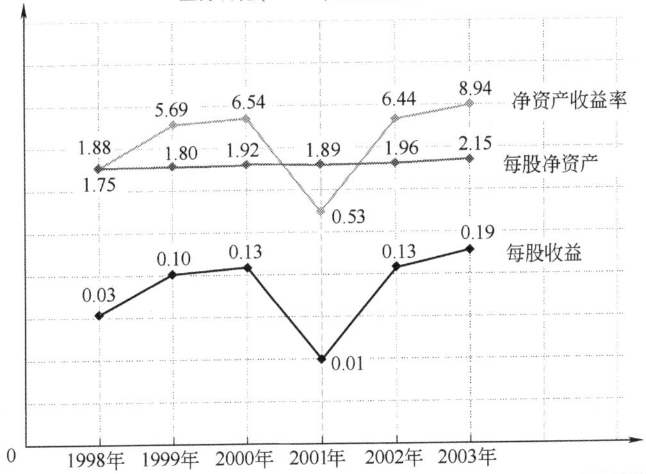

股本结构(单位:万股)

变化日期	总股本	国家股	发起法人股	法人股	流通 A 股	职工股	流通 B 股	转配股	H 股
19970114	720 000.00	400 000.00			72 000.00				233 000.00

上海石化(600688)最新股本结构

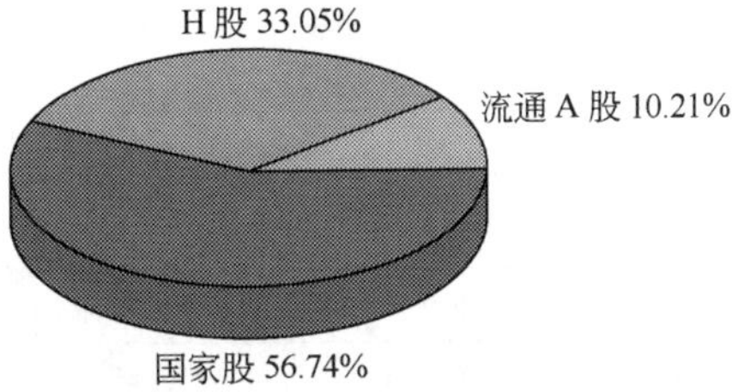

续表

公司名称：中国石化上海石油化工股份有限公司（上海石化）			证券代码：600688
近 年 分 红 方 案			
年 度	每股收益	分红方案	配股方案
2003年末期	0.192元	每10股拟派0.80元（含税）	
2003年中期	0.066元	利润不分配不转增	

特 别 提 示

1. 日前，上海石化年产6.6万吨腈纶改造工程通过竣工验收，使公司的腈纶总产能达到了20万吨，不但稳居国内首位而且一举超越意大利、德国同行，在全球制造商中跃居第二。据介绍，本次上海石化腈纶改造工程是国内首次采用具有自主知识产权的核心技术，标志着中国拥有了软硬件配套的腈纶技术，形成独立建成大型腈纶装置的能力。目前，上海石化的腈纶产品占国内总产能的三分之一，世界总产量的9%。(20031020)

2. 石化行业的复苏在上海石化身上再次得到印证。上海石化今日公布的半年报显示，公司今年上半年实现净利润47 168万元，比上年同期增长了131.93%，每股收益为0.066元，比上年同期增长了135.71%。据悉，今年上半年，受伊拉克战争、欧元升值、美元贬值以及非典等诸多因素影响，石化产品价格大幅度波动，总体呈现先扬后抑再反弹的走势，平均价格水平要高于2002年上半年，石化行业的整体效益也好于2002年同期。(20030821)

3. 日前，国内领先的催化裂化汽油选择性加氢脱硫技术（RSDS）在上海石化首次实现工业化应用，国产顶级汽油有望源源不断走向市场。产品分析显示，利用该技术生产的汽油，硫的含量为52ppm（$1ppm=10^{-6}mg/kg$），烯烃含量为17.8%，大大优于《世界燃油规范》Ⅱ类汽油的标准要求。如果RSDS成功产业化，可使上海石化每年供应市场的70万吨汽油产品全部达到国际先进水平，从而大大增强油品的国际竞争力。(20030816)

公司名称：山东鲁北化工股份有限公司（鲁北化工）	证券代码：600727

基 本 情 况

主营业务：磷铵、水泥、硫酸、溴素、NPK复合肥、烧碱等产品的生产和销售
发行日期：19960527　　上市日期：19960702
法人代表：冯久田　　联系人：田玉新
主承销商：中信证券有限责任公司
公司名称：山东鲁北化工股份有限公司
公司地址：山东省无棣县埕口镇
公司电话：0543-6451265

公司由集团总公司作为独家发起人，并以集团公司核心企业山东鲁北化工总厂的10 338.46万元的净资产折成7 000万股作为国有法人股。1996年5月27日至5月30日，本公司向社会公开发行社会公众股2 700万股，每股面值1元，发行价6.28元。本次发行采取“全额预缴，比例配售，余款即退”的方式，发行后本公司总股本为1亿元。1996年7月2日，公司2 700万股A股在上交所上市交易

2003年经营情况

0.10	5.98	1.72	2.54	0.48

2003年年报摘要

每股收益/元	每股净资产/元	净资产收益率/%	每股资本公积金/元	每股经营现金流量/元
0.16	6.04	2.67	2.54	0.54

近 几 年 收 益

每股收益/元			每股净资产/元			净资产收益率/%		
2002年末	2001年末	2000年末	2002年末	2001年末	2000年末	2002年末	2001年末	2000年末
0.20	0.35	0.52	5.88	5.68	5.52	3.38	6.15	9.40

续表

公司名称:山东鲁北化工股份有限公司(鲁北化工)	证券代码:600727

鲁北化工(600727)财务指标变动

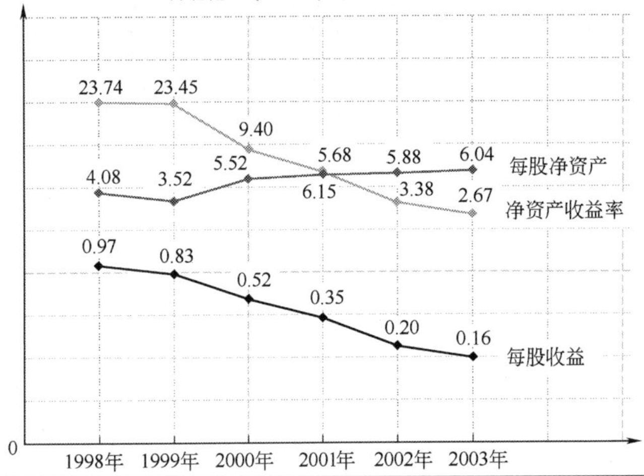

股本结构(单位:万股)

变化日期	总股本	国家股	发起法人股	法人股	流通A股	职工股	流通B股	转配股	H股
20000828	37 930.00		22 720.00		15 210.00				

鲁北化工(600727)最新股本结构

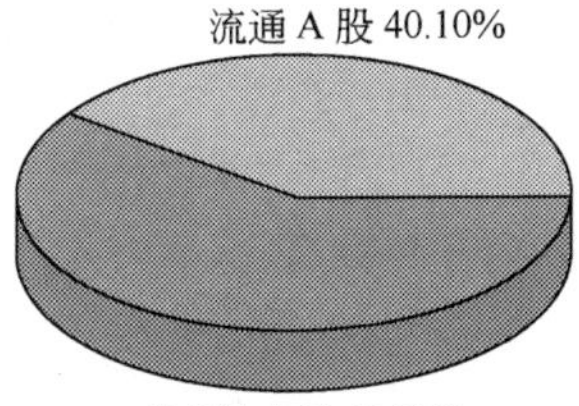

近年分红方案

年度	每股收益	分红方案	配股方案
2003年末期	0.160元	利润不分配不转增	
2003年中期	0.103元	利润不分配不转增	

特别提示

鲁北化工公告称,对公司三年以上部分应收款项进行核销。此次关于三年以上应收账款的核销和下属“三、四、六”分厂及沙河磷铵厂固定资产计提减值准备的处置,将对公司的税后利润产生一定的影响。从公告的数据分析,本次处置的数额为4 430.28万元,而截至2002年三季度公司的税后利润为10 918.87万元,考虑到下半年化肥行业形势较好,因此,从总体上看,本次会计处理对公司2002年的经营业绩冲击不是很大。另一方面,公司此次一次性核销三年以上应收账款和对毁损固定资产计提减值准备,净化了年报数据,提升了年报的准确度,有利于公司2003年度轻装上阵。(20030325)

公司名称:中国石化仪征化纤股份有限公司(仪征化纤)	证券代码:600871

基本情况

主营业务:生产及销售聚酯切片及涤纶纤维
发行日期:19950118　　上市日期:19950411
法人代表:傅兴堂　　联系人:吴朝阳
主承销商:上海申银证券公司
公司名称:中国石化仪征化纤股份有限公司
公司地址:中国江苏省仪征市
公司电话:86-514-3231888

续表

公司名称：中国石化仪征化纤股份有限公司(仪征化纤)	证券代码：600871

基 本 情 况

仪化公司之前身为由前纺织部直接管辖的国家特大生产企业。1981 年 12 月正式成立为有限责任公司。1993 年 12 月 31 日，经批准，仪化公司进行重组，以仪征化纤工业联合公司为惟一发起人，以发起设立方式改组为“仪征化纤股份有限公司”。1994 年 3 月，公司溢价发行 H 股 100000 万股，同年 3 月 29 日在香港联交所挂牌上市交易。1994 年 10 月向社会发行 A 股 20000 万股，1995 年 4 月 11 日，“仪征化纤”(A 股)在上交所上市。2001 年 2 月 27 日，公司名称变更为“中国石化仪征化纤股份有限公司”。

2003 年经营情况

2003 年年报摘要

每股收益/元	每股净资产/元	净资产收益率/%	每股资本公积金/元	每股经营现金流量/元
0.06	2.28	2.63	0.77	0.33

近 儿 年 收 益

每股收益/元			每股净资产/元			净资产收益率/%		
2002 年末	2001 年末	2000 年末	2002 年末	2001 年末	2000 年末	2002 年末	2001 年末	2000 年末
0.04	0.04	0.21	2.22	2.20	2.21	1.57	1.94	9.53

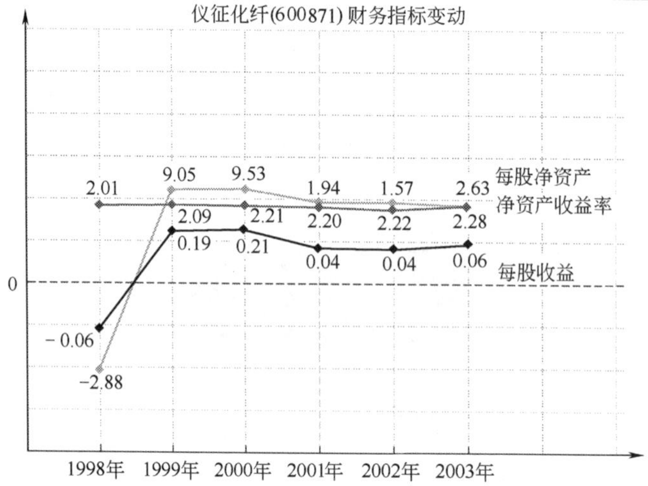

股本结构(单位：万股)

变化日期	总股本	国家股	发起法人股	法人股	流通 A 股	职工股	流通 B 股	转配股	H 股
19960426	400 000.00	168 000.00	72 000.00		20 000.00				140 000.00

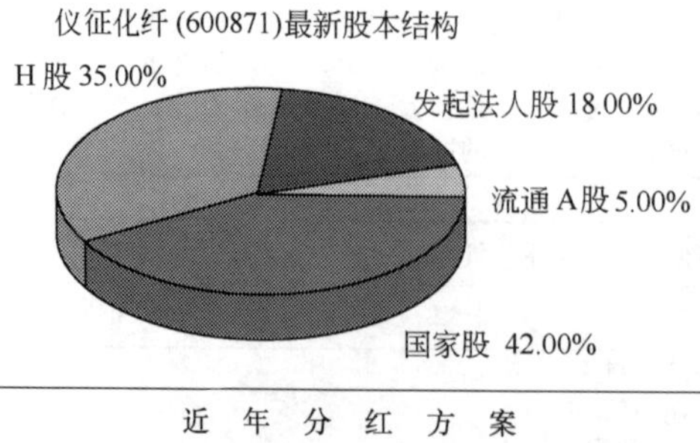

近 年 分 红 方 案

年 度	每股收益	分红方案	配股方案
2003 年末期	0.060 元	每 10 股拟派 0.25 元(含税)	
2003 年中期	0.001 元	利润不分配不转增	

续表

公司名称:中国石化仪征化纤股份有限公司(仪征化纤)	证券代码:600871

特 别 提 示

1. 历经改组改造,我国化纤产业将为"奔小康"宏伟目标的实现而彰显重要力量。这是仪征化纤股份有限公司总经理徐正宁所作的前景判断。2002 年 10 月至 12 月,仪征化纤看准世界原油价格不高,从国际市场速订购了 12 万吨 PTA,加上 3 万吨 DH P。今年伊始,原油价格上涨,整个化纤工业受到重大冲击。而仪征化纤因为战略判断正确,打了一个漂亮的采购战。一个企业要想长胜不衰关键在于"加"和"减"。这是徐正宁对经济管理的理解,也是对自己仪征化纤的诠释。(20030317)

2. 仪征化纤被化纤行业分析员认定为油价上涨的受益者之一。但该公司董秘吴朝阳非常客观地指出:虽然由于化纤市场客户买涨不买跌,公司产品需求极为旺盛,但采购成本的上升已非常明显。仪征目前从中石化采购的原油价格大致较以往上升了 10%~20%。当然,吴表示,在这个涨幅范围内,公司还可以接受,但如果油价再往上升,就可能影响公司的开工率。如果未来油价涨幅很猛,公司承受的压力就会很重,如果是逐步升温,冲击力不会太大。对于油价上升对公司的长远影响,吴并无太多的担心。(20030310)

公司名称:重庆渝港钛白粉股份有限公司(渝钛白)	证券代码:000515

基 本 情 况

主营业务:钛白粉系列产品及其附产品、工业硫酸和硫酸二甲酯等产品的生产、销售
发行日期:19920601　　上市日期:19930712
法人代表:黄立人　　联系人:向远平
主承销商:重庆有价证券公司
公司名称:重庆渝港钛白粉股份有限公司
公司地址:重庆市巴南区走马二村 51 号
公司电话:023-62551279 62551930

重庆渝港钛白粉有限公司成立于 1990 年 9 月 4 日。1992 年 5 月开始进行股份化改组,将原公司生产经营性资产净值折为 3 728.26 万股国家股和 3 728.26 万股外资法人股,于 1992 年 6 月 1 日至 1992 年 7 月 31 日,发行 3 600 万股个人股,1992 年 9 月 11 日,"重庆渝港钛白粉股份有限公司"宣告成立。1993 年 7 月 12 日,"渝钛白 A"在深圳证券交易所上市交易。1996 年至 1998 年连续 3 年亏损,1999 年 7 月 5 日起被深圳证券交易所暂停上市。2001 年 11 月 20 日恢复挂牌交易。

2003 年经营情况

2003 年年报摘要

每股收益/元	每股净资产/元	净资产收益率/%	每股资本公积金/元	每股经营现金流量/元
0.12	1.68	7.25	0.56	0.35

近 几 年 收 益

每股收益/元			每股净资产/元			净资产收益率/%		
2002 年末	2001 年末	2000 年末	2002 年末	2001 年末	2000 年末	2002 年末	2001 年末	2000 年末
0.14	0.06	0.03	1.36	1.14	1.68	10.20	5.37	1.61

渝钛白(000515)财务指标变动

续表

公司名称：重庆渝港钛白粉股份有限公司（渝钛白）	证券代码：000515

股本结构（单位：万股）

变化日期	总股本	国家股	发起法人股	法人股	流通 A 股	职工股	流通 B 股	转配股	H 股
20030710	18 720.75	6 057.39	4 680.00		7 983.36				

渝钛白 (000515) 最新股本结构

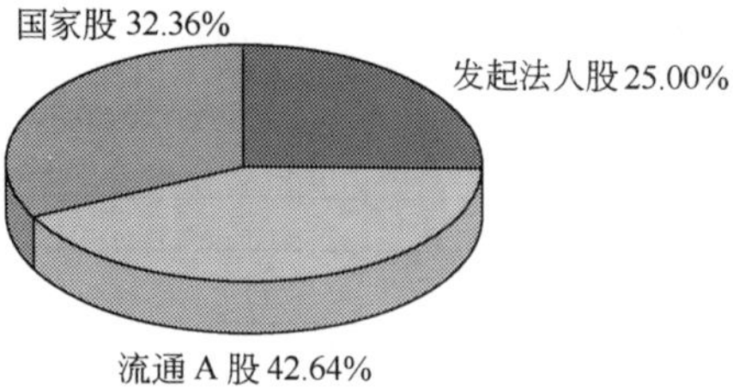

近 年 分 红 方 案

年 度	每 股 收 益	分 红 方 案	配 股 方 案
2003 年末期	0.120 元	利润不分配不转增	
2003 年中期	0.050 元	每 10 股派 0.160 0 元	

特 别 提 示

1. 渝钛白昨日与中国东方资产管理公司重庆办事处签订《债务清偿协议》，根据协议，渝钛白在协议生效之日起三日内向东方资产管理公司一次性支付人民币 2 430 万元，东方资产管理公司则放弃剩余债务计 474 万元的追索权利，并解除公司提供的财产抵押。此次清偿东方资产管理公司的债务可以减免公司近 500 万元的负担，从财务的角度看是个利好，但公司目前的现金流较为紧张，近期需要较多的资金投入，如每年要为租赁生产设备付出 500 多万元的费用，在建二期工程还需投入近 1.75 亿元，所以此项还款计划将对公司的现金流带来一定的压力。（20030422）

2. 本周四，渝钛白发布公告称，公司第一大股东中国长城资产管理公司与攀枝花钢铁（集团）有限公司签订的《股权转让协议书》事宜已获财政部同意，有关股权过户手续现已办理完毕。两者分列渝钛白的第一和第二大股东。此次攀钢集团收购渝钛白股权，通过与渝钛白的钛铂粉相关资产的对接，会促使攀钢集团的进一步发展。使产品的产量与质量同步提高，同时新产品的开发能力大大增强。（20030321）

3. 渝钛白董事会公告称，2 月 27 日，公司与中国化学工程第三建设公司签订《债务重组协议》，根据协议，截止至今年 2 月 19 日，公司欠中化工程三建公司承建钛白粉一期工程建设款计 14 662 110.75 元人民币，经双方友好协商，三建同意豁免公司债务 4 562 688.75 元，其余 10 099 422 元公司在钛白粉二期工程竣工后分两年付清。获得部分债务豁免无疑将减轻公司在 2003 年资金方面的压力。基本面上，公司也不乏亮点：拥有行业内一流的生产设备和工艺；今年又开始了钛白粉二期的扩建工程；占有全国 90%、世界 35%的钛资源。（20030228）

公司名称：西北永新化工股份有限公司（西北化工）	证券代码：000791

基 本 情 况

主营业务：油漆、涂料和化工原料等的研制、开发、生产和销售

发行日期：19970829　　上市日期：19971014

法人代表：杨德茂　　联系人：曹忆峰

主承销商：招银证券公司

公司名称：西北永新化工股份有限公司

公司地址：甘肃省兰州市东岗东路 1205 号

公司电话：0931-4862482

公司是经批准由西北油漆厂作为独家发起人，采用募集方式设立的股份有限公司。公司独家发起人西北油漆厂将其半成品车间、三个产成品车间、中试车间、溶剂车间、水汽车间、电仪车间、机修车间、罐装车间、检验科、机动处、供应处及研究所等单位的经营性净资产 9 296 万元，按 65.62%的比例，折为国有法人股 6 100 万股投入本公司。经证监会批准，公司已向社会公众公开发行 4 500 万股人民币普通股（含公司职工股 450 万股），并于 1997 年 9 月 23 日在甘肃省工商行政管理局注册登记。

续表

公司名称：西北永新化工股份有限公司（西北化工）				证券代码：000791
2003年经营情况				
2003年年报摘要				
每股收益/元	每股净资产/元	净资产收益率/%	每股资本公积金/元	每股经营现金流量/元
－0.18	1.72	－10.62	0.87	0

近 几 年 收 益

每股收益/元			每股净资产/元			净资产收益率/%		
2002年末	2001年末	2000年末	2002年末	2001年末	2000年末	2002年末	2001年末	2000年末
0.01	0.00	0.15	1.91	1.90	1.95	0.32	0.03	7.61

西北化工(000791)财务指标变动

股本结构(单位：万股)

变化日期	总股本	国家股	发起法人股	法人股	流通A股	职工股	流通B股	转配股	H股
19980805	18 900.00		10 980.00		7 920.00				

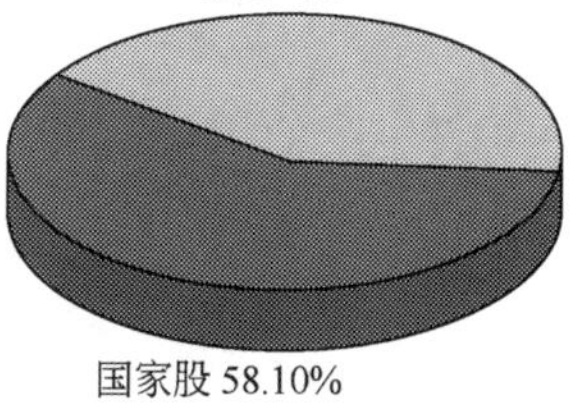

近 年 分 红 方 案

年　度	每股收益	分红方案	配股方案
2003年末期	－0.180元	利润不分配不转增	
2003年中期	－0.060元	利润不分配不转增	

特 别 提 示

在涂料类上市公司整体不景气的大背景下，主营涂料的西北化工也沿袭了每况愈下的业绩趋势。不过，近日西北化工所属厂区在甘肃省兰州市政府城市规划下面临的整体搬迁有望助推公司调整战略布局。从而，以“原厂区退出工业生产，从事商业开发、发展第三产业”为特征的“退二进三”战略有望浮出水面。尽管公司搬迁为其提供了发展机遇，但同时也使公司面临着主业定位的尴尬。不管如何，西北化工能否利用此次的搬迁机遇进行明确的主业定位，即公司的“退二进三”战略如何具体实施，将对其未来发展至关重要。(20031107)

公司名称：中国石化扬子石油化工股份有限公司（扬子石化）	证券代码：000866

基 本 情 况

主营业务：原油加工、石油加工、化学原料、化学制品、化学纤维等
发行日期：19980402　　上市日期：19980512
法人代表：戴厚良　　联系人：吴鹏鸣
主承销商：中信证券有限责任公司
公司名称：中国石化扬子石油化工股份有限公司
公司地址：南京市六合区沿江工业开发区新华路777号
公司电话：025-57787735　57787739

中国石化扬子石油化工公司作为本发行人的惟一发起人，于1983年9月经江苏省人民政府、中石化批准成立，直属于中石化的国有特大型企业。中国石化扬子石油化工公司作为本发行人的惟一发起人，将下属的部分生产厂：炼油厂、烯烃厂、塑料厂、芳烃厂、贮运厂；部分经营实体：供销公司、物资装备公司、运输公司，以及研究院、设计院和原发起人机关12个处室的资产配比相应的负债投入，组建以募集方式设立的股份有限公司。本公司于1998年4月24日在南京工商行政管理局注册登记成立。

公司为进一步剥离辅业，壮大和强化核心业务，决定与中国石化集团扬子石油化工有限责任公司进行部分资产等值置换，置换后中国石油化工股份公司成为本公司的第一大股东。2000年5月27日，公司更名为“中国石化扬子石油化工股份有限公司”。

2003年经营情况

2003年年报摘要

每股收益/元	每股净资产/元	净资产收益率/%	每股资本公积金/元	每股经营现金流量/元
0.71	3.22	22.12	0.92	1.06

近 几 年 收 益

每股收益/元			每股净资产/元			净资产收益率/%		
2002年末	2001年末	2000年末	2002年末	2001年末	2000年末	2002年末	2001年末	2000年末
0.27	0.02	0.28	2.51	2.24	2.22	10.70	0.67	12.51

扬子石化(000866)财务指标变动

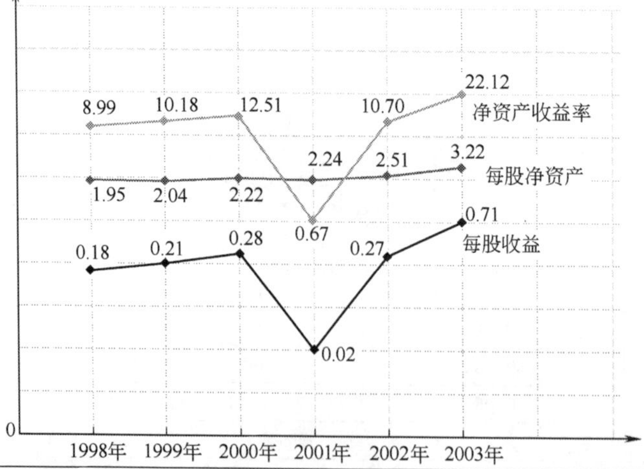

股本结构(单位:万股)

变化日期	总股本	国家股	发起法人股	法人股	流通A股	职工股	流通B股	转配股	H股
19981112	233 000.00	198 000.00			35 000.00				

续表

公司名称:中国石化扬子石油化工股份有限公司(扬子石化)	证券代码:000866

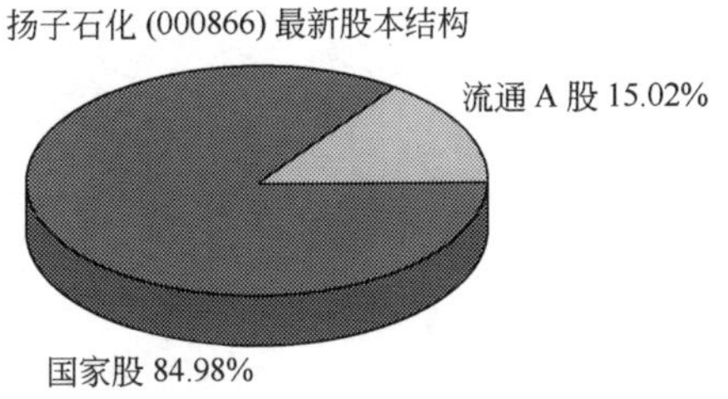

近 年 分 红 方 案

年　　度	每股收益	分红方案	配股方案
2003 年末期	0.713 元	每 10 股拟派 3.00 元(含税)	
2003 年中期	0.310 元	利润不分配不转增	

特 别 提 示

1. 扬子石化 13 套主要化工生产装置 7 月底通过专家组清洁生产审核,被认定为中国石化集团公司清洁生产示范装置,扬子石化也因此被确定为中国石化集团公司首家清洁生产企业。据介绍,2002 年与 1999 年相比,扬子石化万元产值新鲜水用量、COD(化学耗氧量)两项指标分别下降了 30.86%、47.82%,废气外排达标率、废渣综合利用率及处理率都达到 100%,废水外排达标率也在石化行业、工业企业中居前列。(20030813)

2. 面对近期的持续高温天气,扬子石化负责管理的热电厂按照有关要求,在极力维护好现有发电机组运行的同时,还于近日将新建成的 6 号发电机组投入运行,且并入华东电网,由此将该厂汽轮机总体装机容量由原来的 30 万千瓦,提高到 36 万千瓦;每天的发电负荷由 26 万千瓦/时提高到 32 万千瓦/时,不仅为该公司自身用气用电提供了持久的动力保证,而且还缓解了南京市部分地区高温季节用电的矛盾。(20030806)

3. 据介绍,2003 年将是扬子石化 65 万吨/年乙烯改造和 800 万吨/年原油加工改造竣工投产后的第一个完整产出年。由此,公司有望逐步将装置规模优势、技术优势转化为竞争优势和效益优势。公司总经理戴厚良表示,2003 年一季度扬子石化取得了成立五年来最好的季度业绩,公司已大幅度地提升了新年度的经营指标,2003 年扬子石化的全年商品总量将由上年的 508 万吨提升到 600 万吨,销售收入将由上年的 151.4 亿元增加到 180 亿元。在迎接效益年的同时,扬子石化还计划推进 105 万吨/年 PTA 改造,积极开展 140 万吨/年芳烃改造前期工作。(20030709)

4. 连续四年被评为"中国上市公司 50 强",扬子石化正以一家大盘蓝筹股的崭新面貌展现在中国的证券市场上。2002 年,扬子石化生产和改造并举,去年每股收益 0.27 元,销售收入同比增长了 18.24%,成功完成了第二轮乙烯改造项目,产能增长到 65 万吨/年,生产规模又上了新台阶。另外,公司向扬子石化-巴斯夫累计注资已达 48 361 万元。继往开来,2003 年是扬子石化 65 万吨/年乙烯改造和 800 万吨/年原油加工改造竣工后的第一个完整年度,公司确立了七个新工作重点。今年一季度,扬子石化已经取得了公司成立五年来的最好季度业绩。(20030627)

(中国塑料加工工业协会　史立科)

专利技术

2003年公开的部分专利技术

【名　称】 透明导电膜、其形成方法与具有该透明导电膜的物品
【公开号】 1422979
【公开日】 2003.06.11
【申请人】 柯尼卡株式会社
【发明人】 辻稔夫　伊藤博人　清村贵利
【摘　要】 本发明提供一种安全性高、生产性好、具有良好的光学及电特性、在塑料薄膜基材上的良好的临界曲率半径的透明导电膜的形成方法，以及采用该方法形成的透明导电膜与具有该透明导电膜的物品。所述形成方法包括如下步骤：将反应性气体导入放电空间，通过在大气压或大气压附近的压力下放电，激发反应性气体成为等离子体状态，将基材暴露于前述等离子体状态的反应性气体中，在前述基材上形成透明导电膜，其中，前述反应性气体含有还原性气体。

【名　称】 多极低压塑料外壳式断路器
【公开号】 1423294
【公开日】 2003.06.11
【申请人】 浙江正泰电器股份有限公司
【发明人】 郭德鑫　段育明　李然　李述尧
【摘　要】 本发明公开了一种多极低压塑料外壳式断路器，它包括基座、机盖、动触头转轴、操作机构、手柄和切换杆，基座内设置有触头组件和脱扣组件，所述的操作机构、动触头、脱扣组件和切换杆通过极间支持件连接成一体，并设置在所述基座的隔墙上。本发明即使不盖机盖也能实现对机构的操作，使装配和使用更为方便，并可确保各机构精确安装，保证产品质量。

【名　称】 阻燃聚亚苯基醚组合物及其制备方法
【公开号】 1423676
【公开日】 2003.06.11
【申请人】 通用电气公司
【发明人】 N. 帕特尔
【摘　要】 具有良好防火和阻燃性能的聚亚苯基醚(PPE)组合物使用较低水平的有机磷酸酯防火剂，并因此没有原先熟悉的防火和阻燃PPE组合物的缺点。所述组合物包括：(1)一种包含至少50%聚亚苯基醚的聚合物组分；(2)其量足以增加所述聚合物组分的模数和强度的玻璃强化纤维；(3)一种防火组分，优选为有机磷酸酯防火剂；(4)其量能有效增强所述组合物的阻燃性能的一种有机黏土组分；(5)一种矿物组分。也可包括用于配制PPE的其他常规添加剂。所述组合物通过混合各种成分并将其配合成适合于注塑的组合物来制备。这种组合物可用于制备注塑制品如电子元件，包括电视内部部件如偏转线圈、打印机底板和塑料托盘。

【名　称】 塑料管取暖装置
【公开号】 1423109
【公开日】 2003.06.11
【申请人】 解登金
【发明人】 解登金
【摘　要】 塑料管取暖装置能解决目前用金属构件改为塑料构件取暖的问题。在热水循环回水中，用塑料管配合各种所需配件代替现行的金属取暖装置，配件中的磁性水开关没有外露的手动控制设备，所以安全方便、不泄露水。而几乎全是塑料取暖代替金属取暖将带来取暖上的整个革新，它比金属取暖装置安装维修方便、自由，能铺在地面，质量轻、价格便宜，约是金属的1/2或1/3，温度变化慢，不发生突热突冷现象，温差小，所以舒适。

【名　称】 装有磁悬浮烫刀的无间歇式走料塑料包装机
【公开号】 1424236
【公开日】 2003.06.18
【申请人】 郭平茹
【发明人】 郭平茹
【摘　要】 本发明是一种装有磁悬浮烫刀的无间歇式走料塑料包装机，它用磁悬浮烫刀代替机械压力热合，用步进驱动电机驱动与定位，能够连续热合、切断。它包括主电机、传送走料机构、切刀、双向送料曲柄连杆机构，主电机通过主传动链、主拖料链轮、履带冷却刀拖动辊、履带热合刀拖动辊、纵封拖料胶辊、料膜托辊、左向拖动步进电机、右向拖动步进电机形成封闭迴型布置，料膜经浮动辊、料膜托辊以下垂式进入切断装置内，主拖料链轮上布置履带纵封冷却刀和履带纵封热合刀，安装在传动链上的热合刀为磁悬浮热合刀，磁悬浮热合刀由左右向步进电机拖动使热合烫刀与热合物同步。本发明适合塑料包装使用，特别适合制袋机使用。

【名　称】 耐候抗冲苯乙烯工程塑料合金及其制备方法
【公开号】 1424349
【公开日】 2003.06.18
【申请人】 上海杰事杰新材料股份有限公司
【发明人】 陈永东
【摘　要】 本发明涉及耐候抗冲苯乙烯工程塑料合金及其制备方法，它包括首先按以下组分及含量(质量份)备料：苯乙烯-丙烯腈-丙烯酸酯共聚物250～750、聚碳酸酯250～750、抗氧剂1～3、弹性体0～

150、光稳剂 0～10，然后将上述含量的各组分分别置于高速混合机中混合 1～2min，再将物料置于双螺杆挤出机的料斗中，螺杆各段温度为 210～240℃，螺杆转速为 300rpm，物料经水冷、切粒、干燥后得到产品。与现有技术相比，本发明通过选择合适的材料配方和工艺条件，一方面简化了制备工艺，另一方面得到的产品在确保耐候性、韧性、耐热性、加工性的同时，还优化了焊接性，可满足各种室外性能要求。

【名　称】 超高分子量聚乙烯缠绕复合大口径管材
【公开号】 1424527
【公开日】 2003.06.18
【申请人】 罗希良　刘秀芬
【发明人】 罗希良
【摘　要】 本发明公开了一种超高分子量聚乙烯缠绕复合大口径管材产品及其加工方法，其特征在于内壁为超高分子量聚乙烯挤出板材缠绕圆管，外壁为塑料纤维织物多层交叉重叠缠绕复合管材，可用于输送磨损力大的固体介质。

【名　称】 塑料制作汽车制动主缸活塞的用途及工艺
【公开号】 1425546
【公开日】 2003.06.25
【申请人】 玉环县金峰实业有限公司
【发明人】 杨维和
【摘　要】 本发明提供的塑料制作汽车制动主缸活塞的用途及工艺属于汽车技术领域，它解决了现有的汽车制动主缸活塞采用金属材料制作所存在的材料利用率低、加工工艺复杂、产品合格率不高等问题。本发明利用塑料制作汽车制动主缸活塞。制作的工艺包括混料、烘干、放入注射机注射成型，最后通过水定型。塑料最好采用聚对苯二甲酸丁二醇酯（缩写为 PBTP）。采用塑料制作汽车主缸活塞的优点有材料的利用率高、工艺简单、能够一次注塑成形、产品的良品率高、质量轻，另外还大大提高制动主缸的使用寿命。

【名　称】 塑料夹印礼品杯
【公开号】 1425571
【公开日】 2003.06.25
【申请人】 林国夫　陈大立
【发明人】 林国夫　陈大立
【摘　要】 一种塑料夹印礼品杯，由塑料基坯与杯外层复合而成：在塑料基坯表面具有图案、文字的生成表面，该生成表面作隐像的一面为复合面，复合杯外层、基坯及杯外层是由模具二次注塑成形，图案、文字的生成表面是用不干胶粘贴或用各种印刷生成。所述的基坯、杯外层的材料为具有透明特点的无毒的食品级工程塑料；优点是在礼品杯坯层上夹印的图案、文字、色彩清晰透明地隐像在礼品杯的外表面上，且其表面光滑无痕、光彩夺目；适用于作为工艺礼品杯及其各式各样的塑料工艺器皿，如茶具、咖啡杯、酒杯、饮料器具、工艺礼品器具等，具有无毒、隔热的特性。

【名　称】 高性能塑料推拉门窗水密性达 2 000Pa
【公开号】 1425844
【公开日】 2003.06.25
【申请人】 徐　晶
【发明人】 徐　晶
【摘　要】 一种塑料推拉门窗，解决塑料推拉门窗的水密、气密性能低及遮光面积大的品质问题。其技术方案的要点是：(1) 月牙锁与窗挡，可使内、外扇夹紧并密封于挡水板，气密如平开窗；内扇的外侧安装切水板，雨水不能淋入挡水板内侧；(2) 外扇滑轨在框的端侧开设泻水口，使内扇受的水在挡水板和滑轨间的水位低于挡水板的密封材高度时，雨水不能越过挡水板；(3) “U”形紧固件通过楔形块可产生大于2 000Pa的压强把玻璃、密封材夹紧在扇框上，以阻止高压状态下，水由玻璃嵌缝侵入；(4) 将窗框型材的衬钢腔设计成可容纳 3mm 左右厚钢板的缝隙结构。适用于：沿海地区、高层及一般建筑的塑料推拉门窗制造。

【名　称】 纤维增强塑料成型制品及其生产方法
【公开号】 1426347
【公开日】 2003.06.25
【申请人】 东丽株式会社
【发明人】 长山和树　棚岛英树　石川修司　谷杉英昭
【摘　要】 一种通过热流道注射成型法，能对具有热塑性树脂和分散在该热塑性树脂内并且平均长度为 0.1～7mm 的增强纤维的混合物成型为纤维增强塑料成型制品；以及一种相关的热流道注射成型方法。该成型制品最好用于电子终端设备、蜂窝电话等的外壳。

【名　称】 高温应用的塑料封盖及其制造方法以及封盖和容器组件
【公开号】 1426930
【公开日】 2003.07.02
【申请人】 欧文斯-伊利诺伊封闭物有限公司
【发明人】 K.S. 布洛姆　S.A. 埃勒特森
【摘　要】 一种塑料封盖，包括一具有底面的塑料封盖壳体，一具有内部螺纹的外部齿边，用来将封盖与容器封口固定，和在封盖齿边上的与封盖底面相邻但分开的内部卡边。塑料圆盘的外缘部分被松弛地夹在卡边和封盖壳体的底面之间。一环形凸起从所述圆盘的底面轴向延伸，其与所述圆盘的外周缘相邻但与其分开。具有弹性的垫片被模制于圆盘上，并且位于圆盘底面和环状环的中央部分。当封盖固定在容器封口上时，环状环将垫片抵压与容器封口径向内侧的边缘密封接合。

【名　称】一种聚氯乙烯塑料加工用热稳定剂及制备
【公开号】1427029
【公开日】2003.07.02
【申请人】刘瑞车
【发明人】刘瑞车
【摘　要】本发明涉及一种聚氯乙烯塑料加工用热稳定剂及其新的制备方法。这种热稳定剂是由四丁基锡与四氯化锡经歧化、合成，与椰子油酸作用而得二月桂酸二丁基锡，再由二月桂酸二丁基锡与环氧化合物、苯酯类增塑剂配制而成的复合物，组成如下：二月桂酸二丁基锡45%～65%；环氧化合物20%～40%；苯酯10%～35%。本发明进一步提高了聚氯乙烯塑料加工用热稳定剂的耐热性能、透明度和适用范围；避免了氧化丁基锡造成的高成本和污染。

【名　称】采用耐久性紫外线吸收剂的内容物保护方法
【公开号】1427866
【公开日】2003.07.02
【申请人】西巴特殊化学品控股有限公司
【发明人】S. M. 安德鲁斯　J. 苏哈多尔尼克
【摘　要】透明或浅色塑料容器或膜中的内容物通过将特定的耐久性苯并三唑和三芳基-*s*-三嗪引入容器或膜中而免受紫外光辐射的影响。待保护的内容物包括食品、饮料、药物、化妆品、个人护理用品、洗发剂等。

【名　称】用于测量塑料容器壁厚的方法和设备
【公开号】1427944
【公开日】2003.07.02
【申请人】塑料技术公司
【发明人】F. E. 塞梅尔斯基　D. T. 斯图吉尔
【摘　要】一种用于在容器制造过程中测量塑料容器壁厚的方法，其包括提供塑料容器，该塑料容器具有纵向轴线和至少两个与纵向轴线径向间隔开的侧壁。侧壁由在预定的分子吸收带内吸收光的材料制成。然后在垂直于塑料容器的纵向轴线的平面内使光源发出的光穿过塑料容器的至少两个侧壁。通过传感器感应穿过塑料容器的侧壁的一部分光，通过计算机由光的被感应部分产生一代表塑料容器的侧壁的厚度的信号。

【名　称】一体化塑料软刷
【公开号】1428233
【公开日】2003.07.09
【申请人】王祖礼
【发明人】王祖礼
【摘　要】本发明涉及一种一体化塑料软刷，底板与刷毛组合成一体，采取下列步骤注塑成型：(1) 模具设计运用先进的计算机三维辅助设计；(2) 模具采用高精度标准模架，其材料选用S50C；(3) 模具结构采用镶拼组合形式，经精密研磨拼装而成，模具加工达到微米级，以使塑件成型时不产生飞边且有利于注塑成型时的排气；(4) 模具定模部分的温度控制在60～80℃，模具动模部分借助于循环式水道而冷却，并由定模恒温控制装置控制温度；(5) 选用LDPE塑料，配以增塑剂和稳定剂，将塑料温度控制在220～240℃，加压熔合成注塑用材；(6) 选用高速高压的注塑成型机制造。本发明在设计、制造上打破了常规构造，将刷毛和底板融为一体，在材料上刷毛和底板均采用同一种耐磨的特殊塑料，刷毛耐磨且软硬适宜，其生产加工效率高，制造成本低。

【名　称】一种复合型包装袋
【公开号】1428276
【公开日】2003.07.09
【申请人】党令军　陈克之
【发明人】党令军　陈克之
【摘　要】本发明涉及包装袋技术领域，特指一种抗拉性能优越的复合型包装袋。其技术方案为：主要采用PE、PP或其他塑料材料制成，包括通过压合粘接在一起的内、外两层，且内层采用PE材料，外层采用的是未经双向拉伸的PP材料。外层分为两层，包括抗拉层和耐热层，耐热层采用的是未完全拉伸的PP材料。抗拉层的内面为印刷面。采用这种方法后，首先保证了其抗拉性能。另外，外层的耐热性与内层的耐热性的距离拉大，可以使其在热封时完全融合；最后本复合型包装袋将图案印刷在抗拉层的内面，这样可以有效保护图案不受侵蚀。

【名　称】一种耐油型全硫化热塑性弹性体及其制备方法
【公开号】1428367
【公开日】2003.07.09
【申请人】中国石油化工股份有限公司　中国石油化工股份有限公司北京化工研究院
【发明人】乔金梁　徐晓冬　张晓红　殷敬华　刘铁群
【摘　要】本发明提供了一种耐油型全硫化热塑性弹性体及其制备方法，涉及热塑性弹性体技术领域。该耐油型全硫化热塑性弹性体由包括平均粒径0.02～0.5μm的具有交联结构的耐油型粉末橡胶和聚烯烃组分共混而得。其中聚烯烃塑料组分由聚烯烃和改性聚烯烃组成。本发明的耐油型全硫化热塑性弹性体所含橡胶相粒径小、拉伸强度及断裂伸长率高、外观好且具有良好加工成型性。其制备方法工艺简单、易于操作，适用于各种热固性树脂的增韧。

【名　称】 超高分子量聚乙烯三元共混料及其制备方法
【公开号】 1428369
【公开日】 2003.07.09
【申请人】 阎镇达
【发明人】 阎镇达　范奎城
【摘　要】 一种超高分子量聚乙烯三元共混料及其制备方法，其质量百分比组分为：超高分子量聚乙烯88%～94%、有机硅3%～7%、液晶高分子2%～5%、硬脂酸钙0.2%～2%、抗氧化剂0.1%～1%；将上述组分混合并搅拌均匀，在真空干燥箱内40～60℃烘干5～7h；将上述原料干燥后挤出造粒，其挤出温度为：进料段220～250℃，压缩段280～290℃，均化段280～320℃，出口280～300℃。这种超高分子量聚乙烯三元共混料及其制备方法可应用于挤出料和注射料，能加工成任何注塑件，制造各种机械零部件等；在各种食品和医药设备部件、各种装配流水线可代替原用塑料部件和金属部件；挤出为各种板材、管材以及压延成片材和中空吹型成各种容器等，应用十分广泛。

【名　称】 太阳聚光器
【公开号】 1427227
【公开日】 2003.07.02
【申请人】 周土根
【发明人】 周土根
【摘　要】 本发明涉及一种聚集太阳光的聚光器。聚光器由透明软体材料如树脂或有机玻璃或塑料制成透明板或膜，在板或膜的一面镀上反光膜制成软镜，然后安装在抛物形骨架上制成太阳聚光器。效果是聚光效率高、成本低、制作方便、质量轻、不破碎、易运输。

【名　称】 用于注入成型塑料物件的方法和装置
【公开号】 1427760
【公开日】 2003.07.02
【申请人】 O.T.B.集团公司
【发明人】 罗纳德斯·约安内斯·科内利斯·玛丽亚
【摘　要】 用于注入成型如CD或DVD的塑料物件的方法，包括下列步骤：提供一个模型，该模型具有两个可相对于彼此移动的模型部件；提供定位装置；用于在指定的相互位置相对于彼此以指定的间距定位模型部件，从而获得模腔，在压力下将流体材料注入模腔中，以这样一种方式控制定位装置，当在压力下将材料注入模腔中时保持模型部件的指定相互间隔。

【名　称】 可熔性塑料构件的连接装置
【公开号】 1427766
【公开日】 2003.07.02
【申请人】 弗利亚特克公司
【发明人】 G.米勒　W.西希勒　F.迈尔
【摘　要】 可熔性塑料构件的连接装置，特别是汽车的燃料管道的管或一个这样的带燃料箱的管的连接装置，包括一个加热元件，通过该加热元件的端部可供入电能。本发明改进了这种装置，使之在操作简便和装配费用小的情况下，达到构件的功能可靠的焊接连接。为此建设构件配置一个用于固定工具的固定体，把加热元件的两端引到固定体并与固定工具的接触元件连接。

【名　称】 用于塑料透镜生产的装置和系统
【公开号】 1427767
【公开日】 2003.07.02
【申请人】 Q2100有限公司
【发明人】 G.R.鲍沃斯　J.T.弗尔曼
【摘　要】 用于制备塑料眼镜片的透镜成型装置，包括第一透镜固化单元、第二透镜固化单元和用于在两个单元之间移动模具组合体的输送器系统。装置也可包括配置用于施加热量到基本聚合的透镜上的退火单元。装置可用于从透镜成型组合物形成眼镜片，透镜成型组合物可包括含芳族部分的聚醚多烯属官能单体、光敏引发剂和共引发剂。可以通过活化光或活化光和热量的施加固化透镜成型组合物。

【名　称】 连续纤维增强热塑性塑料的制造方法
【公开号】 1429855
【公开日】 2003.07.16
【申请人】 上海杰事杰新材料股份有限公司
【发明人】 徐青
【摘　要】 本发明涉及一种连续纤维增强热塑性塑料的制造方法，尤其适用于产品中存在纤维毡和纤维布（矿物纤维、有机纤维）的材料的强热塑性塑料的制造方法。该方法采用超声波发生器，以纤维表面处理剂为传播介质，使纤维表面得到处理的同时沉浸树脂粉末。以该法可以得到树脂含量在20%～50%之间的各种连续纤维增强热塑性型材，而树脂粉末的粒度只要≥40目即可。

【名　称】 一种能发热的导电塑料片的制备方法
【公开号】 1429859
【公开日】 2003.07.16
【申请人】 王桂珍
【发明人】 王桂珍

【摘　要】一种可发热的导电塑料片的制备方法，其配方以聚氯乙烯、氯化聚乙烯、增塑剂、乙炔黑为主，经捏合、混炼、塑化、拉片等工艺成型。在塑料片两端加一定电压，即可导电，具有一定电阻的塑料片将电能转换成热能，产生辐射热，温度可达40～60℃。

【名　称】混杂膜、包括该混杂膜的防反射膜、光学产品和恢复该混杂膜的除雾性能的方法

【公开号】1429865

【公开日】2003.07.16

【申请人】保谷株式会社

【发明人】白川宽　三石刚史　新出谦一

【摘　要】公开了混杂膜，如具有良好的耐磨性能和除雾性能的那些混杂膜，包括该混杂膜的防反射膜、光学产品和恢复该混杂膜的除雾性能的方法。具有除雾性能的混杂膜可通过将一种具有亲水基团和活性基团的有机化合物与二氧化硅或与二氧化硅和氧化铝一起蒸汽沉积获得。防反射膜可作为与基材相对的最外层形成于具有混杂膜的基材上。光学产品可包括塑料基材和具有混杂膜的防反射膜。恢复光学产品的混杂膜的除雾性能的方法可包括洗涤混杂膜。

【名　称】一种汽车玻璃彩屏薄膜及其生产工艺

【公开号】1431111

【公开日】2003.07.23

【申请人】程建和

【发明人】程建和

【摘　要】本发明涉及一种汽车玻璃彩屏薄膜及其生产工艺。本发明所要解决的技术问题是当汽车刹车时，能够发出具有提示作用的彩色图案或文字，图案色彩鲜艳、面积大、美观醒目。解决该问题的技术方案是：彩屏薄膜具有塑料承印基材，用丝印剂SS777 40%～50%（质量百分比）、丝印剂783 5%～15%（质量百分比）、稳定组合剂3%～7%（质量百分比），其余为荧光剂（质量百分比）配伍成混合材料，以备在承印基材上套色丝印。生产方法是：将所需图案、文字按45线，调频进行分色制版、制网；按上述配比配制混合材料，用配制的混合材料对承印基材进行反印，控制每色套印时定位准确，不使色与色重叠；自然晾干即成彩色薄膜，可在紫外线光激发下形成彩屏。本发明可用于汽车、装潢。

【名　称】一种难燃承重塑料建材的制作方法

【公开号】1431243

【公开日】2003.07.23

【申请人】黄定友

【发明人】黄定友

【摘　要】本发明公开一种难燃承重塑料建材的制作方法，按配比称取乙酸乙烯、聚乙烯、氢氧化铝、氧化锑、氧化锌、十溴、发泡剂、色母粒，均匀搅拌成为胶体后，放入滚轴机中，反复滚压、制炼，再放入高压发泡机中，完成高压发泡过程后，迅速解除压力。制成的产品具有难燃、隔热、保温、硬质、承重的优点，克服了一般塑料建材防火功能差、材质强度、硬度低的缺点。

【名　称】可发性塑料功能母粒和农作物保养膜母粒及其制备方法

【公开号】1431246

【公开日】2003.07.23

【申请人】四川大学

【发明人】吴智华

【摘　要】本发明公开的可发性塑料功能母粒，其中含有塑料基料、塑料降解剂、化学发泡剂、吸湿剂、转光剂、着色剂和加工助剂；而本发明公开的农作物保养膜母粒除含有与可发性塑料功能母粒相同的组分外，还增添了无机填料和增大了塑料基料份数。本发明提供的制备方法是先将塑料基料及上述功能助剂经恒温密炼熔融、挤出制得可发性塑料功能母粒；然后再加入塑料基料、无机填料混合熔融挤出制成农作物保养膜母粒。本发明方法工艺简单、成熟，制备的母粒功能可调，适应性广，用其制膜可用常规的吹塑工艺，且制成的膜不仅具有长效的保护、助长、防病虫害等多种功能，还因具有许多微小的毛细管通道，使覆盖其中的农作物可呼吸，对农作物更具亲和性。

【名　称】农作物保养膜及其制备方法

【公开号】1431247

【公开日】2003.07.23

【申请人】四川大学

【发明人】吴智华

【摘　要】本发明公开的农作物保养膜为吹塑膜，其中含有塑料基料、塑料降解剂、化学发泡剂，其特征在于还同时含有吸湿剂、转光剂、无机填料、着色剂和加工助剂。本发明提供的制备方法是先将部分塑料基料及功能助剂经恒温密炼熔融、挤出制成可发性塑料功能母粒；然后将其与部分塑料基料、无机填料混合熔融挤出制成农作物保养膜母粒；最后再将其与剩余的塑料基料混合，熔融吹塑制成农作物保养膜。本发明方法工艺简单、成熟，其制备的农作物保养膜不仅具有长效的保护、助长、防病虫害等多种功能，还因具有许多微小的毛细管通道，使覆盖其中的农作物可呼吸，对农作物更具亲和性，加之还可以根据使用要求调节功能，故适应性更广。

【名　称】一种利用废旧塑料薄膜制造绳索的方法

【公开号】1431363

【公开日】 2003.07.23
【申请人】 高礼华
【发明人】 高礼华
【摘　要】 本发明涉及一种利用废旧塑料薄膜制造绳索的方法。本发明制造绳索的方法是将废旧塑料薄膜直接加工成塑料绳索，其方法是将塑料袋（薄膜）整体折叠或切片后，形成对称双三角形片料，然后以互补扭转对接的方式制绳，不需配料或制剂。其制造方法为，将废旧塑料袋（薄膜）清理分类→整体连接→机械搓绳→产品成型。本发明制造方法简单，资源广泛，无环境污染，又可节省大量资源，具有广泛的应用前景。
【名　称】 氟塑料基纳米复合材料滑动轴承
【公开号】 1431407
【公开日】 2003.07.23
【申请人】 济南大学
【发明人】 李学闵　苏衍良　赵顺伟　贾衍才　孙成栋
【摘　要】 本发明属于复合材料滑动轴承的技术领域，特别涉及一种以氟塑料为基体树脂的自润滑复合材料滑动轴承。公开了一种氟塑料基纳米复合材料滑动轴承，该滑动轴承材料是用氟塑料树脂基体材料与功能改性剂、增强纤维以及助剂复合而成的复合材料，并按照常规的方法制造成滑动轴承，上述的功能改性剂包括一种或一种以上的粒径小于100nm的纳米粒子。本发明提供一种摩擦系数低、耐磨损性能好、使用寿命长、PV值较高的耐腐蚀、自润滑氟塑料基复合材料滑动轴承。
【名　称】 一种塑胶瓦楞包装箱及制造方法
【公开号】 1429740
【公开日】 2003.07.16
【申请人】 陈寿松
【发明人】 陈寿松
【摘　要】 本发明涉及一种塑胶瓦楞包装箱及其制造方法，其制造方法为：(1) 将废有机化工材料及塑料再生利用制成片材或卷材，也直接选用塑胶片材或卷材；(2) 通过声波焊接使两层或多层片材复合成板材；(3) 分割板材，钉接成箱体。该塑胶瓦楞包装箱由塑胶板材装订而成，该板材为多层片材复合结构，所述复合结构为在相邻平面片材间夹有一波浪形片材构成。采用上述结构及制造方法后，箱体可以为三层或更多层，防潮性及韧性好、质量轻，而且可采用废有机化工材料及塑料再生利用制成，符合环保要求，成本低，空箱体积小可对接、可作周转箱重复使用，其制造方法也可机械化生产，效率高。
【名　称】 塑料冲孔装置
【公开号】 1429378
【公开日】 2003.07.09
【申请人】 德国捷德有限公司
【发明人】 乔格·德雷谢
【摘　要】 本发明涉及一种塑料材料冲孔装置，其尤其能形成芯片板的插件切口。冲头与冲模配合，且待冲孔的塑料材料位于所述冲头和所述冲模之间。为了避免涉及切割边质量的缺点，根据本发明设计冲模切割面，以具有小于90°的冲孔角。
【名　称】 一种易开袋口的塑料薄膜袋的加工方法
【公开号】 1429739
【公开日】 2003.07.16
【申请人】 卢新世
【发明人】 卢新世
【摘　要】 本发明为一种易开袋口的塑料薄膜袋的加工方法，它是在制造塑料薄膜袋的生产过程中，在叠合成整叠的塑料薄膜袋的每相邻两个塑料薄膜袋的撕裂孔缝下方部位之间都涂敷有一小块面积的不干胶液层，使得每相邻两个塑料薄膜袋相互粘贴在一起。使用时，当将上一个塑料薄膜袋撕拉下来时，就能使相邻下一个塑料薄膜袋的袋口自动张开，以便迅速地将商品装进袋内，节省了时间，克服了以往采取手搓或口吹等费力方法打开袋口的弊端，提高了工作效率，具有极大的社会经济效益。该发明方法易实施，利用原制袋机的结构可方便地完成涂胶任务。
【名　称】 改进的热流道密封装置和方法
【公开号】 1429146
【公开日】 2003.07.09
【申请人】 赫斯基注射器成型系统有限公司
【发明人】 爱德华　J. 詹科
【摘　要】 本发明涉及一种用于注射熔融塑料的装置和方法。该装置和方法中包括一新颖的不平的密封界面，用于防止熔融塑料的过早泄漏。一具有不平的密封表面的喷嘴与一歧管或衬套紧密接触。该歧管中，衬套和喷嘴是用于将熔融塑料连通到模型的熔化槽道中。在不平的界面处的热膨胀以及初始的预载荷产生了一个集中的密封压力，防止熔融塑料从熔化槽道泄漏。在本发明的一个实施例中，衬套具有一通道，衬套插入该通道中，用于关闭喷嘴中的出口。
【名　称】 微透镜式导光板制造方法
【公开号】 1428616
【公开日】 2003.07.09
【申请人】 胜华科技股份有限公司
【发明人】 黄国瑞
【摘　要】 一种微透镜式导光板制造方法，主要是在一塑料或蜡模基板上以机械加工或非传统加工方式加工一种图案（pattern），图案可为凹型或凸型，然后再利用烘烤热流法将塑料图案塑化成微透镜式图案(microlens pattern)，并以此作为电铸翻模的母模，最后以电铸模加工成注射模芯，再注射成型为一微透镜式导光板。

【名　称】有机硅/超高分子量聚乙烯共混料及其制备方法
【公开号】1428370
【公开日】2003.07.09
【申请人】阎镇达
【发明人】阎镇达　范奎城
【摘　要】一种超高分子量聚乙烯共混料及其制备方法，置备如下质量百分比的原料：超高分子量聚乙烯85%～95%、聚硅氧烷3%～15%、抗氧剂0.2%～2%；将上述原料混合、搅拌均匀，在真空干燥箱内40～60℃烘干5～7h，将经干燥的原料进行挤出造粒，其进料段的温度为200～240℃，压缩段的温度为240～260℃，均化段的温度280～320℃，出口的温度为250～300℃。这种共混料由于加入有机硅作为改性剂，可大大提高加工流动性，使之应用于挤出料和注射料，实现用注射机加工成任何注塑件，制造各种机械零部件等；在各种食品和医药设备部件、各种装配流水线可代替原用塑料部件和金属部件；体育器材以及外科用假肢、人工关节等，挤出为各种板材、管材以及压延成片材和中空吹型成各种容器等，应用十分广泛。

【名　称】纳米增韧增强塑料管材管件及其生产方法
【公开号】1430006
【公开日】2003.07.16
【申请人】喻国英
【发明人】喻国英
【摘　要】一种纳米增韧增强塑料管材管件及其生产方法，是采用双层共挤工艺生产纳米增韧增强塑料复合管材，采用注塑机生产纳米增韧增强塑料管件。复合管材内壁是含纳米抗菌剂0.3%～2.5%的纳米抗菌塑料，外壁是含纳米材料3%～30%的纳米增韧增强塑料。本发明生产的纳米增韧增强塑料管材具有抗菌率高达70%～99%的特点，韧度好、强度高、耐冲击强度比普通塑料管提高50%～200%，是替代各种金属供水管的理想材料。

【名　称】回收塑料的方法
【公开号】1430640
【公开日】2003.07.16
【申请人】索尔维公司
【发明人】B. 范登亨德　J. P. 杜蒙特
【摘　要】回收塑料的方法，根据该方法，使塑料与能够溶解它的溶剂接触，在相分离剂存在下，用非溶剂使溶解在该溶剂中的塑料沉淀，其中相分离剂与溶剂相溶而与非溶剂不相溶，而且当塑料与溶剂接触时，相分离剂也存在，相分离剂能改善溶剂对塑料的溶解。

【名　称】塑料截止阀阀体的制造方法
【公开号】1431093
【公开日】2003.07.23
【申请人】罗荣尧
【发明人】罗荣尧
【摘　要】一种具有热熔承插式进流口和热熔承插式出流口，且进流口和出流口相对设置的直通式塑料截止阀阀体的制造方法，其特征是按以下步骤进行：(1) 制作至少两个可拼合为一个完整的所述截止阀阀体的塑料阀体拼块，所制各塑料阀体拼块分别为一个完整的所述截止阀阀体的一部分；在所述各塑料阀体拼块中，至少体积最大的一个拼块是按如下方式制作而成：把塑料加热熔化后在模具内冷却成型；(2) 将所制塑料阀体拼块相互固定连接为一个完整的、不可拆卸的所述截止阀阀体。本发明的制造方法不再受到一次性（整体）注塑成型时重点考虑的脱模、抽芯因素的限制，解决了阀门制造业长期以来一直未能解决的技术难题。

【名　称】用于连接塑料构件的方法
【公开号】1432465
【公开日】2003.07.30
【申请人】拜尔公司
【发明人】U. 格罗泽尔　F. 克劳斯
【摘　要】本发明提供一种通过挤压和激光焊接组合连接塑料部件的方法，其中至少一第一部件具有一弹性的和/或可压缩的密封凸缘；该密封凸缘通过将部件挤压到一起弹性变形，在将外部压力保持的同时，使激光束指向连接点，并且通过有目的地辐射加热该连接点，将部件连接到一起。

【名　称】热拨黏合型铝塑复合管及其制造方法
【公开号】1432754
【公开日】2003.07.30
【申请人】岳成平
【发明人】张孝琪　曾鑫明　岳成平
【摘　要】现有市售的环保型铝塑复合管，或因刚性差、实用性欠佳，或因使用寿命短而得不到市场的认可；本发明的产品由包括塑料管制造及预处理工艺，铝管预处理工艺，套管工艺，复合管后处理等工艺组成，特征是：在塑料管预处理工艺中，还包括有塑料管表面涂覆热熔胶工序；在套管工艺后还依序有套管加热，拉拨及同时急冷工艺。本发明的产品具有刚性好、复合质量高、生产成本低、使用寿命长、大小口径复合管均符合市场要求，其制造工艺方法具有投资省等突出优点。

【名　称】一种管连接件
【公开号】1432757
【公开日】2003.07.30
【申请人】电缆处理产品有限公司
【发明人】F. 尤瑟菲法
【摘　要】一种螺纹管的连接件由塑料材料模制而成，其带有设置在相对侧的两个锁定臂。该锁定臂在端部铰接，在另一端具有向内突出的齿，其形状适合在螺纹管的螺纹之间延伸。各个锁定件的一侧形成有超过突出齿的止动部分，当施加将管从连接件拉出的力时，该止动部分可与螺纹管的螺纹接触，限制锁定臂向内弯曲。

【名　称】常压介质阻挡放电聚合制备纳米颗粒膜双疏涂层方法
【公开号】1433848
【公开日】2003.08.06
【申请人】东华大学
【发明人】张　菁　郭　颖　杨沁玉　周荣铭
【摘　要】常压介质阻挡放电聚合涂层方法，可应用于织物、纤维、塑料薄膜、玻璃、陶瓷等其他基质上的拒水拒油整理。其特点是在常压室温下，把氟碳气态单体通过介质阻挡放电激发单体聚合，在基质材料表面涂覆一层极薄的纳米颗粒膜结构的双疏薄膜，可使棉织物表面水（或甘油）和 α-溴萘的接触角分别为 130°和 120°左右，表面静置水珠能持续到自然完全挥发，国标 GB/T 4745 沾水试验达到平均 2 级，而且无损织物的力学性能，手感舒适性还有所提高，是一种价廉、连续化、大面积、无污染的双疏涂层整理新方法。

【名　称】含有挥发性有机物的液体用塑料容器
【公开号】1434779
【公开日】2003.08.06
【申请人】三菱商事塑料株式会社
【发明人】浜研一　鹿毛刚
【摘　要】一种在其内表面上形成有 DLC（钻石样碳）薄膜的含挥发性有机物的液体用塑料容器，特征在于所述 DLC 薄膜具有特定的组成、密度和厚度，并且所述容器呈现芳香或异味有机物的风味隔离性和挥发性有机化合物的气体隔离性。所述容器的这些隔离性是通过使用各自具有适当组成、密度和厚度的 DLC 薄膜实现的。这种容器适用于填充挥发性有机物如农业化学品、化妆品、调味料或芳香物质。

【名　称】发光凝胶涂层和可模压树脂
【公开号】1434848
【公开日】2003.08.06
【申请人】奥赖恩 21A. D. 有限公司
【发明人】彼得·伯内尔琼斯
【摘　要】发光聚合物由热固性不饱和聚酯、悬浮填料和磷光颜料制成并用于制备凝胶涂布物品和模塑、铸塑和玻璃纤维增强塑料的（FRP）物品。优选的热固性不饱和聚酯树脂是通过将烯属不饱和及芳香二羧酸和酸酐的混合物与二元醇及可聚合亚乙烯基单体缩合制成的。优选的悬浮填料和触变改性剂包括二氧化硅片（特别是沉淀和热解法二氧化硅以及由细到粗的砂）、微球体、玻璃纤维和其他短纤维、霞石正长岩、长石、云母、浮石、硫酸镁、碳酸钙、皂土和各种黏土以及触变改性剂及它们的混合物。优选的磷光颜料包括碱土金属铝酸盐磷光体、硫化锌磷光体及这些磷光体的混合物，特别是通过重金属和/或稀土金属激活的那些磷光体。所述发光树脂可以用卤化聚酯树脂和/或添加剂使其耐火并通过加入柔性树脂使其柔顺。

【名　称】一种接枝聚烯烃/层状硅酸盐纳米复合材料的制备方法
【公开号】1435437
【公开日】2003.08.13
【申请人】珠海公牛高性能复合材料股份有限公司
【发明人】贾德民
【摘　要】本发明公开了一种接枝聚烯烃/层状硅酸盐纳米复合材料的制备方法，它是在粉末状聚烯烃中加入经有机改性的层状硅酸盐粉体，并加入含引发剂的两种或两种以上单体的混合物，然后加热或在室温下使单体进行原位聚合反应，同时实现聚烯烃的接枝共聚和层状硅酸盐的插层纳米复合，最后将反应产物进行洗涤、干燥和造粒即得。利用本发明方法制备的接枝聚烯烃/层状硅酸盐纳米复合材料可用做聚烯烃塑料及其他塑料的增强增韧耐热改性剂、表面改性剂、阻隔性添加剂，也可作为聚烯烃与其他聚合物共混的增容剂，聚烯烃塑料与各种填充剂及增强纤维的界面改性剂，以及聚烯烃塑料与其他材料之间的胶黏剂等，具有广阔的应用前景。

【名　称】以穿孔钢管为骨架的钢塑复合管挤出模机头
【公开号】1433881
【公开日】2003.08.06
【申请人】汪兆钧
【发明人】汪兆钧
【摘　要】以穿孔钢管为骨架的钢塑复合管挤出模机头，包括过渡体、插入在过渡体中的外模、与外模构成塑料熔体流道的压缩体、与压缩体相接的口模；其特征是压缩体为径向可调件；设置贯穿外模的芯模，芯模为三段设置，包括位于穿孔钢管导入一侧、与钢管内径相匹配、对塑料熔体形成反向封堵的导入芯模，位于复合管成型一侧、与复合管内径相匹配的定径芯模，以及起始于塑料熔体流道出口、止于口模出口处的具有内凹面的导塑芯模。本发明通过减少构件、改进结构，极大地提高了整机工作的可靠性，提高产品质量，人工调整更为简单方便，对操作人员的技术水平要求也大大降低，产品的生产成本得以降低。

【名　称】 聚氯乙烯耐磨闪光多彩地板革及其制备方法和装置

【公开号】 1434073

【公开日】 2003.08.06

【申请人】 长春佳林实业集团有限公司

【发明人】 程绍君　王正航　王玉明　秦长阁　孙晓华

【摘　要】 本发明属于高分子聚合物材料，是一种聚氯乙烯耐磨闪光多彩地板革及其制备方法和装置。本发明是在以聚氯乙烯树脂、塑料增塑剂为主要原料，以适量的稳定剂、着色剂及填充料等辅助原料的PVC地板革基体上，加入经偶联剂活化处理的无机耐磨闪光颗粒和多彩PVC颗粒。在现有的PVC地板革生产工艺中的成型和贴合之间，增加撒粒和表面加热过程，使颗粒均匀分布在基体表面并牢固结合在一起。撒粒过程所用装置为撒粒机，表面加热过程所用装置为热风式加热器。本发明的地板革同现有地板革相比，表面耐磨性能明显增强，具有闪光及两种以上的色泽多彩效果。

【名　称】 利用废塑料、废油和重油混合裂解制取燃料油的方法

【公开号】 1434100

【公开日】 2003.08.06

【申请人】 湖南大学

【发明人】 袁兴中　曾光明　吴未红　黄国和

【摘　要】 一种利用废塑料、废油和重油混合裂解制取燃料油的方法，它是将重油、废油按（0.5～1.5）:(0.5～1.5）的比例混合后作为油原料，将塑料原料和油原料按（1～3）:(1～3）的比例混合后连续加入裂解反应器中，启动搅拌器（转速为10～30r/min），并开始加热，控制升温速度在150～250℃/h、裂解温度至370～450℃，收集反应裂解气并用催化剂改性，经改性后的裂解气经冷凝器得到液体油品和气体产物，液体油品再经分馏得到汽油、柴油、重油，重油返回反应器中作为反应原料，气体产物收集储存。本发明不但解决了废塑料、重油、废油的利用问题，还解决了废塑料裂解过程中的由于废塑料传热性差而导致的渣量大和结焦问题，提高了汽油及柴油的出油率，改善了汽油和柴油的质量，生产效率高，经济效益也明显提高。

【名　称】 塑料啤酒渣杯及其生产方法

【公开号】 1436657

【公开日】 2003.08.20

【申请人】 欧阳凤婷

【发明人】 欧阳凤婷

【摘　要】 本发明涉及一种塑料啤酒渣杯及其生产方法。其注塑机注出杯坯，经冷却后再通过局部二次加热，上吹瓶机吹造成型。该产品的啤酒渣杯是由杯嘴、杯口、杯颈、杯身、手把和杯底组成。杯颈处设有手把，手把与杯颈之间的连接是整体注塑而成。具有成本较低、外形美观、耐温、耐酸碱、不易破碎、不易伤人、经久耐用的优点。

【名　称】 层压压机的挤压压头

【公开号】 1436662

【公开日】 2003.08.20

【申请人】 W. C. 贺利氏股份有限及两合公司

【发明人】 阿尔弗雷德·鲍尔　霍斯特·哈特曼

【摘　要】 本发明涉及一种层压压机的挤压压头，该挤压压头包括上部压头和底部压头，其中，该上部压头和/或底部压头包括可加热的压力表面，用于向将进行挤压的材料供热，且至少上部和/或底部挤压压头的挤压表面包括至少部分耐热塑料材料。

【名　称】 等规聚丙烯和接枝等规聚丙烯为主要成分的组合物

【公开号】 1436809

【公开日】 2003.08.20

【申请人】 阿托菲纳公司

【发明人】 J. L. 普拉德尔

【摘　要】 本发明涉及一种组合物，它含有采用茂金属催化得到的等规聚丙烯均聚物或共聚物（miPP），与采用Ziegler-Natta催化得到的接枝等规聚丙烯均聚物或共聚物（zniPP）。本发明还涉及含有这样组合物的共挤出胶黏剂。本发明还涉及一种多层结构，该结构包括含有上述的胶黏剂的层，和直接与此层连接的下述层：极性的、含氮的或含氧的层，例如聚酰胺树脂层、皂化的乙烯和乙酸乙烯酯共聚物（EVOH）层、聚酯层；或在例如聚乙烯（PE）、聚对苯二甲酸乙二醇酯（PET）或EVOH之类的聚合物上沉积的无机氧化物层；或金属或金属塑料层。

【名　称】 一种增塑的聚丙撑碳酸酯复合物

【公开号】 1436813

【公开日】 2003.08.20

【申请人】 中国科学院长春应用化学研究所

【发明人】 彭树文　董丽松
【摘　要】 本发明属于一种增塑的聚丙撑碳酸酯复合物及制备方法。该复合物由质量份数100份的聚丙撑碳酸酯、10～100份的增塑剂和1～2份的抗氧剂组成。选用的增塑剂与聚丙撑碳酸酯有很好的相容性，能显著降低聚丙撑碳酸酯的玻璃化温度，使其在室温下成为一种弹性体，拓宽了聚丙撑碳酸酯的应用范围，可以用做塑料和橡胶的改性剂。且增塑剂的原料易得，加工工艺简单；用物理共混的手段来降低聚丙撑碳酸酯玻璃化温度，成本低廉。
【名　称】 用来汽化活性物质的加热装置
【公开号】 1414866
【公开日】 2003.04.30
【申请人】 DBK西班牙股份有限公司
【发明人】 霍尔迪·巴萨加纳斯·米连
【摘　要】 本装置是以任选的一个零件主体为基础的，该主体通过圆柱形结构的塑料模制件来得到，其中开口和相应的轴向中心颈部用来通过芯子，该芯子在它的下端被浸入到装在容器中的活性物质中，本装置可以应用到该容器中，该主体具有：任选的肋，这些肋用来安装芯子的加热电阻并进行定位；突出部，该突出部具有横通道，该通道用来设置电阻丝的端部，设置有起着夹子作用的零件，借助形成于其中的挡板或者臂，使电阻的端部保持在凹槽中，并且可以给接触器进行定位，通过这些接触器把电供给到这些加热电阻中，在设置于零件中的上部槽上实现这种定位，该零件具有接触器连接挡板，并且任选地具有盖，该盖通过压在夹子的上边缘上而确保更加可靠的固定。
【名　称】 钢绳拉撑式塑料大棚
【公开号】 1415183
【公开日】 2003.05.07
【申请人】 李　努
【发明人】 李　努
【摘　要】 本发明是一种钢绳拉撑式塑料大棚，它有撑杆、塑料薄膜，撑杆间有拉紧的钢绳连接，钢绳上面或下面有塑料薄膜与之固定，侧面是可开闭的塑料薄膜或墙壁，撑杆分为高撑杆和矮撑杆，高杆撑脊顶，一组撑杆由中间的高撑杆和两边的矮撑杆或一高一矮两棵撑杆组成，撑杆斜竖时，中心线靠近或重合两边钢绳的合力线，撑杆头有固定钢绳的凹槽，塑料薄膜由膜夹夹在钢绳上。本发明采用一组撑杆和钢绳组成棚架的结构，大大节省了钢材用量，工序和制作周期都大大缩短，每平方米的造价仅相当于现有最低廉的大棚造价水平的20%～30%，经济耐用，使用寿命长。
【名　称】 新型无胶保护膜的制备方法
【公开号】 1415468
【公开日】 2003.05.07
【申请人】 江苏琼花高科技股份有限公司
【发明人】 朱传群
【摘　要】 新型无胶保护膜的制备方法，属于高分子技术领域。以高压聚乙烯LDPE与线性高压聚乙烯LLDPE为主要原料，配以自黏性高分子聚合物PIB、EVA、MLLDPE，经混料机混合后再经共挤吹膜机组吹膜，然后经冷却、牵引、剥离、卷取、分切制得新型无胶保护膜。本发明工艺先进、科学、简单，生产制造容易，成本低；无溶剂挥发，保护环境卫生。新型无胶保护膜的黏结性能是通过高分子聚合物自身的黏性来实现的，适用于塑料、不锈钢、建材、电器等器物的表面保护，易贴合、易揭开，黏结性能不受温度的影响，在被保护基材的表面上不会产生任何残留物。有很好的推广应用价值和市场前景。
【名　称】 水热晶化硫酸钛液制备纳米锐钛矿型二氧化钛的方法
【公开号】 1415550
【公开日】 2003.05.07
【申请人】 中山大学
【发明人】 吴明娒　吴　昊　黄爱红　林　钢
【摘　要】 本发明涉及一种用硫酸钛液制备纳米二氧化钛的新工艺。本发明直接以工业硫酸钛液为原料，通过80～150℃水预热晶化处理，再经350～800℃高温烧结，制备出单一分散、相稳定、粉体体色白和手感润滑的纳米级锐钛矿型TiO_2。本发明原料易得、价格低廉，工艺和设备简单，水热处理后的废液可回收利用、降低了环境污染，制得的产品结构稳定、分散性优良，可用于化妆品、纺织品、涂料、塑料、面漆、油墨、化纤等行业，还可以为（光）催化行业提供化学和热稳定的纳米催化剂。本方法的推广使用将有相当的经济和社会效益。
【名　称】 含金属纤维的颗粒状复合材料及其制造方法
【公开号】 1415649
【公开日】 2003.05.07
【申请人】 金鼎联合科技纤维股份有限公司
【发明人】 张金石
【摘　要】 本发明提供了一种含金属纤维的颗粒状高分子复合材料及其制造方法。本发明的复合材料包含一束金属纤维，该束金属纤维中的每一根金属纤维本质上呈平行排列，该复合材料还包含一第一高分子材料以及一第二高分子材料。该第一高分子材料形成该束金属纤维中的每一根金属纤维的一被覆层，并且该第二高分子材料层形成被该第一高分子材料被覆的该束金属纤维的一被覆层。根据本发明的颗粒状高分子复合材料，该束金属纤维所占的体积比范围为1%～50%，该颗粒状复合材料进一步供作塑料物件成型用的原料，借此，该塑料物件的成型成本低廉，并且抗静电及电磁屏蔽效果佳。

【名　称】 淀粉型全降解塑料的制备方法

【公开号】 1415651

【公开日】 2003.05.07

【申请人】 中国科学院长春应用化学研究所

【发明人】 白福臣　叶永成

【摘　要】 本发明属于一种淀粉型全降解塑料的制备方法。以超细化淀粉作为主要生物降解成分，并将增塑剂、增容剂、助氧化剂、合成降解材料与淀粉有机地结合起来，形成淀粉衍生物，作为生物降解剂，使其含量≥45%，大大地增强了材料的生物降解性能；同时将光降解和热氧化降解与生物降解有机地结合起来，使材料具有多重降解形式的协同效应，在自然环境中埋土30天后质量失重率≥20%，在一年内全部粉化，最终能降解成为二氧化碳和水等小分子化合物而回归自然。

【名　称】 一种基于聚碳酸酯的共混材料及其制备方法

【公开号】 1415661

【公开日】 2003.05.07

【申请人】 上海氯碱化工股份有限公司

【发明人】 袁茂全　李　明　黄风华　章长明

【摘　要】 本发明公开了一种基于聚碳酸酯的共混材料。材料的组分和质量百分比含量包括：聚碳酸酯：30%～90%；聚乙烯：5%～50%；丙烯腈-丁二烯-苯乙烯共聚物：5%～65%；马来酸酐改性聚烯烃或离子聚合物：0%～20%。上述材料的制备包括先将聚乙烯与马来酸酐改性聚烯烃或离子聚合物捏合造粒，然后与聚碳酸酯、丙烯腈-丁二烯-苯乙烯共聚物在混合机中混合均匀，然后将混合均匀的物料在挤出机或者密炼机中熔融捏合。该材料不仅具有优良的力学性能、尺寸稳定性和耐热性，而且耐沸水老化性能也有了很大的提高。可广泛应用于电子电气工业、汽车制造业、机械工业等领域，特别适用作潮湿环境或热水环境下的工程塑料。

【名　称】 一种不锈钢塑复合管材

【公开号】 1415885

【公开日】 2003.05.07

【申请人】 陈顺义

【发明人】 陈顺义

【摘　要】 本发明涉及一种防腐管材，特别是采用金属与塑料复合而成的管材。它由三层不同材料构成，即外层为不锈钢管，中间层为无缝钢管，内层衬有塑料管，其中塑料管与无缝钢管之间采用缩压工艺复合而成。它与现有技术相比，具有力学强度高，刚性好，不会弯曲变形，内层壁光滑流畅，不生锈，不结垢，成本低，使用寿命长等优点。

【名　称】 氟化包层塑料光纤及其制造方法

【公开号】 1415982

【公开日】 2003.05.07

【申请人】 四川汇源光通信有限公司

【发明人】 储九荣　吴祥君　温序铭　张海龙　刘志飞

【摘　要】 本发明提供了一种氟化包层塑料光纤，其特征是在纤芯或塑料光纤外有氟化包层。本发明还提供了氟化包层塑料光纤的制造方法，包括备料即制备纤芯或塑料光纤；将纤芯或塑料光纤放入浓度为0.01%～10%的氟化炉，在10～80℃进行氟化反应2～72h，则制得氟化包层塑料光纤。采用本发明方法制造出的氟化包层塑料光纤损耗值低，方法简单，能节约设备投资，易于工业化。

【名　称】 渐变型塑料光纤的制造方法

【公开号】 1415984

【公开日】 2003.05.07

【申请人】 上海交通大学

【发明人】 李忠辉　殷宗敏　薛敏钊

【摘　要】 一种渐变型塑料光纤的制造方法，采用体积比90～100份甲基丙烯酸甲酯，0～10份苯乙烯，或者采用100%的苯乙烯，外加引发剂和链转移剂，制备折射率较高的纤芯，然后将纤芯浸渍在折射率比纤芯更低的单体溶液中溶胀、渗透，再将经过溶胀后的塑料光纤芯材在紫外线下引发聚合，或热聚合。本发明根据扩散原理，小分子单体将在聚合物棒的径向形成浓度梯度，经聚合后，浓度梯度将转变成折射率梯度，即可制得折射率呈梯度分布且热稳定性优良的渐变型塑料光纤。

【名　称】 渐变型塑料光纤预制棒的制造方法

【公开号】 1415985

【公开日】 2003.05.07

【申请人】 上海交通大学

【发明人】 李忠辉　殷宗敏　薛敏钊

【摘　要】 本发明是一种渐变型塑料光纤预制棒的制造方法，先制得折射率较高的聚合物芯棒，然后将此芯棒在单体溶液中溶胀、渗透。根据扩散原理，小分子单体将在聚合物棒的径向形成浓度梯度，经聚合后浓度梯度将转变成折射率梯度。改变溶液中单体的混合比例，配制系列单体溶液，使折射率小的组分逐渐增大，然后将聚合物棒在单体溶液中再溶胀，经聚合后固化。依次对系列单体溶液一一完成上述的溶胀步骤及随后的固化操作后，就可制得沿径向的折射率近似呈抛物线型分布的塑料光纤预制棒。

【名　称】 高聚物全息感光材料的制备方法
【公开号】 1416013
【公开日】 2003.05.07
【申请人】 上海朗创光电科技发展有限公司
【发明人】 徐良格　李忠鑫　陈庆华　黄孝穗　李晓英
【摘　要】 本发明是一种高聚物全息感光材料的制备方法，现有制备的全息感光材料感光度偏低，储存寿命短，制备复杂。本发明将成膜物、单体以及光引发剂、增塑剂、表面活性剂加入溶剂中溶解，然后将溶液涂布到塑料膜上干燥，通过光引发聚合反应，形成高聚物全息感光材料。其中成膜物是乙酸乙烯酯共聚物，单体是烯类不饱和单体，加入光引发剂、增塑剂、表面活性剂等，选择一定的反应物组分，可获得衍射率、反射率、保存期和灵敏度均十分满意的高聚物全息感光材料。

【名　称】 立体照片塑料光栅复合机
【公开号】 1416014
【公开日】 2003.05.07
【申请人】 李家民
【发明人】 李家民
【摘　要】 本发明涉及一种照片的塑料复合机，是一种立体照片的塑料光栅膜复合机。它的方案是：该机右上角的热压辊为一个带有光栅阴纹的金属光栅辊，其复合塑料膜的厚度为0.30～3mm，透明塑料膜的下层带有复合胶层。带有立体像素的照片与透明塑料膜相贴，通过胶辊加热加压，再经过光栅辊的加热加压印制，照片上即形成光栅阳纹，这即是成型的光栅膜照片。采用上述方案，即可使本发明不仅可以很容易地制作出高质量的立体照片，并且该机结构简单，价格低廉，工艺特别简单，特别适以普及推广使用。

【名　称】 用于塑料零件注射生产的冷却和反压方法
【公开号】 1416387
【公开日】 2003.05.07
【申请人】 安托林工程集团股份有限公司
【发明人】 巴勃罗·艾斯克里瓦诺安德列斯
【摘　要】 用于通过注射法制造塑料零件的冷却方法，该方法利用一种加压气体，该加压气体在至少冷却步骤期间加入由两个模具部件所提供的模腔中。冷气体及其应用覆盖涂装的和未涂装的部分。

【名　称】 含有无卤素的磷化合物的珠状聚合物
【公开号】 1416450
【公开日】 2003.05.07
【申请人】 拜尔公司
【发明人】 W. 波德斯尊　A. 赛德尔　T. 埃克尔
【摘　要】 本发明涉及具有1～1 000μm的平均粒度和含有特殊无卤素的磷化合物的新型交联珠状聚合物。本发明进一步涉及所述珠状聚合物的生产方法和它们作为热塑性塑料中的阻燃剂的用途。

【名　称】 含有聚四氟乙烯颗粒的透明热塑性组合物
【公开号】 1416453
【公开日】 2003.05.07
【申请人】 阿托菲纳公司
【发明人】 J. M.　布鲁诺　A. L. 斯塔西
【摘　要】 本发明涉及用于成型的光散射制品的热塑性（塑料）组合物，以从（甲基）丙烯酸（共）聚合物组成的透明热塑性材料和光散射粒子为基础，该光散射粒子包括聚（四氟乙烯）（PTFE）颗粒或由PTFE颗粒和矿物和/或有机物质的颗粒组成的混合物，这些光散射粒子具有0.5～200μm的平均粒度和与透明热塑性材料的折射率相差至少±0.05的折射率并且相对于总组合物计以5ppm（1ppm＝1mg/kg）到2 000ppm（按质量计）的量使用。本发明用于包括从组合物获得的面板的光显示设备和平板光显示荧屏。

【名　称】 建筑物顶塑料泡沫隔热方法
【公开号】 1417433
【公开日】 2003.05.14
【申请人】 孙声亮
【发明人】 孙声亮
【摘　要】 本发明公开了一种建筑物顶塑料泡沫隔热方法，技术特征表现在采用了塑料泡沫板块，并按以下顺序的步骤进行：对已浇捣好的混凝土屋面用水泥沙浆抹面，沿屋面周边砌制边砖，砌制隔砖，把大面积的屋面分隔成若干个方块，铺设塑料泡沫板块，于塑料泡沫板块预留缺口中放入支撑物，在每个方格内铺放加厚塑料薄膜，扎制钢筋，浇注混凝土，待混凝土完全硬化后抹面。当屋顶面积小于100m^2时，顶层可以不设隔砖和伸缩缝。本方法的隔热效果特别明显，在冬季，保暖效果也同样明显。它消除了原先顶层混凝土因温差较大而易裂缝渗漏的隐患，也不必在房顶浇抹防水材料。本发明方法取材容易、操作简单、施工方便、费用降低、建筑物负荷减轻、使用寿命得到延长。

【名　称】 一种防腐涂层钢塑复合管的加工方法
【公开号】 1417507
【公开日】 2003.05.14
【申请人】 李志雄
【发明人】 李志雄

【摘　要】 本发明涉及一种防腐涂层钢塑复合管的工艺方法，其特征在于：该制造方法为钢带开卷→表面处理、除尘→钢带矫正→成型、焊接→校直、探伤→钢管预热→内、外壁喷涂→外壁涂胶→外层塑料涂敷→冷却→端口处理→成品；本发明具有如下优点：占用场地少，能耗低、生产过程中无三废污染，生产的"内外防腐涂层钢塑管"具有耐腐蚀、耐温、寿命长、无毒、强度高、不脱层、内壁摩擦阻力小、坚韧、耐磨、耐冲击、抗机械损伤能力强等，既可明设也能地埋，且可以连接生产，效率高，成本低等等。

【名　称】 农用塑料薄膜流滴性能测试仪及检测方法
【公开号】 1417573
【公开日】 2003.05.14
【申请人】 北京华盾塑料有限责任公司
【发明人】 秦立洁　田　岩　焦红文
【摘　要】 一种农用塑料薄膜流滴性能测试仪及其检测方法，能够快速有效地检测以低密度聚乙烯(LDPE)、线性低密度聚乙烯（LLDPE）及乙烯-乙酸乙烯酯共聚物（EVA）为原料的内添加型流滴膜流滴性能，特别是流滴持效期的测试。该测试仪由圆形试样罩、压锤板、压锤及恒温水浴锅等组成。其特征为上部的圆形试样罩、压锤板和压锤选用不生锈的金属制成，压锤板和压锤为一体，恒温水浴锅采用电子温控器控制。此测试仪操作方便、直观性强、模拟性好、实际利用效果好，能广泛推广。其测试方法主要是利用流滴试验仪模拟实地扣棚的角度，即流滴试验仪上所扣薄膜与水平面呈15°夹角，通过测定薄膜在选定温度下的初滴时间及流滴失效面积比≥30%时所需的时间长短，来定量反映薄膜流滴性能的好坏。

【名　称】 一种热固性塑料的挤出造粒工艺
【公开号】 1417015
【公开日】 2003.05.14
【申请人】 上海欧亚合成材料有限公司
【发明人】 朱永茂　招锦荣　张兴义　刘　勇
【摘　要】 本发明提供了一种热固性塑料的挤出造粒工艺，该工艺由加温、喂料、挤出、造粒、负压吸料、旋风分离集料、风冷筛选、集料各部分组成，通过对各部分工艺参数的合理优化设置，使得热固性塑料的颗粒化操作能够连续稳定地进行。

【名　称】 一种用于挤出热固性塑料的挤出机螺杆
【公开号】 1417017
【公开日】 2003.05.14
【申请人】 上海欧亚合成材料有限公司
【发明人】 朱永茂　招锦荣　张兴义　刘　勇
【摘　要】 本发明提供了一种用于挤出热固性塑料的挤出机螺杆，该螺杆具有特定的长径比，微量的压缩比，其压缩比由特定的方式实现，采用了以上螺杆的挤出机能够稳定连续地挤出热固性塑料，不会造成挤出机内腔的物料堆积固化。

【名　称】 塑料瓶成型机的型坯输送装置
【公开号】 1417018
【公开日】 2003.05.14
【申请人】 苏定涌
【发明人】 徐光中
【摘　要】 塑料瓶成型机的输送装置，有机架，夹持器，自转链轮，与自转链轮啮合的可转自转链条，特征是机架上有支撑夹持器的导轨，在预热机构处夹持器相靠接地行走，还有分离靠接机构和前进机构，分离机构有在直线段两端的有承接槽的分离轮和有推送槽的靠接轮，前进机构有前进链条，链条上有带输送槽的拨叉，轮、链条步进地前进，而可将夹持器按模腔中心距拉开距离，不需输送链条，节约能源。

【名　称】 支载化开环歧化聚合合成聚双环戊二烯工程塑料的工艺
【公开号】 1417241
【公开日】 2003.05.14
【申请人】 南开大学
【发明人】 李　弘　王　征　夏庆云
【摘　要】 本发明的名称是支载化开环歧化聚合合成聚双环戊二烯工程塑料的工艺，属于高分子化学技术领域。国外现行聚双环戊二烯生产所用的高纯度双环戊二烯单体制备困难、价格昂贵、工艺复杂、聚合反应难以控制。为此，提出下述技术方案：以石油化工副产 C_5 馏分为原料提取双环戊二烯单体（≥98）；再以苯乙烯等为原料合成大分子配体；以双环戊二烯为单体、特定结构大分子配体原位支载的钨络合物为催化体系进行开环歧化聚合反应，合成得到工程塑料。本发明可使用纯度相对较低的双环戊二烯单体（≥98%），简化了工艺，降低了成本，适合我国国情。本发明利用三废（石油化工副产 C_5 馏分及焦化厂副产大量苯头馏分）中所含双环戊二烯为原料，本工艺无三废。

【名　称】 一种可生物降解材料的制备方法
【公开号】 1417261
【公开日】 2003.05.14
【申请人】 中国农业大学
【发明人】 李里特　陈复生
【摘　要】 本发明涉及一种研制大豆蛋白可生物降解塑料的方法。本发明的目的在于提供一种可以完全降解、耐高温的可生物降解材料的制备方法。本方法包括如下步骤：(1) 大豆蛋白质和改性剂常温下在水溶液中搅拌反应，得到改性大豆蛋白质；(2) 占混合物总量的20％～80％的改性大豆蛋白质和占混合物总量的20％～80％的增塑剂——甘油混合在一起，搅拌均匀后成型。

【名　称】 高聚物等通道转角连续挤压装置
【公开号】 1418772
【公开日】 2003.05.21
【申请人】 天津理工学院
【发明人】 崔宏祥
【摘　要】 一种高聚物等通道转角连续挤压装置，其特征在于它是由机架、摩擦槽轮、导向轮、挡块、固定板和底板所组成，二轮的中心线外边缘处为物料进口通道，挡块下部与固定板上的槽道构成物料出口通道，挡块下角部有一与摩擦槽轮不等半径的弧，与摩擦槽轮外缘构成一渐缩弧形通道，上述物料进口通道、渐缩弧形通道与物料出口通道呈相连通的等通道转角连续挤压通道；所说的挡块下部与固定板上的槽道构成的物料出口通道处装有可调节压力大小的调节装置。本发明的优越性在于：弥补了现有技术的不能连续挤压的不足，实现了高聚物等通道自增强连续挤压加工，可以改善材料性能，使强度有所提高，将会对提升塑料加工产业水平有所贡献。

【名　称】 双降解塑料薄膜及其生产方法
【公开号】 1418906
【公开日】 2003.05.21
【申请人】 玉环县星光环卫薄膜厂
【发明人】 鲍云华　罗邦财
【摘　要】 本发明双降解塑料薄膜及其生产方法属于塑料技术领域，特别涉及一种具有降解功能的塑料薄膜及其生产方法。它解决了现有的塑料不能降解或者降解速度慢等问题。本双降解塑料薄膜的生产原料包括聚乙烯、降解淀粉、光降解添加剂、甘油和乙丙共聚物。光降解添加剂可以是*N*,*N*-二烷基二硫代氨基甲酸的金属盐、二氧化钛或者氧化钙中的任一种。本双降解塑料薄膜是采用光降解和生物降解相结合的方法来实现降解的。本双降解塑料薄膜有降解时间短、产品成本低、生产工艺简单等特点，可以制成各种包装袋，具有较高的实用价值。

【名　称】 具有改善的抗静电性能的吹塑塑料容器和模制件
【公开号】 1418167
【公开日】 2003.05.14
【申请人】 巴塞尔聚烯烃有限公司
【发明人】 B. 斯普灵赫兹　W. 罗德　A. 豪弗
【摘　要】 本发明涉及通过吹塑工艺制备并具有改善的抗静电性能的塑料容器和模制件。此容器或模制件具有一个外壁和一个内壁，且含有沿内壁延伸的导电材料条。本发明还涉及这种容器或模制件的制备方法及其用途。

【名　称】 光电薄膜组件的制备方法
【公开号】 1418379
【公开日】 2003.05.14
【申请人】 伊索沃尔塔奥地利绝缘材料厂股份公司
【发明人】 A. 普勒辛
【摘　要】 本发明涉及一种制备光电薄膜型组件的方法，该组件包括提供在载体材料上的薄膜型太阳能电池系统。薄膜型太阳能电池系统的至少一表面上被封装材料复合体包封。在有薄膜型太阳能电池系统的表面上具有密封层。在层压步骤中，将封装材料以及薄膜型太阳能电池系统与载体彼此接触在一起，并在压力和高温下加压，形成复合件形式的耐大气光电薄膜型组件。以简单易行的方法，制备了一种抗紫外光、水蒸气和耐大气影响的光电薄膜型组件。通过对载体材料，例如塑料膜或塑料膜复合物形式的载体材料的选择，可额外地使光电组件具有柔韧性。

【名　称】 一种金属塑料复合管的生产方法
【公开号】 1418771
【公开日】 2003.05.21
【申请人】 蔡剑飞
【发明人】 蔡剑飞
【摘　要】 本发明涉及一种金属塑料复合管的生产方法，主要由金属管的除锈、清洗，金属管在旋转支架上边自转边加热、速向管内加热熔胶和塑料粉以及从旋转支架上卸下金属并向其外表面加热熔胶和塑料粉等工艺步骤完成复合管的生产。该方法最大的特点和优点是可以生产任意大小口径特别是超大口径的金属塑料复合管，所生产的复合管质量可靠，致密性好，耐腐蚀与耐久性能佳，工艺流程简单，易操作，生产效率很高，所需设备非常简单，投资少，使生产成本很低，因此本方法巧妙地解决了金属塑料复合管生产难题，特别是超大口径复合管无法生产的难题。

【名　称】 用于注射塑料的喷嘴
【公开号】 1419488
【公开日】 2003.05.21
【申请人】 塞帕公司
【发明人】 卡洛·科罗凯尔　布鲁斯·菲什曼
【摘　要】 用于将熔融塑料注入模型中的喷嘴，包括在其中心区域终止于一平面的后中心部，一在其后侧终止于一对应平面的外部环形元件，其中上述中心区域的端面位于比上述环形元件的端面更靠后的位置，上述环形元件向后在后部的外部边缘与环形元件的外部元件之间设有一锐角形状的第一环形沟槽。后者还向前在上述后部的外部前缘内部设有一锐角的第二环形沟槽。上述两个环形沟槽彼此相对，彼此分开，相应的角度基本上位于喷嘴同一高度的彼此一侧。

【名　称】制造带管接头的热塑性塑料双壁管的方法和设备

【公开号】1419493

【公开日】2003.05.21

【申请人】曼夫瑞德　A. A. 鲁波克　斯蒂芬 . A. 鲁波克

【发明人】曼夫瑞德　A. A. 鲁波克

【摘　要】本发明涉及一种用于制造带管接头的热塑性塑料双壁管的方法，在此方法中为了用低的费用准确和完整地形成管接头，规定：(1) 在造型通道中挤出第一软管，该造型通道由至少一排在轨道上导引的硬模构成；(2) 第一软管在至少一个第一段内制成波纹的形状以及在至少一个第二段内扩展成管接头；(3) 第二软管挤压在第一软管内并压靠在第一软管的波谷上；(4) 在第一软管制成波纹的形状和第二软管挤压在第一软管内的过程中，两根软管之间的腔施加一个高于大气压的压力 P_1；(5) 在第一软管开始扩展为管接头之前或之后的一个规定的时刻，两根软管之间的腔施加一个高于大气压的基本上恒定的压力 $P_2 \leqslant P_1$ 或者可变的但不连续下降的压力 P_2；(6) 在第二软管挤压在扩展成管接头的第一软管内的过程中，第二软管从内部施加一个高于大气压的压力 P_3 并压靠在第一软管上；(7) 接着，两根软管之间的腔重新施加压力 P_1。

【名　称】牙刷展示托盘

【公开号】1419510

【公开日】2003.05.21

【申请人】高露洁　棕榄公司

【发明人】A. 萨卡　R. 因加勒

【摘　要】本发明的牙刷展示托盘提供一种在垂直叠堆阵列中以水平取向展示牙刷的方法。该展示托盘包括一有许多凹槽的塑料层。在每个凹槽中夹持有一个牙刷，片状材料覆盖在塑料层上，并把牙刷夹持凹槽闭合。在每个已包装的牙刷周围有一系列孔、锯齿和/或狭缝，使得可以单独地把每个牙刷取出。该展示托盘在产品部段上面还有一信息部段。展示托盘是通过形成每个夹持牙刷的凹槽来制成。每个凹槽充填有一个牙刷，片状材料覆盖在塑料层上，并被黏结到塑料层上。在黏结的同时或之后在每个牙刷周围形成孔，以形成单个牙刷包装，这些单个牙刷包装被夹持在展示托盘中，直到通过隔断牙刷包装周围的孔锯齿和/或狭缝从展示托盘中取出。

【名　称】具有变化径向性能的棒形聚合物预制体、其制备方法和所用装置

【公开号】1419568

【公开日】2003.05.21

【申请人】光传输介质有限公司

【发明人】金仁培

【摘　要】一种适用于制备无污染的高带宽的渐变折射率的塑料光纤或棒形光学透镜的具有变化径向性能例如折射率的棒形聚合物预制体，其通常可通过包含下列步骤的方法制得：将反应性材料加入至圆柱形反应器中，在旋转该圆柱形反应器的同时引发化学反应，且重复所述加料和反应步骤两次以上，其中在每个重复步骤中使用化学上或组成上不同材料。

【名　称】低热膨胀层压板

【公开号】1419581

【公开日】2003.05.21

【申请人】三井武田化学株式会社　松下电工株式会社

【发明人】井上伦子　奥村浩也　平田动夫　冈田茂浩

【摘　要】本发明公开了一种通过层压并固化浸渍有树脂组合物的纤维增强层而得到，所述树脂组合物包含含自由基可聚合树脂、自由基可聚合单体和无机填料以及特定量的热塑料树脂混合得到的低热膨胀层压板。该层压板具有优异的耐热性，耐水性、韧性并在40～150℃温度范围内的平均线性膨胀系数为 20×10^{-6}/℃或更低。

【名　称】纳米金刚石膜啤酒瓶及其生产方法

【公开号】1420071

【公开日】2003.05.28

【申请人】刘铁林

【发明人】刘铁林　刘南林

【摘　要】本设计涉及一种无毒、保鲜、高阻隔、环保纳米金刚石膜塑料啤酒瓶及其生产方法。本设计的实现，是采用常温真空条件下，利用高能功率源产生的电场激活杂化含碳烃类物质中的碳原子，按 sp^3 杂化键在啤酒瓶表面形成碳碳正四面体结构的纳米金刚石晶体膜。利用纳米金刚石晶体膜的高硬度和张力＞54dyn/cm（$1dyn = 1 \times 10^{-5}$ N）的高密度高阻隔，O_2、CO_2 不透过的性质，使塑料瓶能够达到无毒、保鲜、满足啤酒包装容器的要求。

【名　称】多功能单（双）滑（轨）道型材及其门窗的制作方法

【公开号】1420252

【公开日】2003.05.28

【申请人】王怀金

【发明人】王怀金

【摘　要】由于采取了本发明所给出的型材来制作门窗，通过改造门窗型材结构达到实现推拉门、窗用胶

管来密封间隙，既实现了高度密封的效果，本发明把铝合金和塑料门、窗问世就带来的门、窗储灰尘量巨大的弊端和可能已给人们带来的不健康因素予以彻底解决了，使门、窗储灰量降为零。所以本发明将取得很大的居室环保卫生效果，同时和现行门、窗用型材在同等原材料配方，同等壁厚，同等外形尺寸，同等内支撑筋的情况下，比现行欧式单框单玻一体窗节约成本28%，比单框多玻多封窗节约成本48%以上，改进了制造方法，采取了单框多玻多封技术，使门、窗形成三腔四隔框架，玻璃安装为三腔四玻结构，提高了高寒地区和高层建筑用门、窗的强度，解决了现行门、窗有时推拉扇脱落的不安全因素，提高了门、窗使用安全性能。

【名　称】 用于冷却和校准型材的方法和装置
【公开号】 1420816
【公开日】 2003.05.28
【申请人】 托普弗塑料技术股份有限公司
【发明人】 S. 托普弗
【摘　要】 本发明涉及用于冷却和校准塑料型材的方法，其中引导该型材穿过多个前后设置在一个最好处于真空状态的外壳，如池或槽中的、并具有对应于该型材的开口的框板，并借助围绕该型材设置的喷嘴使该型材接受冷却流体，如液体的冲击。本发明建议在有利的能量消耗的情况可如此获得优化的冷却和校准效果，即该冷却流体以 $p\geqslant 5\mathrm{bar}$（$1\mathrm{bar}=10^5\mathrm{Pa}$）的压力供应给喷嘴，该喷嘴具有一个流体流通口，其直径 d 满足 $d\leqslant 0.7\mathrm{mm}$。

【名　称】 聚烯烃蜡在塑料加工领域的应用
【公开号】 1420897
【公开日】 2003.05.28
【申请人】 科莱恩有限公司
【发明人】 E. 里奇特　H. 奇塞尔
【摘　要】 本发明涉及聚烯烃蜡作为用于塑料的外用润滑剂和脱模剂的用途。所说的聚烯烃蜡通过应用金属茂催化剂生产，从而该聚烯烃蜡是乙烯的均聚物或是乙烯和一种或多种1-烯烃的共聚物，用具有3～18个碳原子的线性或支链，取代或非取代的烯烃作为1-烯烃。以此方式生产的可加工塑料混合物具有明显更长的不粘时间和表现了改进的脱模行为。

【名　称】 一种具有保健功能的泡沫塑料添加剂及其制造方法
【公开号】 1421481
【公开日】 2003.06.04
【申请人】 上海金樱环保科技有限公司
【发明人】 林俊卿　王克承　冯宝荣　郑明
【摘　要】 本发明涉及一种具有保健功能的泡沫塑料添加剂及其制造方法，它是由以下配方（质量份数）为原料制成的粉体：负离子电气石微粉100，远红外微粉2～5，无机抗菌微粉2～4，塑料防霉剂1～2，吸波铁氧体0.5～2，无机阻燃剂微粉4～8，光催化剂微粉2～5，钛酸酯或硅烷偶联剂1～2；其制造方法包括粗磨、细磨、精磨、干燥及解聚等工艺步骤。与现有技术相比，本发明工艺先进，用该工艺制得的产品具有超强负离子释放功能，同时亦具有远红外发射、抗菌、吸收电磁波等多种保健功能。

【名　称】 塑料结构热水器内胆及其制造方法
【公开号】 1421657
【公开日】 2003.06.04
【申请人】 陈利君
【发明人】 陈利君
【摘　要】 本发明所述的热水器的内胆，由塑料构成，由于塑料极其耐腐蚀，该结构又没有直接采用金属材料，因而，该结构可以杜绝热水器内胆的腐蚀渗漏现象，延长热水器的使用寿命。由于采用了滚塑成型工艺，使得热水器内胆可以整体成型，无任何焊缝，这又克服了热水器内胆的焊缝缺陷导致的漏水现象。

【名　称】 具有无光泽外观的塑料片材制品及其制备方法
【公开号】 1422211
【公开日】 2003.06.04
【申请人】 CYRO 工业公司
【发明人】 D. L. 斯帕克斯　G. B.　拉丰泰纳
【摘　要】 一具有无光泽表面的塑料片材制品，包括一热塑性聚合物的芯层和至少一置于该芯层之上并且黏结到该芯层的至少一个表面的贴面组合物的层。贴面层组合物包括相同或不同的热塑性聚合物和含有大量的与贴面层组合物的热塑性聚合物不融合的且分散在该热塑性聚合物中的离散的颗粒。可以通过热塑性聚合物和贴面组合物的共挤来制造片材制品，和在典型的实施方案中，这种共挤可以通过一供料头的方式来实现。在另一实施方案中，芯层的热塑性聚合物与贴面层的热塑性聚合物可以是相同的，例如在甲基丙烯酸甲酯-丙烯酸甲酯共聚物的情况下。根据本发明制备的片材制品显示出改善的后加工性能和表面维护的易操作性，并且能够制成包括光漫射器、投影屏等的各种产品。

【名　称】 采用二次注射成型方法制成的气密容器盖
【公开号】 1422227
【公开日】 2003.06.04
【申请人】 文济求　朴贞今
【发明人】 文济求　朴贞今

【摘　要】 薄的封装盖需要一些压合和弯曲工艺以便将封装材料结合到主体盖上。本发明的封装盖由于采用了二次注射成型方法制造，因此无须弯曲或压合主体盖，其中二次注射成型方法能够将封装塑料材料从主体盖的上、下封装位置注入。

【名　称】 具有卸盖辅助装置的复合瓶盖及其制造方法

【公开号】 1422228

【公开日】 2003.06.04

【申请人】 怀特凯普公司

【发明人】 弗兰克　H. 莱欣斯基　卡斯滕·普夫罗姆

【摘　要】 一个压住/撬开式瓶盖包括一个分开形成的圆顶板和一个环绕的边缘，顶板最好由金属组成，边缘由柔性塑料组成，最好由热塑性聚烯烃组成。把顶板从顶面插入边缘，并且固定在边缘裙部内侧壁上的径向向内伸出的突出边和靠近边缘上边的许多径向向内伸出的顶板夹持结构之间。裙部包括一个卸盖辅助区，它以一个铰接片的形式与边缘形成整体。铰接片可以绕着铰接轴线向外转动，对边缘作用一个抬高力，促使瓶盖了上卸下。

【名　称】 塑料透镜材料，制备该材料的方法，塑料透镜组合物，通过固化该组合物得到的塑料透镜以及制备该塑料透镜的方法

【公开号】 1422386

【公开日】 2003.06.04

【申请人】 昭和电工株式会社

【发明人】 大贺一彦　井佳文　田中保二　但马恒男

【摘　要】 一种塑料透镜组合物，其包含部分或全部1,4-环己烷二羧酸结构单元是顺式结构的化合物；一种制备该材料的方法；一种含有该材料的塑料透镜组合物；一种通过固化该组合物得到的塑料透镜以及一种制备该塑料透镜的方法。塑料透镜材料在长时间储存中不会变白，变混浊。

【名　称】 注射发泡成型装置

【公开号】 1422734

【公开日】 2003.06.11

【申请人】 张元奇

【发明人】 张元奇

【摘　要】 本发明公开了一种注射发泡成型装置，为解决现有注射发泡成型装置排气性差，不适于高黏度、高发泡率注射发泡成型制品的问题而设计，该注射发泡成型装置包括带有空腔的内模结构，该内模结构由通气性煅烧合金制成，在煅烧合金制内模结构外设置有带空气排出通道的排气装置；本发明具有内模结构排气良好的优点，适应于高黏度、高发泡率塑料的成型，可使高难度工程塑料高倍率发泡成型变得十分容易。

【名　称】 塑料片材加工设备

【公开号】 1422739

【公开日】 2003.06.11

【申请人】 铃木国继

【发明人】 铃木国继

【摘　要】 一种用来将从卷材上退绕的长条形塑料片材切割成预定形状的塑料片材加工设备，它包括：一个用来加热塑料片材的加热单元；一个用来在加热了的塑料片材上以预定间距均匀地形成若干凹陷的压纹单元；一个用来将防静电剂涂覆到压纹好的塑料片材上的防静电剂涂覆单元；以及一个用来将滑动增强剂敷施到压纹好的塑料片材上的滑动增强剂敷施单元。

【名　称】 可降解聚合物/天然矿物填料复合材料及其制备方法

【公开号】 1422898

【公开日】 2003.06.11

【申请人】 中山大学

【发明人】 孟跃中　李秀华　王拴紧　诸　泉

【摘　要】 本发明属于可降解聚甲基乙撑碳酸酯/天然矿物填料复合材料及其制备方法。采用天然矿物作为填料，以可降解塑料聚甲基乙撑碳酸酯为基体，天然矿物填料与基体原料在偶联剂存在/不存在的条件下熔融共混制得天然矿物填料增强的聚甲基乙撑碳酸酯复合材料。本发明工艺简单，适用范围广，产品中填料所占的质量百分含量可控制在5%～80%，较好的填料含量为10%～40%，复合材料具有较高的力学强度和尺寸稳定性，且由于基体原料在250～300℃可以完全热降解并得到单一分解产物甲基环状碳酸乙酯，使天然矿物填料和有机基体完全分离，天然矿物填料可以循环使用，甲基环状碳酸乙酯可用做有机试剂。

【名　称】 天然植物纤维增强的可完全降解的聚合物复合材料及其制备方法

【公开号】 1422899

【公开日】 2003.06.11

【申请人】 中山大学

【发明人】 孟跃中　李秀华　诸　泉　王拴紧

【摘　要】 本发明涉及天然植物纤维增强的可完全降解的聚合物复合材料及其制备方法。该复合材料采用印度植物纤维 Hildegardia populifolia，剑麻纤维、苎麻、木纤维等作为纤维原料，以可降解塑料聚甲基乙撑碳酸酯为基体，纤维原料与基体原料在偶联剂存在/不存在的条件下熔融共混制得。本发明工艺简单，适用范围广，产品中纤维所占的质量百分含量可控制

在5%～80%，较好的纤维含量为10%～50%，材料具有较高的强度和模量，且由于植物纤维和基体原料都是可以降解的材料，所制备的此类复合材料是可以完全自然降解的。

【名　称】 生物可分解性塑料添加剂之制造方法
【公开号】 1422906
【公开日】 2003.06.11
【申请人】 邱秀莲　宫腰正则
【发明人】 宫腰正则　邱秀莲
【摘　要】 本发明为生物可分解性塑料添加剂之制造方法，该添加剂由无机化合物碳酸钙、牛骨粉及有机物环控素（益菌素，Bacillus）、几丁多醣（聚葡萄胺糖，Chitosan）所混合均匀高温熔融后挤压射出成型颗粒状的环保塑料母料（EPP）或环保树脂母料（EPR）。母料与塑料在某设定比例下制造环保塑料物品，在焚化燃烧时碳酸钙、牛骨粉等无机物可吸热熔融塑料并使易气化燃烧，可达到完全燃烧的目的，添加剂中的有机物则产生塑料、树脂之裂解，因加入量而改变使用期限，可起时间上控制作用。

【名　称】 生物降解塑料母料的制备方法
【公开号】 1414027
【公开日】 2003.04.30
【申请人】 顾卫平
【发明人】 顾卫平
【摘　要】 本发明公开了一种用于生产生物降解塑料制品的母料——聚乳酸的制备方法。该方法以陈旧谷物类、废弃的薯类、制糖的下脚料或加工乳制品的脚料等为主要原料，选用谷物类和薯类为原料经水解糖化、配料、发酵、分离提取、加热蒸发后即得母料聚乳酸分子；选用制糖的下脚料或乳制品下脚料为原料时可直接进行配料发酵。该工艺比较简单，廉价的原料来源广泛，该产品用于制成生物降解速度快、对环境没有污染的塑料薄膜和塑料制品，具有强度高，无毒，可塑性、加工性能好的特点。

【名　称】 红泥塑料合金防水卷材及其制造方法
【公开号】 1414056
【公开日】 2003.04.30
【申请人】 师雁平
【发明人】 王　涛　刘作霖　师雁平
【摘　要】 本发明涉及一种红泥塑料合金防水卷材及其制造方法。其目的在于提高防水卷材的防水性能和降低生产成本，其是由下述质量配比的原料加工而成：PVC树脂，100；红泥改性填充剂（细度＞350目），20～40；高分子聚合物改性剂，12～24；增塑剂，40～60；其他辅助添加剂，15～23。其具有较好的耐候、耐老化、拉伸强度、延伸率、抗渗透性能、抗穿孔性能、低温柔性；阻燃性能，热稳定性能、耐热老化、耐酸碱腐蚀性能好，特别是具有防水、耐腐蚀和抗拉性能优异，以及成本低的优点。

【名　称】 不锈钢内衬塑料门窗型材及其制造方法
【公开号】 1414203
【公开日】 2003.04.30
【申请人】 占金弟
【发明人】 占金弟
【摘　要】 本发明不锈钢内衬塑料门窗型材及其制造方法涉及建筑物门窗构件及其制造方法。本发明型材是为了克服已有技术中铝合金、塑钢等门窗型材的耐腐蚀性低强度低等缺点而设计的。其主体是在不锈钢型腔套中套装内衬塑料骨架，间隙中充胶黏剂。不锈钢型腔套和封口板是用不锈钢带冷弯轧制的型材，内衬塑料骨架是挤塑法制造的硬质高强度热塑性阻燃塑料型材。构件经组合拼装、扣合成型、固化定型而制成型材，兼有不锈钢外观美、耐腐蚀、使用寿命长，和塑料骨架轻、隔热保温隔声及成本低的综合优点，适用于高质量中低档建筑物。

【名　称】 不锈钢内衬塑料门窗型材及其制造设备
【公开号】 1414204
【公开日】 2003.04.30
【申请人】 占金弟
【发明人】 占金弟
【摘　要】 本发明不锈钢内衬塑料门窗型材是在不锈钢型腔套中套装内衬塑料骨架，间隙中充胶黏剂。本发明提供的制造型材的关键设备——拼装成型机，由顺序相连的拼装架、成型定型机和成品架组成。拼装架上有水平辊子、拼料压辊和料架，用于完成构件拼装成型定型机上由成型轧辊和定型轧辊完成工件的成型定型，轧辊间的加热线圈完成胶黏剂固化，再经水冷烘干处理得到成品型材，由成品架接应。本发明型材兼有不锈钢和塑料型材的优点，外观美、耐腐蚀性优良、隔热保温性好、成本低，可以用在中低档建筑物上。

【名　称】 螺旋型波纹塑料管材及其制备方法
【公开号】 1414277
【公开日】 2003.04.30
【申请人】 蒯一希
【发明人】 蒯一希　陈绍江　付海鹰　姬昱川
【摘　要】 螺旋型波纹塑料管材及其制备方法。管材的管壁是由以其中心线为轴线作螺旋缠绕式的条状片材的螺旋圆周中各相邻片材边缘相互搭接融合形成的连续实壁管状结构，作同样螺旋缠绕形式的外凸筋状加强结构以跨压于管壁上各相邻片材边缘的搭接融合缝所在部位之上的方式接合在管壁外周面上。制备时先由第一挤塑机构挤出以相邻边缘依次相互搭接的螺旋缠绕型管状形式的熔融状条型塑料片材，并经压轮机构将各相邻搭接边缘压紧熔接形成管材管壁；由另一挤塑机构挤出相应的筋状加强结构以同样螺旋缠绕方式跨压于管壁上各条状塑料片材相邻边缘的搭接融合缝部位处，经第二压轮机构碾压而融接于管壁外周面。

【名　称】 渐变型塑料光纤多层复合挤出成型工艺
【公开号】 1414405
【公开日】 2003.04.30
【申请人】 达特公司（General Components INC.）
【发明人】 何乐三　刘新厚　甄　珍
【摘　要】 本发明提供一种连续多层复合挤出法，一步完成渐变型塑料光纤的生产。本工艺具有商业性、大规模生产性，所用的材料范围广泛，凡透明的高分子材料均可。渐变型塑料光纤的特点是折射率沿径向呈渐变的塑料光纤。折射率渐变分布的实现是通过采用具有不同折射率的可扩散分子作为折射率调节剂。聚合物基体中掺入不同量的调节剂，因而可得到具有不同折射率的聚合物。再由多台挤压机分别将它们进入一个具有中心圆孔和多层同轴环形入料口，复合腔，和锥型挤出口的复合模具连续挤出。即可得到在其圆柱形的芯体上包覆了多层具有不同折射率的透明聚合物，形成了折射率呈抛物线型分布的渐变型塑料光纤。

【名　称】 塑料光纤套管及其制造方法
【公开号】 1414409
【公开日】 2003.04.30
【申请人】 艾克特万株式会社
【发明人】 大熊真史　三谷健一　市川顺而
【摘　要】 本发明涉及一种塑料光纤套管及其制造方法，插入管装配在具有沿其轴向中心的芯线接收孔的套管前端外周面上，且小直径管状部分在邻近所述前端的芯线接收孔周围与插入管同轴地镶嵌模制成。塑料储存部分可以位于塑料套管远离芯线接收孔前端的塑料套管的一部分上。薄壁塑料部分和/或塑料储存部分的设置防止了由于注塑工艺之后的热收缩而造成芯线接收孔成为锥形。

【名　称】 纳米多晶生物薄膜光电池及其制作方法
【公开号】 1414641
【公开日】 2003.04.30
【申请人】 徐瑞松
【发明人】 徐瑞松
【摘　要】 本发明公开一种纳米多晶生物薄膜光电池及其制作方法。为解决现有太阳能光电池生产、使用成本高的问题而设计，该光电池从上到下的结构为：①透光塑料膜盖层；②SnO_2 导电膜层；③有机或无机光敏染料，ZnO、ZnS、Nb_2O_2 或 TiO_2 等半导体薄膜和乳胶状氧化还原剂自组装成的具有空穴的半导体膜；④Ag、Au、Pt 导电膜；⑤SnO_2 导电膜；⑥薄板垫层。该光电池的制作步骤为：①在导电薄膜垫层上喷涂导电溶液并真空烘干；②然后用丝网印刷法涂 ZnO、ZnS 乳胶膜并真空烘干；③把烘干的步骤二的产品放入有机或无机光敏染料中浸泡后吹干；④把步骤三的产品的导电面加盖透光塑料薄膜层后在边缘部黏结；该光电池可应用于多种用电场所。

【名　称】 组合式塑料集装周转箱
【公开号】 2573390
【公开日】 2003.09.17
【申请人】 陈国瑞
【发明人】 霍殿安　陈国瑞
【摘　要】 一种强度高、耐腐蚀性好、卫生安全、结构合理、连接牢固、易于装卸、拆装、堆垛和运送、运输成本低、造价低、应用广泛的组合式塑料集装周转箱，由塑料材质的侧板、箱底和箱盖组成，侧板的连接处为轴座，且相邻的侧板的轴座交错插接，在侧板轴座的中部有轴孔，在轴孔内插装有管轴，在管轴的上端连接有顶帽，管轴底部安装有管堵，管堵与安装在箱底上的连接螺栓相连接，在箱盖上靠近箱盖边沿处通过压板安装有挂钩，在箱盖上对应挂钩位置有窗口，所述的挂钩穿过窗口后卡在侧板上边沿上，在挂钩的另一端有拉钩，在侧板中部靠近下边沿位置还设置有侧壁上有限位台阶的插板座，在箱底上对应插板座位置设置有插槽，在插板座和插槽内插装有插板，所述的插板上对应插板座上的限位台阶位置有钩板。

【名　称】 组装式四断桥密封门窗
【公开号】 2584769
【公开日】 2003.11.05
【申请人】 山东大正天丰不锈钢建材有限公司
【发明人】 王德良
【摘　要】 一种组装式四断桥密封门窗，包括空腹薄壁的窗框和窗扇，其窗框有侧面、滑轨面和无轨面，在滑轨面上有凸出的滑轨，滑轨内置有隔热桥密封条，窗框在隔热桥密封条处断开，断开端分别嵌入隔热桥密封条侧面的两条沟槽中，隔热桥密封条顶面中部呈向内凹进的圆弧面。在窗框的无轨面中间断开，断开端向内钩，嵌入平形条板连接件的两个凹缝中。窗框内可衬有非金属插接件，内心也可填充有 PU 发泡塑料；隔热桥密封条中心可以有孔洞，其材料是非金属材料。本实用新型在窗框上形成三断桥或四断桥，有效消除了门窗框与窗扇之间存在的冷、热桥，使密封性能大大提高，有利于门窗节能降耗。

【名　称】聚乙烯薄膜吹塑机对流式冷却装置
【公开号】2582854
【公开日】2003.10.29
【申请人】马之清
【发明人】马之清
【摘　要】一种聚乙烯薄膜吹塑机对流式冷却装置，属于塑料薄膜的成型设备，具体是一种吹塑设备。其包括设置在机头上部的中空导气筒，特征是导气筒下部设置与其相贯通的喇叭状导流罩，且环导流罩底部的周边设置固定支架，环固定支架上设置1个以上贯通孔。本实用新型具有结构简单，安装方便，造价低廉的优点。

【名　称】卷管机
【公开号】2578087
【公开日】2003.10.08
【申请人】兰州美力塑料管制品有限公司
【发明人】叶从基
【摘　要】本实用新型涉及一种卷制塑料螺旋管的装置。卷管机包括机架、进料装置、传动装置、压合辊装置、固定圆环装置，进料装置一端由支腿放置在机架上，另一端活动连接在支座上；传动装置包括液压马达，液压马达与进料装置的第一个胶轮相连接；压合辊装置包括固定辊、主压辊，压辊、固定辊位于固定圆环装置的圆环下端半缺口处，并位于固定圆环装置水平切点附近；固定圆环装置固定在支座上，平整轮和导轮所成螺旋面成一定螺旋角。本实用新型能将塑料板材卷绕成塑料螺旋管。

【名　称】抗菌金属塑料复合管件
【公开号】2536881
【公开日】2003.02.19
【申请人】程伟良　王　斌　黄展友
【发明人】程伟良　王　斌　黄展友
【摘　要】本实用新型提供一种抗菌金属塑料复合管件，包括端部有固定法兰的金属主体、卡套、活动法兰。其特征在于金属主体的内壁有带内插连接功能及密封圈的抗菌塑料层，金属主体利用固定法兰、螺栓、垫片和螺母与活动法兰相连接，并利用两者的中心圆锥孔夹持卡套。使用时，只需将抗菌金属塑料复合管从卡套的中心孔插入至与抗菌塑料层的内插连接部位及密封圈完全配合为止。再将法兰上的螺栓拧紧即可完成管道的连接。本抗菌金属塑料复合管件安装方便，拆卸灵活，制造成本低，抗菌杀菌，卫生性能优，适用于抗菌管道和各种金属管道，金属塑料复合管和有一定刚性的塑料管的连接。

【名　称】可调塑料木地板卡扣垫
【公开号】2557620
【公开日】2003.06.25
【申请人】戚建明
【发明人】戚建明
【摘　要】本实用新型为一种新型的可调塑料木地板卡扣垫。卡扣垫由卡头、伸缩簧和扣套组成，在卡头上设有调节牙和定向扣钉滑槽，在扣套上设有调整牙槽和定向扣钉。使用时，若干个卡扣垫互相首尾相扣联，形成爪合扣槽线，然后嵌入木地板。本结构牢固，所铺设的木地板有弹性脚感，并解决了实木地板热胀冷缩的问题。本结构安装快捷、成本低、连接牢固、隔热、防潮。

【名　称】可用于热熔连接的铝塑复合管
【公开号】2546511
【公开日】2003.04.23
【申请人】四川川大安诺管业有限公司
【发明人】黄宗祥　刘楠冰　寇国模
【摘　要】一种用于热熔连接的铝塑复合管，由焊接铝管层，胶黏剂层和塑料管层组成。焊接铝管层与塑料管层之间用胶黏剂层粘接，铝塑复合管之间通过塑料管件热熔插入连接构成整体。其中塑料管层的塑料为聚乙烯或聚丙烯，塑料管层的厚度为铝管层厚度的2.5～3.5倍，胶黏剂为热熔胶。它较现有的铝塑复合管省去了管内层塑料管和热熔粘接剂，有可以热熔连接的优点。并具有结构简单，易于加工，造价更低，能在较高温度和较高压力下工作。

【名　称】可折叠塑料瓶
【公开号】2534108
【公开日】2003.02.05
【申请人】张世周　袁　青　张一成
【发明人】张世周
【摘　要】本实用新型公开了一种可折叠塑料瓶，主要由一瓶体组成，其特征在于：瓶身从上到下通体做成皱折状，瓶底部设一与瓶头凸起部分形状相对应的凹陷底，瓶头设一圈向外凸起的卡槽，凹陷底内设一圈相应向内凸起的卡槽。本实用新型结构合理，构思巧妙，可随饮料减少而压缩瓶身体积，更便于随身携带，且可将瓶身弯曲，并头尾连接成环状，可随意挂在如自行车握把、臂弯、甚至脖子上，满足时尚青年求新求酷的心理。

【名　称】块状模塑料成型加料装置
【公开号】2582840
【公开日】2003.10.29
【申请人】宁波海天股份有限公司
【发明人】张洪波　张建国
【摘　要】一种块状模塑料成型加料装置，由下列部件组成：一固定架，由上架与下平台构成，上架一端与下平台中间由中轴固定，另一侧带一轴，所述的平台带一与料筒的料口相应的进料口，其一侧固定定位油缸，其活塞杆能插入料筒的定位槽中，下平台进料口下固定射台前板盖；一压料油缸，垂直固定在固定架的上架上，其压料头与活塞杆相连；二料筒，所述的料筒上面敞开，下带一料口，料口外侧有一定位槽，二料筒中间由固定板连接并通过轴承与固定架上的中轴连接，固定板上固定齿轮；一料筒旋转装置：一固定在上架的马达，其轴带一齿轮并与固定板上的齿轮啮合。优点在于：既能减少装置的体积，又能连续进料、提高工作效率；实现加料的自动化操作；减少存料。

【名　称】 快接管件
【公开号】 2589786
【公开日】 2003.12.03
【申请人】 王国建
【发明人】 王国建
【摘　要】 本实用新型属于管材连接件，尤其涉及用于直径32mm及以下聚乙烯塑料管材快接管件。由工程塑料材质的管件体和管件帽组成，管件帽内孔设计呈圆锥孔形，在管件帽圆锥孔收口端面上设置沿中心孔外的一圆形豁槽，管件体端头插装焊固于圆形豁槽内。基于本实用新型的结构，相同的管件体焊接不同规格的管件帽就可连接与其相应的管材，使小管径及小压力的管材与管材连接快速简便，并能达到使用要求，大大降低了生产成本。

【名　称】 拉伸吹塑机的合模锁模机构
【公开号】 2586578
【公开日】 2003.11.19
【申请人】 解从广
【发明人】 陈华卿
【摘　要】 一种拉伸吹塑机的合模锁模机构，是生产塑料中空容器的设备部件，有一组拉伸吹塑机的模板，各块模板由导柱串连，模板底部与拉吹机导轨相接触，模板中安装模具并连接合模气缸，在中模板的后壁同时连接合模活塞杆和锁模气缸，合模气缸安装在后模板外壁，锁模气缸的锁模活塞杆其一头连接活塞，而另一头制有卡口，在后模板的内侧上安装锁模塞块气缸，锁模塞块气缸的活塞杆连接锁模塞块，锁模塞块中制有锁模滑槽，锁模滑槽与锁模活塞杆和卡口相配合。本技术方案在连接模具的模板合模后，由锁模机构进一步锁紧，避免胀模，确保被加工塑料制品的质量。

【名　称】 离心泵塑料泵壳的内流道抽芯模具
【公开号】 2556005
【公开日】 2003.06.18
【申请人】 王永康
【发明人】 王永康
【摘　要】 离心泵塑料泵壳的内流道抽芯模具，是涉及离心泵塑料泵壳的内模，其所述的内模是芯模和边模，边模由扇形分模块和弧面梯形分模块相间所组成，各分模块又分为三层，弧面梯形分模块的内侧宽度 L 大于外侧宽度 S。本模具脱模时首先抽出芯模，接着向内抽出弧面梯形分模块三层的中间一层模块，再取出两面二层模块，抽完弧面梯形分模块后，最后依次抽出扇形分模块的三层。达到顺利脱模，实现离心泵塑料壳的加工目的。

【名　称】 锂离子电池的安全端盖
【公开号】 2561100
【公开日】 2003.07.16
【申请人】 中山大学
【发明人】 陈　疆　沈培康
【摘　要】 一种锂离子电池的安全端盖，由基材与箔材粘接构成，基材层开设安全孔；所选基材为铝、铝合金、不锈钢、钛、钛合金、铜、铜合金、锌、锌合金、镍、或镍合金；箔材为铝箔、铝合金箔、聚乙烯塑料、聚氯乙烯塑料、聚氨酯塑料、聚四氟乙烯塑料、聚三氟氯乙烯塑料或聚丙烯塑料；本实用新型结构简单、性能可靠、防爆压力可变。

【名　称】 利用导热油传导加热的塑料挤出成型、造粒设备
【公开号】 2576467
【公开日】 2003.10.01
【申请人】 杨在兴　李德宇
【发明人】 杨在兴　宋继忠　李德宇　侯献伟　史正芳
【摘　要】 一种利用导热油传导加热的塑料挤出成型、造粒设备。主要特征是主机的机筒内、外套管之间有可供导热油流动的空腔。可与导热油炉连接，通过煤加热（也可用天然气、煤气加热）导热油导热方式加热熔化塑料原料，具有使用成本低，在供电不足及无电地区也可以使用的特点。

【名　称】 利用废塑料提高冶金焦炭强度的系统
【公开号】 2587866
【公开日】 2003.11.26
【申请人】 首钢总公司
【发明人】 廖洪强　钱　凯　汤长庚　赵　鹏
【摘　要】 一种利用废塑料提高冶金焦炭强度的系统，采用传统的炼焦工艺设备，该系统是由废塑料加工系统、添加剂与废塑料混合加工系统、废塑料和添加剂混合物与炼焦配煤混合入炉系统以及传统焦化系统有机结合而成，具有投资省、运行费用低的特点。

本实用新型的优点是能够充分利用现有焦炉及其配套系统，实现大规模有效处理废塑料，并利用废塑料和添加剂提高焦炭质量。

【名　称】 连接塑料管道的注塑管件
【公开号】 2540546
【公开日】 2003.03.19
【申请人】 山东方大工程有限责任公司
【发明人】 张传业　王文玉　王　杰　王晓华
【摘　要】 本实用新型涉及一种连接塑料管道的注塑管件，为一圆形管体，有内、外两端；其外端的内、外周边分别设管道凸台、法兰凸台，管体与管道凸台、法兰凸台为注塑成型的一体式结构。结构简单，制作容易，制造、使用成本低。使用本实用新型进行连接，不需要对管道进行翻边操作，节省了人力、物力，缩短了生产周期，并且采用热熔对接，将注塑管件与连接管道加热到一定程度再对接起来，前后仅需几分钟，连接方便、快速、牢固，密封性能好。

【名　称】 连续式高频塑料热合机
【公开号】 2528610
【公开日】 2003.01.01
【申请人】 凌正然
【发明人】 凌正然
【摘　要】 本实用新型涉及一种用于高频连续热粘合塑料片的设备，其自控动力轨道机组位于导轨上，工作台或工作台面的面上和侧部分别置有相互平行上有色金属长条电极板和有色金属长条板，有色金属长条电极板和有色金属长条板间采用有色金属板连接或采用多个有色金属片连接，移动式高频电极板热合定形总成位于气缸的活塞底部，其移动式高频电极板热合定形总成中的高频电极极板板面及定形轮的轮面均与工作台或工作台面上的有色金属长条电极板相匹配，机组为自控动力轨道机组，其机组中的高频电磁振荡器的工作电极分别是高频电极板和高频接触电刷，高频接触电刷与工作台或工作台面侧部的有色金属长条板滑动接触。

【名　称】 铝箔膜载体复合农用保温被
【公开号】 2549718
【公开日】 2003.05.14
【申请人】 李超水
【发明人】 李超水
【摘　要】 本实用新型提供一种塑料大棚用保温器材，具体地说是一种铝箔膜载体复合农用保温被，其结构是由保温基材和铝箔金属金属反射隔热膜构成，保温基材与铝箔金属反射隔热膜复合在一起。该铝箔膜载体复合农用保温被其功能具备：不透气，不透水；阻挡红外线向外辐射的功能与未覆铝箔膜的同等厚度、同等材质的保温被有明显降低，试验证明棚内温度可提高 1～2℃；防尘易卷曲，易铺放；使用寿命 5～8 年；成本每亩越冬大棚平均每年增加一次性保温材料 500 元左右，但从减少劳动强度，延长光照时间，能使蔬菜提前收获，产量增加 10% 的经济效益计算选用铝箔膜载体复合农用保温被可使亩增效益 1 000 元左右。

【名　称】 铝合金塑料平开窗型材
【公开号】 3321313
【公开日】 2003.09.10
【申请人】 新疆屯河新型建材有限责任公司
【发明人】 吴　斌　陈　森　潘竞军　黄东辉
【摘　要】 该产品由窗框组合型材、窗扇框组合型材和中梃组合型材组合而成；各组合型材均由铝合金型材和塑料型材构成。

【名　称】 铝塑复合型材
【公开号】 2537797
【公开日】 2003.02.26
【申请人】 北京福田建材有限责任公司
【发明人】 李金光　彭永宏　杨瑞梅　常　鹏
【摘　要】 一种新型建筑材料——铝塑复合型材，在塑料型材的外面，通过扣接的方式复合铝型材，其中塑料型材有型腔，是主型材；铝型材没有型腔，是辅助型材。该铝塑复合型材既美观、抗老化，又具有良好的保温、隔音性能。该铝塑复合型材可以用于制作铝塑复合门窗，是一种高档的建筑材料。

【名　称】 铝塑组合窗
【公开号】 2592818
【公开日】 2003.12.17
【申请人】 黑龙江省大力节能门窗研究所
【发明人】 赵立志　高胜芳　崔　文　杨立超
【摘　要】 铝塑组合窗属于建筑业中的门窗类产品，该窗是利用铝料框材连接卡扣、铝料扇材连接卡扣、铝料中梃材连接卡扣分别与塑料框材连接卡扣、塑料扇材连接卡扣、塑料中梃材连接卡扣的互卡结构使其分别固接成一体，构成铝塑组合窗；本窗克服了刚性连接的铝塑窗因铝、塑材料膨胀系数的不同而发生的窗体松动和变形，具有组合结构和装配工艺简单、装配性能好、成本低、使用寿命长、封闭效果佳的特点。

【名　称】 绿色环保塑胶覆膜免漆板
【公开号】 2555151
【公开日】 2003.06.11
【申请人】 曾继贤
【发明人】 曾继贤
【摘　要】 一种绿色环保塑胶覆膜免漆板，呈层状构造，其横截面由上至下依次为：覆膜层、胶黏剂层、芯层、胶黏剂层、覆膜层；其中，芯层为白色垃圾等废弃物经加压捏炼成砣，再通过热压制成的以再生塑料和橡胶为主要材质的塑胶板；所述覆膜层的材质为塑料膜、塑料薄板、木纹纸膜、防火板、纸板中的一种；所述胶黏剂层为与塑胶板及覆膜层相容的树脂胶。本实用新型实现白色垃圾再生物的二次利用，品种多样，价格低廉，改变面层结构可获得不同功能，可用于各种家具、门窗、建筑板材及市政产品，用途广泛。

【名　称】 螺杆横截面为多边形的锥形双螺杆塑料挤出机机筒

【公开号】 2576465

【公开日】 2003.10.01

【申请人】 熊师铭

【发明人】 熊师铭

【摘　要】 本实用新型涉及螺杆横截面为多边形的锥形双螺杆塑料挤出机机筒，它由筒体和螺杆组成，筒体的内孔为两个相交的锥形孔，两个锥形孔内分别设有锥形螺杆，其特征在于：螺杆的杆芯的横截面为多边形。本实用新型在螺杆杆芯的设计上，采用了多边形设计，淘汰了原来的圆形设计，原料在被不断翻动的情况下，始终以半环的形式随着螺杆的旋转而前移，从而使得混合效果特别好，而且其受热均匀，避免了焦黄料的产生，同时，由于原料不断地从前一个半环翻到后一个半环，又使得原料在有效长度的机筒内增加了停留时间，所以塑化效果得到进一步优化。

【名　称】 螺旋缠绕钢丝的硅烷交联聚乙烯复合管

【公开号】 2580258

【公开日】 2003.10.15

【申请人】 甘国工

【发明人】 甘国工

【摘　要】 本实用新型提供了一种螺旋缠绕钢丝的硅烷交联聚乙烯复合管。其特征是包括硅烷交联聚乙烯内层，在内层外壁上缠绕有被胶黏剂或胶黏剂与聚合物共混物包覆的钢丝所形成的螺旋缠绕结构层，在螺旋缠绕钢丝结构层的外壁上有与内层和螺旋钢丝结构层复合为一体的热塑性塑料外层。本实用新型承压能力高，扩大了硅烷交联聚乙烯管在中压工程中的应用领域。

【名　称】 埋地塑料管道踪迹警示带

【公开号】 2583748

【公开日】 2003.10.29

【申请人】 亚大塑料制品有限公司

【发明人】 赵海深　孙德刚　卢培丰　王　惠

【摘　要】 本实用新型涉及一种埋地塑料管道踪迹警示带，是由底层塑料膜、金属箔、金属箔包覆塑料外层、顶层塑料膜、警示标识组成。金属箔沿塑料膜长度方向设置，金属箔夹在底层塑料膜与顶层塑料膜之间，顶层塑料膜上印有警示标识。采用了金属箔包覆塑料外层的结构，大大提高了金属箔的韧性，解决了现有技术中示踪带中金属箔易折断的问题，方便了埋地塑料管道的检测和维护，提高了埋地塑料管道踪迹警示带的整体防腐性能。

【名　称】 免印嵌条塑料铅笔

【公开号】 2552710

【公开日】 2003.05.28

【申请人】 方福庆

【发明人】 方福庆

【摘　要】 免印嵌条塑料铅笔，结构包括笔杆，与笔杆同向外围个弧形凹槽，3个与凹槽相配的叶状嵌条熔合其上，笔杆轴芯设有护管套和铅芯，护管套围护在铅芯外围。注塑时，铅芯颗粒装入护套管内，与熔融的软质塑料一起通过挤塑机，形成笔杆主体。3条不同颜色的叶状嵌条同向地被挤塑在笔杆外围3个弧形凹槽内。之后，放在水中冷却，使笔杆有一定形状和硬度。本实用新型结构合理，生产制作工艺简单，成本低廉，成型后外表美观，不需喷涂漆层，以增加美观。

【名　称】 摩托车夜光板组件

【公开号】 2551548

【公开日】 2003.05.21

【申请人】 王　健

【发明人】 王　健　王　强

【摘　要】 摩托车夜光板组件，涉及塑料制成的摩托车前大板或/和左、右护板等，在塑料的前大板或左、右护板的表面有油漆层，其所述的油漆层是底漆层、着色层、发光涂层所组成。在前大板和左、右护板等塑料件的表面有了发光涂层，到夜里摩托车表面发出光亮，一方面起指示作用，来往车辆清晰可见，可避免相互摩擦或碰撞事故。另一方面起很好的装饰作用，使摩托车十分美观。还起到减少摩托车的有关配灯，节省开支，降低成本。

【名　称】 木塑混合材料及其制作方法

【公开号】 1464009

【公开日】 2003.12.31

【申请人】 金魁星

【发明人】 金魁星

【摘　要】 本发明属于木塑材料领域，涉及一种由木屑或废木材与塑料混合而成的新型材料及其制作方法。其木塑混合材料的配比组分为（质量百分数）：木粉50%～65%，强化剂8%～12%，其余为塑料；

其制作方法包括选材、粉碎、配比、搅拌加热、挤压成型、冷却固化、切割成品等工艺步骤，其搅拌加热、挤压成型同时进行，边搅拌加热，边通过模具、芯棒挤压成型，其工艺条件：压力为 7～9MPa，加热温度为 85～90℃，添加阻燃剂后加热温度为 115～150℃，时间为 1～50min。本木塑混合材料耐腐蚀，强度高，耐冷热性能好，耐湿性强，不易变形，其制作工艺简单，降低设备成本和人工成本，无污染，解决了废旧塑料的再加工造成对环境的二次污染问题；主要用于墙面材、楼梯材，门窗型材。

【名　称】 内插外接式连接管件

【公开号】 2580269

【公开日】 2003.10.15

【申请人】 徐　璎

【发明人】 徐　璎

【摘　要】 本实用新型公开了一种内插外接式连接管件，管件体一端管壁内设有止推凸环，管壁外端口的适当位置设有密封凹槽。其管件体选用现有的弯头、直通、三通或四通管件体，也可以是现有的异径弯头、直通、三通或四通管件体。本实用新型实现了每个端口内插外接的两用连接方式，可根据需要，选择应用硬质塑料管路或软质塑料管路，在安装时可直接与管路连接，取消了中间接头，降低了消耗，有安装简便的特点，最大限度地利用了基础材料，同时最大限度地适应了现场铺设的环境，可适用于自来水管路的连接，尤其是适用于农业灌溉以及蔬菜滴灌。

【名　称】 纳米塑料多层共挤保鲜膜

【公开号】 2585749

【公开日】 2003.11.12

【申请人】 张晓明

【发明人】 张晓明

【摘　要】 本实用新型涉及一种纳米塑料多层共挤保鲜膜，主要特征是由上层、中层、内层五层结构组合而成，其中中层分为三层，根据需要可调整中层的结构及材料的配比。每层结构使用的材料：上层为线性聚乙烯和低密度聚乙烯的混合物，中层为高密度聚乙烯和线性聚乙烯混合物和纳米活性轻质材料，添加色母料混合物，内层为低密度聚乙烯和的线性聚乙烯及色母料混合物。该膜具有保鲜、抗氧、闭光、无菌、柔韧性好的特点。

【名　称】 欧式型材及门窗

【公开号】 2581651

【公开日】 2003.10.22

【申请人】 王怀金

【发明人】 王怀金

【摘　要】 本实用新型公开了部分欧式门窗及型材，由于采取了本实用新型所给出的型材来制作门窗，通过改造欧式门窗型材结构达到实现欧式推拉门、窗用胶管来密封间隙，既实现了高度密封的效果，本实用新型把铝合金和塑料门、窗问世就带来的门、窗储灰尘量巨大弊端及可能已给人们带来的不健康因素予以彻底解决了，使门、窗储灰量降为零。所以本实用新型将取得很大的居室环保卫生效果，同时和现行门、窗用型材在同等原材料配方、同等壁厚、同等外形尺寸、同等内支撑筋的情况下，比现行欧式单框单玻一体窗节约成本 16%，比单框多玻多封窗节约成本 34%以上。改进了制造方法，采取了单框多玻多封技术，使门、窗形成三腔四隔框架，玻璃安装为三腔四玻结构，提高了高寒地区和高层建筑用门、窗的强度，解决了现行门、窗有时推拉扇脱落的不安全因素，提高了门、窗使用安全性能。

【名　称】 排油烟机防倒烟软盖阀门

【公开号】 2530168

【公开日】 2003.01.08

【申请人】 尚庆英

【发明人】 尚庆英

【摘　要】 本实用新型由阀门软盖和阀门套两部分组成；阀门软盖的周边是用塑料或金属等硬质材料制成的框架结构，该框架结构包围的中空部分，由固定在框架结构上的软的致密的纤维织物构成；框架结构的内径大于阀门口外径若干毫米；阀门软盖的框架结构的一侧通过合页样结构和阀门套连在一起；在阀门套合页样结构外侧设计有弹簧，在阀门软盖合页样结构外侧设计有压簧挡板；阀门口的平面和水平面之间呈 5°～40°夹角。

【名　称】 啤酒瓶防爆安全套

【公开号】 2560576

【公开日】 2003.07.16

【申请人】 许红星

【发明人】 许红星

【摘　要】 一种啤酒瓶防爆安全套，主要解决目前啤酒生产、运输、存放、特别是消费中酒瓶易爆伤人的问题。它的套体是一种与瓶体外形相适应的软塑料套，其内壁至少设置两个环形塑料筋和两个竖条塑料筋。这种防爆安全套，可以减少啤酒生产、运输、存放和消费中的酒瓶爆炸问题，即使有爆炸现象，其玻璃碎片一般不会飞出伤人。

【名　称】 啤酒瓶胚

【公开号】 2570207

【公开日】 2003.09.03

【申请人】 珠海市中富工业集团公司

【发明人】 黄朝晖

【摘　要】一种啤酒瓶胚，包括瓶口、瓶颈、瓶身，瓶底，在距瓶口顶部一定距离处，设置锁环，沿瓶口、瓶颈、瓶身至瓶底，瓶底底部的厚度比其侧壁壁厚略薄。本实用新型结构新颖，其吹制成的塑料瓶能用来灌装啤酒，能有效解决塑料瓶的泄漏现象及形变问题。

【名　称】啤酒桶出酒嘴
【公开号】2529017
【公开日】2003.01.01
【申请人】王汝震
【发明人】王文阁
【摘　要】本实用新型涉及一种啤酒桶出酒嘴，是为了解决现有技术存在的制作工序复杂，成本高等技术问题。为了解决上述技术问题，本实用新型包括扳柄，以及与扳柄相连接的立轴，其特征在于所述立轴为一根整体式的立轴，其横截面为方形。由于本实用新型立轴为一根整体式的方形立轴，并且采用了高强度的尼龙6工程塑料，可完全省掉方钢管外套，制作工序简单，减少了装配工时，节省了材料，大大地降低了成本。

【名　称】平板式塑料太阳能空调
【公开号】2566166
【公开日】2003.08.13
【申请人】夏庆华
【发明人】夏庆华
【摘　要】本实用新型属平板式塑料太阳能空调，特别涉及一种在建筑物阳台面和墙面上安装平板式塑料太阳能空调，集热板用高分子材料制造，安装在居室的阳台面或窗下的墙壁上，集热板两面由透光板与网格水道板组成低真空腔，网格水道板着有石墨吸热层形成吸热体，集热板的上端框架直接注成进出水口，集热板温升水经进出水口与管路连接管与蒸发器、过流泵、储水器组成封闭循环系统，达到制冷、制热状态，自动遮光卷帘对集热板遮光和保温，结构简单、采光面积大，设计了特殊气候条件下的补充热量，适用于夏季最高温度36℃、冬季最低气温－25℃的居室制冷和供热采暖。

【名　称】汽车保险杠
【公开号】2592445
【公开日】2003.12.17
【申请人】王登祥
【发明人】王登祥
【摘　要】一种汽车保险杠，包括保险杠主体、两个活塞杆、两个活塞、两个缸体、防护板、弹簧。保险杠主体固定在钢板上。钢板与活塞杆固连。活塞杆穿过固定在车架上的防护板与缸体内的活塞固连。活塞端部装有引爆器。缸体底部装有固定撞针。固定撞针周围放置环形密封炸药。缸体固定在车架横梁上。保险杠主体与防护板之间的活塞杆上装有根部带划痕的防护栓。防护板与缸体之间的活塞杆上装有弹簧限位块。弹簧限位块与缸体之间装有弹簧。保险杠主体由橡胶或塑料构成，其上间隔设有的圆孔内装有弹力橡胶圈或气囊。本实用新型坚固、耐用，同时兼有的缓冲和反冲的功能可有效地减轻和缓解交通事故对车辆所造成的破坏，并减少人身事故的发生。

【名　称】汽车用膨胀水箱
【公开号】2565996
【公开日】2003.08.13
【申请人】中国重型汽车集团有限公司
【发明人】曹金山　刘志波
【摘　要】本实用新型属于一种汽车发动机冷却用零部件，特别涉及一种汽车冷却用膨胀水箱。本实用新型是由箱体、连接水口、加水口、加水口盖、泄气管及减压阀组成；膨胀水箱使用白色聚乙烯塑料材料制成；泄气管插入箱体内的部分呈倒U形结构；减压阀和加水口盖制作在一起。本实用新型具有耐腐蚀、质量轻、结构合理、安装方便、综合成本低的优点。

【名　称】铅酸蓄电池用安全阀
【公开号】2559104
【公开日】2003.07.02
【申请人】江苏隆源双登电源有限公司
【发明人】杨宝峰　张华生　祝士平　管雄俊　陈怀林
【摘　要】一种阀控铅酸蓄电池用安全阀，其特征在于安全阀中增加了催化栓。催化栓由滤酸片、催化栓壳及催化剂所组成，其中滤酸片采用的是孔径在15～40μm的聚四氟乙烯片，催化栓壳采用的是F4-6塑料，催化剂由钯（1.5%～5%）与活性炭（95%～98.5%）组成。本实用新型由于使用滤酸片使得硫酸进入催化栓的几率大大减小，保证了催化剂不被毒化；由于在催化反应时会产生大量的热，因而选用了耐高温的催化栓壳，确保装置的安全性；催化栓采用羰基钯，使得氢气和氧气发生复合反应，从而使电池的失水率大大降低，有效地延长了电池的寿命。

【名　称】轻质高强玻璃钢敷层夹芯板材
【公开号】2583237
【公开日】2003.10.29
【申请人】尹大林
【发明人】尹大林
【摘　要】本实用新型涉及一种用于建筑业、机械包装业等其他行业的轻质高强玻璃钢敷层夹芯板材，该板材在钢丝或塑料网架内填充轻质材料组成芯材，再在其双面外敷玻璃钢作为面层，其芯材的填充材料由粉末状、颗粒状隔热、绝热轻质材料构成，由于填充材料可采用粉碎秸秆、稻壳、聚苯乙烯泡沫粒等废弃材料，故来源广泛、价格低廉、废品综合利用率高，且具有节约能源、保护环境的意义，在使用上具有轻质高强、保温性好、施工方便等特点，故可广泛用于组合式临舍、抗震棚、防寒屋，承重、非承重墙体、机械产品包装业等方面。

【名　称】 全塑水膜吸热式太阳能集热板

【公开号】 2573949

【公开日】 2003.09.17

【申请人】 李东元　俞文浩

【发明人】 李东元　俞文浩

【摘　要】 一种全塑水膜吸热式太阳能集热板，其主要包括储水箱、下降管、上升管、改性中空板、改性实芯板及上、下联箱组成；其中，改性中空板作为太阳能吸热集热板其上下两端分别设有上、下联箱，在改性中空板上面设有改性实芯板，上、下联箱与改性中空板用热熔胶黏结或冷黏结，并用密封压条把接口压住，吸热改性中空板下依次设有光反射层、保温层、护板；以上部分形成一个整体安装在边框内，再用管道使上、下联箱连通储水箱的上部与下部，连接下联箱与储水箱下部的管道为下降管，连接上联箱与储水箱的管道为上升管；本实用新型采用全塑料，整体结构质量轻，且耐冲击，安全性能远远高于平板式和真空管式。

【名　称】 热能回收板

【公开号】 2575587

【公开日】 2003.09.24

【申请人】 梁应元

【发明人】 梁应元

【摘　要】 一种生活用节能装置——热能回收板。在由塑料制成的接水板和基座构成的空腔中，热量交换管置于其中，并附在基座的上表面。接水板盖在基座上面，其上表面是凹球面形，靠中心处环形分布圆形下水孔，基座的上表面是凸球面形，边缘侧壁开设废水出孔。热量交换管为热的良导体制成的金属管，管的中心线为渐开线，沿渐开线方向上分布有辐条与热量交换管焊接连接，进水管接头与热量交换管的外圈相连，出水管接头与热量交换管的内圈相连，进水管接头与出水管接头平行设置于基座边缘侧壁上。热能回收板是利用人们淋浴时落地的废热水与流经热量交换管中的冷水进行热量交换，使冷水水温提升，减少热水器加冷水时所要提供的热能，达到节能的效果。

【名　称】 热熔连接的五层钢塑复合管

【公开号】 2583475

【公开日】 2003.10.29

【申请人】 尉卫尧

【发明人】 尉卫尧

【摘　要】 热熔连接的五层钢塑复合管，该复合管由聚丙烯或聚乙烯塑料外层、外层粘接层、金属钢中间层、聚丙烯热熔胶或聚乙烯热熔胶内粘接层、聚丙烯或聚乙烯塑料层内层叠合而成，除兼具普通 PPR 管与普通 PE 管、普通钢塑复合管、普通铝塑管的优点外，同时还解决了普通 PPR 管、普通 PE 管强度低、普通钢塑管不能热熔连接、普通铝塑复合管抗冲击力小、易变形等缺点，具有制造工艺简单、生产容易、连接方便、密封性好、强度高、抗冲击、不易变形、耐腐蚀等优点。

【名　称】 热收缩带包覆缠绕钢丝网埋地塑料管道接口

【公开号】 2580270

【公开日】 2003.10.15

【申请人】 滨州市渤海塑料有限责任公司

【发明人】 孟庆文　李长河　刘书国

【摘　要】 本实用新型公开了一种热收缩带包覆缠绕钢丝网埋地塑料管道接口，它是由热熔胶片，第一层热收缩带和敷在第一层热收缩带封口处的固定片以及钢丝网，第二层热收缩带，外层固定片经包覆缠绕热熔粘接而成，与塑料管道外壁紧密结合在一起。也可根据需要包覆缠绕三层热收缩带和两层钢丝网。满足了高密度聚乙烯双重壁排水、排污管道连接密封的要求，也可用于架空管道的密封连接。具有操作方便、对施工环境适应性强等特点，各项性能指标优于同类管道其他接口技术。

【名　称】 人工海参礁

【公开号】 2582376

【公开日】 2003.10.29

【申请人】 中国海洋大学

【发明人】 王　秋　姜国良

【摘　要】 一种人工海参礁，其特征是为一由塑料制成的筒状中空的壳体。所述的筒状中空壳体彼此之间可通过端部圆口插接、卡接或螺纹连接，所述的筒状中空壳体的侧壁制成凸凹曲面的形状。本实用新型显著地增大了养殖面积，提高了水域的利用率 $1m^3$ 水体可养 100 头参，质轻，移动方便，易于收参，并有防病的功能。

【名　称】 一种垂直种植结构及其生产、种植工艺

【公开号】 1395822

【公开日】 2003.02.12

【申请人】 王宽飞

【发明人】 王宽飞

【摘　要】 一种垂直种植结构及其生产、种植工艺，

选择塑料或金属材料制成空心管、薄板、网眼板，将空心管制成带进水管口的框架，并于管壁上钻若干直径小于0.1cm的孔眼，制成滴水器，将薄板制成盛盘，并于盘内放入滴水器，之后，再向盘内倒入泥土，埋没滴水器，并于泥土上置放种子和无纺布，再将网眼板压在无纺布上，并与盘边固定形成至少包括一面是由网孔板构成的包含种子、基质、滴水器的箱体，将箱体竖立，网眼面与地面垂直，最后将外供液源与进水口接通，由此种子就可以在垂直面上生长，也可以悬挂起来在空中生长。一种垂直种植结构，在种植结构中至少包括一面是由网孔板构成的箱体，箱体中包裹着种子、基质以及埋入基质中的滴水器。

【名　称】一种对环境友善的降解塑料母料

【公开号】1396199

【公开日】2003.02.12

【申请人】广西南宁三山环保科技发展有限公司

【发明人】刘承龙

【摘　要】本发明涉及一种制作可降解塑料的母料。该降解塑料母料是按以下质量份的配比组分配合而成：造纸白泥或蔗糖白泥60～85份，聚烯烃10～30份，光增感引发剂1～3份，生物活性促降剂0.1～0.3份，加工助剂0.5～2.5份，偶联剂0.5～2.5份。本降解塑料母料原料易得，生产工艺简单，加工成本低廉，加工成塑料制品降解快而彻底，对环境无污染。

【名　称】一种可替代ABS树脂的改性聚丙烯组合物

【公开号】1396201

【公开日】2003.02.12

【申请人】何顺伦

【发明人】何顺伦

【摘　要】本发明公开了一种改性聚丙烯，其组成为(质量计)：聚丙烯100份，纳米级蒙脱土3～8份，自制苯甲酸钡0.5～1份，POE、苯乙烯和α-丁烯的共聚物5～10份。经改性的聚丙烯组合物具有制品稳定性好，模塑收缩率低、粗糙度低、冲击强度高等特点，能替代工程塑料ABS树脂在工业中的应用。

【名　称】含磷阻燃聚对苯二甲酸乙二醇酯/层状硅酸盐纳米复合材料及其制备方法和用途

【公开号】1396206

【公开日】2003.02.12

【申请人】四川大学

【发明人】王玉忠　吴　博　彭登轩

【摘　要】本发明涉及一种以对苯二甲酸二甲酯或对苯二甲酸、乙二醇、层状硅酸盐、反应型含磷阻燃剂、插层剂、分散介质和催化剂为原料，通过酯交换或直接酯化的原位插层聚合方法制备的含磷阻燃聚对苯二甲酸乙二醇酯/层状硅酸盐纳米复合材料。该复合材料的力学性能、热性能都有了较大幅度的提高，尤其是在具有阻燃性的同时，还具有耐溶滴性，因而是综合性能优良的纳米阻燃聚酯材料，且其制备方法成熟、操作简便。这种复合材料可用做制备阻燃塑料制品和阻燃纤维的原料。

【名　称】塑料溶胶组合物、凝胶化膜及物品

【公开号】1396225

【公开日】2003.02.12

【申请人】三菱丽阳株式会社

【发明人】佐伯慎二　笠井俊宏　荒井依里子

【摘　要】本发明涉及使用聚烷撑二醇及/或聚烷撑二醇衍生物作为分散剂的塑料溶胶组合物、凝胶化膜及物品。本发明的塑料溶胶组合物的特征是，包含聚烷撑二醇及/或聚烷撑二醇衍生物和聚合物粒子。该组合物由于使用了不含有卤原子，焚烧时等不排出氯化氢气体和二噁英等物质的非卤系聚合物粒子，不必使用钛酸系可塑剂作为分散剂，减轻环境负荷的效果非常显著。由于使用该组合物，可以得到没有分散渗出，分散剂保持性优良，作业性和加工性均优良的凝胶化膜。由于使用该组合物，可以提供力学性能优良的凝胶化膜及物品。本发明的组合物适于用做壁纸、地板材料、汽车用底涂层、汽车用车身保护层材料等材料。

【名　称】耐温的改性道路沥青的制备方法

【公开号】1396235

【公开日】2003.02.12

【申请人】邓志福

【发明人】邓志福　邓俊彪　杨思坤

【摘　要】本发明涉及一种道路沥青的制备方法，特别是一种耐温的改性道路沥青的制备方法，特点是将石油渣油放入带回流装置的酯化罐内加温，并通入压缩空气搅拌升温至260～280℃制备生成基质沥青；用废旧轮胎的内外胎制成的橡胶粉和废旧塑料制成的塑料粉、加入松焦油和其他助剂在高温下制备降解高分子树脂改性剂，再将95%～80%制备的基质沥青放入酯化罐内，升温至180℃，加入5%～20%制备的降解高分子树脂改性剂，搅拌升温至200℃保温10min，溶解、酯化、聚合成耐温的改性道路沥青收存。

【名　称】利用生活垃圾生产高热值低污染固体燃料的方法

【公开号】1396245

【公开日】2003.02.12

【申请人】王和勋

【发明人】 王和勋

【摘　要】 本发明涉及城市生活垃圾的一种处理方法。包括以下步骤：取用垃圾中的膜、袋、片状废塑料，加热聚缩成不规则条、块形状；粉碎成最大直径为3～5mm的颗粒；取用垃圾中高热值可燃物粉碎成最大直径为3～5mm颗粒；按质量比混合两种颗粒并加入胶黏剂和钙氧化物后轧制成型。本方法经人工和机械分选将垃圾中的废塑料和其他垃圾处理方法难以处理的高热值可燃物集中处理，有效地解决了因低热值有机垃圾成分阻碍成品燃料块热值提高的根本问题。本发明的两种颗粒能可靠地被钙氧化物包容且使废塑料颗粒相互隔离，有利充分燃烧而降低有害气体的发生量，钙氧化物能最大限度的吸附有害气体抑制二噁英生成的效果非常突出的优点。

【名　称】 金属骨架增强的非交联耐高温聚乙烯塑料复合管

【公开号】 1396400

【公开日】 2003.02.12

【申请人】 甘国工

【发明人】 甘国工

【摘　要】 本发明提供了一种金属骨架增强的非交联耐高温聚乙烯塑料复合管。复合管管壁连续体材料为非交联耐高温聚乙烯，在连续体中包覆有带孔网结构的有孔洞的钢板卷制焊接的或纬向钢丝缠绕径向钢丝焊接的或螺旋缠绕或编织钢丝形成的筒形金属增强体骨架。耐低温、高温，耐环境应力开裂性能高，热熔性好，使用寿命长。

【名　称】 空芯光子晶体塑料光纤及其制作技术

【公开号】 1396467

【公开日】 2003.02.12

【申请人】 哈尔滨工程大学

【发明人】 苑立波

【摘　要】 本发明涉及一种具有空芯光子晶体结构的空芯塑料光纤及其制造技术。这种光纤用于传递光能量的芯区是中空的，包层具有光子晶体结构。由于光子晶体的局域特性，光波在塑料材料构成的光子晶体结构包层所包围的空气介质中传输，光纤的损耗将会很小，并有利于改进塑料光纤的色散特性。本发明还给出了制造该塑料光纤的相关技术，包括材料制备、光纤预制棒制备及其拉伸设备与拉制方法等，保证了该光纤具有制造简单、成本低、光损耗小等优点，可适用于在局域网中的短距离通信、有线电视网及室内计算机之间联网。

【名　称】 塑料扁丝收丝机的排丝机构

【公开号】 2540391

【公开日】 2003.03.19

【申请人】 林少平

【发明人】 林少平

【摘　要】 一种塑料扁丝收丝机的排丝机构，包括有机架、凹轮、滑动架和设在滑动架上的排丝杆，所述机架上设置主轴，滑杆固定安装在机架上，两滑动架通过滑套与滑杆滑动连接，其特征在于所述凹轮通过偏心孔安装在机架的主轴上，所述凹轮所通过偏心孔中心的弦长相等，所述两滑动架上设有滚轮，所述两滚轮两端的距离等于通过凹轮偏心孔中心的弦长。本实用新型消除了原来塑料扁丝收丝机排丝时停顿跳跃现象，保证了生产出来的丝团的平整度、不塌边、不厚边，减少了零部件的磨损，延长了收丝机的使用寿命，降低了生产成本。

【名　称】 塑料波纹丝网除沫器

【公开号】 2569891

【公开日】 2003.09.03

【申请人】 陈长林

【发明人】 陈长林

【摘　要】 本实用新型提供了一种塑料波纹丝网除沫器，它主要由丝网和丝网格栅组成的丝网块以及固定丝网块的支承装置构成，丝网由多层波纹状的塑料丝编织网叠合而成。采用本丝网除沫器，气态流体与丝网碰撞的机会增加，除沫的效果好。波纹状的丝网堆积密度小，对气态流体的阻力小，不会影响气态流体的流速，故除沫效率高。

【名　称】 塑料薄膜补片装置

【公开号】 2584401

【公开日】 2003.11.05

【申请人】 厦门市兴亚泰塑料工业有限公司

【发明人】 陈南太

【摘　要】 涉及一种塑料加工的层状产品设备，尤其是一种主要用于生产LDPE、HDPE、PP等塑料薄膜补片袋的塑料薄膜补片装置。设有机架、送料气缸和送料胶辊、胶辊气缸、切断气缸和切刀、上下热合气缸和热合部件、刹车装置、调节螺杆和控制电路。可为塑料薄膜制袋机提供一种补片装置，可与已有制袋机组成一部全自动控制的塑料薄膜制袋机，其优点是：实现了全自动化送料、切膜、热合；动力全部采用气动，机构简单化，操作简单化；采用PLC可编程逻辑控制器，控制简单；整个补片机工作稳定可靠，安全性好，效率高。所生产的补片塑料薄膜袋其袋口承重力显著提高，不易撕裂。

【名　称】 塑料薄膜封口袋吹塑成型专用模头

【公开号】 2582855

【公开日】 2003.10.29

【申请人】 邓惠江

【发明人】 邓惠江

【摘　要】 本实用新型涉及一种塑料薄膜封口袋吹塑成型专用模头，它包括设于吹塑模头上部体内的与吹塑主机出料口相连通的环形薄膜成型出料缝道和设于模头体内的电加热元件，其特征在于：模头体的一侧部上还设有分别与两台吹塑分机出料口相连通的子扣带通道和母扣带通道，子扣带通道和母扣带通道的上端出口分别与环形薄膜成型出料缝道的上出口相交接。本实用新型的应用，不仅有利于塑料薄膜封口袋的加工成型，减少工序，降低成本，而且因为子扣带和母扣带与塑料薄膜形成一体，所以封口可靠，产品质量好。

【名　称】 塑料薄膜连续封口机

【公开号】 2548914

【公开日】 2003.05.07

【申请人】 马卫源

【发明人】 马卫源

【摘　要】 本实用新型涉及一种塑料薄膜连续封口机。它包括机身，电机，传动机构，薄膜袋体输送带，上、下热合夹持输送带，电加热装置，压紧装置，风冷却装置，上、下滚花夹持导带和滚花装置；电加热装置包括上电加热块，风冷却装置包括上冷却块；所述上电加热块和上冷却块分别设在升降调节机构上，该升降调节机构包括升降板、螺杆、压力调节螺母、升降调节旋钮和弹簧；升降板一头可转动地安装在机身内，另一头从机身正面伸出并装有上电加热块或上冷却块；螺杆一头铰接于升降板中部，另一头从机身上面伸出并旋有升降调节旋钮，压力调节螺母也旋在螺杆上，弹簧套在螺杆上并顶在压力调节螺母与机身内壁之间。本实用新型结构简单合理，适应范围广，十分实用。

【名　称】 塑料薄膜褶皱覆膜机

【公开号】 2582870

【公开日】 2003.10.29

【申请人】 上海万和橡塑有限公司

【发明人】 杨华松　周红梅　杨松福　梁肖庠

【摘　要】 本实用新型涉及一种塑料薄膜褶皱覆膜机，包括工作台。其特征在于：在工作台上两侧有支架，支架上有滑块，滑块上端有压簧，滑块上有轴孔，轴孔内有一长条齿轮，长条齿轮的齿底有真空吸气孔，真空吸气孔与长条齿轮中间的轴向孔相连，轴向孔连接一真空泵，滑块上端有内支架，内支架上有与长条齿轮相啮合的小长条形齿轮。本实用新型的优点是能利用简单的设备方便地将塑料薄膜折成褶皱并进行覆膜。

【名　称】 塑料齿轮快装组件

【公开号】 2550565

【公开日】 2003.05.14

【申请人】 天津市嘉杰电子有限公司

【发明人】 王学义

【摘　要】 一种塑料齿轮快装组件，它由芯轴、菱形块、联结套和锁紧支架组成；芯轴的内孔设有定位滑道，芯轴的外径上部为连体齿轮，尾部外径为锥形外圆联结套套装在芯轴尾部，菱形块卡装在芯轴上，菱形块与齿轮间夹装间隔套，芯轴最大台阶底面与菱形块间夹装密封装置，联结套外圆两侧固定锁紧支架，锁紧支架由接驳器、弹簧和开口锁组成，其端面设有升角。本实用新型具有以下优点：(1) 由于模具一次成型，尺寸稳定；(2) 效率高、成本低，可节省大量人力物力；(3) 检验测量工作量降至最少；(4) 装配工艺简单，技术操作要求低；(5) 可实现无库存，减轻资金占用；(6) 使整台机器运转精度提高，即平稳，又不摆动，最终图像更加清晰。

【名　称】 塑料吹瓶机的开合锁模装置

【公开号】 2579648

【公开日】 2003.10.15

【申请人】 翁志敏

【发明人】 翁志敏

【摘　要】 本实用新型提供了塑料吹瓶机的开合锁模装置。它包括储油缸和开合锁模动力缸，动力缸包括缸体、前端盖、中端盖、后端盖，油活塞，气活塞，前端盖具有进出气通道，中端盖具有进出油通道及进出气通道，后端盖具有进出气通道，储油缸在其与中端盖连通处的另一端设有进出气通道。本实用新型结构合理，不会产生上述由于机械磨损而导致的锁模松动的问题，工作环境和噪声得到极大的改善，并且，合模、锁模和开模方便迅速。同时，本实用新型的储油缸采用气直接作用于油，这样，可以简化储油缸的加工工艺，降低本实用新型的成本。

【名　称】 塑料吹瓶机的前端防护装置

【公开号】 2528608

【公开日】 2003.01.01

【申请人】 思达可家具（上海）有限公司

【发明人】 张冬女

【摘　要】 本实用新型为一种塑料吹瓶机的前端防护装置，主要包括机架、模具、合模装置、吹气装置、动力装置、控制装置，还包括一设于吹瓶机操作窗前端的透明防护罩，在该防护罩两侧设有帮助其平稳上升或下降的导向装置，及一可驱动该防护罩上升或下降的驱动装置，该防护罩下降可至模具的操作部位完全暴露，上升可至模具的开合部分完全与操作人员隔离，确保操作人员的安全。本实用新型的优点在于，由于在现有的吹瓶机上加设了前端防护装置，在生产过程中，操作人员的手不能随意伸入模具的开合部分，从而有效地防止了安全事故的产生，消除了设备隐患。

【名　称】 塑料吹瓶机开合锁模装置的储油缸
【公开号】 2580175
【公开日】 2003.10.15
【申请人】 翁志敏
【发明人】 翁志敏
【摘　要】 本实用新型提供了塑料吹瓶机开合锁模装置的储油缸。它包括缸体及分别设于其两端的进出气口及进出油口，在进出气口后设有由数个挡油叶片延缸体周向围成的油气分离板，相邻挡油叶片之间具有通气道，油气分离板的周边与缸体内壁具有间隙。本实用新型加工成本低，结构极其简单，使用时不易出现故障，可以改善排气环境，降低缸体的高度并进一步降低成本。在进出油口前可设有挡油板。挡油叶片在其靠近根部处相互联体，联体部分之上的挡油叶片沿缸体轴向扭转一定角度。

【名　称】 塑料吹瓶机拉伸杆
【公开号】 2546177
【公开日】 2003.04.23
【申请人】 陈官福
【发明人】 陈官福
【摘　要】 塑料吹瓶机拉伸杆，一根连接在塑料吹瓶机拉伸气缸下的拉伸杆，其所述的拉伸杆是中空管，拉伸杆的管壁制有吹气边孔。现将原有不能输气的拉伸杆改为中空输气管，加上已有瓶口吹气阀（现将原来只能进气的吹气单向阀，改为能吹气又可排气的两用阀），形成了一个进气另一个出气的气体回路，特别是拉伸杆内成为空气冷却吹气，实现向塑料瓶中边吹气边排气的目的，达到生产热灌装或者高温杀菌塑料瓶的质量要求。

【名　称】 塑料吹塑薄膜旋转牵引机
【公开号】 2538522
【公开日】 2003.03.05
【申请人】 山东塑料橡胶机械研究所
【发明人】 王连清　葛方坤　郇彩云　张　惠
【摘　要】 本实用新型公开了一种塑料吹塑薄膜旋转牵引机，由牵引辊、电机牵引辊牵引辊固定支架及其传动链轮、链条、安装在牵引机框架上的导辊构成，牵引辊固定在牵引辊固定支架内，牵引辊固定支架底部固定在水平旋转机构的大转动齿轮上边的转动板上，牵引辊固定支架的上部通过连接板与下膜片转向辊的摆动装置的下固定法兰盘连接固定；该牵引机提高了印刷性能和抗撕裂强度，可广泛用于塑料吹塑薄膜生产。

【名　称】 塑料袋冲切机
【公开号】 2569992
【公开日】 2003.09.03
【申请人】 祝南桥
【发明人】 祝南桥　程顺祥
【摘　要】 本实用新型为塑料袋冲切机：包括底座、刀模、切刀和刀压板，在所述底座上设置有导向轴，该导向轴的另一端与支架横杆固定连接；在所述底座的上方设置一上模板，所述刀压板固定于该上模板的下方，该上模板通过其轴孔套装于所述导向轴上，并与设置于支架横杆上的拉簧相连接。这种结构既简单又便于操作，能够提高袋口冲切的质量和效率，且能够大大地延长切刀的使用寿命。

【名　称】 塑料的识别方法及装置
【公开号】 1463359
【公开日】 2003.12.24
【申请人】 松下电器产业株式会社
【发明人】 久角隆雄　后藤辉夫　入江正一
【摘　要】 在准备塑料材料试验片，利用衰减全反射法测定前述试验片的红外光谱，通过将获得的红外光谱与已知塑料的红外光谱进行比较对照，识别前述塑料材料的种类的方法中，前述试验片具有切断面，使衰减全反射结晶体与前述试验片的切断面相接触，实施前述试验片的红外光谱的测定。

【名　称】 塑料粉碎机的旋转刀具
【公开号】 2552597
【公开日】 2003.05.28
【申请人】 吴一夫
【发明人】 吴一夫
【摘　要】 一种塑料粉碎机的旋转刀具，其中心与转轴固装，在一个与转轴同芯线的圆柱面上有若干刃口，其特征是：沿轴向间断分布有数个相互平行的具厚度的刃口层，各刃口层上的所有的刃口都处在上述回转面上的若干条相互间不重合并且不相交的螺旋线上。这些螺旋线在圆柱面上均匀分布。刃口层相互间等厚度、等间距。采用本实用新型的塑料粉碎机噪声小，负荷波动不显著。

【名　称】 塑料干洗机
【公开号】 2565609
【公开日】 2003.08.13
【申请人】 郭荣宗
【发明人】 郭荣宗
【摘　要】 一种塑料干洗机，由半圆形的机壳盖、机壳底对合的壳体和包封在其中的螺旋筒组成，该螺旋筒两端用轴承安置在基座上，螺旋筒上按左旋等分焊接有四组导料板、洗料板和送料板。导料板为一矩形板块，倾斜于螺旋筒轴线；洗料板为块状体，设置成梯形间断状；送料板为一矩形板块，与螺旋筒轴线同向；壳体固定在基座上，壳体顶面对应导料板一端设有一入料口，壳体底部对应送料板一端设有一出料口；壳体包封送料板的一端直径较大；机壳底小直径部分于中心线以下将机壳底冲压制成条栅状或用螺旋钢焊成条栅状制成筛底。

【名　称】塑料管
【公开号】2577078
【公开日】2003.10.01
【申请人】杭州韩益塑料管材有限公司
【发明人】蔡圣锡
【摘　要】可节省原材料的环刚度和强度高的一种塑料管，具有由盘管以距离 D 为内径螺旋形缠绕形成的绕圈纵向排置构成的管壁一部分，所述的绕圈之间的螺旋形走向的凹槽中填充有构成管壁另一部分的焊结体，盘管之管腔内填充有构成管壁又一部分的填充体；盘管和焊结体用料为 HDPE，填充体用料为热塑性废旧塑料。本实用新型可用做污水排放管、下水管、工业用排水管和农用水管以及低压上水管等。

【名　称】塑料管道活接头
【公开号】2531226
【公开日】2003.01.15
【申请人】山东方大工程有限责任公司
【发明人】张传业　王文玉　王　洁
【摘　要】本实用新型涉及一种管道连接器具，为塑料管道活接头，由内压盖和外压盖组成，内、外压盖轴向截面呈“L”形，内侧相扣，内压盖上套有外丝，外压盖上套有对应的内丝，内、外压盖间配有抗圈。本实用新型结构简单，制作容易，造价低，使用寿命长，操作方便，省时省力，能够快速完成施工操作，有广阔的应用前景。

【名　称】塑料管道及塑料复合管道连接件
【公开号】2545458
【公开日】2003.04.16
【申请人】胜利石油管理局工程机械总厂
【发明人】杜雪永　杨玉晓　梁立移　高　辉
【摘　要】本实用新型公开了一种塑料管及塑料复合管道连接件，包括管体和连接套，连接套的内壁设置有电热丝，通过加热电热丝，其两端与管体连接在一起。连接套的内孔两端和管体的外径端部为锥形结构，其锥度为 0.3°～10°。本实用新型施工操作方便，连接安全可靠，密封性能优越，可广泛应用于各种塑料管道、塑料复合管道、聚乙烯管道及钢骨架增强塑料复合管道的电熔连接工艺中。

【名　称】塑料管或塑料复合管金属接头
【公开号】2545457
【公开日】2003.04.16
【申请人】胜利石油管理局工程机械总厂
【发明人】曹淑慧　梁立移
【摘　要】本实用新型公开了一种塑料管或塑料复合管金属接头，包括芯管、外卡套、螺母、密封件，其中芯管装在塑料管或塑料复合管的内表面，外卡套装在塑料管或塑料复合管的外表面，螺母与芯管相连接，芯管和芯管端面相配合，配合端面间有密封件。本实用新型结构简单、制造容易、安装维修方便，使用安全可靠，广泛应用于各类塑料管或塑料复合管的连接工艺中，尤其对钢骨架增强塑料复合管，如钢丝网骨架增强塑料复合管、钢板网骨架增强塑料复合管、钢丝缠绕骨架增强塑料复合管等，效果更佳。

【名　称】塑料光纤平板显示器
【公开号】2541854
【公开日】2003.03.26
【申请人】杨忠义　杨帅兵　张力涓
【发明人】杨忠义
【摘　要】一种塑料光纤平板显示器，其特征在于它由塑料光纤材料构成基板，在基板内压入带颜色的塑料光纤材料组成的标志、标记或图形，光源由基板周边侧面镶入的若干发光二极管组成，在基板周边还设有遮光条。本装置具有发光柔和均匀、低压供电、能耗低、使用寿命长、安全和易于生产等优点。

【名　称】塑料硅芯管生产机组模头
【公开号】2538521
【公开日】2003.03.05
【申请人】山东塑料橡胶机械研究所
【发明人】孙树笃　李　伟　陈胜利　刘　波
【摘　要】本实用新型公开了一种塑料硅芯管生产机组模头，该模头的物料分配器具有螺旋体结构。此种结构的模头生产出的产品，硅芯层不存在合缝线，生产时，物料在圆周方向进料均匀，物料也不容易在模头内存料，具有很好的应用价值。

【名　称】塑料合金发热线缆加热器
【公开号】2582315
【公开日】2003.10.22
【申请人】张志洪
【发明人】张志洪
【摘　要】本实用新型涉及一种塑料合金发热线缆加热器，包括：发热器壳体，固定设置在外壳内的发热器，其特点是：发热器包括发热器骨架，在发热器骨架上绕置塑料合金发热线缆，该塑料合金发热线缆与电源线连接；本实用新型能制作各种形状的加热器，形成贴身加热，并具有低加热强度和较大面积均匀加热特性，由此能适用于长距离管道和大面积加热，并可广泛应用于国防、科研、石油、化工、医药、冶金、电子等各个领域，因此极为实用。

【名　称】 塑料和粉煤灰复合型材
【公开号】 2536326
【公开日】 2003.02.19
【申请人】 苏振生
【发明人】 苏振生
【摘　要】 塑料和粉煤灰复合型材，是一种利用粉煤灰作为原料的建筑型材。粉煤灰是火力发电厂的废弃物，由于不断产生所以成了综合治理的首要课题，同时，废旧塑料造成的白色污染也是世界各国的综合利用的巨大课题。本产品包括：外壁，所述的外壁内具有型腔，所述的型腔中具有与所述的外壁相连的肋，所述的外壁和所述的型腔的形成材料包括 45%～55%的粉煤灰，其余为塑料或者回收的废旧塑料或者废旧橡胶作为胶黏剂，本产品为等同截面的条型材，由粉煤灰等原料共同塑化挤压而成的建筑材料。

【名　称】 塑料护栏单元
【公开号】 2561883
【公开日】 2003.07.23
【申请人】 南京衡立实业有限责任公司
【发明人】 刘旭梅
【摘　要】 本实用新型涉及一种塑料护栏单元，包括小立柱、大立柱、横杆三部分，两根大立柱分别位于两端，小立柱位于大立柱之间，其数量为一个以上，均固定在横杆上，横杆的两端分别与两根大立柱相连。本实用新型具有外形美观，组装轻便、施工方便、免维护和生产能耗低的优点，是铸铁制和水泥制护栏的理想替代品。

【名　称】 塑料挤出机新式热源加热器
【公开号】 2579644
【公开日】 2003.10.15
【申请人】 王明显
【发明人】 王明显
【摘　要】 本实用新型公开了一种塑料挤出机新式热源加热器，包括化料筒、加热器、三通、模头，其特征是：化料筒、三通和模头的外面设有加热器，加热器的进气口经管子与集中供应热空气的热源连通，化料筒、三通和模头的外壁上设有热电偶，各加热器的出气口上均设有控制热空气通、断的电磁阀。本实用新型使用空气加热，由专用的热源集中供热，热空气经加热器把化料筒、三通和模头加热，加热均匀、迅速，热电偶、电磁阀和电气部分可自动控制热空气的通断，保证了产品质量，简化了机构节省了电能。另外由于热源远离操作现场，改善了操作人员的环保条件。

【名　称】 塑料挤出淋覆膜机组的三元收卷装置
【公开号】 2585841
【公开日】 2003.11.12
【申请人】 汕头市远东轻化装备公司
【发明人】 陈耀渠
【摘　要】 本实用新型公开了一种塑料挤出淋覆膜机组的三元收卷装置，在收卷装置部分，给收卷轴配置了原动力和一低摩擦气缸，收卷轴的轴座置于直线轨道上滑动，滑动的动力由低摩擦气缸提供。本实用新型由于在收卷装置部分给收卷轴配置了原动力和一低摩擦气缸，低摩擦气缸的进退控制收卷轴在直线导轨上移动，且收卷轴本身由原动力传动，所以调节摩擦辊与收卷辊之间的间隙，可以实现接触式摩擦卷取、间隙式中心卷取和摩擦加中心卷取的三种形式的收卷功能，即本实用新型具有上述的三元卷取功能。使用者可按基材的不同或制品的要求，而选择相适应的工作形式。对卷取直径越大或表面质量要求严格的收卷效果更为显著。

【名　称】 塑料接箍套管扶正器
【公开号】 2594446
【公开日】 2003.12.24
【申请人】 张怀志
【发明人】 张怀志
【摘　要】 本实用新型涉及一种塑料接箍套管扶正器，属于保证固井质量的重要配件技术领域。技术方案是将一片或两片弓形弹簧片的两端头通过注塑生产工艺分别将它们嵌入在带有一段圆弧面和两个销孔的塑料接箍中，再用销钉将多个接箍两两顺次相互连接，后用橡胶塞将销钉封闭在销孔中而形成一套完整的塑料接箍套管扶正器。其技术特征在于用注塑成型工艺生产的塑料接箍取代原弓形弹簧套管扶正器的金属接箍。它具有生产工艺简单，成本低廉，使用和运输轻便的特点。这种保证固井质量的重要配件可广泛用于固井工程中。

【名　称】 塑料绝热垫
【公开号】 2552680
【公开日】 2003.05.28
【申请人】 王志勇
【发明人】 王志勇
【摘　要】 一种塑料绝热垫，包括绝热面和支撑面，其技术特点是采用难燃硬质塑料混炼后经塑料挤出机挤出的、并通过特定模具定型冷却成为有隔腔的整体衬垫，衬垫的绝热面通过带有隔腔的连接体与支撑面合为一体。该塑料绝热垫具有节能、隔热、阻燃，耐化学腐蚀性能好，价格低，使用寿命长等优点。

【名　称】 塑料快速接头
【公开号】 2591381
【公开日】 2003.12.10
【申请人】 重庆溯联塑胶有限公司
【发明人】 韩宗俊　付晓英　邓忠富　汤尚斌
【摘　要】 塑料快速接头，包括接头体和对接管。在接头体的接合端内壁装有O形密封圈和导向环，接合端端部装有向内卡锁的弹性定位卡，弹性定位卡的卡紧部与导向环外端面之间嵌套有弹性拉扣，弹性拉扣内接触面为斜面或圆弧面。对接管的接头处的外管壁上有一圈卡接凸台。本快速接头的优点是安装迅速、方便，占用的安装空间小，耐压耐冲击，密封性能优越，使用寿命长。

【名　称】 塑料礼品袋的封底机
【公开号】 2584524
【公开日】 2003.11.05
【申请人】 许汉光
【发明人】 许汉光
【摘　要】 本实用新型公开了一种塑料礼品袋的封底机，包括支撑板、封底装置，其特征在于：上述的支撑板是两块用于放置礼品袋底面的支撑板，在两块支撑板之间设有供礼品袋通过的中缝料道，在支撑板上方设有上下可移动的封底装置。使用本实用新型封底时，礼品袋底面不会与礼品袋的正面或底面折叠在一起，出来的产品底面均匀，且礼品袋可沿着中缝料道进出，不像原来加工时需将礼品袋套装在支撑板上，套上、取下极不方便，提高了生产效率。本实用新型结构简单、使用方便、成本低，适宜于中小企业使用。

【名　称】 塑料连通管
【公开号】 2593007
【公开日】 2003.12.17
【申请人】 金隆记工业股份有限公司
【发明人】 赖富栋
【摘　要】 一种塑料连通管，包含有一具有多数管口端的中空管本体、多数分别插设入该管本体管口端内部的中空分向管体、多数分别套设在该管本体每一管口端的外壁面并将该管本体的管口端与该等分向管体相连接的连接件、多数分别套束在该等分向管体的外表面与该管本体每一管口端内壁面之间的环状橡胶体，借此，该塑料连通管于高温或低温环境下使用时，不会因热胀冷缩而影响到密封性。

【名　称】 塑料门窗焊接机的加热控制装置
【公开号】 2530793
【公开日】 2003.01.15
【申请人】 济南光明机器有限公司
【发明人】 马兆岭
【摘　要】 塑料门窗焊接机的加热控制装置。它涉及一种塑料门窗焊接机的装置，解决了现有塑料门窗焊接机的加热控制装置存在的不能与其他的控制元件发生联系、反映的控制信息少、人机交互性差、智能化水平低等问题。它包括热电偶、继电器、加热板，设有与所述的热电偶和继电器相连接的温控模块，该温控模块还与一个程序控制器相连接，该程序控制器与人机界面相连接。本实用新型主要用于塑料门窗焊接机上。

【名　称】 塑料门窗焊接机的压钳装置
【公开号】 2542393
【公开日】 2003.04.02
【申请人】 济南光明机器有限公司
【发明人】 贾　博　赵厚勇
【摘　要】 塑料门窗焊接机的压钳装置。它涉及一种塑料门窗焊接机的机构，解决了现有压钳装置的型材靠板高度不可调节，需要更换型材靠板，从而增加了操作程序、降低了加工效率的问题。它包括下压钳、型材靠板、上压钳、上压钳压紧机构、滑块，所述的滑块靠近所述型材靠板的一侧设有延伸的型材靠板，所述的上压钳和上压钳压紧机构设置在该延伸的型材靠板靠近型材靠板的一侧。本实用新型主要用于塑料门窗焊接机上。

【名　称】 塑料门窗四角焊接机自动上料机构
【公开号】 2546180
【公开日】 2003.04.23
【申请人】 侯秀峰
【发明人】 侯秀峰
【摘　要】 本实用新型提供一种塑料门窗四角焊接机自动上料机构，其结构是由机架导轨、上机头、上料托架、上料气缸，其特征在于上料托架通过托架导轨滑座与机架导轨滑动相接，上料托架通过上料气缸与机头相接，上料托架上设置有带滚轮的型材压紧器。本实用新型的塑料门窗四角焊接机的自动上料机构和现有技术相比，具有设计合理、结构简单、易于加工、操作使用方便、节省人力、提高生产效率和产品加工质量等特点，因而，具有很好的推广使用价值。

【名　称】 塑料密封桶
【公开号】 2581336
【公开日】 2003.10.22
【申请人】 燕化集团天津润滑油脂有限公司
【发明人】 贾林贵　邵云明　刘瑞科　马生然　邵昆海
【摘　要】 本实用新型由桶体和桶盖组成，在桶体上口外侧面上设有2道以上的上下排列的扣钩，桶体上口内侧面为锥面；桶盖设有与桶体上口内侧面过盈配合的柱形环，桶盖还设有与桶体外侧面上的扣钩相适配的扣卡，桶体与桶盖的结合由桶体上外凸的扣钩与桶盖上内凸的扣卡各自相互结合，通过桶盖的密封环插入带有锥度的桶体来密封，同时桶口上沿与桶盖的一圈密封线相互接触。整个密封结构为两层塑料体弹性密封，并由此围成一个空气密封环。

【名　称】 塑料木粉复合材料建筑型材

【公开号】 2553031

【公开日】 2003.05.28

【申请人】 邢加林

【发明人】 邢加林

【摘　要】 塑料木粉复合材料建筑型材，是用塑料和植物茎杆的粉末复合而成的材料制成的建筑型材。建筑型材的横截面是L形，在L形横截面型材的内面或外面上有沿型材长度方向的凸棱。塑料可以是聚乙烯、聚丙烯或聚氯乙烯。塑料木粉复合材料建筑型材中的木粉含量是20％～65％。本实用新型的横截面是L形，在装饰房屋的内角线和外角线如房屋顶角线和门口线时十分方便，在L形横截面型材的内面或外面上有沿型材长度方向的凸棱，不仅美观，还使型材的强度增高。由于建筑型材是用塑料和木粉复合而成，加工时，可以像木材一样的刨、锯、钉，使用时维护费用低，力学性能好，其热变形小，吸水性小，耐腐蚀性能强，是结构和性能较好的一种建筑材料。

【名　称】 塑料霓虹灯

【公开号】 2596182

【公开日】 2003.12.31

【申请人】 陈　泽

【发明人】 陈　泽

【摘　要】 一种塑料霓虹灯，具有串联微型发光体组、第一电源引入导线、第二电源引入导线和透明塑料管，其特征是在透明塑料管内等距布置有由透明材料制成的微型发光体座，所设置的微型发光体座与串联微型发光体组中的各微型发光体一一对应设置，串联微型发光体组中的各微型发光体分别固定在微型发光体座上，所述第一、第二电源引入导线均与各微型发光体座固定连接，所述微型发光体座与透明塑料管的内壁紧配合，相邻微型发光体座之间具有间隙。本实用新型既能够防止微型发光体在使用过程中移位，又不过多地耗费制作材料，还便于采用流水线机械化生产，这不但能够提高工效，显著地节省加工费用，还能够提高产品质量。

【名　称】 塑料瓶大输液装置

【公开号】 2538779

【公开日】 2003.03.05

【申请人】 王彦军

【发明人】 王彦军

【摘　要】 一种塑料瓶大输液装置由吹塑成型机、洗瓶机、灌装机、塑料瓶与塑料盖愈合一体封口机组成，其特征在于：吹塑成型机的落盖轨道及传送带接口、洗瓶机的传送带接口、灌装机的传送带接口、塑料瓶与塑料盖愈合一体封口机的传送带接口及传送带出口通过传送带依次连接。本实用新型将传统的玻璃瓶大输液装置变为塑料瓶大输液装置，塑料瓶大输液装置运转速度高、成本底、操作简便，产品合格率为100％。塑料瓶大输液装置从颗粒到制瓶、洗瓶、灌装、封口全线连机，一次到位，给用户减少了分散采购的诸多不便及降低费用，该新技术广泛应用于医药行业。

【名　称】 一种热固性氟塑料制品的成型设备

【公开号】 2555147

【公开日】 2003.06.11

【申请人】 马庆刚

【发明人】 马庆刚　卢温海　马　宝

【摘　要】 本实用新型公开了一种热固性氟塑料制品的成型设备，该设备包括挤出机、机头和烧结装置，机头连接在挤出机和烧结装置之间，烧结装置中部为通孔。此种结构的氟塑料成型设备适合连续生产、生产效率高、生产成本低。

【名　称】 一种软管接头

【公开号】 2578649

【公开日】 2003.10.08

【申请人】 南海市和顺和兴五金厂

【发明人】 孔凡光　冯志通　冯志松

【摘　要】 本实用新型公开了一种软管接头，它包括接头、锁紧螺母、连接开关、出水口接头、密封圈、塑料弹簧和垫圈；所述接头包括软管接口端和硬管接口端，塑料弹簧套在接头的硬管接口端上；连接开关套在接头的硬管接口端上，包在塑料弹簧的外面；锁紧螺母锁在接头的软管接口端上；密封圈套在出水口接头上，垫圈设置在出水口接头内；出水口接头的一端插在接头的硬管接口端内。采用上述结构，使本实用新型实现软、硬水管的连接与拆卸很方便。

【名　称】 用于中压复合塑料管道的连接方法

【公开号】 1390696

【公开日】 2003.01.15

【申请人】 蒯一希

【发明人】 蒯一希

【摘　要】 本发明涉及的是一种用于中压复合塑料管道的连接方法，在被连接管段的两相对连接端部外有与之相互电热熔连接的电热熔管道连接件，其中，先将被连接管段的两相对连接端口相互对接并以电热熔方式连接成整体形式结构后，再在该连接部外用电热熔管道连接件作电热熔式加固连接。此方法可以有效解决采用传统连接方式时因电热熔管道连接件与被连接管段的熔接环缝暴露在管内介质中而成为最易被撕裂的薄弱处的问题，大大提高其连接强度，并有利于充分发挥电热熔管道连接件在承受内压爆破力和轴向拉力的能力。

【名　称】塑料薄膜在房屋中冬暖夏凉和防渗水的使用方法

【公开号】1391015

【公开日】2003.01.15

【申请人】朱明华

【发明人】朱明华

【摘　要】本发明的目的是提供一种塑料薄膜在房屋中冬暖夏凉和防渗水的使用方法，它把塑料薄膜加隔在毛坯砖墙体或毛坯板墙体的两墙面或两大面的结构之中；粘贴在楼板、房顶盖板的下平面上，并钉上签、钉，然后在涂有胶黏剂的外层塑料薄膜上和凸出的签、钉上涂抹黏结浆料或一般浆料；在楼板和房顶盖板的上平面涂抹一般浆料或黏结浆料前加隔塑料薄膜；塑料薄膜也要加隔到地表面的下面。这种不透气不透水的加隔功能效果，可以实现房间冬暖夏凉和房顶、墙体不渗水的目的。该方法非常适用于新建房屋；也适用于已建好的毛坯房屋、居住房屋和已居住使用的房屋。

【名　称】金属软质发泡材料及其制造方法和应用

【公开号】1392170

【公开日】2003.01.22

【申请人】赵根普　江雪平

【发明人】赵根普

【摘　要】本发明提供了一种金属聚氨酯软质发泡材料，其中含有热导率大于30W/(m·K)的导热金属粉，其作为一种新型的高分子材料，在保留传统聚氨酯塑料的优点的基础上，具有比较高的热导率，其热导率大于0.2W/(m·K)，更适宜制作夏季用品。本发明还公开了这种具有较高热导率的金属聚氨酯软质发泡材料的制造方法，包括化学发泡方法和复合成型方法，本发明还提供了上述具有较高热导率的聚氨酯材料在生活领域和工业领域中的应用。

【名　称】全透明高温塑料瓶

【公开号】1392191

【公开日】2003.01.22

【申请人】温世清

【发明人】温世清

【摘　要】全透明高温塑料瓶，以聚丙烯PPm 800E为基本材料，加以热稳定剂、抗氧剂、环氧大豆油和增透剂混合形成，各组成的质量百分比为：聚丙烯PPm800E 90%～95%，抗氧剂1%～2%，热稳定剂1%～3%，环氧大豆油1%～3%，增透剂0.5%～1%。该塑料瓶具有耐高温、全透明，易制作，经济价廉的优点，特别适用于食品包装。

【名　称】脂族聚酯组合物以及挠性产品

【公开号】1392197

【公开日】2003.01.22

【申请人】理研维生素株式会社

【发明人】指田和幸　长谷部忠

【摘　要】本发明涉及可生物降解的塑料及其具有挠曲性的可生物降解的塑料产品，更具体地说本发明旨在提供一种增塑剂，它用于提供具有挠曲性的脂族聚酯，特别是聚乳酸，提供一种使用该增塑剂的脂肪族聚酯组合物和通过将所述组合物模塑而得到的薄膜、片材和袋子等。该组合物相对于100质量份脂肪族聚酯是含有5～50质量份聚甘油乙酸酯的脂族聚酯化合物，含有聚甘油乙酸酯和5～50质量份具有特殊结构的甘油脂肪酸酯的脂族聚酯化合物，和通过将上述两种方式表示的脂族聚酯化合物模塑成膜、片材或袋子等而得到的挠性产品。

【名　称】一种加密激光全息防伪标识

【公开号】1392422

【公开日】2003.01.22

【申请人】华中科技大学

【发明人】王树初　曹汉强　陈汝钧

【摘　要】一种加密激光全息防伪标识，在粘胶层上设有图像层，在图像层上设有塑料基底，其特征在于：所述图像层为浮雕结构的谱变换图形层。上述塑料基底和粘胶层之间可设置有金属反射层，该金属反射层上也设有浮雕结构的谱变换图形层。加密激光全息防伪标识，是发明人为增加防伪标识的防伪力度而研究和开发的一种实用技术，是一种在防伪标识上隐藏信息的防伪标识。由于隐藏的是人眼无法判读的信息，因此需要采用机器识别来进行检测，这就使得伪造难度增加，防伪力度得以提高。

【名　称】超大型塑料注射成型工艺及设备

【公开号】1394735

【公开日】2003.02.05

【申请人】王福玲

【发明人】王福玲

【摘　要】本超大型塑料注射成型工艺及设备的工艺过程为：存储注塑、预塑机构由变频器控制不停运转，普通氮气经加压泵、单向阀压入螺杆均化段的后部与高压氮气充分混合的熔融物料进入注射缸、储存缸；若工艺错误，熔融物料经系统安全排放阀排出。工艺设备，存储油缸与存储注塑预塑机构、存储缸、注射缸及分配器相连通，单向阀与存储注塑、预塑机构连通，整体式锁紧油缸与模具、垫板连接，模具导柱与模具连接，齿形推板与活塞、法兰盘连接，开启式射嘴与模具、热流管连通，挺杆与开启式射嘴、开启式射嘴油缸、热流管连通，普通实体射嘴与热流道模具连通。本发明可多点复合注射成型，可进行结构微孔注塑成型，也可进行普通实体注射成型。

【名　称】 细化颜料和着色用组合物

【公开号】 1394917

【公开日】 2003.02.05

【申请人】 大日精化工业株式会社

【发明人】 冈本久男　中川宽　座间义之

【摘　要】 本发明提供了细化颜料和含有该细化颜料作为着色剂的着色用组合物，其中细化颜料可用做涂料、印刷油墨、塑料等的着色剂、液晶显示器等的滤色片、喷墨记录用的油墨、颜色调色涂料等使用的着色剂。一种细化染料，其特征在于，在由原始粒子的聚集体组成的染料中，粒径为 0.1μm 以下的原始粒子的个数比例占总粒子数的 95%以上，而粒径超过 0.1μm 的原始粒子的个数比例不到总粒子数的 5%。

【名　称】 一种防伪包装盒

【公开号】 1394794

【公开日】 2003.02.05

【申请人】 四川省宜宾五粮液集团有限公司

【发明人】 杨玉庆　徐　涛

【摘　要】 本发明是一种防伪包装盒，特别是涉及酒瓶包装防伪的包装盒。本发明的防伪包装盒由盒体、盒盖构成，盒体的内壁上设置有防伪件。防伪件可制成齿状、条状或片状。防伪件的前端面在包装盒的径向与其相对的盒体的内壁之间的径向距离小于包装盒内拟装入的酒瓶瓶体的径向外壁之间的最大距离。防伪件的前端面在包装盒径向形成的圆周的直径小于包装盒内拟装入的酒瓶瓶体的径向外壁之间的最大距离。防伪件的前端在纵向不高于防伪件与盒体的内壁连接部位的位置。在盒体上接近防伪件的部位设置有至少一个削弱槽。盒体、盒盖由塑料制成，材料为 PP 或 PE。本发明具有防伪效果好，制造工艺简单，成本低，运输装运过程中不易损坏的优点。

【名　称】 直接驱动式挤出机及其运行方法

【公开号】 1394737

【公开日】 2003.02.05

【申请人】 温德莫勒及霍尔希尔公司

【发明人】 G. 米德尔堡

【摘　要】 本发明涉及一种挤出机，其优选将颗粒状塑料材料转变成熔化状态，而且它具有至少一个圆柱缸筒，其中设有一个可旋转的挤出机螺杆，该螺杆与一个至少具有一个马达的驱动单元相连接，从而使该驱动单元为挤出机螺杆的旋转运动提供转矩，其中该至少一个马达配有一个或多个转子，其中挤出机螺杆和该至少一个转子在工作时具有相同的转速。另外介绍了使挤出机运行的方法。

【名　称】 塑料模塑品的成型方法

【公开号】 1394736

【公开日】 2003.02.05

【申请人】 株式会社理光

【发明人】 金松俊宏　山中康生　福岛明

【摘　要】 一种塑料模塑品的成型方法，能将气孔诱导发生于非复制面而且塑料模塑品扭歪小、变形低、成本小。该方法包括在至少一个非复制面上形成一个通气孔，使该通气孔的一端向型腔内开口，另一端与一个气体供给手段相连；将加热到软化温度以上的熔融树脂注射充填到型腔中，然后，使树脂压力发生于复制面，使树脂紧密接触于复制面；从开始向型腔中注射充填熔融树脂的时刻，到熔融树脂的充填结束之间，经过该通气孔向型腔内供给气体，在熔融树脂的非复制面中至少一个以上的表面和模具之间形成气体层，使得熔融树脂不与带通气孔的非复制面紧密接触；将该树脂冷却到低于软化温度的温度，然后，开模、取出模塑品。

【名　称】 用于分配塑料系固件的系统

【公开号】 1394792

【公开日】 2003.02.05

【申请人】 艾弗芮丹尼逊有限公司

【发明人】 S.　E. 弗兰纳里

【摘　要】 一种用于从系固件坯料的卷轴上分配一塑料系固件使两件或多件物体结合在一起的系统，该系统包括：一框架；一中空针状物，该针状物具有一锋利的尖端；一进给机构，该进给机构用于将系固件坯料进给到中空针状物内；一切断机构，该切断机构用于切断系固件，使得可以从系固件坯料上分配出系固件使通过中空针状物；一排出机构，该排出机构用于通过中空针状物排出切割下的系固件；以及一针状物防护组件，该组件可滑动地安装在所述框架上，并位于所述中空针状物之外。针状物防护组件包括一具有正面的导板和与导板固定的支架组件。支架组件可滑动地安装在框架上，从而使导板可滑动地设置在被保护位置和完全缩进位置之间，在被保护位置中，针状物的尖端处于导板的正面之后，而在完全缩进位置中，针状的尖端处于导板的正面之前。

【名　称】电子部件包装用封带
【公开号】1394797
【公开日】2003.02.05
【申请人】住友电木株式会社
【发明人】中西久雄　平松正幸
【摘　要】本发明提供一种能够防止有关剥离强度的故障、安装时的故障，能够低成本生产且透明的封带，即剥离强度不会过强和过弱、剥离强度的最大值和最小值的差较小且透明性优良的封带。这种封带用于电子部件包装，能够对连续形成容纳电子部件的容纳容器得到的塑料制装载带进行热封，其具有由聚酯、聚丙烯、尼龙中任意一种构成的双轴拉伸薄膜层，以及处于该层的一面上的相对于乙烯共聚物 100 质量份混合聚苯乙烯 10～100 质量份得到的热塑性树脂层。

【名　称】防雾产品、无机亲水硬涂层的成型材料和制备防雾透镜的方法
【公开号】1395131
【公开日】2003.02.05
【申请人】株式会社水晶系统
【发明人】进藤勇　佐藤幸治
【摘　要】一种防雾产品，其包括具有多个纳米尺寸的凹陷部分的无机亲水硬涂层，这些凹陷部分到表面的平均深度为 10nm～10μm，且该涂层在这些凹陷部分被表面活性剂填充从而能连续流出。这种硬涂层具有高力学强度，且能长期保持防雾效果，而且是在接近室温的低温下在透镜的透明基质材料、塑料板等上面制成的。因此，这种防雾产品不仅特别适用于眼镜镜片，而且还特别适用于包括护目镜和光学窗口的各种应用。

【名　称】复合防滑编织布、袋及制作方法
【公开号】1388046
【公开日】2003.01.01
【申请人】宏投包装（杭州）有限公司
【发明人】吕发炫
【摘　要】本发明涉及一种化学纤维纺织品，主要用于制作复合防滑编织布、袋及防滑编织袋。特点：编织布表面涂有一层表面呈凸点或网纹或花纹图案状的薄膜。优点：将带凸点或网纹或花纹图案的条状薄膜或带凸点或网纹或花纹图案的塑料丝热熔复合在编织布表面技术方案的实现，解决了人们长期以来想要解决而没有解决的难题；其次，采用本发明制作的编织袋，在装物后，不仅装卸手感省力，而且码垛的高度是背景技术的 1～2 倍且不会滑落，实现了库存空间的充分利用；三是本发明不仅具有防水、防伪功能，而且从根本上解决了环境保护的问题，其使用过的编织袋可一次性回收利用，没有任何污染。

【名　称】连续式高频塑料热合机及热合方法
【公开号】1387992
【公开日】2003.01.01
【申请人】凌正然
【发明人】凌正然
【摘　要】本发明涉及一种用于高频连续热粘合塑料片的设备，其自控动力轨道机组位于导轨上，工作台或工作台面的面上和侧部分别置有相互平行上有色金属长条电极板和有色金属长条板，有色金属长条电极板和有色金属长条板间采用有色金属板连接或采用多个有色金属片连接，移动式高频电极板热合定形总成位于气缸的活塞底部，其移动式高频电极板热合定形总成中的高频电极极板板面及定形轮的轮面均与工作台或工作台面上的有色金属长条电极板相匹配，机组为自控动力轨道机组，其机组中的高频电磁振荡器的工作电极分别是高频电极板和高频接触电刷，高频接触电刷与工作台或工作台面侧部的有色金属长条板滑动接触。

【名　称】包装复合材料及制造方法和用途
【公开号】1394742
【公开日】2003.02.05
【申请人】吴德明
【发明人】吴德明
【摘　要】本发明涉及一种包装复合材料，具体地说是一种包装复合材料及制造方法和用途。其特征在于由光栅胶片和塑料材料复合而成。包装复合材料的制造方法是采用模具注塑成型的，首先将光栅胶片放入模具夹层内，模具的底部设有注塑口进行注塑，当塑料材料完全凝固后再取出模具，此时光栅胶片和塑料材料完全黏合，完成最终的产品。包装复合材料可以用于生产灯罩、茶杯、广告箱、礼盒、装饰画、各种容器等包装领域。本发明同现有技术相比，光栅胶片与塑料材料结合牢固，无黏合、无结缝、节省原材料、降低印刷成本、应用范围广。

【名　称】非淀粉生物降解塑料
【公开号】1388164
【公开日】2003.01.01
【申请人】刘永丰
【发明人】刘永丰
【摘　要】本发明非淀粉生物降解塑料，是一种不含天然生物降解物质，利用低分子量烃类物质（碳氢化合物）做生物降解剂，含有 10%这种生物降解剂的塑料，其生物降解失重率，在 28 天内可达到 6%以上。本发明是这样体现的，它分别由以下各质量份数的组分组成：聚乙烯 70～80，低分子量烃类物质 5～

20、分散剂 SBS 5～20、催化剂 0.4～0.5。

【名　称】 纳米级废弃塑料-淀粉混聚物生产方法及应用

【公开号】 1388169

【公开日】 2003.01.01

【申请人】 张夫道

【发明人】 张夫道　赵秉强　张骏　张俊清　史春余　何绪生　张建峰　王茹芳

【摘　要】 本发明采用微乳化和高剪切技术，将废弃塑料——聚苯乙烯、聚氯乙烯、聚乙烯、聚丙烯等与淀粉一起制备为纳米级胶团混聚水溶液，具有优良的胶结成膜性能、固沙保水性能，用于缓/控释肥料包膜胶结剂、有机-无机肥料造粒胶黏剂、固沙保水剂、秸秆板材胶结剂等。

【名　称】 热塑性树脂改性电子束固化复合材料环氧树脂基体

【公开号】 1388175

【公开日】 2003.01.01

【申请人】 北京航空材料研究院

【发明人】 包建文　陈祥宝

【摘　要】 本发明涉及一类热塑性树脂改性电子束固化复合材料环氧树脂基体。在本发明中，该类环氧树脂体系主要由环氧树脂、光引发剂和热塑性树脂改性剂组成。光引发剂为碘鎓盐或硫鎓盐。改性剂为酚酞改性聚醚酮、酚酞改性聚醚砜以及环氧官能团封端热塑性工程塑料，经它们改性后的电子束固化环氧树脂为基体的碳纤维复合材料的韧性及纤维基体界面得到改善，改善了其作为叠层复合材料树脂基体的工艺性。同时，这些改性剂的加入不影响树脂基体的耐热性。改性剂的用量为树脂总质量的5%～30%。

【名　称】 快速结晶聚对苯二甲酸乙二醇酯复合物

【公开号】 1388177

【公开日】 2003.01.01

【申请人】 广州金发科技股份有限公司

【发明人】 曾祥斌　刘志力　陈大华

【摘　要】 本发明提供了一种快速结晶聚对苯二甲酸乙二醇酯复合物及其制备方法。该复合物由30～80份（质量份数，下同）聚对苯二甲酸乙二醇酯、0.2～8份复合结晶成核剂、10～25份复合阻燃剂、10～60份填充增强剂、0.1～5份其他加工助剂经熔融挤出而成。本发明采用快速结晶技术，解决了聚对苯二甲酸乙二醇酯作为工程塑料使用时成型加工过程中结晶速率慢、注模温度高、模塑周期长的缺点，可广泛用于制造电子电器、机器机械、家电等的零部件。

【名　称】 涂布塑料模制品的方法、用以蒸发金属的可紫外光固化底漆及塑料模制品

【公开号】 1388186

【公开日】 2003.01.01

【申请人】 日本油漆株式会社

【发明人】 安达阳一　高岛一彦　牛尾朗　松井荣

【摘　要】 本发明的目的是提供一种适用于各种塑料基体的涂布塑料模制品的方法、一种所述涂布方法中要使用的用以蒸发金属的可紫外光固化底漆以及一种由所述涂布方法获得的塑料模制品。涂布塑料模制品的方法包含下列步骤：在塑料基体上涂布一层用以蒸发金属的可紫外光固化底漆，然后让已涂布基体经受紫外光辐照，以形成一层底漆膜，在该底漆膜上蒸发金属以及在金属表面涂布一种透明涂料，以形成一层透明涂料膜层，其中所述用以蒸发金属的可紫外光固化底漆包含一种丙烯酸树脂、一种分子内含至少2个（甲基）丙烯酰基的化合物和一种光聚合引发剂，所述丙烯酸树脂包含至少一种选自（甲基）丙烯酸二环戊烷酯和（甲基）丙烯酸二环戊烯酯和（甲基）丙烯酸异冰片酯的单体作为一种组分。

【名　称】 一种废塑料加工成防水胶的加工工艺

【公开号】 1388200

【公开日】 2003.01.01

【申请人】 陈华玉

【发明人】 陈华玉

【摘　要】 一种废塑料加工成防水胶的加工工艺，其特征在于：将废塑料投入干馏锅中加热至380℃，使废塑料分解成为小分子气体，通过冷凝器冷凝浓缩后成胶体，加入紫外线防护剂、抗老剂、增黏剂配制成防水胶。本发明的优点在于：它可以使废塑料直接成为防水胶，省时、省力。

【名　称】 切割塑料光学纤维的装置和方法

【公开号】 1388389

【公开日】 2003.01.01

【申请人】 索尼株式会社

【发明人】 安田信行

【摘　要】 一种切割塑料光学纤维的切割装置，其包括：用于切割塑料光学纤维的切割件；和用于将所述切割件定位于至少一个第一位置和至少一个第二位置的定位装置，在第一位置处对塑料光学纤维进行粗切割，在第二位置处对塑料光学纤维进行精切割。相应的切割方法包括在粗切割状态进行粗切割和在受控的切割状态下进行精切割的多个切割步骤。通过该方法，由于降低了切割时作用于光学纤维的载荷，因而减小了切割后光学纤维传输性能的衰退。

【名　称】 质子交换膜燃料电池双极板制作方法

【公开号】 1388598

【公开日】 2003.01.01
【申请人】 北京飞驰绿能电源技术有限责任公司
【发明人】 曾宪林　毛宗强　王利生
【摘　要】 本发明属于燃料电池的制造技术，包括以下步骤：根据适合工艺要求的双极板及流场，并由此制成模具；选取耐温树脂，用注塑机一次成型，高压挤压制成高强度、抗腐蚀、耐工作温度的塑料双极板；采用塑料表面镀覆金属工艺，将一次成型双极板表面镀覆一层起导电作用的耐腐蚀的合金。本发明具有制造简单而又廉价，可降低燃料电池成本，并保证在运行过程中稳定，不释放出化学基团，维持燃料电池电堆工作稳定、可靠的优点。

【名　称】 电缆的抗腐蚀镀层和包带
【公开号】 1391502
【公开日】 2003.01.15
【申请人】 北卡罗来纳康姆斯科普公司
【发明人】 罗伯特·塞拉　詹姆斯·罗斯
【摘　要】 一种在基层表面形成一个抗腐蚀镀层的方法，包括用交联材料重配制成一种共聚物成分。所得到的共聚物成分然后被施加于基层表面并固化形成交联共聚物。该交联共聚物成分可能包括基于丙烯酸的共聚物和基于羧基的催化剂。该基层可能包括金属薄片和/或多叠层的金属和塑料薄膜。这种抗腐蚀镀层被施加于用来屏蔽电缆的金属和薄片上，并通过提供电、湿和/或热屏蔽来增强它们的功能度，同时提供一种黏着于某些烯属化合物的黏结层，这在某些屏蔽电缆的应用中是有益的。

【名　称】 合成树脂制瓶体的耐热瓶颈部
【公开号】 1392856
【公开日】 2003.01.22
【申请人】 株式会社吉野工业所
【发明人】 小泽知之　杉浦弘章
【摘　要】 本发明的目的在于利用PCO（仅采用塑料盖密封的瓶体）的瓶颈部的结构来获得耐压兼耐热的瓶颈部，得到PCO瓶颈部的耐热化性能的同时，还可以大幅度地节省资源。由于其具有与耐热瓶颈部的筒壁相同的内、外径尺寸的筒壁，作为连续螺纹结构的螺纹牙的起始端部的螺纹牙延长部与筒壁的上端面有一定的距离，该延长部在大的中心角范围内延长形成，环状凸缘和颈环与PCO瓶颈部的相应结构相同，并将整个瓶颈部经加热结晶化处理加以白化，所以可以避免不正常的收缩变形的发生，并充分地发挥了耐热性和节省资源的效果。

【名　称】 紫外线吸收树脂、树脂水乳浊液、树脂组合物、树脂水乳浊液组合物及其用途、聚氨酯水乳浊液
【公开号】 1392882
【公开日】 2003.01.22
【申请人】 大赛璐化学工业株式会社
【发明人】 井神清隆　远藤敏郎　藤井龙美
【摘　要】 在根据需要存在的有机溶剂中，使具有紫外线吸收基团的聚酯多元醇、含有离子型和/或非离子型表面活性基团的化合物、有机多异氰酸酯和根据需要添加的多元醇反应而获得的紫外线吸收性树脂的溶液中加入中和剂进行中和，获得紫外线吸收树脂的水乳浊液。该紫外线吸收树脂的水乳浊液具备良好的相容性、耐光性、耐碱性和耐溶剂性，且不会渗出，可用于人造皮革、塑料和木质材料等的涂层。由聚酯二元醇、增链剂、含有离子型和/或非离子型表面活性基团的化合物、有机多异氰酸酯及中和剂形成的聚氨酯水乳浊液处理过的人造皮革具备良好的柔软性、耐光性、耐水解性和耐热性。所述聚酯二元醇以至少1种选自2-正丁基-2-乙基-1,3-丙二醇、2,2-二乙基-1,3-丙二醇及2,4-二乙基-1,5-戊二醇的二醇、ε-己内酯和己二酸为最低限度结构单元。

【名　称】 密封树脂组合物，密封膜及其用途
【公开号】 1388824
【公开日】 2003.01.01
【申请人】 三井化学株式会社
【发明人】 八坂直登
【摘　要】 本发明涉及一种密封树脂组合物，其中包含质量含量60%～95%聚乙烯（PE）和5%～40%聚1-丁烯（PB），PE与PB的熔体流动速率（MFR）之比（$MFR^{[PE]}/MFR^{[PB]}$）大于等于1。本发明还涉及由各种基础膜树脂组合物挤塑层合而成的层合膜，该层合膜作为密封膜可通过热合与其他塑料膜良好黏合，形成的热合强度基本上与温度无关。而且，本发明的层合膜易于剥离，这样，通过热合黏合于其他塑料膜上的该层合膜可轻易地从塑料膜的黏合表面剥离而不会产生黏丝。因此，本发明树脂组合物适合用做食品包装材料。

【名　称】 印刷的热塑性防损坏包装
【公开号】 1397472
【公开日】 2003.02.19
【申请人】 一源实业公司
【发明人】 D. 谢莱恩　M. G. 哈克
【摘　要】 本发明提供了一种低成本抗损坏的产品包装。该包装由一个基本上平的热塑性材料板形成的包装底板和一个模制的密封于底板上的塑料盖子组成。底板和盖子优选塑料，诸如聚氯乙烯或聚乙烯构成，它们难以刺穿、切割或撕裂。底板与盖子间的密封不易损坏，因而人手难以分离底板和盖子。高频焊接和

超声焊接是优选的密封包装的方法。塑料底板适合于在其上直接印刷。盖子最好包括绕着其周边的脊，以便阻止包装弯曲以及有助于包装展示。盖子最好也包含至少一个突出部分，在其中形成一个中空的凹进处以便容纳产品。

【名　称】 从城市固体废物的纤维素成分中除去重金属并生产葡萄糖

【公开号】 1397561

【公开日】 2003.02.19

【申请人】 受控的环境系统有限公司

【发明人】 R. 切法洛　G. R. 莱特西

【摘　要】 从城市固体废物的纤维素成分中除去重金属并生产葡萄糖的方法，包括：(1) 获得城市固体废物；(2) 从中除去轮胎、大块铁类金属和非铁金属、塑料、玻璃和橡胶，得到纤维素成分；(3) 粉碎 (2) 中纤维素成分；(4) 用浓硫酸处理 (3) 中经粉碎的成分，得到部分水解的混合物；(5) 用水稀释 (4) 中部分水解的混合物；(6) 搅拌 (5) 中经稀释的混合物得到消化材料；(7) 把 (6) 中含有基本上全部为重金属的不溶性成分与可溶性成分分离开而得到葡萄糖酸性溶液。

【名　称】 可光降解抗菌聚烯烃塑料的制造方法

【公开号】 1397591

【公开日】 2003.02.19

【申请人】 怀特凯普公司

【发明人】 詹姆斯·泰伯　史蒂文　B.　克拉斯

【摘　要】 一种封盖及其制造方法，其中一个环形垫圈通过注塑法被模压到由塑料或金属制成的封盖外壳的内表面上。环形垫圈包括一体制成并沿径向延伸的凸舌，其中一个所述的凸舌形成于塑性熔体被进送到模具型芯的环形垫圈成型槽内的位置上，而另一凸舌形成于塑性熔体从所述沟槽内排出的位置上。所述另一凸舌最好包括一个冷料孔结构，该结构通过一个连接部分与环形垫圈连通，而连接部分的横截面小于垫圈和冷料孔结构的横截面。

【名　称】 热可塑性木粉的制造方法

【公开号】 1397596

【公开日】 2003.02.19

【申请人】 张发饶

【发明人】 张发饶

【摘　要】 本发明涉及热可塑性木粉制造方法的技术领域。其为提高其力学性能指标而开发的。其特征在于步骤为：(1) 适宜接枝的高分子塑料与能与 OH^- 能反应的功能单体进行化学接枝反应得到改性塑料；(2) 木质材料进行粉碎和干燥得到颗粒尺寸在 2cm 范围内的木质细料；(3) 木质细料 60%～95%与5%～40%改性塑料在粉碎机中进行粉碎复合，温度在20～200℃范围、时间为 0.1～1h、百分比为质量百分比；(4) 反应完成后冷却粉碎得到成品。它具有方法简单、容易实施、成本低、塑性木粉质量好的优点，适合在家具门窗板材等上面推广使用，并对传统的木工加工产生重大影响。

【名　称】 塑料光纤及其制造方法

【公开号】 1397810

【公开日】 2003.02.19

【申请人】 旭硝子株式会社

【发明人】 杉山德英　成富正树

【摘　要】 本发明提供容易使用而且安全、连接成本低、可进行短距离铺设、在高频带传输容量大而且传输损耗低的可与玻璃制 SM 型光纤相互连接的 SM 型塑料光纤及其制造方法。是纤芯由实质上没有 C—H 键的非晶态含氟聚合物构成、包层由折射率比含氟聚合物要低 0.001 以上的含氟聚合物构成的导波模式为单模的塑料光纤，是利用熔融挤压成型或由母材熔融拉丝的塑料光纤制造方法。

【名　称】 有罩体的挤压机

【公开号】 1398219

【公开日】 2003.02.19

【申请人】 贝斯托夫有限公司

【发明人】 米夏埃尔·贝林

【摘　要】 本发明涉及一种尤其用于加工塑料熔体的挤压机，包括一个设在挤压机外壳内的挤压腔，至少一根可马达驱动旋转的挤压蜗杆轴通过挤压腔延伸，挤压蜗杆轴在蜗杆轴上有至少一个圆柱套状区段，其中，挤压腔有至少一个外壳段用于形成一个起节流点（罩体）作用的环形间隙，尤其用于调整熔体的压力，熔体在至少一个的圆柱套状区段的区域内基本上等距地围绕着至少一根的挤压蜗杆轴。其中，在节流点的环形间隙的间隙高度可有目的地通过可从外部调整的作用力，在挤压腔内表面和/或蜗杆轴表面弹性变形的情况下改变，为此，在节流点区域内，在外壳段的壁内和/或在至少一根的蜗杆轴内设一液压腔。

【名　称】 新的表面改性的珠光颜料和生产该物质的方法

【公开号】 1398284

【公开日】 2003.02.19

【申请人】 默克专利股份有限公司

【发明人】 李邦银　新田胜久

【摘　要】 本发明涉及高取向的表面改性的珠光颜料，在平面取向（叶展效果）方面优良。公开了一种表面改性的珠光颜料，其中聚合物细颗粒通过化学键黏合到水合金属氧化物上，而没有相互聚集；生产表面改性的珠光颜料的方法及其用于油墨、涂料和塑料的用途。

【名　称】 黏土复合抗菌剂及其制备方法

【公开号】 1398520

【公开日】 2003.02.26

【申请人】 广州擎天新材料研究开发有限公司

【发明人】 谭绍早　陈震华　张　红

【摘　要】 本发明涉及一种黏土复合抗菌剂及其制备方法，其特征在于复合抗菌剂中抗菌性金属元素的含量为0.5%～10%（质量）[通常1%～5%（质量）]，有机阳离子抗菌功能基团的含量为5%～30%（质量）[通常10%～20%（质量）]；其制备方法是先用金属络合离子与黏土进行离子交换反应，再加入含阳离子抗菌功能基团的有机化合物进行层间插入反应，使具有抗菌活性的功能基团引入黏土矿物层间，制备复合抗菌剂。本发明的抗菌剂具有低毒、价格低廉、抗菌谱广、抗菌效率高、耐热性和耐久性优良，加入高分子中不变色的特点，可以添加在塑料、纤维、橡胶、涂料和木材等中制备抗菌功能材料。

【名　称】 车用保险杠模具

【公开号】 1398709

【公开日】 2003.02.26

【申请人】 杨仁元

【发明人】 冯　兵　杨金弟　徐　勇

【摘　要】 本发明涉及一种车用保险杠的注塑料成型模具，属于车辆零部件制造技术领域。该模具包括定模、动模，动模上装有可以沿内倾斜面移动的大顶块，定模与动模合模形成弓形形腔；此外还包括安装在大顶块上、可以沿基本垂直于动模移动方向运动的小顶块，定模与动模的分型线位于弓形形腔下侧边缘附近；所述小顶块的一端位于分型线附近，另一端顶靠在固定于动模的滑槽倾斜面上；所述倾斜面下半段的斜率与大顶块的内倾斜面斜率相当，上半段的斜率大于下半段。本发明以巧妙的结构设计妥善解决了注塑成型后的脱模问题，使保险杠装配在车辆上后，看不到任何分型线痕迹，因此可以提高车辆的美观效果和档次。

【名　称】 筒状塑料片材的热熔敷法

【公开号】 1398711

【公开日】 2003.02.26

【申请人】 株式会社大可乐　稻畑产业株式会社　有限会社五英

【发明人】 五十岚嘉久　半田启明

【摘　要】 一种将形成筒状的塑料片材熔敷在其他塑料制片材上的方法，产品的外观性好，即使熔敷时出现一些孔，内部空气也不会向外泄漏。其特征是，具备以下的要素：在上述塑料片材的内侧插入热熔敷加工机的筒状加热用夹具；将上述筒状塑料片材的熔敷一侧的端部向上述加热用夹具的内方弯曲，在该状态下将加热用夹具与上述熔敷一侧的端部一起抵接在要熔敷的其他塑料片材上，进行热熔敷。

【名　称】 包装用复合纸及其制备方法

【公开号】 1398766

【公开日】 2003.02.26

【申请人】 蔡龙腾

【发明人】 蔡龙腾

【摘　要】 本发明公开一种包装用复合纸及其制备方法。它含有底纸和塑料薄膜，该底纸和塑料薄膜借助于胶水层复合在一起。其中的底纸内表面有淋膜层。其制备方法是：先依次将淋膜和胶水喷涂在底纸的两面；之后，对带有淋膜层和胶水层的底纸进行干燥处理；再之后，将塑料薄膜紧紧地复合在有胶水层的底纸一面；即可。用该包装用复合纸制成的包装管，成本低、回收处理时不会污染环境、对人体无害，可用做牙膏、药膏等膏状或液态状物体的包装管。

【名　称】 超细氧化锌复合物及其制备方法

【公开号】 1398818

【公开日】 2003.02.26

【申请人】 骆天荣

【发明人】 骆天荣　赵永红　郭建平　乔爱平

【摘　要】 本发明公开了纳米级和亚微米级超细氧化锌复合物及其制备方法，属纳米材料生产技术领域，选择不同的金属盐类包括银、铜、铝、铈、钛等的盐类，以及硅酸盐类与铝酸盐类，添加到碱法生产氧化锌的蒸氨过程中，并采用适用的工艺操作规程，获得超细氧化锌复合物，该复合物分散性好、功能性强、粒度小而均匀，制备方法经济实用且操作容易，制备的超细氧化锌复合物可广泛用于橡胶、陶瓷、塑料及日用化工等行业。

【名　称】 金红石型纳米二氧化钛粉体的制备方法

【公开号】 1398924

【公开日】 2003.02.26

【申请人】 皇晓辉　鄢照荣

【发明人】 皇晓辉　鄢照荣　朱晓林

【摘　要】 本发明公开了一种由四氯化钛为前驱体，液相法制备纯金红石型纳米二氧化钛粉体的方法，它的主要步骤为四氯化钛配液、中和、精化处理、二次中和、洗涤、表面处理、干燥，并对二氧化钛进行了无机物的表面处理，由此法制备的金红石型纳米二氧化钛粉体粒径超细，具有良好的分散性和耐候性，可广泛用于高档化妆品、高档涂料、化纤、塑料等领域。

【名　称】全塑型一体式太阳能热水器
【公开号】1399110
【公开日】2003.02.26
【申请人】刘爱华
【发明人】刘爱华
【摘　要】本发明涉及一种全塑型一体式太阳能热水器，它是由塑料外壳、塑料吸热及储水内胆和多层玻璃面盖构成。塑料吸热及储水内胆嵌套在塑料外壳的内腔，多层玻璃面盖的每一件玻璃分别镶嵌在塑料外壳内腔上边的所对应的梯级上。太阳的热能直接对塑料吸热及储水内胆中的水进行加热，从而达到向用户提供热水的目的。本发明的有益效果是：环保节能；提高热效率；大幅降低成本和占用空间；安装、维护、清洗方便。
【名　称】塑料复合构件
【公开号】1399590
【公开日】2003.02.26
【申请人】拜尔公司
【发明人】J. 瓦根布拉斯特　H. 哥德巴赫
【摘　要】本发明涉及一种塑料复合构件，其包括至少两个由不同材料如金属和塑料、不同金属或不同塑料制成的平板形工件。该工件在其边缘区域中相互连接，其中该连接结构由成型的热塑性塑料构成。
【名　称】一种纸塑边角料分离工艺
【公开号】1400063
【公开日】2003.03.05
【申请人】韦士钱
【发明人】韦士钱　徐美云　何建平
【摘　要】本发明是一种纸塑边角料分离工艺，主要包括如下步骤来实现：(1) 当装有溶剂的反应锅达到90～140℃时，放进纸塑边角料；其中溶剂和纸塑边角料的质量配比为，溶剂5～10份，纸塑边角料为0.5～1份；(2) 纸塑边角料经溶解后，在分离机上进行过滤分离；(3) 把分离的纸浆送进烘箱进行烘干处理；(4) 把纸浆分离出后的液体和塑料送到高速分离机上进行第二次塑料和液体的分离，再送进烘箱进行烘干处理。本发明有益的效果是：废物利用，回收再生，节约国家资源；防止污染，有利于生态环境的保护；工艺简单实用，效果好。
【名　称】全自动塑料瓶拉吹成型机
【公开号】1400090
【公开日】2003.03.05
【申请人】俞国栋
【发明人】俞国栋
【摘　要】一种全自动塑料瓶拉吹成型机，具有机架、管坯输送装置、上料装置、转向插入装置、加热装置、下瓶装置、特征是输送装置具有固定的滑轨，滑轨上有通槽式的环形滑道，滑道内有可沿滑道运动的相靠接的夹持器，推动夹持器前进的驱动轮，夹持器具有与滑道相配合的滑轮，滑轮上有管坯座，管坯座下端的自转链轮，自转链轮与由链轮带动的自转链条相啮合，故不需输送链条，结构简单。
【名　称】塑料钢背自润滑耐磨复合材料及其制备方法
【公开号】1400094
【公开日】2003.03.05
【申请人】中国科学院兰州化学物理研究所　嘉善中达轴承有限公司
【发明人】简令奇　王宏刚　杨生荣　金芝珊　王建民
【摘　要】本发明公开了一种塑料钢背自润滑耐磨复合材料，其特征在于自上而下由塑料材料、铜粉和钢板组成。其中，塑料材料的质量百分含量为聚醚醚酮40%～75%，聚四氟乙烯5%～20%，石墨1%～20%和纤维1%～20%；用连续式网带烧结炉、双辊滚轧机和搅拌混合机压制成型工艺制备。所制塑料钢背自润滑耐磨复合材料有良好的力学强度，耐热性，并在宽的温度范围内（－60～350℃）呈现低摩擦，耐磨损且不损伤对偶的摩擦学特性。适合制作轴套，滑板及各种摩擦条件下的摩擦学部件。
【名　称】一种塑料薄膜锁口袋及其制造方法
【公开号】1400148
【公开日】2003.03.05
【申请人】覃通衡
【发明人】覃通衡
【摘　要】一种塑料薄膜锁口袋及其制造方法，采用共挤双层工艺制成一种薄膜袋具有复合层的袋体，袋体的主材为高密度聚乙烯，复合在其外的是低密度聚乙烯层；用低密度聚乙烯材料制成的拉链之边缘以热压粘连方式连接在袋体开口边缘之低密度聚乙烯复合层上，使之粘连成一体，即制成锁口塑料薄膜袋产品。采用本制造方法制成的塑料薄膜锁口袋与单一高密度聚乙烯材料制成的塑料薄膜锁口袋相比，其最大的优点是：在不影响锁口袋质量和正常使用效果的前提下，大大降低了制造成本。
【名　称】光纤绕线盘
【公开号】1400153
【公开日】2003.03.05
【申请人】上海建宝光纤技术有限公司
【发明人】张雯蕾
【摘　要】光纤绕线盘属于光纤技术领域。本发明主要包括：盘轱、三扇页、定位孔、安装槽和安装孔，盘轱有定位孔，盘轱上均布三个扇页安装槽和两个固定安装孔，长度有差异的三扇页直接插装在盘轱上，每一个盘轱与三个扇页中的一个或三个扇页混合组合。本发明具有实质性特点和显著进步，本发明绕线盘的应用灵活多变，环境适应性强，可用于多种类型的配线设备；注塑成型制作简单，成品率高，本发明还能有效保证光缆弯曲曲率半径大于37.5mm；本发明绕线盘使用工程塑料，强度高，阻燃性好。

【名　称】一种表面改性纳米碳酸钙的制备方法
【公开号】1400167
【公开日】2003.03.05
【申请人】长春华起科技（集团）股份有限公司
【发明人】杨文胜　周华起　白玉白　李铁津
【摘　要】一种表面改性纳米碳酸钙的制备方法，其特点是：在以氧化钙和二氧化碳气为原料合成纳米碳酸钙碳化反应后进行两步表面改性处理，第一步是采用饱和脂肪酸钠盐作为表面改性剂，其分子式为$CH_3(CH_2)_nCOONa$（$n=10$，12，14，16，18），用量为碳酸钙质量的3%～6%。第二步是继续加入一种水溶性二价金属盐作为表面改性剂，如$CaCl_2$、$MgCl_2$、$BaCl_2$和$MgSO_4$等，用量为碳酸钙质量的0.5%～2.5%。按本方法制备的表面改性纳米碳酸钙在有机溶剂中具有更好的分散性，作为补强剂可以进一步改善塑料、橡胶、高分子树脂等产品的性能。

【名　称】聚碳酸酯、橡胶和苯乙烯类共聚物合金
【公开号】1400248
【公开日】2003.03.05
【申请人】中国石油化工股份有限公司　中国石油化工股份有限公司上海石油化工研究院
【发明人】王玮　王荣伟　周文乐　郁剑乙
【摘　要】本发明涉及聚碳酸酯、橡胶和苯乙烯类共聚物合金。主要解决以往技术中存在的制得的聚碳酸酯、橡胶和苯乙烯类共聚物合金综合力学性能还不够好，特别是缺口冲击强度和断裂伸长率较差的问题。本发明通过采用丁二烯橡胶质量含量为20%～45%的ABS、顺丁烯二酸酐质量含量为14%～25%的SMA与双酚A型聚碳酸酯混合的技术方案，较好地解决了该问题，可用于高分子塑料加工工业中。

【名　称】新型环保塑木材料及其制作方法
【公开号】1400253
【公开日】2003.03.05
【申请人】张铜印　王国庆
【发明人】张铜印　王国庆
【摘　要】本发明涉及一种新型环保塑木材料及其制作方法，它是采用塑料、天然纤维和各种助剂配制而成。其制作方法是：在高混机中，将天然纤维加偶联剂进行表面改性，再加入塑料及各种助剂，混合均匀后放入挤出机中挤出，通过模具制成不同形状并快速冷却定型，切割成型材。本发明具有质量轻、强度高、阻燃性好、抗酸碱、无毒、无污染、无辐射等优点，并可加工成托盘等包装产品，还可以应用于建材、装饰材料等领域，适用范围广泛。

【名　称】一种可生物降解的降尘剂及其制备方法与应用
【公开号】1400273
【公开日】2003.03.05
【申请人】郑向军　薛　峰
【发明人】郑向军　薛　峰
【摘　要】本发明涉及一种可生物降解的降尘剂，该降尘剂是主要由0～50份碱金属或碱土金属的氯化物、10～100份可生物降解的复配高分子物质、0.05～15份表面活性剂、10～300份水制成的乳化液，所述的可生物降解的复配高分子物质选自碳水化合物、动植物油脂、动植物胶类及其衍生物、纤维素及其衍生物和可降解塑料中的两种或两种以上。本发明的降尘剂组成中不需沥青和有机溶剂，也不需采用页岩/火山渣进行预混，喷洒后可被生物降解，从而避免二次污染环境。

【名　称】发光-反光标志带及其制造方法
【公开号】1400573
【公开日】2003.03.05
【申请人】大连路明发光科技股份有限公司
【发明人】孙永海　熊楚耀　肖志国
【摘　要】一种道路划线用的新型发光反光标志带，它是用橡胶、塑料或其共混物制成膜、片，用发光材料与树脂制成发光粒子，用玻璃微珠为反光粒子，用胶黏剂将发光粒子和反光粒子黏结在膜、片的一面，膜、片的另一面背胶，附上离型纸。它的特点是反光效果好，发光辉度高、余辉时间长达12h。耐候性、耐磨性、回弹性、耐油性、耐化学性能好。无龟裂、防滑、防雾，使用寿命在五年以上。使用方便，15min即可完成施工，不影响交通。

【名　称】用于热塑性材料的填料浓缩物
【公开号】1400985
【公开日】2003.03.05
【申请人】OMYA有限公司
【发明人】P. 布兰查德　M. 胡森
【摘　要】本发明涉及极高流动性全同立构聚丙烯用于制备可用于基于单独或以混合物形式聚合的含2～6个碳原子烯属单体的烯烃类热塑性塑料，如聚丙烯、聚乙烯（通常以单一或混合物形式使用的聚合物）的填料浓缩物的用途。本发明还涉及由极高流动

性全同立构聚丙烯制备的填料浓缩物或母料。本发明进一步涉及通过加入根据本发明选取的聚丙烯获得的填充热塑性材料，和由该热塑性材料制备的或含该热塑性材料的工业产品。

【名　称】电热式给水钢塑复合管内壁喷涂设备及喷涂工艺
【公开号】1401438
【公开日】2003.03.12
【申请人】姜宜川
【发明人】姜宜川
【摘　要】本发明涉及一种电热式给水钢塑复合管内壁喷涂设备及喷涂工艺。本发明所要解决的技术问题是使该水管既保持了金属管的高强度特性，且内壁喷涂塑料后又具有耐腐蚀、安全卫生的特点；生产工艺简单、适合大批量大规模生产加工、制造成本低、塑料与金属附着牢固、内壁光滑、不易老化。解决该问题的技术方案是：喷涂设备包括送料机、电热箱、喷粉机、流平箱、流平机、冷却架；喷涂工艺是：除尘、进料→进电热箱加热→上喷粉机喷塑→进流平箱流平→上流平机继续流平→冷却。本发明可用于对自来水管内壁喷涂塑料。

【名　称】铝塑纸复合包装材料的分离回收方法及其剥离剂
【公开号】1401443
【公开日】2003.03.12
【申请人】惠嘉电实业股份有限公司
【发明人】黄朝国　邵中兴
【摘　要】一种铝塑纸复合包装材料的分离回收方法及其剥离剂，其主要是利用含有硝酸的酸性溶液对铝塑纸复合包装材料进行浸泡渗透，并对铝塑复合包装材料的接合处的铝氧化层进行分离溶解侵蚀，达到让铝塑纸复合包装材料中塑料材料层或纸料层与铝质层的分离，以方便分别回收铝箔、塑料或纸料等各项有用物质而进行再利用。

【名　称】再生塑料材料及使用其的电气电子机械和塑料材料的再利用方法及再生塑料材料的制造方法
【公开号】1401469
【公开日】2003.03.12
【申请人】佳能株式会社
【发明人】小池宁
【摘　要】提供一种再生塑料材料，是以贴有相容性的片材的热塑性塑料成型部件为原料得到的，将上述片材的质量规定为上述成形部件质量的0.5%以下，而且将该再生材料的悬臂梁式冲击强度规定为新材料的80%以上，熔体流动速率规定为120%以下。这样，不附加通常进行的再生过程以外的过程来实施贴上相容性标签的热塑性塑料的再生，与新材料相比，得到物性劣化、色相劣化少、品质优良的再生塑料材料。

【名　称】高分散片状氢氧化镁的制备方法
【公开号】1401574
【公开日】2003.03.12
【申请人】清华大学
【发明人】向　兰　金永成　魏　飞　金　涌
【摘　要】高分散片状氢氧化镁的制备方法，涉及一种制备高分散片状氢氧化镁的新工艺。本发明以无机镁盐为主要原料，以无机碱或硫氢化物为沉淀剂，在25～90℃进行液相沉淀反应，然后加入微量水溶性絮凝剂，生成无规则团聚态氢氧化镁；然后在特定改性剂溶液中于100～250℃对常温合成的氢氧化镁进行水热改性，得到一次粒径0.2～5.0μm、表观粒径1.0～15.0μm、比表面积5～25m²/g、氢氧化镁主含量大于97%的高纯高分散片状氢氧化镁产品。该项技术工艺简单、成本低廉、附加值高，为海湖盐中镁资源的高度利用提供了一条新途径。利用本发明制备的氢氧化镁产品可作为阻燃剂用于橡胶、塑料、电线电缆及建材等行业。

【名　称】用废塑料制造低压热收缩材料的方法
【公开号】1401704
【公开日】2003.03.12
【申请人】吉林大学
【发明人】张万喜　孙国恩　张长春　李笑明　迟剑锋
【摘　要】本发明用废塑料制造低压热收缩材料的方法，属于对废塑料进行回收再利用的环保技术，具体涉及一种用废塑料制造低压热收缩材料的方法。主要解决废塑料的回收利用问题。该方法由以下组元按质量百分比含量制成：废塑料：30（20～40）；线性低密度聚乙烯（LLDPE）：8（5～20）；乙烯-乙酸乙烯酯共聚物（EVA）：20（2～30）；三元乙丙橡胶：4（0～20）；氯磺化聚乙烯（CPE）：8（0～10）；硬脂酸锌：2（0～8）；炭黑：10（5～15）；氢氧化铝：5（5～20）；硅烷偶联剂：2（0.5～3）；阻燃剂FR-E：9（5～20）；抗氧剂1010：1（0.5～3）；耐光老化剂GW-54 0.1（0.5～3）。

【名　称】用于测量心脏血管结构的测量尺寸大小的导管
【公开号】1402622
【公开日】2003.03.12
【申请人】AGA医药有限公司
【发明人】M.R.阿夫雷莫夫　K.安普拉茨
【摘　要】本发明提供了一种测定病人体内一定的内部洞孔的尺寸大小的导管和方法，以迅速而正确地测定该预定洞孔的第一和第二伸展直径。本发明的测量尺寸大小的导管包括一由薄的可膨胀的塑料制成的膨胀气球，所述膨胀气球可以膨胀并用来测定一预定洞孔的尺寸大小。该膨胀气球先膨胀到一膨胀阈值，在此膨胀阈值情况下，膨胀气球在预定洞孔周围变形，此时，在预定洞孔附近的膨胀气球的尺寸大小就十分近似于预定洞孔的第一伸展直径。本发明的测量尺寸大小的导管及测量方法可以用来选择一置于预定洞孔内的合适尺寸的填塞洞孔的填塞装置。

【名　称】 塑料成型方法及其所使用的压模

【公开号】 1402666

【公开日】 2003.03.12

【申请人】 黑崎晏夫

【发明人】 黑崎晏夫

【摘　要】 在塑料成型方法中，准备一个由塑料材料制成并具有主平面的空白坯件，使该空白坯件保持在使主平面露出的位置，空白坯件的主平面与压模的母平面保持紧密配合，该母平面至少部分地由可透过红外线的材料制成，并且在朝空白坯件的方向上将红外线照射到压模上。在母盘和主平面附近相对较低的塑料黏性，及模制产品均匀的物理性能，保证了高的转制能力。

【名　称】 用废塑料制作热收缩型管道包覆材料的方法

【公开号】 1401705

【公开日】 2003.03.12

【申请人】 吉林大学

【发明人】 张万喜　孙国恩　张长春　李笑明　高桂天

【摘　要】 本发明属于对废塑料进行回收利用的环保技术，具体涉及一种用废塑料制作热收缩型包覆材料的方法。主要解决以往发明所制成的热收缩材料及包覆材料成本高，无法作为管道包覆材料使用等问题。该方法是将废塑料与其他高分子材料、无机填料通过共混交联工艺制取，由以下组元按质量百分比含量制成：废塑料：15～20；线性低密度聚乙烯（LLDPE)：5～20；乙烯-乙酸乙烯酯共聚物（EVA)：10～30；乙丙橡胶：5～20；环氧大豆油：5～10；硬脂酸锌：2～10；炭黑：2～15；抗氧剂1010：1～5；阻燃剂FR-E：5～20；氧化锌或氧化镁、氧化钙、二氧化钛：0～6。

【名　称】 高白度缓释型无机纳米抗菌剂及其制备方法

【公开号】 1402989

【公开日】 2003.03.19

【申请人】 中国科学院广州地球化学研究所

【发明人】 袁　鹏　何宏平

【摘　要】 本发明涉及一种高白度、缓释型无机纳米抗菌剂及其制备方法，无机纳米抗菌剂以纳米级羟基磷灰石 $Ca_{10}(PO_4)_6(OH)_2$ 作为载体，加入抗菌金属盐，抗菌金属离子占总质量的1%～8%，晶体呈圆粒状，抗菌金属离子进入羟基磷灰石的晶格中。其制备方法包括将含抗菌金属盐的硝酸钙溶液滴加到pH值为11～12的磷酸盐溶液中反应生成羟基磷灰石，陈化；用水漂洗沉淀和过滤，烘干，粉碎，高温煅烧，超细粉碎等。产品具有高白度、粒径微细和抗菌离子缓释性的特点，它可直接应用或者作为功能性添加物应用于纤维制品、塑料、白色家电、抗菌建材、水处理剂，或者船舶保护剂、土壤杀菌剂及抗菌木材等领域。

【名　称】 一种复合材料产品

【公开号】 1403254

【公开日】 2003.03.19

【申请人】 宋维宁

【发明人】 宋维宁

【摘　要】 用于挤出木材和回收的热塑性材料以生产复合材料产品的挤出装置包括进料器，该进料器用以向挤出模供给特殊形式的木材和回收的热塑性材料的混合物，该挤出模有纵向延伸的流动通道。该流动通道有一渐扩部分，渐扩部分后面接着是收缩部分，收缩部分后面接着是成型部分，成型部分后面接着是润滑部分，以便生产密度高于所述木材和回收塑料的混合物的密度的成型复合材料产品。所制成的产品包括托盘和其他建筑构件，这些产品有着优良的力学特性。

【名　称】 双平壁螺旋中空结构壁管及其一次挤出生产线

【公开号】 1403268

【公开日】 2003.03.19

【申请人】 青岛绿华塑料机械有限公司

【发明人】 唐广利　赵炳仁

【摘　要】 一种双平壁螺旋中空结构壁管及其一次挤出生产线，属塑料管挤出技术。它由内、外壁及内孔构成。内孔为螺旋孔，有多个，沿圆周均布，可以是圆孔或多边孔等。它可由硬聚氯乙烯、聚丙烯、聚乙烯等塑料挤出。机头由机颈、机头体、口模、分流支架、分流锥、芯棒等构成。芯棒的后部带有多个中空芯轴，机头体上还安装着芯棒驱动机构。它可由传动副、主从动伞齿轮轴及主从动伞齿轮、多个中空芯轴及芯棒所构成。也可由驱动轴、传动副、中空芯轴及芯棒构成，为直角机头。它提供了一种有良好的综合力学性能和工艺性能，可在标准的挤出生产线上生产，效率高，质量轻，成本低的双平壁管及其制造用机头。可广泛应用于排污排水行业中。

【名　称】多层环保塑料复合管
【公开号】1403273
【公开日】2003.03.19
【申请人】任志夫
【发明人】任志夫
【摘　要】本发明涉及一种多层环保塑料复合管，更具体地说它是两层或两层以上不同材料复合而成的多层环保塑料复合管。它的内层由耐压性能较好的有机塑料，它的外层复合一层或以上成本较高而耐压性能一般的有机塑料。用这种方法制作的复合管在同等壁厚条件下，使用方便安全可靠，不易老化、断裂、渗漏现象、耐候性能优；制作简单、综合成本低廉、市场竞争力强。

【名　称】耐候、抗静电及配色功能的添加母粒及多功能塑料
【公开号】1403505
【公开日】2003.03.19
【申请人】广东科龙电器股份有限公司
【发明人】杨晓源　刘贤明　程　慧　李成武
【摘　要】本发明涉及塑胶制品中的添加母粒，具体涉及一种用于塑胶制品中，可提高其抗紫外光、抗静电功能，并具有配色功能的添加母粒及多功能塑料，母粒采用常规的塑胶制粒方法制得，母粒的组分及含量为：抗紫外线剂10%～30%、抗静电剂8%～25%、着色剂15%～50%、塑胶原料10%～40%，所有百分数为质量百分数，在进行塑胶制品生产中，只需一次性按比例地添加比例不超过6%本发明提供的添加母粒，即可实现塑胶制品的多种附加功能，添加过程简单，便于操作，提高了塑料产品中的母粒的均匀度和产品质量，并且添加成本低，效果好。

【名　称】使用波纹管的管体弯曲结构
【公开号】1403731
【公开日】2003.03.19
【申请人】美光工业株式会社
【发明人】金相直
【摘　要】本发明涉及塑料树脂管体的弯曲结构。在管体的将要弯曲的部分，先套上金属波纹管，之后将波纹管与管体一并弯曲成45°～135°的角度。这样弯曲的管体弯曲半径小，而且不会发生凹瘪等异常变形。本发明也提供弯曲管体用的管体弯曲工具，它包括末端附带有旋转轮的两个弯曲构件，二者用铰链相连且其间可以固定直线状管体进行弯曲。

【名　称】硬质聚氨酯泡沫塑料
【公开号】1404503
【公开日】2003.03.19
【申请人】爱赛克斯特种产品公司
【发明人】M.P.艾伦　R.J.马蒂耶加
【摘　要】本发明涉及含有复合相和多孔非复合相的聚氨酯泡沫塑料，该塑料作为补强泡沫塑料很有用，例如在汽车制造业应用中。这种泡沫塑料可以很方便地通过高黏度异氰酸酯反应成分和高黏度多异氰酸酯成分的反应制备，它们中至少有一种含有大量的空心微球体。

【名　称】无屑切割塑料型材的设备
【公开号】1404967
【公开日】2003.03.26
【申请人】工艺塑料艺术材料技术有限公司
【发明人】M.施魏格尔
【摘　要】本发明涉及一种用于无屑切割塑料型材的设备，切割刀横向导入型材，切割刀表现为一呈现刀刃的切割段和一保持段，其中，切割段基本上平行于刀刃而延伸，且厚度大于保持段。为了使切割面达到尽可能少的变形，要求切割段呈现两个互相平行且又平行于切割刀平面的导向面，刀刃与两个过渡区域接壤，过渡区域的横截面为弧形，并沿切向各自转到导向面。

【名　称】超支化聚酯及其制备方法
【公开号】1405202
【公开日】2003.03.26
【申请人】上海交通大学
【发明人】高　超　颜德岳
【摘　要】本发明提供了超支化聚酯及其制备方法。制备方法如下：在氮气保护下，将偏酸酐（含酸酐和羧基的化合物）或四酸酐与双羟基单体以1/100～100/1摩尔比反应，所用溶剂为非质子溶剂，反应温度为−50～250℃，反应时间为1min至10d；然后将所得混合物升温至20～350℃，于真空度为5 000～0.01Pa下减压继续反应5min至120h，制得超支化聚酯。所得聚合物含有大量端羧基，可溶于有机溶剂，可降解，适宜作流变添加剂、塑料增塑剂、医药载体、功能材料前体等，应用前景广泛。

【名　称】含氟有机硅聚合物的制备和应用
【公开号】1405209
【公开日】2003.03.26
【申请人】东华大学
【发明人】卿凤翎　韦昌青
【摘　要】本发明属高分子化合物技术领域，它公布一种含氟有机硅聚合物及其制备方法和应用。其制备方法是含硅氢键的聚硅氧烷大分子，在催化剂的作用下，与含氟烯烃反应所得的聚合物。该方法具有反应条件温和、流程短、工艺简单，并且聚合物中含氟量

可控等优点。本发明可广泛应用于纺织品、纸张、金属、玻璃、塑料、橡胶、陶瓷等表面的防水防油处理，以及塑料、橡胶的脱模剂和输水输油管道的减阻处理剂。

【名　称】 利用二氧化钛为催化剂制备紫外光光催化降解塑料的方法
【公开号】 1405213
【公开日】 2003.03.26
【申请人】 清华大学
【发明人】 朱永法　尚　静
【摘　要】 利用二氧化钛为催化剂制备紫外光光催化降解塑料的方法，本发明是将 TiO_2 纳米粉体与塑料混合溶于四氢呋喃中配成溶液，将溶液均匀地滴加在聚四氟乙烯板上，自然风干后揭下，即可制得紫外光光催化降解塑料。该方法工艺简单、原料价廉，制备的紫外光光催化降解的塑料，其质量和分子量减少值较由塑料直接光解引起的质量和分子量减少值分别提高 5 和 1.5 倍左右；生成的挥发性有机物的总量减少了三分之二左右，产生的二次污染少。降解反应在自然环境（太阳光中含有少量紫外线）下就可发生，降解速度快，具有很高的实用价值和应用前景。

【名　称】 一种制备可见光光催化降解塑料的方法
【公开号】 1405214
【公开日】 2003.03.26
【申请人】 清华大学
【发明人】 朱永法　尚　静
【摘　要】 一种制备可见光光催化降解塑料的方法，涉及一种利用 TiO_2/有机染料为光催化剂，制备可见光光催化降解塑料的方法。该方法将 TiO_2/有机染料与塑料混合溶于四氢呋喃中，然后将此溶液均匀地滴加在聚四氟乙烯板上，自然风干后揭下，即可制得可见光光催化降解的塑料。该方法工艺简单、原料价廉，制备出的塑料-(TiO_2/有机染料）光催化降解引起的质量和分子量减少值，较由塑料-TiO_2 光催化降解引起的质量和分子量减少值分别提高 2.0 及 3.0 倍左右，生成的挥发性有机物的总量减少了五分之三左右，产生的二次污染少。降解反应在自然环境下就可发生，降解速率快，具有很高的实用价值和应用前景。

【名　称】 一种废旧塑料陶瓷粉轻质仿汉白玉建筑装饰材料及其制造方法
【公开号】 1405226
【公开日】 2003.03.26
【申请人】 李　伟
【发明人】 李　伟
【摘　要】 一种废旧塑料陶瓷粉轻质仿汉白玉建筑装饰材料及其制造方法属于环保领域和建筑材料领域，现有技术的缺点在于：(1) 大量使用胶黏剂，提高成本，生产过程中易造成环境污染，而且制品含有有毒胶黏剂，其破损后由于硬度大，不能再次回收利用，造成二次污染；(2) 固化条件严格；(3) 不能解决“白色污染”（聚乙烯薄袋）问题。按质量百分比，本发明的组成为：粒径为 2～3mm 的废旧聚乙烯颗粒 21%～60%，废旧聚苯乙烯颗粒 0%～18%，细度为 1 000～1 500 目的熟陶瓷粉 35%～65%，颜料 0～5%。制造方法，其特征在于，将废旧聚乙烯和/或聚苯乙烯粉碎成 2～3mm 的小块，将废旧陶瓷粉碎成 1 000～1 500 目的颗粒，再将二者与颜料混合均匀，并加热至 90～95℃，投入模具，用 200～315 吨压力机压制 5～10min。本发明适用于生产仿汉白玉栏杆、井箅子、树箅子、砖、瓦、地砖等产品。

【名　称】 一种聚烯烃填充母料及其生产方法
【公开号】 1405227
【公开日】 2003.03.26
【申请人】 南风化工集团股份有限公司
【发明人】 薛志兵　苏　棣　霍炜华
【摘　要】 一种聚烯烃填充母料的质量百分比组成为：碳酸钙 75～85；高级脂肪酸 0.5～1.5；铝酸酯 0.5～1.2；聚乙烯塑料专用蜡 1.5～2.5；高密度聚乙烯12～22。本发明具有填充母料混合更加均匀，使塑料制品的力学性能更加优异。在保证塑料制品的力学性能的前提下，填充母料的加入量由原来的 15% 可以增加到 33%。具有工艺简单、成本低的优点。

【名　称】 一种可水解可生物降解塑料成型材料及其制备方法
【公开号】 1405230
【公开日】 2003.03.26
【申请人】 轻工业塑料加工应用研究所
【发明人】 刘万蝉　项爱民　赵启辉
【摘　要】 一种完全水溶性、无污染、且短期内即可生物降解的塑料成型材料，其中该材料具有如下质量配比的组分：聚乙烯醇 40～80 份；丙三醇 6～30 份；二缩二乙二醇 1～10 份；山梨醇 1～20 份；硼砂 0～2 份；甲醛 0～1 份。

【名　称】 一种微胶囊填料的制造方法
【公开号】 1405237
【公开日】 2003.03.26
【申请人】 中国科学院长春应用化学研究所
【发明人】 廖建辉　周子侠　王晓佳　袁迅道　吕树刚
【摘　要】 一种微胶囊填料的制造方法，该法通过用反应性单体或其混合物处理填料，使填料表面及缝隙吸附一层反应性单体，随后利用辐射引发单体聚合，在填料表面形成一层中～高分子覆盖物。经过这种方法处理的填料，可以广泛应用于塑料和橡胶中，具有很好的分散性和相容性，并且提高了材料的使用性能。

【名　称】 具有自动检测吹制容器中的破裂的装置的吹制设备
【公开号】 1406176
【公开日】 2003.03.26
【申请人】 塞帕公司
【发明人】 路基·杰罗托　马蒂奥·佐帕斯
【摘　要】 用于进行空心塑料体吹制的设备，包括：许多预制的吹制模具；至少一个声/电转换器装置，用于在吹制过程中检测单个吹制模具向外发出的声音，并将它转换为电信号，用于处理所说的电信号并将它转换为能够与参考信号进行比较的信号的装置，用于将所说的处理的电信号与所说的参考信号或电平进行这样的比较的装置，用于根据所说的比较的结果有选择地将所说的空心体排离生产线。所说的声/电转换器装置至少部分地包含在多个模具共用的压盘或框架内，并安装在相应的吹制腔的附近。

【名　称】 密封性和光滑性优良的层压薄膜
【公开号】 1406746
【公开日】 2003.04.02
【申请人】 大仓工业株式会社
【发明人】 田中一作　荒冈成伸　高尾直树　秋山幸广
【摘　要】 本发明提供一种密封性和光滑性优良的层压薄膜，其是在塑料膜的至少一个面上形成涂布层的层压薄膜，该涂布层是由苯氧系树脂和抗阻塞剂所形成。

【名　称】 纳米啤酒瓶及其制备方法
【公开号】 1406837
【公开日】 2003.04.02
【申请人】 汪景山
【发明人】 汪志新
【摘　要】 本发明涉及一种纳米啤酒瓶及其制备方法，属食品、饮料包装类，其特征是：一种用纳米复合玻璃/塑料制成的啤酒瓶，是将抗爆裂的纳米粒子直接共熔于制瓶原料中按常规方法吹制而成，或将抗爆裂纳米粒子先与少量制瓶原料共熔成纳米复合玻璃/塑料母粒，再将纳米复合玻璃/塑料母粒与其余制瓶原料共熔吹制而成，由于纳米啤酒瓶抗爆裂，质量轻，是未来啤酒瓶的更新换代产品，定会受到广大消费者和厂家的青睐，具有广阔的市场前景和良好的社会经济效益。

【名　称】 一种无规共聚聚丙烯铝塑复合管及其制备方法
【公开号】 1407268
【公开日】 2003.04.02
【申请人】 金德铝塑复合管有限公司
【发明人】 梁洪群　薄文海　陈　敏　聂连秀
【摘　要】 一种无规共聚聚丙烯铝塑复合管，由内塑料层、内粘接层、铝层、外粘接层、外塑料层叠合构成，其外层为无规共聚聚丙烯或嵌段共聚聚丙烯塑料，外粘接层为丙烯酸或马来酸酐改性聚丙烯热溶胶，内粘接层为马来酸酐接枝改性的聚乙烯热溶胶，内层为聚乙烯，复合管所用材质及质量百分比为：外层聚丙烯 40%～70%，内层聚乙烯 10%～40%，中间铝材层 10%～40%，外粘接层聚丙烯热溶胶 0.5%～10%，内粘接层聚乙烯热溶胶 0.5%～10%。本发明的优点是制造工艺简单，生产容易，无需增加特殊设备，其除兼具普通 PP-R 管和铝塑复合管的优点外，同时还解决了普通 PP-R 管强度低，普通铝塑复合管不能热熔连接等缺点。可广泛应用在各种领域，代替金属管材具有很大的社会效益和经济效益。

【名　称】 缆线保护管，铺设缆线保护管的方法及引入该管的方法
【公开号】 1407679
【公开日】 2003.04.02
【申请人】 古河电气工业株式会社
【发明人】 椎野幸太　大岛幸作　西山秀美　山本俊司
【摘　要】 一种缆线保持管，在塑料制的保护管主体的内侧上沿其纵向配上受拉件，通过把塑料制的外套被覆在其外侧上，使上述保护管主体与受拉件构成一体。

【名　称】 一种橡塑发泡助剂及其制备方法
【公开号】 1408748
【公开日】 2003.04.09
【申请人】 宜兴市永鑫化工厂　浙江海虹控股有限公司
【发明人】 张国强
【摘　要】 一种橡塑发泡助剂及制备方法，属于橡胶塑料加工助剂技术领域。本发明的特征是由质量份数为尿素 73～85 份，硬脂酸 15～20 份，氨水 5～8 份，氧化锌 1.5～2.0 份，甘油 0.1～1.0 份和填充剂 4～8 份组成。制备工艺包括下列步骤：尿素在含有氨水水溶液中加热熔融，然后依次加入硬脂酸和甘油，搅拌 20～30min，反应物在负压下蒸发脱水，含水率降至＜0.5%，再加入氧化锌和填充剂，搅拌 20～30min；反应物经水冷却，出料、研磨成 120 目成品。本发明制备的发泡助剂熔点高，副产物少，色泽白，与 H 发泡剂和 AC 发泡剂配制的复合发泡剂分解温度低，发气量高，是一种有着良好市场前景的发

泡剂。

【名　称】耐磨热塑性弹性体材料组合物
【公开号】1408757
【公开日】2003.04.09
【申请人】上海杰事杰新材料股份有限公司
【发明人】韩敏　杨桂生
【摘　要】本发明涉及一种耐磨热塑性弹性体材料组合物，它包括以下组分和含量（质量份）：弹性体500～1 000，热塑性塑料50～500，抗氧剂1～10，光稳剂1～10，耐磨剂A 20～80，耐磨剂B 10～60，交联剂0～10，其他助剂0～30。与现有技术相比，本发明通过对PTFE及硅酮的合理复配制成了一种具有优异耐磨性能的TPE材料。

【名　称】无卤阻燃热塑性工程塑料
【公开号】1408758
【公开日】2003.04.09
【申请人】上海杰事杰新材料股份有限公司
【发明人】黄　颖　罗贤艺　杨桂生　秦庆戊
【摘　要】本发明涉及一种无卤阻燃热塑性工程塑料，包括苯乙烯类树脂、阻燃剂体系、抗氧化剂，所述的苯乙烯类树脂为200～600质量份，所述的阻燃剂体系包括质量份为200～600的水合金属氢氧化物与质量份为100～500的含氮阻燃剂和质量份为1～10的有机硅阻燃剂，所述的抗氧化剂包括质量份为1～10的受阻酚类主抗氧剂和质量份为1～10的亚磷酸酯类辅抗氧剂。与现有技术相比，本发明具有在燃烧时发烟量低、毒性小等优点，有利于环境保护。

【名　称】一种轻体建筑材料及其制备方法
【公开号】1408775
【公开日】2003.04.09
【申请人】张昆元
【发明人】张昆元
【摘　要】本发明提供一种轻体建筑材料及其制备方法，它由煤灰10%～15%（质量比），植物杆叶10%～15%，废塑料2.5%～3%，及辅料轻烧粉25%～30%，草酸0.5%～1%，固色体0.5%～1%，硫酸亚铁0.5%～1%，加水混合均匀后，倒入模具常温常压风干成型制得。

【名　称】利用塑料弹性的发酵食品用呼吸容器
【公开号】1409600
【公开日】2003.04.09
【申请人】金成泰
【发明人】金成泰
【摘　要】一种使用塑料弹性的发酵食品用呼吸容器，具有在内侧形成圆球面的主体、安装了与上述圆球面相接触的圆筒状切断面的盖子和上述主体与上述盖子的结合机构。通过上述结合机构的结合力，隔膜和圆球面弹性地贴紧，进行首次密封。另外，通过在上述主体上端外周面的第一凸缘部和上述盖子外周面的第二凸缘部之间设置用于气体能够出入而能隔断液体出入的打磨部，进行第二次密封。使用该容器，在发酵食品中产生气体使内压上升时通过盖子的弹性变形能够向外排气。

【名　称】塑料制成的封闭盖子
【公开号】1409679
【公开日】2003.04.09
【申请人】皇冠塞及密封技术公司
【发明人】U. 波斯尔　L. 德雷耶尔　E. 西门
【摘　要】用于盖住容器口的一种塑料制成的封闭盖子主要包括顶板及由顶板的边缘延伸的裙部。封闭盖子设置有密封唇，密封唇具有根部及密封部段，在该两部段之间设置有材料减弱部分。在一种改进构造中，密封部段具有致动部和密封部，在加盖过程中该致动部与容器边沿接合，而密封部与容器口上的密封表面接触以构成密封。

【名　称】汽车内饰用复合材料的制造方法
【公开号】1410246
【公开日】2003.04.16
【申请人】上海汽车地毯总厂
【发明人】刘福根　龚杜弟　朱良成　杨靖基　徐巧华
【摘　要】纺织工业产业用纺织品制造业中汽车内饰用复合材料的制造方法，由面层基材和底层基材用胶黏剂复合加工，特征是直接用塑料级低熔点热塑性树脂作胶黏剂加入螺杆挤出机中，均匀加热，使粒子成熔融状态，将熔融体通过一个与挤出机挤出口相连、长度与所黏合基材宽度一致、下部由挤出缝的电加热模头挤出，形成熔融膜涂布于面层基材背面，将面层基材背面与底层基材的正面贴合，经复合机的轧辊压轧成形并熔切成所需形状和尺寸的复合材料成品。成形的复合材料剥离强度高，材料中不合残余有害物质，工序短，环境污染少。

【名　称】一种新型乒乓球和其制备方法
【公开号】1410250
【公开日】2003.04.16
【申请人】骆益群
【发明人】骆益群
【摘　要】一种新型乒乓球和其制备方法，涉及体育用品领域；本乒乓球材料采用材料是低压聚乙烯、改性聚苯乙烯和聚碳酸酯；其新的制备方法是塑料先经料筒加热，然后经角向中空模拯头进行挤塑中空模拯，原料变成中空的长条形，再经过二次进模机进行两次进模，第一次管拯进气，第二次球形腔成型。本发明设备成本比赛璐璐制品降低 90%，制品成本降低 40%，整个球丝毫没有针眼，空气完全是在乒乓球的密封之内。本发明成本低、工艺简单。

【名　称】 聚合物/碳纳米管复合粉体及其固相剪切分散的制备方法

【公开号】 1410475

【公开日】 2003.04.16

【申请人】 四川大学

【发明人】 王　琪　夏和生　陈英红　华正坤

【摘　要】 聚合物/碳纳米管复合粉体及其固相剪切分散的制备方法，其特点是将起始原料（按质量计）聚合物（平均粒径为 10～5mm）5～300 份，碳纳米管（平均粒径为 0.5～200nm）0.1～600 份，分散剂 0～10 份在高速搅拌混合器中混合 5～20min 后，加入固相剪切粉碎设备中，进行剪切粉碎分散混合 1～50 次，使碳纳米管与聚合物形成结合紧密、分散均匀的复合粉体。该复合粉体通过挤出、注塑或热压成型或者作为一种组分加入到其他树脂混合物中，通过挤出、注塑或热压成型，得到具有导电、抗静电、导热、电磁屏蔽、微波吸收特性的塑料、橡胶和纤维制品。

【名　称】 制备颗粒状十溴二苯乙烷或十溴二苯醚的方法

【公开号】 1410478

【公开日】 2003.04.16

【申请人】 屠金法

【发明人】 屠金法

【摘　要】 本发明涉及一种制备颗粒状十溴二苯乙烷或十溴二苯醚的方法，以下按质量百分比，将大于或等于 800 目 88%～96%的十溴二苯乙烷或十溴二苯醚；2%～7%的 α 晶型成核剂；0.5%～3%的分散剂；0.1%～1.5%的钛酸酯偶联剂和 0.1%～2%的抗氧剂放入高速搅拌机内进行高速搅拌至 70～110℃，当搅拌至无粉尘时，将混合后的物料再加入到螺杆挤出机中熔融、塑化、挤出，再切粒或压片，制成具有低添加量、通用型，对材料的物理化学性能影响较小的颗粒状十溴二苯乙烷或十溴二苯醚，能减少了粉尘污染，改善劳动环境，可用于多种通用塑料和工程塑料。

【名　称】 通用型阻燃母料及其制备方法

【公开号】 1410480

【公开日】 2003.04.16

【申请人】 屠金法

【发明人】 屠金法

【摘　要】 本发明涉及一种通用型阻燃母料及其制备方法，其组分及含量（质量百分比）为高溴含量的主阻燃剂 65%～80%；阻燃协效剂 17%～30%；相容剂 2%～5%；分散剂 0.5%～2%；α 晶型成核剂 0.1%～1%；助剂 0.1%～1%，在高速搅拌机搅拌，经螺杆挤出机熔融、塑化、挤出制成具有低添加量、通用型，对材料的物理化学性能影响较小的通用型阻燃母料，能减少粉尘污染，改善劳动环境，可用于多种通用塑料和工程塑料。

【名　称】 一种聚乙烯废塑料降解制油的方法

【公开号】 1410512

【公开日】 2003.04.16

【申请人】 中国科学院山西煤炭化学研究所

【发明人】 毕继诚　赵玉龙　苏晓丽

【摘　要】 一种聚乙烯废塑料降解制油的方法是按水填充率，水与聚乙烯废塑料的比例加入反应器中，在氮气氛下，使反应温度达到 380～500℃，反应压力达到 23～45MPa 后，反应 1～30min，气液产物进行分离，分离出的 CH_2Cl_2 可溶物加入无水 Na_2SO_4 除去其中的微量水，CH_2Cl_2 萃取油经过在常压，60～70℃条件下蒸发和 0.2 个大气压，30～50℃条件下真空干燥后，获得油品。本发明具有基本无渣、无有害气体排放，水可循环使用的环境友好工艺；反应速度快，停留时间短，产油率高的优点。

【名　称】 利用玻璃纤维强化塑料注入管的多段灌浆装置及施工方法

【公开号】 1410634

【公开日】 2003.04.16

【申请人】 大原土质株式会社

【发明人】 崔鸿基　崔容基

【摘　要】 本发明公开一种多段灌浆装置及施工方法，该装置包括在圆筒形曲面的壁上形成多个放射状注入口，由沿着管壁均匀排列有注入口的注入管；以一定间隔设置在注入管的外壁而形成节，与管道成一体的间隙台；伸入到注入管内喷射灌浆材料的输送管；设置在输送管端口，由保护套、软橡胶套组成的充填器；与注入管一起伸入到孔眼的两个封闭管；为了防止灌浆材从敞开的注入口逆流到注入管内而设置的防逆流装置；可以连接注入管和注入管的连接管等部分组成。在挖掘隧道或斜面时，本发明通过在松懈的部位加 FRP 注入管强化地质应力，能够防止地下水流入，减少因挖掘引起的地质松懈；本发明的 FRP 注入管是玻璃纤维和不饱和聚乙烯树脂混合组成的新型强化塑料材料，有易于截断和加工、质量轻、耐化学性和耐腐蚀性等特点。因此不仅可以用做施工中的辅助材料，也可以用做永久性强化材料。

【名　称】 珍珠纹塑料板及其加工方法

【公开号】 1389335

【公开日】 2003.01.08
【申请人】 崧丰塑胶（深圳）有限公司
【发明人】 李惠瑛
【摘　要】 一种珍珠纹塑料板及其加工方法，该珍珠纹塑料板是在聚丙烯或聚乙烯塑料板的表面布有以任意方式排列，并由任意多个珍珠状的立体纹路构成的珍珠纹。该珍珠纹塑料板由一对设有珍珠纹的滚轮挤压成型。其加工方法为：（1）将聚丙烯或聚乙烯原料送入制板机主机，由主机熔解并塑化后进入齿轮泵再次混炼，混炼后进入模头并塑化；（2）经模头塑化的原料由一对珍珠纹滚轮挤压成型；（3）挤压成型的板料由切片机切成不同规格的板片。
【名　称】 充气制造螺旋缠绕钢丝增强复合塑料管材的方法及装置
【公开号】 1389341
【公开日】 2003.01.08
【申请人】 甘国工
【发明人】 甘国工
【摘　要】 本发明提供了一种充气制造螺旋缠绕钢丝增强复合塑料管材的方法，包括将连续挤出成型的聚合物芯管分切成一段段定长的管材，在芯管内充入有压力的气体并将之封堵密封而使之成为挺括、刚直的封堵密封充气芯管，将堵密封充气芯管一段接一段连续送入钢丝缠绕机或将封堵密封的充气芯管熔接为连续长管在推送机或牵引机作用下送入钢丝缠绕机在其外周左旋和/或右旋螺旋缠绕至少一层钢丝增强体，再进入聚合物外层复合装置中复合为复合管材后定径定型、冷却，而获得螺旋缠绕钢丝增强复合塑料管材。本发明方法和装置操作简单，可提高管材质量，成品率高，管材使用寿命长。
【名　称】 布筋复合材料及其制备方法
【公开号】 1389508
【公开日】 2003.01.08
【申请人】 罗专予
【发明人】 罗专予
【摘　要】 一种以布筋废料为主要原料的复合材料，以碎布筋、聚氯乙烯、碳酸钙、邻苯二甲酸二辛酯、氯化氢、苯甲酸苯酯、一氧化铅、亚磷酸三苯酯、干粉为原料，经过混合、塑化、破碎、挤出过滤工序加工成。该复合材料具有环保、廉价、制备方法简易、用途广泛的特点，可以广泛应用于化工、建筑、电气、包装、服装、日用品中替代纯塑料制品，或与其他材料组成更复杂、具有更高性能的复合材料。
【名　称】 海泡石高分子复合材料及其制备方法
【公开号】 1389509
【公开日】 2003.01.08
【申请人】 罗专予
【发明人】 罗专予
【摘　要】 一种无机矿物与高分子化合物的复合材料，以海泡石、布筋复合材料、聚氯乙烯、邻苯二甲酸二辛酯、苯甲酸苯酯、钡镉锌为原料，通过混合、静置化合反应、挤出、二次静置化合反应工序加工成。该复合材料具有廉价、强度好、轻柔、制备方法简易的特点，可以广泛应用于化工、建筑、电气、包装、日用品中替代纯塑料制品，制成形状固定的产品。
【名　称】 具有天然植物气味的高分子复合材料及其制备方法
【公开号】 1389518
【公开日】 2003.01.08
【申请人】 罗专予
【发明人】 罗专予
【摘　要】 一种具有天然植物气味的高分子复合材料，以天然植物原料、布筋复合材料、聚氯乙烯、碳酸钙、邻苯二甲酸二辛酯、氯化氢、苯甲酸苯酯、一氧化铅、亚磷酸三苯酯为原料，通过预处理、混合、塑化、破碎、挤出过滤工序加工成。该复合材料具有散发气味天然持久、环保、廉价、材料强度好、制备方法简易的特点，可以广泛应用于建筑、包装、服装、日用品中替代纯塑料制品，为人增添天然感觉。
【名　称】 制造液晶显示装置的方法
【公开号】 1389757
【公开日】 2003.01.08
【申请人】 日本电气株式会社
【发明人】 山本勇司
【摘　要】 本发明涉及一种制造液晶显示装置的方法，该方法采用塑料衬底作为反面衬底，该反面衬底构成液晶面板的两个衬底中之一。为了形成这种液晶面板，在这样一种情况下制造由塑料衬底构成的反面衬底：在从在塑料衬底上形成公共电极的步骤到将反面衬底切割并分成液晶面板单元的步骤前的步骤中，将玻璃衬底粘连到塑料衬底，作为塑料衬底的支撑衬底。因此，能够以与处理玻璃衬底的相同方法来处理塑料衬底。
【名　称】 颗粒的制备方法
【公开号】 1390153
【公开日】 2003.01.08
【申请人】 先进菲涛尼克斯有限公司
【发明人】 马赞·尼古拉
【摘　要】 本发明公开了一种制备物质颗粒的方法，所述物质选自调味品、香料、颜料、染料、生物活性化合物或塑料。所述方法包括：将物质或其调配物

（可以包括所述物质与第二种溶剂）与包括 $C_1 \sim C_4$ 氟代烃、尤其是四氟乙烷的第一种溶剂接触；然后使生成的混合物进行分离，例如让混合物以细雾状从第一个容器的高压环境喷入第二个容器的低压环境，因此至少使部分物质与第一种溶剂分离，并形成所述物质的颗粒。

【名　称】 一种多层供水装置及其工艺
【公开号】 1411693
【公开日】 2003.04.23
【申请人】 王宽飞
【发明人】 王宽飞
【摘　要】 一种多层供水装置的生产工艺，包括将至少两个由塑料材料制成的上下置放的盛器边壁上钻一个出水孔，再将选自塑料材料制成的空心管，一端插入上层盛器的出水孔，另一端插入下层盛器的盛口内，首层盛器口与外供水源相连，下层与由塑料材料制成的排水器相连，最后外供水源向首层盛器注水，当水位升到出水口里，继续注入的水由出水孔水管流向下层，当末层排水器出水，即可关闭供水源。一种多层供水装置，在至少两层具有进水口和出水孔的盛器之间，下层盛器的进水口与上层盛器的出水孔用空心管相连，首层盛器的进水口与外供水源相连，末层盛器的出水孔与外接排水器相连。

【名　称】 一种迷宫滴灌管（带）、生产方法及设备
【公开号】 1411695
【公开日】 2003.04.23
【申请人】 河北国农节水工程有限公司
【发明人】 崔建伟　孙国新
【摘　要】 本发明提供一种连续滚压成型的滴灌管或滴灌带，专有的加工成型方法和设备，在塑料片基上滚压印制出高精度的迷宫流道，这种迷宫滴灌管（带）的特征是滴灌管（带）的管壁沿轴向设置向内凸起的迷宫供水单元，每一单元设置迷宫流道和对应的进出水孔。迷宫供水单元是双层塑料片基复合构成，迷宫流道可设置于任何一层的接触面。本发明可以获得极高的尺寸精度和工作效率，克服了滴灌带双层滚压并由真空吸出流道的精度低，质量不易控制的缺陷。同时比镶嵌式滴灌管的生产成本大幅度降低，生产速度大幅度提高。

【名　称】 阴沟装置的盖
【公开号】 1411886
【公开日】 2003.04.23
【申请人】 塞温塔兰托服务公司
【发明人】 萨瓦赫　E. 斯图尔特
【摘　要】 阴沟装置的盖子，该盖子具有确定一开口的接受充填材料的顶表面，顶表形成包围开口的隆起，盖子包括顶部、底部和周边边缘，周边边缘包括用于与隆起互锁的肋，阴沟装置的隆起可以具有垂直于顶表面的法兰，同时盖子上的肋用于紧密地安装在法兰之上，因此肋与法兰互锁。另一方面，过滤器系统的阴沟装置包括中空的塑料壳，该塑料壳包括确定开口的接受充填材料的顶壁，顶壁形成围绕开口的隆起同时盖子密封顶壁中的开口，盖子包括构成 U 形肋的周边边缘，U 形肋具有锁紧装置以便紧密地安装地隆起上面，因此肋与隆起互锁从而密封开口。

【名　称】 塑料异型材挤出成型的着色制纹技术
【公开号】 1411973
【公开日】 2003.04.23
【申请人】 包赟元
【发明人】 包赟元
【摘　要】 本发明涉及的是一种塑料异型材挤出成型的着色制纹新技术，属于塑料挤出成型技术领域。本发明通过在挤出机机头过滤板出口或模具进口段上设置控制流道段和制纹装置。由于控制流道段的通孔截面积小、压力大、流速快，在此处设定制纹装置效果特别明显，只要设定带不同形状制纹槽的制纹装置，就能产生各种不同的自然图案。本发明的技术解决方案：在挤出机机头过滤板出口或模具进口段上设置控制流道段和制纹装置，其中控制流道段是将控制流道段的通孔截面积：正常流道段进口处的通孔截面积＝1：(1.5～10)，制纹装置是在控制流道段上开设制纹槽，制纹槽形状为半圆形、矩形、梯形、三角形等或其组合。

【名　称】 塑料容器成型机的型坯输送机构
【公开号】 1411974
【公开日】 2003.04.23
【申请人】 徐光中
【发明人】 徐光中
【摘　要】 塑料容器成型机的输送机构，有机架，夹持器，其上的自转链轮，与自转链轮啮合的可转自转链条，特征是机架上固定有支承夹持器和在其上行走的导轨，在预热机构处夹持器相靠接，在合模机构处夹持器按模腔中心距拉开距离，故有带有定拨叉和活拨叉的可移动的分离滑块的前进分离机构，使夹持器保持位置的有定位滑块和其上的定位拨叉的定位机构，本输送机构不需输送链条，在预热机构中夹持器相靠接，节约能源。

【名　称】 弹性塑料铅笔
【公开号】 1412010
【公开日】 2003.04.23
【申请人】 叶红星
【发明人】 叶红星

【摘　要】本发明是弹性塑料铅笔，包括笔杆和笔芯，笔芯为韧质笔芯，其主成分包括石墨粉、聚苯乙烯、聚乙烯，并有少量助剂氯化聚乙烯、硬脂酸钙和硬脂酸酰胺；笔杆为弹性笔杆，其主成分包括热塑性弹性体、聚苯乙烯、滑石粉，并有少量填充剂、交联剂和发泡剂。本发明的笔杆弹性非常好，折弯也不会出现断裂，摔在地面还会反弹，笔芯为韧质，也不易断裂，书写流畅，着色性很强。而且，本发明成本较低，容易生产，产量高。

【名　称】气相防锈塑料密封袋
【公开号】1412087
【公开日】2003.04.23
【申请人】刘永余
【发明人】刘永余
【摘　要】本发明公开了一种气相防锈塑料密封袋，有袋体，袋体有防锈薄膜内层，防锈内层外覆盖阻隔层，其中防锈内层由苯甲酸环己胺、苯甲酸胺、苯三唑、聚乙烯组成。本发明防锈效果好、用途广泛。

【名　称】抗辐射药用聚氯乙烯硬片及其制造方法
【公开号】1412233
【公开日】2003.04.23
【申请人】江苏琼花高科技股份有限公司
【发明人】王景清
【摘　要】抗辐射药用聚氯乙烯硬片的制造方法，属于塑料成型加工技术领域。是先用（质量）1～1.5份的稳定剂和1份环氧油脂经搅拌混合均匀，静置后制得准备液；再将（质量）1%～1.5%的准备液，88.3%～91.5%的PVC树脂粉，0.5%～1.0%的润滑剂，1.0%～1.2%的加工助剂，6%～8%的增强剂，加入捏和机内高温搅拌捏和均匀后排入冷搅机冷却至50～70 ℃再经挤出机挤出、压延、剥离制成。本发明配方科学，工艺先进，生产制造容易。采用了含有γ型有机锡稳定剂和环氧油脂制备的准备液，并控制好准备液加入的温度，保证准备液与PVC树脂粉的充分混合和最终产品的抗辐射性能。

【名　称】抗菌型酚醛模塑料
【公开号】1412240
【公开日】2003.04.23
【申请人】上海欧亚合成材料有限公司
【发明人】朱永茂　刘　勇
【摘　要】一种抗菌型酚醛模塑料，包含酚醛树脂30%～70%、无机纳米抗菌剂0%～5%、固化剂1%～15%、有机增强纤维10%～50%、增塑剂1%～5%、无机填料5%～30%。本酚醛模塑料的抑菌率（37℃，24h，静置）不低于80%，具有高效、长效、广谱的抗菌防霉功能，同时还具有高耐热性能和良好电绝缘性能，可应用于日用品结构件和低压电绝缘件。

【名　称】耐高温无机纤维增强的注射型酚醛模塑料
【公开号】1412241
【公开日】2003.04.23
【申请人】上海欧亚合成材料有限公司
【发明人】朱永茂　刘　勇　沐　霖　王　鸿
【摘　要】本发明公开了一种耐高温无机纤维增强的注射型酚醛模塑料，该酚醛模塑料包括，质量含量为15%～40%的酚醛树脂，质量含量为1%～20%的固化剂，质量含量为10%～40%的无机增强材料，质量含量为0.5%～5%的增塑剂，质量含量为0.5%～5%的固化促进剂，质量含量为5%～50%的无机填料。本发明的酚醛模塑料具有高的热变形温度和高温外观稳定性。

【名　称】低氯离子含量注射型酚醛模塑料
【公开号】1412242
【公开日】2003.04.23
【申请人】上海欧亚合成材料有限公司
【发明人】刘勇　朱永茂
【摘　要】本发明公开了一种低氯离子含量注射型酚醛模塑料，该酚醛模塑料中，氯离子含量＜10ppm（1ppm＝1mg/kg）的酚醛树脂用量为30%～50%，氯离子含量＜30ppm的固化剂用量为3%～10%，氯离子含量＜30ppm的无机增强材料用量为10%～30%，氯离子含量＜50ppm的有机增强纤维用量为10%～30%，氯离子含量＜30ppm的增塑剂用量为1%～5%，氯离子含量＜30ppm的无机填料用量为10%～40%。本发明得到的低氯离子含量酚醛模塑料氯离子含量低、注射性能优异、热变形温度高、缺口冲击强度大。

【名　称】成像透镜
【公开号】1412592
【公开日】2003.04.23
【申请人】里程碑株式会社
【发明人】堂智　小沼功
【摘　要】一种成像透镜，具有两透镜结构，同时可以保持足够大的亮度，例如f数为2.8的亮度，该透镜极小，其光程很短，畸变像差较小，可以完全应用塑料透镜。该成像透镜从物体侧到像侧顺序包括孔径光栏、第一透镜、第二光栏和第二透镜。第一透镜由新月形的透镜构成，该透镜具有正的聚光本领，而其凹面对着物体侧；第二透镜由新月形的透镜构成，其凹面对着像侧；其中，第一透镜的至少一个表面是非球面，而第二透镜的一个或多个表面是非球面，使得该成像透镜整个构成一个透镜系统，该系统包括至少

两个非球形表面，并满足以下各个条件方程。$0.01<|f_1/f_2|<0.6$；$0.3f<|R_2|<0.6f$；$0.5f<D_0<1.5f$。在上述公式中，f 是整个透镜系统的焦距；f_1 是第一透镜的焦距；f_2 是第二透镜的焦距；D_0 是从孔径光栏面到第二透镜第二面的距离（总的透镜中心长度）；R_2 是第一透镜像侧的曲率半径。

【名　称】 可食热塑性塑料和营养的分段的宠物咀嚼物

【公开号】 1413084

【公开日】 2003.04.23

【申请人】 天然聚合物国际股份有限公司

【发明人】 王树桓　李北临　埃弗里特·霍斯金斯

【摘　要】 本发明涉及一种可食热塑性塑料，由包含约30%～50%（质量含量）的包括植物和动物来源蛋白质的混合物的蛋白质，约20%～50%（质量含量）淀粉，约10%～20%（质量含量）水，约1%～10%（质量含量）可食纤维，约0.5%～3%（质量含量）金属盐水合物制成。模塑时，该热塑性塑料具有良好的强度和挺度和其他物理性能。该可食热塑性塑料可模塑成各种各样的形状，包括具有多个被多个刻痕分隔的段的分段营养宠物咀嚼物。刻痕用于从结构上减弱该宠物咀嚼物，这样它可断裂成较小的块。模塑时，该可食热塑性塑料的密度为约1.2～1.5g/cm^3。

【名　称】 挤出的膨胀聚合物织物

【公开号】 1413143

【公开日】 2003.04.23

【申请人】 模本公司

【发明人】 D.R. 迪伯库马

【摘　要】 一种将发泡塑料挤出成型于布质载体的方法，它利用分散的膨胀剂和微球膨胀剂等两种以上膨胀剂进行，其成品受压时具有良好的回弹特性。

【名　称】 塑料光纤维、塑料光导纤维电缆和带插头的光导纤维电缆以及共聚物

【公开号】 1413307

【公开日】 2003.04.23

【申请人】 三菱丽阳株式会社

【发明人】 塚本好宏　川原田泰　入江菊枝　地纸哲哉

【摘　要】 本发明涉及共聚物，其特征在于，是至少聚合作为均聚物时的折射率为1.50以上的乙烯基化合物（A）、（甲基）丙烯酸氟化烷基酯（B）和甲基丙烯酸甲酯（C）得到的共聚物，该共聚物中单体（A）成分和单体（B）成分的质量比在0.2～1范围内，以该共聚物作为鞘材的塑料光纤维和塑料光导纤维电缆。按照本发明，可提供传送损耗低，即使以卷轴状态保存也可抑制传送损耗的增大，而且弯曲损耗小，可传送宽频带情报的塑料光纤维和塑料光导纤维电缆。

【名　称】 高度中和的乙烯共聚物以及它们在高尔夫球中的应用

【公开号】 1413230

【公开日】 2003.04.23

【申请人】 纳幕尔杜邦公司

【发明人】 R.J. 斯塔茨　J.C. 陈

【摘　要】 具有高弹性（高回复系数）和柔性的热塑性塑料及它们在高尔夫球成分中的应用。熔融可加工、高度中和的丙烯酸共聚物及通过将脂肪族、单官能度有机酸加入酸共聚物中，然后中和掉超过90%的存在的酸基团而制备它们的工艺。

【名　称】 光盘片环保回收方法

【公开号】 1393295

【公开日】 2003.01.29

【申请人】 陈正书

【发明人】 陈正书

【摘　要】 本发明是关于一种光盘片环保回收方法，主要利用以粉碎机粉碎、加入剥离剂、过滤以后，再分别回收金属、回收塑料基片，进而将损坏的光盘片呈可利用的资源回收，并减少环境的伤害，是为一种最符合环保要求的回收方法。

【名　称】 导电性塑料片材及其制造方法

【公开号】 1393330

【公开日】 2003.01.29

【申请人】 清川晋　清川太郎

【发明人】 清川晋　清川太郎

【摘　要】 本发明提供一种幅度比以前更宽的导电性塑料片材。它是用这样的方法制造的，即将导电性塑料熔融后分支地流入两条流路里；由具有线状狭缝的钳口垫片将其平行地挤出成两张片材；与此同时，将两条电极线配置在两张成型片材间的两端附近，与上述片材同时地送出；然后以夹持上述电极线的方式将上述两张成型片材挤压粘接而形成一体的一张导电性塑料片材。

【名　称】 热塑性树脂迭层构件及其制备方法和用途

【公开号】 1393336

【公开日】 2003.01.29

【申请人】 张弘根

【发明人】 张弘根　姜正淑　罗美香

【摘　要】 本发明提供了一种热塑性树脂迭层构件及其制造方法，构件包括外层、基层、和设在其间的黏结层，该黏结层选自电阻发热材料和热传导材料，并在某一区域具有至少一个接线端子用于供电和/或供热。该树脂迭层材料具有诸如基层和外层之间的黏合

强度，再利用性，及表面触觉，耐热，吸声，热屏蔽和耐冲击等良好性能。因而被用做汽车内饰，土木工程件和其他构件，诸如吸声组件，绝热组件，保温组件，防护涂层组件，抗振组件和隔声组件，用于污水管和水管的抗振隔声组件，用于热水的隔音组件（即韩国的埋入地板式采暖系统），塑料家具，各种多层垫，把手，沙发，椅子，各种玩具，鞋子中底和高尔夫球袋。

【名　称】PP、PE塑料平面胶版印刷工艺
【公开号】1393344
【公开日】2003.01.29
【申请人】李光明
【发明人】李光明
【摘　要】本发明的目的是提供一种PP、PE塑料的胶版印刷工艺，它能适用于大面积平面精细彩印印刷。其工艺如下：(1) 表层预处理，可采用PP、PE免处理透明墨（光油），也可采用火焰或静电处理，也可采用PP、PE塑料处理水处理；(2) 将预处理后的片材放在胶印机上用正常的胶印油墨印刷即可；(3) 印刷完毕，再用透明墨覆盖表层。本发明构思简单，巧妙而且非常实用有效。另外，成本低廉，操作便利，经试用，效果极佳。

【名　称】一种超高黏度尼龙6工程塑料的连续生产方法
【公开号】1393483
【公开日】2003.01.29
【申请人】夏焕文
【发明人】夏焕文
【摘　要】本发明涉及一种超高黏度尼龙6工程塑料的连续生产方法，其特征是：首先配好助剂，然后投料置换，水解开环，水解器压力为0.8～1.0MPa，物料温度为250～280℃，卸压后将物料通过齿轮泵定量打入U型聚合管中，再在－0.09～－0.03MPa真空度下连续聚合时间为2～3h，最后将物料输入平衡罐中，静止平衡2～3h，制得相对黏度为4.5～5.5的尼龙6工程塑料。本发明适用于己内酰胺或己内酰胺低聚物或其两者的混合物为原料生产高黏度尼龙6工程塑料。

【名　称】废弃垃圾制造永久性下水道井盖
【公开号】1393604
【公开日】2003.01.29
【申请人】王进喜
【发明人】王进喜　王馨苓
【摘　要】本发明提供一种废弃垃圾制造永久性下水道井盖，其特征在于各种材料按照质量百分比：塑料60%、玻璃钢制品、建筑帽、摩托车头盔10%、玻璃纤维下脚料10%、石头粉、灰粉10%、增塑剂10%，需要有色彩的产品还应根据颜色要求深浅加入适量的色母。通过塑料挤出机械加热至泥糊状，再把挤出机挤出的泥糊状材料放到液压机的模具上加压处理，使其形成本发明的形状。优点是制造成本低、节约钢材、废物利用、有效地保护了环境、防止偷盗，使用寿命长，具有坚如铁、硬如钢、耐腐蚀、耐老化的特点，具有较高的社会、经济效益。

【名　称】建筑用轻型聚合物混凝土复合板及制造方法
【公开号】1393610
【公开日】2003.01.29
【申请人】翟立国
【发明人】牛秀艳　翟立国　李森学
【摘　要】一种建筑用轻型聚合物混凝土复合板及制造方法，属于建筑材料技术领域。是以纤维水泥薄板为面板，两侧面板之间夹持有聚合物混凝土。其中的聚合物混凝土是：水泥、聚合物、建筑胶、粉煤灰的混合物。生产方法是将纤维水泥面板，裁成所需要的尺寸，装入预先制作好的模盒中，在两纤维水泥板间注入聚合物混凝土，经养护、脱模，即得本发明的墙板。本发明的积极效果是，墙体表面光滑平整。体轻、保温、隔音、防火效果高于现有墙体，大量消耗粉煤灰和废弃塑料。

【名　称】电热熔焊密封塑管接头及新工艺
【公开号】1393652
【公开日】2003.01.29
【申请人】天津市河西区平江电热电器厂
【发明人】许炜昌
【摘　要】本发明提供一种电热熔焊密封塑管接头及新工艺，采用高密度聚乙烯材料片状管节为热熔接头，导电丝为发热体，将电阻丝绕成蛇形簧后均布于管节内周边，并使电阻丝的端头由轴向的外边缘伸出而形成串联电路电极，焊接时，将热熔接头的管节捆扎在管与管的接头处，然后将电极接于220V电源上，给电5～10min，待热熔接头的管节熔化方可断电，断电后再冷却10～20min即可。本发明具有的优点：工艺独特，力学性能好，耐腐蚀，施工方便，热接牢固，密封性好，省工省料，远优于塑料焊接和热收缩带的施工方法。

【名　称】存放加压液体和/或气体、用纤维增强塑料加固的塑料核心容器构成的压力容器及其制造方法
【公开号】1394266
【公开日】2003.01.29
【申请人】拉尔夫·冯克
【发明人】拉尔夫·冯克

【摘　要】 本发明涉及一种用纤维塑料复合物加固的塑料核心容器，用于存放加压液体和/或气体媒质。所述容器包括一个或多个位于颈部和/或基部和/或圆筒形容器部分的接头零件。至少一个接头零件构成容纳一有圆筒形或圆锥形螺纹压力管道送入件，诸如阀或管道连接件。本发明还涉及制造这类塑料核心容器的方法。根据本发明，将一圆筒形插入件安装在塑料核心容器的连接杆部，所述插入件的一端有一轴环，它覆盖或环绕所述连接杆部的端部。至少设置两个密封，其中至少一个密封位于插入件与塑料核心容器的塑料连接杆部的内表面之间，至少另一个在插入件与压力管道送入件之间。这样在接头零件的附近产生紧密的永久性密封，即使有过大的上下波动的热量和工作应力也是如此。

【名　称】 经补强的聚乙烯管
【公开号】 1436946
【公开日】 2003.08.20
【申请人】 成林技术株式会社
【发明人】 郑闲石
【摘　要】 本发明为了充分加强组成聚乙烯管的双重壁之间中空部分的强度，在其中添置利用废塑料成型的充填材料，提高强度和相对密度，代替铸铁管，并有助于解决环境问题的聚乙烯管。主要特征如下：形成能够让流体移动的断面为圆形的流体流动空间；对于该流体流动空间的外部，由外墙和内墙组成的双重墙和连接桥-脊，构成四角形状的中空部；为了提高上述中空部分的强度和相对密度充填补强材料；上述补强材料要在没有去除废塑料所含无机物质的状态下制作的再生树脂，挤压和充填成聚乙烯管。

【名　称】 用于制造纤维增强产品的方法和模具
【公开号】 1436119
【公开日】 2003.08.13
【申请人】 ABB 股份有限公司
【发明人】 A. 维斯特伦德　A. 杨松
【摘　要】 本发明涉及一种用于通过在可分开模具的两个可相连半模之间模制热黏合树脂材料来制造带有整体嵌件的纤维增强热固性塑料的产品的方法，模具最好由具有连接在压制台的可动部分和固定部分上的内成型面的上模和下模组成，从而可在模制产品前将至少一个嵌件固定在界定于各半模的成型面之间的型腔中。为了制造其中嵌入并被模制材料基本上包围的嵌件的 SMC 材料的产品，采用各自具有一组支撑装置的半模，支撑装置可相对于与各半模相关的成型面而在型腔内运动，通过支撑装置可以在模制的初始阶段之前和之中固定住嵌件，在模具中的树脂凝固之前，将支撑装置从其可支撑嵌件的位置中移开，此后在填充支撑装置留下的孔的过程中将半模进一步压在一起。

【名　称】 生产用于塑料透镜组合物的脂环族（甲基）烯丙酯的方法
【公开号】 1436162
【公开日】 2003.08.13
【申请人】 昭和电工株式会社
【发明人】 大贺一彦　但马恒男　内田博
【摘　要】 通过特定生产方法获得了脂环族（甲基）烯丙酯单体。使用该单体来生产用于塑料透镜的脂环族（甲基）烯丙酯化合物，它能够通过简单而容易的生产方法来获得，并且能够耐受长期储存，以及使用该化合物获得了塑料透镜。

【名　称】 钢合金，塑料成型模具和用于塑料成型模具的韧性淬火坯料
【公开号】 1436251
【公开日】 2003.08.13
【申请人】 尤迪霍尔姆工具公司
【发明人】 奥德·桑德伯格　马格努斯·蒂德斯坦
【摘　要】 一种具有下列化学组合物的钢合金，它含有（质量百分含量）：C 0.16～0.27，N 0.06～0.13，而其中 C+N 总含量满足：0.3<C+N<0.4 的条件；Si 0.1～1.5，Mn 0.1～1.2，Cr 12.5～14.5，Ni 0.5～1.7，Mo 0.2～0.8，V 0.1～0.5。该钢适于制造塑料成型模具。

【名　称】 供制造生物芯片用的塑料载片
【公开号】 1435488
【公开日】 2003.08.13
【申请人】 先进基因股份有限公司
【发明人】 徐立伟　张素真
【摘　要】 本发明有关一种表面经化学处理的塑料载片，用于在其表面上固定蛋白质、肽或小分子化合物以制造生物芯片。本发明还有关一种表面经处理的聚苯乙烯材质的塑料载片，用于在其表面上固定寡聚核苷酸或聚核苷酸以制造 DNA 芯片。

【名　称】 溅镀薄膜于塑料制品上的方法及其塑料制品
【公开号】 1435508
【公开日】 2003.08.13
【申请人】 仕钦科技企业股份有限公司
【发明人】 林祺芳　曾子峻　杨瑞祥　李俊庆
【摘　要】 一种溅镀一薄膜于一塑料制品上的方法，其特点是使用离子化的惰性气体清洗和暴露该塑料基材表层上的数个微细孔洞，并通过该电子与自该塑料基材表层被清理而产生一自由基，并维持一真空状态下以溅镀一表面缔结物，使表面缔结物与自由基产生

填补和高附着性的化学性与物理性结合状态，以在表层外稳固地形成该薄膜，其中该薄膜是先通过把该表面缔结物大致地填满该微细孔洞后并作链接而形成。

【名　称】自行车彩色塑料挡泥板制造工艺

【公开号】1458025

【公开日】2003.11.26

【申请人】王家伟

【发明人】王家伟

【摘　要】本发明是涉及自行车彩色塑料挡泥板的一种制备方法。一种自行车彩色塑料挡泥板制造步骤为：聚丙烯纳米原料→染色→注塑成型→铆接。另一工艺步骤为：聚丙烯纳米原料→染色→挤出成型→冲型→铆接。塑料彩色挡泥板将完全消除原金属泥板的弊端，质量轻、花色多，成本低，利于环保，无毒，不掉色，不生锈，弹性高，韧性好，不易断裂，并且节约能源；成型工艺简单、耗材少，不良品可经粉碎后回制，生产场地相对小，产能高，产品质量好控制，对生产者和周围环境无污染，若该产品采用无毒无害的纳米聚丙烯为原材料，其冲击强度和耐用性可与金属挡泥板相媲美。

【名　称】防腐高强钢丝索体

【公开号】1458333

【公开日】2003.11.26

【申请人】柳州市建设机械总厂

【发明人】穆成君　龙跃　黄富强　韦哲军

【摘　要】一种防腐高强钢丝索体，包括高强钢丝束、缠包带、依次包裹在外的内层高密度聚乙烯以及外层高密度聚乙烯，所述高强钢丝束的每根钢丝表面涂覆有一层防腐油脂，该防腐油脂亦填满缠包带内高强钢丝束各钢丝之间的缝隙，所述防腐油脂是无黏结预应力筋专用防腐油，所述内层高密度聚乙烯以及外层高密度聚乙烯之间有一由金属或非金属材料构成的隔离层，该隔离层可以是喷涂或缠绕在内层高密度聚乙烯基体上的铝粉或铝箔之类金属，也可以是缠绕或涂复在内层高密度聚乙烯基体上的高强聚酯带或氟塑料或专用防腐油脂之类非金属材料。该索体防腐性能好、外层无应力、索体使用寿命长。

【名　称】一种塑料复合片材及其制造方法

【公开号】1457981

【公开日】2003.11.26

【申请人】长春一塑汽车内饰材料有限公司

【发明人】刘明春　韩瑞龙　孙凤山　柳长宇　丁文智

【摘　要】本发明涉及一种塑料复合片材及其制造方法，包括面层、中间层和基层，其中所述的面层为PVC、改性PP或改性PE片材的一种，中间层为EVA胶膜或聚氨酯热熔胶膜的一种，基层为PVC、改性聚丙烯、改性PE发泡塑料片的一种；其中所述的面层的外表面还有一层消光剂涂层并压制有花纹。本发明的塑料复合片材所用材料综合性能好、价廉易得，在面层和基层塑料复合片材之间增加了用于粘接的中间层，解决了面层和基层材质不同时，热压结合性差，长期使用面、基层可能分离的问题，延长使用寿命；本发明塑料复合片材具有优良的保温、隔音、防震、耐腐蚀、电绝缘性能和较高的抗拉强度、耐冲击强度，并具有漂亮的外观，易于清洗维护的优点。

【名　称】塑料铅笔

【公开号】1457989

【公开日】2003.11.26

【申请人】汪进昌　沈文华

【发明人】汪进昌　沈文华　计荣昌

【摘　要】本发明公开了一种塑料铅笔，由笔杆、笔芯、包皮组成，笔杆料、笔芯料、包皮料主要为塑料，其中：笔杆料包括：工程塑料（ABS）、共聚物（SBS）或聚乙烯、滑石粉、重质钛酸钙、发泡剂、硬脂酸镁、白油，其质量配比为：工程塑料（ABS）18%～36%、共聚物（SBS）6%～15%、滑石粉20%～60%、重质钛酸钙2%～20%、发泡剂0.8%～8%、硬脂酸镁1%～10%、白油0.3%～5%；笔芯料包括：石墨、聚苯乙烯、工程塑料（ABS）、助剂，其质量比为：石墨50%～70%、聚苯乙烯10%～40%、工程塑料（ABS）5%～10%、助剂2%～20%；包皮料包括：工程塑料（ABS）、高温颜料，其质量比为：工程塑料（ABS）90%～95%、高温颜料5%～10%。本发明外形与木制铅笔相同，书写流利、光滑，切削、卷削容易，字迹易擦，价格低于木制铅笔，可节约大量木材。

【名　称】多用途塑料共挤复合管材模具

【公开号】1457970

【公开日】2003.11.26

【申请人】陈金明

【发明人】陈金明

【摘　要】本发明公开了一种多用途塑料共挤复合管材模具，该模具与至少两台挤塑机配套共挤，通过更换流道锥、流道套、模芯、口模，生产各种规格的塑料管材、钢塑复合管材及金属骨架塑料复合管材。模具的分流器与流道锥分体设计并采用螺纹连接，解决分流器过长、模体大，生产方案调整不灵活的问题。本发明将分流器、流道锥分体设计，缩短了分流器，缩小了模具体积，有效地降低了生产、制造成本；分流器、流道锥分体设计并用螺纹连接，便于更换流道锥、流道套、模芯、口模，使生产方案调整灵活；模具与多台挤塑机共挤配合使用，弧线供料均匀，特别适用于特大口径金属骨架塑料复合管材的生产。

【名　称】 塑料袋制造装置

【公开号】 1457976

【公开日】 2003.11.26

【申请人】 户谷技研工业株式会社

【发明人】 崛部充彦　藤户义晶　植田敏规

【摘　要】 一种用于连续制作塑料袋的装置。该装置具有包括相对端的短边的梯形板，相对斜边从短边的相对端分散延伸。梯形板包括双层壁结构，其中在两壁之间形成有间隙装置。该装置还包括通过沿梯形的高度方向移动梯形板以便短边与底连接板材料接合的驱动装置。此外，装置还包括一对折叠板，其设置成与底连接板材料接合，然后根据梯形板的移动在与斜边相对应的位置处插入间隙装置中，以便底连接板材料通过折叠板插入间隙装置，以沿短边对半折叠并沿斜边折叠成间隙装置，然后将底连接板材料插在此对面板部分之间。

【名　称】 氟化和烷基化糖醇衍生物及含有该物质的聚烯烃制品

【公开号】 1460107

【公开日】 2003.12.03

【申请人】 美利肯公司

【发明人】 J. D. O. 安德森　N. A. 密尔

【摘　要】 本发明涉及用做成核剂并特别用于改善聚合材料的光学性能的塑料添加剂。更具体地说，本发明涉及某种烷基（或烷氧基）取代的氟代亚苄基山梨糖醇缩醛及其聚合组合物，举例来说，该聚合组合物可用于食品或化妆品的容器及包装。本发明的这些氟化和烷基化的亚苄基山梨糖醇缩醛也能用做水和有机溶剂的胶凝剂，尤其用于防汗胶棒的制备。

【名　称】 彩色塑料型材的生产方法

【公开号】 1461769

【公开日】 2003.12.17

【申请人】 北京中北红泥科技有限公司

【发明人】 李兵

【摘　要】 本发明公开了一种彩色塑料型材的生产方法，特别是一种彩色（PVC）型材的生产方法。本发明利用工业废渣——赤泥及K2020N复合稳定剂与PCV进行混炼，生产出咖啡色PVC型材。其产品色度饱满，手感光滑，且成本比普通PVC降低10%以上，使用寿命是普通PVC型材的两倍。本发明适用于生产PVC系列的给水管、排水管、塑料门窗、板材及异型材，具有较好的社会、经济效益。

【名　称】 热融接塑料物体等并去除凸边的装置

【公开号】 1459369

【公开日】 2003.12.03

【申请人】 李光宰

【发明人】 李光宰

【摘　要】 本发明涉及热熔接塑料物体等并去除凸边的装置，该装置在热熔接塑料物体等的同时，能将其熔合部所形成的凸边干净地去除而不会伤及前述接合塑料物体的表面。本发明的热熔接并去除凸边的装置，包括：支架和由所述支架支持的第一热熔接切削模，所述第一热熔接切削模对第一母材和第二母材的端部加热，使所述第一母材的端面与第二母材的端面互相热熔接，并去除第一热熔接部所形成的凸边。由此，在使塑料切断面简单热熔接的同时，能将其热熔接部所形成的凸边尽快且干净地去除而不会伤及前述塑料的表面。

【名　称】 磷酸银抗菌改性二氧化钛复合颗粒及其制备方法和用途

【公开号】 1459476

【公开日】 2003.12.03

【申请人】 中山市华铿喷涂有限公司　中国科学院理化技术研究所

【发明人】 唐芳琼　谢永培　孟宪伟

【摘　要】 本发明属于无机纳米改性功能材料及其应用领域，特别是涉及磷酸银抗菌改性二氧化钛复合颗粒及其制备方法和用途。本发明的具有抗菌功能的磷酸银抗菌改性二氧化钛复合颗粒是以纳米或亚微米二氧化钛颗粒作为内核，在二氧化钛颗粒表面包覆有二氧化硅和氧化铝层、二氧化硅层或氧化铝层，得到具有多孔性质的二氧化钛复合颗粒，在二氧化钛复合颗粒表面包覆有磷酸银层；得到磷酸银抗菌改性二氧化钛复合颗粒的尺寸在52～2 150nm之间，所述的二氧化硅、氧化铝、磷酸银包覆层厚度分别为1～50nm；该复合颗粒掺杂在涂料、陶瓷、塑料或橡胶材料中作为抗菌材料使用。该复合颗粒纯度高，分散性好，并具有抗菌性质。

【名　称】 一种新型光缆及其制造方法

【公开号】 1458541

【公开日】 2003.11.26

【申请人】 杭州富通昭和光通信股份有限公司

【发明人】 魏国庆

【摘　要】 本发明主要是一种新型光缆结构，同时为这种光缆提供一种制造方法。其特点是将同向延伸的信息传输介质、应力承载部件和应力分散部件同时穿过挤塑模具的一个通孔，同时向该通孔内挤注热塑性塑料形成将三者包覆在一起的一体式护套而成为光缆，其中所述的信息传输介质为单根光纤或由单根光纤集合而成的光纤束。这种光缆的各部件互相并行，不交叉，受力均匀，可以减小光缆自身所产生的内应力；从而可以有效缓解光纤的受力，确保其信息传输性能。

【名　称】 LED构装基座及插脚的构造及制造方法
【公开号】 1458699
【公开日】 2003.11.26
【申请人】 张修恒
【发明人】 张修恒
【摘　要】 本发明说明一种三原色LED四支插脚及封装基座的构造及其制造方法。其中一支插脚形成晶粒座及共享负极接线座，另三支插脚形成正极接线座。前述负极接线座及正极接线座位于方形的四个角上，两支插脚向右延伸，另两支插脚向左延伸。以冲模冲压成型，或以蚀刻法或电镀法形成，一次将多数个成型，再将四支插脚自接线座附近向下朝同一方向弯折90°而成可站立的姿势，先进行晶粒焊接及打线，再切开成单一构造，然后以铸模用透明塑料密封；或先以铸模用透明塑料密封，再切开成单一构造。另一构造为将四支插脚末端向内再弯折作表面黏着封装之用。

【名　称】 用于注射成型的方法与装置
【公开号】 1458876
【公开日】 2003.11.26
【申请人】 辛普瑞斯注气有限公司
【发明人】 特伦斯·科尔维·皮尔森
【摘　要】 一种用于塑料注射成型的方法及装置，包含将一定量的塑料材料注入一型腔中且将加压气体或加压液体注入在该型腔中的塑料材料，在保持该气体或液体施加于在型腔中的该塑料材料的压力一段时间以将填充压力施加到塑料材料之后，该熔融塑料材料的一部份被排入一个或多个副型腔中或排出回到该注射成型机的料筒中，将该塑料材料注入的步骤可以在有或无填充该塑料材料的情形下、在注入该加压气体或液体之前实施。

【名　称】 超导电缆
【公开号】 1459114
【公开日】 2003.11.26
【申请人】 南方电线公司
【发明人】 戴维.S. 里斯　乌戴.K. 辛哈
【摘　要】 带状超导金属丝包括一由稳定金属制成的覆盖层，并缠绕在一柔性样板上。以不大于0.2%的弯曲应变将超导金属丝敷设在样板上。金属丝并排敷设到第一层的顶部，形成一第二层。样板可由金属、塑料、增强塑料、聚合物或复合物制成，赋予电缆柔韧性。

【名　称】 卫生间坐便器多层坐垫
【公开号】 1459271
【公开日】 2003.12.03
【申请人】 梁建军
【发明人】 梁建军
【摘　要】 卫生间坐便器多层坐垫，是一种可以重复使用的坐垫，上面由若干层橡塑材料作成较薄的坐垫组成，下面是一层较厚的硬塑料作坐垫基。每层坐垫都可以掀起，使每人有固定的坐垫。这样，每个人在使用坐便器时都不会与他人使用的坐垫相接触，从而防止病菌在坐垫上的交叉传染。此种卫生间坐便器多层坐垫使用简便，最适合家庭、饭店、宾馆使用。

【名　称】 用高焊接速度连接塑料材料的方法和装置
【公开号】 1460589
【公开日】 2003.12.10
【申请人】 莱斯特加工技术公司
【发明人】 陈杰伟　A. 尼德尔伯格
【摘　要】 借助穿射技术连接连续塑料材料的方法和装置。根据本发明，为了连接连续的材料通过两个相向旋转的相互压在一起的辊引导。第一辊由一种能透过激光束的材料制成并设计成管状。第二辊由一种表面易变形的材料制成，因此其表面可以与第一辊的形状匹配。在第一辊中设置机构用于在待连接的材料之间的接触面上产生激光束。该激光束设计成沿材料运动方向的线形激光束，从而在运行时连续地加热材料直到熔点，而不需要过高的机构功率。借助该方法和装置可以实现高速的连续连接。

【名　称】 双槽防潮地板
【公开号】 1460761
【公开日】 2003.12.10
【申请人】 无锡梓光木业有限公司
【发明人】 李洪江
【摘　要】 本发明涉及一种拼装地板，特别为一种双槽防潮地板。它包括有胚板，在胚板的触地面设有一层防水层，其特征在于在胚板的轴向两侧边或四周侧边或径向两端侧边均开有凹型塑链槽，在胚板的凹型链槽中设有塑链，相邻的胚板间通过塑链连接为一整体。塑链为一两面均为凹凸相间的长条形塑料条或塑料板。本发明的优点在于铺装无需预置龙骨和使用钉子；缩短了铺装工期，节省了铺装费用，由于通过塑链连接，走动时无嘈音，无需专业人员安装，可以根据需要随意拆换。

【名　称】 含氟嵌段多异氰酸酯
【公开号】 1461320
【公开日】 2003.12.10
【申请人】 拜尔公司
【发明人】 E. 科尼　B. 鲍姆巴赫　C. 费泽尔
【摘　要】 本发明涉及新颖的含氟嵌段多异氰酸酯，

其制备及其用途，用于生产聚氨酯塑料，优选用做烘烤瓷漆、特别是卷材涂料方法的交联剂。

【名　称】建筑用纳米晶 PVC 材料及其制备方法
【公开号】1462765
【公开日】2003.12.24
【申请人】武汉理工大学
【发明人】熊传溪　董丽杰　刘起虹
【摘　要】一种建筑用的纳米晶 PVC 材料及其制备方法。该纳米晶 PVC 材料具有 15%～35% 的结晶度，微粉晶粒小于 100nm，熔点低于 150℃，其抗拉强度在 60～120MPa，抗冲击强度在 60～100kJ/m^2，维卡耐热点高于 100℃。其制备方法首先用环己酮溶剂将等规 PVC 溶解，用该溶液对普通 PVC 粉进行喷液干燥，在 100～120℃热处理 4h，得到结晶 PVC 微粉；然后再通过气流磨粉碎对结晶 PVC 微粉改性，制备 5～20μm 左右的纳米晶 PVC 微粉；最后将纳米晶 PVC 微粉作为自增塑剂和自晶种与普通 PVC 粉末加入混合设备混合均匀，经塑料成型设备成型加工，制备出本发明的材料。

【名　称】一种复合材料及其制备方法
【公开号】1462770
【公开日】2003.12.24
【申请人】武汉大学
【发明人】张俐娜　陈　云　邓　瑞
【摘　要】本发明公开了一种以大豆渣和大豆粉等大豆副产品与聚醚多元醇或聚酯多元醇、二异氰酸酯为原料得到的复合材料及其制备方法。首先由聚醚多元醇或聚酯多元醇与二异氰酸酯反应得到聚氨酯预聚物，然后将聚氨酯预聚物与大豆渣或大豆粉按一定比例混合，并在无溶剂、无外加增塑剂条件下反应后经热压得到片状或其他形状材料。也可以由聚醚多元醇或聚酯多元醇、二异氰酸酯与大豆渣或大豆粉按一定比例混合，直接经螺杆机挤出反应、热压后得到复合材料。通过改变大豆副产品、聚醚多元醇或聚酯多元醇、二异氰酸酯的种类及其比例，可以得到具有从塑料到弹性体的各种性能的材料。因此该大豆渣或大豆粉复合材料是一种工艺简单、成本低廉的新型材料。

【名　称】复合阻尼板及其制备方法
【公开号】1462772
【公开日】2003.12.24
【申请人】戚广连
【发明人】戚广连
【摘　要】本发明涉及用于隔音、减震的装饰材料的改进，特别是一种用于客车地板用的复合阻尼板及其制备方法。这种复合阻尼板由面板、阻尼板、底板复合而成，阻尼层是以改性沥青为主料，再混以再生橡胶、废塑料粉、粉煤灰、矿渣等填充料制成。具有制备工艺简单，容易操作，投资少；产品成本低，便于推广应用；阻尼层原料中大量使用了再生橡胶、废塑料、粉煤灰、矿渣等废弃物，有利于综合利用和环境保护；产品阻尼、减震效果好，与普通胶合板相比，平均降噪指标为 8～10dB；在阻尼层中加入磁粉、铂粉等填充料后，还可制成具有磁性能、屏蔽性能的特种阻尼板，应用范围广等特点。可广泛应用于室内装饰、各种车辆轮船等需隔音、减震的各种场合。

【名　称】聚氯乙烯改性剂及其制备方法和用途
【公开号】1461771
【公开日】2003.12.17
【申请人】中国科学院化学研究所
【发明人】张世民　李　艳　阳明书　巩方玲
【摘　要】本发明属于聚氯乙烯树脂领域，特别涉及聚氯乙烯改性剂及其制备方法和聚氯乙烯改性树脂。该改性剂是一种丙烯酸酯类聚合物/黏土杂化纳米复合材料，通过丙烯酸酯类聚合物在有机黏土中的插层聚合复合制得，含有丙烯酸酯类聚合物 100 质量份，有机黏土 1～100 质量份。改性 PVC 树脂含有 100 质量份的 PVC 树脂，0.1～40 份的上述改性剂，将上述组分进一步与热稳定剂、增塑剂、抗氧剂或润滑剂混合在一起，在双螺杆挤出机上熔融共混挤出，从而制备出高性能的改性 PVC 树脂。该改性 PVC 树脂在加工时能够提高树脂流动性，缩短塑化时间，同时改善或保持材料的力学性能和热稳定性，可在通用塑料领域中广泛应用。

【名　称】纳米复合材料水分散体：方法、组合物及其用途
【公开号】1462281
【公开日】2003.12.17
【申请人】罗姆和哈斯公司
【发明人】周春雄　E.E. 拉夫洛
【摘　要】本发明公开了采用各种乳液聚合方法制备纳米复合材料水分散体的方法。所公开的方法包括在存在至少部分页状分离的未改性黏土以及聚合物分散体与至少部分页状分离的未改性黏土分散体的混合物的条件下进行原位聚合。所公开的纳米复合材料分散体可用于制备各种材料，例如涂料、胶黏剂、填缝剂、密封剂、塑料添加剂和热塑性树脂。还公开了制备聚合物黏土纳米复合材料粉末的方法以及这些粉末作为塑料树脂和塑料添加剂的用途。

【名　称】用于裂解废塑料以生产燃油的催化剂
【公开号】1462790
【公开日】2003.12.24
【申请人】四川大学

【发明人】 王玉忠　周　茜　唐　超　郑　丽
【摘　要】 本发明提供的用于裂解废塑料以生产燃油的催化剂，其特征在于该催化剂或是对 ZSM-5 沸石分子筛按本发明公开的方法改性制得的 DeLaZSM-5，或是以负载于载体上由至少二种金属氧化物为活性成分构成，且以催化剂质量为基准，其含量为 5%～50%复合裂解催化剂。本发明提供的催化剂催化活性高，用于裂解废塑料不仅反应时间短，而且裂解温度低，可大大降低了生产成本；生产出的燃油综合收率高，均在 80%以上，且颜色纯正，质量优良，汽油可达到 70%～90# 汽油的国家标准，柴油可达到 －35# ～0# 柴油的国家标准；使用本发明提供的含有金属氧化物的裂解催化剂除具有催化裂解功能外，还同时具有脱卤功能，既可使得到的油品有机卤含量为零，而且裂解过程中也不会放出卤化氢气体，腐蚀设备。

【名　称】 塑料弹壳以及生产这种弹壳的装置
【公开号】 1463354
【公开日】 2003.12.24
【申请人】 阿布萨拉公司
【发明人】 爱德华·依拉里诺维赫·赫维基亚
【摘　要】 本发明总体上涉及一种小型武器技术，尤其涉及具有塑料壳体的猎枪子弹和射击运动子弹。本发明的目的就是以较低的成本代价来改进这种产品的弹道学数据和结构强度。该技术问题通过额外提供塑料弹壳而得以解决，该弹壳具有薄壁杯形，其外表面为圆柱形，其内表面包括三个锥形部分，这三个锥形部分的锥度和长度从底部开始增加，该底部具有用于引信的开口，该引信带有一个薄膜隔断，该隔断将弹壳部分和用于安装引信的部分分隔开。该薄膜隔断的厚度的选择范围为 0.2～0.5mm。用于制造塑料弹壳的装置包括：一个模具，该模具为一个用于形成弹壳的外表面的容器；一个半片容器，该半片容器具有锥形浇铸口并用于形成杯形底部；以及一个形成弹壳内表面的冲杆。在该半片容器上是一个圆柱形空心销，该空心销形成一个封闭的引信开口。该圆柱形空心销与冲杆一起形成环形浇道。

【名　称】 白色垃圾风选及塑料收集系统
【公开号】 2533100
【公开日】 2003.01.29
【申请人】 曾继贤
【发明人】 曾继贤　张殿军
【摘　要】 一种白色垃圾风选及塑料收集系统，包括垃圾分选筛、皮带输送装置、风机及收集箱；在垃圾分选筛的落料口及收集箱的进料口之间装有一密封罩，该密封罩内装有皮带输送装置的皮带输送机，该皮带输送机一端对正分选筛的落料口，另端伸入收集箱的进料口；该密封罩及皮带输送机有沿送料方向向上倾斜的斜度；在该密封罩外装有风机，该风机的吹、抽风口伸入密封罩内；该密封罩下端有固体垃圾出料口；该收集箱的下部侧壁设置有可启、闭的门。本实用新型可将生活垃圾筛上物中的白色垃圾部分经过传送带进入风选、吹/抽及收集，结构简单，工作效率高、收集的白色垃圾可进入二次利用，保护环境及地下水流不受污染。

【名　称】 白色垃圾塑胶加压式捏炼机
【公开号】 2552672
【公开日】 2003.05.28
【申请人】 曾继贤
【发明人】 曾继贤
【摘　要】 一种白色垃圾塑胶加压式捏炼机，包括捏炼装置、加压装置、机架、电加热装置、加热冷却系统及电控装置，捏炼装置有一对前、后转子，它们各由转轴和凸棱板组成，该转轴上各有进口管和出口管连通凸棱板的空心内腔，该二转轴装在可翻转的壳体的轴座中，该壳体的壁将加压装置的压砣板包围，该前、后转子的转轴上装有齿轮，捏炼装置的转子及壳体安装为一整体，由一翻转机构驱动转翻转 α 角，加压装置的气缸活塞端部有压砣板伸入捏炼装置的壳体中，该壳体的外部有电加热装置。本实用新型可将工业和生活垃圾中的废旧橡胶、塑料等加热、熔化、加压成砣，用于生产轮胎、鞋底、板材、市政产品等，实现废弃物二次利用，而且保护环境和地下水源不受污染。

【名　称】 包装袋扎口带
【公开号】 2538709
【公开日】 2003.03.05
【申请人】 刘庆海
【发明人】 刘庆海
【摘　要】 本实用新型涉及一种用于包装袋扎口的扎口带，其是由塑料注塑成型的一端两对称壁开有相互错位的卡齿口的带有进、出口的空腔体，另一端呈锥形的供插入空腔体内的插头，中部带有供进入卡齿口内的卡齿的带。

【名　称】 保温复合板
【公开号】 2589549
【公开日】 2003.12.03
【申请人】 孙国发
【发明人】 孙国发
【摘　要】 保温复合板，是一种建筑用的具有保温性能的轻体墙体构件。采用聚苯乙烯发泡塑料作为墙体材料，其质量小，可以减低低层应力，降低成本，但是，由于聚苯乙烯不能与水泥结合，其两侧极易产生裂缝发生墙体剥落，严重地影响了这种轻体材料在墙体上的应用。本产品组成包括：高分子发泡保温芯板，所述的芯板的侧面具有一层固体的水溶性建筑胶，采用市场上销售的任何品种均可以。所述的芯板的外侧通过热粘接或者采用建筑胶粘接有耐碱纤维的涂塑网格布。本产品用于需要轻体、隔热的框架结构建筑物的内外墙装修，房间隔断设置和更改，轻体屋面修筑等等。

【名　称】 保温节能窗帘

【公开号】 2529581

【公开日】 2003.01.08

【申请人】 中国石化集团齐鲁石油化工公司

【发明人】 段景宽　张广明

【摘　要】 本实用新型提供一种保温节能窗帘，包括按窗户大小裁取的软质塑料透明片材，其特征在于：软质塑料透明片材的底部设置有卷杆，在其正面的垂直两边缘及反面的四周边缘设置有黏结带，且正、反面垂直两边缘的黏结带相对应。本实用新型采用软质塑料透明片材，经安装固定件、黏结带与窗框密封固定，与原有窗户构成双层窗，不影响室内正常采光，保温隔热效果好，安装使用方便，抗菌阻燃，价格低廉，是目前较为理想的保温节能窗帘。

【名　称】 保温抗冲击的塑料与玻璃钢的复合管

【公开号】 2572169

【公开日】 2003.09.10

【申请人】 甘国工

【发明人】 甘国工

【摘　要】 本实用新型提供了一种保温抗冲击的塑料与玻璃钢的复合管。包括防腐防渗漏的塑料内层，包覆于塑料内层上的胶黏剂层，包覆于胶黏剂层外周的树脂基玻璃钢复合增强层，包覆于复合增强层外周的保温抗冲击发泡层，复合管两端有与复合增强层连接的连接凸台或法兰，至少一端连接凸台上有螺纹。保温性能、抗冲击性能好，强度高，韧性好，防断裂，使用寿命长。

【名　称】 充气制造螺旋缠绕钢丝增强复合塑料管材的装置

【公开号】 2543700

【公开日】 2003.04.09

【申请人】 甘国工

【发明人】 甘国工

【摘　要】 本实用新型提供了一种充气制造螺旋缠绕钢丝增强复合塑料管材的装置。在分段定长的聚合物芯管进入端与对其复合外层聚合物层的复合装置间沿聚合物芯管轴向移动方向设置有对分段定长的聚合物芯管封堵、充气、密封和熔接的至少一个工作台，芯管推送或牵引机构，在芯管上螺旋缠绕钢丝的至少一台钢丝缠绕机，对芯管和/或钢丝加热的加热装置。能生产出芯管表面与其上的钢丝和外层复合层间复合效果好，质量高，承压力高，使用寿命长的螺旋缠绕钢丝增强复合塑料管材的装置。

【名　称】 厨房、卫生间自排油垢、免拆洗止逆阀

【公开号】 2575455

【公开日】 2003.09.24

【申请人】 王允山

【发明人】 王允山

【摘　要】 本实用新型公开了一种厨房、卫生间自排油垢、免拆洗止逆阀，它属于一种建筑材料配件；它由塑料阀体，塑料阀体上的排风管和排风管末端设置配合的止逆阀板组成。本实用新型将本止逆阀排风管内壁设置成通顺、光滑，利于排风管所有内壁上沉积的油垢顺风排入公用排风道中；将本止逆阀排风管末端内最下方设置自排油垢小斜坡，坡向公用排风道洞中心，利于排风管内所有沉积的油垢靠自身自重缓缓下淌顺坡流入公用排风道内。利用本实用新型厨房、卫生间自排油垢、免拆洗止逆阀，解决了一般止逆阀内沉积的油垢回流外溢的污染，免除了广大用户使用一般止逆阀需要拆洗油垢的烦恼和无奈。本实用新型结构简单、易于加工制作、方便安装、坚固耐用。

【名　称】 窗框型材

【公开号】 3293367

【公开日】 2003.05.07

【申请人】 任　遒

【发明人】 任　遒　刘　强　崔飞军

【摘　要】 本外观设计涉及拼装复合铝塑门窗型材，此为铝塑窗框型材，它由外层铝型材基体、内层塑料型材基体构成，同样，其他如中梃、窗扇、上亮型材也可采用这种铝、塑拼装复合结构。

【名　称】 吹瓶机的取坯机构

【公开号】 2552683

【公开日】 2003.05.28

【申请人】 东莞佳鸿机械制造有限公司

【发明人】 李伟宏

【摘　要】 本实用新型涉及吹塑机械技术领域，特指一种采用二步法吹制 PP、PET 等材料的塑料瓶的吹瓶机的取坯机构。其是通过如下技术方案实现的：基座安装在支架上，气缸与导轨置于支架上端，基座的套设在导轨上，基座和汽缸通过角铁连接；气缸固定在角铁的侧壁上，固定支板通过角铁与汽缸相连，通过汽缸开合，并竖直安装的机械手的一端铰接在此固定支板的一端。采用这种结构后，通过支架上和固定

在角铁上的汽缸控制机械手运动，而机械手取瓶坯时，其开合方向与瓶坯运动方向垂直，即其是上下运动来夹取瓶坯，从而从根本上解决了机械手指占用空间的问题，可适用于加热瓶坯密度很高的吹瓶机。

【名　称】 吹塑一次成型塑料高位水箱
【公开号】 2591107
【公开日】 2003.12.10
【申请人】 张汉杰
【发明人】 张汉杰
【摘　要】 本实用新型公开一种吹塑一次成型塑料高位水箱，采用无毒塑料吹塑工艺一次成型，制作成本低，节约材料和加工费用，箱壁上设计有加强凹槽，减小壁厚，加强水箱强度，水箱圆口，方便了水箱的安装、维修及水箱内的清洁刷洗。本实用新型特征在于箱盖与箱体呈封闭状，在箱盖上开由1～2个圆口，各配有螺旋口的口盖，在箱体的其他六面各自分别开有两条或两条以上加强凹槽，在水箱侧壁，其上部留有上水管的入口位置和安装水位浮球加装点，在下部留有出水管安装位置，上述各安装点处均有一个加厚区域。

【名　称】 大口径中空壁缠绕管生产设备
【公开号】 2568404
【公开日】 2003.08.27
【申请人】 赵桂旭
【发明人】 赵桂旭
【摘　要】 大口径中空壁缠绕管生产设备是一种塑料挤出成型管材设备，用于加工大口径中空壁塑料管材。其结构包括有挤出机、机头、冷却水箱、牵引装置、切割装置和翻转装置依次连接，其特征在于在牵引装置和切割装置中间设置有缠绕成型装置和涂胶挤出装置。优点是，利用小型挤出机，只要增加缠绕成型装置和涂胶挤出装置，就能够生产出直径为400～3 000mm范围的大管径塑料管，满足当前排水、排污所需用的大管径管材的需求。解决了生产大管径管材的困难，而且本设备生产量大，效率高，生产的管材是中空壁大口径缠绕管，用料少，质量轻，强度高，更加经济。

【名　称】 带标志一次性快餐盒
【公开号】 2538193
【公开日】 2003.03.05
【申请人】 泉州梅洋塑胶五金制品有限公司
【发明人】 蔡沧洋
【摘　要】 带标志一次性快餐盒，使用后标志损坏，能有效防止重复使用。采用塑料原料注塑、模压成型，废弃后可再生利用。由盒体和盒盖构成，在盒体边沿与盒盖边沿的接合处为相互扣紧，在盒盖的边沿外侧设有开启盖耳，在盖耳的外沿设置有标有未启用标志的标牌，盖耳与标牌之间由两点以上的点式连接。一旦开启后，标牌变形或断落，达到有效识别的作用，方便消费者辨别一次性未启用标志，消除重复使用的可能性。

【名　称】 带瓶口的塑料包装袋
【公开号】 2559579
【公开日】 2003.07.09
【申请人】 曾建源
【发明人】 曾建源
【摘　要】 一种带瓶口的塑料包装袋，它包括塑料袋、瓶颈口、瓶盖，在塑料袋的角边开一口子，黏合上塑料瓶颈口，瓶颈口上配上合适的瓶盖。本实用新型使用方便，只要拧开瓶盖，就能将袋内的液体和固定粉末倒出来，而且可重复使用，不会造成大量的污染环境的包装袋。

【名　称】 带强制循环内冷装置的聚乙薄膜吹塑机
【公开号】 2582853
【公开日】 2003.10.29
【申请人】 马之清
【发明人】 马之清
【摘　要】 一种带强制循环内冷装置的聚乙薄膜吹塑机，属于塑料薄膜的成型设备。其包括设置一个以上内冷进、出风口的机头以及在机头上部设置的导气筒，特征是导气筒与机头之间设置冷却室，冷却室内设置冷却器，且在冷却器的其中一侧设置风机，冷却室壁的底部加工有与机头的内冷进、出风口相连通的通孔。本实用新型具有结构简单，安装方便，造价低廉的特点，且冷却后薄膜直径的一致性好。

【名　称】 带吸管饮料包装品
【公开号】 2592557
【公开日】 2003.12.17
【申请人】 谢传权
【发明人】 谢传权
【摘　要】 本实用新型是一种带吸管饮料包装品，它将吸管直接置入包装品内。对于易拉罐，它是在易拉罐压盖下方固定一根弯曲的吸管；对于软塑料饮料包装袋，它是在袋内配入一根悬浮的至少有一端为尖端的塑料吸管。开启易拉罐时，只要由拉环拉开压盖，就能把压盖下方固定的吸管拉出。饮用软包装饮料时，用手触摸吸管尖端并使之戳穿袋体，推出一截吸管就可直接饮用。本实用新型省去了目前随饮料包装配送吸管的麻烦，消除了万一缺少吸管而无法饮用饮料的担忧，更主要的是卫生状况得到极大的改观。

【名　称】 灯罩的扩散膜
【公开号】 2589809

【公开日】 2003.12.03
【申请人】 台湾日光灯股份有限公司
【发明人】 张运福
【摘　要】 本实用新型公开了一种灯罩的扩散膜，包括有一基材层及一扩散层，该基材层是以一种能耐高温的透明塑料材料所制成，该扩散层是由多数个珠体所构成，该珠体可为玻璃珠、压克力（聚甲基丙烯酸甲酯）珠或聚胺甲酸乙酯珠体等。该扩散层以胶黏剂涂布于该基材层上，该扩散层也可利用喷涂、UV胶涂布或印刷等工艺接合于该基材层上；借此达到下列功能的灯罩：均匀光扩散，可隔绝眩光及达到光线柔和舒适感觉；均匀的光学内部绕射，致位光能量有效绕射保存，更减低光源的闪烁；灯罩的内部及外部光源绕射经过扩散后，可达到光源照度及辉度不衰减反而增加，充分表现光源发光效率。

【名　称】 底片保存袋
【公开号】 2557445
【公开日】 2003.06.25
【申请人】 张发定
【发明人】 张发定
【摘　要】 一种底片保存袋，由多个连接在一起的塑料袋组成，相邻塑料袋之间具有两道平行的塑封线，两道平行的塑封线之间还具有一条断续相连的撕裂线。本实用新型使用时，可以很方便地从底片保存袋卷上撕下一个塑料袋，而无需借助于剪刀或裁纸刀等，使用十分方便。

【名　称】 点阵式草坪保护网
【公开号】 2583968
【公开日】 2003.11.05
【申请人】 罗庆顶
【发明人】 罗庆顶
【摘　要】 本实用新型属于一种点阵式草坪保护网，是用塑料一次性注塑成型，它包含塑料网架、塑料网格、构成塑料网格的塑料网条、置于塑料网条交叉部位上的半圆形凸起以及对称地配置在保护网下面的塑料网插脚。本保护网因有较密的，具有一定弹性并呈点阵式的凸起的支撑，人脚踩在草坪上不会伤害草坪，保护网结构简单、造价低廉、实用性强，可用于各种大小绿化带，另外脚踏在安有这种保护网的草坪上，对脚也有一定的保健按摩功效。

【名　称】 电动多用途塑料薄膜制袋机
【公开号】 2571578
【公开日】 2003.09.10
【申请人】 郑　辉
【发明人】 郑　辉
【摘　要】 一种电动多用途塑料薄膜制袋机，属于塑料制袋机。在机架中间部位的平面上有热合铰接架，热合铰接架的一端与机架连接，另一端通过热合连杆与热合连杆轮连接，热合连杆轮通过链条与主皮带轮、传动轮连接；在一个调速皮带轮的轴上连接有离合器；热合铰接架为一框架，在热合连杆一端的框架的底面连接有热合器架，热合器架上连接有异形热合器或者直线热合器；机架一端的底部连接有调整螺栓。该制袋机在机架的平面上连接有热合铰接架，热合铰接架上可以安装异形热合器，能够制作异形塑料袋；由于增加了离合器，使用、操作更加方便，结构简单、占地面积小、造价低、维修方便，能够制作异形塑料袋，进一步降低了塑料袋的制作成本。

【名　称】 动物玩具塑料骨架
【公开号】 2552572
【公开日】 2003.05.28
【申请人】 淄博友诚毛绒制品有限公司
【发明人】 孙德敏　于　巽
【摘　要】 本实用新型属于仿真动物玩具的可变形构架，涉及一种动物玩具塑料骨架。包括骨节，其特征是所述的骨节一端为臼窝结构，另一端为与臼窝匹配的球状体；相邻骨节的球状体嵌接在另一个骨节的臼窝内，依次嵌接为万向节式一体结构。骨节可插接分支接插件构成分叉；或插接末端接插件构成末端。其优点是：提供了一种仿真度很高的，不仅关节部位，而且动物玩具的肢体、尾巴、长鼻（例如象鼻）等部件本身均可任意姿势、任意角度摆放的塑料动物玩具的骨架。

【名　称】 端面为正方形的塑料光纤
【公开号】 2577298
【公开日】 2003.10.01
【申请人】 黄琪炎
【发明人】 黄琪炎
【摘　要】 端面为正方形的塑料光纤，是一种端面为正方形的塑料光纤。本实用新型是将通用的圆形塑料光纤通过夹具压制出一长度≥50mm、端截面与圆形截面的面积比为1∶0.866的方形。本实用新型有一定的形状长度，不破坏光纤表面及通光特性，端面面积小、效率高。用本实用新型所制成的同等光纤数量的点阵时，更容易上下左右对齐，点阵更整齐，图像变形小，形成的光纤点阵彩色显示屏屏面面积比圆形光纤形成的小，损失的光或像素少、显示效果好、图像保持更真实、亮度高、能获得更大的光能量。

【名　称】 断桥型整体PU发泡推拉门窗
【公开号】 2584771
【公开日】 2003.11.05
【申请人】 山东大正天丰不锈钢建材有限公司

【发明人】 王德良

【摘　要】 一种断桥型整体PU发泡推拉门窗，包括中空薄壁的窗框和双层玻璃，其窗框有侧面、滑轨面和无轨面，在滑轨面上有凸出的滑轨，其滑轨内置有条形的隔热桥密封件，窗框在滑轨顶面和底面两处断开，断开端向内钩，嵌入隔热桥密封件顶面和底面的四个凹槽中，隔热桥密封件顶面和底面相邻的两个凹槽之间由向内凹进的圆弧面相连，在窗框的无轨面中间断开，断开端向内钩，嵌入平形条板连接件的两个凹缝中。窗框内可衬有非金属插接件，内心也可填充有PU发泡塑料；隔热桥密封件中心可以有孔洞，其材料是普通塑料或共聚甲醛塑料。本实用新型在窗框上形成三断桥，有效消除了门窗框与窗扇之间存在的冷、热桥，使密封性能大大提高，有利于门窗节能降耗。

【名　称】 多层储料式吹塑机

【公开号】 2582849

【公开日】 2003.10.29

【申请人】 刘资丰

【发明人】 刘资丰

【摘　要】 一种多层储料式吹塑机，主要解决提高生产效率等技术问题，其采用的技术方案是，在多层共挤模头的各进料口分别连接有一料筒储料式输送装置，适用于单一塑料无法达到的特殊性能的制品制作。

【名　称】 充气连续制造缠绕钢丝增强复合塑料管材的装置

【公开号】 2543699

【公开日】 2003.04.09

【申请人】 甘国工

【发明人】 甘国工

【摘　要】 本实用新型提供了一种充气连续制造缠绕钢丝增强复合塑料管材的装置。包括依次设置的聚合物芯管挤出机、芯管挤出模头、芯管冷却定型箱、钢丝缠绕机或编织机、外层聚合物复合装置、复合管冷却定径定型装置、管材牵引机，其特征在于还包括含通过芯管挤出模头上的进气孔或进气通道与空气源连通的充气管对芯管内部充气使芯管挺括、刚直，使芯管在表面被加热情况下能承受钢丝缠绕力和外层聚合物复合装置挤压力的充气密封装置，在芯管冷却定型箱和外层聚合物复合装置之间，在聚合物芯管的周向上设置有对芯管表面和/或钢丝进行加热的加热装置。可使芯管生产和缠绕或编织钢丝以及外层聚合物复合连续生产，提高质量和生产效率，可减少芯管壁厚、降低成本。

【名　称】 多段销钉式单螺杆塑料挤出机

【公开号】 2579643

【公开日】 2003.10.15

【申请人】 夏桂玲

【发明人】 夏桂玲

【摘　要】 本实用新型是一种多段销钉式单螺杆塑料挤出机，包括机筒、螺杆、真空口、机筒支撑架、下料座、料斗、减速箱和机架，其特征在于：机筒是组合式的，机筒与螺杆按轴向将机筒和螺杆分为3～10个螺纹输送段和1～8个混合段，输送段与混合段交替排列设置，混合段在螺杆的输送段之后，在混合段位置处的机筒与螺杆上分别带有销钉，机筒与螺杆的销钉是沿轴向相互交替交叉排列的，并且是相互捏合的；机筒前端设有成型挤出头。本单螺杆塑料挤出机，结构新颖、简单、造价低，能一次完成物料的分散混合与制品成型两项工作。

【名　称】 多功能淋浴喷头

【公开号】 2573079

【公开日】 2003.09.17

【申请人】 田昊月

【发明人】 田昊月　李杰　田宝林　孙娟

【摘　要】 多功能淋浴喷头，按国际专利分类表（IPC）划分属于作业运输部，分离；混合分部，一般喷射或雾化；对表面涂覆液体或其他流体的一般方法大类，喷射装置；雾化装置；喷嘴小类，带或不带辅助装置；如阀、加热装置的喷嘴、喷头或其他出口组技术领域。其目的是解决传统喷头功能单一的技术问题，它主要由喷水盖、手柄、隔块、滤网、药物、磁铁、手柄盖构成。其特征是：药物放入安装在手柄的内腔滤网下边位置，磁铁嵌入安装在手柄的内腔下部凹槽位置，手柄盖螺纹连接安装在手柄的下末端位置，实现本方案的最佳方式是以塑料为材料，利用塑料工厂的基本设备，采取批量生产，以供生活界的需求，实现多功能淋浴喷头的实用和经济价值。

【名　称】 多功能面具

【公开号】 2552553

【公开日】 2003.05.28

【申请人】 王凤军

【发明人】 王凤军

【摘　要】 一种多功能面具，包括系带、由透明塑料制成的面罩，所述的面罩是口鼻罩，与口部对应的口罩上设有若干个空气流通孔，与空气流通孔对应处的口罩内侧设有空气过滤层，口罩内侧上还设有带微型开关的微型发声器，口鼻罩的外面上设有美术贴饰层，本实用新型结构新颖，具有防沙尘和娱乐双重功能，防沙性能好，安全性高，各个组成部件可方便地拆装、自由更换、清洁。

【名　称】 多功能一次性餐饮具
【公开号】 2538224
【公开日】 2003.03.05
【申请人】 魏　坚
【发明人】 魏　坚
【摘　要】 多功能一次性餐饮具由餐饮盒、紧粘贴在餐饮盒的盒体外底面下的塑料包装膜以及用塑料包装膜包封的餐巾纸和牙餐构成。该餐饮具由于餐饮盒外底而放置有餐巾纸而具有绝热作用，所以盛放很热的食物也不会感到烫手。用完餐后可方便地取出餐饮盒底面下的餐巾纸和牙签使用，十分有利于餐后卫生和洁牙。此外，还可在塑料包装膜和餐巾纸上印制广告，增加广告收益。

【名　称】 复合地板革
【公开号】 2581606
【公开日】 2003.10.22
【申请人】 孙连辉
【发明人】 孙连辉
【摘　要】 一种复合地板革，是在原有地板革的底面增加一层 PVC 塑料涂层，涂层底面是纤维布。这种地板革阻燃，铺着平整。它适合家庭、宾馆、写字楼等使用，也适合作为汽车内部的装饰材料。

【名　称】 复合防滑编织布
【公开号】 2558684
【公开日】 2003.07.02
【申请人】 宏投包装（杭州）有限公司
【发明人】 吕发炫
【摘　要】 本实用新型涉及一化学纤维纺织品，主要用于制作复合防滑编织布及防滑编织袋。特点：编织布表面涂有一层表面呈凸点或网纹或花纹图案状的薄膜。优点：将带凸点或网纹或花纹图案的条状薄膜或带凸点或网纹或花纹图案的塑料丝热熔复合在编织布表面技术方案的实现，不仅装卸手感省力，而且码垛的高度是背景技术的 1～2 倍且不会滑落，实现了库存空间的充分利用。

【名　称】 复合新材料井盖与座
【公开号】 2584671
【公开日】 2003.11.05
【申请人】 中国科学院长春应用化学研究所
【发明人】 莫志深　那天海　张宏放　吴绍佳　于英宁
【摘　要】 本实用新型设计一种复合新材料井盖与座，该井座为直角圆环倒梯形，并在直角处设计了加强筋，井盖的外径与环状井座支撑壁内径相吻合，井盖、井座都用废旧塑料和粉煤灰共混复合材料制成。本实用新型井盖较重而且尺寸稳定性好，受冲击不翻盖，安全可靠。

【名　称】 复合型高阻隔气相防锈膜
【公开号】 2587633
【公开日】 2003.11.26
【申请人】 沈阳防锈包装材料有限责任公司
【发明人】 杨松林　白　芳
【摘　要】 复合型高阻隔气相防锈膜，包括含有 Vapor Corrosion Inhibitor（气化性腐蚀抑制剂）的气相防锈塑料薄膜，气相防锈塑料薄膜通过胶黏剂层与高阻隔材料层粘接。所述的高阻隔层可以选用尼龙膜或双向拉伸聚酯膜。本实用新型由于采用了胶黏剂层将高阻隔层与含有 VCI 的气相防锈塑料薄膜粘接复合的结构，对水蒸气及氧气具有高阻隔的作用，同时，可有效防止 VCI 成分的挥发损失，增强了防锈功能的同时也增加了该产品的抗拉强度，还可以抽真空，并具有透明、可热封的特点。该产品可广泛用于金属材料、精密仪器、电子元器件等产品的存储、海运、远程运输包装。

【名　称】 复合型塑料灌装液体挤压器
【公开号】 2576633
【公开日】 2003.10.01
【申请人】 上海礼元工艺礼品有限公司
【发明人】 张跃庆
【摘　要】 本实用新型是一种复合型塑料灌装液体挤压器，适用于软管装产品，如洗面奶、护肤用品、牙膏、鞋油等软管产品挤出用的装置。其结构为辅压板两端带有孔，一端孔径大于另一端的孔径；孔内插入圆锥体主压辊，主压辊两端直径与辅压板两端带有的孔径相配合；辅压板与主压辊之间留有间隙。使用时，将主压辊插入辅压板的孔中，可根据被挤压塑管的厚度自行调节主压辊的插入长度，直到适度压紧为止；拉动被挤压塑管，或向前移动本装置，即可将管中的液体向前推动。为提高挤压效率，主压辊底面即工作面可为平面。本实用新型结构简单，使用非常灵活、方便，可适用于不同厚度的塑管，成本很低。本装置的大小可根据实际需要定。

【名　称】 改进的点滴软袋
【公开号】 2532852
【公开日】 2003.01.29
【申请人】 王志宏
【发明人】 王志宏
【摘　要】 一种改进的点滴软袋，主要包括一软袋本体、插针口及一充填口，其特征是该充填口是一管体，其在凸伸于软袋本体外的部位增设有一环圈，该环圈的底缘面为一形成点滴软袋的垂直向定位面的平整面；该管体由较硬质塑料成型，使其熔封于点滴软袋上形成液剂的充填口，该点滴软袋可由环圈及其底缘面，简易挂载于液剂充填机的可间歇步进回转的分度转盘的多个夹头上，并同时使充填口精准定位，供充填机上相配合的多个填充头得以自动插入充填口以充填液剂，又在完成定量充填作业后可简易取出，使充填作业达到更精确、稳定，并提高操作效率，而具实用性。

【名　称】 干旱区植物根部土壤保湿塑料膜
【公开号】 2542050
【公开日】 2003.04.02
【申请人】 王守玉
【发明人】 王守玉
【摘　要】 本实用新型涉及一种干旱区植物根部土壤保湿塑料膜。在塑料膜上设有与植物根茎部位相对应的通孔，在塑料膜通孔外侧周围分布有渗水孔，沿通孔向外侧边缘设有开口。本实用新型可有效控制根茎部土壤中的水分过度蒸发，能给其提供较好的湿润条件。本实用新型在干旱区使用推广，更能有效解决水资源缺乏给植物生长带来威胁的问题。本实用新型结构简单，使用方便，效果好，成本较低。

【名　称】 橄榄形塑料悬浮填料
【公开号】 2594261
【公开日】 2003.12.24
【申请人】 华南理工大学
【发明人】 汪晓军　林德贤　黄顺炜　桂红艳
【摘　要】 本实用新型提供一种橄榄形塑料悬浮填料，包括对称合并而成的两个圆台，两个圆台直径较大的一端合并在一起，两个圆台的中间设置一空心圆柱体，在空心柱体与圆台内表面间安装有叶片，两个圆台的中间部位分别设有加强圈，加强圈位于叶片外并与叶片连接在一起。本橄榄形塑料悬浮填料表面粗糙，易于微生物在其表面挂膜；叶片之间间隔合理，既可保证有一定的比表面积，又使填料不易发生阻塞和便于水体中的有机物和其他物质向填料的内部叶片迁移；总体结构对称合理，力学强度高，使用寿命长；易于加工，价格低廉，适合大规模推广应用。

【名　称】 钢塑复合加筋土工格栅
【公开号】 2549047
【公开日】 2003.05.07
【申请人】 刘　维
【发明人】 刘　维　吴安富
【摘　要】 本实用新型提供一种钢塑复合加筋土工格栅。它是由工程塑料及其内设置的钢丝绳和/或钢丝组成钢塑复合加筋带，钢塑复合加筋带横向、纵向交叉编织成格栅状结构，钢塑复合加筋带表面设有粗糙齿纹。本实用新型承受抗拉强度高，变形小，使用寿命长，与土体摩擦阻力大，能加强土体整体的稳定性，可广泛用于公路、铁路、机场、港口码头、防洪堤坝、桥台、路堑等软基础的处理工程和各种支挡建筑工程。

【名　称】 高分子止水带
【公开号】 2561839
【公开日】 2003.07.23
【申请人】 周遂宝　张玉欣　曲　强
【发明人】 周遂宝　张玉欣　曲　强
【摘　要】 本实用新型涉及一种用于建筑，桥梁和贮水池等水工建筑中防渗装置，具体说是一种高分子止水带。在现有技术伸缩缝的密封中，使用的止水填缝材料为沥青，沥青油膏，油毡，沥青砂浆，焦油塑料等材料，这种沥青及胶泥材料在使用过程中，需加热灌注，其缺点是温度不易控制，高温时易流淌，低温时却无法灌注，易出现密封不严，渗漏等现象。本实用新型高分子止水带为片状带体状，止水带的上下两侧设置固定肋。高分子止水带的材料为氯化聚乙烯、聚氯乙烯、橡胶，因而其性能优良，使用方便，不会出现密封不严，渗漏等现象。

【名　称】 高分子止水管
【公开号】 2557613
【公开日】 2003.06.25
【申请人】 周遂宝　张玉欣　曲　强
【发明人】 周遂宝　张玉欣　曲　强
【摘　要】 本实用新型涉及一种用于建筑，桥梁和贮水池等水工建筑中防渗装置，具体说是一种高分子止水管。为达到在建筑，桥梁和贮水池等水工建筑中伸缩缝的防渗目的，一般采用止水填缝材料灌注在伸缩缝中，止水填缝材料为沥青，沥青油膏，油毡，沥青砂浆，焦油塑料等材料，这种沥青及胶泥材料在使用过程中，需加热灌注，其缺点是温度不易控制，高温时易流淌，低温时却无法灌注，易出现密封不严，渗漏等现象。本实用新型高分子止水管采用的材料为氯化聚乙烯、聚氯乙烯、橡胶。因而其使用方便，不会出现密封不严，渗漏等现象。

【名　称】 高密封热带型塑铝复合包装
【公开号】 2533085
【公开日】 2003.01.29
【申请人】 刘继福
【发明人】 刘继福
【摘　要】 本实用新型公开了一种包装，特别是用于包装药品的高密封热带型包装。有两层塑料膜依次黏合两层铝箔或以上层次的复合塑铝，该包装中间黏合层可以是两层或多层，在第一层塑料层与第三层塑料层之间黏合第二层铝箔与第四层铝箔层之间黏合第三层塑料层。该包装即在 OPA 或 BOPP、PET、CPE

黏合 Al 层再黏合 OPA 层或 BOPP、PET、CPE 之后再黏合 Al 层，或更多层以上黏合，包装多层次密封，坚挺美观且耐压，解决了高密封性的问题，韧度好、抗拉强度高。能保持原来的药性疗效不被破坏变质，能防潮、防紫外线辐射和防药性挥发。性价比优于国外同类产品。具有成本低，效率高，生产周期短，交货快，质量好，可节省外汇的特点。

【名　称】 高强度塑胶托板
【公开号】 2579632
【公开日】 2003.10.15
【申请人】 牟世友
【发明人】 牟世友
【摘　要】 本实用新型涉及一种用于生产建筑砌块、地砖、砼制品生产过程中的专用工具——高强度塑胶托板，其特征在于：高强度塑胶托板的托板外层材料是塑料内置 ϕ(1～20)mm 钢筋焊成网状的钢筋骨架或厚度为 10～50mm 的木板骨架制成。本实用新型高强度塑胶托板，在建筑空心砌块生产中取代传统的木材或钢板制成的托板，具有在高、低温，干、湿度交替循环的生产环境条件下使用不变形、耐腐蚀、不吸水、耐老化、经济实用的特点，而且其硬度和抗折强度高、造价低、体轻，可以综合利用废弃的聚乙烯、聚丙烯塑料为生产原料，具有环保和节能的双重意义。

【名　称】 高强度塑料栅栏墙体
【公开号】 2571938
【公开日】 2003.09.10
【申请人】 青岛海永盛电子发展公司
【发明人】 修林功
【摘　要】 一种高强度塑料栅栏墙体，属于建筑材料技术领域。它由结构单元以连接件连接而成，结构单元由塑料制成。塑料为聚丙烯、聚氯乙烯、改性聚丙烯、改性聚氯乙烯之中的一种。连接件有立柱、连接横撑和连接体，其中都镶嵌有金属加强件。结构简单，制造工艺简单，生产成本低，生产效率高；精美且不需维护，不会锈蚀，色彩丰富；阻燃、耐老化、使用寿命长，安装简单，绿色环保。可广泛应用于城乡庭院、建筑物周围的隔离、美化中。

【名　称】 高强耐温开关旋钮
【公开号】 2593333
【公开日】 2003.12.17
【申请人】 黄彰标
【发明人】 黄彰标
【摘　要】 本实用新型公开了一种高强耐温开关旋钮，包括开关旋钮壳体，其特征在于：在所述开关旋钮壳体内设置有耐高温塑料，在所述耐高温塑料上开设有转向限位孔。所述耐高温塑料嵌入所述开关旋钮壳体内部的固定空腔内。所述固定空腔设置于开关旋钮壳体内部的中心。所述固定空腔周围设置有连接于壳体内壁的加强筋。所述固定空腔的截面形状可为方形、圆形、三角形、椭圆形、梯形、菱形等几何形状，所述固定空腔底部设置有支撑空腔，该支撑空腔中的支撑件将耐高温塑料支撑，从而在固定空腔底部形成所述支撑空腔。在所述耐高温塑料上的转向限位孔侧壁上设置有弹簧片。所述弹簧片插入转向限位孔侧壁的凹槽内。

【名　称】 高韧性二合一塑料薄膜
【公开号】 2565615
【公开日】 2003.08.13
【申请人】 王林海
【发明人】 王林海
【摘　要】 本实用新型涉及一种高韧性二合一塑料薄膜，属于塑料复合制品，可广泛用于工业、农业及日常生活中遮雨、避光、保温及加工包装袋之用。它包括有塑料丝网及塑料薄膜两部分，将塑料丝网粘压固定在塑料薄膜上。其结构简单，制造方便，韧性高，不易老化，使用寿命长，应用非常广泛。

【名　称】 高速公路塑料护栏
【公开号】 2595866
【公开日】 2003.12.31
【申请人】 王永训　刘树斌
【发明人】 王永训　刘树斌
【摘　要】 本实用新型为高速公路塑料护栏，这种护栏由护栏体、补强筋和黄色警示条组成，这种高速公路塑料护栏具有体轻、抗冲击、价格低和美观等特点。

【名　称】 高效节水灌溉活套双层软管
【公开号】 2571161
【公开日】 2003.09.10
【申请人】 吕恒松
【发明人】 吕恒松
【摘　要】 高效节水灌溉活套双层软管，它利用工业化生产的编织袋筒料或装过化肥的塑料编织袋自己缝制外套，利用塑料编织材料的强度大、柔韧性好、吸水率低的特性，内套使用管径和长度均略大于外套的塑料薄膜筒料以防渗，形成内外层的活套结构。一条完整的软管由引水主管、多功能分水尾管和末端滴水支管组成。当作细流灌时，去掉末端滴水支管；当作大水灌时，去掉多功能分水尾管和末端滴水支管。一般耕作面积不大的个体农户，无须花较多的钱去购买专业厂家生产的这种软管，可以通过自制来获得，从软管制造到操作使用具有随意性。

【名　称】 高压塑料笔杆灯
【公开号】 2545473
【公开日】 2003.04.16
【申请人】 万岩银
【发明人】 万岩金　万岩银
【摘　要】 一种高压塑料笔杆灯，包括灯泡、灯座、底座，灯泡固定在灯头中，其特征在于底座上固定若干笔杆，笔杆中上端卡有灯座，灯头进入笔杆中卡在灯座上，灯座中有接线端子，接线端子接导线，导线接电源线，底座和笔杆都用塑料制成。由于灯头固定在笔杆上，笔杆可长短不一，且笔杆在底座上可有各种各样的排列，新颖别致，美观大方。由于底座和笔杆都用塑料制成，制造工艺简单，耐用、经济，不用变压器而直接接市电，使用安全可靠。

【名　称】 工厂化养猪场专用栅板式塑料地板
【公开号】 2553621
【公开日】 2003.06.04
【申请人】 黎载钦
【发明人】 黎载钦
【摘　要】 一种工厂化养猪场专用栅板式塑料地板，其结构特征是：一整体结构的栅板，由若干纵横交错成一体的栅条构成，栅条的截面为倒梯形或缸形，栅板的上面为平面，栅板下面四周设置有边板，在左右边板外侧设有扣耳，左右两边的扣耳为吻合错开式布置。进一步的设计是在栅板下面增加加强筋板和在前后边板的外侧设置有定位块及定位孔。本实用新型解决了现时使用的栅板式地板存在的问题，具有结构合理，易于成型制造，模具少，容易安装使用，坚固耐用，耐腐蚀，防滑，排粪容易，清洁方便等特点，由于使用寿命长，分摊成本较低，是工厂化养猪场中理想的栅板式地板。

【名　称】 工程塑料建筑模板
【公开号】 2538907
【公开日】 2003.03.05
【申请人】 周维新　田建宁　戴　平
【发明人】 周维新　田建宁　戴　平
【摘　要】 本实用新型涉及建筑模具结构改进技术领域，公开了一种工程塑料建筑模板，它由面板、背板、支撑、加强筋等构成，面板与背板由支撑垂直连接，面板内侧介于支撑设有加强筋。采用工程塑料挤出成型整体制作。其特点是平面光滑，脱模性好，模板拼接安装拆卸便捷、安全、省工省时、提高工作效率；密度小、质量轻，运输、吊装、搬运、施工轻巧，减轻劳动强度；使用寿命长，价格低廉，又可回收利用。

【名　称】 共聚丙烯塑料与金属管的复合管
【公开号】 2567422
【公开日】 2003.08.20
【申请人】 上海宝洋塑业有限公司
【发明人】 陈仁慈　周宝茂　陈仁忠　沈　亮
【摘　要】 一种共聚丙烯塑料与金属管的复合管，其包括有金属管、共聚丙烯塑料层及胶黏层，胶黏层设置在金属管和共聚丙烯塑料层之间，并且为一次性热熔黏结挤出复合成一整体结构。其中所述的金属管可设置在内层，共聚丙烯塑料层设置在外层，在金属管和共聚丙烯塑料层之间设置胶黏层，三者为一整体结构。还可以在金属管的表面设有一层强化结合结构层，该强化结合结构层嵌入金属管中形成一强化结合结构层。共聚丙烯塑料层的材料为无规共聚丙烯、嵌段共聚丙烯。本实用新型能够提高管材的强度、刚度以及高温下的尺寸稳定耐变性能，其结构简单利于大量生产，使用寿命长，并具有较高的经济、社会效益。

【名　称】 管材拼装支架的弹性塑料连接件
【公开号】 2545903
【公开日】 2003.04.23
【申请人】 刘　济
【发明人】 刘　济　刘苏阳
【摘　要】 本实用新型公开的是一种管材拼装支架的弹性塑料连接件，属于家具制造技术。它由连接杆，与包括管套和设在管套内的管塞所组成的连接套，且经由模塑而成一体。本实用新型克服了已有技术生产成本相对较高，拼装管材间的连接走向，难以实现变化调整等不足，是一种理想的诸如桌子、椅子、床等家具和帐篷的管材拼装支架的连接件。

【名　称】 管道接头内壁的注塑模具结构
【公开号】 2558504
【公开日】 2003.07.02
【申请人】 柯飞龙
【发明人】 柯飞龙
【摘　要】 管道接头内壁的注塑模具结构，其特征在于：其一端是螺栓；另一端是设有注塑口、注塑管道和出塑口，且与螺栓顶合的注塑轴，以及注塑轴的固定螺母；管道接头是直接头时，注塑轴与固定螺母是一体成型。使用本实用新型对管道接头内衬管注塑一体成型，操作方法简单，且没有管道接头内螺纹粘有注塑的塑料丝的问题。

【名　称】 管道三通接头内壁的注塑模具结构
【公开号】 2558503
【公开日】 2003.07.02
【申请人】 柯飞龙
【发明人】 柯飞龙

【摘　要】 管道三通接头内壁的注塑模具结构，其特征在于：其水平方向的一端是螺栓；另一端设有注塑口、注塑管道和出塑口，且与螺栓顶合的注塑螺栓；垂直方向一端是设有半圆形凹口的垂直轴，凹口和螺栓表面切合，以及垂直轴的固定螺母。使用本实用新型对管道三通接头内壁注塑一体成型，操作方法简单，勿须耗费大量的劳动力，且没有管道接头内螺纹粘有注塑的塑料丝问题，所使用的模具价格便宜。

【名　称】 光缆、电线护套管塑料连接件

【公开号】 2583849

【公开日】 2003.10.29

【申请人】 福建亚通新材料科技股份有限公司

【发明人】 林宗忠

【摘　要】 本实用新型光缆、电线护套管塑料连接件由连接件主体和盖组成，连接件主体的正表面呈八边形，四个连接口为圆形或方形，连接件主体的内侧等间距设置 4 个半圆弧状的凸扣；盖的内侧设置 4 个与凸扣相对应的，带有圆弧侧角的“L”形凹扣。连接时，连接件主体的凸扣与盖的凹扣嵌套在一起，使连接件主体与盖紧密结合。本实用新型具有连接件主体与盖连接方便，容量大、节省原材料的特点。

【名　称】 光盘包装盒

【公开号】 2546391

【公开日】 2003.04.23

【申请人】 MDC 影像发行有限公司

【发明人】 何伟明

【摘　要】 一种光盘包装盒，包括：一包装外套；一片或多片放置在包装外套中用于安放光盘的塑料盘。每个塑料盘具有结构基本相同的正面和背面，其中包含：上端部区域，其中部设有抓手；下端部区域；左、右侧边缘；光盘放置区。塑料盘的正面和背面上成一体形成有多个塑料盘扣位装置，每一个都具有一在塑料盘的正面上由侧边缘的内面向上伸出的挡边，在该挡边的中部向外侧弯折一短边，形成一导槽，短边的外边缘具有倒圆，和一在塑料盘的背面上位于导槽的相应位置处的侧边缘上向内侧弯折形成一导块，导块的外边缘具有倒圆，导槽和导块适于与相邻的塑料盘的导块和导槽相配合，使两相邻的塑料盘在重叠扣位后可相对滑动但不能沿相互分开的方向移动而脱开。

【名　称】 光子晶体结构空芯塑料光纤

【公开号】 2552014

【公开日】 2003.05.21

【申请人】 哈尔滨工程大学

【发明人】 苑立波

【摘　要】 本实用新型涉及一种具有光子晶体结构空芯塑料光纤。这种光纤用于传递光能量的芯区是中空的，包层具有光子晶体结构，光波在塑料材料构成的光子晶体结构包层所包围的空气介质中传输。因此，具有这种结构的塑料光纤的损耗将会很小，同时也有利于改进塑料光纤的色散特性。本实用新型涉及了多种光子晶体塑料光纤的结构，包括了具有密布微孔包层结构的圆形空芯塑料光纤、具有密布微孔包层结构的六角形空芯塑料光纤、具有密布微管包层结构的中空芯塑料光纤。该光纤可适用于在局域网中的短距离通信、有线电视网及室内计算机之间联网。

【名　称】 硅酸钙复合活动地板

【公开号】 2571890

【公开日】 2003.09.10

【申请人】 莱州祥云防火隔热材料有限公司

【发明人】 孙祥云　李伟国　于祥旭　夏凌毅　郭立平

【摘　要】 本实用新型为一种硅酸钙复合活动地板，是由防静电阻燃塑料板层，胶黏剂，硬硅钙石型硅酸钙板层，胶黏剂层，高强材料板层，以上五层经叠置黏结制成。硅酸钙板理化性能稳定，使用寿命在 30 年以上，而且属不燃性 A 级材料，最高使用温度 1 000℃以上，复合活动地板为不导电结构，自身总量轻、强度高，大大延长了活动地板的使用寿命。

【名　称】 硅烷交联阻燃聚乙烯绝缘塑料

【公开号】 1464005

【公开日】 2003.12.31

【申请人】 上海高分子功能材料研究所

【发明人】 穆肖斌　项华丽　张建萍　吴国森

【摘　要】 本发明涉及一种用于电线电缆绝缘层的硅烷交联阻燃聚乙烯绝缘塑料。其组成配比如下：聚乙烯树脂 100 份（质量），硅烷交联剂 0.8～2.5 份，润滑剂 1.5～5.0 份，溴类阻燃剂 10～100 份，抗氧剂 0.02～ 2 份，金属钝化剂 0.05～1.0 份。本发明塑料的氧指数在 30 以上，保证了防火的要求。其生产工艺为二步法，包括硅烷接枝料 A 料的制备和阻燃母料 B 料的制备，使用时 A 料和 B 料充分混合。本发明的优点是阻燃性能提高，力学强度高，电性能好，耐温性良好，适用于电线电缆的绝缘层，汽车部件波纹管、导管等的制造。

【名　称】 辊筒式塑料薄膜制袋机

【公开号】 2571581

【公开日】 2003.09.10

【申请人】 刘国平

【发明人】 刘国平

【摘　要】 本实用新型公开了一种辊筒式塑料薄膜制袋机，包括机架及安装于机架上的原料架、送料轴、收料架、热合机构、拉料辊、传动机构、电机、控制装置，热合机构由上下安装的胶辊及热合辊筒组成，热合辊筒表面轴向嵌有两个电热元件，电热元件上粘有耐高温布，控制装置包括调温元件及计数器。这种辊式塑料薄膜制袋机噪声小，故障率低，不需预热，生产效率高。

【名　称】 滚塑法兰的成型机构
【公开号】 2557320
【公开日】 2003.06.25
【申请人】 夏春秋
【发明人】 夏春秋
【摘　要】 本实用新型涉及一种塑料制品的成型机构，尤其是指一种滚塑法兰的成型机构。其主要技术方案是在管体的上端连接外壳，在外壳内有可以上下移动的活动环，在活动环上可转动地连接螺杆，螺杆与安装于外壳的上盖上的螺母配合连接；在活动环上设置一个向下凹陷的部分，在螺杆的下端连接法兰盘，法兰盘位于凹陷部分围成的空腔内，再在凹陷部分上设置用于限制法兰盘的位置的限位环。利用这种成型机构后，可有效提高滚塑法兰的成型性能，避免产生气孔等缺陷。

【名　称】 滚筒式真空吸塑成型机
【公开号】 2531937
【公开日】 2003.01.22
【申请人】 刘德利
【发明人】 刘德利
【摘　要】 本实用新型涉及一种塑料制品的滚筒式真空吸塑成型机，提供结构简单的成型机。挤出的成型片材经过滚筒，在滚筒的周向上形成成型模具，在滚筒的轴上装有与链条相啮合的链轮，轴上有间隔的中心进、出水道；其中，在轴的两周向上钻有两径向进、出孔分别与中心进、出水道连通，径向进、出孔分别用进水管、出水管与对应的模具连通形成水冷却循环通道；在轴上装有气封，它由静、动环构成，静环上有轴向孔通过管与真空泵连接；在动环上有与静环上孔对合的且与模具数量相同的孔，每个该孔用管与对应的模具连通。结构简单，性能可靠。

【名　称】 恒张力塑料分丝卷绕机
【公开号】 2541415
【公开日】 2003.03.26
【申请人】 江阴市耀顺塑料机械有限公司
【发明人】 张耀顺
【摘　要】 本实用新型涉及一种恒张力塑料分丝卷绕机。包括墙板、动力部分、卷绕机构、往复丝杆总成、落筒机构和张力调整机构，动力部分包括电机、电机安装架和带有磁铁的主传动盘，卷绕机构包括从动盘、卷绕轴和衬管从动盘与主传动盘相对且有间距，张力调整机构包括张力臂、张力臂轴、调节连杆和电机调节杆，张力臂轴穿装在墙板上，张力臂固装张力臂轴右端，电机调节杆固定在张力臂轴的左端，调节联杆两端与电机调节杆和电机安装架相连接。本机张力恒定、落筒轻便。

【名　称】 滑板水平往复式注射拉伸吹塑成型机
【公开号】 2579645
【公开日】 2003.10.15
【申请人】 曹志亮
【发明人】 曹志亮
【摘　要】 一种滑板水平往复式注射拉伸吹塑成型机，属于注射拉伸吹塑成型机械技术领域。本实用新型要解决的技术问题是该机既能注拉吹又能注吹，以及能同时生产两种相同或不同形状的塑料容器。为此，在定模板两边分别装有成瓶模腔，中间装有注射模腔，在动模板两边分别装有吹芯，该吹芯穿过滑板座对应着滑板上的模芯，在动模板对应着吹芯上各装有一个成瓶装置，动模板与滑板座通过导柱活动连接，在滑板上装有两组与成瓶模腔对应的模芯及瓶口开合镶块，在成瓶装置上装有行程限位机构。本实用新型可采用前后开模的卧式结构，也可采用上下开模的立式结构。

【名　称】 环保型塑木复合地板
【公开号】 2568745
【公开日】 2003.08.27
【申请人】 张杰强
【发明人】 张杰强
【摘　要】 环保型塑木复合地板，由面板和底板构成的复合层状地板，面板由一层或一层以上实木薄片、PVC木纹纸或者强化耐磨浸渍纸贴合制成，底板由单层PP、PE、PVC以及其他塑料型材构成，底板与面板贴合的面是一层平面，该平面与底板底面之间开设空心矩形、圆形、椭圆形、三角形、梯形等结构；所有空心结构目的和功能都在于能有效地隔音和产生良好的踩踏弹性脚感；底面开设纵向沟槽；地板外形侧边安装结构为榫、槽结构，卡、槽结构和卡、扣结构。其优点在于节约木材；延伸率较低、结构性能稳定；耐热隔音防老化；经久耐用、保用10～15年；不用有损健康的含醛黏胶，具有不污染装修房屋的环保功能；地板结构方便安装，加工工艺简便。

【名　称】 回收型塑料锚杆
【公开号】 2533266
【公开日】 2003.01.29
【申请人】 付彦行
【发明人】 付彦行　付炳芳　王彦虎　郭金英
【摘　要】 本实用新型公开了一种回收型塑料锚杆，

属于煤矿巷道安全支护技术领域。其主要技术特征包括：两端带有螺纹的金属杆体，由内部带有螺母或螺纹的端帽和锥角度在3°～5°间的台筒相啮合组成的锥体同金属杆体螺纹连接，同锥体的锥角度相同的且表面为倒啮型、带有连接点的膨胀缝的壳体再胀管，托盘及紧固螺母穿过金属杆体组成。主要解决了锚杆中的金属杆体不能回收而导致煤矿巷道不能回采以及锚杆结构复杂、安装困难、使用成本高的问题。可广泛使用于煤矿巷道的安全支护，具有十分显著的经济效益和社会效益。

【名　称】 混凝土保护层塑料垫块
【公开号】 2551709
【公开日】 2003.05.21
【申请人】 赵世芸
【发明人】 杨荣泉
【摘　要】 本实用新型提供一种混凝土保护层塑料垫块，其结构是由支撑体和支撑腿构成，支撑腿垂直设置在支撑体四个角的下部，支撑体的中间部分为空腔，设置有十字挡板，十字挡板与支撑体的内壁相接。本实用新型的混凝土保护塑料垫块和现有技术相比，具有设计合理、结构简单、易于加工、体积小、强度高牢固、使用方便等特点，因而，具有很高的推广和使用的价值。

【名　称】 积木式塑钢组合栏杆
【公开号】 2539800
【公开日】 2003.03.12
【申请人】 吕丙喜
【发明人】 吕丙喜
【摘　要】 一种楼房建筑和城镇建设用的积木式塑钢组合栏杆，是由多个艺术造型单元件、支承件、连接固定件和发泡体组合而成。采用塑料制造的，分解成不同造型的单元件，像积木一样，可以按需要，组合装配成不同造型、不同规格、不同色彩的栏杆系列品种，安装方便快捷。添充发泡体和芯部钢件支承的塑钢组合结构，使栏杆外形美观，耐冲击，又有一定的承载强度，分解的造型单元件，更容易加工制造，更容易实现大批量，高效生产。

【名　称】 积木式塑木废弃物复合制品及其加工工艺
【公开号】 1463806
【公开日】 2003.12.31
【申请人】 曾世麟
【发明人】 曾世麟
【摘　要】 本发明涉及一种积木式塑木废弃物复合制品，是将废弃的塑料袋、膜、破碎后的塑料瓶搅拌混合后热压成各种几何形状的再生塑料薄片，在薄片上排列一层废弃的筷子，热压成一片塑木复合薄块，再在其上交替放一层塑料、木材，再次热压，达到预期厚度时，顶部覆盖再生塑料片，热压成各种几何形状的塑木复合元件，再将几种形状的塑木复合元件作儿童玩具“积木式”的组合并黏结、电磁焊接或用螺栓连接成市政公共设施的多种物品。既解决了白色污染问题，又能保护环境，节约能耗、电耗，且轻便耐久，防止盗窃损毁。

【名　称】 挤出PVC多边形多孔管
【公开号】 2566087
【公开日】 2003.08.13
【申请人】 吴卫平
【发明人】 吴卫平　韩瑞宏
【摘　要】 一种挤出PVC多边形多孔管，属用塑料生产特殊制品，用于在通讯、广播、电视等上穿电线、电缆或光缆等。其特征是该管由其横截面为多边形的中心管和横截面亦为多边形且均与其有一共用边又相互连在一起的周围管构成。具有结构简单，容易加工制作，使用方便，节省原材料，施工操作省时省力，降低施工成本等优点。

【名　称】 加强型组合平面托盘
【公开号】 2564485
【公开日】 2003.08.06
【申请人】 无锡市巨龙塑化股份有限公司
【发明人】 陆庭兴　陶澄　钱鑫　章宏
【摘　要】 本实用新型涉及一种加强型组合平面托盘，用于货物的仓储或运输装置，属于仓储物流设备技术领域。其主要采用在上盖的下部有本体，本体的下部有底板座，在底板座的下部与底板座相对应的底板，底板座与底板之间嵌有加强型材。本实用新型结构紧凑合理，由于在内部采用型材加强，形成了表面封闭，便于清洗，整体刚性好，强度高，兼具塑料托盘的美观，质轻，耐腐蚀，价廉，钢制托盘的高强度等优点。

【名　称】 简易型塑料光纤装饰物
【公开号】 2557346
【公开日】 2003.06.25
【申请人】 冠德光电科技股份有限公司
【发明人】 彭启宗　刘胜龙
【摘　要】 本实用新型公开了一种简易型塑料光纤装饰物，其由光源盒、多条塑料光纤管束及连接管组成，其中，光源盒为一质轻、体积小的盒体，在其内部设有电池座、电路板、多个具有不同色彩的LED灯，在其外部设有一多段式开关，所述各LED灯的设置位置对应于光源盒上能够面对塑料光纤插置的插槽；所述塑料光纤管束是由多条具有侧面漏光效果的塑料光纤集成束状后并在外围包覆透明软管而形成，所述各条塑料光纤具有侧面漏光效果，并在其尖端的多条塑料光纤分成多组插接端，各插接端分别对应于光源盒上的插槽；所述连接管，包括有可供塑料光纤管束插置的开口。塑料光纤装饰物可整体简易地卷绕在墙上、窗玻璃上以形成一可产生多彩发光变化的装图案。

【名　称】 建筑用扣接塑料模板
【公开号】 2570377
【公开日】 2003.09.03
【申请人】 姚月荣
【发明人】 姚月荣
【摘　要】 本实用新型涉及一种建筑用模板，用于混凝土成型用，特别是一种可扣接的塑料模板。本实用新型的结构包括底板模板，围板模板，底板模板四周围有围板模板，围板模板上设有扣凸和扣孔，扣凸中空并设有与底板模板平行的插槽，扣孔与扣凸相对应，可互相扣接。底板模板和围板模板设有加强筋，还设有与插槽配套使用的插销件。本实用新型的结构简单，装拆方便，成本低，扣接牢固。

【名　称】 节能铝塑复合门窗型材
【公开号】 2589618
【公开日】 2003.12.03
【申请人】 大庆华谊建材有限公司
【发明人】 郭柏达　赵晓光
【摘　要】 一种节能铝塑复合门窗型材，是对现有门窗型材结构的改进，属于日常建材用品范畴，包括有窗外框、中梃和窗开启扇，其特点是所述的窗外框、中梃和窗开启扇的中间均设置有六个大小不同、形状各异的腔室，其塑料型材内壁四角呈圆角方形空腹结构，两根铝合金型材之间通过一根多腔室塑料型材相互连接，其中塑料型材的两端共有四个鱼尾形插扣角，两根铝合金型材内侧共有四个燕尾形凹槽，两种型材以插扣卡接方式相互连接，即塑料型材的鱼尾形插扣角分别插入两根铝合金型材的燕尾形凹槽内。本实用新型具有外观造型美观，设计结构合理和保温隔热性能与环保节能效果都好的特点。

【名　称】 节能全自动塑料吹瓶机
【公开号】 2536384
【公开日】 2003.02.19
【申请人】 张学良　於祖建　陈财学　蒋劲松
【发明人】 於祖建　张学良
【摘　要】 本实用新型公开了一种节能全自动塑料吹瓶机，包括瓶坯输送装置，环形预热烘道装置，控制系统，瓶坯成型装置和开合模装置。还包括在瓶坯输送装置与环形预热烘道装置之间依次装有瓶坯分配定位装置和瓶坯上料机械手；在环形预热烘道装置的瓶坯出口与瓶坯成型装置之间装有瓶坯进模机械手；在瓶坯成型出口的环形输送带侧面装有取瓶机械手。本实用新型的瓶坯从瓶坯输送装置到环形预热烘道，再从环形预热烘道中取出二个瓶坯调整为与拉吹时的二个成型瓶坯座中心距一致，以及取瓶时均采用按预先设置的程序，均由微机控制电机或机械手一次完成的。因此它的结构简化，大大节约能源，自动化程度及生产效率高，可在塑料容器行业中推广使用。

【名　称】 节能塑料挤出机
【公开号】 2535214
【公开日】 2003.02.12
【申请人】 杨振凤
【发明人】 杨振凤
【摘　要】 本实用新型提供一种节能塑料挤出机，包括料斗、料筒、螺旋蛟龙、加热器和模具，其中料筒内设置有螺旋蛟龙，其进料端与料斗固定连通，另出料端设置有模具，其特征在于：加热器包括加热层、循环管道和加热炉，加热层内盛装有导热油，呈圆筒状环绕包裹在料筒上，循环管道与加热层连通构成闭合回路，在循环管道的顶端设置有排气管。该挤出机由加热炉将盘管状循环管道内的导热油加热，利用循环管道与加热层构成闭合回路，进而对料筒内的塑料进行加热，由于导热油具有吸热快、油温稳定的特点，所以使得整个设备具有热效率高、升温快、加热均匀、料筒温度稳定、成本低等特点，工作性能优良。

（全国塑料加工工业信息中心
刘均科　王　晶）

科 研 院 所

中国科学院化学研究所工程塑料国家重点实验室

简介　工程塑料国家重点实验室依托于中国科学院化学研究所，部分利用世界银行“重点学科发展项目”贷款，经国家计委批准于1991年开始筹建，1993年12月批准边建设边开放，1995年11月通过国家验收，是我国聚合物材料领域三大国家重点实验室之一。1998年3月通过中国科学院的评估。1999年5月本实验室整体进入中国科学院知识创新工程试点的中国科学院北京物质科学基地分子科学中心。在“开放、流动、联合、竞争”的方针和坚持“锐意创新，开拓前沿”的思想指导下，实验室主要致力于聚合物材料的基础理论、新材料制备技术和新材料应用等方面的工作，其中高技术材料部分，主要从事航天、航空、微电子等高新技术用聚合物材料的研制与开发。

实验室着眼于高性能高分子材料、聚合物共混物和复合材料初期开发阶段所必需的应用基础研究，为进一步将聚合物材料在工业上推广应用提供科学与技术基础。

实验室拥有加工设备和测试仪器：共混挤出机CS-194，转矩流变仪Haake RC-90，小型聚合物混合表征系统CS-183，冲击试验机CS-137C，热变形测量仪CS-107，凝胶色谱仪Waters，核磁共振仪Bruker PC-120，热台偏光显微镜Leica DM LP-MP30，万能材料试验机Instron 1122，数字液压伺服材料试验机Instron 8501，控制应力流变仪Rheometric DSR 200，热失重分析仪PE TGA-7、高温热重分析仪Pyrisl TGA，FT红外光谱仪PE FTIR-2000，示差扫描量热仪PE DSC-7、DSC822e，动态力学分析仪PE DMA-7e、DMA242c，综合热分析仪STA409pc，热机械分析仪PE TMA-2。中国科学院化学研究所配备有各种大型测试表征公用仪器，如核磁共振谱仪、质谱仪、光电子能谱仪、FT红外光谱仪、扫描电子显微镜、透射电子显微镜、原子力显微镜、扫描隧道显微镜等。

实验室使用面积2 000m^2以上，在北京郊区有加工设备与扩试条件。

本实验室的研究课题及仪器设备向国内外学者开放。本室在国际上与美国、西欧、日本、韩国、俄罗斯等国家的大学、研究所及企业有实质性的合作研究项目，主办工程塑料国际学术研讨会（EP’2001和EP’2003）。本室的学术带头人也应邀在美国、法国、日本、韩国、澳大利亚、德国、新加坡等国的大学、研究所、公司作学术报告，介绍本室的研究工作组织和最新研究结果，使国外同行对本室有深刻印象，为建立与加强合作创造了条件。

我们针对“通过从烯烃聚合催化剂研究开始的一系列化学与物理改性方法，实现对高分子各层次结构的设计、剪裁与控制”的研究目标，现承担着国家重点基础研究发展规划项目、国家“863”项目、国家基金委重点项目、国家“十五”科技攻关项目及院重大、重点项目20余项。通过承担课题的形式开展应用基础研究，着重于科学技术的创新。形成的创新思想、新理论、新概念在国际重要学术刊物发表系列论文；形成的创新技术申请发明专利。

实验室现有职工39人，其中国家杰出青年基金获得者1人，中国科学院“百人计划”2人，副研究员以上20人，具有博士学位的21人。何嘉松研究员任实验室主任，王佛松院士任实验室学术委员会主任。研究人员的专业有高分子化学、高分子物理、高分子材料、物理化学、流变学、聚合物加工与工艺等，能够从事和承担高分子材料科学基础研究和材料应用与开发各个分支的项目，包括催化剂制备、高分子合成、结构与性能、高分子材料加工流变学、材料加工设备和材料制备等。

本实验室为高分子化学与物理学科的理学硕士点、博士点，化学学科博士后流动站及材料学的工学硕士点。拥有博士生导师7人。现在本室就读的硕士研究生27人，博士研究生35人，博士后人员6人。现已毕业硕士研究生44人，已毕业博士研究生27人，已出站博士后12人。

研究方向如下：

1. 烯烃聚合催化剂、聚合反应与加工；
2. 高性能有机/无机纳米复合材料；
3. 聚合物共混物及其复合材料；
4. 耐高温聚酰亚胺树脂及其复合材料；
5. 耐高温聚合物介电、绝缘材料；
6. 高性能酚醛树脂、环氧树脂及其复合材料；
7. 高性能有机硅材料；
8. 聚酯型热塑弹性体；
9. 聚合物流变表征与加工流变学；
10. 聚合物表面与界面改性。

实验室建设以来取得了以下主要研究成果、获奖和突出进展。

1. 成功研制系列烯烃聚合催化剂，在国内占用50%以上的市场份额，为国家聚烯烃行业的发展做出了贡献，获国家科技进步三等奖、中国科学院自然科学二等奖、辽宁省科学技术进步一等奖及中国石油化工总公司科技进步三等奖。

2. 探索刚性粒子增强增韧聚合物的新途径，解决制备关键技术，完成汽车用工程塑料工业化制造技术，获中国科学院科技进步一等奖、中国科学院自然科学三等奖及GM中国汽车科技成就奖。

3. 解决纳米复合材料制备的关键科学技术问题，成功地制备了以14种热塑、热固性高分子作为基体树脂的插层型或剥离型的聚合物/层状硅酸盐纳米复合材料。生产出纳米超高分子量聚乙烯塑料合金管材，获河北省科学技术进步二等奖。

4. 成功研制一系列可在315℃以上高温环境中长期使用的聚酰亚胺基体树脂及其碳/石墨（玻璃）纤维增强树脂基复合材料的制备技术，获中国科学院科技进步三等奖。

5. 研制的专利产品——微电子用聚酰亚胺系列树脂成功地应用于国家10余条微电子器件生产线上，这些生产线累计已生产各类微电子器件13亿只以上。

6. 实验室自建设以来还获得中国科学院自然科学三等奖1项、中国化学会高分子基础研究王葆仁奖2项、中国化学会青年化学奖1项及河北省科技成果奖1项。

7. 实验室自建设以来共发表论文400余篇，SCIE他人引用560次以上；授权专利39项，已申请待审专利109项。

地址：北京市海淀区中关村北一街2号

负责人：何嘉松

电话：010-62613251，010-82612857

传真：010-62559373

网址：www. sklep. labs. gov. cn

E-mail：director@sklep. icas. ac. cn，hejs@sklep. icas. ac. cn

中国石油化工股份有限公司北京化工研究院

简介　中国石油化工股份有限公司北京化工研究院成立于1958年，是中国最早从事石油化工综合性研究的最大研究机构。北京化工研究院现有员工近1 000名，其中750多名为专业技术人员，1/3左右为资深的高级研究人员。其主要研究领域为乙烯工程和有机化工、以聚烯烃为重点的高分子合成、塑料改性和加工应用，以及化工环境保护四大领域。由于北京化工研究院在专业上的杰出成就，国家已在此设立了国家聚烯烃工程中心、国家化学建筑材料测试中心、国家基本有机原料质量监督检验中心、全国石油化工信息总站和全国化工环境保护信息总站等全国性的技术中心。

实验室　北京化工研究院从事树脂牌号开发和塑料改性研究的主要部门为聚烯烃研究所和塑料加工研究开发中心，包括聚合工程研究室、聚合物表征研究室、高性能树脂研究室、复合材料研究室、汽车家电研究室及材料评价研究室等。

聚烯烃研究所拥有环管中试装置和先进的表征分析仪器，主要包括GPC（附激光散射、黏度测量）、分析型TREF、制备型TREF、傅里叶红外光谱仪（附红外显微镜及拉曼附件）、差示扫描量热仪（DSC）、热失重分析仪（TG）、动态热机械分析仪（DMA）、广角X射线衍射仪（WAXD）、熔体强度测定仪、旋转流变仪、熔体拉伸流变仪、扭矩流变仪（附混合头、吹膜附机、挤片附机、熔体泵、造粒附件）、固体核磁共振仪、核磁共振仪、透射电镜、偏光显微镜、原子力显微镜、X射线光电子能谱仪、扫描电子显微镜、色-质联用、高效液相色谱仪、元素分析仪等。

塑料加工研究中心除在院本部有5 000多平米实验室外，在北京化工研究院的试验基地次渠开发区拥有占地25万平方米的试验基地。同时也拥有完善的试验设备和先进的测试仪器。主要的研究设备有：各种规格的国产双螺杆挤出机及ZSK、WP等进口双螺杆挤出机生产线；ZSK反应型双螺杆挤出生产线等。各种规格的注塑机；BUSS挤出机生产线；CINCINNATI-PVC异型材挤出生产线；塑料门窗组装生产线等。其中改性塑料的生产能力超过10 000吨。主要的测试仪器为：万能材料试验机，管材试验机组，管材冲击试验机，RCP试验机；热氧老化试验机组，高低温和高低压管材循环试验机，塑料异型材试验机组，塑料成窗检验装置，CEAST冲击试验机组，老化试验箱，电、热、光学、流变学、密度、硬度、刚度仪，疲劳试验机等。北京化工研究院测试中心建立健全了完善的质量保证体系，可以开展从塑料原材料到制品的全性能检测服务。

科研队伍　多年的人才战略使北京化工研究院拥有了一批在树脂牌号开发和塑料加工研究方面能力较强的科研人才，有国家十五攻关、863、973项目负责人3人，参加项目人员多名；担任中石化重点项目、十五攻关项目20余人，高级工程师及硕士以上学历占40%。完成了数项七五、八五、九五攻关项目和中石化及其他部委重点科研项目，工作人员具有丰富的科研经验和较强的市场沟通能力。

研究方向

1. 高性能树脂牌号开发

高速双向拉伸BOPP及高性能PPR专用料树脂牌号开发等；

2. 聚烯烃专用料的开发　汽车专用料，家用电器专用料，反应型聚烯烃，高熔体强度聚丙烯，聚烯烃微孔材料。

3. 聚烯烃管材专用料及生产技术的开发

聚乙烯管材如 PE80、PE100、铝塑及钢塑复合管材料，聚丙烯热水管、聚丙烯型材等。

4. 聚合物基纳米复合材料

主要研究的有机纳米颗粒包括：丁苯橡胶颗粒、羧基丁苯橡胶颗粒，丁腈橡胶颗粒、羧基丁腈橡胶颗粒、丙烯酸酯橡胶颗粒、硅橡胶颗粒、丁吡橡胶颗粒和氯丁橡胶颗粒等的制备及应用研究，用有机纳米材料制备 TPE 和增韧塑料的方法，并工业化生产开发成套技术。

研究纳米 $CaCO_3$、纳米 TiO_2、纳米 Al_2O_3、纳米 ZnO、纳米 SiO_2 等在聚合基中的分布、分散状态及其与宏观性能间的关系，制备出高性能聚合物基纳米复合材料。同时利用有机纳米颗粒的良好分散性及无机纳米粒子的刚性、耐热等复合制备出性能特殊的聚合物纳米复合材料。

研究成果　近年来取得的主要成果

1. 高速 BOPP、PPR 等高性能牌号的基础研究与开发

高速 BOPP 专用料的基础研究及工业应用已成功用于多家石化企业，取得了非常好的成果，项目的研究成果获得了中国石化科技进步一等奖。

2. 以聚烯烃为主的通用塑料的开发与应用　PP/EPDM、PP/POE 合金用于汽车保险杠等；PP/EPDM/$CaCO_3$、PP/POE/Talc 等用于仪表板；阻燃改性聚烯烃（包括高光泽 PP）用于电子、电器材料；交联电缆用材料，包括辐射交联、硅烷水交联、无卤阻燃等新型电缆材料；化学交联 PE 用于制备热水管，耐温可达 95℃。

3. 工程塑料及其合金

对多种工程塑料均有开发应用，包括：PA、POM、PC、PBT、PET、PPO、PPS 等；主要的合金品种有：PC/ABS、PA/EPDM、PA/PP、PBT/PC、PPO/PA、PET/PC、PPS/PA 等。

4. 维增强热塑性塑料

是国内最早进行的纤维增强热塑性塑料的研究。成熟的品种有：PP/GF、PE/GF、ABS/GF、AS/GF、POM/GF、PA/GF、PC/GF、PBT/GF、PET/GF、TPU/GF、PPS/GF 等；碳纤维增强材料：POM/CF、PA/CF、PC/CF、PBT/CF、PET/CF、PPS/CF。

5. 以 PVC 和聚烯烃为主的化学建材

塑料门窗的生产技术及 PVC 管、化学交联 PE、硅烷水交联 PE、辐射交联 PE、PP 管等塑料管材的生产技术；防水卷材的生产技术；PVC-TPE 制备密封条技术；保温黄夹克技术等。

6. 微孔材料的开发和应用

PVC 微孔材料、PE 微孔材料、PP 微孔材料、PU 微孔材料，应用领域：汽车、建筑、农业等，可以采用化学交联或辐照交联。

7. 辐射改性聚合物材料

利用 γ 射线和电子加速器对聚合物进行改性得到一系列有独特性能的聚合物，例如可控粒径的有机纳米级聚合物材料。

8. 聚合物基纳米复合材料

聚合物/聚合物分子复合材料；聚合物/聚合物纳米颗粒复合材料；聚合物/无机纳米混杂复合材料；聚合物/无机纳米粒子复合材料。

9. 推广应用情况

研究的聚烯烃汽车专用料广泛用于桑塔纳、夏利、神龙富康等国内主要汽车用塑料件；广州摩托车用的全部塑料制品；通用别克、天津丰田、重庆庆铃、哈尔滨和柳微等汽车厂部分配件等。

在研项目　目前正在进行研发的相关项目

1. BOPP、CPP 及 PPR 管材专用料的开发

开发 BOPP 及 CPP 等包装膜材料，PPR 管材料、交联 PE 专用料、PPR 管材专用料及管材生产成套技术。

2. 有机纳米材料制备及应用技术的研究开发

研究纳米材料的特性与微观结构的关系，主要内容包括：丁苯橡胶颗粒、羧基丁苯橡胶颗粒，丁腈橡胶颗粒、羧基丁腈橡胶颗粒等，研究用有机纳米材料制备 TPE 和增韧塑料的方法，并工业化生产开发成套技术。

3. 汽车用改性聚烯烃产品的开发

配合国内汽车工业的发展，开发汽车用改性聚烯烃产品，主要有保险杠、仪表盘、防擦条、内饰件等专用料，以占领高档、新型轿车较大改性部件的专用料市场。

4. 家电用改性塑料产品的开发

配合国内家用电器工业的发展，开发家电用改性塑料产品，主要产品包括：高光泽 PP、阻燃 ABS、耐热 PA、阻燃 PP、GF-PBT、GF-PET、PC/ABS 合金等，提高国产家用电器专用料的性能水平，提高国产家电在国际市场上的竞争力。

5. 热塑性聚烯烃弹性体（TPO）的开发研究

进行以聚烯烃为基体的热塑性聚烯烃弹性体（TPO）的开发研究，替代合成橡胶，满足国内需求，替代进口材料。

6. 聚烯烃微孔材料的研究开发

进行聚烯烃微孔材料的研究开发，主要包括：PE 微孔材料生产的成套技术的开发与推广；PP 微孔材料生产的成套技术的开发与推广，使聚烯烃微孔材

料系列化，特别是将聚烯烃材料发泡，有重大的理论意义和工业化价值。

7. 反应性增容剂的开发与应用

进行反应性聚烯烃的开发与应用方面的研究，作为反应型增容剂制备聚合物合金，制备可涂装的聚烯烃制品。此技术对增加聚烯烃的附加值及通用塑料的工程化、工程塑料的高性能化有重要意义。

8. 对环境友好的改性聚合物材料的开发

开发对环境友好的改性聚合物材料，配合环保的要求逐步开发可回收、低污染的材料，如高碳煤粉填充聚合物材料、可降解聚合物材料等，减少高分子材料对环境的污染，在提高材料性能的同时赋予它良好的可回用性，在产生良好的经济效益的同时，使之有较好的社会效益。

地址：北京市北三环东路 14 号
邮编：100013
负责人：杨元一
电话：010-64216131
传真：010-64228661
网址：www. brici. ac. cn
E-mail：brici@brici. ac. cn

北京市化学工业研究院

简介　北京市化学工业研究院（企业集团）是北京化工集团有限责任公司下属的一个应用技术研究与产业化相结合的综合性科研单位，同时也是北京市重点科研院所之一。研究开发工作以工程塑料和功能高分子材料为重点，并覆盖精细化工、有机催化、胶黏剂、环境保护和分析检测等领域。

北京市化学工业研究院成立于 1958 年。40 年来，北京市化学工业研究院致力于新型高分子材料的合成与功能化改性的开发应用，累计 320 余项科研成果，其中获得国家和省部级科技进步奖的有 73 项。20 世纪 90 年代初，北京市化学工业研究院开始企业运作，相继将科研就地转化为产品进入市场，逐渐形成了以工程塑料及其合金、功能高分子材料、塑料助剂和食品包装用复合聚氨酯胶黏剂等开发®牌产品为主体的产品结构。进入 21 世纪，北京市化学工业研究院开始进行股份制改造，形成了“一个中心，四个基地”的企业架构。企业行政管理、营销和技术研发中心仍保留在中关村科技园区腹地，清华、北大之间。国家通用工程塑料研究中心、中国工程塑料工业协会秘书处、北京市工程塑料合金高新技术实验室、北京市高分子材料质量监督检测站均设于此。与内部职工股份共建的凡伟工程塑料有限公司位于浙江余姚经济开发区，其 PBT 树脂合成与加工改性能力达万吨。工程塑料合金及功能高分子材料生产基地建在北京顺义空港开发区，年产各类工程塑料及其合金 5 000t、各型彩色显像管用会聚组件 700 万套。北京东郊的精细化工基地拥有 5 000t/a 的双组分聚氨酯胶黏剂和 2 500t/a 各类塑料助剂的生产能力。广东新会国望精细化工有限公司年产胶黏剂 3 000t。

主要产品　以 PBT 为代表的多种工程塑料及其合金、磁性塑料及制件、塑料加工及农用塑料助剂等产品采用自己的技术，聚氨酯胶黏剂通过引进国外技术经消化、吸收，均实现了商品化。

实验室　3 个研究所、10 个生产实体、2 个中试基地和 1 个设计所国家通用工程塑料工程技术研究中心、北京工程塑料合金技术实验室和北京市高分子材料质量监督检验站也设于本院。

科研队伍　1 000 多名员工，科研人员 550 人，包括国家级和市级专家 3 人，有高级和中级职称分别为 95 人和 206 人。

科研成果　40 年来，累计 320 余项科研成果，其中获得国家和省部级科技进步奖的有 73 项。获国家级三等奖有无显影气相光刻工艺和 PBT 工程塑料合成工艺和阻燃增强工艺研究。获市、部级奖有 PBT 塑料为电子部工艺科研成果一等奖，PPO 工程塑料技术开发研究为北京市科技进步一等奖，高阻燃 PBT 工程塑料为北京市技术开发优秀项目一等奖。

地址：北京市海淀区成府街 2653 信箱
邮编：100084
负责人：聂海兰
电话：010-62567814
传真：010-62567814
网址：www. bciri. com. cn
E-mail：yuanban@bciri. com. cn

轻工业塑料加工应用研究所

简介　轻工业塑料加工应用研究所于 1999 年转制并入北京工商大学，实行“产、学、研”结合的系所合一新体制，作为事业单位仍然保留塑料研究所的建制，同时新建了材料科学与工程系，实行“一套班子、两块牌子”。内设国家塑料制品质量监督检验中心、全国塑料制品标准化技术委员会、全国塑料加工工业信息中心，编辑、出版和发行《中国塑料》杂志。

实验室　实验室面积 2 000 多平方米，中试基地厂房 3 000 多平方米，塑料加工设备和检测仪器齐全，合计资产 1 000 多万元。

科研队伍　系（所）现有教职员工 55 人，其中教授（研究员）3人，副教授、副研究员、高级工程师15人，讲师、工程师21人。

研究方向　主要着重高性能、多功能、环保材料的研究开发；聚合物材料改性、成型加工共性技术研究以及材料寿命、破坏机理及产品质量标准等研究。

科研成果　研究所自“六五”以来先后承担了国家科技攻关项目和“863”项目，其中塑料加工改性、家用薄膜等领域成绩显著，先后荣获省部级科技进步奖、优秀新产品奖及其他奖励30多项，科研成果已转让全国20余个省市的数十家企业，取得了良好经济效益和社会效益。

近年来，出版专著5部，申请发明专利3项，其中2项已获专利授权。

在研项目　目前正在承担的国家重大科研项目有5项（科技部4项、国家环保总局1项），北京市教委基金项目1项，研究经费250万元；企业委托重大项目2项，经费约230万元。其中“多层反射塑料复合彩虹膜”项目技术填补国内空白，在科技部专项资金资助下已实现产业化，生产出膜层为90～221层、总厚度为20～40μm、幅宽达1 000mm以上的产品，可以满足包装、装潢、装饰的需求，替代进口。“环境友好高阻隔水溶性塑料的研究开发”项目，实现了聚乙烯醇（PVA）干法加工，吹塑膜折径达1 000mm以上（幅宽超过2m），相对国际上通用的湿法加工具有工艺简单、投资最少、产品质量好、生产效率高的优点，加工工艺处于国际领先水平，产品具有高阻氧、抗静电、不吸尘、印刷和热封性好、水溶性可控、可自然降解和水解等特点，广泛应用于阻隔层包装、水转印等领域，完全可替代湿法产品的进口。

地址：北京市海淀区阜成路11号
邮编：100037
负责人：刘万蝉
电话：010-68985535
传真：010-68983957

北京市塑料研究所

简介　北京市塑料研究所始建于1964年。主要从事塑料加工成型工艺、生产与应用开发等技术研究；在功能性塑料、工程塑料、农用塑料、氟塑料及塑料机械等方面占有较强的技术优势，特别是在农用塑料、降解塑料和氟塑料等方面的研究和应用代表着较高的技术水准；其业务涉及工业、农业、化工、电子、交通以及航空航天、国防、军工等众多领域。建所30多年来共承担国家“六五”、“七五”、“八五”及目前在研的“九五”攻关课题和重点军工配套课题近百项，取得了一大批科研成果，获得国家级科技进步奖、部（市）级科技进步奖项近50项；培养了大批高素质的人才；具备了高水平的塑料新材料研究、设计、开发能力和雄厚的试制和生产能力以及完善的性能检测、质量监督手段。

全所现设研究开发部、板材生产部、护卡膜生产部、农膜生产部、北京市塑料制品质量监督检验站和《塑料》杂志编辑部。

研究方向　通用塑料及工程塑料的各种工艺研究及制品的开发和应用，主要研究领域包括：

·功能性塑料：导电塑料、电磁屏蔽塑料、高透声率声呐塑料、高透光高保温农膜塑料、高性能绝缘材料、降解塑料等。

·工程塑料：ABS/PC合金、PP/PA合金、PP/弹性体合金以及各种工程塑料的增强、改性复合材料。氟塑料：模压成型、喷涂成型、挤出成型、注射成型、传递模塑成型、等压成型、旋转成型、吹塑成型、双向拉伸成型等加工工艺和制品开发。

·各种黏合剂。

性能检测：塑料材料的剖析，物理、力学、化学、电性能、老化性能、卫生性能等。

塑料标准：国家标准、行业标准、国际标准的咨询服务及相关标准的制定。

科技信息：科研项目相关资料调研及可行性报告的编制。

研究成果　喷涂技术：该项目研究内容是提高涂层硬度和耐磨性。采用特殊处理方法及烧结工艺，改变氟树脂涂料的体积电阻率，从而解决了氟树脂涂料二次及多次喷涂的难题，属国内首创。获北京市科技进步三等奖。

大规模集成电路用器皿及工具（3in硅片承载器及提把）：根据PEA树脂的加工特点引进了德国巴登费尔德公司制造的BA1600/630型注射机。对PEA硅片承载器注射成型工艺进行研究，并试制成功3in硅片承载器及提把。获北京市技术开发优秀项目三等奖，轻工部科技进步三等奖。

聚四氟乙烯螺纹密封带：本项目采用我所设计的SFFD-400型设备制作普通及含油生料带。性能达到日本JISK6885-79《密封用聚四氟乙烯未烧结带》的各项性能指标。获轻工部科技进步三等奖和金龙腾飞奖。

大规模集成电路用PFA 500ml烧杯：该项目为电子行业大规模集成电路生产配套的烧杯、量杯和量筒等产品。采用优异的PFA树脂材料，用特殊注射成型工艺研制而成。主要用于大规模集成电路和单晶生产厂家及化工行业中耐强酸碱、氢氟酸的容器。

PFA、FEP、PVDF管线的研制：该项目所挤出三种可热熔加工的含氟塑料管材，由于其加工温度高，采用了特殊耐腐蚀材料制成挤出机，挤出三种材料多种规格的管材采用了特殊的真空定径装置，直径小到0.8mm的薄壁管材，直径均匀度好，质量均匀，工艺技术达到国外先进水平，该挤出工艺特别着重解决了熔体破裂现象。

聚四氟乙烯螺旋管：该产品主要用于发动机电缆的防护，使之在高速运行过程中产生的强烈振动不引起电线、电缆间的碰撞、摩擦，导致事故发生。该产品选用适宜的PTFE树脂，采用糊状挤出法或磨压制坯车屑法制取0.7mm×8mm，0.5mm×5mm两种规格的扁带，经过螺旋缠绕成型。

ETFE旋转成型制品：乙烯-四氟乙烯共聚物简称ETFE或F40，旋转加工产品有很好的市场前景。复合材料用耐高温隔离膜研究：此成果为国家科技攻关项目。该产品是高性能复合材料所需的辅助材料。原料熔点275℃，比重2.12～2.17，机头为自行设计螺旋芯轴式，口模直径200mm，口模间隙1.5mm。

PVDF/ABS耐候复合板的研制成开发：该课题为国家科委下达的“八五”科技攻关项目。旨在结合具有优异耐候性的PVDF材料和ABS的性能，通过共挤复合工艺制备具有优越耐候性，尤其是耐紫外光照宽达1m的复合板材。

PVDF挤出板材与织物复合材料的研制：是国家科委下达的“八五”科技攻关项目。主要用于化工防腐衬里。

炭黑填充导电塑料：该项目研究了炭黑填充导电塑料的配方，掺混技术和挤出、注射成型工艺，即控制加工工艺，使填料分散均匀，且重复性好。炭黑或石墨填充导电塑料采用高速混合、挤出造粒的工艺路线。

防电磁波泄漏柔性粘接带材：此课题是“九五”国家科技攻关计划项目。该粘接带可避免焊接，直接简便地黏附于计算机壳的缝隙处，防止电磁泄漏，还可用于其他电子设施，如屏蔽室、方仓等。

EVA热熔胶：该成果主要用于金属与非金属、金属与金属、非金属与非金属的黏合，尤其对难粘接的塑料PE、PP、PET、UHW、PE过滤材料等粘接，粘接力强，可根据不同用途做出不同黏度，不同粘接强度的热熔黏合剂，还可提供粒状、条状、棒状的黏合剂。

高导电率导电胶：该产品用于导电件的连接，代替金属焊接、铆接，可避免焊接的高温使材料变形，元器件损伤，铆接应力集中及电磁讯号损失、泄漏。

多层复合保温高透光棚膜的研究开发：是国家计委下达的重点科技攻关项目。由三家单位承担，本所为组长单位。该成果以国产聚烯烃树脂为主体原料，并通过研制、合并、筛选新型防雾滴剂、高分子结晶改性剂、远红外阻隔剂等多种功能性助剂，对三层复合膜的内、中、外各功能层进行配合设计，对复合工艺进行实验研究。

可控降解地膜的研究开发——非淀粉型可控光生物降解地膜的研究开发：为国家计委下达的国家科技攻关项目。由本所与营口石化研究所共同承担，中国农科院承担农用应用实验。该地膜采用以铁的衍生物为主的铁系复合光敏体系和以含N.P.K元素的可被生物降解的化学物质组成的生物降解体系与PE共混制得高浓缩母料，并能吹制成0.005mm超薄膜的可控光生物降解地膜。另外该膜没有废品损耗，可将废膜、废料回收重新制成各种降解地膜。该成果已达到国际同期先进水平。获1986年轻工部二等奖。

地址： 北京市西城区旧鼓楼大街47号
邮编： 100009
负责人： 庄　甦
电话： 010-64304448
传真： 010-64057552
网址： www.slyjs.com.cn

北京化工大学塑料机械及塑料工程研究所

简介　重点开展塑料机械、塑料制品及新材料方面的研究工作，招收“聚合物加工原理及机械”专业的硕士生、博士生及博士后。

实验室（实验室面积、主要实验设备等）

设有挤出成型、新材料及装备、可视化及共混改性、新型建材、注射成型等研究室，面积约3 000m²。另有化大光明公司，中国塑料工程信息中心等机构。

师资队伍　研究人员30人，大都有博士、硕士学历，教授、副教授职称。

培养方向　聚合物加工原理及设备。

2001年毕业生　博士3名，硕士10名。

著作和教学成果　出版编译著3本，发表论文80篇。获北京市科技进步三等奖一项，全国优秀图书三等奖一项。

科研成果

1. 化学交联聚乙烯管材生产技术—北京市科技进步二等奖，山东省科技进步二等奖，国家级科技成果重点推广计划；

2. 超高分子量聚乙烯管材生产技术——北京市科技进步三等奖；

3. 精密挤出机理及装备——北京市自然科学基金项目；

4. 木塑复合材料及其制品加工技术；

5. 三螺杆连续混炼机；
6. 土工格栅生产设备；
7. 挤胀成型技术；
8. PP交联及发泡技术；
9. 可视化技术。

地址：北京市朝阳区北三环东路15号
邮编：100029
负责人：吴大鸣
电话：010-64433912
传真：010-64413929

北京加成助剂研究所

简介　北京加成助剂研究所主要从事塑料、橡胶加工助剂的研制、生产、分析测试及有关技术性工作，现主要生产抗氧剂系列、光稳定剂系列、热稳定剂系列等系列产品。

实验室　实验室面积120m^2。设备：合成釜、分离设备、过滤、蒸馏、分析、测试设备等。

科研队伍　教授级高级工程师、高级工程师约占33%，约40%的人员为部级、北京市级科技成果奖、科学进步奖、新产品奖获得者。

研究方向　抗氧剂、光稳定剂、热稳定剂等塑料添加剂。

研究成果　光稳定剂GW-944、GW-480、UV-531、UV-326等，抗氧剂DLTP、168、OSTP等。

在研项目　PVC热稳定剂：稀土、钙锌稳定剂等。

地址：北京市丰台区宋家庄顺八条（化工三厂内）
邮编：100078
负责人：李杰
电话：010-67611464
传真：010-67635072
网址：www.beijing-addieives.com.cn
E-mail：jia cheng@cei.gov.cn

全国塑料研究所技术信息协作网

简介　全国塑料研究所技术信息协作网是中国塑料加工工业协会所属一个专委会，是我国以塑料研究所为主体的从事塑料加工应用开发的科研单位根据自愿、平等、互利的原则组织起来的横向技术经济、信息、贸易协作组织，宗旨是积极贯彻科技工作要面向经济建设的方针，加强各塑料研究所之间的信息交流和技术经济协作，促进我国塑料工业发展。

全国塑料研究所技术信息协作网成立于1986年，目前有会员30多家，集中了代表当前我国塑料技术研究水平的科研单位。

我国塑料制品加工出现在20世纪40～50年代，这比国外发达国家要滞后达半个世纪左右。从20世纪的50年代后期开始到60年代中期，我国的塑料工业有了一定的发展，但总的是品种少、产量低、质量差、设备工艺落后，与国外的差距很大。十四届三中全会以后，改革的春风吹遍了祖国的大江南北、长城内外，也吹活了各行各业。我国的塑料加工工业从此也揭开了新的篇章，得到了空前的发展。我国的塑料工业与不少的行业一样，经历了从设备的引进→模仿或生产与国外同类产品→原料的引进、制品引进、设备工装引进的消化吸收→改进→自主开发创新的过程。产品的品种、产量、质量、工艺水平、设备工装制造水平等都得到了大幅度的提高，到20世纪末，我国塑料制品的年产量已超过1 500万吨，跃居世界第二位，其中不少品种的产量为世界第一位，我国已成为世界上塑料制品加工的大国。

我国塑料行业的发展，离不开广大科研技术人员的辛勤耕耘，离不开在各种不同体制及规模研究机构中的广大科研人员的努力奋斗。20世纪60年代初化工部在上海成立了上海塑料研究所，1966年当时的第二轻工业部也成立了部级研究所，此后，除少数省（自治区）外，其他各省市也相继成立了塑料研究所，有条件的市也成立了塑料研究机构，到80年代初期，当时全国有市级以上的塑料研究所50多家，这些研究所大多隶属于当地的塑料工业公司或轻工业局，对于推动我国塑料加工业的发展和科技进步起了不可磨灭的作用。

从广义上讲，塑料工业应包含有树脂或塑料原料的合成、助剂的制备、塑料加工机械、塑料模具工装和塑料制品的加工。这是个跨行业的系统工程，塑料的应用发展也拉动了我国塑料研究事业的发展。所以，中国的塑料研究所，从行业看，有树脂研究所、助剂研究所、机械研究所、模具研究所和加工研究所等。目前，我国塑料研究机构数量比20世纪80年代已大大增加，科研开发能力也比以前大大地提高，从机构性质看，全国众多的塑料研究所大体上可分为3个层面。

① 以中科院的应用研究所、有关国家级机构或国家级企业集团以及有关高校组建的塑料研究机构。这些研究所在基础理论研究、新工艺、新产品、新设备、新材料、模具等方面的研究具有雄厚的科研开发能力，试验手段先进，科研经费相对比较充裕，它们是承担国家及科研任务和开发的主体，是产、学、研的主要依靠力量，也是跟踪世界先进水平和创新的主要力量。

② 地方级的塑料研究机构。这些机构大多是计

划经济时期留下来的研究所，一般科研力量相对较弱，试验手段相对老化，科研经费相对紧张。科研项目主要是结合某些方面的特长而展开，以便帮助一些目前尚不具备科研开发力量的企业进行产品开发为主。另外利用现有的测试设备、科研力量对外开展产品测试、技术咨询服务等工作，不少的地方所目前已基本上完成改制。

③ 大企业自办的塑料研究所。此类研究所以为本企业产品的开发服务和科研为根本任务，开发的产品和科研成果直接面对市场的需求，并迅速转化为生产力。这些研究所正在成为我国塑料科研的主要力量，此类型的塑料研究所数量正在增多。

研究所的改制　在计划经济的体制下，不少的研究所的科研题目与生产实际脱节，造成了科研成果只出论文，不转化为生产力的不正常的情况，同时基础理论的研究又不能深入，无法跟踪当时世界的最新科技，加上经济实力的不足、设备老化、科研力量不足，更重要的是体制上的原因，使不少的塑料研究所步履艰难，甚至于难以维持生计。

随着国家经济从计划经济向市场经济的转变，我国科研体制的改革也在不断进行和深入。原有的塑料研究所随着政府机构改革，开始出现变化，一些地方研究所有的改制成为企业，有的进驻工矿企业，有的进入大专院校。这些应用性研究所更注重结合企业的产品开发，直接按市场的需求寻找课题、搞科研。另一方面，生产企业正在成为科研开发的主战场，纷纷成立科研机构，这使科研成果迅速转化成生产力。这些转变真正论证了“科技是第一生产力”的至理名言。不少的企业也因此规模扩大，效益提升，同时研究所也获得了较大发展。

根据国家有关政策，国有资产将推出中、小企业，而地方级的塑料研究机构，多年来为发展地方和全国的塑料工曾做出过不少的贡献，但是多年来，国家投入很微甚至全无，科研力量薄弱，试验手段落后，负担过重，科研人员收入不高，人才流动比较活跃，逐渐使单位缺乏竞争力，也丧失了活力，确实到了非彻底改制不可的地步了。需进行改制的塑料研究主要是这一类地方级的研究所。

通过改制，全方位地深化各项改革，真正做到产权人格化、投资多元化、劳动力市场化、经营者职业化，并实现产权明晰到位、职工身份置换到位、经营者骨干入股到位。在搞好企业改制的同时，还要妥善安置好富裕员工，维护职工的合法权益，减轻社会压力和负担。在深化改制的操作中要做到公开、公平、公正，切实维护好集体资产的利益和职工群众及股东的权益。湖南所、福州所、广西所等都已完成科改制，苏州所等正在进行二次改制。

其他两个层面的研究所，需进行改制的问题目前尚不十分突出。实践证明，通过改制，为企业带来了新的生机，主要变化如下。

（1）人员素质提高，奠定发展基础

自于塑料行业的发展，各个层面的研究机构得到了相应的发展，不少地方所和企业所在改制后，激发了企业的活力，吸引了不少优秀的科技人才加盟，使研究所的人员素质得到了很大的提升，而且由于产权的明晰，经营者目标责任明确，自觉地推进各方面的素质工作，这一切为科研机构的进一步发展奠定了良好的基础。

（2）科研方向明确，尽量避免趋同

很多研究所以改制为契机，根据自己的特长和应用实践，对科研方向进行定位，并尽量避免“趋同性”，经济效益提高，进入良性发展。如天津所，以医用塑料的研究为主攻方向；北京所，以军工产品，特别是氟塑料的研发为重点：华南理工大学聚合物新型成型装备国家工程研究中心，围绕着他们开创的电磁动态塑化理论进行挤出、注塑、混炼等方法和原理的研究；北京化工大学机械研究所以精密挤出为方向，研发了精密挤出机及精密医用导管的挤出成型技术，以及 UHMWPE 管、交联 PE 管、木塑复合挤出技术和设备等：湖南所则着重色母料和共混改性料的研发；沈阳塑机所着力于挤管有关工艺和设备的研究：石化系统的研究机构，如北京燕山石化树脂所、齐鲁石化树脂所，侧重于面广量大的共聚树脂和新牌号新品种树脂的研发，以满足市场需求，替代进口。总之，各研究机构都结合自身的特点，结合市场需求，开展相关课题的研究，并已逐步形成了“百花齐放，百舸争流”的喜人局面。

（3）塑料研究所研究课题浅析

从众多的塑料研究所研究的课题来看，目前还存在着六多六少的现象。

① 应用研究多，而基础理论研究少。第一层次的研究机构基础理论研究较多，而众多的地方所、企业所，因效益的驱动，绝大部分从事的是应用研究，针对某些产品的开发、改进、质量的提升而开展研究工作，有关基础性研究较少。

② 针对产品的具体性研究多而系统性的研究少。不少的产品的开发，往往都要涉及到人员、机器、原料、法律和环境等诸多因素。但往往就事论事的多，进行系统性研究比较少，如研发设备的，对于材料的适应性的研究就可能较少。

③ 产品趋同性研究多，而有个性特色的研究少。如改性塑料有不少的所都在研究开发，而有一些产

品，如医用塑料，只有天津所、吉林所在研究。

④ 急功近利的产品研究多，而对一些具有战略性、前瞻性的项目研究的少。造成了一些产品一哄而上，粗制滥造，恶性竞争，如三层发泡 PVC 管，铝塑复合管等：而对发泡 PP、使用 CO_2 发泡 PS 等研究就少。

⑤ 塑料制品研究开发多，而对塑料加工机械、模具研究开发少。目前从事塑料加工机械、模具研究开发的只有大连所、郑州大学、北京化工大学、华南理工大学等少数院校的有关所。

⑥ 产品模仿研究开发多，而对具有自主知识产权的项目的研究就开发少。目前只有中科院化学所在纳米材料、抗菌材料，清华大学高分子材料研究所在复合材料相界面，华南理工大学的电磁动态挤出机及四川大学等一些高校的科研所具有一些创新性的自主知识产权的项目。

基于上述的诸多情况，造成了我国目前只能成为塑料加工的大国，不是塑料加工强国的现状，在许多方面的科研水平与国外仍有不少的差距。

行业活动　全国塑料研究所技术信息协作网成立 10 多年来，在组织技术经济信息发布、传递和沟通网员间情报交流、开展技术服务等方面发挥了积极的作用。

全国塑料研究所技术信息协作网的日常工作如下。

① 每年出版通讯 4 期，提供荟萃国内外技术经济的重要信息。

② 每年召开 1 次年会，为成员提供直接见面的平台，互相交流研究所工作、改制经验；邀请各方面专家，介绍最新技术、科研动态；成员互相交流，提供合作机会。

③ 组织国外厂商来华技术交流，组织技术转让活动，组织参观国内外塑料展览，并为网员提供无偿和有偿咨询服务等。

④ 根据行业动向，不定期组织各类技术研讨会，使会员及时掌握最新技术的发展动向，做出正确的决策。

近年，网内交流合作有了新的进展，在更好发展各塑料研究所技术优势的同时，加强了相互间的交流和协作，相互的沟通，减少了产品研发的趋同性。

各所的研究成果实行有偿转让，充分利用现有成果，加快科技成果产业化步伐，同时也加强了从事树脂合成、助剂生产、塑料加工、塑料机械和模具的研究机构和企业间的合作。如福州所与山西化工所就透明 PP 用成核剂进行了成功的合作，取得了很好的成果。

2003 年年会由湖南省塑料研究所承办，年会于 2003 年 9 月 20 日～23 日在湖南省张家界市召开，共收到专家报告和交流文章 48 篇，有 24 篇经验介绍和论文在会上作了发言。

会议期间召开了协作网会员人会，讨论了“章程”的修改，选举了理事、副理事长、理事长，通过了关于增设常务副理事长并由轻工业塑料加工应用研究所所长刘万蝉担任的提议，还一致通过了增补南京橡塑机械厂为副理事长单位。会议中，会员对“全国塑料研究所技术信息协作网”这一组织机构的名称提出了应该更名的较强烈的意见，普遍认为这个 10 多年以前确定的名称已经不适合当前市场经济的形势，不利于广泛吸引企业参加，不利于“协作”的开展，中国塑料加工协会理事长廖正品对此意见给予了高度重视，并表态会后作为一项工作予以实施，并初步建议改为“全国塑料技术协作专业委员会”。会议也初步讨论了 2004 年的工作，并着重讨论了有关网站建设、增加工作人员力量等事宜。

会议期间还召开了专门会议，交流了研究所改制和研究方向方面的经验。

会议也初步决定 2004 年年会在广东华南理工大学召开。

存在的问题

全国塑料研究所技术信息协作网的工作比较其他专委会，还有许多不足，首先经费不足，工作人员力量不足，因此，许多应该开展的工作缺少条件，如今未能建立网站；其次，会员主要为全国塑料、化工方面的研究，加工企业较少，且会员数量相对现有的研究所不多，今后应大力发展会员单位。

全国塑料研究所技术信息协作网作为中国塑协下属的一个专委会，承担着促进行业技术水平提高的独特作用，为更好发挥各塑料研究所的技术优势，在知识经济时代，推动中国塑料行业的发展，今后将进一步扩大队伍，加强交流与协作，努力开发塑料成型新材料、新技术、新制品，为提升中国塑料加工行业整体技术水平而努力。

全国塑料研究所技术信息协作网欢迎全国各类塑料研究所和科技型企业加入我们的队伍，为推进中国塑料工业的技术进步共同努力。

（全国塑料研究所技术信息协作网　杨惠娣）

天津市塑料研究所

简介　天津市塑料研究所始建于 1965 年，占地面积 6 000m^2，建筑面积 3 555m^2，本所是天津市科委重点支持的医用塑料产品的开发、研制和生产基地，是国家药品监督管理委员会批准生产的“三类”

医疗器械专业企业，是中国塑协医用塑料专委会的理事长单位，多年来一直致力于医用塑料制品的开发、研制和生产。

实验室　实验室面积为500m²。设备：阻燃检测仪，电性能检测仪、拉力试验机、低温性能测试仪、热性能测试仪、气相色谱仪、扫描仪、红外分光光度仪、紫外分光光度仪。

科研队伍　正高级工程师1名，高级工程师17名，工程师9名；助理工程师7名，享受国家级、市级特殊津贴的专家4人。

研究方向　医用塑料、工程塑料、农用塑料及塑料改性、合金技术、塑料特殊成型工艺技术的研究。

研究成果　鼓泡式氧合器、多功能灌注针、主动脉插管、动脉微栓滤器、长寿命PE工艺技术的研究。

在研项目　膜式氧合器、复合腔静脉插管、介入治疗用导管等。

地址： 天津市南开区黄河道445号
邮编： 300110
负责人： 曹常在
电话： 022-27592537
传真： 022-27590383
E-mail： tjsuyan@eyou. com.

天津市合成材料工业研究所

简介　天津市合成材料工业研究所成立于1957年，隶属天津渤海化工（集团）公司，是天津市骨干研究所，主要从事有机高分子及助剂的合成、结构、性能、应用及产业化研究，及精细化工材料和精细化学品的生产和营销，2000年转制为科、工、贸一体化的科技型企业，职工240人，固定资产2 400万元。

实验室　6个研究中心（室），1个信息中心，1个分析测试中心，8个独立科研组；实验室总面积7 000m²，中试、生产车间总面积2 500m²；主要设备有气、液色谱，色质联用，红外、紫外、热、电、机械测试仪及化工设备等。

科研队伍　科技人员170人，占职工人数的70.8%，其中正高工4人，高工46人，工程师67人。

研究方向　医用高分子材料，如骨水泥齿科材料；电子信息材料，如灌封料、电缆堵塞剂、墨粉用共聚树脂、荷电控制剂；汽车密封胶，如焊缝胶、底涂胶；特种环氧及环氧胶黏剂；造纸及纸餐具化学品，如抗水剂、抗油剂、湿强剂；改性塑料及塑料助剂，如抗氧剂、抗铜剂、紫外线吸收剂等。

研究成果　承担并完成国家、部级、市级科研项目数百项，共获科研成果600余项，获部、省、市级科技进步三等奖以上项目60余项，获国家新产品证书项目20余项。

在研项目　国防军工项目：低黏度环氧密封胶；高强度、低密度发泡环氧树脂。

天津市基金项目：新型血滤、吸附功能血液净化器；多功能齿科材料的研究。

天津市攻关项目：新型注射用骨水泥的研究；介入疗法微球栓子的研究等。

地址： 天津市河西区洞庭路29号
邮编： 300220
负责人： 王永红
电话： 022-28341652
传真： 022-28340113
E-mail： lxy@mail. zlnet. com. cn

山西省化工研究院精细化工研究所

简介　山西省化工研究院精细化工研究所长期从事塑料、橡胶、化纤、涂料等聚合物助剂开发研究和产业化工作，近年来致力于聚烯烃成核剂、光稳定剂、偶联剂、抗氧剂、阻燃剂、抗静电剂、加工和抗冲改性剂、PVC热稳定剂等方面的开发和研究，是我国聚合物新功能助剂的专业科研单位。

实验室　2 000m²实验室面积，包括各种合成用单元操作试验设备和仪器分析、化学分析装备，双螺杆挤出机，哈克流变仪等助剂评价和测试设备。

科研队伍　全所现有职工40人，其中高级职称20名，中级职称10名。

研究方向　塑料助剂、化纤助剂、橡胶助剂、公路化学品、涂料助剂。

研究成果　在塑料助剂研究领域，30多年来累计取得科研成果200多项，产业化项目115项，取得国家和地方奖励项目80多项。

在研项目　TMP系列磷酸酯盐类聚合物成核剂的研究，反应型复合光稳定剂GW-4611的研究，永久防雾滴光稳定剂GWFD-6286的研究，高效抗氧剂KY-1330的研究，新型亚磷酸酯抗氧剂KY-461的研究。

地址： 太原市万柏林区义井
邮编： 030021
负责人： 王克智
电话： 0351-6076384
传真： 0351-6076384
网址： www. sxhyy. com
E-mail： spici@163. net

太原市塑料研究所

简介　太原市塑料研究所是太原市科技局直属的科研单位，始建于1958年，约有固定资产400余万元，占地面积7 000m^2，所内设有4个科研室，1个情报室，财务、业务、科研办3个职能科室和1个中试基地。科研一室主要从事塑料成型工艺及各种功能性塑料薄膜方面的研究；科研二室主要承担各种高分子材料及塑料产（商）品的质量检测；科研三室主要从事各类防腐涂料及胶黏剂的研究；科研四室主要从事高分子合成及塑料油墨方面的研究。该所的中试基地可进行科研新产品的研制和中间试验。山西省技术监督局塑料产品质量监督检验站是我省惟一国家授权省级质检站设在市级所——太原市塑料研究所。1986年经原山西省计量局计量认证，山西省标准局授权认可建立的。是独立于塑料产（商）品技术开发研究、制造、销售、使用之外的具有第三方公正性的塑料产（商）品质量监督检验机构，具有公正性、科学性、权威性。该站承担着建筑窗、塑料异型材、各类塑料管材、薄膜，泡沫塑料等100余种产（商）品的质量抽查检验，定期监督检验、质量技术鉴定、行评创优（名）、质量仲裁检验、委托检验、质量评价的任务。建站16年来，不断发展壮大，根据塑料行业发展的需要，特别开展了管材长期液压（寿命），热、人工加速老化等试验。现已拥有较强的实力，具备完善的质量管理体系和质量保证体系。可为国内外高分子塑料行业提供质量检测和技术服务、技术咨询。2001年该所还被山西省环境保护局授权山西省环保型涂料、环保型塑料产品检测机构。山西省塑料行业协会也挂靠在本所，起着政府和企业之间的桥梁和纽带作用。

实验室　现实验室占地面积2 500平方米，主要实验仪器、设备有气相色谱仪、氙灯人工加速老化机、智能型液压试验设备、塑钢门窗物理机械性能的全套检测设备、电子拉力试验机、熔体流动速率测定仪、高速分散机、砂磨机、反应釜等。

科研队伍　本所现有职工76人，各类专业技术人员占职工总数的80%，具有高级职称者16人（其中教授级高工2人)，中级职称者24人，初级职称者21人。

研究方向　为适应市场需求我所拓宽研究领域。除进行高分子材料的合成、塑料成型的基础性研究、功能性薄膜研究外，还进行精细化工如各类塑料油墨、新型金属涂料和特种防腐涂料、胶黏剂等研究。

科研成果　十一届三中全会以来，该所紧跟科技体制改革的步伐，先后承担了国家、部、省、市级的科研项目40余项。获全国科技大会奖，国家科技攻关先进项目奖，国家优秀新产品奖，国家科技成果推广一等奖，国家、部、省、市级科技进步一、二、三等奖共22项，其中国家科技攻关项目“聚丙烯塑料油墨用氯化聚烯烃”中试，填补了一项国内空白，达到国际先进水平。获国家科技攻关先进项目奖和国家科技进步三等奖。并在广东、辽宁等省转让形成了工业化生产，使科研成果转化为生产力，受到了国家经委、科委、计委、轻工部的表彰。获国家科技成果推广一等奖。该所的科研成果还有各种功能性塑料薄膜、胶黏剂、防腐涂料等。特别是金属用彩色喷塑涂料、醋厂专用防腐涂料均获省科技进步二等奖。金属用彩色喷塑涂料还获国家重点推广新产品证书，醋厂专用防腐涂料被列为省内推广应用项目取得了显著经济效益。

在研项目

省科委项目——新型密封保温材料研究。

省计委项目——958防腐涂料、金色彩色涂料中试。

太原市科技启明星项目——活性陶土聚乙烯保鲜膜、转日光型高光效棚膜、难黏塑料用热熔胶黏剂研究。

地址：山西省太原市迎泽桥西后王街5号
邮编：030024
负责人：张玉英
电话：0351-6171227
传真：0351-6171227

包头市塑料制品工业科学研究所

简介　包头市塑料制品工业科学研究所成立于1978年，属全民事业单位，是自治区内惟一从事塑料工业开发研究的专业研究所，所内附设实验工厂，负责科研中试和生产，测试室是国家认证的塑料制品和原料的测试站，并负责全区的技术培训、咨询服务、情报信息等技术工作。

实验室　实验室面积320m^2，主要设备有力学性能测试仪8台，热性能测试仪3台，耐候性测试仪1台，低温性能测试仪1台，塑料原料及理化性能测试仪9台及制样设备。

科研队伍　现有科研人员占职工总数的70%，其中，中高级职称占40%。

研究方向　1. 重点研究稀土材料在塑料制品中的应用，主要为高性能化和低成本化。2. 研究稀土功能高分子材料，主要有发光塑料，磁性塑料，耐老化塑料等。3. 开发塑料制品新品种和探讨新的应用领域。4. 根据企业和市场需求，引进新技术，改造传统产业。

研究成果　1. 稀土聚氯乙烯无毒热稳定剂。2. 稀土光改性自发光塑料。3. 稀土改性 MC 尼龙等。4. 薄壁高强聚烯烃管材。5. 橡塑共混仿皮革。6. 乌兰土在塑料中的应用。7. 尼龙/金属复合材料。8. 废塑料再生制品的开发等。

在研项目　1. 纳米材料/聚乙烯复合土工膜；2. 高阻隔液态奶复合包装保鲜膜；3. 稀土增强聚氯乙烯结构微孔材料；4. 稀土无毒聚氯乙烯热稳定剂的工业化生产；5. 利用废塑料废填材生产化学建材；6. 完成“稀土改性 MC 尼龙”产业化生产。

备注　“稀土改性 MC 尼龙”科研成果，转让包头经纬稀土新材料公司生产，列入国家高新技术产业化示范工程项目，总投资 6 300 万元，引进英国尼拉卡斯特公司生产设备，总产量 3 000 吨，是目前国内产量最大，性能、品种最全的 MC 尼龙生产企业。

地址：内蒙古自治区包头市东河区工业北路
邮编：014040
负责人：孟杰
电话：0472-4171576
传真：0472-4172496
网址：www.jing.com
E-mail：jing w@jing w.com

大连塑料机械研究所

简介　大连塑料机械研究所的前身是大连橡胶塑料机械研究所，始建于 1960 年，1990 年更名为大连塑料机械研究所，是国内机械工业塑料机械的归口所。内设技术开发室、信息室、标准化室、试验室和监测中心等业务实体。全国橡胶塑料机械标准化委员会塑料机械标准化分技术委员会及中国机械工业塑料机械科技信息网设在该所。机械工业塑料机械产品质量监督检测中心也挂靠于该所。信息室、标准化室和产品质量监测中心均主要以行业服务工作为主。

实验室　实验室建筑面积 1 470 平方米，主要有双螺杆管材试验设备、铝塑复合管试验设备、塑料吹塑试验设备及其他配套设备及检测仪器等。

科研队伍　大连塑料机械研究所现有 100 人，其中教授级高工 5 人，高工 15 人，工程师 34 人，助工 37 人。

研究方向　大连塑料机械研究所以研究开发塑料机械新产品为主，重点方向为：单、双螺杆挤出机及各类辅机、塑料开炼机及密炼机、塑料压延机组等新产品及新技术的研发。

2003 年科研成果　SJSH-92×32、SJL-F92 双螺杆塑料混炼挤出造粒机组获中国机械工业科学技术奖二等奖；ϕ120 冷/2×ϕ200 热喂料三复合胎面挤出机组获第二届骏马杯橡塑工业十佳创新技术等。

2003 年在研项目　塑料大型混炼挤压造粒机组；精密重包装及医用膜吹塑膜技术及精密压延技术和塑料挤出同步拉伸技术等。

地址：大连市甘井子区周水子广场 1 号
邮编：116033
负责人：刘梦华
电话：0411-86641861-6770
传真：0411-86641645
网址：www.dlrpm.com
E-mail：Hlh0028ly@163.com

大连塑料研究所、大连塑料工程机械研究所

简介　大连塑料研究所始建于 1965 年，1988 年受轻工总会安排又成立了大连塑料工程机械研究所。职工中各类工程技术人员占 80%以上，占地面积约 30 000m²，是我国同类型研究所建立最早、规模最大、技术力量最强的塑料加工应用技术研究所之一。

全所现设立的研究开发机构有：塑料加工工艺研究室，中试车间，机械加工车间，省、市塑料制品检测站及轻工总会塑料制品质量监督检测中心大连站，辽宁省塑料工业科技信息站，《塑料科技》杂志编辑部。专门从事塑料加工工艺、塑料机械、塑料制品检测、塑料标准制定以及塑料科技信息研究的应用技术研究所。

塑料加工工艺：通用塑料及工程塑料的挤出、注塑、模压、吹塑、压延、涂覆、浸渍、复合、缠绕、共混、填充及二次加工等各种工艺研究及制品的开发应用。

塑料机械：机头、模具、辅机及专用机组的设计、加工制造。

塑料制品性能检测：塑料制品的分析，物理、化学、力学、电性能及老化等性能检测。

本所建所以来，先后承担了国家、部、省、市科研课题 120 多项，获国家、部、省、市科技成果奖项约 60 项。

实验室　国家轻工业塑料产品质量监督检测大连站。

实验室面积 1 440m²，主要实验仪器设备 100 余台件。

科研队伍　职工：234 人，工程技术人员 187 人，工人（含工人技师）47 人。

研究方向　塑料加工工艺、塑料机械、塑料制品检测、塑料标准制定、塑料科技信息。

研究成果　建所以来，先后承担了国家、部、省、市级科研课题 120 多项，获国家、部、省、市级奖励项目 60 多项。

在研项目　塑料土工格栅生产线及工艺技术、大口径绕缠管生产线及工艺技术、塑料异型地垫生产线及工艺技术。

地址：辽宁省大连市甘井子区周家街 11 号
邮编：116033
负责人：奚世风
电话：0411-86601491
传真：0411-86601784
E-mail：dlslyjs@mail.dlptt.ln.cn

沈阳市塑料机械研究所

简介　沈阳市塑料机械研究所创建于 1998 年，是从事塑料机械及塑料制品研究、开发、设计、制造、生产的专业场所，主要生产大型单、双壁螺旋塑料管成套设备、外波纹多孔光缆导管成套设备、燃气、输油、自来水用大口径 PE80、PE100 聚乙烯管材成套设备、PP-R、PP-C 供热、供自来水管材成套设备、自动育秧杯成型设备、UPVC Ⅰ型消音管材成套设备、复合管材成套设备（ϕ630mm 以下）、挤出机、挤出造粒机组、自动上料机、高速混合机、履带式牵引机、行星式切割机、破碎机、各种机头、模具等系列产品 20 多种。

我所技术力量雄厚，在生产塑料机械及制品方面已有 20 多年的历史，产品行销全国各地。企业被沈阳市市政府授予市“百强民营”企业、“星火示范”企业、“民营科技”企业，并连续四年获“明星企业”称号。

我所现生产的主导产品是由金世源所长发明并研制成功的 SLSGJ 型双壁螺旋塑料管成套设备及双壁螺旋塑料管材。该成套设备及管材是国家“八五”重点科技攻关项目，编号：85-605-02-02，1995 年通过国家级鉴定及专题验收，其鉴定结论是：该设备系国内外首创，在缠绕成型工艺上有所创新，质量达到（部分指标超过）日本、韩国同类产品水平。该成果获两项发明专利，两项实用新型专利，1994 年获国家级新产品证书，1996 年获国家“八五”科技攻关重大科技成果奖，沈阳市星火计划一等奖。该成套设备一条生产线年产量 500 吨以上，产值 600 万元以上，能生产 ϕ90～ϕ1 000mm 规格的双壁螺旋塑料管。该管材由于设计成双壁螺旋结构，因而强度高、刚性和挠曲性好。

大型双壁螺旋管成套设备现已在北京、山东、河南、河北、安徽、江苏、吉林、内蒙古、甘肃、新疆维吾尔、福建等地建起了 20 多条管材线，通过生产表明了技术成熟、运行可靠，该成套设备硬、软件费用比引进国外同类设备可节省 90%，该成套设备的研制成功为我国这方面填补了一项空白。

我所生产的单壁螺旋塑料管成套设备是国家星火计划项目，获国家实用新型产品专利证书，一条生产线年产量 500 吨以上，产值 600 万元以上，能生产 ϕ30～ϕ200mm 规格的单壁螺旋塑料管。该管材由于螺旋结构，与同材质同直径的光管相比较，强度高、弯曲性好。

单、双壁螺旋塑料管材是以高密度聚乙烯为主要原料，具有耐寒、耐热、耐药性好、使用寿命长、质轻、运输施工方便等优点，可广泛应用于电线、电缆、路灯电缆、通信电缆护管、城市排水、工、农、牧业输排水、井用井壁管、排气、通风等诸多领域。双壁螺旋塑料管特别是作为农田机电井壁管材料，它以独特的质轻、强度高、抗腐蚀、施工方便等优势取代了水泥管和铁管等井壁管材。管材自销售以来深受广大用户的好评，为国家带来了巨大的经济效益和社会效益。

如今沈阳市塑料机械研究所所长金世源带领他的攻关人员又开发了 PP-C、PP-R 供热、供自来水成套设备、多孔光缆导管成套设备等 10 多项新产品。

实验室　实验室面积 200m²。实验设备有：塑料挤出机 3 台；真空定径机 1 台，环刚度试验压力机 1 台。

科研队伍　科技人员 10 名，其中高级工程师 4 名，工程师 6 名。

研究方向　我所将不断向具有高科技含量、实用价值高、新型，并有广阔市场前景的塑料机械和塑料制品方向发展。

研究成果

1. SLSGJ 型双壁螺旋塑料管成套设备及管材（国家“八五”重点科技攻关项目，编号：85-605-02-02。该项目研究获两项国家发明专利证书，两项实用新型专利证书，1996 年获国家“八五”科技攻关重大科技成果奖）。该设备可生产 ϕ(90～1 000)mm 规格管材。

2. DLSG 型单壁螺旋塑料管成套设备及管材（国家星火计划项目，获国家实用新型专利证书）。该设备可生产 ϕ(30～200)mm 规格的单壁螺旋塑料管。

3. PP-C、PP-R 供热、供自来水管成套设备及管材。

4. PE80、PE100 供水、燃气用聚乙烯管成套设备及管材。

5. CODⅠ 型汶多孔光缆导管成套设备及管材。

6. 钢管包覆管材成套设备及管材。

7. UPVC1.0 型消音管材成套设备及管材。

8. FSJC1.0 型防水卷材成套设备。

9. YYBCHJ1.0 型高效自动育秧杯成型设备。

在研项目

1. 木型制品成套设备及制品。

2. 高分子彩色瓦成套设备及制品。

地址：辽宁省沈阳市苏家屯区香杨路 101 巷 37 号

邮编：110101

负责人：金世源

电话：024-89808056

传真：024-89809982

沈阳市塑料研究所有限公司

简介　沈阳塑料研究所有限公司现有沈阳塑料集团和直属成员单位，其前身沈阳市塑料研究所为市属科研所，经企业化改造后，已成为集团公司的产品研发中心、产品测试中心与经济技术信息中心，现有资产总额近 300 万元，拥有实际经验丰富的科研人员和生产人员，重点研发方向为功能性塑料改性材料高性能塑料制品的建材、汽车用塑料结构件。

实验室　现有理化实验室，原为沈阳市轻工局塑料产品质量检验站，面积为 $150m^2$，主要实验测试设备 50 台（套），如万能材料试验机等。

科研队伍　目前承担产品开发项目人员 6 人，高级工程师 1 人，工程师 3 人，助理工程师 2 人。

研究方向

1. 功能性塑料改性材料，主要用于民用产品、汽车部件、化工制品等。

2. 高性能塑料制品，主要为内外贸、合资企业提供各种塑料配件。

3. 开发新结构：建材制品，解决节能、环保方面的问题。

研究成果　一种聚烯烃改性材料（用于塑料导爆管）获国家发明专利，授权日为 2001 年 3 月，产品已向市场推广。

在研项目

1. 新型外观设计的间隔墙用塑料制品。

2. 新型公路交通标识设施。

3. 一种化工用塑料改性材料。

地址：辽宁省沈阳市大东区望花南街 49 号

邮编：110044

负责人：田贵利

电话：024-88333475

传真：024-88326488

吉林省塑料研究所

简介　吉林省塑料研究所是以从事塑料制品研制、开发、生产、经营为主的科、工、贸一体化的专业性研究所，是目前国内技术力量较强，具有一定规模的塑料研究所，是国内医用塑料重点生产厂家之一，是吉林省农用塑料中试基地，是国家确定的重点军工配套科研单位之一。研究所现拥有固定资产 2 075 万元，占地面积 10 000 平方米，建筑面积 8 000 平方米。

实验室　实验室建筑面积 3 000 平方米，拥有密炼机、双螺杆挤出造粒机、多种型号配套的挤出机组、型材挤出机组和注塑机、吸塑机以及其他一些塑料加工设备；可用来定性、定量分析高分子材料和进行高分子材料性能测试的仪器；自行设计研制的热收缩套管缠绕机组和塑料薄膜压花机组等设备。

科研队伍　现有职工 152 人，离退休 86 人，在职人员 66 人。在职人员中专业技术人员 58 人，其中高级职称 20 人，中级职称 17 人。

研究方向　医用塑料、工程塑料、农用塑料及特种塑料的开发应用。

研究成果　先后承担了国家科技部、国防科工委、国家经贸委和吉林省科技厅、计委、经贸委等部门下达的科研项目 87 项，其中国家重点攻关项目 3 项，部省级项目 57 项，军工配套项目 27 项，已通过技术鉴定 72 项，其中达到国际先进水平 13 项，国内先进水平 59 项，先后获国家、部、省级奖励 16 项。

在研项目　在研项目共 15 项，有《年产 2 亿个 NON-PVC 大输液用复合包装膜》、《片式钽电容器包装用凹纹带的研制》、《新型高抗湿抗辐照复合膜与包封工艺研究》、《喷水管阻隔海水材料的研究》、《汽车助力器用塑料材料及成型技术研究》等。

地址：吉林省长春市南关区汇文路 2 号

邮编：130022

负责人：王泽春

电话：0431-5381250

传真：0431-5380547

中国石油天然气股份有限公司大庆石化树脂研究所

简介　研究所组建于 1987 年，现有员工 70 人，高级工程师 8 人，工程师 21 人。主要从事塑料后加工改性、合成树脂生产用催化剂开发等工作，先后研发及应用 40 多项科研成果，发表论文 70 多篇。

实验室　拥有中试实验室、测试实验室、聚合实验室等，占地面积约 3 $000m^2$，主要实验设备有混炼造粒机、吹膜机组、管材、中空、注塑等设备和物性、力学性能、加工性能检测仪器等。

科研队伍　员工总数70人，其中研发人员35人，实验、检测人员35人。

研究方向　聚烯烃新产品开发、专用料研究、纳米新材料研究、无卤阻燃专用科研究、聚烯烃催化剂研究等。

研究成果　电缆专用料、塑料加工流变剂、氟改性剂、硅烷交联基础树脂、铝塑管专用树脂、透明聚丙烯、管材专用料等。

在研项目　催化剂开发、纳米改性功能化聚烯烃研究、透明聚丙烯系列产品开发，交联电缆专用料开发等。

地址：黑龙江省大庆市龙凤区卧里屯兴化北街
邮编：163714
负责人：姜进宪
电话：0459-6762176
传真：0459-6251578
E-mail：jjx459@petro China. com. cn

上海市塑料研究所

简介　上海市塑料研究所位于上海杨浦大桥的北端，占地6 600余平方米，建筑面积约1.1万平方米，建有四幢研制生产大楼。上海市塑料研究所成立于1963年7月1日，是我国最早建立的、主要从事含氟塑料成型加工和应用的研究所。建所近40年来，共鉴定了170余项科研项目，先后为国防工业和其他科研领域提供了大量、新颖的氟塑料产品；目前还承担10余项国家重点项目配套的新产品、新材料的研制工作。现有职工203人，各类专业技术人员占全体职工的比例为46%，2002年生产产值达到3 254万元。经上海市技术质量监督局认可的《上海市化工产品质量监督检验中心塑料站》设立在上海市塑料研究所，实验室也已通过国家级实验室的认证。于2001年通过GB/T 19001—2000和GJB 9001A—2001质量体系的认证，自1993年起，上海市塑料研究所被评为"上海市高新技术企业"并保持至今。上海市塑料研究所的产品已广泛应用于航空航天、生物医药、IT、电子、电器、机械、化工、纺织、建筑、建材等各个领域。

实验室　主要试验设备如下：

工程塑料常规机械力学、热学、光学、电学性能等测试仪器和设备，以及软管专用测试设备，例如：高温、高压脉冲试验台、高压试验泵、高压耐压试验台、脉冲烘箱、高低温弯曲试验设备、气密试验设备等。

科研队伍　中高级技术人员32人、初级技术人员33人。

研究方向　特种性能的聚四氟乙烯材料和制品成型和加工以及其他含氟塑料材料和制品的改性、成型工艺等。

研究成果　聚四氟乙烯板、棒、膜、管，聚四氟乙烯浸渍材料和制品，聚四氟乙烯微孔材料和制品以及其他含氟塑料材料和制品等。

在研项目　医用植入膨体聚四氟乙烯制品的研制、膨体聚四氟乙烯密封材料的研制、高温高压聚四氟乙烯软管组件等。

地址：上海市杨树浦路1664号
邮编：200090
负责人：王　敏
电话：021-65193460
传真：021-35120386
E-mail：tjxingxing@21cn. com

上海市塑料制品工业研究所

简介　上海市塑料制品工业研究所是研究应用于工业、家电、日用品等各个领域的塑料加工新技术新装备的科研生产经营实体。拥有固定资产1 200万元，较先进试验生产设备仪器110台。在浦东新区金桥开发区南区建有生产基地。1978年建所以来，已取得80多项科研成果，荣获国家级、部级、上海市、轻工局级重大科研项目50多项。

实验室　实验室面积$80m^2$。设备有SK-160B双辊筒炼塑机、25T平板硫化机、GH-10D高速捏和机、NH-35捏和机、TM35V双螺杆挤出机流水线。

研究方向　该所塑料科研项目包括包装材料、建筑材料、包装容器、日用制品等新产品研制，重点是研制生产包装材料、医用塑料、特种塑料等。

研究成果　国内首创保鲜膜，BOPP专用珠光母料、抗静电母料、特白母料、聚丙烯改性特种粒料、输血管、单面黏性缠绕膜、抗漏保鲜膜等。

在研项目　马来酸酐接枝改性聚烯烃塑料；单面黏性缠绕膜；聚酯药瓶；纳米材料改性PP-R水管用料。

地址：上海市浦东新区利航路468号
邮编：201201
负责人：陈昌麟
电话：021-58388836-803
传真：021-58380108

上海橡胶制品研究所

简介　上海橡胶制品研究所创建于1960年，属全民所有制单位，是一所应用开发型的研究所。拥有若干中试车间，实验工厂以及协作企业组成的一定规模的生产能力，能满足客户批量订货需要。

实验室　实验室面积5 000m²，主要设备有气相色谱仪；Desma橡胶注射成型机；lsotex实验室涂胶机。

科研队伍　上海橡胶制品研究所共有职工300余名，半数以上是工程师和技术员。

研究方向

1. 以通用型和准通用型橡胶为基础的橡胶制品；
2. 以特种橡胶为基础的橡胶制品；
3. 医用橡胶制品；
4. 胶黏剂和胶黏带制品；
5. 热塑性弹性体及其制品。

研究成果　F型氟橡胶胶料，D型有机硅胶黏剂/密封剂，斯贝发动机配套胶带。

在研项目

1. 环保型胶黏剂研究。
2. 油田用橡胶制品。
3. 计划生育用硅橡胶制品。
4. 发动机叶片用橡胶阻尼块。

地址：上海市番禺路381号
邮编：200052
负责人：江红贵
电话：021-62815008
传真：021-62816790
网址：www.chemol.com.cn/entepri/sirp
E-mail：shinrupr@public2.sta.net.cn

江苏省塑料研究所

简介　江苏省塑料研究所成立于1987年，所内有江苏省塑料质量监督检测站，研究室和两个改性材料生产企业。

实验室　实验室1 000m²，全套进口和国产塑料性能检测设备，双螺杆机组，密炼、开炼机组，吹膜机组等。

科研队伍　高级职称6人。

研究方向　材料改性、功能母料制造、纳米改性材料及环境友好材料。

研究成果　降解塑料、增强塑料、长寿防雾滴母料、色母料光缆硅芯管母料。流变母料、抗静电母料。

在研项目　纳米功能化母料、多重复合母料、纳米增强增韧母料。

地址：江苏省南京市广州路104号
邮编：210008
负责人：吴勇
电话：025-3309602
传真：025-3309884
网址：www.plastics-test.com.
E-mail：plastics-wy@163.net.

苏州塑料研究所

简介　企业发展实践证明，企业没有创新必然走向衰亡。机制创新、管理创新、技术创新诸要素中，技术创新是一切工作的起点。创新是企业生存与发展的“灵魂”。

1989年，我们根据结构调整、产品升级换代的需要，把当时已举步维艰的苏州市塑料研究所吸纳进入我厂，实行一套班子，两块牌子，对外仍为市级塑料研究所。厂所合一，使研究所与企业、市场贴近了。科研开发以市场为导向，科研开发的新产品就是企业的产品，把研究所建成了企业的技术开发中心，也成了企业技术创新的核心。近几年来，每年研究所对公司内部均要完成30～40只新产品或新技术研究开发项目。对外承接模具设计、制造业务，年产值300万元以上，对外进行技术咨询、技术服务几十次，应外单位需求研制新材料5～6种。

研究所下面检测中心，在2000年取得了江苏省质量技术监督局的CMA认证。它除了承担本单位的原材料和有关产品的检测外，它还开展为行业和市有关部门（市质监所、市标准计量局、市商检局等）委托的各项检测分析工作，特别是它作为“江苏省塑料质量监督检测站苏州分站”后，它又承担了对省内有关单位委托的塑料制品质量监督检测任务。

我所已连续10多年是全国塑料研究所技术情报协作网理事长单位和秘书长单位，组织主持召开了七届年会。在国内塑料行业中具有一定的影响和地位。

研究所在多年的各项科技开发及服务中，既出产品，又培养和造就了一大批的科技骨干人才。

本公司总师办和研究所牵头与有关的大专院校合作，以产、学、研合作方式，进行产品的开发，如与苏州大学合作进行“纳米在塑料中的应用”的题目研究。

实验室　目前共有研究开发小批试制设备10台套，工模制造设备20台套，研究分析测试设备40台套。

研究所现有主要设备和仪器：

CAD系统工作站包括13套UG软件，LJ-250N拉力机，LJ-1000N拉力机，UJ-4冲击机，XJJX-5冲击机，RL-11A熔体流动测试仪，PHBT-625A球压痕硬度计，CDR-1差热分析仪，XWB-300B热变形测定仪，UT6060热老化测试箱，ZC46A高阻仪，分光光度仪，红外光谱分析仪，综合燃烧测定仪，TSM-2扫描电镜，超声波焊接机，暖水伐测试仪，ϕ160mm双辊混炼机，45t油压机，ϕ52mm双螺杆改性材料生产线，WG-140注塑机，TT1-220/80注塑机，TT1-90/22×2注塑机，SZ-100/50注塑机，电火花机床，线切割机床，加工中心，1t电子拉力机，波纹管弯折、拉伸、疲劳测试仪，10L高速混合机，ϕ30mm单螺杆挤出机，ϕ55双螺杆挤出机。

科研队伍　研究所主要是由三部分人员组成：

(1) 从事企业管理及科技管理的管理人员

(2) 从事研究开发的技术人员

(3) 从事工模制造试制，小批量生产的人员

根据行业的特点以及市场需求，结合企业近期和中长期发展的需求，我厂在技术开发上实行了以研究所为中心的技术开发创新体系，实行了专职科技人员开发和兼职科技人员开发相结合，重大项目与快速应答市场的短平快项目相结合，自主开发和产学研联合开发相结合的方针。专职开发人员直接归属研究所编制。目前正式编制有50人，其中高级职称4人，中级职称16人，初级职称8人，技师2人，有5名大学本科生。

以市场为导向，瞄准市场容量大（含潜在市场），技术起点高，附加值高的新技术、新材料、新产品和新工艺进行研究开发和攻关，并加快科技成果向现实生产力的转化。具体为：

(1) 高新技术产品的开发。主要是

特种或功能性的改性材料（专用料）及其相关制品。如具有耐候性系列的，阻隔性系列等专用料和制品/或其他的塑料制品，纳米改性技术等。

工程塑料及特种工程塑料的注塑制品及其他成型工艺的制品的开发。如PC、POM、PA、PES、PEEK、PI等。

(2) 新的成型工艺的研制及其应用的研究

主要有：热流道技术、气体辅助注塑技术、低压注射技术、发泡成型技术、精密注塑成型技术、共挤出复合技术等。

(3) 国内外有关新技术的应用

研究成果　公司十分注重科技兴厂，以创新姿态超越自我，营造优势，追求卓越。多年来在新品开发、科技创新方面取得了实实在在的成效，既为客户、为市场提供了产品，又为本厂的发展做出了贡献。1996年至今，我公司开发并经鉴定的项目有200余项之多。其中30多项为省、市级项目。现将近几年来其中重大的科研项目介绍如下（见下页表）。

近几年内计划主要完成下列研究项目，使公司的科研开发水平进一步提高，具体计划如下。

(1) 体育场座椅专用料及其系列制品的研制与开发。

(2) 汽车线束管专用料及其系列制品的研制与开发。

(3) 帕萨特（桑塔纳车B5）有关零部件的研制开发。

(4) SGM（上海通用Bulck）有关零部件的研制开发。

(5) 通信发射接收仪异型材的研制开发。

(6) 磁性塑料及其制品的开发。

(7) 抗菌材料及其制品的研制开发。

(8) 共挤出复合片板材的研制。

(9) 塑料厚板（>10mm）的研制开发。

(10) 气体辅助注塑成型工艺、技术（含模具）。

(11) 纳米复合材料产品研制。

(12) 抗静电系列产品研制。

(13) 工程塑料制品研制开发。

(14) 物流系列产品研制开发。

(15) 电子冷暖箱系列产品的研制开发。

(16) 休闲泳池系列产品的研制开发。

(17) 大型真空制品的研制和开发。

近中期的研究项目

序号	项目名称	获奖情况	获奖时间	颁奖单位
1	超高强、超韧性改性聚丙烯(PP10)	国家科技成果奖	1996.9	国家科学技术委员会证书
2	玻璃纤维增强超韧聚丙烯	省(1994～1997)技术创新优秀项目奖	1997.6	省计经委
3	增韧聚丙烯(PP)	市科技进步三等奖	1996.7	市政府
4	阻燃增韧ABS	市科技进步四等奖	1996.7	市政府
5	汽车用改性聚丙烯粒料	1991～1996年省科技成果向生产力转化优秀项目	1997.9	省政府

续表

序号	项 目 名 称	获 奖 情 况	获奖时间	颁 奖 单 位
6	JB/T 6638—93“滚动轴保持架用玻璃纤维增强聚酰胺 66 技术条件”及 JB/T 7048—93“滚动轴承工程塑料保持架技术条件”	科技进步三等奖	1996.12	机械工业部
7	桑塔纳轿车用塑料门外密封夹紧条、夹钳滑块、导向件	市科技进步四等奖	1996.7	市政府
8	依维柯轻型汽车散热器塑料水室	市科技进步三等奖	1996.7	市政府
9	阻燃耐候聚烯烃专用料及其制品	市科技进步四等奖	2000.9	市政府
10	PS 挤出发泡生产中烷替代氟里昂	市科技进步三等奖	2000.9	市政府
11	耐候改性聚甲醛及其制品	市科技进步三等奖	2001.12	市政府
12	防尘防潮系列通用物流货箱	市科技进步四等奖	2001.12	市政府
13	塑料草坪保护板专用料及其制品	市科技进步三等奖	2002.8	市政府

军工项目

序号	项 目 名 称	鉴定时间	组织鉴定单位
1	特种工程塑料注射成型工艺研究	1996.12	国家轻工部
2	“DF31”工程用聚碳酸酯塑料压盖	1999.5	国家轻工总局

地址：江苏省苏州市养育巷 415 号
邮编：215002
负责人：包建成
电话：0512-5223949
传真：0512-523953
网址：www.first-plastic.com
E-mail：worldsy@public 1.sz.js.cn

常州塑料研究所

简介　常州塑料研究所创建于 1987 年，为常州塑料集团直属单位，是从事以塑料制品研制、开发、生产、经营一体化的地方性专业研究所，具有一定的科研规模和生产能力。为适应市场经济体制改革的需要，研究所内部分设常州塑料产品质量监测中心，塑料改性科试生产基地，市场技术、经济信息网站，应用技术服务部四个的部门，以加大研究所企业化运行机制的步伐，逐步完善现代企业制度的建设，实现“科学技术也是生产力”的健康发展，稳步推进。

常州塑料产品质量监测中心（以下简称中心）是常州地区塑料行业惟一拥有“CMA”认证标记的专业检测机构，具有独立法人资格。中心于 1990 年 12 月通过江苏省质量技术监督局计量认证［证号为（02）量认苏第 C0127 号］。1996 年和 2001 年分别完成复审工作，十多年来先后编写了《质量手册》（第一版至第五版），经过运行考核，证明是正确的、适用的，有效地保证了检测工作的科学性、公正性、权威性。为地区乃至全国塑料企业生产的产品质量检测提供了可靠保证。

实验室　设有恒温室、热性能室、光老化室、高压实验室、物性试验室、化学分析室、吨包装试验室、样品室，拥有国内外先进的检测仪器及设备 50 余台套，检测场所总面积 400 余平方米。其中 UV-A 型和 UV-B 型荧光人工加速老化仪按美国 ASTMG53—1988 非金属材料曝晒用光，水曝晒仪进行塑料老化试验的条件，符合欧洲（EN277 救援食品运输用袋）、美国、日本等国家国际公认的测试衡量标准。为企业加大产品开发力度，塑料制品进入国际市场提供可靠的检测依据。在贸易出证、成果鉴定、产品质量评价等方面具有同等法律效力。社会知名度、资信度评价较高。

科研方向　研究所设立的科试生产基地以塑料材料改性研究为主，20 世纪 80 年代末开始对塑料防老化课题进行研究，经多年来生产的应用性试验成果显现，积累了大量技术数据和实践知识，其中聚烯烃（PE、PP）防老化母粒申请了国家发明的专利产品（专利号 941112038X），它具备了母粒添加量少、分散性能均衡、加工工艺要求低的特点，适合一般企业加工防老化聚烯烃产品的要求，广泛地被市场接受和使用。

科试工作还不断向具有高科技含量、实用性技术应用、特殊性能材料的改性方向发展。完成了纺织用耐高温145℃的PP高强材料；矿用阻燃料、抗静电隔离保护网等，在耐自然条件的足球场用人造草坪丝开发中，积极探索实用性技术成果的应用研究工作，与企业有机结合，详细论证，从材料选择、工艺配方、设备选型、产品技术、质量保证等方面进行一系列的工作，促使了企业有的放矢大胆投入，项目实现规模化生产，其制品迅速进入了市场，实践证明科技成果的实用性应用研究始终是地方科研所充满活力和机遇的源泉。

科研生产基地安装有：塑炼机、45T油压机、密炼机、$\phi60$双螺杆改性材料生产机组、$\phi65$单螺杆挤出机组、$\phi45$单螺杆挤出机等。

研究所还与中国塑料网站、政府网站联合、与国内大专院校和大型企业广泛合作，建立了技术、信息、资源网络的互动机制，交流研究技术，交换情报资料，在省市行业协会的支持下，推动了科研工作为企业服务，推进了科研成果商品化建设。

科研队伍　拥有本科以上科研人员14名，中级职称以上10名，其中高级职称5名。

科研成果　研究所研制的改性塑料复合材料有：ZRM600系列塑料阻燃母粒；FLH系列聚烯烃防老化母粒；聚烯烃抗静电母粒；聚乙烃防雾滴母粒；广泛应用于汽车工业、家用电器、机械纺织、合成土工布、编织布、集装袋、农膜等领域。

在研项目　近几年科研工作结合国内汽车工业发展势头和人民生活不断提高的要求，具体计划有：

1. 依维柯汽车用耐高温PVC管材专用料的开发；

2. 汽车配置的聚烯烃改性、增强合金专用料的研制开发；

3. 室外高压电气材料防老化的研究；

4. 无卤系列的阻燃材料的研制和开发；

5. PET防老化母粒研制开发。

地址： 江苏省常州市博爱路129号

邮编： 213003

负责人： 周国成

电话： 0519-6620864

传真： 0519-6602883-8001

E-mail： shipioneer@sina.com

无锡市化工研究设计院

简介　无锡市化工研究设计院创建于1958年，主要从事电子化工材料、丝网印刷材料及器材、环氧塑封料和灌封料等新型电子高分子化工材料以及纤维素衍生物等领域的研究、开发和生产；承接化工、石油化工、精细化工、民用与工业建筑、污水处理和公用工程等方面的设计业务。是集科研、生产、设计为一体的综合型化工科研设计单位，具有乙级化工及石油化工设计资质、乙级工程总承包资质及一、二、三类压力容器设计资质。我院又是中国电子材料行业协会电子专用精细化工与高分子材料分会、全国电子化工材料信息站的挂靠单位，并且是江苏省电子化学品质量检测中心、无锡市化学物品中心检测站的所在地，是全国纤维素醚工业协会（筹）技术开发中心。我院技术力量雄厚，科研设备先进，拥有中、高级等各类专业技术人员100多人，已有110多项科研和设计项目获全国、部、省、市科技进步奖和设计成果奖，曾多次被评为省、市科技进步先进单位。

目前，全院设有恒禾设计工程公司、封装材料公司、丝印材料公司、实验厂、电子化工公司和纤维素材料公司等6个实体及5个专业研究室，并参股一家合资企业，“十五”期间将朝着建立高科技企业集团的方向发展。

实验室　该院拥有光刻胶研究室、印制线路板配套材料研究室、封装材料研究室、纤维素材料研究室和理化测试室

科研队伍　该院技术力量雄厚，拥有各类专业技术人员100多人，其中高、中级技术人员70多人。

研究方向

1. 化工材料，包括光刻胶、封装材料、印制线路板配套化工材料、丝网印刷配套化工材料等；

2. 纤维素衍生物材料，包括三醋酸纤维素、醋酸丁酸纤维素等纤维素酯及混合酯；羟乙基纤维素、羟丙基甲基纤维素等纤维素醚及混合醚和纤维素酯醚类产品的研究。

研究成果　片式钽电容器专用模塑料；彩色等离子体显示器用光刻导电银浆、三基色荧光粉光刻胶；耐高温注塑环氧模塑料；集成电路用硅烷化抗蚀剂；耐腐蚀自干印料；凹蒙油墨；电工、电器用环氧模塑料；阻焊剂、助焊剂；银锌电池用高绝缘性三醋酸纤维素和薄膜；醋酸丁酸纤维素；羟乙基纤维素；甲基纤维素；醋酸苯二甲酸纤维素；羟丙基甲基苯二甲酸纤维素。

地址： 江苏省无锡市运河东路102号

邮编： 214031

负责人： 徐亚超

电话： 0510-2706126

传真： 0510-2707715

中国轻工业杭州机电设计研究院

简介　轻工业杭州机电设计研究院前身系轻工业部杭州机械设计研究所，是1979年经国务院批准，由国家科委和轻工业部联合发文，1982年在杭州正式成立，是我国轻工装备行业的重点设计研究单位，到2001年底实有净资产2 000万元，院区占地8.5亩，办公用户15 200m^2。

实验室　实验室面积2 000m^2，主要设备为车铣刨磨、液压试验台、中空成型机。

科研队伍　该院有教授级高工8人，高工60人，工程师89人。

研究方向　塑料机械、包装机械、造纸机械。

研究成果　全自动注-吹中空成型机，全自动注-拉-吹中空成型机；全自动挤-吹中空成型机、橡胶注射成型机；塑料注射成型机、热固性塑料注射成型机、塑料编织袋扁丝生产线、多功能一次性卫生床垫、多功能高速制袋机，蜜胺餐具注射成型机，多组分塑料注射机，小型精密注塑机，全自动纸浆模塑成型生产线，全自动纸浆模塑外施胶喷涂生产线。

在研项目　新型全自动注-吹中空成型机，一次性马桶拉膜垫生产线。

地址：浙江省杭州市体育场路71号

邮编：310004

电话：0571-85182934

传真：0571-85186711

网址：www.cncoway.com

E-mail：ztbe2000@163.net

福州市塑料科学技术研究所

简介　福州市塑料科学技术研究所是专业从事塑料橡胶类高技术——新材料产品研发、生产、销售及技术服务的科研机械。研究所成立于1982年，注册资本120万元，现有固定资产650万元，职工51人，建有初具规模的中试基地，拥有一支稳定的高素质科研开发队伍，专业涉及高分子、化学工程、塑料工艺等多门学科。

实验室　实验室面积约100平方米。实验设备有：万能制样机、熔体流动测定仪、洛氏硬度计、拉力试验机、冲击试验机、氧指数测定仪、热变形温度测定仪、色差测定仪等。

科研队伍　高级工程师5人、工程师8人，助理工程师4人。

研究方向　塑料功能材料、塑料合金材料、塑料增强材料、塑料增韧材料等改性材料。

研究成果　光降解母料、生物降解母料、光-生物双降解母料、超微细无机填充母料、阻燃母料、塑料高耐磨工程塑料、农用高分子保水剂、透明聚丙烯材料、玻璃纤维增强聚丙烯改性材料及合金材料（HDP PVC/ABS合金、PC/ABS合金）等。

在研项目　硫化胶粉增韧改性聚丙烯材料、动态硫化聚丙烯改性材料、热固性聚氨酯泡沫废料回收利用、感温变色塑料。

地址：福州市福马路浦东

邮编：350014

负责人：彭超

电话：0591-3665184

传真：0591-3663074

E-mail：fzplas@sina.com

福建省龙岩橡塑工程研究所

简介　以陶土、硅土、高岭土、重钙、轻钙等原料为载体，并将其改性为具有有机功能的适用于塑料等制品的新型材料——塑料增益剂，具科研、开发、生产、销售为一体。

实验室　实验室面积145m^2。主要设备有捏和机、破碎机、抗冲击（垂直式）测试器、扭力测试仪、阻抗仪、烘烤箱、电子天平、光谱分析仪。

科研队伍　高级工程师2人，工程师4人，硕士生2人。

研究方向

1. 无机矿产原料的深加工、改性；
2. 淀粉替代有机物之交联作用。

研究成果　《塑料增益剂》获国家专利。专利号为00108800.X。

在研项目　各种无机矿产原料改性的配方及工艺。

地址：福建省龙岩市南城新坡

邮编：364000

负责人：刘庭驹

电话：0597-2391054

传真：0597-2391057

山东省塑料研究开发中心

简介　山东省、塑料研究开发中心是1987年经国家科委批准成立的省级科研事业单位，现有资产3 200万元，占地约20 000m^2，现有总工办公室、3个实验室、试验生产厂、山东省塑料工业检测中心、山东英华塑料有限公司，专门从事塑料加工工艺、塑料改性、塑料机械、塑料制品检测、塑料标准制定以及塑料科技信息等的应用技术研究开发工作。

实验室　面积400m^2，主要设备有电子拉力机、维卡/热变形仪、氧指数仪、低温脆化仪、熔体流动指数仪、落球回弹仪、介电损耗仪、摆锤冲击仪、落锤冲击仪、卡尔-费休水分滴定仪、简支梁冲击试验仪、悬臂梁冲击试验仪、电热鼓风干燥箱、低温伸长仪、介电稳定测定仪、RC哈克扭矩流变仪、LSM30. LSM32异向双螺杆挤出机、ϕ80mm锥形双螺杆挤出机。

科研队伍　职工80人，其中高、中级工程技术人员60人。

研究方向　塑料材料及塑料制品。

科研成果　PP改性、ABS/PP合金、POM改性、磁性塑料、流变仪、芯层发泡PVC管材、硅芯管母料、发光母料、多孔PE、PVC通讯管材、PE及PP电缆料、纳米材料改性聚丙烯上水管。

在研项目　微电机用稀土类磁性塑料、大口径双壁聚乙烯缠绕管管件及管件设备。

地址：山东省济南市市中区土屋路29号
邮编：250002
负责人：刘丰田
电话：0531-2977194
传真：0531-2977194

中国石化齐鲁股份有限公司树脂研究所

简介　中国石化齐鲁股份有限公司树脂研究所隶属国家特大型企业——中国石化齐鲁股份有限公司，1993年建所，主要从事合成树脂加工应用研究，是中国石化集团公司联合开发中心成员单位之一。固定资产11 171.90万元人民币，占地48 000m^2。建所10年来，已完成国家级课题10项，省部级课题15项，公司课题42项。获省部级以上奖励13项。包覆管专用料、汽车油箱专用料2项获国家级新产品证书。1999年被建设部、国家石油和化学工业局、国家轻工业局、国家建筑材料工业局、中国石油化工集团公司联合授予“全国化学建材工作先进集体”。

齐鲁树脂研究所科研成果

序号	项目名称	序号	项目名称
1	油田用聚乙烯管道专用料	23	硬PVC芯层发泡复合管材专用料
2	HDPE汽车油箱专用料	24	刚性无机粒子增韧改性PP内装件专用料
3	电冰箱用改性聚丙烯专用料	25	高阻隔汽车油箱专用料
4	高性能PVC门窗型材及五金件专用料	26	短纤维增强PP改性料
5	程控交换机用PVC通信电缆绝缘料	27	车门内衬用木粉/PP复合板材
6	通信电缆用聚乙烯泡沫绝缘料	28	PP通信电缆绝缘料
7	聚乙烯夹克专用料	29	滚塑交联高密度聚乙烯专用料
8	木粉/聚丙烯复合板材专用料	30	聚乙烯热收缩带专用料
9	通信电缆绝缘料	31	复合型聚乙烯自限温发热专用料及器件
10	包覆管用HDPE黑色管材料	32	聚乙烯波纹管专用料
11	BOPP薄膜料	33	LDPE高压交联电力电缆绝缘料
12	医用专用料(PP PE PVC)	34	聚烯烃微滴灌管专用料
13	LLDPE电话电缆护套料	35	聚丙烯热水管专用料
14	LLDPE电缆绝缘专用料	36	钢管防腐层用胶黏剂
15	PPR聚合工艺以及产品	37	耐热抑烟PVC专用料
16	聚乙烯热收缩防蚀专用料	38	铝塑复合管专用料
17	可控自发热聚烯烃材料	39	改性PP注塑箱包专用料
18	2～5L、20～50L阻隔容器	40	改性PP摩托车空气滤清器壳体专用料
19	500ml阻隔包装瓶	41	改性聚丙烯蓄电池壳体专用料
20	耐辐射PVC医用料	42	聚烯烃特种油箱专用料
21	LLDPE低速电缆料	43	聚乙烯无卤阻燃电缆护套料
22	高抗冲PVC合金		

实验室　中国石化齐鲁股份有限公司树脂研究所下设科研开发中心和生产经营中心两部分。科研开发中心下设聚乙烯研究室、聚丙烯研究室、聚氯乙烯研究室、信息情报室和高分子材料检验检测中心；生产经营中心下设中试基地和专用料基地两部分，具有万吨级的树脂专用料和制品生产能力。

高分子材料检验检测中心是专门从事高分子材料性能检测与结构研究的单位，拥有各种先进的性能检测及试验设备，如NICOLET750型红外光谱仪、DSC2910差示扫描量热仪、GOTTFERT毛细管流变仪、HAAKE、BRABENDER流变研究系统、ATLAS全候老化仪、SCITEQ长期静液压试验机、Q-PANEL紫外老化仪、日本岛津万能材料试验机、中空容器检测系统等一大批进口设备。

科研队伍　现有职工225人，技术人员118人，硕士研究生11人，教授级高工1人，高级工程师28人。

研究方向　电线电缆、汽车工业、化学建材及工程材料、阻燃材料、导电材料、功能高分子材料、医用材料、纳米材料、管材管件等。

地址：山东省淄博市临淄区一诺路46号
邮编：255400
负责人：王文清
电话：0533-7511599
传真：0533-7582254
网址：www.qlszs.com
E-mail：qlszs@qlszs.com

青岛科技大学高分子工程材料研究所

简介　主要从事高分子新材料、金属材料、非金属材料新制品，特别是相关的光机电一体化成型加工设备的研制、开发及工业化生产。

实验室　实验室面积240平方米。

主要设备钢塑复合管机电一体化成型设备、全自动钢筋焊网设备。

师资队伍　博士、硕士、学士等共计200人。

培养方向　高分子材料、塑料机械、高分子材料改性。

2001年毕业生情况　研究生30人、本科生400人。

在研项目和取得的科研成果　获国家科技进步二等奖2项、国家科技进步二等奖1项、山东省科技进步一等奖4项，共申报发明专利及实用新型专利22项

地址：青岛市郑州路53号
邮编：266042
负责人：潘炯玺
电话：0532-4854747
传真：0532-4022889

中国石化股份有限公司武汉分公司科研所

简介　该所共有科研人员56人，其中从事聚丙烯改性和专用料生产的有20人。我们主要以我厂生产的聚丙烯为基料，进行聚丙烯改性研究，生产的专用料有PP涂覆料、PP注塑料等。

实验室　实验室面积1 000m^2，中试基地（生产波纹管）面积500m^2。

主要实验设备　SHJ-68B双螺杆挤出机1台；SHT-30小双螺杆挤出机1台；XS-ZY-125A注塑机1台；双壁波纹管挤出机1台及各种塑料测试仪器。

科研队伍　教授级高级工程师1人，高级工程师8人，工程师15人，技术人员13人。

研究方向　聚丙烯的改性及专用料的生产。

研究成果　涂覆级PP专用料的研制与生产；光缆护套料的研制；注塑级PP专用料的研制与生产；纳米阻燃聚丙烯的研究。

在研项目

1. 银纹对聚合物基生物复合材料的影响；
2. 多相接枝聚丙烯专用料的研究。

地址：湖北省武汉市青山区长青路
邮编：430082
负责人：沈喜洲
电话：027-86515662-45660
传真：027-86515043

湖南省塑料研究所

简介　湖南省塑料研究所坐落在古城长沙远大一路东屯渡浏阳河畔，占地14亩，始建于1965年，是全国重点塑料研究所之一。所内设有省政府批准的湖南省高分子应用技术重点实验室和面向社会的湖南省塑料产品质量监督检验授权站、湖南省塑料工业科技情报站。本所技术力量雄厚，科研手段齐全。先后承担和完成了“六五”、“七五”、“八五”、“九五”国家重点科技攻关项目和国家重点军工配套项目。

本所2000年完成从科研事业单位向企业的转制工作，现已发展成为集科研开发、生产经营、咨询服务为一体的高新技术企业。企业在高分子材料开发应用方面拥有较强的实力；在增强改性材料、功能性材料、特种泡沫材料及塑料着色母料等领域积累了一批产业化的科研成果。企业可为用户提供工程塑料、阻燃塑料、着色母料、PE板材、特种泡沫材料等产品。

为加快企业产业化步伐，本所围绕“用科技装点明天”的经营理念，全面实施“创新·产业化”战略，并在长沙市芙蓉区工业科技园新征土地30余亩，热忱欢迎省内外投资商加盟，共同打造高新技术企业的明天。

实验室　实验室面积2 100平方米，主要实验设备：双螺杆挤出机6台、发泡浇注机3台、注射机2台、水压实验机4台、万能材料实验机4台、氧指数仪1台、电性能仪器2台、冲击实验机以及各种测试仪器设备。

科研队伍　现有专业技术人员84人，其中：高级专业人员21人（含享受国家津贴3人、省优秀中青年专家1人），中级专业技术人员46人。

研究方向　改性塑料、泡沫材料、功能母料、着色母料以及塑料产品、化学建材的检测、咨询。

研究成果　本所先后承担和完成了“六五”、“七五”、“八五”、“九五”国家重点科技攻关项目和国家重点军工配套项目。并取得科研成果80多项，其中：获全国科学大会奖1项，省、部级成果奖17项。

在研项目　防热涂层；阻燃绝热抗冲击结构材料

地址：湖南省长沙市远大一路东屯渡
邮编：410001
负责人：翦建政
电话：0731-4726239
传真：0731-4727592
E-mail：hprinsti@public. cs. lm. cn

中山大学高分子研究所

简介　中山大学高分子研究所于1978年经原国家教委批准成立，是我国高等学校最早成立的专业研究所之一。现为全国和广东省高分子化学与物理重点学科点单位，博士和硕士学位授予点，博士后流动站。该所下设高分子合成研究室、功能高分子材料研究室和精细高分子研究室等3个研究室。

科研队伍　该所现有教职工31人，其中教授级10人（含博士生导师6人），副教授级14人，在学博士研究生和硕士研究生50余人，在站博士后研究人员2人（在此之前已有3名博士后研究人员出站）。该所师资力量雄厚，科研能力较强。拥有林尚安院士等一批在国内外同类学科中享有较高声誉的教师，教师中有博士学位14人。他们分别在烯烃聚合高效催化剂、高分子物理化学、高分子溶液理论与应用、高分子光化学、可控聚合等方面有较高的造诣，并取得了显著的成果，获得多项奖励。

研究成果　近年来，该所承担了国家、部委及有关单位重点科研项目近30项，其中有12项已通过成果鉴定，20多项成果获得了国家发明专利；23项成果获得奖励，其中获国家教委科技进步一等奖1项、获二等奖2项，广东省自然科学奖2项。这些项目均具有自己的特色和优势，有的正待转化，开拓市场，为国民经济建设服务。

在研项目　1985年以来，该所培养了一批具有扎实的基础理论，宽广的专业知识，熟练的实验技能的高分子化学与物理专业方面的高级人才，其中获得博士学位的有25人，获硕士学位的有约150人，均受到用人单位的好评。1990年集体荣获“全国高校国家级优秀教学成果特等奖”和“广东省优秀教学成果一等奖”。1991年，被广东省人民政府授予“广东省模范集体”荣誉称号。

地址：广东省广州市新港西路
邮编：510275
负责人：伍　青
电话：020-84112828
网址：www. zsu. edu. cn
E-mail：ceswuq@zsu. edu. cn

广西塑料研究所

简介　广西塑料研究所成立于1964年，是广西科技厅直属单位，主要从事塑料加工应用及精细化工产品应用技术研究与产品开发。

广西塑料研究所按照科研体制改革的要求，已于2000年转型为科技型企业。设有液体食品包装薄膜、色母粒、PE发泡材料、热熔胶等四个开发部，还有塑料改性材料中试基地、设备维修车间、科研生产手段基本完善，自治区塑料科技信息中心及区二轻塑料产品质量检测中心设在所内，承担着塑料工业的资料查新和塑料专业改性试验工作。

本所还是中国塑料加工工业协会理事单位，全国塑料研究所技术信息协作网副理事长单位。编辑出版中国塑料加工工业协会主管发行国内外的全国性刊物《国外塑料》。历年来承担区下达的科研项目60多项，完成40多项，为有关部门提供技术服务75项，合作开发新产品46项，解决生产关键问题20项，协助企业引进技术81项，先后获得轻工部、自治区级科技成果奖14项、新产品奖10项。

实验室　广西塑料改性材料中试基地共2 000平方米，主要的设备有双螺杆挤出生产线2条、注塑机1台、高速混合机2套、三机共挤挤出吹膜生产线2套、两辊机3台、液压机10台、聚氨酯发泡制品生产线1条。另有化工实验室共400平方米该实验室主要是为酯基硫醇锡热稳定剂中试及小批量生产所用。还有塑料制品力学性能测试整套仪器及设备和分子结构分析的红外光谱仪 1 套等。

科研队伍　全所职工 33 人，其中技术人员 26 人，高级工程师 5 人，中级职称者 7 人，初级职称 14 人。

研究方向　功能性塑料复合包装材料、功能性色母料、塑料加工用助剂、汽车灯用热熔胶等。

2003 年科研成果　甲酯基硫醇锡 PVC 热稳定剂。

2003 年在研项目　塑料用抗静电母料、高阻隔性消毒牛奶包装复合膜、木塑复合试板试制。

地址： 广西梧州市新兴二路 131 号
负责人： 唐　尧
电话： 0774-3828356
传真： 0774-3828354
E-mail： Mafangzhen2@yahoo.com.cn

重庆市化工研究院

简介　重庆市化工研究院成立于 1958 年，是全国最早从事天然气化工和精细化工应用技术开发研究单位，占地 150 000m^2，拥有固定资产 1.1 亿元。全院下设：重庆市化工行业技术中心、重庆市化工产品质量检验监督站、重庆市环境保护监测服务中心、高科技开发中心、科技信息中心、7 个研究室、6 个工程开发室（产业化基地）、第三产业公司、机械设备加工厂。

实验室　全院实验室总面积 600m^2，从事塑料助剂研究的第五研究室有双螺杆挤出机、注塑机、捏和机、三辊机、高压釜等主要实验设备。

科研队伍　现有职工 300 余人，高中级技术人员 198 人，享受国家级津贴专家 11 人。

研究方向　天然气化工和精细化工。

研究成果　经过多年的努力，共取得 150 项主要科研成果，其中 60 项科研成果获国家、省、部级、市级科技进步奖，并先后承担了国家“六五”、“七五”、“八五”、“九五”重点科技攻关项目，现已发展成为重庆化医控股（集团）公司技术研发中心。

在研项目　树脂交联剂、偶联剂。

地址： 重庆市江化区玉带山
邮编： 400021
负责人： 吴　渝
电话： 023-67658264
传真： 023-67651262
网址： www.ccqci.com
E-mail： chyfzb@public.cta.cq.cn

煤炭科学研究总院重庆分院工程塑料应用开发中心

简介　本中心主要从事改性塑料的开发、生产和销售。主要有增强塑料、阻燃塑料、抗静电塑料及各种汽车、摩托车专用塑料。中心目前拥有双螺杆造粒生产线 4 条，年产能 5 000 吨。

实验室　实验室面积约 200m^2。主要实验设备：TE-35 双螺杆挤出机、GH-100 高速混合机、电子拉力试验机、悬臂梁冲击试验机、简支梁冲机试验机、热变形温度测试仪。

科研队伍　高分子专业技术开发人员 8 人，其中硕士 2 人，大学本科 6 人。

研究方向

1. 增强阻燃塑料材料；
2. 阻燃、抗静电高分子材料；
3. 特殊用途的功能高分子材料。

研究成果　汽车仪表板专用料；汽车内门板料；射钉弹弹夹专用料；汽车保险杠料；汽车轮盖料；汽车及摩托车灯体料；汽车炭罐专用料；油泵齿轮专用料；超韧尼龙系列。

在研项目　煤矿井下用瓦斯输送塑料管道。

地址： 重庆市沙坪坝区上桥三村 55 号
邮编： 400037
负责人： 李天明
电话： 023-65239418
传真： 023-65239418

四川大学降解与阻燃高分子材料研究中心

简介　四川大学降解与阻燃高分子材料研究中心根据学科和国民经济发展的需要，结合四川大学这一综合大学的学科优势，组织了一批从事高分子材料及相关的其他学科，如微生物学、高分子化学与物理、有机化学、无机化学、精细化工、化学工程、化工机械、塑料成型加工、化学纤维、环境科学等专业的高级专业技术人员组建的一个跨学科的研究中心，涉及的学科有化学、化工、材料、生物、环境等 5 个一级学科。中心设有生物降解聚合物合成实验室、生物医用降解材料实验室、环境友好材料实验室、高分子纳米材料研究实验室、阻燃剂与阻燃材料研究实验室、功能与高性能高分子研究实验室、高分子材料回收研究实验室、高分子加工实验室、燃烧性能和降解性能测试实验室和化学合成与高分子加工两个中试车间。中心的主要宗旨为培养在高分子材料，特别是功能与高性能高分子材料领域的高层次的专业技术人才，如培养硕士生、博士生、博士后人员，为企业培训技术骨干，承担国家、部委及地方的重大科技项目的研究，承接国内外企业委托项目的研究与开发。

实验室情况　中心现有实验室面积 2 800 多平方

米，具备了高分子合成与加工研究的从小试到中试规模的主要实验设备，特别是在降解塑料与阻燃材料两大研究领域的研究设备与测试仪器比较齐全，具备了承担国家重大科研项目和承接企业委托研究的基础实验条件。

师资队伍　在中心从事科研工作的人员中，教授5人、副教授11人。

培养方向

1. 生物降解聚合物与生物医用材料；

2. 利用可再生的天然资源制备可完全生物降解的高分子材料；

3. 降解塑料与环境友好材料；

4. 阻燃剂与阻燃材料；

5. 高分子合金与纳米材料；

6. 功能与高性能高分子与材料；

7. 废弃塑料的回收与再利用新技术；

8. 微波和等离子体技术在高分子合成与改性方面的应用。

研究生情况　每年招收硕士和博士研究生15～20人。同时，中心还招收博士后研究人员和接受访问学者。中心从材料学（高分子）、高分子化学与物理、环境科学、应用化学等二级学科招收研究生。

著作教学成果　中心已出版专著和编写内部用教材等6部，在国内外发表论文100多篇，2002年申请国家发明专利5项。

在研项目和取得的科研成果　中心在近10年间，承担和完成国家“八五”、“九五”国家重点科技攻关项目、“十五”国家“863”项目、国家重点技术创新项目、国家自然科学基金、高校博士点基金、部省级重点项目等纵向课题近30项，同时与20多个企业建立了合作关系，为企业提供了大量的科技成果。有一项成果被列为国家级重点推广项目，还获得2项国家级新产品。在获得的科研成果中，获得了12项科技奖励，其中国家科技进步二等奖1项、教育部科技进步一等奖1项、其他省部级科技进步奖5项。

目前的在研纵向课题有10项，其中国家“863”项目1项、国家自然科学基金2项、其他省部级科研项目7项。另外还有4项企业委托科研项目。

地址： 四川省成都市望江路29号四川大学化学馆

邮编： 610064

负责人： 王玉忠

电话： 028-85410259/85412614/85410284

传真： 028-85410259

网址： http://www.scu.edu.cn/home/chmistry/professors/yzwang/center.htm
http://www.fangsheng.com

E-mail： polymer@scu.edu.cn
yzwang@mail.sc.cninfo.net

四川大学塑料工程及机械研究所

简介　本所是由教育部和原轻工业部于1987年批准成立的，归属于四川大学高分子材料与工程学院。

近年来在耐热聚合物、高分子复合材料、导电、导磁、光敏高分子材料、多组分高分子合金及功能高分子材料及加工应用方面取得了众多的成果，并在塑料加工机械设计、塑料模具设计及塑料模CAD/CAE技术应用方面也取得了可喜的成果。获各种科技成果奖数十项，其中包括国家级科技奖多项，发表论文数百篇。

迄今已承担国家自然科学基金研究项目50余项，“973”项目、“八五”、“九五”攻关项目4项，国家科技进步奖3项，省部级奖12项，申请并获专利30余项。

塑料工程系塑料工程及机械研究所拥有门类齐全的塑料原料性能、制品性能测试仪器及装备，是国家批准的塑料制品性能检测出证单位。除各种性能测试设施外，还拥有多种聚合物加工教学和科研实验装备，如单螺杆挤出机、双螺杆混炼挤出机、精密注塑成型机、哈克流变仪、多功能电子材料实验机、各种开炼、密炼等实验科研装置。此外，还拥有塑料模实验室，模具CAD/CAE硬件和软件开发基地等科研设施。

科研队伍　教授10人（博士生导师5人），副教授及高工12人，讲师及工程师5人，研究生60人。

2002年毕业生情况　2002年毕业博士生5人，硕士生20人。

研究方向　特种高分子及高性能复合材料、生物医用高分子材料、特种橡胶及弹性体、高分子共混复合材料、精细高分子材料、自增强聚合物材料，塑料成型机械、塑料模具CAD/CAE，塑料加工，塑料机械及模具的开发和应用技术的培训和技术咨询。

在研项目和已取得的科研成果　2002年在研项目和已取得的科研成果如下：（共31项）

突出的项目如下：

1. 聚合物高性能化的基础研究。科技部“973”项目，26万元；

2. PVC双向拉伸管生产装置及工艺，15万元（横向合作项目）；

3. 自然科学基金项目5项，共48万元；

4. 教育部科研项目5项，共17万元；

5. 其他横向与企业的合作科研项目19项，合计经费 71 万元；

6. 出版《塑料成型模具》等教材和书籍。

地址： 四川省成都市一环路南一段 24 号
邮编： 610065
负责人： 刘廷华
电话： 028-85462143
传真： 028-85462143
E-mail： lth 116@sina.com

成都曙光电子化学高新技术研究所

简介　本所成立于 1990 年，高新技术企业，实有资本 2 200 万元，主要从事高性能工程塑料合成与改性研究、生产。开发技术有：①高分子量聚苯硫醚树脂（PPS）；②聚苯硫醚（PPS）系列产品；③改性尼龙；④改性聚酯；⑤改性聚碳等。

实验室　实验厂占地 50 亩，200t/a PPS 树脂生产装置一套，塑料改性研发中心占地 6 亩，挤出机、注塑机、配备设备齐全，检测仪器齐全，工程实验室初具规模。

科研队伍　员工 120 人，本科以上学历 39 名，中专以上学历 46 名，高级技术职称人员 12 名（省级学科后备带头人 2 名）。

研究方向

1. 合成 PPS 树脂工艺与工程开发；
2. PA、PC、POM 改性，高性能化。

研究成果

专利：ZL00120629X，PCT/CN01/01637

PPS 系列各种高性能材料 26 牌号

在研项目

1. PPS 嵌段共聚物；
2. 超高韧性尼龙；
3. PPS/PC 合金材料；
4. PPS/POM 复合材料。

地址： 四川省成都市高新区高朋东路 8 号
邮编： 610041
负责人： 古旗高
电话： 028-85132168
传真： 028-85161483
网址： www.cnletian.com
E-mail： sggl@cnletian.com

中国石油独山子石化公司研究院

简介　新疆独山子石化公司研究院是新疆规模较大、实力较强的综合性塑料科研机构之一，为独山子石化公司下属专门研究开发塑料新产品的科研机构。负责公司塑料新产品的开发、应用与推广工作，是一个集科研、推广、生产为一体的综合性科工贸实体。

实验室　现有实验室面积约为 1 200m^2，拥有 HAAKE 转矩流变仪、纺丝机、电子拉力试验机、仪器化冲击试验机、维卡软化点试验机、颜色测量仪、偏光显微镜、75 型、58 型、25 型双螺杆挤出机、高温凝胶色谱仪、红外分光光度计、DSC 差热分析仪、注射机等先进的测试和生产加工设备。

科研队伍　本院有从事塑料新产品科研、开发、中试生产、推广销售、售后服务的专业人员 50 余人。其中高工占 10%，工程师 80%，其他人员 10%。

研究方向　主要是以我公司引进的 BP 公司铬系新产品为基础料的深加工，研制出高性能的 PE80 级的管材料色料；

各种汽车用专用料开发；

透明聚丙烯专用料的开发生产；

土工材料专用料的开发和生产等。

另外进行产品售后服务、外接委托测试等。

研究成果

聚丙烯汽车系列专用料；

蓄电池外壳专用料；

高抗冲共聚丙烯系列专用料；

节水灌溉系列专用料；

粉煤灰填充专用料；

LLDPE 地膜专用料；

相关测试研究项目。

在研项目

铬系 PE 管材专用料开发；

夹克管专用料开发；

节水灌溉系列专用料开发与应用推广；

聚丙烯汽车系列专用料（中高档汽车）；

土工格栅专用料的开发；

硅烷交联聚乙烯专用料的开发；

HDPE 电缆绝缘料的研制。

地址： 新疆独山子石化公司研究院
邮编： 833600
负责人： 徐文清
电话： 0992-3862400
传真： 0992-3682902

新疆独山子天利高新技术股份有限公司化工研究所

简介　新疆独山子天利高新技术股份有限公司是经国家科技部、中国科学院审查评定的，集科、工、贸于一体的一家高新技术上市企业。公司目前已在塑料深加工方面初具规模，形成了万吨专用料生产基地、万吨地膜生产基地、建立了国内品种最全，规模最大的土工膜、无纺布生产基地，共包括丙纶、涤纶短纤、长纤、土工复合膜、淋膜等5条生产线，年产量可达2.5万吨。为此自治区已确定以天利高新为龙头建设新疆新材料开发基地，并已报国家科技部待批准。化工研究所作为公司的研究开发机构，结合公司的发展战略，依托新疆独山子石化公司丰富的聚烯烃原料资源，并与四川大学，中科院等国内著名的高等院校、科研院所进行广泛的技术合作，多年来一直致力于聚烯烃改性专用料、功能性无纺布方面的研究和开发，同时化工研究所也建立了一支强有力的科研开发队伍，并配备了先进、完善的分析手段和实验设备，目前已开发出九大系列、几十个规格的聚丙烯改性专用料产品，并可根据用户的不同需求进行规格调整，为用户量身订做和设计材料。

实验室　我所目前有若干个小型实验室及一个中试基地，总面积约4 000m^2。主要实验设备有TE-25、TE-32、SHJ-75双螺杆挤出机各1台及配套的5L、50L、100L的高速混合机；注塑机及配套的各类标准模具，熔融指数仪、冲击实验仪、万能电子拉力机、燃烧实验仪、哈克流变仪、高温凝胶色谱仪、分子量分布测试仪、红外色谱仪、耐环境应力开裂测试仪、热分析仪、老化实验箱等。

科研队伍　我所现有人员50余名，都为本科以上学历和中级以上职称，并具有多年从事塑料研究和开发的经验。

研究方向　聚丙烯系列改性专用料（包括管材料、透明料、高光泽料、填充改性料、阻燃料、玻璃纤维增强料、汽车系统专用料等），聚乙烯系列改性专用料（包括管材料、中空吹塑料、高强度膜料等），其他热塑性塑料的改性研究等。

研究成果　高透明聚丙烯产品通过国家医药管理局检验认可，现产品畅销华东地区；

高密度阻燃聚丙烯通过美国UL-V0级认证；

高抗冲聚丙烯蓄电池外壳专用料达到国外同类产品水平；

编织袋专用料远销中亚地区。

在研项目　汽车聚丙烯专用料、阻燃系列专用料、填充改性聚丙烯专用料、聚丙烯一次管带料、色母料、抗紫外线地膜料等。

地址： 新疆克拉玛依市独山子区大庆东路2号
邮编： 833600
负责人： 陈科
电话： 0992-3867427
传真： 0992-3864026
网址： www.600339.com
E-mail： wxg_74@sohu.com

高 等 院 校

清华大学高分子研究所

简介　隶属于化学工程系，承担着本科生高分子材料科学与工程专业和研究生材料学（高分子材料）的教学工作。前身——高分子教研组成立于1958年，是国内最早开始从事高分子教学和研究的单位之一，也是最早授予硕士点和博士点的单位之一。在40多年中，已为国家培养了近2 000名本科毕业生和200余名硕士、博士毕业生。高分子研究所开设了包括“高分子化学”、“高分子物理”等在内的20余门面向研究生和本科生的专业课，现有本科生4个班120余人、在读的研究生83人。

师资队伍　教授5人（包括博士生导师4人）、副教授6人和讲师5人，其中具有博士学位10人(67%)。

在研项目和已取得的成果　二十世纪五六十年代在国内首先研制成有“塑料王”之称的聚四氟乙烯，并将研究成果转化为我国聚四氟乙烯工业的技术基础。此项研究获国家新产品发明奖，并为国家培养了一大批从事含氟聚合物研究、开发、生产和管理的高素质人才。20世纪70年代，研制成了当时工业部门十分需要的聚碳酸酯工程塑料，并在校内建立了中试车间，产品质量达到国内领先水平，为我国援助罗马尼亚建立聚碳酸酯工厂提供了重要的技术数据。利用聚碳酸酯共混改性材料研制的塑料纬纱管解决了当时聚酯纺纱中的一大难题，在纺织行业中迅速推广以塑代木，节约生产成本，提高生产效率，获国家科技进步三等奖。80年代，研制成了高强度、高模量、耐高温的液晶性的聚合物——芳香尼龙，获国家教委科技进步二等奖、国家“七五”攻关重大成果奖和亚太地区发明项目奖第二名，并获得发明专利两项。

承担了多项“八五”、“九五”攻关项目，863高技术基础研究项目，国家自然基金委重大、重点项目、国家杰出青年基金项目和面上项目和国家有关部委的科技攻关项目等。在高分子液晶、高性能高分子材料、精细高分子、多相多组分高分子材料、功能高分子材料、复合材料、胶黏剂及聚合物结构表征等诸多方面开展了深入的研究，分别获得国家科技进步奖、科技攻关奖、国家科委技术进步奖、轻工部及电子工业部科技进步奖、北京市科技成果奖和国家发明专利等多项，并在国内外核心刊物上发表了大量有影响的重要文章。

地址：北京市海淀区清华园
邮编：100084
电话：010-62781945
传真：010-62770304
网址：http://www.chemeng.tsinghua.edu.cn

北京大学化学与分子工程学院

简介　北京大学化学系始建于1910年，是国内最早建立的化学系，也是国内目前学科最为齐全、综合实力最强的化学教育和研究机构。90余年来，北大化学系为中国化学教育和科学研究的发展做出过重要贡献。

1995年北京大学化学系更名为北京大学化学与分子工程学院（以下简称化学学院），2001年原技术物理系应用化学专业并入化学学院。目前，化学学院设有5个系：化学系、材料化学系、高分子科学与工程系、应用化学系和化学生物学系；7个研究所或研究中心：无机化学研究所、有机化学研究所、分析化学研究所、物理化学研究所、高分子化学与物理研究所、应用化学研究所、理论化学研究所；学院还设有北京大学分析测试中心、北京大学化学基础教学实验中心和北京大学纳米科技中心。

2001年，无机化学、物理化学、高分子化学与物理、有机化学和分析化学5个学科再次被评为国家教育部重点学科。1993年，化学专业被国家教委遴选为“国家理科基础科学研究和教学人才培养基地”。1998年在全国化学基地评估中被评为第一名。

实验室情况　2个国家重点实验室和1个教育部重点实验室：稀土材料化学与应用国家重点实验室、分子动态与稳态结构国家重点实验室、生物有机与分子工程教育部重点实验室。

师资队伍　有教职员工252人，其中教师156人，中科院院士10人，长江特聘教授10人（含国家核磁中心2人），教授67人，副教授62人。有13人获得国家杰出青年基金资助，5人与国外学者合作获得B类杰出青年基金资助，5人获得教育部跨世纪人才基金资助，2人出任973项目首席科学家。

在研项目和已取得的成果　化学学院承担了多项国家重大基础研究规划项目、基金委重大和重点项目和教育部博士点基金项目等。纵向科研经费2000年2 450万元，2001年1 750万元。1997年以来，获国家级科研奖5项，部委级奖8项。2000年发表SCI收录研究论文412篇，2001年发表SCI收录研究论文441篇。教学和教材获省部级以上奖励10余项。

地址：北京市海淀区成府路202号
邮编：100871
电话：010-62751710
传真：010-62751708
网址：http://www.chem.pku.edu.cn/
E-mail：Dean@chem.pku.edu.cn

北京航空航天大学材料科学与工程学院

简介　学院下设材料科学系、材料加工工程与自动化系、高分子及复合材料系、应用化学系、环境工程系等共五个系。学院具有材料科学与工程一级学科博士授予权，拥有材料学国家重点学科，是学校“211 工程”和“985 工程”重点建设的学科。学院目前共设有三个本科专业（材料科学与工程、应用化学、环境工程）、六个硕士点、三个博士点、两个自主建设博士点和一个博士后流动站（材料科学与工程）。

实验室情况　拥有以聚合物基复合材料北京市重点实验室、特种功能材料与薄膜技术北京市重点实验室和失效分析技术国家民航重点实验室等 3 个省部级重点实验室为代表的一流实验室和先进的实验设备。

师资队伍　拥有以中国工程院院士、著名失效分析专家钟群鹏教授，长江学者特聘教授徐惠彬博士、张涛博士等为代表的一流师资队伍，在 2003 年全国学科评估中，整体实力排名第 8 名，师资队伍排名进入全国高校前 8 名。现有教授 32 名，博士生导师 16 名，具有博士学位的中青年教师达到专业教师队伍的接近 70%，其中大多数拥有国外留学的经历。

培养方向　本学院旨在培养在材料科学领域、环境工程领域和应用化学领域从事科学研究、工程技术开发应用以及经营管理等工作的具有学科交叉背景的复合型人才。

毕业生情况　本科生 200 余名，硕士生 160 余名（包括本、硕、博连读），博士生 40 余名，博士后 10 余名，近年来还招收多名来华留学生。

著作与成果　在国内外各种期刊上发表的文章上百篇，并有数十篇被 SCI、EI、SCIE 等国际知名索引收录。

在研项目　承担着国家及国防 973 重点项目、863 高科技、国家自然科学基金重点基金、国防预研和重大应用工程项目等多项重大课题。

地址：北京市海淀区学院路 37 号

邮编：100083

负责人：王众民

电话：010-82317114

网址：http://mse.buaa.edu.cn/

北京理工大学材料科学与工程学院

简介　前身为建立于 20 世纪 50 年代的北京理工大学材料系与化工系，目前由材料物理与化学系、材料加工工程系、高分子材料与工程系和金属与无机非金属材料系组成，学院设有材料化学、材料成型与控制工程、高分子材料与工程和材料科学与工程 4 个本科专业，拥有材料学、材料加工工程博士学位和材料物理化学硕士学位授予权，学科发展方向较丰富，并拥有较大规模和较好基础的教学、科研基地。

师资队伍　教职员工 82 人，其中工程院院士 1 人，教授 21 人（其中博士生导师 13 人），副教授 32 人，具有博士学位的教师达 43%以上。

毕业生情况　本科生 120 人，硕士生 63 人，博士生 34 人。

在研项目和已取得的成果　1990 年以来共获得国家级科技奖 3 项，省、部级科技奖 12 项。“十五”期间，学院共承担了国家科研项目 42 项及其他省、市级和企业项目多项，其中国家 973 项目 2 项，国家 863 项目 6 项，国家自然科学基金项目 6 项。年均合同计划科研经费 1 500 余万元。

地址：北京市海淀区中关村南大街

邮编：100081

负责人：王富耻

电话：010-68913396

网址：http://www.bit.edu.cn/

北京化工大学材料科学与工程学院

简介　学院包括聚合物科学系、聚合物工程系、功能材料系、碳及复合材料系、金属表面工程系、国家碳纤维工程技术研究中心和分析与测试中心等单位。材料学科为国家重点学科。现已覆盖了高分子材料、生物功能材料、复合材料、碳材料、信息记录材料、金属及表面保护材料、先进陶瓷、材料物理与化学、材料加工等领域。

自 1998 年起，按教育部颁发的二级学科宽专业招生，即高分子材料与工程专业，此专业覆盖了高分子材料、橡塑工程、复合材料和高分子化工四个专业，并扩充了生物功能材料的内容。1999 年经国务院学位委员会批准，设置了材料科学与工程一级学科宽专业。该专业覆盖了前述无机非金属材料、复合材料、金属材料及防护材料等领域。在研究生教育方面，本院设有材料物理与化学、材料学、材料加工工程、高分子化学与物理和应用化学 5 个博士专业授权点及相应的 5 个硕士专业授权点，并设有材料科学与工程博士后流动站。目前在校本科生 1 500 多人，硕士研究生 428 人，博士生 66 人。

中国塑料加工协会多功能母粒及色母粒专业委员会、非银盐感光协会、中国腐蚀与防护学会、教育科普工作委员会和非金属材料腐蚀与防护专业委员会 5 个二级学会挂靠本学院。

早在 1988 年我校高分子材料与工程学科就成为工科院校两个国家级重点学科之一。具有工学学士、理学硕士、工学硕士、工学博士、理学博士授予权，设有博士后流动站。学科拥有教育部开放实验室，世界银行贷款援助兴建的高分子材料分析与评价中心，国家级碳纤维及复合材料工程技术研究中心。

实验室情况　学院建有可控化学反应科学与技术基础教育部重点实验室和新型高分子材料制备与加工北京市重点实验室。拥有现代化的实验室 6 600 平方米。各实验室之间有校园网连接，便于校内及与国内外的快速信息传递。各系和分析测试中心装备有材料合成、加工、样品制备、材料结构和性能评价的各种仪器设备，科研条件比较完备。

师资队伍　教授（含研究员）39 人，副教授（含副研究员、高级工程师）51 人，博士生导师 17 人，教师中具有博士学位的占 45%。

培养方向　掌握涵盖生物功能材料、高性能弹性体材料、热塑和热固性树脂材料、复合材料等高分子材料的合成、结构、性能和加工应用等全面知识的高级技术人才。

在研项目　学院承担和完成了国家级和省部级科研项目 180 余项，获得国家级和省部级奖 20 项。目前在研的国家科技攻关、863 项目和 973 项目共 27 项，国家自然科学基金项目 21 项，部委级项目 30 余项，年平均科研经费1 500余万元。与国内外大中型企业和科研机构建立了紧密的合作关系并开展多项联合研究，产生了一大批应用科技成果。

地址： 北京市北三环东路 15 号
邮编： 100029
电话： 010-64433718
网址： http://www.cmse.buct.edu.cn/
E-mail： cmseyz@mail.buct.edu.cn

北京工商大学材料科学与工程系高分子材料与工程

简介　本专业从 1991 年设立，主要培养具备高分子材料与工程等方面的知识，能够从事高分子材料的合成、加工与应用，以及新产品设计与开发等方面工作的高级工程技术人才。主要课程：有机化学、物理化学、机械工程基础、电工电子技术、高分子化学、高分子物理、聚合物流变学、聚合物工艺学、聚合物原料与助剂、聚合物工程原理、聚合物成型加工、聚合物共混改性原理、模具 CAD、计算机基础与应用等。

实验室情况　实验室面积 2 000 多 m^2，中试基地厂房 3 000 多 m^2，塑料加工设备和检测仪器齐全，合计资产 1 000 多万元。

师资队伍　系（所）现有教职员工 55 人，其中教授（研究员）3 人，副教授、副研究员、高级工程师 15 人，讲师、工程师 21 人。

培养方向　本专业培养具备高分子材料与工程等方面的知识，能够从事高分子材料的合成、加工与应用，以及新产品设计与开发等方面工作的高级工程技术人才。

著作教学成果　研究所自"六五"以来先后承担了国家科技攻关项目和 863 项目，其中塑料加工改性、家用薄膜等领域成绩显著，先后荣获省部级科技进步奖、优秀新产品奖及其他奖励 30 多项，科研成果已转让全国二十余个省市的数十个企业，取得了良好的经济效益和社会效益。

近年来，出版专著 5 部，申请发明专利 3 项，其中 1 项已获专利授权。

在研项目和已取得的科研成果　目前正在承担的国家重大科研项目有 5 项（科技部 4 项、国家环保总局 1 项），北京市教委基金项目 1 项，研究经费 250 万元；企业委托重大项目 2 项，经费约 230 万元。其中"多层反射塑料复合彩虹膜"项目技术填补国内空白，在科技部专项资金资助下正在实现产业化，生产出膜层为 90～221 层、总厚度为 20～40μm、幅宽达1 000mm 以上的产品，可以满足包装、装潢、装饰的需求，替代进口。"环境友好高阻隔水溶性塑料的研究开发"项目，实现了聚乙烯醇（PVA）干法加工，吹塑膜折径达 1 000mm 以上（幅宽超过 2m），相对国际上通用的湿法加工具有工艺简单、投资最少、产品质量好、生产效率高的优点，加工工艺处于国际先进水平，产品具有高阻氧、抗静电、不吸尘、印刷和热封性好、水溶性可控、可自然降解和水解等特点，广泛应用于阻隔层包装、水转印等领域，完全可替代湿法产品的进口。

地址： 北京市海淀区阜成路 11 号
邮编： 100037
负责人： 刘万蝉
电话： 010-68985535
传真： 010-68983957

北京石油化工学院材料与化工学院

简介　是我校建立最早的二级学院之一，其前身是在化学工程专业基础上建立起来的化学工程系。化学工程系始建于 1978 年，相继开设了化学工程、工业分析、高分子化工、高分子材料、石油加工和化工工艺等专业。新专业目录调整后，目前开设化学工程与工艺、高分子材料与工程和应用化学三个专业。

实验室情况　实验室面积达 4 600 平方米，仪器设备投资总额约 1 400 万元，大型仪器设备 20 余台。

师资队伍　教授 10 人，副教授级 22 人，讲师级 23 人，助教级 7 人，其他 6 人。

培养方向　培养德智体全面发展的、适应社会主义市场经济发展需要的、具有一定适应能力和创造能力，获得工程师基本训练的应用型高等工程技术人才。

在研项目　承担了国家自然基金、国家 973 项目以及中石化集团公司等大量科研项目。

地址：北京市大兴清源北路 19 号
邮编：102617
电话：010-81292126
网址：http://www.bipt.edu.cn/xxsz/clhg/index.html
E-mail：gao js50@bipt.edu.cn

北京市塑料工业学校

简介　北京市塑料工业学校创办于 1964 年，是一所市属工科管理类、经济类，以塑料为骨干专业的综合性学校，经过四十多年的发展，特别是近几年的加速建设，具备了优越的办学条件，取得了显著的办学效果。该校现在是北京市职业教育先进单位，是全国计算机等级培训和考试点，是北京二轻行业工人技术等级考核站，可进行挤出工和注塑工初、中、高级取证培训；是英国 VISI CAD/CAM 培训中心授权培训点；有资格对社会进行数控加工技术培训并颁发相关证书。

塑料成型专业是建校初就成立的老专业，为学校重点发展的骨干特色专业，是全国轻工职业教育塑料成型专业指导委员会副主任学校，履行了制定和修改本专业教学水平评估指标体系、培养目标、教学计划、教学大纲、编写和修订本专业教材和教参等职责。在过去四十年的发展中，塑料成型专业已经形成了师资队伍、教材建设、实习、实验设施等雄厚的教学资源，为本市乃至全国培养了数千计塑料专业技术人才，毕业生已达 2 600 余名。主要开设课程有主要开发课程有塑料成型工艺、塑料材料、塑料成型设备、塑料模具设计、塑料性能测试与分析、工业企业管理、计算机辅助设计 CAD 以及各类实验、实训课程，培养的学生实践能力强，所以深受企业的欢迎。

实验室情况　该专业有实验室及实训场地面积约 800 平方米，其中高分子实验室，有机实验室、分析化学实验室、塑料测试实验室、机械基础实验室等以及实习工厂。主要实验设施有：电子拉伸试验机、冲击试验机、偏光显微镜、熔体流动速率仪以及捏合机、挤出机、微机控制注塑机等实训设备。

师资队伍　塑料成型专业共有师资 18 人，其中高级讲师 9 人（高分子材料硕士 1 人），讲师（工程师）6 人，实习、实验教师 3 人。

培养方向　主要培养塑料制品生产加工方面、操作维修方面、塑料原材料分析及制品性能测试方面人才。还可从事塑料改性、新产品研发及生产管理等方面工作。

毕业生情况　2003 年塑料成型专业共毕业 95 人（约 30 人升入高职），培训中级挤出工 45 人、中级注塑工 40 人。

著作与成果

1. 编写的正式出版教材有《高分子化学及物理》、《塑料成型工艺学》、《塑料成型设备》、《有机化学》、《无机化学》、《分析化学》。

2. 编写的正式出版专业书籍有《塑料挤出成型工艺与设备》、《塑料注射成型工艺与设备》、《塑料工艺设计与研究指南》、《日用塑料制品与加工》、《包装塑料制品与加工》、《塑料配方手册》、《塑料配方设计问答》、《模具制造技术》。

3. 校内自编讲义及本校教材有《塑料基础知识》、《塑料专业英语》、《塑料成型专业技能训练系列讲义》、《高分子化学》、《高物高化百题解》。

在研项目

1. 历时三年的塑料模具课程系列改革，在 2003 年获北京市教委教学改革成果二等奖。

2. CR-39 树脂镜片染色工艺的研究。塑料，2003，(6)。

地址：北京市朝阳区双泉堡科荟西路甲 2 号
邮编：100085
负责人：王淑萍
电话：010-64874207
传真：010-64871046
网址：www.suxiao.com.cn
E-mail：plastics@suxiao.com.cn

天津大学材料科学与工程学院

简介　成立于 1997 年 8 月 28 日，是我国材料领域学科门类最齐全的学院之一。学院下设金属材料科学与工程系、无机非金属材料科学与工程系、高分子材料科学与工程系、材料科学与加工自动化系及材料化学系等 5 个教学单位和天津大学分析中心、材料科学与工程研究所、先进陶瓷研究所、高分子材料研究所、复合材料研究所、焊接工程技术研究所和表面工程技术研究所等科研单位。

目前设有材料科学与工程、材料成型及控制、材料化学等 3 个本科专业；设有材料学、材料加工工程、应用化学、生物医学工程、材料物理与化学、测试计量技术及仪器等 6 个硕士点；材料学、材料加工工程、生物医学工程、应用化学、材料物理与化学等 5 个博士点；以及材料科学与工程一级学科博士后流动站。

实验室情况　拥有显微组织实验室、材料性能实验室、材料加工模拟仿真实验室等一批先进的教学科研实验室，实验室总面积为6 400平方米，并具有一批如环境扫描电子显微镜、电子探针显微分析仪等高技术大型仪器。

师资队伍　教授32人，其中博士生导师26人，副教授38人，高级工程师5人，教职工共计134人。

毕业生情况　硕士研究生118人，博士研究生42人，本科生270余人。

著作与成果　承担了多项“九五”、“十五”国家科技攻关项目，国家863、973高新技术发展项目、国家自然科学基金项目和省市部委、企业合作项目，取得了一批具有国际先进或国内领先的高水平成果，多次荣获国家、部委及天津市科技发明奖和科学进步奖，在纳米材料、生物医用材料、形状记忆合金材料、工程陶瓷材料、信息陶瓷材料、材料加工等方面形成了鲜明的特色，在国内外具有很大的影响和较高的声誉。

在研项目

1. 国家重点基础研究发展规划973项目．生物材料的表面修饰剂材料与细胞间亲和性改进的研究，1999～2003年，250万元，姚康德

2. 国家自然科学基金项目．壳聚糖/纤维素抗菌纤维的应用基础研究，2002～2005年，30万元，管云林

3. 国家自然科学青年基金项目．超微球表面修饰与介导脑恶性胶质瘤靶向药物释放，2002～2004年，24万元，原续波

4. 国家自然科学基金项目．二氧化碳低温等离子体/有机单体共聚研究，2001～2003年，16万元，盛京

5. 国家教育部南开大学-天津大学共建项目．生物材料与机体组织细胞相互作用及识别机制研究（部分），2002，（南开大学）

6. 国家教育部南开大学-天津大学共建项目．纳米有机高分子材料构筑结构与性能（部分）2002，（南开大学）

7. 天津市自然科学重点基金项目．高性能骨修复材料，2001～2004年，50万元，姚康德

8. 天津市自然科学重点攻关项目．含中药组织工程支架（天津医院-天津大学-天津第三中心医院），2001～2004年，40万元（天津医院）

9. 天津市自然科学基金重点项目．聚羟基丁酸酯基生物可降解材料的研究，2000～2003年，7万元，成国祥

10. 上海市重大科技攻关项目．组织工程化软骨、骨、肌腱和皮肤的研究、壳聚糖/明胶基生物材料，2001～2003年，18万元，姚康德

11. 天津大学青年教师回国人员启动基金．组织工程三维织物支架材料的研究，2001.9，3万元，袁晓燕

地址：天津市南开区卫津路92号

邮编：300072

负责人：姚康德

电话：022-27406615，27403642

传真：022-27404724

网址：http://www2.tju.edu.cn

E-mail：ripm@public.tjuc.com.cn

天津大学化工学院

简介　天津大学化工学院前身是1952年院系调整时的天津大学化学工程系，现设九个系：化学工程系、化学工艺系、高分子科学与工程系、催化科学与工程系、应用化学系、精细化工系、生物工程系、过程装备与控制工程系、制药工程系，还设有化工实验中心、化学工程研究所；学院还包括两个国家重点实验室：国家重点化学工程联合实验室-精馏分离实验室、一碳化工国家重点实验室；一个国家工程中心：国家精馏技术工程研究中心；同时还有生物医学工程研究所、工业结晶技术开发中心、石油化工技术开发中心等科研单位。

化工学院现有三个国家级重点学科：化学工程学科、生物化工学科、工业催化学科；一个博士后流动站：化学工程与工业化学博士后流动站。我院现有化学工程技术一级学科中全部五个博士点：化学工程、化学工艺、应用化学、工业催化、生物化工；此外还有化工过程机械博士点，并与相关学院共设生物医学工程博士点；有硕士授予权的学科9个：化学工程、化学工艺、工业催化、化工过程机械、核燃料与循环、生物化工、生物医学工程、材料学、应用化学。

师资队伍　共有教学、科研人员230人，包括教授60人，副教授90人，其中中国科学院院士1人（余国琮教授）、中国工程院院士1人（王静康教授）、长江学者讲座教授1人、长江学者特聘教授1人、国家杰出青年基金获得者1人、教育部跨世纪人才4人、博士生导师40人，硕士生导师120人。

培养方向　培养的大学本科毕业生，具有广泛的适应性，除继续在国内外攻读研究生外，可在化工、能源、信息、材料、环保、生物工程、轻工、制药、冶金、食品、化工设备与机械等领域以及科研院所和大专院校从事科学研究、技术开发、工程设计、技术管理工作和教学等方面的工作。

著作与成果　承担国家和省部级教改项目40余项，

取得了丰硕成果，共获国家级教学成果一等奖 1 项、二等奖 5 项，省部级教学成果一等奖 6 项、二等奖 15 项，出版高水平教材 30 余部，由该院余国琮院士为总负责人、天津大学为牵头单位，华东理工大学、浙江大学、北京化工大学、大连理工大学、四川大学、华南理工大学参加的教育部高等教育面向 21 世纪教学内容和课程体系改革计划项目——《化工类专业人才培养方案及教学内容体系改革的研究与实践》荣获 2001 年国家级教学成果一等奖。世纪之初，由余国琮院士为负责人、天津大学为主持学校，除上述七所学校外，又增加了清华大学和香港科技大学为参加学校的教育部新世纪高等教育教学改革工程项目——《化工类专业创新人才培养模式、教学内容、教学方法和教学技术改革的研究与实施》拉开了我院全面教学改革的帷幕，相信会取得更加丰硕的成果。

在研项目　承担了大量的国家自然科学基金、国家及省市科技攻关项目、企业合作项目。研究领域包括化工过程工程、绿化化工技术、生态与环境化学工程、能源化学工程、生命科学与技术、生物医学工程、材料科学与工程、制药工程、过程装备与控制工程等诸多领域。

地址：天津市南开区卫津路 92 号
邮编：300072
负责人：元英进
电话：022-27401288
传真：022-27401288
网址：http://202.113.7.174/
E-mail：hgoff@tju.edu.cn

南开大学化学学院

简介　化学学院是由原化学系、元素有机化学研究所、高分子化学研究所、应用化学研究所、新能源材料化学研究所、中心实验室合并组建的实体化专业学院，1995 年 4 月正式成立。

化学系成立于 1921 年，是国内大学中最早建立的化学系之一，邱宗岳、杨石先是重要的创始人。元素有机化学研究所成立于 1962 年 10 月，是在周恩来、聂荣臻的亲自关怀下创办的我国高校第一个化学研究机构，杨石先校长兼任所长。高分子化学研究所、应用化学研究所、新能源材料化学研究所、中心实验室分别成立于 20 世纪 80 年代和 90 年代。

化学学院设有 3 个系（化学系、材料化学系、化学生物学系），4 个研究所（元素有机化学研究所、高分子化学研究所、新能源材料化学研究所、应用化学研究所），2 个中心（中心实验室、理论与计算化学中心），拥有 3 个国家重点学科（有机化学、高分子化学与物理、农药学），2 个国家重点实验室（元素有机化学、吸附分离功能高分子材料），1 个农药国家工程研究中心，1 个国家基础科学研究和教学人才培养基地，3 个天津市重点学科（无机化学、物理化学、高分子化学与物理）。

实验室情况　有大型科学仪器 70 多台套，其他各种仪器数千台套。

师资队伍　专任教师 207 人，博士生导师 67 人，具有博士学位的教师 117 人；教授 84 人，副教授 81 人，讲师 31 人；中国科学院、中国工程院院士 5 人，教育部“长江学者特聘教授”3 人，天津市特聘教授 1 人，南开大学特聘教授 2 人，国家杰出青年基金获得者 3 人，“跨世纪优秀人才”5 人，6 人入选天津市“131 人才工程”第一层次培养计划。2002 年，引进归国人员 5 人，招聘和选留教师 13 人，其中专任教师 6 人，5 人具有博士学位；退休 21 人；4 人晋升正高级专业技术职务，12 人晋升副高级专业技术职务；2 人被评为天津市劳动模范，1 人获得天津市“十五”立功奖章。

在研项目和已取得的科研成果　高分子化学学科 1985 年被批准为博士授权点，1988 年被批准为博士后流动站和国家重点学科，1989 年建立“吸附分离功能高分子材料国家重点实验室”，成为我国惟一的既为国家重点学科又有国家重点实验室的高分子化学与物理学科，曾获国家自然科学二等奖第几十项国家级和省部级奖励。与国内外 20 多所高校及科研单位建立合作关系。

研究方向：

1. 吸附分离功能高分子材料

双功能吸附树脂、氢键吸附树脂、凝胶型吸附树脂和固相有机合成载体。

2. 生物医用高分子材料

治疗重大、疑难性疾病的血液灌流吸附材料，生物吸收和诱导性皮肤修复材料和成骨材料，可降解医用植入高分子材料和纳米级药物控释材料，器官移植的免疫抑制的分子生物学机理，具有高抗菌和无溶血活性的肽类新药。

3. 受控聚合与新材料分子设计

大环高分子设计、合成及释溶液理论研究，受控开环歧化（易位）聚合及新材料分子设计，原子转移自由基聚合，利用模板聚合法合成分子识别性功能高分子材料。

4. 高分子相互作用和凝聚形态

嵌段共聚物自组装，高分子纳米材料的制备、结构与性能，多组分聚合物不相容共混体系的增容、增韧改性，环氧树脂增韧及环氧固化体系结构与性能关系研究。

地址：天津市卫津路 94 号
邮编：300071
负责人：关乃佳
电话：022-23500341
网址：http：//www. nankai. edu. cn

天津科技大学材料化学与化学工程学院

简介　天津科技大学高分子材料与工程专业成立于 1959 年，是全国最早成立的塑料材料加工工程本科专业。本专业一直是原轻工部所属高校乃至全国相关专业高校中较有影响的专业，本专业于 1984 年 9 月被批准为材料加工工程硕士学位授权点，是原轻工业部所属高校中最早的高分子专业硕士授权点，现有材料学、材料加工及工程硕士学位授权点。经过多年的建设，实验设施在数量、类型等方面齐全先进，可以满足本科生、研究生对高分子材料、材料加工、共混改性的教学与研究工作，于 1996 年本专业被确定为轻工系统该专业中惟一的重点专业，多次被国家教委和天津市评为先进单位。40 多年来，为高分子材料与加工行业培养了大批科研与技术高级人才，为该行业的发展做出了巨大贡献。

实验室情况　有高分子材料与工程实验室，模具设计实验室，材料研究室等，面积约为 1 940m^2。本实验室拥有一批功能齐全、性能先进的用于高分子材料分析、高分子材料合成以及成型加工研究、性能测试的仪器设备。其中主要有：差示扫描量热仪，动态机械分析仪，微控电子拉力机，转矩塑化记录仪，动态黏弹谱仪，毛细管流变仪，光学万能显微镜，注塑成型机，单、双螺杆挤出机，双辊筒炼塑机，试验密炼机，硫化机，自控高压反应釜，接触角测定仪，旋转黏度计，热分析仪等。此外，本实验室与校中心实验室共建许多实验设备，如：气相色谱仪，数字表面张力仪，高效液相色谱仪，凝胶渗透色谱仪，质谱仪，原子吸收分光光度仪，荧光分光光度计等。

师资队伍　现有专业教师 24 人，其中教授 8 人，副教授 11 人，博士生导师 3 人，硕士生导师 10 人，承担着本科生和研究生的全部专业基础课和专业课的教学任务。

培养方向　本专业培养具备高分子材料与工程方面的基础知识与专业技能，具有较强的应用、实践和创新能力；能在高分子材料和加工成型等领域从事科学研究、技术开发、工艺和设备设计、生产及经营管理等方面工作的高级工程技术人才。

毕业生情况　博士研究生 2 人，硕士研究生 16 人，本科毕业生 60 人。

著作与成果

1. 2003 年主编以下学术专著和教材：《Structure and properties of polymer blends》，《吹塑成型技术——制品、模具、工艺》，《橡胶加工实用技术》，《淀粉化学品及其应用》，《表面活性剂应用技术》；

2. 主持完成的“中性施胶剂、增强剂、助留剂的研制及应用”获得天津市科委科技进步三等奖，“海信微型计算主机箱纸浆模缓冲包装设计”获得天津市新产品奖。“计算机模拟高分子材料成型加工教学模式研究”获得天津市教学二等奖；

3. 发表论文 100 多篇，其中被国际三大检索 SCI、EI 和 ISTP 收录论文 20 多篇。

在研项目和已取得的科研成果

1. 目前承担的项目有：

（1）国家自然科学基金资助项目：“新型合磷可溶性聚芳醚酮的合成与性能研究”；

（2）国家科技攻关等部委项目：“室内装修主要有害气体检测试剂盒的研发”，“一次性生化试剂盒模具研制”，“从制浆造纸废液中术素合成高分子新材料”，“废纸纤维与废塑料复合改性的研究”；

（3）天津市科委基金项目：“聚乙烯永及防雾膜的研制”，“环境友好型多功能涂料”，“可塑性全淀粉发泡塑料研究”，天津市技术创新项目“医用管路软质聚氯乙烯新材料及制品”，粉煤灰无机高分子絮凝剂的开发研究；

（4）其他资助项目主要有：“高阻燃 PVC 电缆料的研究”，“超高分子量聚乙烯复合材料加工技术”，“化学建材 PVC 产品新技术新产品的研制”，“黏附式反光路标的研制”，“深海、硬质、耐压漂浮材料的研究”，“模具构件计算机辅助设计”，纳米改性聚合物基材的研究，膨胀型阻燃剂的合成及阻燃性能的研究。纳米材倒在聚合物中的分散技术，小角度碳纤维缠绕技术等。

2. 已经转让或被采用的科研成果主要有：“农业用聚乙烯长效防雾滴膜”，黏附式反光路标的研制，阻尼密封条，ABS 阻燃材料及型材的研制，PVC 新型复合波纹建筑板材，远红外保健膜的研究，新型围油栏的研制，电视机纸浆缓冲包装，预绝缘端头绝缘套具，透明电器包装型材等。

地址：天津市河西区大沽南路 1038 号
邮编：300222
负责人：揣成智
电话：022-60272520
传真：022-60272141
网址：http：//www. tust. edu. cn
E-mail：Czc170952@yahoo. com. cn

天津理工大学材料科学与工程学院

简介　材料科学与工程学院是天津理工大学下属的二级学院，学院下设三个系：材料科学与工程系、材料物理与化学系、材料成型与控制系；两个中心：纳米材料与纳米技术中心、材料实验中心；以及材料物理与化学、材料学两个硕士点和功能材料与器件物理市级重点实验室。

师资队伍　现有教职工 41 人，高级职称人数 20 人，其中教授 6 人（特聘教授 2 人）、副教授 9 人。教师中博士 6 人、在读博士 5 人、硕士 11 人。高级实验师 5 人。学院现有本科生人数 462 人。

在研项目和已取得的科研成果　新型 **LB** 薄膜的研制、薄膜电致发光矩阵屏、有机薄膜电致数码显示屏、纳米晶合金磁性材料的研究、纳米晶体结构与性能参数测定研、复合纤维增强复合树脂无石棉磨阻材料、采用废聚苯乙烯塑料裂解制苯乙烯技术等。

地址：天津市南开区红旗南路 263 号
邮编：300191
电话：022-23679343
传真：022-23362948
网址：http：// www. tjut edu. cn：82/clkx/
E-mail：ycl@tjut. edu. cn

河北工业大学化工学院高分子科学与工程系

简介　化工学院是河北工业大学较大的学院之一，综合办学能力较强，辖有七个系（化学工程与工艺系、生物工程系、制药工程系、高分子科学与工程系、过程装备与控制工程系、海洋技术系、应用化学系）；六个硕士点（化学工艺、高分子材料、化工过程机械、应用化学、生物化工和化学工程领域）；七个研究院所（海洋资源综合利用研究院、化工设备设计研究所、绿色化工研究所、节能与低排放研究所、塔器技术研究所、化学工程研究所、高分子科学与工程研究所）。有三个省级重点学科、一个省级重点实验室。高分子材料学科具有博士学位授予权。化工学院在校本科生1 800余人、研究生 110 余名，已形成了本科生教育和培养硕士研究生、博士研究生多层次办学的格局。

师资队伍　现有教职工 14 人，其中主讲教师 10 人，实验室人员 4 人。其中教授 3 人，副教授 3 人，讲师 4 人，高级实验师 2 人，实验师 2 人；具有博士学位 4 人，具有硕士学位 4 人，具有本科学位有 5 人，专科 1 人；55 岁以上教职工 4 人，40 岁～55 岁 1 人，40 岁以下 9 人，平均年龄 43 岁，是一支具有活力的教学、科研队伍。

著作与成果　高分子科学与工程研究的是河北省重点学科和“211 工程”建设学科，以科研和研究生培养为主，形成了稳定的研究方向：通用高分子材料的改性与高性能化、功能高分子材料合成与应用、聚合物结构可控合成方法与应用、聚合物基复合材料新技术。

目前，承担国家自然科学基金 1 项、国家 863 项目 1 项，河北省重大攻关项目 1 项、国家重点实验室开放基金 1 项、天津市自然科学基金重点项目 2 项、其他省部级科研项目 15 项。1995 年以来共发表研究论文 200 多篇，其中被 SCI 和 EI 收录 30 余篇。获中国发明专利 1 项，河北省科技进步奖 2 项。

在研项目

1. 微乳液中配位沉淀法制备均匀超微镍系化合物研究，韩恩山
2. 溶胶凝胶制备锂离子电池材料及电化学性能研究，韩恩山
3. 新型聚合物凝胶交联剂的研究，黎钢
4. 组合型颗粒分布装置的颗粒分布性能与结构优比，张少峰
5. 燃煤锅炉烟气三相喷动床半湿法脱硫除尘研究，张少峰
6. 多相流蒸发，张少峰
7. 从含氯化铵得工业废水中回收氯化铵，赵景利
8. 降膜蒸发强化传热研究，史晓平
9. 降膜蒸发设备的开发及推广，史晓平
10. 河北眺山化工厂 NH_4Cl 蒸发工程改造，史晓平
11. 局部载荷作用下大开孔结构区应力状况考察，高炳军
12. 卤水资源综合利用技术研究，齐树亭
13. 饲料作物生产利用技术，齐树亭
14. 海水及苦卤提取硫酸钾和硝酸钾新技术研究，150 万元，袁俊生
15. 海水提取硫酸钾高效节能关键技术研究，70 万元，袁俊生
16. 卤水资源综合利用技术研究及产业化发展战略研究，袁俊生
17. 天然沸石处理氨氮废水技术的研究与开发，6 万元，袁俊生
18. 环保型融雪剂，15 万元，袁俊生
19. 无机功能材料氯氧化镁晶须的研制，袁俊生
20. 大通量、高效立体传质塔板技术与设备的开发，李柏春
21. 大通量新型高效塔板 CTST 在化工、石化等行业推广应用，李柏春

22. 新型立体传质塔板 CTST 结构优化与传质性能研究，李柏春

23. 立体传质塔板 CTST 产业化应用，李柏春

24. 催化反应精馏过程及设备研究，李柏春

25. 海水提取硫酸钾高效节能关键技术研究，张林栋

26. 斜发沸石处理氨氮废水技术的研究，张林栋

27. 海水及苦卤提取硫酸钾和硝酸钾新技术研究，谢英惠

28. 利用斜发沸石处理氨氮废水的研究，谢英惠

29. 海水及苦卤提取硫酸钾和硝酸钾新技术研究，张林栋

30. 碱式氯化镁晶须技术的研究，张林栋

31. 以白云石为原料合成碱式碳酸镁中钙镁渣回收极其影响因素，谢英惠

32. 分散剂对多晶型纳米碳酸钙的影响，谢英惠

33. 大通量、高效立体传质塔板技术与设备的开发，李春利

34. 大通量新型高效塔板 CTST 在化工、石化等行业推广应用，李春利

35. 新型立体传质塔板 CTST 结构优化与传质性能研究，李春利

36. 立体传质塔板 CTST 产业化应用，李春利

37. 材料多轴棘轮效应及本构描述，高炳军

38. 丙基甲醚合成反应精馏过程的研究，高静

39. 乳酸乙酯绿色合成工艺的研究，高静

40. 应用芳香化合物对储层流体性质识别研究，王振平

41. 松辽盆地滨北地区中浅层成藏条件及有利探区预测研究，王振平

42. 酯交换法合成碳酸二苯酯新工艺研究，赵新强

43. 尿素法合成碳酸二甲酯反应过程研究，赵新强

44. 异氰酸酯洁净合成研究，赵新强

45. 异氰酸酯洁净催化合成过程研究，王延吉

46. 包覆金属络合物超微细催化剂及碳酸二苯酯洁净合成研究，王延吉

47. 超高选择性固相催化剂设计制备及其合成碳酸二甲酯反应过程研究，王延吉

48. 尿素法合成碳酸二甲酯及其反应过程集成研究，王延吉

49. 纳米尺度组装催化剂制备与异氰酸酯洁净合成的研究，王延吉

50. 合成碳酸二苯酯新型催化剂及其反应过程研究，王延吉

51. 脆性材料纳米加工技术，胡琳娜

52. 新型心血管系药物-西洛他唑的合成，高忠良

53. 叔碳酸的合成研究，高忠良

54. 微波在有机合成化学上的应用，高忠良

55. 庆大霉素发酵？分离耦合过程的研究，吴兆亮

56. 微生物两段发酵和反应结晶发酵生产 D 核糖和代谢机理研究，吴兆亮

57. 曼海姆法改进制氮钾硫复肥的研究（200004），曹吉林

58. $MgCl_2$-NH_4Cl-$CO(NH_2)_2$-H_2O 四元体系相平衡的研究，曹吉林

59. 膨润土碱法深加工的研究，曹吉林

60. 汽液固三相流化床蒸发器总体优化及应用研究，张少峰

地址：天津市红桥区光荣道八号
邮编：300130
负责人：王延吉
电话：022-26564866
网址：http://www.hebut.edu.cn

河北大学化学与环境科学学院

简介　下设化学系、药学系、材料科学与工程系、环境科学与工程系。

实验室情况　应用化学研究所，下设高分子材料研究室、阻燃科学研究室、分析与分离科学研究室、有机合成研究室、环境科学与工程研究室五个研究室；纳米材料研究中心、河北大学理化分析中心。

师资队伍　现有行政、教学、科研和实验技术人员 103 人，其中教学科研人员 79 人。在教学科研人员中，有教授 23 人（40 岁以下具有博士学位的为 9 人，占 40%），副教授 28 人；40 岁以下教师中，有 30 人具有博士学位或在职攻读博士学位（博士后 6 人），占教学科研人数的 38%，占 40 岁以下教师的 74%。博士生导师 7 人。硕士生导师 40 多人。

培养方向　本专业培养适应社会主义现代化建设需要的德智体全面发展，具备高分子材料与工程等方面的知识，掌握高分子材料、合成化学、高分了物理及聚合物加工流变学、加工工艺和成型模具设计的基本理论和基本技能；能在高分子材料的合成和加工成型、新型高分子材料研究和开发等领域从事科学研究、技术开发、工艺和设备设计、生产及经营管理等方面工作。也可到科研、设计部门和高等院校工作，或继续攻读硕士学位。

著作与成果　获省教学成果一等奖 3 项，二等奖 2

项；教材奖 1 项，教育部全国教材中心评优 1 项。

在研项目　本学院一直坚持教学科研相结合，以教学促科研，以科研带动教学，取得了良好结果。

1. 纵向科研课题 49 项，总经费 161.5 万元。

① 国家级：承担国家自然科学基金 2 项；国家级重大教改科研课题 1 项；

② 教育部：骨干青年教师和重点科研课题 3 项；

③ 省科委、省教育厅：自然科学基金、省攻关、博士基金共 43 项。

2. 横向课颗 28 项，总经费 469.5 万元。其中 100 万元以上的 3 项；国际合作课题 3 项。

3. 发表论文情况：近三年来每年在国内外重要学术刊物及会议上发表论文 100 余篇。被 SCI 收录的论文：99 年收录 43 篇，2000 年收录 46 篇，2001 年收录 26 篇，在河北大学位居第一。

4. “九五”期间获省部级科技进步二等奖 2 项，三等奖 6 项。获省教学成果一等奖 3 项，二等奖 2 项；教材奖 1 项，教育部全国教材中心评优 1 项。

地址： 河北省保定市合作路 88 号
邮编： 071002
负责人： 马芬茹
电话： 0312-5079359
传真： 0312-5079525
网址： http://hanlin2.hbu.edu.cn/chemistry/
E-mail： CCES@mail.hbu.edu.cn

河北科技大学材料科学与工程学院

简介　河北科技大学材料科学与工程学院所属部分学科是河北科技大学最早成立的学科，1977 年开始招收大学本科生，2002 年又开始招收硕士研究生。经过近 30 年的建设与发展，该学院已形成了大材料学科的办学格局，含金属材料工程、无机非金属材料工程、高分子材料与工程、材料成型及控制工程、冶金工程五个本科专业和模具设计与制造专科专业，以及材料学和材料加工工程两个硕士点。学院下设三个系、一个直属教研室、一个中心实验室和一个材料科技研究所。河北省铸造学会、河北省热处理学会以及河北省建筑机械产品质量检测总站、河北科技大学国家职业技能鉴定所、河北科技大学司法鉴定中心挂靠该学院。

实验室情况　实验室包括材料成型与控制实验室、无机材料实验室、金属材料实验室、高分子材料实验室、冶金工程实验室 5 个方向的专业实验室。拥有教学科研仪器设备 810 台价，价值 420 万元。拥有微机控制电子万能试验机、立式真空热压烧结炉、PME3 金相显微镜等一批大型设备。实验中心用房总面积约为 2 200 平方米，可开设材料成型与控制、无机非金属材料、金属材料、高分子材料、冶金工程等专业实验 124 个，综合性试验 20 个。

师资队伍　全院现有教职工 80 余名，其中有教授 10 名，副教授 25 名，高级工程师、高级实验师、高级政工师 10 名，硕士生导师 7 名，其中具有硕士以上学历的教师占专任教师总数的 60% 以上，河北省优秀教师 2 名，校教学名师 2 名，获河北省优秀教学成果奖 3 项。

培养方向　培养具备在高分子材料的合成和加工成型等领域从事科学研究、技术开发、工艺和设备的设计、生产及经营管理等方面工作能力的高级工程技术人才。

在研项目和已取得的科研成果　近几年来已通过的鉴定项目达 70 余项（其中国家级和省部级项目达 40 余项），获奖项目达 9 项（其中获省部级奖 4 项）；出版专（译）著、教材 30 余项，在各级学术刊物上发表论文近 500 篇，其中 20 余篇被国际三大索引（SCI、EI、ISTP）收录。目前承担国家自然科学基金、省自然科学基金、省科技厅、校科研项目及横向课题 30 余项，研究经费达 180 万元。

地址： 河北省石家庄市建华南大街 44 号
邮编： 050031
负责人： 毛　磊
电话： 0311-8613206
网址： http://depart.hebust.edu.cn/depart/clxy/

太原理工大学材料科学与工程学院

简介　1998 年 7 月正式成立。现设材料科学系、冶金工程系、材料加工工程系、高分子材料与工程系、焊接研究所、实验室管理中心、山西省新材料工程技术研究中心等四系、一所两中心。根据教育部 1998 年专业目录，学院成立了材料成型与控制工程专业、金属材料工程专业、冶金工程专业，同时保留了无机非金属材料与工程专业、高分子材料与工程专业。1999 年新成立了材料物理专业并于当年招生，2002 年初又成立了材料化学专业，当年招生计划亦以批准。

1986 年获金属材料及热处理工学硕士学位授予权、1997 年获材料加工工程工学博士学位授予权、1999 年取得工程硕士学位授予权，2001 年底材料加工工程成为全国重点学科。

师资队伍　现有博士生导师 3 名、教授 10 名、副教授 24 名。

培养方向　主要学习塑料、橡胶、纤维和高分子材料为主的复合材料的合成、配制和成型加工原理、生产工艺、运用现代分析测试技术研究材料的组成、结构与性能之间的内在联系。培养掌握高分子材料的合成和成型加工的基础理论，生产方法，并能从事设计、开发和应用研究的高级工程技术人才。

在研项目和已取得的科研成果　承担国家、省（部）级科研项目和横向课程项目100余项，取得科研成果80余项，获奖30余项，发表论文400余篇，其中“奥氏体不锈钢焊条”获国家科技进步二等奖，“粉磨机淬火钢球用钢系列化及锻后余热淬火工艺”及“经济稀土渗碳钢”等研究项目分别获省科技进步一等奖。

电子发光材料，异种材料结合、高铬铸锻态磨球和表面处理等产品和技术以投入生产。纳米洋葱状富勒烯宏量制备和静电喷涂超细粉的制备及其加工研究已正式启动。学院正式成立近四年以来，发表学术论文407篇，其中被三大索引收录有130篇次，获准专利17项。

地址： 山西省太原市迎泽西大街79号
邮编： 030024
负责人： 许并社
电话： 0351-6014852
网址： http://www.tyut.edu.cn

华北工学院高分子材料与工程系

简介　建于1980年，除教学之外，还从事军、民用塑料材料加工改性研究及产品开发，兼助剂、模具、设备研究。材料学专业具有硕士点。

实验室情况　实验室面积500m²，主要加工设备有：ϕ20挤管机组、ϕ45吹膜机组、SHJ-36双螺杆机组、60g及100g注射机、200ml密炼机、ϕ160开炼机、平板硫化机、液压机、缠绕机；主要测试仪器有：力学性能、热性能、电性能、流变性能、热机械性能、氧指数、透光率、密度梯度等测试设备。

师资队伍　教授1人，副教授3人，讲师4人，助教2人。

培养方向　塑料、树脂基复合材料。

毕业生情况　本科生41人，硕士生2人。

在研项目和已取得的科研成果　完成并进入生产应用的部分民用成果：

超高分子量聚乙烯托辊注射料、聚丙烯超静音管材管件专用料、新疆聚乙烯地膜与滴灌带回收制备低压输水管材、高光PP系列注射料。

在研项目　UHMWPE耐热纤维、涂料、管材；超临界法制备微胶囊。

地址： 山西省太原市草坪区学院路3号
邮编： 030051
负责人： 李迎春
电话： 0351-3921934
传真： 0351-3922118

华北工学院塑料研究所

简介　研究所从事研究生培养、科研开发、小规模生产，科研主要从事军、民用塑料材料加工改性研究及产品开发，兼从事助剂、模具、设备研究，在通用塑料和通用工程塑料改性方面做了大量工作，积累了丰富的实践经验。2003年，塑料研究所完成了由以技术开发为主模式向产学研一体模式的转变，形成了年产3 000吨专用料的生产能力，目前的产品有：PP超静音排水管材管件专用料、PVC专用料、UHMWPE托辊注射料。

著作与成果

1. 塑料工程手册．机械工业出版社
2. 实用注塑模设计手册（主编）．轻工业出版社
3. 模具CAD/CAE/CAM教程（高校教材，参编）．轻工业出版社
4. 聚合物加工机械（高校教材，参编）．轻工业出版社
5. 聚合物新材料（主编）．国防工业出版社
6. 塑料加工新技术（主编）．国防工业出版社
7. 新型注塑模设计（主编）．国防工业出版社
8. 新型塑料挤出模具设计（主编）．国防工业出版社

在研项目和已取得的科研成果

1. 超高分子量聚乙烯改性加工技术
2. 复管式渗灌管
3. 高流动性系列聚丙烯制备技术
4. 聚丙烯动态接枝与交联技术
5. 纳米氧化锌抗紫外母料

地址： 山西省太原市草坪区学院路3号
邮编： 030051
负责人： 贾润礼
电话： 0351-3921794（办，传），13803436410
网址： http://www.huifengplastics.com
E-mail： jiarunli@huifengplastics.com

沈阳化工学院材料科学与工程学院

简介　始建于1952年，1988年由原应用化学系分出，根据学院学科发展的需要，曾先后定名为高分子化工系和高分子材料与工程系，为适应21世纪人才培养和教育改革的新要求，1999年改名为材料科学与工程学院。有高分子材料与工程、材料化学、无机非金属材料与工程和材料物理等四个本科专业，材料

学和材料加工工程两个硕士点。

师资队伍　现有教职工 41 人，其中教授 6 人，副教授及高级工程师 22 人，讲师 20 人，具有博士后及博士学位的 10 人，22 人具有硕士学位。另聘兼职教授（博士生导师）5 人，有 3 人为学院学科带头人。

在研项目和已取得的科研成果　以高分子材料、无机非金属材料及其复合材料的合成与制备、功能性及“三高”高分子材料的开发及应用、涂料和胶黏剂等精细高分子制备及应用、高分子材料及其复合材料的加工与成型等为主要研究方向，在烯烃定向聚合催化剂、橡胶制品设计与工艺、悬浮聚合均粒化技术、四脚晶须增强材料及导电功能高分子、有机无机复合材料及纳米材料等方面的研究具有一定的水平。

近年来，材料学院相继承担和完成了近三十项国家级，省部级和市级科研项目，大部分项目获得省市级科技进步奖等各种奖励。

纳米晶电触头材料的制备及抗氧化性能研究．辽宁省教育厅高等学校科学研究项目．2001.01～2003，付广艳。

地址：辽宁省沈阳市经济开发区 11#

邮编：110142

负责人：李三喜

电话：024-89388092

网址：http：// www. syict. edu. cn/erjikongzhi/mat _ sci/xygk. htm

沈阳化工学院高分子材料研究所

简介　始建于 1993 年 9 月，是集研发、教学、生产为一体的新思想、高科技的科研机构。

师资队伍　研究人员 8 人，但均为顶级研发人才。其中，有博士学位者 4 人，有高级职称者 3 人、有日籍研究员 1 人。

在研项目和已取得的科研成果　共承担国家、省市及企业纵横科研项目 30 余项；发表研究论文百余篇；发明专利 7 项；获各种荣誉及奖励 6 项。

1. 通用及特种橡胶制品

① 丁腈耐油橡胶制品

② 通用天然胶、顺丁胶及丁苯胶制品

③ 耐高温硅橡胶制品

④ 耐高温、耐腐蚀氟橡胶制品

⑤ 耐老化乙丙橡胶制品

⑥ 耐磨、抗撕裂聚氨酯弹性体制品

⑦ 橡塑并用制品

⑧ 芳纶增强弹性体制品

⑨ 防水卷材

2. 塑料、改性塑料及制品

① PVC 制品

② 透明有机玻璃

③ 泡沫塑料

④ 聚乙烯、聚丙烯制品

⑤ 环氧树脂、不饱和聚酯等材料及复合材料（玻璃钢）

⑥ PC、尼龙及聚甲醛及聚四氟乙烯等工程塑料

3. 胶黏剂

① 环氧类胶黏剂

② 聚氨酯胶黏剂

③ 氯丁、SBS 等橡胶类胶黏剂

④ 乳白胶及聚乙烯缩醛等水性胶黏剂

⑤ 有机硅等无孔性材料胶黏剂

⑥ 各种热熔胶、密封胶、压敏胶及其他特种胶

4. 涂料

① 醇酸、酚醛、丙烯酸、环氧、聚氨酯、烯类树脂及橡胶类油漆

② 纯丙、苯丙、乙丙及硅丙等内外墙乳胶漆

③ 环氧及丙烯酸水性漆

5. 复合材料

① 四脚状氧化锌晶须、碳酸钙等晶须及其复合材料

② TiO_2、SiO_x、$CaCO_3$、ZnO 等纳米粉及其复合材料

6. 其他

① 低聚酰胺

② 难燃绝缘油

③ 机油添加剂

④ 高分子混凝土

⑤ 液体 PVC 糊树脂瓶垫

⑥ 改性沥青

⑦ 新型防冻液、洗发液等精细化工产品

地址：辽宁省沈阳市经济开发区 11#

邮编：110142

电话：024-89388230

网址：http：// www. syict. edu. cn/erjikongzhi/mat/ _ sci/

辽宁化工学院材料与化学工程学院

简介　始建于 1951 年，现设有 7 个本科专业。设有材料学、材料加工工程和材料物理与化学 3 个硕士点。现有教授 11 人、副教授 18 人、高工 3 人、讲师 10 人，其中专任教师中具有博士学位和在读博士学位 18 人，具有硕士学位和在读硕士学位 14 人。

实验室情况　我院现设有两个实验中心，一个是材料物理与化学实验中心，一个是现代材料实验中心。材料物理与化学实验室包括六个室：金相室，热处理室，

无机化学室，物理化学室，有机化学室，微机室。现代材料实验室包括十个室：材料成型室，模具室，无机非金属材料室，现代分析室，精细化工室，仪器分析室，分析化学室，化工原理室，环境室，有机化工室。其中材料物理与化学实验室为承担技术基础课实验任务的实验室，也是参加本次评估的实验室。拥有近 3 000 的实验室使用面积和 700 万元的实验设备。

师资队伍　博士生导师 1 人，博士生副导师 1 人，硕士生导师 14 人。

在研项目和已取得的科研成果　纵向科研项目 20 项，10 项横向科研项目，经费数百万元。近三年获辽宁省政府科技进步一等奖 1 项，冶金工业部科技进步二等奖 2 项，辽宁省政府科技进步三等奖 2 项，获国家自然科学基金资助重点项目 1 项，国家自然科学基金项目 2 项，国家 973 子课题 1 项。

地址： 辽宁省锦州市古塔区士英街 169 号
邮编： 121001
电话： 0416-4198730
网址： http://www.lnit.edu.cn/xibu.asp

吉林化工学院化学工程系

简介　成立于 1958 年，目前，该系设有化学工程与工艺、高分子材料与工程和生物工程三个专业。

师资队伍　教授 4 人，副教授 15 人；具有博士学位的教师 4 名、硕士学位的教师 15 人，在读博士学位教师 8 名。

在研项目和已取得的科研成果　年科经费达到了 350 万元以上，高级专业技术人员年平均科研经费 20 万元以上。有一大批科研成果达到国际先进水平并在企业中推广应用，累计取得经济效益 3 亿元以上。有 11 项科技成果获吉林省、中油公司科技进步奖；在国内外学术刊物上发表学术论文 100 余篇。

地址： 吉林省吉林市龙潭区承德街 45 号
邮编： 132022
电话： 0432-3083056
网址： http://www.jlict.edu.cn
E-mail： zhaoshengban@jlict.edu.cn

哈尔滨理工大学材料科学与工程学院

简介　学院现有高分子材料与工程、金属材料工程、材料成型及控制工程、无机非金属材料工程四个本科专业；材料学学科具有博士学位授予权，高分子化学与物理、材料加工工程、材料物理与化学、高电压与绝缘技术（新型绝缘材料方向）4 个学科具有硕士学位授予权，学院还招收高电压与绝缘技术新型绝缘材料方向的博士研究生。同时，还具有“材料科学与工程”工程硕士授予权。学院拥有“材料学”省重点学科、“高分子材料与工程”省重点专业、“材料研究与应用”省高校重点实验室。

实验室情况　拥有良好的教学、科研、产品中试条件和先进的材料制备设备，学院的材料分析测试中心拥有包括 X 射线衍射仪、扫描电镜、FT-IR 光谱仪、数码金相显微镜、直读光谱仪以及热重及差示扫描量热仪、凝胶渗透色谱仪在内的价值约一千万元的一批教学、科研用分析仪器。

在研项目和已取得的科研成果　学院主要的研究方向有：高分子电介质材料及其表征技术，聚合物基复合材料，金属材料质量快速检测与优化控制，厚大断面球墨铸铁，W、Cr 合金抗磨白口铸铁，镁、铝合金等轻金属材料，金属基复合材料，喂线技术及装备，陶瓷材料，新型碳素材料，光纤与光缆材料，异种材料焊接技术，模具 CAD 及数值模拟技术，成型技术及优化设计，焊接过程计算机控制技术等。近五年承担国家、省部以及地方政府科技攻关、基金项目 70 余项，横向课题近百项；获得国家级、省部级科技奖励 16 项，其中与电气学院合作获得 2001 年国家发明二等奖 1 项；出版学术专著及教材 19 部；在国内外发表学术论文 400 余篇。学院与国内外十余家科研院所、高等学校开展了科技合作和学术交流。

地址： 黑龙江省哈尔滨市动力区林园路 4 号
邮编： 150040
负责人： 赵晓旭
网址： http://www.hrbust.edu.cn/hust/xxgk.htm
E-mail： cixy@0451.com

哈尔滨工程大学化工学院

简介　设化学工程与工艺、环境工程、化学工程、化学工艺和材料学 5 个本科专业，有应用化学硕士学位授予权，可招收材料学专业博士研究生。设有化工新技术研究所、化学与新材料研究所、环境科学研究所、新能源研究所和大学化学实验中心。

师资队伍　现有教职工 50 余人，其中教授、副教授 21 人，博士生导师 2 人，硕士研究生导师 16 人。

在研项目和已取得的科研成果　承担国家自然科学基金、国防科工委等部委、省市自然科学基金、省市科技攻关等多项科研任务，有十余项科研成果获得省部科技进步二等奖和三等奖。

该院在化工新技术、电化学工程与技术、新型化学电源、新型物理电源、精细化学品及其应用、新型非金属材料、纳米功能材料、腐蚀与防护技术、高分子材料、纳米粉末及纳米晶须的合成与应用、新型磁性材料、特种复合材料等研究方向取得了丰硕的成果。

地址：黑龙江省哈尔滨市南岗区南通大街145号化学化工学院

邮编：150001

负责人：张密林

电话：0451-82533026

网址：http://www.heucec.hrbeu.edu.cn/

E-mail：chem@hrbeu.edu.cn

齐齐哈尔大学化学与化学工程学院

简介　下设化学工程系、材料科学与工程系、化学系、分析测试中心、有机合成研究所等5个教学与科研单位。学院现有化学工程与工艺、制药工程、高分子材料与工程、无机非金属材料、化学（师范类）、应用化学等6个专业。学院现有应用化学（精细化工）、分析化学2个硕士点，应用化学学科为省级重点学科。

实验室情况　实验室面积8 000余平方米，大型仪器设备50多台，原值近千万元。

师资队伍　现有教职工152人，其中教授、副教授62人。

培养方向　培养具备高分子材料与工程等方面知识，能在高分子材料的合成改性和加工成型等领域从事科学研究，技术开发，工艺设计和设备设计，生产及经营管理等方面工作的高级工程技术人才。

在研项目和已取得的科研成果　承担省、市级科研项目70余项，已完成36项，达到国际先进水平12项，国内领先水平24项，其中7项成果已物化，获得较大经济效益。在国内外学术刊物上发表论文400多篇，有多篇被SCI、EI等著名检索刊物收录，出版专著、教材28部。

地址：黑龙江省齐齐哈尔市文化大街30号

邮编：161006

电话：0452-2738151

网址：http://www.qqhru.edu.cn

E-mail：master@qqhru.edu.cn

佳木斯大学材料工程学院

简介　由原佳木斯工学院、佳木斯医学院、佳木斯师范专科学校、佳木斯大学四所院校合并组成，现已成为黑龙江省省属院校中规模最大，兼有理学、工学、医学、经济、教育、艺术、人文、社会科学等学科的综合性大学。

学院现有材料加工工程硕士点；两个本科专业，即金属材料工程、材料成型与控制工程，均为省重点专业；一个高职专业，现代工业产品成型计算机设计。学院下设金属材料工程教研室、材料成型与控制工程教研室、材料检测教研室、金工教研室、材料工程实验室、应用铸造技术研究所。

实验室情况　实验室建筑面积达5 100平方米，实验设备总价值为160万元。购置了系列实验仪器设备，使实验室手段逐渐完善，形成了种类齐全、性能良好、配套完善的实验设备系统。

师资队伍　教授5人，副教授20人，高级工程师6人，高级实验师人，讲师9人，工程师2人，实验师1人。

在研项目和已取得的成果　获省市各种科研奖励项目13项，转让科研成果8项，在研科研课题有省科委攻关项目、省科委自然科学基金项目等10余项目。近年，来发表论文近200篇，被EI引用的有10余篇。

地址：黑龙江省佳木斯市学府街148号

邮编：154007

电话：0454-8618702

网址：http://www.jmsu.org/xy/4/index.html

上海交通大学化学化工学院

简介　1928年建立化学系，1946年建立化学工程系，1979年恢复建立应用化学系，1997年与上海化工研究院共同建立化学化工学院。化学化工学院下设化学系、化学工程系、高分子科学与工程系、中心实验室、基础化学与化工实验中心、高分子材料研究所、电化学工程与技术研究所、精细化工研究所等。学院设有应用化学、化学工程与工艺2个本科专业，拥有材料科学与工程博士后流动站；高分子化学与物理、应用化学、材料学和材料化学工程4个博士学位授予点；无机化学、分析化学、有机化学、物理化学、高分子化学与物理、化学工程、应用化学、材料学、材料化学工程9个硕士学位授予点，还拥有化学工程领域工程硕士学位授予点。全院现有在读硕士研究生200多人，博士100余人，本科生500余人。

实验室情况　学院拥有11 700平方米的实验大楼和逾2 500万元的仪器设备，拥有先进的教学和实验条件，世界银行贷款的基础化学与化工实验中心，设备精良的院中心实验室为全院师生开放。为教学和科研提供良好的实践场地和设施。10 000平方米的“化工大楼”正在建设中。

雄厚的师资力量，先进的实验设备，“211工程”、“世界银行贷款”与“985工程”等项目的建设，大批先进仪器设备的逐步到位，为学院的教学和科研提供了优越的条件。

师资队伍　目前学院共有教职员工124名，其中中国科学院院士1人、中国工程院院士各2名，教授30名（含博士生导师26名），副教授及高级工程师40名。

在研项目和已取得的科研成果　承担了许多国家863计划、973计划、国家重点攻关技术、国防攻关技术、国家自然科学基金、上海市科委各类科技项目，以及大量企业委托项目研究及国际合作研究，每年科研经费已经超过1 500万元。学院从事科研的主要领域有：具有光、电、磁、医等各种功能的应用于高技术领域的高分子材料的研究，在高分子合成与加工改性过程中的计算机模拟及设计，聚合物共混材料、纳米复合材料的研究与应用，新型催化剂与催化过程、绿色化学工艺，应用电化学、燃料电池、金属腐蚀与防护技术、精细化学品的合成、环境保护和综合利用、有机合成、分析化学、量子化学等。高水平论文和科研经费明显增长，每年在国际上发表SCI论文100多篇。2003年达到150篇。1999～2003年度获国家自然科学四等奖1项，上海市自然科学一等奖1项，上海市科技进步二等奖1项、三等奖3项，上海市教学成果三等奖1项，上海市优秀教材三等奖1项。

地址： 上海市华山路1954号
邮编： 200030
负责人： 张勇
电话： 021-54742663
传真： 021-54742893
网址： http://www.sjtu.edu.cn

复旦大学高分子科学系

简介　本所成立于1993年5月。她的前身先后为化学系高分子教研组（1958～1982）、高分子研究所（1958～1962）、材料科学系（所）高分子教研室（1983～1993），是我国高等学校中最早从事高分子科学的教学和科学研究单位之一，也是国家首批建立的高分子化学与物理专业的硕士点、博士点和博士后流动站。1994年2月，经原国家教委批准建立“聚合物分子工程开放研究实验室”，并于1999年9月经国家评估后更名为“聚合物分子工程教育部重点实验室”。1996年我系的高分子化学与物理学科被批准为上海市重点建设项目；1997年被列为复旦大学“211工程”重点学科建设项目；1999年经国家教育部批准为“长江学者奖励计划”特聘教授岗位，2000年又被列为“复旦大学三年行动计划”9个“重中之重”学科建设项目之一；2002年评选为全国高等学校重点学科。

师资队伍　拥有一支研究领域广泛、老中青相结合、勇于创新的教学和科研队伍。目前有教职员工49人，聘有国内外兼职教授数人。教师队伍中具有博士学位的人数占总数的50%。

著作与成果　自20世纪80年代以来，已出版了教科书、译著和专著共15部，为本科生和研究生教学提供较为齐全的高分子教材。其中的《高分子科学中的Monte Carlo方法》获得了“中国图书奖提名奖”等多个奖项，《高分子实验技术（修订版）》获得了“上海市高校优秀教材三等奖”。

在研项目和已取得的科研成果　复旦大学高分子科学系的科学研究涉及高分子物理、高分子化学、高分子材料和高分子工艺等诸多方面，尤其以高分子物理的基础研究见长，在高分子凝聚态物理、多组分聚合物体系等方面形成研究特色，在国际上产生了一定的影响。多年来我系一直承担国家各部委、上海市的重要科研任务，是“937计划”、“攀登计划”的首席科学家单位，又是“上海市新材料研究中心”的副主任单位、“上海市高分子材料研究开发中心”的主任单位。不仅为国家培养了一批科研人才，也取得了大批重要的科研成果，为国家的高分子科学和工业发展作出了重要贡献。通过多年来的建设，装备了比较齐全的高分子分析测试及加工的专用设备。

地址： 上海市邯郸路220号
邮编： 200433
电话： 021-55664100
传真： 021-65640293
网址： http://www.fudan.edu.cn/new_dep/gaofenzi.htm
E-mail： liypeng@fudan.edu.cn

复旦大学聚合物分子工程教育部重点实验室

简介　聚合物分子工程教育部重点实验室（前国家教委聚合物分子工程开放实验室）以复旦大学为依托单位，是在1994年2月成立的，1995年5月正式揭牌，1999年9月为第一批教育部重点实验室。实验室的研究方向确定为聚合物分子工程学，即把“分子设计-高分子合成-不同层次上的结构（分子结构、凝聚态结构等）-性能（包括各种功能特性）-加工成型-材料-应用”作为系统工程，针对高分子结构与性能、多组分聚合体系、聚合反应及功能与生物大分子等领域的重大基础理论问题开展研究，取得了重要的进展和可喜的成果。

在研项目和已取得的科研成果　承担973、863计划、攀登计划、国家杰出青年基金、国家科学基金、国家攻关、国际合作、省部委重点课题、企业横向协作等一大批项目，任务饱满；出版多部教材专著，在国外、国内重要刊物上发表了众多论文，多次在国际会议上作邀请报告或大会报告；荣获部委（省）级一等奖多项。

1. 通用高分子材料高性能化的基础研究 .973 计划 .1999.10～2004.10，杨玉良主持；

2. 软骨组织工程用可注射水凝胶的研究 .973 计划，1999.10～2004.09，丁建东（子课题）；

3. 新型蛋白质药物控制释放载体 .863 计划 . 2001.01～2003.12，丁建东；

4. 纳米药物载体治疗技术——人体恶性肿瘤 . 863 计划 . 2001.12～2003.12，沈锡中，府寿宽（与中山医院合作）；

5. 发展高分子凝聚态物理的自洽场理论 . 国家杰出青年科学基金 B.2001.01～2003.12，王振纲；

6. 高分子自组装的新途径及相应超分子聚集体的结构与功能 . 国家自然科学基金重大 .1999.06～2003.06，江明（子课题）；

7. 液晶高分子流变学及其流体力学研究 . 国家自然科学基金重点 .1999.01～2003.12，杨玉良（子课题）；

8. 基于天然聚多糖等植物原料的环境友好材料 . 国家自然科学基金重点 .2000.01～2003.12，戈进杰主持；

9. 硫酸盐还原菌中纳米粒子的原位生成和还原过程中的协同作用 . 国家自然科学基金重点 . 2002.01～2005.12，胡建华，杨武利（子课题）。

地址：上海市邯郸路 220 号复旦大学高分子科学系内
邮编：200433
电话：021-65643412
传真：021-65643412

华东理工大学材料科学与工程学院

简介　1981 年获得高分子材料博士学位授予权和无机非金属材料硕士学位授予权，1986 年获得无机非金属材料博士学位授予权和复合材料硕士学位授予权，1997 年按国务院学位委员会、国家教委颁布的研究生学科专业目录将上述学科调整为现在的材料学。学院现有 2 个系、5 个研究所。

华东理工大学材料学科是国家材料科学与工程博士学位授予权一级学科，设有国家材料科学与工程博士后科研流动站。是上海高校中在合成材料化工领域具有特色和优势的学科。设有材料学长江学者特聘教授岗位。“八五”至“九五”期间，又建成了一批国家和省部级的重点实验室和工程中心：①国家超细粉末工程研究中心；②超细材料制备与应用教育部重点实验室；③教育部军工复合材料科研生产基地；④教育部医用生物材料工程研究中心；⑤国家级宝石检测中心；⑥上海市汽车非金属材料工程研究中心；⑦田径场地人工合成面层检测实验室。

实验室情况　材料科学与工程学院于 2000 年建成了材料基础实验中心，该中心为材料专业的基础和专业教学实验提供了实验场所和实验基地，材料基础实验中心整合和新建的实验室有：①陶瓷、玻璃设计制作实验室；②材料基础制备实验室（高分子材料、复合材料）；③力学性能实验室；④形态，形貌及光学性能实验室；⑤热性能实验室；⑥电（磁）性能实验室；⑦计算机设计及模拟实验室。

专业实验室有：

（1）高分子材料专业实验室

高分子材料系实验室有近 900 万元的固定资产，教学科研管理用房共计近 5 500 平方米。有超过十万元的大型仪器设备 18 台，其大多数为进口的精密测试仪器。

（2）无机材料专业实验室

无机材料专业实验室仪器设备及固定资产设备总金额 450 万元，实验室面积近 1 544 平方米。

师资队伍　现有教职工 140 人，其中正教授 32 人（其中 45 岁以下 11 人），副教授 36 人。

培养方向　培养德、智、体全面发展的，掌握材料科学基本理论与技术和高分子材料工程研究、开发与应用的理论基础和实验技能，完成工程师的基本训练，了解材料学科前沿信息与发展趋势，能在材料科学与工程及相关的领域从事研究、教学、科技开发及相关管理工作的适应 21 世纪我国社会主义现代化建设的宽口径复合型高等工程技术人才。

在研项目和已取得的科研成果　从事非金属材料的研究，以高分子材料、无机非金属材料、纳米材料、生物材料等的制备、结构与性能、工程放大为主要研究内容，课题密切结合国家经济建设和国防建设重大项目，以应用基础研究和工程开发相结合、实现工程化为特色，在上述领域的某些方面的研究成果达到了国内领先水平，有些达到国际先进水平。“九五”期间获省部级科技进步奖 15 项，研究经费 5 000 余万元，学术论文 1 000 余篇，其中 SCI、EI、ISTP 收录近 200 篇，申请专利 23 项。

“九五”期间作为“211 工程”一期建设学科进行了重点建设并通过验收，继而进行二期建设。2001 年成为上海市重点学科。

2003 年承担包括国家自然科学基金重大项目，863 重点、重大项目，973 项目在内的国家及省、部级科研项目达 80 项，科研经费到款达 2 300 万。

1. 共聚物纳米胶束在纤维增强聚合物界面的组装行为，戴干策．国家自然科学基金．2001.1～2003.12，2001

2. 星型嵌段烯烃聚合物本体反应挤出机理的研究．郑安呐．国家自然科学基金．2000.1～2002.12，2000

3. 水性有机、无机杂化材料形成机理与结构性能研究．袁荞龙．国家自然科学基金．2001.1～2003.12，2001

4. 喷雾水解反应合成组分分布均匀高纯超细碳酸钡粉末．李春忠，古宏晨．国家自然科学基金．2001.1～2003.12，2001

5. 烯类单体本体聚合反应挤出机理与动力学研究．郑安呐．国家自然科学基金．2003.1～2006.12，2002

6. 无机功能纳米颗粒制备新技术、新原理．李春忠．国家自然科学基金．2003.1～2006.12，2002

7. 复杂材料的微相平衡和结构演变．刘洪来．国家自然科学基金．2003.1～2006.12，2002

8. 分子热力学．刘洪来．国家自然科学基金杰出青年基金．2001.1～2003.12，2001

9. 高性能液晶高分子 PBO 的合成与纺丝研究．韩哲文．国家 863 项目．2002.10～2005.10，2002

10. 新颖耐烧蚀树脂的研究．黄发荣．国家 863 计划，2002.11～2005.10，2002

11. 自组装核壳型药物控释纳米材料及靶向治疗技术．朱以华．国家 863 计划，2002.10～2004.10，2002

12. 低温固化高温使用树脂基体．齐会民．国家 863 计划．2002.11～2005.10，2002

13. 高性能阻尼材料的基础研究及应用开发．吴驰飞．国家 863 计划．2002.10～2004.10，2002

14. 聚酯用纳米 TiO_2/SiO_2 催化剂的制备及性能研究．马新胜．国家 973 基础研究重大项目前期研究专项．2001.10～2004.9，2001

15. 高温度使用低温固化复合材料体系技术基础研究．黄发荣．国家 973 基础研究重大项目前期研究专项（国防）．2002.1～2005.12，2001

16. 无机/有机多元复合材料界面结构及增韧机理．李春忠．国家 973 基础研究重大项目前期研究专项．2002.1～2004.12，2001

17. 新型微带天线基板材料．王耀先，程树军．国防科工委军品配套项目．2001.12～2003.12，2001

18. 生物聚肽自组装性能研究．林嘉平．国家教育部（优秀青年教师基金）．2002.1～2004.12，2001

19. 纳米材料的制备、组装及应用性能．李春忠．国家教育部（跨世纪优秀人才基金）．2002.1～2004.12，2001

20. 原位固化生物活性人工骨．刘昌胜．国家教育部（跨世纪优秀人才基金）．2001.3～2004.3，2001

21. 两性含氟高分子的合成结构和表面性能．韩哲文．国家自然科学基金．2002.1～2004.12，2001

22. 纳米链的形成机理及弹性行为．李春忠．国家自然科学基金．2002.1～2004.12，2001

地址：上海市梅陇路 130 号 391#
邮编：200237

同济大学材料科学与工程学院材料科学与工程系

简介　成立于 1996 年 12 月，前身是 1956 年成立的建筑工艺系和 1958 年 7 月成立的建筑材料工程系，是全国同行最早成立的系之一，1987 年 2 月由建筑材料工程系更名为材料科学与工程系。

2003 年 10 月，学院在撤销原来的无机材料科学与工程系和高分子材料科学与工程系后，下设从事教学、科研的七个研究所，并设材料专业实验室、材料测试中心实验室、材料检测室和上海同济四维科贸公司，是国内核心期刊《建筑材料学报》的主办单位。学院拥有材料科学与工程一级学科博士学位授权点，材料学、材料物理化学和材料加工工程三个二级学科博士学位授权点，以及材料科学与工程一级学科博士后流动站，其中材料学（原无机非金属材料）是全国首批博士点之一，也是国家和原国家建材局重点学科、上海市重点学科、“九五”、“十五”期间国家 211 工程项目重点建设学科，教育部 21 世纪教育“振兴行动”计划的重点学科，还是“长江计划”特聘教授设岗学科。

学院自 1998 年 9 月起设立一个本科专业：材料科学与工程。

师资队伍　博士生导师 9 人、正高职教师 19 人，副高职教师 30 人、获得博士学位的教师 24 人。

在研项目和已取得的科研成果　承担了大量的纵、横向课题，包括国家攻关项目、国家高技术研究发展计划 863 项目、国家重点基础研究发展规划 973 项目、国家自然科学基金项目、教育部博士点基金项目、省部级科学基金项目等，向社会输出了高效益科技成果，形成了以建筑材料为优势、无机高新技术材料和高分子材料齐头并进的学科格局。

地址：上海市四平路 1239 号
邮编：200092
负责人：许乾慰
电话：021-65983194
网址：http://mat.tongji.edu.cn/
E-mail：webmaster@tongji.edu.cn

同济大学材料科学与工程学院高分子材料研究所

简介　研究所以本科教学、研究生教学和科研工作为中心。高分子材料研究所目前的主要研究方向有：(1) 特殊结构高分子的合成和表征；(2) 高分子齿科生物材料的研究；(3) 高分子材料降解机理及其稳定化研究（热稳定、阻燃稳定等）；(4) 钢结构防火防腐蚀涂料的研制（国家863计划项目）及其他高性能功能涂料的研制；(5) 高分子材料的再生利用；(6) 高性能工程塑料的研制；(7) 聚合物混凝土材料的研究；(8) 高分子材料配方和成型工艺研究；(9) 高分子材料新的成型加工方法研究；(10) 高分子材料应用数据库的研究和建立。

师资队伍　现有博士生导师1名，硕士生导师2名；教授1名，副教授2名，讲师2名。

在研项目和已取得的科研成果　高分子材料研究所的教师参与完成了许多重大科研项目，有上海市重点工业攻关项目《桑塔纳轿车用塑料内饰件》（上海市科技振兴三等奖）；上海市重点工业攻关项目《桑塔纳轿车变速箱球面垫圈等塑料件的研制》（上海市科技振兴三等奖）；上海市重点工业攻关项目《桑塔纳轿车烟灰盒用阻烯ABS材料》（上海市科技振兴表扬奖）等。

2000年以来，高分子材料研究所的教师主编和参与编著的教材和著作6部，发表各种学术论文80多篇，累计申请国家发明专利7项，鉴定成果3项，其中一项通过上海市高新技术成果认定。目前正在进行的科研项目总数超过20项，合同总到款额已超过170万元。

地址：上海市四平路1239号
邮编：200092
负责人：王国建
电话：021-65983617-619

东华大学材料科学与工程学院

简介　学院是在校化纤学科基础上发展起来的。化纤学科创建于1954年，1986年被确认为重点学科。1992年建立了纤维材料改性国家重点实验室。1994年成立材料科学与工程学院。2000年材料科学与工程被列为一级学科博士点，并建立了博士后流动站。同年材料学被列为上海市“十大”重中之重学科之一。2001年再次被批准为国家重点学科。

师资队伍　现有教职工189名，其中教师132名，院士1名，高级职称教师75名，约占教师总数的57%。顾问教授8人，其中院士1名。

培养方向　培养掌握高分子材料科学基本理论和测试手段、能从事高分子材料生产工艺设计、产品质量控制和新产品、新技术开发研究的高级工程技术人才。

著作与成果　纺织纤维鉴别手册（第二版），李青山，潘婉莲等，中国纺织出版社，2003.1。

在研项目和已取得的科研成果　已完成500多项项目，获国家级科技奖10多项、部省市科技进步奖40多项，批准各类专刊30多项，1996年以来科研经费达8 000万左右。近五年来，发表论文千余篇，其中SIC、EI、ISTP收录近150篇。

1. 等离子显示屏用介质玻璃

2. 无毒轻质高效隔热复合无机材料．韩文爵，夏秀峰等．中国首次载人航空飞行嘉奖．中国载人航天工程办公室，2003

地址：上海市延安西路1882号
邮编：200051
电话：021-62373396
网址：http://www.dhu.edu.cn

上海大学材料科学与工程学院

简介　于1994年由原上海工业大学金属材料系和原上海科技大学材料科学与工程系、高分子材料系组建而成，从事材料领域研究和材料学科本科、硕士、博士及博士后等各级人才的培养，已列入国家“211工程”重点建设学科。

学院下设材料工程系、电子信息材料系、高分子材料系、材料研究所、复合材料研究中心和有机电致发光（OLED）研究中心，拥有现代冶金和材料制备省部共建实验室和材料力学性能及材料微观结构二个上海市教委开放实验室，设有冶金学和材料科学与工程二个博士后流动站，钢铁冶金和材料学二个博士学位授予点，钢铁冶金、材料学、材料加工、有色冶金、材料物理与化学、微电子学与固体电子学、高分子化学与物理七个硕士学位授予点，钢铁冶金和材料加工二个工程硕士学位授予点，开设冶金工程、金属材料工程、无机非金属材料工程、高分子材料工程、材料物理、电子科学与技术六个本科专业。钢铁冶金学科被评定为教育部重点学科。

师资队伍　学院有中国科学院与工程院院士4名、“长江计划”特聘教授一名、国家杰出青年科学基金获得者一名、国家级有突出贡献的中青年专家两名、博士生导师24名、教授（研究院、教授级高级工程师）33名、副教授（副研究员、高级工程师）62名，其中博士学位占30%，45岁青年教师有博士学位占60%。

培养方向　培养复合型的科技人才，既具有扎实的高分子基础理论、又能独立设计开发高分子新材料，还能适应对外合作和交流。

在研项目和已取得的科研成果　承担国家攀登计划1项，国家重点攻关项目7项，863课题5项，国家自然科学基金 53 项，具有一系列先进仪器和研究装备，获国家、省、市、部委科技成果奖 22 项，发表论文 1 700 多篇，其中被国际三大检索机构（SCI、EI 和 ISTP）收录的论文 470 多篇。

地址：上海闸北区延长路 149 号
邮编：200072
电话：021-56331218
网址：http://www.mat.shu.edu.cn/academy/index.htm
E-mail：info@yc.shu.edu.cn

南京大学化学化工学院

简介　学院下设化学系、化工系、高分子科学与工程系；基础化学实验室、基础化工实验室、中级化学实验室、计算机化学实验室、高分子材料加工实验室等教学单位；并建有配位化学研究所、亚微观固态化学研究所、分析科学研究所、应用化学研究所、配位化学国家重点实验室、介观化学重点实验室；国家 863 计划新材料 MO 源研究开发中心、国家水煤浆工程技术中心水煤浆添加剂研究所、表面和界面化学工程技术研究中心等科研单位。全院共有 5 个博士生点、6 个硕士生点和 2 个本科专业。其中，无机化学、分析化学、物理化学和高分子化学与物理等四个学科是国家重点学科。化学化工学院已形成了从本科、硕士、博士到博士后的教育体系，以完整人才培养层次，被国家教育部首批列为“全国理科化学基础科学研究和人才培养基地”。去年，经国家教育部对全国 83 个基础科学研究和人才培养基地评审，我院的化学人才培养基地名列前茅。

师资队伍　现有教职工 235 人，其中中科院院士 5 名；博士生导师 40 名；教授 54 名；副教授 49 名。

著作与成果　1990 年以来，获省部级以上教学成果奖 11 项（其中国家级 6 项）；编写教材 29 种，其中 4 种被国家教育部定为面向 21 世纪教材，10 种获国家级优秀教材奖。1990 年由高等教育出版社出版的《物理化学》、《有机化学》和《结构化学》至今还被全国多所高校普遍采用。

在研项目和已取得的科研成果　共有 33 项科研成果先后获得了国家自然科学奖、国家创造发明奖、国家教育部及省级科技进步奖。1999 年度化学化工学院进南京大学科研经费约为 1 500 万元，名列全校前茅。1998 年度在全国范围内化学类的单位（包括中科院的研究所）中发表的 SCI 论文以总数 191 篇，名列全国第一。

科研成果：

1. 薛奇，石高全，金士，张峻峰，陆云．有机杂环化合物在金属表面的化学与电化学聚合．教育部提名国家科学技术奖-自然科学一等奖，2003

2. 罗勤慧，陈秋云，沈孟长，王志林，于澍燕．穴状和环状配位超分子的设计、合成、结构和功能．教育部提名国家科学技术奖自然科学一等奖，2003

地址：江苏省南京市汉口路 22 号南京大学化学楼
邮编：210093
电话：025-83592485
网址：http://www.chem.nju.edu.cn/

南京工程学院材料工程系

简介　学科门类齐全，有材料科学与工程、材料成型及控制工程、金属材料工程、高分子材料与工程、包装工程等 5 个本科专业，其中材料成型及控制工程专业设有综合成形方向和模具设计与制造方向，并设有模具设计与制造专科专业，每年招本、专科生 500 余名。

师资队伍　现有教职工 94 人，其中专职教师 54 人，有江苏省“青蓝工程”学术带头人 2 名、江苏省“333 工程”学术带头人 2 名、学院学术带头人 3 名，教授 5 人、副教授（高工）12 人，博士、硕士（含在职攻读）20 人，双师型教师 24 人，形成了一支结构合理，具有特色的师资队伍。

著作与成果　江苏省“十五”高等教育教学改革项目，主编全国高校规划教材。

在研项目和已取得的科研成果　有国家自然科学基金在内的各类科研课题 13 项。

研究方向：

1. 塑性成型理论，工艺及模具；
2. 塑性成型过程的数值模拟；
3. 塑性成型力学分析与数学建模；
4. 板料成型稳定性预报与控制。

地址：江苏省南京市虎踞北路 50 号南京工程学院材料工程系
邮编：210013

南通工学院化学工程系

简介　化学工程系的前身是染化系、纺化系，是南通工学院最早创立的系科之一。

化学工程系下设化学教研室、轻化工程教研究、化学工程与工艺教研室、环境工程教研室、高分子材料与工程教研室及化工系实验室。有轻化工程、化学工程及工艺、环境工程、高分子材料与工程四个本科专业，在校学生 1 146 人。已建立产学研基地 5 个。

实验室情况　化学工程系现有无机化学、有机化学、分析化学、物理化学、化工原理、仪器分析、染整工艺、化学工程与工艺、环境工程、高分子材料与工程等实验室，仪器设备齐全。学生四年内将进行 400 多学时实验和多个综合性大型实验。

师资队伍　现有教职员工 47 人，具有高级职称的教师占教师总数的 42.6%，其中教授 3 名，主讲教师 32 名中具有硕士以上学历的占 62.5%。

培养方向　培养具有高分子材料与工程等方面的知识，能在高分子材料的合成改性和加工成型等领域从事科学研究、技术开发、工艺和设备设计、生成及经营管理等方面工作的高级工程技术人才。

地址：江苏省南通市青年东路 40 号
电话：0513-5239441
网址：http://www.ntit.edu.cn/v2002/gb/main.html
E-mail：hgx@ntit.edu.cn

扬州大学化学化工学院

简介　原名化学科，始建于 1952 年，1959 年更名为化学系，1993 年改名为化学化工系，2002 年 8 月更名为化学化工学院。扬州大学化学化工学院现有化学、应用化学、高分子材料与工程、化学工程与工艺、制药工程等五个本科专业，在校本科生近 900 名，另承担全校农、工、医科类的 1 500 余名本科生的化学基础课教学。本院有物理化学博士学位授予权和物理化学、分析化学、应用化学、课程教学论（化学）、材料物理与化学、有机化学、工业催化等七个学科具有硕士学位授予权，目前在校硕士生 132 名。物理化学为省级重点学科，化学为校重点一级学科，分析化学和应用化学为校级重点二级学科。

实验室情况　学院设有扬州大学惟一的省级化学教学实验中心，拥有国内领先的实验条件、实验装备和管理模式。

师资队伍　教职工 102 人，其中正、副教授 43 人，博士 20 人，硕士 19 人。

在研项目和已取得的科研成果　承担 60 多项省级以上科研项目，其中国家自然科学基金项目 19 项（含国家重点项目 2 项），在国内外核心期刊上发表论文 700 多篇。

地址：江苏省扬州市扬州大学瘦西湖校区化学化工学院
邮编：225002
负责人：胡效亚
电话：0514-7975587
网址：http://www.yzu.edu.cn/
E-mail：hxhgxy@yzu.edu.cn

浙江工业大学化学工程与材料学院

简介　始建于 1953 年，前身为化学工程学院、化学工程系。学院现有化学工程与技术博士后流动站，工业催化博士学位点，化学工程、化学工艺、工业催化、应用化学、材料学、材料物理与化学、农药学等 7 个硕士学位点，化学工程与工艺、应用化学、材料科学与工程、海洋技术等 4 个本科专业，工业催化、应用化学、化学工程等 3 个省重点学科和材料学等省重点扶植学科。设有绿色化学合成技术省部共建国家重点实验室培育基地；工业催化、应用化学、电化学工程与技术、催化加氢、精细化工、化学工程设计、材料科学与工程、腐蚀与防护、高分子材料与工程、农药、化工技术与装备等 11 个研究所（中心）。

实验室情况　学院已建成多相催化重点实验室、催化加氢试验基地、催化加氢中心、催化剂工程开发研究中心、化学工程教学中心、基础化学实验中心、化工原理实验室、化学工程综合实验室、应用化学综合实验室、材料科学与工程综合实验室等 10 个教学科研实验室（中心），其中多相催化重点实验室、催化加氢试验基地为浙江省重点实验室（基地）。

学院现有各类仪器设备近 2 000 余万元，实验用房近 7 000 平方米，拥有核磁共振仪、X 射线衍射仪、扫描电子显微镜、气质联用仪等大型仪器设备。

教学：

师资队伍　共有教职工 170 余人，其中正高级职称教师 31 人，副高级职称教师 60 余人，具有博士学位教师 38 人、硕士学位教师 60 余人。

在研项目和已取得的科研成果　在氨合成催化剂、氨合成塔、甲醇合成塔、气液传质设备、低压液相催化加氢、农药合成、聚合物材料改性与加工等研究方向上达到国内或国际先进水平。近 10 年来获奖成果已达 100 余项，其中获国家发明二等奖、国家科技进步二等奖等国家级大奖 9 项；省部级科技进步一、二等奖 25 项；国家教委优秀教学成果奖 1 项。出版学术专著 30 余部，每年发表学术论文 200 余篇（其中被 SCI、EI 收录 30 余篇）。年科研经费达到 2 400 余万元。

地址：浙江省杭州朝晖六区
邮编：310014
传真：0571-88320238
网址：http://www.ce.zjut.edu.cn/
E-mail：ce@zjut.edu.cn

中国科技大学高分子科学与工程系

简介　本系的前身为高分子化学与物理系，伴随 1958 年中国科学技术大学建校而诞生，是国内第一个高分子领域的专门系，由重有机合成、高分子化学、高分子物理化学和高分子物理专业组成。从科大建校至今，高分子化学与物理这两个专业先后归属于近代化学系、应用化学系、材料科学与工程系。化学与材料科学学院于1997年成立时，在学院内恢复了高分子系的建制，更名为高分子科学与工程系。又于2001年将原为应用化学系（合并）的辐射化学专业并入该系。本系本科设有化学（高分子方向）和材料工程两个专业，原学制5年。从2000年招收的新生开始，学制改为4年。

高分子科学与工程系拥有高分子化学与物理博士点、硕士点，学制三年。培养学生具有坚实系统的高分子化学与物理理论基础和熟练的实验技能，了解高分子化学与物理的发展前沿，并有一定的化工知识，能在本学科及相关学科领域内从事基础研究、应用开发和高等教学的高素质人才。

实验室情况　拥有价值万元以上的仪器共45台，合计人民币超5 000万元。其中价值5万元以上的仪器有20多台。主要科研机构有聚合物光子材料和光子学实验室、应用高分子实验室、纳米分子组装实验室、高分子合金实验室、功能高分子实验室、高分子电学性能实验室、高分子材料工程实验室、涂层辐射固化实验室、高分子辐射化学实验室等。

师资队伍　博士生导师11人，教授12人，副教授12人。另外，还聘有兼职教授12人，其中国内9人，国外3人；兼职教授中，有5人为中国科学院院士。

培养方向　培养德智体全面发展的，具有坚实、系统的高分子化学与物理基础和实践技能的，能适应我国经济、技术和教育发展的需要而从事高分子教学和科技工作的高素质人才为目标。

毕业生情况　30～40名博士、硕士。

在研项目和已取得的科研成果　承担了多项中科院“七五”和“八五”攻关项目、科技部国家重点基础研究发展规划（973项目）、“国家攀登计划”项目、国家自然科学基金委的重点项目和面上项目以及杰出青年基金、教育部博士点基金项目、中科院“创新工程”项目、与企业的合作研究和开发等重要科研项目。科研经费累计超过1 500万元。另有外协项目30多项。项目成果通过鉴定的12项，获得省部级以上奖励的9项，申请并获得国家专利的12项，出版学术专著、教材等12本。从1995年以来共发表研究论文600多篇。

主要研究方向有阳离子和自由基开环聚合反应；液晶聚合物的制备、表征和应用；窄分布的纳米粒子和核壳粒子的制备和应用；聚氨酯材料；聚合反应机理；形状记忆嵌段共聚物的合成和表征；嵌段共聚物的链结构、相容性及合成原理、结构和性能的关系；聚合物-稀土金属络合物或共混物和聚合物-C_{60}的合成、表征和应用；功能高分子光纤的制备和性质；LB膜的制备、表征、性质及其应用；末端带有两亲性基团有机单体形成的单分子膜的聚合及其动力学；树枝状/超支化聚合物的合成、表征和应用；涂层/胶黏剂辐射固化；电离辐射技术研究乳液聚合理论及复合材料开发；辐射法制备无机纳米材料及复合材料研究；医用高分子材料研究与开发；高分子共混物的相容性、相分离和结构；高分子共混物的分子间相互作用和结晶；聚合物的局域态分布；聚合物驻极体；铁电复合材料的结构与物性；高聚物高能辐射效应；紫外光交联聚烯烃新材料和光交联电缆新技术；无卤阻燃聚烯烃新材料和阻燃新技术；聚烯烃/橡胶共混型热塑弹性体动态光交联新材料和新技术等。

地址：安徽省合肥市金寨路96号
邮编：230026
负责人：施文芳
电话：0551-3606084
传真：0551-3606630
网址：http://www.ustc.edu.cn

合肥工业大学化工学院高分子科学与工程系

简介　合肥工业大学化工学院高分子科学与工程系创建于1960年。2001年设立材料学博士点。主要研究方向为：精细高分子合成、可控聚合研究；聚合物纳米复合材料、高分子光电功能与磁性材料；生物医用高分子材料；高分子物理及物理化学研究。先后多次承担国家自然科学基金项目，省部级基金项目及企业委托研究。近年来年均科研经费在50万元以上。年均发表学术论文30篇以上。

实验室情况　高分子科学与工程系的实验室建筑面积为2 000平方米（2005年将扩大为3 500余平方米）。拥有高分子化学、高分子物理教学实验室和高分子合成、高分子材料、功能高分子、高分子结构表征等多个实验室。主要实验仪器设备有：Parr高压聚合反应釜，Buchi 0.5L玻璃耐压聚合釜，MBraun手套箱，Bruker Vector22傅里叶红外光谱仪，Varian紫外可见光光渡计，Perkin-ElmerPyrisl示差扫描量热仪（DSC）与热重分析仪，常温凝胶渗透色谱仪，PL GPC220高温凝胶渗透色谱仪，Olypus偏光显微镜，电子拉力实验机，密炼机，导电性能测试仪，气相色谱仪，结晶速率测定仪。

师资队伍　高分子科学与工程系现有教职工18人，其中教师15人。其中教授4人，副教授2人。教师中有8人拥有博士学位。

培养方向　本系培养高分子材料与工程专业本科生及高分子材料与工程专业的硕士和博士研究生。目前每年招收本科生约 150 人，硕士研究生约 15 人，博士生约 5 人。
毕业生情况　硕士毕业生 15 人；本科毕业生 130 人。
著作与成果　SCI 论文 10 篇。
在研项目和已取得的科研成果　国家自然科学基金 2 项；安徽省自然科学基金及攻关项目 6 项；企业委托项目 10 项。
地址： 安徽省合肥市屯溪路 193 号
邮编： 230009
负责人： 王平华
电话： 0551-2901461
网址： http://www.hfut.edu.cn
E-mail： phwang@mail.hf.an.cn

山东大学化学与化工学院

简介　1999 年化学学院与环境科学系合并，成立了山东大学化学与环境科学学院。2000 年 7 月，原山东大学、山东医科大学、山东工业大学合并成立新的山东大学。2001 年，根据学校院系调整方案，将东校区的化学、南校区的化工和西校区药学院部分老师，组建成目前的山东大学化学与化工学院。目前学院有化学、化工两个一级学科，下设十一个研究所和一个实验中心。学院设化学博士后流动站，有无机化学、有机化学、分析化学、物理化学、高分子化学与物理五个博士点；还有无机化学、有机化学、分析化学、物理化学、高分子化学与物理、应用化学、化学工艺七个硕士点。

已设化学、应用化学、化学工程、三个本科专业、一个五年制化学化工双学位班和与本科专业相适应的各类继续教育。在保持高水平本科教育的基础上，加大了研究生培养力度，已建立起从学士-硕士-博士-博士后完整的人才培养体系。目前在读本科生近 1 000 人、硕士生 200 余人、博士生近 100 人、博士后 5 人。
实验室情况　胶体与界面化学教育部重点开放实验室，物理化学、高分子材料省级重点学科和实验室。
师资队伍　双聘两院士 4 人、教授 58 人、副教授 58 人、博士生导师 30 余人。有博士学位的 61 人、硕士学位的 47 人、分别占教师总数的 47%和 36%。校聘关键岗位 11 人、校聘重要岗位 18 人。
在研究项目和已取得的科研成果　承担和参与 863、973、“攀登计划”、国家自然科学基金、国家、省、部级攻关项目等近百项，年度实到科研经费均达 600 余万元。被 SCI 收录的论文数近十年来始终排在全校前茅，占全校总数的 30%以上。曾获国家自然科学奖、全国科学大会奖、国家发明奖、国家科技进步奖、国家教委科技进步奖、全军科技进步奖、省部级奖上百项。
地址： 山东省济南市山大南路 27 号
邮编： 250100
电话： 0531-8364701，8395114
传真： 0531-8565167
网址： http://www.chemnew.sdu.edu.cn/

烟台大学高分子材料与工程系

简介　本专业 2001 年开始招生，现有三届约 240 人左右。2003 年高分子专业的硕士点已经确定，今年开始招收本专业的硕士。
实验室情况　正在建设的实验室面积近 400m²，设备包括双螺杆挤出造粒机、注射成型机、万能试验机、偏光显微镜、DSC 等加工和测试仪器近 50 台套。
师资队伍　教师 9 人，其中教授 3 人，副教授 2 人，获政府津贴的 2 人，博士学位 3 人，40 岁以下教师均为硕士毕业。
培养方向　三个方向：高分子材料加工、高分子化工、复合材料。
著作与成果

1. 韩冬冰，王慧敏．高分子材料概论．中国石化出版社，2003；
2. 韩冬冰．化工工艺学．中国石化出版社。

地址： 山东省烟台市莱山清泉寨 30 号
邮编： 264005
负责人： 丁永涛
电话： 0535-6902726
传真： 0535-6902063
E-mail： whm@ytu.edu.cn

郑州大学材料工程学院

简介　材料工程学院是郑州大学重点建设的工科院系之一，跨南北两校区，拥有高分子材料与工程、材料科学与工程、包装工程、材料成型及控制工程四个本科专业。高分子材料学科是国家“211 工程”一期重点建设学科，模具及高性能结构材料制备与成型技术学科建设项目是国家“211 工程”二期重点建设项目，材料加工工程是国家级重点建设学科，材料加工工程和材料学又是河南省重点建设学科。现有博士点 2 个、硕士点 4 个。
实验室情况　高分子材料科学与工程实验室始建于 1970 年，经过 30 多年的建设，特别是经过国家“211 工程”建设，实验室的仪器提升到了一个新的水平。实验室现有红外光谱仪、GPC 分子量测定仪、DMA、DSC、TG、流变仪、偏光显微镜、万能电子拉力实验机等大型精密仪器设备40余台套和比较齐全的高分子材料加工成型设备及性能测试设备，基本可以满足高分子材料学科的科学研究工作。实验室现有面积1 300平方米，固定资产1 000余万。

师资队伍　全院共有教职工121人，其中博士生导师4人，硕士生导师28人，教授18人，副教授及副研究员等33人，教师中具有博士学位的17人，入选国家“百千万人才工程”1人，享受国务院政府津贴4人，河南优秀专家3人。

培养方向

1. 高分子材料合成

本方向着重于学生的“知识、能力、素质”诸方面的培养、锻炼和提高。主干课程有：普通化学、有机化学、物理化学、高分子化学、高分子物理、高分子成型工艺学、高分子成型机械与模具等。本专业的培养目标是要求学生能够掌握高分子材料与工程基础理论和专业知识，运用高分子材料组成、结构与性能关系的有关规律，可以在高分子材料的合成、改性和成型加工等领域从事科学研究、技术开发、工艺设计和生产管理的高级工程技术人才。

2. 模具及成型加工

本方向主要培养具有现代模具设计与制造专业知识，能够较熟练地承担塑料模具及冲压模的设计与制造工作，具有CAD/CAM的基础理论和技能的高级专业技术人才。专业主干课程有：高分子材料、机械设计制造基础、电工电子技术、成型工艺、模具设计、数控技术、CAD/CAM软件、特种加工等。学生毕业后能在塑料橡胶制品、家用电器制造、汽车制造等与高分子材料相关的企业、科研院所、学校等地从事塑料配制、塑件成型加工、产品质量分析测试、模具设计的技术、管理工作以及新材料、新产品、新技术、新工艺的开发和教学工作。

在研项目和已取得的科研成果　承担并完成国家重点科技攻关项目、863高技术项目、国家自然科学基金项目等省、部级以上科研项目80余项，获得国家科技进步及省、部级科技奖励20余项。

1. 抗氧化尼龙66的研制与开发．河南省科学技术厅．2003年，朱诚身，何素芹，李鹏洲，吕励耘，郭建国，李晓辉，段文亮，刘武松，杨前华，段艳红，牛明军，陈红，秦新颖，刘文生，曹春安；

2. 快速脱膜尼龙66的研制与开发．河南省科学技术厅．2003年，朱诚身，何素芹，吕励耘，郭建国，李鹏洲，康鑫，李晓辉，段文亮，刘武松，杨前华，刘玉坤，刘爱玲，秦新颖，居峥，郭选政；

3. 河南省杰出青年科学基金．河南省科学技术厅．2003年，朱诚身，何素芹，郭建国，康鑫，吕励耘，王留阳，窦红静，李鹏洲，李晓辉；

4. 沥青聚氨酯防水涂料的研究．河南省科技厅．2002年，蒋学行，郑秀兰，伊向东，李新法，张中伟，冯侠，杨进元；

5. 高纯超细莫来石粉体化学法制备工艺．河南省科技厅．2003年；

6. 超细氧化铝粉体制备新工艺．河南省科技厅．2003年。

实验室取得了一系列的研究成果，发表学术论文200余篇，获得省部级以上奖励10余项，承担国家及省部级以上项目100多项，毕业本科生1 000余名，研究生近百名。

地址：河南省郑州市大学路75号
邮编：450052
电话：0371-7763215
网址：http://www2.zzu.edu.cn/

郑州大学国家橡塑模具工程研究中心

简介　是以年轻的博士为主体组建的专业从事模具及橡塑制品成型技术的研究和开发机构，是集模具CAE技术研究、CAD/CAM技术开发与应用、模具设计与制造、橡塑制品加工为一体的产学研实体，拥有博士学位和硕士学位授予权，并有河南省模具、材料工程及装备重点学科开放实验室。

中心拥有模具综合大楼8 100平方米，设有研究开发部、产业发展部、实验测试中心、学术交流中心、技术培训部和市场服务部等。为适应市场发展需要，中心于1999年成立了河南郑工橡塑模具国家工程研究中心有限公司，拥有加工基地3 150平方米，设有模具制造、注塑加工、挤出加工等三个车间。

实验室情况　现拥有精密数控加工中心、数控电火花、线切割、数控铣、注射机、双螺杆挤出机、三坐标测量机等精密模具加工设备和塑料成型设备五十余台（套）、流变仪、差热分析仪、材料试验机、红外光谱分析仪等测试和测量设备二十余台（套），各类型的计算机工作站、微机及外设六十余台（套），配备有各类模具CAD/CAE/CAM软件三十余套。

在研项目和已取得的科研成果　承担及完成国家级和省部级科研项目及重大横向协作项目五十余项，获得包括国家科技进步二等奖、化工部科技进步一等奖、河南省科技进步一等奖、国家“八五”科技攻关重大科技成果等在内的各类科技成果奖励十余项，并开发出具有我国自主版权的塑料成型过程计算机模拟软件（Z-MOLD）。

在研项目

1. 国家“八五”重点科技攻关项目．塑料注射模具冷却系统的研究与开发；

2. 国家“八五”攻关项目子项．塑料注射模流动充填专家系统；

3. 国家攀登计划B项目．复杂型腔模具中塑料熔体的三维流动、传热过程动态模拟；

4. 国家自然科学基金重点项目．橡塑制品成型模拟及模具设计中的关键力学问题和计算方法；

5. 国家自然科学基金项目．基于灵敏度分析的注塑模优化设计理论及应用；

6. 国家级火炬计划项目．精密塑料模具及制品的设计与制造；

7. 化工部重点科技攻关项目．橡胶模具CAD/CAM/CAE集成系统；

8. 河南省重大工业性试验项目．塑料模具CAD/CAM/CAE集成系统；

9. 国家经贸委工业试验项目．挤出成型过程计算机辅助工程技术；

10. 河南省自然科学基金项目．注塑成型中材料微观组织预测研究；

11. 河南省自然科学基金项目．气体辅助注射成型过程仿真模拟和过程优化；

12. 河南省自然科学基金项目．基于优化及模糊理论的聚合物成型质量预测研究；

13. 河南省自然科学基金重点项目．模具热交换系统理论研究；

14. 国家教委优秀年轻教师基金项目．塑料挤出成型计算机模拟技术的研究与应用；

15. 河南省科技攻关项目．流体成型故障诊断专家系统开发；

16. 河南省重大科技攻关项目．汽车塑料件成型模具设计与制造技术的研究与开发；

17. 国家经贸委重点企业开发项目．精密小模数塑料齿轮的研究与开发；

18. 航空总公司科技开发项目．运七飞机垂尾复合材料成型模具热变形分析；

19. 河南省重点科技攻关项目．黏弹性塑料熔体挤出胀大过程研究；

20. 河南省杰出人才创新基金．网络环境下的模具CAD/CAM技术；

21. 河南省杰出青年基金项目．聚合物注射成型中微观结构变化的理论与实验研究；

22. 河南省高校创新人才培养工程．塑料成型新技术研究；

23. 河南省优秀杰出人才基金项目．化学建材产品成型工艺及模具技术；

24. 河南省自然科学基金项目．气体辅助注射成型数值模拟技术研究；

25. 河南省重大科技攻关．橡塑制品成型及模具设计与制造的计算机集成技术；

26. 河南省自然科学基金项目．模具并行设计理论与方法的研究；

27. 河南省杰出青年基金项目．橡塑成型加工过程关键力学问题研究。

已取得的成果

1. 注塑成型模具及制品设计与分析过程的计算机集成技术．国家科技进步二等奖；

2. 注塑成型过程计算机模拟技术．化工部科技进步一等奖；

3. 复杂型腔模具设计、制造集成系统．河南省科技进步一等奖；

4. 注塑模CAD/CAE/CAM集成系统．国家“八五”科技攻关重大科技成果奖；

5. 高聚物成型过程计算方法的研究．国家石油与化学工业局科技进步二等奖；

6. 注塑模CAD技术．河南省科技进步二等奖；

7. 橡塑模具优化设计技术．河南省教委科技进步一等奖；

8. 注塑模计算机辅助工程技术．河南省教委科技进步一等奖；

9. 计算机辅助模具结构设计智能系统．河南省机械工业科技进步一等奖；

10. 复杂型腔注塑模具设计制造集成技术．河南省教委科技进步一等奖；

11. 塑料注射模冷却分析设计系统．河南省轻工业科技进步一等奖；

12. 橡塑模具优化设计技术．河南省教育厅优秀著作一等奖；

13. 塑料模具计算机辅助工程．河南省教育厅优秀著作二等奖；

14. 注塑模CAD/CAE/CAM技术及应用．高等学校科技成果博览会金奖。

地址：河南省郑州市文化路97号附1号
邮编：450002
电话：0371-3887600
传真：0371-3887474
网址：http：// www2. zzu. edu. cn/nerc/
E-mail：tianzhong@371. net

华中科技大学材料科学与工程学院

简介　华中科技大学材料科学与工程学院是经国家批准的具有硕士、博士学位授予权的一级学科。材料科学与工程学院下设材料加工工程学科，1988年评为国家重点学科，1990年建立了塑性成型模拟与模具技术国家重点实验室，1996年列入国家“211工程”重点学科，1998年被批准建立科技部快速原型制造技术生产力促进中心，同年获国家一级学科博士点授予权和博士后流动站。材料加工工程学科开设的材料成型及控制工程本科专业，在2003年中国大学评价课题组的本科专业排行榜上，居全国第一。

实验室情况　实验室面积8 000余平方米；利用“211工程”、国家重点实验室、重点学科的投入经费购置了50余台大型关键性精密仪器，建成了国内一流的国家模具重点实验室，快速成型中心以及激光加工实验室，已基本建成一个具有规模和实力、能够解决材料加工领域重大关键技术问题的国内一流的研究基地。

师资队伍　具有一支素质好、学术水平高的师资队伍，该学科有中国工程院院士1名，教授35名（博士生导师20名），副教授33名，讲师20人，实验室工程技术人员17名，教师中具有博士学位的占教师比例50%以上。

培养方向　本学科培养具备材料科学与工程学科、计算机学科以及信息学科有关的基础理论知识与应用能力，能够从事材料领域及计算机应用领域的科学研究、教学、技术开发、设计制造、试验研究、企业管理和经营等方面工作的高素质复合型人才。

毕业生情况　2003年毕业博士研究生16人，硕士研究生102人，就业率为100%；本科毕业生153人，就业率96.1%。该学科毕业生从业口径宽，就业形势好，毕业生具有坚实的材料学科的专业基础及计算机应用能力，有较高的外语水平，可从事各类企业、科研院所材料及计算机技术的研究开发及生产组织管理等工作，以及在高等院校从事科研和教学等工作。

著作与成果　李德群教授指导博士研究生周华明题为“塑料注射成型三维真实感流动保护过程模拟及实验研究”获湖北省优秀博士学位论文；熊惟皓教授指导硕士研究生杨青青题为“高性能足金制品的研究”获湖北省优秀学位论文。董湘怀教授编写的《材料加工理论与数值模拟》入选教育部研究生工作办公室推荐研究生教学用书。“材料成型与控制工程专业新型专业实验教学平台的研究与实验”和《材料成型过程计算机模拟》的全英语教学课程建设与教学实践分别获湖北省教改立项。2003年发表学术论文200余篇，其中SCI收录32篇，EI收录31篇，ISTP收录16篇。

在研项目和已取得的科研成果　本学科获国际奖3项，国家及奖励24项，省部级科技奖励107项，拥有发明专利35项，实用新型专利51项。

2003年科学研究经费突破千万，获国家自然科学基金资助5项，其中：重点项目2项，联合基金2项；承担国家863项目2项，其中重大专项1项；承担国家十五科技攻关项目1项；承担教育部基金项目3项，其中重点项目1项；承担湖北省攻关项目1项；湖北省基金项目2项。2003年，申请专利24项；授权专利15项，其中发明专利10项。申报的“高功率激光切割、焊接及切焊组合加工技术与设备”获国家科学技术进步二等奖；“激光与材料交互作用形成新材料的机理与特性的研究”获湖北省自然科学一等奖。

华中科技大学材料科学与工程学院下设材料科学与技术系、材料工程与计算机应用系，分别开设材料科学与工程、材料成型及控制工程两个本科专业课程，以上提供仅为材料工程与计算机应用系相关。

地址：湖北省武汉市洪山区珞喻路1037号
邮编：430074
负责人：李德群
电话：027-87543492
传真：027-87543776
网址：http://clxy.hust.edu.cn/
E-mail：clxyyxh@263.net

中山大学化学与化学工程学院

简介　于1994年11月成立，其前身是创办于1924年的中山大学化学系。现设有化学系、应用化学系、高分子与材料科学系、高分子研究所、材料科学研究所、物理化学研究所、无机化学与材料研究所、有机化学研究所、分析科学研究所、中药化学研究中心、精细化工厂和环境科学与工程研究中心。本学院的高分子化学与物理专业为全国重点学科点，聚合物复合材料与功能材料实验室为教育部重点实验室。经国务院学位委员会批准，1991年开设了化学学科博士后流动站；1998年6月获得化学一级学科博士学位授予权（覆盖无机化学、有机化学、分析化学、高分子化学与物理、物理化学5个二级学科）。1994年，化学专业被定为国家理科基础科学研究和教学人才培养基地。1996年，高分子化学与物理及天然物化学被列为“211工程”重点学科建设项目。现设有一级学科博士、硕士学位授予权覆盖的5个二级学科博士、硕士点；本科招生专业共有5个：化学、应用化学、材料化学、化学工程与工艺和高分子材料与工程。

实验室情况　在珠海校区新建一座建筑面积为7 200平方米的化学实验楼，专门用于基础化学实验教学。用于教学和科研的仪器设备3 000多台（件），总价值2 500多万元。

师资队伍　中级职称以上的教师148人，其中有中国科学院院士3人，博士生导师43人，教授50人，副教授53人。

培养方向　培养适应于现代化学工业发展需要和具有良好科学素质，掌握化学基础理论、基本知识和良好实验技能，初步具有应用研究、科技开发和生产技术管理能力的各层次专门人才。

在研项目和已取得的科研成果　本学院长期承担国家和省部级重要科研课题，并取得显著的科研成果。自1990年以来，有62项科研成果曾获得各种奖励；在国内外学术刊物发表学术论文3 000多篇，其中有750多篇被SCI或EI收录；出版专著41部；个人获重要奖励和荣誉称号39人次。目前承担的科研项目有国家自然科学基金重点与面上项目、国家杰出青年基金项目、国家九五攻关项目、国家863计划项目、广东省自然科学基金项目和部、省、市有关单位委托项目等200多项。

地址：广东省广州市新港西路135号

邮编：510275

电话：020-84113691

传真：020-84112245

网址：http://ce.sysu.edu.cn

E-mail：cedc08@zsu.edu.cn

华南理工大学材料科学与工程学院

简介　具有一级学科博士学位授予权和博士后流动站。本学科整体实力在国内名列前茅，师资及科研力量雄厚。本学科进行着多项处于学科前沿领域的科学研究，高分子光电材料研究领域达到国际先进水平，高性能橡塑材料和有机/无机纳米复合材料领域在国内居领先地位。高分子材料与工程专业的主干学科“材料学”与“材料加工工程”为国家重点学科，“高分子化学与物理”为理学博士点，为广东省重点学科。

实验室情况　拥有高分子成型加工教育部重点实验室、高性能与功能高分子材料广东省重点实验室和高分子材料广东省教育厅重点实验室。实验室面积11 200平方米，固定资产3 200万元。实验设备有全自动X射线衍射仪（带面探检测器）、PLASHTI-CORDER塑料工作站、电子万能试验机、高温十八角度激光光散射仪、高温凝胶渗透色谱仪、裂解气相色谱-质谱联用仪、橡胶加工分析仪、傅里叶变换红外光谱仪、开炼机、密炼机、平板硫化机、注塑机、双螺杆挤出机、捏合机、吹塑机、硫化仪等。

师资队伍　有一支年龄结构、学历结构、职称结构较为合理的高水平学术队伍，其中包括多名学术造诣高、在国内外有影响的学术带头人。现有教师85人，其中包括中科院院士2人，长江学者特聘教授1人（同为国家杰出青年科学基金获得者），珠江学者特聘教授1名，博士生导师15人，教授20人，副教授24人，讲师25人；具有博士学位教师48人，45岁以下的教师比例占68%。

培养方向　学生毕业后可到高分子材料及高分子复合材料成型加工、高分子合成、化学纤维、精细化工、涂装、石化、新型建筑装饰材料、现代喷涂与包装材料、汽车制造、家用电器、电子电气、航天航空等企业从事设计、新产品开发、生产管理、市场经营及贸易部门工作，也可以到高等学校、科研单位从事科学研究与教学工作，还可以到政府部门从事相关的行政管理、质量监督等工作。

毕业生情况　博士13名，硕士28名，本科毕业生119名。

著作与成果　近5年以来本学科在国内外重刊物发表论文890篇，其中被SCI、EI、ISTP三大索引收录248篇，获得国家级科技奖励2项和省部级科技奖励15项，获授权发明专利25项。此外本学科十分重视科研成果转化，科研成果转化获得显著效果，据初步统计，近5年直接经济效益（新增产值）达10亿元人民币以上。

在研项目和已取得的科研成果　国家973、863国家科技攻关项目、国防科工委攻关项目、国家自然科学基金重大项目和重点项目、国家杰出青年基金项目等一批国家级重大重点项目及一批国家自然科学基金面上项目，承担了教育部跨世纪优秀人才基金、广东省自然科学基金重大项目及教育部博士点基金、广东省自然科学基金第一批基金项目，此外还与深圳三九集团、广东新会美达股份有限公司、广州光耀星翰塑料股份有限公司等一大批企业进行产学研合作项目。据不完全统计，2003年新增产值达3亿元人民币以上。

地址：广东省广州市天河五山路

邮编：510640

负责人：赵建青

电话：020-87113576

传真：020-87113576

网址：http://www.scut.edu.cn

E-mail：psjqzhao@scut.edu.cn

华南理工大学工业装备与控制工程学院

简介　过程装备与控制工程/高分子材料成型及控制专业旨在高分子材料成型加工及控制工程新兴领域内，培养具有系统的高分子材料、成型加工机械设计和控制科学基础理论、掌握高分子材料成型工艺及理论、成型加工机械设计与理论、制品设计与模具工程技术、高分子加工过程控制理论、计算机应用技术的高级复合型工程技术人才、科研人才和管理人才。

实验室情况 （实验室面积，主要实验设备等）

拥有专业实验室面积约 3 873m²，拥有万元以上仪器设备合计 105 台（件），仪器设备值合计 2 500 万元。

师资队伍 教授 8 人，副教授 20 人，讲师 15 人，具有博士学位 12 人。

培养方向 基于计算机仿真的机械模具创新设计，高分子材料加工过程 CAD/CAE，聚合物成型过程建模与仿真，高分子材料成型加工及计算机应用，分子材料加工机械设计与理论，机械装备控制理论与设计。

毕业生情况 博士研究生 7 人；硕士研究生 17 人；本科生 135 人；专科生 22 人。

著作与成果 2003 年发表科技论文 86 篇，其中在核心刊物或统计源刊物发表的文章有 70 余篇。

2003 年主编出版的科技专著有两本，分别是：《BMC 模塑料及其成型技术》（陈锋主编）和《塑料复合制品成型技术及设备》（周南桥、彭响方主编）。

参编出版的科技专著有两本，分别是：《UG CAD 应用案例集（NX 版）》（李开林）和《制浆造纸机械与设备》（黄石茂）。

在研项目和已取得的科研成果 2003 年在研项目共 60 多项，项目经费达 2 463 万元，新增的科研项目有 15 项，（其中国家级项目 1 项，省部级纵向项目 9 项，开发项目5 项）。

2003 年取得的主要科研成果有：

1. 彭玉成、王喜顺老师参加的“基于模拟仿真的聚合物加工及模具优化设计与应用”项目获得国家科学技术进步二等奖；

2. 由瞿金平老师等主持的“聚合物电磁动态注射成型方法及设备”项目获教育部提名科学技术进步奖一等奖；

3. 由马铁军老师等主持的“密炼机橡胶混炼智能控制系统的研制”项目获广东省科学技术进步二等奖。

地址：广东省广州市五山石牌
邮编：510640
负责人：黄汉雄
电话：020-87110562
传真：020-87110562
网址：http://www.scut.edu.cn
E-mail：mmhuang@scut.edu.cn

西南交通大学材料学院

简介 成立于 2001 年 10 月，其前身是 1905 年在唐山路矿学堂创办的矿冶科，三十年代初成立矿冶系，1946 年分设冶金工程系和采矿工程系，是我校建立最早的系科之一。我院毕业生中有中国科学院和工程院院士 15 位。

学院现有材料学博士点和材料学、材料加工工程、材料物理化学、生物医学工程四个硕士点，材料科学与工程、材料成型及控制工程和生物医学工程三个本科专业，涉及多个研究领域：功能材料、超导材料、现代焊接技术、表面工程技术、金属材料工程、高分子材料与工程、材料成型及控制、特种加工技术、心血管人工器官、组织工程材料、生物陶瓷材料、生物材料表面工程、生物摩擦和医疗器件生物学评价等等。

实验室情况 拥有总价值二千多万元的大型精密仪器设备近 20 台套；学院建有表面工程与摩擦学，四川省人工器官表面改性的第二个省部级重点实验室、省级低维复合材料工程技术研究中心。

师资队伍 在岗教职工 60 余人，其中博士生导师 8 人，教授 17 人，教育部长江学者奖励计划特聘教授 1 人，享受国务院特殊津贴专家 3 人，国家杰出青年科学基金获得者和教育部跨世纪人才 2 人，主要学术带头人均为优秀留学回国人员。

在研项目和已取得的科研成果 承担了 863 项目二项，国家自然科学基金、国家“九五”重点项目及攻关项目 21 余项，省部级科研项目 29 余项，国际合作项目 3 项，以及大量的横向科研开发项目。获部级以上科技奖 20 余项，专利 19 项。在国际会议及国外刊物上发表论文 93 篇。国内学术会议及学术刊物上发表论文 405 篇，出版教材及专著 11 本。1990 年以来有 22 篇论文被 EI 收录，12 篇被 SCI 收录，16 篇被 ISTP 收录。另外，教职工中有近 20 人受到国家、省、部级以上和学校的各种奖励。近两年来，共获得科研经费 214 余万元，在研项目包括 863 项目一项，国家自然科学基金及攻关项目 8 项，省部级科研项目 10 余，国际项目一项；在国际会议及国外刊物上发表论文 14 篇，国内学术会议及学术刊物上发表论文 149 篇，其中有 12 篇被 EI 收录，5 篇被 SCI 收录，3 篇被 ISTP 收录。

地址：四川省成都市二环路北一段 111 号
邮编：610031
网址：http://clxy.swjtu.edu.cn/

西南交通大学高分子材料研究所

简介 主要从事晶须和短纤维改性高分子复合材料、

高分子建筑材料（如涂料等）以及高分子材料的合成、结构与性能等领域的研究和相关新产品开发。发明了立体四针状氧化锌晶须的制备和生产工艺，获国家发明专利并形成了批量生产的能力。产品及其生产技术经过四川省科委、教委组织的成果鉴定，鉴定委员会认为：该产品填补了国内空白，其生产技术具有创新性，达到国际先进水平。立体四针状氧化锌晶须1997年被国家科委等五部委评为国家级重点新产品。在此基础上研究了用该晶须改性高分子复合材料的强度、摩擦磨损、抗静电、微波吸收、减振降噪等性能。研制开发的有机-无机高分子复合涂料、丙烯酸（含苯-丙）乳液及其内、外墙涂料等建筑涂料已申报国家发明专利并投入批量生产。

实验室情况　本研究所现有高分子复合材料（塑料、橡胶、涂料等）加工制备、性能测试与检测评价的较为完善的试验条件，如全电脑自动控制的材料万能试验机，塑料、橡胶混炼设备、成型设备，橡胶硫化仪、黏度仪、老化仪、弹性仪、磨耗仪等橡胶分析检测设备，涂料砂磨混合设备以及摩擦磨损、附着力、硬度、光泽等全套检测设备等。

在研项目和已取得的科研成果　近五年来在国内外重要学术期刊发表学术论文50余篇，被SCI，EI和ISTP等重要检索工具检索10篇（次），参加国际国内学术会议10余次。

地址： 四川省成都市二环路北一段111号

邮编： 610031

网址： http://www.swjtu.edu.cn/chtdocs/kyxt/txt/poym/

E-mail： zwzhou@home.swjtu.edu.cn

西华大学材料科学与工程学院

简介　材料科学与工程学院（系）正式组建于1984年，1985年开始招收硕士研究生，是我校最早取得硕士学位授予权的院系。目前设有材料学、材料加工工程两个硕士点和材料科学与工程、材料成型及控制工程两个本科专业，并拥有集教学、科研、新材料开发及应用为一体的四川省特种材料及制备技术重点实验室，以及模具研究所、焊接研究所、铸造研究所、纳米材料及应用研究所和功能材料及表面技术研究所等五个代表学院科研与办学特色的产、学、研机构。学院同时也是四川省政府批准的“四川省材料科学与工程本科人才培养基地”之一。学院具有材料领域工程硕士学位和同等学历硕士学位授予资格。

师资队伍　教授、副教授占81%。

在研项目和已取得的科学成果

1. 室温磁制冷材料及制冷机的研究；
2. 铁电薄膜用Pt/Ti/SiO_2/Si电极特性研究；
3. 室温磁制冷样机及磁制冷材料的研究；
4. 基于碳纳米管/纳米过渡金属氧化物复合材料的超大容量离子电容器；
5. 聚氨酯弹性体/无机纳米功能材料研究；
6. 单燃料天然气汽车发动机缸盖球墨铸钢耐热新材料研究；
7. 新型镁合金压铸关键技术研究；
8. 节能型内燃机缸套金属型覆砂铸造工艺研究；
9. ZrHr粉末成型工艺研究；
10. 纳米陶瓷表面耐磨热隙层强韧性研究；
11. 型超硬锤头合金硬化韧化机理及应用研究；
12. 钨铜复合材料制备技术及机理研究；
13. 金属纳米材料制备技术及机理研究；
14. 纳米钨铜复合材料机理研究及应用；
15. 新型稀土-镁合金研究；
16. 碳化物团球化机制及新型抗磨材料的研究；
17. 高韧铸铁断裂韧性研究；
18. 镁合金压铸件环保型表面处理技术研究；
19. 金快速成膜技术及电磁功能膜制备技术研究；
20. Ti合金氢脆及形成机理研究；
21. TZS_{88}合金及其应用基础研究；
22. 型材挤压模具工作状况的数值分析及模拟；
23. CAD/CAE/CAM实验平台建设及应用开发；
24. 先进陶瓷及粉体材料制备技术研究；
25. 纳米钨铜复合材料机理研究；
26. 掺钕钇铝石榴激光陶瓷。

地址： 四川省成都市高新西区西华大学校本部一教三楼

邮编： 610039

电话： 028-87720514

传真： 028-87720513

网址： http://www.scit.edu.cn/xibujieshao/cailiao-xueyuan/index.asp

E-mail： clxzz@mail.xhu.edu.cn

西安交通大学材料科学与工程学院

简介　西安交通大学材料科学与工程学院的前身是交通大学机械工程系的有关专业系科。其中，材料学系的前身是1952年成立于上海的交通大学金属材料及热处理专业，材料加工工程系的前身是1952年成立于上海的交通大学铸造、焊接和锻压专业，主体部分于1957年迁至西安。材料物理与化学系的前身是上个世纪八十年代创办的腐蚀与防护专业和高分子材料专业。1963年经国家科委和高教部批准成立专职金属材料及强度研究室，1979年在研究室的基础上成立研究所。1983年以金属材料及热处理专业为基础成立材料科学与工程系，1988年金属材料及热处理专业被评为全国首批重点学科。1994年4月8日成立材料科学与工程学院。2002年底材料学科调整和整合，将原设在本校机械工程学院的材料加工工程系调整到材料学院。我院材料学科是首批博士点和博士后流动站设站单位。目前，已经形成完整的材料科学与工程学科体系，下设材料学、材料加工工程、材料物理与化学三个二级学科。三个二级学科均拥有博士、硕士和学士学位授予权，并设有博士后流动站。其中材料学学科是国家重点学科。设有以教学为主的材料学系、材料加工工程系、材料物理与化学系；并设有以科研为主的材料强度研究室、新材料研究室、表面工程研究室、焊接研究所、耐磨材料及铸造研究所、工程材料研究所等研究室。

实验室情况　设有金属材料及强度研究所与一个国家重点实验室——金属材料强度国家重点实验室。1995年以来，获得国家“211工程”和“教育振兴行动计划”千余万元支持，拥有各种大型分析、力学性能测试与材料制备设备30余台件。

师资队伍　现有教职工103人，其中正副教授和高级工程师53人，博士生导师21人。

培养方向　培养能满足我国基础产业要求及适应现代化建设的具有系统材料知识、基础理论知识及工程技术知识，且具有新材料、新产品、新工艺开发研制能力和创新意识的高级工程技术人才。

毕业生情况　硕士研究生60～70人、博士研究生50～60人，现有博士后在站人员7人。每年均招收工程硕士研究生。

在研项目和已取得的科研成果　曾获省部级以上奖七十余项，包括国家科技进步一等奖1项（低碳马氏体及其应用的理论研究）、国家自然科学三等奖（论材料的强度、塑性、韧性的合理配合），累计经济效益逾十亿元人民币。年均获得国家自然科学基金项目4～5项，并获得国家攻关、863项目十余项，年均发表论文150余篇、接受客座访问学者4～5名，编写专业教材和专著30余本。

地址：陕西省西安市咸宁西路28号

邮编：710049

负责人：邢建东

电话：029-82668614

网址：http://mse.xjtu.edu.cn/

西北大学化工学院

简介　1937年由北平大学、北洋工学院、北师大迁至西安组成国立西安临时大学，国立西安临时大学设理、法商、教育、工、农、医六大学院，其中工学院设土木工程、矿冶工程、机械工程、电机工程、化学工程、纺织工程六个系；1938年3月国立西安临时大学迁往陕西城固县；同年4月，国立西安临时大学更名为国立西北联合大学；同年7月，西北联大工学院与东北工学院、焦作工学院合并成立西北工学院；同年8月，国立西北联合大学改名为国立西北大学；1945年，抗战胜利之后，国立西北大学迁至西安，国立西北工学院迁至咸阳；1949年，国立西北工学院更名为西北工学院；1958年，西北工学院与西安航空学院合并成立西北工业大学；西北工学院化工系的部分教职工和学生去了北京石油学院，另一部分到了西安石油学院；1960年，西安石油学院及西安交通大学的纺织系、水利系合并成立了陕西工业大学；1972年，陕西的高等院校调整，陕西工业大学化工系并入西北大学。

化工学院拥有化学工程博士学位授权点；化学工程、化学工艺、应用化学、生物工程和工程硕士5个硕士学位授权点。有生物工程、化学工程、制药工程、过程装备与控制工程、食品工程5个系、应用化学（工）等六个本科专业。

化工学院内设纳米材料、生物工程、精细化工、新型反应器四个研究所和陕西省资源化工应用工程技术研究中心。

实验室情况　已投资建成或正在建设中的有：500万元新建化工实验大楼及化工原理实验室；投资135万元新建制药工程和食品工程专业实验室；投资60余万元新建机械工程制图实验室和电工实验室以及生物化学与微生物实验室；面向科研与教学相结合的有发酵工程实验室与设备仪器中心。

师资队伍　现有教职工88人，其中教师62人，教师中有博导3人，教授9人，副教授29人，讲师18人。教师已获和在读博士学位的有26人。

在研项目和已取得的科研成果　近五年来，承担国家“九五”科技攻关及国家自然科学基金项目6项，省部及项目38项，其他项目80多项，获科研经费500多万元，年均发表论文100多篇，其中，被权威期刊SCI、EI收录50余篇。

地址：陕西省西安市太白北路229号西北大学教学一号楼（化工楼）一层113号

邮编：710069

负责人：宋纪蓉

电话：029-88302632

传真：029-88302348

网址：http://www.nwu.edu.cn/page/jigoush ezhi/

department/huagong/

西北大学纳米材料研究所

简介　西北大学纳米材料研究所致力于研究新型纳米材料。以祖庸教授为首的纳米材料科研小组，成功的完成了纳米 ZnO、纳米 TiO_2、纳米 $CaCO_3$ 的制备研究，并完成了纳米 ZnO、纳米 TiO_2 的中试放大研究。其中，年产 50 吨的纳米 ZnO 生产装置于 1999 年 5 月投入运行，并注入资金 1 000 万元组成"江苏五菱常泰有限公司"。依托西北大学技术力量，2000 年 5 月份"江苏五菱常泰有限公司-西北大学纳米材料研究所"在西北大学正式挂牌。

师资队伍　现有研究人员共 12 名，其中正高级职称（教授）3 名，副教授和高工 4 名，讲师 2 名，助工 1 名，硕士生 2 名。

在研项目和已取得的科研成果　已完成研究项目有：纳米 TiO_2 的制备、均匀沉淀法制备纳米 ZnO 的研究、纳米 TiO_2 的放大研究、年产 2 吨纳米 ZnO 的放大研究、20t/a 纳米 ZnO 的中试研究、超细立方形 $CaCO_3$ 的制备研究、超细链锁形 $CaCO_3$ 的制备研究，其中已进行过鉴定的 4 项。现接近完成的项目有：浅色导电纳米粉体的制备、陶瓷质杀菌器具的研制、杀菌除臭粉体制备。在研究的项目有：纳米 $MgCO_3$ 的制备、纳米 TiO_2 光催化处理有机污水研究、纳米粉体在保护文物中的应用、纳米粉体表面处理等。

地址：陕西省西安市太白北路 229 号

负责人：祖庸

电话：029-88497982

网 址：http：// www. nwu. edu. cn/page/jigoushezhi/department/huagong/keyan/04. htm

西北工业大学高分子材料与工程系

简介　主要从事高强、高模、耐高温树脂基复合材料、功能高分子材料、生物医学高分子材料和功能涂料、为航空、航天、航海等高科技领域培养了一大批优秀的人才。

实验室情况　实验室占地面积达 2 000m²，主要有 DSC、TGA、DMA 热分析仪器，气质联用分析仪，各类色谱、光谱分析仪，大型复合材料热压罐等设备。

师资队伍　博士生导师 5 名，教授 8 名，副教授 11 名。

培养方向　高分子材料的合成、加工及结构与性能研究。

毕业生情况　博士 4 名，硕士 25 名，本科生 30 名。

著作与成果　2003 年出版学术专著 2 本，教材 3 部，校级教学成果奖一项。

在研项目和已取得的科研成果　2003 年新增国家自然科学基金 2 项，国家 863 计划项目 1 项（子项目），发表论文 110 篇，EI、SCI 索引 20 篇，获国防科工委科技进步三等奖 1 项，陕西省科技进步三等奖 1 项，厅级科技奖二等奖 2 项。

科技部 863 计划项目：

新型多功能保水剂系列产品的研制及其产业化研究

国家自然科学基金面上项目：

1. 界面对树脂基复合材料透波性能影响的研究；

2. 两亲性药物控制高分子分子设计合成及控释机理研究；

3. 可控制游离基无皂乳液聚合制备磁性高分子复合微球及其机理研究。

国防科工委军工计量"十五"计划重点项目：

1. 含不同结晶度聚乙烯标准物质的研究和制备；

2. 防老剂 D、BHT 标准物质的制备研究；

3. 国防科工委基础技术标准——新酚磨塑料国军标规范的制订；

4. 国防科工委基础技术标准——军用塑料质量规范制订。

2003 年所获成果和奖励：

1. 耐高温、绝缘耐油、高耐磨热固性酚醛磨塑料的研究，陕西省科工委科技进步奖二等奖，国防科工委科技进步奖三等奖；

2. 高耐热高绝缘高韧性热固性酚醛树脂的研究，陕西省科工委科技进步奖三等奖；

3. 棉纤维增强耐磨材料及滑轮标准件的研究，陕西省教委科技进步奖二等奖。

地址：陕西省西安市西北工业大学

邮编：710072

负责人：范晓东

电话：029-88474139

传真：029-88491000

网址：http：// www. nwpu. edu. cn

E-mail：Xfand@yahoo. com

兰州理工大学材料科学与工程学院

实验室情况　甘肃省有色金属新材料重点实验室为省部共建国家重点实验室培育基地。拥有电子探针分析仪、透射电子显微镜、激光加工设备、镁合金半固态压铸设备、材料快速成型设备等各种具有国际先进水平的材料分析测试仪器设备、熔炼制备设备及加工成型设备，设备资产达 3 300 多万元。

师资队伍　博士生导师 18 名，教授 23 名，副教授和高级工程师24名，讲师和工程师23人。在上述人员中有国家级专家及国务院特殊津贴获得者12人，省部级专家12人。其中陈剑虹教授为中国焊接学会理事长。兼职教授17人，其中院士4位，“长江学者”特聘教授6位，国外顾问与客座教授6人。

培养方向 培养具备包括金属材料、无机非金属材料、高分子材料及其复合材料领域的科学与工程方面宽广的基础知识，能在各种材料的制备、加工成型、材料结构与性能等领域从事科学研究与教学、技术开发、工艺和设备设计、技术改造及经营管理等方面工作的高级科学研究与工程技术人才。毕业生可在科研单位、工矿企业从事材料成分、组织结构的研究与分析工作，也可从事材料及复合材料制备、材料成型等方面科学研究、技术开发、工艺设计工作，也可在高校从事科研与教学工作。

在研项目和已取得的科研成果 近五年来发表学术论文共1 100余篇，其中在国际杂志及学术会议发表160余篇，被SCI、EI收录90余篇；出版著作20部，教材3部。其中在材料断裂行为研究方面提出了新的断裂物理模型和断裂判据，被国际上广泛引用，陈剑虹教授应美国哈佛大学邀请前往该校讲学。近五年完成省部级以上科研项目80余项，其中达到国际水平的成果50余项，获得省部级以上科技进步奖25项，国家专利28项，科研成果转让共19项，直接经济效益7 910万元。

科学研究方向

1. 新材料研究与开发

① 有色金属材料断裂行为研究；

② 复合材料细观结构的可视化仿真与模块化设计；

③ 镍基储氢电极材料的开发；

④ 高性能有机-无机纳米复合材料；

⑤ 材料非平衡制备；

⑥ 高温金属间化合物合金及其应用。

2. 先进材料加工成形技术

① 铝与锌基复合材料及镁合金的半固态成形技术；

② 新型焊接加工方法及智能控制与自动化；

③ 单晶铜和铝合金的定向凝固成型理论与技术；

④ 铸造CAE技术及其应用软件；

⑤ 数字化焊接电源及设备。

3. 先进冶金技术

① 电弧冶金与稀土功能材料；

② 粉末冶金与高温复合材料；

③ 湿法冶金与纳米材料；

④ 资源综合利用与环境化学。

地址：甘肃省兰州市兰工坪85号
邮编：730050
电话：0931-2758024
网址：http://www.gsut edu.cn/cailiao/index.htm
E-mail：gdclxsb@gsut.edu.cn

重点企业介绍

北京东方克拉管道设备有限公司

东方克拉管道设备有限公司是德国克拉股份有限公司、德国三林医用与工业技术有限公司和北京三林多乐商贸有限公司共同组建的合资企业，是集生产加工、国际贸易、信息咨询、中介代理、高新技术推广等于一体的综合型企业。公司本部设在天津港保税区，公司的业务涵盖中国内地、港台地区和亚洲其他国家。

公司主要产品是大口径缠绕管生产技术和设备，可生产直径300～4 000mm的普通缠绕管系统（简称PKS）和加强型塑料压力管道系统（简称KPPS），管道的承压范围是2～12kg。公司还生产制造配套产品——全自动智能电热熔焊机和各类电热焊丝，使用一台这种新型智能焊机可以自动焊接最大直径为2 000mm的塑料管道。

公司独家代理意大利ITIB公司的双壁波纹管产品，管道直径为4.5～630mm大口径缠绕管生产线。

总部：天津市保税区
办事处：北京市广外南滨河路23号立恒名苑2-504室
邮编：100055
电话：010-63283939
传真：010-63481324
http：//www.krah-china.net
E-mail：info@krah-china.net

河北宝硕集团

河北宝硕集团，是集科、工、贸、金、农为一体，主要从事塑料制品加工和基础化工的大型综合性企业集团。集团总资产32.2亿元，职工万余人，2003年完成销售收入17.2亿元，实现利税1.1亿元，其中利润7 153万元，国有资产的保值增值率为100.77%，主要经济指标连续六年位居全国塑料行业前茅。集团为国家520家重点企业之一，是原国家经贸委认证批准的大型企业集团。2003年获得了河北省百强企业、河北省轻工业行业排头兵、省工商行政管理局命名的“重合同守信用单位”等多项荣誉称号，集团营业收入统计荣列2002年中国最大1 000家大企业集团之列（第835名）。

2003年，宝硕集团坚持走产业专业化的道路，大力调整产品结构。全年主要产品产量24.96万吨，其中塑料制品总产量达142 447吨，同比增加了17.2%，其中农膜产量49 080吨，管材产量28 018吨，BOPP包装膜产量29 326吨，POF热收缩膜产量4 900吨，PVC-U异型材产量28 458吨，塑料门窗产量99 780平方米；化工产品全年完成产量95 793吨，其中离子膜烧碱37 230吨、PVC树脂40 788吨；糖醇产品通过调整产品结构，全书完成产量10 598吨，比去年同期增长79.5%。

2003年，集团全年进出口总额2 130万美元，其中出口创汇245万美元，同比分别增长31.25%和154%，产品畅销美国、加拿大、韩国等十多个国家和地区。

目前，集团塑料制品加工能力已达30万吨以上。宝硕牌主导产品包括BOPP系列包装膜、PE系列农地膜、PVC/PE系列管材管件、PVC、POF和PE/PP系列热收缩膜、PVC异型材及门窗、离子膜烧碱、PVC树脂、木糖醇等产品，优质品率达98%以上。经过建立现代企业制度，进行产品结构调整，现宝硕集团已初步形成化学建材、软包装材料、农用塑料、基础化工四大生产基地。

二十年前，宝硕集团还是一个职工不满300人，仅能生产塑料鞋底和热水瓶皮的小型国有企业。宝硕之所以能有今天，最主要的还是比较成功地走出了一条消化、吸收、改造、创新相结合的技术引进之路。如自1984年到目前，宝硕先后从国外引进了具有国际先进水平的生产线和关键设备30余条套，大幅度地提高了企业的装备水平，使企业彻底发生了脱胎换骨的变化。与此同时，积极走投资主体多元化之路，利用自我滚动、银行借贷、发行债券、对外引资、上市融资等方式，有效地保证了企业发展资金，特别是通过这种产品经营和资本经营的紧密结合，有效形成了资金和技术互为保障的良性驱动。

目前，集团主导产品在国内长江以北的龙头地位得到了进一步的巩固，如宝硕PVC管材通过扩产，已形成4.5万吨的生产能力，成为亚洲规格最全、口径最大的生产厂家；宝硕PE农地膜也通过扩产技改，形成了6.4万吨的生产能力，成为国内最大规模生产厂家；宝来生产线的竣工投产，使BOPP包装膜产品达到了4万吨的能力，成为我国北方最大规模的生产厂家；异型材和塑料门窗也已形成了4万吨和50万平方米的能力，在北方的市场知名度已越来越高。

现在，宝硕集团通过ISO 9000质量管理标准认证的分、子公司有富太公司、管材公司、创业分公司、型材公司、化二分公司、化工分公司、宝源公司、宝康公司等 8 家，其中前 7 家还通过了 ISO 14001标准认证。

2003 年 5 月，宝硕集团与天津空港物流加工区管委会签署了投资协议和土地出让合同，决定在天津空港物流加工区投资 32 亿元建“宝硕新型建筑材料工业园”，将年产 60 多万吨新型建筑材料，其配套的宝硕国际流物中心也同时开工，将成为我国重要的绿色环保型建材加工企业。该项目分两期进行，全部项目计划 2～3 年内完成。同时，宝硕集团在新疆投资的 PVC-U 给水管材已达到年产 15 000 吨，在浙江传化、珠海保税区、江苏常州等地投资的项目前期准备工作均已完成，正在建设中。这些项目的实施，将意味着宝硕规模化、专业化发展开始加速。“十五”期间，宝硕集团主导产品的生产能力将达到 50 万吨以上，力争到 2005 年，实现销售收入 25 亿元，实现利税 4 亿元，主要产品市场占有率居国内同类产品之首，新产品产值率达到 80％以上，资产保值增值率达到 135％。

地址：河北省保定市向阳南路 117 号
邮编：071051
电话：0312-3209664
传真：0312-3209655

承德市金建检测仪器有限公司

承德市金建检测仪器有限公司始建于 1994 年，是一家专业制造非金属材料试验机的高新技术企业。以科技为先导、市场为依托，在创新之中求发展。承德市金建检测仪器有限公司凭着多年的经验积累和独特的企业文化底蕴，使企业在非金属材料试验机行业中飞速发展，并以磅礴的气势发展壮大为试验机行为中的典范。公司产品使用“金建”注册商标，曾多次荣获省部级奖项，连续多年被评为省级重合同守信用企业。在金建人的不断努力下，2003 年公司被建设部列为全国惟一的“国家化学建材检测仪器科技示范工程产业化基地”。承担着国家塑料行业标准的修订及新课题的研发，此外公司始终紧跟世界先进技术发展的方向，引领国内试验机技术发展的潮流，促进行业的发展。

金建公司主要产品有：热变形、维卡软化点温度测定仪、拉力试验机、熔体流动速率仪等 30 多个系列，100 多个品种，并获得了多项国家专利，造就了具有自主知识产权特色拳头产品。公司具有自营进出口贸易权，产品遍及全国并远销美国及亚洲地区。

公司可应客户的不同需求提供相应产品的技术支持，满足客户的需求，让用户满意是金建永久的追求。

地址：河北省承德市高新技术开发西区 14 号
邮编：067000
电话：0314-2121111
传真：0314-2121898

新乐华宝塑料机械有限公司

该公司是生产塑料机械的专业工厂。多年来，致力于各种塑料机械的研究、设计和生产，尤其在流延膜领域，凭借雄厚的实力以及年产 1.5 万吨流延膜、卫生巾膜、三层共挤打孔基材膜、透气膜、CPP、CPE、缠绕膜、保鲜膜及各种流延复合薄膜的生产经验作技术后盾、通过消化、吸收国外的先进技术使流延膜塑料机械做的更完美，致使一直处于领先地位。主要产品有：

单层/三层流延压纹薄膜生产线。主要生产消光膜、压纹膜、多层共挤流延膜。适用于卫生巾包装膜、打孔基材膜、卫生巾底膜，可制作台布、浴帘、西服罩、打字机罩、电脑罩等系列制品，其特点是手感柔软、舒适、给人丝绸般的感觉，是环保替代产品。

单层、三层流延透明膜生产线。主要生产 CPE、CPP、EVA 高透明膜、保鲜膜、缠绕膜等适用于食品包装，农业、工业包装，复合用等领域。

共挤淋膜贴合生产线。本机组通过两台挤出机分别挤出背胶面料及黏合剂，通过 T 型模头后，使流延薄膜均匀淋贴在基布上，经过压花冷却辊使淋贴薄膜冷却定型，剖切后再卷取成成品包装。此产品无毒、无味、无污染、可回收，质地柔软，可替代污染严重的 PVC 压延贴合产品，主要用于帆制品类、皮件制品类、家具类、建设装饰材料等领域。

挤出流延薄膜（板材）生产线。采用流延工艺生产 PP、PE 塑料板材，其表面无任何纹路及缺陷，可用于制作文具用品以及各种吸塑成型制品，如文件夹、塑料杯、包装盒等产品。

流延透气膜生产线。主要用于卫生巾、卫生垫、婴儿尿裤、尿垫以及医疗等领域，其特点是透气率高，穿着舒适、光滑、柔软，减少皮肤刺激，胜似丝绸的感。

地址：河北省新乐市承安铺
邮编：050700
电话：311-8561290　8562491　8561830
传真：311-8561844

山西省化工研究院

山西省化工研究院研制出塑料助剂最新科研成果。

1. 聚烯烃成核剂

涉及 TM 系列 α 晶型成核透明剂和 TMB 系列 β 晶型成核剂两大体系。

TW 系列 α 晶型成核透明剂包括 TM-1、TM-2、TM-3 三个品种，具有改善聚丙烯、聚乙烯等半结晶树脂结晶性，促使晶粒尺寸微细化的功能，达到提高制品透明度、刚性、拉伸强度、抗蠕变性等物理力学性能的目的。广泛应用了各种聚丙烯薄膜、片材、注塑制品，亦用于 LLDPE 等聚乙烯薄膜的透明改性。

TMB 系列 β 晶型成核剂包括 TMB-4 和 TMB-5 两个品种，能使聚烯烃的结晶形态有效地转化为 β 晶型，提高制品的冲击强度、热变形温度和透气性。主要应用于改性聚丙烯工程制品、PP 的合成纸、聚乙烯管材专用料等领域。

2. OL-AT 系列铝钛复合偶联剂

包括 OL-AT1618、OL-AT2260 两个品种。兼具铝酸酯、钛酸酯等单一金属偶联剂的应用特点，色泽浅，呈低熔点固态，便于贮存和运输。偶联效果显著，适用于滑石粉、碳酸钙、白炭黑、氢氧化铝。氢氧化镁等无机材料填充聚丙烯、PVC 等改性体系，尤其在滑石粉填充聚丙烯体系中。其改性效果达到或超过硅烷偶联剂的水平。

3. 高效受阻酚抗氧剂 KY-586

一种半受阻酚抗氧剂。抗氧效率高，耐 NO_x 着色性好，与硫醚类、亚磷酸酯类辅助抗氧剂并用显示良好的协同效果。主要适用于 HIPS、ABS、POM、热塑性聚氨酯等工程或通用塑料加工。

4. 新型 PVC 辅助热稳定剂 β-二酮系列产品

包括 T-386 和 T-224 两个品种。适用于固体钙锌、固体钡锌、稀土金属皂类等热稳定体系，具有改善初期着色性，提高热稳定效果之功效。其中，T-386 为无毒品种，可用于接触食品的制品，T-424 对稀土及复合金属皂稳定体系效果卓著。

5. 其他助剂

FZY 系列复合阻燃抑烟剂；ACR 系列加工和抗冲残性剂；RH 系列润滑剂；KY-L 液体酚类抗氧剂；KJ 系列抗静电剂。

地址： 山西省太原市万柏林区义井
邮编： 030021
电话： 0351-6076384
传真： 0351-6071741
网址： http://www.sxhyy.com
E-mail： spici@163.net

山西省介休市塑料工业有限公司

山西省介休市塑料工业有限公司始建于 1954 年，现为中国塑料工业协会会员单位，山西省塑料行业协会理事单位。公司占地面积 8 000 平方米，年生产能力 5 000 吨。多年来，公司立旨“瞻科技之巅，做业界先锋”之宏愿，立志于新材料、新技术、新工艺、新产品的潜心开发研制，新产品多次填补省内空白。产品经国家专业权威部门检测，各项性能指标均达到或超过国家标准，并通过 ISO 9001：2000 国际质量管理体系认证。

公司主要生产 PVC 双壁波纹管、HDPE 双壁波纹管、一体多孔管、碳素螺旋管、PVC-C 电力护套管五大系列产品，广泛应用于城建、交通、电力、通信、水利等领域。其中通信护套管和电力电缆护套管两大系列 30 多种规格的产品技术处于领先地位，享有山西省最大的护套管专业生产厂家之美誉。

主要产品

- UPVC、HDPE 双壁波纹管
- SYSR、SYSY 一体多孔通信护套管
- FSYDR、ZSYOR 碳素螺旋电力护导管
- PVC-C 电力电缆保护套管

董事长兼总经理： 胡连生
地址： 山西省介休市朝阳路 5 号
邮编： 032000
电话： 0354-7222231
传真： 0354-7222231　7223273
E-mail： sxjxslgs@public.yz.sx.cn

大连冰山橡塑股份有限公司

大连冰山橡塑股份有限公司（原大连橡胶塑料机械厂）始建于 1907 年，从 1955 年开始生产橡胶塑料机械，是中国橡胶塑料机械行业主导厂，机械工业大型骨干企业和出口基地企业，中国机械工业 500 强之一，中国塑料机械工业协会理事长单位，中国橡塑机械行业第一家上市公司。

该公司开发实力雄厚，设有专业的技术开发中心和计算机管理中心，产品开发全部利用 CAD、CAPP 来完成；国家塑料机械产品质量检测中心和大连塑料

机械研究所也坐落在公司内，负责全行业产品检测、产品标准和进行科技信息咨询服务；公司拥有各种大型、精密和数控加工设备，技术装备精良，检测手段完备，是国内同行业中惟一的国家一级计量单位，并率先通过 ISO 9001 质量体系认证。

该公司可为汽车、石油化工、农业、水利、电线电缆、建材、包装等行业生产各种橡胶制品（轮胎、管、板和密封件等）、塑料制品（膜、板、管、型材、各类塑料造粒、人造革、土工膜等）提供高附加值的橡胶塑料生产线和大、中型设备，主要有橡胶、塑料密炼生产线，橡胶、塑料压延机生产线，塑料挤出生产线，各种开炼机、轮胎定型硫化机、各种塑料挤出机和塑料辅助加工及二次成型加工设备等近 150 多个品种，300 多个规格。

该公司拥有一支覆盖全国的专业化销售网络及维修服务中心，产品销往全国（包括香港、台湾、澳门）34 个省、市、自治区和特区，远销欧、美、亚、澳、非洲 60 多个国家。

地址： 辽宁省大连市周水子广场 1 号
邮编： 116033
电话： 国内销售 0411-86651029　86641804
进出口部 0411-86651697
售后服务 0411-86651362
传真： 0411-86641645　86641873
http： //www. dlrpm. com
E-mail： saledlrpm. com

上海杰事杰新材料股份有限公司

上海杰事杰新材料股份有限公司是由中国十大杰出青年杨桂生博士于 1992 年创办的高新技术企业，公司专业从事工程塑料的研发和生产。众多知名用户如海尔、三菱电机、三星、LG、神龙富康、春兰、日本住友等通过应用杰事杰工程塑料改善了自身产品的品质，降低了成本，提高了竞争力。公司建立在 ISO 9001、QS 9000、ISO 14001 和 ISO/TS 16949 等体系基础上的品质管理和环境管理赢得了海内外用户的信赖。

杰事杰主导产品为基于 PP、ABS、PA、PBT、PC 等的高性能改性工程塑料及其合金，广泛应用于汽车、电子电工、家电、通讯和办公设备等领域。同时，杰事杰开发的新一代长纤增强热塑性 TPAC，性能比普通玻纤增强塑料有质的飞跃。

地址： 上海市闵行区北松路 800 号
邮编： 201109
电话： 021-64900066
传真： 021-64901717
http： //www. geniuscn. com

上海白蝶管业科技股份有限公司

上海白蝶管业科技股份有限公司是一家从事高科技含量、高性能、环保型的新型管材、管件的生产和销售的股份制企业。

公司主要生产三型聚丙烯 PP-R 管材、管材产品；PE 燃气管材、管件；PE 给水管材、管件及 UPVC 排水管材、管件。

产品参照国家标准并采用德国工业标准 DIN8077 和 DIN8087。产品通过瑞典 Bodycote 实验室 8 760 小时长期热稳定试验。

该公司是上海市高新技术企业，中国塑料管道专业委员会副理事长单位，全国塑料制品标准化技术委员会（TC48/SC3）会员单位，冷热水用聚丙烯管道国家标准主要起草单位。

公司 1998 年获得 ISO 9002：94 质量体系认证，2001 年再次通过 ISO9001：2000 质量认证。公司产品获上海市高新技术企业认定证书、中国环境标志认证证书等证书及荣誉二十几项。

地址： 上海市奉贤区泰日镇西
邮编： 201405
电话： 021-57583331
传真： 021-57586226
http： //www. chinappr. com
E-mail： shwb@chinappr. com

上海长风化工厂

上海长风化工厂始建于 1960 年，是上海市化工局涂料有限公司所属骨干企业，是国内生产环烷酸、环烷酸盐、异辛酸盐和稀土催干剂较早、规模较大的厂家之一，年生产能力 8 000 吨，年销售额 7 000 万以上。从专业生产油漆涂料助剂开始，经过企业的不断发展，引进高新技术，每年都有市场需要的助剂新品种问市，相继开发生产了 PVC 液体塑料稳定剂、油墨催干剂和橡胶黏合促进剂等；本企业发展前景广阔，具备完善的质量保证体系（ISO 9001）、雄厚的技术力量、优良的生产设备工艺和先进的产品检测手段，其产品的性能达到国外同类产品的水平，其中精制高纯环烷酸被评为九五年度国家级新产品，不饱和树脂促进剂被评为上海市新产品。最近我厂又开发推出了新型无钴催化剂、环烷酸钒和异辛酸钒系列催干剂，填补了国内空白；同时与上海涂料研究所携手合作开发和经销涂料助剂、涂料检测仪器等。

产品介绍：

① 助剂。环烷酸系列；油漆催干剂；水性涂料助剂；油性涂料助剂；油墨催干剂；橡胶助剂；塑料助剂；复合材料助剂；燃油添加剂；其他盐类产品。

② 有机化工原料。苯酐；顺酐；染料医药中间体；催化剂；分子筛。

③ 仪器。检测仪器；生产设备。

地址： 上海市云岭东路 971 号

邮编： 200062

电话： 021-52500717

传真： 021-52500717（市场部）

http： //www. shcfc. com

E-mail： zhy@shcfc. com

上海金纬机械制造有限公司

上海金纬机械制造有限公司是中国规模较大的塑料机械和化纤整厂设备制造厂家之一，位于上海西郊，厂区占地面积 300 多亩，拥有员工 1 000 余名。

公司下属机构有：上海金纬挤出机械制造有限公司，上海金纬片板膜设备制造有限公司，上海金纬化纤机械制造有限公司，舟山金纬螺杆制造有限公司，生产本部，设备试验车间，大型金加工车间和热处理车间等。

主要产品：JWSB 系列大口径 HDPE/PVC 双壁波纹管、加筋管挤出生产线，大口径 HDPE 供水管、燃气管挤出生产线，大口径 UPVC 管挤出生产线，PP-R、PEX 新型水管挤出生产线，PVC 木塑共混发泡型材，板材，宽幅门板挤出生产线，UHMW-PE 超高分子量聚乙烯耐磨管材、片板材挤出生产线，XPS 挤塑式聚苯乙烯隔热保温板生产线，XPS（IXPE）交联聚乙烯发泡卷材挤出生产线，PE、PVC 铝塑复合板挤出生产线，PE、PP、PS、ABS、PET、PETG 单层、多层塑料片材、板材、薄膜挤出生产线，PC、PS、PE、PP、PMMA 等塑料板材及厚板挤出生产线，PC、PP、PVC、PE 中空格子板挤出生产线，单向、双向拉伸土工格栅挤出生产线，各种塑料挤出机，螺杆，机筒，化纤卷绕头，POY、FDY 高速纺丝整厂设备等。

金纬公司在塑料挤出行业有着 25 年的经验。对塑料挤出技术的深刻理解和出色的金属加工能力使其品质与众不同。在生产管理上每一个环节全面执行 ISO 9001：2000 品质管理体系。

几十年来，金纬公司的产品已遍布全国各地，并出口到俄罗斯、韩国、印尼、越南、日本、德国、伊朗、南美洲等国家和地区。

地址： 上海市曹安路 4315 号（黄渡工业园区 312 国道旁）

邮编： 201804

电话： 021-59591818　69593311

传真： 021-59591111

http： //www. jwell. cn　www. extrusion. com. cn

E-mail： info@jwell. cn　sales@jwell. cn

上海泓阳机械有限公司

旌旸集团创于 1968 年顺合铁工厂之成立，创办人为现任集团顾问之魏万和先生。自创立以来，为提供客户最好的服务与技术，旌旸集团从事多次的企业改组及内部再造工程。每一次的企业改组及再造工程都使集团获得迅速的提升与成长。经过 34 年经验的累积与努力，今日的旌旸集团已拥有优秀的设计团队及 PVC 压延技术。1968 年顺合铁工厂创立，1971 年改组为顺和铁工厂有限公司，1980 年改组为顺和股份有限公司，1986 年改组为泓旸实业股份有限公司，1997 年 6 月成立昆旸实业股份有限公司，2000 年 8 月改组成立旌旸集团控股及旌旸股份有限公司，2000 年 9 月成立上海办事处，2001 年 3 月成立宏技自控科技（上海）有限公司，支持上海泓阳；2001 年 8 月成立上海麦世科机电国际贸易有限公司，经营保税业务及国际贸易并支持上海泓阳；2002 年 1 月成立宏轮机械上海有限公司，支持上海泓阳；2002 年 5 月成立宏拓机械上海有限公司，支持上海泓阳。

主要产品：PVC/TPU/TPO/PEVA，1.5～4.9m 压延机（胶布机）系列整厂设备、农膜拉宽机、印刷机、处理机、各类复合压纹机、发泡炉、开布机、涂布上糊机、离型纸法涂刮设备抛光机、磨面机、产品检查机、废气处理设备等及配套组件制造销售。

地址： 上海市嘉定区徐行镇澄浏路 783 号

邮编： 201808

电话： 021-59908899

传真： 021-59909139

http： //www. exalt. com. tw

E-mail： shhyix@online. sh. cn

上海康复达机械制造有限公司

上海康复达机械制造有限公司是中国与加拿大在材料科学应用领域中合作，独树一帜的高新技术企业。该公司专业制造注射机、挤出机的新一代心脏部件——高耐磨耐腐蚀双金属溶胶机筒和双金属螺杆，以及高产量，高寿命的双金属单螺杆挤出机。公司以专业双金属特殊工艺，制造材料独特、耐磨性优异的平行双螺杆挤出机各类组合筒体及组合螺纹块，其耐用性受到业内人士广泛好评。公司的单螺杆挤出机，由于选材优良，螺杆设计独特，使机器的名义比功率、比流量大大高于行业相关标准，其极强的塑化能力以及比普通挤出机高出几倍的使用寿命更令同业刮目相看。该公司技术人员消化吸收并改造了引进的LDPE发泡材料生产线，提高了产量和降低了能耗。

地址：上海市普陀区真陈路406号
邮编：200331
电话：86-21-62544342　66954579
传真：86-21-66958395
http：//www.alpha-mach.com
E-mail：alphawu@online.sh.cn

上海舟利光电技术发展有限公司

为塑料机械成套设备制造、机电一体化自动控制技术、塑料新产品、新工艺的研究开发及老设备技术改造等项目为主导方向的科技型股份改制企业，集科研开发、塑料机械设备制造、技术咨询服务于一体。

公司技术实力雄厚，研究开发领域超前，加工手段完善，协作配套技术网络强大。拥有一支塑料工艺、机械设计制造的专家们组成的生产技术管理团队，拥有一支经验丰富的生产和技术服务队伍。

公司主导产品：

• PS系列高发泡餐具成套流水线设备，包括成型、裁断、边角料回收设备等。KT板成套设备；

• EPE高发泡成套流水线设备，增厚机、发泡布复合机；

• 多层流延、淋膜、涂塑覆膜机组。可提供高速专业化生产线或灵活多用途生产线，可适应多种原料：聚烯烃、PA、EVOH、EVA、PC粘接剂及TPU等。可根据制品技术要求配置过滤网、熔体计量泵、静态混合器、流道分配器、高精度模头，在线检测设备等。可设计生产带有单向拉伸装置的在线拉伸膜，电子膜、卫生膜、压花膜、带有织物手感膜、缠绕膜、黏结膜、保鲜膜、青储膜、文具膜等成套设备。

• 多层共挤ZL640P-3000P系列机组，可根据需要选择PP、PE、PS、PMMA、PC、ABS等多种塑料、工程塑料、高阻隔片、板材机组。可根据制品技术要求配置过滤网、熔体计量泵、静态混合器、流道分配器、高精度模头等。

• 一次成型降解餐具、塑料制杯、高速电脑吸塑成型机等成套塑料机械。

地址：上海浦东川周路4468号
邮编：201318
电话：021-68117371，68112618
传真：021-68111606
网址：www.zlsj.com
E-mail：lajxm939@sohu.com

南京金硅化工材料研发中心

主要产品：

硼镁型偶联剂

含极性基团的硼镁型偶联剂，适用于PVC、CPE、ABS、EVA等；含非极性基团的硼镁型偶联剂，适用于PP、PE、EPDM、POE等。

有机硅活性阻燃材料

有机硅活性超细轻氧化镁，适用于PP、PE、EPDM、POE等；有机硅改性弹性体阻燃材料，适用于PP、PE、EVA、EPDM等；有机硅改性聚酰胺阻燃材料，适用于PA、ABS、PBT、EVA等。

地址：江苏省南京市汉口路22号南京大学化学楼
邮编：210093
电话：025-83304929
联系人：周建华　13951032895
传真：025-86271210
E-mail：jghgclzx@vip.163.com

常州市联丰镜面辊制造有限公司

该公司主要是以制造、修复各种国产、进口规格的冷铸辊、压光辊、压延辊、流延辊、压花辊、网纹辊、喷砂辊、热轧辊、消光辊及压光机械的专业公司，产品主要用于塑料板材、透明片材、防水卷材、造纸、人造革、皮革制品及无纺布等生产线上。

本公司技术力量雄厚，生产工艺先进，起点高，管理严，镜面辊表面粗糙度达到 Ra0.025～0.012 5μm，同心度、不圆度保证在 0.01mm 之内，产品规格可达 ϕ50～ϕ1 000mm，长度达 5 000mm，经本公司制造和修复的各类辊筒，质量完全可与进口产品媲美，价格仅为进口同类产品的 1/3。

地址： 江苏省常州市新闸镇 1 号

邮编： 213012

电话： 0519-3260803　13806124801

江阴市顾山东风合成化工厂 江阴市东风特种电缆材料厂

该厂已形成生产各类塑料加工助剂 5kt/a，电力电缆材料 3kt/a 的中型企业。全厂职工 100 多人，拥有高级工程师 2 名，工程技术人员 8 名，现有固定资产 800 万元。主要产品有：塑料加工助剂——聚乙烯蜡、氧化聚乙烯蜡、聚丙烯蜡、微晶蜡、PVC 复合稳定剂、PVC 增效剂、PVC 内外润滑剂、G32-1、S-70、亚乙基双硬脂酰胺（EBS），硅烷改性低分子蜡、EVA 蜡等和电力电缆材料——辐照交联用聚烯烃半导电屏蔽电缆料、辐照交联用聚乙烯绝缘料、聚乙烯护套料、电力电缆附件用热收缩材料二大系列 30 多个品种。电缆材料产品获 1996 年度中国高新技术专利及新产品博览会金奖，1999 年评为无锡市重合同守信用企业。1998 年、1999 年、2000 年多次评为江阴市民营科技先进单位。企业经有关资信评估公司评为 AAA 企业，2000 年度通过 ISO 9002 质量体系认证。

地址： 江苏省江阴市顾山镇

邮编： 214413

电话： 0510-6321284　6321854

http： //www.dongchem.com

E-mail： zdedf@pub.wx.isinfo.net

苏州工业园区富事达塑业有限公司

（苏州塑料一厂）

苏州工业园区富事达塑业有限公司（苏州塑料一厂）前身是原苏州塑料一厂，从事工程塑料制品、塑料货箱、塑料片管材、改性塑料、大型真空成型制品和各种异型材的研制、开发、生产，是省政府认定的江苏省高新技术企业，并已注册进入苏州工业园区。已通过 ISO 9001、QS 9000 和 VDA 6.1 质量体系认证，是上海大众汽车公司共同体成员单位之一，是美国上海通用汽车公司（SGM）供货商。近几年来，在激烈的市场竞争中，奋力拼搏，得到了迅速发展，凭借严格的管理、雄厚的技术力量和先进的设备，不断加强产品开发和市场开发，先后从德国、美国、意大利、日本等国家引进各类双螺杆挤出机、精密注射机、片板材生产线及检测仪器等近 30 台套；公司在科技开发能力和技术设备水平等方面已形成了较强的实力和规模。公司目前有 468 员工，各种专业人员 110 名，年产值 14 000 万元。

主要生产产品有六大类，即注射产品（塑料货箱等）、片板材、波纹管、改性塑料及大型真空成型制品和各种异型材等，并根据各个领域的发展和需求不断调整优化产品结构，已初步形成了以汽车、家电、电子、农机、生物工程等以及出口为主的产品发展方向。公司已有 20kt 塑料制品生产能力和规模。

地址： 江苏省苏州市养育巷 415 号

电话： 0512-65223949

传真： 0512-65239532

http： //www.first-plastic.com

E-mail： worldsy@publicl.sz.js.cn

海门市宇龙助剂厂

该厂地处长江三角洲，西邻开放城市南通，与上海、苏州等市隔江相望。该厂主要生产酰胺系列助剂及电线电缆产品，畅销全国 20 多个省、市，深受客户信赖。该厂奉行“质量第一、信誉第一、用户至上”的经营宗旨。已通过 ISO 9001：2000 质量标准认证。

主要产品：油酸酰胺、芥酸酰胺、硬脂酸酰胺、亚乙基双硬脂酰胺、油酸和电线电缆。

地址： 江苏省海门市人民中路 268 号

邮编： 226100

电话： 0513-2107980　2107981

传真： 0513-2107982

海纳模具塑料厂

海纳模具塑料厂以浙大科技为依托，汇集了浙大相关领域内的众多专家和技术人才，与各同仁一起致力于我国塑料行业的成熟与发展。

本厂的主营项目为塑料挤出模具。本厂在研制、生产各类塑料挤出模具时采用先进的 CAD/CAM 设计、加工技术，并积极引进国外的先进经验，开发新产品。现生产的模具种类已有各种管材、各类六窗异型材、装饰材料、低发泡、微滴管等。

本厂可以提供：

1. 各类管材模具

- 通信用 PE、PVC 梅花管（3、4、5、6、7 孔）
- 通信用蜂窝管（3、4、5、7 孔）
- 通信用一体栅格方管、一体方圆管
- 大口径 PE、PVC 给水、排水（上水、下水）管
- 芯层发泡管
- 内、外螺旋管
- 发泡螺旋、中空螺旋管
- 煤气、天然气输送管
- 多层复合管
- PE 碳素螺旋管，硅芯管
- 特殊的工程管材

2. 各种系列、各种规格的塑料门、塑料窗异型材模具

3. 各种形状的塑料可控发泡仿木装饰型材模具

4. 各类通信用宽带线槽，开线罩模具

5. 多色共挤、软硬共挤、不同材质共挤、一模多腔模具

6. 特殊挤出类模具的设计的开发

地址：浙江省余姚市中国轻工模具城金型一路 133 号
电话：0574-62639728　22655166
传真：0574-62639707
http：//www. hai-nice. com
联系人：魏剑亮　13905848715　13705753959
E-mail：hainice@hai-nice. com

浙江远翅塑料有限公司

浙江远翅塑料有限公司地处风景秀丽的杭州市萧山区，公司总资产 2 亿元，占地面积 6 万平方米，建筑面积 4 万平方米。是国内最早开发生产汽车软化仪表板、硬塑仪表板、彩涂保险杠、软化包皮方向盘、豪华门内板、门侧条，内立柱包覆件等汽车内外饰件的企业之一。

公司集产品造型设计、模具制造、大型注塑、PU 发泡、塑料表面喷涂等生产工艺于一体；公司技术开发力量强大，成型手段齐全，公司技术中心为杭州市级技术中心。公司主要产品为汽车仪表板、保险杠、方向盘、门内板、汽车内外饰件等，为一汽、东风、长安、昌河、哈飞、上汽通用五菱等几十家汽车厂配套，主要配套车型有微型车、商用车、大客车、轿车。公司现下辖昌河远翅、柳州远翅、重庆远翅等合资子公司，并正在筹建合肥远翅合资公司，实现了为主机厂就近生产、模块供货的优化配套方式。

2004 年 1 月，公司取得了 QS 9000 体系认证，正积极参与国际竞争，已开始启动出口业务。

地址：浙江省杭州市萧山区新街
邮编：311217
电话：0571-82613923
传真：0571-82613950
http：//www. zjyuanchi. com
E-mail：ycsl@xs. hz. zj. cnj ycsl@zjyuanchi. com

浙江华泰塑胶股份有限公司

该公司是一家专业生产 PVC 膜材的民营企业，创建于 1998 年，坐落在风景秀丽的温州瑞安安阳工业区，注册资金 3 270 万元，资产总值 1.8 亿元，年销售额 2 亿元。是中国塑料薄膜生产基地的龙头企业之一，中国化工 500 强企业，浙江省“三优”企业；温州市轻工百强企业、瑞安市“三十强”企业。2000 年通过 ISO 9002：1994 国际标准质量体系认证；2003 年转换为 ISO 9002：2000 标准。2002 年以来连续获温州市银行资信“AAA”企业和温州市纳税 AA 级荣誉企业。

公司坚持“以人为本，科技领先，质量第一，诚信服务”的理念，走产、学、研联合发展之路。公司设有研究所，并与多家大学、科研单位联合，以不断提升产品档次，促进科技创新。公司主导产品透明膜、吹气膜、磨砂膜在国内外用户中有着广泛的影响，2002 年被法国科技质量评价委员会鉴定为高质量科技产品。公司自行研制的环保型 PVC 软膜，三维彩虹膜分别被评为浙江省科技新产品。公司全面推行现代企业科学管理模式，有一套较为完善的管理机制，初步走上了信息化管理轨道。公司始终坚持质量第一的方针，严格遵照 ISO 国际质量管理体系规范运行，产品质量持续稳定良好，受到了国内外客户的信赖。

公司深信发展是硬道理，正在执行的“2003-10”科研计划和“2003-1100”创新计划将是我们走向世界的桥梁。公司现已在长三角区建立新的生产基地，设立苏州华泰塑胶公司，并在江西南昌建立蓝天碧水建设发展公司，为公司的集团化、多元化经营打下坚

实的基础。

地址：浙江省瑞安市安阳工业区C区华泰路1号
邮编：325206
电话：0577-65533188　65528889
传真：0577-65532111
http：//www.chinahuatai.com
E-mail：master@chinahuatai.com

三友控股集团

三友控股集团有限公司位于中国民营经济改革发展的前沿——浙江台州，始创于1971年，是一家跨行业、综合性的国家级企业集团，省级文明单位、省三星级企业、省"三优"企业，省工商企业信息AAA级"守合同，重信用"单位，省知名商号企业，省著名商标企业，省名牌产品企业，省质量管理先进单位，ISO 9001质量管理体系认证企业。

集团占地400余亩，建筑面积15万平方米，总资产3亿元，员工1 700人，其中工程技术人员300多人。

集团主要产品有纺织器材（塑料纱管）、摩托车、汽车行驶记录仪、塑胶管道（双壁波纹管）、精毛纺、汽油机、电动车、摩塑配件、服装等。产品销售网络遍布世界各地。

面对经济全球化的发展趋势，集团继续战略布点和低成本扩张，投资1.2亿元兴建三友大厦，投资6 000万元兴建三友工业园区，投资近亿元在上海"两港南汇"建立生产基地，主动"接轨大上海，融入长三角"发展。

集团秉承"先做人，后做事"的经营理念，大力实施"构筑大园区，发展大工业，做强大品牌，建设大集团"的发展战略，努力把三友建设成为产业多元化，资本社会化，经营国际化，服务全球化，管理科学化的现代企业集团。

地址：浙江省台州市路桥区三友工业园区
邮编：318058
电话：0576-2700362　2701215
传真：0576-2700361
http：//www.china-sanyou.com
E-mail：info@china-sanyou.com

中美合资中国·佑利管道有限公司

中美合资中国·佑利控股集团，由温州佑利塑胶实业有限公司全资改制成立。坐落于风景秀丽的雁荡山麓，温州市柳市苏吕工业区。厂区占地100多亩、员工2 000多人、高级工程技术人员120多人。产品有CPVC、UPVC、ABS、PVC系列管材、管件、阀门、填料、PE通信波纹管及PP-R、PE给排水管材、管件和PE燃气用管材、管件，是目前我国塑胶行业生产品种较齐全的大型企业集团。

中美合资中国·佑利管道有限公司是佑利控股集团下属企业，由美国NOVEON诺誉（B F Goodrich古立德）化学公司与温州佑利塑胶实业有限公司投资成立，是我国首家生产CPVC系列产品的大型合资企业。该公司通过ISO 9001国际质量管理体系认证、ISO 14001国际环境管理体系认证、GB/T 28001职业健康安全管理体系认证，是CPVC产品国家标准和ABS产品国家标准主任编写单位，秦山核电建设等国家重大工程合格供应商，与国内众多氯碱企业（如上海氯碱厂、齐鲁石化、杭州电化厂、锦西化工厂、太原钢铁集团、武汉钢铁集团等）有着成功的使用案例。

该公司生产的CPVC管道、管件、阀门、板材、填料等系列产品，高强度、耐高温、耐酸、耐碱、阻燃、无毒。产品完全符合ISO 15493、美国ASTM标准F438、F439、F441和德国DIN标准8079、8080以及日本JISK6776标准的规定。广泛应用于矿山、石油、冶金、化工、油田、电力、造船、造纸、核电、制革、医药、印染、电镀、食品、饮料、家电、航天航空、电子半导体、污水处理、消防系统等工业部门和宾馆、饭店等行业。该产品非但具有其他管道系统无法替代的优越性，而且价格便宜、安装方便，且安装费用降低60%以上。同时，该公司生产的ABS、UPVC管道、管件、阀门、填料等系列产品和PE波纹通讯管的销售量，仍占国内市场领先地位。

主要产品：CPVC管道系统；ABS、UPVC系列产品；CPVC、ABS、UPVC配套产品；CPVC、ABS、UPVC、PP、HDPE等各种填料；CPVC板材。

地址：浙江省乐清柳市佑利工业园（104国道1856段）
邮编：325604
电话：0577-62788222
传真：0577-62771236
http：//www.chinayouli.com
http：//www.chinacpvc.com
E-mail：office@chinayouli.com

浙江黄岩华香塑料制品厂

浙江黄岩华香塑料制品厂创建于20世纪80年代，地处著名的塑料模具之都，塑料制品及聚酯瓶的发源地之一。

本厂是中国包装技术协会和中国塑料加工工业协会成员，专业生产塑料制品 PET，聚酯瓶坯、瓶盖、模具、吹瓶机等。生产的瓶坯规格齐全，适用于吹制 20ml～5 加仑的农化、医化、纯净水、果汁饮料、油类、日化洗涤和其他饮料食品包装，年产量可达 1 亿套。并承揽各类模具制造，注塑加工业务。

公司主要产品及业务：聚酯瓶、瓶坯、瓶盖、模具、吹瓶机、塑料制品。

地址： 浙江省台州市黄岩区东城
邮编： 318020
电话： 0576-4281817　4281827　4258421　4252428
传真： 0576-4281886　4280421
联系人： 吴兵青
http： //www. zjhxsl. com　网络实名：聚酯瓶
E-mail： zjhyhx@yahoo. com. cn
webmaster@zjhxsl. com

浙江丰利粉碎设备有限公司

该公司是一家集科研、开发、制造于一体的现代化企业，我国粉体领域科技创新的领头羊，闻名海内外的超微粉体设备生产基地；专业生产各类超微粉碎、分级、干燥、混合、破碎等粉体工程设备属国家重点高新技术企业，拥有两个生产厂和一个省级研发中心，技术力量雄厚，开发生产出 8 大类 100 多个品种，其中数十项被认定为国家重点新产品、国家火炬项目、国家专利产品（专利号：ZL01221204.0 等）和浙江省高新技术产品及浙江名牌产品，代表着我国粉碎设备的发展水平；获得国家科技型创新基金支持；已通过 ISO 9001 质量体系认证；产品质量多次经国家法定机构抽检合格；被国家主管部门作为行业重点产品向全国推广。经国内外千余家用户使用证实：设备性能卓越、与众不同，广泛适用于化工、农药、染料、塑料、橡胶、医药、食品、生物、饲料、非金属矿、有色金属、烟草及国防尖端科技等各个行业的不同领域，可提高产品的级次和附加值，经济效益显著。产品畅销全国，远销欧美及东南亚。

德国霍伯尔工程公司是国际著名粉体设备技术开发商，已有二十余年专业研究开发超微粉体技术的历史，拥有多项成果及丰富经验；在国际上享有较高的知名度，HOBER 技术及设备在国内外各个行业数百家用户中广泛使用，信誉卓著。

法人代表： 余绍火
总经理： 王春峰
地址： 浙江省嵊州市罗柱岙工业园区
邮编： 312400
电话/传真： 0575-3105888　3185888　3100888
http： //www. zjfengli. com 或 www. fengli. biz
E-mail： fengli@mail. sxptt. zj. cn 或 zjfengli@mail. sxptt. zj. cn

浙江雁峰塑料机械总厂

公司创办于 1987 年，系中国塑料机械工业协会、中国包装协会骨干企业，自营进出口企业；企业通过了 ISO 9001 国际质量认证。是浙江省生产塑编机械最具规模的厂家。产品遍布全国各地，并已出口三十多个国家和地区。

本厂制造的“雁峰”牌系列机械先后被评为“中国名牌产品”、“中国知名品牌”、“温州名牌”、“中国质量过硬服务放心信誉品牌”，同时本厂拥有十多项专利。

主要产品：

1. 四梭网眼圆织机；
2. 多功能圆筒涂膜复合机；
3. 新型高速四梭、六梭、八梭圆织机；
4. 凸轮式收卷机；
5. 塑料扁丝拉丝机。

法人代表： 陈志淡
经营厂长： 陈向荣
厂址： 中国温州市平阳县务洋工业区
邮编： 325401
电话： 0577-63032888　63032988
传真： 0577-63030818　63030122
http： //www. pysjzc. com
E-mail： yanfeng@mail. wzptt. zj. cn

舟山市定海区山潭华力螺杆制造厂

该厂专业生产挤出机、注塑机、橡胶、化纤纺丝等机械用配件；螺杆、料筒包括双金属机筒、螺杆，拥有专业技术力量和一整套专用设备，可对已损坏的旧螺杆、旧料筒上门进行测绘、设计、重新制造。

产品规格

◆ 单螺杆挤出机用螺杆、料筒
ϕ15mm～ϕ250mm　L/D＝15～38
◆ 15g～25 000g 注塑机用螺杆、料筒
◆ 锥形双螺杆双孔机筒

ϕ35/75mm～ϕ80/156mm

◆ 平行双孔机筒、双螺杆

ϕ50mm～ϕ150mm　L/D=16～30

◆ 各种规格橡胶挤出机用螺杆、机筒

◆ 各种规格化纤纺丝挤压机、螺杆、套筒

产品材料全部选用优质合金钢（38CrMOAIA），经过调质、定性、氮化、抛光等加工工艺，精工制成，产品具有精度高、硬度高、耐磨性、耐腐蚀性强之特点。

地址：浙江省舟山市定海区山潭第一工业区
邮编：316031
电话：0580-8590806　8592138
传真：0580-8590806

宁波格兰威尔·方力实业有限公司

中德合资宁波格兰威尔·方力实业有限公司是中国著名的塑料挤出设备制造商。不断引进德国先进技术与管理文化的优势，结合方力一贯优质服务于客户及诚信经营的理念，为客户提供全套解决方案。

格兰威尔·方力公司的产品具备先进的技术、优良的品质、完善的服务，以及合理的价格。生产的单螺杆和双螺杆挤出生产线，可生产UPVC给水、排水和异型材，PE给水管和燃气管，PPR热水和采暖管，PE/PVC双壁波纹管，以及其他特种管材等。

主要产品：

• ϕ16～ϕ800 PE/PP/PVC管材挤出生产线

• ϕ16～ϕ160 PP-R/PP-B/PB管材挤出生产线

• ϕ16～ϕ110一步法化学交联PEX管材挤出生产线

• ϕ16～ϕ630超高分子UHMW-PE管材挤出生产线

• ϕ90～ϕ500PVC/PE双壁波纹管挤出生产线

• ϕ500～ϕ800 PE双壁波纹管挤出生产线

• ϕ16～ϕ630管材扩口机

• 大口径HDPE/FR-PP埋地缠绕管挤出生产线

• 高速硅芯管、三层共挤钢塑管及PE热缩管挤出生产线

• YF系列塑料异型材、门板、多孔网络通讯管挤出生产线

• 各种造粒机组

• 各种单螺杆挤出机、双螺杆挤出机及螺杆机筒

• PE管材的各种焊接设备

地址：浙江省宁波市长丰工业区方力工业村
邮编：315192
营销热线：0574-88216866
传真：0574-88100797

宁波成路双马塑料机械制造有限公司

该公司是中国成路集团下属的一家子公司，公司于1999年7月8日成立至今已近5年的发展历程，公司地处浙江省宁波市北仑区小港镇。宁波成路双马机械制造有限公司从小到大，从弱到强，公司发展恰逢注塑机产业竞争最激烈的时期，公司领导以敏锐的市场洞察力不断追求卓越，与时俱进。

公司现拥有员工380人，中高级技术管理人才70余人，产品开发设计有三大系列。近百个品种，如BL、BLW、BLH等型号，从38克到15 000克注射机为主力机型，产品主要特点锁模力大、开模行程长、装模容量大、顶出行程长、造型新、耗电省等性能。公司拥有日本三菱加工中心10余台，国内数控加工中心20余台。

1999年公司成立当年就实现销售产值3.5千万元，2000年实现销售产值8.2千万元，2001年实现销售产值1.3亿元，2002年实现销售产值1.8亿元，2003年实现销售产值2.58亿元，产品先后获得国家级火炬计划项目（BL 125/120电脑自动控制制笔专用塑机），国家重点新产品（BLH 160/120半连体型电脑自动控制塑机），申请四导柱平衡塑机技术专利，半边体机构设计专利，对称双平衡注射机械设计专利等。

产品严格执行ISO 9001和CE标准，从设计、采购、生产、销售等建立了一整套相适应的质量管理体系。

产品设计实现微机化（CAD、CAM），财务管理电算化，生产采购经管理现代化（采用ERP网络管理系统）。不断培训、提升员工的业务技能与诚信礼让的道德理念，建立了一整套科学规范人性化的管理激励机制。

公司今年征地170余亩，扩建新的宁波成路双马工业园区，拟投资1.8亿建造厂房和引进设备，用一流的设备，一流的品质、科学的管理，打造中国注塑机第二品牌——“伯乐”塑机。

地址：浙江省宁波市小港镇朱田
邮编：315821
电话：0574-86179588　86179688
传真：0574-86179828

嘉兴市汇通化工有限公司

公司地处长江三角洲的杭嘉湖平原，与上海、杭州、苏州相邻，位于沪杭 320 国道边，交通十分方便。公司创始于 2000 年 7 月，是专业生产塑料橡胶发泡剂系列产品的企业。公司占地 20 亩，建筑面积 6 000平方米，从事科研开发人员 5 名，是集生产、办公、科研、管理于一体的现代化企业。产品 90% 以上销往韩国、美国、日本、印尼等国家。

公司 2001 年被评为“嘉兴市民营科技企业”。2002 年 9 月通过中质协质量保证中心 ISO 9001：2000 国际质量管理体系认证。产品有：

- 4′4-氧代双苯磺酰氯（OBSC）
- 高温发泡剂：对甲苯磺酰氨基脲（PTSS）
- 白色发泡剂：4′4-氧代双苯磺酰肼（OBSH）
- 白色发泡剂：对甲苯磺酰肼（PTSH）
- 发泡助剂：对甲苯亚磺酸锌（TM）

其主导产品“OBSH”2002 年被省科技会推荐为“浙江省优秀科技产品”。

地址：浙江省嘉兴市塘汇 320 国道 10 号桥
邮编：314003
总经理：吕涌波
电话：0573-2300661　2300887　2301936
传真：0573-2300751
E-mail：geneal@huitongchem. com
sales@huitongchem. com

杭州临安佳运塑化有限公司

杭州临安佳运塑化有限公司是一个功能性色母料的专业制造商，产品适用 PE、PP、PS、HIPS、ABS、PVC、EVA 等基材，主要产品有通用塑料用炭黑母粒、丙纶纤维母粒、高密度聚乙烯管道用功能母粒、抗静电母粒、无卤低烟阻燃材料等多个品种，根据应用在不同的领域，佳运母粒选用相应的聚合物基材，高浓度炭黑，功能性助剂体系，采用特殊的表面处理技术和加工工艺，经熔融混炼造料而成，产品赋予母体聚合物材料优良的耐热，耐紫外光老化和优良的加工性能，全面提升母体材料的技术附加值。

地址：浙江省临安市苕溪南路 40 号
邮编：311300
电话：0571-63756101　63963339
传真：0571-63756101
E-mail：JiaYunPlastics@msn. com

温州市龙港达利塑胶材料厂

目前由温州龙港达利塑胶厂（0577-82761256）成功推出能降低成本的聚乙烯填充母料，经过吹膜、注塑、吹塑的塑料加工厂家认可，现开始向市场销售。

使用该聚乙烯填充母料可提高塑料制品的稳定性和加工流动性能，生产出来的产品表面平整度极佳，不影响产品的外观，与同类原料相比、它能降低产品价格成本，并能保持产品的性能及表面良好印刷效果等优点。

该产品使用方便，客户购货后可直接使用，在塑料成型时与树脂一起加入或在预成型阶段时加入，是聚乙烯吹膜、注塑、吹塑降低价格的理想材料。

地址：浙江省温州市龙港镇水深路 25 号
邮编：325802
电话：0577-82761256
手机：013806823294

温州恒一塑料机械有限公司

该公司是一家专业从事塑料编织袋成套设备设计、生产和服务的科技型企业，始建于 20 世纪 80 年代末，后几经改组，现定名为温州恒一塑料机械有限公司。

公司注册资金 300 万元，占地面积 10 500m^2，建筑面积 4 512m^2，现在职工 115 人，其中工程技术人员 15 人，中高级工程技术人员 7 人，主要设备 48 台。主要产品有塑料圆织机、拉丝机、收卷机、复合机、网眼机、彩印机等十余个品种数十种规格，“恒特”牌滚柱式小六梭塑料圆织机获中国包装协会优质产品荣誉称号。公司年生产能力超 1 000 台套。

公司从 21 世纪初开始，便致力于新一代高性能塑料圆织机的研制。经数年不懈努力，终于成功地开发出滚柱式小六梭塑料圆织机（专利号：ZL02208338.3）。该机经省级新产品鉴定，与会专家一致认为该机“结构新颖、合理、有创新性，是新一代高效塑料圆织机。具有能耗低、效率高、噪声低等特点，技术处于国内领先水平。其滚柱式结构属国内首创”。

该公司生产的滚柱式小六梭塑料圆织机及塑编袋成套设备，已畅销广东、四川、广西、江苏、福建、陕西、青海等省市，并出口美国、俄罗斯、尼日利亚、阿联酋、黎巴嫩、印尼等国，深得广大用户青睐。

该公司有完善的质量管理体系，已通过ISO 9001：2000 认证，具有自营进出口资格，是中国包装产品定点生产企业，中包协塑料编织行业协作中心会员单位，中国塑编之都重点企业，浙江省科技型中小企业。公司技术力量雄厚，具有很强的技术开发能力，几年来已获 6 项国家专利。

地址：浙江省温州市平阳县务洋工业区
邮编：325401
电话：0577-63032002　63031886
传真：0577-63030507
http：//www. hengyisuji. com
E-mail：cocbo@mail. wz. zj. cn

浙江永庆塑胶股份有限公司

浙江永庆塑胶股份有限公司（一九六五年九月建厂），原名嘉兴塑料橡胶厂，后又名嘉兴塑料橡胶总厂。一九九八年七月改制为股份公司。

主要产品如下。

1. 聚碳酸酯（PC）工程塑料

聚碳酸酯（PC）工程塑料具有高透明、高抗冲、高强度、高耐蠕变、极优的尺寸稳定性、优良的低温和耐热性、阻燃性、加工性、隔音性等优良特性的新型材料，广泛应用于建筑装饰业、交通运输（公路、铁路、民航）业、广告业、农业和电子电器等领域。

2. 聚碳酸酯（PC）阳光板

本公司引进目前国际上先进的聚碳酸酯（PC）工程塑料设备及工艺技术，自动化程度高，产品采用多层共挤，生产出的产品耐候性特别优良，尤其在产品的规格品种上，将超出现有国内厂家所具有的范围，产品规格宽度可达到 2 500mm，厚度达到 20mm，年产量可达到 3 000 吨。

3. 聚烯烃塑料中空板（万通板）

聚烯烃塑料中空板俗称万通板。所用原料为聚丙烯（PP）或聚乙烯（PE），经挤出而成格子状板材，其主要特征是：耐压、耐侵蚀、耐高低温、无毒无味、质轻、防潮防水防渗漏、隔音、隔热保温；可按要求制成各种颜色，是一种经济实用，价廉物美的新型结构材料，被广泛用于包装、建筑装饰材料，尤其是出口外包装及电子气件周转箱、冰箱后衬垫、货物堆垛垫板、防震防碎隔板、广告展览展板、指示牌、农牧业大棚等。加填充料可代替钙塑瓦楞箱；制成透明可代替阳光板。

本公司生产的产品规格厚度 2～8mm、宽度最大 1 600mm、长度任意。

本公司根据 GB/T 19001-2000ibt ISO 9001：2000《质量管理体系要求》标准的要求建立和实施质量体系，以高素质的队伍，先进的技术，一流的装备确保本公司的产品质量国内领先，最大程度地满足顾客对产品质量的期望。产品覆盖 26 个省、市、自治区的化工、食品、医药、运输、建筑等行业，受到广大用户的欢迎。

地址：浙江省嘉兴市吴泾路 105 号
邮编：314001
电话：0573-2805488
传真：0573-2806488
http：//www. yqsj. com
E-mail：master@yqsj. com

安徽国风集团有限公司

安徽国风集团有限公司始建于 1984 年，目前已发展成为拥有 8 个子公司、2 600 多名员工、总资产达 22.3 亿元、年营业收入达 12 亿元、年实现利税 1.4 亿元的国家重点高新技术企业集团，安徽省 18 家重点企业集团之一，全国最大的塑料综合加工基地之一。国风集团连续九年荣获“省轻工系统创最佳经济效益夺魁单位”，近几年先后获得“安徽省百万职工跨世纪赶超工程功勋单位”、“安徽省文明单位标兵”、“全国‘五一’劳动奖状”、“中国企业最佳形象 AAA 级”、“全国化学建材工作先进集体”、“中国企业管理科学实验基地”、“全国企业管理现代化创新成果一等奖”等荣誉称号。

国风集团主导产业以塑料制品为主，兼顾发展塑料制品的上下游产品和生物制药。到 2001 年，主导产业包括塑料管材、塑料建材（主要包括塑料型材和门窗、塑料板材）、塑料薄膜（主要包括包装膜和农膜）和工程塑料（主要包括家电、汽车用工程塑料），正在开发的产品有塑料制品上下游产品（主要包括非金属矿超细粉和塑钢门窗五金件）和生物制药。国风集团塑料综合加工能力为 200kt。

地址：安徽省合肥市马鞍山路 1 号
邮编：230001
电话：0551-2885333
传真：0551-2888835
http：//www. guofeng. com

江西腾飞实业集团

（原江西腾飞塑胶有限公司）

江西腾飞集团总部坐落在弛名中外的中国工人运动策源地和秋收起义的安源山下高新技术工业园东区。1981年8月，刘培才厂长辞别大型国企旧体制，放弃了“铁饭碗”，自筹资金1 200元，租用160平方米破瓦房，4台土立柱机，招收14名待业青年，创建了萍乡市塑料化工厂。1983年购地自建了厂房。随后又不断扩大先后创办了武汉华中、北京东方、南昌华东腾飞塑胶有限公司，2003年5月在高新园占地80亩的江西环宇塑料管业有限公司又建成投产，展示了企业发展的实力，构筑了可持续发展的新平台。现拥有五大分公司和五大生产基地，十大销售公司和办事处，1 200多名员工，110多名科技人员，总占地面积181亩，国内外先进设备230多台套，其中射胶量从100克到40 000克的注塑机150多台套，固定资产1.28亿元，总资产1.8亿元，年销售收入由建厂初期的1万元增加到2亿元以上，全集团年创税收500余万元，是科工贸一体化，产供销一条龙的跨行业跨地区的国家轻工大二型民营科技企业，被列为江西省重点骨干企业，一直保持全省同行业效益规模第一，雄居全国同行产品效益规模领先地位。

集团的模具中心以电脑设计、数控机床制造出的产品有桌椅凳、周转箱、盆勺桶、中空容器、垃圾桶、储物桶、托盘、管材、管件，还有纸杯、绿色环保餐具、涂覆膜、涂覆纸、涂覆布、工业配套件等20大类，30多个系列，2 000多个花色品种，其中有10种国内首创产品，5种获国家外观设计专利，10多种高新技术产品，内有填补了江西省三项空白、荣获省和国家重点新产品证书的管材管件。年耗PE、PP、ABS、PPR等塑料树脂2万吨。企业的多个品种获得省优、部优、国优、国际金奖和省免检产品证书。2003年已通过国际权威机构ISO 9001：2000质量管理体系认证。是江西名牌产品和龙头产品，江西著名商标和赣鄂湘消费者认定质量最佳品牌。产品畅销全国各地，有2项中空容器产品远销日本备受青睐。

企业的诚信作风，赢得了社会、各业务部门和往来单位以及广大客户的信赖和支持。23年来，公司先后百余次被上级有关部门授予市十强工业企业、市经济技术创新先进单位、市纳税信得过先进单位，市一级纳税信得过先进单位、市一级纳税信誉等级企业、市民营企业纳税大户、省优秀企业、省科技型企业、省重合、守信用“AAA”企业、省优秀儒商企业、省一级诚信企业、省经济效益先进单位、省优秀包装企业、省有突出贡献企业、中国质量万里行五年回顾荣誉企业。董事长刘培才个人也数十次荣膺市优秀中国特色社会主义事业建设者、省劳模、省优秀厂长、省优秀科技工作者、省优秀民营科技企业家、省优秀共产党员、省光彩事业奖章、省光彩事业促进会常务理事、全国轻工业优秀企业家、全国包装科技先进工作者、全国五一劳动奖章等，并终身享受政府特殊津贴奖。

地址：江西省萍乡市高新技术工业园东区
邮编：337000
电话：0799-6832369　0799-6651836
传真：0799-6822247　0799-6651838
http：www. tf-jt. com
E-mail：jxtf@tf-jt. com

江西宏远化工有限公司

江西宏远化工有限公司是生产塑料助剂的专业公司，拥有中高级职称12人，其中高工2人，工程师6人。公司充分依靠科研院校的人才资源和技术优势，充分发挥科技创新能力，致力于塑料助剂新技术、新产品的开发、生产，已形成年生产能力1万吨规模。目前生产的塑料助剂有五大系列48个品种，其中有硬脂酸盐系列及辅助产品三盐、二盐、氰尿酸铅；膏状复合稳定剂系列；无尘复合铅稳定剂及钙锌复合稳定剂系列；润滑剂系列有：聚乙烯蜡、氧化聚乙烯蜡、硬脂酸丁酯、单甘酯、乙撑双硬脂酸酰胺；铝酸酯偶联剂等产品。

公司于2001年获得“省民营科技企业”称号，并于2002年通过ISO 9001国际质量体系认证。公司拥有一整套完整的质量控制体系，从而保证了产品的优良性和稳定性。

地址：江西省上高县科技工业园锦绣路13号
邮编：336400
电话：0795-2505258　2505358
传真：0795-2505356
http：//www. jxhyhg. com
E-mail：wall@yc365. com

南昌赣南机械制造有限公司

主要产品：

Sz系列双螺杆齿轮箱、分配箱

硬齿面减速机

特点：

高扭矩、高承载力；高安全系数、体积小、寿命长；进口油封、运转平稳；六面加工、多种安装形式。

地址：江西省南昌市青山湖大道 424 号
电话：0791-8102823
传真：0791-8110823

山东莱芜塑料制品股份有限公司

山东莱芜塑料制品股份有限公司是集吹塑、注塑、滴塑、挤出为一体的综合性塑料加工企业，近年来坚持以市场为导向，坚持“团结务实、忠诚合作、开拓创新、勇于拼搏”的企业精神，在技术创新、新产品开发、精神文明建设等领域取得了与时俱进的成就，连续十年被评为省级“重合同、守信用”企业，中国水利协会农水专业委员会微灌学组副组长单位，中国水利企业协会灌排设备企业分会副会长单位，中国塑料加工工业协会理事单位，中国塑料加工工业协会节水器材专业委员会副理事长单位，山东省农地膜定点生产厂。1998 年通过 ISO 9001 质量管理体系认证，并于 2001 年 11 月顺利通过 ISO 9001（2000 版）暨 ISO 9001（1994 版）换版复评工作。

2002 年，莱塑继承担并圆满完成国家“八五”、“九五”重大科技攻关项目之后，又顺利承担了国家 863 计划“十五”重大科技专项——“温室微灌系统关键设备及新产品研制与产业化开发”的课题任务。该课题完成后，莱塑股份将达到年产微灌器材面积 150 万亩以上：可获小管径滴灌管、小管径滴灌带等 8 项专利，课题总体目标达到国内领先、国际先进。

莱塑股份现拥有“微灌系列产品、喷灌系列产品、滴塑制品、注塑制品”等八大类、六十九个品种、三百六十多个规格。其中，微灌产品做为企业的龙头产品，先后荣获国家“八五”重大科技成果奖，国家科技进步三等奖，山东省科技进步一等奖，国家“九五”重点科技攻关计划优秀成果奖和山东省科技进步二等奖，省级名牌产品等称号。

地址：山东省莱芜市鲁中东大街 109 号
邮编：271100
电话：0634-8805855　8808710
传真：0634-8807623
http：//www.lsgroup.com.cn
E-mail：SDLWSLC@LW-public.sd.cninfo.net

山东三塑集团有限公司

该公司位于济南市市中心解放桥附近。1996 年在原济南塑料三厂的基础上，组建成立的国家大型企业集团，有省级技术开发中心，集团公司通过了 ISO 9001 国际质量体系认证，是轻工系统骨干企业，国家农地膜、土工合成材料产品生产定点企业，其规模和市场占有率在全国同行业名列前茅。企业占地面积 18 万平方米，建筑面积 8 万多平方米，在济南近郊青宁镇建有占地面积 200 多亩集团工业园，集团现有员工 1 000 余人，其中各类工程专业技术人员 290 人，固定资产 1.8 亿元，总资产 2.2 亿元，集团公司年生产能力 8 万吨。现有：济南中得利塑胶有限公司、济南中得利土工合成材料有限公司、济南三塑门窗有限公司、济南斯玛特塑胶有限公司、济南大舜科技市场、济南大舜装饰广场、济南大舜商务大厦等五个控股公司，三个合资公司。

集团拥有两大系列主导产品。一是薄膜系列产品，主要有“历山”牌农地膜，又分为两大系列。功能性棚模和微地膜：功能膜包括花卉专用膜、长寿膜、长寿无滴膜、PVC 消雾无滴大棚、三层复合高透光长寿无滴增温膜、紫光膜、转光生态膜等；微地膜系列包括聚乙烯吹塑微膜、黑色微地膜、银灰微地膜、黑白相间膜、除草膜、红外增温膜等。“中得利”牌 PVC 灯箱膜、熏蒸膜、盐膜、防水卷材、印花底膜、灯箱布等。二是塑料装饰建材和防渗材料系列，主要有“中得利”牌 PVC 高档发泡地板、PVC 涂覆压延地板革生、铺炕革、PVC 复合土工膜、PVC 彩色宽幅复合防水卷材、4～6 米 PE 两布一膜。另外，集团生产“维卡”牌塑钢门窗、“斯玛特”牌塑料垂式百叶窗等产品在国内外市场上都有很高声誉。集团还拥有济南山大路上的“大舜科技市场”、历山路上的“大舜家装广场”、“大舜商务大厦”等第三产业。

地址：山东省济南市历下区历山路 95 号
邮编：250013
电话：0531-6943888　6943668
传真：0531-6952316

山东省博兴县汇联化工有限公司

HL 系列铝酸酯偶联剂是该公司开发研制的新型

活性剂，与同类产品相比，除具有质量稳定、性能好、色浅、味小，有较高协同性、润滑性，还具有使用范围广、添加量小、无须稀释剂、使用方便、价格低廉等特点。经偶联剂活化改性处理的各种活性填料（活性轻、重质碳酸钙），用于复合制品中可大幅度增加填料用量，提高产品质量，降低生产成本，具有明显的经济效益。HL 系列铝酸酯偶联剂适用于多种无机填料（如轻、重质碳酸钙、高岭土、氢氧化铝、钛白粉等）或颜料的表面活化致性处理，作为橡塑行为、涂料、母料、活性钙等厂家的活性剂，以及直接添加偶联剂的塑料、橡胶、油墨、层压制品、黏合剂等复合制品。该公司在多年研究铝酸酯结构与性能关系的基础上，将具有紫外光吸收结构基团连接到铝酸酯的中心铝原子上，使其热稳定性大大提高，获得了具有良好热稳定性的新型铝酸酯光稳定剂。该公司还生产硬脂酸钙、钡、锌、铅、镁等塑料热稳定剂。

地址： 山东省博兴县城胜利二路 546 号
邮编： 256500
电话： 0543-2302719
传真： 0543-2303345

济宁得亚利聚合体有限公司

该公司位于山东汶上义桥工业园区，总占地面积 5 万平方米，总投资 300 万美元。本企业是台商独资企业，拥有各类专业技术人员 20 多名，专业从事阻燃剂、消烟剂、塑料母料及改性塑料的生产与研发，并与台湾阻燃科研单位保持着常年的技术合作，产品不断创新。

本公司生产设备先进，技术力量雄厚，检测设备精良，真诚的期望与您合作。

主要产品：高效复合阻燃剂；高效复合消烟剂；高效阻燃填充料（超细氢氧化镁、氢氧化铝）；阻燃母料聚烯烃母料、多功能母料、降解母料；色母料

应用范围聚烯烃、PVC、ABS、橡胶、树脂等。

地址： 山东省济宁市汶上义桥
电话： 0537-7850766　7850588
传真： 0537-7850288

湖北凯乐新材料科技股份有限公司

湖北凯乐新材料科技股份有限公司前身为荆州塑料管材厂，创建于 1982 年，开始从不足 2 万元起步，通过近 10 年的资本积累，于 1993 年 2 月改制成立股份公司。1999 年元月被省科技厅认定为高新技术企业，4 月份通过中国科学院和科技部的“双高”论证。1999 年通过 ISO 9001 质量体系认证，2000 年 7 月在上海证券交易所挂牌上市（凯乐科技 600260）。是中国塑料加工工业协会副理事长单位。公司现有员工 1 800 人，其中各类中、高级技术人员 176 名。公司占地面积 40 万平方米，总资产 10.2 亿元，净资产 8.72 亿元，拥有各类先进设备 218 台（套），年生产能力 18 万吨。连续十二年实现经济效益两位数高速增长，连续三年利税突破亿元。

公司主导产品四大类：

① 塑料门窗异型材；

② 应用于给排水、通信、电力、电工管道系统的各种类型 PVC、PE、PP、PVC-C 管材、管件；

③ 应用于高速公路、堤坝建设的新型土工合成材料：塑料格栅、格网、三维植被网垫等；

④ 光缆、通信电缆等光电通信材料及通信线路护套管。

公司先后荣获湖北省“用户双满意企业”、“首届百佳诚信纳税人”和“全国轻工行业优秀企业”、“全国化学建材先进集体”、全国重合同守信用企业。1997～1999 年连续三年被中质协评为“全国质量效益型先进企业”。2003 年又获得“全国精神文明建设先进单位”称号。公司董事长朱弟雄先后荣获“湖北省有突出贡献的青年专家”、“全国轻工系统全心全意依靠职工的优秀经营者”、“全国轻工行业优秀企业家”及“中国经营模范”、“全国青年星火带头人标兵”、“全国质量管理工作卓越领导者”、“全国优秀质量管理推进者”称号。并当选受聘为中塑协副理事长、中国社会科学联合会研究员、省党代表、十届全国人大代表。

公司未来的发展战备：坚持技术领先、开拓创新的原则，发扬公司“以人品铸产品”的企业经营理念，始终把提高员工素质、科技进步、产品创新作为企业的立足之本，在努力抓好公司技术中心的基础上，走产、学、研相结合的道路，以技术为依托、以质量为保证、以产品的适销为目标，抓好新型土工合成材料和光纤、光缆通信材料的研究、开发和生产，提高产品的技术含量，让“凯乐”品牌走向世界。

地址： 湖北省荆州市公安县凯乐塑料工业城
邮编： 434300
电话： 0716-5209337　5209804
传真： 0716-5209379
http： //www.kaile.com.cn

E-mail：kailegroup@371. net

湖北南星化工总厂

该厂是国内进行硫醇甲基锡科研、生产历史长、最具规模的厂家之一，生产规模 2 000 吨/年，产品遍及全国，企业产品质量国内领先，各项技术指标达到国际先进水平。产品 2001 年获得第二届亚细安化学工业科技成果博览会“优秀产品金奖”。于 2000 年通过 ISO 9002 国际质量体系认证，于 2003 年通过 ISO 9001 国际质量体系认证。

硫醇甲基锡是聚氯乙烯加工过程中的高效稳定剂，其稳定性、透明性、耐候性均优于其他有机锡。在 PVC 压延、吹塑、挤塑、注塑加工中得到广泛应用。硫醇甲基锡已被德国联邦卫生局（BGA）、美国食品和药物管理局（FDA）认可，可用于食品及医药包装用 PVC 制品中。产品已覆盖 PVC 片材、吹膜、造粒、管材、型材等制品。该厂还生产性能卓越的 SS-218B、SS-318、SS-418 复合热稳定剂。

地址：湖北省枝江市江汉大道 1 号

邮编：443200

电话（传真）：0717-4140312

http：//www. nx-chem. com

E-mail：nxhg@public. yc. hb. cn

中国石化集团武汉石化实业公司

武汉石化实业公司是中国石化集团武汉石化厂下属的骨干企业，位于湖北省武汉市青山工业区，紧邻长江黄金水道，水陆交通十分便利。该公司多年来一贯奉行“用户至上，质量第一”的宗旨，过硬的产品质量，先进的生产工艺，良好的售后服务。

该公司采用德国 DROSSBABH 公司先进的生产工艺生产 HDPE 双壁波纹管，品种多、规格全、质量好，亦可根据用户要求生产内外壁不同材质、不同颜色的双壁管，以及内穿钢丝可盘绕管。产品质量符合德国 DIN 16961 标准及中华人民共和国通信行业标准 YD/T 841—1996。

地址：湖北省武汉市青山区长青路

邮编：430082

电话（传真）：027-86512842

联系人：俞　瑾

手机：13307179191

湖南安塑股份有限公司

湖南安塑股份有限公司前身为湖南安江塑料厂，始建于 1966 年，迄今为止已有三十多年塑料研究与加工的经验与历史，是湖南省第一批建立现代企业制度试点企业，湖南省 22 家重点企业集团之一，拥有湖南省工业企业第一批省级技术中心。

目前公司下辖五家控股子公司，分别是长沙中圆科技有限公司、湖南海天塑料有限公司、洪江市有源有限责任公司和岳阳安塑材料有限公司，其中长沙中圆科技有限公司控股湖南健康生物制品有限公司。近期公司还托管了长沙振升铝材有限公司。

湖南安塑股份有限公司是国内研发力量雄厚，设备先进的大型人造革合成革生产厂商，是中国第一家以人造革合成革研究、开发与生产为主营业务的上市公司。

湖南安塑股份有限公司现已发展成为人造革合成革行业的龙头企业，并先后获得了“湖南省优秀企业”、“中国行业百强”、“中国塑料 100 家最大工业企业”、“湖南省 100 家最佳经济效益工业企业”、“中国企业管理杰出贡献奖”等荣誉称号。

湖南安塑股份有限公司的主要产品有 PU 透气合成革、PVC 人造革、工业用铝型材、高精饰建筑用铝型材、PVC 板材与管材、农用地膜、天然维生素 E 等。

地址：湖南省长沙市芙蓉中路海东青大厦 16 楼

邮编：410005

电话：0731-4318808

传真：0731-4315151

http：//www. chnanplas. com

E-mail：000156@chnanplas. com

湖南坤源塑化有限公司

大洋跨国集团于 1965 年创建于中国台湾。初期生产 PVC 硬质胶管、PVC 胶粒、PVC 胶布、胶皮、高级扎皮、PU 合成皮、薄膜、PVC 粉为主，经过大洋人不懈的追求和努力，大洋迅速成长为台湾三大塑胶企业之一，于 1999 年顺利上市。大洋的投资领域遍及塑料制造业、电子业、高新技术材料、港口开发和服务业。

大洋集团于 21 世纪起积极投入和开拓中国市场。湖南坤源塑化有限公司是大洋集团在大陆投资的第一家公司，先后从德国、瑞典等欧美地区引进全自动检测设备和生产设备，并移植大洋近 40 年塑化生产管理经验，主要以生产 PVC 给排水管材管件、电工管、地下通信管、塑胶粒及胶水为主的下属公司，产品注册商标为“坤源”。公司占地 150 亩，大小型管材、管件生产线共 15 条。目前有职工 65 人，固定资产达 710 万元以上，年产规模达 12 000 吨。从 2002 年进入国内市场以来，销售重点逐渐由省内推广到湖北、江西、广东、云南、山东、江苏、重庆、浙江等省份，已被广泛应用于建筑工程、自来水管网工程、电信工程、电力工程、市政工程及农业灌溉上。坤源产品在引进大洋和国外先进技术的基础上，以国家 GB 标准和公司完善的产品技术标准严格控制各个生产工序，以控制过程来控制产品质量。先后被评为“质量信得过产品”、“中国（湖南）市场诚信品牌”，并已通过 ISO 9001、ISO 14001、OHSAS 18001 管理体系认证。

地址： 湖南省长沙市望城县高塘岭镇旺旺路
邮编： 410200
电话： 0731-8050837　8050838
传真： 0731-8050836
http： //www.owp.com.cn
E-mail： owp@owp.com.cn

广州博创机械有限公司

广州博创机械有限公司坐落在美丽的羊城广州市区工业大道南边路 38 号，厂区占地 52 000 余平方米，厂房 30 000 余平方米。公司注册资金 3 000 万元，固定资产逾亿元，现拥有员工 400 多名。专业生产塑料注射成型机，包括 BT80V～BT650V 高效精密注塑成型机、BT780V～1 380V 中大型全自动注塑机、H 系列高速精密注塑机、双色系列注塑机等锁模力为 55～1 800t、注射量为 45～12 000g 的注塑机产品，年产量近 2 000 标准台套，是目前国内最具竞争力的塑机生产商之一。

公司自创立以来，以追求卓越的注塑技术、打造完美精品为目标，引进韩国大宇卧式加工中心、美国辛辛那提卧式加工中心等十余台加工中心群组，极大提高了生产效率和对市场的应变能力。2003 年，公司标得了“2003 年广东省重大装备技术创新项目”中“高速高效集成化精密注塑成型设备”子项目，是广东省注塑机制造行业的惟一中标单位；公司主导产品“BTV 系列高效节能精密注塑机”已通过由广东省科学技术厅主持的科技成果鉴定，经专家组评定，“博创”技术处于国内领先水平。

公司建立并完善了现代管理制度，运用ISO 9001 质量管理体系全方位管理企业；2003 年导入 ERP、CRM、用友财务软件、AutoCAD Mechanical 2004 DX 设计软件，计算机技术、网络通讯技术、信息技术已成为生产发展与技术更新的可靠动力，构建了最佳综合经济效益的重要管理手段和管理平台，形成了一套先进的信息化管理模式。

公司在组建高起点、专业化、规模化企业的同时，凭借成熟的管理经验、超前的管理意识，加大了技术开发、市场开发的投入；加强了与国内外专业技术厂家的交流与合作；注重了对先进设计理念的引入和前沿技术的学习，提高了技术人员的综合素质。在企业内部形成了勇于改革、大胆创新的企业文化，保证公司产品与世界先进水平同步。

公司从客户出发，遵循“客户的满意，就是我们的追求”的质量方针，用最先进的网络平台与客户在第一时间内交流、沟通；安装现场调试、售前售后全程技术培训、24 小时随叫随到等全方位、全天候、多维化、优质化的服务宗旨，让客户享有“以客为尊，全程无忧的钻石服务”。目前，公司已组建了高素质、高标准的销售及售后服务队伍，现在上海、深圳、天津、温州等 22 个城市设立了办事处，并在泰国、印尼、伊朗、澳大利亚等多个国家设立了代理公司，真正让“博创”塑机普及全国，走向世界。

“博大精深、价值共创”，博创是一个富有朝气、具有凝聚力、战斗力的团队。未来的日子，公司将快速向正规化、现代化和国际化迈进，并以精益求精、开拓进取的主人翁精神创造美好明天！

地址： 广东省广州市工业大道南边路 38 号
邮编： 510285
电话： 020-89006656
传真： 020-89006411
http： //www.borch-machinery.com

佛山塑料集团股份有限公司

佛山塑料集团股份有限公司（下称佛塑股份）是一家以生产经营现代塑料新材料为主的上市公司（股票代码：000973），是中国企业 500 强之一。公司主要生产经营“汾江牌”通用型、电容器用双向拉伸聚丙烯薄膜（BOPP）系列、双向拉伸尼龙（BOPA）薄膜系列、无拉伸流延膜（CPP）系列、镀铝膜和铝锌复合膜系列及彩色印刷复合制袋产品；“鸿基牌”聚酯切片、电化铝系列包装膜、包装片材产品；“双龙牌”PVC 人造革系列、PVC 薄膜和 PVC 片材、管材；“双象”、“飞象”牌宽幅塑料编织复合布、防渗土工布、无纺及塑料编织土工布膜等系列产品。

佛塑股份公司建有省级技术研究中心，拥有一批高素质人员组成的研发队伍，以及目前国际上性能最先进、功能最齐全、试验范围最广的国内惟一的多功能薄膜试验设备，这些是公司开发具有自主知识产权的技术和不断提高产品技术含量的有力保证。

长期以来，公司以技术领先，产品质量过硬享誉国内外同行和用户，公司产品多年来在全国同行业中产销量和市场占有率均名列前茅，公司生产的双向拉伸聚丙烯薄膜、聚氯乙烯针织布基发泡人造革、复合塑料编织布是广东省名牌产品，公司的“汾江牌”、“双龙牌”商标是广东省著名商标。公司是目前全国惟一的尼龙包装薄膜生产基地和全国最大的双向拉伸聚丙烯薄膜生产中心。国家级新产品BOPA薄膜和热封型BOPP烟用薄膜不仅填补了国内空白，而且产品质量达到国际先进水平，是中国烟草物资总公司定点的首批烟用包装薄膜生产基地。

公司辖下三家分公司及十多家合资合作企业，年产销规模近40亿元。公司的主要经济指标连续多年名列国内同行业首位，2002年被广东省政府确定为50家工业龙头企业中惟一的战略产业类新材料企业，2003年公司再次被认定为全国401家火炬计划“重点高新技术企业”之一；被中国轻工业联合会评为2002～2003年度质量效益型先进企业；2003年8月被中国企业家联合会和中国企业家协会认定为“中国企业500强”之一。

地址：广东省佛山市禅城区汾江中路82号

邮编：528000

电话：0757-83988188

83983388（汾江牌产品）

82964712（鸿基牌产品）

82815604（双龙牌产品）

82810035（双象牌产品）

传真：0757-83985216

http：//www.fspg.com.cn

联塑机械制造有限公司

该公司是联塑集团属下的大型的挤出设备制造商。联塑集团下属两大企业为：A为联塑科技发展有限公司；B为联塑机械制造有限公司。联塑机械和联塑科技同属一个董事会监控，独立运营。其中两大企业拥有两千多名职工，占地面积约8万平方米，固定资产超亿元，公司实行现代化管理，各主管层全部实行电脑化办公，公司拥有一流的人才，一流的技术，一流的管理。联塑机械制造有限公司与德莱斯堡公司于2001年1月1日开始合资，并成立德莱斯堡（中国）塑料机械有限公司，使本公司的技术水平更上一层楼。

联塑科技发展有限公司专业生产PVC管材、管件、线槽、线管；铝塑复合管；PP-R管材、管件；以及松泽牌、联塑牌电工产品、联塑牌高级换气扇。其中其PVC产品达年产5万吨。联塑机械从1986年成立，至今已有15年的发展历史。

地址：广东省顺德市龙江镇

邮编：528318

电话：0757-23365136

传真：0757-23389711

德仕威塑料机械有限公司

德仕威塑料机械有限公司位于广东省佛山市，是一家专业研发，生产塑料挤出设备、挤出模具、注塑模具的高科技企业，厂房占地30 000平方米，下设通用挤出设备事业部、片板材挤出设备事业部、流延薄膜挤出设备事业部、吹塑薄膜科技立厂，深知科研创新是企业发展的关键，自创业伊始就把科研开发作为立厂之本，与德国一流的挤出技术紧密合作，积极拓展塑料挤出技术的新领域；还与国内著名学府广东华南理工大学共建了专业的技术研发中心：佛山市塑料机械及装备新技术研究中心。

主要产品：多层共挤塑料流延薄膜挤出技术（CPP、CPE、OPP、PA/PP）；多层共挤塑料片、板材挤出技术（PC、ABS、PMMA）；七层共挤吹塑薄膜挤出技术（PA/PP、EVOH/PP、EVA/PE）；PE燃气、给水管材挤出技术；PE双壁波纹管材挤出技术；PVC双壁波纹管材挤出技术；PE大口径缠绕管挤出技术；PC阳光板材高速挤出技术；PE阻燃铝塑板材挤出技术。

地址：广东省佛山市魁奇路鄱阳湖北工业区

电话：0757-83826578

传真：0576-83829462

E-mail：dsw@technwell.com

http：// www.technwell.com

重庆国际复合材料有限公司

重庆国际复合材料有限公司位于重庆市大渡口区。公司成立于1991年，现由云南云天化股份有限公司、沙特阿曼提有限公司等共同出资组成。公司的主要产品有无碱玻璃纤维无捻粗纱、增强热塑性工程塑料短切纱、短切毡、方格布、膨体纱及电子级细纱等几大类数十个品种。

重庆玻纤是中国无碱玻璃纤维池窑拉丝生产工艺的发祥地。1985 年从日本日东纺绩株式会社全套引进了年产 1 800 吨的无碱玻璃纤维生产线，并于 1986 年 11 月投产。

该公司现有玻纤生产能力 6.6 万吨/年，第二条年产 3 万吨无碱玻璃纤维生产线将于 2005 年初投产。

该公司不断吸收国内外先进技术，积累了丰富的无碱玻璃纤维生产经验，生产技术和产品质量一直处于国内领先水平，并具有了独立的玻纤产品开发和玻纤工程设计能力。2001 年，公司被重庆市科委认定为“高新技术企业”。公司投资近 2 000 万元建立了 4 200 平方米的技术研发中心，以加强玻纤产品的应用开发水平。公司已通过了 ISO 9001 质量体系认证，部分产品通过英国劳埃氏船级认证，产品质量已接近国际先进水准，得到国内外用户的一致好评。

该公司始终坚持在稳固和发展国内市场的同时，努力开拓国际市场，不断扩大产品出口的销售战略，产品 70%以上出口，主要销往北美、欧洲、中东等世界各地。公司已进入重庆市出口创汇企业 15 强和重庆工业企业 50 强，并连续两年被重庆市人民政府评为“十佳外商投资企业”。

经过 12 年的艰苦创业，重庆国际复合材料有限公司已经从一个小型的玻纤生产厂发展成为一个拥有注册资本 6 388 万美元、总资产 11 亿多元、员工 1 300多人的集玻璃纤维生产和研发于一体的现代化大型玻纤企业。产品从各类增强型纤维到纺织型纤维，以满足日新月异的新材料工业发展之需求。到 2005 年，公司的生产规模将达到 10 万吨，跻身世界大型玻纤生产企业的行列。

地址：重庆市大渡口区
邮编：400082
电话：023-89090555　89090505
传真：023-89090684
http：//www.cpicfiber.com
E-mail：cpicoffice@cta.cq.cn

重庆捷成塑胶机械制造有限公司

该公司成立于 1997 年，注册资金 6 000 万元。公司现有员工 281 人，其中工程技术人员 98 人，年工业产值 1.8 亿元，年实现税利 4 000 万元。公司集研制、开发、生产、销售于一体，拥有一支精明强干、吃苦耐劳的中青年队伍，以振兴中华西部包装为己任，首家引进德国、韩国、日本等多国先进技术和设备的中外合资企业。1998 年，该公司完成了重庆市经济委员会、重庆市乡镇企业局下达的新产品技术开发项目计划，并荣获重庆市经委，重庆市乡镇企业局科技进步一等奖；1999 年，公司完成了中国质量检验协会对企业质量机构的评定工作，质量严格按 GB/T 15481—1995、GB/T 15483—1995、GB/T 15486—1995 等标准生产，并通过了 ISO 9001：2000 系列认证。

集团公司下设几个分公司。

1. 重庆捷成塑胶机械制造有限公司。专业从事 PE 包装机械设备的研制、开发和制造，现有生产设备 20 多台、套，可年生产 JC 系列 PE 包装机械设备生产线 28 条，此生产线远销东南亚及世界各地。

2. 重庆捷盛新型塑胶材料有限公司。专业生产 EPE 新型发泡棒材、片材、管材、网材及 LDPE 汽垫膜的公司，现有生产设备 16 台、套，可年产 EPE 新型塑胶材料 7 000 吨，LDPE 汽垫膜 1 200 吨。公司生产的 EPE 新型包装材料填补了西南地区无 EPE 高发泡包装材料的空白。公司研究、开发的 EEP 新型包装材料，特别是光-生物降解聚乙烯 PS-11 型汽车内装饰材料等产品的开发取得了较大的成就，并已投入批量生产。产品具有柔软、无毒、无害、隔音、隔热、缓冲、防震、防潮、防摩擦、防尘、保护商品的优点，因而广泛应用于家用电器，电子产品，自行车、摩托车、玻璃仪器、高档陶瓷器具、乐器、工艺品的内外包装材料。

3. 重庆捷顺塑胶制品有限公司。专业从事塑胶制品生产，拥有先进的注塑机及辅助设备十多台、套，可年产塑胶制品 1 600 吨。

主要产品：聚乙烯发泡片材挤出机、PE 轧花机系列、PE 塑料回收颗粒机、LDPE 汽垫膜机、PE 自黏热合机、EPE 和 LDPE 保鲜膜，PC（聚碳酸酯）、POM（聚甲醛）、PVC、ABS、NYLO（尼龙）、PBT 等塑胶制品。

地址：重庆市沙平坝区青木关镇燕弯
电话：023-65603205　65601777
65600988　65602788
传真：023-65601788
http：//www.cqjiecheng.com.
E-mail：cqjiecheng@cta.cq.cn

晨晖公司

晨晖公司系中蓝晨光化工研究院的二级单位之一，是国家有机硅工程技术研究中心的组成部分之一。拥有一支理论知识扎实、实践经验丰富的研发队伍，共有生产线5条，生产能力达1 000吨/年。面临激烈市场竞争，公司注重发挥其技术优势。灵活多样地开展项目的委托研究开发；尤其在有机硅新产品开发、后产品加工以及为用户提供完善的技术服务等方面，都处于国内领先地位；并在某些关键技术上具有自主的知识产权。

研究开发方向

◆ 特殊性能硅橡胶的研究开发

◆ 有机硅树脂新产品及生产技术的研究开发

◆ 有机硅材料的应用研究

主要产品有

◆ 各种电力电器制品用、精密模具用、电子灌封用及各种注射成型用液体硅橡胶

◆ 各种耐热、绝缘、隔离、建材保护、防水硅树脂及部分制品

◆ 硅酮母料

◆ 有机硅表面活性剂

晨晖公司愿与国内、外企业积极合作，在产品开发、委托研究。项目转让等方面开展工作，推动企业的产品更新，提升国内有机硅及相关行业的技术水平。

地址：四川省成都市人民南路四段30号

电话：028-85586047

传真：028-85554495

兰泰塑料机械有限公司

兰泰塑料机械有限公司是由天华化工机械及自动化研究设计院（原化工部化工机械研究院橡塑机械研究所）为主体组建的高科技产业，总部在兰州，是中国同向双螺杆挤出机的诞生地。兰泰开发研制双螺杆挤出机有三十余年历史，曾先后承担了国家科委科技攻关项目，中石化和化工部重大装备开发项目，开发新机型15种，其中获得国家发明奖、科技进步奖和部、省级奖励多项。负责起草、制定了JB/T 5420—90同向双螺杆塑料挤出机和JB/T 5417—91塑料排气挤出机两项行业标准。

兰泰拥有雄厚的科研开发技术力量，集橡塑机械、化工机械、机械制造、电仪控制、计算机应用、高分子材料、金属材料及热处理等专业的技术优势及人才优势，并具有多学科的综合设计能力和先进的科研设计手段，新机型的优化设计、理论计算均借助于计算机辅助设计系统CAD。产品类型齐全，功能独特。近年来计算机网络技术已成功的用于新产品开发及企业内部管理。

兰泰先后有日本、美国、荷兰、马来西亚、新加坡、越南、印尼、土耳其、阿根廷及中国香港、台湾地区厂商慕名前来考察、洽谈合作、订购设备。产品已外销出口到日本、马来西亚、印度尼西亚、越南、泰国等国家，部分挤出机配件已出口到德国。

兰泰在国内同行业率先通过ISO 9001国际质量体系认证。同向双螺杆挤出机获“国家级新产品”荣誉称号。被国家科技部批准为“同向双螺杆挤出机组”依托单位。

主要产品：SHJ系列双螺杆混炼挤出机，STJ系列单/双螺杆热敏性物料挤出造粒机组（PVC、XLPE），SPJ系列剖分式热固性塑料混炼挤出机（酚醛模塑料、环氧电封料、粉末塑料），SSJ系列双轴连续混炼机（橡塑共混、高填充母料、浓色母料），SFJ系列双螺杆反应挤出机（交联、接枝、聚合、浓缩），铝塑复合管全套生产机组、HDPE交联管全套机组，SZJ系列双螺杆脱挥挤出机（蒸发、结晶、干燥、凝胶、成粉），计量配料系统、单螺杆喂料机、双螺杆喂料机、侧向喂料机、立式强制喂料机，水冷拉条、水下、水环、水雾、风冷模面及滚刀式切粒装置，震动筛分、离心、沸腾干燥辅机，液压、手动快速换网装置。

公司地址：甘肃省兰州市西固区合水北路3号

邮编：730060

销售热线：0931-7311394　7311614
7369030　7369032

技术咨询：0931-7983588（机械）
0931-7311757（电气）

传真：0931-7315137

http：//www.lantai.com.cn

E-mail：lantai@lantai.com.cn

广东地区销售及售后服务中心

地址：广东省广州市荔湾路119号之一 1-201室

电话：020-81299417　13925198857

上海销售及售后服务中心

地址：上海市华灵路881弄30号201室

电话/传真：021-66375116　13917363749

东南亚销售及售后服务中心

地址：马来西亚　吉隆坡

电话：00601-62771186　60926855

新疆天业股份有限公司

新疆天业股份有限公司（简称“新疆天业”），位于新疆维吾尔自治区石河子市。该公司创立于1997年6月，是新疆生产建设兵团国有资产控股的首家大型综合类上市公司。至2001年末，公司已拥有资产总额22.17亿元，净资产10.8亿元，总股本22 680万元。现有员工12 000余名，各类专业技术人员2 000余名。新疆天业已拥有9家分公司，9家控股公司和6家参股公司。拥有对外经济技术合作权和国家认定的企业技术中心。

新疆天业主要从事农用塑料节水器材、塑料制品、化工产品、食品和农业种植，以及农副产品深加工的生产和经营。

新疆天业是新疆最大的塑料制品生产企业，年生产塑料制品50kt。新疆天业积极落实国家提出的“把节水灌溉作为一项革命性措施来抓”的要求，发挥天业“企业技术中心”的创新能力，不断引进、吸收国外节水灌溉技术和先进设备，自主开发符合国情的、农户用得起的“一次性可回收滴灌带”及其配套的“天业滴灌系统”。2000年推广滴灌面积15万亩，2001年达到50万亩以上，今年形成200万亩节水器具生产能力，“十五”期间可形成600万亩节水器具的生产能力。节水技术也走出国门，在塔吉克等中亚国家推广成功。新疆天业节水器具生产规模和技术推广应用已位居全国第一，农膜生产规模及产品质量都居全国同行前列，其产品被评为“新疆名牌”。其中，“天业”牌农用地膜被农业部评为优质产品，被99中国国际农业博览会认定为名牌产品。

新疆天业是新疆最大的氯碱化工企业，拥有10万吨化工产品生产能力，其中，年产烧碱40kt，盐酸25kt，硫酸30kt，聚氯乙烯树脂50kt，液氯3kt。

新疆天业拥有8万吨食品加工能力，其中番茄酱60kt，柠檬酸15kt，胡萝卜汁6kt。

新疆天业所属天业北泉农场和天业东阜城农场，拥有耕地44万亩，是天业在石河子垦区建立的农产品深加工，贸、工、农一体化示范基地。

地址：新疆石河子市迎宾大道天业工业园
邮编：832000
http：//www.xj-tianye.com
E-mail：master@xj-tianye.com

人物风采

申开智

教授，博士生导师，1959年毕业于四川大学（原成都工学院）化工系，毕业后留校。先后在基本有机合成、塑料工学、塑料工程等专业从事教学和科研工作，1990～1991年在英国Brunel大学材料系作访问学者，被该校聘为访问教授，回校后1992年晋升为教授，1994年批准为博士生导师，先后指导博士、博士后18人，硕士研究生20多人，讲授博士、硕士和本科生课程共9门。主编《塑料成型模具》，参编《跨世纪的高分子科学》第四分册、《塑料模具技术手册》等教科书和专著，在国内外发表科学研究论文100多篇。

他长期在高分子材料加工工程、高分子材料成型模具和成型机械的教学和科研战线辛勤耕耘，主要研究方向是“聚合物成型过程中的形态控制”、“聚合物加工新方法、新技术”等。特别是研究聚合物在成型过程中通过施加外场来改变聚合物的凝聚态结构，从而大幅度地提高制品的力学性能，这是聚合物结构与性能关系的生动证明。研究成果引起国内外同行广泛关注，在该领域连续四次作为项目负责人获得国家自然科学基金资助，并有两次以主研究身份参与国家自然科学基金重点项目，此外还得到高校博士点基金（三项）以及香港蒋氏基金、四川省应用基础研究、国家重点实验室开放基金等的资助（以上均为项目负责人）。

在塑料模具设计理论方面，对模具成型尺寸、模具型腔壁厚、脱模力、侧向分型抽芯机构、冷却系统等方面的计算进行深入研究，通过理论分析和公式推导更正了传统计算中的问题和错误，提出了新的计算方法，得到国内外同行广泛认同。同时还分别作为第一起或第二起草人参与《塑料模塑件尺寸公差》、《热塑性塑料试样制备》等国家标准的起草制标工作，以及多种特种高科技塑料制品攻关开发研究工作，负责四川省“九五”重大科技攻关项目，主研四川省重点科技项目等。获准国家专利5项。

申开智曾担任国家发明奖、国家科技进步奖轻工类评委，中国塑料工程学会注塑专业委员会副主任委员，塑机及模具专委会理事、全国塑料标准化委员会SC6分会委员等。因在高等教育、科学技术事业上的突出贡献获国务院政府特殊津贴。

沈经纬

男，1939年12月生于上海。1961年毕业于成都工学院高分子化工系塑料工学专业。在科研单位和工厂企业工作十多年后回母校任教。1980～1982年公派留法，在巴黎国立高等技术大学（ENSAM）材料系聚合物加工及老化实验室（LTVP）进修访问，获得博士学位。1984年、1989年先后在成都科技大学高分子材料系、塑料工程系任副教授、教授。1995年以来在四川大学材料学院、高分子科学与工程学院任教授、博士生导师，获国务院专家津贴。曾担任系副主任、副院长行政职务和中国塑料工程学会理事兼工程塑料专委会副主任委员、中国工程塑料工业协会理事等社会兼职。

他长期从事高分子材料加工工程学科的教学和科研工作。教学方面，担任“塑料成型工艺学”、“聚合物加工·结构·性能”、“聚合物加工流变学与形态学”、“聚合物加工进展”等本科、硕士和博士生学位课程的授课，以及指导学士、硕士和博士论文工作，已培养毕业、获得学位的硕士生约30人，博士生7人。科研方面，作为项目负责人主持完成国家级、部、省级科研项目9项，企业合作项目10多项，在国内外学术刊物和会议上发表论文近百篇，其中被SCI、EI收录20余篇，研究领域涉及塑料的降解、老化与稳定，塑料的合金化、高性能化和功能化，热致液晶聚合物型和普通聚合物型原位复合材料的制造和成型，聚合物/功能填料纳米复合材料的加工成型等。

唐志玉

男，汉族，1936年7月出生，四川大学教授。四川三台县人。1961年毕业于西北工业大学特种化工系，毕业后在兵器部第八四五厂设计研究所工作。1973年调入原成都科技大学（现为四川大学），从事高分子材料成型加工教学与科研工作。

他在大型注塑模设计理论、高聚物熔体流变学应用、注塑模浇注系统研究、塑料制品设计及其成型模具技术等领域，获得过一批重要研究成果。公开发表学术论文50余篇，大多被科技新书、博士、硕士论文作者及专业性手册所引用。

主持“黄河重型汽车 JN162 散热罩大型注塑模设计”，获全国优秀模具奖；中国机械工业技术发展基金项目“塑料注塑浇注系统研究”，评为“具有国内外先进水平”；承担国家“八五”科技攻关项目“CAD/CAE/CAM 集成系统研究”，获国家科技成果优秀奖。“汽车散热罩装饰件注塑模设计”获行业协会优秀论文一等奖；“注塑级塑料特性参数与数据库”、“鱼尾形机头流道设计数学分析”，获中国塑料工程学会三等奖；“提高聚甲醛注塑件尺寸精度的有效方法”，获中国电子学会优秀论文奖；“注塑模浇注系统工程设计”、“注塑级塑料黏性模型研究”，获四川省模协优秀论文奖等。

编写和主持出版著作有：《大型注塑模设计基础》、《塑料模流变学设计》、《塑料制品设计师指南》、《塑料模具设计师指南》、《挤塑模设计》、《塑料模具技术手册》、《塑料工程手册》（上、下册）、《铝塑型材挤压成型技术》、《塑料挤出与注塑模优化设计》、《轻工模具设计》（中国模具设计大典第 2 卷）、《大型注塑模具技术原理与应用》和《高分子材料工程》（上、下卷，中国材料工程大典等 5 卷）等 10 余部。

1993 年荣获原成都科技大学优秀教师称号。

张小赧

男，汉族，1946 年 6 月出生，大专学历，高级经济师，现任三友控股集团有限公司董事长兼总经理，中国塑料加工工业协会副理事长，浙江省塑协副理事长，台州市塑料行业协会理事长。1987 年被评为省劳模，1991 年被评为全国乡镇企业家，1992 年获省“七五”劳模称号，1998 年获省乡镇企业优秀企业家称号，2000 年被评为全国劳模，2001 年被评为浙江省优秀共产党员、台州市优秀共产党员、台州市杰出企业家。在张小赧同志的带领下三友控股集团有限公司先后被评为国家二级企业，省三星级企业，省“三优”企业，省知名商号企业，省“守合同、重信用”单位，省级文明单位，“三友”牌商标已连续三届被评为浙江省著名商标，主导产品纺织器材 2002 年荣膺浙江省名牌产品称号，在行业中一枝独秀。2003 年集团公司创产值 4.14 亿元。

1971 年，张小赧带领 24 位农民创办了一家作坊式加工厂，经过 33 年的风雨洗礼，三友不断发展壮大，以小产品做活了大市场，主导产品（塑料纱管）市场占有率达 40%，主要经济指标连续 5 年居全国同行业榜首，跻身中国纺织机械器材行业 50 强骨干企业，被誉为行业中的“常青树”。

张小赧认为质量是企业生存之本。他提出了“以质创路，以优取信”的质量宗旨，制定了“333”质量管理模式。他大力提倡科技创新和人才的后续培养，共投资 200 多万元，开办了职工业余文化学校，组建了技术研发中心，共研究开发了 20 多项新产品，其中 8 项新产品通过省级新产品鉴定，并取得良好的社会效益和经济效益。在他的领导下，企业从创业初期的单一产品，发展成为拥有纺织器材、摩托车、塑胶管道、精毛纺、汽摩家电塑料件、抛秧盘、包装带、工艺制品、模具等跨行业、综合性、多品种、多元化产业结构模式。企业从作坊式小厂发展成下辖 12 家分公司，拥有固定资产近 3 亿元，占地 400 余亩，建筑面积 15 万平方米的国家级企业集团。

张小赧还十分热心社会公益事业和光彩事业，积极参政议政。先后担任台州市工商联副会长、路桥区人大常委、路桥区工商联副会长、路桥区企业家协会会长等职务。近年来，公司共资助贫困地区、希望工程以及慰问驻地部队官兵数万元。

在全球经济一体化的新形势下，面对中国加入 WTO 带来的新机遇和挑战，张小赧精心绘就了“十五”宏伟蓝图，制定了“改革大股份，构筑大园区，发展大工业，做强大品牌，建设大集团”的战略思路，他像一位“船长”，正带领着他的企业团队，努力把三友建设成为产业多元化，资本社会化，经营国际化，服务全球化，管理科学化的国家大型企业集团。

马镇鑫

男，1951 年出生，工程师。广东金明塑胶设备有限公司董事长兼总经理、法人代表。汕头市区人大代表，汕头市民营企业协会副会长，中国塑料加工工业协会常务理事，中国塑料机械工业协会常务理事，中国包装技术协会常务理事；涉及塑料机械 46 项技术专利的专利权人，行业内知名民营企业家。

1987 年，创办广东金明塑胶设备有限公司（原汕头市金明塑胶设备厂），公司经过 16 年的发展，在新产品研发、制造、市场营销等方面都具备相当的实力，成为国内外享有一定声誉的专业塑料机械制造公司。公司是国际著名（德国）莱芬豪舍公司在中国惟一的技术合作伙伴。

公司产品多次获省、市科技进步奖，其中有 7 项获国家级新产品称号。产品畅销全国并远销世界各地。企业的持续发展无不处处表现企业家的观念、思维和人格力量。

他在企业创办之初就将科技创新作为企业发展的动力，将“靠科技振兴企业”作为公司的座右铭。1990年开始广泛地收集市场的信息，研制自动控制的塑料吹瓶机。产品推向市场后，供不应求。产品的研制成功，可称为他在当时的条件下，充分利用技术、资金、人才、信息等社会资源进行优化，向社会做出贡献的成功范例。

1992年，他将产品的控制系统改成计算机技术控制（PLC可编程序控制器）。当年被评为国家级重点新产品，并替代进口设备。

1996年，他亲自率领技术人员参加幅宽16m大型农膜（土工膜）生产设备的国际招标。1999年，金明公司制造出国内最大、亚洲第一的幅宽20m大型三层共挤农膜（土工膜）吹塑生产线，不但奠定了企业在国内领先的地位，而且结束了大型农膜生产设备长期依靠进口的历史。这无疑是中国塑机工业发展史上值得记载的一笔。

金明公司连续6年荣获银行信用“AAA”级和“纳税大户”。马镇鑫敢于创新、善于开拓、尊重科学，恪守信用的人格形象在企业内形成一股凝聚力量。

市场的竞争归根到底是人才的竞争。最大限度利用、整合人力资源，是他经营企业的另一特色。如今聚集在“金明”旗下有各类专业工程技术人员，企业管理、法律、知识产权、信息技术、外语翻译等专业人才。

马镇鑫深知必须不断地学习才能使企业保持持续发展。1997年组织全员学习ISO 9001标准，并通过认证。积极参加各种管理培训课程，将风靡企业界的“A”模式管理引入公司，执行过程中率先垂范。

杨卫民

男，中共党员，汉族，湖南会同人，1965年11月出生，1987年、1990年、1998年先后于北京化工大学获得工学学士、硕士、博士学位，2000年10月～2002年9月由国家公派到日本东京大学做博士后研究员。自1990年以来，在期刊和国际学术会议上发表论文50余篇，著作2部，获得国家专利3项，荣获省部级科技进步奖3项。先后于1996年和1999年破格晋升为副教授、教授。1994年被投票选举为北京化工大学“十杰”并被评选为北京市优秀青年骨干教师。1997年4月至2000年3月担任机械工程学院院长。1999年入选北京“科技新星”计划。现为北京化工大学机电工程学院博士生导师，兼该校国际处处长和国际教育学院院长等行政职务。1998年任中国塑料加工工业协会常务理事，2001年任日本塑料成型加工学会（JPPS）会员，主要研究方向为高聚物注射成型可视化研究；高聚物成型加工CAD/CAE/CAM；高聚物加工原理与新型装备的研究与开发。

代表性研究成果介绍如下。

（1）高聚物注射成型可视化研究

从2000年10月至2002年9月两年间被国家选派到日本东京大学生产技术研究所横井研究室做博士后研究员，在高聚物成型加工领域开展“聚合物注射充模流动平衡”课题的研究。研究工作涉及“三明治”注射（Sandwich Molding Injection）、超高速注射、半导体封装等高聚物成型加工领域的前沿研究内容。采用可视化等先进的研究方法和手段在该研究课题上进行了大量试验研究，探明了高聚物熔体精密注射成型流动充填不平衡现象的产生机理。在“Polymer Testing”等学术期刊和PPS等国际学术会议上发表论文6篇，受到国际学术界的关注。该研究成果也成为近年来所取得的标志性成果在东京大学先端科学研究基地2003年5月做了专题公开展示。

（2）高聚物成型加工CAD/CAE/CAM

从1987年起就开始致力于高聚物成型加工CAD/CAE/CAM技术的应用研究。尤其在聚合物基复合材料制品加工成型过程仿真方面积累了丰富的经验，还在高度不对称流道中的流动与成型规律的研究方面取得了一系列成果。如“高分子片材L形挤出成型仿真”研究成果获得第三届北京青年优秀科技论文奖。历年中先后发表论文10余篇。研制成功的L形机头片材挤出生产线，推广应用后取得了显著的经济效益并获得化工部科技进步三等奖。在此基础上，受教育部“骨干教师计划”资助，开展了宽幅高分子防水卷材挤出成型CAE研究。从而使这项研究进入到一个新的层次，揭示出高分子材料在L形片材挤出机头中流动成型的一系列未知现象。

（3）特大型鼓式硫化机研制

杨卫民于1996年底完成了国家“火炬”计划项目——“ϕ2 000×3 200特大型鼓式硫化机的研制”。该设备主要用于生产烟草、印染行业广泛应用的塑料橡胶复合的超宽幅轻型运输带。研制成功的该机器高8m，宽6m，总长20m，重达200t，为亚洲最大规格，研究设计与制造难度很大，而其关键技术主要集中在主机上。他在该项目中负责整机总体设计，并完成主机的全部研究与设计工作。通过对该机的机构运动仿真模拟，从而保障了异地分头加工，现场直接安装调试，并一次制造成功，至今仍保持着亚洲最大的记录。在为国民经济创造较大经济效益的同时，也为高分子材料成型加工重大关键设备的研制积累了经验。

当前在塑料加工领域开展的主要研究课题：

（1）基于可视化实验和CAE仿真的注射成型工艺和注射机的优化设计；

（2）特大型塑件热模成型方法的研究；

（3）聚合物基复合材料及制品成型加工新方法的研究。

吴崇峰

男，1946年2月出生，汉族，江苏东台人。现为天津科技大学高分子材料与化学工程学院高分子材料与工程专业教授，硕士研究生导师，中国非金属制品模具协会常务理事、天津塑料工程学会常务理事与中国模具工业协会技术委员会委员。30多年来一直从事高分子材料加工工程、塑料成型模具及相关学科的教学与研究。主要研究方向是高分子材料加工中的计算机辅助技术，包括高分子材料成型模具CAD/CAE/CAM技术；高分子材料、高分子材料成型工艺、模具设计等数据库和专家系统；高分子材料成型加工可视化与模拟技术等。多次参加各种学术会议并出国讲学；主持并完成多项国家级、省部级与企事业单位的科研项目；曾获得天津市科技进步奖、天津市优秀教学成果奖与由国家计委、科委与财政部联合颁发的《国家“八五”科技攻关重大科技成果》证书。代表性著作有：《实用注塑模CAD/CAE/CAM技术》（主编）、《模具CAD/CAE/CAM教程》（主编）、《塑料工程手册》（参编）、《塑料工业手册》（参编）等。发表论文40余篇，多篇论文获优秀奖，并入编《当代中国科学家与发明家大辞典》。

郑忠勋

男，1951年8月出生，汉族，安徽省萧县人，硕士研究生，高级经济师，高级政工师，1968年11月参军，1969年加入中国共产党，1979年转业至地方工作，曾任合肥市二轻机械厂车间主任、党支部书记，现任安徽国风集团有限公司董事长兼党委书记。

1984年，郑忠勋同志创建了合肥电冰箱配件厂，总资产不足2万元，几间破平房、一台旧机器，从生产钙塑盆开始艰苦创业。近20年来，郑忠勋同志一直担任主要领导职务，推动合肥电冰箱配件厂由小到大，快速发展成为总资产达35亿元、下辖17家子公司（包括“国风塑业”和“国通管业”两家上市公司）、综合经济效益位居全国同行业前列的国家重点高新技术企业、安徽省18家重点企业集团和全国最大的塑料综合加工基地之一。其间，他决策参与了公司早期的钙塑盆产品、电冰箱配件产品开发，兼并、收购了合肥电热器材厂、合肥五金三厂、合肥塑料一厂、合肥金菱里克塑料公司等企业；实施产品结构调整，形成以塑料薄膜、塑料管材、塑料型材、新型非金属材料等为主的产品结构；发起设立安徽国风塑业股份有限公司并于1998年在深交所挂牌上市，改制成立安徽国通高新管业股份有限公司并于2004年在上交所挂牌上市。根据多年来的管理经验，他总结汇聚成“产品升级的决策与实施”和“建材替代性产品的营销管理”等管理成果，被评为全国企业管理现代化创新成果一等奖和二等奖。

郑忠勋同志曾先后荣获“安徽省十大杰出青年企业家”、“安徽省劳动模范”、“安徽新世纪十大热门经济人物”、全国优秀创业企业家、全国“五一”劳动奖章等荣誉称号，并于2003年3月当选为第十届全国人大代表。

周理水

男，浙江瑞安人，生于1941年6月。1965年7月毕业于浙江化工学院基本有机合成专业本科，同年9月被分配到浙江省轻工业厅，1974年在浙江省第二轻工业厅所属的浙江省皮革塑料工业公司工作，1998年1月调浙江省塑料工业协会秘书处工作。1981年晋升为工程师，1988年评定为高级工程师，2000年经浙江省教授级高工评委会评定为教授级高级工程师。1986年塑料布织布技术研究获轻工业部和浙江省科技进步三等奖。1970～2001年期间直接参与20余项浙江省塑料行业大、中型引进和重大技术改造项目的工艺及配套设备的设计，曾任工程项目的总工程师。拥用多项发明专利，发表论文 20 余篇、技术报告及专题报告 10 余篇.

周理水从事浙江省塑料加工行业的行业管理等工作达 40 年；主管全省塑料行业的生产技术、主笔编制全省塑料行业发展规划、主管行业的基建、技改、新产品开发和科研等，还担任《浙江塑料》、《浙江塑料协会通讯》刊物主编等职务。

他曾担任浙江省皮革塑料工业公司塑料科科长，生产技术部经理、1998 年 1 月和 2003 年 5 月，被选为浙江省塑料工业协会第二届和第三届理事会常务理事、副理事长、常务副理事长兼秘书长。

方国珍

男，1959 年 7 月出生于浙江宁波，大专学历，工程师。宁波市企业家协会会员。

1981 年 7 月，方国珍进入宁波电子技术研究所从事机械设计工作。期间曾主持过总体设计及关键部件设计、结构设计、减速箱体的组合机床设计等多项设计研究工作。1994 年，他自筹资金成立宁波方力企业发展有限公司，任总经理兼总设计师，期间也曾主持过多项设计工作并获得丰硕成果。其中，耐高温冷却器填补国内产品空白，可替代进口产品；SZ 系列水环式真空泵为塑料行业做出贡献，并获得宁波市科学技术进步二等奖；PE、PPR 管材生产线被国家建设部评估为国内领先水平，PP 管材生产线被授予宁波市科技进步优秀奖。他大胆吸收和引进国内外先进的技术，独立开发出多项新产品，目前企业已获得了《一种双螺杆挤出机机筒冷却装置》、《一种双螺杆挤出机螺杆芯部调温装置》、《一种水环式真空泵》、《可以调温的塑料管道蓝式挤出模头》四项国家专利。此外，方国珍同志还在多家报刊杂志上发表著述，其中《无规共聚聚丙烯管材高速挤出技术》被刊登在《化学建材》杂志上。

在社会主义市场经济和改革浪潮的冲击下，作为一名企业家，他一直致力于把企业做大做强的实践和追求：坚持真情永恒、务实兴业、开拓创新的企业理念。在日常的经营管理中，他以强烈的竞争意识大胆进行资源配置和管理制度的改革，以市场经济的理念管理企业，培训职工和开拓市场，他秉承“客户至上”理念，使企业在同行业中形成良好口碑，树立了良好的企业形象。

在方国珍的带领下，宁波方力企业发展有限公司在短短 10 年内逐步发展壮大，从最初的 5 万元起家，年销售额仅为 100 万元到 2003 年销售额为 1 亿多元，企业职工也从不足 10 名增长到 200 多名，公司已经在挤出配套行业享有较高知名度，现在，方力企业发展有限公司下属有中德合资宁波格兰威尔·方力实业有限公司、方力螺杆制造有限公司、方力机械有限公司、方力泵阀有限公司、方力液压包装器材有限公司和方力密封有限公司等多家专业分公司。方力的产品已在华亚芜湖、四川川路、深圳南塑、沧州明珠等国内企业广泛使用并远销俄罗斯、越南、日本、德国、印尼等多个国家，成为当地企业中的明星企业。

余绍火

男，1963 年出生，高级经济师，我国粉体工程领域“首创高档超微粉碎设备的专家”，主编有《超细粉碎工程手册》和《粉体工业相关产业政策汇编》等专著。现任浙江丰利粉碎设备有限公司、杭州丰利粉体工程有限公司和浙江绿环橡胶粉体工程有限公司董事长；先后获农业部“全国科技先进工作者”、“全国乡镇企业家”、“浙江省杰出优秀厂长经理”、绍兴市“劳动模范”等荣誉称号。

他以现代企业家独有的眼光，抓住粉碎工业技术是 21 世纪超细粉材料应用领域新兴技术这一契机，致力于超微粉碎设备的开发研究 20 多年，创造出多项独有知识产权和国内领先并达到国际先进水平的技术和产品。如 CWM-80 型超级涡流磨、CWJ 超微粉碎机等 13 项高新技术产品，被科技部确认为国家重点新产品和国家火炬（计划）项目；代表着我国高档粉碎设备的最高水平。现已成功开发出八大类 100 多个品种的超微粉体系列设备；其中 12 项获得国家专利；13 项通过省级新产品鉴定；5 项认定为浙江省高新技术产品；多项列入省级科研重点项目，并获得省、市科技进步奖；被认定为 2002～2004 年浙江名牌产品；被列入国家“双高一优”项目和高技术产业化项目向全国推进；已形成“丰利”品牌特色的核心技术产品链；源源不断的高新科技产品成为公司迅猛发展的“推进器”。

余绍火以自己不懈的努力和骄人的成绩在我国粉体工业的发展史上创下了多个第一。

第一个斥巨资引进国际顶尖粉体工程技术（德国 HOBER 技术），首开我国粉体工程领域引进国外先进技术之先河；使丰利公司稳居国内同行业技术领先地位。

第一个获得了国家科技部科技型中小企业技术创新基金项目贷款贴息100万元，支持实施高效节能CWJ超微粉碎机项目；

第一个成为国家计委、原化工部、农业部把超微粉碎设备作为行业重点产品向全国推广的企业；

第一个在企业设立省级粉体设备工程开发中心，成为国家重点高新技术企业；

第一个成为国内粉体行业新产品开发最多、获得国家重点新产品、国家火炬计划项目、国家专利最多的企业；

他所领导的企业被评为浙江省乡镇企业技术创新先进单位、浙江省科技先导企业、绍兴市科技进步企业、市级文明单位；浙江省首批A级纳税信誉企业；浙江省重合同、守信用单位。连续12年评为“重合同、守信用”企业，连续10年评为“AAA”级资信等级企业。

尤作虎

男，汉族，1951年11月出生于浙江省瑞安市。浙江华泰塑胶股份有限公司董事长，中共党员，瑞安市第十一届、第十二届、第十三届人大代表，瑞安市塑料协会会长，浙江省塑料加工协会副理事长，温州市优秀企业家，瑞安市优秀党员，十佳厂长。1978年尤作虎进入当地塑编厂做推销员，从此走上了从工的道路。1985年，尤作虎与朋友联合创办塑料厂。1998年在政府的支持下，与海天伞厂合作创建了华泰塑胶有限责任公司，2001年改制为浙江华泰塑胶股份有限公司，注册资金3 270万元，在此基础上于2003年在苏州注册2 880万元创办了苏州华泰塑胶有限责任公司，并于同年投资2 600万元在江西创建南昌蓝天碧水发展建设股份有限公司，尤作虎对事业有着执着的追求，有高度的社会责任感，他兢兢业业，事事率先垂范，他不图虚名，只求实效，一步一个脚印，从不做好高骛远的事，他说：事业是靠干出来的，讲得最好还是空的，有了钱，要办实事，要对社会负责。他十分清醒地认识到：只有不断创新，企业才能在激烈的市场竞争中立于不败之地，在他主持下，企业办起了研究所，与有关院校，研究机构合作搞技术开发，2000年以来他亲自主持研发了“三维彩虹膜”等四个省级科技新产品。30多年的从工生涯，尤作虎为一方经济创造了辉煌，做出了贡献。

薛　平

男，汉族，1963年11月出生，硕士，教授，中共党员，北京化工大学塑料机械及塑料工程研究所副所长。1981～1985年在北京化工大学高分子加工机械专业取得学士学位；1988年于北京化工大学化工过程机械专业获得硕士学位；毕业后留校，至今在北京化工大学塑料机械及塑料工程研究所从事塑料工程及塑料成型加工方面的工作。2001年晋升为教授。1996年被评为北京市高校优秀青年骨干教师。目前从事的科研工作主要有超高分子量聚乙烯单螺杆挤出成型技术与设备（管材、棒材、片材、型材等）、超高分子量聚乙烯微孔材料成型原理与技术、环保型木塑复合材料挤出成型技术与设备、其他新型材料的成型设备及技术等。作为项目负责人和主要研究人员先后承担了国家“八五”攻关项目、国家自然科学基金项目、北京市自然科学基金项目、教育部骨干教师资助项目、中国石化总公司科研开发项目、横向开发和转让项目等50余项，已发表论文50余篇，EI收录2篇。参加了《塑料挤出技术》、《塑料机械维修手册》两书的编译及编著工作。作为主要申请人申报国家实用新型和发明专利8项，其中6项已获授权。作为项目负责人和主要参加者获国家级、省、部级科技进步奖等共3项。特别是作为项目负责人于1995年承担了中国石化总公司科研项目，研制开发了ϕ65mm超高分子量聚乙烯（UHMWPE）单螺杆挤出工艺及装备，获得国家专利技术，成功实现了ϕ（20～110)mm UHMWPE管材的工业化连续生产。该项目于2000年底通过了中国石化总公司主持的专家鉴定，设备主要技术性能达到国际同类技术的先进水平，其技术成熟，具有自主知识产权，填补了国内超高分子量聚乙烯管材高效连续生产技术的空白。从2000年至今又陆续开发了ϕ150mm与ϕ200mm UHMWPE专用单螺杆挤出机，成功实现了ϕ630mm超高分子量聚乙烯管材的高效、连续稳定的生产。本项目研究开发成功后，不仅解决了该树脂高效连续成型的关键技术问题，而且推动了这种高性能工程塑料的广泛应用，较好地解决了工业领域中输送管道普遍存在的不耐磨、易结垢、不耐腐蚀等老大难问题。

近几年又主持开发了木塑复合材料及制品挤出成型技术，该技术利用再生塑料与废弃木质纤维（锯末、各种秸秆、稻壳等）通过挤出制成各种形状的木塑复合材料制品。这种材料具有强度高，耐候耐腐蚀，隔热绝缘等优异性能，并且原料充足，品种多样，质感接近于木材，维修简单，可广泛替代木材用于生产包装托盘、包装箱板、门窗框架、装饰地板、户外产品等。既可节约森林资源，又可保护环境，具有显著的社会效益与经济效益。

附　　录

附录一　塑料行业常用网址

中国塑料加工工业协会
http：//www. cppia. com. cn
中国膜工业协会
http：//www. membranes. com. cn
中国聚氨酯工业协会
http：//www. pu. org. cn/
中国模具工业协会
http：//www. cdmia. com. cn/
美国塑料协会
http：//www. socplas. org
英国塑料协会
http：//www. bpf. co. uk
德国塑料协会
http：//www. kunststoffindustrie. com
日本塑料协会
http：//www. jpif. gr. jp
法国塑料协会
http：//www. laplasturgie. fr
意大利塑胶机械制造商协会
http：//www. assocomaplast. com
加拿大塑料协会
http：//www. cpia. ca
印度塑料协会
http：//www. plastic federation. org
欧洲塑料橡胶机械制造商协会
http：//www. euromap. org
马来西亚塑料协会
http：//www. mpma. org. my
新西兰塑料协会
http：//www. plastics. org. nz

专业网站
中国塑料工业信息网
http：//www. chinaplastics. com. cn/
中国开门化工网
http：//www. chemn. com/
中国乐从塑料网
http：//www. plasb2b. com/
中塑在线
http：//www. plaschina. com. cn
勤加缘化工在线
http：//www. hgzx. com. cn/
慧聪塑料化工网
http：//www. plas. hc360. com/
华东化工网
http：//www. nbchem. com/
中国聚氨酯网
http：//www. puchina. com/
中国化工在线
http：//www. chemsina. com/
中国包装网
http：//www. pack. net. cn/
中国化工网
http：//www. chemnet. com. cn/
中国化工信息网
http：//www. cheminfo. gov. cn/
中国化工市场七日讯
http：//www. chemmarket. net. cn
中国工程塑料网
http：//www. engplast. com. cn/
中国产业经济信息网
http：//www. cinic. org. cn/
厦门塑料商务网
http：//www. xmplas. com/
塑料助剂信息网
http：//www. cepaia. com/
塑料机械杂志社
http：//www. plas_mach. com/
中国通用塑料信息网
http：//www. plastics_chem. com. cn/
中国塑料网
http：//www. chinaplastic. net/
中国塑料市场
http：//www. plasmarket. com/
中国塑料交易网
http：//www. plastics. com. cn/
中国塑料管道信息网
http：//www. china_plastic_pipe. com/index2. htm
中国塑胶信息网
http：//www. plasticschina. com/
中国塑料工业网
http：//www. plast_ind. com. cn/
中国塑料制品交易网
http：//www. chinappmarket. com/
中国塑料信息网
http：//www. plastic_info. com/

中国塑料万维网
http：//www. plastic. org. cn/
中国塑料商务网
http：//www. plasway. com/
中国塑料管材网
http：//www. china-plastic_pipe. com/
北京市塑料研究所
http：//www. slyjs. com. cn/
中国塑料机械网
http：//www. plasticmachine. com/
中国塑料装备
http：//www. plasticchina. org. cn/
中国模具城
http：//www. hymould. com/
国家橡塑模具工程研究中心
http：//www2. zzu. edu. cn/nerc/
中国模具在线
http：//www. 21mould. com/
中国模塑网
http：//www. china-mold. net/
中国轻工模具网
http：//www. pm_info. com
中国塑料模具网
http：//www. plasticmould. net
中国塑料互通网
http：//www. cnexch. com
隆众石化商务网
http：//www. pcbi. net
南海石化信息网
http：//www. petronanhai. com
中石化电子商务网站
http：//www. sinopec_ec. com

合成树脂
上海石化
http：//www. spc. com. cn
中国石化
http：//www. sinopec. com. cn
扬子石化
http：//www. ypc. com. cn
大庆石化
http：//www. dqsh. com. cn
台塑石化
http：//www. fpcc. com. tw
燕山石化
http：//www. yanshanpcgc. com. cn
茂名石化
http：//www. mpcc. com. cn
金陵石化
http：//www. jlpec. com
齐鲁石化
http：//www. qlsh. net
天津大沽化工有限责任公司
http：//www. daguchem. com
上海氯碱化工股份有限公司
http：//www. scacc. com
LG 大沽
http：//www. lgdagu. com. cn
潍坊亚星
http：//www. chinayaxing. com
锦化集团
http：//www. jinhuagroup. com
吉林化学工业股份有限公司
http：//www. jcic. com
熊牌远东化工股份有限公司
http：//www. bearlocher. com. sg
巴斯夫中国有限公司
http：//www. basf. com. cn
拜耳中国有限公司
http：//www. bayerchina. com. cn
伊士曼化学亚太有限公司
http：// www. eastman. com
大湖化工（远东）有限公司
http：//www. greatlakeschem. com
三菱工程塑料株式会社
http：//www. mep_gz. com
三井物产株式会社
http：//www. mitsui. co. jp
苏威集团
http：//www. solvay. com
帝人化成株式会社
http：//www. teijinkasei. co. jp

助剂
北京加成助剂研究所
http：//www. beijing_additives. com. cn
山东齐鲁增塑剂股份有限公司
http：//www. china_plasticizers. com
江苏靖江市化纤塑料助剂厂
http：//www. jjslzjc. com
济南泰星精细化工有限公司
http：//www. taixinghuagong. com

北京北化精细化学品有限责任公司
http：//www. bjhgch. com. cn
杭州大自然有机化工实业有限公司
http：//www. hzoranicchem. com
北京东方化工厂
http：//www. bechem. com. cn
北京花山助剂厂
http：//www. bjhuashan. com
北京化工研究院
http：//www. brici. ac. cn
廊坊市龙泉助剂有限公司
http：//www. chinalq. com
黑龙江龙新化工有限公司
http：//www. longxinchem. com
荆州市博尔德化学有限公司
http：//www. pearled. com. cn
浙江建德有机化工厂
http：//www. chinaorganicchem. com
江苏化工农药集团有限公司
http：//www. jcpgc. com
太仓塑料助剂厂有限公司
http：//www. dcpaa. com
辽阳鸿泰有机化工有限公司
http：//www. china_organics. com
沈阳化工股份有限公司
http：//www. sychem. com. cn
石家庄白龙化工股份有限公司
http：//www. bailongchem. com
苏州安利化工厂
http：//www. jhanli. com
温州龙化塑料助剂有限公司
http：//www. cnlonghua. com
温州润华化工实业公司
http：//www. run_hua. com
浙江华泰精细化工有限公司
http：//www. china_plasticizer. com
温州塑化助剂厂
http：//www. wzsuhua. com
汽巴助剂（中国）有限公司
http：//www. cibasc. com
艾科化学公司
http：//www. akcros. com

设备

共立精机（大连）有限公司
http：//www. kyoritsuseiki. co. jp
南京智诚橡塑机械有限公司
http：//www. nj_zc. com
宁波海天
http：//www. haitian. com
江苏联冠科技发展有限公司
http：//www. lianguan_js. com
无锡市江南塑料机械有限公司
http：//www. jiangnansuji. com
常熟市同大机械有限公司
http：//www. tongdamachine. com
巴顿菲尔震雄
http：//www. sms_k. com
秦川恒利塑机有限公司
http：//www. heng_li. com. cn
南京科亚
http：//www. keya_cn. com
华丰工业集团
http：//www. kingswel. com. cn
精诚模具机械有限公司
http：//www. jingcheng. com
张家港亿利机械有限公司
http：//www. yilicn. com
上海金纬机械制造有限公司
http：//www. jwell. net
大连塑料机械厂
http：//www. dlpm. com. cn
兰州兰泰塑机有限公司
http：//www. lantai. com. cn
无锡格兰机械有限公司
http：//www. china_cosmos. com
广东东华机械有限公司
http：//www. donghua_ml. com
浙江申达塑料机械有限公司
http：//www. injectionmachine. com
上海金湖机械有限公司
http：//www. jinhu_china. com
上海申威达机械有限公司
http：//www. shenweida. com
山东华冠股份有限公司
http：//www. huaguangufen. com
金川集团有限公司
http：//www. jnmc. com
南京瑞亚高聚物装备有限公司
http：//www. njruiya. com
浙江华业塑料机械有限公司
http：//www. huaye_machinery. com

浙江舟山市汉龙塑料机械有限公司
http：//www. hanlong_china. com
上海新星双螺杆机械有限公司
http：//www. xxscrew. com
西德尔
http：//www. sidel. com. cn
德马格公司
http：//www. demag_ergotech. com
震雄机械有限公司
http：//www. chenhsong. com. cn
赫斯基注塑系统中国有限公司
http：//www. husky. ca
加拿大麦克罗机械工程有限公司
http：//www. macroeng. com
布鲁克纳公司
http：//www. brueckner. de
美国 NDC 红外技术公司
http：//www. ndcinfrared. com
日精 ASB 机械株式会社
http：//www. nisseiasb. co. jp
意大利欧米帕公司
http：//www. omipa. it
意大利新得多工业股份有限公司
http：//www. sandretto. it
美能达香港有限公司
http：//www. minolta. com
友宁机械制造股份公司
http：//www. unionextrusion. it
爱色丽（亚太）有限公司
http：//www. x_rite. com

模具
海尔模具有限公司
http：//www. haier. com
黄岩兰华塑料模具厂
http：//www. hai_jia. com
宏达模具制造有限公司
http：//www. hongdamould. com. cn

制品
北新建塑有限公司
http：//www. bnbmbp. com. cn
北京实达丰商贸有限公司
http：//www. goodplastic. com
内蒙古蒙西高薪材料股份有限公司
http：//www. mengxigroup. com
富士达塑业有限公司
http：//www. first-plastic. com
常州市勤业塑料厂
http：//www. qyplastic. com
安徽国风集团有限公司
http：//www. guofeng. com
成都科强高分子工程公司
http：//www. ke_qiang. com
江苏索普（集团）有限公司
http：//www. sopo. com. cn
东塑集团股份有限公司
http：//www. hbcz_dongsu. com
三友控股集团有限公司
http：//www. china_sanyou. com
大庆华科股份有限公司科技开发分公司
http：//www. dqhk. com. cn
新疆天业股份有限公司
http：//www. xj_tianye. com
青岛中塑经济发展有限公司
http：//www. chemright. com
珠海中富实业股份有限公司
http：//www. zhongfu. com. cn
烟台万华合成革集团
http：//www. wanhua. com. cn
工贸合营常州市塑料厂
http：//www. czpf. com
北京华盾塑料有限责任公司
http：//www. bjhuadun. com. cn
上海紫江企业集团股份有限公司
http：//www. zijiangqy. com
江苏梅兰化工股份有限公司
http：//www. chinameilan. com
杭州万里塑胶有限公司
http：//www. hzwlsj. com
华塑集团
http：//www. cgpc. com. tw
沂源瑞丰高分子材料有限公司
http：//www. ruifengchemical. com
安徽国风塑业股份有限公司
http：//www. guofeng. com
安徽天大企业（集团）公司
http：//www. tianda-group. com/
常州巨力塑料集团有限公司
http：//www. juli. com
大连爱丽思欧雅玛工贸有限公司
http：//www. iris. net. cn

佛山塑料集团股份有限公司
http：//www.foshan-plastic.com
广东榕泰实业股份有限公司
http：//www.rongtai.com.cn
宏仁集团
http：//www.gracethw.com
河北宝硕股份有限公司
http：//www.bspipe.com.cn
湖北凯乐新材料科技股份有限公司
http：//www.kailegroup.com
德赛精密部件有限公司
http：//www.hzdsp.com
江苏蝙蝠塑料集团有限公司
http：//www.bat_group.com
江苏琼花集团有限公司
http：//www.qionghua.com.cn
江苏珠花集团公司
http：//www.zhuhua.com
锦州彩练塑料集团有限责任公司
http：//www.lnclsy.com.cn
南海市南方包装有限公司
http：//www.southern_packaging.com
南京中达制膜（集团）股份有限公司
http：//www.njzdzm.com
鹏思特天津实业公司
http：//www.pemstar.com.cn
山东三塑集团有限公司
http：//www.sansugroup.com
上海大智企业发展有限公司
http：//www.dazhiqy.com
台达化工
http：//www.ttc.com.tw
武汉塑料工业集团股份有限公司
http：//www.wuhanplas.com.cn
浙江大东南塑胶集团公司
http：//www.ddn.com.cn
浙江永高塑业发展有限公司
http：//www.yonggao.com
浙江中财集团
http：//www.zhongcai.com
山东北联集团公司
http：//www.sdbl.com.cn
健力宝塑料制品有限公司
http：//www.jianlibaosl.com
温州人造革有限公司
http：//www.dtleather.com
杜邦中国集团有限公司
http：//cn.dupont.com

（全国塑料加工工业信息中心）

附录二　世界部分国家及地区塑料协会名录

美国塑料工业协会

The Society of the Plastics Industry，Inc.（SPI）

地址：1801 K Street，NW
Suit 600K，Washington
DC 20006-1301

电话：202 296 7218

传真：202 293 0309

E-mail：landerso@socplas. org

网址：http：// www. plasticsindustry. org

英国塑料联盟

The British Plastics Federation（BPF）

地址：6 Bath Place，Rivington
Street，London EC2A 3JE，
United Kingdom

电话：+44 20 7457 5000

传真：+44 20 7457 5045

E-mail：bpf@bpf. co. uk

英国塑料协会（BPF）是英国塑料集团的发起者，它代表着英国塑料机械、添加剂和原料供应的最高水平，是最专业的塑料信息提供者。

网址：http：// www. bpf. co. uk
bpf@bpf. co. uk

加拿大塑料工业协会

Canadian Plastics Industry Association（CPIA）

地址：5925 Airport Road，Suite 500
Mississauga，Ontario L4V 1W1

电话：905 678 7405 Ext. 283

传真：905 678 0774

E-mail：Ontario@cpia. ca

网址：http：// www. plastics. ca

欧洲塑料及橡胶机械制造商欧洲委员会

European Committee of Machinery Manufactures for the Plastics and Rubber Industry（EUROMAP）

地址：C/o VDMA，FV KuG P. O.
Box 710864 D-60498 Frandfurt

电话：+49 69 66031833/1835

传真：+49 69 6603 1840

E-mail：euromap@vdma. org

网址：http：// www. euromap. org

欧洲门窗协会

Euro Windoor

地址：Bockenheimer Anlage 13
D-60322 Frankfurt/M

电话：+49 69 95505414

传真：+49 69 95505411

E-mail：degenhardt@window. de

网址：http：// www. window. de

欧洲塑料橡胶机械协会

Plastics and Rubber Machinery Association

地址：Lyoner Strasse 18，60528
Frankfurt am Main，Germany

电话：+49 69 66031832

传真：+49 69 66031840

E-mail：guk@vdma. org

网址：http：// www. kug. vdma. org

南非（阿扎尼亚）塑料联盟

Plastics Federation of South Africa

地址：18 Gazelle Avenue，
Corporate Park，Old Pretoria
RD，Midrand Gauteng

电话：+27 11 314 4021/7

传真：+27 11 314 3764

E-mail：enquiries@plasfed. co. za

网址：http：// www. plasfed. co. za

新加坡塑胶工业总会

Singapore Plastics Industry Association（SPIA）

地址：15-B Lorong 4，Geylang，
Singapore 399272

电话：+65-67435571

传真：+65-67433309

E-mail：spia@pacific. net. sg

网址：http：// www. spia. org. sg

印度全印塑料制造商协会

The All India Plastics Manufactures' Association（AIPMA）

地址：AIPMA HOUSE，A-52，

ROAD No. 1, M. I. D. C.,
MAROL, ANDHERI (E),
MUMBAI-400 093 (INDIA)
电话: +91 22 8217324/25
8352511/12
传真: +91 22 8312475
E-mail: aipma@bom2. vsnl. net. in
网址: http://www. aipma. org

印度塑料基金会
Plastindia Foundation
地址: 401/B, Landmark,
Opp. Cinemagic, 209A,
Suren Road, Off Andheri
Kuria Road, Andheri (East),
Mumbai-400 093, India
电话: +91 22 26832911
传真: +91 22 26845861
E-mail: plastindia@vsnl. com
网址: http://www. plastindia. org

韩国塑料工业协同组织
Korea Plastic Industry Cooperative
地址: Korea Plastic Building
146-2, Ssangrim-Dong, Chun
g-ku, Seoul, 100-400, Korea
电话: +02 22757991-4
传真: +02 22 775150 or 22757901
E-mail: Kpic01@koreaplastics. or. kr
网址: http://www. koreaplastic. org

日本塑料机械工业协会
The Japan Plastics Machine Industry Association
地址: 10-18 Ginaz 2-chome
Chuo-Ku, 104 Tokyo, Japan
电话: +81 3 35428575
传真: +81 3 35430619

越南塑料加工协会
Vietnam Plastic Manufacturers Association (VP-MA)
地址: 92-94 Ly Tu Trong Street 1st
District, Ho Chi Minh City (Vietnam)
电话: +84 8 8229022
传真: +84 8 8229266
E-mail: vspa@hcm. vnn. vn
网址: http://www. hcm. vnn. vn

中国塑料加工工业协会
China Plastics Processing Industry Association (CPPIA)
地址: 中国北京东长安街 6 号
No. 6 East Chang'an Street,
Beijing, China
电话: +86 10 65122056
传真: +86 10 65278590
E-mail: cppia@cppia. com. cn
网址: http://www. cppia. com. cn

中国香港塑胶机械协会
Hong Kong Plastic Machinery Association Limited
地址: 香港九龙又一村达之路 78 号生产力大楼 5 字楼
5/F, HKPC Building, 78 Tat
Chee Avenue, Yau Yat Chuen
电话: +852 2788 5552
传真: +852 2788 5543
E-mail: sec@hkpma. com
网址: http://www. hkpma. com

中国香港模具协会
Hong Kong Mould & Die Council
地址: 香港九龙尖沙嘴汉口道 5-15 号汉口中心 407-411 室
Room 407-411, 4/F,
Hankow Centre, 5-15
Hankow Road, Tsim Sha
Tsui, Kowloon
电话: +852 2732 3188
传真: +852 2721 3494
E-mail: hkmdc@fhki. org. hk

中国香港塑胶业协会
Hong Kong Plastics Industry Council
地址: 香港九龙尖沙嘴汉口道 5-15 号汉口中心 407-411 室
Room 407-411, 4/F,
Hankow Centre, 5-15
Hankow Road, Tsim Sha
Tsui, Kowloon
电话: +852 2732 3188
传真: +852 2721 3494

E-mail：hkmdc@fhki.org.hk

中国香港包装专业协会

Hong Kong Packaging Institute Limited

地址：香港九龙尖沙嘴邮箱 98536 号
The P. O. Box 98536，Tsim
She Tsui Post Office，Kowloon
电话：+852 2624 9083
传真：+852 2624 9639
E-mail：hkpi@hkpi.org.hk
网址：http://www.hkpi.org.hk

中国香港塑料袋制造业商会

Hong Kong Plastics Bags Manufacture's Association

地址：香港湾仔轩尼诗道 200 号恒生湾仔大厦 603 室
Room 603，6/F，Hang Seng
Wanchai Building，200
Hennessy Road，Wan Chai
电话：+852 2394 5912
传真：+852 2399 0152

中国台湾废弃物资源回收推广协会

地址：台北市吉林路 24 号 11 楼之 2
电话：+886 2 25616969
传真：+886 2 25232525
网址：http://www.emperor.com.ctw

中国台湾塑料机械工业协会

Taiwan Association of Machinery Industry（TAMI）

地址：110 Hwai Ning Street，Taipei
100（Taiwan）
电话：+886 2 23494666
传真：+886 2 23813711
E-mail：tami@tami.org.tm

（中国塑料加工工业协会　陈　燕）

附录三 中国塑料加工工业协会简介

中国塑料加工工业协会（China Plastics·Processing Industry Association），简称中国塑协（CPPIA），成立于1989年，是由中国塑料行业及相关行业单位根据协会章程自愿申请组成的，是经国家民政部批准的一级社团组织。其宗旨是：为行业、会员服务，维护会员合法权益，引导并促进行业的发展。中国塑协在业务上接受国务院国有资产监督管理委员会和中国轻工业联合会指导。

中国塑协是政府部门与会员单位联系的桥梁和纽带，其基本职能是：反映行业意愿、研究行业发展方向、协助编制行业发展规划和经济技术政策；协调行业内外关系、参与行业重大项目决策；组织科技成果鉴定和推广应用；组织技术交流和培训、开展技术咨询服务；参与产品质量监督和管理及标准的制定和修订工作；编辑出版行业刊物；提供国内外技术和市场信息；承担政府有关部门下达的各项任务。

中国塑协拥有2000多家会员单位，下设有农用薄膜、塑料节水器材、人造革合成革、聚氨酯制品、塑料管道、异型材及门窗制品、注塑制品、双向拉伸薄膜（BOPP、BOPET等）、复合膜制品、中空制品、编织制品、聚氯乙烯硬板制品、工程塑料、氟塑料加工、医用塑料、改性塑料等二十多个专业委员会，涵盖全国塑料行业研究、开发、加工应用等领域。主办期刊有《中国塑协通讯》、《中国塑料》、《国外塑料》、《CFC替代通讯》，编辑出版有《中国塑料工业年鉴》、《中国塑料工业名录大全》以及各种专题会议论文集等。

中国塑协贯彻执行国家的各项方针政策，积极推动与国际同行的交流与合作，促进塑料行业的技术进步和整体水平的提升。让我们携起手来，共同开创塑料行业的美好未来！

地址：北京市东长安街6号 **邮编：**100740
电话：010-65122056，65267869，
65225256，65592882
传真：010-65278590，65225254
网址：www. cppia. com. cn
Email：cppia@cppia. com. cn

Brief Introduction of *China Plastics Processing Industry Association*

China Plastics Processing Industry Association (CPPIA) was founded in 1989. CPPIA is composed of units of plastics industry and its related industry on the basis of its regulation and voluntary application. It is registered for the first corporate body in the *Ministry of Civil Affairs of the People's Republic of China*. Its aim is to serve the industry, to serve its members, to safeguard member's interests and to lead and promote the development of the industry. CPPIA is attached to the *State-owned Assets Supervision and Administration Commission of the State Council* and the *National Light Industry Council* and its work is guided by them.

CPPIA functions as the bridge of the membership units and the government department. Its basic functions are as following:

◆ Reflecting ideas from the industry, studying the developing trends, assisting to work out the plan of developing strategy and economic and business policy

◆ Coordinating the relationship inside and outside the industry, taking part in the decisions for important projects

◆ Organizing the appraisal work of scientific and technological achievements, extending their applications

◆ Organizing technology exchanges and training and offering technological consulting service

◆ Taking part in quality management and supervision of products and instituting and emending of standard

◆ Providing technological and market information at home and abroad for its membership units

◆ Editing and publishing industrial publishes

◆ Taking over the tasks from government departments concern

There are more than 2000 membership units in CPPIA. And it has over twenty subcommittees such as Agricultural Films, Plastics Devices for Water-saving Irrigation, Artificial and Synthetic Leather, PU Products, Plastics Pipes, Profiles for Windows and Doors, Injection Molding Products, BOPP Films, BOPET Films,

Laminated Film Products, Blown Molding Products, Woven Plastics Products, Rigid Sheet of PVC, Engineering Plastics, Fluoro Plastics Processing, Medical Plastics, Modification Plastics etc. And it covers areas of study, development, processing and application in national plastics industry. It edits and publishes *CPPIA Communication*, *CHINA PLASTICS*, *WORLD PLASTICS*, *CFC Substitute Communication*, *China Plastics Industry Annual*, *China Name List Encyclopedia of Plastics Industry* and seminar paper collections etc.

CPPIA is earnestly carries out the state policies and pushes actively the exchange and cooperation between international colleagues and improves the technology development of China plastics industry and raises the whole level. Let us work together to build bright future.

Add.: No. 6 East Chang An Avenue, Beijing, China
P. C.: 100740
Tel: 0086-10-65122056, 65267869,
65225256, 65592882
Fax: 0086-10-65278590, 65225254
http: //www. cppia. com. cn
E-mail: cppia@cppia. com. cn

中国塑料加工工业协会第四届会员代表大会在北京召开

中国塑料加工工业协会第四届会员代表大会于2003年12月3日至4日在北京商务会馆召开。会议主要议程是：第三届理事会工作报告、财务工作报告、修改章程报告及对以上报告的讨论意见；选举第四届理事会成员；对协会秘书处各项工作提出意见和建议；参观“第十七届中国国际塑料橡胶工业展览会。”

12月3日上午的会员代表大会在主席台上就座的有出席会议的各副理事长：吴建安（中普科贸有限责任公司经理）、符岸（广东省塑料工业协会理事长）、张小赧（三友控股集团有限公司董事长）、谭方峰（山东省塑料工业总公司总经理）、张富强（常州塑料集团公司总工程师）、王弟俊（北京北泡塑料集团公司总经理）、王锡祥（浙江省皮革塑料工业公司董事长），会议由中国塑协符岸副理事长主持。会议由李国俊常务副理事长代表第三届理事会做了“第三届理事会工作报告”，谭方峰副理事长做了“关于修改中国塑料加工工业协会章程的报告”，丁言行副秘书长做了“第三届理事会财务报告”，吴建安副理事长做了“中国塑料加工工业协会会员会费的管理办法”报告，张小赧副理事长宣读了“第四届理事名单”。与会代表就这些报告进行了讨论并提出修改的意见，会议原则上通过了这些报告。

12月3日下午进行了讨论会，由协会副理事长单位的上海塑料制品公司徐兴祥先生主持，研究和讨论了协会今后的工作重点，征求对协会秘书处各项工作的意见和建议，会议在热烈而祥和的气氛中进行。

12月4日会议组织代表到北京国际展览中心参加了“第十七届中国国际塑料橡胶工业展览会”的开幕式并参观了展览，有的代表还参加了展览会举办的“中国、欧洲塑料工业发展形势”的报告会。

12月4日和12月5日晚，会议还组织部分代表先后出席了意大利、德国和加拿大使馆组织的商贸活动和酒会。

（中国塑料加工工业协会　李国俊）

附录四　中国塑料加工工业协会第四届理事会理事名单

姓　名	单　　位	姓　名	单　　位
廖正品	中国塑料加工工业协会	秦根生	天津市塑料集团有限公司聚氨酯制品分公司
李国俊	中国塑料加工工业协会	夏成文	天津市军星管材制造有限公司
杨力行	中国塑料加工工业协会	张国民	中国氯碱工业协会
吴建安	中普科贸有限责任公司	耿葆刚	天津市塑料集团有限公司第二塑料制品厂
周延龄	中国塑料加工工业协会	刘敏江	天津科技大学材料科学与化工学院
曾家华	中国塑料加工工业协会	郑素珍	河北省塑料工业有限责任公司
丁言行	中国塑料加工工业协会	周　山	河北宝硕股份有限公司
傅永彬	中国塑料加工工业协会	崔守信	石家庄市恒东企业集团公司
齐润通	华凌合成材料公司	殷维力	石家庄第五塑料厂
林定根	农业部乡镇企业局	廖秉德	河北沧州塑料集团股份有限公司
李建珠	农业部乡镇企业局	于桂亭	河北沧州东风塑料股份有限责任公司
张真和	全国农业技术推广服务中心	李　泉	廊坊开发区梨花包装有限公司
张培尧	中国石油化工科学院	张玉英	山西省塑料行业协会
项汉银	中国石油股份有限公司化工事业部	赵宏永	山西省塑料集团有限公司
吴曼云	中普科贸有限责任公司	刘景海	山西省太原市塑料工业公司
徐正源	中国轻工机械总公司	任泉义	山西侯马市飞达塑料工业有限公司
蔡明池	中国轻工业原材料总公司	韩希平	呼和浩特市塑料公司
朱复华	北京化工大学塑料工程研究所	寇新宽	内蒙古包头一塑料新塑料制品有限公司
杨卫民	北京化工大学机电工程学院	李景华	辽宁省塑料工业公司
陈　宇	北京市化学工业研究院	段　同	沈阳塑料集团公司
刘万蝉	轻工业塑料加工应用研究所	陈　科	沈阳久利化学建材股份有限公司
钱汉英	全国塑料制品质量监督检验中心	邹本宽	大连市轻工行业协会塑料分会
赵安赤	清华大学化工系	奚世风	大连塑料研究所
王弟俊	北京北泡塑料集团	刘庆禄	大连冰山橡塑股份有限公司
孙志军	北京顾地塑胶有限公司	张世宽	大连盛道集团有限公司
倪众勤	北京华盾雪花塑料集团有限责任公司	闫　超	大连市第九塑料厂
杨惠娣	轻工业塑料加工应用研究所	方　奇	辽阳石油化纤公司化纤厂
刘英俊	中国塑协改性塑料专委会	张洪奇	辽宁营口市塑料器械厂
唐赛珍	中国塑协降解塑料专委会	吴云星	吉林省轻纺行业管理办公室
冯庶君	北京塑料三厂	曹志强	吉林省白山市喜丰塑料股份有限公司
王秀峰	北京塑料十四厂	安立军	吉林市塑料厂
张玉川	北京塑料工业协会	陈申明	黑龙江省塑料公司
庄　甦	北京塑料研究所	李元兴	哈尔滨市塑料工业集团公司
李　扬	北京燕山石油化工公司研究院	吴立平	哈尔滨市塑料一厂
赵丽梅	北京燕山石油化工股份有限公司树脂应用研究所	孙运森	哈尔滨市第四塑料厂
孙书适	北京加成助剂研究所	杨书杰	哈尔滨市塑料五厂
何骏星	天津市塑料集团有限公司	李秉和	黑龙江海伦塑料制品厂

续表

姓　名	单　　位	姓　名	单　　位
赵荣贵	黑龙江齐塑塑料制品有限责任公司	张建均	公元塑业集团·浙江永高塑业发展有限公司
刘景芬	上海塑料行业协会	孙福荣	温州市合成革商会
徐惠和	上海塑料制品公司	黄水寿	浙江大东南集团
陈昌麟	上海市塑料制品研究所	傅志权	浙江中元枫叶管业有限公司
朱庆洪	上海益昌塑胶厂	方　颖	浙江新丰塑料厂
秦　健	上海化工厂有限公司	盛文忠	浙江申达塑料机械有限公司
陈益民	上海塑料制品二厂	王建平	浙江远翅塑料有限公司
杨桂生	上海杰事杰新材料股份有限公司	林增标	浙江省苍南县塑料工业协会
徐　玲	上海三花薄膜厂	王顺抑	浙江经纬集团有限公司
高　峰	上海石油化工股份有限公司塑料厂	张良贵	安徽省皮革塑料工业公司
翟笃勤	上海解放塑料制品六厂	唐　辉	安徽省轻工厅行业管理办公室
周立衡	上海塑料制品公司塑料三厂	郑忠勋	安徽国风集团有限公司
侯树亭	上海清华泡塑机械有限公司	郭传余	安徽国通高新管业股份有限公司
邹国中	江苏省乡镇企业局	姚华胜	合肥安利集团公司
韦　华	江苏省塑料工业总公司	吕水伫	福建省皮革塑料工业公司
王心安	南京市塑料工业公司	俞龙瑞	福建缔邦集团有限公司
杨　镜	无锡市塑料公司	胡一汉	福州市塑胶同业公司
邹鉴清	中国塑经济信息交流站	林　海	福建美晨第二塑料有限公司
杨秉正	中国塑协人造革合成革专委会东吴分会	陈力辉	福建亚通新材料科技股份有限公司
刘光和	南京科亚实业有限公司	黄秀芸	福建漳州市建达塑胶有限公司
龙云天	南京橡塑机械厂	林荣东	泉州三盛橡塑发泡鞋材有限公司
邓木金	江苏金益集团公司	邹文云	江西省塑料工业总公司
吴鹏明	中国石化扬子石化公司塑料厂	刘培才	江西腾飞实业集团
张庆愉	江苏珠花集团	谭方峰	山东省塑料工业总公司
吴海洋	无锡巨龙塑化有限公司	曲进胜	烟台万华合成革集团有限公司
陶锡英	无锡新东塑料管道制品有限公司	王文清	中国石化齐鲁股份有限公司树脂研究所
张富强	常州市塑料集团公司	李世新	济南方信集团有限公司
芮品钢	工贸合营常州塑料编织总厂	裴明铭	济南光明机械有限公司
周海忠	常州巨力塑料实业总公司	崔元明	山东三塑集团有限公司
陈建业	常州市光明塑料厂	陈庆敏	山东华冠股份有限公司
朱义华	工贸合营常州市塑料厂	于广洪	山东鲁宏塑窗机械集团总公司
刘怀荣	常州勤业塑料有限公司	王长青	山东塑料制品试验厂
包建成	苏州工业园富事达塑业有限责任公司	郭元生	山东泰峰塑料土工材料有限公司
朱亚群	徐州市辰阳模具制造有限公司	马之清	山东清源集团有限公司
王建烟	徐州塑料厂	王士禄	山东淄博汇丰塑料有限公司
孙惠德	浙江省塑料制品工业协会	李宝钧	山东齐鲁塑编集团股份有限公司
王锡祥	浙江省皮革塑料有限公司	卢诗教	山东莱芜塑料制品集团总厂
杨叶根	杭州市塑料工业有限公司	石昌福	山东曙光塑料厂
朱水德	杭州市皮革塑料工业公司	金导谟	青岛海尔工装研制有限公司
张小赧	三友控股集团有限公司	梁同康	青岛宏达塑胶总公司

续表

姓　名	单　　位	姓　名	单　　位
吴大平	青岛瑞华伊士曼塑胶薄板有限责任公司	张福培	佛山市杜邦鸿基薄膜有限公司
吴卫平	青岛德意利机械有限公司	吴耀根	佛山塑料集团股份有限公司
贺建军	烟台冰轮塑业有限公司	刘亚军	佛山塑料集团股份有限公司双龙分公司
于冠华	烟台市塑料工业公司	黄乐夫	珠海市中富工业集团公司
周新良	威海市塑料工业公司	黄绍钧	宝力威化学建材有限公司
王　波	淄博市塑料工业集团总公司	蓝华雄	东莞市华海塑胶制品有限公司
高　晶	潍坊市塑料总厂	巫广生	广西塑料研究所
李风玉	潍坊鲁宏塑料制品总厂	李进荣	海口市塑料工业公司
赵振祥	河南省塑料工业公司	苏启运	海口市塑料厂
许德茂	河南塑料股份有限公司	唐晓耘	重庆市塑料工业公司
王国强	河南省漯河市塑料厂	付志敏	重庆顾地塑胶电器有限公司
阎成喜	河南省南阳市神龙塑胶集团有限公司	冯思农	重庆市塑料机械模具厂
孙树华	河南安彩华林化学建材有限责任公司	荣连智	重庆塑料四厂
曹成贤	许昌市环通塑业有限公司	张振綦	四川省塑料制品工业协会
刘文彦	武汉塑料工业集团股份有限公司	范五一	四川大学塑料工程及机械研究所
王昌金	湖北星辰塑料有限公司	罗宜贵	四川省塑料厂
陈高翔	湖北钟格塑料管有限公司	陈　志	四川华塑建材有限公司
朱弟雄	湖北凯乐新材料科技股份有限公司	潘必纯	川路塑胶集团有限公司
叶敏华	湖南省二轻工业集团总公司	张秀琴	贵州省第二轻工业公司
李　健	湖南安塑股份有限公司	周保华	贵州润丰集团实业有限公司
吴昌义	湖南省沙市恒丰塑料股份有限公司	许红星	赤天化集团贵州塑料厂
刘敦宁	深圳石化集团株州塑胶有限公司	王廷文	云南省昆明市塑料工业集团公司
符　岸	广东省塑料皮革工业总公司	柴本桐	云南塑料厂
周伟诚	广东省乡镇企业科技中心	卢建书	云南曲靖塑料集团有限公司
张伯伦	广东东莞市虎门连城机械发展有限公司	韩登新	陕西省轻纺行业管理办公室
欧阳荣	广东联塑科技实业有限公司	杨荣莉	西安市塑料工业公司
李林楷	广东榕泰实业股份有限公司	苟正平	陕西省汉中塑料厂
罗崇远	广东盛恒昌化学工业有限公司	赵延喜	陕西省延安市宝塔区塑业有限责任公司
蔡登郎	广东造极机械有限公司	张　信	西安市塑料制品厂
杨建雄	广州市塑料制品三厂	仲兆光	甘肃省皮革塑料工业公司
马镇鑫	广东省金明塑胶设备有限公司	黄增源	兰州塑料工业集团
张鹏瑜	广东省汕头市塑胶商会	吴绍鉴	兰州塑料厂
王学兵	深圳市宝安区松岗金源塑料厂	章万生	天水万维电缆材料有限公司
谈建超	利诚塑料制品有限公司	黄嘉森	兰州化学工业公司宏达公司
方志群	深圳市珊星电脑有限公司	邓明远	兰州化学工业公司石油化工厂
郑松兴	华南国际工业原料成(深圳)有限公司	耿建新	兰州塑料包装材料厂
邓　平	佛山市顺德区乐从塑料协会	刘　勇	宁夏吴忠市丰硕塑料有限责任公司
郭有标	顺德乐从德富塑料城	郭庆人	新疆天业股份有限公司
彭晓伟	顺德市雄塑实业有限公司	张　军	新疆屯河新型建材有限责任公司
杨　昇	佛山市高明亿龙塑胶工业有限公司		

（中国塑料加工工业协会　李国俊）

附录五　全国各省塑料工业总公司和省市塑料协会联系方式

序号	单位名称	地　址	邮　编	联系人	职　务	电　话
1	北京市塑料工业协会	北京市丰台区永外顺四条一号东楼208号	100011	张玉川	理事长	010-67659831
2	天津市塑料集团	天津市西青区梨园头津滋公路西	300381	何骏星	总经理	022-83960403
3	河北省塑料工业有限责任公司 河北省塑料工业协会	河北省石家庄市中华南大街473号	050091	郑素珍	总经理 会长	0311-3804440
4	山西省塑料行业协会	山西省太原市迎泽桥西后王街5号	030024	张玉英	理事长	0351-6171227
5	大连市轻工行业协会塑料分会	辽宁省大连市沙河口区西北路5号(大连塑料城二楼)	116021	刘万朴	秘书长	0411-86840222
6	吉林省轻纺行业管理办公室	吉林省长春市人民大街54号	130051	吴星云	处长	0431-2714435
7	黑龙江省塑料公司 黑龙江省塑料制品行业协会	黑龙江省哈尔滨市南岗大成街46号	150008	陈申明	总经理 理事长	0451-82703827
8	上海塑料行业协会	上海市长寿路295弄8号8楼E室	200060	刘景芬	秘书长	021-62987503
9	江苏省塑料工业总公司 江苏省塑料工业协会	江苏省南京市湖南路8号5楼	210009	韦　华	总经理 理事长	025-83309425
10	浙江省皮革塑料有限公司	浙江省杭州市佑圣观路74号	310009	王锡祥	董事长	0571-87802457
11	浙江省塑料工业协会	浙江省杭州市秋涛北路176号交运大厦322	310020	周理水	副理事长 秘书长	0571-86985316
12	温州市合成革商会	浙江省温州市扶贫经济开发区3号	325013	孙福荣	会长	0577-86638948
13	温州市塑料工业协会	浙江省温州市瓦市巷86号	325000	余不凡	会长	0577-88231649
14	浙江台州市塑料行业协会	浙江省台州市路桥区中国日用品商城股份有限公司	318050	曾渊峰	秘书长	0576-2405047
15	安徽省轻工业协会	安徽省合肥市庐江路70号	230001	宣华荣	会长	0551-2645059
16	福建省皮革塑料工业公司	福建省福州市五一北路31号二轻大厦4楼	350001	吕水伫	总经理	0591-7554854 7550517
17	福建省塑料工业协会	福建省福州市五一路31号二轻大厦11楼	350001	余卫平	秘书长	0591-7551196
18	江西省塑料工业协会	江西省南昌市二七北路252号	330006	邹文云	总经理	0791-8623219
19	山东省塑料工业总公司	山东省济南市泺文路9号	250011	谭方峰	总经理	0531-6938454
20	山东省塑料协会	山东省济南市土层路29号	250003	刘丰田	理事长	0531-2707870
21	河南省塑料工业公司	河南省郑州市红旗路39号	450002	赵振祥	总经理	0371-3933627
22	湖北省塑料工业公司	湖北省武汉市解放大道1305号天湖大厦4楼	430022	张旭南	总经理	027-85753351
23	湖南省塑料行业协会	湖北省长沙市远大一路东屯渡	410001	蒯建政	理事长	0731-4727678
24	广东省塑料工业协会	广东省广州市东风东路703号29栋8楼	510080	符　岸	理事长	020-87764729

续表

序号	单位名称	地　址	邮　编	联系人	职　务	电　话
25	深圳市塑胶行业协会	广东省深圳市华强北路塞格康乐大厦 825 号	518000	孙立清	秘书长	0755-83282882 83669003
26	广西皮革塑料工业公司	广西南宁市建政路 31 号	530023	孙劲风	副总经理	0771-5627313
27	重庆塑料工业公司 重庆塑料加工工业协会	重庆渝中区凤凰台 35 号	400012	唐晓耘	总经理 会长	023-63912206
28	四川省塑料制品工业协会	四川省成都市福兴街 30 号省轻工大厦 1208 房	610016	张振蓁	理事长	028-86755336
29	贵州省第二轻工业公司	贵州省贵阳市瑞金中路 28 号	550003	张秀琴	经理	0851-5815080
30	云南省塑料行业协会	云南省昆明市吴井路 61 号	650011	詹家驹	秘书长	0871-3155801
31	陕西省轻纺行业管理办公室	陕西省西安市新城省政府大楼 6-057 号	710004	韩登新	副主任	029-7291296
32	甘肃省皮革塑料工业公司	甘肃省兰州市北滨河东路 61 号	730046	仲兆光	经理	0931-8366064
33	新疆塑料加工工业协会	新疆乌鲁木齐市民主路 81 号	830002	孔德海	秘书长	0991-2825107

（中国塑料加工工业协会　陈　燕）

KAMPF®
JAGENBERG-GRUPPE
ENTEX®
Planetwalzenextruder
德国知名专业制造各类卷取机、分类机
The most professtonal manufacturer in Germany of producing winders & Isitters.
德国知名厂专业制造
行星式挤出机
The most famous leading manufacturer in Germany of producing planetary extrude.
EXALT 旌暘集團 EXALT GROUP
旌暘股份有限公司
EXALT RECHNOLOGY CO.,LTD.
台湾苗栗县竹南镇国泰路63号
No:63 Guotai Rd. Zhu Nan Zhen , Miao Li Xian, TAIWAN
总机/Tel:886-37-481886 传真/Fax:886-37-483809
上海泓阳机械有限公司
SHANGHAI FORWARD MACHINERY Co.,Ltd.
上海市嘉定区徐行镇澄浏路783号 (201808)
No:783 Chengliu Rd. Xu hang Zhen, Jia Ding Qu, SHANGHAI
总机/Tel:86-21-59908899 传真/Fax:86-21-59909139
策略联盟
本公司设备内容有:
PVC TPU TPO PEVA 1.5M~4.9M压延机(胶布机)系列整厂设备、农膜拉宽机、印刷机、处理机、各类复合压纹机、发泡炉、开布机、涂布上糊机、离型纸法涂刮设备抛光机、磨面机、产品检查机、废气处理设备等及配套组件制造销售。
Ore company to making
PVC TPU TPO PEVA 1.5M-4.9MCalender line,PVC wide film stretchingmachine,Printing machine, Laminating machine,Treatment machine, Foaming oven,Knitted fabric machine,Coating machine,Buffing machine,Polishing machine, Spray machine · Inspection machine ·DOP Air pollution treatment machine etc.,and assembly units for sale,We have also provide maintain service for our customers.
泓暘®
E-mail:shhyjx@online.sh.cn
Httpl/www.exalt@com.tw

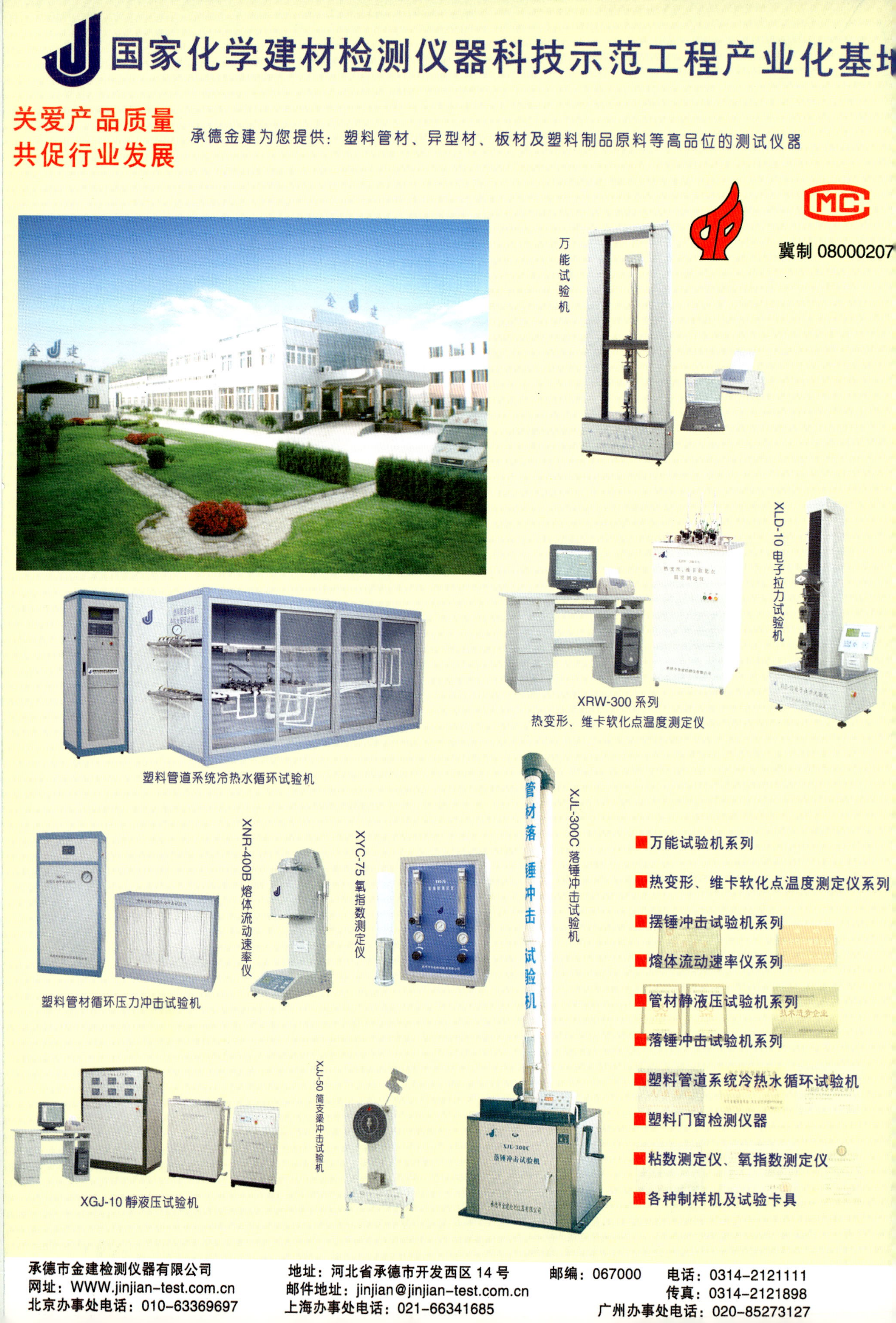
国家化学建材检测仪器科技示范工程产业化基地
关爱产品质量
共促行业发展
承德金建为您提供：塑料管材、异型材、板材及塑料制品原料等高品位的测试仪器
冀制 08000207
万能试验机
XLD-10 电子拉力试验机
XRW-300 系列
热变形、维卡软化点温度测定仪
塑料管道系统冷热水循环试验机
管材落锤冲击试验机
XJL-300C 落锤冲击试验机
XNR-400B 熔体流动速率仪
XYC-75 氧指数测定仪
塑料管材循环压力冲击试验机
■万能试验机系列
■热变形、维卡软化点温度测定仪系列
■摆锤冲击试验机系列
■熔体流动速率仪系列
■管材静液压试验机系列
■落锤冲击试验机系列
■塑料管道系统冷热水循环试验机
■塑料门窗检测仪器
■粘数测定仪、氧指数测定仪
■各种制样机及试验卡具
XJJ-50 简支梁冲击试验机
XGJ-10 静液压试验机
承德市金建检测仪器有限公司
网址：WWW.jinjian-test.com.cn
北京办事处电话：010-63369697
地址：河北省承德市开发西区 14 号
邮件地址：jinjian@jinjian-test.com.cn
上海办事处电话：021-66341685
邮编：067000
电话：0314-2121111
传真：0314-2121898
广州办事处电话：020-85273127

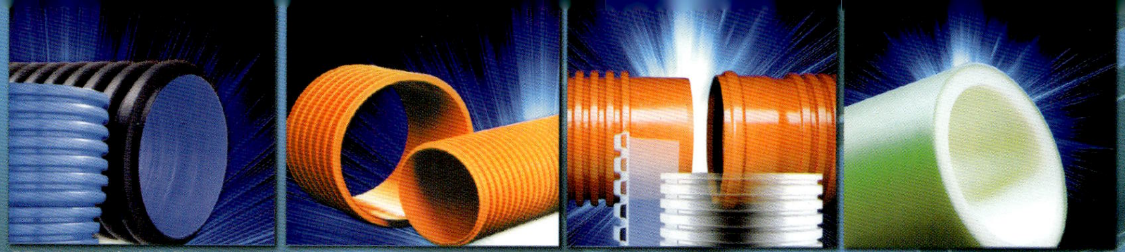
PE、PVC双壁波纹管
PE中空壁缠绕管
PE双壁缠绕波纹管
PE大口径管材

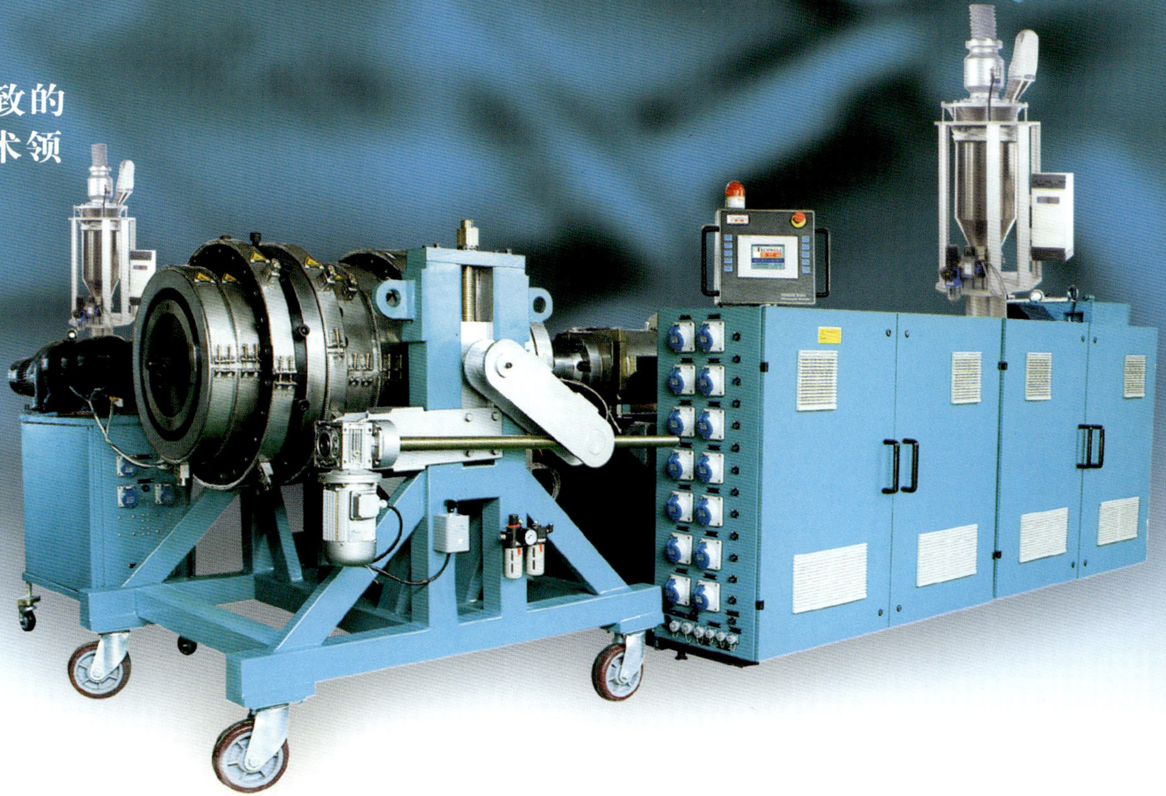